时事政治与税务综合知识一本通

（2024 年版）

税务干部能力提升研究编写组　编

中国财经出版传媒集团
中国财政经济出版社
北京

图书在版编目（CIP）数据

时事政治与税务综合知识一本通：2024年版 / 税务干部能力提升研究编写组编. -- 北京：中国财政经济出版社，2024. 4

ISBN 978-7-5223-3102-7

Ⅰ. ①时…　Ⅱ. ①税…　Ⅲ. ①税收管理-行政执法-中国-资格考试-自学参考资料　Ⅳ. ①D922. 22

中国国家版本馆CIP数据核字（2024）第083960号

责任编辑：陈志伟　　　　责任印制：史大鹏
封面设计：卜建辰　　　　责任校对：张　凡

时事政治与税务综合知识一本通（2024年版）
SHISHI ZHENGZHI YU SHUIWU ZONGHE ZHISHI YIBENTONG（2024 NIANBAN）

中国财政经济出版社 出版

URL：http：//www. cfeph. cn
E-mail：cfeph@ cfeph. cn

社址：北京市海淀区阜成路甲28号　邮政编码：100142
营销中心电话：010-88191522
天猫网店：中国财政经济出版社旗舰店
网址：https：//zgczjjcbs. tmall. com
北京密兴印刷有限公司印刷　各地新华书店经销
成品尺寸：185mm×260mm　16开　54.5印张　1 060 000字
2024年4月第1版　2024年4月北京第1次印刷
定价：129.00元
ISBN 978-7-5223-3102-7
（图书出现印装问题，本社负责调换，电话：010-88190548）
本社图书质量投诉电话：010-88190744
打击盗版举报热线：010-88191661　QQ：2242791300

PREFACE | 前言

“治国经邦，人才为急”。税收事业是国之重事，税务干部是党和国家经济建设的重要力量。为帮助广大税务干部达到业务能力提升、实现全面发展的目标，真正做到“大局观，税务心，专业能力，本土功夫”，我们精心编写了这本书。本书2021年首次出版，深受读者一致好评。2024年，我们听取读者意见，并与专家团队深度探讨，对本书进行优化设计，再度出版这本经典学习用书。

学习的目的在于应用。为充分兼顾税收执法资格考试、税务系统岗位练兵等不同层次的考试需求，让每位读者既有税务人的专业视角，又有提升站位的大局眼光，本书框架分为六篇。具体内容简介如下：

第一篇主要介绍中国共产党的基本知识，继续修订了党的二十大报告要点、党的二十大对党章的若干重要修改和中国共产党党员应知应会党务知识，同时专门新增了习近平新时代中国特色社会主义思想和2023年主题教育两大专题，使内容更加完善，更加贴近当前政治学习的需要。第二篇、第三篇、第四篇分别介绍了税收业务基础知识、行政基础知识和法律基础知识，结合最新政策予以优化完善，并增加了行政事业单位会计基础知识、新修订《行政复议法》亮点、新修订《立法法》亮点等内容，帮助读者构建工作知识框架，为岗位练兵、执法资格考试夯实基础。第五篇重点聚焦时事政治热点，围绕当前国内外时政热点进行归纳，使读者既了解国内外时政动态，真正实现视野广阔、专业精进。为帮助大家提升学习效果，本书在第六篇精心设计了两套税务系统综合能力试卷，帮助各位读者顺利通过遴选、竞争上岗考试，迈上新的更大的人生舞台。

本书的编写人员长期从事税收工作，具有丰富的理论和实践经验。在编写过程中，得到了诸多老师鼎力支持，提出了大量宝贵的意见建议，在此一并致谢。书中如有疏漏之处，欢迎各位读者不吝赐教，我们将虚心接受，使本书更趋完美。

“书山有路勤为径，学海无涯苦作舟”。希望每一名读者都能不忘初心，砥砺前行，不断学习，提升自我，在高质量推进新时代税收现代化、更好地服务国家治理现代化中贡献自己的一份力量。

税务干部能力提升研究编写组

2024年3月

CONTENTS | 目录

第一篇　中国共产党的基本知识

第一章　习近平新时代中国特色社会主义思想基本内容

一、习近平新时代中国特色社会主义思想

1.“新矛盾”的基本表述

明确新时代我国社会主要矛盾是人民日益增长的美好生活需要和不平衡不充分的发展之间的矛盾。

2.“十个明确”的内容

（1）明确中国特色社会主义最本质的特征是中国共产党领导，中国特色社会主义制度的最大优势是中国共产党领导，中国共产党是最高政治领导力量，全党必须增强“四个意识”、坚定“四个自信”、做到“两个维护”。

（2）明确坚持和发展中国特色社会主义，总任务是实现社会主义现代化和中华民族伟大复兴，在全面建成小康社会的基础上，分两步走在本世纪中叶建成富强民主文明和谐美丽的社会主义现代化强国，以中国式现代化推进中华民族伟大复兴。

（3）明确新时代我国社会主要矛盾是人民日益增长的美好生活需要和不平衡不充分的发展之间的矛盾，必须坚持以人民为中心的发展思想，发展全过程人民民主，推动人的全面发展、全体人民共同富裕取得更为明显的实质性进展。

（4）明确中国特色社会主义事业总体布局是经济建设、政治建设、文化建设、社会建设、生态文明建设五位一体，战略布局是全面建设社会主义现代化国家、全面深化改革、全面依法治国、全面从严治党四个全面。

（5）明确全面深化改革总目标是完善和发展中国特色社会主义制度、推进国家治理体系和治理能力现代化。

（6）明确全面推进依法治国总目标是建设中国特色社会主义法治体系、建设社会主义法治国家。

（7）明确必须坚持和完善社会主义基本经济制度，使市场在资源配置中起决定性作用，更好发挥政府作用，把握新发展阶段，贯彻创新、协调、绿色、开放、共享的新发展理念，加快构建以国内大循环为主体、国内国际双循环相互促进的新发展格局，推动高质量发展，统筹发展和安全。

（8）明确党在新时代的强军目标是建设一支听党指挥、能打胜仗、作风优良的人民军队，把人民军队建设成为世界一流军队。

（9）明确中国特色大国外交要服务民族复兴、促进人类进步，推动建设新型国际关系，推动构建人类命运共同体。

（10）明确全面从严治党的战略方针，提出新时代党的建设总要求，全面推进党的政治建设、思想建设、组织建设、作风建设、纪律建设，把制度建设贯穿其中，深入推进反腐败斗争，落实管党治党政治责任，以伟大自我革命引领伟大社会革命。

3.“十四个坚持”主要内容

坚持党对一切工作的领导，坚持以人民为中心，坚持全面深化改革，坚持新发展理念，坚持人民当家作主，坚持全面依法治国，坚持社会主义核心价值体系，坚持在发展中保障和改善民生，坚持人与自然和谐共生，坚持总体国家安全观，坚持党对人民军队的绝对领导，坚持“一国两制”和推进祖国统一，坚持推动构建人类命运共同体，坚持全面从严治党。

4.“两个一百年”奋斗目标

中国共产党成立一百周年时，全面建成小康社会；中华人民共和国成立一百周年时，把我国建成富强民主文明和谐美丽的社会主义现代化强国。

5.“四个伟大”的主要内容和关系

“四个伟大”是指伟大斗争、伟大工程、伟大事业、伟大梦想。实现伟大梦想，必须进行伟大斗争；实现伟大梦想，必须建设伟大工程；实现伟大梦想，必须推进伟大事业。

6.“五位一体”总体布局

统筹推进经济建设、政治建设、文化建设、社会建设和生态文明建设五位一体。

7.“四个全面”战略布局

全面建设社会主义现代化国家、全面深化改革、全面依法治国、全面从严治党。

8.“三个务必”的内容

全党同志务必不忘初心、牢记使命，务必谦虚谨慎、艰苦奋斗，务必敢于斗争、善于斗争，坚定历史自信、增强历史主动、谱写新时代中国特色社会主义更加绚丽的华章。

9.“六个必须坚持”的主要内容

必须坚持人民至上；必须坚持自信自立；必须坚持守正创新；必须坚持问题导向；必须坚持系统观念；必须坚持胸怀天下。

10.“两步走”战略安排

从二〇二〇年到二〇三五年基本实现社会主义现代化；从二〇三五年到本世纪中叶把我国建成富强民主文明和谐美丽的社会主义现代化强国。

11.“五项重大原则”

坚持和加强党的全面领导，坚持中国特色社会主义道路，坚持以人民为中心的发展思想，坚持深化改革开放，坚持发扬斗争精神。

12. 中国式现代化的五大特征

中国式现代化是人口规模巨大的现代化；中国式现代化是全体人民共同富裕的现代化；中国式现代化是物质文明和精神文明相协调的现代化；中国式现代化是人与自然和谐共生的现代化；中国式现代化是走和平发展道路的现代化。

13. “三件大事”

一是迎来中国共产党成立一百周年，二是中国特色社会主义进入新时代，三是完成脱贫攻坚、全面建成小康社会的历史任务，实现第一个百年奋斗目标。

14. “两个结合”

坚持把马克思主义基本原理同中国具体实际相结合、同中华优秀传统文化相结合。

二、习近平法治思想

党的十八大以来，以习近平同志为核心的党中央从坚持和发展中国特色社会主义的全局和战略高度定位法治、布局法治、厉行法治，创造性提出了关于全面依法治国的一系列新理念新思想新战略，形成了习近平法治思想。习近平法治思想内涵丰富、论述深刻、逻辑严密、系统完备，从历史和现实相贯通、国际和国内相关联、理论和实际相结合上，深刻回答了新时代为什么实行全面依法治国、怎样实行全面依法治国等一系列重大问题，是顺应实现中华民族伟大复兴时代要求应运而生的重大理论创新成果，是马克思主义法治理论中国化的最新成果，是中国特色社会主义法治理论的重大创新发展，是习近平新时代中国特色社会主义思想的重要组成部分，是新时代全面依法治国的根本遵循和行动指南。

2020 年 11 月 16 日至 17 日，中央全面依法治国工作会议首次提出，并用**“十一个坚持”**系统阐述了习近平法治思想。

要坚持党对全面依法治国的领导。党的领导是推进全面依法治国的根本保证。国际国内环境越是复杂，改革开放和社会主义现代化建设任务越是繁重，越要运用法治思维和法治手段巩固执政地位、改善执政方式、提高执政能力，保证党和国家长治久安。全面依法治国是要加强和改善党的领导，健全党领导全面依法治国的制度和工作机制，推进党的领导制度化、法治化，通过法治保障党的路线方针政策有效实施。

要坚持以人民为中心。全面依法治国最广泛、最深厚的基础是人民，必须坚持为了人民、依靠人民。要把体现人民利益、反映人民愿望、维护人民权益、增进人民福祉落实到全面依法治国各领域全过程。推进全面依法治国，根本目的是依法保障人民权益。要积极回应人民群众新要求新期待，系统研究谋划和解决法治领域人民群众反映强烈的突出问题，不断增强人民群众获得感、幸福感、安全感，用法治保障人民安居乐业。

要坚持中国特色社会主义法治道路。中国特色社会主义法治道路本质上是中国特色社会主义道路在法治领域的具体体现。既要立足当前，运用法治思维和法治方式解决经济社会发展面临的深层次问题；又要着眼长远，筑法治之基、行法治之力、积法治之势，促进各方面制度更加成熟更加定型，为党和国家事业发展提供长期性的制度保障。要传承中华优秀传统法律文化，从我国革命、建设、改革的实践中探索适合自己的法治道路，同时借鉴国外法治有益成果，为全面建设社会主义现代化国家、实现中华民族伟大复兴夯实法治基础。

要坚持依宪治国、依宪执政。党领导人民制定宪法法律，领导人民实施宪法法律，党自身要在宪法法律范围内活动。全国各族人民、一切国家机关和武装力量、各政党和各社会团体、各企业事业组织，都必须以宪法为根本的活动准则，都负有维护宪法尊严、保证宪法实施的职责。坚持依宪治国、依宪执政，就包括坚持宪法确定的中国共产党领导地位不动摇，坚持宪法确定的人民民主专政的国体和人民代表大会制度的政体不动摇。

要坚持在法治轨道上推进国家治理体系和治理能力现代化。法治是国家治理体系和治理能力的重要依托。只有全面依法治国才能有效保障国家治理体系的系统性、规范性、协调性，才能最大限度凝聚社会共识。在统筹推进伟大斗争、伟大工程、伟大事业、伟大梦想的实践中，在全面建设社会主义现代化国家新征程上，我们要更加重视法治、厉行法治，更好发挥法治固根本、稳预期、利长远的重要作用，坚持依法应对重大挑战、抵御重大风险、克服重大阻力、解决重大矛盾。

要坚持建设中国特色社会主义法治体系。中国特色社会主义法治体系是推进全面依法治国的总抓手。要加快形成完备的法律规范体系、高效的法治实施体系、严密的法治监督体系、有力的法治保障体系，形成完善的党内法规体系。要坚持依法治国和以德治国相结合，实现法治和德治相辅相成、相得益彰。要积极推进国家安全、科技创新、公共卫生、生物安全、生态文明、防范风险、涉外法治等重要领域立法，健全国家治理急需的法律制度、满足人民日益增长的美好生活需要必备的法律制度，以良法善治保障新业态新模式健康发展。

要坚持依法治国、依法执政、依法行政共同推进，法治国家、法治政府、法治社会一体建设。全面依法治国是一个系统工程，要整体谋划，更加注重系统性、整体性、协同性。法治政府建设是重点任务和主体工程，要率先突破，用法治给行政权力定规矩、划界限，规范行政决策程序，加快转变政府职能。要推进严格规范公正文明执法，提高司法公信力。普法工作要在针对性和实效性上下功夫，特别是要加强青少年法治教育，不断提升全体公民法治意识和法治素养。要完善预防性法律制度，坚持和发展新时代"枫桥经验"，促进社会和谐稳定。

要坚持全面推进科学立法、严格执法、公正司法、全民守法。要继续推进法治领域改革，解决好立法、执法、司法、守法等领域的突出矛盾和问题。公平正义是司法的灵魂和生命。要深化司法责任制综合配套改革，加强司法制约监督，健全社会公平正义法治保障制度，努力让人民群众在每一个司法案件中感受到公平正义。要加快构建规范高效的制约监督体系。要推动扫黑除恶常态化，坚决打击黑恶势力及其"保护伞”，让城乡更安宁、群众更安乐。

要坚持统筹推进国内法治和涉外法治。要加快涉外法治工作战略布局，协调推进国内治理和国际治理，更好维护国家主权、安全、发展利益。要强化法治思维，运用法治方式，有效应对挑战、防范风险，综合利用立法、执法、司法等手段开展斗争，坚决维护国家主权、尊严和核心利益。要推动全球治理变革，推动构建人类命运共同体。

要坚持建设德才兼备的高素质法治工作队伍。要加强理想信念教育，深入开展社会主义核心价值观和社会主义法治理念教育，推进法治专门队伍革命化、正规化、专业化、职业化，确保做到忠于党、忠于国家、忠于人民、忠于法律。要教育引导法律服务工作者坚持正确政治方向，依法依规诚信执业，认真履行社会责任。

要坚持抓住领导干部这个“关键少数”。各级领导干部要坚决贯彻落实党中央关于全面依法治国的重大决策部署，带头尊崇法治、敬畏法律，了解法律、掌握法律，不断提高运用法治思维和法治方式深化改革、推动发展、化解矛盾、维护稳定、应对风险的能力，做尊法学法守法用法的模范。要力戒形式主义、官僚主义，确保全面依法治国各项任务真正落到实处。

三、习近平新时代中国特色社会主义经济思想

党的十八大以来，以习近平同志为核心的党中央高瞻远瞩、统揽全局，创造性提出一系列新理念新思想新战略，引领我国经济发展取得历史性成就、发生历史性变革，在实践中形成和发展了习近平新时代中国特色社会主义经济思想。习近平新时代中国特色社会主义经济思想是习近平新时代中国特色社会主义思想的重要组成部分，是运用马克思主义基本原理指导我国经济发展实践形成的重大理论成果，为做好新时代经济工作指明了正确方向、提供了根本遵循，必须长期坚持、全面落实。

2017 年 12 月 18 日，中央经济工作会议第一次提出“习近平新时代中国特色社会主义经济思想”，第一次明确了**“一个新发展理念”**和**“七个坚持”**的理论框架。即以新发展理念为主要内容，坚持加强党对经济工作的集中统一领导，保证我国经济沿着正确方向发展；坚持以人民为中心的发展思想，贯穿到统筹推进“五位一体”总体布局和协调推进“四个全面”战略布局之中；坚持适应把握引领经济发展新常态，立足大局，把握规律；坚持使市场在资源配置中起决定性作用，更好发挥政府作用，坚决扫除经济发展的体制机制障碍；坚持适应我国经济发展主要矛盾变化，完善宏观调控，相机抉择，开准药方，把推进供给侧结构性改革作为经济工作的主线；坚持问题导向部署经济发展新战略，对我国经济社会发展变革产生深远影响；坚持正确工作策略和方法，稳中求进，保持战略定力、坚持底线思维，一步一个脚印向前迈进。

2022 年 2 月 16 日，习近平经济思想研究中心在人民日报刊文，从**十二个方面**阐释习近平新时代中国特色社会主义经济思想的丰富内涵。即坚持党对经济工作的全面领导；以中国式现代化推进中华民族伟大复兴；坚持以人民为中心的发展思想；坚持社

会主义市场经济改革方向，坚持和完善我国基本经济制度；科学认识把握新发展阶段；坚持新发展理念；加快构建新发展格局；坚持以高质量发展为主题，以供给侧结构性改革为主线；统筹好发展和安全两件大事；以创新驱动发展全面塑造发展新优势；坚定不移奉行互利共赢的开放战略；坚持正确工作策略和方法。

由中共中央宣传部、国家发展和改革委员会组织编写的《习近平经济思想学习纲要》，将习近平经济思想基本内容梳理归纳为**十三个方面**，即加强党对经济工作的全面领导是我国经济发展的根本保证；坚持以人民为中心的发展思想是我国经济发展的根本立场；进入新发展阶段是我国经济发展的历史方位；坚持新发展理念是我国经济发展的指导原则；构建新发展格局是我国经济发展的路径选择；推动高质量发展是我国经济发展的鲜明主题；坚持和完善社会主义基本经济制度是我国经济发展的制度基础；坚持问题导向部署实施国家重大发展战略是我国经济发展的战略举措；坚持创新驱动发展是我国经济发展的第一动力；大力发展制造业和实体经济是我国经济发展的主要着力点；坚定不移全面扩大开放是我国经济发展的重要法宝；统筹发展和安全是我国经济发展的重要保障；坚持正确工作策略和方法是做好经济工作的方法论。

四、习近平生态文明思想

党的十八大以来，以习近平同志为核心的党中央从中华民族永续发展的高度出发，深刻把握生态文明建设在新时代中国特色社会主义事业中的重要地位和战略意义，大力推动生态文明理论创新、实践创新、制度创新，创造性提出一系列新理念新思想新战略，形成了习近平生态文明思想。习近平生态文明思想是习近平新时代中国特色社会主义思想的重要组成部分，是马克思主义基本原理同中国生态文明建设实践相结合、同中华优秀传统生态文化相结合的重大成果，是以习近平同志为核心的党中央治国理政实践创新和理论创新在生态文明建设领域的集中体现，是新时代我国生态文明建设的根本遵循和行动指南。

2018 年 5 月 18 日至 19 日，全国生态环境保护大会明确提出“习近平生态文明思想”，并对推进新时代生态文明建设提出必须遵循的六项重要原则，这“六项原则”是习近平生态文明思想的精髓。

1. 坚持人与自然和谐共生，坚持节约优先、保护优先、自然恢复为主的方针，像保护眼睛一样保护生态环境，像对待生命一样对待生态环境，让自然生态美景永驻人间，还自然以宁静、和谐、美丽。

2. 绿水青山就是金山银山，贯彻创新、协调、绿色、开放、共享的发展理念，加快形成节约资源和保护环境的空间格局、产业结构、生产方式、生活方式，给自然生态留下休养生息的时间和空间。

3. 良好生态环境是最普惠的民生福祉，坚持生态惠民、生态利民、生态为民，重点解决损害群众健康的突出环境问题，不断满足人民日益增长的优美生态环境需要。

4. 山水林田湖草是生命共同体，要统筹兼顾、整体施策、多措并举，全方位、全地域、全过程开展生态文明建设。

5. 用最严格制度最严密法治保护生态环境，加快制度创新，强化制度执行，让制度成为刚性的约束和不可触碰的高压线。

6. 共谋全球生态文明建设，深度参与全球环境治理，形成世界环境保护和可持续发展的解决方案，引导应对气候变化国际合作。

2018 年 6 月，《中共中央 国务院关于全面加强生态环境保护 坚决打好污染防治攻坚战的意见》提出，从**“八个坚持”**深入贯彻习近平生态文明思想。即坚持生态兴则文明兴；坚持人与自然和谐共生；坚持绿水青山就是金山银山；坚持良好生态环境是最普惠的民生福祉；坚持山水林田湖草是生命共同体；坚持用最严格制度最严密法治保护生态环境；坚持建设美丽中国全民行动；坚持共谋全球生态文明建设。也就是在“六项原则”的基础上增加了“坚持生态兴则文明兴”和“坚持建设美丽中国全民行动”。

五、习近平外交思想

习近平外交思想是对马克思主义“公平、正义”的“世界新秩序”思想、马克思主义共同体理论的继承和创新性发展。是对列宁“不同制度国家和平共处”思想、毛泽东“三个世界”理论、邓小平关于建立国际政治经济新秩序思想的继承和创新性发展。

中央外事工作会议于 2018 年 6 月 22 日至 23 日召开，中共中央总书记、国家主席、中央军委主席习近平发表重要讲话，会议确立了“习近平外交思想”的指导地位。习近平总书记总结了党的十八大以来我国对外工作取得的历史性成就，回答了新时代如何做好对外工作的重大理论和实践问题，为全面推进新时代对外工作明确前进方向、提供根本遵循。

作为习近平新时代中国特色社会主义思想的重要组成部分，习近平外交思想是新时代我国对外工作的根本遵循和行动指南。

党的十八大以来，以习近平同志为核心的党中央深刻把握新时代中国和世界发展大势，在对外工作上进行一系列重大理论和实践创新，形成了习近平新时代中国特色社会主义外交思想，即习近平外交思想。

过去 5 年多来，我国对外工作“打赢了不少大仗硬仗，办成了不少大事难事，取得了历史性成就”，根本在于以习近平同志为核心的党中央坚强领导，在于习近平外交思想的科学指引。

1. 习近平外交思想的精髓要义（十个方面）

坚持以维护党中央权威为统领加强党对对外工作的集中统一领导；坚持以实现中华民族伟大复兴为使命推进中国特色大国外交；坚持以维护世界和平、促进共同发展为宗旨推动构建人类命运共同体；坚持以中国特色社会主义为根本增强战略自信；

坚持以共商共建共享为原则推动“一带一路”建设；坚持以相互尊重、合作共赢为基础走和平发展道路；坚持以深化外交布局为依托打造全球伙伴关系；坚持以公平正义为理念引领全球治理体系改革；坚持以国家核心利益为底线维护国家主权、安全、发展利益；坚持以对外工作优良传统和时代特征相结合为方向塑造中国外交独特风范。

这十个方面亦十个“坚持”，既有立足全球的宏伟设计，也有求真务实的具体举措，是构建中国特色大国外交深刻的理论与实践基础。

2. 树立正确历史观、大局观、角色观

做好对外工作，必须准确把握国际形势，掌握我国外部环境的基本特征。

当前，我国处于近代以来最好的发展时期，世界处于百年未有之大变局，两者同步交织、相互激荡。做好当前和今后一个时期对外工作具备很多国际有利条件。

对此，习近平总书记指出，把握国际形势要树立正确的历史观、大局观、角色观。何为正确的历史观、大局观、角色观?

正确历史观，就是不仅要看现在国际形势什么样，而且要端起历史望远镜回顾过去、总结历史规律，展望未来、把握历史前进大势。

正确大局观，就是不仅要看到现象和细节怎么样，而且要把握本质和全局，抓住主要矛盾和矛盾的主要方面，避免在林林总总、纷纭多变的国际乱象中迷失方向、舍本逐末。

正确角色观，就是不仅要冷静分析各种国际现象，而且要把自己摆进去，在我国同世界的关系中看问题，弄清楚在世界格局演变中我国的地位和作用，科学制定我国对外方针政策。

哪些形势需要把握？既要把握世界多极化加速推进的大势，又要重视大国关系深入调整的态势。既要把握经济全球化持续发展的大势，又要重视世界经济格局深刻演变的动向。既要把握国际环境总体稳定的大势，又要重视国际安全挑战错综复杂的局面。既要把握各种文明交流互鉴的大势，又要重视不同思想文化相互激荡的现实。

3. 新时代对外工作的重点

从党的十九大到党的二十大，是实现“两个一百年”奋斗目标的历史交汇期，在中华民族伟大复兴历史进程中具有特殊重大意义。我们要深入分析世界转型过渡期国际形势的演变规律，准确把握历史交汇期我国外部环境的基本特征，统筹谋划和推进对外工作。

对于新时代我国对外工作的重点，会议（2018 年中央外事工作会议）释放鲜明的信号：

（1）要围绕党和国家工作重要节点，推动对外工作不断开创新局面。未来 5 年第一个百年奋斗目标要实现，第二个百年奋斗目标要开篇，其中有一系列重要时间节点和重大活动。对外工作要以此为坐标，通盘考虑，梯次推进，既整体布局又突出重点，既多点开花又精准发力，发挥综合积极效应。

（2）要高举构建人类命运共同体旗帜，推动全球治理体系朝着更加公正合理的方向发展。

（3）要坚持共商共建共享，推动“一带一路”建设走实走深、行稳致远，推动对外开放迈上新台阶。

（4）要运筹好大国关系，推动构建总体稳定、均衡发展的大国关系框架。

（5）要做好周边外交工作，推动周边环境更加友好、更加有利。

（6）要深化同发展中国家团结合作，推动形成携手共进、共同发展新局面。广大发展中国家是我国在国际事务中的天然同盟军，要坚持正确义利观，做好同发展中国家团结合作的大文章。

（7）要深入推动中国同世界深入交流、互学互鉴。

（8）要增强政治意识、大局意识、核心意识、看齐意识，坚决维护党中央权威和集中统一领导，自觉在思想上政治上行动上同党中央保持高度一致，确保令行禁止、步调统一；要强化统筹协调，各有侧重，相互配合，形成党总揽全局、协调各方的对外工作大协同局面；要建设一支忠于党、忠于国家、忠于人民，政治坚定、业务精湛、作风过硬、纪律严明的对外工作队伍；要根据党中央统一部署，落实对外工作体制机制改革。

进入新时代的大国外交，在习近平外交思想的指导下，牢牢把握服务民族复兴、促进人类进步这条主线，以更远大的目标，更恢宏的格局，更开阔的胸襟，更从容的气度，把中国特色大国外交推向更高境界。

六、习近平强军思想

党的十八大以来，以习近平同志为核心的党中央着眼于实现中华民族伟大复兴的中国梦，带领全军深入进行理论探索和实践创造，形成习近平强军思想并不断丰富和发展，引领人民军队在中国特色强军之路上续写新的时代篇章。习近平强军思想，本质上就是新时代党的军事思想。

1. “十一个明确”

（1）明确党对人民军队的绝对领导是人民军队建军之本、强军之魂，必须全面加强军队党的领导和党的建设，贯彻党领导军队的一系列根本原则和制度，确保部队绝对忠诚、绝对纯洁、绝对可靠。

（2）明确强国必须强军，巩固国防和强大人民军队是新时代坚持和发展中国特色社会主义、实现中华民族伟大复兴的战略支撑，人民军队必须有效履行新时代使命任务。

（3）明确党在新时代的强军目标是建设一支听党指挥、能打胜仗、作风优良的人民军队，到 2027 年实现建军一百年奋斗目标，到 2035 年基本实现国防和军队现代化，到本世纪中叶把人民军队建成世界一流军队。

（4）明确军队是要准备打仗的，必须聚焦能打仗、打胜仗，扭住强敌对手，创新军事战略指导，发展人民战争战略战术，全面加强练兵备战，坚定灵活开展军事斗争，有效塑造态势、管控危机、遏制战争、打赢战争。

（5）明确推进强军事业必须坚持政治建军、改革强军、科技强军、人才强军、依法治军，坚持边斗争、边备战、边建设，更加注重聚焦实战、创新驱动、体系建设、集约高效、军民融合，加强军事治理，推动高质量发展，全面提高革命化现代化正规化水平。

（6）明确改革是强军的必由之路，必须推进军队组织形态现代化，构建中国特色现代军事力量体系，完善中国特色社会主义军事制度。

（7）明确科技是核心战斗力，必须坚持自主创新战略基点，推进高水平科技自立自强，统筹推进军事理论、技术、组织、管理、文化等各方面创新，建设创新型人民军队。

（8）明确强军之道要在得人，必须贯彻新时代军事教育方针，推动军事人员能力素质、结构布局、开发管理全面转型升级，锻造德才兼备的高素质、专业化新型军事人才。

（9）明确依法治军是我们党建军治军基本方式，必须构建中国特色军事法治体系，推动治军方式根本性转变，提高国防和军队建设法治化水平。

（10）明确军民融合发展是兴国之举、强军之策，必须巩固提高一体化国家战略体系和能力。

（11）明确作风优良是我军鲜明特色和政治优势，必须全面从严治党、全面从严治军，全面锻造过硬基层，坚定不移正风肃纪反腐，大力弘扬我党我军光荣传统和优良作风，永葆人民军队性质、宗旨、本色。

2. “五个坚持”

（1）坚持政治引领。

（2）坚持以武止戈。

（3）坚持积极进取。

（4）坚持统筹兼顾。

（5）坚持敢打必胜。

七、习近平文化思想

党的十八大以来，习近平总书记把宣传思想文化工作摆在治国理政的重要位置，围绕新时代文化建设提出一系列新思想、新观点、新论断，构成了习近平新时代中国特色社会主义思想的文化篇，形成了习近平文化思想。2023 年 10 月召开的全国宣传思想文化工作会议，首次提出“习近平文化思想”。

习近平文化思想是在继承发展党成立以来领导文化建设探索成果和宝贵经验的基础上，在新时代文化建设的伟大实践中形成并不断丰富发展的，是新时代党领导文化建设实践经验的理论总结。

2013 年 8 月 19 日至 20 日，全国宣传思想工作会议强调，意识形态工作是党的一项极端重要的工作，明确“两个巩固”是宣传思想工作的根本任务，即巩固马克思主义在意识形态领域的指导地位，巩固全党全国人民团结奋斗的共同思想基础。

2017 年 10 月，党的十九大报告首次提出“新的文化使命”这一重大命题，要求“推动社会主义文化繁荣兴盛”。

2018 年 8 月 21 日至 22 日，全国宣传思想工作会议上，习近平总书记强调，完成新形势下宣传思想工作的使命任务，必须自觉承担起举旗帜、聚民心、育新人、兴文化、展形象的使命任务，并以“九个坚持”概括宣传思想工作的规律性认识，即（1）坚持党对意识形态工作的领导权；（2）坚持思想工作“两个巩固”的根本任务；（3）坚持用新时代中国特色社会主义思想武装全党、教育人民；（4）坚持培育和践行社会主义核心价值观；（5）坚持文化自信是更基础、更广泛、更深厚的自信，是更基本、更深沉、更持久的力量；（6）坚持提高新闻舆论传播力、引导力、影响力、公信力；（7）坚持以人民为中心的创作导向；（8）坚持营造风清气正的网络空间；（9）坚持讲好中国故事、传播好中国声音。这些重要思想是做好宣传思想工作的根本遵循，必须长期坚持、不断发展。

2021 年 7 月 1 日，在庆祝中国共产党成立 100 周年大会上，习近平总书记首次正式提出“两个结合”重大论断，即“坚持把马克思主义基本原理同中国具体实际相结合、同中华优秀传统文化相结合”。“第二个结合”，是我们党对马克思主义中国化时代化历史经验的深刻总结，是对中华文明发展规律的深刻把握。

2022 年 10 月，党的二十大从五个方面重点部署文化建设工作，即（1）建设具有强大凝聚力和引领力的社会主义意识形态；（2）广泛践行社会主义核心价值观；（3）提高全社会文明程度；（4）繁荣发展文化事业和文化产业；（5）增强中华文明传播力影响力。

2023 年，习近平总书记对宣传思想文化工作作出重要指示，将“用党的创新理论武装全党、教育人民”作为宣传思想文化工作的首要政治任务，并提出“七个着力”的重要要求：（1）着力加强党对宣传思想文化工作的领导；（2）着力建设具有强大凝聚力和引领力的社会主义意识形态；（3）着力培育和践行社会主义核心价值观；（4）着力提升新闻舆论传播力、引导力、影响力、公信力；（5）着力赓续中华文脉、推动中华优秀传统文化创造性转化和创新性发展；（6）着力推动文化事业和文化产业繁荣发展；（7）着力加强国际传播能力建设、促进文明交流互鉴。

2023 年 10 月 7 日至 8 日，全国宣传思想文化工作会议正式提出并系统阐述习近平文化思想。会议提出，习近平文化思想既有文化理论观点上的创新和突破，又有文化工作布局上的部署要求，明体达用、体用贯通，明确了新时代文化建设的路线图和任务书，标志着我们党对中国特色社会主义文化建设规律的认识达到了新高度，表明我们党的历史自信、文化自信达到了新高度，并在我国社会主义文化建设中展现出了强大伟力，为做好新时代新征程宣传思想文化工作、担负起新的文化使命提供了强大思想武器和科学行动指南。

习近平文化思想是一个不断展开的、开放式的思想体系，必将随着实践深入不断丰富发展。

八、习近平总书记关于党的建设的重要思想

党的十八大以来，习近平总书记围绕建设什么样的长期执政的马克思主义政党、怎样建设长期执政的马克思主义政党的重大时代课题，突出全面从严治党这个主题主线，提出一系列管党治党、兴党强党的新理念、新思想、新战略，形成习近平总书记关于党的建设的重要思想。习近平总书记关于党的建设的重要思想，是习近平新时代中国特色社会主义思想的重要组成部分，是新时代党的建设理论发展和实践经验的科学总结，是马克思主义建党学说中国化、时代化的最新成果，是全面推进新时代党的建设新的伟大工程的根本遵循和行动指南。

2023 年 6 月 28 日至 29 日召开的全国组织工作会议，用“十三个坚持”集中概括了习近平总书记关于党的建设的重要思想，深刻阐明了党的建设的根本原则、科学布局、价值追求、重点任务。这是全党首次正式提出和系统阐述“习近平总书记关于党的建设的重要思想”，在马克思主义建党学说发展史和中国共产党党建史上具有标志性的里程碑意义。

“十三个坚持”是指：（1）坚持和加强党的全面领导；（2）坚持以党的自我革命引领社会革命；（3）坚持以党的政治建设统领党的建设各项工作；（4）坚持江山就是人民、人民就是江山；（5）坚持思想建党、理论强党；（6）坚持严密党的组织体系；（7）坚持造就忠诚干净担当的高素质干部队伍；（8）坚持聚天下英才而用之；（9）坚持持之以恒正风肃纪；（10）坚持一体推进不敢腐、不能腐、不想腐；（11）坚持完善党和国家监督体系；（12）坚持制度治党、依规治党；（13）坚持落实全面从严治党政治责任。

九、习近平总书记关于党的自我革命的重要思想

党的十八大以来，习近平总书记带领全党以前所未有的决心力度推进全面从严治党，创造性提出一系列具有原创性、标志性的新理念、新思想、新战略，形成习近平总书记关于党的自我革命的重要思想，指引百年大党开辟了自我革命的新境界。这是我们党坚持“两个结合”推进理论创新取得的新成果，是习近平新时代中国特色社会主义思想的新篇章，标志着我们党对马克思主义政党建设规律、共产党执政规律的认识达到新高度。

2024 年 1 月召开的党的二十届中央纪委三次全会深刻阐述习近平总书记关于党的自我革命的重要思想，科学回答我们党为什么要自我革命、为什么能自我革命、怎样推进自我革命等三个重大问题，明确提出推进自我革命“九个以”的实践要求。

“九个以”的实践要求：（1）以坚持党中央集中统一领导为根本保证；（2）以引

领伟大社会革命为根本目的；（3）以习近平新时代中国特色社会主义思想为根本遵循；（4）以跳出历史周期率为战略目标；（5）以解决大党独有难题为主攻方向；（6）以健全全面从严治党体系为有效途径；（7）以锻造坚强组织、建设过硬队伍为重要着力点；（8）以正风肃纪反腐为重要抓手；（9）以自我监督和人民监督相结合为强大动力。

习近平总书记关于党的自我革命的重要思想凝结了新时代全面从严治党丰富实践经验和重要理论成果，凝聚了全党高度共识，为新时代、新征程深入推进全面从严治党、党风廉政建设和反腐败斗争提供了根本遵循。

十、习近平总书记关于做好新时代党的统一战线工作的重要思想

党的十八大以来，以习近平同志为核心的党中央统筹中华民族伟大复兴战略全局和世界百年未有之大变局，从治国理政的战略高度对统战工作作出全面部署，习近平总书记就加强和改进统战工作提出了一系列新理念、新思想、新战略，科学回答了新时代爱国统一战线的性质、任务、范围、对象等一系列重大理论和实践问题，形成了习近平总书记关于做好新时代党的统一战线工作的重要思想。

2022 年 7 月召开的中央统战工作会议，集中阐释了习近平总书记关于做好新时代党的统一战线工作的重要思想，概括为“十二个必须”，即（1）必须充分发挥统一战线的重要法宝作用；（2）必须解决好人心和力量问题；（3）必须正确处理一致性和多样性关系；（4）必须坚持好发展好完善好中国新型政党制度；（5）必须以铸牢中华民族共同体意识为党的民族工作主线；（6）必须坚持我国宗教中国化方向；（7）必须做好党外知识分子和新的社会阶层人士统战工作；（8）必须促进非公有制经济健康发展和非公有制经济人士健康成长；（9）必须发挥港澳台和海外统战工作争取人心的作用；（10）必须加强党外代表人士队伍建设；（11）必须把握做好统战工作的规律；（12）必须加强党对统战工作的全面领导。

“十二个必须”涵盖了统一战线地位作用、本质要求、工作方针、任务重点、领导力量等基本问题，是一个内涵丰富、逻辑严密、系统完备的有机整体，是我们党的统一战线百年发展史的智慧结晶，是我们党对做好统战工作规律性认识的深化，是新时代统战工作的根本指针。

本章习题

一、单项选择题

1.（　　）是引领发展的第一动力，是建设现代化经济体系的战略支撑。

A. 改革　　B. 创新　　C. 开放　　D. 科技

2. 增强党的自我净化能力，根本靠强化党的自我监督和群众监督，强化自上而下的

（　　）监督，改进自下而上的（　　）监督，发挥同级互相监督作用，加强对党员领导干部的日常管理监督。

A. 组织；民主　　B. 领导；群众

C. 组织；群众　　D. 领导；民主

3. 经济体制改革必须以（　　）为重点，实现产权有效激励、要素自由流动、价格反应灵活、竞争公平有序、企业优胜劣汰。

A. 完善产权制度、要素市场化配置

B. 要素市场化配置、建立现代财政制度

C. 建立现代财政制度、创新和完善宏观调控

D. 完善产权制度、创新和完善宏观调控

4.（　　）是社会主义民主政治的本质特征。

A. 党的领导　　B. 人民当家作主

C. 依法治国　　D. 政治体制改革

5. 加强对生态文明建设的总体设计和组织领导，设立（　　）机构。

A. 国有自然资源资产管理和自然环境监管

B. 国有自然资源资产管理和自然生态监管

C. 国有自然资源资产监管和自然生态管理

D. 国有自然环境资产监管和自然生态管理

6. 我们要牢固树立社会主义生态文明观，推动形成（　　）现代化建设新格局，为保护生态环境作出我们这代人的努力！

A. 人与自然和谐共生　　B. 人与环境和谐发展

C. 人与自然和谐发展　　D. 人与环境和谐共生

7. 适应世界新军事革命发展趋势和国家安全需求，提高建设质量和效益，确保到 2020 年基本实现（　　），（　　）建设取得重大进展，（　　）有大的提升。

A. 现代化；信息化；战斗能力　　B. 机械化；信息化；战斗能力

C. 机械化；信息化；战略能力　　D. 现代化；信息化；战略能力

8. 力争到 2035 年（　　）国防和军队现代化，到本世纪中叶把人民军队（　　）世界一流军队。

A. 全面实现；基本建成　　B. 全面实现；全面建成

C. 基本实现；基本建成　　D. 基本实现；全面建成

9. 树立（　　）是核心战斗力的思想，推进重大技术创新、自主创新，加强军事人才培养体系建设，建设创新型人民军队。

A. 创新　　B. 科技　　C. 人才　　D. 技术

10. 要坚持党管干部原则，（　　），把好干部标准落到实处。

A. 坚持立场坚定、素质过硬，坚持五湖四海、任人唯贤，坚持事业为上、公道正派

B. 坚持德才兼备、以德为先，坚持立场坚定、素质过硬，坚持事业为上、公道正派

C. 坚持德才兼备、以德为先，坚持五湖四海、任人唯贤，坚持立场坚定、素质过硬

D. 坚持德才兼备、以德为先，坚持五湖四海、任人唯贤，坚持事业为上、公道正派

11. 要以提升（ ）为重点，突出政治功能，把企业、农村、机关、学校、科研院所、街道社区、社会组织等基层党组织建设成为宣传党的主张、贯彻党的决定、领导基层治理、团结动员群众、推动改革发展的坚强战斗堡垒。

A. 凝聚力 B. 领导力 C. 组织力 D. 战斗力

12. 要坚持无禁区、全覆盖、零容忍，坚持（ ），坚持受贿行贿一起查，坚决防止党内形成利益集团。

A. 重预防、强高压、长震慑 B. 重遏制、强高压、长震慑

C. 重遏制、不减压、长震慑 D. 重遏制、强高压、长威慑

13. 我们充分发挥科技创新的引领带动作用，努力在（ ）上取得新突破，在（ ）实现跨越发展，推动（ ）自主可控，加强创新链产业链融合。

A. 重要科技领域；原始创新；关键核心技术

B. 关键核心技术；原始创新；重要科技领域

C. 原始创新；关键核心技术；重要科技领域

D. 原始创新；重要科技领域；关键核心技术

14. 习近平总书记强调，推动（ ），创造性转化、创造性发展，让中华文化展现出永久魅力和时代风采。

A. 中华优秀传统文化 B. 中国式现代化

C. 社会主义现代化 D. 文化繁荣

15. 中国将力争（ ）年前实现碳达峰、（ ）年前实现碳中和。

A. 2030；2050 B. 2030；2060

C. 2035；2050 D. 2035；2060

16. 全面推进依法治国的总目标是（ ）。

A. 建设中国特色社会主义法治体系，建设社会主义法治国家

B. 形成有中国特色的社会主义法律体系

C. 建设法治政府

D. 建设法律面前人人平等的法治社会

17. （ ）是最大的人权。改革开放以来特别是党的十八大以来，我们坚持法治建设依靠人民、法治发展为了人民、法治成果由人民共享，始终坚持依法保障全体公民享有广泛的权利，维护最广大人民根本利益，保障人民群众对美好生活的向往和追求，在不断完善中国特色社会主义法治体系过程中为人民过上幸福生活提供坚强法

治保障。

A. 社会安定团结　　B. 经济高速发展

C. 人民幸福生活　　D. 科技创新发展

18. 新时代经济工作的总基调是（　　）。

A. 稳中有进　B. 进中求稳　C. 稳中求进　D. 进中又稳

19. 肯定（　　）是尊重劳动、崇尚劳动的必然要求，也是对新时代经济发展背景下各种错误认识的矫正。

A. 劳动者地位与作用　　B. 劳动

C. 劳动价值　　D. 创新

20. 中国特色社会主义进入新时代，中国经济已由高速增长转向（　　）发展阶段。

A. 低速度发展　　B. 高质量发展

C. 低质量发展　　D. 超速发展

21. 坚持生态兴则文明兴，是我国生态文明建设的（　　）。坚持人与自然和谐共生，是我国生态文明建设的（　　）。

A. 历史依据；核心理念　　B. 历史依据；基本原则

C. 宗旨要求；核心理念　　D. 宗旨要求；基本准则

22. 在新时代坚持和发展中国特色社会主义的基本方略中，最能体现生态文明建设的是（　　）。

A. 坚持新发展理念　　B. 坚持人与自然和谐共生

C. 坚持推动构建人类命运共同体　　D. 坚持全面深化改革

23.（　　）是新征程上开创中国特色大国外交新局面的必然要求，是更好支撑中国式现代化的必然要求。

A. 外交守正创新　　B. 合作共赢

C. 团结协作　　D. 和平共处

24. 必须毫不动摇坚持外交大权在党中央，自觉坚持（　　），进一步强化党领导对外工作的体制机制。各地区各部门要胸怀大局、协同配合，不折不扣贯彻落实党中央对外工作决策部署。

A. 党中央集中统一领导　　B. 党管一切

C. 和平共处五项基本原则　　D. 和平外交

25. 明确党在新时代的强军目标是建设一支听党指挥、能打胜仗、作风优良的人民军队，到（　　）年实现建军一百年奋斗目标，到 2035 年基本实现国防和军队现代化，到本世纪中叶把人民军队建成世界一流军队。

A. 2027　B. 2025　C. 2026　D. 2024

26. 明确（　　）是强军的必由之路，必须推进军队组织形态现代化，构建中国特色现代军事力量体系，完善中国特色社会主义军事制度。

A. 改革　B. 创新　C. 革新　D. 斗争

27. 习近平文化思想，是新时代党领导（　　）实践经验的总结，是对马克思主义文化理论的丰富和发展。
    A. 文化建设　B. 文化强国　C. 道路建设　D. 文化繁荣
28. 习近平总书记指出，（　　）关乎旗帜、关乎道理、关乎国家政治安全。
    A. 经济建设　B. 文化自信　C. 意识形态　D. “四个自信”
29. 习近平总书记强调，所有宣传思想部门和单位，所有宣传思想战线上的党员、干部，都要旗帜鲜明坚持（　　）。
    A. 政治原则　B. 党性原则　C. 文化建设　D. 政治方向
30. 习近平总书记强调，坚持（　　），推动社会主义文化繁荣兴盛，建设中华民族现代文明。
    A. 文化强国　B. 文化发展　C. 文化自信　D. 意识形态

二、多项选择题

1. 全党同志一定要永远与人民（　　），永远把人民对美好生活的向往作为奋斗目标，以永不懈怠的精神状态和一往无前的奋斗姿态，继续朝着实现中华民族伟大复兴的宏伟目标奋勇前进。
    A. 同呼吸　B. 共命运　C. 手牵手　D. 心连心
2. 科学立法、严格执法、公正司法、全民守法深入推进，（　　）建设相互促进，中国特色社会主义法治体系日益完善，全社会法治观念明显增强。
    A. 法治生活　B. 法治国家　C. 法治政府　D. 法治社会
3. 新时代党的建设总要求是（　　）。
    A. 坚持和加强党的全面领导，坚持党要管党、全面从严治党
    B. 以加强党的长期执政能力建设、先进性和纯洁性建设为主线，以党的政治建设为统领，以坚定理想信念宗旨为根基，以调动全党积极性、主动性、创造性为着力点
    C. 全面推进党的政治建设、思想建设、组织建设、作风建设、纪律建设
    D. 把制度建设贯穿其中，深入推进反腐败斗争，不断提高党的建设质量
    E. 把党建设成为始终走在时代前列、人民衷心拥护、勇于自我革命、经得起各种风浪考验、朝气蓬勃的马克思主义执政党
4. 中国将高举（　　）的旗帜，恪守维护世界和平、促进共同发展的外交政策宗旨。
    A. 和平　B. 发展　C. 合作
    D. 共赢　E. 互惠
5. 要深刻认识党面临的（　　）的长期性和复杂性。
    A. 执政考验　B. 改革开放考验
    C. 市场经济考验　D. 生态保护考验
    E. 外部环境考验

6. 领导十三亿多人的社会主义大国，我们党既要政治过硬，也要本领高强。要（　　）。
   A. 增强学习本领，增强政治领导本领
   B. 增强改革创新本领，增强科学发展本领
   C. 增强依法执政本领，增强群众工作本领
   D. 增强狠抓落实本领，增强驾驭风险本领
7. 以（　　），把党内和党外、国内和国外各方面优秀人才集聚到党和人民的伟大奋斗中来。
   A. 识才的慧眼　　B. 敬才的风度
   C. 爱才的诚意　　D. 用才的胆识
   E. 容才的雅量　　F. 聚才的良方
8. 青年兴则国家兴，青年强则国家强。青年一代（　　），国家就有前途，民族就有希望。
   A. 有品德　　B. 有理想　　C. 有本领　　D. 有担当
9. 习近平法治思想是在波澜壮阔的时代背景下创立的，是对中国共产党领导法治建设丰富实践和宝贵经验的科学总结，是一个内涵丰富、论述深刻、逻辑严密、系统完备的科学理论体系，具有鲜明的（　　）。习近平为这一科学理论体系的创立和发展作出了独创性、原创性贡献。
   A. 理论风格　　B. 思维特征　　C. 实践特色　　D. 历史特征
10. 中共中央、国务院印发《法治政府建设实施纲要（2021—2025 年）》，它是我们立足新发展阶段，深入贯彻以人民为中心的基本原则，推动新时代法治政府建设再上新台阶的纲领性法治文件。它系统完整且清晰明确地展现了法治政府建设（　　）的基本理念。
   A. 领导人民　　B. 为了人民　　C. 依靠人民　　D. 保障人民
11. 习近平多次强调，坚持依法治国首先要坚持（　　），坚持依法执政首先要坚持（　　）。这两个“首先”，深刻揭示了宪法在治国理政中的重要地位。
   A. 以德治国　　B. 依宪治国　　C. 以德执政　　D. 依宪执政
12. 建设中国特色社会主义法治体系，就是在中国共产党领导下，坚持中国特色社会主义制度，贯彻中国特色社会主义法治理论，形成完备的（　　），高效的（　　），严密的（　　），有力的（　　），形成完善的（　　）。
   A. 法律规范体系　　B. 法治实施体系
   C. 法治监督体系　　D. 法治保障体系
   E. 党内法规体系
13. 我国为达到节能减排的目的，调整能源结构的方式有（　　）。
   A. 加快产业结构调整，大力发展第三产业
   B. 大力发展循环经济

C. 强化技术创新

D. 加强组织领导

14. 温室效应的危害有（　　）。

A. 冰川融化海平面升高

B. 夏季温度升高加剧臭氧污染，引发肺部疾病

C. 气温升高，人体脱水增加肾结石现象变多

D. 水环境温度升高使蚊子和浮游生物等大量繁殖引发疾病

15. 产生能源危机的主要原因有（　　）。

A. 能源生产和消费不平衡　　B. 能源生产与需求不平衡

C. 能源在地区上分布不均　　D. 能源利用率低，浪费严重

16. 习近平文化思想的形成，标志着我们党对中国特色社会主义文化建设规律的认识达到了新高度，表明我们党的（　　）达到了新高度。

A. 中国特色社会主义　　B. 理论自信

C. 历史自信　　D. 文化自信

17. 习近平文化思想内涵丰富、思想深邃、博大精深，为我们在新时代新征程继续推动（　　）、建设（　　）、建设中华民族现代文明提供了强大思想武器和科学行动指南。

A. 文化建设　　B. 文化繁荣　　C. 文化强国　　D. 文化自信

18. 习近平总书记强调，坚持和加强党对宣传思想文化工作的全面领导，担负起新的（　　）、建设社会主义（　　），铸就社会主义文化新辉煌。

A. 文化使命　　B. 文化自信　　C. 文化强国　　D. 现代文明

19. 习近平总书记强调，坚持以人民为中心的创作导向，把（　　）放在首位，推动更多增强人民（　　）的优秀作品。

A. 经济效益　　B. 社会效益　　C. 精神力量　　D. 精神财富

20. 中国共产党人深刻认识到，只有把马克思主义基本原理同（　　）相结合、同（　　）相结合，坚持运用辩证唯物主义和历史唯物主义，才能正确回答时代和实践提出的重大问题，才能始终保持马克思主义的蓬勃生机和旺盛活力。

A. 中华民族发展史　　B. 中国具体实际

C. 中华优秀传统文化　　D. “四个自信”

参考答案

一、单项选择题

1－5　BAABB　　6－10　CCDBD

11－15　CBDAB　　16－20　ACCAB

21－25　BBAAA　　26－30　AACBC

二、多项选择题

1－5　ABD、BCD、ABCDE、ABCD、ABCE

6－10　ABCD、ACDEF、BCD、ABC、BCD

11－15　BD、ABCDE、ABCD、ABCD、ABCD

16－20　CD、BC、AC、BC、BC

第二章　2023年学习贯彻习近平新时代中国特色社会主义思想主题教育专题

开展时间：从2023年4月开始，以县处级以上干部为重点，分两批进行，2024年1月底基本结束。

一、总要求

1. 学思想

要坚持不懈用习近平新时代中国特色社会主义思想凝心铸魂、引领前行，全面学习领会并系统掌握这一思想的基本观点、科学体系，把握好这一思想的世界观、方法论，坚持好、运用好贯穿其中的立场观点方法，不断增进对党的创新理论的政治认同、思想认同、理论认同、情感认同，真正把马克思主义看家本领学到手，自觉用习近平新时代中国特色社会主义思想指导各项工作。

2. 强党性

要自觉用习近平新时代中国特色社会主义思想改造主观世界，深刻领会这一思想关于坚定理想信念、提升思想境界、加强党性锻炼等一系列要求，始终保持共产党人的政治本色。

3. 重实践

要自觉践行习近平新时代中国特色社会主义思想，用以改造客观世界、推动事业发展，用以观察时代、把握时代、引领时代，深刻洞察时与势、危与机积极识变应变求变，解决经济社会发展和党的建设中存在的各种矛盾问题，防范化解重大风险，推动中国式现代化取得新进展新突破。

4. 建新功

要从习近平新时代中国特色社会主义思想中汲取奋发进取的智慧和力量，熟练掌握其中蕴含的领导方法、思想方法、工作方法，不断提高履职尽责的能力和水平，凝心聚力促发展，驰而不息抓落实，立足岗位作贡献，努力创造经得起历史和人民检验的实绩。

二、根本任务

坚持学思用贯通、知信行统一，把习近平新时代中国特色社会主义思想转化为坚定理想、锤炼党性和指导实践、推动工作的强大力量，使全党始终保持统一的思想、坚定的意志、协调的行动、强大的战斗力，努力在以学铸魂、以学增智、以学正风、以学促干方面取得实实在在的成效。

1. 着力解决 6 个方面问题

理论学习；政治素质；能力本领；担当作为；工作作风；廉洁自律。

2. 具体要达到的目标

（1）凝心铸魂筑牢根本。教育引导广大党员、干部经受思想淬炼、精神洗礼，坚定对马克思主义的信仰、对中国特色社会主义的信念、对实现中华民族伟大复兴中国梦的信心，弘扬伟大建党精神，务必不忘初心、牢记使命，务必谦虚谨慎、艰苦奋斗，务必敢于斗争、善于斗争，筑牢信仰之基、补足精神之钙、把稳思想之舵。

（2）锤炼品格强化忠诚。教育引导广大党员、干部锤炼政治品格，不断提高政治判断力、政治领悟力、政治执行力，做到以党的旗帜为旗帜、以党的意志为意志、以党的使命为使命，始终忠诚于党、忠诚于人民、忠诚于马克思主义，真心爱党、时刻忧党、坚定护党、全力兴党。

（3）实干担当促进发展。教育引导广大党员、干部胸怀“国之大者”，紧紧围绕新时代新征程党的中心任务，真抓实干、务求实效，聚焦问题、知难而进，以“时时放心不下”的责任感、积极担当作为的精气神为党和人民履好职、尽好责，以新气象新作为推动高质量发展取得新成效，依靠顽强斗争打开事业发展新天地。

（4）践行宗旨为民造福。教育引导广大党员、干部牢固树立以人民为中心的发展思想，坚持一切为了人民、一切依靠人民，自觉问计于民、问需于民，始终同人民同呼吸、共命运、心连心，不断增进民生福祉，把惠民生、暖民心、顺民意的工作做到群众心坎上。

（5）廉洁奉公树立新风。教育引导广大党员、干部坚持以党性立身做事，增强纪律意识、规矩意识，持续纠治“四风”，把纠治形式主义、官僚主义摆在更加突出的位置，做到公正用权、依法用权、为民用权、廉洁用权，推动形成清清爽爽的同志关系、规规矩矩的上下级关系、亲清统一的新型政商关系，当好良好政治生态和社会风气的引领者、营造者、维护者。

3. 要取得的成效

（1）以学铸魂。以学铸魂就是要做好学习贯彻习近平新时代中国特色社会主义思想的深化、内化、转化工作，从思想上正本清源、固本培元，筑牢信仰之基、补足精神之钙、把稳思想之舵。

一是坚定理想信念，增强对党的价值追求和前进方向的高度政治认同，把好世界观、人生观、价值观这个“总开关”。

二是铸牢对党忠诚，自觉坚持党的全面领导、坚定维护党中央权威和集中统一领导，不断提高政治判断力、政治领悟力、政治执行力，始终在政治立场、政治方向、政治原则、政治道路上同党中央保持高度一致，把对党忠诚体现到贯彻落实好党中央决策部署的实际行动上。

三是站稳人民立场，强化宗旨意识，坚守初心使命，践行党的群众路线，把人民群众满意不满意作为评判主题教育成效的根本标准，解决好人民群众最关心、最直接、最现实的利益问题，把惠民生的事办实、暖民心的事办细、顺民意的事办好，让现代化建设成果更多更公平惠及全体人民。

（2）以学增智。以学增智就是要从党的科学理论中悟规律、明方向、学方法、增智慧，把看家本领、兴党本领、强国本领学到手。

一要提升政治能力，要胸怀“国之大者”善于从党和人民的立场、党和国家工作大局出发想问题、作决策、办事情。要坚持问题导向，善于从繁杂问题中把握事物的规律性、从苗头问题中发现事物的趋势性、从偶然问题中认识事物的必然性。要始终坚持人民至上，善于驾驭复杂局面、凝聚社会力量、防范政治风险，切实担负好党和人民赋予的政治责任，真正成为政治上的明白人。

二要提升思维能力，把习近平新时代中国特色社会主义思想的世界观、方法论和贯穿其中的立场观点方法转化为自己的科学思想方法，作为研究问题、解决问题的“总钥匙”，切实提高战略思维、辩证思维、系统思维、创新思维、历史思维、法治思维、底线思维能力，做到善于把握事物本质、把握发展规律、把握工作关键、把握政策尺度，增强工作科学性、预见性、主动性、创造性。

三要提升实践能力，全面把握习近平新时代中国特色社会主义思想一系列新理念、新思想、新战略的实践要求，增强推动高质量发展、服务群众、防范化解风险本领，加强斗争精神和斗争本领养成，着力增强防风险、迎挑战、抗打压能力，及时填知识空白、补素质短板、强能力弱项，不断提高专业化水平。

（3）以学正风。通过集中教育推动全党以自我革命精神解决党风方面的突出问题，是一条重要历史经验。人民群众看主题教育是否有成效，最直观的感受是看党风方面存在的问题是否得到解决、党员干部作风是否有明显进步。要抓实以学正风，坚持目标导向和问题导向相结合、学查改相贯通，对标党风要求找差距、对表党性要求查根源、对照党纪要求明举措，增强检视整改实效。

一是要大兴务实之风，抓好调查研究，在察实情、出实招、求实效上下功夫，把工作抓实、基础打实、步子迈实，在力戒形式主义、官僚主义上取得明显实质性进展，以主题教育为契机，将调查研究发扬光大。

二是要弘扬清廉之风，教育各级领导干部牢固树立正确权力观，全面查找廉洁风险点，筑牢思想防线，坚守法纪红线。要按照“三不腐”要求健全相关制度、严格执纪，建好护栏。

三是要养成俭朴之风，把生活作风问题作为检视整改的重要内容，督促广大党员干部保持清醒头脑，筑牢贯彻落实中央八项规定及实施细则精神的堤坝。

（4）以学促干。各级党组织要教育引导党员、干部落实“重实践”要求，坚持学思用贯通、知信行统一，匡正干的导向，增强干的动力，形成干的合力，在以学促干上取得实实在在的成效。

一是树牢造福人民的政绩观，坚持以人民为中心的发展思想，坚持高质量发展，不搞贪大求洋、盲目蛮干、哗众取宠；坚持出实招求实效，不搞华而不实、投机取巧、数据造假；坚持打基础利长远，不搞急功近利、竭泽而渔、劳民伤财。

二是鼓足干事创业的精气神，紧紧围绕新时代新征程党的中心任务，以“时时放心不下”的责任感恪尽职守、担当作为，迎难而上、敢于斗争，严肃整治拈轻怕重、躺平甩锅、敷衍塞责、得过且过等消极现象，完善担当作为激励和保护机制。

三是形成狠抓落实的好局面，不折不扣贯彻落实党中央决策部署，积极主动抓落实，聚合众力抓落实，以钉钉子精神抓落实，聚焦实际问题抓落实，不断在抓落实上取得新实效。

三、工作安排

主题教育不划阶段、不分环节，把理论学习、调查研究、推动发展、检视整改等贯通起来，有机融合、一体推进。

本章习题

一、单项选择题

1. 本次主题教育的全称是（　　）。
   A. 习近平新时代“中国梦”主题教育
   B. 中国式现代化建设思想主题教育
   C. 大兴调查研究系列思想主题教育
   D. 学习贯彻习近平新时代中国特色社会主义思想主题教育
2. 本次主题教育的总要求是（　　）、强党性、重实践、建新功。
   A. 学思想　　B. 讲政治　　C. 学理论　　D. 务时效
3. 本次主题教育（　　）。
   A. 不划阶段、不分环节
   B. 分为四个阶段，分别是理论学习、调查研究、检视剖析以及整改整顿阶段
   C. 分为两个阶段，4 月至 8 月为第一批，9 月至 12 月为第二批
   D. 制定目标、完成目标、查摆问题、巡查整改
4. 本次主题教育的重点是（　　）。
   A. 县处级以上领导干部　　B. 全体党员
   C. 省部级以上领导干部　　D. 党员领导干部
5. 本次主题教育的根本任务是（　　）。
   A. 学思想、见行动　　B. 学思想、强党性、重实践、建新功
   C. 学思用贯通、知信行统一　　D. 凝心铸魂筑牢根本，锤炼品格强化忠诚
6. 紧紧围绕（　　）这个全面建设社会主义现代化国家的首要任务，以强化理论学习指导发展实践，以深化调查研究推动解决发展难题，把学习和调研落实到完成党的

二十大部署的各项任务中去，以推动高质量发展的新成效检验主题教育成果。

A. 经济发展　　B. 高质量发展

C. 中华民族崛起　　D. 两个复兴

7. 学习贯彻习近平新时代中国特色社会主义思想主题教育自上而下分两批进行，第一批从2023年（　　）开始，到2023年8月基本结束。

A. 2月　　B. 3月　　C. 4月　　D. 5月

8.（　　）对主题教育开展情况进行督促指导。

A. 中央派出指导组　　B. 各级党委

C. 上级党组织派出指导组　　D. 本级纪委指导组

9. 2023年4月23日，习近平总书记在学习贯彻习近平新时代中国特色社会主义思想主题教育工作会上强调，扎实抓好主题教育，为（　　）凝心聚力。

A. 奋进新时代　　B. 奋进新征程

C. 中国式现代化　　D. 实现中华民族伟大复兴

10. 这次主题教育，要在推动学习贯彻（　　）走深走实上下功夫，教育引导党员、干部从思想上正本清源、固本培元，不断提高政治判断力、政治领悟力、政治执行力，增强"四个意识"、坚定"四个自信"、做到"两个维护"。

A. 党的二十大精神

B. 习近平关于公安工作的重要论述

C. 习近平新时代中国特色社会主义思想

D. 第十四个五年规划和二〇三五远景目标

11. 党的二十大报告指出，中国式现代化是中国共产党领导的社会主义现代化，既有各国现代化的共同特征，更有基于自己国情的（　　）。

A. 中国特色　　B. 现代化

C. 中国式现代化　　D. 发展

12. 优化方式方法展开调研，要采取"四不两直"方式，（　　），不搞层层陪同，不增加基层负担。

A. 加强统筹，雨露均沾　　B. 问政于民，问需于民

C. 扎堆调研，多头调研　　D. 轻车简从，厉行节约

13. 党的二十大报告指出，坚持把（　　）作为现代化建设的出发点和落脚点。

A. 实现人民对美好生活的向往　　B. 实现中华民族伟大复兴

C. 发展中国特色社会主义　　D. 实现全体人民共同富裕

14. 党的二十大报告中指出，我们提出并贯彻新发展理念，着力推进高质量发展，推动构建新发展格局，实施（　　），制定一系列具有全局性意义的区域重大战略，我国经济实力实现历史性跃升。

A. 转变发展方式　　B. 优化经济结构

C. 供给侧结构性改革　　D. 转换增长动力

15. 根据习近平总书记对党员提出的新要求，《中国共产党章程（修正案）》对党员义务进行了完善，增写（　　）。
A. 学习党的历史，提升政治判断力、政治领悟力、政治执行力
B. 学习党的优良传统，增强“四个意识”、坚定“四个自信”、做到“两个维护”
C. 学习党的历史，增强“四个意识”、坚定“四个自信”、做到“两个维护”
D. 学习党的优良传统，增强“四个意识”、做到“两个维护”

16. 党的二十大报告指出，人民群众获得感、幸福感、安全感更加充实、更有保障、更可持续，（　　）取得新成效。
A. 脱贫攻坚　B. 扫黑除恶　C. 改革开放　D. 共同富裕

17. 党的二十大报告指出，坚持依法治国首先要坚持（　　）。
A. 做到“两个维护”　B. 公平正义
C. 科学立法　D. 依宪治国

18. 党的二十大报告指出，经过不懈努力，党找到了（　　）这一跳出治乱兴衰历史周期率的第二个答案。
A. 人民监督　B. 自我革命　C. 社会改革　D. 阶级斗争

19. 必须坚定不移走中国特色社会主义政治发展道路，坚持（　　）、人民当家作主、依法治国有机统一。
A. 党的领导　B. 为民造福　C. 协调发展　D. 自力更生

20. 转变政府职能，优化政府职责体系和组织结构，推进机构、职能、权限、程序、责任（　　），提高行政效率和公信力。
A. 法制化　B. 法定化　C. 合法化　D. 规范化

21.《中国共产党章程》规定，对党的决议和政策如有不同意见，在坚决执行的前提下，可以声明保留，并且可以把自己的意见向（　　）提出。
A. 党的上级组织直至中央　B. 党中央
C. 上级党组织　D. 上级党委

22.《中国共产党章程》规定，不允许有任何不参加党的组织生活、（　　）的特殊党员。
A. 不按时汇报思想　B. 不接受批评
C. 不接受党内外群众监督　D. 不履行党员义务

23. 全党要把青年工作作为战略性工作来抓，用党的科学理论武装青年，用党的初心使命感召青年，做青年朋友的（　　）、青年工作的（　　）、青年群众的（　　）。
A. 孺子牛；拓荒牛；老黄牛　B. 知心人；热心人；引路人
C. 代理人；代言人；代权人　D. 培养人；教育人；德树人

24. 发展是解决我国一切问题的基础和关键，发展必须是科学发展，必须坚定不移贯彻（　　）的发展理念。
A. 创新、协调、绿色、开放、共享　B. 创造、协调、生态、开放、共享

C. 创新、统筹、绿色、开放、共享　D. 创造、统筹、生态、开放、共享

25. (　　) 是引领发展的第一动力，是建设现代化经济体系的战略支撑。

A. 改革　B. 创新　C. 开放　D. 科技

26. (　　) 是中华民族永续发展的千年大计。

A. 民主法治建设　B. 全面建成小康社会

C. 增进民生福祉　D. 建设生态文明

27. 坚持总体国家安全观，必须以（　　）为根本。

A. 经济安全　B. 政治安全　C. 国防安全　D. 周边安全

28. 全面加强国家安全教育，提高各级领导干部统筹（　　）能力，增强全民国家安全意识和素养，筑牢国家安全人民防线。

A. 改革和发展　B. 发展和安全

C. 外部安全和内部安全　D. 国土安全和国民安全

29. 高质量发展是全面建设社会主义现代化国家的（　　）。发展是党执政兴国的（　　）。

A. 首要任务；第一要务　B. 第一要务；首要任务

C. 中心；重心　D. 重心；中心

30. 一百多年来，中国共产党团结带领中国人民进行的一切奋斗、一切牺牲、一切创造，归结起来就是一个主题，即（　　）。

A. 全面建成小康社会　B. 全面建设社会主义现代化国家

C. 实现中华民族伟大复兴　D. 以中国式现代化推进中华民族伟大复兴

二、多项选择题

1. 学习贯彻习近平新时代中国特色社会主义思想主题教育的具体目标是（　　）。

A. 凝心铸魂筑牢根本　B. 锤炼品格强化忠诚

C. 实干担当促进发展　D. 践行宗旨为民造福

E. 廉洁奉公树立新风

2. 各级党委（党组）要扛起主体责任，把主题教育（　　）。

A. 谋划好　B. 组织好　C. 落实好　D. 监督好

E. 贯彻好　F. 推进好

3. 党委（党组）主要负责同志要切实履行第一责任人职责，包括（　　）。

A. 亲自谋划　B. 靠前指挥　C. 督促指导　D. 长效落实

E. 持续用力　F. 亲自挂帅

4. 这次主题教育的重要意义包括（　　）。

A. 这是统一全党思想意志行动，始终保持党的强大凝聚力、战斗力的必然要求

B. 这是推动全党积极担当作为、不断开创事业发展新局面的必然要求

C. 这是深入推进全面从严治党、以党的自我革命引领社会革命的必然要求

D. 这是不断提高高质量发展、提振锐意进取精气神的必然要求

5. 学习贯彻习近平新时代中国特色社会主义思想主题教育着力解决理论学习方面、政治素质方面、能力本领方面、（　　）等六个方面的突出问题。

A. 担当作为方面　　B. 工作作风方面
C. 屡建新功方面　　D. 廉洁自律方面
E. 增强党性方面

6. 贯穿学习贯彻习近平新时代中国特色社会主义思想主题教育全过程的重点措施包含（　　）。

A. 理论学习　　B. 担当作为
C. 调查研究　　D. 推动发展
E. 检视整改

7. 本次主题教育要把（　　）等贯通起来，有机融合、一体推进。

A. 理论学习　　B. 调查研究　　C. 推动发展　　D. 检视整改

8. 本次主题教育要坚持（　　），把问题整改贯穿主题教育始终，让人民群众切实感受到解决问题的实际成效。

A. 边学习　　B. 边对照　　C. 边检视　　D. 边整改

9. 党的二十大报告指出，必须更好发挥法治（　　）的保障作用，在法治轨道上全面建设社会主义现代化国家。

A. 固根本　　B. 稳预期　　C. 利长远　　D. 促发展

10. 党的二十大报告指出，大自然是人类赖以生存发展的基本条件，（　　）是全面建设社会主义现代化国家的内在要求。

A. 尊重自然　　B. 顺应自然　　C. 保护自然　　D. 改造自然

11. 党的二十大报告指出，我们坚持绿水青山就是金山银山的理念，坚持山水林田湖草沙一体化保护和系统治理，（　　）加强生态环境保护，生态文明制度体系更加健全，污染防治攻坚向纵深推进，绿色、循环、低碳发展迈出坚实步伐，生态环境保护发生历史性、转折性、全局性变化，我们的祖国天更蓝、山更绿、水更清。

A. 全方面　　B. 全方位　　C. 全地域　　D. 全过程

12. 下列属于党的二十大报告中的全面建设社会主义现代化国家的基础性战略性支撑的有（　　）。

A. 教育　　B. 科技　　C. 经济　　D. 人才

13. 中国共产党的三大历史任务是（　　）。

A. 推进现代化建设　　B. 完成祖国统一
C. 维护世界和平与促进共同发展　　D. 实现共同富裕

14. 解放和发展社会生产力，是社会主义的本质要求。我们要激发全社会创造力和发展活力，努力实现（　　）的发展。

A. 更高质量　　B. 更有效率　　C. 更加公平　　D. 更可持续

15. 全面建设社会主义现代化国家，必须牢牢把握的重大原则有（　　）。
A. 坚持和加强党的全面领导　B. 坚持中国特色社会主义道路
C. 坚持以人民为中心的发展思想　D. 坚持深化改革开放
E. 坚持发扬斗争精神

16. 党的二十大报告提出了“三个务必”，以下属于其中的有（　　）。
A. 务必不忘初心、牢记使命　B. 务必谦虚谨慎、艰苦奋斗
C. 务必敢于斗争、善于斗争　D. 务必踔厉奋发、勇毅前行

17. 加快构建新发展格局，着力推动高质量发展，我们要（　　），推进高水平对外开放。
A. 构建高水平社会主义市场经济体制　B. 建设现代化产业体系
C. 促进区域协调发展　D. 全面推进乡村振兴

18. 实施公民道德建设工程，弘扬中华传统美德，加强（　　）建设，加强和改进未成年人思想道德建设，推动明大德、守公德、严私德，提高人民道德水准和文明素养。
A. 家庭　B. 家教　C. 家风　D. 家训

19. 习近平新时代中国特色社会主义思想明确，中国特色社会主义战略布局是“四个全面”，即（　　）。
A. 全面建设社会主义现代化国家　B. 全面改革开放
C. 全面深化改革　D. 全面依法治国
E. 全面从严治党

20. 习近平新时代中国特色社会主义思想明确，中国特色社会主义总体布局是“五位一体”，即（　　）。
A. 统筹推进经济建设　B. 政治建设
C. 文化建设　D. 社会建设
E. 生态文明建设

参考答案

一、单项选择题

1－5　DAAAC　6－10　BCABC
11－15　ADACC　16－20　DDBAB
21－25　ACBAB　26－30　DBBAC

二、多项选择题

1－5　ABCDE、ABC、ABC、ABC、ABD
6－10　ACDE、ABCD、ABCD、ABC、ABC
11－15　BCD、ABD、ABC、ABCD、ABCDE
16－20　ABC、ABCD、ABC、ACDE、ABCDE

第三章　党的二十大报告

2022 年 10 月 16 日，中国共产党第二十次全国代表大会在北京召开，党的二十大的主题是：高举中国特色社会主义伟大旗帜，全面贯彻习近平新时代中国特色社会主义思想，弘扬伟大建党精神，自信自强、守正创新，踔厉奋发、勇毅前行，为全面建设社会主义现代化国家、全面推进中华民族伟大复兴而团结奋斗。

党的二十大报告共分 15 个部分：（一）过去五年的工作和新时代十年的伟大变革；（二）开辟马克思主义中国化时代化新境界；（三）新时代新征程中国共产党的使命任务；（四）加快构建新发展格局，着力推动高质量发展；（五）实施科教兴国战略，强化现代化建设人才支撑；（六）发展全过程人民民主，保障人民当家作主；（七）坚持全面依法治国，推进法治中国建设；（八）推进文化自信自强，铸就社会主义文化新辉煌；（九）增进民生福祉，提高人民生活品质；（十）推动绿色发展，促进人与自然和谐共生；（十一）推进国家安全体系和能力现代化，坚决维护国家安全和社会稳定；（十二）实现建军一百年奋斗目标，开创国防和军队现代化新局面；（十三）坚持和完善“一国两制”，推进祖国统一；（十四）促进世界和平与发展，推动构建人类命运共同体；（十五）坚定不移全面从严治党，深入推进新时代党的建设新的伟大工程。

党的二十大报告学习要点

一、“两个一”：“一个中心任务”和“一个伟大号召”

一个中心任务（出自第三部分：新时代新征程中国共产党的使命任务）：中国共产党的中心任务就是团结带领全国各族人民全面建成社会主义现代化强国、实现第二个百年奋斗目标，以中国式现代化全面推进中华民族伟大复兴。

一个伟大号召（出自党的二十大报告结尾部分）：同志们！党用伟大奋斗创造了百年伟业，也一定能用新的伟大奋斗创造新的伟业。全党全军全国各族人民要紧密团结在党中央周围，牢记空谈误国、实干兴邦，坚定信心、同心同德，埋头苦干、奋勇前进，为全面建设社会主义现代化国家、全面推进中华民族伟大复兴而团结奋斗！

二、“四个二”：是两个“结合”“两步走战略安排”“两个一定实现”和“两个行”

两个“结合”（出自第二部分：开辟马克思主义中国化时代化新境界）：中国共产党人

深刻认识到，只有把马克思主义基本原理同中国具体实际相结合、同中华优秀传统文化相结合，坚持运用辩证唯物主义和历史唯物主义，才能正确回答时代和实践提出的重大问题，才能始终保持马克思主义的蓬勃生机和旺盛活力。

两步走战略安排（出自第三部分：新时代新征程中国共产党的使命任务）：从二〇二〇年到二〇三五年基本实现社会主义现代化；从二〇三五年到本世纪中叶把我国建成富强民主文明和谐美丽的社会主义现代化强国。未来五年是全面建设社会主义现代化国家开局起步的关键时期。

两个“一定实现”（出自第十三部分：坚持和完善“一国两制”，推进祖国统一）：国家统一、民族复兴的历史车轮滚滚向前，祖国完全统一一定要实现，也一定能够实现！

两个“行”（出自第二部分：开辟马克思主义中国化时代化新境界）：马克思主义是我们立党立国、兴党兴国的根本指导思想。实践告诉我们，中国共产党为什么能，中国特色社会主义为什么好，归根到底是马克思主义行，是中国化时代化的马克思主义行。拥有马克思主义科学理论指导是我们党坚定信仰信念、把握历史主动的根本所在。

三、“十个三”：“三个务必”“三件大事”“三个历史性胜利”“三个不变”“三个更加”“全面依法治国三个关系”“三个文化”“三个之变”“展现三个中国形象”和“三个不腐”

“三个务必”（开篇明确大会主题后强调）：全党同志务必不忘初心、牢记使命，务必谦虚谨慎、艰苦奋斗，务必敢于斗争、善于斗争，坚定历史自信，增强历史主动，谱写新时代中国特色社会主义更加绚丽的华章。

“三件大事”（出自第一部分：过去五年的工作和新时代十年的伟大变革）：十年来，我们经历了对党和人民事业具有重大现实意义和深远历史意义的三件大事：一是迎来中国共产党成立一百周年，二是中国特色社会主义进入新时代，三是完成脱贫攻坚、全面建成小康社会的历史任务，实现第一个百年奋斗目标。

“三个历史性胜利”（出自第一部分：这是对十年来我们经历了对党和人民事业具有重大现实意义和深远历史意义的三件大事的肯定）：这是中国共产党和中国人民团结奋斗赢得的历史性胜利，是彪炳中华民族发展史册的历史性胜利，也是对世界具有深远影响的历史性胜利。

“三个不变”（出自第一部分：这是回顾十年来我们深入推进全面从严治党所取得的成果的总结）：经过不懈努力，党找到了自我革命这一跳出治乱兴衰历史周期率的第二个答案，自我净化、自我完善、自我革新、自我提高能力显著增强，管党治党宽松软状态得到根本扭转，风清气正的党内政治正态不断形成和发展，确保党永远不变质、不变色、不变味。

“三个更加”（出自第一部分：这是对新时代十年的伟大变革民族自信心的肯定）：中国人民的前进动力更加强大、奋斗精神更加昂扬、必胜信念更加坚定，焕发出更为强烈的历史自觉和主动精神，中国共产党和中国人民正信心百倍推进中华民族从站起来、富起来到强起来的伟大飞跃。

“全面依法治国三个关系”（出自第七部分：坚持全面依法治国，推进法治中国建设）：全面依法治国是国家治理的一场深刻革命，关系党执政兴国，关系人民幸福安康，关系党和国家长治久安。必须更好发挥法治固根本、稳预期、利长远的保障作用，在法治轨道上全面建设社会主义现代化国家。

“三个文化”（出自第八部分：推进文化自信自强，铸就社会主义文化新辉煌）：发展社会主义先进文化，弘扬革命文化，传承中华优秀传统文化，满足人民日益增长的精神文化需求，巩固全党全国各族人民团结奋斗的共同思想基础，不断提升国家文化软实力和中华文化影响力。

“三个之变”（出自第十四部分：促进世界和平与发展，推动构建人类命运共同体）：当前，世界之变、时代之变、历史之变正以前所未有的方式展开。

“展现三个中国形象”（出自第八部分：推进文化自信自强，铸就社会主义文化新辉煌）：增强中华文明传播力影响力。坚守中华文化立场，提炼展示中华文明的精神标识和文化精髓，加快构建中国话语和中国叙事体系，讲好中国故事、传播好中国声音，展现可信、可爱、可敬的中国形象。加强国际传播能力建设，全面提升国际传播效能，形成同我国综合国力和国际地位相匹配的国际话语权。深化文明交流互鉴，推动中华文化更好走向世界。

“三个不腐”（出自第十五部分：坚定不移全面从严治党，深入推进新时代党的建设新的伟大工程）：只要存在腐败问题产生的土壤和条件，反腐败斗争就一刻不能停，必须永远吹冲锋号。坚持不敢腐、不能腐、不想腐一体推进，同时发力、同向发力、综合发力。以零容忍态度反腐惩恶，更加有力遏制增量，更加有效清除存量，坚决查处政治问题和经济问题交织的腐败，坚决防止领导干部成为利益集团和权势团体的代言人、代理人，坚决治理政商勾连破坏政治生态和经济发展环境问题，决不姑息。

四、“三个四”：“四个一新”“党的四自”“四个尊重”

“四个一新”（出自第一部分：过去五年的工作和新时代十年的伟大变革。这是军队大刀阔斧深化国防和军队改革的综合成果）：人民军队体制一新、结构一新、格局一新、面貌一新。

“党的四自”（出自第十五部分：坚定不移全面从严治党，深入推进新时代党的建设新的伟大工程）：我们要落实新时代党的建设总要求，健全全面从严治党体系，全面推进党的自我净化、自我完善、自我革新、自我提高，使我们党坚守初心使命，始终成为中国特色社会主义事业的坚强领导核心。

“四个尊重”（出自第五部分：实施科教兴国战略，强化现代化建设人才支撑）：深入实施人才强国战略。培养造就大批德才兼备的高素质人才，是国家和民族长远发展大计。功以才成，业由才广。坚持党管人才原则，坚持尊重劳动、尊重知识、尊重人才、尊重创造，实施更加积极、更加开放、更加有效的人才政策，引导广大人才爱党报国、敬业奉献、服务人民。完善人才战略布局，坚持各方面人才一起抓，建设规模宏大、结构合理、素质优良的人才队伍。加快建设世界重要人才中心和创新高地，促进人才区域合理布局和协调发展，着力形成人才国际竞争的比较优势。加快建设国家战略人才力量，努力培养造就更多大师、战略科学家、一流科技领军人才和创新团队、青年科技人才、卓越工程师、大国工匠、高技能人才。加强人才国际交流，用好用活各类人才。深化人才发展体制机制改革，真心爱才、悉心育才、倾心引才、精心用才，求贤若渴，不拘一格，把各方面优秀人才集聚到党和人民事业中来。

五、“六个五”：“五个必由之路”“五个重大原则”“五个坚持四个现代化”“五个民主”“弘扬五种精神”和“五个安全依托、五个统筹”

“五个必由之路”（出自第十五部分：坚定不移全面从严治党，深入推进新时代党的建设新的伟大工程）：全党必须牢记，坚持党的全面领导是坚持和发展中国特色社会主义的必由之路，中国特色社会主义是实现中华民族伟大复兴的必由之路，团结奋斗是中国人民创造历史伟业的必由之路，贯彻新发展理念是新时代我国发展壮大的必由之路，全面从严治党是党永葆生机活力、走好新的赶考之路的必由之路。

“五个重大原则”（出自第三部分：新时代新征程中国共产党的使命任务）：前进道路上，必须牢牢把握以下重大原则：坚持和加强党的全面领导，坚持中国特色社会主义道路，坚持以人民为中心的发展思想，坚持深化改革开放，坚持发扬斗争精神。增强全党全国各族人民的志气、骨气、底气，不信邪、不怕鬼、不怕压，知难而进、迎难而上，统筹发展和安全，全力战胜前进道路上各种困难和挑战，依靠顽强斗争打开事业发展新天地。

“五个坚持四个现代化”（出自第十二部分：实现建军一百年奋斗目标，开创国防和军队现代化新局面）：坚持政治建军、改革强军、科技强军、人才强军、依法治军，坚持边斗争、边备战、边建设，坚持机械化信息化智能化融合发展，加快军事理论现代化、军队组织形态现代化、军事人员现代化、武器装备现代化，提高捍卫国家主权、安全、发展利益战略能力，有效履行新时代人民军队使命任务。

“五个民主”（出自第六部分：发展全过程人民民主，保障人民当家作主）：我们要健全人民当家作主制度体系，扩大人民有序政治参与，保证人民依法实行民主选举、民主协商、民主决策、民主管理、民主监督，发挥人民群众积极性、主动性、创造性，巩固和发展生动活泼、安定团结的政治局面。

“弘扬五种精神”（出自第八部分：推进文化自信自强，铸就社会主义文化新辉煌）：提高全社会文明程度。实施公民道德建设工程，弘扬中华传统美德，加强家庭家教家风建设，加强和改进未成年人思想道德建设，推动明大德、守公德、严私德，提高人民道德水准和文明素养。统筹推动文明培育、文明实践、文明创建，推进城乡精神文明建设融合发展，在全社会弘扬劳动精神、奋斗精神、奉献精神、创造精神、勤俭节约精神，培育时代新风新貌。

“五个安全依托、五个统筹”（出自第十一部分：推进国家安全体系和能力现代化，坚决维护国家安全和社会稳定）：我们要坚持以人民安全为宗旨、以政治安全为根本、以经济安全为基础、以军事科技文化社会安全为保障、以促进国际安全为依托，统筹外部安全和内部安全、国土安全和国民安全、传统安全和非传统安全、自身安全和共同安全，统筹维护和塑造国家安全，夯实国家安全和社会稳定基层基础，完善参与全球安全治理机制，建设更高水平的平安中国，以新安全格局保障新发展格局。

六、“三个六”：“六个加快建设”“加强练兵备战六个方面”和“六个坚持”

“六个加快建设”（出自第四部分：加快构建新发展格局，着力推动高质量发展）：建设现代化产业体系。坚持把发展经济的着力点放在实体经济上，推进新型工业化，加快建设制造强国、质量强国、航天强国、交通强国、网络强国、数字中国。

“加强练兵备战六个方面”（出自第十二部分：实现建军一百年奋斗目标，开创国防和军队现代化新局面）：全面加强练兵备战，提高人民军队打赢能力。研究掌握信息化智能化战争特点规律，创新军事战略指导，发展人民战争战略战术。打造强大战略威慑力量体系，增加新域新质作战力量比重，加快无人智能作战力量发展，统筹网络信息体系建设运用。优化联合作战指挥体系，推进侦察预警、联合打击、战场支撑、综合保障体系和能力建设。深入推进实战化军事训练，深化联合训练、对抗训练、科技练兵。加强军事力量常态化多样化运用，坚定灵活开展军事斗争，塑造安全态势，遏控危机冲突，打赢局部战争。

“六个坚持”（出自第二部分：开辟马克思主义中国化时代化新境界）：必须坚持人民至上，必须坚持自信自立，必须坚持守正创新，必须坚持问题导向，必须坚持系统观念，必须坚持胸怀天下。

七、“一个七”，即深入推进新时代党的建设新的伟大工程 7 个方面

深入推进新时代党的建设新的伟大工程 7 个方面（出自第十五部分：坚定不移全面从严治党，深入推进新时代党的建设新的伟大工程）：一是坚持和加强党中央集中统一领导；二是坚持不懈用新时代中国特色社会主义思想凝心聚魂；三是完善党的自我革命制度规范体系；四是建设堪当民族复兴重任的高素质干部队伍；五是增强党组织政治功能和组织功能；六是坚持以严的基调强化正风肃纪；七是坚决打赢反腐败斗争攻坚战持久战。

第四章　党的二十大对党章的若干重要修改

中国共产党第二十次全国代表大会审议并一致通过十九届中央委员会提出的《中国共产党章程（修正案）》，决定这一修正案自通过之日起生效。

大会一致同意，把党的十九大以来习近平新时代中国特色社会主义思想新发展写入党章，以更好反映以习近平同志为核心的党中央推进党的理论创新、实践创新、制度创新成果。大会要求全党深刻领悟“两个确立”的决定性意义，全面贯彻习近平新时代中国特色社会主义思想，把这一思想贯彻落实到党和国家工作各方面全过程。

大会同意把党的初心使命、党的百年奋斗重大成就和历史经验的内容写入《中国共产党章程》（以下简称党章）。大会同意把发扬斗争精神、增强斗争本领的内容写入党章。

大会认为，习近平同志在庆祝中国共产党成立一百周年大会上代表党和人民作出实现了第一个百年奋斗目标、全面建成了小康社会、正在向着全面建成社会主义现代化强国的第二个百年奋斗目标迈进的庄严宣告，党章据此作出相应修改。

大会认为，党的二十大提出以中国式现代化全面推进中华民族伟大复兴，并将此确定为新时代新征程中国共产党的中心任务。公有制为主体、多种所有制经济共同发展，按劳分配为主体、多种分配方式并存，社会主义市场经济体制等社会主义基本经济制度，是中国特色社会主义制度的重要支柱。

大会同意把上述内容写入党章，同意把逐步实现全体人民共同富裕，把握新发展阶段，贯彻创新、协调、绿色、开放、共享的新发展理念，加快构建以国内大循环为主体、国内国际双循环相互促进的新发展格局，推动高质量发展，充分发挥人才作为第一资源的作用，促进国民经济更高质量、更有效率、更加公平、更可持续、更为安全发展等内容写入党章。

大会认为，全面建设社会主义现代化国家，是一项伟大而艰巨的事业，前途光明，任重道远。全面建成社会主义现代化强国，总的战略安排是分两步走：从二〇二〇年到二〇三五年基本实现社会主义现代化；从二〇三五年到本世纪中叶把我国建成富强民主文明和谐美丽的社会主义现代化强国。党章据此作出相应修改，有利于激励全党坚定信心、锐意进取，朝着既定奋斗目标勇毅前行。

大会同意，把走中国特色社会主义法治道路，发展更加广泛、更加充分、更加健全的全过程人民民主，建立健全民主选举、民主协商、民主决策、民主管理、民主监督的制度和程序，统筹发展和安全等内容写入党章。

大会同意，把坚持政治建军、改革强军、科技强军、人才强军、依法治军，把人民军队建设成为世界一流军队；全面准确、坚定不移贯彻“一个国家、两种制度”的方针，坚决反对和遏制“台独”；弘扬和平、发展、公平、正义、民主、自由的全人类共同价值，推动建设持久和平、普遍安全、共同繁荣、开放包容、清洁美丽的世界等内容写入党章。

大会认为，党的十九大以来，党坚持打铁必须自身硬，坚持以党的政治建设为统领，推动全面从严治党向纵深发展，党的建设取得许多新的重大成果和成功经验，应该及时体现到党章中，使之转化为全党共同意志和共同遵循。大会同意，把弘扬坚持真理、坚守理想，践行初心、担当使命，不怕牺牲、英勇斗争，对党忠诚、不负人民的伟大建党精神，以伟大自我革命引领伟大社会革命等要求写入党章；把必须提高政治判断力、政治领悟力、政治执行力，增强贯彻落实党的理论和路线方针政策的自觉性和坚定性，推进马克思主义中国化时代化，党的自我革命永远在路上，不断健全党内法规体系，强化全面从严治党主体责任和监督责任，一体推进不敢腐、不能腐、不想腐等内容写入党章；把坚持新时代党的组织路线作为党的建设的基本要求之一写入党章。

大会同意把党是最高政治领导力量，坚持和加强党的全面领导等内容写入党章。

大会认为，总结吸收党的十九大以来党的工作和党的建设的成功经验，并同总纲部分修改相衔接，对党章部分条文作适当修改很有必要。学习党的历史，增强“四个意识”、坚定“四个自信”、做到“两个维护”，是广大党员应尽的义务；加强医院党的建设，明确街道、乡、镇和村、社区党组织的地位和作用，完善国有企业党委（党组）加强党组织自身建设的职责任务，是发挥基层党组织战斗堡垒作用的现实需要；推进党史学习教育常态化制度化，要求党的各级领导干部反对特权思想和特权现象，完善党的纪律相关内容，明确派驻纪律检查组的范围，充实纪委的主要任务，调整充实党组的职责定位等，是党的十九大以来党的工作和党的建设成果的重要体现。

把这些内容写入党章，有利于坚持和加强党中央集中统一领导、坚持不懈用习近平新时代中国特色社会主义思想凝心铸魂，有利于增强党组织政治功能和组织功能、坚持以严的基调强化正风肃纪、坚定不移推进全面从严治党。

本章习题

一、单项选择题

1. 中国共产党第二十次全国代表大会，是在全党全国各族人民迈上全面建设社会主义现代化国家新征程、向（　　）奋斗目标进军的关键时刻召开的一次十分重要的大会。

   A. 十年　　B. 百年　　C. 第一个百年　　D. 第二个百年

2. 习近平总书记在党的二十大报告中指出，我们隆重庆祝中国共产党成立一百周年、中华人民共和国成立七十周年，制定（　　）历史决议，在全党开展党史学习教育。

A. 第一个　B. 第二个　C. 第三个　D. 第四个

3. 党的二十大的主题是：高举中国特色社会主义伟大旗帜，全面贯彻习近平新时代中国特色社会主义思想，弘扬（　　），自信自强、守正创新，踔厉奋发、勇毅前行，为全面建设社会主义现代化国家、全面推进中华民族伟大复兴而团结奋斗。

A. 中华优秀传统文化　B. 社会主义先进文化

C. 伟大建党精神　D. 伟大改革开放精神

4. 党的二十大报告指出，十年来，我们经受住了来自政治、经济、意识形态、自然界等方面的风险挑战考验，党和国家事业取得历史性成就、发生历史性变革，推动我国迈上全面建设社会主义现代化国家（　　）。

A. 新道路　B. 新长征　C. 新路途　D. 新征程

5. 党的二十大报告指出，我们深入推进全面从严治党，"打虎""拍蝇""猎狐"多管齐下，反腐败斗争取得（　　）胜利并全面巩固，消除了党、国家、军队内部存在的严重隐患。

A. 根本性　B. 彻底性　C. 压倒性　D. 稳定性

6. 党的二十大报告指出，我们党立志于中华民族千秋伟业，致力于（　　）崇高事业，责任无比重大，使命无上光荣。

A. 人类和平与发展　B. 人类命运共同体

C. 解放全人类　D. 发展科学社会主义

7. 党的二十大报告提出，十年来，我们创立了新时代中国特色社会主义思想，明确坚持和发展中国特色社会主义的基本（　　），提出一系列治国理政新理念新思想新战略，实现了马克思主义中国化时代化新的飞跃。

A. 方略　B. 制度　C. 国策　D. 道路

8. 中国共产党领导是中国特色社会主义（　　）的特征。

A. 最核心　B. 最本质　C. 最基础　D. 最鲜明

9. 党的二十大报告指出，十年来，我们坚持走中国特色社会主义政治发展道路，全面发展（　　），社会主义民主政治制度化、规范化、程序化全面推进。

A. 全链条人民民主　B. 全方位人民民主

C. 全覆盖人民民主　D. 全过程人民民主

10. 中国特色社会主义制度的最大优势是（　　）。

A. 中国共产党领导　B. 集中力量办大事

C. 人民代表大会制度　D. 基层群众自治制度

11. 党的二十大报告指出，我们坚持一个中国原则和"九二共识"，在此基础上，推进同台湾各党派、各界别、各阶层人士就两岸关系和国家统一开展（　　），共同推动两岸关系和平发展、推进祖国和平统一进程。

A. 积极友好互动　B. 广泛深入交流

C. 积极友好合作　　D. 广泛深入协商

12.（　　）是马克思主义的本质属性。

A. 大众性　B. 唯物性　C. 人民性　D. 辩证性

13. 党的理论是来自人民、为了人民、造福人民的理论，人民的（　　）是理论创新的不竭源泉。

A. 稀缺性实践　　B. 创造性实践

C. 重复性实践　　D. 超越性实践

14. 我们要站稳人民（　　）、把握人民（　　）、尊重人民（　　）、集中人民（　　），形成为人民所喜爱、所认同、所拥有的理论。

A. 阵地；愿望；创造；智慧　　B. 阵地；愿望；智慧；创造

C. 立场；愿望；创造；智慧　　D. 立场；愿望；智慧；创造

15. 坚持党中央集中统一领导是（　　）政治原则。

A. 基本　B. 根本　C. 核心　D. 最高

16. 党的百年奋斗成功道路是（　　）独立自主探索开辟出来的。

A. 中国共产党　　B. 中国人民

C. 党领导人民　　D. 中国共产党人

17. 党的二十大报告指出，十年来，我们提出并贯彻新发展理念，着力推进（　　）发展，推动构建新发展格局，实施供给侧结构性改革，制定一系列具有全局性意义的区域重大战略，我国经济实力实现历史性跃升。

A. 高标准　B. 高速度　C. 高质量　D. 高效率

18. 党的二十大报告指出，健全基层党组织领导的基层群众自治机制，加强基层组织建设，完善（　　）制度体系和工作体系。

A. 基层直接民主　　B. 基层民主协商

C. 直接民主　　D. 间接民主

19. 党的二十大报告指出，十年来，我们实行更加积极主动的开放战略，构建面向全球的高标准自由贸易区网络，加快推进自由贸易试验区、海南自由贸易港建设，共建（　　）成为深受欢迎的国际公共产品和国际合作平台。

A. “一带一路”　　B. 人类命运共同体

C. 上海合作组织　　D. 金砖国家峰会

20. 党的二十大报告指出，“一国两制”是中国特色社会主义的伟大创举，是中国香港、中国澳门回归后保持长期繁荣稳定的（　　），必须长期坚持。

A. 最佳方式方法　　B. 最佳制度安排

C. 最佳处理办法　　D. 最佳体制创新

21. 党的二十大报告指出，十年来，我们提出新时代解决台湾问题的总体方略，促进两岸交流合作，坚决反对“台独”分裂行径，坚决反对外部势力干涉，牢牢把握两岸关系（　　）和主动权。

A. 掌控权　B. 主导权　C. 优先权　D. 控制权

22. 党的二十大报告指出，我们要健全人民当家作主制度体系，扩大（　　），保证人民依法实行民主选举、民主协商、民主决策、民主管理、民主监督。

A. 人民有序政治参与　B. 民主制度影响力

C. 群众自发主动参与　D. 政治协商范围

23. 党的二十大报告指出，党的十八大以来，我们党勇于进行理论探索和创新，以全新的视野深化对共产党执政规律、社会主义建设规律、人类社会发展规律的认识，取得重大理论创新成果，集中体现为（　　）。

A. 中国特色社会主义思想　B. 马克思主义中国化理论

C. 新时代中国特色社会主义思想　D. 中国特色新发展思想

24. 党的二十大报告指出，十年来，我们全面推进中国特色大国外交，推动构建人类命运共同体，坚定维护国际公平正义，倡导践行真正的（　　）。

A. 多边外交　B. 多边主义　C. 和平外交　D. 和平主义

25. 经过不懈努力，党找到了（　　）这一跳出治乱兴衰历史周期率的第二个答案，自我净化、自我完善、自我革新、自我提高能力显著增强。

A. 自我斗争　B. 自我批评　C. 自我革命　D. 自我超越

26. 党的二十大报告指出，中国特色社会主义制度的最大优势是中国共产党领导，中国共产党是（　　）。

A. 最基础政治力量　B. 最核心政治力量

C. 最大政治领导力量　D. 最高政治领导力量

27. 党的二十大报告指出，坚持党中央对国家安全工作的集中统一领导，完善高效权威的（　　）。

A. 国家安全领导体制　B. 国家安全体制机制

C. 国家安全工作体制　D. 国家安全保障体制

28. 全面加强练兵备战，提高人民军队（　　）能力。

A. 实战　B. 战斗　C. 打赢　D. 战胜

29. 党的二十大报告指出，（　　）是社会主义民主政治的本质属性，是最广泛、最真实、最管用的民主。

A. 民主集中制　B. 人民民主专政

C. 全过程公开公正　D. 全过程人民民主

30. 党的二十大报告指出，我们坚持以最大诚意、尽最大努力争取和平统一的前景，但决不承诺放弃使用武力，保留采取一切必要措施的选项，这针对的是（　　）和极少数“台独”分裂分子及其分裂活动，绝非针对广大台湾同胞。

A. 外部势力干涉　B. 内部反动势力

C. 岛外势力干涉　D. 西方势力干涉

二、多项选择题

1. 我们党立志于（　　），致力于人类（　　）崇高事业，责任无比重大，使命无上光荣。

A. 中华民族千秋伟业　　B. 和平与发展
C. 发展与改革　　D. 社会主义现代化

2. 全党同志务必不忘初心、牢记使命，务必（　　），务必（　　），坚定历史自信，增强历史主动，谱写新时代中国特色社会主义更加绚丽的华章。

A. 谦虚谨慎　　B. 艰苦奋斗　　C. 敢于斗争　　D. 善于斗争

3. 我们要坚持以推动（　　）为主题，把实施（　　）战略同深化（　　）改革有机结合起来，增强（　　）内生动力和可靠性，提升国际循环质量和水平。

A. 高质量发展　　B. 扩大内需
C. 供给侧结构性　　D. 国内大循环

4. 深化金融体制改革，建设（　　）制度，加强和完善（　　），强化（　　）体系，依法将各类金融活动全部纳入监管，守住不发生系统性风险底线。健全资本市场功能，提高直接融资比重。

A. 现代中央银行　　B. 现代金融监管
C. 金融稳定保障　　D. 产业融资管理

5. 面对香港局势动荡变化，我们依照宪法和基本法有效实施对特别行政区的全面管治权，制定实施《中华人民共和国香港特别行政区维护国家安全法》，落实“爱国者治港”原则，香港局势实现由乱到治的重大转折，深入推进粤港澳大湾区建设，支持中国香港、中国澳门（　　）。

A. 发展经济　　B. 稳定社会　　C. 改善民生　　D. 保持稳定

6. 深入推进改革创新，坚定不移扩大开放，着力破解深层次体制机制障碍，不断彰显中国特色社会主义制度优势，不断增强社会主义现代化建设的动力和活力，把我国（　　）更好转化为（　　）。

A. 制度优势　　B. 经济优势　　C. 国家治理效能　　D. 国家治理手段

7. 十年前，我们面对的形势是（　　）和（　　）取得巨大成就，党的建设新的伟大工程取得显著成效，为我们继续前进奠定了坚实基础、创造了良好条件、提供了重要保障，同时一系列长期积累及新出现的突出矛盾和问题亟待解决。

A. 脱贫攻坚　　B. 改善民生
C. 改革开放　　D. 社会主义现代化建设

8. 一系列长期积累及新出现的突出矛盾和问题亟待解决，经济结构性体制性矛盾突出，发展不平衡、不协调、不可持续，（　　）难以为继，一些深层次（　　）问题和利益固化藩篱日益显现。

A. 传统发展模式　　B. 传统发展形势

C. 体制机制　　D. 系统结构

9. 加快建设现代化经济体系，着力提高（　　），着力提升（　　）韧性和安全水平，着力推进（　　）和（　　），推动经济实现质的有效提升和量的合理增长。

A. 全要素生产率　　B. 产业链供应链

C. 城乡融合　　D. 区域协调发展

10. 我国发展进入战略机遇和风险挑战并存、不确定难预料因素增多的时期，各种“黑天鹅”“灰犀牛”事件随时可能发生。我们必须增强（　　），坚持（　　），做到（　　）、（　　），准备经受风高浪急甚至惊涛骇浪的重大考验。

A. 忧患意识　　B. 底线思维　　C. 居安思危　　D. 未雨绸缪

11. 我们创立了新时代中国特色社会主义思想，明确坚持和发展中国特色社会主义的基本方略，提出一系列治国理政新理念新思想新战略，实现了马克思主义中国化时代化新的飞跃，坚持不懈用这一创新理论（　　），为新时代党和国家事业发展提供了根本遵循。

A. 改造思维　　B. 武装头脑　　C. 指导实践　　D. 推动工作

12. 构建高水平社会主义市场经济体制。坚持和完善社会主义基本经济制度，毫不动摇巩固和发展（　　），毫不动摇鼓励、支持、引导（　　）经济发展，充分发挥市场在（　　）中的决定性作用，更好发挥（　　）。

A. 公有制经济　　B. 非公有制　　C. 资源配置　　D. 政府作用

13. 中国式现代化是全体人民共同富裕的现代化。共同富裕是中国特色社会主义的本质要求，也是一个长期的历史过程。我们坚持把实现人民对美好生活的向往作为现代化建设的出发点和落脚点，着力维护和促进社会（　　），着力促进全体人民（　　），坚决防止两极分化。

A. 稳定和谐　　B. 公平正义　　C. 共同富裕　　D. 同步富裕

14. 我们坚持可持续发展，坚持节约优先、保护优先、自然恢复为主的方针，像保护眼睛一样保护自然和生态环境，坚定不移走（　　）的文明发展道路，实现中华民族（　　）。

A. 生产发展　　B. 生活富裕　　C. 生态良好　　D. 永续发展

15. 我们坚定站在历史正确的一边、站在人类文明进步的一边，高举（　　）旗帜，在坚定维护世界和平与发展中谋求自身发展，又以自身发展更好维护世界和平与发展。

A. 和平　　B. 发展　　C. 合作　　D. 共赢

16. 到二〇三五年，我国发展的总体目标是建成现代化经济体系，形成新发展格局，基本实现新型（　　）；基本实现国家治理体系和治理能力现代化，全过程人民民主制度更加健全，基本建成法治国家、法治政府、法治社会。

A. 工业化　　B. 信息化　　C. 城镇化　　D. 农业现代化

17. 增强全党全国各族人民的（　　），不信邪、不怕鬼、不怕压，知难而进、迎难而上，统筹发展和安全，全力战胜前进道路上各种困难和挑战，依靠顽强斗争打开事业发展新天地。

A. 勇气　　B. 志气　　C. 骨气　　D. 底气

18. 构建高水平社会主义市场经济体制，健全（　　）制度，优化（　　），完善（　　）体系。

A. 现代预算　　B. 税制结构　　C. 市场准入　　D. 财政转移支付

19. 必须完整、准确、全面贯彻新发展理念，坚持社会主义（　　）改革方向，坚持（　　）对外开放，加快构建以（　　）为主体、（　　）相互促进的新发展格局。

A. 市场经济　　B. 高水平

C. 国内大循环　　D. 国内国际双循环

参考答案

一、单项选择题

1－5　DCCDC　　6－10　AABDA

11－15　DCBCD　　16－20　CCAAB

21－25　BACBC　　26－30　DACDA

二、多项选择题

1－5　AB、ABCD、ABCD、ABC、ACD

6－10　AC、CD、AC、ABCD、ABCD

11－15　BCD、ABCD、BC、ABCD、ABCD

16－19　ABCD、BCD、ABD、ABCD

第五章　中国共产党党员应知应会常见知识

1. 党的性质：中国共产党是中国工人阶级的先锋队，同时是中国人民和中华民族的先锋队，是中国特色社会主义事业的领导核心，代表中国先进生产力的发展要求，代表中国先进文化的前进方向，代表中国最广大人民的根本利益。党的最高理想和最终目标是实现共产主义。

2. 党的行动指南：中国共产党以马克思列宁主义、毛泽东思想、邓小平理论、“三个代表”重要思想、科学发展观、习近平新时代中国特色社会主义思想作为自己的行动指南。

3. 中国共产党的根本宗旨：全心全意为人民服务。

4. 现阶段我国社会的主要矛盾：人民日益增长的美好生活需要和不平衡不充分的发展之间的矛盾。

5. 中国共产党人的初心和使命：为中国人民谋幸福，为中华民族谋复兴。

6. 中国共产党在社会主义初级阶段的基本路线是：领导和团结全国各族人民，以经济建设为中心，坚持四项基本原则，坚持改革开放，自力更生，艰苦创业，为把我国建设成为富强民主文明和谐美丽的社会主义现代化强国而奋斗。

7. 党的思想路线：一切从实际出发，理论联系实际，实事求是，在实践中检验真理和发展真理。

8. 新时代党的组织路线：全面贯彻习近平新时代中国特色社会主义思想，以组织体系建设为重点，着力培养忠诚干净担当的高素质干部，着力集聚爱国奉献的各方面优秀人才，坚持德才兼备、以德为先、任人唯贤，为坚持和加强党的全面领导、坚持和发展中国特色社会主义提供坚强组织保证。

9. 党的群众路线：一切为了群众，一切依靠群众，从群众中来，到群众中去，把党的正确主张变为群众的自觉行动。

10. 两个重要时期：从党的十九大胜利召开到 2020 年，是全面建成小康社会决胜阶段；从党的十九大到党的二十大，是“两个一百年”奋斗目标的历史交汇期。

从 2020 年到本世纪中叶可以分两个阶段来安排：第一个阶段，从 2020 年到 2035 年，在全面建成小康社会的基础上，再奋斗十五年，基本实现社会主义现代化；第二个阶段，从 2035 年到本世纪中叶，在基本实现现代化的基础上，再奋斗十五年，把我国建成富强民主文明和谐美丽的社会主义现代化强国。

11. “两个一百年”奋斗目标：第一个“一百年”，是在中国共产党成立一百周年时全面建成小康社会；第二个“一百年”，是在中华人民共和国成立一百周年时建成富强民主文明和谐美丽的社会主义现代化强国。

12. 党的民主集中制的基本原则：

（1）党员个人服从党的组织，少数服从多数，下级组织服从上级组织，全党各个组织和全体党员服从党的全国代表大会和中央委员会。

（2）党的各级领导机关，除它们派出的代表机关和在非党组织中的党组外，都由选举产生。

（3）党的最高领导机关，是党的全国代表大会和它所产生的中央委员会。党的地方各级领导机关，是党的地方各级代表大会和它们所产生的委员会。党的各级委员会向同级的代表大会负责并报告工作。

（4）党的上级组织要经常听取下级组织和党员群众的意见，及时解决他们提出的问题。党的下级组织既要向上级组织请示和报告工作，又要独立负责地解决自己职责范围内的问题。上下级组织之间要互通情报、互相支持和互相监督。党的各级组织要使党员对党内事务有更多的了解和参与。

（5）党的各级委员会实行集体领导和个人分工负责相结合的制度。凡属重大问题都要按照集体领导、民主集中、个别酝酿、会议决定的原则，由党的委员会集体讨论，作出决定；委员会成员要根据集体的决定和分工，切实履行自己的职责。

（6）党禁止任何形式的个人崇拜。要保证党的领导人的活动处于党和人民的监督之下，同时维护一切代表党和人民利益的领导人的威信。

13. 不忘初心、牢记使命：

党的十九大报告中强调："中国共产党人的初心和使命，就是为中国人民谋幸福，为中华民族谋复兴。这个初心和使命是激励中国共产党人不断前进的根本动力。"弘扬马克思主义学风，推进"两学一做"学习教育常态化制度化，以县处级以上领导干部为重点，在全党开展"不忘初心、牢记使命"主题教育，用党的创新理论武装头脑，推动全党更加自觉地为实现新时代党的历史使命不懈奋斗。

14. 社会主义核心价值观：富强、民主、文明、和谐；自由、平等、公正、法治；爱国、敬业、诚信、友善。

15. 两个维护：坚决维护习近平总书记党中央的核心、全党的核心地位，坚决维护党中央权威和集中统一领导。

16. 三会一课："三会"是指定期召开支部党员大会、党支部委员会和党小组会，"一课"是指按时上好党课。

17. 党的三大优良作风：理论联系实际、密切联系群众、批评与自我批评。

18. 三严三实：既严以修身、严以用权、严以律己；又谋事要实、创业要实、做人要实。

19. 四项基本原则：坚持社会主义道路，坚持人民民主专政，坚持中国共产党领导，坚持马克思列宁主义、毛泽东思想。

20. 四个意识：政治意识、大局意识、核心意识、看齐意识。

21. 四个全面战略布局：全面建设社会主义现代化国家、全面深化改革、全面依法治国、全面从严治党。

22. 四个自信：中国特色社会主义道路自信、理论自信、制度自信、文化自信。

23. 四个伟大：伟大梦想（中华民族伟大复兴）、伟大斗争（具有许多新的历史特点的伟大斗争）、伟大工程（党的建设新的伟大工程）、伟大事业（中国特色社会主义事业）。

24. 四大危险：精神懈怠危险、能力不足危险、脱离群众危险、消极腐败危险。

25. 四大考验：执政考验、改革开放考验、市场经济考验、外部环境考验。

26. 党内政治生活“四性”：政治性、时代性、原则性、战斗性。

27. 四自能力：自我净化、自我完善、自我革新、自我提高的能力。

28. 四个服从：党员个人服从党的组织，少数服从多数，下级组织服从上级组织，全党各个组织和全体党员服从党的全国代表大会和中央委员会。

29. 合格党员的“四讲四有”标准：讲政治、有信念，讲规矩、有纪律，讲道德、有品行，讲奉献、有作为。

30. 五大发展理念：创新、协调、绿色、开放、共享。

31. 五位一体总体布局：统筹推进经济建设、政治建设、文化建设、社会建设、生态文明建设。

32. “好干部”的五条标准：信念坚定、为民服务、勤政务实、敢于担当、清正廉洁。

33. 党的建设五项基本要求：坚持党的基本路线；坚持解放思想，实事求是，与时俱进，求真务实；坚持全心全意为人民服务；坚持民主集中制；坚持从严管党治党。

34. 七项组织生活制度：会议制度、党日制度、党课制度、报告工作制度、民主生活制度、党员汇报制度、民主评议党员制度。

35. 十个明确：

（1）明确中国特色社会主义最本质的特征是中国共产党领导，中国特色社会主义制度的最大优势是中国共产党领导，中国共产党是最高政治领导力量，全党必须增强“四个意识”、坚定“四个自信”、做到“两个维护”。

（2）明确坚持和发展中国特色社会主义，总任务是实现社会主义现代化和中华民族伟大复兴，在全面建成小康社会的基础上，分两步走在本世纪中叶建成富强民主文明和谐美丽的社会主义现代化强国，以中国式现代化推进中华民族伟大复兴。

（3）明确新时代我国社会主要矛盾是人民日益增长的美好生活需要和不平衡不充分的发展之间的矛盾，必须坚持以人民为中心的发展思想，发展全过程人民民主，推动人的全面发展、全体人民共同富裕取得更为明显的实质性进展。

（4）明确中国特色社会主义事业总体布局是经济建设、政治建设、文化建设、社会建设、生态文明建设五位一体，战略布局是全面建设社会主义现代化国家、全面深化改革、全面依法治国、全面从严治党四个全面。

（5）明确全面深化改革总目标是完善和发展中国特色社会主义制度、推进国家治理体系和治理能力现代化。

（6）明确全面推进依法治国总目标是建设中国特色社会主义法治体系、建设社会主义法治国家。

（7）明确必须坚持和完善社会主义基本经济制度，使市场在资源配置中起决定性作用，更好发挥政府作用，把握新发展阶段，贯彻创新、协调、绿色、开放、共享的新发展理念，加快构建以国内大循环为主体、国内国际双循环相互促进的新发展格局，推动高质量发展，统筹发展和安全。

（8）明确党在新时代的强军目标是建设一支听党指挥、能打胜仗、作风优良的人民军队，把人民军队建设成为世界一流军队。

（9）明确中国特色大国外交要服务民族复兴、促进人类进步，推动建设新型国际关系，推动构建人类命运共同体。

（10）明确全面从严治党的战略方针，提出新时代党的建设总要求，全面推进党的政治建设、思想建设、组织建设、作风建设、纪律建设，把制度建设贯穿其中，深入推进反腐败斗争，落实管党治党政治责任，以伟大自我革命引领伟大社会革命。

36. 十四个坚持：坚持党对一切工作的领导；坚持以人民为中心；坚持全面深化改革；坚持新发展理念；坚持人民当家作主；坚持全面依法治国；坚持社会主义核心价值体系；坚持在发展中保障和改善民生；坚持人与自然和谐共生；坚持总体国家安全观；坚持党对人民军队的绝对领导；坚持“一国两制”和推进祖国统一；坚持推动构建人类命运共同体；坚持全面从严治党。

37. 新时代党的建设总体要求：坚持和加强党的全面领导，坚持党要管党、全面从严治党，以加强党的长期执政能力建设、先进性和纯洁性建设为主线，以党的政治建设为统领，以坚定理想信念宗旨为根基，以调动全党积极性、主动性、创造性为着力点，全面推进党的政治建设、思想建设、组织建设、作风建设、纪律建设，把制度建设贯穿其中，深入推进反腐败斗争，不断提高党的建设质量，把党建设成为始终走在时代前列、人民衷心拥护、勇于自我革命、经得起各种风浪考验、朝气蓬勃的马克思主义执政党。

38. 党的基层组织设置：企业、农村、机关、学校、科研院所、街道社区、社会组织、人民解放军连队和其他基层单位，凡是有正式党员三人以上的，都应当成立党的基层组织。党的基层组织，根据工作需要和党员人数，经上级党组织批准，分别设立党的基层委员会、总支部委员会、支部委员会。基层委员会由党员大会或代表大会选举产生，总支部委员会和支部委员会由党员大会选举产生，提出委员候选人要广泛征求党员和群众的意见。

39. 党支部的职责：党支部是党的基础组织，担负直接教育党员、管理党员、监督党员和组织群众、宣传群众、凝聚群众、服务群众的职责。

40. 党员组织关系：党员组织关系是指党员对党的基层组织的隶属关系。按照党章规定，每个党员不论职务高低，都必须编入党的一个支部、小组，或者其他特定组织，参加党的组织生活，接受党内外群众的监督。申请入党的人一经被批准入党，接受其入党的党组织就把其编入党的基层组织之中，从此就确定了他/她的组织关系。党员的组织关系一经确定，党员就可以而且必须参加该组织的活动，并在其中积极工作。

41. 党的组织生活：党的组织生活是党内政治生活的重要内容和载体，是党组织对党员进行教育管理监督的重要形式。党的组织生活依托党组织开展活动，主要形式有支部党员大会、支部委员会、党小组会、党课，也就是我们通常所说的“三会一课”，以及党员组织生活会，党员领导干部民主生活会，民主评议党员等。

42. 民主评议党员制度：民主评议党员制度是党支部按照有关规定，定期组织党员开展民主评议的一种制度。民主评议党员要在党委领导下，以支部为单位进行，每年进行一次。对党员进行民主评议要督促党员对照党章规定的党员标准、对照入党誓词、联系个人实际进行党性分析，强化党员意识，增强党的观念，提高党性修养。对党性不强的党员及时进行批评教育、限期改正，经教育仍无转变的，应劝其退党或除名。

43. 谈心谈话制度：谈心谈话制度是党的组织生活重要形式，党组织领导班子成员之间、班子成员和党员之间，党员和党员之间要开展经常性的谈心谈话，坦诚相见，交流思想，交换意见。领导干部要带头谈，也要接受党员、干部约谈。

44. 批评和自我批评：批评和自我批评是我们党强身治病、保持机体健康的锐利武器，也是加强和规范党内政治生活的重要手段。必须坚持不懈把批评和自我批评这个武器用好。批评和自我批评必须坚持实事求是，讲党性不讲私情，讲真理不讲面子，坚持“团结——批评——团结”，按照“照镜子、正衣冠、洗洗澡、治治病”的要求，严肃认真提意见，满腔热情帮同志，绝不能把自我批评变成自我表扬，把相互批评变成相互吹捧。

45. 党的纪律：党的纪律主要包括政治纪律、组织纪律、廉洁纪律、群众纪律、工作纪律、生活纪律，对党员的纪律处分有五种：警告、严重警告、撤销党内职务、留党察看、开除党籍。

46. 双重组织生活：是指党员领导干部既要参加党委的民主生活会，又要参加所在党支部、党小组的组织生活会。

47. 两学一做：学党章党规、学系列讲话，做合格党员。

48. 党徽党旗：中国共产党党徽为镰刀和锤头组成的图案。中国共产党党旗为旗面缀有金黄色党徽图案的红旗。中国共产党的党徽党旗是中国共产党的象征和标志。党的各级组织和每一个党员，都应当尊重和爱护党徽党旗。

49. 党籍：是指党员资格。一个申请入党的同志，当他履行了入党手续，从被批准为预备党员之日起，就取得了党员资格，就有了党籍。取得了党籍，是一个人从组织上被承认为党员的依据。党员被取消预备党员资格、劝退出党、除名、自行脱党、不予登记开除党籍的，就失去了党籍。

50. 党龄：是指党员从预备党员转为正式党员之后经过的年数，即成为正式党员后的全部时间。党员的党龄，应当从预备期满转为正式党员之日算起。

51. 党费：按照党章规定向党组织交纳党费，是共产党员必须具备的起码条件，是党员对党组织应尽的义务。党费收缴、使用和管理，是党的基层组织建设和党员队伍建设中的一项重要工作。预备党员从支部大会通过为其预备党员之日起交纳党费。

52. 申请入党基本条件：

（1）年龄在 18 岁以上的中国公民；

（2）承认党的纲领和章程；

（3）愿意参加党的一个组织并在其中积极工作；

（4）愿意执行党的决议；

（5）按期交纳党费。

53. 党员的基本要求：

中国共产党党员是中国工人阶级的有共产主义觉悟的先锋战士。

中国共产党党员必须全心全意为人民服务，不惜牺牲个人的一切，为实现共产主义奋斗终身。

中国共产党党员永远是劳动人民的普通一员。除了法律和政策规定范围内的个人利益和工作职权以外，所有共产党员都不得谋求任何私利和特权。

54. 党员必须履行的义务：

（1）认真学习马克思列宁主义、毛泽东思想、邓小平理论、“三个代表”重要思想、科学发展观、习近平新时代中国特色社会主义思想，学习党的路线、方针、政策和决议，学习党的基本知识和党的历史，学习科学、文化、法律和业务知识，努力提高为人民服务的本领。

（2）增强“四个意识”、坚定“四个自信”、做到“两个维护”，贯彻执行党的基本路线和各项方针、政策，带头参加改革开放和社会主义现代化建设，带动群众为经济发展和社会进步艰苦奋斗，在生产、工作、学习和社会生活中起先锋模范作用。

（3）坚持党和人民的利益高于一切，个人利益服从党和人民的利益，吃苦在前，享受在后，克己奉公，多做贡献。

（4）自觉遵守党的纪律，首先是党的政治纪律和政治规矩，模范遵守国家的法律法规，严格保守党和国家的秘密，执行党的决定，服从组织分配，积极完成党的任务。

（5）维护党的团结和统一，对党忠诚老实、言行一致，坚决反对一切派别组织和小集团活动，反对阳奉阴违的两面派行为和一切阴谋诡计。

（6）切实开展批评和自我批评，勇于揭露和纠正违反党的原则的言行和工作中的缺点、错误，坚决同消极腐败现象作斗争。

（7）密切联系群众，向群众宣传党的主张，遇事同群众商量，及时向党反映群众的意见和要求，维护群众的正当利益。

（8）发扬社会主义新风尚，带头实践社会主义核心价值观和社会主义荣辱观，提倡共产主义道德，弘扬中华民族传统美德，为了保护国家和人民的利益，在一切困难和危险的时刻挺身而出，英勇斗争，不怕牺牲。

55. 党员享有下列权利：

（1）参加党的有关会议，阅读党的有关文件，接受党的教育和培训。

（2）在党的会议上和党报党刊上，参加关于党的政策问题的讨论。

（3）对党的工作提出建议和倡议。

（4）在党的会议上有根据地批评党的任何组织和任何党员，向党负责地揭发、检举党的任何组织和任何党员违法乱纪的事实，要求处分违法乱纪的党员，要求罢免或撤换不称职的干部。

（5）行使表决权、选举权，有被选举权。

（6）在党组织讨论决定对党员的党纪处分或作出鉴定时，本人有权参加和进行申辩，其他党员可以为他作证和辩护。

（7）对党的决议和政策如有不同意见，在坚决执行的前提下，可以声明保留，并且可以把自己的意见向党的上级组织直至中央提出。

（8）向党的上级组织直至中央提出请求、申诉和控告，并要求有关组织给以负责的答复。

56. 党员的监督义务：

（1）加强对党的领导干部的民主监督，及时向党组织反映群众意见和诉求。

（2）在党的会议上有根据地批评党的任何组织和任何党员，揭露和纠正工作中存在的缺点和问题。

（3）参加党组织开展的评议领导干部活动，勇于触及矛盾问题、指出缺点错误，对错误言行敢于较真、敢于斗争。

（4）向党负责地揭发、检举党的任何组织和任何党员违纪违法的事实，坚决反对一切派别活动和小集团活动，同腐败现象作坚决斗争。

57. 党的各级领导干部必须具备的基本条件：

（1）具有履行职责所需要的马克思列宁主义、毛泽东思想、邓小平理论、“三个代表”重要思想、科学发展观的水平，带头贯彻落实习近平新时代中国特色社会主义思想，努力用马克思主义的立场、观点、方法分析和解决实际问题，坚持讲学习、讲政治、讲正气，经得起各种风浪的考验。

（2）具有共产主义远大理想和中国特色社会主义坚定信念，坚决执行党的基本路线和各项方针、政策，立志改革开放，献身现代化事业，在社会主义建设中艰苦创业，树立正确政绩观，做出经得起实践、人民、历史检验的实绩。

（3）坚持解放思想，实事求是，与时俱进，开拓创新，认真调查研究，能够把党的方针、政策同本地区、本部门的实际相结合，卓有成效地开展工作，讲实话，办实事，求实效。

（4）有强烈的革命事业心和政治责任感，有实践经验，有胜任领导工作的组织能力、文化水平和专业知识。

（5）正确行使人民赋予的权力，坚持原则，依法办事，清正廉洁，勤政为民，以身作则，艰苦朴素，密切联系群众，坚持党的群众路线，自觉地接受党和群众的批评和监督，加强道德修养，讲党性、重品行、作表率，做到自重、自省、自警、自励，反对形式主义、官僚主义、享乐主义和奢靡之风，反对特权思想和特权现象，反对任何滥用职权、谋求私利的行为。

（6）坚持和维护党的民主集中制，有民主作风，有全局观念，善于团结同志，包括团结同自己有不同意见的同志一道工作。

58. 党史学习教育要求：学史明理、学史增信、学史崇德、学史力行。

59. “四史”宣传教育：党史、新中国史、改革开放史、社会主义发展史。

本章习题

单项选择题

1. 在案件的（　　）过程中，涉嫌违纪的党员能够配合调查工作，如实坦白组织已掌握的其本人主要违纪事实的，可以从轻处分。

A. 审理　　B. 处理
C. 初核、立案调查　　D. 结案

2.《中国共产党纪律处分条例》适用于违反党纪应受到追究的（　　）和党员。

A. 领导干部　　B. 党员领导干部
C. 党员干部　　D. 党组织

3. 留党察看处分期限最长不得超过（　　）。

A. 两年　　B. 三年　　C. 四年　　D. 五年

4. 党员受到警告处分（　　）内，不得在党内提升职务和向党外组织推荐担任高于其原任职务的党外职务。

A. 一年　　B. 一年半　　C. 二年　　D. 二年半

5. 实施责任追究要分清集体责任和个人责任、主要领导责任和重要领导责任。追究集体责任时，下列不承担领导责任的是（　　）。

A. 领导班子主要负责人
B. 直接主管的领导班子成员
C. 参与决策的班子其他成员
D. 对错误决策提出明确反对意见而没有被采纳的领导干部

6. 下列行为，一般应当予以除名的是（　　）。

A. 违反个人有关事项报告规定，不报告、不如实报告的
B. 在组织进行谈话、函询时，不如实向组织说明问题的

C. 不如实填报个人档案资料的

D. 隐瞒入党前严重错误的

7. 下列属于党风廉政建设责任制规定的责任追究情形的是（　　）。

A. 对群体性、突发性事件处置失当，导致事态变化，造成恶劣影响的

B. 疏于监督管理，致使领导班子成员或者直接管辖的下属发生严重违纪违法问题的

C. 政府职能部门管理、监督不力，在其职责范围内发生特别重大事故、事件、案件，或者在较短时间内连续发生重大事故、事件、案件，造成重大损失或者恶劣影响的

D. 在行政活动中滥用职权，强令、授意实施违法行政行为，或者不作为，引发群体事件或者其他重大事件的

8. 党的二十大报告指出，治国有常，利民为本。（　　）是立党为公、执政为民的本质要求。

A. 权为民所用　　B. 情为民所系

C. 利为民所谋　　D. 为民造福

9.（　　）是国家治理的一场深刻革命，关系党执政兴国，关系人民幸福安康，关系党和国家长治久安。

A. 全面依法治国　　B. 全过程人民民主

C. 改革开放　　D. 全面从严治党

10.（　　）是马克思主义的鲜明特点。问题是创新的起点，也是创新的动力源。

A. 发现问题解决问题　　B. 回答时代课题

C. 坚持问题导向　　D. 坚持目标导向

11. 党的二十大报告指出，人民民主是社会主义的生命，是全面建设社会主义现代化国家的应有之义。全过程人民民主是社会主义民主政治的本质属性，是（　　）的民主。

A. 最广泛、最真实、最管用　　B. 最广泛、最真实、最科学

C. 最真实、最科学、最管用　　D. 最广泛、最科学、最管用

12.（　　）是党的根本组织原则，是党内政治生活正常开展的重要制度保障。

A. 集体领导制度　　B. 民主集中制

C. 集中统一领导制度　　D. 党内民主制度

13. 党的二十大报告指出，（　　）是危害党的生命力和战斗力的最大毒瘤。

A. 腐败　　B. “四风”　　C. 脱离群众　　D. 特权思想

14. 社会主义核心价值观中个人层面的价值要求是（　　）。

A. 富强、民主、文明、和谐　　B. 自由、平等、公正、法治

C. 爱国、敬业、诚信、友善　　D. 科学、理性、求真、务实

15. 党章规定，上级纪律检查委员会有权检查下级纪律检查委员会的工作，并且有权

（　　）下级纪律检查委员会对于案件所作的决定。

A. 批准或搁置　　B. 追认或搁置

C. 批准和改变　　D. 批准或改变

16. 党纪处分决定作出后，应当在（　　）内向受处分党员所在党的基层组织中的全体党员及其本人宣布。

A. 一个月　　B. 二个月　　C. 三个月　　D. 四个月

17. 对受到诽谤、诬告、严重失实举报的党员，党组织要及时为其澄清和（　　）。

A. 纠正　　B. 正名　　C. 申诉　　D. 申辩

18. 党章规定的各项纪律都必须严格遵守和执行，而最首要、最核心的就是要严格遵守和执行党的（　　）。

A. 政治纪律　　B. 组织纪律　　C. 廉洁纪律　　D. 工作纪律

19. 党的二十大报告指出，坚持和完善中国共产党领导的（　　），坚持党的领导、统一战线、协商民主有机结合。

A. 基层群众自治制度　　B. 人民代表大会制度

C. 民族区域自治制度　　D. 多党合作和政治协商制度

20. （　　）是巩固脱贫攻坚成果的基本措施。要积极发展乡村产业，方便群众在家门口就业，让群众既有收入，又能兼顾家庭，把孩子教育培养好。

A. 教育　　B. 医疗　　C. 就业　　D. 社保

21. 党的二十大报告提出，以（　　）为导向，集聚力量进行原创性引领性科技攻关，坚决打赢关键核心技术攻坚战。

A. 国家战略需求　　B. 人民美好生活需要

C. 世界前沿技术　　D. 战略性先导技术

22. （　　）是我们立党立国、兴党兴国的根本指导思想。

A. 马克思主义　　B. 马克思列宁主义

C. 科学社会主义　　D. 中国特色社会主义

23. 根据《中国共产党巡视工作条例》规定，下列关于巡视工作领导小组的职责，说法不正确的是（　　）。

A. 研究提出巡视工作规划　　B. 听取巡视工作汇报

C. 研究巡视成果的运用　　D. 向上级党组织报告巡视工作情况

24. 坚持和完善社会主义基本经济制度，毫不动摇巩固和发展公有制经济，毫不动摇（　　）非公有制经济发展，充分发挥市场在资源配置中的决定性作用，更好发挥政府作用。

A. 鼓励、引导、推动　　B. 支持、引导、推动

C. 鼓励、支持、引导　　D. 鼓励、支持、推动

25. 陈璠是宋代的一名官员，曾任宿州太守，写下了忏悔录：“积玉堆金官又崇。祸来倏忽变成空。五年荣贵今何在，不异南柯一梦中。”这句话对党员干部的启示是

（　　）。

A. 坚持吃苦在前，享受在后，甘于奉献

B. 坚持公私分明，先公后私，克己奉公

C. 坚持尚俭戒奢，艰苦朴素，勤俭节约

D. 坚持崇廉拒腐，清白做人，干净做事

26. 党的二十大报告指出，深入实施区域协调发展战略、（　　）、主体功能区战略、新型城镇化战略，优化重大生产力布局，构建优势互补、高质量发展的区域经济布局和国土空间体系。

A. 全面经济发展战略　　B. 区域重大战略

C. 自由贸易试验区战略　　D. 新农村建设战略

27. 对于应当受到撤销党内职务处分，但是本人没有担任党内职务的，应当给予其（　　）处分。

A. 警告　　B. 严重警告　　C. 留党察看　　D. 开除党籍

28. 党章规定，发展党员必须把（　　）放在首位，经过党的支部，坚持（　　）的原则。

A. 政治标准；个别吸收　　B. 思想标准；个别吸收

C. 政治标准；有选择吸收　　D. 思想标准；有选择吸收

29. 只有把马克思主义基本原理同（　　）相结合、同（　　）相结合，坚持运用辩证唯物主义和历史唯物主义，才能正确回答时代和实践提出的重大问题，才能始终保持马克思主义的蓬勃生机和旺盛活力。

A. 中国具体实践；中国社会实际

B. 中国具体实际；中华优秀传统思想

C. 中国社会实际；中华优秀传统文化

D. 中国具体实际；中华优秀传统文化

30. 党章规定，对地方各级党的委员会委员、候补委员，给以警告、严重警告处分，应由（　　）批准，并报它的同级党的委员会备案。

A. 同级纪律检查委员会　　B. 上一级纪律检查委员会

C. 再上一级纪律检查委员会　　D. 所在省纪律检查委员会

参考答案

单项选择题

1－5　CDAAD　　6－10　DBDAC

11－15　ABACC　　16－20　ABADC

21－25　AADCD　　26－30　BBADB

第六章　中国共产党党史概述

1840 年鸦片战争后，外国列强的入侵和国内统治阶级的腐朽没落，导致中国沦为半殖民地半封建社会。面对各种屈辱，无数仁人志士不断探索民族复兴的方法道路，但这些尝试都没有取得成功。

1919 年，在巴黎和会上，德国在山东省的权益被转给日本，激起我国各阶层人民的强烈愤怒，“五四运动”如火山爆发般开始了。

一、中国共产党第一次全国代表大会：宣告中国共产党正式成立

“五四运动”之后，陈独秀、李大钊、毛泽东等一大批接受共产主义并初步掌握马克思主义理论的知识分子开始在中国传播马克思主义。1921 年，中国共产党在上海召开第一次全国代表大会，宣告了中国共产党的成立。

二、中国共产党第二次全国代表大会：提出反帝反封建的民主革命纲领

1922 年，党的二大召开。本次会议正确分析了中国的社会性质，中国革命的性质、对象、动力和前途，指出了中国革命要分两步走，在中国近代史上第一次提出了彻底的反帝反封建的民主革命纲领。党的最高纲领是实现社会主义、共产主义。现阶段的革命纲领即最低纲领是统一中国为真正的民主共和国。中国共产党第二次全国代表大会为中国各民族人民的革命斗争指明了方向，对中国革命具有重大的深远的意义。

三、中国共产党第三次全国代表大会：大革命洪流中召开的党的代表大会

1923 年，本次会议决定共产党员以个人身份加入国民党，同时保持共产党在政治、思想、组织上的独立性。1924 年，国民党一大召开，确立联俄、联共、扶助农工的三大政策，形成了新三民主义。

四、中国共产党第四次全国代表大会：大革命洪流中召开的党的代表大会

1925 年，召开了党的四大，提出了无产阶级在民主革命中的领导权问题和工农联盟问题。但是本次会议的缺点和不足是：虽然提出了领导权的问题，但对于如何争取领导权，缺乏具体明确的方针，只讲对群众运动的领导权，而完全忽视了对政权和武装力量的领导权。提出了农民是革命同盟军的问题，但没有提出土地革命这一解决农民问题的根本思想。

五、中国共产党第五次全国代表大会：大革命洪流中召开的党的代表大会

1927 年，党的五大召开，虽然批判了陈独秀的右倾错误，但对争夺革命领导权所迫切需要解决的重大问题，如改造武汉国民党、改造武汉国民政府、组织和扩大党对革命武装的领导等问题，均未作出切合实际的回答。大会对陈独秀右倾投降主义的实质和危害也缺乏深刻的认识。党的五大实际上并未解决挽救时局的问题。

六、中国共产党第六次全国代表大会：唯一一次在国外召开的党的代表大会

1928 年，党的六大在莫斯科召开，中共六大制定的路线基本是正确的，对后来中国革命的发展起了积极的作用。但这次会议也存在着缺点，即对中间阶级的作用、反动势力内部的矛盾缺乏正确的估计和政策，特别是对中国革命的长期性和农村革命根据地的重要意义认识不足，仍旧把城市工作放在全党工作的中心，这对中国革命的发展起了消极的影响。

七、中国共产党第七次全国代表大会：确立毛泽东思想在全党的指导地位

1945 年，党的七大在延安召开，大会确立毛泽东思想为全党的指导思想，这是党的七大作出的历史性贡献。大会把党在长期奋斗中形成的优良传统和作风概括为三大作风，即理论联系实际，密切联系群众，批评与自我批评。

八、中国共产党第八次全国代表大会：探索建设社会主义道路的良好开端

1956 年，党的八大召开，大会正确分析了国内外形势和国内主要矛盾的变化，指出：由于社会主义改造已经取得决定性胜利，我国无产阶级同资产阶级之间的矛盾已经基本解决，国内的主要矛盾，已经是人民对于建立先进的工业国的要求同落后的农业国的现实之间的矛盾，已经是人民对于经济文化迅速发展的需要同当前经济文化不能满足人民需要的状况之间的矛盾。党和人民当前的主要任务，就是要集中力量解决这个矛盾，把我国尽快地从落后的农业国变成先进的工业国。党的八大是探索中国自己的建设社会主义道路的良好开端。

九、中国共产党第九次全国代表大会："文化大革命"中的大会

1969 年，党的九大召开，本次会议坚持"无产阶级专政下继续革命的理论"，使 1966 年开始的"文化大革命"的理论和实践合法化，在思想上、政治上、组织上的指导方针都是错误的。

十、中国共产党第十次全国代表大会："文化大革命"中的大会

1973 年，党的十大召开，继续了党的九大的"左倾"错误。

十一、中国共产党第十一次全国代表大会：“文化大革命”后的首次大会

1977 年，党的十一大召开，虽然宣告“文化大革命”已经结束，但仍然肯定“文化大革命”的错误理论和实践。直到 1978 年党的十一届三中全会，才将党和国家工作的重点转移到现代化建设上，从而实现了新中国成立以来党和国家历史上具有深远意义的伟大转折。

十二、中国共产党第十二次全国代表大会：开创社会主义现代化建设新局面

1982 年，党的十二大召开，邓小平在这次大会上第一次提出了“建设有中国特色的社会主义”的崭新命题。明确指出：“把马克思主义的普遍真理同我国的具体实际结合起来，走自己的路，建设有中国特色的社会主义，这就是我们总结长期历史经验得出的基本结论。”

十三、中国共产党第十三次全国代表大会：阐述社会主义初级阶段理论

1987 年，党的十三大召开，大会第一次系统地阐明了关于社会主义初级阶段的理论，明确概括了党在社会主义初级阶段的基本路线。大会指出，我国社会主义初级阶段是特指我国在生产力落后、商品经济不发达的条件下建设社会主义必然要经历的特定阶段。这一论断包括两层含义：第一，我国社会已经是社会主义社会；第二，我国的社会主义社会还处在初级阶段，我们必须从这个实际出发，而不能超越这个阶段。大会提出了党在社会主义初级阶段的基本路线，即“一个中心，两个基本点”。大会还制定了到二十一世纪中叶经济发展分三走、实现现代化的发展战略，并提出了政治体制改革的任务。

十四、中国共产党第十四次全国代表大会：确立邓小平建设有中国特色社会主义理论在全党的指导地位；明确经济体制改革的目标是建立社会主义市场经济体制

1992 年年初，邓小平发表“南方谈话”后，为党的十四大召开做了充分的理论准备，1992 年 10 月党的十四大召开，这次大会做了三项具有深远意义的决策：一是确立邓小平建设有中国特色社会主义理论在全党的指导地位；二是明确经济体制改革的目标是建立社会主义市场经济体制；三是要求全党抓住机遇，加快发展，集中精力把经济建设搞上去。

十五、中国共产党第十五次全国代表大会：高举邓小平理论伟大旗帜

1997 年，党的十五大召开，在大会通过的党章中，把邓小平理论同马列主义、毛

泽东思想一起作为中国共产党的指导思想。大会指出，中国共产党要高举邓小平理论伟大旗帜，把建设有中国特色社会主义事业全面推向二十一世纪。

十六、中国共产党第十六次全国代表大会：与时俱进的大会

2002 年，党的十六大召开，这次大会是我们党 21 世纪乘胜前进、规划制定 21 世纪中国发展重大战略的会议，也是与时俱进，为指导思想增添理论新成果的代表大会，在大会通过的党章中，把“三个代表”确立为全党的指导思想。并实现了我们党承前启后，完成整体性新老交替的任务。大会的主题是：高举邓小平理论伟大旗帜，全面贯彻“三个代表”重要思想，继往开来，与时俱进，全面建设小康社会，加快推进社会主义现代化，为开创中国特色社会主义事业新局面而奋斗。

十七、中国共产党第十七次全国代表大会：科学发展，共建和谐的大会

2007 年，党的十七大召开，党的十七大的主题是：高举中国特色社会主义伟大旗帜，以邓小平理论和“三个代表”重要思想为指导，深入贯彻落实科学发展观，继续解放思想，坚持改革开放，推动科学发展，促进社会和谐，为夺取全面建设小康社会新胜利而奋斗。

十八、中国共产党第十八次全国代表大会：坚持走中国特色社会主义道路的大会

2012 年，中国共产党第十八次全国代表大会召开。党的十八大明确了“科学发展观”是党必须长期坚持的指导思想；回答了坚定不移走中国特色社会主义道路的政策立场。

十九、中国共产党第十九次全国代表大会：不忘初心、牢记使命的大会

2017 年，中国共产党第十九次全国代表大会召开。其主题是：不忘初心，牢记使命，高举中国特色社会主义伟大旗帜，决胜全面建成小康社会，夺取新时代中国特色社会主义伟大胜利，为实现中华民族伟大复兴的中国梦不懈奋斗。

二十、中国共产党第二十次全国代表大会：高举中国特色社会主义伟大旗帜　为全面建设社会主义现代化国家而团结奋斗

2022 年，中国共产党第二十次全国代表大会召开。其主题是：高举中国特色社会主义伟大旗帜，全面贯彻新时代中国特色社会主义思想，弘扬伟大建党精神，自信自强、守正创新，踔厉奋发、勇毅前行，为全面建设社会主义现代化国家、全面推进中华民族伟大复兴而团结奋斗。

本章习题

一、单项选择题

1. 随着马克思主义同中国工人运动的结合日益紧密、建立统一的中国共产党的条件日益成熟。（　　），中国共产党第一次全国代表大会在上海召开。

A. 1921 年 6 月 20 日　　B. 1921 年 7 月 1 日

C. 1921 年 7 月 23 日　　D. 1921 年 7 月 30 日

2. 中国共产党第十九次全国代表大会，是在全面建成小康社会决胜阶段、中国特色社会主义进入（　　）的关键时期召开的一次十分重要的大会。

A. 新时期　　B. 新阶段　　C. 新征程　　D. 新时代

3. 在长期革命斗争中，党形成了三大优良传统作风，即理论联系实际的作风，（　　）的作风，批评与自我批评的作风。

A. 密切联系群众　　B. 艰苦奋斗

C. 谦虚谨慎　　D. 实事求是

4. 中国共产党人的初心和使命，就是为中国人民（　　），为中华民族（　　）。这个初心和使命是激励中国共产党人不断前进的根本动力。

A. 谋幸福；谋未来　　B. 谋生活；谋复兴

C. 谋幸福；谋复兴　　D. 谋生活；谋未来

5. 中国共产党是中国工人阶级的先锋队，同时是中国人民和（　　）的先锋队，是中国特色社会主义事业的领导核心。

A. 新社会阶层　　B. 中华民族

C. 知识分子　　D. 农民阶级

6. 近代以来，中华民族面对着两大历史任务：一个是（　　）；另一个是实现国家繁荣富强和人民共同富裕。

A. 反对帝国主义　　B. 反对封建主义

C. 求得民族独立和人民解放　　D. 实现民族复兴

7. （　　）是中国革命史上具有重大意义的事件，标志着中国新民主主义革命的开端。

A. 辛亥革命　　B. 护国运动　　C. 五四运动　　D. 二次革命

8. 1921 年 7 月 23 日，党的一大在上海开幕。后因代表们的活动受到监视，大会转移到浙江（　　）继续召开。党的一大的召开宣告中国共产党正式成立。

A. 杭州西湖　　B. 嘉兴南湖　　C. 绍兴东湖　　D. 宁波东钱湖

9. 1922 年 7 月，党的二大第一次提出了明确的（　　）的民主革命纲领。

A. 土地革命　　B. 反帝反封建　　C. 社会主义革命　　D. 民族革命

10. 中国共产党历史上唯一一次在国外召开的全国代表大会是（　　）。

A. 党的三大　　B. 党的四大　　C. 党的五大　　D. 党的六大

11. 1924 年至 1927 年，一场以推翻帝国主义在华势力和北洋军阀为目标的革命运动，似滚滚洪流席卷中国大地。人们通常把它称为“大革命”或“国民革命”。1927 年大革命失败后，中国共产党确定了（　　）的总方针。
A. 开展工人运动
B. 城市暴动和武装反抗国民党反动派统治
C. 争取中间力量和通过合法斗争夺权
D. 土地革命和武装反抗国民党反动派统治
12. 1927 年 8 月 1 日，（　　）打响了武装反抗国民党反动派的第一枪，标志着中国共产党独立领导革命战争、创建人民军队和武装夺取政权的开始。
A. 南昌起义　　B. 秋收起义
C. 广州起义　　D. 上海工人三次武装起义
13. 1927 年 9 月进行的三湾改编提出“（　　）”的重要原则，是把工农革命军建设成为无产阶级领导的新型人民军队的重要开端。
A. 支部建在军事指挥机关　　B. 支部建在师部
C. 支部建在连上　　D. 支部建在团上
14. 中国抗日战争的起点和中国人民局部抗战开始的标志是（　　）。
A. 九·一八事变　　B. 华北事变
C. 一二·九运动　　D. 七七事变
15. 1927 年毛泽东提出“政权是由枪杆子中取得的”思想是在（　　）。
A. 南昌起义时　　B. 八七会议上
C. 文家市决策时　　D. 秋收起义后
16. 为了驳斥“亡国论”和“速胜论”的错误观点，系统阐述党的抗战方针，毛泽东于 1938 年 5 月写了（　　）这篇重要文章。
A.《论持久战》　　B.《论联合政府》
C.《中国革命和中国共产党》　　D.《目前抗日统一战线中的策略问题》
17.《为人民服务》是毛泽东同志在 1944 年 9 月 8 日纪念（　　）追悼会上的讲话。
A. 张思德　　B. 白求恩　　C. 刘胡兰　　D. 雷锋
18. 我国最高权力机关是（　　）。
A. 全国人民代表大会　　B. 中国人民政治协商会议
C. 国务院　　D. 中共中央
19. 加强和改进党的作风建设的核心是（　　）。
A. 开展批评和自我批评　　B. 保持党同人民群众的血肉联系
C. 理论联系实际　　D. 解放思想、实事求是
20. 解放战争时期，人民解放军进行战略决战的三大战役是（　　）。
A. 辽沈战役、淮海战役、渡江战役　　B. 上党战役、淮海战役、渡江战役
C. 辽沈战役、淮海战役、平津战役　　D. 鲁西南战役、淮海战役、渡江战役

21. 新中国成立后制定的第一部正式法律是（　　）。

A. 《工会法》　B. 《土地改革法》　C. 《婚姻法》　D. 《宪法》

22. “建设有中国特色的社会主义”的科学命题是在（　　）提出的。

A. 党的十二大　B. 党的十三大

C. 党的十一届三中全会　D. 党的十四大

23. 下列会议是我国改革开放的标志的是（　　）。

A. 1956 年党的八大　B. 1978 年党的十一届三中全会

C. 1987 年党的十三大　D. 1997 年党的十五大

24. 1987 年召开的党的十三大第一次比较系统地论述了（　　）。

A. 社会主义商品经济理论　B. 社会主义初级阶段理论

C. 社会主义市场经济理论　D. 有中国特色社会主义理论

25. 2002 年 11 月通过的党的十六大，把（　　）作为党的指导思想写进党章。

A. 毛泽东思想　B. 邓小平理论

C. “三个代表”重要思想　D. 科学发展观

26. 党的（　　）对党章进行适当修改，正式把科学发展观写进党章。

A. 十四大　B. 十五大　C. 十六大　D. 十七大

27. 科学发展观的核心是（　　）。

A. 统筹兼顾　B. 全面协调可持续发展

C. 和谐社会　D. 以人为本

28. 我国现在实行的政党制度是（　　）。

A. 一党制　B. 多党制

C. 多党合作　D. 中国共产党领导下的多党合作

二、多项选择题

1. 习近平强调，中国共产党是世界上最大的政党。大就要有大的样子。中国共产党所做的一切，就是（　　）。我们要把自己的事情做好，这本身就是对构建人类命运共同体的贡献。

A. 为中国人民谋幸福　B. 为中华民族谋复兴

C. 为经济谋发展　D. 为人类谋和平与发展

2. 习近平强调，（　　）是全人类的共同价值，也是联合国的崇高目标。

A. 平等、和谐　B. 和平、发展

C. 公平、正义　D. 民主、自由

3. “一国两制”由我国首次提出并付诸实践，这一制度的重大历史意义有（　　）。

A. 丰富了马克思主义原则的坚定性与策略的灵活性相统一的原理

B. 丰富和发展了马克思主义的国家学说

C. 创造性地把和平共处五项原则用来处理一个国家的内部问题

D. 是从我国社会主义现代化建设需要一个和平的国际环境出发，为解决国际争端和世界遗留问题提供了新的思路、新的途径和模式

4. 习近平总书记出席推进“一带一路”建设工作 5 周年座谈会并发表重要讲话强调，共建“一带一路”顺应了全球治理体系变革的内在要求，彰显了（　　）的命运共同体意识，为完善全球治理体系变革提供了新思路新方案。

A. 共享共建　　B. 同舟共济　　C. 合作共赢　　D. 权责共担

5. 为顺应时代发展，以习近平同志为主要代表的中国共产党人，从理论和实践结合上系统回答了新时代（　　）重大时代课题，创立了习近平新时代中国特色社会主义思想。

A. 坚持和发展什么样的中国特色社会主义

B. 怎样建设社会主义和建设什么样的党

C. 怎样坚持和发展中国特色社会主义

D. 怎样建设党

6. 改革开放以来我们取得一切成绩和进步的根本原因，归结起来就是（　　）。

A. 开辟了中国特色社会主义道路

B. 开辟了有中国特色社会主义现代化道路

C. 形成了中国特色社会主义理论体系

D. 形成了有中国特色社会主义理论体系

7. 党章要求，党员要发扬社会主义新风尚，带头实践（　　），为了保护国家和人民的利益，在一切困难和危险的时刻挺身而出，英勇斗争，不怕牺牲。

A. 社会主义核心价值观　　B. 社会主义荣辱观

C. 提倡共产主义道德　　D. 弘扬中华民族传统美德

8. 发展是我们党执政兴国的第一要务。必须坚持以人民为中心的发展思想，坚持（　　）、共享的发展理念。

A. 创新　　B. 协调　　C. 绿色　　D. 开放

9. 党章总纲指出，发展更加广泛、更加充分、更加健全的人民民主，推进协商民主（　　）发展，切实保障人民管理国家事务和社会事务、管理经济和文化事业的权利。

A. 广泛　　B. 多层　　C. 制度化　　D. 系统化

10. 中国共产党坚持对人民解放军和其他人民武装力量的绝对领导，贯彻习近平强军思想，加强人民解放军的建设，坚持（　　）。

A. 政治建军　　B. 改革强军　　C. 科技强军　　D. 依法治军

11. 跨入 21 世纪，我国进入全面建设小康社会、加快推进社会主义现代化的新的发展阶段。必须按照中国特色社会主义事业“五位一体”总体布局和“四个全面”战略布局，统筹推进经济建设、政治建设、文化建设、社会建设、生态文明建设，协调推进（　　）。

A. 全面建成小康社会　　B. 全面深化改革
C. 全面依法治国　　D. 全面从严治党

12. 中国共产党在领导社会主义事业中，必须坚持以经济建设为中心，促进国民经济（　　）发展。
A. 更高质量　　B. 更有效率　　C. 更加公平　　D. 更可持续

13. 我国的立国之本是（　　）。
A. 坚持社会主义道路　　B. 坚持人民民主专政
C. 坚持中国共产党的领导　　D. 坚持马克思列宁主义毛泽东思想

14. 要依法依规加强网络空间治理，推动（　　），确保互联网在法治轨道上健康运行。
A. 依法治网　　B. 依法办网　　C. 依法上网　　D. 依法治国

15. 我国最广泛的爱国统一战线是由（　　）组成的。
A. 全体社会主义劳动者
B. 社会主义事业的建设者
C. 拥护社会主义的爱国者
D. 拥护祖国统一和致力于中华民族伟大复兴的爱国者

16. 中国共产党要领导全国各族人民实现社会主义现代化的“两个一百年”奋斗目标、实现中华民族伟大复兴的中国梦，就要坚持立党为公、执政为民，不断提高党的领导水平和执政水平，提高拒腐防变和抵御风险的能力，不断增强（　　）的能力。
A. 自我净化　　B. 自我完善　　C. 自我革新　　D. 自我提高

17. 党的思想路线是（　　）。
A. 一切从实际出发　　B. 理论联系实际
C. 实事求是　　D. 在实践中检验真理和发展真理

18. 坚持民主集中制，必须加强和规范党内政治生活，增强党内政治生活的（　　），发展积极健康的党内政治文化，营造风清气正的良好政治生态。
A. 政治性　　B. 时代性　　C. 原则性　　D. 战斗性

19. 党支部是党的基础组织，担负直接教育党员、管理党员、监督党员和（　　）的职责。
A. 组织群众　　B. 宣传群众　　C. 凝聚群众　　D. 服务群众

参考答案

一、单项选择题

1－5　CDACB　　6－10　CCBBD
11－15　DACAB　　16－20　AAABC

21－25　CABBC　　　　　　　26－28　DDD

二、多项选择题

1－5　ABD、BCD、ABCD、BD、AC

6－10　AC、ABCD、ABCD、ABC、ABCD

11－15　ABCD、ABCD、ABCD、ABC、ACD

16－19　ABCD、ABCD、ABCD、ABCD

第二篇　税收业务基础知识

第一章　税收概论

第一节　初识税收

一、基本概念

（一）税收的概念

税收是国家财政最主要的收入形式和来源，是国家为满足社会公共需要，凭借政治权力，按照法定的标准和程序，参与国民收入分配，强制取得财政收入所形成的一种特殊分配关系。

1. 税收是国家机器的经济基础	财政是国家治理的基础和重要支柱，包括财政收入和财政支出两个部分，无论从历史还是现实的角度考察，税收都是政府财政收入的主要来源。有国家就必须有税收，税收最主要的作用是为应付政府开支需要而筹集稳定的财政资金
2. 税收是社会生产的分配形式	从社会再生产的角度看，国家在取得财政收入的同时，深度融入生产、交换、分配和消费各个环节，不仅可以有效提供社会福利、熨平经济波动、优化资源配置，还可以在缩小贫富差距、优化营商环境等方面产生独特功效。因此，税收是资源配置的积极参与者和共同富裕的有效促进者
3. 税收是文明社会的代价	税收是人类社会发展到一定阶段才出现的，当国家作为一个政治实体产生后，税收就成为私人部门享受公共服务的成本，而且随着文化、技术、法律的不断完善，税收日益被人们充分地认识、接受和遵从。国家的出现和发展壮大是人类文明进步的必由之路。而支撑国家有效发挥公共事务管理能力的经济基础主要是税收，所以从客观上讲，税收是人们为文明进步所付出的代价

（二）税收的内涵

税收的内涵	具体内容
1. 征税的主体是国家	征税活动是由国家（政府）组织实施的，其他任何组织和个人取得各类收入都不是税收
2. 征税的目的是满足社会公共需要	税收作为国家财政收入的重要来源，其根本目的是满足社会公共需要

续表

税收的内涵	具体内容
3. 征税权属于政治权力	税收不是依照等价交换原则或所有权原则进行分配，而是国家凭借政治权力实现的特殊分配
4. 征税依据是税法	税法是明确国家征税权和纳税人纳税义务的基本规范
5. 税收来源于国民收入	税收是国家参与国民收入分配最主要、最规范的形式，是国民收入分配的结果

【判断题】国家征税的目的是满足政府支出需要。(　　)

【参考答案】×。国家征税的目的是满足社会公共需要。

二、历史沿革

税收随着国家的逐步形成而产生，作为国家的经济基础而存在，并随着生产力的进步和生产关系的变革不断发展。税收产生的社会条件是国家的出现和存在，有了国家，才会有税收；税收产生的经济条件是私有制的存在和发展。

(一) 税收的产生

我国原始社会的后期，部落联盟经演化、扩展而形成奴隶制国家，早期税收随之产生。夏、商、周作为我国早期的三个奴隶制国家，已经出现了税收的雏形。《孟子·滕文公上》中记载："夏后氏五十而贡，殷人七十而助，周人百亩而彻，其实皆什一也。"春秋时期，鲁国于公元前594年推行"初税亩"，承认土地私有制，征税不再有"地租"性质，征税权主要来自"政治权力"而不是"土地所有权"。"初税亩"非常接近于现代的税收，一般视作我国农业税征收的起点。

(二) 封建社会的赋税

1. 编户齐民制

编户齐民制是汉代的户籍管理制度，也是赋税制度。西汉初年开始实行以户为单位来管理平民，此谓"编户"；所有人都是国君的臣民，此谓"齐民"。在这一制度下，农民对封建国家须承担四项负担：田租（土地税）、算赋和口赋（人头税）、徭役、兵役。至此，我国封建社会一套完整的赋税徭役制度正式形成。

2. 租庸调制

租庸调制是隋朝和唐朝初期实行的一种以均田制为基础的赋税制度。租庸调制中的租是田租（土地税），由受田男子每年向官府缴纳定量的谷物；应当服徭役而未服徭役可以纳绢或布代替，叫作"庸"；"调"是户税，以户为单位缴纳绢或布。

3. 两税法

两税法是中唐时期代替租庸调制的赋税制度。两税法以家庭财产贫富等级缴纳户税，以田亩数量缴纳地税，分夏秋两季征收，取消了租庸调制和一切杂税、杂役，改变了自战国以来以人丁为主要征税标准的赋役制度，是我国赋役制度的一大变革，奠定了唐后期至明中叶我国古代赋役制度的基础。

4. 一条鞭法

一条鞭法是明中叶开始实行的赋税制度。在清丈全国土地数量的基础上，官府将各类徭役、杂税和部分丁税摊入田亩，依据土地多少折成银两征税，官府所需力役从税款中出钱雇佣，同时允许农民出钱替代力役。一条鞭法开启了实物税向货币税的过渡。

5. 摊丁入亩

摊丁入亩是清朝用以缓和土地兼并的一种赋税制度。官府将丁银摊入田亩，与田赋一体征收地丁银，废除了长期实行的人头税，减轻了无地、少地农民的经济负担。

（三）民国时期的税收

南京国民政府成立后，分别设立中央税和地方税，中央税在全部税收收入中的比重逐步提高。抗日战争全面爆发后，南京国民政府为集中全国财力进行抗战，决定将全国财政分为国家财政和地方自治财政两大系统，原先大量的地方税被纳入中央税，这一时期的中央税占税收总收入的 90% 以上。由于中央税高度集中，地方财政捉襟见肘，地方摊派层出不穷，广大民众税收负担较重，社会矛盾异常尖锐。这些矛盾延续到解放战争后期，国民党掌控的财政税收体系几乎完全崩溃。

（四）新中国税收

1950 年 1 月，政务院发布《全国税政实施要则》，针对原各解放区所实行的税种、税目和税率不一致的状况，决定统一全国税政，根据合理负担的原则，设立了货物税、工商业税、关税等 14 个税种，规定了中央和地方的税收立法权限。

在对农业、手工业和资本主义工商业生产资料私有制的社会主义改造基本完成后，我国实行高度集中的计划经济体制，“非税论”逐渐盛行，在实践中表现为过分简化税制。到 20 世纪 70 年代，对国营企业只征收工商税，对集体企业只征收工商税和工商所得税，税收在国家政治、经济生活中的地位和作用明显下降，税收的职能作用难以有效发挥。

党的十一届三中全会后，我国的税收工作逐步走上正轨。1980 年 9 月，《中华人民共和国中外合资经营企业所得税法》和《中华人民共和国个人所得税法》的出台，对引进国外资金、技术和人才起到了关键性作用。1983 年和 1984 年，分两步实施“利改税”，将实行了 30 多年的国营企业上缴利润改为按产品税、增值税、营业税等 11 个税种向国家缴纳税款，逐步建立起一套内外有别、城乡不同的复合税制体系。1994 年，我国实施了新中国成立以来规模最大、范围最广泛、内容最深刻的税制改革，构建起合理划分中央和地方税权的分税制财政管理体制，确立了以增值税为主体的货物和劳务税体系，统一了内资企业所得税和个人所得税制。

进入 21 世纪，我国按照“简税制、宽税基、低税率、严征管”的原则，积极稳妥地分步对税制进行了有增有减的结构性改革。废止了《中华人民共和国农业税条例》，在我国延续了两千多年的农业税宣告终结；实现了内外资企业所得税的统一，促进了市场公平竞争；全面推行生产型增值税向消费型增值税转变，有利于产业结构调整和技术升级，提高我国产品的竞争力；稳步推行“费改税”，进一步规范了政府收入形式。

党的十八大以来，我国确立了“深化税收制度改革、优化税制结构、完善税收功能、稳定宏观税负、推进依法治税，建立有利于科学发展、社会公平、市场统一的税收制度体系，充分发挥税收筹集财政收入、调节分配、促进结构优化的职能作用”税制改革目标。加快落实税收法定原则，税收立法工作有序推进，营改增试点及增值税改革取得圆满成功，综合与分类相结合的个人所得税制度改革成功落地，出台环境保护税，全面实施资源税从价计征，加速推进绿色税制建设，实施大规模减税降费和组合式税费支持政策，税制改革步入新阶段，税收法治化建设驶入快车道。税收在国家治理中的基础性、支柱性、保障性作用更加突出。

三、形式特征

（一）税收的形式特征

税收的形式特征是税收与其他财政收入形式区别的根本标志。税收具有三个基本的形式特征：强制性、无偿性和固定性。

（二）税收特征的具体解释

税收的特征	具体内容
1. 强制性	（1）税收的强制性表明税收是以强制的形式进行征收的 （2）税收的强制性表现为 一是国家作为征税主体依据政治权力，通过颁布税收法律，明确国家征税的权力和方式，用法律的强制力保障财政收入的实现 二是国家用强制力维护税收秩序，纳税人必须依法纳税，自觉履行纳税义务，否则将受到法律制裁 三是征税主体必须遵从税法的规定征税，不得以自己的意志实施与税法规定不同的行为，既不可任意多征，也不得随意少征或者不征
2. 无偿性	税收的无偿性表明税收是以无偿的形式进行征收的，税收的无偿性是由强制性决定的。 从形式上看，纳税人向国家纳税是无偿的，国家为公众提供的公共产品和服务也是免费的，纳税人向国家缴纳税款是法律规定的义务，国家对具体的纳税人不承担直接偿还的义务，也不需要付出任何形式的直接补偿
3. 固定性	税收的固定性表明税收是以固定的形式和标准进行征缴的。国家征税首先要制定并颁布税法，规定征收形式和计税标准，并保持相对稳定、连续。纳税人应当依法履行法定纳税义务，税务机关必须依法行使法定征收权力。随着经济和社会发展的需要，国家可以按照法定程序和权限调整税法，成为征纳双方共同遵守的新的固定标准

【单选题】决定税收的无偿性是税收的（　　）。

A. 强制性　　B. 本质　　C. 固定性　　D. 特征

【参考答案】A。税收的无偿性是由强制性决定的。

（三）税收特征之间的关系

1. 税收的三个形式特征是完整的统一体，缺一不可。无偿性是税收分配的核心特征，强制性和固定性是对无偿性的保证和约束。

2. 税收的三个形式特征是各类税收的“共性”，只要同时具备这“三性”，即便不称作税，实质上也是税；也只有三者同时具备，才可称其为税收。

3. 区别一种财政收入是税还是非税，不在于它的名称，而主要看它是否同时具有这“三性”。

【单选题】税收分配的核心特征是（　　）。

A. 强制性　　B. 固定性　　C. 无偿性　　D. 普遍性

【参考答案】C。税收的三个形式特征是完整的统一体，缺一不可。无偿性是税收分配的核心特征，强制性和固定性是对无偿性的保证和约束。

四、税收原则

税收原则是在履行税收职能的过程中，为正确处理政府需要与经济社会发展的关系所必须遵循的原则。税收原则是制定税收制度的指导思想，也是判断税收制度是否科学的标准。

（一）历史上主要的税收原则理论

代表观点	具体内容
1. 亚当·斯密的税收原则	他在《国富论》中第一次系统、明确地提出了“平等、确实、便利、最少征收费”的税收四原则，为税收原则理论研究奠定了基础
2. 瓦格纳的税收原则	他在《财政学》一书中，将税收原则归纳为四大项九小点内容（亦称“四项九端原则”） （1）财政政策原则。包括税收充分原则和税收弹性原则。充分原则要求必须有充分的税收收入来保证财政支出的需要；弹性原则要求税收能适应政府的支出增长需要，依据法律或自然增加 （2）国民经济原则，包括税源选择原则和税种选择原则。税源选择原则，就是选择有利于保护税本的税源，以发展经济；税种选择原则，就是税种的选择要考虑税收的最终负担，以实现税负的公平 （3）税收公平原则，包括税收普遍原则和税收平等原则。普遍征税要求公民都必须纳税，不能因为身份不同、地位特殊而例外；税负平等要求税收的负担应力求公平合理，应该按能力大小来缴税，做到收入多的多缴税，收入少的少缴税，处于最低收入以下的免税 （4）税务行政原则，包括税收确实原则、税收便利原则和最少征收费用原则
3. 现代西方税收原则	现代西方税收原则是指 20 世纪以来的税收原则，当代西方学者在前人提出的税收原则的基础上，着重研究的是税收对经济和社会的影响问题，提出了当代关于税收的最高三原则，即效率原则、公平原则和稳定原则

【判断题】最先系统、明确提出的税收原则是瓦格纳的“四项九端原则”。（　　）

【参考答案】×。最先系统、明确提出的税收原则是亚当·斯密的税收四原则。

（二）我国税收的基本原则

1. 财政原则

税收财政原则，是指政府征税时应兼顾需要与可能，做到取之有度。“需要”是指财政支出需要，“可能”是指税收负担可能，即经济承受能力。一般而论，其内容包括收入充裕、收入弹性、收入适度三个方面。

财政原则	具体内容
（1）收入充裕	收入充裕，是指税收收入必须基本满足政府的财政支出需要。政府只有取得充足、稳定、可靠的财政收入，方能履行政府社会管理和公共服务的职能
（2）收入弹性	收入弹性，是指税收收入必须具有随国家财政需要变化而伸缩的可能性。一般而言，它包括经济弹性和法律弹性两个方面。经济弹性又称“自然弹性”，即税收随经济状况和国民收入增减而自然伸缩；法律弹性又称“政策弹性”，即通过税收政策调整或修改税法，提高或降低税率，使税收有可能增加或减少
（3）收入适度	税收适度，是指税收收入在满足国家财政需要的同时，应兼顾经济承受能力，做到取之有度。通常情况下，税收应保持与国内生产总值或国民收入同步增长。从理论上分析，税收不应突破三个禁区：一是不应妨碍简单再生产，二是不应妨碍民间投资，三是不应妨碍劳动力再生产

2. 法定原则

税收法定原则的基本内涵是：税种的设立、税率的确定和税收征收管理等税收基本制度只能制定法律。

法定原则	具体内容
（1）税收法定原则的内涵	一是要素法定。即纳税人、课税对象、税基、税率、税收优惠等基本税收要素应当由法律规定 二是要素确定。即法律对税收要素的规定必须是尽量明确的，以避免出现漏洞和歧义 三是程序合法。即征税机关必须严格按照法律规定的程序和权限征收税款，不允许擅自变更
（2）税收法定原则的要求	纳税主体的权利与义务必须由法律加以规定。税法的构成要素必须且只能由法律予以明确规定。征税主体的权利与义务只能以法律规定为依据。没有法律规定，任何主体不得征税和减免征收
（3）全面落实税收法定原则	《中华人民共和国立法法》明确规定“税种的设立、税率的确定和税收征收管理等税收基本制度”只能制定法律，为实现宪法确立的税收法定原则提供了制度保障。依照法律规定设税、征税、治税，是建设法治国家、法治政府、法治社会的迫切需要

3. 公平原则

税收公平原则，是指国家征税要使每个纳税人的税收负担与其经济状况相适应，并使各纳税人之间的负担水平保持平衡。

公平原则	具体内容
（1）普遍征税	普遍征税表现为“税法面前人人平等”，反映“税法形式正义”。其具体内容在于强调国家征税面要宽、纳税人要普遍。就税收而言，凡符合税法规定纳税条件的纳税人都应依法纳税
（2）平等课税	平等课税表现为“税收实质正义”，客观上要求国家征税应实现横向公平，使各个纳税人承受负担与其经济状况相适应，经济能力相同的人应缴纳相同税收
（3）量能课税	量能征税要求税收实现纵向公平，经济能力不同的人应缴纳数额不同的税收。个人所得税实施“累计税制度”，目的就在于收入多者多纳税，收入少者少纳税，体现税收纵向公平原则

4. 效率原则

税收效率原则，是指政府征税，包括税制的建立和税收政策的运用，应讲求效率，遵循效率原则。税收效率原则的基本要求是税收征管成本低、行政效率高，征税应有利于促进经济效率提高或对经济效率的不利影响最小。

效率原则	具体内容
（1）税收行政效率	税收行政效率，通过税收成本率即税收的行政成本占税收收入的比率来反映 有效率就是要求以尽可能少的税收行政成本征收尽可能多的税收收入，即税收成本率越低越好。税收行政成本，既包括政府为征税而花费的征收成本，也包括纳税人为纳税而耗费的缴纳成本
（2）税收经济效率	第一层次的要求是税收的“额外负担”最小。税收的额外负担，就是征税所引起的资源配置效率的下降，它是税收行政成本以外的一种经济损失，即“额外负担”，相对于税收行政成本，通常又将之称为税收的经济成本 第二层次的要求是保护税本。为保护和发展国民经济，政府征税应慎重选择税源，避免伤及税本 第三层次的要求是通过税收分配来提高资源配置的效率
（3）税收生态效率	税收生态效率是 21 世纪的理论创新，体现可持续发展的税制核心，其基本内容是税收政策应有利于保护生态环境，提高资源利用效率

【多选题】下列关于税收经济效率的认识，正确的有（　　）。

A. 降低税收的征收成本和缴纳成本

B. 保护税本

C. 通过税收分配来提高资源配置的效率

D. 税收的“额外负担”最小

【参考答案】BCD。选项 A，降低税收的征收成本和缴纳成本是税收行政效率的要求。

【多选题】当代中国的税收基本原则包括（　　）。

A. 公平原则　　B. 法定原则　　C. 效率原则　　D. 财政原则

【参考答案】ABCD。税收原则包括税收法定原则、税收公平原则、税收效率原则和税收财政原则。

五、税收负担与转嫁

（一）税收负担的含义

税收负担简称“税负”，是指一定时期内纳税人因履行纳税义务而承受的经济负担。从绝对额考察，是指纳税人依法应支付给国家的税款；从相对额考察，是指应纳税额与相关指标的比率。

（二）宏观税收负担的衡量指标

衡量指标	具体内容
1. 国内生产总值税收负担率	国内生产总值税收负担率反映一个国家在其国内提供的全部最终产品和劳务所承受的税收负担状况 国内生产总值税收负担率 = 税收收入总额/国内生产总值 ×100%
2. 国民收入税收负担率	国民收入税收负担率反映一个国家在一定时期内新创造价值的税收负担状况。 国民收入税收负担率 = 税收收入总额/国民收入 ×100%

【单选题】国内生产总值税收负担率是（　　）。

A. 税收总额与国民收入之比

B. 税收总额与国内生产总值之比

C. 企业缴纳的各项税收与企业净值之比

D. 居民缴纳的各项税收与企业增加值之比

【参考答案】B。国内生产总值税收负担率反映一个国家在其国内提供的全部最终产品和劳务所承受的税收负担状况。

（三）微观税收负担的衡量指标

衡量指标	具体内容
1. 居民税收负担率	居民税收负担率是指一定时期内居民个人所缴纳的各种税款占其同期收入总额的比率。 居民税收负担率 = 居民实际缴纳税款/居民同期收入总额 ×100%
2. 企业税收负担率	（1）企业综合税收负担率。企业综合税收负担率是指一定时期内企业实际缴纳的各种税款总额与企业同期利税总额或增加值的比率 企业综合税收负担率 = 企业实际缴纳的税款总额/企业同期利税总额（或增加值）×100% （2）企业所得税负担率。企业所得税负担率是指一定时期内企业所缴纳的所得税总额与同期利润总额的比率 企业所得税负担率 = 企业实际缴纳的所得税总额/企业同期利润总额 ×100% （3）企业货物和劳务税负担率。企业货物和劳务税负担率是指一定时期内企业所缴纳的货物和劳务税总额与同期销售收入的比率 企业货物和劳务税负担率 = 企业实际缴纳的货物和劳务税总额/企业同期销售收入 ×100%

（四）影响税收负担的因素

因素	具体内容
1. 社会经济发展水平	一国社会经济发展水平的状况，通常用人均国民收入指标来反映。在人均国民收入比较高的国家，经济的税负承受力较强；反之，在人均国民收入较低的国家，税负承受力较弱，宏观税负就相应要低一些。只有税收负担适应本国经济发展水平和纳税人的承受能力时，税收才能为国家取得所需的财政收入，同时可以刺激经济增长、扩大税源，并反过来提高社会的税负承受力。如果税收负担超出了经济发展水平和社会的税负承受能力，势必抑制社会扩大再生产甚至简单再生产，影响社会经济的发展
2. 国家的宏观经济政策	在社会总需求过旺、经济发展速度过快时，适当提高社会总体税负，以使国家集中较多的收入，减少企业和个人的收入存量，抑制需求的膨胀，使之与社会供给总量相适应。反之，当社会供需矛盾主要表现为供给存在较大缺口，企业自有资金发生短缺，就需要降低社会总体税负，增加企业税后利润，以刺激生产发展和供给增加，使之与社会需求相适应
3. 税收征收管理能力	税收征收管理能力较强的国家，主要根据社会经济发展的需要来确定合理的税收负担水平。税收征管能力较差的国家，除了要考虑社会经济发展的需要，还必须根据税收征管能力水平，制定相应的税收负担政策，满足财政收入的需要

【多选题】影响税收负担的因素包括（　　）。

A. 社会经济发展水平　　B. 国家的宏观经济政策

C. 税收征收管理能力　　D. 人们的主观愿望

【参考答案】ABC。税收负担不存在根据人们的主观愿望来确定，其他三个选项符合题意。

（五）税负转嫁

税负转嫁是指税法上规定的纳税人将自己所缴纳的税款转移给他人负担的过程。税负转嫁的形式分为前转、后转和混转。

1. 税负转嫁的形式

（1）前转。

前转是市场经济中最典型和普遍的税负转嫁形式。这种转嫁方式主要是通过提高销售价格，将税负向前转嫁给购买者。

（2）后转。

后转主要是指纳税人通过压低商品进价的方式，将税负转嫁给商品的供应商负担。

（3）混转。

混转即混合转嫁，也叫散转，这是将前转与后转结合并用的税负转嫁方式。经营者将其缴纳税款的一部分，向前转嫁给购买方，另一部分向后转嫁给供应商。

2. 影响税负转嫁的因素

首先，税负转嫁是在经营者自主决定价格的条件下实现的。允许经营者自主定价，纳税者就有可能把依法由自己缴纳的税款通过价格手段转嫁给交易对象。

其次，商品（包括劳务）的供求弹性决定税负转嫁的实现程度。需求弹性越小，经营者越容易将税负转嫁给消费者；需求弹性越大，经营者越难以将税负转嫁给消费者。供给弹性越小，供给方承担的税负越高；供给弹性越大，供给方承担的税负越低。

最后，不同的税种税负转嫁也不同。相对而言，对商品和劳务征收的税收，税收负担较易转嫁；对所得和财产征收的税种，税收负担较难转嫁。

第二节 税收的职能和作用

一、税收职能

税收职能是税收本身所固有的内在功能。税收的主要职能包括：财政收入职能、调节经济职能、调节分配职能。

税收的职能	具体内容
1. 财政收入职能	税收的财政收入职能是税收的基本职能。即税收作为参与社会产品分配的手段，能将一部分社会剩余产品从社会成员手中转移到国家手中，聚集国家财政收入
2. 调节经济职能	税收调节经济的职能，是指税收在组织财政收入的过程中通过改变原有收入分配格局从而对经济产生影响的能力。税收覆盖社会再生产的各个环节、社会经济生活的各个角落，可以对市场主体的经营决策产生直接影响，是宏观经济决策的重要组成部分
3. 调节分配职能	税收的调节职能就是通过"削峰填谷"政策缩小收入分配差距，维护社会公平。一方面通过消费税、累进所得税和合理财产税等对过高收入进行调节；另一方面，通过降低税率、增加扣除和免税等方式，明显降低中低收入人群的税收负担，从而推动实现社会公平

【多选题】税收的职能主要包括税收的（　　）。

A. 财政收入职能　　B. 调解分配职能

C. 调节经济职能　　D. 效率职能

【参考答案】ABC。税收的三大基本职能是财政收入职能、调节经济职能和调节分配职能。

二、税收作用

税收作用是税收职能在一定政治经济条件下表现出来的效果，是具体化的税收职能，因时因地存在明显差异。我国现阶段税收已经深度融入国家治理，在促进实现经济行稳致远、社会安定和谐中发挥着越来越重要的作用。

税收作用	具体内容
1. 筹集财政收入	税收的筹集财政收入作用是与税收的财政职能相对应的。任何社会形态下税收都具有这一作用，只不过因经济发展水平、经济运行机制、财政政策的选择不同，其作用程度不同而已
2. 矫正市场失灵	在现代国家治理体系中，税收是最直接、最有效的市场失灵矫正工具，它直接引导着优化资源配置、促进社会公平分配和国家长治久安，为国家治理提供着支柱性的政策工具体系
3. 调节供需总量	税收是经济运行的“内在稳定器”，政府可以运用税收在内的各种政策工具，调节社会总需求与总供给，一定程度上消除通货膨胀或紧缩缺口，实现物价稳定、充分就业和经济稳定增长的目标
4. 优化经济结构	税收对改善国家经济结构发挥着重要作用。通过合理设置税种，确定税率，为优先发展产业提供税收支持，服务国家产业政策；税收配合价格政策，运用高低不同的税率调节产品之间的利润差别，促进产品结构合理化；对生活必需消费品和奢侈消费品采取不同的税收政策，促进消费合理化
5. 调节收入分配	市场经济条件下，收入分配差距客观存在。通过累进个人所得税、社会保险费等政策，可适当调节个人收入水平，缓解社会分配不公，促进社会稳定
6. 维护国家权益	通过不同的进出口政策，特别是国家间通过税收谈判避免双重征税，可维护国家经济独立，保护国内新兴产业，限制国内紧缺资源外流，维护国家主权和利益
7. 优化营商环境	税收大数据能够综合反映国家经济运行的质量和效率，可以通过税收收入的增减及税源的变化，及时掌握宏观经济的发展变化趋势，促进国民经济持续健康发展；也可以在税收征管活动中了解微观经济状况，发现并纠正纳税人在生产经营及财务管理中存在的问题，严肃财经纪律，打击涉税违法犯罪行为，优化营商环境

【多选题】下列属于税收作用的有（　　）。

A. 筹集财政收入　　B. 矫正市场失灵

C. 调节供需总量　　D. 优化经济结构

【参考答案】ABCD。这四项都是税收的作用。

第三节　税制体系

一、税制要素

税制要素，是指税收制度的基本构成要素。税制要素主要包括：纳税人、征税对象、税率、纳税环节、纳税期限、纳税地点、减税免税等。

其中，纳税人（对谁征税）、征税对象（对什么征税）、税率（征多少税）是税收制度的三个最基本要素。

【多选题】税制的三个最基本的要素包括（　　）。

A. 纳税人　　B. 课税对象　　C. 税率　　D. 纳税环节

【参考答案】ABC。税制三个最基本的要素是纳税人、课税对象、税率。

（一）纳税人

纳税人	具体内容
1. 含义	纳税人是“纳税义务人”的简称，是法律法规规定负有纳税义务的单位和个人，也称为纳税主体，目的在于明确“对谁征税”的问题
2. 基本形式	纳税人包括自然人和法人。作为纳税人的自然人，是指负有纳税义务的个人，既包括本国公民，也包括外国人和无国籍人。法人是指具有民事权利能力和民事行为能力，依法独立享有民事权利和承担民事义务的组织
3. 相关概念	（1）负税人。是指实际负担税款的单位和个人。税负不发生转嫁时，纳税人与负税人一致，税负发生转嫁时，纳税人与负税人不一致 （2）代征人。是指依照有关规定，受税务机关委托而代征税款的单位和个人 （3）扣缴义务人。是指依照法律法规的规定履行代扣代缴、代收代缴税款义务的单位和个人 ①代扣代缴义务人是指虽不承担纳税义务，但依照有关规定，在向纳税人支付收入、结算货款时有义务代扣代缴其应纳税款的单位和个人 ②代收代缴义务人是指虽不承担纳税义务，但依照有关规定，在向纳税人收取商品或劳务收入时，有义务代收代缴其应纳税款的单位和个人

【单选题】下列关于纳税人的描述，正确的是（　　）。

A. 纳税人是法律法规规定负有纳税义务的个人

B. 负税人是实际负担税款的单位和个人

C. 扣缴义务人是指依照有关规定，受税务机关委托而代征税款的单位和个人

D. 委托代征人是指依照法律、行政法规的规定履行代扣代缴税款义务的单位和个人

【参考答案】B。选项 A 缺了“单位”二字；选项 C、D 的定义应该互换；选项 B 正确。

（二）征税对象

征税对象	具体内容
1. 含义	征税对象又称为课税对象，是税法规定的征税的目的物，目的在于明确“对什么征税”的问题。征税对象是一种税区别于另一种税的最主要标志，体现着各种税的征税范围。税制其他要素的内容一般都是以征税对象为基础确定的
2. 相关概念	（1）计税依据。又称为税基，是指税法中规定的据以计算应征税款的依据或标准。计税依据在表现形态上一般有两种：一种是征税对象的货币价值；另一种是征税对象的数量、重量、容积、面积等实物量 （2）税目。税目是对征税对象分类规定的具体的征税项目，反映具体的征税范围，代表征税的广度。税目一般分为列举税目和概括税目两类。有些税种征税对象比较明确，一般不存在理解认识上的差异，因此无须设置税目

【单选题】税种之间相互区别的最主要标志是（　　）。

A. 纳税人　B. 税率　C. 纳税环节　D. 征税对象

【参考答案】D。税种之间相互区别的最主要标志是征税对象不同。

（三）税率

税率是应纳税额与征税对象之间的法定比例，是计算应纳税额的尺度。它体现征税的深度。税率是衡量税负轻重的重要标志。税率一般分为比例税率、定额税率和累进税率三种。

【多选题】税率的形式一般包括（　　）。

A. 比例税率　B. 临时税率　C. 定额税率　D. 累进税率

【参考答案】ACD。税率一般分为比例税率、定额税率和累进税率三种。

1. 比例税率

比例税率	具体内容
（1）含义	比例税率，是指对同一征税对象或同一税目，不分数额大小，以百分比形式规定相同的征税比例
（2）优缺点	比例税率具有计算简单、税负透明度高、有利于保证财政收入、有利于纳税人公平竞争等优点，符合税收效率原则。但比例税率不能针对不同的收入水平实施不同的税收负担，在调节纳税人的收入水平方面难以体现税收的公平原则
（3）具体形式	单一比例税率，又称为统一比例税率，是指一种税只设置一种比例税率，所有纳税人都按同一税率纳税 差别比例税率，是指一种税设两种或两种以上的税率，不同纳税人或同一纳税人的不同征税对象按不同税率计算应纳税额（如城建税，市区税率按7%征收，县城和镇按5%征收）。差别比例税率包括三种类型：产品差别比例税率、行业差别比例税率、地区差别比例税率 幅度比例税率，是指对同一征税对象，税法只规定最低税率和最高税率，各地区在该幅度内确定具体的适用税率（契税实行3%—5%的幅度税率）

【多选题】比例税率的具体形式包括（　　）。

A. 单一比例税率　B. 差别比例税率

C. 幅度比例税率　D. 定额比例税率

【参考答案】ABC。不存在定额比例税率的提法。

2. 定额税率

定额税率	具体内容
（1）含义	定额税率，是指根据征税对象的计量单位，直接规定的固定的征税数额（甲类啤酒消费税率为250 元/吨）。它不是按照征税对象规定征收比例，而是按照征税对象的计量单位规定固定税额，所以又称为固定税额，适用于从量计征的税种
（2）基本特点	税率与征税对象的价值量脱离了联系，不受征税对象价值量变化的影响
（3）适用范围	适用于对价格稳定、质量等级和品种规格单一的大宗产品征税的税种

【多选题】定额税率是根据征税对象的计量单位直接规定固定的征税数额，下列关于定额税率的描述，正确的有（　　）。

A. 定额税率一般适用于从量计征的税种

B. 定额税率是按照征税对象的计量单位规定固定税额

C. 适用于对价格稳定、质量等级和品种规格单一的大宗产品征税的税种

D. 定额税率与征税对象的价值量关系紧密

【参考答案】ABC。定额税率与征税对象的价值量脱离了联系，不受征税对象价值量变化的影响。

3. 累进税率

（1）累进税率的含义。

累进税率是指随着征税对象数量增大而随之提高的比例税率。即将征税对象按数额的大小划分为若干等级，不同等级的征税对象分别适用不同的税率，征税对象数额越大，适用税率越高。

累进税率可以充分体现对纳税人收入多的多征、收入少的少征、无收入的不征的税收原则，从而有效地调节纳税人的收入，正确处理税收负担的纵向公平问题。

【单选题】税收纵向公平是指经济能力不同的人应缴纳数额不同的税，税法对不同收入水平（支付能力）的纳税人规定不同的负担水平。就税制原理而言，实现纵向公平一般采用（　　）。

A. 比例税率　　B. 累进税率　　C. 定额税率　　D. 固定税率

【参考答案】B。累进税率体现量能负担，可以实现税收纵向公平。

（2）累进税率的形式。

累进税率	具体内容
①全额累进税率	将征税对象按数额大小划分为若干等级，对各等级由低到高分别规定相应税率，征税对象的全部数额都按相对应级距的税率计算税额 应纳税额 = 征税对象全额 × 适用税率
②超额累进税率	将征税对象按数额大小划分为若干等级，每个等级由低到高规定相应的税率，每个等级分别按该级的税率计税，最后将各级的计算结果相加后得出应纳税款 应纳税额 = 按全额累进方法计算的税额 − 速算扣除数
③全率累进税率	以征税对象数额的相对率（如销售利润率、资金利润率等）划分若干级距，分别规定由低到高的差别税率，征税对象的全部数额都按相对应级距的税率计算税额
④超率累进税率	以征税对象数额的相对率划分若干级距，分别规定相应的差别税率，相对率每超过一个级距的，对超过的部分就按高一级的税率计算征税，最后将各级的计算结果相加后得出应纳税款

【举例】以个人所得税为例介绍全额累进税率和超额累进税率

假设有一个七级超额累进税率，应纳税所得额为900 000元。

级数	全年应纳税所得额	税率（%）	速算扣除数
1	不超过 36 000 元的部分	3	0
2	超过 36 000 元至 144 000 元的部分	10	2 520
3	超过 144 000 元至 300 000 元的部分	20	16 920
4	超过 300 000 元至 420 000 元的部分	25	31 920
5	超过 420 000 元至 660 000 元的部分	30	52 920
6	超过 660 000 元至 960 000 元的部分	35	85 920
7	超过 960 000 元的部分	45	181 920

（1）全额累进税率应纳税额的计算为：900 000 × 35% = 315 000（元）

（2）超额累进税率应纳税额的计算。

第一级应纳税额 = 36 000 × 3% = 1 080（元）

第二级应纳税额 =（144 000 − 36 000）× 10% = 10 800（元）

第三级应纳税额 =（300 000 − 144 000）× 20% = 31 200（元）

第四级应纳税额 =（420 000 − 300 000）× 25% = 30 000（元）

第五级应纳税额 =（660 000 − 420 000）× 30% = 72 000（元）

第六级应纳税额 =（900 000 − 660 000）× 35% = 84 000（元）

应纳税额 = 1 080 + 10 800 + 31 200 + 30 000 + 72 000 + 84 000 = 229 080（元）

速算扣除法计算，应纳税额 = 按全额累进方法计算的税额 − 速算扣除数 = 900 000 × 35% − 85 920 = 229 080（元）

【单选题】为解决超额累进税率计算税款比较复杂的问题，在实际工作中引进了（　　）。

A. 税收弹性系数　　B. 超率累进税率

C. 速算扣除数　　D. 自动稳定器

【参考答案】C。速算扣除数可以简化超额累进税率的计算过程。

【举例】土地增值税四级超率累进税率表

级数	增值额与扣除项目金额的比率	税率（%）	速算扣除数
1	不超过 50% 的部分	30	0
2	超过 50%—100% 的部分	40	5
3	超过 100%—200% 的部分	50	15
4	超过 200% 的部分	60	35

（四）纳税环节

纳税环节，是指税法规定征税对象从生产到消费的流转过程中应当缴纳税款的环节。纳税环节一般有以下两种类型：

(1) 单环节征税。即对征税对象从生产到消费流转过程中的某一特定环节征税。

(2) 多环节征税。即对征税对象从生产到消费流转过程中的两个或两个以上的环节征税。

【多选题】下列有关税收基本术语的表述，正确的有（　　）。

A. 纳税人是实际负担税款的单位和个人

B. 税收属于社会再生产的交换环节

C. 税目反映了征税广度

D. 税率反映了征税深度

【参考答案】CD。负税人是实际负担税款的单位和个人，税收属于社会再生产的分配环节，税目反映了征税广度，税率反映了征税深度。

(五) 纳税期限

纳税期限	具体内容
1. 含义	纳税期限，是指税法规定的关于税款缴纳时间方面的限定。纳税期限属于税法中的一项义务性规范，纳税人未在规定期限履行纳税义务的，应承担相应的法律责任
2. 形式	(1) 按期纳税。即根据纳税义务的发生时间，通过确定纳税间隔期，实行按规定时间纳税 (2) 按次纳税。即根据纳税行为的发生次数确定纳税期限 (3) 按年计征。分期预缴或缴纳。年度结束后汇算清缴，多退少补 【提示】纳税人的具体纳税期限，由主管税务机关根据纳税人应纳税额的大小分别核定，不能按照固定期限纳税的，可以按次纳税

【多选题】我国现行税制的纳税期限的形式包括（　　）。

A. 按期纳税

B. 按需纳税

C. 按次纳税

D. 按年计征，分期预缴，年终汇算清缴

【参考答案】ACD。本题涉及的知识点是税制要素。不存在按需纳税。

(六) 纳税地点

纳税地点	具体内容
1. 含义	纳税地点，是指根据各个税种的纳税环节和有利于税源监管而规定的纳税人的具体纳税地点。规定纳税人申报纳税的地点，既便利纳税人缴纳税款，也便于明确税务机关执法职责
2. 我国税法规定的纳税地点	主要有机构所在地、经济业务发生地、核算地、财产所在地、报关地等

【多选题】下列属于我国税法规定的纳税地点的有（　　）。

A. 机构所在地　　　　B. 经济业务发生地

C. 财产所在地　　　　　　　　　　D. 核算地

【参考答案】ABCD。我国税法规定的纳税地点主要有机构所在地、经济业务发生地、核算地、财产所在地、报关地等。

（七）减税免税

减税免税，是指国家对特定纳税人或征税对象，给予减轻或者免除税收负担的一种税收优惠措施。减税是减征部分应纳税款；免税是免征全部应纳税款。

1. 减免税的具体形式

（1）税基式减免。即通过缩小计税依据的方式来实现的税收减免。

税基式减免的内容

减免内容	具体内容
①免税收入	是指在确认计税依据时，不计算纳税人某些符合特定情况的应税收入
②减计收入	是指在确认计税依据时，按规定比例减计纳税人某些符合特定情况的应税收入
③起征点	是指征税对象达到一定数额开始征税的起点。当征税对象数额超过起征点时，要就其全额征税
④免征额	是指在征税对象的全部数额中免予征税的数额。当征税对象数额超过免征额时，仅就超过的部分征税
⑤加计扣除	是指在确认计税依据时，对扣除项目按照税法规定据实扣除的基础上，再加计一定比例扣除
⑥加速折旧	是指企业的固定资产由于技术进步等原因，确需加速折旧的，可以缩短折旧年限或者采取加速折旧的方法
⑦特许扣除	特许扣除，是指确认计税依据时，一般情况下不得扣除的项目，在符合特定条件时允许扣除

【单选题】征税对象达到一定数额开始征税的起点是（　　）。

A. 免征额　　　B. 起征点　　　C. 计税依据　　　D. 减计收入

【参考答案】B。本题涉及的知识点是税制要素。起征点是征税对象达到一定数额开始征税的起点。

（2）税率式减免。即通过降低税率的方式来实现税收的减免。

（3）税额式减免。即通过直接减少应纳税额的方式来实现税收减免。

税额式减免的内容

减免内容	具体内容
①全部免征和减半征收	是指对纳税人依法应当履行的纳税义务全部免除，或者只缴纳 50% 的税款
②税额抵免	是指为鼓励纳税人在特定方面进行投资，根据税法规定可以按照投资额或费用支出直接冲抵应纳税额的一种税收优惠措施
③即征即退	是指对按税法规定缴纳的税款，由税务机关在征税时部分或全部退还纳税人的一种税收优惠
④先征后返，又称先征后退	是指对按税法规定缴纳的税款，由税务机关征收入库后，再由税务机关或财政部门按规定的程序给予部分或全部退税或返还已纳税款的一种税收优惠

【单选题】下列不属于税基式减免的是（　　）。

A. 起征点　　B. 免征额　　C. 加计扣除　　D. 减半征收

【参考答案】D。本题的考核点是税收优惠形式。减半征收属于税额式减免。

2. 减免税的分类

减免类型	具体内容
（1）法定减免	法定减免，一般是指由税收法律规定的减税、免税。法定减免体现了减免税的基本原则规定，具有长期适用性
（2）特定减免	特定减免，是根据社会经济发展变化和发挥税收调节作用的需要，特别规定的减税、免税。具有灵活性和较强的限制性
（3）临时减免	临时减免，又称“困难减免”，是指对部分遭遇特定暂时性困难的纳税人，减除或豁免其纳税义务的特殊规定

3. 综合性税收减免

（1）关于进一步支持和促进重点群体创业就业有关税收政策。

为进一步支持和促进重点群体创业就业，现将有关税收政策通知如下：

建档立卡贫困人口、持《就业创业证》（注明“自主创业税收政策”或“毕业年度内自主创业税收政策”）或《就业失业登记证》（注明“自主创业税收政策”）的人员，从事个体经营的，自办理个体工商户登记当月起，在3年（36个月，下同）内按每户每年12 000元为限额依次扣减其当年实际应缴纳的增值税、城市维护建设税、教育费附加、地方教育附加和个人所得税。限额标准最高可上浮20%，各省、自治区、直辖市人民政府可根据本地区实际情况在此幅度内确定具体限额标准。

纳税人年度应缴纳税款小于上述扣减限额的，减免税额以其实际缴纳的税款为限；大于上述扣减限额的，以上述扣减限额为限。

上述人员具体包括：①纳入全国扶贫开发信息系统的建档立卡贫困人口；②在人力资源和社会保障部门公共就业服务机构登记失业半年以上的人员；③零就业家庭、享受城市居民最低生活保障家庭劳动年龄内的登记失业人员；④毕业年度内高校毕业生。高校毕业生是指实施高等学历教育的普通高等学校、成人高等学校应届毕业的学生；毕业年度是指毕业所在自然年，即1月1日至12月31日。

企业招用建档立卡贫困人口，以及在人力资源和社会保障部门公共就业服务机构登记失业半年以上且持《就业创业证》或《就业失业登记证》（注明“企业吸纳税收政策”）的人员，与其签订1年以上期限劳动合同并依法缴纳社会保险费的，自签订劳动合同并缴纳社会保险当月起，在3年内按实际招用人数予以定额依次扣减增值税、城市维护建设税、教育费附加、地方教育附加和企业所得税优惠。定额标准为每人每年6 000元，最高可上浮30%，各省、自治区、直辖市人民政府可根据本地区实际情况在此幅度内确定具体定额标准。城市维护建设税、教育费附加、地方教育附加的计税依据是享受本项税收优惠政策前的增值税应纳税额。

按上述标准计算的税收扣减额应在企业当年实际应缴纳的增值税、城市维护建设税、教育费附加、地方教育附加和企业所得税税额中扣减，当年扣减不完的，不得结转下年使用。

本通知所称企业是指属于增值税纳税人或企业所得税纳税人的企业等单位。

国家乡村振兴局在每年 1 月 15 日前将建档立卡贫困人口名单及相关信息提供给人力资源和社会保障部、税务总局，税务总局将相关信息转发给各省、自治区、直辖市税务部门。人力资源和社会保障部门依托全国扶贫开发信息系统核实建档立卡贫困人口身份信息。

企业招用就业人员既可以适用本通知规定的税收优惠政策，又可以适用其他扶持就业专项税收优惠政策的，企业可以选择适用最优惠的政策，但不得重复享受。

本通知规定的税收政策执行期限为 2019 年 1 月 1 日至 2021 年 12 月 31 日。纳税人在 2021 年 12 月 31 日享受本通知规定税收优惠政策未满 3 年的，可继续享受至 3 年期满为止。《财政部 税务总局 人力资源社会保障部关于继续实施支持和促进重点群体创业就业有关税收政策的通知》（财税〔2017〕49 号）自 2019 年 1 月 1 日起停止执行。

本通知所述人员，以前年度已享受重点群体创业就业税收优惠政策满 3 年的，不得再享受本通知规定的税收优惠政策；以前年度享受重点群体创业就业税收优惠政策未满 3 年且符合本通知规定条件的，可按本通知规定享受优惠至 3 年期满。

（2）关于进一步扶持自主就业退役士兵创业就业优惠政策。

为进一步扶持自主就业退役士兵创业就业，现将有关税收政策通知如下：

自主就业退役士兵从事个体经营的，自办理个体工商户登记当月起，在 3 年（36 个月，下同）内按每户每年 12 000 元为限额依次扣减其当年实际应缴纳的增值税、城市维护建设税、教育费附加、地方教育附加和个人所得税。限额标准最高可上浮 20%，各省、自治区、直辖市人民政府可根据本地区实际情况在此幅度内确定具体限额标准。

纳税人年度应缴纳税款小于上述扣减限额的，减免税额以其实际缴纳的税款为限；大于上述扣减限额的，以上述扣减限额为限。纳税人的实际经营期不足 1 年的，应当按月换算其减免税限额。换算公式为：减免税限额 = 年度减免税限额 ÷ 12 × 实际经营月数。城市维护建设税、教育费附加、地方教育附加的计税依据是享受本项税收优惠政策前的增值税应纳税额。

企业招用自主就业退役士兵，与其签订 1 年以上期限劳动合同并依法缴纳社会保险费的，自签订劳动合同并缴纳社会保险当月起，在 3 年内按实际招用人数予以定额依次扣减增值税、城市维护建设税、教育费附加、地方教育附加和企业所得税优惠。定额标准为每人每年 6 000 元，最高可上浮 50%，各省、自治区、直辖市人民政府可根据本地区实际情况在此幅度内确定具体定额标准。

企业按招用人数和签订的劳动合同时间核算企业减免税总额，在核算减免税总额内每月依次扣减增值税、城市维护建设税、教育费附加和地方教育附加。企业实际应缴纳的增值税、城市维护建设税、教育费附加和地方教育附加小于核算减免税总额的，以实际应缴纳的增值税、城市维护建设税、教育费附加和地方教育附加为限；实际应缴纳的增值税、城市维护建设税、教育费附加和地方教育附加大于核算减免税总额的，以核算减免税总额为限。

纳税年度终了，如果企业实际减免的增值税、城市维护建设税、教育费附加和地方教育附加小于核算减免税总额，企业在企业所得税汇算清缴时以差额部分扣减企业所得税。当年扣减不完的，不再结转以后年度扣减。

自主就业退役士兵在企业工作不满 1 年的，应当按月换算减免税限额。计算公式为：企业核算减免税总额 = $\sum$ 每名自主就业退役士兵本年度在本单位工作月份 ÷ 12 × 具体定额标准。

城市维护建设税、教育费附加、地方教育附加的计税依据是享受本项税收优惠政策前的增值税应纳税额。

本通知所称自主就业退役士兵是指依照《退役士兵安置条例》（国务院 中央军委令第 608 号）的规定退出现役并按自主就业方式安置的退役士兵。本通知所称企业是指属于增值税纳税人或企业所得税纳税人的企业等单位。

自主就业退役士兵从事个体经营的，在享受税收优惠政策进行纳税申报时，注明其退役军人身份，并将《中国人民解放军义务兵退出现役证》《中国人民解放军士官退出现役证》或《中国人民武装警察部队义务兵退出现役证》《中国人民武装警察部队士官退出现役证》留存备查。

企业招用自主就业退役士兵享受税收优惠政策的，将以下资料留存备查：①招用自主就业退役士兵的《中国人民解放军义务兵退出现役证》《中国人民解放军士官退出现役证》或《中国人民武装警察部队义务兵退出现役证》《中国人民武装警察部队士官退出现役证》；②企业与招用自主就业退役士兵签订的劳动合同（副本），为职工缴纳的社会保险费记录；③自主就业退役士兵本年度在企业工作时间表（见附件）。

企业招用自主就业退役士兵既可以适用本通知规定的税收优惠政策，又可以适用其他扶持就业专项税收优惠政策的，企业可以选择适用最优惠的政策，但不得重复享受。

本通知规定的税收政策执行期限为 2019 年 1 月 1 日至 2021 年 12 月 31 日。纳税人在 2021 年 12 月 31 日享受本通知规定税收优惠政策未满 3 年的，可继续享受至 3 年期满为止。《财政部 税务总局 民政部关于继续实施扶持自主就业退役士兵创业就业有关税收政策的通知》（财税〔2017〕46 号）自 2019 年 1 月 1 日起停止执行。

退役士兵以前年度已享受退役士兵创业就业税收优惠政策满 3 年的，不得再享受本通知规定的税收优惠政策；以前年度享受退役士兵创业就业税收优惠政策未满 3 年且符合本通知规定条件的，可按本通知规定享受优惠至 3 年期满。

二、税制分类

税制分类是按一定标准，将具有相近或相似特点的税种进行归并的一种研究方法。一个国家通常要设置一系列税种，每个税种都具有自身的特点和功能。税制分类可以揭示各类税制的性质、特点、功能及各税种之间的区别与联系，也有利于研究税制演变的规律、税源分布的特点、税收负担的归宿以及税收管理权限的分配。

（一）按征税对象分类

类型	具体内容
1. 货物与劳务税	是指以货物或劳务销售额为征税对象的各税种的统称。增值税、消费税就属于货物和劳务税
2. 所得税	是指以所得额为征税对象的各税种的统称。包括企业所得税和个人所得税
3. 资源环境税	是指对特定自然资源开发和污染排放征税的各税种的统称。资源税、环境保护税就属于资源环境税
4. 财产税	是指以各种财产为征税对象的各税种的统称。房产税、车船税就属于财产税
5. 行为目的税	是指为达到特定的目的，对特定对象和行为发挥调节作用而征收的各税种的统称。印花税、城市维护建设税就属于行为目的税

【多选题】在我国现行税制体系中，下列税种属于“货物与劳务税”的有（　　）。

A. 增值税　　B. 消费税　　C. 土地增值税　　D. 企业所得税

【参考答案】AB。增值税和消费税属于货物与劳务税，土地增值税是资源税，企业所得税是所得税。

（二）按计税依据的计量标准进行分类

类型	具体内容
1. 从价税	从价税，是指以征税对象的价格为计税依据，按比例计算应纳税额的税种。从价税受价格变动影响明显，税额多少与征税对象价格变化成正比，税收负担相对稳定
2. 从量税	从量税，是指以征税对象的重量、数量、容积、面积等指标为计税依据，按定额计算应纳税额的税种。从量税一般适用于价格相对稳定的商品，税额不受商品价格波动的影响

（三）按税收和价格的关系进行分类

类型	具体内容
1. 价内税	凡是税款包含在征税对象价格之中的税即为价内税。购买者按照约定支付价款时，该价款中已经包含了销售者需要向国家缴纳的税款。价内税的计税依据包含税款，我国现行消费税是价内税
2. 价外税	凡是税款独立于征税对象价格之外的税即为价外税。购买者除需要支付约定的价款外，还须支付按规定计算出来的税款。价外税的计税依据不包含税款，理论上价款和税款是分开记载的。我国现行增值税是价外税

（四）按税收负担能否转嫁进行分类

类型	具体内容
1. 直接税	是指难以实现税负转嫁的税种，包括所得税
2. 间接税	是指容易发生税负转嫁的税种，包括增值税、消费税等

（五）按税收的管理和使用权限进行分类

类型	具体内容
1. 中央税	是指由中央政府征收管理和使用的税种。这类税征收范围广、收入规模大，政策上需要全国统一，主要包括消费税、车辆购置税、关税等
2. 地方税	是指由地方政府征收管理和使用的税。这类税收入稳定、税基流动性差，与地方经济及利益关系密切。主要包括城镇土地使用税、耕地占用税、土地增值税、房产税、车船税、契税、环境保护税、烟叶税等
3. 中央与地方共享税	是指中央统一立法，收入由中央和地方按一定比例分成共享的税种。这类税涉及中央和地方的共同利益，可以有效解决各地财政不均衡的问题。主要包括增值税、企业所得税等

三、税制结构

税制结构，是指一国在进行税制设计时，根据本国具体情况将不同功能税种进行组合配置，形成主体税种与辅助税种各具特色和作用功能互补的税制体系。

经济合作与发展组织（OECD）将各国税制结构归纳为三种类型：一是货物和劳务税占 GDP 比重高于所得税占 GDP 比重，视作间接税为主的国家；二是货物和劳务税占 GDP 比重小于所得税占 GDP 比重，视作直接税为主的国家；三是两者比重比较接近、相差不大的国家，视作直接税和间接税双主体的国家。在 OECD 数据资料涵盖的 109 个国家中，63 个国家为间接税为主的国家，大多数发展中国家，包括中国；29 个国家是直接税为主的国家，发达国家大多属于这一类型，如美国、丹麦、韩国等；17 个国家是直接税和间接税双主体的国家。

一般而言，对货物和劳务征税更具有筹集收入便利性、及时性和相对隐蔽性的特点，原因在于货物和劳务税的税源范围广泛，税源活动实时发生，税款可及时形成政府收入。对所得征税可通过税率等税制要素安排，发挥直接税调节收入差距功能，特别是通过累计税率对高收入者多征税。各种类型的税制结构各有其优劣之处，各个国家应结合特有国情、税制沿革及特定阶段经济和社会发展需要来确定适应性强的税制结构。

“十四五”规划明确我国完善税制结构的目标是：优化税制结构，适当提高直接税比重。

第四节　税收法治化建设

税收法治化建设是提升税收治理能力现代化水平乃至国家治理能力现代化水平的重要途径。进一步深化税收征管改革，必须坚持习近平法治思想，坚持依法治税，善于运用法治思维和法治方式深化改革，不断优化税务执法方式，着力提升税收法治化水平。

一、税收法治的基本内涵

税收法治是法治理念和原则在税收领域中的运用，是通过制约政府、征税机关权力，以保障纳税人权利为核心，运用社会认可的法律制度来协调各主体之间的关系，达到政府依法治税、征税机关依法征税、纳税人依法纳税的和谐状态。

（一）税收法治的基本价值取向是树立法律至上的现代法治观念

所有的税收活动参与者都必须尊重税法的权威，遵循法治精神，税法面前人人平等，不允许存在超越税法之上的特权。立法机关要依据法定程序制定税法，税务机关要严格按照税法规定行使征税职责，纳税人要按照税法规定履行纳税义务。任何税收活动主体都不能凌驾于法律之上。

（二）税收法治最基本的原则是税收法定

税收法定原则是税收的基本原则，是实现税收法治的必然要求。根据这一原则，所有税收活动的参与者都要依法行事，税收法律只能由立法机关制定，没有法律规定，政府不能征税，国民也不需要缴纳税款。

（三）税收法治的核心是正确处理权力和权利的关系

正确处理规范权力与保障权利的关系，是法治要解决的核心问题。税收法治的核心一方面要限制和规范政府的税收权力，另一方面要保障纳税人的合法权利。

（四）税收法治的基本特征是良法与善治的统一

良法是善治推行的前提和基础，通过科学立法、民主立法，既要落实税收法定，又要在限定政府权力的同时保障纳税人权利，从而在国家和纳税人之间寻求利益的最大平衡；善治是良法落地的环境和条件，是指形成良好的税收治理方式和治理能力。

二、税收法律

税法是调整税收关系的法律规范的总称。广义的税法，是指所有用以调节国家与纳税人之间在税收方面的权利及义务关系的法律规范的总称；狭义的税法，特指由国家权力机关制定和颁布的税收法律。

（一）按税法内容分类

税法类型	具体内容
1. 税收实体法	是指规定税收法律关系主体的实体权利和义务的法律规范的总称。其主要内容包括纳税主体、征税对象、计税依据、税目、税率、减税免税等
2. 税收程序法	是指如何具体实施税收实体法的规定，是规定国家征税权行使程序和纳税人纳税义务履行程序的法律规范的总称。其内容主要包括税收确定程序、税收征收程序、税收检查程序和税务争议的解决程序

【多选题】按税法内容分类，可将税法分为（　　）。

A. 税收实体法　　B. 国内税法　　C. 税收程序法　　D. 国际税法

【参考答案】AC。国内税法与国际税法的划分依据是主权国家行使税收管辖权的不同。

（二）按税法效力分类

税法类型	具体内容
1. 税收法律	是指享有国家立法权的国家最高权力机关，依照法律程序制定的规范性税收文件其法律地位和法律效力仅次于宪法而高于税收法规规章
2. 税收法规	是指国家最高行政机关、地方立法机关根据其职权或国家最高权力机关的授权，依据宪法和税收法律，通过一定法律程序制定的规范性税收文件
3. 税收规章	是指国家税收管理职能部门、地方政府根据其职权和国家最高行政机关的授权，依据有关法律、法规制定的规范性税收文件
4. 税收规范性文件	是指县以上税务机关依照法定职权和规定程序制定并发布的，影响纳税人、缴费人、扣缴义务人等税务行政相对人的权利、义务，在本辖区内具有普遍约束力并在一定期限内反复适用的文件。税收规范性文件应当以公告形式发布；未以公告形式发布的，不得作为税务机关执法依据

（三）按主权国家行使税收管辖权不同分类

税法类型	具体内容
1. 国内税法	是指一国在其税收管辖权范围内调整税收分配过程中形成的权利义务关系的法律规范的总称。其效力范围在地域上和适用主体上均以国家税收管辖权所能达到的管辖范围为准。我们通常所说的税法即指国内税法
2. 国际税法	是指调整国家与国家之间税收权益分配的法律规范的总称。它包括政府间的双边或多边税收协定、条约、国际税收惯例等。国际税法一旦得到一国政府和立法机关的法律承认，国际税法的效力高于国内税法

【判断题】税法主体及其权利和义务必须由法律加以确定，税收的各类要素都必须且只能由法律予以明确规定，没有法律依据，政府不能征税，国民也不得被要求缴纳各种税款。（　　）

【参考答案】√。税收法治最基本的原则是税收法定。

三、税收法治化建设的途径

税收法治化建设的途径	（1）坚持党对法治税务建设的全面领导 （2）依法全面履行税收职能 （3）健全税费法律制度体系 （4）坚持严格规范公正文明执法 （5）依法预防调处化解矛盾纠纷 （6）强化税务权力制约和监督 （7）大力推进税收征管数字化转型 （8）全面加强依法行政能力建设

第五节　税收管理体制

一、税收管理体制的概念

税收管理体制是划分中央和地方政府之间税收收入和税收管理权限的一项制度，其目的是明确中央和地方政府及各级税务机关的税收管理权限，调动各方面积极性，保证税收工作顺利进行和税收职能作用充分发挥。

在我国，税收管理体制体现了中央政府和地方政府，以及各级政府之间在国民收入分配活动中、在根本利益一致的基础上处理全局与局部利益关系的权力划分和职责分工关系。税收收入和税收管理权限的划分，是在党中央集中统一领导下，正确处理税收管理中的集权与分权的关系，调动和发挥各级政府机关和税务部门的积极性，共同做好税收管理的一项重要工作。

二、税收管理体制的内容

划分税权是税收管理体制的核心内容。划分税权既包括税收收入在各级政府之间如何划分的问题，也包括税法的立法权、税种的开征与停征权、税法的解释权、税法的调整权、税收的减免权和税收的执法权等税收管理权限在各级政府之间如何划分的问题。

税收体制	具体内容
1. 税收的立法权	是指国家最高权力机关根据法律程序赋予税收法律效力时所具有的权力。包括税法制定权、审议权、表决权、批准权及公布权
2. 税种的开征与停征权	是指决定开征什么税种、停征什么税种，以及对已制定的税法决定何时开征、何时停征的权力
3. 税法的解释权	是指对税法进行解释的权力，即对税收法规内容进行解释、制定实施细则和补充性规定的权力

续表

税收体制	具体内容
4. 税法的调整权	是指对税收法律中的税目进行增减，以及对某些条文进行修订和补充的权力。对某些税法规定允许在一定幅度内浮动的税制要素（如税率、起征点等）作具体规定和进行调整的权力
5. 税收的减免权或加征权	是指制定减免税规定，审批、确定减免税或加税数额和期限的权力
6. 税收执法权	是指税务机关依法征收税款，依法进行税务管理的权力
7. 税收收入的分配	是指税收收入在各级政府间的分配标准和方式

【单选题】税收的立法权，是根据法律程序赋予税收法律效力时所具有的权力。一般而言，税收立法权属于（　　）。

A. 国家最高行政机关　　B. 国家最高权力机关

C. 国家各级政府　　D. 所有社会组织

【参考答案】B。税收立法权属于国家最高权力机关，包括税法制定权、审议权、表决权、批准权及公布权。

三、我国现行税收管理体制

（一）我国分税制的主要内容

按照中央政府和地方政府的事权划分，合理确定各级财政的支出范围；根据事权和财权相结合的原则，将税种统一划分为中央税、地方税、中央与地方共享税；科学核定地方财政支出数额，逐步实现比较规范的中央财政对地方财政的税收返还和转移支付制度；建立和健全分级预算制度，硬化各级预算约束。原则上实现一级政府一级预算。

中央和地方税收收入划分的原则是公平、便利、效率。税收收入划分调整后，地方形成的财力缺口由中央财政通过税收返还的方式解决。目前，我国已构建起了以共享税为主的中央和地方税收收入分配格局，“十四五”期间，完善现代税收制度的任务之一是健全地方税体系，逐步扩大地方税政管理权。

（二）税收立法权的划分

税法内容	立法机构
1. 税收法律	全国人民代表大会及其常务委员会制定
2. 税收的行政法规	国务院制定
3. 税收的部门规章	财政部、国家税务总局、海关总署、国务院关税税则委员会等部门
4 地方性税收法规	省、自治区、直辖市人民代表大会及其常务委员会，在不与国家的税收法律、法规相抵触的前提下，可以制定地方性税收法规

【多选题】下列关于税收立法权的描述，正确的有（　　）。

A. 税收立法权只有国家权力机关才拥有

B. 税收法律由全国人民代表大会及其常务委员会制定

C. 税收行政法规由国务院制定

D. 税收规章由财政部、国家税务总局、海关总署、国务院关税税则委员会等部门制定

【参考答案】BCD。税收法律由全国人民代表大会及其常务委员会制定；有关税收的行政法规由国务院制定；有关税收的部门规章由财政部、国家税务总局、海关总署、国务院关税税则委员会等部门制定。

（三）税收执法权的划分

税收执法权，是指国家法律、法规赋予征税机关和其工作人员在执行税法过程中的各种权力。目前我国税收执法机关主要有税务部门和海关部门。

【判断题】税收执法权是税收征收管理机关依法行政、征收税款的法定权力。我国的税收执法权必须由税务部门行使，其他部门不得行使征税权。(　　)

【参考答案】×。本题涉及的知识点是我国现行税收管理体制。目前我国税收执法机关主要有税务部门和海关部门。

（四）税收核心业务

组织税收收入是税务机关基本的和首要的任务。税务机关的核心业务包括纳税服务与税收征管。二者相互依存、相互作用、相互促进，共存于税务机关行政行为之中。没有税收征管就不存在纳税服务，离开纳税服务就没有高质量的税收征管。

（五）税务组织体系

1. 税务组织体系的内涵

税务组织体系就是由各级税务机关组成的税收工作网络。

内涵	具体内容
(1) 税务组织体系的目标是高效和协调	高效具有机关高效运转与对纳税人高效服务两方面含义。协调既包括税务机关上下级之间、各类岗位之间的协调，也包括税务机关与各级人民政府、政府其他部门和各类社会组织之间的协调，还应该包括与时代协调发展，与时俱进
(2) 税务组织体系的核心是组织原则	从税收法定原则的要求和税收工作的性质出发，要使税收活动理性化、规范化，防止主观意志的影响，就必须遵循组织原则
(3) 税务组织体系的基本要求是便利	税务管理组织体系搭建应将有效降低税收成本、便利纳税人办理涉税事项作为基本要求，优化流程设置，提高税收管理效能
(4) 税务组织体系的质量保证是监督	税务组织体系基本特征之一就是要明确对权力的监督制约，着力构建科学合理的监督制约体系。一是要在机构职能和岗位职责设置上形成相互配合和制约的机制；二是要设立专门的监督部门，既实现对税收管理权力及时、有效的监督，又充分体现对纳税人权利的保障

【单选题】税务组织体系的核心是（　　）。

A. 机构设置　　B. 组织原则　　C. 岗位职责　　D. 人员分工

【参考答案】B。税务组织体系的核心是组织原则。税务机关是按照完整统一的组织原则构建的国家机关的组成部分，无论哪一级税务机关、无论什么人，在税收工作中都必须遵循事先设定的税务机关工作职责和业务流程。

2. 税务机构

我国税务机关是政府的重要经济管理部门，“为国聚财，为民收税”，承担着国家赋予的税收执法权力和责任。我国现行税务机关按照行政级次和行政区划分为总局、省局、市局和县局四级税务机关。国家税务总局是国务院主管税收工作的直属机构。省及省以下税务机关实行以国家税务总局为主，与省（自治区、直辖市）政府双重领导的管理体制，具体承担所辖区域内各项税收、非税收入和社会保险费的征管等职责，既是从属于上级税务机关的基层单位，又是政府的职能部门。

3. 税务人员

我国税务机关公务员职务实行委任制，应当按照管理权限和规定程序任免其职务。

数字人事实现税务干部考核管理日常化、多维化、数据化、累积化和可比化。包括平时考核、公认评价考核、业务能力考核、领导胜任能力考核。

第六节　新时代治税方略

一、税收的本质

税收的本质，是指税收固有的根本属性，是从根本上明确税收“是什么”或者税收“应该是什么”的问题。政府履行国家职能的前提是具备相应的政治权力，其来源是全体公民的认可和法律的授权；政府满足社会公共需要的基础是拥有稳定的财政收入，其来源必然是享受社会公共服务的个人。税收发生在国家和个人之间，认识税收的本质，应当从国家和个人两个角度来理解。

角度	具体内容
1. 从国家角度看	税收是国家以法律规定对社会剩余产品进行分配所体现的一种特殊的分配关系。国家提供的公共产品不存在竞争关系，国家征税也不可能和个人享受的公共产品形成一对一的等价关系。既然不能采用市场方式，还要保证国家提供公共产品的质量、维持正常的税收秩序，就必须运用国家政治权力，通过法律形式来保障税收的实现
2. 从个人角度看	税收是纳税人作为整体向国家购买公共产品支付的“价格”。国家依法征税和提供公共产品是统一的，个人依法纳税和享受公共产品同样是不可分割的。公共产品是面向纳税人整体而不是针对具体个人的，无论一个人是否纳税、纳税多少，其所能享受的公共产品都是无差别的。表面上看是每一个独立的纳税人履行纳税义务，实则是纳税人整体的每一个分子按照法定标准分摊了公共产品的费用

二、中国特色社会主义税收的基本属性

我国社会主义经济制度的基础是生产资料的社会主义公有制，实行各尽所能、按劳分配的原则。中国特色社会主义税收的基本属性是“取之于民、用之于民”。

基本属性	具体内容
1. 取之于民	取之于民本意是税收来自人民，表明税收是人民创造的，同时也是人民贡献的，是“发展依靠人民”在税收领域的具体体现
2. 用之于民	用之于民本意是税收服务人民，表明税收出发点是人民需要，落脚点是人民满意，“发展为了人民、发展成果由人民共享”在税收领域的具体体现

三、新时代税收工作新要求

习近平新时代中国特色社会主义思想为税收现代化建设指明了目标和路径，也为探索适应新时代需要的治税思想提出了更高的要求和更丰富的选择。

新时代税收工作新要求	（1）坚持党对税收工作的全面领导，自觉提高政治站位 （2）坚持依法治税，落实税收法定原则 （3）坚持“以人民为中心”，顺应人民群众期盼 （4）坚持系统观点，统筹推进改革措施 （5）坚持全球视野，突出合作共赢

四、高质量推进税收现代化

举措	具体内容
1. 构建坚强有力的党的领导制度体系	税务系统要始终坚持把深入学习贯彻习近平新时代中国特色社会主义思想作为首要政治任务，始终坚持以党的建设引领税收改革发展，持续构建完善具有税务特色的“纵合横通强党建”机制制度体系，推动税务党建高质量发展；始终坚持严的主基调，深化税务系统纪检监察体制改革试点，探索构建一体化综合监督体系，着力构建税务系统全面从严治党新格局
2. 构建科学完备的税收法治体系	税务系统要持续推动落实税收法定原则，积极推进税收科学立法，形成完备的税收法律规范体系；持续深化税制改革，完善税收基本制度，构建具有中国特色的现代税收制度体系
3. 构建优质便捷的税费服务体系	税务系统要树立全新的税费服务理念，坚持“以人民为中心”发展思想，深刻理解“征纳双方法律地位平等”、尊重纳税人缴费人的权利和义务等规定，不断创新服务举措，打造税务特色服务品牌。持续深化税收领域“放管服”改革，减少税务行政审批事项，压减纳税人报税资料，拓展便民惠民范围，充分发挥税收数据优势，持续优化税收营商环境，积极主动服务经济社会发展大局

续表

举措	具体内容
4. 构建严密规范的税费征管体系	税务系统要认真总结我国税费征管实践经验，积极吸收和借鉴国际通行有效的税费征管方法，深入推进精确执法、精细服务、精准监管、精诚共治，建立以税费风险管理为导向，依托互联网、人工智能和区块链等现代科学技术手段，加快建设智慧税务，转变传统税费征管方式，优化征管资源配置，实现征管方式转变，实现以“合”促“成”的化学反应和管理效果
5. 构建合作共赢的国际税收体系	税务系统要主动服务国家对外开放大局，在推动全球税收治理变革中展现中国税务治理之智，深化“一带一路”税收征管合作机制，推动高质量“引进来”和高水平“走出去”，积极参与防止税基侵蚀和利润转移等国际税收规则的制定，有效维护我国及其他发展中国家利益
6. 构建高效清廉的队伍组织体系	税务系统要不断优化机构设置和职能职责，树立和巩固正确的用人导向，不断探索构建“带好队伍”机制制度体系，大力弘扬“忠诚担当、崇法守纪、兴税强国”的中国税务精神，持续激发干事创业的精气神、汇聚担当作为的正能量

本章习题

一、单项选择题

1. 孟子反对征收定额税，主张丰年多征、灾年少征。这些治税思想体现的税收的财政原则是（　　）。

   A. 财政收入应当充裕　　B. 财政收入应当有弹性

   C. 财政收入应当适度　　D. 财政收入应当法定

2. 关于税法的特点，下列说法正确的是（　　）。

   A. 从法律性质看，税法属于授权法

   B. 从立法内容看，税法具有单一性

   C. 从立法形式看，税法属于行政法规

   D. 从立法过程看，税法属于制定法

3. 下列关于税收规章权限范围的说法，正确的是（　　）。

   A. 税务机关有权制定不属于税务机关权限范围内的事项

   B. 国务院行政法规在对税收事项没有规定的情况下，才可以制定税收规章

   C. 税务规章原则上不得重复法律和国务院的行政法规、决定、命令已经明确规定的内容

   D. 税务规章的制定出现越权行为，地方政府可以撤销

4. 我国现行税制结构的基本特征是（　　）。

   A. 以直接税为主的税制结构

   B. 以间接税为主的税制结构

C. 以直接税或间接税为主的税制结构

D. 直接税与间接税并重的“双主体”结构

5. 下列关于税率的说法中，错误的是（　　）。

A. 环境保护税采用定额税率　　B. 车辆购置税采用幅度比例税率

C. 土地增值税采用超率累进税率　　D. 消费税采用比例税率和定额税率

二、多项选择题

1. 根据《中华人民共和国立法法》规定，下列只能制定法律的税收基本制度的有（　　）。

A. 税种的设立　　B. 纳税人的确定

C. 税率的确定　　D. 税收征收管理

2. 下列属于中国税务精神内容的有（　　）。

A. 忠诚担当　　B. 爱国奉献　　C. 崇法守纪　　D. 兴税强国

3. 从广义的立法层次上划分，税法包括（　　）。

A. 全国人大制定的税收法律　　B. 国务院制定的税收法规

C. 省级政府制定的地方性税收法规　　D. 中央政府部门制定的税收规章

E. 市级政府制定的税收规章

4. 下列情形导致税收法律关系消灭的有（　　）。

A. 纳税人履行纳税义务　　B. 某些税法的废止

C. 纳税人自身的组织状况发生变化　　D. 纳税主体的消失

E. 纳税义务的免除

5. 对税收实体法要素中有关课税对象的表述，下列说法正确的有（　　）。

A. 课税对象是国家据以征税的依据

B. 税目是一种税区别于另一种税最主要的标志

C. 从实物形态分析，课税对象与计税依据是一致的

D. 从个人所得税来看，其课税对象与税源是一致的

E. 计税依据是从质的方面对课税作出的规定，课税对象是从量的方面对课税作出的规定

参考答案与解析

一、单项选择题

1.【参考答案】B。孟子的观点彰显了税收的财政原则中的弹性思想。

2.【参考答案】D。选项 A，从法律性质看，税法属于义务性法规；选项 B，从立法内容看，税法具有综合性。选项 C，从立法形式看，税法属于法律。

3.【参考答案】C。选项 A，税务规章制定的事项在内容上必须是税务机关业务范围内的事项，凡不属于税务机关权限范围内的事项，税务规章无权制定；选项 B，只有

在法律或国务院行政法规等对税收事项已有规定的情况下，才可以制定税务规章；选项 D，税务规章制定出现越权行为，国务院可依法改变或撤销。

4.【参考答案】D。我国的现行税制结构名义上是以直接税和间接税为主体的双主体"税制结构"。

5.【参考答案】B。选项 B，车辆购置税实行统一比例税率。

二、多项选择题

1.【参考答案】ACD。《立法法》规定，税种的设立、税率的确定和税收征收管理等基本制度只能制定法律。

2.【参考答案】ACD。中国税务精神的内容是：忠诚担当、崇法守纪、兴税强国。

3.【参考答案】ABD。选项 C，地方人大可以制定地方性税收法规，省级政府不可以。选项 E，省级政府可以制定地方税收规章，市级政府不可以。

4.【参考答案】ABDE。税收法律关系消灭的原因主要有：（1）纳税人履行纳税义务；（2）纳税义务因超过期限而消灭；（3）纳税义务的免除；（4）某些税法的废止；（5）纳税主体的消失。

5.【参考答案】AD。课税对象是一种税区别于另一种税最主要的标志；从实物形态分析，课税对象与计税依据是不一致的；从所得税（包括企业所得税和个人所得税）来看，其课税对象与税源是一致的。计税依据是从量的方面对课税作出的规定，课税对象是从质的方面对课税作出的规定。

第二章　增值税

第一节　增值税概述

一、增值税的概念

增值税	具体内容
1. 含义	从理论上讲，增值税是以单位和个人在生产经营过程中取得的增值额为征税对象征收的一种税
2. 实行范围	增值税有效地解决了传统营业税的重复征税问题。1954 年法国最早实行增值税，目前世界上已有 190 多个国家和地区实行了增值税，征税范围大多覆盖所有货物、劳务和服务
3. 我国改革情况	1979 年引入增值税，1984 年颁布《中华人民共和国增值税条例（草案）》 1994 年税制改革，颁布《中华人民共和国增值税暂行条例》 2009 年我国进行增值税转型改革，将固定资产纳入进项税额的抵扣范围 2012 年开始扩大征税范围的改革 自 2016 年 5 月 1 日起，在全国范围内全面推开营改增。至此，原营业税征税范围全部纳入增值税征税范围 增值税在我国属于共享税，国内增值税中央政府分享 50%、地方政府分享 50%。2020 年，我国实现国内增值税收入 56 791 亿元，占当年全部税收收入的 36.80%

二、增值额与增值税类型

（一）增值额

增值税以增值额为征税对象，理论上的增值额和法定增值额有所区别。

1. 理论增值额

从理论上讲，增值额是企业在生产经营过程中新创造的那部分价值，即货物或劳务价值中的 V（人工价值）+ M（利润）部分，在我国相当于净产值或国民收入部分。现实经济生活中，对增值额这一概念可以从以下两个方面理解：第一，从一个生产经营单位来看，增值额是指该单位销售货物或提供劳务的收入额扣除为生产经营这种货物（包括劳务，下同）而外购的那部分货物价款后的余额；第二，从一项货物来看，增值额是该货物经历的生产和流通的各个环节所创造的增值额之和，也就是该项货物的最终销售价格。

【单选题】从理论上讲，作为增值税征税对象的增值额是指（　　）。

A. V + M　　B. V　　C. M　　D. C + V + M

【参考答案】A。增值额是企业在生产经营过程中新创造的那部分价值，即货物或劳务价值中的 V + M 部分，在我国相当于净产值或国民收入的部分。

2. 法定增值额

增值额	具体内容
（1）法定增值额的含义	法定增值额，是指各国政府根据各自的国情和政策要求，在其增值税制度中确定的增值额
（2）法定增值额和理论增值额的关系	法定增值额可以等于理论上的增值额，也可以大于或小于理论上的增值额
（3）造成法定增值额与理论增值额不一致的原因	一个重要原因是各国在规定扣除范围时，对外购固定资产的处理办法不同。另外，由于流通领域征税范围划分及减免税优惠等，导致理论增值额与法定增值额也有很大不同

【单选题】增值税法定增值额与理论增值额不一致的主要原因是各国在规定扣除范围时，是否允许扣除外购的（　　）。

A. 固定资产　　B. 固定资产折旧

C. 生产资料　　D. 生活资料

【参考答案】A。造成法定增值额与理论增值额不一致的一个重要原因是各国在规定扣除范围时，对外购固定资产的处理办法不同。

（二）增值税的类型（按对外购固定资产处理方式不同划分）

类型	具体内容
1. 生产型增值税	是指计算增值额时，不允许扣除任何外购固定资产的价款
2. 收入型增值税	是指计算增值额时，对外购固定资产价款只允许扣除当期计入产品价值的折旧费部分
3. 消费型增值税	是指计算增值额时，允许将当期购入的固定资产价款一次性全部扣除。国务院决定自 2009 年 1 月 1 日起在全国范围内实施增值税转型改革，允许纳税人将其购进固定资产中的动产按规定抵扣其所含的增值税，增值税由生产型逐步向消费型过渡。随着营改增的全面推开，不动产纳入增值税征税和抵扣范围，我国增值税完成了彻底转型

三、增值税的特点

增值税的特点	（1）避免重复征税，体现了税收中性的特征 （2）最终消费者是全部税款的承担者 （3）普遍征收且多环节征收 （4）实行价外征收制度

第二节　增值税的纳税人、征税范围和税率

一、增值税的纳税人和扣缴义务人

（一）纳税人

纳税人	具体内容
1. 基本概念	在中华人民共和国境内销售货物或者加工、修理修配劳务，销售服务、无形资产、不动产以及进口货物的单位和个人，作为增值税的纳税人 单位，是指企业、行政单位、事业单位、军事单位、社会团体及其他单位 个人，是指个体工商户和其他个人（【提示】其他个人是指民法上的自然人）
2. 纳税人的分类	（1）一般规定。 自 2018 年 5 月 1 日起，统一增值税小规模纳税人标准，即增值税小规模纳税人标准为年应税销售额 500 万元及以下。年应税销售额，是指纳税人在连续不超过 12 个月或四个季度的经营期内累计应税销售额，包括纳税申报销售额、稽查查补销售额、纳税评估调整销售额。销售服务、无形资产或者不动产（以下简称“应税行为”）有扣除项目的纳税人，其应税行为年应税销售额按未扣除之前的销售额计算。纳税人偶然发生的销售无形资产、转让不动产的销售额，不计入应税行为年应税销售额。 【提示】境外企业不区分一般纳税人和小规模纳税人，均由扣缴义务人按照适用税率扣缴增值税，不适用小规模纳税人月销售额 10 万元以下免税政策 （2）特殊规定。 ①年应税销售额超过规定标准的其他个人按小规模纳税人纳税 ②销售货物、劳务的非企业性单位、不经常发生应税行为的企业可选择按小规模纳税人纳税 ③销售服务、无形资产或者不动产年应税销售额超过规定标准但不经常发生应税行为的单位和个体工商户可选择按照小规模纳税人纳税 ④小规模纳税人会计核算健全，能够提供准确税务资料的，可以向主管税务机关办理一般纳税人登记，成为一般纳税人 ⑤单位以承包、承租、挂靠方式经营的，承包人、承租人、挂靠人（以下统称“承包人”）以发包人、出租人、被挂靠人（以下统称“发包人”）名义对外经营并由发包人承担相关法律责任的，以该发包人为纳税人。否则，以承包人为纳税人
3. 纳税人的管理	（1）增值税一般纳税人资格实行登记制。 纳税人在年应税销售额超过规定标准的月份（或季度）的所属申报期结束后 15 日内按照有关规定办理相关手续 （2）除国家税务总局另有规定外，纳税人一经登记为一般纳税人后，不得转为小规模纳税人 【注意】国家税务总局公告 2020 年第 9 号规定，一般纳税人符合以下条件的，在 2020 年 12 月 31 日前，可选择转登记为小规模纳税人：转登记日前连续 12 个月（以 1 个月为 1 个纳税期的）或者连续 4 个季度（以 1 个季度为 1 个纳税期的）累计销售额未超过 500 万元

【判断题】某小规模纳税人，既从事货物生产，也提供应税服务，该纳税人连续 12 个月经营期累计货物年销售额 300 万元，应税服务年销售额为 250 万元，因货物、服务销售额均未达 500 万元，所以该纳税人为小规模纳税人。（　　）

【参考答案】×。自2018年5月1日起，统一增值税小规模纳税人标准，即增值税小规模纳税人标准为年应征增值税销售额500万元及以下。年应税销售额，是指纳税人在连续不超过12个月或四个季度的经营期内累计应征增值税销售额，包括纳税申报销售额、稽查查补销售额、纳税评估调整销售额。

（二）扣缴义务人

事项	扣缴义务人
1. 境外的单位或者个人在境内提供应税劳务	在境内未设有经营机构的，以其境内代理人为扣缴义务人。在境内没有代理人的，以购买方为扣缴义务人
2. 境外单位或者个人在境内发生销售服务、无形资产或者不动产行为	在境内未设有经营机构的，以购买方为增值税扣缴义务人。财政部和国家税务总局另有规定的除外

【多选题】境外单位或个人在境内发生增值税劳务而在境内未设立经营机构的，税款征收采取扣缴方式。下列关于增值税扣缴义务人的表述，正确的有（　　）。

A. 在境内有代理人的，以代理人为扣缴义务人

B. 以纳税人指定的税务师事务所为扣缴义务人

C. 在境内没有代理人的，以购买方为扣缴义务人

D. 以境外单位为扣缴义务人

【参考答案】AC。中华人民共和国境外的单位或者个人在境内提供应税劳务，在境内未设有经营机构的，以其境内代理人为扣缴义务人；在境内没有代理人的，以购买方为扣缴义务人。

二、增值税的征税范围

（一）征税范围的基本规定

增值税的征税范围包括在中华人民共和国境内销售货物、劳务，销售服务、无形资产、不动产（以下统称“应税销售行为”）以及进口货物。

1. 境内的含义

境内的含义	具体内容
（1）在境内销售货物或者劳务	是指销售货物的起运地或者所在地在境内以及提供的应税劳务发生在境内
（2）在境内销售服务、无形资产、不动产	①服务（租赁不动产除外）或者无形资产（自然资源使用权除外）的销售方或者购买方在境内 ②所销售或者租赁的不动产在境内 ③所销售自然资源使用权的自然资源在境内 ④财政部和国家税务总局规定的其他情形

续表

境内的含义	具体内容
（3）不属于境内销售服务或者无形资产的情形	①境外单位或者个人向境内单位或者个人销售完全在境外发生的服务 ②境外单位或者个人向境内单位或者个人销售完全在境外使用的无形资产 【注意】境外单位或者个人向境内单位或者个人销售的未完全在境外使用的无形资产，属于在境内销售无形资产。例如，境外 A 公司向境内 B 公司转让一项专利技术，该技术同时用于 B 公司在境内和境外的生产线 ③境外单位或者个人向境内单位或者个人出租完全在境外使用的有形动产 ④财政部和国家税务总局规定的其他情形

【单选题】下列情形中，不属于在中华人民共和国境内销售服务、无形资产的是（　　）。

A. 服务（租赁不动产除外）的销售方在境内

B. 服务（租赁不动产除外）的购买方在境内

C. 所销售自然资源使用权的自然资源在境内

D. 境外单位或者个人向境内单位或者个人销售完全在境外发生的服务

【参考答案】D。境外单位或者个人向境内单位或者个人销售完全在境外发生的服务，不属于在中华人民共和国境内销售服务。

2. 销售货物

销售货物	具体内容
（1）含义	销售货物，是指有偿转让货物的所有权
（2）内容	货物是指有形动产，包括电力、热力、气体在内

3. 提供加工、修理修配劳务

提供加工、修理修配劳务	具体内容
（1）含义	提供加工、修理修配劳务，是指有偿提供加工、修理修配劳务
（2）内容	加工，是指受托加工货物，即委托方提供原料及主要材料，受托方按照委托方的要求制造货物并收取加工费的业务。修理修配，是指受托对损伤和丧失功能的货物进行修复，使其恢复原状和功能的业务。 【提示】修理修配中的货物是指有形动产

4. 销售服务

销售服务，是指有偿提供交通运输服务、邮政服务、电信服务、建筑服务、金融服务、现代服务、生活服务。

5. 销售无形资产

销售无形资产	具体内容
（1）含义	销售无形资产，是指有偿转让无形资产所有权或者使用权的业务活动
（2）内容	无形资产，是指不具有实物形态，但能带来经济利益的资产，包括技术、商标、著作权、商誉、自然资源使用权和其他权益性无形资产

6. 销售不动产

销售不动产	具体内容
（1）含义	销售不动产，是指有偿转让不动产所有权的业务活动
（2）内容	不动产，是指不能移动或者移动后会引起性质、形状改变的财产。包括以下两类： 建筑物，包括住宅、商业营业用房、办公楼等可供居住、工作或者进行其他活动的建造物 构筑物，包括道路、桥梁、隧道、水坝等建造物

【多选题】下列项目中，属于“销售服务、无形资产或者不动产”范围的业务有（　　）。

A. 建筑企业提供的建筑安装服务　　B. 超市销售的商品

C. 汽修企业提供的修理服务　　D. 转让专利权

【参考答案】AD。销售服务，是指有偿提供交通运输服务、邮政服务、电信服务、建筑服务、金融服务、现代服务、生活服务；销售无形资产，是指有偿转让无形资产所有权或者使用权的业务活动，包括技术、商标、著作权、商誉、自然资源使用权和其他权益性无形资产。选项 B 属于销售货物；选项 C 属于提供修理修配劳务。

7. 有偿的理解

有偿是指取得货币、货物或者其他经济利益。

（二）征税范围的特殊规定

1. 视同销售

视同销售	具体内容
（1）视同销售货物的情形	①将货物交付其他单位或者个人代销 ②销售代销货物 ③设有两个以上机构并实行统一核算的纳税人，将货物从一个机构移送至其他机构用于销售，但相关机构设在同一县（市）的除外 ④将自产、委托加工的货物用于集体福利或者个人消费 ⑤将自产、委托加工或者购进的货物作为投资，提供给其他单位或者个体工商户 ⑥将自产、委托加工或者购进的货物分配给股东或者投资者 ⑦将自产、委托加工或者购进的货物无偿赠送其他单位或者个人 【注意】自 2020 年 1 月 1 日起，单位和个体工商户将自产、委托加工或购买的货物，通过公益性社会组织和县级以上人民政府及其部门等国家机关，或者直接向承担疫情防治任务的医院，无偿捐赠用于应对新冠疫情的，免征增值税
（2）视同销售服务、无形资产或者不动产	①单位或者个体工商户向其他单位或者个人无偿提供服务，但用于公益事业或者以社会公众为对象的除外 ②单位或者个人向其他单位或者个人无偿转让无形资产或者不动产，但用于公益事业或者以社会公众为对象的除外 ③财政部和国家税务总局规定的其他情形

【多选题】根据现行增值税政策规定，下列行为应视同销售货物征收增值税的有（　　）。

A. 将委托加工收回的货物用于赠送客户

B. 将外购的食品作为职工中秋节福利

C. 将自产的办公用品用于公司办公使用

D. 将自产的设备以投资的方式投入联营企业

【参考答案】AD。选项 B 错误，将自产、委托加工的货物用于集体福利或者个人消费的才属于视同销售范围。选项 C 错误，将自产、委托加工的货物用于非增值税应税项目才属于视同销售范围。

2. 非经营活动

非经营活动	具体内容
不应征收增值税的非经营活动	（1）行政单位收取的同时满足以下条件的政府性基金或者行政事业性收费：由国务院或者财政部批准设立的政府性基金，由国务院或者省级人民政府及其财政、价格主管部门批准设立的行政事业性收费；收取时开具省级以上（含省级）财政部门监（印）制的财政票据；所收款项全额上缴财政 （2）单位或者个体工商户聘用的员工为本单位或者雇主提供取得工资的服务 （3）单位或者个体工商户为聘用的员工提供服务 （4）单位或者个体工商户聘用的员工为本单位或者雇主提供加工、修理修配劳务 （5）财政部和国家税务总局规定的其他情形

【多选题】纳税人有偿销售货物、有偿提供应税劳务、有偿发生应税行为，应缴纳增值税。但下列情形不属于有偿的有（　　）。

A. 行政单位收取的同时满足税法规定条件的政府性基金或者行政事业性收费

B. 单位或者个体工商户聘用的员工为本单位或者雇主提供取得工资的服务

C. 单位或者个体工商户为聘用的员工提供服务

D. 单位或者个体工商户聘用的员工为本单位或者雇主提供加工、修理修配劳务

【参考答案】ABCD。非经营活动的情形有：（1）行政单位收取的同时满足条件的政府性基金或者行政事业性收费。（2）单位或者个体工商户聘用的员工为本单位或者雇主提供取得工资的服务。（3）单位或者个体工商户为聘用的员工提供服务。（4）单位或者个体工商户聘用的员工为本单位或者雇主提供加工、修理修配劳务。（5）财政部和国家税务总局规定的其他情形。

3. 不征收增值税项目

（1）根据国家指令无偿提供的铁路运输服务、航空运输服务，属于用于规定的公益事业的服务，不视同销售服务。

（2）存款利息。

（3）被保险人获得的保险赔付。

（4）房地产主管部门或者其指定机构、公积金管理中心、开发企业以及物业管理

单位代收的住宅专项维修资金。

（5）在资产重组过程中，通过合并、分立、出售、置换等方式，将全部或者部分实物资产以及与其相关联的债权、负债和劳动力一并转让给其他单位和个人，其中涉及的货物、不动产、土地使用权转让行为。

4. 混合销售

混合销售	具体内容
（1）含义	一项销售行为如果既涉及货物又涉及服务，为混合销售
（2）税务处理	从事货物的生产、批发或者零售的单位和个体工商户的混合销售行为，按照销售货物缴纳增值税。其他单位和个体工商户的混合销售行为，按照销售服务缴纳增值税

【单选题】假设2021年7月，某计算机股份有限公司（一般纳税人）销售给某商场100台计算机，不含税单价为4 300元/台，已开具税控系统增值税专用发票，双方议定送货上门，商场支付运费1 500元（开具增值税普通发票），当月该公司可以抵扣的进项税额为3 400元。该计算机股份公司应缴纳增值税为（　　）元。

A. 69 700.00　　B. 52 672.57　　C. 69 955.00　　D. 73 317.95

【参考答案】B。应纳税额 = 100 × 4 300 × 13% + 1 500 ÷ (1 + 13%) × 13% − 3 400 = 52 672.57（元）。本题要重点把握混合销售的界定及销售额的确定。这笔业务运费由商场支付给计算机公司，因此，计算机公司的一项销售行为，既收到了货款，又收到了运费收入，而且运费收入开具的是增值税普通发票，所以属于混合销售，按销售货物征收增值税，销售额为货物与服务销售额合计。

三、增值税的税率与征收率

税率/征收率	适用范围
税率	一般纳税人
征收率	简易计税方法的一般纳税人、小规模纳税人

（一）增值税税率的类型

增值税税率确定的基本原则是尽可能减少税率档次，这是由增值税实行税款抵扣的计税方法以及其中性税收的特征所决定的。

世界各国设置增值税税率有以下几种类型：

（1）基本税率。也称标准税率。这是各个国家根据本国生产力发展水平、财政政策的需要、消费者的承受能力并考虑到历史上货物劳务税税负水平后确定的，适用于绝大多数货物和应税劳务的税率。

（2）低税率。即对基本生活用品和劳务确定的适用税率。由于增值税税负最终构成消费者的支出，因此，设置低税率的根本目的是鼓励某些货物或劳务的消费，或者说是照顾消费者的利益，保证消费者对基本生活用品的消费。设置低税率的目的决定了各国对低税率货物和劳务的选择具有一致性，即一般都是对属于生活必需品的货物和劳务实行低税率，并对实行低税率的货物和劳务采取在税制中单独列举品目的方式。一般来说，采用低税率的货物和劳务不宜过多，否则会影响增值税发挥其应有的作用。

（3）高税率。即对奢侈品、非生活必需品或劳务确定的适用税率。采用高税率是为了发挥增值税的宏观调控作用，限制某些货物和劳务的消费，增加财政收入。和低税率一样，各国对高税率货物和劳务的选择也具有一致性并在税制中单独列举，采用高税率的货物和劳务也不宜过多。我国未设置高税率，对于奢侈品、非生活必需品等通过开征消费税进行调节。

（4）零税率。一般来说，各国增值税都有零税率，其实施范围主要是出口货物。

【提示】注意区分零税率和免税。免征增值税，应纳增值税额为 0，同时不能抵扣进项税额。适用零税率，增值税应纳税额 = 销项税额 − 进项税额，适用零税率即销项税额为 0，应纳税额 =0 − 进项税额。这意味着可以退还税款，或进项税额留抵。相比之下，适用零税率比免征增值税更实惠。

（二）增值税税率

税率	适用范围
13%	（1）自 2019 年 4 月 1 日起，一般销售、进口货物 （2）自 2019 年 4 月 1 日起，加工、修理修配劳务 （3）自 2019 年 4 月 1 日起，提供有形动产租赁服务
9%	（1）自 2019 年 4 月 1 日起，纳税人提供交通运输、邮政、基础电信、建筑、不动产租赁服务、销售不动产、转让土地使用权 （2）销售或者进口特殊货物 ①农业相关：粮食等农产品、饲料、化肥、农药、农机、农膜。 ②居民生活相关：食用植物油、食用盐、自来水、暖气、冷气、热水、煤气、石油液化气、天然气、二甲醚、沼气、居民用煤炭制品 ③文化产业相关：图书、报纸、杂志、音像制品、电子出版物
6%	金融服务、现代服务（租赁服务除外）、生活服务、转让无形资产、增值电信服务
0	（1）纳税人出口货物税率为零，但国务院另有规定的除外 （2）境内单位和个人发生的跨境销售国务院规定范围内的服务、无形资产

【综合题】甲运输公司为增值税一般纳税人。

【要求】分析该公司 2024 年 7 月发生的业务，计算甲运输公司当期应缴纳的增值税。

【业务1】在境内提供水路运输业务，取得不含税收入150万元。

提供运输服务的销项税额 = 150 × 9% = 13.50（万元）

【业务2】提供船员培训服务，取得含税收入50万元。

提供船员培训服务的销项税额 = 50 ÷ (1 + 6%) × 6% = 2.83（万元）

【业务3】提供集装箱租赁服务，取得含税收入45万元。

提供集装箱租赁服务的销项税额 = 45 ÷ (1 + 13%) × 13% = 5.18（万元）

【业务4】当月购进教学器具及燃料等共计发生进项税额12.8万元，均取得合法抵扣凭证并于当月勾选认证。

进项税额为12.8万元。

【参考答案】当月销项税额合计 = 13.50(业务1) + 2.83(业务2) + 5.18(业务3) = 21.51（万元）

当月应缴纳的增值税 = 21.51 - 12.8(业务4) = 8.71（万元）

（三）增值税征收率

增值税法定的征收率为3%，但财政部和国家税务总局另有规定的除外。目前，简易计税方法下特殊的征收率为5%。

（四）兼营行为税率或征收率的确定

1. 兼营行为的含义

兼营是指纳税人的经营范围既包括销售货物和劳务，又包括销售服务、无形资产或者不动产。但是，销售货物、劳务、服务、无形资产或者不动产不同时发生在同一项销售行为中。

2. 兼营行为的税务处理

（1）纳税人销售货物、加工修理修配劳务、服务、无形资产或者不动产适用不同税率或者征收率的，应当分别核算适用不同税率或者征收率的销售额。

（2）未分别核算销售额的，按照以下方法适用税率或者征收率：

①兼有不同税率的销售货物、加工修理修配劳务、服务、无形资产或者不动产，从高适用税率。

②兼有不同征收率的销售货物、加工修理修配劳务、服务、无形资产或者不动产，从高适用征收率。

③兼有不同税率和征收率的销售货物、加工修理修配劳务、服务、无形资产或者不动产，从高适用税率。

【提示】注意区分混合销售和兼营行为。混合销售的本质是一项纳税行为；而兼营行为的本质是多项应税行为。混合销售税务处理原则是按企业的主营项目的性质划分增值税税目；而兼营行为应当分别核算适用不同税率或者征收率应税行为的销售额，从而计算相应的增值税应纳税额。

第三节　增值税应纳税额的计算

一、增值税的计税原理

（一）直接计算法

直接计算法是指首先计算出应税行为的增值额，然后用增值额乘以适用税率求出应纳税额。由于存在难以准确计算增值额、不利于凭票抵扣等问题，因此实际应用的可能性很小。

（二）间接计算法

间接计算	具体内容
1. 含义	间接计算法也称扣税法，是将一定时期内实现的应税行为的销售收入，乘以相应税率，再减去法定允许扣除的外购项目已缴纳的增值税税款，得出税款属期的应纳税额
2. 分类（按照扣除税额的具体环节不同划分）	（1）购进扣税法。是以外购项目的实际已纳税额为计算依据确定扣除税额，又叫发票扣税法 购进扣税法简便易行、计算准确，是实行增值税的国家广泛采用的计税方法。目前，我国的增值税采用的也是购进扣税法 （2）实耗扣税法。是以外购扣除项目的实际消耗金额为依据计算扣除税额的方法

【单选题】以下关于增值税的表述，不正确的是（　　）。

A. 增值税只就纳税人新增价值作为征税对象

B. 增值税属于间接税

C. 增值税的作用是调节收入差距

D. 我国增值税采用间接计算法计算税额

【参考答案】C。选项 A，增值税是以单位和个人生产经营过程中取得的增值额为课税对象征收的一种税。从理论上来讲，增值额是企业在生产经营过程中新创造的那部分价值。选项 B，增值税属于间接税。选项 D，我国采用间接计算法计算税额。选项 C，增值税不重复征税，具有中性税收的特征。所谓中性税收，是指税收对经济行为包括企业生产决策、生产组织形式等，不产生影响，由市场对资源配置发挥基础性、主导性作用。

二、销售额的确定

（一）销售额的基本规定

销售额是纳税人发生应税销售行为向购买方收取的全部价款和价外费用，但是不包括收取的销项税额。

价外费用的范围

价外费用的范围	具体内容
1. 包含的内容	价外费用包括价外向购买方收取的手续费、补贴、基金、集资费、返还利润、奖励费、违约金、滞纳金、延期付款利息、赔偿金、代收款项、代垫款项、包装费、包装物租金、储备费、优质费、运输装卸费以及其他各种性质的价外收费
2. 不包含的内容	（1）受托加工应征消费税的消费品所代收代缴的消费税 （2）同时符合以下条件的代垫运输费用： ①承运部门的运输费用发票开具给购买方的 ②纳税人将该项发票转交给购买方的 （3）同时符合以下条件代为收取的政府性基金或者行政事业性收费： ①由国务院或者财政部批准设立的政府性基金，由国务院或者省级人民政府及其财政、价格主管部门批准设立的行政事业性收费 ②收取时开具省级以上财政部门印制的财政票据 ③所收款项全额上缴财政
	（4）销售货物的同时代办保险等而向购买方收取的保险费，以及向购买方收取的代购买方缴纳的车辆购置税、车辆牌照费

【多选题】增值税的销售额为纳税人销售货物或者提供应税劳务向购买方收取的全部价款和价外费用，但下列费用不包括在价外费用之中的有（　　）。

A. 符合法定条件的代垫运费

B. 向购买方收取的延期付款利息

C. 向购买方收取的增值税销项税额

D. 受托加工应征消费税的消费品所代收代缴的消费税

【参考答案】ACD。销售额为纳税人销售货物或者应税劳务向购买方收取的全部价款和价外费用，但是不包括收取的销项税额。价外费用包括价外向购买方收取的延期付款利息。但下列项目不包括在内：一是受托加工应征消费税的消费品所代收代缴的消费税。二是同时符合以下条件的代垫运输费用：（1）承运部门的运输费用发票开具给购买方的；（2）纳税人将该项发票转交给购买方的。

（二）纳税人销售服务、无形资产、不动产销售额的确定

纳税人销售服务、无形资产、不动产的销售额为取得的全部价款和价外费用，财政部和国家税务总局另有规定的除外。

价外费用，是指价外收取的各种性质的收费，但不包括以下项目：

（1）代为收取并符合规定条件的政府性基金或者行政事业性收费；

（2）以委托方名义开具发票代委托方收取的款项。

（三）含税销售额的换算

情形	具体内容
1. 一般计税方法下含税销售额的换算	一般计税方法的销售额不包括收取的销项税额 纳税人采用销售额和销项税额合并定价方法的，按照下列公式计算销售额：销售额 = 含税销售额 ÷（1 + 税率）
2. 简易计税方法下含税销售额的换算	简易计税方法的销售额不包括其应纳税额 纳税人采用销售额和应纳税额合并定价方法的，按照下列公式计算销售额：销售额 = 含税销售额 ÷（1 + 征收率）

（四）外币销售额的折算

纳税人发生应税销售行为，按照人民币以外的货币结算销售额的，应当折合成人民币计算，折合率可以选择销售额发生的当天或者当月 1 日的人民币汇率中间价。

纳税人应当在事先确定采用何种折合率，确定后 12 个月内不得变更。

【多选题】增值税纳税人按照人民币以外的货币结算销售额的，应当折合成人民币计算，折合率可以选择（　　）。

A. 销售额发生当天人民币汇率中间价

B. 外币销售额发生当月每日人民币汇率中间价均价

C. 销售额发生当月最后一日人民币汇率中间价

D. 销售额发生当月 1 日人民币汇率中间价

【参考答案】AD。增值税销售额以人民币计算。纳税人按照人民币以外的货币结算销售额的，应当折合成人民币计算。折合率可以选择销售额发生的当天或者当月 1 日的人民币汇率中间价。纳税人应当在事先确定采用何种折合率，确定后 1 年内不得变更。

（五）特殊销售方式下销售额的确定

1. 折扣方式销售

（1）商业折扣方式销售。

商业折扣	具体内容
①含义	商业折扣方式销售是指销售方在销售货物、提供应税劳务、销售服务、无形资产或者不动产时，为促销等原因而给予购买方的价格优惠，是交易行为发生前的价格让渡
②税务处理	纳税人采取折扣方式销售，如果销售额和折扣额在同一张发票上分别注明的，可按折扣后的销售额征收增值税。销售额和折扣额在同一张发票上分别注明，是指销售额和折扣额在同一张发票上的“金额”栏分别注明的。纳税人未在同一张发票“金额”栏注明折扣额，而仅在发票的“备注”栏注明折扣额的，折扣额不得从销售额中减除

【计算题】某百货零售企业系增值税一般纳税人，2021 年 5 月，以折扣方式销售货

物一批，不含税销售额200 000元，折扣额40 000元，销售额和折扣额在同一张发票金额栏上分别注明。

【要求】计算该纳税人当期的计税销售额。

【参考答案】以折扣方式销售货物的计税销售额 = 200 000（不含税销售额） - 40 000（折扣额） = 160 000（元）

（2）现金折扣方式销售。

现金折扣	具体内容
①含义	现金折扣是指销货方在销售货物后，为鼓励购买方尽早偿还货款而给予购买方的一种折扣优惠（例如，10天内付款，货款折扣2%；20天内付款，货款折扣1%；30天内全价付款）
②税务处理	现金折扣发生在销售行为实现后，是一种融资性质的理财费用，在确定计税销售额时现金折扣不得从销售额中减除

2. 以旧换新方式销售货物

以旧换新	具体内容
（1）含义	以旧换新是指纳税人在销售自己的货物时，有偿收回旧货物的行为
（2）税务处理	纳税人采取以旧换新方式销售货物（金银首饰除外）的，应按新货物的同期销售价格确定计税销售额，不得扣减旧货物的收购价格。对金银首饰以旧换新业务，按销售方实际收取的不含增值税的全部价款征收增值税

【计算题】某百货零售企业系增值税一般纳税人，2021年9月，以旧换新方式销售洗衣机20台，每台含税销售额3 390元，旧洗衣机回收价每台200元，销售每台洗衣机实际收取价格为3 190元。

【要求】计算该纳税人当期的计税销售额。

【参考答案】以旧换新方式销售洗衣机计税销售额 = 20 × 3 390（新洗衣机含税销售额） ÷ (1 + 13%) = 60 000（元）

【判断题】金银首饰以旧换新业务，按销售方实际收取的不含增值税的全部价款征收增值税。（　　）

【参考答案】√。金银首饰以旧换新业务，按销售方实际收取的不含增值税的全部价款征收增值税。

3. 还本方式销售

还本方式	具体内容
（1）含义	还本方式销售是指纳税人在销售货物后，到一定期限由销售方一次或分次退还给购货方全部或部分购货款。这种方式实际上是一种融资行为，是以货物换取资金的使用价值，到期还本不付息的方法
（2）税务处理	纳税人采取还本销售方式销售货物，其计税销售额就是货物的销售价格，不得从销售额中减除还本支出

4. 以物易物方式销售

以物易物	具体内容
（1）含义	以物易物是一种较为特殊的购销活动，是指购销双方不是以货币结算，而是以同等价款的货物相互结算，实现货物购销的一种方式
（2）税务处理	以物易物双方都应作购销处理，以各自发出的货物核算销售额，以各自收到的货物核算购货额 【提示】以物易物中，双方都取得了其他经济利益，不能将二者价差计入销售额，造成少计算销售额的情形

【单选题】甲贸易公司为增值税一般纳税人，2021 年 6 月以不含税价格为 15 万元的玉米与乙公司不含税价格为 8 万元的罐头进行交换，差价款由乙公司以银行存款支付，双方均向对方开具增值税专用发票，假定当月取得的相关票据均符合税法规定，并在当月抵扣进项税，甲贸易公司当月应缴纳增值税（　　）万元。

A. 0.31　　B. 1.95　　C. 2.50　　D. 1.19

【参考答案】A。应纳的增值税 = 15 × 9% − 8 × 13% = 0.31（万元）

5. 包装物押金销售额的确认

货物类别		税务处理
（1）一般货物		①收取押金时，单独记账核算的，不并入销售额征税 ②逾期时或没收时，再计入销售额征税（增值税、消费税）
（2）酒类产品	啤酒 黄酒	①收取押金时，单独记账核算的，不并入销售额征税 ②逾期时或没收时，再计入销售额征收增值税，但不征消费税（因为啤酒、黄酒消费税是从量计征）
	其他酒类产品	①收取押金时，无论是否单独记账核算，也无论是否退还，直接并入销售额征收增值税和消费税 ②逾期时或没收时，不再征收增值税和消费税

【单选题】纳税人销售下列货物出租包装物单独记账核算收取的押金，应并入当期销售额征收增值税的是（　　）。

A. 销售黄酒　　B. 销售啤酒　　C. 销售白酒　　D. 销售矿泉水

【参考答案】C。纳税人为销售货物出租出借包装物而收取的押金，单独记账核算的，不并入销售额征税。从 1995 年 6 月 1 日起，对销售除啤酒、黄酒外的其他酒类产品而收取的包装物押金，无论是否返还以及会计上如何核算，均应并入当期销售额征税。

6. 混合销售行为销售额的确定

一般情形下，混合销售行为销售额为货物销售额与应税服务销售额的合计。

一般纳税人销售自产和外购机器设备的同时提供安装服务，不属于混合销售，应分别核算机器设备和安装服务的销售额，分别适用不同的税率和征收率计税。

【多选题】下列关于增值税税务处理的表述中，不正确的有（　　）。

A. 转让商誉，不属于销售无形资产

B. 销售货物的同时代办保险等而向购买方收取的保险费属于价外费用，应征收增值税

C. 卫星电视信号落地转接服务，按照增值电信服务缴纳增值税

D. 销售自产机器设备的同时提供安装服务，属于混合销售

【参考答案】ABD。增值税的无形资产，是指不具实物形态，但能带来经济利益的资产，包括技术、商标、著作权、商誉、自然资源使用权和其他权益性无形资产；销售货物的同时代办保险等而向购买方收取的保险费，不包括在价外费用内；卫星电视信号落地转接服务，按照增值电信服务缴纳增值税；纳税人销售活动板房、机器设备、钢结构件等自产货物的同时提供建筑、安装服务，不属于混合销售。

7. 兼营行为销售额的确定

纳税人兼营应税销售行为，适用不同税率或者征收率的，应当分别核算适用不同税率或者征收率的销售额；未分别核算的，按合计销售额从高适用税率或征收率计税。

（六）销售额的核定

1. 纳税人销售货物价格明显偏低并无正当理由或者发生视同销售货物行为而无销售额的，由主管税务机关按顺序核定其销售额。

销售额的核定顺序如下：

（1）按纳税人最近时期同类货物的平均销售价格确定。

（2）按其他纳税人最近时期同类货物的平均销售价格确定。

（3）按组成计税价格确定。组成计税价格 = 成本 ×（1 + 成本利润率）属于应征消费税的货物，其组成计税价格中应加计消费税税额。

公式中的成本，是指销售自产货物的成本为实际生产成本，销售外购货物的成本为实际采购成本，公式中的成本利润率由国家税务总局确定。目前，除应征消费税的货物外，一般货物的成本利润率按 10% 确定。

2. 纳税人销售服务、无形资产、不动产价格明显偏低或者偏高且不具有合理商业目的的，或者视同销售服务、无形资产或者不动产而无销售额的，主管税务机关有权按照顺序确定销售额。

销售额的核定顺序如下：

（1）按照纳税人最近时期销售同类服务、无形资产或者不动产的平均价格确定。

（2）按照其他纳税人最近时期销售同类服务、无形资产或者不动产的平均价格确定。

（3）按照组成计税价格确定，组成计税价格 = 成本 ×（1 + 成本利润率），成本利润率由国家税务总局确定。

（七）差额确定销售额（针对部分营改增行业）

事项	差额确定销售额
1. 一般纳税人销售自行开发的房地产项目	一般纳税人销售自行开发的房地产项目，适用一般计税方法计税的，销售额 =（全部价款和价外费用 − 当期允许扣除的土地价款）÷（1 +9%） 支付的土地价款，包括土地受让人向政府部门支付的征地和拆迁补偿费用、土地前期开发费用和土地出让收益等。纳税人向其他单位或个人支付的拆迁补偿费用也允许在销售额中扣减 【提示】小规模纳税人以及简易计税的一般纳税人不适用
2. 金融商品转让	以卖出价扣除买入价后的余额为销售额 无论是一般纳税人还是小规模纳税人，无论采用一般计税方法还是采用简易计税方法，都按差额确定销售额
3. 纳税人提供旅游服务	纳税人提供旅游服务，可以选择以取得的全部价款和价外费用，扣除向旅游服务购买方收取并支付给其他单位或者个人的住宿费、餐饮费、交通费、签证费、门票费和支付给其他接团旅游企业的旅游费用后的余额为销售额。上述规定，无论是一般纳税人还是小规模纳税人，无论采用一般计税方法还是采用简易计税方法，均可以选择差额确定销售额。如果纳税人不选择差额确定销售额，就要按取得的全部价款和价外费用确定销售额
4. 一般纳税人提供客运场站服务	一般纳税人提供客运场站服务，以其取得的全部价款和价外费用，扣除支付给承运方运费后的余额为销售额。上述规定，只适用于一般纳税人，小规模纳税人提供客运场站服务要全额确定销售额
5. 纳税人提供劳务派遣服务	（1）纳税人没有选择差额纳税的 一般纳税人提供劳务派遣服务，以取得的全部价款和价外费用为销售额，按照一般计税方法计算缴纳增值税。小规模纳税人提供劳务派遣服务，以取得的全部价款和价外费用为销售额，按照简易计税方法依 3% 的征收率计算缴纳增值税 （2）纳税人也可以选择差额纳税 无论是一般纳税人，还是小规模纳税人，均以取得的全部价款和价外费用，扣除代用工单位支付给劳务派遣员工的工资、福利和为其办理社会保险及住房公积金后的余额为销售额，按照简易计税方法依 5% 的征收率计算缴纳增值税
6. 纳税人提供建筑服务	（1）小规模纳税人提供建筑服务，以及一般纳税人提供建筑服务选择适用简易计税方法计税的，应以取得的全部价款和价外费用扣除支付的分包款后的余额为销售额，按照 3% 的征收率计算应纳税额 （2）一般纳税人提供建筑服务适用一般计税方法计税的，应以取得的全部价款和价外费用为销售额计算应纳税额，不得差额确定销售额

【多选题】根据增值税政策规定，下列项目中按差额确定销售额的有（　　）。

A. 一般纳税人采取一般计税方法销售自行开发的房地产项目

B. 农业生产者销售自产农产品

C. 一般纳税人转让金融商品

D. 一般纳税人提供客运场站服务

【参考答案】ACD。一般纳税人销售自行开发的房地产项目，适用一般计税方法计税的，按照取得的全部价款和价外费用，扣除受让土地时向政府部门支付的土地价款后的余额为销售额；金融商品转让，按照卖出价扣除买入价后的余额为销售额；一般纳税人提供客运场站服务，以其取得的全部价款和价外费用，扣除支付给承运方运费后的余额为销售额；农业生产者销售自产农产品按收取的全部价款和价外费用确定销售额。

三、一般计税方法下应纳税额的计算

一般计税	具体内容
1. 应纳税额的计算	一般纳税人发生应税行为适用一般计税方法计税 应纳税额 = 当期销项税额 - 当期进项税额
2. 留抵税额的处理	当期销项税额小于当期进项税额不足抵扣时，其不足部分可以结转下期继续抵扣 （1）普通留抵退税 自 2019 年 4 月 1 日起，试行增值税期末留抵税额退税制度。同时符合一定条件的纳税人，可以向主管税务机关申请退还增量留抵税额 （2）先进制造业留抵退税 自 2021 年 4 月 1 日起，同时符合以下条件的先进制造业纳税人，可以自 2021 年 5 月及以后纳税申报期向主管税务机关申请退还增量留抵税额 相同点：当期允许退还的增量留抵税额的计算公式为，允许退还的增量留抵税额 = 增量留抵税额 × 进项构成比例 进项构成比例为 2019 年 4 月至申请退税前一税款所属期内已抵扣的增值税专用发票（含税控机动车销售统一发票）、海关进口增值税专用缴款书、解缴税款完税凭证注明的增值税额占同期全部已抵扣进项税额的比重 不同点：普通行业只能每六个月一轮退税，而先进制造业可以每月退税

（一）销项税额

销项税额	具体内容
1. 销项税额的计算	销项税额，是指纳税人发生应税销售行为，按照销售额和规定的税率计算收取的增值税额 销项税额 = 销售额 × 税率
2. 销项税额扣减	纳税人在货物购销活动中，因货物、劳务或服务质量、规格等原因发生销货退回、销售折让、劳务或服务中止等情况而退还给购买方的增值税额，应当从当期的销项税额中扣减

（二）进项税额

进项税额，是指纳税人购进货物、劳务、服务、无形资产或者不动产，支付或者负担的增值税额。

1. 准予从销项税额中抵扣的进项税额

（1）从销售方取得的增值税专用发票（含税控机动车销售统一发票）上注明的增值税额。

（2）从海关取得的海关进口增值税专用缴款书上注明的增值税额。

（3）购进农产品准予抵扣的进项税额。

扣除规定	具体内容
①一般扣除规定	纳税人购进农产品，取得一般纳税人开具的增值税专用发票或海关进口增值税专用缴款书的，以增值税专用发票或海关进口增值税专用缴款书上注明的增值税额为进项税额。自2019年4月1日起，纳税人从按照简易计税方法依照3%的征收率计算缴纳增值税的小规模纳税人取得增值税专用发票的，以增值税专用发票上注明的金额和9%的扣除率计算进项税额；取得（开具）农产品销售发票或收购发票的，以农产品销售发票或收购发票上注明的农产品买价和9%的扣除率计算进项税额 【提示1】农产品，是指种植业、养殖业、林业、牧业、水产业生产的各种植物、动物的初级产品 【提示2】上述销售发票，是指农业生产者销售自产农产品适用免征增值税政策而开具的普通发票。纳税人从批发、零售环节购进适用免征增值税政策的蔬菜、部分鲜活肉蛋而取得的普通发票，不得作为计算抵扣进项税额的凭证
②加计扣除规定	纳税人购进用于生产或委托受托加工13%税率货物的农产品，按照10%的扣除率计算进项税额 【提示】纳税人在购进农产品时，应按照农产品抵扣的一般规定，按照9%计算抵扣进项税额 在领用农产品环节，如果农产品用于生产或者委托加工13%税率货物的，则再加计1%，即按10%抵扣进项税额。例如，5月购进一批农产品，购进时按照9%计算抵扣进项税额；6月领用时，确定用于生产13%税率的货物，则在6月再加计1%抵扣进项税额

【计算题】某商贸企业系增值税一般纳税人，假设抵扣凭证均在当月通过认证。

【要求】分析该企业2021年7月发生业务，计算该商贸企业当月应缴纳的增值税。

【业务1】购进商品取得增值税专用发票，注明价款100 000元、税额13 000元。

【业务2】收购农民自产玉米，收购发票注明价款30 000元。

自2019年4月1日起，农产品税率调整为9%，一般纳税人购进农产品，取得（开具）农产品销售发票或收购发票的，以农产品销售发票或收购发票上注明的农产品买价和9%的扣除率计算进项税额（生产销售或委托受托加工13%税率货物的纳税人购进农产品除外）。

进项税额＝买价×扣除率＝30 000×9%＝2 700（元）

【业务3】销售商品一批，开具增值税专用发票，注明价款200 000元、税额26 000元。

【业务4】销售玉米取得含税销售收入40 000元。

含税收入计算销项税时要换算为不含税收入。农产品税率为9%。

销项税额＝40 000÷（1＋9%）×9%＝3 302.75（元）

【业务5】购进和销售货物支付运费取得增值税专用发票，注明运费7 000元，税额630元。

【参考答案】

（1）当期进项税额＝13 000（业务1）＋30 000×9%（业务2）＋630（业务5）＝

16 330（元）

（2）当期销项税额 = 26 000（业务 3）+ 40 000 ÷（1 + 9%）× 9%（业务 4）= 29 302.75（元）

（3）应纳增值税 = 销项税额 − 进项税额 = 29 302.75 − 16 330 = 12 972.75（元）

扣除规定	具体内容
③核定扣除规定	自 2012 年 7 月 1 日起，以购进农产品为原料生产销售液体乳及乳制品、酒及酒精、植物油的增值税一般纳税人，其购进农产品无论是否用于生产上述产品，购进农产品增值税进项税额实施核定扣除办法。营改增后有条件的地区，应在餐饮行业推行农产品进项税额核定扣除办法

【单选题】以购进农产品为原料生产销售液体乳及乳制品、酒及酒精、植物油的增值税一般纳税人，购进农产品增值税进项税额，采用（　　）。

A. 核定扣除办法　　B. 购进扣税办法

C. 税额抵减办法　　D. 税额退还办法

【参考答案】A。以购进农产品为原料生产销售液体乳及乳制品、酒及酒精、植物油的增值税一般纳税人，其购进农产品无论是否用于生产上述产品，购进农产品增值税进项税额，实施核定扣除办法。

（4）纳税人支付的道路、桥、闸通行费进项税额的抵扣。

纳税人支付的道路通行费，按照收费公路通行费增值税电子普通发票上注明的增值税额抵扣进项税额。

（5）纳税人购进国内旅客运输服务未取得增值税专用发票的，暂按照以下规定确定进项税额。

情形	允许扣除的进项税额
①取得增值税电子普通发票的	发票上注明的税额
②取得注明旅客身份信息的航空运输电子客票行程单的	航空旅客运输进项税额 =（票价 + 燃油附加费）÷（1 + 9%）× 9%
③取得注明旅客身份信息的铁路车票的	铁路旅客运输进项税额 = 票面金额 ÷（1 + 9%）× 9%
④取得注明旅客身份信息的公路、水路等其他客票的	公路、水路等其他旅客运输进项税额 = 票面金额 ÷（1 + 3%）× 3%

（6）从境外单位或者个人购进劳务、服务、无形资产或者境内的不动产，自税务机关或者扣缴义务人取得的解缴税款的完税凭证上注明的增值税额。

增值税一般纳税人自 2019 年 4 月 1 日起取得并在会计制度上按固定资产核算的不动产，购入当期凭合法有效的抵扣凭证按规定一次抵扣进项税额。

取得的不动产，包括以直接购买、接受捐赠、接受投资入股以及抵债等各种形式取得的不动产。

纳税人新建、改建、扩建、修缮、装饰不动产，属于不动产在建工程。

2. 不予从销项税额中抵扣的进项税额

不予抵扣	具体内容
（1）扣税凭证不符合规定	纳税人购进货物、劳务、服务、无形资产、不动产，取得的增值税扣税凭证不符合法律、行政法规或者国务院税务主管部门有关规定的，其进项税额不得从销项税额中抵扣
（2）其他不得抵扣的规定	一般纳税人发生下列项目的进项税额不得从销项税额中抵扣①用于简易计税方法计税项目、免征增值税项目、集体福利或者个人消费的购进货物、加工修理修配劳务、服务、无形资产和不动产 【提示 1】其中涉及的固定资产、无形资产、不动产，仅指专用于上述项目的固定资产、无形资产（不包括其他权益性无形资产）、不动产 【提示 2】纳税人的交际应酬消费属于个人消费 ②非正常损失的购进货物，以及相关的劳务和交通运输服务 ③非正常损失的在产品、产成品所耗用的购进货物（不包括固定资产）、劳务和交通运输服务 ④非正常损失的不动产，以及该不动产所耗用的购进货物、设计服务和建筑服务 ⑤非正常损失的不动产在建工程所耗用的购进货物、设计服务和建筑服务 【提示】非正常损失，是指因管理不善造成货物被盗、丢失、霉烂变质，以及因违反法律法规造成货物或者不动产被依法没收、销毁、拆除的情形 ⑥购进的贷款服务、餐饮服务、居民日常服务和娱乐服务 ⑦财政部和国家税务总局规定的其他情形

【多选题】一般纳税人购进的下列货物中，可以抵扣进项税额的有（　　）。

A. 接送员工上下班专用的汽车　　B. 生产用货车

C. 职工食堂专用的货车　　D. 既用于职工食堂也用于生产的货车

【参考答案】BD。选项 A、C 属于外购货物用于集体福利，不予抵扣进项税额。选项 D 属于既用于增值税应税项目也用于简易计税方法计税项目、免征增值税项目、集体福利和个人消费的固定资产，准予抵扣进项税额。选项 B 用于生产的货车准予抵扣进项税额。

3. 不得抵扣进项税额的其他规定

业务事项	不得抵扣进项税额的其他规定
（1）适用一般计税方法的纳税人，兼营简易计税方法计税项目、免征增值税项目而无法划分不得抵扣的进项税额的	不得抵扣的进项税额 = 当期无法划分的全部进项税额 ×（当期简易计税方法计税项目销售额 + 免征增值税项目销售额）÷ 当期全部销售额
（2）已抵扣进项税额的购进货物（不含固定资产）、劳务、服务，发生上述不得抵扣情形（简易计税方法计税项目、免征增值税项目除外）的	应当将该进项税额从当期进项税额中扣减，无法确定该进项税额的，按照当期实际成本计算应扣减的进项税额
（3）适用一般计税方法计税的纳税人，因销货退回、销售折让、劳务、服务中止而收回的增值税额	应当从当期的进项税额中扣减
（4）已抵扣进项税额的固定资产、无形资产，发生上述不得抵扣情形的	不得抵扣的进项税额 = 固定资产、无形资产净值 × 适用税率

续表

业务事项	不得抵扣进项税额的其他规定
（5）已抵扣进项税额的不动产，发生非正常损失，或者改变用途，专用于简易计税方法计税项目、免征增值税项目、集体福利或者个人消费的	不得抵扣的进项税额（该税额从当期进项税额中扣减）＝已抵扣进项税额×不动产净值率 不动产净值率＝（不动产净值÷不动产原值）×100%
（6）按照规定不得抵扣进项税额的不动产，发生用途改变，用于允许抵扣进项税额项目的	按照下列公式在改变用途的次月计算可抵扣进项税额 可抵扣进项税额＝增值税扣税凭证注明或计算的进项税额×不动产净值率

【综合题】某木器加工企业系增值税一般纳税人，生产的产品适用13%的增值税税率。

【要求】请结合业务，计算该木器加工企业当期应纳增值税税额。

【业务1】从苗木公司（小规模纳税人）购进原木一批，取得增值税普通发票，发票上注明的买价为50 000元，该批原木当月已全部生产领用。

【提示】纳税人购进用于生产或委托受托加工13%税率货物的农产品（原木属于农产品），按照10%的扣除率计算进项税额。

【参考答案】进项税额＝50 000×10%＝5 000（元）

【业务2】销售给某商场办公桌一批，开具增值税专用发票一份，发票金额栏注明的价格为65 000元。

【提示】增值税专用发票，价格是不含税销售额。

【参考答案】销项税额＝65 000×13%＝8 450（元）

【业务3】销售给某经销商家具一批，不含税价款250 000元，委托某货运公司运送货物，代垫运费15 000元，货运公司将发票开具给经销商，木器加工企业将运费发票转交给该经销商。

【提示】价外费用不包含同时符合以下条件的代垫运输费用：①承运部门的运输费用发票开具给购买方的；②纳税人将该项发票转交给购买方的。

【参考答案】销项税额＝250 000×13%＝32 500（元）

【业务4】购进生产用设备一台，取得增值税专用发票，发票金额栏注明的价款为200 000元、税额为26 000元，发票已认证。

【参考答案】进项税额＝26 000（元）

【业务5】将自产的餐桌赠送给敬老院，该批餐桌生产成本为16 000元，餐桌的正常不含税销售价为20 000元。

【提示】将自产的产品无偿赠送他人，视同销售，计提销项税额。

【参考答案】销项税额＝20 000×13%＝2 600（元）

【业务6】以赊销方式销售餐桌给某饭店，发货当天全额开具增值税普通发票，价税合计金额22 600元。

【提示】增值税普通发票，价税合计金额22 600元，是含税销售额，计算销项税额时，需要将含税销售额转换为不含税销售额。

【参考答案】销项税额 = 22 600 ÷（1 + 13%）× 13% = 2 600（元）

该木器加工企业应缴纳增值税 = 销项税额合计 − 进项税额合计 =（8 450 + 32 500 + 2 600 + 2 600）−（5 000 + 26 000）= 15 150（元）

4. 进项税额申报抵扣时限

抵扣时限	具体内容
（1）一般规定	自 2020 年 3 月 1 日起，增值税一般纳税人取得 2017 年 1 月 1 日及以后开具的增值税专用发票、海关进口增值税专用缴款书、机动车销售统一发票、收费公路通行费、增值税电子普通发票，取消认证确认、稽核比对、申报抵扣的期限。纳税人在进行增值税纳税申报时，应当通过本省（自治区、直辖市和计划单列市）增值税发票综合服务平台对上述扣税凭证信息进行用途确认。增值税一般纳税人取得 2016 年 12 月 31 日及以前开具的增值税专用发票、海关进口增值税专用缴款书、机动车销售统一发票，不超过认证确认、稽核比对、申报抵扣期限，但符合规定条件的，仍可按照《国家税务总局关于逾期增值税扣税凭证抵扣问题的公告（国家税务总局公告 2011 年第 50 号）》《国家税务总局关于进一步优化增值税消费税有关涉税事项办理程序的公告（国家税务总局公告 2017 年第 36 号）》《国家税务总局关于修改部分税收规范性文件的公告（国家税务总局公告 2018 年第 31 号）》《国家税务总局关于未按期申报抵扣增值税扣税凭证有关问题的公告（国家税务总局公告 2011 年第 78 号）》《国家税务总局关于修改部分税收规范性文件的公告》（国家税务总局公告 2018 年第 31 号）规定，继续抵扣进项税额
（2）继续抵扣规定	增值税一般纳税人发生真实交易但由于客观原因造成增值税扣税凭证逾期未认证、确认或者稽核比对的，经主管税务机关审核、逐级上报，由省税务局认证、稽核比对后，对比对相符的增值税扣税凭证，允许纳税人继续抵扣其进项税额

四、简易计税方法下应纳税额的计算

简易计税	具体内容
1. 适用范围	适用于小规模纳税人应纳税额的计算，特定情形下，一般纳税人也须按简易计税方法计算应纳税额 【提示】特定情形下，一般纳税人可以选择适用简易计税方法计税，但一经选择，36 个月内不得变更
2. 应纳税额	简易计税方法的应纳税额，是指按照销售额和增值税征收率计算的增值税额，不得抵扣进项税额 应纳税额 = 销售额 × 征收率

五、进口货物应纳税额的计算

纳税人进口货物，按照组成计税价格和规定的税率计算应纳税额。

组成计税价格 = 关税完税价格 + 关税 + 消费税

或者：组成计税价格 = 关税完税价格 ×（1 + 关税税率）+ 消费税

应纳税额 = 组成计税价格 × 税率

【单选题】关于增值税进口货物的组成计税价格，下列说法正确的是（　　）。

A. 组成计税价格不含消费税　　B. 组成计税价格不含关税

C. 组成计税价格含增值税　　D. 组成计税价格含关税和消费税

【参考答案】D。纳税人进口货物，按照组成计税价格和规定的税率计算应纳税额。组成计税价格 = 关税完税价格 + 关税 + 消费税。

六、销售自己使用过的物品和旧货应纳税额的计算

（一）销售自己使用过的固定资产应纳税额的计算

1. 小规模纳税人（除其他个人外）销售自己使用过的固定资产，减按 2% 的征收率征收增值税。

应纳税额 = 含税销售额 ÷（1 + 3%）× 2%

2. 一般纳税人销售自己使用过的固定资产

（1）统一依照 3% 减按 2% 征收增值税的特殊情况。

①原增值税纳税人销售自己使用过的属于《中华人民共和国增值税暂行条例》规定不得抵扣且未抵扣进项税额的固定资产。

②纳税人购进或者自制固定资产时为小规模纳税人，认定为一般纳税人后销售该固定资产。

③纳税人发生按简易计税方法征收增值税应税行为，销售其按照规定不得抵扣且未抵扣进项税额的固定资产。

（2）根据具体情况判断适用何种计税方法。

事项情形	依照 3% 征收率减按 2% 征收	按照适用税率征收
①2008 年 12 月 31 日以前未纳入扩大增值税抵扣范围试点的纳税人	销售自己使用过的 2008 年 12 月 31 日以前购进或自制的固定资产	销售自己使用过的 2009 年 1 月 1 日以后购进或者自制的固定资产
②2008 年 12 月 31 日以前已纳入扩大增值税抵扣范围试点的纳税人	销售自己使用过的在本地区扩大增值税抵扣范围试点以前购进或者自制的固定资产	销售自己使用过的在本地区扩大增值税抵扣范围试点以后购进或者自制的固定资产
③营改增纳税人	销售自己使用过的营改增试点前购入的固定资产	销售试点实施以后购入允许抵扣的固定资产

【多选题】增值税一般纳税人销售自己使用过的固定资产，属于依照 3% 征收率减按 2% 征收增值税的有（　　）。

A. 销售 2010 年购进已抵扣进项税额的固定资产

B. 销售 2005 年购进未抵扣进项税额的固定资产

C. 销售福利部门使用的未抵扣进项税额的固定资产

D. 销售2008年以前纳入扩大增值税抵扣范围试点期间购进已抵扣进项税额的固定资产

【参考答案】BC。增值税一般纳税人销售自己使用过的固定资产依照3%征收率减按2%征收增值税的情形包括：（1）2008年12月31日以前未纳入扩大增值税抵扣范围试点的纳税人，销售自己使用过的2008年12月31日以前购进或者自制的固定资产；（2）2008年12月31日以前已纳入扩大增值税抵扣范围试点的纳税人，销售自己使用过的在本地区扩大增值税抵扣范围试点以前购进或者自制的固定资产；（3）销售自己使用过的属于规定不得抵扣且未抵扣进项税额的固定资产。

（二）销售自己使用过的除固定资产以外的物品

纳税人类型	税务处理
1. 一般纳税人销售自己使用过的除固定资产以外的物品	应当按照适用税率征收增值税
2. 小规模纳税人（其他个人除外）销售自己使用过的除固定资产以外的物品	应按照3%的征收率征收增值税

（三）纳税人销售旧货应纳税额的计算

旧货，是指进入二次流通的具有部分使用价值的货物（含旧汽车、旧摩托车和旧游艇），但不包括自己使用过的物品。纳税人销售旧货的，按照简易办法依照3%征收率减按2%征收增值税。

七、纳税人转让取得的不动产应纳税额的计算

（一）一般纳税人转让其取得的不动产应纳税额的计算

取得时间	简易计税方法	一般计税方法
1. 2016年4月30日前取得	选择适用简易计税方法计税的： 自建以外的不动产，以取得的全部价款和价外费用扣除不动产购置原价或者取得不动产时的作价后的余额为销售额，按照5%的征收率计算应纳税额。自建的不动产，以取得的全部价款和价外费用为销售额，按照5%的征收率计算应纳税额	选择适用一般计税方法计税的，以取得的全部价款和价外费用为销售额计算应纳税额
2. 2016年4月30日后取得		适用一般计税方法，以取得的全部价款和价外费用为销售额计算应纳税额

（二）小规模纳税人转让其取得的不动产应纳税额的计算

事项类型	税务处理
1. 小规模纳税人转让其取得（不含自建）的不动产	以取得的全部价款和价外费用扣除不动产购置原价或者取得不动产时的作价后的余额为销售额，按照5%的征收率计算应纳税额
2. 小规模纳税人转让其自建的不动产	以取得的全部价款和价外费用为销售额，按照5%的征收率计算应纳税额

（三）个人转让其购买的住房应纳税额的计算

事项类型	税务处理
1. 个人转让其购买的住房，按照有关规定全额缴纳增值税的	以取得的全部价款和价外费用为销售额，按照5%的征收率计算应纳税额
2. 个人转让其购买的住房，按照有关规定差额缴纳增值税的	以取得的全部价款和价外费用扣除购买住房价款后的余额为销售额，按照5%的征收率计算应纳税额

八、纳税人提供不动产经营租赁服务应纳税额的计算

（一）一般纳税人出租不动产应纳税额的计算

取得时间	税务处理
1. 一般纳税人出租其2016年4月30日前取得的不动产	可以选择适用简易计税方法，按照5%的征收率计算应纳税额。选择适用一般计税方法，按适用税率计算应纳税额
2. 一般纳税人出租其2016年5月1日后取得的不动产	适用一般计税方法，按适用税率计算应纳税额

（二）小规模纳税人出租不动产应纳税额的计算

纳税人类型	税务处理
1. 单位和个体工商户	出租不动产（不含个体工商户出租住房）按照5%的征收率计算应纳税额，出租住房（个体工商户），按照5%的征收率减按1.5%计算应纳税额
2. 其他个人	出租不动产（不含住房）按照5%的征收率计算应纳税额 应纳税额＝含税销售额÷（1＋5%）×5% 出租住房，按照5%的征收率减按1.5%计算应纳税额 应纳税额＝含税销售额÷（1＋5%）×1.5% （注意：根据国家税务总局公告2021年第5号的规定，其他个人采取一次性收取租金的形式出租不动产，取得的租金收入可在租金对应的租赁期内平均分摊，分摊后的月租金收入不超过15万元的，可享受小微企业免征增值税优惠政策）

第四节　增值税的税收优惠

增值税的税收优惠：纳税人发生应税销售行为适用免税、减税规定的，可以放弃免税、减税，依照规定缴纳增值税。放弃免税、减税后，36 个月内不得再申请免税、减税。

一、免税项目

纳税人兼营免税、减税项目的，应当分别核算免税、减税项目的销售额；未分别核算的，不得免税、减税。

（一）《中华人民共和国增值税暂行条例》规定的免税项目

1. 农业生产者销售的自产农产品。

农业	具体内容
（1）概念	农业，是指种植业、养殖业、林业、牧业、水产业 农业生产者，包括从事农业生产的单位和个人 农产品，是指种植业、养殖业、林业、牧业、水产业生产的各种植物、动物的初级产品
（2）不属于免税的情形	直接从事植物种植、收割和动物的饲养、捕捞的单位和个人销售的外购农产品，以及单位和个人外购农产品生产、加工后销售的仍然属于规定范围的农业产品，但不属于免税的范围，应当按照规定的税率征收增值税

2. 避孕药品和用具。
3. 古旧图书。古旧图书是指向社会收购的古书和旧书。
4. 直接用于科学研究、科学试验和教学的进口仪器、设备。
5. 外国政府、国际组织无偿援助的进口物资和设备。
6. 由残疾人的组织直接进口供残疾人专用的物品。
7. 销售的自己使用过的物品。自己使用过的物品是指其他个人自己使用过的物品。

【多选题】下列关于增值税免税规定的表述，正确的有（　　）。
A. 外国政府、国际组织无偿援助的进口物资和设备免征增值税
B. 单位销售自己使用过的物品免征增值税
C. 销售向社会收购的古旧图书免征增值税
D. 典当行销售死当物品免征增值税

【参考答案】AC。向社会收购的古旧图书，外国政府、国际组织无偿援助的进口物资和设备，以及其他个人销售自己使用过的物品免税。典当业销售死当物品按 3% 的征收率简易计税；单位销售自己使用过的物品按规定征收增值税。

（二）《营业税改征增值税试点过渡政策的规定》规定的主要免税项目

1. 托儿所、幼儿园提供的保育和教育服务。

2. 养老机构提供的养老服务。

3. 残疾人福利机构提供的育养服务。

4. 婚姻介绍服务。

5. 殡葬服务。

6. 残疾人员本人为社会提供的服务。

7. 医疗机构提供的医疗服务。

8. 从事学历教育的学校提供的教育服务。

9. 学生勤工俭学提供的服务。

10. 农业机耕、排灌、病虫害防治、植物保护、农牧保险以及相关技术培训业务、家禽、牲畜、水生动物的配种和疾病防治。

11. 纪念馆、博物馆、文化馆、文物保护单位管理机构、美术馆、展览馆、书画院、图书馆在自己的场所提供文化体育服务取得的第一道门票收入。

12. 寺院、宫观、清真寺和教堂举办文化、宗教活动的门票收入。

【多选题】纳税人发生下列增值税应税销售行为，免征增值税的有（　　）。

A. 其他个人销售自己用过的摩托车　　B. 婚介所提供的婚姻介绍服务

C. 寺院的门票收入　　D. 寺院销售货物的收入

【参考答案】ABC。下列项目免征增值税：婚姻介绍服务；寺院、宫观、清真寺和教堂举办文化、宗教活动的门票收入；销售自己使用过的物品。自己使用过的物品，是指其他个人自己使用过的物品。

（三）近期主要免税项目

1. 2027 年 12 月 31 日前，对金融机构向小型企业、微型企业和个体工商户发放小额贷款取得的利息收入，免征增值税。

2. 2027 年 12 月 31 日前，纳税人为农户、小型企业、微型企业及个体工商户借款、发行债券提供融资担保取得的担保费收入，以及为原担保提供再担保取得的再担保费收入，免征增值税。

3. 2027 年 12 月 31 日前，对金融机构向农户发放小额贷款取得的利息收入，免征增值税。

4. 2027 年 12 月 31 日前，对经省级地方金融监督管理部门批准成立的小额贷款公司取得的农户小额贷款利息收入，免征增值税。

5. 纳税人提供农牧保险取得的收入免征增值税。

6. 自 2019 年 1 月 1 日至 2027 年 12 月 31 日，对国家级、省级科技企业孵化器和国家备案众创空间向在孵对象提供孵化服务取得的收入，免征增值税。

7. 自 2019 年 1 月 1 日至 2027 年 12 月 31 日，对国家级、省级大学科技园向在孵对象提供孵化服务取得的收入，免征增值税。

8. 随军家属从事个体经营的，自办理税务登记事项之日起，其提供的应税服务 3

年内免征增值税。

9. 为安置随军家属就业而新开办的企业，自领取税务登记证之日起，其提供的应税服务 3 年内免征增值税。

10. 从事个体经营的军队转业干部，自领取税务登记证之日起，其提供的应税服务 3 年内免征增值税。

11. 2027 年 12 月 31 日前，对从事二手车经销的纳税人销售其收购的二手车，按照简易办法依 3% 征收率减按 0.5% 征收增值税。二手车是指从办理完注册登记手续至达到国家强制报废标准之前进行交易并转移所有权的车辆，具体范围按照国务院商务主管部门出台的二手车流通管理办法执行。

二、起征点

起征点	具体内容
1. 起征点税收优惠	纳税人销售额未达到国务院财政、税务主管部门规定的增值税起征点的，免征增值税。达到起征点的，依照规定全额计算缴纳增值税
2. 适用范围	增值税起征点的适用范围限于个人，但增值税起征点不适用于登记为一般纳税人的个体工商户
3. 增值税起征点的幅度规定	（1）按期纳税的，为月销售额 5 000—20 000 元（含本数） （2）按次纳税的，为每次（日）销售额 300—500 元（含本数） 【提示】省、自治区、直辖市财政厅（局）和国家税务总局应在规定的幅度内，根据实际情况确定本地区适用的起征点，并报财政部、国家税务总局备案

三、增值税小规模纳税人减免增值税优惠政策（财政部 税务总局公告 2023 年第 1 号）

（一）自 2023 年 1 月 1 日至 2027 年 12 月 31 日，对月销售额 10 万元以下（含本数）的增值税小规模纳税人免征增值税。

（二）自 2023 年 1 月 1 日至 2027 年 12 月 31 日，增值税小规模纳税人适用 3% 征收率的应税销售收入，减按 1% 征收率征收增值税；适用 3% 预征率的预缴增值税项目，减按 1% 预征率预缴增值税。

四、增值税加计抵减政策

（一）自 2023 年 1 月 1 日至 2023 年 12 月 31 日，允许生产性服务业纳税人按照当期可抵扣进项税额加计 5% 抵减应纳税额。生产性服务业纳税人，是指提供邮政服务、电信服务、现代服务、生活服务取得的销售额占全部销售额的比重超过 50% 的纳税人。

允许生活性服务业纳税人按照当期可抵扣进项税额加计 10% 抵减应纳税额。生活性服务业纳税人，是指提供生活服务取得的销售额占全部销售额的比重超过 50% 的纳税人。

（二）自2023年1月1日至2027年12月31日，允许先进制造业企业按照当期可抵扣进项税额加计5%抵减应纳增值税税额。

五、即征即退、先征后退（返）

（一）即征即退

即征即退是指对按税法规定缴纳的税款，由税务机关在征税时部分或全部退还纳税人的一种税收优惠。增值税即征即退优惠的目的是加快退税进度，提高资金使用率，扶持企业发展。目前，我国实行的增值税即征即退政策包括限额即征即退、全额即征即退、按比例即征即退和超税负即征即退等四种不同的类型。

安置残疾人就业的单位和个体工商户增值税即征即退政策：对安置残疾人的单位和个体工商户（以下称“纳税人”），实行由税务机关按纳税人安置残疾人的人数，限额即征即退增值税。每月可退还的增值税具体限额，由县级以上税务机关根据纳税人所在区县（含县级市、旗）适用的经省（含自治区、直辖市、计划单列市）人民政府批准的月最低工资标准的4倍确定。纳税人本期已缴增值税额小于本期应退税额不足退还的，可在本年度内以前纳税期已缴增值税额扣除已退增值税额的余额中退还，仍不足退还的可结转本年度内以后纳税期退还。年度已缴增值税额小于或等于年度应退税额的，退税额为年度已缴增值税额；年度已缴增值税额大于年度应退税额的，退税额为年度应退税额。年度已缴增值税额不足退还的，不得结转以后年度退还。

（二）先征后退（返）

先征后退（返）是对纳税人按税法规定缴纳的税款，先由税务机关征税入库后，再由税务机关或财政部门按规定程序给予部分或全部退税或返还。先征后退与先征后返的区别在于，前者是由税务机关退税，后者是由财政部门返还。

延续实施宣传文化增值税先征后退政策：

（一）2027年12月31日前，对下列出版物在出版环节执行增值税100%先征后退的政策：（1）中国共产党和各民主党派的各级组织的机关报纸和机关期刊，各级人大、政协、政府、工会、共青团、妇联、残联、科协的机关报纸和机关期刊，新华社的机关报纸和机关期刊，军事部门的机关报纸和机关期刊。上述各级组织不含其所属部门。机关报纸和机关期刊增值税先征后退范围掌握在一个单位一份报纸和一份期刊以内。（2）专为少年儿童出版发行的报纸和期刊，中小学的学生教科书。（3）专为老年人出版发行的报纸和期刊。（4）少数民族文字出版物。（5）盲文图书和盲文期刊。（6）经批准在内蒙古、广西、西藏、宁夏、新疆五个自治区内注册的出版单位出版的出版物。（7）列入本公告附件1的图书、报纸和期刊。

（二）2027年12月31日前，对下列出版物在出版环节执行增值税50%先征后退的政策：（1）各类图书、期刊、音像制品、电子出版物，但本公告第一条第（一）项规定执行增值税 100% 先征后退的出版物除外。（2）列入本公告附件 2 的报纸。

（三）2027 年 12 月 31 日前，对下列印刷、制作业务执行增值税 100% 先征后退的政策：（1）对少数民族文字出版物的印刷或制作业务。（2）列入本公告附件 3 的新疆维吾尔自治区印刷企业的印刷业务。

六、减免税管理

纳税人发生应税销售行为适用免税、减税规定的，可以放弃免税、减税，依照规定缴纳增值税。放弃免税、减税后，36 个月内不得再申请免税、减税。

纳税人销售服务、无形资产或者不动产同时适用免税和零税率规定的，纳税人可以选择适用免税或者零税率。

纳税人兼营免税、减税项目的，应当分别核算免税、减税项目的销售额；未分别核算的，不得免税、减税。

第五节　增值税征收管理

一、纳税义务发生时间

（一）销售货物或者应税劳务纳税义务发生时间

1. 销售货物或者应税劳务，为收讫销售款项或者取得索取销售款项凭据的当天；先开具发票的，为开具发票的当天。

结算方式	收讫销售款项或者取得索取销售款项凭据的当天的确定
（1）采取直接收款方式销售货物	无论货物是否发出，均为收到销售款或者取得索取销售款凭据的当天
（2）采取托收承付和委托银行收款方式销售货物	为发出货物并办妥托收手续的当天
（3）采取赊销和分期收款方式销售货物	为书面合同约定的收款日期的当天。无书面合同的或者书面合同没有约定收款日期的，为货物发出的当天
（4）采取预收货款方式销售货物	为货物发出的当天，但生产销售生产工期超过 12 个月的大型机械设备、船舶、飞机等货物，为收到预收款或者书面合同约定的收款日期的当天
（5）委托其他纳税人代销货物	为收到代销单位的代销清单或者收到全部或者部分货款的当天。未收到代销清单及货款的，为发出代销货物满 180 天的当天

2. 纳税人发生视同销售货物行为（不包括将货物交付其他单位或者个人代销、销售代销货物），为货物移送的当天。

（二）销售服务、无形资产、不动产纳税义务发生时间

业务事项	纳税义务发生时间
1. 纳税人销售服务、无形资产、不动产	纳税义务发生时间为发生应税行为并收讫销售款项或者取得索取销售款项凭据的当天；先开具发票的，为开具发票的当天
2. 纳税人提供租赁服务采取预收款方式的	其纳税义务发生时间为收到预收款的当天
3. 纳税人从事金融商品转让的	其纳税义务发生时间为金融商品所有权转移的当天
4. 纳税人发生视同销售服务、无形资产、不动产情形的	其纳税义务发生时间为服务、无形资产转让完成的当天或者不动产权属变更的当天

【多选题】增值税纳税人发生下列应税行为，纳税义务发生时间表述正确的有（　　）。

A. 纳税人发生应税行为，其纳税义务发生时间为开具发票的当天

B. 纳税人租赁服务采取预收款方式的，其纳税义务发生时间为收到预收款的当天

C. 纳税人从事金融商品转让的，为金融商品所有权转移的当天

D. 纳税人发生视同销售服务的，其纳税义务发生时间为服务完成的当天

【参考答案】BCD。纳税人发生应税行为，纳税义务发生时间为收讫款项或者取得索取销售款项凭据的当天；先开具发票的，为开具发票的当天；纳税人提供租赁服务采取预收款方式的，其纳税义务发生时间为收到预收款的当天；纳税人从事金融商品转让的，其纳税义务发生时间为金融商品所有权转移的当天；纳税人发生视同销售服务、无形资产、不动产情形的，其纳税义务发生时间为服务、无形资产转让完成的当天或者不动产权属变更的当天。

（三）纳税义务发生时间的其他规定

1. 进口货物，其纳税义务发生时间为报关进口的当天。

2. 增值税扣缴义务发生时间为增值税纳税义务发生的当天。

二、纳税期限

纳税/申报期限	具体内容
增值税的纳税期限	增值税的纳税期限分别为 1 日、3 日、5 日、10 日、15 日、1 个月或者 1 个季度。纳税人的具体纳税期限，由主管税务机关根据纳税人应纳税额的大小分别核定；不能按照固定期限纳税的，可以按次纳税 以 1 个季度为纳税期限的规定适用于小规模纳税人、银行、财务公司、信托投资公司、信用社，以及财政部和国家税务总局规定的其他纳税人。 纳税人以 1 个月或者 1 个季度为 1 个纳税期的，自期满之日 15 日内申报纳税。以 1 日、3 日、5 日、10 日或者 15 日为 1 个纳税期的，自期满之日起 5 日内预缴税款，于次月 1 日起 15 日内申报纳税并结清上月应纳税款。纳税人进口货物，应当自海关填发海关进口增值税专用缴款书之日起 15 日内缴纳税款

【多选题】关于增值税纳税期限，下列说法正确的有（　　）。

A. 纳税人可以按月纳税　　B. 纳税人可以按次纳税

C. 纳税人可以按日纳税　　D. 纳税人可以按数量纳税

【参考答案】ABC。增值税的纳税期限分别为 1 日、3 日、5 日、10 日、15 日、1 个月或者 1 个季度。纳税人的具体纳税期限，由主管税务机关根据纳税人应纳税额的大小分别核定；不能按照固定期限纳税的，可以按次纳税。

三、纳税地点

业务事项	纳税地点
1. 固定业户应当向其机构所在地的主管税务机关申报纳税	总机构和分支机构不在同一县（市）的，应当分别向各自所在地的主管税务机关申报纳税。经国务院财政、税务主管部门或者其授权的财政、税务机关批准，可以由总机构汇总向总机构所在地的主管税务机关申报纳税
2. 固定业户到外县（市）销售货物或者应税劳务	（1）应当向其机构所在地的主管税务机关报告外出经营事项，并向其机构所在地的主管税务机关申报纳税 （2）未报告的，应当向销售地或者劳务发生地的主管税务机关申报纳税。未向销售地或者劳务发生地的主管税务机关申报纳税的，由其机构所在地的主管税务机关补征税款
3. 非固定业户销售货物、劳务或者服务	应当向销售地、劳务和服务发生地的主管税务机关申报纳税。未向销售地、劳务和应税行为发生地的主管税务机关申报纳税的，由其机构所在地或者居住地的主管税务机关补征税款
4. 其他个人提供建筑服务，销售或者租赁不动产，转让自然资源使用权	应向建筑服务发生地、不动产所在地、自然资源所在地主管税务机关申报纳税
5. 进口货物	应当向报关地海关申报纳税
6. 扣缴义务人	应当向其机构所在地或者居住地的主管税务机关申报缴纳其扣缴的税款

【多选题】下列关于增值税纳税地点的表述，正确的有（　　）。

A. 固定业户应当向其机构所在地主管税务机关申报纳税

B. 总机构和分支机构不在同一县（市）的，应当分别向各自所在地主管税务机关申报纳税

C. 固定业户到外县（市）销售货物的，应当向其机构所在地主管税务机关申请开具《外出经营活动税收管理证明》，向其机构所在地主管税务机关申报纳税

D. 非固定业户销售货物或者提供应税劳务，应当回居住地主管税务机关申报纳税

【参考答案】ABC。固定业户应当向其机构所在地的主管税务机关申报纳税。总机构和分支机构不在同一县（市）的，应当分别向各自所在地的主管税务机关申报纳税。固定业户到外县（市）销售货物或者应税劳务，应当向其机构所在地的主管税务机关申请开具《外出经营活动税收管理证明》，并向其机构所在地的主管税务机关申报纳

税。非固定业户销售货物或者应税劳务，应当向销售地或者劳务发生地的主管税务机关申报纳税。

四、预缴税款管理

（一）房地产开发企业采取预收款方式销售自行开发的房地产项目

纳税人	预缴税款规定
1. 一般纳税人	（1）应在收到预收款时按照3%的预征率预缴增值税 应预缴税款＝预收款÷（1＋适用税率或征收率）×3% （2）应纳税额计算 适用一般计税方法计税的，按照9%的适用税率计算 适用简易计税方法计税的，按照5%的征收率计算
2. 小规模纳税人	应在收到预收款时按照3%的预征率预缴增值税 应预缴税款＝预收款÷（1＋5%）×3%

（二）纳税人提供建筑服务

1. 根据《国家税务总局关于进一步明确营改增有关征管问题的公告》（国家税务总局公告2017年第11号）有关规定，纳税人在同一地级行政区范围内跨县（市、区）提供建筑服务，不适用向建筑服务发生地预缴税款。

纳税人跨地级行政区提供建筑服务，预缴税款的确定方法如下。

纳税人	预缴税款规定
（1）一般纳税人	①适用一般计税方法计税的 应预缴税款＝（全部价款和价外费用－支付的分包款）÷（1＋9%）×2% 【提示】计算应纳税额时，应以取得的全部价款和价外费用为销售额计算应纳税额，不得差额确定销售额 ②选择适用简易计税方法计税的 应预缴税款＝（全部价款和价外费用－支付的分包款）÷（1＋3%）×3%
（2）小规模纳税人	应预缴税款＝（全部价款和价外费用－支付的分包款）÷（1＋3%）×3%

【单选题】某建筑公司为增值税一般纳税人，假设2021年7月在甲市取得跨区域含税建筑收入总额为400万元，支付分包款200万元，该公司当月应在甲市预缴的税款是（　　）万元。

A. 3.6　　B. 1.8　　C. 3.67　　D. 0.82

【参考答案】C。应预缴税款＝（全部价款和价外费用－支付的分包款）÷（1＋9%）×2%＝（400－200）÷（1＋9%）×2%＝3.67（万元）

2. 纳税人提供建筑服务取得预收款。应在收到预收款时，以取得的预收款扣除支付的分包款后的余额，按下列规定预缴增值税。

预缴规定	具体内容
（1）预缴地点	按照现行规定应在建筑服务发生地预缴增值税的项目，纳税人收到预收款时在建筑服务发生地预缴增值税。按照现行规定无须在建筑服务发生地预缴增值税的项目，纳税人收到预收款时在机构所在地预缴增值税
（2）预征率	适用一般计税方法计税的项目预征率为 2% 适用简易计税方法计税的项目预征率为 3%

（三）纳税人提供不动产经营租赁服务

除其他个人外，纳税人出租其取得的不动产，不动产所在地与机构所在地不在同一县（市、区）的，应按照规定的计税方法向不动产所在地主管税务机关预缴税款，向机构所在地主管税务机关申报纳税。

【多选题】小规模纳税人出租不动产，下列关于其缴纳增值税的表述，正确的有（　　）。

A. 单位和个体工商户出租不动产（不含个体工商户出租住房），按照 5% 的征收率计算应纳税额

B. 个体工商户出租住房，按照 5% 的征收率减按 1.5% 计算应纳税额

C. 不动产所在地与机构所在地不在同一县（市、区）的，纳税人应向不动产所在地主管税务机关预缴税款，向机构所在地主管税务机关申报纳税

D. 不动产所在地与机构所在地不在同一县（市、区）的，向机构所在地主管税务机关申报纳税并缴纳税款

【参考答案】ABC。单位和个体工商户出租不动产（不含个体工商户出租住房），按照 5% 的征收率计算应纳税额。个体工商户出租住房，按照 5% 的征收率减按 1.5% 计算应纳税额。不动产所在地与机构所在地不在同一县（市、区）的，纳税人应按照上述计税方法向不动产所在地主管税务机关预缴税款，向机构所在地主管税务机关申报纳税。

（四）纳税人转让取得的不动产

除其他个人外，纳税人转让取得的不动产，向不动产所在地主管税务机关预缴税款，向机构所在地主管税务机关申报纳税。

1. 一般纳税人转让其取得的不动产

（1）一般纳税人转让其取得的（不含自建）不动产，以取得的全部价款和价外费用扣除不动产购置原价或者取得不动产时的作价后的余额，按照 5% 的预征率计算应缴税款。

（2）一般纳税人转让其自建的不动产，以取得的全部价款和价外费用，按照5%的预征率计算应缴税款。

2. 小规模纳税人转让其取得的不动产

小规模纳税人转让其取得的不动产，除个人转让其购买的住房外，应按照应纳税额的计税方法向不动产所在地主管税务机关预缴税款，向机构所在地主管税务机关申报纳税。其他个人应按照应纳税额的计税方法向不动产所在地主管税务机关申报纳税。

3. 个人转让其购买的住房

个体工商户应按照应纳税额的计税方法向住房所在地主管税务机关预缴税款，向机构所在地主管税务机关申报纳税。其他个人应按照应纳税额的计税方法向住房所在地主管税务机关申报纳税。

第六节 增值税发票管理

一、增值税发票种类

（一）增值税专用发票

基本联次为三联：第一联为记账联，是销售方记账凭证；第二联为抵扣联，是购买方扣税凭证；第三联为发票联，是购买方记账凭证。其他联次用途，由纳税人自行确定。纳税人办理产权过户手续需要使用发票的，可以使用增值税专用发票第六联。

（二）增值税普通发票

1. 增值税普通发票（折叠票）

增值税普通发票（折叠票）由基本联次或者基本联次附加其他联次构成，分为两联版和五联版两种。基本联次为两联：第一联为记账联，是销售方记账凭证；第二联为发票联，是购买方记账凭证。其他联次用途，由纳税人自行确定。纳税人办理产权过户手续需要使用发票的，可以使用增值税普通发票第三联。

2. 增值税普通发票（卷票）

增值税普通发票（卷票）分为两种规格：57 毫米 × 177. 8 毫米、76 毫米 × 177. 8 毫米，均为单联。自 2017 年 7 月 1 日起，纳税人可按照《中华人民共和国发票管理办法及其实施细则》的要求，书面向税务机关要求使用印有本单位名称的增值税普通发票（卷票），税务机关按规定确认印有该单位名称发票的种类和数量。

（三）增值税电子普通发票

增值税电子普通发票的开票方和受票方需要纸质发票的，可以自行打印增值税电子普通发票的版式文件，其法律效力、基本用途、基本使用规定等与税务机关监制的增值税普通发票相同。

（四）机动车销售统一发票

从事机动车零售业务的单位和个人，在销售机动车（不包括销售旧机动车）收取款项时，开具机动车销售统一发票。机动车销售统一发票为电脑六联式发票：第一联为发票联，是购货单位付款凭证；第二联为抵扣联，是购货单位扣税凭证；第三联为报税联，车辆购置税征收单位留存；第四联为注册登记联，车辆登记单位留存；第五联为记账联，销货单位记账凭证；第六联为存根联，销货单位留存。

（五）增值税电子专用发票

增值税电子专票属于增值税专用发票，其法律效力、基本用途、基本使用规定等与增值税纸质专用发票（以下简称“纸质专票”）相同。与纸质专票相比，电子专票具有以下几个方面优点：一是发票样式更简洁；二是领用方式更快捷，纳税人可以实现“即领即用”；三是远程交付更便利；四是财务管理更高效；五是存储保管更经济；六是社会效益更显著。

（六）全面数字化的电子发票

1. 全面数字化的电子发票（以下简称“数电票”）是与纸质发票具有同等法律效力的全新发票，不以纸质形式存在、不用介质支撑、无须申请领用。数电票将纸质发票的票面信息全面数字化，通过标签管理将多个票种集成归并为电子发票单一票种，实现全国统一赋码、系统智能赋予发票开具金额总额度、设立税务数字账户实现发票自动流转交付和数据归集。

2. 数电票与纸质发票电子化的主要区别包括：一是开票前置环节不同。开票前，纸电票需进行票种核定申请，需申领税控设备，需向主管税务机关领用纸电票的号码段。数电票相较纸电票，无须进行票种核定，无须进行税控设备申领，无须进行发票领用。

二是发票开票限制不同。纸电票发票数量和票面限额管理同纸质发票一样，只能在给定的份数和限额内开具发票。纳税人需要依申请才能对发票增版增量。数电票采用“赋额制”，纳税人可在系统智能赋予的发票开具金额总额度内开具任意金额与任意份数的发票。

三是票面展示内容不同。数电票票面更加简洁，数电票删除了纸电票票面上的地址栏、银行账户账号栏、发票代码及密码区，购买方和销售方信息并列展示，更加直观；纸电票与数电票发票号码位数不同，数电票号码为 20 位，含年度、行政区划代码、开具渠道、顺序编码等信息，纸电票发票号码为 8 位，按年度、分批次编制。纸电票项目有 8 行的限制，数电票取消了该限制，因而废除了纸电票清单开票模式。

四是发票开具平台不同。纸电票在公共服务平台上开具，可以离线开票。数电票在电子发票服务平台上开具，仅允许纳税人在线开票。

五是发票种类构成不同。纸电票仅包括增值税电子普通发票和增值税电子专用发票。数电票通过标签化要素化，设计了显性标签和特定要素，将“7＋10”种制式发票统一为电子发票，不仅涵盖了增值税发票，也囊括了机动车发票、二手车发票、航空运输客票电子行程单、铁路电子客票、医疗服务发票等普通发票，其内涵与外延较之纸电票更加丰富。

六是发票交付手段不同。纸电票开具后，开票方需将发票电子数据版式文件（OFD 等）通过邮件、短信等方式人工交付给受票方。数电票开具后，发票电子数据文件自动发送至开票方和受票方的税务数字账户，并可对各类发票数据进行自动归集。

七是版式文件格式不同。纸电票电子数据版式文件格式为 OFD 等格式。数电票电子数据文件增加了国际通行的 XML 纯数据电文格式，同时保留了 OFD、PDF 等格式。

3. 全电发票的发票号码为 20 位，其中：第 1—2 位代表公历年度的后两位，第 3—4 位代表试点地区行政区划代码，第 5 位代表全电发票开具渠道等信息，第 6—20 位代表顺序编码。

4. 使用数电票的优点

（1）领票流程更简化。

开业开票“无缝衔接”。数电票实现“去介质”，纳税人不再需要预先领取税控专用设备；通过“赋码制”取消特定发票号段申领，发票信息生成后，系统自动分配唯一的发票号码；通过“赋额制”自动为纳税人赋予开具金额总额度，实现开票“零前置”。基于此，新办纳税人可实现“开业即可开票”。

（2）发票开具更便捷。

一是发票开具渠道更多元。电子发票服务平台全部功能上线后，纳税人不仅可以通过电脑网页端开具数电票，还可以通过客户端、移动端手机 App 随时随地开具数电票。

二是“一站式”服务更便捷。纳税人登录电子发票服务平台后，可进行发票开具、交付、查验以及勾选等系列操作，享受“一站式”服务，无须再登录多个平台完成相关操作。

三是发票数据应用更广泛。通过“一户式”“一人式”发票数据归集，加强各税费数据联动，为实现“一表集成”式税费申报预填服务奠定数据基础。

四是破除特定格式要求满足个性业务需求。数电票增加了 XML 的数据电文格式，同时保留 PDF、OFD 等格式，降低发票使用成本，提升纳税人用票的便利度和获得感。数电票样式根据不同业务进行差异化展示，为纳税人提供更优质的个性化服务。

五是纳税服务渠道更畅通。电子发票服务平台提供征纳互动相关功能，如增加智能咨询，纳税人在开票、受票等过程中，平台自动接收纳税人业务处理过程中存在的问题并进行智能答疑；增设异议提交功能，纳税人对开具金额总额度有异议时，可以通过平台向税务机关提出。

（3）入账归档一体化。

通过制发电子发票数据规范、出台电子发票国家标准，实现数电票全流程数字化流转，进一步推进企业和行政事业单位会计核算、财务管理信息化。

5. 数电票的票面信息包括基本内容和特定内容。

为了符合纳税人开具发票的习惯，数电票的基本内容在现行增值税发票基础上进行了优化，主要包括：二维码、发票号码、开票日期、购买方信息、销售方信息、项目名称、规格型号、单位、数量、单价、金额、税率/征收率、税额、合计、价税合计（大写、小写）、备注、开票人。

为了满足从事特定行业、经营特殊商品服务及特定应用场景业务（以下简称"特定业务"）的纳税人开具发票的个性化需求，数电票根据特定业务的开票场景设计了相应的特定内容。特定业务包括但不限于稀土、卷烟、建筑服务、旅客运输服务、货物运输服务、不动产销售、不动产经营租赁服务、农产品收购、光伏收购、代收车船税、自产农产品销售、差额征税等。试点纳税人在开具数电票时，可以按照实际业务开展情况，选择特定业务，将按规定应填写在发票备注等栏次的信息，填写在特定内容栏次，进一步规范发票票面内容，便利纳税人使用。特定业务的数电票票面按照特定内容展示相应信息，同时票面左上角展示该业务类型的字样。

6. 数电发票开具金额总额度、初始开具金额总额度和剩余可用额度

开具金额总额度，是指一个自然月内，试点纳税人发票开具总金额（不含增值税）的上限额度，包括试点纳税人可通过电子发票服务平台开具的数电票、增值税纸质专用发票（以下简称"纸质专票"）和增值税纸质普通发票（折叠票，以下简称"纸质普票"）的上限总金额以及可通过增值税发票管理系统开具的纸质专票、纸质普票、增值税普通发票（卷票，以下简称"卷式发票"）、增值税电子专用发票（以下简称"电子专票"）和增值税电子普通发票（含收费公路通行费电子普通发票，以下简称"电子普票"）的上限总金额。

初始开具金额总额度，是指试点纳税人首次使用数电票时，电子发票服务平台赋予该纳税人的当月发票可开具金额上限额度。

剩余可用额度，是指在一个自然月内，试点纳税人开具金额总额度扣除已使用额度。其中，已使用额度包括试点纳税人通过电子发票服务平台开具的发票金额，以及通过增值税发票管理系统开具的纸质专票、纸质普票、卷式发票、增值税电子专用发票和增值税电子普通发票的领用份数和单张发票最高开票限额之积（存在多种不同版式的发票应分别计算并求和，下同）。

7. 数电发票试点纳税人开具金额总额度调整：调整开具金额总额度有三种方式，包括定期调整、临时调整和人工调整。

（1）定期调整。

定期调整是指电子发票服务平台每月自动对试点纳税人开具金额总额度进行调整。

（2）临时调整。

临时调整是指税收风险程度较低的试点纳税人开具发票金额首次达到开具金额总额度一定比例时，电子发票服务平台当月自动为其临时增加一次开具金额总额度。

（3）人工调整。

人工调整是指试点纳税人因实际经营情况发生变化申请调整开具金额总额度，主管税务机关依法依规审核未发现异常的，应为纳税人调整开具金额总额度。

8. 通过电子发票服务平台开具数电票，在开具金额总额度内，没有发票开具份数和单张开票限额限制。通过电子发票服务平台开具纸质发票，最高开票限额和每月最高领用数量仍按照现行有关规定办理。

9. 纳税人建立、变更、解除与办税人员的关联关系

纳税人可通过电子税务局或办税服务厅建立、变更、解除与办税人员的关联关系。

纳税人通过电子税务局新增办税人员或对已有办税人员进行变更的，应对办税人员进行岗位权限授权或调整。系统将自动通过电子税务局及移动端向该办税人员推送待确认的授权信息。办税人员在完成个人身份信息采集核验，以及对推送的授权信息进行确认后，关联关系即建立，系统自动记录关联关系。纳税人通过电子税务局解除办税人员关联关系的，无须办税人员确认。

纳税人在办税服务厅申请新增或变更办税人员信息时，税务机关在核心征管系统完成办税人员信息录入或变更，通过实名办税系统验证办税人员实名信息后，由办税人员登录电子税务局确认相关信息。信息确认后，系统自动记录关联关系。纳税人在办税服务厅解除办税人员关联关系的，无须办税人员确认。

涉税专业服务机构建立、变更、解除本机构办税人员关联关系的，适用以上方式。

10. 试点纳税人开具数电票流程：试点纳税人登录电子税务局，自动跳转到"电子发票服务平台"，点击"我要办税"——"开票业务"，通过开票模块，选择不同的发票类型，录入开具内容，电子发票服务平台校验通过后，自动赋予发票号码并按不同业务类型生成相应的数电票。

11. 试点纳税人可以通过电子发票服务平台开具的发票种类：试点纳税人中，电子发票服务平台升级后新设立登记且未使用增值税发票管理系统开具纸质专票和纸质普票的（简称"新办试点纳税人"），可以且应当通过电子发票服务平台开具数电票、纸质专票和纸质普票；电子发票服务平台升级前设立登记或已使用增值税发票管理系统开具纸质专票和纸质普票的（简称"存量试点纳税人"），通过电子发票服务平台只能开具数电票，如需开具纸质专票和纸质普票，可以通过增值税发票管理系统开具。此外，试点纳税人仍然可以通过增值税发票管理系统开具机动车统一销售发票、二手车统一销售发票、卷式发票、增值税电子专用发票和增值税电子普通发票（含收费公路通行费增值税电子普通发票）。

12. 开具红字数电票。一般情况下，试点纳税人发生销货退回、开票有误、服务中止、销售折让等情形，可以按规定开具红字数电票。但以下几种情况下不允许开具红字数电票。

（1）蓝字发票已作废、已全额红冲、已被认定异常扣税凭证、已锁定（已发起红字确认单或信息表且未开具红字发票、未撤销红字确认单或信息表）时，不允许发起红冲。

（2）蓝字发票增值税用途为“待退税”“已退税”“已抵扣（改退）”“已代办退税”“不予退税且不予抵扣”时，不允许发起红冲。

（3）蓝字发票税收优惠类标签中，“冬奥会退税标签”为“已申请冬奥会退税”时，不允许发起冲红。

（4）发起红冲时，如对方纳税人为“非正常”“注销”等状态、无法登录系统进行相关操作时，不允许发起红冲。

13. 电子发票服务平台税务数字账户

电子发票服务平台税务数字账户是面向纳税人缴费人的，归集各类涉税涉费数据，集查询、用票、业务申请于一体的应用。通过对全量发票数据的归集，为纳税人提供发票用途勾选确认服务、发票交付、发票查询统计，并为纳税人下载及打印数电票提供支持，同时满足纳税人进行发票查验、发票入账标识、税务事项通知书查询、税收政策查询、发票开具金额总额度调整申请等需求。

14. 数电票交付方式

电子发票服务平台税务数字账户可以为纳税人提供发票自动交付和自行交付两种方式。数字账户自动交付是指销售方成功开具发票后，系统默认将电子发票文件及数据自动交付至购买方（包括经办人）税务数字账户，如果购买方为未录入组织机构代码的党政机关及事业性单位，或购买方（包括经办人）为未录入身份证件号的自然人，系统无法自动交付，销售方可使用自行交付方式；自行交付方式是指纳税人通过税务数字账户查询发票后自行选择电子邮件、二维码、电子文件导出等方式交付数电票。

二、增值税专用发票最高开票限额管理

专用发票实行最高开票限额管理。最高开票限额，是指单份专用发票开具的销售额合计数不得达到的上限额度。纳税人申请专用发票最高开票限额不超过 10 万元的，主管税务机关不需要事前进行实地查验。

自 2018 年 8 月 1 日起，首次申领增值税发票的新办纳税人办理发票票种核定。增值税专用发票最高开票限额不超过 10 万元。每月最高领用数量不超过 25 份；增值税普通发票最高开票限额不超过 10 万元。每月最高领用数量不超过 50 份。

实行纳税辅导期管理的小型商贸批发企业，领购专用发票的最高开票限额不得超过 10 万元；其他一般纳税人专用发票最高开票限额应根据企业实际经营情况核定。

三、增值税专用发票领用范围

专票领用	具体内容
1. 可以申领专用发票的情形	已办理专用发票核定的纳税人，可向税务机关申请领用专用发票
2. 一般纳税人不得领用专用发票的情形	（1）会计核算不健全，不能向税务机关准确提供增值税销项税额、进项税额、应纳税额数据及其他有关增值税税务资料的 （2）有《税收征管法规定》的税收违法行为，拒不接受税务机关处理的 （3）有下列行为之一，经税务机关责令限期改正而仍未改正的： ①虚开增值税专用发票 ②私自印制专用发票 ③向税务机关以外的单位和个人买取专用发票 ④借用他人专用发票 ⑤未按规定开具专用发票 ⑥未按规定保管专用发票和专用设备 ⑦未按规定申请办理防伪税控系统变更发行 ⑧未按规定接受税务机关检查

【多选题】下列各项中，属于违反我国增值税专用发票使用规定的情形的有（　　）。

A. 借用他人的增值税专用发票

B. 向税务机关以外的单位和个人买取专用发票

C. 向一般纳税人提供增值税应税劳务开具增值税专用发票

D. 未按规定保管专用发票和专用设备

【参考答案】ABD。增值税一般纳税人发生下列情形经税务机关责令限期改正而仍未改正，不得领购开具专用发票：一般纳税人借用他人专用发票；向税务机关以外的单位和个人买取专用发票；未按规定保管专用发票和专用设备。

四、增值税专用发票开具范围

一般纳税人发生应税销售行为，应向购买方开具专用发票。以下情形不得开具专用发票：

（1）应税销售行为的购买方为消费者个人的；

（2）发生应税销售行为适用免税规定的；

（3）部分适用增值税简易征收政策规定的；

（4）商业企业一般纳税人零售的烟、酒、食品、服装、鞋帽（不包括劳保专用部分）、化妆品等消费品；

（5）法律、法规以及国家税务总局另有规定的其他情形。

【单选题】一般纳税人发生下列行为，不得开具增值税专用发票的是（　　）。

A. 商业企业零售劳保用品　　B. 向消费者个人销售服务

C. 烟草公司向零售单位批发卷烟　　D. 向小规模纳税人销售不动产

【参考答案】B。一般纳税人发生应税行为，应向购买方开具专用发票。以下情形不得开具专用发票：（1）应税销售行为的购买方为消费者个人的；（2）发生应税销售行为适用免税规定的（法律、法规及国家税务总局另有规定的除外）；（3）部分适用增值税简易征收政策规定的；（4）商业企业一般纳税人零售的烟、酒、食品、服装、鞋帽（不包括劳保专用部分）、化妆品等消费品；（5）法律、法规及国家税务总局另有规定的其他情形。

五、代开增值税专用发票

已办理税务登记的小规模纳税人（包括个体工商户）以及国家税务总局确定的其他可予代开增值税专用发票的纳税人，发生增值税应税行为，可以申请代开增值税专用发票。增值税小规模纳税人销售其取得的不动产以及其他个人出租不动产，购买方或承租方不属于其他个人的，纳税人缴纳增值税后可以向税务机关申请代开增值税专用发票。

自 2020 年 2 月 1 日起，增值税小规模纳税人（其他个人除外）发生增值税应税行为，需要开具增值税专用发票的，可以自愿使用增值税发票管理系统自行开具。选择自行开具增值税专用发票的小规模纳税人，税务机关不再为其代开增值税专用发票。

【单选题】增值税专用发票的基本联次不包括（　　）。

A. 存根联　　B. 发票联　　C. 抵扣联　　D. 记账联

【参考答案】A。增值税专用发票由基本联次或者基本联次附加其他联次构成，基本联次为三联：发票联、抵扣联和记账联。

六、发票违章处理

1. 违反《中华人民共和国发票管理办法》的规定，有下列情形之一的，由税务机关责令改正，可以处 1 万元以下的罚款；有违法所得的予以没收。

（1）应当开具而未开具发票，或者未按照规定的时限、顺序、栏目，全部联次一次性开具发票，或者未加盖发票专用章的；

（2）使用税控装置开具发票，未按期向主管税务机关报送开具发票的数据的；

（3）扩大发票使用范围的；

（4）以其他凭证代替发票使用的；

（5）跨规定区域开具发票的；

（6）未按照规定缴销发票的；

（7）未按照规定存放和保管发票的。

2. 跨规定的使用区域携带、邮寄、运输空白发票，以及携带、邮寄或者运输空白发票出入境的，由税务机关责令改正，可以处 1 万元以下的罚款；情节严重的，处 1

万元以上 3 万元以下的罚款；有违法所得的予以没收。丢失发票或者擅自损毁发票的，依照上述规定处罚。

3. 违反《中华人民共和国发票管理办法》第二十二条第二款的规定虚开发票的，由税务机关没收违法所得；虚开金额在 1 万元以下的，可以并处 5 万元以下的罚款；虚开金额超过 1 万元的，并处 5 万元以上 50 万元以下的罚款；构成犯罪的，依法追究刑事责任。非法代开发票的，依照上述规定处罚。

4. 有下列情形之一的，由税务机关处 1 万元以上 5 万元以下的罚款；情节严重的，处 5 万元以上 50 万元以下的罚款；有违法所得的予以没收。

（1）转借、转让、介绍他人转让发票、发票监制章和发票防伪专用品的；

（2）知道或者应当知道是私自印制、伪造、变造、非法取得或者废止的发票而受让、开具存放、携带、邮寄、运输的。

5. 对违反发票管理法规情节严重构成犯罪的，税务机关应当依法移送司法机关处理。

本章习题

一、单项选择题

1. 下列服务属于增值税现代服务征收范围的是（　　）。

A. 居民日常服务　　B. 信息技术服务

C. 教育医疗服务　　D. 餐饮住宿服务

2. 下列情形中，应征收增值税的是（　　）。

A. 法国 M 公司向我国 N 公司销售位于我国境内的办公楼

B. 英国 E 公司向我国 F 公司销售完全在英国境内使用的无形资产

C. 美国 G 公司向我国 H 公司提供在美国境内的会议展览服务

D. 德国 X 公司向我国 Y 公司出租完全在德国境内使用的客车

3. 某企业为增值税一般纳税人，2022 年 3 月外购一批货物直接捐赠给甲县某扶贫项目，该批货物购买时增值税专用发票上注明不含税销售额 80 万元。通过公益性社会团体将一批自产康复器材捐赠给某老年福利院，成本价 30 万元，同类货物售价 50 万元，上述价格均不含税，成本利润均为 10%。甲县属于目标脱贫地区国家扶贫开发工作重点县，该企业当月应计算增值税销项税额是（　　）万元。

A. 15.73　　B. 6.50　　C. 17.94　　D. 16.90

4. 关于单用途卡业务增值税的规定，下列说法正确的是（　　）。

A. 持卡人使用单用途卡购进货物时，销售方不得向持卡人开具增值税专用发票

B. 持卡人使用单用途卡向特约商户购买货物，特约商户不缴纳增值税

C. 单用途卡售卡企业销售单用途卡取得的预收资金，缴纳增值税

D. 销售单用途卡并办理资金结算取得的手续费，不缴纳增值税

5. 甲企业为增值税一般纳税人，2022 年 3 月销售自产饮料灌装设备取得收入 600 万元，同时取得安装费收入 30 万元。当月另对安装运行后的设备提供维护保养取得收入 10 万元，提供设备维修服务取得收入 20 万元，上述收入均为不含税收入，会计上均分别核算。采用一般计税方法。甲企业当月增值税销项税额为（　　）万元。

A. 83.90　　B. 83.40　　C. 85.10　　D. 84.60

6. 某汽车生产企业为增值税一般纳税人，2022 年 3 月销售一批小汽车，开具增值税专用发票注明金额 1 200 万元，另收取汽车内部装饰和设备费用价税合计金额为 50 万元，该笔业务应计算销项税额为（　　）万元。

A. 161.75　　B. 143.81　　C. 5.75　　D. 156.00

7. 某金饰商店为增值税一般纳税人，2022 年 2 月采取以旧换新方式向消费者销售金项链 3 000 条，新项链每条零售价 0.55 万元，旧项链每条作价 0.48 万元，每条项链取得的差价款 0.07 万元，将上述旧项链翻新后，当月向消费者销售 600 条，每条零售价 0.53 万元。该首饰商店当月应缴纳增值税销项税额是（　　）万元。

A. 36.59　　B. 41.35　　C. 60.74　　D. 226.41

8. 关于增值税的销售额，下列说法正确的是（　　）。

A. 贷款服务已取得的利息收入扣除手续费计算缴纳增值税

B. 提供直接收费金融服务收取的过户费，不征收增值税

C. 以物易物方式销售货物，以各自发出的货物核算销售额

D. 纳税人收取的包装物押金一律并入销售额征税

9. 在不考虑农产品核定扣除范围的情况下，关于农产品进项税额的扣除，下列说法正确的是（　　）。

A. 纳税人购进农产品用于生产 13% 税率货物的，可以按 9% 税率凭票据实抵扣或凭票计算抵扣进项税额，另外 1% 在生产领用当期加计抵扣进项税额

B. 从小规模纳税人取得农产品增值税专用发票，以增值税专用发票注明的金额为进项税额

C. 纳税人购进农产品开具农产品收购发票，以农产品收购发票上注明的农产品卖价和 10% 的扣除率计算进项税额

D. 纳税人购进农产品取得农产品销售发票，以农产品销售发票上注明的农产品买价和 10% 的扣除率计算进项税额

10. 某酒厂为增值税一般纳税人，2022 年 3 月销售食用酒精 1 万千克，税务机关公布的玉米单耗数量是 2.2。该企业月初库存玉米 10 万千克，平均单价为 2.39 元。本月购进 20 万千克，平均单价为 2.42 元。上述价格均是含税价格。该厂生产销售货物均适用 13% 的增值税税率。农产品进项税额采用投入产出法核定扣除。该酒厂当月允许扣除农产品增值税进项税额是（　　）元。

A. 4 368.72　　B. 4 377.80　　C. 6 086.99　　D. 6 099.65

11. 某生产企业为增值税一般纳税人，3 月末盘点库存材料时发现，上月购进均已计算抵扣进项税额的免税农产品（未纳入核定扣除范围）因管理不善发生非正常损失，已知损失的农产品成本为 80 万元（含一般纳税人运输企业提供的运输服务成本 1.5 万元）。本月应转出的进项税额是（　　）万元。（答案保留两位小数）

A. 7.90　　B. 7.20　　C. 8.00　　D. 8.86

12. 下列业务的增值税处理正确的是（　　）。

A. 商业企业向供货方收取的进场费，不可以开具增值税发票

B. 商业企业向供货方收取的与商品销售额挂钩的返还收入，应视同销售计入销项税额

C. 一般纳税人因进货退回而从销售方收回的增值税额，应从发生进货退回当期的进项税额中扣减

D. 纳税人丢失已开具增值税专用发票抵扣联的，不能抵扣进项税额

13. 某市居民张某 2022 年 3 月转让一套临街商铺，取得转让收入 500 万元，该商铺于 2012 年 6 月购置，购置原价 300 万元，上述价格均为含税价格，可提供房屋购置发票。张某当月转让商铺应缴纳增值税是（　　）万元。

A. 5.83　　B. 23.81　　C. 9.52　　D. 14.50

14. 甲省 A 市某生产企业为增值税一般纳税人，2023 年 3 月将 2017 年购置的不动产出售，取得含税收入 3 500 万元，该不动产位于乙省 B 市，购置原价为 1 600 万元。该企业转让不动产应在乙省 B 市预缴增值税为（　　）万元。

A. 34.86　　B. 90.48　　C. 52.29　　D. 166.67

15. 下列关于增值税税款缴纳期限说法正确的是（　　）。

A. 以 15 日为缴纳周期的，缴纳周期届满后，25 日内进行缴纳

B. 以 10 日为缴纳周期的，缴纳周期届满后，15 日内进行缴纳

C. 以一个季度为缴纳周期的，缴纳周期届满后，35 日内进行缴纳

D. 以一个月为缴纳周期的，缴纳周期届满后，15 日内进行缴纳

二、多项选择题

1. 下列服务属于增值税建筑服务征收范围的有（　　）。

A. 平整土地　　B. 修缮服务

C. 建筑物平移　　D. 工程监理

E. 园林绿化

2. 下列业务的税务处理，说法正确的有（　　）。

A. 宾馆提供的会议场地出租及配套服务，按“会议展览服务”缴纳增值税

B. 宾馆转让在外地某市的酒店房产，不缴纳增值税

C. 宾馆提供餐饮服务时销售的外卖食品收入，按“餐饮服务”缴纳增值税

D. 公司以长租形式出租酒店式公寓并提供配套服务，按“不动产经营租赁服务”

缴纳增值税

E. 宾馆将酒店式公寓房产投资，应计算缴纳增值税

3. 关于增值税一般纳税人计税销售额，下列说法正确的有（　　）。

A. 金融商品转让按照卖出价扣除买入价后的余额为销售额

B. 提供物业管理服务的纳税人向服务接受方收取的自来水水费，以扣除其对外支付的自来水水费后的余额为销售额

C. 经纪代理服务以取得的全部价款和价外费用，扣除佣金和手续费后的余额为销售额

D. 提供客运场站服务以其取得的全部价款和价外费用，扣除支付给承运方运费的余额为销售额

E. 航空运输企业以其取得的收入扣除航空燃油费的余额为销售额

4. 关于农产品进项税额的扣除，下列说法正确的有（　　）。

A. 乳制品厂以购进农产品为原料生产销售液体乳，按照 9% 的扣除率计算进项税额

B. 提供餐饮服务的一般纳税人从农业生产者手中购进其自产农产品取得农产品销售发票的，以销售发票上注明的买价和 9% 的扣除率计算进项税额

C. 一般纳税人购进农产品取得一般纳税人开具的增值税专用发票的，在购进时以发票上注明的税额为进项税额

D. 提供餐饮服务的一般纳税人从农业生产者手中购进其自产农产品开具农产品收购发票的，以收购发票上注明的买价和 9% 的扣除率计算进项税额

E. 提供餐饮服务的一般纳税人从依照 3% 的征收率计算缴纳增值税的小规模纳税人处购进农产品取得增值税专用发票的，以发票上注明的金额和 9% 的扣除率计算进项税额

5. 下列项目中的增值税进项税额不得从销项税额中抵扣的有（　　）。

A. 非正常损失的不动产在建工程所耗用的购进货物、设计服务和建筑服务

B. 提供保险服务的纳税人以实物赔付方式承担机动车辆保险责任的，自行向车辆修理劳务提供方购进的车辆修理劳务

C. 用于简易计税方法计税项目的购进货物

D. 用于集体福利的购进货物

E. 用于免征增值税项目的购进货物

6. 下列业务属于增值税视同销售行为的有（　　）。

A. 运输公司无偿向新冠疫区运输抗疫物资

B. 超市将购进的食用油发放给本企业员工

C. 汽车厂将自产汽车分配给股东

D. 软件开发企业向另一企业无偿提供软件维护服务

E. 食品厂将委托加工收回的食品无偿赠送给关联方

7. 关于增值税一般纳税人购进和租用固定资产进项税额抵扣，下列说法正确的有（　　）。

A. 购进固定资产，既用于一般计税方法计税项目，又用于免征增值税项目，进项税额可以全额从销项税额中抵扣

B. 购进固定资产，既用于一般计税方法计税项目，又用于免征增值税项目，进项税额不得从销项税额中抵扣

C. 购进固定资产，专用于简易计税方法计税项目，进项税额不得从销项税额中抵扣

D. 租入固定资产，既用于一般计税方法计税项目，又用于免征增值税项目，其进项税额准予从销项税额中全额抵扣

E. 购买时不得抵扣且未抵扣进项税额的固定资产，发生用途改变，用于允许抵扣进项税额的应税项目，可在用途改变的次月按照规定计算可抵扣的进项税额

8. 根据增值税进项税额加计抵减政策规定，下列说法正确的有（　　）。

A. 当期转出的进项税额，应相应调减加计抵减额

B. 加计抵减政策执行到期后，结余的加计抵减额可以继续抵减

C. 不得从销项税额中抵扣的进项税额，不得计提加计抵减额

D. 小规模纳税人适用增值税加计抵减政策

E. 出口货物对应的进项税额可以计提加计抵减额

9. 下列行为属于增值税零税率适用范围的有（　　）。

A. 向境外单位提供在境内消费的研发服务

B. 航天运输服务

C. 在境外载运旅客或者货物入境

D. 向境外单位提供完全在境外消费的设计服务

E. 在境内载运旅客或者货物出境

10. 一般纳税人提供劳务派遣服务，选择差额纳税时允许扣除的项目有（　　）。

A. 代用工单位支付给劳务派遣员工的福利

B. 代用工单位支付给劳务派遣员工的工资

C. 劳务派遣公司收取的管理费

D. 为劳务派遣人员办理的住房公积金

E. 为劳务派遣人员办理的社会保险金

参考答案与解析

一、单项选择题

1. 【参考答案】B。选项 ACD，属于增值税生活服务征收范围。

2. 【参考答案】A。境外单位或者个人向境内单位或者个人销售完全在境外发生的服

务、完全在境外使用的无形资产、出租完全在境外使用的有形动产，不征增值税。

3. 【参考答案】B。自 2019 年 1 月 1 日至 2025 年 12 月 31 日，对单位或者个体工商户将自产、委托加工或购买的货物通过公益性社会组织、县级及以上人民政府及其组成部门和直属机构，或直接无偿捐赠给目标脱贫地区的单位和个人，免征增值税。该企业当月应计算增值税销项税额 = 50 × 13% = 6.5（万元）。

4. 【参考答案】A。选项 B，持卡人使用单用途卡购买货物或服务时，货物或者服务的销售方应按照现行规定缴纳增值税，且不得向持卡人开具增值税发票；选项 C，单用途卡发卡企业或者售卡企业销售单用途卡或者接受单用途卡持卡人充值取得的预收资金，不缴纳增值税；选项 D，售卡方因发行或者销售单用途卡并办理相关资金收付结算业务取得的手续费、结算费、服务费、管理费等收入，应按照现行规定缴纳增值税。

5. 【参考答案】A。一般计税方法下，甲企业当月增值税销项税额 = 600 × 13% + 30 × 9% + 10 × 6% + 20 × 13% = 83.90（万元）。

6. 【参考答案】A。该笔业务应计算销项税额 = [1 200 + 50 ÷（1 + 13%）] × 13% = 161.75（万元）。

7. 【参考答案】C。应缴纳增值税销项税额 = 0.07 × 3 000 ÷ 1.13 × 13% + 600 × 0.53 ÷ 1.13 × 13% = 60.74（万元）。

8. 【参考答案】C。选项 A，贷款服务全额计算缴纳增值税；选项 B，直接收费金融服务，以提供直接收费金融服务收取的手续费、佣金、酬金、管理费、服务费、经手费、开户费、过户费、结算费、转托管费等各类费用为销售额计算缴纳增值税；选项 D，对销售除啤酒、黄酒以外的其他酒类产品收取的包装物押金，无论是否返还以及会计上如何核算，均应并入当期销售额征税。

9. 【参考答案】A。选项 B，从按照简易计税方法依照 3% 征收率计算缴纳增值税的小规模纳税人取得增值税专用发票的，以增值税专用发票上注明的金额和 9% 的扣除率计算进项税额；选项 CD，纳税人取得（开具）农产品销售发票或收购发票的，以农产品销售发票或收购发票上注明的农产品买价和 9% 的扣除率计算进项税额，若用于生产 13% 税率货物的，在生产领用环节加计抵扣 1% 的进项税额。

10. 【参考答案】D。当期允许抵扣农产品增值税进项税额 = 当期农产品耗用数量 × 农产品平均购买单价 × 扣除率 ÷（1 + 扣除率）= 10 000 × 2.2 × 2.41 × 13% ÷（1 + 13%）= 6 099.65（元）。

【提示】当期农产品耗用数量 = 当期销售货物数量 × 农产品单耗数量；购买农产品期末平均买价 =（期初库存农产品数量 × 期初平均买价 + 当期购进农产品数量 × 当期买价）÷（期初库存农产品数量 + 当期购进农产品数量）=（100 000 × 2.39 + 200 000 × 2.42）÷（100 000 + 200 000）= 2.41（元）。

11. 【参考答案】A。应转出的进项税额 =（80 − 1.5）÷（1 − 9%）× 9% + 1.5 × 9% = 7.90（万元）。

12. 【参考答案】C。选项 A，可以开具增值税发票；选项 B，应按平销返利行为的有关规定冲减当期增值税进项税额，而非视同销售计入销项税额；选项 D，可凭相应发票的发票联复印件，作为增值税进项税额的抵扣凭证，准予抵扣进项税额。
13. 【参考答案】C。张某当月转让商铺应缴纳增值税 =（500 - 300）÷（1 + 5%）× 5% = 9.52（万元）。
14. 【参考答案】B。应在乙省 B 市预缴增值税 =（3 500 - 1 600）÷（1 + 5%）× 5% = 90.48（万元）。
15. 【参考答案】D。纳税人以 1 个月或者 1 个季度为 1 个纳税期的，自期满之日起 15 日内申报纳税；以 1 日、3 日、5 日、10 日或 15 日为 1 个纳税期的，自期满之日起 5 日内预缴税款，于次月 1 日起 15 日内申报纳税并结清上月应纳税款。

二、多项选择题

1. 【参考答案】ABCE。建筑服务包括工程服务、安装服务、修缮服务、装饰服务和其他建筑服务。其他建筑服务，是指上列工程作业之外的各种工程作业服务，如钻井（打井）、拆除建筑物或者构筑物、平整土地、园林绿化、疏浚（不包括航道疏浚）、建筑物平移、搭脚手架、爆破、矿山穿孔、表面附着物（包括岩层、土层、沙层等）剥离和清理等工程作业。工程监理属于现代服务中的鉴证咨询服务。
2. 【参考答案】ACE。选项 B，宾馆转让外地某市的酒店房产，按“销售不动产”缴纳增值税；选项 D，纳税人以长（短）租形式出租酒店式公寓并提供配套服务的，按照“住宿服务”缴纳增值税。
3. 【参考答案】ABD。选项 C，经纪代理服务以取得的全部价款和价外费用，扣除向委托方收取并代为支付的政府性基金或者行政事业性收费后的余额为销售额；选项 E，航空运输企业的销售额，不包括代收的机场建设费和代售其他航空运输企业客票而代收转付的价款。
4. 【参考答案】BCDE。选项 A，纳入农产品增值税进项税额核定扣除试点范围，扣除率为销售货物的适用税率。如果销售货物适用 13% 的税率，那么扣除率为 13%；销售货物适用 9% 税率，那么扣除率为 9%。
5. 【参考答案】ACDE。选项 B，提供保险服务的纳税人以实物赔付方式承担机动车辆保险责任的，自行向车辆修理劳务提供方购进的车辆修理劳务，其进项税额可以按规定从保险公司销项税额中抵扣。
6. 【参考答案】CDE。选项 A，单位无偿提供服务属于公益事业的，不属于视同销售行为；选项 B，外购货物用于集体福利、个人消费，进项税额不得抵扣，不视同销售；选项 CE，将自产、委托加工或购买的货物分配给股东或投资者，将自产、委托加工或购买的货物无偿赠送，增值税视同销售；选项 D，单位或个体工商户向其他单位或个人无偿提供服务视同销售，但用于公益事业或以社会公众为对象的除外，属于视同销售。

7.【参考答案】ACDE。选项 B，用于简易计税方法计税项目、免征增值税项目、集体福利或者个人消费的购进货物、劳务、服务、无形资产和不动产，不得抵扣进项税额。其中涉及的固定资产、无形资产、不动产，仅指专用于上述项目的固定资产、无形资产、不动产。将购进的固定资产兼用于一般计税方法计税项目和免征增值税项目的，购进固定资产的进项税额可以全额从销项税额中抵扣。

8.【参考答案】AC。选项 B，加计抵减政策执行到期后，纳税人不再计提加计抵减，结余的加计抵减额停止抵减；选项 D，小规模纳税人不适用增值税加计抵减政策；选项 E，纳税人出口货物劳务、发生跨境应税行为不适用加计抵减政策，其对应的进项税额不得计提加计抵减额。

9.【参考答案】BCDE。选项 A，向境外单位提供在境内消费的研发服务，应照章缴纳增值税。

10.【参考答案】ABDE。一般纳税人提供劳务派遣服务，也可以选择差额纳税，以取得的全部价款和价外费用，扣除代用工单位支付给劳务派遣员工的工资、福利和为其办理社会保险及住房公积金后的余额为销售额。

第三章　消费税

第一节　消费税概述

一、消费税的概念

我国现行消费税是对在中华人民共和国境内生产、委托加工和进口应税消费品的单位和个人，以及国务院确定的销售应税消费品的其他单位和个人，就其销售额或销售数量，在特定环节征收的一种税，属于货物劳务税类。1993 年年底，国务院正式颁布了《中华人民共和国消费税暂行条例》，并于 1994 年 1 月 1 日起实施。

2008 年 11 月，我国对《中华人民共和国消费税暂行条例》进行了修订，修订后的条例自 2009 年 1 月 1 日起施行。消费税属于中央税，2020 年，我国实现国内消费税收入 12 028 亿元，占当年全部税收收入的 7.79%。

二、消费税的特点

特点	具体内容
1. 征税范围的选择性	各国消费税制度，尽管征税范围有宽有窄，但一般不会对所有的消费品或消费行为征税，而是有选择性地确定某些特定项目，进行列举式征收，未列举的则不征收
2. 征税环节的单一性	消费税一般实行单环节征税。在消费品的生产销售、进口、批发以及零售等环节选择某一环节进行征税。某一环节征税后，其他环节不再征收。单环节一次课征制既可以减少纳税人数量，降低税款征收费用和税源流失的风险，又能避免重复征税。为加强源头控制，防止税款流失，消费税的纳税环节主要确定在生产环节或进口环节
3. 征税方法的多样性	消费税的征税方法比较灵活，有从价定率的，有从量定额的，还有从价定率和从量定额叠加的复合计税方式
4. 税收调节的特殊性	在普遍征收增值税的基础上选择一部分产品再征收一道消费税，可对某些产品形成双层调节。还可利用征税范围的选择和税率的差别设计，对需要限制和控制消费的产品进行特殊调节

【多选题】我国现行消费税具有的特点有（　　）。

A. 征税范围的选择性　　B. 征税方法多样性

C. 多环节多次征收　　D. 税收调节特殊性

【参考答案】ABD。我国的消费税实行单环节征税而不是多环节多次征收。

第二节　消费税的纳税人、征税范围、税率和纳税环节

一、纳税人和代收代缴义务人

（一）纳税人

在中华人民共和国境内生产、委托加工和进口应税消费品的单位和个人，以及国务院确定的销售应税消费品的其他单位和个人，是消费税纳税人。

单位，是指企业、行政单位、事业单位、军事单位、社会团体及其他单位。个人，是指个体工商户及其他个人。

在我国境内，是指生产与委托加工和进口属于应当缴纳消费税的消费品的起运地或者所在地在境内。

（二）代收代缴义务人

委托加工的应税消费品，除受托方为个人外，由受托方在向委托方交货时代收代缴税款。

如受托方为个人，则由委托方向其机构所在地或者居住地主管税务机关自行申报纳税。

【单选题】下列各项行为中，不需要纳税人自行缴纳消费税的是（　　）。

A. 将自产的应税消费品对外交换其他应税消费品

B. 将自产的应税消费品对外投资

C. 将外购的原料委托其他企业加工应税消费品

D. 将自产的应税消费品对外交换其他非应税消费品

【参考答案】C。委托加工的应税消费品，除受托方为个人外，由受托方在向委托方交货时代收代缴税款。

二、征税范围

（一）征税范围确定的原则

1. 确定消费税征税范围的总原则是立足于我国经济发展水平、国家消费政策和产业政策，充分考虑人民生活水平、消费水平和消费结构状况，注重保证国家财政收入稳定增长，并适当借鉴国外征收消费税的成功经验和国际通行做法。具体表现在引导消费、保护环境、持续发展。

2. 确定消费税征税范围的一般原则

征税原则	征税范围
（1）将过度消费会对人身健康、社会秩序、生态环境等方面造成危害的特殊消费品，纳入征税范围，以抑制消费	卷烟、酒、鞭炮、焰火
（2）将非生活必需品、奢侈品等高档消费品，纳入征税范围，以体现多收入者多纳税，进而调节收入分配	高档化妆品、贵重首饰、高尔夫球及球具、高档手表、游艇
（3）将高能耗消费品纳入征税范围，以降低能耗、减少污染	小汽车、摩托车
（4）将不可再生和不可替代的稀缺资源消费品，纳入征税范围，以限制消费、节约资源	成品油、实木地板、木制一次性筷子

（二）我国现行消费税征税范围

我国现行消费税征税范围包括在我国境内生产、委托加工和进口应税消费品，以及国务院确定的销售应税消费品。现行的消费税税目共有 15 个。

消费税税目	子税目	生产（进口）环节	批发环节	零售环节
烟	1. 卷烟			
	（1）甲类卷烟：每标准条（200 支）调拨价格在 70 元（不含增值税）以上（含 70 元）	56% 加 0.003 元/支	11% 加 0.005 元/支	
	（2）乙类卷烟：每标准条调拨价格在 70 元（不含增值税）以下	36% 加 0.003 元/支		
	2. 雪茄烟	36%		
	3. 烟丝	30%		
	4. 电子烟	36%	11%	
	【提示】卷烟每标准条 = 10 包 × 20 支/包 = 200 支。每标准箱 = 250 标准条 × 200 支/条 = 50 000 支			
酒	1. 白酒	20% 加 0.5 元/500 克		
	2. 黄酒	240 元/吨		
	3. 啤酒			
	（1）甲类啤酒：每吨出厂价（含包装物及包装物押金，不包括重复使用的塑料周转箱的押金，下同）在 3 000 元（含 3 000 元，不含增值税，下同）以上的	250 元/吨		
	（2）乙类啤酒：每吨出厂价在 3 000 元以下的	220 元/吨		
	4. 其他酒	10%		
高档化妆品	包括高档美容、修饰类化妆品，高档护肤类化妆品和成套化妆品	15%		
贵重首饰及珠宝玉石	1. 金基、银基合金首饰以及金、银和金基、银基合金的镶嵌首饰、钻石及钻石饰品、铂金首饰			5%
	2. 与金、银和金基、银基、钻石、铂金无关的其他贵重首饰和珠宝玉石	10%		

续表

消费税税目	子税目	生产（进口）环节	批发环节	零售环节
鞭炮、焰火		15%		
成品油	汽油、柴油、（航空煤油暂缓征收）、石脑油、溶剂油、润滑油、燃料油	1.2—1.52 元/升		
摩托车	1. 气缸容量（排气量，下同）250 毫升的 2. 气缸容量在 250 毫升以上的	3% 10%		
小汽车	1. 乘用车（≤9 座） 2. 中轻型商用客车（10—23 座） 3. 超豪华小汽车：是指每辆零售价格 130 万元（不含增值税）及以上的乘用车和中轻型商用客车 【提示】包括中巴，但不含大客车、电动车超豪华小汽车零售环节加征 10%	①乘用车的税率为 1%—40% ②中轻型商用客车的税率为 5% ③超豪华小汽车按乘用车和中轻型商用客车分别适用 1%—40% 和 5% 的税率		10%
高尔夫球及球具	高尔夫球、球杆（杆头、杆身和握把）、球包（袋）	10%		
高档手表	高档手表是指销售价格（不含增值税）每只在 1 万元（含 1 万元）以上的各类手表	20%		
游艇	长度大于 8 米小于 90 米	10%		
木制一次性筷子		5%		
实木地板	实木地板，实木指接地板，实木复合地板，未经涂饰的素板以及用于装饰墙壁、天棚的侧端面为榫、槽的实木装饰板	5%		
电池		4%		
涂料		4%		

三、税率

（一）税率的一般规定

税率形式	包括的税目
1. 比例税率	除定额税率和复合征税以外的税目
2. 定额税率	啤酒、黄酒、成品油
3. 复合征税	卷烟、白酒

【单选题】根据我国现行消费税的规定，下列消费品中实行从价定率与从量定额相结合征税办法的是（　　）。

A. 啤酒　　B. 雪茄烟　　C. 黄酒　　D. 卷烟

【参考答案】D。卷烟的生产（进口）环节、批发环节，采用比例加定额的复合税率。

（二）税率的特殊规定

消费税采用列举法按具体应税消费品对应设置税目税率，界限清楚，一般不易发生错用税率的情况。在某些特殊情况下，确定税率时须遵循以下规定。

业务事项	确定消费税税率的规定
1. 纳税人兼营不同税率的应税消费品	应当分别核算不同税率应税消费品的销售额或销售数量，未分别核算的，从高适用税率
2. 纳税人将应税消费品与非应税消费品，以及适用税率不同的应税消费品组成成套消费品销售的	应根据组合产品的整体销售金额按其中应税消费品适用的最高税率征税。例如，企业将高档化妆品、护肤护发品、小工艺品等组成成套消费品销售时，则应按该成套消费品销售额以15%的税率征税

（三）进口卷烟适用税率的规定

1. 每标准条进口卷烟（200 支）确定消费税适用比例税率的价格 =（关税完税价格 + 关税 + 消费税定额税率）÷（1 – 消费税税率）。其中，关税完税价格和关税为每标准条的关税完税价格及关税税额；消费税定额税率为每标准条（200 支）0.6 元（依据现行消费税定额税率折算而成）；消费税税率固定为 36%。

2. 每标准条进口卷烟（200 支）确定消费税适用比例税率的价格大于等于 70 元的，适用比例税率为 56%；每标准条进口卷烟（200 支）确定消费税适用比例税率的价格小于 70 元的，适用比例税率为 36%。

非标准条包装卷烟应当折算成标准条包装卷烟的数量，以其实际销售收入计算确定其折算成标准条包装后的实际销售价格，并确定适用的比例税率。折算的实际销售价格高于计税价格的，应按照折算的实际销售价格确定适用比例税率；折算的实际销售价格低于计税价格的，应按照同牌号规格标准条包装卷烟的计税价格和适用税率征税。

非标准条包装卷烟，是指每条包装多于或者少于 200 支的条包装卷烟。

四、纳税环节

（一）生产销售环节

生产销售环节	具体内容
1. 用于销售	纳税人生产的应税消费品，于销售时纳税
2. 自产自用	（1）纳税人自产的应税消费品，用于连续生产应税消费品的，不纳税。用于连续生产应税消费品，是指纳税人将自产的应税消费品作为直接材料生产最终应税消费品，自产自用应税消费品构成最终应税消费品的实体 （2）用于其他方面的，于移送使用时纳税。用于其他方面，是指纳税人将自产应税消费品用于生产非应税消费品、在建工程、管理部门、非生产机构、提供劳务、馈赠、赞助、集资、广告、样品、职工福利、奖励等方面

【单选题】根据我国现行消费税的规定，下列纳税人自产自用应税消费品不缴纳消费税的是（　　）。

A. 炼化厂用于本企业基建部门车辆的自产汽油

B. 汽车厂用于管理部门的自产汽车

C. 日化厂用于交易会样品的自产高档化妆品

D. 卷烟厂用于生产卷烟的自制烟丝

【参考答案】D。纳税人自产自用的应税消费品，用于连续生产应税消费品的，不纳税；用于其他方面的，于移送使用时纳税。用于其他方面，是指纳税人将自产应税消费品用于生产非应税消费品、在建工程、管理部门、非生产机构、提供劳务、馈赠、赞助、集资、广告、样品、职工福利、奖励等方面。

（二）委托加工环节

1. 委托加工的含义

委托加工	具体内容
（1）属于委托加工应税消费品的情形	委托加工的应税消费品，是指由委托方提供原料和主要材料，受托方只收取加工费和代垫部分辅助材料加工的应税消费品
（2）不属于委托加工应税消费品的情形	由受托方提供原材料生产的应税消费品；受托方先将原材料卖给委托方，然后接受加工的应税消费品；由受托方以委托方名义购进原材料生产的应税消费品。 【提示】以上情形，无论在财务上是否作销售处理，都不得作为委托加工应税消费品处理，而应当按照销售自制应税消费品缴纳消费税

2. 委托加工的应税消费品收回后的税务处理

收回后	税务处理
（1）委托加工的应税消费品收回后直接出售的	不再缴纳消费税。这里的直接销售不再征收消费税，是指委托方将收回的应税消费品以不高于受托方的计税价格出售的，作为直接出售，不再缴纳消费税
（2）如委托方以高于受托方的计税价格出售的	则不属于直接出售。须按照规定申报缴纳消费税，在计税时准予扣除受托方已代收代缴的消费税

【判断题】纳税人收回已代扣代缴消费税的委托加工应税消费品，将其直接出售，无论售价高低，均不再缴纳消费税。（　　）

【参考答案】×。委托方将收回的应税消费品，以不高于受托方的计税价格出售的，为直接出售，不再缴纳消费税；以高于受托方的计税价格出售的，不属于直接出售，须按照规定申报缴纳消费税。

（三）进口环节

进口的应税消费品，由进口报关者于报关进口时纳税。

（四）零售环节

零售环节征收消费税的应税消费品范围仅限于：金、银、铂金首饰；金基、银基合金首饰；金、银和金基、银基合金的镶嵌首饰；钻石、钻石饰品。

自 2016 年 12 月 1 日起，“小汽车”税目下增设“超豪华小汽车”子税目。征收范围为每辆零售价格 130 万元（不含增值税）及以上的乘用车和中轻型商用客车。对超豪华小汽车，在生产（进口）环节按现行税率征收消费税的基础上，在零售环节加征消费税，税率为 10%。

【单选题】某金店（一般纳税人）假设 2022 年 7 月发生以下业务（均是向消费者个人销售）：销售金银首饰取得收入 72 356 元，销售金银镶嵌首饰取得收入 89 421 元，销售镀金首饰取得收入 23 853 元，销售镀金镶嵌首饰取得收入 17 954 元，取得金银首饰修理清洗收入 1 000 元，以上均为含税收入。则该金店当月应缴纳消费税（　　）元。

A. 7 680. 94　　B. 0　　C. 7 158. 27　　D. 7 975. 64

【参考答案】C。改为零售环节征收消费税的金银首饰范围仅限于金、银和金基、银基合金首饰，以及金、银和金基、银基合金的镶嵌首饰。其计税依据为不含增值税的销售额。据此，应缴纳的消费税 =（72 356 + 89 421）÷（1 + 13%）× 5% = 7 158. 27（元）。

（五）批发环节

自 2009 年 5 月 1 日起，对卷烟除生产环节外，在批发环节加征一道消费税。自 2015 年 5 月 10 日起，提高卷烟批发环节从价税税率，并加征从量税。

【单选题】下列单位中不属于消费税纳税人的是（　　）。

A. 生产销售贵重首饰（金银首饰除外）的企业

B. 委托加工烟丝的卷烟厂

C. 进口小轿车的外贸公司

D. 零售高档化妆品的商场

【参考答案】D。在中华人民共和国境内生产、委托加工和进口应税消费品的单位和个人，以及国务院确定的销售应税消费品的其他单位和个人，为消费税纳税人。金银首饰消费税在零售环节征收。自 2016 年 12 月 1 日起，对超豪华小汽车，在生产（进口）环节按现行税率征收消费税基础上，在零售环节加征消费税。

第三节　消费税应纳税额的计算

根据税率设定的不同，消费税应纳税额的计算方法分为三种。

税率形式	应纳税额计算方法	包括的税目
1. 比例税率	从价定率法	除定额税率和复合征税以外的税目
2. 定额税率	从量定额法	啤酒、黄酒、成品油
3. 复合征税	复合计税法（从价定率和从量定额复合计税）	卷烟、白酒

一、从价定率法下应纳税额的计算

（一）计算公式

应纳税额 = 销售额 × 比例税率

（二）销售额的确定

1. 一般规定

消费税的计税销售额为销售应税消费品从购买方收取的全部价款和价外费用。

（1）增值税和消费税计税销售额的关系。

消费税和增值税实行叠加征收，消费税实行价内税，增值税实行价外税。

这就决定了实行从价定率征税的消费品，其消费税税基和增值税税基基本一致，即都是以含消费税而不含增值税的销售额作为计税依据。

应税消费品的销售额 = 含增值税的销售额 ÷（1 + 增值税税率或者征收率）

实行从价定率征税的消费品，消费税和增值税计税依据 = 价款（含消费税）+ 价外费用。

【多选题】根据我国现行消费税的规定，下列说法正确的有（　　）。

A. 消费税的征税范围小于增值税的征税范围

B. 凡是征收增值税的货物都征收消费税

C. 应征消费税的货物，其增值税税基含有消费税

D. 应征消费税的货物，其消费税税基不含有增值税

【参考答案】ACD。消费税的特点之一是课税对象有选择性，在普遍征收增值税的基础上选择一部分产品再征收一道消费税，其征税范围比增值税小得多。特点之二是价内税，即消费税税额包含在消费品的价格内，而增值税是价外税，税基不含增值税税额。

（2）价外费用。

价外费用	具体内容
①包含的内容	价外向购买方收取的手续费、补贴、基金、集资费、返还利润、奖励费、违约金、滞纳金、延期付款利息、赔偿金、代收款项、代垫款项、包装费、包装物租金、储备费、优质费、运输装卸费以及其他各种性质的价外收费

续表

价外费用	具体内容
②不包含的内容	第一，同时符合以下条件的代垫运输费用 a. 承运部门的运输费用发票开具给购买方的 b. 纳税人将该项发票转交给购买方的
	第二，同时符合以下条件代为收取的政府性基金或者行政事业性收费 a. 由国务院或者财政部批准设立的政府性基金，由国务院或者省级人民政府及其财政、价格主管部门批准设立的行政事业性收费 b. 收取时开具省级以上财政部门印制的财政票据 c. 所收款项全额上缴财政

2. 特殊情形

（1）连同包装物销售的。

类型	税务处理
①应税消费品连同包装物销售的	无论包装物是否单独计价，也不论在财务上如何核算，均应并入应税消费品的销售额中征收消费税
②包装物不作价随同产品销售，而是收取押金	未到期的押金不应并入应税消费品销售额中征税，对逾期未收回的包装物不再退还的或已收取一年以上的押金，应并入应税消费品的销售额，按照应税消费品的适用税率征收消费税
③对既作价随同应税消费品销售，又另外收取押金的包装物押金	凡纳税人在规定的时间内不予退还的，均应并入应税消费品的销售额，按照应税消费品的适用税率征收消费税
④酒类产品的包装物押金	自 1995 年 6 月 1 日起，对酒类产品生产企业销售酒类产品（啤酒、黄酒外）而收取的包装物押金，无论押金是否返还及会计上如何核算，均应并入酒类产品销售额中征收消费税

【提示】包装物押金销售额的确认。

货物类别		税务处理
一般货物		①收取押金时，单独记账核算的，不并入销售额征税 ②逾期时或没收时，再计入销售额征税（增值税、消费税）
酒类产品	啤酒 黄酒	①收取押金时，单独记账核算的，不并入销售额征税 ②逾期时或没收时，再计入销售额征收增值税，但不征消费税（因为啤酒、黄酒消费税是从量计征）
	其他酒类产品	①收取押金时，无论是否单独记账核算，也无论是否退还，直接并入销售额征收增值税和消费税 ②逾期时或没收时，不再征收增值税和消费税

【单选题】关于应税消费品销售额的确定，下列表述不正确的是（　　）。

A. 应税消费品的销售额不包括向购买方收取的增值税款

B. 随同应税消费品出售的包装物，无论是否单独计价也无论会计上如何核算，均

应并入销售额中征收消费税

C. 对酒类产品生产企业销售酒类产品而收取的包装物押金，因逾期未收回包装物而不再退还的押金，应并入酒类产品销售额中征收消费税

D. 随同应税消费品出售的包装物，其适用的消费税税率和应税消费品的消费税税率相同

【参考答案】C。应税消费品连同包装物销售的，无论包装物是否单独计价以及在会计上如何核算，均应并入应税消费品的销售额中缴纳消费税。对酒类产品生产企业销售除啤酒、黄酒以外的酒类产品而收取的包装物押金，无论押金是否返还及会计上如何核算，均需并入酒类产品销售额中依酒类产品的适用税率征收消费税。

（2）通过非独立核算门市销售的。

纳税人通过自设非独立核算门市部销售的自产应税消费品，应当按照门市部对外销售额计算征收消费税。

（3）特殊交易方式的。

纳税人自产的应税消费品用于换取生产资料和消费资料、投资入股和抵偿债务等方面，应当按纳税人同类应税消费品的最高销售价格作为计税依据。

【提示】增值税应按照平均价格作为计税依据。

【单选题】纳税人用于抵偿债务的应税消费品，应以纳税人同类应税消费品的（　　）作为计税依据计算消费税。

A. 最高销售价格　　B. 平均销售价格

C. 最低销售价格　　D. 最低销售价格的 70%

【参考答案】A。纳税人自产的应税消费品用于换取生产资料和消费资料、投资入股和抵偿债务等方面，应当按纳税人同类应税消费品的最高销售价格作为计税依据。

（4）计税价格明显偏低且无正当理由的。

纳税人应税消费品的计税价格明显偏低且无正当理由的，由主管税务机关核定其计税价格。

①卷烟、白酒和小汽车的计税价格由国家税务总局核定，送财政部备案。

②其他应税消费品的计税价格由省、自治区和直辖市税务局核定。

③进口的应税消费品的计税价格由海关核定。

【提示】根据 2017 年 4 月 23 日《国家税务总局关于进一步加强白酒消费税征收管理工作的通知》（税总函〔2017〕144 号），自 2017 年 5 月 1 日起，白酒消费税最低计税价格核定比例由 50% 至 70% 统一调整为 60% 。

【单选题】关于消费税的计税依据，下列说法不正确的是（　　）。

A. 应税消费品连同包装物销售的，无论包装物是否单独计价以及在会计上如何核算，均应并入应税消费品的销售额中缴纳消费税

B. 纳税人通过自设非独立核算门市部销售的自产消费品，应当按照门市部对外销售额计算征收消费税

C. 纳税人自产的消费品用于换取生产资料和消费资料的，应当按纳税人同类应税消费品的最高销售价格作为计税依据

D. 纳税人应税消费品的计税价格明显偏低且无正当理由的，应当按纳税人同类应税消费品的最高销售价格作为计税依据

【参考答案】D。纳税人应税消费品的计税价格明显偏低且无正当理由的，由主管税务机关核定其计税价格。计税价格的核定权限规定如下：①卷烟、白酒和小汽车的计税价格由国家税务总局核定，送财政部备案；②其他应税消费品的计税价格由省、自治区和直辖市税务局核定；③进口的应税消费品的计税价格由海关核定。

（5）以外币结算的。

纳税人销售的应税消费品，以人民币以外的货币结算销售额的，其销售额的人民币折合率可以选择销售额发生的当天或者当月1日的人民币汇率中间价。

纳税人应在事先确定采用何种折合率，确定后1年内不得变更。

二、从量定额法下应纳税额的计算

（一）计算公式

应纳税额 = 销售数量 × 定额税率

（二）销售数量的确定

业务事项	销售数量的确定
1. 销售应税消费品的	应税消费品的销售数量
2. 自产自用应税消费品的	应税消费品的移送使用数量
3. 委托加工应税消费品的	纳税人收回的应税消费品数量
4. 进口的应税消费品	海关核定的应税消费品进口征税数量
5. 纳税人通过自设非独立核算门市部销售的自产应税消费品	门市部对外销售数量

【计算题】某啤酒2019年8月销售啤酒400吨，每吨出厂价格2 900元（不含增值税），另收取非重复使用的包装物押金226元/吨。计算该啤酒厂8月应缴纳的消费税税额。

（1）判断啤酒定额税率的每吨出厂价格 = 2 900 + 226 ÷（1 + 13%）= 3 100（元）。

（2）每吨出厂价在3 000元以上，适用单位税额250元。

（3）该啤酒厂8月应缴纳消费税 = 销售数量 × 定额税率 = 400 × 250 = 100 000（元）。

三、复合计税法下应纳税额的计算

应纳税额 = 销售额 × 比例税率 + 销售数量 × 定额税率

【计算题】2019 年 5 月，某白酒厂销售白酒 100 吨，当月取得不含增值税销售额 1 480万元。计算该厂当月应缴纳的消费税税额。

该酒厂 5 月应缴纳消费税 = 100 × 2 000 × 0.5 ÷ 10 000 + 1 480 × 20% = 306（万元）

四、应纳税额计算的特殊规定

（一）外购应税消费品已纳消费税的扣除

为避免重复征税，规定纳税人将外购（含进口，下同）已税消费品用于连续生产应税消费品的，在销售实现计算应纳消费税时准予按当期生产领用数量计算扣除外购的应税消费品已纳消费税。

1. 可抵扣税款的情形

（1）用外购已税烟丝为原料生产卷烟。

（2）用外购已税高档化妆品为原料生产高档化妆品。

（3）用外购已税珠宝玉石为原料生产贵重首饰及珠宝玉石。

【注意】纳税人用外购的已税珠宝玉石生产的改在零售环节征收消费税的金银首饰（镶嵌首饰），在计税时一律不得扣除外购珠宝玉石的已纳消费税税款。

（4）用外购已税鞭炮、焰火为原料生产鞭炮、焰火。

（5）用外购已税汽油、柴油、石脑油、燃料油、润滑油为原料生产应税成品油。

（6）用外购已税木制一次性筷子为原料生产木制一次性筷子。

（7）用外购已税杆头、杆身和握把为原料生产高尔夫球杆。

（8）用外购已税实木地板为原料生产实木地板。

（9）从葡萄酒生产企业购进、进口葡萄酒连续生产应税葡萄酒。

关于销售额中扣除外购已税消费品已纳消费税的总结

问题	规定
1. 不能扣除的税目	（1）酒；（2）小汽车；（3）高档手表；（4）游艇；（5）电池；（6）涂料；（7）溶剂油
2. 可以扣除的原则	只有同类消费品才能抵扣。例如，外购已税汽油为原料生产的高尔夫球杆不能抵扣，但是以外购的已税杆头、杆身和握把为原料生产的高尔夫球杆可以抵扣
3. 强调用途	必须用于继续生产才能扣除；如果用于委托加工或销售，则不能扣除

【多选题】根据我国现行消费税的规定，下列应税消费品中准予扣除外购已纳消费税的有（　　）。

A. 以进口白酒为原料连续生产的白酒

B. 以外购已税钻石为原料生产的钻石镶嵌首饰

C. 用外购已税燃料油生产应税消费品

D. 用外购已税木制一次性筷子为原料生产木制一次性筷子

【参考答案】CD。以外购已税珠宝玉石为原料生产的改在零售环节纳税的金银首饰和钻石首饰、以外购已税白酒连续生产白酒均不能抵扣已纳消费税。

2. 抵扣税款的计算方法

计税方法	允许抵扣税款
（1）外购应税消费品实行从价定率计税法的	当期准予扣除外购应税消费品已纳税款 = 当期准予扣除外购应税消费品买价 × 外购应税消费品适用税率 当期准予扣除外购应税消费品买价 = 期初库存外购应税消费品买价 + 当期购进的外购应税消费品买价 − 期末库存的外购应税消费品买价
（2）外购应税消费品实行从量定额计税法的	当期准予扣除的外购应税消费品已纳税款 = 当期准予扣除外购应税消费品数量 × 外购应税消费品单位税额 当期准予扣除外购应税消费品数量 = 期初库存外购应税消费品数量 + 当期购进外购应税消费品数量 − 期末库存外购应税消费品数量
（3）进口应税消费品的	当期准予扣除的进口应税消费品已纳税款 = 期初库存的进口应税消费品已纳税款 + 当期进口应税消费品已纳税款 − 期末库存的进口应税消费品已纳税款

【计算题】2019 年 7 月，某家化厂用外购已税香水为原料加工生产高档化妆品"幻影香水 2 号"。本月外购已税香水 60 万元（不含增值税），本月期初库存外购香水 15 万元，月末库存外购香水 20 万元。该厂本月销售"幻影香水 2 号"取得销售额合计 78 万元（不含增值税）。

【要求】计算该厂当月应缴纳的消费税。

【参考答案】

（1）当月准予扣除的外购香水的买价 = 60（期初库存）+ 15（当期购进）− 20（期末库存）= 55（万元）

（2）当月准予扣除的外购香水的已纳消费税税款 = 55 × 15% = 8.25（万元）

（3）应缴纳的消费税 = 78（销售额）× 15% − 8.25 = 3.45（万元）

（二）自产自用的应税消费品应纳税额的计算

自产自用应税消费品属于应纳消费税的，应按照纳税人生产的同类消费品的销售价格计算纳税；没有同类消费品销售价格的，按照组成计税价格计算纳税。

1. 同类消费品的销售价格的确定

同类消费品	具体内容
（1）同类消费品的销售价格	是指纳税人或者代收代缴义务人当月销售的同类消费品的销售价格
（2）如果当月同类消费品各期销售价格高低不同	①应按销售数量加权平均计算 ②但销售的应税消费品有下列情况之一的，不得列入加权平均计算： 销售价格明显偏低且无正当理由的 无销售价格的
（3）如果当月无销售或者当月未完结	应按照同类消费品上月或者最近月份的销售价格计算纳税

2. 组成计税价格的确定

计税办法	组成计税价格的确定
（1）实行从价定率办法计算纳税的	组成计税价格 =（成本 + 利润）÷（1 – 比例税率）
（2）实行复合计税办法计算纳税的	组成计税价格 =（成本 + 利润 + 自产自用数量 × 定额税率）÷（1 – 比例税率）

【注意】上述公式中：成本，是指应税消费品的产品生产成本；利润，是指根据应税消费品的全国平均成本利润率计算的利润。应税消费品全国平均成本利润率由国家税务总局确定。

【计算题】某酒厂将自产的葡萄酒作为年终奖励发给本企业职工，无同类产品销售价格，该批葡萄酒的生产成本15 000元。葡萄酒的成本利润率为5%，消费税适用税率为10%。计算该企业上述业务应缴纳的消费税税额。

组成计税价格 = 15 000 ×（1 + 5%）÷（1 – 10%）= 17 500（元）

应缴纳消费税额 = 17 500 × 10% = 1 750（元）

（三）委托加工的应税消费品应纳税额的计算

委托加工的应税消费品，按照受托方的同类消费品的销售价格计算纳税；没有同类消费品销售价格的，按照组成计税价格计算纳税。

1. 组成计税价格的确定

计税办法	组成计税价格的确定
（1）实行从价定率办法计算纳税的	组成计税价格 =（材料成本 + 加工费）÷（1 – 比例税率）
（2）实行复合计税办法计算纳税的	组成计税价格 =（材料成本 + 加工费 + 委托加工数量 × 定额税率）÷（1 – 比例税率）

【注意】上述公式中：材料成本，是指委托方所提供加工材料的实际成本。委托加工应税消费品的纳税人，必须在委托加工合同上如实注明（或者以其他方式提供）材料成本，凡未提供材料成本的，受托方主管税务机关有权核定其材料成本。

加工费，是指受托方加工应税消费品向委托方所收取的全部费用（包括代垫辅助材料的实际成本）。

【单选题】甲企业委托乙企业加工一批高档化妆品，甲企业提供原料及主要材料，实际成本为44 000元（不含增值税），支付给乙企业不含税加工费5 000元（其中包括乙企业代垫的辅助材料1 000元），乙企业无同类高档化妆品的不含税售价。则乙企业代收代缴的消费税额为（　　）元。

A. 8 647.06　　B. 10 571.43　　C. 7 700　　D. 6 200

【参考答案】A。代收代缴消费税计税依据首选受托方同类产品售价，没有则按照“组成计税价”。实行从价定率办法计税的组成计税价格 =（材料成本 + 加工费）÷（1 –

比例税率)。其中“材料成本”含代垫辅料。据此，应代收代缴消费税 =(44 000 + 5 000)÷(1 − 15%)×15% =8 647.06(元)。

2. 委托方收回后的消费税处理

对受托方已代扣代缴消费税的应税消费品，委托方收回后直接销售的，不再征收消费税。

收回后用于连续生产应税消费品的，在销售实现时计算缴纳消费税，但准予按当期生产领用数量计算扣除委托加工收回的应税消费品已代收代缴的消费税。

(1) 可抵扣税款的情形。

①用委托加工收回的已税烟丝为原料生产卷烟。

②用委托加工收回的已税高档化妆品为原料生产高档化妆品。

③用委托加工收回的已税珠宝玉石为原料生产贵重首饰及珠宝玉石［注意：纳税人用委托加工收回的已税珠宝玉石生产的改在零售环节征收消费税的金银首饰(镶嵌首饰)，在计税时一律不得扣除收回的珠宝玉石已缴纳的消费税税款］。

④用委托加工收回的已税鞭炮、焰火为原料生产鞭炮、焰火。

⑤用委托加工收回的已税汽油、柴油为原料生产汽油、柴油。

⑥用委托加工收回的已税石脑油、燃料油生产应税消费品。

⑦用委托加工收回的已税润滑油生产润滑油。

⑧用委托加工收回的已税木制一次性筷子为原料生产木制一次性筷子。

⑨用委托加工收回的已税杆头、杆身和握把为原料生产高尔夫球杆。

⑩用委托加工收回的已税实木地板为原料生产实木地板。

(2) 抵扣税款的计算方法。

当期准予扣除的委托加工应税消费品已纳税款 = 期初库存的委托加工应税消费品已纳税款 + 当期收回的委托加工应税消费品已纳税款 − 期末库存的委托加工应税消费品已纳税款

委托加工应税消费品已纳税款为代扣代收税款凭证注明的受托方代收代缴的消费税。

(四) 进口应税消费品应纳税额的计算

进口的应税消费品，按照组成计税价格计算纳税。

计税办法	组成计税价格的确定
1. 实行从价定率办法计算纳税的	组成计税价格 =(关税完税价格 + 关税)÷(1 − 消费税比例税率)
2. 实行复合计税办法计算纳税的	组成计税价格 =(关税完税价格 + 关税 + 进口数量 × 消费税定额税率)÷(1 − 消费税比例税率)
【提示】关税完税价格，是指海关核定的关税计税价格	

【单选题】甲企业进口气缸容量 250 毫升的摩托车一批，海关核定的关税完税价格为 40 000 元，关税税率为 20%，消费税税率为 3%。则该批摩托车进口环节应缴纳的

消费税为（　　）元。

A. 1 200　　B. 1 440　　C. 1 484. 54　　D. 1 398. 06

【参考答案】C。进口的应税消费品，按照组成计税价格计税，实行从价定率办法计税的组成计税价格 =（关税完税价格 + 关税）÷（1 − 消费税比例税率）。据此，应缴纳的消费税 =（400 00 +40 000 ×20%）÷（1 −3%）×3% =1 484. 54（元）。

（五）金银首饰零售环节应纳税额的计算

纳税人零售金银首饰，其计税依据的确定与前述基本一致，但有以下两种特殊情况。

业务事项	税务处理
1. 纳税人采用以旧换新（含翻新改制）方式销售的金银首饰	应按实际收取的不含增值税的全部价款确定计税依据征收消费税
2. 金银首饰消费税改变纳税环节后，用外购已税珠宝玉石生产的镶嵌首饰	在计税时一律不得扣除已纳的消费税税款

【计算题】2019 年 6 月，某金店（增值税一般纳税人）采取以旧换新方式销售 24K 纯金项链 1 条，新项链对外销售价格 5 000 元，旧项链作价 3 000 元，从消费者手中收取新旧差价款 2 000 元，开具普通发票，发票上注明的金额为 2 000 元；并以同一方式销售某品牌金表 2 块，此表对外零售价每块 3 500 元，旧表作价 50 元，开具普通发票，发票上注明的单价为 3 500 元。

【要求】计算该金店当月增值税销项税额和应缴纳的消费税。

【参考答案】

纳税人采用以旧换新方式销售的金银首饰，应按实际收取的不含增值税的全部价款确定消费税计税依据。

金表不属于改在零售环节征税的金银首饰，故无须计算缴纳消费税，但增值税是对在中华人民共和国境内销售货物普遍征收，所以，销售金表需要缴纳增值税。

销项税额 =2 000（以旧换新销售金银首饰含税差价款）+3 500（金表含税零售额）×2）÷（1 +13%）×13% =1 035. 40（元）

应缴纳的消费税 =2 000 ÷（1 +13%）×5% =88. 50（元）

（六）卷烟批发环节应纳税额的计算

卷烟批发	具体内容
1. 在卷烟批发环节加征一道消费税的规定	为适当增加财政收入，完善烟产品消费税制度，自 2009 年 5 月 1 日起，在卷烟批发环节加征一道消费税 在中华人民共和国境内从事卷烟批发业务的单位和个人，应就其批发销售的所有牌号规格的卷烟的销售额（不含增值税）按照 5% 的比例税率计算缴纳消费税 自 2015 年 5 月 10 日起，税率由 5% 提高至 11%，并按 0. 005 元/支加征从量税

续表

卷烟批发	具体内容
2. 卷烟批发环节消费税应纳税额	应纳税额 = 销售额 × 11% + 销售数量（支）× 0.005 元/支 卷烟消费税在生产和批发两个环节征收后，批发企业在计算纳税时不得扣除已含的生产环节的消费税税款
3. 纳税人兼营卷烟批发和零售业务的	应当分别核算批发和零售环节的销售额、销售数量 未分别核算批发和零售环节销售额、销售数量的，按照全部销售额、销售数量计征批发环节消费税

【判断题】卷烟在生产和批发两个环节均征收消费税，但批发企业在计算纳税时不得扣除已含的生产环节的消费税税款。(　　)

【参考答案】√。卷烟消费税在生产和批发两个环节征收后，批发企业在计算纳税时不得扣除已含的生产环节的消费税税款。

（七）超豪华小汽车零售环节应纳税额的计算

超豪华小汽车	具体内容
1. 在零售环节加征消费税的规定	超豪华小汽车，在生产（进口）环节按现行税率征收消费税基础上，在零售环节加征消费税，税率为 10% 超豪华小汽车的纳税人为销售给消费者的单位和个人
2. 零售环节消费税应纳税额	应纳税额 = 零售环节销售额（不含增值税，下同）× 零售环节税率
3. 国内汽车生产企业直接销售给消费者的超豪华小汽车	消费税税率按照生产环节税率和零售环节税率加总计算 应纳税额 = 销售额 ×（生产环节税率 + 零售环节税率）

第四节　消费税的征收管理

一、消费税的纳税义务发生时间

1. 纳税人销售的应税消费品。

结算方式	纳税义务发生时间
（1）采取赊销和分期收款结算方式的	为书面合同规定的收款日期的当天；书面合同没有约定收款日期或者无书面合同的，为发出应税消费品的当天
（2）采取预收货款结算方式的	为发出应税消费品的当天
（3）采取托收承付和委托银行结算方式的	为发出应税消费品并办妥托收手续的当天
（4）采取其他结算方式的	为收讫销售款或者取得索取销售款凭据的当天

2. 纳税人自产自用的应税消费品，纳税义务发生的时间，为移送使用的当天。

3. 纳税人委托加工的应税消费品，纳税义务发生的时间，为纳税人提货的当天。

4. 纳税人进口的应税消费品，纳税义务发生的时间，为报关进口的当天。

【多选题】关于消费税纳税义务发生时间的说法，正确的有（　　）。

A. 采取预收货款结算方式的，纳税义务发生时间为收到预收货款的当天

B. 纳税人自产自用的应税消费品，纳税义务发生时间为移送使用的当天

C. 采取分期收款结算方式的，纳税义务发生时间为货物发出的当天

D. 纳税人委托加工的应税消费品，纳税义务发生时间为纳税人提货的当天

【参考答案】BD。采取赊销和分期收款结算方式的，纳税义务发生的时间为书面合同约定的收款日期的当天；书面合同没有约定收款日期或者无书面合同的，为发出应税消费品的当天。采取预收货款结算方式的，纳税义务发生的时间为发出应税消费品的当天。纳税人自产自用的应税消费品，纳税义务发生的时间为移送使用的当天。纳税人委托加工的应税消费品，纳税义务发生的时间为纳税人提货的当天。

二、消费税的纳税期限

纳税/申报期限	具体内容
1. 消费税的纳税期限	消费税的纳税期限分别为 1 日、3 日、5 日、10 日、15 日、1 个月或者 1 个季度；纳税人的具体纳税期限，由主管税务机关根据纳税人应纳税额的大小分别核定，不能按照固定期限纳税的，可以按次纳税
2. 消费税的申报期限	纳税人以 1 个月或者 1 个季度为 1 个纳税期的，自期满之日起 15 日内申报纳税 以 1 日、3 日、5 日、10 日或者 15 日为 1 个纳税期的，自期满之日起 5 日内预缴税款，于次月 1 日起 15 日内申报纳税并结清上月应纳税款 纳税人进口货物，应当自海关填发海关进口消费税专用缴款书之日起 15 日内缴纳税款

三、消费税的纳税地点

业务事项	纳税地点
1. 固定业户	纳税人销售的应税消费品，以及自产自用的应税消费品，除国务院财政、税务主管部门另有规定外，应当向纳税人机构所在地或者居住地的主管税务机关申报纳税 [按居住地原则] （1）纳税人的总机构与分支机构不在同一县（市）的，应当分别向各自机构所在地的主管税务机关申报纳税 （2）经财政部、国家税务总局或者其授权的财政、税务机关批准，可以由总机构汇总向总机构所在地的主管税务机关申报纳税 [选择性] （3）卷烟批发企业的纳税地点为其机构所在地，总机构与分支机构不在同一地区的，由总机构申报纳税
2. 纳税人到外县（市）销售或委托外县（市）代销自产应税消费品的	在应税消费品销售后，向机构所在地或者居住地主管税务机关申报纳税 [按居住地原则]

续表

业务事项	纳税地点
3. 委托加工应税消费品	除受托方为个人外，由受托方向机构所在地或者居住地的主管税务机关解缴消费税税款 委托个人加工的应税消费品，由委托方向其机构所在地或者居住地主管税务机关申报纳税
4. 进口的应税消费品	由进口人或者其代理人，向报关地海关申报纳税［按发生地原则］
5. 纳税人销售的应税消费品	如因质量等原因由购买者退回时，经机构所在地或者居住地主管税务机关审核批准后，可退还已缴纳的消费税税款

本章习题

一、单项选择题

1. 根据我国现行消费税的规定，下列消费品中属于消费税征税范围的是（　　）。

A. 香皂　　B. 竹制一次性筷子

C. 高尔夫球杆　　D. 电动汽车

2. 甲啤酒厂为增值税一般纳税人，2022 年 6 月销售鲜啤酒 10 吨给乙烟酒批发销售公司，开具的增值税专用发票上注明金额 29 000 元，另开收据收取包装物押金 2 000 元（含塑料周转箱押金 500 元）；销售无醇啤酒 5 吨给丙商贸公司，开具增值税普通发票注明金额 13 800 元，另开收据收取包装物押金 750 元。上述押金均单独核算。甲厂当月应缴纳消费税（　　）元。

A. 2 500　　B. 3 300　　C. 3 600　　D. 3 750

3. 2022 年 6 月，甲电池生产企业委托乙企业加工铅蓄电池，乙企业按照本企业同类铅蓄电池不含税价格 100 万元代收代缴消费税 4 万元。甲企业当月全部收回。将其中 30% 对外出售，取得不含税销售额 33 万元；50% 用于继续加工铅蓄电池后销售，取得不含税销售额 80 万元。甲企业当月应缴纳消费税（　　）万元。

A. 0　　B. 2. 52　　C. 1. 20　　D. 1. 32

4. 生产企业以外购应税消费品连续生产应税消费品，下列准予扣除外购应税消费品已纳消费税税款的是（　　）。

A. 已税摩托车生产的摩托车　　B. 已税白酒生产的白酒

C. 已税烟丝生产的卷烟　　D. 已税珠宝玉石生产的金银镶嵌首饰

5. 关于对超豪华小汽车征收消费税的规定，下列说法正确的是（　　）。

A. 征税对象是每辆零售价格 130 万元（含增值税）及以上的小汽车

B. 纳税环节是生产环节和零售环节

C. 纳税人是消费者

D. 计税价格是不含消费税的计税销售价格

6. 关于消费税扣缴义务人，下列说法正确的是（　　）。

A. 委托个人加工应税消费品由受托方代收代缴消费税

B. 个人购买跨境电子商务零售进口商品的，生产商可作为代收代缴义务人

C. 个人购买跨境电子商务零售进口商品的，电子商务企业可作为代收代缴义务人

D. 委托加工应税消费品，由委托方代收代缴消费税

7. 下列项目中，应同时缴纳消费税和增值税的是（　　）。

A. 零售的高档化妆品　　B. 批发的白酒

C. 进口的高档音响　　D. 生产的电子烟

8. 下列车辆应征收消费税的是（　　）。

A. 企业生产销售的电动汽车　　B. 企业购进乘用车整车改装生产的汽车

C. 企业购进货车改装生产的商务车　　D. 企业购进厢式货车改装生产的商务车

9. 关于消费税从价定率计税销售额，下列说法正确的是（　　）。

A. 消费税计税销售额包括增值税

B. 白酒包装物押金收取时不计入计税销售额

C. 高档化妆品品牌使用费应计入计税销售额

D. 金银首饰包装费不计入计税销售额

10. 某酒类股份有限公司为增值税一般纳税人，2 月销售给下属销售公司 42 度白酒 500 斤，不含税出厂价 100 元/斤，税务机关认为销售价格明显偏低，上月销售公司对外销售同类白酒的平均价格为 220 元/斤。白酒消费税计税价格核定比例为 60%。该公司应缴纳消费税（　　）元。

A. 10 250　　B. 13 450　　C. 15 650　　D. 22 250

二、多项选择题

1. 下列货物属于应税消费品的有（　　）。

A. 啤酒　　B. 鞭炮　　C. 保健食品　　D. 涂料

2. 下列情形属于受托方自制应税消费品的有（　　）。

A. 由受托方提供原材料生产的应税消费品

B. 受托方先将原材料卖给委托方，然后接受加工的应税消费品

C. 由委托方提供原料和主要材料，受托方只收取加工费和代垫部分辅助材料加工的应税消费品

D. 由受托方以委托方名义购进原材料生产的应税消费品

3. 下列消费品，属于消费税征收范围的有（　　）。

A. 酒精　　B. 护发素　　C. 合成宝石

D. 果木酒　　E. 卡丁车

4. 关于金银首饰零售环节征收消费税，下列说法正确的有（　　）。

A. 纳税人采用以旧换新方式销售的金银首饰，应按实际收取的不含税的全部价款确定计税依据

B. 金银首饰连同包装物销售，能够分别核算的，包装物不并入销售额计征消费税

C. 金银首饰与其他产品组成成套消费品销售的，应区别应税和非应税消费品分别征税

D. 单位用于馈赠的金银首饰，没有同类金银首饰销售价格的，按照组成计税价格计算纳税

E. 金银首饰改在零售环节征税后，出口金银首饰不退消费税

5. 下列关于消费税纳税地点的表述，正确的有（　　）。

A. 纳税人自产自用应税消费品，除国务院财政、税务主管部门另有规定外，应向纳税人机构所在地或者居住地的主管税务机关申报纳税

B. 纳税人的总机构与分支机构不在同一县（市）的，应当分别向各自机构所在地的主管税务机关申报纳税，经批准，可以汇总纳税

C. 纳税人到外县（市）销售应税消费品，应向销售地主管税务机关申报纳税

D. 委托个人加工的应税消费品，由委托方向其机构所在地或者居住地主管税务机关申报纳税

6. 下列业务既征增值税又征消费税的有（　　）。

A. 商场珠宝部销售金银首饰

B. 卷烟批发商向零售商销售卷烟

C. 商场服务部销售高档服装

D. 商场珠宝部销售珠宝首饰

E. 4S 店销售超豪华小汽车

7. 关于消费税征收范围的说法正确的有（　　）。

A. 用于水上运动和休闲娱乐等活动的非机动艇属于“游艇”的征收范围

B. 购进乘用车或中轻型商用客车整车改装生产的汽车属于“小汽车”的征收范围

C. 实木指接地板及用于装饰墙壁、天棚的实木装饰板属于“实木地板”的征收范围

D. 高尔夫球包属于“高尔夫球及球具”的征收范围

E. 以汽油、汽油组分调和生产的“甲醇汽油”和“乙醇汽油”属于“汽油”的征收范围

8. 某鞭炮厂（增值税一般纳税人）用外购已税的焰火继续加工高档焰火。6 月销售高档焰火，开具增值税专用发票注明销售额 1 000 万元；本月外购焰火 400 万元，取得增值税专用发票，月初库存外购焰火 60 万元，月末库存外购焰火 50 万元，相关发票当月已认证，下列说法正确的有（　　）。（焰火消费税税率 15%，上述价格均不含增值税）

A. 该鞭炮厂计算缴纳消费税时，可以按照本月生产领用数量计算扣除外购已税鞭炮焰火已纳的消费税

B. 该鞭炮厂计算缴纳消费税时，可以按照当月购进的全部已税焰火数量计算扣除

已纳的消费税

C. 该鞭炮厂计算缴纳增值税时，当月购进的全部已税焰火支付的进项税额可以从当期销项税额中抵扣

D. 该鞭炮厂计算缴纳增值税时，按照本月生产领用外购已税鞭炮焰火支付的进项税额可以从当期销项税额中抵扣

E. 当月该鞭炮厂应纳消费税 88.5 万元

9. 下列关于卷烟在批发环节征收消费税的说法，正确的有（　　）。

A. 零售商销售卷烟不征收消费税

B. 卷烟批发公司向卷烟零售商销售卷烟，应缴纳消费税

C. 卷烟批发公司向卷烟批发商销售卷烟，应缴纳消费税

D. 卷烟批发公司应当将卷烟销售额与其他商品销售额分开核算，未分开核算的，一并征收消费税

E. 卷烟批发公司向卷烟零售商销售卷烟，可将已纳的生产环节的消费税款从应纳消费税中扣除

10. 下列关于消费税的处理，说法正确的有（　　）。

A. 经营单位进口金银首饰无须缴纳进口环节消费税

B. 珠宝商销售金银首饰及珠宝首饰，不能分别核算的，一律按销售金银首饰计算缴纳零售环节消费税

C. 卷烟批发企业销售卷烟，不分销售对象，均应汇总按 11% 的比例税率和 0.005 元/支的定额税率计算缴纳消费税

D. 生产企业将超豪华小汽车直接销售给消费者，仅缴纳生产环节的消费税

E. 五金批发企业购进大包装电池改成小包装电池销售，应计算缴纳消费税

参考答案与解析

一、单项选择题

1.【参考答案】C。小汽车属于消费税征税范围，但不包括电动汽车。每辆零售价格 130 万元（不含增值税）及以上的乘用车和中轻型商用客车，为超豪华小汽车，对超豪华小汽车，在生产（进口）环节按现行税率征收消费税基础上，在零售环节加征消费税，税率为 10%。高尔夫球及球具属于消费税征税范围，具体包括高尔夫球、高尔夫球杆（含杆头、杆身和握把）、高尔夫球包（袋）。而香皂、竹制一次性筷子则不属于消费税征税范围。

2.【参考答案】C。（1）啤酒分为甲类和乙类，分别适用 250 元/吨和 220 元/吨的单位税额。啤酒分类以每吨出厂价的高低作为划分标准，每吨不含增值税出厂价（含包装物及包装物押金）3 000 元（含 3 000 元）以上是甲类啤酒。计算啤酒分类的包装物押金不包括供重复使用的塑料周转箱的押金。（2）鲜啤酒每吨出厂价 =

[29 000 + (2 000 − 500) ÷ (1 + 13%)] ÷ 10 = 3 032.74 元，为甲类啤酒；无醇啤酒每吨出厂价 = [13 800 + 750 ÷ (1 + 13%)] ÷ 5 = 2 892.74 元，为乙类啤酒。(3) 甲厂当月应缴纳消费税 = 10 × 250 + 5 × 220 = 3 600（元）。

3. 【参考答案】D。(1) 委托方将委托加工收回的应税消费品，以高于受托方的计税价格出售的，须按照销售额申报缴纳消费税，在计税时准予扣除受托方已代收代缴的消费税。(2) 以委托加工收回的已税电池连续生产应税电池在计征消费税时，可以扣除委托加工收回应税消费品的已纳消费税税款。(3) 甲企业当月应缴纳消费税 = (33 + 80) × 4% − 4 × 80% = 1.32（万元）。

4. 【参考答案】C。已税消费品连续生产应税消费品的，允许抵扣税额的税目从大类上看，原则上不包括酒（葡萄酒除外）、小汽车、高档手表、游艇、涂料、摩托车。从允许抵扣项目的子目上看，不包括雪茄烟、溶剂油、航空煤油。选项 ABD，不属于外购应税消费品已纳税款扣除的范围。

5. 【参考答案】B。选项 A，超豪华小汽车为每辆零售价格 130 万元（不含增值税）及以上的乘用车和中轻型商用客车。选项 C，超豪华小汽车的消费税纳税人为销售方，购买方（消费者）不是消费税的纳税人。选项 D，超豪华小汽车的计税价格是含消费税不含增值税的计税销售价格。

6. 【参考答案】C。购买跨境电子商务零售进口商品的个人作为纳税义务人。电子商务企业、电子商务交易平台企业或物流企业可作为代收代缴义务人。

7. 【参考答案】D。选项 AB，高档化妆品和白酒在零售、批发环节都不缴纳消费税；选项 C，音响不属于应税消费品。

8. 【参考答案】B。对于购进乘用车或中轻型商用客车整车改装生产的汽车，应按规定征收消费税。选项 A，电动汽车不属于消费税征税范围，不征收消费税；选项 CD，不征收消费税。

9. 【参考答案】C。选项 A，消费税计税销售额不包括增值税；选项 B，白酒包装物押金收取时计入计税销售额；选项 D，金银首饰包装费计入计税销售额。

10. 【参考答案】B。应缴纳的消费税 = 500 × 220 × 60% × 20% + 500 × 0.5 = 13 450（元）。

二、多项选择题

1. 【参考答案】ABD。保健食品不属于消费税征税范围。

2. 【参考答案】ABD。委托加工的应税消费品，是指由委托方提供原料和主要材料，受托方只收取加工费和代垫部分辅助材料加工的应税消费品。对于由受托方提供原材料生产的应税消费品，或者受托方先将原材料卖给委托方，然后接受加工的应税消费品，以及由受托方以委托方名义购进原材料生产的应税消费品，不论在财务上是否作销售处理，都不得作为委托加工应税消费品，而应当按照销售自制应税消费品缴纳消费税。

3.【参考答案】CD。选项 A，酒精不属于消费税征税范围。选项 B，高档化妆品征税范围包括高档美容、修饰类化妆品，高档护肤类化妆品和成套化妆品，护发素不属于高档化妆品，不征收消费税。选项 E，电动汽车、沙滩车、雪地车、卡丁车、高尔夫车不属于消费税征税范围。

4.【参考答案】ADE。选项 B，金银首饰连同包装物销售的，无论包装物是否单独计价，也无论会计上如何核算，均应并入金银首饰的销售额，计征消费税。选项 C，金银首饰与其他产品组成成套消费品销售的，应按销售额全额征收消费税。选项 E，金银首饰改在零售环节征税后，出口金银首饰不退还消费税。

5.【参考答案】ABD。纳税人自产自用应税消费品，除国务院财政、税务主管部门另有规定外，应向纳税人机构所在地或者居住地的主管税务机关申报纳税。纳税人到外县（市）销售或者委托外县（市）代销自产应税消费品的，于应税消费品销售后，向机构所在地或者居住地主管税务机关申报纳税。纳税人的总机构与分支机构不在同一县（市）的，应当分别向各自机构所在地的主管税务机关申报纳税，经财政部、国家税务总局或者其授权的财政、税务机关批准，可以由总机构汇总向总机构所在地的主管税务机关申报纳税。委托个人加工的应税消费品，由委托方向其机构所在地或者居住地主管税务机关申报纳税。

6.【参考答案】ABE。选项 A，金银首饰在零售环节征收消费税，既征增值税又征消费税；选项 B，卷烟批发环节征收消费税，既征增值税又征消费税；选项 C，高档服装不属于消费税征收范围，只征收增值税；选项 D，珠宝在生产环节征收消费税，零售环节不征消费税，只征收增值税；选项 E，超豪华小汽车在零售环节加征一道消费税，既征增值税又征消费税。

7.【参考答案】BCDE。选项 A，水上运动和休闲娱乐等非营利活动的各类机动艇才属于“游艇”的征收范围。

8.【参考答案】ACE。当月该鞭炮厂应纳消费税 $=1\ 000\times 15\%-(60+400-50)\times 15\%=88.5$（万元）。

9.【参考答案】ABD。卷烟批发企业销售给批发企业以外的单位和个人的卷烟于销售时纳税，卷烟批发企业之间销售的卷烟不缴纳消费税；卷烟消费税在生产和批发两个环节征收，批发企业在计算纳税时不得扣除已含的生产环节的消费税税款。

10.【参考答案】ABE。选项 C，卷烟批发企业之间销售的卷烟不缴纳消费税；选项 D，生产者将小汽车直接销售给消费者，应该征收生产环节和零售环节的消费税。

第四章　企业所得税

第一节　企业所得税概述

一、概念

企业所得税是对我国境内企业和其他取得收入的组织就其生产经营所得和其他所得征收的一种税。

企业所得税是我国第二大主体税种，对于组织国家税收收入发挥着举足轻重的作用。同时，作为国家宏观调控的一种重要手段，企业所得税在贯彻产业政策、促进结构优化和稳定经济发展等方面发挥着非常重要的作用。

二、历史沿革

1950 年，政务院发布的《全国税政实施要则》规定了所得税性质的工商业税（所得税部分）、存款利息所得税与薪金报酬所得税三种税收，标志着我国所得税体系的初步建立。

1958 年，实行工商税制改革时，所得税从工商业税中分离出来，定名为工商所得税，标志着我国独立所得税制的出现。

为服务改革开放，涉外所得税制立法成为先行者。1980 年 9 月，我国颁布了《中华人民共和国中外合资经营企业所得税法》，这是我国第一部企业所得税法。1981 年又颁布了《中华人民共和国外国企业所得税法》。1991 年将两部涉外企业所得税法合并为《中华人民共和国外商投资企业和外国企业所得税法》。

为贯彻“统一税法、公平税负、简化税制、合理分权”是原则，1993 年 12 月，国务院发布了《中华人民共和国企业所得税暂行条例》，将国营企业所得税、集体企业所得税、私营企业所得税合并，统一了内资企业所得税制度。该条例从 1994 年 1 月 1 日起施行，标志着我国内资企业所得税体系基本形成。

我国加入世界贸易组织（WTO）后，为适应企业法人制度和以公司制为主要形式的企业制度，2007 年 3 月 16 日，第十届全国人民代表大会通过了《中华人民共和国企业所得税法》（以下简称《企业所得税法》），自 2008 年 1 月 1 日起施行。这标志着内外资企业所得税法实现统一。

企业所得税属于共享税，未纳入共享范围的中央企业所得税为中央收入，纳入共享范围的企业所得税部分中央政府分享 60%，地方政府分享 40%。2020 年，我国实现企业所得税收入36426亿元，占当年全部税收收入的23.61%。

三、企业所得税的特点

1. 以应纳税所得额为计税依据。
2. 税负不易转嫁。
3. 按纳税年度计算。
4. 分月或者分季预缴、年终汇算清缴。

第二节 企业所得税的纳税人、征税对象和税率

一、企业所得税的纳税人

企业所得税的纳税人是指在中华人民共和国境内的企业和其他取得收入的组织（以下统称“企业”）。

（一）企业所得税纳税人的范围

企业所得税纳税义务人	非企业所得税纳税义务人
我国境内的企业和其他取得收入的组织	个体工商户 个人独资企业 合伙企业 【提示】个人投资者缴纳个人所得税，不是企业所得税的纳税人

【单选题】依据我国法律成立的下列主体不是企业所得税纳税人的是（　　）。

A. 个人独资企业　　B. 有限责任公司

C. 股份有限公司　　D. 外商投资企业

【参考答案】A。根据《企业所得税法》规定，个人独资企业、合伙企业不是企业所得税的纳税人。

（二）企业所得税纳税人的类型

1. 居民企业

居民企业	内容
（1）判定标准	居民企业采用登记注册地和实际管理机构所在地两个标准确定（两者满足其一即可）
（2）具体包括	①依法在中国境内成立的企业，是指依照中国法律、行政法规在中国境内成立的企业、事业单位、社会团体以及其他取得收入的组织，也包括依法在中国境内成立的外资企业 ②依照外国（地区）法律成立但实际管理机构（指对企业的生产经营、人员、账务、财产等实施实质性全面管理和控制的机构）在中国境内的企业

2. 非居民企业

非居民企业	内容
（1）判定标准	非居民企业，是指依照外国（地区）法律成立且实际管理机构不在中国境内，但在中国境内设立机构、场所的，或者在中国境内未设立机构、场所，但有来源于中国境内所得的企业
（2）营业代理人	非居民企业委托营业代理人在中国境内从事生产经营活动的，包括委托单位或者个人经常代其签订合同，或者储存、交付货物等，该营业代理人视为非居民企业在中国境内设立的机构、场所
（3）机构、场所	上述所称机构、场所，是指在中国境内从事生产经营活动的机构、场所，包括：①管理机构、营业机构、办事机构；②工厂、农场、开采自然资源的场所；③提供劳务的场所；④从事建筑、安装、装配、修理、勘探等工程作业的场所；⑤其他从事生产经营活动的机构、场所

【多选题】下列属于我国企业所得税纳税人的有（　　）。

A. 我国甲企业在境内设立的分公司　　B. 我国甲企业在境内设立的子公司

C. 我国甲企业在境外设立的子公司　　D. 实际管理机构在我国境内的外国企业

【参考答案】BD。我国企业在境内设立的分公司，不是企业所得税纳税人，应由总机构汇总缴纳企业所得税。境内设立的子公司是企业所得税纳税人，独立承担纳税义务。境外设立的子公司不是企业所得税纳税人。实际管理机构在我国境内的外国企业是居民企业。

二、企业所得税的征税对象

（一）居民企业的征税对象

居民企业应当就其来源于中国境内、境外的所得缴纳企业所得税。

（二）非居民企业的征税对象

非居民企业	境内所得	境外所得
1. 在中国境内设立机构、场所的，取得所得与设立机构、场所有实际联系	所设立机构、场所取得的来源于境内的所得，征税	发生在境外但与其所设立的机构、场所有实际联系的所得，征税
2. 在中国境内设立机构、场所，但取得的所得与设立机构、场所没有实际联系的	来源于境内的所得，征税	不征税
3. 在中国境内未设立机构、场所的		不征税

（三）境内、境外所得的确定原则

所得类型	所得来源地确定原则
1. 销售货物所得	按照交易活动发生地确定
2. 提供劳务所得	按照劳务发生地确定
3. 转让财产所得	不动产转让所得，按照不动产所在地确定 动产转让所得，按照转让动产的企业或者机构、场所所在地确定 权益性投资资产转让所得，按照被投资企业所在地确定
4. 股息、红利等权益性投资所得	按照分配所得的企业所在地确定
5. 利息所得、租金所得、特许权使用费所得	按照负担、支付所得的企业或者机构、场所所在地确定，或者按照负担、支付所得的个人的住所地确定
6. 其他所得	由国务院财政、税务主管部门确定

【多选题】下列符合企业所得税所得来源地确定原则的有（　　）。

A. 特许权使用费所得，按照交易活动发生地确定

B. 建筑劳务所得，按照劳务发生地确定

C. 利息所得，按照负担、支付所得的企业或者机构、场所所在地确定

D. 租金所得，按照取得租金所得的企业或者机构、场所所在地确定

【参考答案】BC。销售货物所得，按照交易活动发生地确定；提供劳务所得，按照劳务发生地确定；转让财产所得，不动产转让所得按照不动产所在地确定，不动产转让所得按照转让动产的企业或者机构、场所所在地确定；权益性投资资产转让所得按照被投资企业所在地确定；股息、红利等权益性投资所得，按照分配所得的企业所在地确定；利息所得、租金所得、特许权使用费所得，按照负担、支付所得的企业或者机构、场所所在地确定，或者按照负担、支付所得的个人的住所地确定；其他所得，由国务院财政、税务主管部门确定。

三、税率

类型	税率	适用范围
1. 基本税率	25%	居民企业，非居民企业（在中国境内设有机构、场所且所得与机构、场所有关联的非居民企业）
2. 优惠税率	20%（实际10%）	非居民企业，在中国境内未设立机构、场所的，虽设立机构、场所但取得的所得与其所设机构、场所没有实际联系的非居民企业
	20%	符合条件的小型微利企业
	15%	国家重点扶持的高新技术企业、经认定的技术先进型服务企业

【单选题】非居民企业在中国境内未设立机构、场所的，或者虽设立机构、场所但取得的所得与其所设机构、场所没有实际联系的，应当就其来源于中国境内的所得缴

纳企业所得税。该非居民企业所得税实际适用的税率是（　　）。

A. 25%　　B. 20%　　C. 15%　　D. 10%

【参考答案】D。根据《企业所得税法》及其实施条例规定，非居民企业在中国境内未设立机构、场所的，或者虽设立机构、场所但取得的所得与其所设机构、场所没有实际联系的，适用20%的企业所得税优惠税率，实际减按10%征收企业所得税。

第三节　企业所得税应纳税所得额的确定

一、企业所得税的计算原理

（一）企业所得税的计税依据

1. 企业所得税的计税依据是应纳税所得额

应纳税所得额为每一纳税年度的收入总额，减除不征税收入、免税收入、各项扣除以及允许弥补的以前年度亏损后的余额。

2. 企业应纳税所得额的计算

以权责发生制为主、收付实现制为辅。属于当期的收入和费用，不论款项是否收付，均作为当期的收入和费用；不属于当期的收入和费用，即使款项已经在当期收付，均不作为当期的收入和费用。《企业所得税法》和国务院财政、税务主管部门另有规定的除外。

（二）计算原理

计算方法	应纳税所得额
1. 直接计算法	从税法角度直接计算 应纳税所得额＝应税收入－税法认可扣除项 ＝收入总额－不征税收入－免税收入－各项扣除金额－允许弥补的以前年度亏损
2. 间接计算法	（1）从会计角度调整计算 应纳税所得额＝会计利润＋纳税调增额－纳税调减额 （2）企业所得税年度纳税申报表采用了间接法计算填报应纳税所得额 申报表第一部分“利润总额的计算”按照国家统一会计制度口径计算。在“利润总额”基础上，会计制度与税法规定的差异，在申报表第二部分“应纳税所得额计算”中进行调整，由此得出企业所得税的计税依据“应纳税所得额”

【判断题】企业所得税以税法规定的每一纳税年度的收入总额，减除税法规定的各项扣除和允许弥补的以前年度亏损后的余额为应纳税所得额。（　　）

【参考答案】×。根据《企业所得税法》规定，企业每一纳税年度的收入总额，减除不征税收入、免税收入、各项扣除以及允许弥补的以前年度亏损后的余额，为应纳税所得额。

二、收入总额的税务处理

（一）收入范围

收入范围	具体内容
1. 一般规定	（1）企业以货币形式和非货币形式从各种来源取得的收入，都属于收入总额 （2）企业以非货币形式取得的收入，应当按照公允价值确定收入额。公允价值，即按照市场价格确定的价值
2. 收入项目	（1）销售货物收入是指企业销售商品、产品、原材料、包装物、低值易耗品以及其他存货取得的收入 （2）提供劳务收入 （3）转让财产收入 （4）股息、红利等权益性投资收益 （5）利息收入 （6）租金收入 （7）特许权使用费收入 （8）接受捐赠收入 （9）其他收入

（二）视同销售货物、转让财产或者提供劳务

1. 视同销售货物、转让财产或者提供劳务的范围

视同销售	具体内容
（1）视同销售货物、转让财产或者提供劳务的情形	企业发生非货币性资产交换，以及将货物、财产、劳务用于捐赠、偿债、赞助、集资、广告、样品、职工福利或者利润分配等用途的，应当视同销售货物、转让财产或者提供劳务。但国务院财政、税务主管部门另有规定的除外
（2）处理该类业务时，主要看资产的所有权属是否发生改变	如果资产的所有权属在形式和实质上均不发生改变，除将资产转移至境外以外，应作为内部处置资产，不视同销售确认收入，相关资产的计税基础延续计算。如果将资产移送他人，因资产所有权属已发生改变而不属于内部处置资产，应按规定视同销售确认收入
（3）不属于视同销售的情形	企业以“买一赠一”等方式组合销售本企业商品的，不属于捐赠，无须进行视同销售的处理，应将总的销售金额按各项商品的公允价值的比例分摊确认各项的销售收入

【多选题】根据现行企业所得税相关规定，下列说法正确的有（　　）。

A. 以分期收款方式销售货物，按照合同约定的收款日期确认收入

B. 企业将资产用于市场推广，应视同销售

C. 企业以买一赠一销售的，视同捐赠销售

D. 企业将自制商品用于职工奖励的，应视同销售

【参考答案】ABD。《国家税务总局关于确认企业所得税收入若干问题的通知》（国税函〔2008〕875号）规定："企业以买一赠一等方式组合销售本企业商品的，不属于捐赠，应将总的销售金额按各项商品的公允价值的比例分摊确认各项的销售收入。"

2. 视同销售货物、转让财产或者提供劳务的收入和成本的确认

视同销售确定收入时，除另有规定外，应按照被移送资产的公允价值确定销售收入。同时注意，在确认视同销售收入的同时，需要确认视同销售成本。

视同销售业务在确认收入时会计、增值税、企业所得税处理

业务	会计	增值税	企业所得税
（1）设有两个以上机构（不在同一县市）并实行统一核算的纳税人，将货物从一个机构移送至其他机构用于销售	×	√	×
（2）将自产货物用于职工福利或奖励	√	√	√
（3）将自产货物用于对外投资	√	√	√
（4）将自产货物用于股息分配	√	√	√
（5）将自产货物用于对外捐赠	×	√	√

【提示】"√"表示进行收入确认的会计处理，缴纳增值税和企业所得税；"×"表示不进行收入确认的会计处理，不缴纳增值税和企业所得税。

（三）收入确认的时间

1. 收入确认的条件

一般情况下，企业销售收入的确认，应当遵循权责发生制和实质重于形式的原则，而不是根据是否实际收款来确认。

类型	收入确认条件
（1）企业销售商品	同时满足下列条件的，应确认收入的实现 ①商品销售合同已经签订，企业已将商品所有权相关的主要风险和报酬转移给购货方 ②企业对已售出的商品既没有保留通常与所有权相联系的继续管理权，也没有实施有效控制 ③收入的金额能够可靠地计量 ④已发生或将发生的销售方的成本能够可靠核算
（2）企业提供劳务	在各个纳税期末，如果提供劳务交易的结果能够可靠估计的，应采用完工进度（完工百分比法）确认收入的实现 ①提供劳务交易的结果能够可靠估计，是指同时满足下列条件： a. 收入的金额能够可靠地计量 b. 交易的完工进度能够可靠地确定 c. 交易中已发生和将发生的成本能够可靠核算 ②提供劳务的完工进度，可以选用已完成工作的测量、已提供劳务占劳务总量的比例、发生成本占总成本的比例等方法来确定

2. 不同项目收入确认的时间

项目类型	收入确认时间
（1）转让股权收入	应于转让协议生效且完成股权变更手续时，确认收入的实现
（2）股息、红利等权益性投资收益	除国务院财政、税务主管部门另有规定外，按照被投资方作出利润分配决定的日期确认收入的实现
（3）利息收入	按照合同约定的债务人应付利息的日期确认收入的实现
（4）租金收入	按照合同约定的承租人应付租金的日期确认收入的实现
（5）特许权使用费收入	按照合同约定的特许权使用人应付特许权使用费的日期确认收入的实现
（6）接受捐赠收入	按照实际收到捐赠资产的日期确认收入的实现

【多选题】根据企业所得税的有关规定，下列有关收入确认时间的叙述正确的有（　　）。

A. 利息收入，按照实际收到利息的日期确认收入的实现

B. 租金收入，按照合同约定的承租人应付租金的日期确认收入的实现

C. 特许权使用费收入，按照实际收到特许权使用费的日期确认收入的实现

D. 接受捐赠收入，按照实际收到捐赠资产的日期确认收入的实现

【参考答案】BD。根据《中华人民共和国企业所得税法实施条例》，利息收入，按照合同约定的债务人应付利息的日期确认收入的实现。租金收入，按照合同约定的承租人应付租金的日期确认收入的实现。特许权使用费收入，按照合同约定的特许权使用人应付特许权使用费的日期确认收入的实现。接受捐赠收入，按照实际收到捐赠资产的日期确认收入的实现。

3. 不同结算方式收入确认的时间

结算方式	收入确认时间
（1）销售商品采取预收款方式的	在发出商品时确认收入
（2）销售商品需要安装和检验的	在购买方接受商品以及安装和检验完毕时确认收入。如果安装程序比较简单，可在发出商品时确认收入
（3）销售商品采用支付手续费方式委托代销的	在收到代销清单时确认收入
（4）销售商品采用托收承付方式的	在办妥托收手续时确认收入
（5）以分期收款方式销售货物的	按照合同约定的收款日期确认收入

【单选题】根据企业所得税法的规定，以分期收款方式销售货物的，确定企业所得税收入的实现时间是（　　）。

A. 货物发出的日期

B. 实际收到货款的日期

C. 全部货款收齐的日期

D. 合同约定的收款日期

【参考答案】D。根据《企业所得税法实施条例》规定，以分期收款方式销售货物的，按照合同约定的收款日期确认收入的实现。

（四）不征税收入

1. 不征税收入的税务处理

不征税收入不缴纳企业所得税，应从收入总额中扣除。

不征税收入用于支出所形成的费用或者财产，也不得税前扣除或者不得计算对应的折旧、摊销税前扣除。

【提示】收入成本配比原则的体现，由于作为不征税收入处理，不列入企业所得税的征税范围，因此相应发生的成本也不得税前扣除。

2. 不征税收入的内容

不征税收入	具体含义
（1）财政拨款	财政拨款，是指各级人民政府对纳入预算管理的事业单位、社会团体等组织拨付的财政资金，但国务院和国务院财政、税务主管部门另有规定的除外
（2）依法收取并纳入财政管理的行政事业性收费、政府性基金	行政事业性收费，是指依照法律法规等有关规定，按照国务院规定程序批准，在实施社会公共管理，以及在向公民、法人或者其他组织提供特定公共服务过程中，向特定对象收取并纳入财政管理的费用 政府性基金，是指企业依照法律、行政法规等有关规定，代政府收取的具有专项用途的财政资金
（3）国务院规定的其他不征税收入	是指企业取得的，由国务院财政、税务主管部门规定专项用途并经国务院批准的财政性资金 【提示】没有规定专项用途的财政性资金应作为应税收入缴纳企业所得税

【判断题】不征税收入用于支出所形成的费用或者财产，经税务机关批准可以税前扣除或者计算对应的折旧、摊销税前扣除。（　　）

【参考答案】×。根据《企业所得税法实施条例》规定，不征税收入不缴纳企业所得税；不征税收入用于支出所形成的费用或者财产，不得在税前扣除或者不得计算对应的折旧、摊销在税前扣除。

三、扣除项目的税务处理

（一）扣除项目概述

1. 扣除项目的范围

企业实际发生的与取得收入有关的、合理的支出，准予在计算应纳税所得额时扣除。这些支出包括成本、费用、税金、损失和其他支出。

（1）成本。

成本是指企业在生产经营活动中发生的销售成本、销货成本、业务支出以及其他耗费。即企业销售商品（产品、材料、下脚料、废料、废旧物资等）、提供劳务、转让固定资产、无形资产（包括技术转让）的成本。

（2）费用。

费用是指企业每一个纳税年度为生产、经营商品和提供劳务等所发生的销售（经营）费用、管理费用和财务费用。已经计入成本的有关费用除外。

（3）税金。

税金是指企业发生的除企业所得税和允许抵扣的增值税以外的企业缴纳的各项税金及其附加，即企业按规定缴纳的消费税、城市维护建设税、关税、资源税、土地增值税、房产税、车船税、城镇土地使用税、印花税、教育费附加、地方教育附加等税金及附加。

（4）损失。

损失是指企业在生产经营活动中发生的固定资产和存货的盘亏、毁损、报废损失，转让财产损失，呆账损失，坏账损失，自然灾害等不可抗力因素造成的损失以及其他损失。

（5）其他支出。

其他支出是指除成本、费用、税金、损失外，企业在生产经营活动中发生的与生产经营活动有关的、合理的支出。

【单选题】下列不可以在企业所得税税前扣除的税金的是（　　）。

A. 契税　　B. 资源税

C. 城镇土地使用税　　D. 允许抵扣的增值税

【参考答案】D。《企业所得税法》第八条规定："企业实际发生的与取得收入有关的、合理的支出，包括成本、费用、税金、损失和其他支出，准予在计算应纳税所得额时扣除。"《企业所得税法实施条例》第三十一条规定："《企业所得税法》第八条所称税金，是指企业发生的除企业所得税和允许抵扣的增值税以外的各项税金及其附加。"

2. 扣除时间

支出类型	扣除时间
（1）收益性支出	收益性支出在发生当期直接扣除，如管理费用、销售费用、财产损失等都属于收益性支出，应在发生当期直接扣除
（2）资本性支出	资本性支出应当分期扣除或者计入有关资产成本，不得在发生当期直接扣除 购买原材料的支出属于资本性支出，不得在购买原材料时税前扣除，应在原材料生产的产品、半成品等对外销售或者直接对外销售原材料时税前扣除

【提示】资本性支出应当分期扣除或者计入有关资产成本，不得在发生当期直接扣除。除另有规定外，企业实际发生的成本、费用、税金、损失和其他支出，不得重复扣除。

例外情况：

（1）企业在 2018 年 1 月 1 日至 2027 年 12 月 31 日新购进的设备、器具，单位价值不超过 500 万元的，允许一次性计入当期成本费用在计算应纳税所得额时扣除，不再分年度计算折旧（以下简称一次性税前扣除政策）。

（2）2020 年 1 月至 2021 年 3 月，疫情防控重点保障物资生产企业为扩大产能新购置的相关设备，允许一次性计入当期成本费用在企业所得税税前扣除。

（3）2020 年至 2024 年，对在海南自由贸易港设立的企业，新购置（含自建、自行开发）固定资产或无形资产，单位价值不超过 500 万元（含）的，允许一次性计入当期成本费用在计算应纳税所得额时扣除，不再分年度计算折旧和摊销。

【多选题】根据现行企业所得税法规定，准予在当期企业所得税前扣除的项目有（　　）。

A. 缴纳的增值税　　B. 转让财产的损失

C. 劳动保护费　　D. 资本性支出

【参考答案】BC。《企业所得税法实施条例》第二十八条规定：资本性支出应当分期扣除或者计入有关资产成本，不得在发生当期直接扣除。第三十一条规定：企业所得税前允许扣除的税金，是指企业发生的除企业所得税和允许抵扣的增值税以外的各项税金及其附加。

3. 税前扣除凭证

（1）税前扣除凭证的内涵。

纳税人发生的各类支出，应取得税前扣除凭证，作为计算企业所得税应纳税所得额时，证明与取得收入有关的、合理的支出实际发生的凭证，并据以进行税前扣除。

（2）税前扣除凭证的分类（按照来源的不同划分）。

凭证类型	具体内容
内部凭证	内部凭证是指企业自制用于成本、费用、损失和其他支出核算的会计原始凭证，包括支付无须办理税务登记的单位、小额零星经营个人的凭证
外部凭证	①外部凭证是指企业发生经营活动和其他事项时，从其他单位、个人取得的用于证明其支出发生的凭证 ②最重要的外部凭证是发票（包括纸质发票和电子发票），外部凭证还包括财政票据、完税凭证、收款凭证、分割单等。不能只把发票作为唯一合法的外部凭证 ③企业在境内发生的支出项目属于增值税应税项目 一般以发票作为合法的外部凭证。例如，销售方为依法无须办理税务登记的单位或者从事小额零星经营业务个人的，其支出以税务机关代开的发票或者收款凭证及内部凭证作为税前扣除凭证，收款凭证应载明收款单位名称、个人姓名及身份证号、支出项目、收款金额等相关信息 ④企业在境内发生的支出项目不属于增值税应税项目 销售方为单位的，以销售方开具的发票以外的其他外部凭证作为税前扣除凭证。销售方为个人的，以内部凭证作为税前扣除凭证。企业在境内发生的支出项目虽不属于应税项目，但按税务总局规定可以开具发票的，也可以发票作为税前扣除凭证

【多选题】企业所得税税前扣除凭证按照来源的不同可以分为（　　）。

A. 内部凭证　　B. 外部凭证

C. 增值税应税项目凭证　　D. 非增值税应税项目凭证

【参考答案】AB。根据《企业所得税税前扣除凭证管理办法》（国家税务总局公告

2018 年第 28 号），企业所得税税前扣除凭证按照来源的不同可以分为内部凭证和外部凭证。

（3）取得合法的税前扣除凭证的时间。

企业应在当年年度企业所得税法规定的汇算清缴期结束前取得税前扣除凭证。

通常情况下，企业以前年度应当取得而未取得发票、其他外部凭证，且相应支出在该年度没有税前扣除的，在以后年度取得符合规定的发票、其他外部凭证或者按规定提供可以证实其支出真实性的相关资料，相应支出可以追补至该支出发生年度税前扣除，但追补年限不得超过 5 年。

（二）扣除项目及其标准

扣除项目	具体内容
1. 工资、薪金支出	企业发生的合理的工资薪金支出，准予扣除 合理的工资薪金，是指企业按照股东大会、董事会、薪酬委员会或相关管理机构制订的工资薪金制度规定实际发放给员工的工资薪金，包括企业每一纳税年度支付给在本企业任职或者受雇员工的所有现金形式或者非现金形式的基本工资、奖金、津贴、补贴、年终加薪、加班工资，以及与员工任职或者受雇有关的其他支出
2. 职工福利费支出	（1）职工福利费的内容 ①尚未实行分离办社会职能的企业，其内设福利部门（包括职工食堂、职工浴室、理发室、医务所、托儿所、疗养院等）所发生的设备、设施和人员费用 ②为职工卫生保健、生活、住房、交通等所发放的各项补贴和非货币性福利 包括企业向职工发放的因公外地就医费用、未实行医疗统筹企业职工医疗费用、职工供养直系亲属医疗补贴、供暖费补贴、职工防暑降温费、职工困难补贴、救济费、职工食堂经费补贴、职工交通补贴等 ③按照其他规定发生的其他职工福利费 包括丧葬补助费、抚恤费、安家费、探亲假路费等 （2）企业发生的职工福利费支出，不超过工资薪金总额 14% 的部分，准予扣除
3. 工会经费	企业拨缴的职工工会经费，不超过工资薪金总额 2% 的部分，凭工会组织开具的“工会经费收入专用收据”在企业所得税税前扣除
4. 职工教育经费	自 2018 年 1 月 1 日起，企业发生的职工教育经费支出，不超过工资薪金总额 8% 的部分，准予扣除。超过部分，准予在以后纳税年度结转扣除
5. 社会保险费和住房公积金	（1）企业依照国务院有关主管部门或者省级人民政府规定的范围和标准，为职工缴纳的基本养老保险费、基本医疗保险费、失业保险费、工伤保险费、生育保险费等基本社会保险费和住房公积金（五险一金），准予扣除 （2）企业根据国家有关政策规定，为在本企业任职或者受雇的全体员工支付的补充养老保险费、补充医疗保险费，分别在不超过职工工资总额 5% 标准内的部分，在计算应纳税所得额时准予扣除；超过的部分，不予扣除 （3）企业依照国家有关规定，为特殊工种职工支付的人身安全保险费和国务院财政、税务主管部门规定可以扣除的其他商业保险费准予税前扣除。如企业为职工因公出差乘坐交通工具而发生的人身意外保险费支出，准予企业在计算应纳税所得额时扣除 （4）企业参加财产保险，按照规定缴纳的保险费，准予税前扣除（包括雇主责任险、公众责任险、银行机构存款保险费）

【多选题】企业在生产经营中支付的下列保险费可以税前扣除的有（　　）。

A. 财产保险的保险费

B. 为投资者支付的商业保险费

C. 为特殊工种职工支付的人身安全保险费

D. 为职工因公出差乘坐交通工具而支付的人身意外保险费

【参考答案】ACD。企业依照国家有关规定为特殊工种职工支付的人身安全保险费、为职工因公出差乘坐交通工具而发生的人身意外保险费支出、参加财产保险按照规定缴纳的保险费，准予企业在计算应纳税所得额时扣除。为投资者支付的商业保险费不得税前扣除。

扣除项目	具体内容
6. 借款费用	（1）企业在生产经营活动中发生的合理的借款费用，应区分为收益性支出和资本性支出，分别在税前扣除 企业为购置、建造固定资产、无形资产和经过12个月以上的建造才能达到预定可销售状态的存货发生借款的，在有关资产购置、建造期间发生的合理的借款费用，应当作为资本性支出计入有关资产的成本，在有关资产折旧、摊销或对外销售时按规定税前扣除。除此之外企业发生的合理的借款费用，作为收益性支出，在发生当期税前扣除
	（2）利息支出是借款费用的重要组成 非金融企业向金融企业借款的利息支出、金融企业的各项存款利息支出和同业拆借利息支出、企业经批准发行债券的利息支出，准予税前扣除。非金融企业向非金融企业借款的利息支出，不超过按照金融企业同期同类贷款利率计算的数额的部分，准予税前扣除

【计算题】某企业2018年发生财务费用50万元，其中26万元为向金融机构借款而发生的利息支出，24万元为向非金融机构借款的利息支出。向非金融机构借款金额为300万元，利率为8%，期限为一年，金融企业同期同类贷款利率为6%。

【要求】计算该企业2018年向非金融机构借款允许在企业所得税税前扣除的财务费用金额是多少万元？纳税调增的财务费用金额是多少万元？

【参考答案】

（1）企业向非金融企业借款的利息支出，不超过按照金融企业同期同类贷款利率6%计算的数额的部分，准予税前扣除。

允许企业所得税税前扣除的财务费用＝300（向非金融机构借款额）×6%（金融企业同期同类贷款利率）＝18（万元）

（2）纳税调增的财务费用金额＝24（向非金融机构借款的利息支出）－18（允许税前扣除的财务费用）＝6（万元）

扣除项目	具体内容
7. 汇兑损益	汇兑损益企业在货币交易中，以及纳税年度终了时将人民币以外的货币性资产、负债按照期末即期人民币汇率中间价折算为人民币时产生的汇兑收益，应缴纳企业所得税 产生的汇兑损失，除已经计入有关资产成本以及与向所有者进行利润分配相关的部分外，准予税前扣除

续表

扣除项目	具体内容
8. 业务招待费	（1）企业发生的与生产经营活动有关的业务招待费支出，按照发生额的60%扣除，但最高不得超过当年销售（营业）收入的5% （2）销售（营业）收入 ①会计上的收入是指会计科目“主营业务收入”“其他业务收入”的当期发生额 ②税法上的收入是指企业所得税法规定的视同销售货物、转让财产或者提供劳务的收入股权投资业务的企业（包括集团总部、创业投资企业等），其从被投资企业分配的股息、红利以及股权转让收入 ③房地产企业的未完工开发产品预售收入
9. 广告费和业务宣传费	（1）企业发生的符合条件的广告费和业务宣传费支出，除国务院财政、税务主管部门另有规定外，不超过当年销售（营业）收入15%的部分，准予扣除；超过部分，准予在以后纳税年度结转扣除 （2）对化妆品制造或销售、医药制造和饮料制造（不含酒类制造）企业发生的广告费和业务宣传费支出，不超过当年销售（营业）收入30%的部分，准予扣除；超过部分，准予在以后纳税年度结转扣除

【计算题】某企业2018年销售货物取得收入3 000万元，出租机器设备取得收入20万元，取得投资收益50万元。本年发生业务招待费28万元。

【要求】计算该企业2018年允许企业所得税税前扣除的业务招待费金额是多少万元？纳税调增的业务招待费的金额是多少万元？

【参考答案】企业发生的与生产经营活动有关的业务招待费支出，按照发生额的60%扣除，但最高不得超过当年销售（营业）收入的5%。

（1）业务招待费发生额的60% = 28 × 60% = 16.8（万元）

（2）销售（营业）收入的5% =［3 000（销售收入）+ 20（租赁收入）］× 5% = 15.1（万元）

（3）业务招待费限额为15.1万元，允许企业所得税税前扣除的业务招待费为15.1万元。

（4）纳税调增的业务招待费金额 = 28（实际发生额）− 15.1（扣除限额）= 12.9（万元）

扣除项目	具体内容
10. 环境保护、生态恢复专项资金	企业依照法律、行政法规有关规定提取的用于环境保护、生态恢复等方面的专项资金，准予扣除。上述专项资金提取后改变用途的，不得扣除
11. 固定资产租赁费	企业在生产经营活动中需要租入固定资产的，其支付的租赁费根据不同的租赁方式进行税前扣除。以经营租赁方式租入的固定资产，其租赁费支出按照租赁期限均匀扣除。以融资租赁方式租入的固定资产，其租赁费支出按照规定构成融资租入固定资产价值的部分应当提取折旧费用，分期扣除

续表

扣除项目	具体内容
12. 公益性捐赠支出	（1）企业发生的公益性捐赠支出，除有其他规定可以全部税前扣除外，在年度利润总额12%以内的部分，准予在计算应纳税所得额时扣除；超过年度利润总额12%的部分，准予结转以后3年内在计算应纳税所得额时扣除 公益性捐赠，是指企业通过公益性社会组织或者县级以上人民政府及其部门，用于符合法律规定的慈善活动、公益事业的捐赠。直接向受赠方的捐赠支出不得税前扣除 年度利润总额，是指企业依照国家统一会计制度的规定计算的年度会计利润 【提示】注意区分利润总额和净利润 利润表中不同层次的利润依次为：营业利润、利润总额和净利润。 营业利润＝营业收入－营业成本－税金及附加－销售费用－管理费用－研发费用－财务费用＋其他收益－资产减值损失＋公允价值变动收益（－公允价值变动损失） 利润总额＝营业利润＋营业外收入－营业外支出 净利润＝利润总额－所得税费用 （2）自2019年1月1日至2022年12月31日，企业通过公益性社会组织或者县级（含县级）以上人民政府及其组成部门和直属机构，用于目标脱贫地区的扶贫捐赠支出，准予在计算企业所得税应纳税所得额时据实扣除。在政策执行期限内，目标脱贫地区实现脱贫的，可继续适用上述政策。企业在2015年1月1日至2018年12月31日已发生的符合上述条件的扶贫捐赠支出，尚未在计算企业所得税应纳税所得额时扣除的部分，可执行上述企业所得税政策 （3）企业同时发生扶贫捐赠支出和其他公益性捐赠支出，在计算公益性捐赠支出年度扣除限额时，符合上述条件的扶贫捐赠支出不计算在内
13. 资产损失	企业发生的资产损失，减除责任人赔偿和保险赔款后的余额，依照国务院财政、税务主管部门的规定扣除。企业已经作为损失处理的资产，在以后年度又全部收回或部分收回时，应当计入当期收入 自2019年1月1日起，金融企业根据《贷款风险分类指引》（银监发〔2007〕54号），对其涉农贷款和中小企业贷款进行风险分类后，按照以下比例计提的贷款损失准备金，准予在计算应纳税所得额时扣除：（1）关注类贷款，计提比例为2%；（2）次级类贷款，计提比例为25%；（3）可疑类贷款，计提比例为50%；（4）损失类贷款，计提比例为100%

【判断题】企业发生的捐赠支出，在年度利润总额12%以内的部分，准予在计算应纳税所得额时扣除。（　　）

【参考答案】×。《企业所得税法实施条例》第五十三条规定："企业发生的公益性捐赠支出，不超过年度利润总额12%的部分，准予扣除。"

【计算题】某企业2018年利润总额为1 000万元，其中通过公益性社会团体向公益事业的捐赠支出125万元。

该企业2018年列支的借款利息支出、业务招待费支出中超过税法规定列支标准的金额分别为15万元、20万元。

【要求】计算该企业2018年允许企业所得税税前扣除的公益性捐赠支出金额是多少万元？纳税调增的公益性捐赠支出金额是多少万元？应纳税所得额是多少万元？

【参考答案】企业发生的公益性捐赠支出，在年度利润总额12%以内的部分，准予在计算应纳税所得额时扣除；超过年度利润总额 12% 的部分，准予结转以后三年内在计算应纳税所得额时扣除。

（1）公益性捐赠支出的限额 = 1 000（利润总额）×12% = 120（万元）

（2）公益性捐赠支出纳税调增金额 = 125 - 120 = 5（万元）

结转以后 3 年内在计算应纳税所得额时扣除。

（3）应纳税所得额 = 1 000（利润总额）+ 5（公益捐赠调增）+ 15（利息调增）+ 20（业务招待费调增）= 1 040（万元）

（三）不得扣除的项目

1. 向投资者支付的股息、红利等权益性投资收益款项。

2. 企业所得税税款。

3. 税收滞纳金。

4. 罚金、罚款和被没收财物的损失。

不得税前扣除的罚金、罚款和被没收财物的损失是对违反法律规定的企业给予的刑事处罚和行政处罚，不包括企业按照经济合同规定支付的违约金、罚款和诉讼费。

5. 超过规定标准的捐赠支出。

6. 赞助支出（是指企业发生的与生产经营活动无关的各种非广告性质支出）。

7. 未经核定的准备金支出。

8. 企业之间支付的管理费、企业内营业机构之间支付的租金和特许权使用费，以及非银行企业内营业机构之间支付的利息，不得扣除。

9. 与取得收入无关的其他支出。

【判断题】企业因违反经济合同中的相关条款而向对方支付的违约金，可以在计算应纳税所得额时扣除。（　　）

【参考答案】√。根据《企业所得税法》第十条规定，罚金、罚款和被没收财物的损失，不得扣除。这里不包括纳税人按照经济合同规定支付的违约金（包括银行罚息）、罚款和诉讼费。

四、资产的税务处理

（一）固定资产的税务处理

1. 固定资产的概念

固定资产是指企业为生产产品、提供劳务、出租或者经营管理而持有的、使用时间超过 12 个月的非货币性资产。

包括房屋、建筑物、机器、机械、运输工具以及其他与生产经营活动有关的设备、器具、工具等。

2. 固定资产的计税基础

取得方式	计税基础
（1）外购的固定资产	以购买价款和支付的相关税费以及直接归属于使该资产达到预定用途发生的其他支出为计税基础
（2）自行建造的固定资产	以竣工结算前发生的支出为计税基础
（3）融资租入的固定资产	以租赁合同约定的付款总额和承租人在签订租赁合同过程中发生的相关费用为计税基础。租赁合同未约定付款总额的，以该资产的公允价值和承租人在签订租赁合同过程中发生的相关费用为计税基础
（4）盘盈的固定资产	以同类固定资产的重置完全价值为计税基础
（5）通过捐赠、投资、非货币性资产交换、债务重组等方式取得的固定资产	以该资产的公允价值和支付的相关税费为计税基础
（6）改建的固定资产	除已足额提取折旧的固定资产的改建支出和租入固定资产的改建支出外，以改建过程中发生的改建支出增加计税基础

3. 固定资产折旧的计提方法

（1）企业按照规定计算的固定资产折旧，准予扣除。

（2）企业应当自固定资产投入使用月份的次月起计算折旧；停止使用的固定资产，应当自停止使用月份的次月起停止计算折旧。

（3）企业应当根据固定资产的性质和使用情况，合理确定固定资产的预计净残值。固定资产的预计净残值一经确定，不得变更。

4. 固定资产折旧的计提年限

固定资产类型	最低折旧年限
（1）房屋、建筑物	20 年
（2）飞机、火车、轮船、机器、机械和其他生产设备	10 年
（3）与生产经营活动有关的器具、工具、家具等	5 年
（4）飞机、火车、轮船以外的运输工具	4 年
（5）电子设备	3 年

【多选题】根据企业所得税法的规定，下列固定资产的税务处理正确的有（　　）。

A. 自行建造的固定资产以竣工结算前发生的支出为计税基础

B. 未投入使用的机器设备可以计提折旧扣除

C. 房屋折旧最低年限为 20 年

D. 机器设备从投入使用的当月起计算折旧

【参考答案】AC。根据《企业所得税法》第十一条规定：房屋、建筑物以外未投入使用的固定资产，不得计算折旧扣除。未投入使用的机器设备不得计提折旧扣除。

《企业所得税法实施条例》第五十九条规定：企业应当自固定资产投入使用月份的次月起计算折旧；停止使用的固定资产，应当自停止使用月份的次月起停止计算折旧。机器设备应当从投入使用的次月起计算折旧。

5. 不得计算折旧扣除的固定资产

（1）房屋、建筑物以外未投入使用的固定资产。

（2）以经营租赁方式租入的固定资产。

（3）以融资租赁方式租出的固定资产。

（4）已足额提取折旧仍继续使用的固定资产。

（5）与经营活动无关的固定资产。

（6）单独估价作为固定资产入账的土地。

（7）其他不得计算折旧扣除的固定资产。

【多选题】根据企业所得税法规定，不得计算折旧在税前扣除的固定资产包括（　　）。

A. 以经营租赁方式租入的固定资产

B. 以融资租赁方式租入的固定资产

C. 以融资租赁方式租出的固定资产

D. 管理部门使用的固定资产

【参考答案】AC。《企业所得税法》第十一条规定，下列固定资产不得计算折旧扣除：（1）房屋、建筑物以外未投入使用的固定资产；（2）以经营租赁方式租入的固定资产；（3）以融资租赁方式租出的固定资产；（4）已足额提取折旧仍继续使用的固定资产；（5）与经营活动无关的固定资产；（6）单独估价作为固定资产入账的土地；（7）其他不得计算折旧扣除的固定资产。

【计算题】甲企业 2018 年 5 月 20 日购入一辆大卡车，当月投入使用。取得的机动车销售统一发票注明的金额为 20 万元，增值税税额为 3.2 万元。假设甲企业按照税法规定的最低折旧年限计提折旧，残值率为 0。

【要求】计算这辆大卡车 2018 年可以税前扣除的折旧金额。

【参考答案】甲企业这辆大卡车计提折旧的年限是 4 年。2018 年 5 月 20 日购入，当月投入使用，次月计提折旧，所以 2018 年计提折旧时间为 7 个月。

（1）如果大卡车抵扣了进项税额，则大卡车的计税基础为 20 万元，则可以税前扣除的折旧金额 $=200\ 000 \div 4 \div 12 \times 7 = 29\ 166.67$ 元。

（2）如果大卡车没有抵扣进项税额，则大卡车的计税基础为 23.2 万元，则可以税前扣除的折旧金额 $=232\ 000 \div 4 \div 12 \times 7 = 33\ 833.33$ 元。

（二）生物资产的税务处理

1. 生物资产的概念

生物资产，是指有生命的动物和植物。

生物资产的分类	具体内容
（1）消耗性生物资产	是指为出售而持有的或在将来收获为农产品的生物资产。包括生长中的农田作物、蔬菜、用材林以及存栏待售的牲畜等
（2）生产性生物资产	是指为产出农产品、提供劳务或出租等目的而持有的生物资产。包括经济林、薪炭林、产畜和役畜等
（3）公益性生物资产	是指以防护、环境保护为主要目的的生物资产。包括防风固沙林、水土保持林和水源涵养林等

2. 生产性生物资产的计税基础

取得方式	计税基础
（1）外购的生产性生物资产	以购买价款和支付的相关税费为计税基础，不包括可以抵扣的进项税额
（2）通过捐赠、投资、非货币性资产交换、债务重组等方式取得的生产性生物资产	以该资产的公允价值和支付的相关税费为计税基础

3. 生产性生物资产折旧的计提方法

（1）生产性生物资产按照直线法计算的折旧，准予扣除。

（2）企业应当自生产性生物资产投入使用月份的次月起计算折旧；停止使用的生产性生物资产，应当自停止使用月份的次月起停止计算折旧。

（3）企业应当根据生产性生物资产的性质和使用情况，合理确定生产性生物资产的预计净残值。生产性生物资产的预计净残值一经确定，不得变更。

4. 生产性生物资产折旧的计提年限

类型	最低折旧年限
（1）林木类生产性生物资产	10 年
（2）畜类生产性生物资产	3 年

【多选题】关于生物资产的税务处理，下列说法正确的有（　　）。

A. 外购的生产性生物资产，以购买价款和支付的相关税费为计税基础

B. 通过捐赠等方式取得的生产性生物资产，以公允价值为计税基础

C. 生产性生物资产按照直线法计算的折旧，准予扣除

D. 林木类生产性生物资产的折旧最低年限为 10 年

【参考答案】ACD。根据《企业所得税法实施条例》规定，外购的生产性生物资产，以购买价款和支付的相关税费为计税基础；通过捐赠方式取得的生产性生物资产，以该资产的公允价值和支付的相关税费为计税基础；生产性生物资产按照直线法计算的折旧，准予扣除；林木类生产性生物资产的折旧最低年限为 10 年。

（三）无形资产的税务处理

1. 无形资产的概念

无形资产，是指企业为生产产品、提供劳务、出租或者经营管理而持有的、没有实物形态的非货币性长期资产。包括专利权、商标权、著作权、土地使用权、非专利技术等。

2. 无形资产的计税基础

取得方式	计税基础
（1）外购无形资产	以购买价款和支付的相关税费以及直接归属于使该资产达到预定用途发生的其他支出为计税基础，不包括可以抵扣的进项税额
（2）自行开发的无形资产	①以开发过程中该资产符合资本化条件后至达到预定用途前发生的支出为计税基础，不包括可以抵扣的进项税额 ②企业自行开发无形资产时，应当区分研究阶段与开发阶段分别进行核算，对于研究阶段的支出计入管理费用 开发阶段支出符合资本化条件的计入无形资产成本，不符合资本化条件的费用化计入管理费用
（3）通过捐赠、投资、非货币性资产交换、债务重组等方式取得的无形资产	以该资产的公允价值和支付的相关税费为计税基础

3. 无形资产的摊销方法

无形资产按照直线法计算的摊销费用，准予扣除。

4. 无形资产的摊销年限

无形资产的摊销年限不得低于 10 年。

作为投资或者受让的无形资产，有关法律规定或者合同约定了使用年限的，可以按照规定或者约定的使用年限分期摊销。

5. 不得计算摊销费用扣除的无形资产

（1）自行开发的支出已在计算应纳税所得额时扣除的无形资产；

（2）自创商誉；

（3）与经营活动无关的无形资产；

（4）其他不得计算摊销费用扣除的无形资产。

【提示】外购商誉的支出，在企业整体转让或者清算时，准予扣除。

【计算题】某企业 2021 年研发一项技术，研究阶段的支出为 30 万元，开发阶段的支出为 80 万元，全部符合资本化条件。该项技术申请取得了专利证书，2021 年 9 月投入使用。假设企业按照税法规定的最低摊销年限摊销，不考虑税收优惠的影响。

【要求】计算该项专利技术 2021 年可以税前扣除的金额。

【参考答案】该项专利技术研究阶段的支出 30 万元全部可以税前扣除。开发阶段的支出80万元计入无形资产成本，投入使用当月开始摊销，摊销年限10年，本年摊销4个月。

可扣除的金额 = 300 000 + 800 000 ÷ 10 ÷ 12 × 4 = 326 666.67（元）

（四）长期待摊费用的税务处理

企业发生的长期待摊费用，是指企业发生的应在一个年度以上或几个年度进行摊销的费用。在计算应税所得额时，企业发生的长期待摊费用，按照规定摊销的，准予扣除。

长期待摊费用的范围	具体内容
1. 固定资产的改建支出	（1）固定资产的改建支出，是指改变房屋或者建筑物结构、延长使用年限等发生的支出。改建的固定资产延长使用年限的，应当适当延长折旧年限 （2）属于长期待摊费用的改建支出，按下列规定摊销： 已足额提取折旧的固定资产的改建支出，按照固定资产预计尚可使用年限分期摊销 租入固定资产的改建支出，按照合同约定的剩余租赁期限分期摊销
2. 固定资产的大修理支出	固定资产的大修理支出，按照固定资产尚可使用年限分期摊销。大修理支出，是指同时符合下列条件的支出： （1）修理支出达到取得固定资产时的计税基础50%以上 （2）修理后固定资产的使用年限延长2年以上
3. 其他应当作为长期待摊费用的支出	其他应当作为长期待摊费用的支出，自支出发生月份的次月起，分期摊销，摊销年限不得低于3年

【单选题】根据企业所得税的有关规定，已足额提取折旧的固定资产的改建支出作为长期待摊费用分期摊销税前扣除，分期摊销的时间是（　　）。

A. 固定资产两次改建间隔期间　　B. 固定资产剩余的折旧年限

C. 固定资产预计尚可使用年限　　D. 不低于3年的摊销年限

【参考答案】C。根据《企业所得税法实施条例》规定，企业已足额提取折旧的固定资产的改建支出，按照固定资产预计尚可使用年限分期摊销。

（五）投资资产的税务处理

项目	具体内容
1. 投资资产的概念	投资资产，是指企业对外进行权益性投资和债权性投资形成的资产
2. 投资资产的成本	（1）通过支付现金方式取得的投资资产，以购买价款为成本 （2）通过支付现金以外的方式取得的投资资产，以该资产的公允价值和支付的相关税费为成本
3. 投资资产成本的扣除方法	企业在转让或者处置投资资产时，投资资产的成本准予扣除 企业对外投资期间，投资资产的成本在计算应纳税所得额时不得扣除

【多选题】下列项目，不得在企业所得税税前扣除的有（　　）。

A. 向投资者支付的股息、红利等权益性投资收益款项

B. 税收滞纳金

C. 企业对外投资期间，投资资产的成本

D. 企业转让资产，该项资产的净值

【参考答案】ABC。根据《企业所得税法》规定，向投资者支付的股息、红利等权益性投资收益款项、税收滞纳金不能税前扣除；企业转让资产，该项资产的净值，准予在计算应纳税所得额时扣除；对外投资资产成本属于资本性支出，不能税前扣除。

（六）存货的税务处理

项目	具体内容
1. 存货的概念	存货，是指企业持有以备出售的产品或者商品、处在生产过程中的在产品、在生产或者提供劳务过程中耗用的材料和物料等
2. 存货的成本	企业使用或者销售存货，按照规定计算的存货成本，准予在计算应纳税所得额时扣除 （1）通过支付现金方式取得的存货，以购买价款和支付的相关税费为成本 （2）通过支付现金以外的方式取得的存货，以该存货的公允价值和支付的相关税费为成本 （3）生产性生物资产收获的农产品，以产出或者采收过程中发生的材料费、人工费和分摊的间接费用等必要支出为成本
3. 存货成本的计算方法	企业使用或者销售的存货的成本计算方法，可在先进先出法、加权平均法、个别计价法中选用一种。计价方法一经选用，不得随意变更

五、亏损弥补

项目	具体内容
1. 弥补范围	可以弥补的亏损，不是企业按照会计制度核算的亏损。而是企业按照税法规定，每一纳税年度的收入总额减除不征税收入、免税收入和各项扣除后小于零的数额 【提示】会计上的“亏损”与税法上的“亏损”不是同一概念，税法上的“亏损”是在会计“亏损”基础上经主管税务机关按税法规定调整后的金额。企业应按税法规定进行亏损弥补
2. 弥补时间	企业纳税年度发生的亏损，准予向以后年度结转，用以后年度的所得弥补，但结转年限最长不得超过 5 年。自 2018 年 1 月 1 日起，当年具备高新技术企业或科技型中小企业资格的企业，其具备资格年度之前 5 个年度发生的尚未弥补完的亏损，准予结转以后年度弥补，最长结转年限由 5 年延长至 10 年
3. 境内境外之间	企业在汇总计算缴纳企业所得税时，其境外营业机构的亏损不得抵减境内营业机构的盈利。境外营业机构的盈利可以弥补境内营业机构的亏损 【提示】如果允许境外亏损弥补境内盈利，由于对境外营业机构的税收管理难度相对较大，很容易引发企业通过非正常手段虚增境外亏损的动机，从而对国内税基造成侵蚀

六、特别纳税调整

1. 关联企业的含义

关联企业是指与企业有以下关系之一的公司、企业和其他经济组织：

（1）在资金、经营、购销等方面，存在直接或者间接的拥有或者控制关系；

（2）直接或者间接地同为第三者拥有或者控制；

（3）其他在利益上相关联的关系。

纳税人有义务就其与关联企业之间的业务往来，向当地税务机关提供有关的价格、费用标准等资料。

2. 特别纳税调整的含义

企业与其关联方之间的业务往来（简称“关联交易”），不符合独立交易原则而减少企业或者其关联方应纳税收入或者所得额的，税务机关有权按照合理方法进行调整，这种调整称为特别纳税调整。

3. 特别纳税调整事项的管理

调整事项	具体内容
（1）转让定价管理	是指税务机关按照规定对企业与其关联方之间的业务往来是否符合独立交易原则进行审核评估和调查调整等工作的总称
（2）预约定价安排	是指税务机关按照规定，对企业提出的未来年度关联交易的定价原则和计算方法进行审核评估，并与企业协商达成预约定价安排等工作的总称
（3）成本分摊协议管理	企业与其关联方共同开发、受让无形资产，或者共同提供、接受劳务，应签订成本分摊协议，协议应符合成本分摊协议管理规定。企业也可以采取预约定价安排的方式达成成本分摊协议
（4）受控外国企业管理	由居民企业，或者由居民企业和中国居民控制的设立在实际税负明显低于25%的国家（地区）的企业，并非由于合理的经营需要而对利润不作分配或者减少分配的，上述利润中应归属于该居民企业的部分，应当计入该居民企业的当期收入，这种调整称为受控外国企业管理
（5）资本弱化管理	①企业实际支付给关联方的利息支出，不超过规定比例并同时不超过按照金融企业同期同类贷款利率计算的部分，准予扣除，超过的部分不得在发生当期和以后年度扣除 ②企业实际支付给关联方的利息支出，其接受关联方债权性投资与其权益性投资不得超过规定的比例，如金融企业，为5∶1；其他企业，为2∶1
（6）一般反避税管理	一般反避税管理，是指税务机关根据企业所得税法的规定，对企业实施其他不具有合理商业目的的安排而减少其应纳税收入或所得额进行审核评估和调查调整等工作的总称

【单选题】企业实际支付给关联方的利息支出，超过税法规定的部分不得在发生当期和以后年度扣除。对此进行的调整称为（　　）。

A. 转让定价管理　　B. 资本弱化管理
C. 预约定价安排　　D. 成本分摊协议管理

【参考答案】B。企业实际支付给关联方的利息支出，不超过规定比例并同时不超过按照金融企业同期同类贷款利率计算的部分，准予扣除，超过的部分不得在发生当期和以后年度扣除。这种调整称为资本弱化管理。

第四节　企业所得税的税收优惠

一、税基优惠

（一）免税收入

免税收入，是指对企业的某些收入免予征税，即允许企业计算应纳税所得额时将这些收入从收入总额中减除。

免税收入	具体内容
1. 国债利息收入	是指企业持有国务院财政部门发行的国债取得的利息收入
2. 符合条件的居民企业之间的股息、红利等权益性投资收益	是指居民企业直接投资于其他居民企业取得的投资收益，不包括连续持有居民企业公开发行并上市流通的股票不足 12 个月取得的投资收益
3. 在中国境内设立机构、场所的非居民企业	从居民企业取得与该机构、场所有实际联系的股息、红利等权益性投资收益，不包括连续持有居民企业公开发行并上市流通的股票不足 12 个月取得的投资收益
4. 符合条件的非营利组织的收入	不包括非营利组织从事营利性活动取得的收入

【单选题】企业的下列收入属于免税收入的是（　　）。

A. 财政拨款　　B. 国债利息收入
C. 转让财产的收入　　D. 出租厂房的租金收入

【参考答案】B。根据《企业所得税法》规定，国债利息收入是免税收入，财政拨款是不征税收入，转让财产的收入、出租厂房的租金收入都是应税收入。

（二）减计收入

企业以《资源综合利用企业所得税优惠目录》规定的资源作为主要原材料，生产国家非限制和禁止并符合国家和行业相关标准的产品取得的收入，减按 90% 计入收入总额。

对金融机构、经省级地方金融监督管理部门批准成立的小额贷款公司取得的农户小额贷款的利息收入，在计算应纳税所得额时，按 90% 计入收入总额。政策延续执行至 2027 年 12 月 31 日。

对保险公司为种植业、养殖业提供保险业务取得的保费收入，在计算应纳税所得额时，按90%计入收入总额。政策延续执行至2027年12月31日。

（三）免征、减征所得

项目	具体内容
1. 从事农、林、牧、渔业项目的所得	（1）企业从事下列项目的所得，免征企业所得税： 蔬菜、谷物、薯类、油料、豆类、棉花、麻类、糖料、水果、坚果的种植；农作物新品种的选育；中药材的种植；林木的培育和种植；牲畜、家禽的饲养；林产品的采集；灌溉、农产品初加工、兽医、农技推广、农机作业和维修等农、林、牧、渔服务业项目；远洋捕捞 （2）企业从事下列项目的所得，减半征收企业所得税： 花卉、茶及其他饮料作物和香料作物的种植；海水养殖、内陆养殖
2. 从事国家重点扶持的公共基础设施项目投资经营的所得	自项目取得第一笔生产经营收入所属纳税年度起，第一年至第三年免征企业所得税，第四年至第六年减半征收企业所得税（3免3减半）。企业承包经营、承包建设和内部自建自用的上述项目，不得享受上述规定的企业所得税优惠。国家重点扶持的公共基础设施项目，是指《公共基础设施项目企业所得税优惠目录》规定的港口码头、机场、铁路、公路、城市公共交通、电力、水利等项目
3. 从事符合条件的环境保护、节能节水项目的所得	企业从事规定的符合条件的环境保护、节能节水项目的所得，自项目取得第一笔生产经营收入所属纳税年度起，第一年至第三年免征企业所得税，第四年至第六年减半征收企业所得税（3免3减半）。符合条件的环境保护、节能节水项目，包括公共污水处理、公共垃圾处理、沼气综合开发利用、节能减排技术改造、海水淡化等
4. 符合条件的技术转让所得	一个纳税年度内，居民企业技术转让所得不超过500万元的部分，免征企业所得税。超过500万元的部分，减半征收企业所得税
5. 非居民企业符合规定的所得可以免征企业所得税	（1）外国政府向中国政府提供贷款取得的利息所得 （2）国际金融组织向中国政府和居民企业提供优惠贷款取得的利息所得 （3）经国务院批准的其他所得

（四）加计扣除

项目	具体内容
1. 开发新技术、新产品、新工艺发生的研究开发费用	除烟草制造业、住宿和餐饮业、批发和零售业、房地产业、租赁和商务服务业、娱乐业等，会计核算健全、实行查账征收并能够准确归集研发费用的居民企业，可以享受研发费用加计扣除政策 （1）企业开展研发活动中实际发生的研发费用，未形成无形资产计入当期损益的，在按规定据实扣除的基础上，自2023年1月1日起，再按照实际发生额的100%在税前加计扣除 （2）企业开展研发活动中实际发生的研发费用，形成无形资产的，自2023年1月1日起，按照无形资产成本的200%在税前摊销
2. 安置残疾人员及国家鼓励安置的其他就业人员所支付的工资	企业安置残疾人员的，在按照支付给残疾职工工资据实扣除的基础上，按照支付给残疾职工工资的100%加计扣除，残疾人员的范围适用《中华人民共和国残疾人保障法的有关规定》

续表

项目	具体内容
3. 企业投入基础研究支出（财政部 税务总局公告 2022 年第 32 号）	对企业出资给非营利性科学技术研究开发机构、高等学校和政府性自然科学基金用于基础研究的支出，在计算应纳税所得额时可按实际发生额在税前扣除，并可按 100% 在税前加计扣除 对非营利性科研机构、高等学校接收企业、个人和其他组织机构基础研究资金收入，免征企业所得税
4. 科技型中小企业研究开发费用（财政部 税务总局 科技部公告 2022 年第 16 号）	科技型中小企业开展研发活动中实际发生的研发费用，未形成无形资产计入当期损益的，在按规定据实扣除的基础上，自 2022 年 1 月 1 日起，再按照实际发生额的 100% 在税前加计扣除；形成无形资产的，自 2022 年 1 月 1 日起，按照无形资产成本的 200% 在税前摊销

【多选题】下列项目可以享受企业所得税“加计扣除”优惠政策的有（　　）。

A. 开发新技术、新产品、新工艺发生的研究开发费用

B. 企业购置用于环境保护、节能节水、安全生产等专用设备的投资额

C. 创业投资企业从事国家需要重点扶持和鼓励的创业投资的投资额

D. 安置残疾人员及国家鼓励安置的其他就业人员所支付的工资

【参考答案】AD。根据《企业所得税法》，企业的下列支出，可以在计算应纳税所得额时加计扣除：开发新技术、新产品、新工艺发生的研究开发费用；安置残疾人员及国家鼓励安置的其他就业人员所支付的工资。选项 BC 属于投资抵免的税收优惠。

（五）固定资产加速折旧

企业按规定可以享受固定资产加速折旧企业所得税税收优惠的，可以采取缩短折旧年限的方法，或者采取双倍余额递减法或者年数总和法计提折旧。

采取缩短折旧年限方法的，最低折旧年限不得低于《企业所得税法实施条例》规定折旧年限的 60%。

（六）创业投资企业优惠

创业投资企业采取股权投资方式投资于未上市的中小高新技术企业和种子期、初创期科技型企业 2 年（24 个月）以上，可以按照其对中小高新技术企业和种子期、初创期科技型企业投资额的 70%，在股权持有满 2 年的当年抵扣该创业投资企业的应纳税所得额；当年不足抵扣的，可以在以后纳税年度结转抵扣。

例如，上海市浦东新区特定区域公司型创业投资企业有关企业所得税试点（财税〔2021〕53 号）有如下规定。

1. 对上海市浦东新区特定区域内公司型创业投资企业，转让持有 3 年以上股权的所得占年度股权转让所得总额的比例超过 50% 的，按照年末个人股东持股比例减半征收当年企业所得税；转让持有 5 年以上股权的所得占年度股权转让所得总额的比例超

过50%的，按照年末个人股东持股比例免征当年企业所得税。

上述两种情形下，应分别适用以下公式计算当年企业所得税免征额：

（1）转让持有3年以上股份的所得占年度股权转让所得总额的比例超过50%的，企业所得税免征额=年末个人股东持股比例×本年度企业所得税应纳税额÷2。

（2）转让持有5年以上股权的所得占年度股权转让所得总额的比例超过50%的，企业所得税免征额=年末个人股东持股比例×本年度企业所得税应纳税额。

2. 本通知所称公司型创业投资企业，应同时符合以下条件：

（1）在上海市浦东新区特定区域内注册成立，实行查账征收的居民企业。

（2）符合《创业投资企业管理暂行办法》（发展改革委等10部门令第39号）或者《私募投资基金监督管理暂行办法》（中国证券监督委员会令第105号）要求，并按照规定完成备案且规范运作。

3. 本通知所称上海市浦东新区特定区域是指中国（上海）自由贸易试验区、中国（上海）自由贸易试验区临港新片区浦东部分和张江科学城。其中：中国（上海）自由贸易试验区，按照《国务院关于印发进一步深化中国（上海）自由贸易试验区改革开放方案的通知》（国发〔2015〕21号）规定的地理范围执行；中国（上海）自由贸易试验区临港新片区浦东部分，按照《国务院关于印发中国（上海）自由贸易试验区临港新片区总体方案的通知》（国发〔2019〕15号）规定的地理范围中位于浦东的部分执行；张江科学城，按照上海市人民政府关于印发《上海市张江科学城发展"十四五"规划的通知》（沪府发〔2021〕11号）规定的地理范围执行。

4. 个人股东从公司型创业投资企业取得的股息红利，按照规定缴纳个人所得税。

5. 本通知自2021年1月1日起实施。2021年1月1日前发生的股权投资，在本通知规定的执行期内转让股权取得的所得符合本通知第一条规定的，适用本通知规定的税收政策。

二、税率优惠

（一）小型微利企业优惠

项目	具体内容
1. 优惠内容	（1）税率优惠。符合条件的小型微利企业，减按20%的税率征收企业所得税 （2）税基优惠 对小型微利企业年应纳税所得额不超过100万元的部分，减按12.5%计入应纳税所得额；对小型微利企业年应纳税所得额超过100万元但不超过300万元的部分，减按25%计入应纳税所得额，按20%的税率缴纳企业所得税。对小型微利企业减按25%计算应纳税所得额，按20%的税率缴纳企业所得税政策，延续执行至2027年12月31日
2. 条件	上述小型微利企业是指从事国家非限制和禁止行业，且同时符合年度应纳税所得额不超过300万元、从业人数不超过300人、资产总额不超过5 000万元等三个条件的企业

【多选题】下列项目中，关于企业所得税优惠政策的说法，正确的有（　　）。

A. 企业开展研发活动中实际发生的研发费用，未形成无形资产计入当期损益时，按照规定据实扣除的基础上，2018 年 1 月 1 日至 2020 年 12 月 31 日，再按照实际发生额的 75% 在税前加计扣除

B. 安置残疾人就业的，按照支付给残疾职工工资的 100% 加计扣除

C. 居民企业技术转让所得不超过 500 万元的部分，免征企业所得税，超过 500 万元的部分减半征收企业所得税

D. 自 2022 年 1 月 1 日至 2027 年 12 月 31 日，对小型微利企业年应纳税所得额不超过 100 万元的部分，减按 12.5% 计入应纳税所得额，按 20% 的税率缴纳企业所得税；对小型微利企业年应纳税所得额超过 100 万元但不超过 300 万元的部分，减按 25% 计入应纳税所得额，按 20% 的税率缴纳企业所得税。

【参考答案】ABCD。以上选项均符合企业所得税的税收优惠。

（二）高新技术企业、技术先进型服务企业优惠

1. 国家需要重点扶持的高新技术企业，减按 15% 的税率征收企业所得税。

2. 自 2018 年 1 月 1 日起，对经认定的技术先进型服务企业（服务贸易类），减按 15% 的税率征收企业所得税。

（三）非居民企业税率优惠

非居民企业在中国境内未设立机构、场所的，或者虽设立机构、场所但取得的所得与其所设机构、场所没有实际联系的，其来源于中国境内的所得，减按 10% 的税率征收企业所得税。

三、税额优惠

（一）专用设备投资额抵免税额

项目	具体内容
1. 专用设备投资额抵免税额规定	企业购置并实际使用《环境保护专用设备企业所得税优惠目录》《节能节水专用设备企业所得税优惠目录》和《安全生产专用设备企业所得税优惠目录》规定的环境保护、节能节水、安全生产等专用设备的，该专用设备的投资额的 10% 可以从企业当年的应纳税额中抵免。当年不足抵免的，可以在以后 5 个纳税年度结转抵免
2. 增值税进项税额的处理	如增值税进项税额允许抵扣，其专用设备投资额不再包括增值税进项税额。如增值税进项税额不允许抵扣，其专用设备投资额应为增值税专用发票上注明的价税合计金额。企业购买专用设备取得普通发票的，其专用设备投资额为普通发票上注明的金额
3. 享受期间	享受上述优惠的企业，应当实际购置并自身实际投入使用上述规定的专用设备。企业购置上述专用设备从购置之日起在 5 个纳税年度内转让、出租的，在该专用设备停止使用的当月停止享受该优惠，并补缴已经抵免的企业所得税税款

（二）民族自治地方企业优惠

民族自治地方的自治机关对本民族自治地方的企业应缴纳的企业所得税中属于地方分享的部分，可以决定减征或者免征。

自治州、自治县决定减征或者免征的，须报省、自治区、直辖市人民政府批准。对民族自治地方内国家限制和禁止行业的企业，不得减征或者免征企业所得税。

第五节 企业所得税应纳税额计算

一、查账征收企业所得税应纳税额的计算

（一）应纳税额的计算

实行查账征收的企业，在持续经营的状态下，应在企业会计利润的基础上，根据税法的规定计算出应纳税所得额，并据此申报缴纳企业所得税。

居民企业应缴纳所得税额等于应纳税所得额乘以适用税率，基本计算公式为：

应纳税额 = 应纳税所得额 × 适用税率 − 减免税额 − 抵免税额

在实际过程中，应纳税所得额的计算一般有两种方法。

1. 直接计算法

在直接计算法下，企业每一纳税年度的收入总额减除不征税收入、免税收入、各项扣除以及允许弥补的以前年度亏损后的余额为应纳税所得额。计算公式与前述相同，即：应纳税所得额 = 收入总额 − 不征税收入 − 免税收入 − 各项扣除金额 − 弥补亏损。

2. 间接计算法

在间接计算法下，在会计利润总额的基础上加或减按照税法规定调整的项目金额后，即为应纳税所得额。现行企业所得税年度纳税申报表采取该方法。

计算公式为：应纳税所得额 = 会计利润总额 ± 纳税调整项目金额

纳税调整项目金额包括两方面的内容：一是企业财务会计制度规定的项目范围与税收法规规定的项目范围不一致应予以调整的金额；二是企业财务会计制度规定的扣除标准与税法规定的扣除标准不一致的差异应予以调整的金额。

【计算题】某企业 2021 年度会计利润为 300 万元，预缴企业所得税 75 万元。

【要求】分析该企业生产经营中部分业务，计算该企业 2021 年度汇算清缴应补（退）企业所得税多少万元。

【业务 1】向非金融机构的借款 150 万元，利率为 8%，本年支付利息 12 万元，金融机构同类贷款的利率为 6%。

（1）向非金融机构的借款的利息支出限额 = 150 × 6% = 9（万元）。

（2）实际列支12万元。

（3）纳税调增＝12－9＝3（万元）。

【业务2】全年发生业务招待费40万元，已据实列支，企业的销售（营业）收入为2 400万元。

（1）业务招待费限额：40×60%＝24（万元）。

2 400×5%＝12（万元）。

（2）实际列支40万元。

（3）纳税调增＝40－12＝28（万元）。

【业务3】通过公益性社会团体向灾区捐赠现金50万元。

（1）捐赠支出限额＝300（会计利润）×12%＝36（万元）。

（2）实际列支50万元。

（3）纳税调增＝50－36＝14（万元）。

【业务4】取得国库券利息收入5万元。取得国库券利息收入5万元免税。

【业务5】支付税收滞纳金1万元。

税收滞纳金1万元不得税前扣除，纳税调增1万元。

【业务6】全年支付职工工资1 000万元，支付职工福利费155万元、职工教育经费10万元、工会经费20万元。

（1）支付的职工工资1 000万元可以全部税前扣除。

（2）职工福利费限额＝1 000×14%＝140万元，实际列支155万元，纳税调增＝155－140＝15万元。

（3）职工教育费限额＝1 000×8%＝80万元，实际列支10万元，无须纳税调整。

（4）工会经费限额＝1 000×2%＝20万元，实际列支20万元，无须纳税调整。

【业务7】本年购买节能设备并投入使用，投资额为20万元。购买节能设备，投资额的10%可以抵减所得税税额，可以抵减的金额为2万元。

【参考答案】

（1）纳税调增金额＝3（业务1）＋28（业务2）＋14（业务3）＋1（业务5）＋15（业务6）＝61（万元）

免税收入5万元（业务4）

（2）应纳税所得额＝300（会计利润）＋61（纳税调增）－5（免税收入）＝356（万元）

（3）年终汇算应补缴企业所得税＝356×25%－2（业务7）－75（预缴企业所得税）＝12（万元）

（二）境外所得抵免税额的计算

企业取得的来源于境外的所得已在境外缴纳的所得税税额，可以在按照规定计算的抵免限额范围内从其当期应纳税额中抵免，超过抵免限额的部分，可以在以后5个年度内，用每年度抵免限额抵免当年应抵税额后的余额进行抵补。

【提示】境外所得税的抵免法，是指为了消除国际的重复征税，本国政府对本国居民的境外所得征税时，允许其用在国外缴纳的税款冲抵在本国应缴纳的税款，从而实际征收的税款只为该居民应纳本国税款与已纳外国税款的差额。

二、核定征收企业所得税应纳税额的计算

（一）核定应税所得率

项目	具体内容
1. 核定应税所得率的情形	（1）能正确核算（查实）收入总额，但不能正确核算（查实）成本费用总额的 （2）能正确核算（查实）成本费用总额，但不能正确核算（查实）收入总额的 （3）通过合理方法，能计算和推定纳税人收入总额或成本费用总额的
2. 应税所得率的确定	实行应税所得率方式核定征收的企业，经营多业的，无论其经营项目是否单独核算，均由税务机关根据其主营项目确定适用的应税所得率
3. 应纳税所得额的计算	（1）企业能正确核算（查实）收入总额，但不能正确核算（查实）成本费用总额，或者通过合理方法，能计算和推定企业收入总额的 应纳税所得额 = 应税收入额 × 应税所得率 应税收入额 = 收入总额 − 不征税收入 − 免税收入 （2）企业能正确核算（查实）成本费用总额，但不能正确核算（查实）收入总额，或者通过合理方法，能计算和推定纳税人成本费用总额的 应纳税所得额 = 成本（费用）支出额 ÷（1 − 应税所得率）× 应税所得率
4. 应纳税额的计算	应纳所得税额 = 应纳税所得额 × 适用税率 【提示】核定征收方式的小型微利企业可以享受小型微利企业税收优惠

【单选题】甲企业的企业所得税征收方式为核定应税所得率征收。2021 年收入总额为 800 万元，其中，150 万元为销售办公用房的收入，办公用房于 2011 年以 50 万元的价格购入。该企业的应税所得率为 10%。则甲企业 2021 年的企业所得税应纳税所得额为（　　）万元。

A. 60　　B. 65　　C. 75　　D. 80

【参考答案】D。根据《企业所得税核定征收管理办法》，能正确核算（查实）收入总额，但不能正确核算（查实）成本费用总额的企业，计算应纳税所得额的公式为：应纳税所得额 = 应税收入额 × 应税所得率。甲企业的应纳税所得额 = 800 × 10% = 80（万元）。

（二）核定应纳所得税额

对于不符合核定应税所得率方式情形的企业，采取核定应纳所得税额的方法征收企业所得税。

第六节 企业所得税的征收管理

一、纳税期限

项目	具体内容
1. 一般规定	居民企业和在中国境内设立机构、场所的非居民企业，企业所得税按纳税年度计算，分期预缴，年终汇算清缴。纳税年度自公历1月1日起至12月31日止。企业在一个纳税年度中间开业，或者终止经营活动，使该纳税年度的实际经营期不足12个月的，应当以其实际经营期为一个纳税年度。企业依法清算时，应当以清算期间作为一个纳税年度 【提示】企业终止经营时，应对企业所得税分为两个部分处理，即经营所得和清算所得，虽说两者都属于企业所得税的征税对象，但后者属于企业清算期间形成的所得，因清算期间不同于企业的正常经营期间，已不具备持续经营的前提，所以，清算所得的确认也与正常经营所得的确认不同
2. 源泉扣缴	在中国境内未设立机构、场所的非居民企业，或者虽设立机构、场所但取得的所得与其所设机构、场所没有实际联系的非居民企业，实行源泉扣缴的征收管理方式，由支付人按次扣缴税款。扣缴义务人每次代扣的税款，应当自代扣之日起7日内缴入国库，并向所在地的税务机关报送扣缴企业所得税报告表

【单选题】企业所得税扣缴义务人每次代扣的税款，应当自代扣之日起（　　）日内缴入国库。

A. 7　　B. 10　　C. 15　　D. 20

【参考答案】A。本题的考核点是纳税期限的一般规定，属于基础型考核点。企业所得税扣缴义务人每次代扣的税款，应当自代扣之日起7日内缴入国库。

二、纳税地点

纳税人	纳税地点
1. 居民企业	（1）除另有规定外，居民企业以企业登记注册地为纳税地点；登记注册地在境外的，以实际管理机构所在地为纳税地点 （2）汇总纳税企业的纳税地点 居民企业在中国境内设立不具有法人资格的营业机构的，应当汇总计算并缴纳企业所得税。跨地区（指跨省、自治区、直辖市和计划单列市）设立不具有法人资格分支机构的，总机构和具有主体生产经营职能的二级分支机构，就地分摊缴纳企业所得税，分月或分季分别向所在地主管税务机关申报预缴企业所得税
2. 非居民企业	（1）非居民企业在中国境内设立机构、场所的，其所设机构、场所取得的来源于中国境内的所得，以及发生在中国境外但与其所设机构、场所有实际联系的所得，以机构、场所所在地为纳税地点。非居民企业在中国境内设立两个或者两个以上机构、场所的，可以选择由其主要机构、场所汇总缴纳企业所得税。主要机构、场所和被汇总机构、场所，除国家税务总局另有规定外，都应在机构、场所所在地分季度预缴和年终汇算清缴企业所得税。 （2）非居民企业在中国境内未设立机构、场所的，或者虽设立机构、场所但取得的所得与其所设机构、场所没有实际联系的，其来源于中国境内的所得，以扣缴义务人所在地为纳税地点

【单选题】根据企业所得税法的规定，除税收法律、行政法规另有规定外，居民企业的纳税地点是（ ）。

A. 经营地 B. 登记注册地 C. 业务发生地 D. 会计核算地

【参考答案】B。根据《企业所得税法》，除税收法律、行政法规另有规定外，居民企业以企业登记注册地为纳税地点。

三、纳税申报

企业所得税分月或者分季预缴，年终汇算清缴。

项目	具体内容
1. 预缴税款	（1）企业分月或者分季预缴企业所得税，由税务机关具体核定。符合条件的小型微利企业，按季度预缴企业所得税 （2）企业应当自月份或者季度终了之日起 15 日内，向税务机关报送预缴企业所得税纳税申报表，预缴税款。分月或者分季预缴企业所得税时，应当按照月度或者季度的实际利润额预缴。按照月度或者季度的实际利润额预缴有困难的，可以按照上一纳税年度应纳税所得额的月度或者季度平均额预缴，或者按照经税务机关认可的其他方法预缴。预缴方法一经确定，该纳税年度内不得随意变更 【提示】所得税按年核算，但是国库支出不是按年支付，而是按期支付，因此设计了预缴制度
2. 汇算清缴	企业应当自年度终了之日起 5 个月内，向税务机关报送年度企业所得税纳税申报表，并汇算清缴，结清应缴应退税款。企业在年度中间终止经营活动的，应当自实际经营终止之日起 60 日内向税务机关办理当期企业所得税汇算清缴
3. 申报资料	企业在纳税年度内无论盈利或者亏损，都应当依照上述规定的期限，向税务机关报送预缴企业所得税纳税申报表、年度企业所得税纳税申报表、财务会计报告和税务机关规定应当报送的其他有关资料

【判断题】企业终止经营活动，应当依法清算，并在办理注销登记前，以清算期为应税年度，应当依法计算清算所得及其应纳所得税，向税务机关申报并依法缴纳企业所得税。（ ）

【参考答案】√。根据《企业所得税法》规定，企业依法清算时，应当以清算期间作为一个纳税年度。企业应当在办理注销登记前，就其清算所得向税务机关申报并依法缴纳企业所得税。

四、源泉扣缴

项目	具体内容
1. 法定扣缴	在中国境内未设立机构、场所的非居民企业，或者虽设立机构、场所但取得的所得与其所设机构、场所没有实际联系的非居民企业，应当就其来源于中国境内的所得缴纳企业所得税。应缴纳的所得税，实行源泉扣缴，以支付人为扣缴义务人。税款由扣缴义务人在每次支付或者到期应支付时，从支付或者到期应支付的款项中扣缴

续表

项目	具体内容
2. 指定扣缴	（1）对非居民企业在中国境内取得工程作业和劳务所得应缴纳的所得税，非居民企业应当按年计算，分月或者分季预缴，年终汇算清缴 （2）如果非居民企业存在下列情形之一的，税务机关可以指定工程价款或者劳务费的支付人为扣缴义务人 预计工程作业或者提供劳务期限不足一个纳税年度，且有证据表明非居民企业不履行纳税义务的 非居民企业没有办理税务登记或者临时税务登记，且未委托中国境内的代理人履行纳税义务的 非居民企业未按照规定期限办理企业所得税纳税申报或者预缴申报的
3. 特定扣缴	扣缴义务人未依法扣缴应当扣缴的所得税或者无法履行扣缴义务的，由纳税人在所得发生地缴纳。纳税人未依法缴纳的，税务机关可以从该纳税人在中国境内其他收入项目的支付人应付的款项中，追缴该纳税人的应纳税款。税务机关应向其他支付人发出《非居民企业欠税追缴告知书》。税务机关在追缴该纳税人应纳税款时，应当将追缴理由、追缴数额、缴纳期限和缴纳方式等告知该纳税人

【多选题】下列有关企业所得税源泉扣缴的叙述不正确的有（　　）。

A. 非居民企业在中国境内取得工程作业和劳务所得应缴纳的所得税，必须以支付人为扣缴义务人

B. 在中国境内未设立机构、场所的非居民企业应缴纳的所得税，以支付人为扣缴义务人

C. 应当扣缴的所得税，扣缴义务人未依法扣缴或者无法履行扣缴义务的，由纳税人在所得发生地缴纳

D. 应当扣缴的所得税，扣缴义务人未依法扣缴或者无法履行扣缴义务的，由税务机关追缴税款

【参考答案】AD。如果非居民企业存在特定情形不能申报缴纳的，税务机关可以指定工程价款或者劳务费的支付人为扣缴义务人，所以选项 A 不正确。应当扣缴的所得税，扣缴义务人未依法扣缴或者无法履行扣缴义务的，由纳税人在所得发生地缴纳，纳税人未依法缴纳的，税务机关可以从该纳税人在中国境内其他收入项目的支付人应付的款项中，追缴该纳税人的应纳税款，所以选项 D 不正确。

五、计量货币

企业所得税应当以人民币计算。如果以人民币以外的货币计算的，应当折合成人民币计算并缴纳税款。

情形	折合人民币的规定
1. 预缴企业所得税时	应当按照月度或者季度最后一日的人民币汇率中间价，折合成人民币计算应纳税所得额
2. 年度终了汇算清缴时	对已经按照月度或者季度预缴税款的，不再重新折合计算，只就该纳税年度内未缴纳企业所得税的部分，按照纳税年度最后一日的人民币汇率中间价，折合成人民币计算应纳税所得额

续表

情形	折合人民币的规定
3. 补税或退税时	经税务机关检查确认，企业少计或者多计所得的，应当按照检查确认补税或者退税时的上一个月最后一日的人民币汇率中间价，将少计或者多计的所得折合成人民币计算应纳税所得额，再计算应补缴或者应退的税款

本章习题

一、单项选择题

1. 企业所得税纳税人分为居民企业和非居民企业。下列企业中，不属于居民企业的是（　　）。

A. 依法在中国境内成立的事业单位

B. 依法在中国境内成立的社会团体

C. 依照外国法律成立，实际管理机构在上海的企业

D. 依照外国法律成立，实际管理机构在中国香港的企业

2. 企业所得税应当以人民币计算。纳税人预缴企业所得税时，应当折合成人民币计算应纳税所得额，折合的汇率是（　　）。

A. 本年第一日人民币汇率中间价

B. 预缴日人民币汇率中间价

C. 月度或者季度第一日的人民币汇率中间价

D. 月度或者季度最后一日的人民币汇率中间价

3. 汽车贸易有限公司是我国居民企业，2021 年度境内应纳税所得额为 200 万元，来源于境外某国税前所得 100 万元。该公司全年已预缴所得税款 40 万元，境外已缴纳所得税款 20 万元，该公司当年汇算清缴应补（退）企业所得税是（　　）万元。

A. 5　　B. 10　　C. 15　　D. 35

4. 根据企业所得税法及相关规定，下列说法正确的有（　　）。

A. 居民企业的征税对象仅指境内所得

B. 企业所得税的纳税义务人包括合伙企业

C. 合理的工资薪金可以在计算应纳税所得额时扣除

D. 税收滞纳金可以在计算应纳税所得额时扣除

5. 下列有关资产计税基础叙述不正确的是（　　）。

A. 自行建造的固定资产，以达到预定可使用状态前发生的支出为计税基础

B. 自行开发的无形资产，以开发过程中该资产符合资本化条件后至达到预定用途前发生的支出为计税基础

C. 外购的生产性生物资产，以购买价款和支付的相关税费为计税基础

D. 以非货币性资产交换方式取得的无形资产，以该资产的公允价值和支付的相关

税费为计算基础

6. 依据企业所得税的相关规定，下列所得按转让货物或资产的企业所在地确定所得来源地的是（　　）。

A. 转让动产所得　　B. 销售货物所得

C. 转让不动产所得　　D. 转让权益性投资资产所得

7. 依据企业所得税的相关规定，下列关于收入确认的时间，正确的是（　　）。

A. 接受捐赠收入，按照合同约定的捐赠日期确认收入的实现

B. 特许权使用费收入，以实际取得收入的日期确认收入的实现

C. 采取产品分成方式取得收入的，按照企业分得产品的日期确认收入的实现

D. 股息、红利等权益性投资收益，以被投资方实际分红的日期确认收入的实现

8. 依据企业所得税的相关规定，下列固定资产可以计提折旧的是（　　）。

A. 闲置未用的仓库和办公楼　　B. 以经营租赁方式租入的生产设备

C. 单独估价作为固定资产入账的土地　　D. 已提足折旧仍继续使用的运输工具

9. 企业发生的广告费，下列所得税处理正确的是（　　）。

A. 酒类制造企业的广告费，不得在税前扣除

B. 医药销售企业的广告费，不超过当年销售收入 30% 的部分准予税前扣除

C. 企业筹建期间发生的广告费，可按实际发生额计入筹办费，按有关规定在税前扣除

D. 签订广告分摊协议的关联企业，计算税前可扣除的广告费，只能在关联企业之间平均扣除

10. 企业在年度中间终止经营活动，办理企业所得税汇算清缴的时间是（　　）。

A. 自清算完成之日起 30 天内　　B. 自注销营业执照之前 30 日内

C. 自终止实际经营之日起 60 日内　　D. 自人民法院宣告破产之日起 15 日内

11. 甲公司 2017 年 8 月以 800 万元直接投资于乙公司，占有乙公司 30% 的股权。2022 年 12 月将全部股权转让取得收入 1 200 万元，并完成股权变更手续，转让时乙公司账面累计未分配利润 200 万元。甲公司应确认股权转让的应纳税所得额是（　　）万元。

A. 400　　B. 340　　C. 900　　D. 200

12. 下列关于企业从被投资单位撤回投资时取得资产的企业所得税税务处理，说法正确的是（　　）。

A. 相当于初始投资的部分应确认为股息所得

B. 取得的全部资产应确认为股息所得

C. 超过初始投资的部分应确认为投资资产转让所得

D. 相当于被投资企业累计未分配利润和累计盈余公积按减少实收资本比例计算的部分，应确认为股息所得

13. 某企业对原价 1 200 万元的房屋（使用年限 20 年，不考虑净残值）于 2022 年初进

行推倒新建仓库（截至 2022 年初该房屋已经使用 12 年），2022 年 10 月底仓库建造完工并投入使用，为新建仓库发生支出 700 万元。税法规定新建仓库折旧年限为 20 年。假设不考虑残值，2022 年可以在税前扣除的仓库折旧是（　　）万元。

A. 9.83　　B. 9.33　　C. 5.83　　D. 5.33

14. 2022 年 1 月，居民企业 A 股东会作出决定，用公司的库存商品投资居民企业 B。该批商品的公允价值 700 万元，计税基础 400 万元，2023 年 2 月初 A 以 1 350 万元的价格转让 B 公司股权，假设不考虑其他税费，下列关于居民企业 A 的税务处理不正确的是（　　）。

A. 2022 年度确认的应纳税所得额为 300 万元

B. 2022 年取得股权时计税基础为 460 万元

C. 2023 年确认的非货币性资产转让所得为 240 万元

D. 2023 年股权转让所得为 650 万元

15. 2022 年甲企业以吸收方式合并乙企业，合并业务符合特殊性税务处理条件。合并时乙企业净资产账面价值 1 100 万元，市场公允价值 1 300 万元，弥补期限内的亏损 70 万元，年末国家发行的最长期限的国债利率为 4.5%。2022 年由甲企业弥补的乙企业的亏损额为（　　）万元。

A. 3.15　　B. 49.50　　C. 58.50　　D. 70.00

二、多项选择题

1. 在我国境内设立机构、场所的非居民企业，本年度发生的下列所得，应在我国缴纳企业所得税的有（　　）。

A. 来源于中国境内，但与其所设机构、场所没有实际联系的所得

B. 发生在中国境外，但与其所设机构、场所有实际联系的所得

C. 来源于中国境内，与其所设机构、场所有实际联系的所得

D. 来源于中国境外，与其所设机构、场所没有实际联系的所得

2. 纳税人销售货物的收入应按照企业所得税法的规定缴纳企业所得税，销售货物收入包括（　　）。

A. 销售商品的收入　　B. 销售原材料的收入

C. 销售包装物的收入　　D. 销售固定资产的收入

3. 居民企业的企业所得税核定征收的方式有（　　）。

A. 核定收入总额　　B. 核定成本费用总额

C. 核定应税所得率　　D. 核定应纳所得税额

4. 下列关于企业所得税税率的说法，正确的有（　　）。

A. 企业所得税的基本税率为 25%

B. 符合条件小型微利企业减按 10% 征税

C. 国家需要重点扶持的高新技术企业减按 15% 征税

D. 非居民企业来源于中国境内的所得减按 20% 征税

5. 下列业务所得，可以享受企业所得税税收优惠的有（　　）。

A. 远洋捕捞所得　　B. 咨询服务所得

C. 海水养殖所得　　D. 苹果种植所得

6. 下列居民企业中，不得核定征收企业所得税的有（　　）。

A. 小额贷款公司　　B. 上市公司

C. 担保公司　　D. 进出口代理公司

E. 专门从事股权（股票）投资业务的企业

7. 关于无形资产的企业所得税处理，下列说法正确的有（　　）。

A. 无形资产的摊销，采用直线法摊销年限不得低于 10 年

B. 外购商誉的支出，在企业整体转让或清算时扣除

C. 自创商誉不得计算摊销费用扣除

D. 通过债务重组方式取得的无形资产，以应收债权和支付的相关税费作为计税基础

E. 作为投资的无形资产，有关合同约定了使用年限的，可按照约定的使用年限摊销

8. 依据企业所得税的相关规定，企业取得的下列资金中，不计入企业收入总额的有（　　）。

A. 增加企业实收资本的国家投资　　B. 无法偿付的应付款项

C. 企业资产的溢余收入　　D. 企业使用后须归还财政的资金

E. 按规定取得的增值税出口退税款

9. 税务机关对工资薪金进行合理性确认应遵循的原则有（　　）。

A. 企业在一定时期工资薪金的调整是有序进行的

B. 企业所制订的工资薪金制度符合行业及地区水平

C. 企业在 3 年内所发放的工资薪金是相对固定的

D. 有关工资薪金的安排，不以减少或逃避税款为目的

E. 企业对实际发放的工资薪金,已依法履行了个人所得税代扣代缴义务

10. 企业在补开、换开发票、其他外部凭证过程中，因对方注销、撤销、依法被吊销营业执照、被税务机关认定为非正常户等特殊原因无法补开、换开发票、其他外部凭证的，可凭资料证实支出真实性后，其支出允许税前扣除，下列资料为必备资料的有（　　）。

A. 无法补开、换开发票、其他外部凭证原因的证明资料

B. 货物运输的证明资料

C. 货物入库、出库内部凭证

D. 相关业务活动的合同或者协议

E. 采用非现金方式支付的付款凭证

11. 全民所有制企业改制为国有独资公司或者国有全资子公司，属于规定的“企业发生其他法律形式简单改变”的下列说法，正确的有（　　）。
    A. 改制中资产评估增值不计入应纳税所得额
    B. 改制中资产评估增值计入应纳税所得额
    C. 资产的计税基础按其原有计税基础确定
    D. 资产的计税基础按其公允计税基础确定
    E. 资产增值部分的折旧或者摊销不得在税前扣除
12. 下列关于资产收购企业所得税一般性税务处理的说法中，正确的有（　　）。
    A. 被收购企业应确认资产转让所得或损失
    B. 被收购企业不确认资产转让所得或损失
    C. 被收购企业的相关所得税事项原则上应保持不变
    D. 收购企业取得资产的计税基础应以公允价值为基础确定
    E. 收购企业取得资产的计税基础应以被收购资产的原有计税基础确定

参考答案与解析

一、单项选择题

1. 【参考答案】D。《企业所得税法》第二条规定：“居民企业，是指依法在中国境内成立，或者依照外国（地区）法律成立但实际管理机构在中国境内的企业。”因此，应当将依照外国法律成立，实际管理机构在中国香港的企业认定为非居民企业。
2. 【参考答案】D。根据《企业所得税法实施条例》规定，预缴企业所得税时，应当按照月度或者季度最后一日的人民币汇率中间价，折合成人民币计算应纳税所得额。
3. 【参考答案】C。应纳税额＝应纳税所得额×适用税率－减免税额－抵免税额；抵免限额＝中国境内、境外所得依照《企业所得税法》及其实施条例的规定计算的应纳税总额×来源于某国（地区）的应纳税所得额÷中国境内、境外应纳税所得总额。因此，抵免限额＝(200＋100)×25%×[100÷(100＋200)]＝25，所以，境外已纳所得税款20万元可以抵免。该公司当年汇算清缴应补企业所得税＝300×25%－40－20＝15万元。
4. 【参考答案】C。《企业所得税法》第三条规定：“居民企业应当就其来源于中国境内、境外的所得缴纳企业所得税。”《企业所得税法》第一条规定：“个人独资企业、合伙企业不适用本法。”根据《企业所得税法》第十条规定：“在计算应纳税所得额时，税收滞纳金不得扣除。”
5. 【参考答案】A。自行建造的固定资产，以竣工结算前发生的支出为计税基础。
6. 【参考答案】A。选项B，销售货物所得，按照交易活动发生地确定。选项C，转让不动产所得，按照不动产所在地确定。选项D，转让权益性投资资产所得，按照被投资企业所在地确定。

7. 【参考答案】C。选项 A，接受捐赠收入，按照实际收到捐赠资产的日期确认收入的实现。选项 B，特许权使用费收入，按照合同约定的特许权使用人应付特许权使用费的日期确认收入的实现。选项 D，股息、红利等权益性投资收益，除另有规定外，按照被投资企业股东会或股东大会作出利润分配或转股决定的日期，确认收入的实现。

8. 【参考答案】A。不得计算折旧扣除的固定资产：（1）房屋、建筑物以外未投入使用的固定资产；（2）以经营租赁方式租入的固定资产（选项 B）；（3）以融资租赁方式租出的固定资产；（4）已足额提取折旧仍继续使用的固定资产（选项 D）；（5）与经营活动无关的固定资产；（6）单独估价作为固定资产入账的土地（选项 C）；（7）其他不得计算折旧扣除的固定资产。

9. 【参考答案】C。选项 A，烟草企业的烟草广告费和业务宣传费支出，一律不得在计算应纳税所得额时扣除，酒类制造企业的广告费可以限额在税前扣除。选项 B，对化妆品制造与销售、医药制造和饮料制造（不含酒类制造）企业发生的广告费和业务宣传费支出，不超过当年销售（营业）收入 30% 的部分，准予扣除；超过部分，准予在以后纳税年度结转扣除。选项 D，对签订广告费和业务宣传费分摊协议的关联企业，其中一方发生的不超过当年销售（营业）收入税前扣除限额比例内的广告费和业务宣传费支出可以在本企业扣除，也可以将其中的部分或全部按照分摊协议归集至另一方扣除。

10. 【参考答案】C。企业在年度中间终止经营活动的，应当自实际经营终止之日起 60 日内，向税务机关办理当期企业所得税汇算清缴。

11. 【参考答案】A。转让股权收入扣除为取得该股权所发生的成本后，是股权转让所得。不得扣除被投资企业未分配利润等股东留存收益中该股权可能分配的金额。股权转让的应纳税所得额 = 1 200 − 800 = 400（万元）。

12. 【参考答案】D。企业撤回或减少投资，其取得的资产中，相当于初始出资的部分，应确认为投资收回；相当于被投资企业累计未分配利润和累计盈余公积按减少实收资本比例计算的部分，应确认为股息所得；其余部分确认为投资资产转让所得。

13. 【参考答案】A。企业对房屋、建筑物固定资产在未足额提取折旧前进行改扩建的，如属于推倒重置的，该资产原值减除提取折旧后的净值，应并入重置后的固定资产计税成本，并在该固定资产投入使用后的次月起，按照税法规定的折旧年限，一并计提折旧。旧房屋净值为 480 万元（1 200 − 1 200 ÷ 20 × 12）。2022 年计提的折旧额 = （700 + 480）÷ 20 ÷ 12 × 2 = 9.83（万元）。

14. 【参考答案】A。选项 A，居民企业以非货币性资产对外投资确认的非货币性资产转让所得，可在不超过 5 年期限内，分期均匀计入相应年度的应纳税所得额计算所得税，2022 年确认的所得额应为 60 万元，即（700 − 400）÷ 5 = 60（万元）；选项 B，企业取得被投资企业的股权，应以非货币性资产的原计税成本为计税基础，加上每年确认的非货币性资产转让所得，逐年进行调整，所以取得时的股权计税基础 = 400 + 60 = 460（万元）；选项 C，2023 年转让股权，停止递延政策，递延期内尚未确认的非货币性资产转让所得 = 60 × 4 = 240（万元）；选项 D；居民企业 A 股权转让所得 = 1 350 − 700 = 650（万元）。

15. 【参考答案】C。符合特殊性税务处理的条件，合并企业弥补的被合并企业的亏损限额为被合并企业净资产的公允价值乘以截至合并业务发生当年年末国家发行的最长期限的国债利率。2022 年甲企业弥补乙企业的亏损额 = 1 300 × 4.5% = 58.50（万元）。

二、多项选择题

1. 【参考答案】ABC。根据《企业所得税法》规定，非居民企业在中国境内设立机构、场所的，应当就其所设机构、场所取得的来源于中国境内的所得，以及发生在中国境外但与其所设机构、场所有实际联系的所得，缴纳企业所得税；非居民企业虽在中国境内设立机构、场所，但取得的所得与其所设机构、场所没有实际联系的，应当就其来源于中国境内的所得缴纳企业所得税。
2. 【参考答案】ABC。根据《企业所得税法实施条例》规定，销售货物收入是指企业销售商品、产品、原材料、包装物、低值易耗品以及其他存货取得的收入。
3. 【参考答案】CD。根据《企业所得税核定征收管理办法（试行）》（国税发〔2018〕30 号）规定，居民企业核定征收的方式有两种，一是核定应税所得率，二是核定应纳所得税额。
4. 【参考答案】AC。根据《企业所得税法》规定，企业所得税的税率为 25%，非居民企业取得本法第三条第三款规定的所得，适用税率为 20%；符合条件的小型微利企业，减按 20% 的税率征收企业所得税；国家需要重点扶持的高新技术企业，减按 15% 的税率征收企业所得税。
5. 【参考答案】ACD。（1）企业从事下列项目的所得，免征企业所得税：①蔬菜、谷物、薯类、油料、豆类、棉花、麻类、糖料、水果、坚果的种植；②农作物新品种的选育；③中药材的种植；④林木的培育和种植；⑤牲畜、家禽的饲养；⑥林产品的采集；⑦灌溉、农产品初加工、兽医、农技推广、农机作业和维修等农、林、牧、渔服务业项目；⑧远洋捕捞。（2）企业从事下列项目的所得，减半征收企业所得税：①花卉、茶以及其他饮料作物和香料作物的种植；②海水养殖、内陆养殖。
6. 【参考答案】ABCE。选项 D，可以核定征收企业所得税。
7. 【参考答案】ABCE。选项 D，通过捐赠、投资、非货币性资产交换、债务重组等方式取得的无形资产，以该资产的公允价值和支付的相关税费为计税基础。
8. 【参考答案】ADE。选项 AD，企业取得的各类财政性资金，除属于国家投资和资金使用后要求归还本金的以外，均应计入当年收入总额。选项 E，企业按规定取得的出口退税款不计入收入总额，作为其他应收款处理。

9. 【参考答案】ABDE。税务机关在对工资薪金进行合理性确认时，可按以下原则掌握：

（1）企业制定了较为规范的员工工资薪金制度；

（2）企业所制订的工资薪金制度符合行业及地区水平；

（3）企业在一定时期所发放的工资薪金是相对固定的，工资薪金的调整是有序进行的；

（4）企业对实际发放的工资薪金，已依法履行了代扣代缴个人所得税义务；

（5）有关工资薪金的安排，不以减少或逃避税款为目的。

10. 【参考答案】ABCDE。企业在补开、换开发票、其他外部凭证过程中，因对方注销、撤销、依法被吊销营业执照、被税务机关认定为非正常户等特殊原因无法补开、换开发票、其他外部凭证的，可凭以下资料证实支出真实性后，其支出允许税前扣除：（1）无法补开、换开发票、其他外部凭证原因的证明资料（包括工商注销、机构撤销、列入非正常经营户、破产公告等证明资料）；（2）相关业务活动的合同或者协议；（3）采用非现金方式支付的付款凭证；（4）货物运输的证明资料；（5）货物入库、出库内部凭证；（6）企业会计核算记录以及其他资料。

11. 【参考答案】ACE。全民所有制企业改制为国有独资公司或者国有全资子公司，属于规定的“企业发生其他法律形式简单改变”的，改制中资产评估增值不计入应纳税所得额；资产的计税基础按其原有计税基础确定；资产增值部分的折旧或者摊销不得在税前扣除。

12. 【参考答案】ACD。一般性税务处理条件下，企业股权收购、资产收购重组交易，相关交易应按以下规定处理：（1）被收购方应确认股权、资产转让所得或损失；（2）收购方取得股权或资产的计税基础应以公允价值为基础确定；（3）被收购企业的相关所得税事项原则上保持不变。

第五章　个人所得税

第一节　个人所得税概述

一、个人所得税的概念

项目	具体内容
1. 含义	个人所得税是以个人（自然人）取得的各项应税所得为征税对象所征收的一种税，它1799年诞生于英国，至今已有200多年的历史
2. 纳税人	个人所得税的纳税人不仅包括个人，还包括具有自然人性质的企业。包括中国公民、个体工商户、个人独资企业、合伙企业投资者、在中国有所得的外籍人员（包括无国籍人员，下同）和香港、澳门、台湾同胞

【单选题】中国公民张某办理了个体工商户营业执照，开办了一家名为“幸福小吃店”的餐馆。这里的纳税主体是（　　）。

A. 张某　　B. 幸福小吃店

C. 张某和幸福小吃店　　D. 张某或幸福小吃店

【参考答案】A。个体工商户以业主为个人所得税纳税义务人。

二、个人所得税的历史沿革

1950年1月，政务院发布的《全国税政实施要则》中涉及对个人所得征税的主要是薪金报酬所得税和存款利息所得税，由于我国人均收入水平低，一直没有实施。

第五届全国人民代表大会于1980年9月10日通过《中华人民共和国个人所得税法》(以下简称《个人所得税》)，并于同日颁布实施。同年12月14日，经国务院批准，财政部公布《中华人民共和国个人所得税法施行细则》，我国个人所得税制度建立。

1986年，国务院先后颁布了《中华人民共和国城乡个体工商户所得税暂行条例》和《中华人民共和国个人收入调节税暂行条例》。按国籍不同分设两套个人所得税的格局基本形成。

1993年10月31日，第八届全国人民代表大会常务委员会通过了《个人所得税法》修正案，规定不分中、外籍纳税人和个体工商户及其他人员，所有中国居民和有来源于中国所得的非居民，均应依法缴纳个人所得税。1994年1月28日，国务院颁布了《中华人民共和国个人所得税实施条例》(以下简称《个人所得税实施条例》)。2018年

8 月 31 日，第十三届全国人民代表大会常务委员会通过关于修改《个人所得税法》的决定，初步建立了综合和分类相结合的税制模式。同年 12 月 28 日，国务院将修订后的《个人所得税法实施条例》对外公布，自 2019 年 1 月 1 日起施行。

个人所得税属于共享税，中央政府分享 60%，地方政府分享 40%。2020 年，我国实现个人所得税收入 11 568 亿元，占当年全部税收收入的 7.5%。

三、我国个人所得税的特点

特点	具体内容
1. 实行综合与分类相结合的税制	个人所得税的税制模式主要分为综合税制、分类税制以及综合与分类相结合的税制三种类型。综合与分类相结合的税制模式兼有综合税制与分类税制的特征，可以更好地兼顾纳税人的收入水平和负担能力。目前世界上大多数国家都采用综合与分类相结合的税制模式
2. 累进税率与比例税率并用	对综合所得和经营所得采用累进税率，实行量能负担。对财产转让所得，利息、股息、红利所得，财产租赁所得等采用比例税率，实行等比负担
3. 费用扣除额范围宽	我国本着费用扣除从宽、从简的原则，采用费用定额扣除、定率扣除、核算扣除等多种方法。例如，综合所得自 2019 年 1 月 1 日起按年扣除 60 000 元；财产租赁所得，每次收入不超过 4 000 元的减除费用为 800 元，4 000 元以上的减除费用为收入的 20%
4. 源泉扣缴与自行申报相结合	个人所得税以所得人为纳税人，以支付所得的单位或者个人为扣缴义务人。对居民纳税人取得的综合所得，有扣缴义务人的，由扣缴义务人按月或者按次预扣预缴税款，按年计征个人所得税，纳税人需要办理汇算清缴的，应当在取得所得的次年 3 月 1 日至 6 月 30 日内办理汇算清缴

第二节　个人所得税的纳税人、征税对象和税率

一、个人所得税的纳税人

我国个人所得税同时实行居民税收管辖权和地域税收管辖权。《个人所得税法》采用住所和居住时间两个标准将个人所得税纳税人区分为居民个人和非居民个人，两类纳税人在纳税义务和征税方式上均有所区别。

（一）居民纳税人及其纳税义务

居民	具体内容
1. 判定条件	居民纳税人是指在中国境内有住所，或者无住所而在一个纳税年度内在中国境内居住累计满 183 天的个人。在中国境内有住所，是指因户籍、家庭、经济利益关系而在中国境内习惯性居住 在境内居住累计满 183 天，是指在一个纳税年度（即公历 1 月 1 日起至 12 月 31 日止，下同）内，在中国境内居住累计满 183 天

续表

居民	具体内容
2. 纳税义务	居民纳税人应就其从中国境内和境外取得的所得，依照我国个人所得税法的规定缴纳个人所得税。 在中国境内无住所的纳税人，在中国境内居住累计满 183 天的年度连续不满六年的，经向主管税务机关备案，其来源于中国境外且由境外单位或者个人支付的所得，免予缴纳个人所得税 【注】在中国境内居住累计满 183 天的任一年度中有一次离境超过 30 天的，其在中国境内居住累计满 183 天的年度的连续年限须重新起算

【多选题】下列各项中，属于我国个人所得税居民纳税人的有（　　）。

A. 一个纳税年度内在境内累计居住满 183 天的香港同胞

B. 海外工作 3 年的中国公民

C. 因户籍、家庭、经济利益关系而在境内习惯性居住的台湾同胞

D. 一个纳税年度内在境内累计居住不满 180 天的外国人

【参考答案】ABC。居民为在中国境内有住所，或者无住所而在境内居住满 183 天的个人。

（二）非居民纳税人及其纳税义务

非居民	具体内容
1. 判定条件	非居民纳税人是指在中国境内无住所又不居住，或无住所且一个纳税年度内在中国境内居住累计不满 183 天的个人
2. 纳税义务	非居民纳税人仅就其来源于中国境内的所得，依照我国个人所得税法的规定缴纳个人所得税 在中国境内无住所的纳税人，在一个纳税年度内在中国境内居住累计不超过 90 天的，其来源于中国境内的所得，由境外雇主支付并且不由该雇主在中国境内的机构、场所负担的部分，免予缴纳个人所得税

【提示】注意把握非居民个人和外籍个人的区别。非居民个人是税法规定的一个名词，而外籍个人并不是一个法律名词。通俗地说，外籍个人就是非中国国籍人士。外籍个人在一个纳税年度内在中国境内居住累计满 183 天后，就成了居民个人。所以，外籍个人可能是《个人所得税法》界定的居民个人，也可能是非居民个人。

（三）所得来源地的判定

除国务院财政、税务主管部门另有规定外，下列所得，不论支付地点是否在中国境内，均为来源于中国境内的所得：

（1）因任职、受雇、履约等在中国境内提供劳务取得的所得；

（2）将财产出租给承租人在中国境内使用而取得的所得；

（3）许可各种特许权在中国境内使用而取得的所得；

（4）转让中国境内的不动产等财产或者在中国境内转让其他财产取得的所得；

（5）从中国境内企业、事业单位、其他组织以及居民个人取得的利息、股息、红利所得。

二、个人所得税的征税对象

征税范围	具体内容
1. 工资、薪金所得	是指个人因任职或者受雇而取得的工资、薪金、奖金、年终加薪、劳动分红、津贴、补贴，以及与任职或者受雇有关的其他所得 【提示】退休人员再任职取得的收入，在减除按个人所得税法规定的费用扣除标准后，按“工资、薪金所得”应税项目缴纳个人所得税
2. 劳务报酬所得	是指个人从事设计、装潢、安装、制图、化验、测试、医疗、法律、会计、咨询、讲学、翻译、审稿、书画、雕刻、影视、录音、录像、演出、表演、广告、展览、技术服务、介绍服务、经纪服务、代办服务，以及其他劳务取得的所得
3. 稿酬所得	是指个人因其作品以图书、报刊等形式出版、发表而取得的所得 【提示】不以图书报刊形式出版、发表的翻译、审稿、书画所得属于劳务报酬所得
4. 特许权使用费所得	是指个人提供专利权、商标权、著作权、非专利技术，以及其他特许权的使用权取得的所得 【提示】 （1）提供著作权的使用权取得的所得，不包括稿酬所得 （2）对于作者将自己的文字作品手稿原件或复印件公开拍卖（竞价）取得的所得，属于提供著作权的使用权所得，故应按特许权使用费所得项目征收个人所得税

【多选题】下列个人收入，应按照“特许权使用费所得”项目缴纳个人所得税的有（　　）。

A. 个人取得的特许权经济赔偿收入

B. 作家公开拍卖自己的文字作品手稿复印件取得的收入

C. 剧本作者从任职的电视剧制作单位获得的剧本使用费

D. 个人发表书画作品取得的收入

【参考答案】ABC。特许权使用费所得，是指个人提供专利权、商标权、著作权、非专利技术，以及其他特许权的使用权取得的所得；提供著作权的使用权取得的所得，不包括稿酬所得。对于剧本作者从电影、电视剧的制作单位取得的剧本使用费，不再区分剧本的使用方是否为其任职单位，统一按“特许权使用费所得”项目计征个人所得税。个人发表书画作品取得的收入应按“稿酬所得”缴纳个人所得税。

征税范围	具体内容
5. 经营所得	（1）个体工商户从事生产、经营活动取得的所得，个人独资企业投资人、合伙企业的个人合伙人来源于境内注册的个人独资企业、合伙企业生产、经营的所得 （2）个人依法从事办学、医疗、咨询，以及其他有偿服务活动取得的所得 （3）个人对企业、事业单位承包经营、承租经营以及转包、转租取得的所得 （4）个人从事其他生产、经营活动取得的所得
6. 利息、股息、红利所得	是指个人拥有债权、股权等而取得的利息、股息、红利所得

出租车驾驶员取得的所得分类问题

<table>
<tr><th colspan="3">出租车归属</th><th>所得类别</th></tr>
<tr><td>出租车归属为单位的</td><td colspan="2">出租汽车经营单位对出租车驾驶员采取单车承包或承租方式运营，出租车驾驶员从事客货营运取得的收入</td><td>工资、薪金所得</td></tr>
<tr><td rowspan="2">出租车归属为个人的</td><td rowspan="2">从事个体出租车运营的出租车驾驶员取得的收入</td><td>出租车属于个人所有，但挂靠出租汽车经营单位或企事业单位，驾驶员向挂靠单位缴纳管理费的</td><td rowspan="2">经营所得</td></tr>
<tr><td>出租汽车经营单位将出租车所有权转移给驾驶员的</td></tr>
</table>

用企业资金购买房屋等财产的税务处理

<table>
<tr><th>企业类型</th><th>企业资金用途</th><th>应税项目</th></tr>
<tr><td>个人独资企业、合伙企业</td><td rowspan="2">为其个人投资者或其家庭成员或其相关人员支付与企业无关的消费性支出及购买汽车、住房等财产性支出</td><td>视为企业对个人投资者利润分配，依照“经营所得”计税</td></tr>
<tr><td>个人独资企业、合伙企业以外的其他企业</td><td>视为企业对个人投资的红利分配，依照“利息、股息、红利所得”计税</td></tr>
<tr><td>所有企业</td><td>为本企业除投资者以外的雇员购买房屋等财产</td><td>工资、薪金所得</td></tr>
</table>

【多选题】下列各项中，应按“经营所得”项目征税的有（　　）。

A. 个人因从事彩票代销业务而取得的所得

B. 演职员参加任职单位组织的演出取得的报酬

C. 私营企业（非个人独资企业、合伙企业）的个人投资者以企业资本金为本人购买的汽车

D. 从事个体出租车运营的出租车驾驶员取得的收入

【参考答案】AD。演职员参加任职单位组织的演出取得的报酬，应按“工资、薪金所得”计征个人所得税。私营企业（非个人独资企业、合伙企业）的个人投资者以企业资本金为本人购买的汽车，应按“利息、股息、红利所得”计征个人所得税。

征税范围	具体内容
7. 财产租赁所得	是指个人出租不动产、机器设备、车船，以及其他财产取得的所得
8. 财产转让所得	是指个人转让有价证券、股权、合伙企业中的财产份额、不动产、机器设备、车船，以及其他财产取得的所得
9. 偶然所得	是指个人得奖、中奖、中彩以及其他偶然性质的所得。个人取得的所得，难以界定应纳税所得项目的，由国务院税务主管部门确定

【单选题】下列个人收入中，应按“劳务报酬所得”缴纳个人所得税的是（　　）。

A. 在其他单位兼职取得的收入

B. 退休后再任职取得的收入

C. 在任职单位取得董事费收入

D. 个人购买彩票取得的中奖收入

【参考答案】A。退休后再任职取得的收入，属于“工资、薪金”所得。在任职单位取得的董事费收入，属于“工资、薪金所得”。个人购买彩票取得的中奖收入，属于“偶然所得”。

三、个人所得税的税率

（一）超额累进税率

1. 七级超额累进税率

（1）居民纳税人取得综合所得适用七级超额累进税率，税率为 3%—45%。

综合所得个人所得税税率表

级数	全年应纳税所得额	税率（%）	速算扣除数
1	不超过 36 000 元的部分	3	0
2	超过 36 000 元至 144 000 元的部分	10	2 520
3	超过 144 000 元至 300 000 元的部分	20	16 920
4	超过 300 000 元至 420 000 元的部分	25	31 920
5	超过 420 000 元至 660 000 元的部分	30	52 920
6	超过 660 000 元至 960 000 元的部分	35	85 920
7	超过 960 000 元的部分	45	181 920

（2）非居民纳税人取得工资、薪金所得，劳务报酬所得，稿酬所得，特许权使用费所得适用七级超额累进税率（依照本表按月换算后计算应纳税额），税率为 3%—45%。

非居民纳税人工资、薪金所得，劳务报酬所得，
稿酬所得，特许权使用费所得适用税率

级数	应纳税所得额	税率（%）	速算扣除数
1	不超过 3 000 元的部分	3	0
2	超过 3 000 元至 12 000 元的部分	10	210
3	超过 12 000 元至 25 000 元的部分	20	1 410
4	超过 25 000 元至 35 000 元的部分	25	2 660
5	超过 35 000 元至 55 000 元的部分	30	4 410
6	超过 55 000 元至 80 000 元的部分	35	7 160
7	超过 80 000 元的部分	45	15 160

2. 五级超额累进税率

经营所得适用五级超额累进税率，税率为 5%—35%。

经营所得适用税率

级数	全年应纳税所得额	税率（%）	速算扣除数
1	不超过30 000元的部分	5	0
2	超过30 000元至90 000元的部分	10	1 500
3	超过90 000元至300 000元的部分	20	10 500
4	超过300 000元至500 000元的部分	30	40 500
5	超过500 000元的部分	35	65 500

（二）比例税率

除综合所得、经营所得之外，其他各类所得均适用20%的比例税率。具体为：利息、股息、红利所得，财产租赁所得，财产转让所得和偶然所得。

第三节 个人所得税应纳税所得额和应纳税额的计算

一、居民纳税人应纳税所得额和应纳税额的计算

个人所得税的计税依据是纳税人取得的应纳税所得额。应纳税所得额是个人取得的各项应税收入减去税法规定的扣除项目或扣除金额后的余额。由于个人所得税的应税项目不同，并且取得某项所得所需费用也不相同，因此，计算个人应纳税所得额时须按不同应税项目单独计算。

（一）综合所得

1. 综合所得预扣预缴方法

（1）工资、薪金所得。

扣缴义务人向居民个人支付工资、薪金所得时，应当按照累计预扣法计算预扣税款，并按月办理扣缴申报。

累计预扣法	具体内容
计算公式	本期应预扣预缴税额 =（累计预扣预缴应纳税所得额 × 预扣率 − 速算扣除数）− 累计减免税额 − 累计已预扣预缴税额 累计预扣预缴应纳税所得额 = 累计收入 − 累计免税收入 − 累计减除费用 − 累计专项扣除 − 累计专项附加扣除 − 累计依法确定的其他扣除
指标解释	累计减除费用：按照5 000元/月乘以纳税人当年截至本月在本单位的任职受雇月份数计算 累计专项附加扣除，是指居民纳税人取得工资、薪金所得时，选择向扣缴义务人提供专项附加扣除有关信息，由扣缴义务人扣缴税款时减除专项附加扣除之和 【注】纳税人同时从两处以上取得工资、薪金所得，并由扣缴义务人减除专项附加扣除的，对同一专项附加扣除项目，在一个纳税年度内只能选择从一处取得的所得中减除

【计算题】居民纳税人张某2018年入职甲公司。假设2019年1—12月取得应发工资收入分别为：10 000元、10 000元、15 000元、10 000元、10 000元、18 000元、10 000元、10 000元、15 000元、10 000元、10 000元、30 000元。

每月个人按规定缴纳的“三险一金”为工资收入的20%，按规定享受子女教育、赡养老人两项专项附加扣除共2 000元，假定没有减免收入及减免税额等优惠。

【要求】计算2019年甲公司每月应预扣预缴张某工资、薪金所得的个人所得税。

工资、薪金所得预扣预缴适用预扣率

级数	累计预扣预缴应纳税所得额	预扣率（%）	速算扣除数
1	不超过36 000元的部分	3	0
2	超过36 000元至144 000元的部分	10	2 520
3	超过144 000元至300 000元的部分	20	16 920
4	超过300 000元至420 000元的部分	25	31 920
5	超过420 000元至660 000元的部分	30	52 920
6	超过660 000元至960 000元的部分	35	85 920
7	超过960 000元的部分	45	181 920

【参考答案】预扣预缴张某工资、薪金所得个人所得税明细表。

月份	工资收入	累计收入	累计扣除费用	累计专项扣除	累计专项附加扣除	累计预扣预缴应纳税所得额	预扣预缴个税	累计预扣预缴个税
1	10 000	10 000	5 000	2 000	2 000	=10 000 − 5 000 − 2 000 − 2 000 = 1 000	1 000 × 3% = 30	30
2	10 000	20 000	10 000	4 000	4 000	=20 000 − 10 000 − 4 000 − 4 000 = 2 000	2 000 × 3% − 30 = 30	60
3	15 000	35 000	15 000	7 000	6 000	=35 000 − 15 000 − 7 000 − 6 000 = 7 000	7 000 × 3% − 60 = 150	210
4	10 000	45 000	20 000	9 000	8 000	=45 000 − 20 000 − 9 000 − 8 000 = 8 000	8 000 × 3% − 210 = 30	240
5	10 000	55 000	25 000	11 000	10 000	=55 000 − 25 000 − 11 000 − 10 000 = 9 000	9 000 × 3% − 240 = 30	270
6	18 000	73 000	30 000	14 600	12 000	=73 000 − 30 000 − 14 600 − 12 000 = 16 400	16 400 × 3% − 270 = 222	492
7	10 000	83 000	35 000	16 600	14 000	=83 000 − 35 000 − 16 600 − 14 000 = 17 400	17 400 × 3% − 492 = 30	522
8	10 000	93 000	40 000	18 600	16 000	=93 000 − 40 000 − 18 600 − 16 000 = 18 400	18 400 × 3% − 522 = 30	552

续表

月份	工资收入	累计收入	累计扣除费用	累计专项扣除	累计专项附加扣除	累计预扣预缴应纳税所得额	预扣预缴个税	累计预扣预缴个税
9	15 000	108 000	45 000	21 600	18 000	= 108 000 - 45 000 - 21 600 - 18 000 = 23 400	23 400 × 3% - 552 = 150	702
10	10 000	118 000	50 000	23 600	20 000	= 118 000 - 50 000 - 23 600 - 20 000 = 24 400	24 400 × 3% - 702 = 30	732
11	10 000	128 000	55 000	25 600	22 000	= 128 000 - 55 000 - 25 600 - 22 000 = 25 400	25 400 × 3% - 732 = 30	762
12	30 000	158 000	60 000	31 600	24 000	= 158 000 - 60 000 - 31 600 - 24 000 = 42 400	42 400 × 10% - 2 520 - 762 = 958	1 720

（2）劳务报酬所得、稿酬所得、特许权使用费所得。

扣缴义务人向居民纳税人支付劳务报酬所得、稿酬所得、特许权使用费所得，按次或者按月预扣预缴个人所得税。

劳务报酬所得、稿酬所得、特许权使用费所得，属于一次性收入的，以取得该项收入为一次；属于同一项目连续性收入的，以一个月内取得的收入为一次。

①劳务报酬所得。

劳务报酬所得应预扣预缴税额 = 预扣预缴应纳税所得额 × 预扣率 - 速算扣除数

= 每次收入额 × 预扣率 - 速算扣除数

=（每次收入 - 费用）× 预扣率 - 速算扣除数

【注】居民纳税人取得劳务报酬所得适用三级超额累进预扣率。

【提示】上述计算公式中，减除费用的确定均依据每次收入是否超过 4 000 元而定，每次收入不超过 4 000 元的，减除费用按 800 元计算；每次收入 4 000 元以上的，减除费用按收入的 20% 计算。

劳务报酬所得预扣预缴适用预扣率（三级超额累进预扣率）

级数	预扣预缴应纳税所得额	预扣率（%）	速算扣除数
1	不超过 20 000 元的部分	20	0
2	超过 20 000 元至 50 000 元的部分	30	2 000
3	超过 50 000 元的部分	40	7 000

②稿酬所得。

稿酬所得以每次收入额为预扣预缴应纳税所得额。

稿酬所得应预扣预缴税额 = 预扣预缴应纳税所得额 × 预扣率

= 每次收入额 × 70% × 预扣率

=（每次收入 - 费用）× 70% × 20%

【注】稿酬所得的收入额减按 70% 计算。稿酬所得适用 20% 的比例预扣率。

【提示】上述计算公式中，减除费用的确定均依据每次收入是否超过 4 000 元而定，每次收入不超过 4 000 元的，减除费用按 800 元计算；每次收入 4 000 元以上的，减除费用按收入的 20% 计算。

【单选题】某作者出版一部作品，出版社支付稿酬 26 000 元，出版社就该项业务应预扣预缴个人所得税为（　　）元。

A. 2 912　　B. 3 528　　C. 4 160　　D. 5 200

【参考答案】A。稿酬所得应预扣预缴税额 = 预扣预缴应纳税所得额 ×20% = 每次收入额 ×70% ×20% =（每次收入 − 费用）×70% ×20%。减除费用的确定依据每次收入是否超过 4 000 元而定，每次收入不超过 4 000 元的，减除费用按 800 元计算；每次收入 4 000 元以上的，减除费用按收入的 20% 计算。稿酬所得应预扣预缴个人所得税 = 26 000 ×（1 − 20%）×70% ×20% = 2 912 元。

③特许权使用费所得。

特许权使用费所得应预扣预缴税额 = 预扣预缴应纳税所得额 × 预扣率
= 每次收入额 ×20%
=（每次收入 − 费用）×20%

【注】特许权使用费所得适用 20% 的比例预扣率。

【提示】上述计算公式中，减除费用的确定均依据每次收入是否超过 4 000 元而定，每次收入不超过 4 000 元的，减除费用按 800 元计算；每次收入 4 000 元以上的，减除费用按收入的 20% 计算。

【计算题】李某 3 月从乙单位取得劳务报酬收入 30 000 元，5 月从丙杂志社取得稿酬收入 2 000 元，8 月从丁单位取得特许权使用费收入 20 000 元。

【要求】计算乙、丙、丁单位支付所得时应预扣预缴的个人所得税。

【参考答案】

（1）3 月乙单位劳务报酬应预扣预缴的个人所得税 = [30 000 ×（1 − 20%）] ×30% − 2 000 = 5 200（元）

（2）5 月丙单位稿酬应预扣预缴的个人所得税 =（2 000 − 800）×70% ×20% = 168（元）

（3）8 月单位特许权使用费应预扣预缴的个人所得税 = 20 000 ×（1 − 20%）×20% = 3 200（元）

2. 综合所得应纳税所得额的确定

居民纳税人取得综合所得，以每一纳税年度的收入额减除费用 6 万元以及专项扣除、专项附加扣除和依法确定的其他扣除后的余额，为应纳税所得额。

应纳税所得额 = 每一纳税年度的收入额 − 6 万元 − 专项扣除 − 专项附加扣除 − 依法确定的其他扣除

【提示】累计预扣预缴应纳税所得额 = 累计收入 − 累计免税收入 − 累计减除费用 − 累计专项扣除 − 累计专项附加扣除 − 累计依法确定的其他扣除

（1）每一纳税年度的收入额。

收入额包括工资、薪金所得，劳务报酬所得，稿酬所得和特许权使用费所得。

①劳务报酬所得，稿酬所得，特许权使用费所得以收入减除费用后的余额为收入额，即收入额 = 收入 ×（1 －20%）。

②稿酬所得的收入额减按 70% 计算，即收入额 = 收入 ×70% ×（1 －20%）。

【提示】计算综合所得应纳税所得额时，劳务报酬所得、稿酬所得、特许权使用费所得减除费用统一定为20%，不需要考虑是否超过4 000 元。此处与预扣预缴时费用扣除规定不同。

（2）专项扣除。

专项扣除包括居民纳税人按照国家规定的范围和标准缴纳的基本养老保险、基本医疗保险、失业保险等社会保险费和住房公积金（以下简称“三险一金”）等。

（3）专项附加扣除（七大项）。

专项附加扣除包括子女教育、继续教育、大病医疗、住房贷款利息或者住房租金、赡养老人、3 岁以下婴幼儿照护等支出。

【多选题】下列各项中，属于专项附加扣除项目的有（　　）。

A. 子女教育　　B. 大病医疗

C. 职业资格继续教育　　D. 赡养老人

【参考答案】ABCD。专项附加扣除包括子女教育、继续教育、大病医疗、住房贷款利息或者住房租金、赡养老人、3 岁以下婴幼儿照护等 7 项扣除。继续教育扣除适用于纳税人在中国境内接受学历（学位）继续教育的支出和技能人员职业资格继续教育、专业技术人员职业资格继续教育的支出。

专项附加扣除	具体内容
①子女教育	适用于纳税人的子女接受学前教育（年满 3 岁至小学入学前）的支出和全日制学历教育（包括在中国境外接受教育）的支出学历教育包括义务教育（小学、初中教育）、高中阶段教育（普通高中、中等职业、技工教育）、高等教育（大学专科、大学本科、硕士研究生、博士研究生教育） 纳税人按每个子女每月 1 000 元的标准定额扣除。父母可以选择由其中一方按扣除标准的 100% 扣除，也可以选择由双方分别按扣除标准的 50% 扣除，具体扣除方式在一个纳税年度内不能变更 2023 年 8 月 31 日，《国务院关于提高个人所得税有关专项附加扣除标准的通知》（国发〔2023〕13 号）发布，决定自 2023 年 1 月 1 日起，由每个子女每月 1 000 元提高到 2 000 元
②继续教育	适用于纳税人在中国境内接受学历（学位）继续教育的支出和技能人员职业资格继续教育、专业技术人员职业资格继续教育的支出。前者允许纳税人在学历（学位）教育期间按照每月 400 元定额扣除，同一学历（学位）继续教育的扣除期限不能超过 48 个月；后者允许纳税人在取得相关证书的当年，按 3 600 元定额扣除。个人接受本科及以下学历（学位）继续教育，符合规定扣除条件的，可以选择由其父母扣除，也可以选择由本人扣除

续表

专项附加扣除	具体内容
③大病医疗	适用于在一个纳税年度内，纳税人发生的与基本医保相关的医药费用支出，扣除医保报销后个人负担（指医保目录范围内的自付部分）累计超过 15 000 元的部分，由纳税人在办理年度汇算清缴时，在 80 000 元限额内据实扣除。纳税人发生的医药费用支出可以选择由本人或者其配偶扣除。未成年子女发生的医药费用支出可以选择由其父母一方扣除
④住房贷款利息	适用于纳税人本人或者配偶单独或者共同使用商业银行或者住房公积金个人住房贷款为本人或者其配偶购买中国境内住房，发生的首套住房贷款利息支出。在实际发生贷款利息的年度，按照每月 1 000 元的标准定额扣除，扣除期限最长不超过 240 个月。经夫妻双方约定，可以选择由其中一方扣除，具体扣除方式在一个纳税年度内不能变更
	夫妻双方婚前分别购买住房发生的首套住房贷款，其贷款利息支出，婚后可以选择其中一套购买的住房，由购买方按扣除标准的 100% 扣除，也可以由夫妻双方对各自购买的住房分别按扣除标准的 50% 扣除，具体扣除方式在一个纳税年度内不能变更
⑤住房租金	适用于纳税人在主要工作城市没有自有住房而发生的住房租金支出，按照以下标准每月定额扣除： 直辖市、省会（首府）城市、计划单列市以及国务院确定的其他城市，扣除标准为每月 1 500 元 除前述所列城市以外，市辖区户籍人口超过 100 万的城市，扣除标准为每月 1 100 元 市辖区户籍人口不超过 100 万的城市，扣除标准为每月 800 元
⑥赡养老人	适用于纳税人赡养一位及以上被赡养人（年满 60 岁的父母，以及子女均已去世的年满 60 岁的祖父母、外祖父母）的赡养支出，按照以下标准定额扣除： 纳税人为独生子女的，按照每月 2 000 元的标准定额扣除 纳税人为非独生子女的，由其与兄弟姐妹分摊每月 2 000 元的扣除额度，每人分摊的额度不能超过每月 1 000 元。可以由赡养人均摊或者约定分摊，也可以由被赡养人指定分摊 2023 年 8 月 31 日，《国务院关于提高个人所得税有关专项附加扣除标准的通知》（国发〔2023〕13 号）发布，决定自 2023 年 1 月 1 日起，赡养老人专项附加扣除标准，由每月 2 000 元提高到 3 000 元。其中，独生子女按照每月 3 000 元的标准定额扣除；非独生子女与兄弟姐妹分摊每月 3 000 元的扣除额度，每人分摊的额度不能超过每月 1 500 元
⑦ 3 岁以下婴幼儿照护	自 2022 年 1 月 1 日起，纳税人照护 3 岁以下婴幼儿子女的相关支出，在计算缴纳个人所得税前按照每名婴幼儿每月 1 000 元的标准定额扣除。具体扣除方式上，可选择由夫妻一方按扣除标准的 100% 扣除，也可选择由夫妻双方分别按扣除标准的 50% 扣除。监护人不是父母的，也可以按上述政策规定扣除 2023 年 8 月 31 日，《国务院关于提高个人所得税有关专项附加扣除标准的通知》（国发〔2023〕13 号）发布，决定自 2023 年 1 月 1 日起，3 岁以下婴幼儿照护专项附加扣除标准，由每个婴幼儿每月 1 000 元提高到 2 000 元

（4）依法确定的其他扣除。

其他扣除包括个人缴付符合国家规定的企业年金、职业年金，个人购买符合国家规定的商业健康保险、税收递延型商业养老保险的支出，以及国务院规定可以扣除的其他项目。

（5）专项扣除、专项附加扣除和依法确定的其他扣除，以居民纳税人一个纳税年度的应纳税所得额为限额；一个纳税年度扣除不完的，不结转以后年度扣除。

3. 综合所得应纳税额的计算

应纳税额 = 应纳税所得额 × 适用税率 − 速算扣除数

【计算题】假设中国居民李某 2023 年每月应取得工资收入为 30 000 元，缴纳“三险一金”4 500 元、享受子女教育和赡养老人两项专项附加扣除 3 000 元。2023 年度李某只在本单位一处拿工资，没有其他收入，没有大病医疗和减免收入及减免税额等情况，请依照现行税法规定，计算李某每月应预扣预缴税额和年终综合所得应纳税额。

【参考答案】

每月应预扣预缴税额：

1 月：(30 000 − 5 000 − 4 500 − 3 000) ×3% =525（元）

2 月：(30 000 ×2 − 5 000 ×2 − 4 500 ×2 − 3 000 ×2) ×3% − 525 = 525（元）

3 月：(30 000 ×3 − 5 000 ×3 − 4 500 ×3 − 3 000 ×3) ×10% − 2 520 − 1 050 = 1 680（元）

4 月：(30 000 ×4 − 5 000 ×4 − 4 500 ×4 − 3 000 ×4) ×10% − 2 520 − 2 730 = 1 750（元）

5 月：(30 000 ×5 − 5 000 ×5 − 4 500 ×5 − 3 000 ×5) ×10% − 2 520 − 4 480 = 1 750（元）

6 月：(30 000 ×6 − 5 000 ×6 − 4 500 ×6 − 3 000 ×6) ×10% − 2 520 − 6 230 = 1 750（元）

7 月：(30 000 ×7 − 5 000 ×7 − 4 500 ×7 − 3 000 ×7) ×10% − 2 520 − 7 980 = 1 750（元）

8 月：(30 000 ×8 − 5 000 ×8 − 4 500 ×8 − 3 000 ×8) ×10% − 2 520 − 9 730 = 1 750（元）

9 月：(30 000 ×9 − 5 000 ×9 − 4 500 ×9 − 3 000 ×9) ×20% − 16 920 − 11 480 = 3 100（元）

10 月：(30 000 ×10 − 5 000 ×10 − 4 500 ×10 − 3 000 ×10) ×20% − 16 920 − 14 580 = 3 500（元）

11 月：(30 000 ×11 − 5 000 ×11 − 4 500 ×11 − 3 000 ×11) ×20% − 16 920 − 18 080 = 3 500（元）

12 月：(30 000 ×12 − 5 000 ×12 − 4 500 ×12 − 3 000 ×12) ×20% − 16 920 − 21 580 = 3 500（元）

1—12 月所在单位共计预扣预缴税额为 25 080 元。

年终综合所得应纳税额：

2023 年度综合所得应缴纳个人所得税 = (30 000 ×12 − 60 000 − 4 500 ×12 − 3 000 ×12) ×20% − 16 920 = 25 080（元）

由于李某只在一处取得工资、薪金，且足额享受专项附加扣除，单位已全额预扣预缴税款，故年终无须进行综合所得汇算清缴。

（二）经营所得

经营所得，以每一纳税年度的收入总额减除成本、费用以及损失后的余额，为应纳税所得额。

1. 应纳税所得额和应纳税额计算的一般规定

经营所得	具体内容
（1）应纳税额的计算	应纳税额＝应纳税所得额×适用税率－速算扣除数
（2）预缴和汇算清缴	①纳税人取得经营所得，按年计算个人所得税，由纳税人在月度或者季度终了后 15 日内向税务机关报送纳税申报表，并预缴税款 本月应预缴税额＝本月累计应纳税所得额×适用税率－速算扣除数－上月累计已预缴税额 ②在取得所得的次年 3 月 31 日前办理汇算清缴 全年应纳税额＝全年应纳税所得额×适用税率－速算扣除数 汇算清缴税额＝全年应纳税额－全年累计已预缴税额
（3）取得经营所得的个人，没有综合所得的	计算其每一纳税年度的应纳税所得额时，应当减除费用 6 万元、专项扣除、专项附加扣除以及依法确定的其他扣除。专项附加扣除在办理汇算清缴时减除

2. 个体工商户应纳税额的计算

个体工商户的生产、经营所得，以每一纳税年度的收入总额，减除成本、费用、税金、损失、其他支出以及允许弥补的以前年度亏损后的余额，为应纳税所得额。

个体工商户	具体内容
（1）与企业所得税相同的扣除项目和标准	从业人员工资；为从业人员缴纳的基本养老保险费、基本医疗保险费、失业保险费、生育保险费、工伤保险费和住房公积金；向当地工会组织拨缴的工会经费、实际发生的职工福利费；借款费用；租赁费；汇兑损益；业务招待费、广告费和业务宣传费；劳动保护费；亏损弥补等规定，均与企业所得税的基本规定一致
（2）与企业所得税不同的扣除项目和标准	①个体工商户业主的工资薪金支出不得税前扣除，但可以依照法律法规扣除一定的费用：个体工商户业主的费用扣除标准统一确定为 60 000 元/年，即 5 000 元/月 ②对其购买符合规定的商业健康保险产品支出，可按照规定标准（限额 2 400 元/年，200 元/月）在个人所得税前扣除 ③个体工商户生产经营活动中，应当分别核算生产经营费用和个人、家庭费用。对于生产经营与个人、家庭生活费用难以分清的费用，其 40% 视为与生产经营有关费用，准予扣除 【提示】此规定，个人独资企业和个体工商户存在差异 在个人独资企业中，投资者及其家庭发生的生活费用不允许在税前扣除。投资者及其家庭发生的生活费用与企业生产经营费用混合在一起，并且难以划分的，全部视为投资者个人及其家庭发生的生活费用，不允许在税前扣除 ④企业拨缴的职工教育经费支出在工资薪金总额 2. 5% 的标准内据实扣除 ⑤个体工商户代其从业人员或者他人负担的税款，不得税前扣除 ⑥个体工商户按照规定缴纳的摊位费、行政性收费、协会会费等，按实际发生数额扣除 ⑦公益性捐赠，捐赠额不超过其应纳税所得额 30% 的部分可以据实扣除，直接给受益人的捐赠不得扣除
（3）税前不允许扣除的支出	①个人所得税税款 ②税收滞纳金 ③罚金、罚款和被没收财物的损失 ④不符合扣除规定的捐赠支出 ⑤赞助支出 ⑥用于个人和家庭的支出 ⑦与取得生产经营收入无关的其他支出 ⑧国家税务总局规定不准扣除的支出

续表

个体工商户	具体内容
（4）核定征收	从事生产、经营活动，未提供完整、准确的纳税资料，不能正确计算应纳税所得额的，由主管税务机关核定应纳税所得额或者应纳税额 ①企业能正确核算（查实）收入总额，但不能正确核算（查实）成本费用总额，或者通过合理方法，能计算和推定企业收入总额的 应纳税所得额＝应税收入额×应税所得率 ②企业能正确核算（查实）成本费用总额，但不能正确核算（查实）收入总额，或者通过合理方法，能计算和推定纳税人成本费用总额的 应纳税所得额＝成本（费用）支出额÷(1－应税所得率）×应税所得率

【单选题】假设2019年度某个人独资企业发生生产经营费用30万元，经主管税务机关审核，与其家庭生活费用无法划分，依据个人所得税相关规定，该个人独资企业允许税前扣除的生产经营费用为（　　）万元。

A. 0　　B. 12　　C. 18　　D. 30

【参考答案】A。投资者及其家庭发生的生活费用不允许在税前扣除。投资者及其家庭发生的生活费用与企业生产经营费用混合在一起，并且难以划分的，全部视为投资者个人及其家庭发生的生活费用，不允许在税前扣除。

【计算题】某个体工商户从事商品销售，假设2019年销售收入为248 000元，销货成本为100 000元，各项费用支出为18 000元，缴纳增值税12 000元，其他税费合计1 800元，当年支付2名雇工工资各20 000元。1—11月累计已预缴个人所得税790元（各项成本费用支出符合税前扣除标准）。

【要求】根据以上资料，在没有综合所得的情况下，计算以下应纳税额：

（1）该个体工商户当年的应纳税所得额。

（2）该个体工商户当年的应纳个人所得税。

（3）该个体工商户当年汇算清缴应补（退）税额。

经营所得适用税率表

级数	全年应纳税所得额	税率（%）	速算扣除数
1	不超过30 000元的部分	5	0
2	超过30 000元至90 000元的部分	10	1 500
3	超过90 000元至300 000元的部分	20	10 500
4	超过300 000元至500 000元的部分	30	40 500
5	超过500 000元的部分	35	65 500

【参考答案】

（1）该个体工商户当年的应纳税所得额＝248 000（销售收入）－100 000（销售成本）－18 000（各项费用）－1 800（其他税费）－20 000×2（雇工工资）－60 000（减除费用）＝28 200（元）

（2）该个体工商户当年的应纳个人所得税＝28 200×5%＝1 410（元）

（3）该个体工商户当年汇算清缴应补税额 = 1 410 − 790（已预缴税额）= 620（元）

（三）利息、股息、红利所得

利息、股息、红利	具体内容
1. 应纳税所得额的确定	利息、股息、红利所得，以每次收入额为应纳税所得额 利息、股息、红利所得，以支付利息、股息、红利时取得的收入为一次
2. 应纳税额的计算	应纳税额 = 应纳税所得额 × 适用税率（20%）

（四）财产租赁所得

财产租赁	具体内容
1. 应纳税所得额的确定	（1）每次收入不超过 4 000 元的：应纳税所得额 = 每次收入 − 800 （2）每次收入超过 4 000 元的：应纳税所得额 = 每次收入 ×（1 − 20%） 【注】2016 年 5 月 1 日全面推开营改增后，个人出租房屋的个人所得税应税收入不含增值税
2. 应纳税额的计算	应纳税额 = 应纳税所得额 × 适用税率（20%） 【提示】个人出租住房取得的所得减按 10% 的税率征收个人所得税

【计算题】王某 2019 年 3 月将其位于市区的住房租给甲公司使用，每月租金收入 3 000 元，假定不考虑增值税等相关税费。

【要求】计算王某 3 月取得财产租赁所得应缴纳的个人所得税。

【参考答案】王某应缴纳个人所得税 =（3 000 − 800）× 10% = 220（元）

（五）财产转让所得

1. 应纳税所得额的确定

财产转让所得，以一次转让财产的收入额减除财产原值和合理费用后的余额，为应纳税所得额。

应纳税额 = 应纳税所得额 × 适用税率（20%）

2. 财产原值和合理费用的确定

财产转让所得	具体内容
（1）财产原值	①财产原值的确定方法 有价证券，为买入价以及买入时按照规定缴纳的有关费用 建筑物，为建造费或者购进价格以及其他有关费用 土地使用权，为取得土地使用权所支付的金额、开发土地的费用以及其他有关费用 机器设备、车船，为购进价格、运输费、安装费以及其他有关费用 其他财产，参照上述规定的方法确定财产原值 ②核定财产原值的情形 纳税人未提供完整、准确的财产原值凭证，不能按照上述规定的方法确定财产原值的，由主管税务机关核定财产原值
（2）合理费用	是指卖出财产时按照规定支付的有关税费

【计算题】田某 2019 年 6 月买进某公司债券 10 000 份，每份买价 8 元，共支付手续费 800 元，假设 11 月将 10 000 份全部卖出，每份卖价 8.3 元，共支付手续费 415 元。

【要求】计算田某 11 月取得财产转让所得应缴纳的个人所得税。

【参考答案】有价证券，财产原值为买入价以及买入时按照规定缴纳的有关费用。

（1）卖出债券应扣除的财产原值 = 10 000 × 8（买价）+ 800（手续费）= 80 800（元）

（2）转让债券的应纳税所得额 = 10 000 × 8.3（卖价）− 80 800（财产原值）− 415（手续费）= 1 785（元）

（3）转让债券应缴纳的个人所得税 = 1 785 × 20% = 357（元）

（六）偶然所得

偶然所得	具体内容
1. 应纳税所得额的确定	偶然所得，以每次取得该项收入为一次，以每次收入额为应纳税所得额
2. 应纳税额的计算	应纳税额 = 应纳税所得额 × 适用税率（20%）

【多选题】下列各项中，以每次收入额为个人所得税计税依据的有（　　）。

A. 偶然所得

B. 个体工商户从事生产、经营活动取得的所得

C. 工资、薪金所得

D. 利息、股息、红利所得

【参考答案】AD。利息、股息、红利所得和偶然所得，以每次收入额为应纳税所得额。

（七）特殊问题处理

1. 全年一次性奖金的处理

时间	税务处理
（1）2021 年 12 月 31 日以前	①居民个人取得全年一次性奖金：在 2021 年 12 月 31 日前，可选择不并入当年综合所得 扣缴义务人发放时代扣代缴 计税办法：将居民个人取得的全年一次性奖金除以 12 个月，按其商数依照按月换算后的综合所得税率表确定适用税率和速算扣除数 【注】无须考虑当月固定工资薪金小于生计费减除标准的差额 ②居民个人取得全年一次性奖金，也可以选择并入当年综合所得计算纳税，在发放当月应遵循累计预扣法扣缴税款
（2）2022 年 1 月 1 日以后	自 2022 年 1 月 1 日起，居民个人取得全年一次性奖金应并入当年综合所得计算缴纳个人所得税

2. 非上市公司授予本公司员工的期权、限制性股票和股权奖励的税务处理

非上市公司授予本公司员工的股票期权、股权期权、限制性股票和股权奖励，符合规定条件的，经向主管税务机关备案，可实行递延纳税政策，即员工在取得股权激励时暂不纳税；递延至转让该股权时纳税。

3. 企事业单位将住房以低于购置或建造成本价格销售给职工的个人所得税的征税规定

单位低价出售住房给职工，职工因此而少支出的差价部分，除另有规定外（住房制度改革期间是免税的），不并入当年综合所得，以差价收入除以 12 个月得到的数额，按照月度税率表确定适用税率和速算扣除数，单独计算纳税。其中“差价部分”，是指职工实际支付的购房价款低于该房屋的购置或建造成本价格的差额。

应纳税额 = 职工实际支付的购房价款低于该房屋的购置或建造成本价格的差额 × 适用税率 – 速算扣除数

【提示】事业单位和企业将自己建设或购买的住房低价卖给员工，由于卖给员工的价格通常低于单位购买的价格，因此相当于给员工一种“补贴”，该政策主要是针对这一“补贴”征收个税，保持税负公平。

二、非居民纳税人应纳税所得额和应纳税额的计算

居民/非居民企业	具体内容
计算方法相同的项目	经营所得，利息、股息、红利所得，财产租赁所得，财产转让所得，偶然所得
计算方法不相同的项目	工资、薪金所得，劳务报酬所得，稿酬所得，特许权使用费所得

（一）工资、薪金所得

工资薪金	具体内容
1. 应纳税所得额的确定	工资、薪金所得，以每月收入额减除费用 5 000 元后的余额为应纳税所得额 应纳税所得额 = 月收入额 – 5 000 元
2. 应纳税额的计算	应纳税额 = 应纳税所得额 × 适用税率 – 速算扣除数

（二）劳务报酬所得

劳务报酬	具体内容
1. 应纳税所得额的确定	劳务报酬所得，以每次收入额为应纳税所得额。以收入减除 20% 的费用后的余额为收入额 应纳税所得额 = 每次收入额 = 每次收入 ×（1 – 20%）
2. 应纳税额的计算	应纳税额 = 应纳税所得额 × 适用税率 – 速算扣除数

【计算题】2019 年 5 月，美国人约翰为我国境内 A 公司进行室内装潢设计，工作结束后，A 公司向约翰支付了税前劳务报酬收入 65 000 元。

【要求】计算A公司应代扣代缴约翰的个人所得税。

【参考答案】（1）应纳税所得额 $=65\ 000\times(1-20\%)=52\ 000$（元）

（2）应纳税额 $=52\ 000\times30\%-4\ 410=11\ 190$（元）

（三）稿酬所得

稿酬所得	具体内容
1. 应纳税所得额的确定	稿酬所得，以每次收入额为应纳税所得额。以收入减除20%的费用后的余额为收入额，稿酬所得的收入额减按70%计算 应纳税所得额 = 每次收入额 = 每次收入 ×（1 − 20%）×70%
2. 应纳税额的计算	应纳税额 = 应纳税所得额 × 适用税率 − 速算扣除数

【计算题】2019年3月，某德国作家的长篇小说由我国境内一家出版社出版，按合同规定，出版社向该作家一次性支付稿酬20 000元。

【要求】计算该作家稿酬所得应缴纳的个人所得税。

【参考答案】（1）应纳税所得额 $=20\ 000\times(1-20\%)\times70\%=11\ 200$（元）

（2）应纳税额 $=11\ 200\times10\%-210=910$（元）

（四）特许权使用费所得

特许权使用费所得	具体内容
1. 应纳税所得额的确定	特许权使用费所得，以每次收入额为应纳税所得额。以收入减除20%的费用后的余额为收入额 应纳税所得额 = 每次收入额 = 每次收入 ×（1 − 20%）
2. 应纳税额的计算	应纳税额 = 应纳税所得额 × 适用税率 − 速算扣除数

【提示】《个人所得税法》将纳税人区分为居民个人和非居民个人。需要注意的是，享受个税专项附加扣除是不分国籍的；外国人能否享受个税专项附加扣除，取决于他的“纳税身份”。如外籍员工在中国居住未满183天，属于非居民个人，不能享受专项附加扣除；外籍个人若满足居民个人条件，即可以享受专项附加扣除待遇，也可以选择继续享受现行有关子女教育费、语言训练费、住房补贴的免税优惠，但同一类支出事项不得同时享受。但对非居民个人的外籍人，只能享受现行有关子女教育费、语言训练费、住房补贴的免税优惠，不能享受专项附加扣除政策。

【计算题】2019年5月，某法国编剧从我国境内某电视剧制作中心取得剧本使用费收入10 000元。

【要求】计算该法国编剧就该笔剧本使用费收入应缴纳的个人所得税。

【参考答案】

（1）应纳税所得额 $=10\ 000\times(1-20\%)=8\ 000$（元）

（2）应纳税额 $=8\ 000\times10\%-210=590$（元）

第四节　个人所得税的税收优惠

一、免税项目

1. 省级人民政府、国务院部委和中国人民解放军军以上单位，以及外国组织、国际组织颁发的科学、教育、技术、文化、卫生、体育、环境保护等方面的奖金。

2. 国债和国家发行的金融债券利息。

3. 按照国家统一规定发给的补贴、津贴。

其中，按照国家统一规定发给的补贴、津贴，是指按照国务院规定发给的政府特殊津贴、院士津贴，以及国务院规定免予缴纳个人所得税的其他补贴、津贴。

4. 福利费、抚恤金、救济金。

其中，福利费是指根据国家有关规定，从企业、事业单位、国家机关、社会组织提留的福利费或者工会经费中支付给个人的生活补助费；救济金是指各级人民政府民政部门支付给个人的生活困难补助费。

5. 保险赔款。

6. 军人的转业费、复员费、退役金。

7. 按照国家统一规定发给干部、职工的安家费、退职费、基本养老金或者退休费、离休费、离休生活补助费。

8. 依照有关法律规定应予免税的各国驻华使馆、领事馆的外交代表、领事官员和其他人员的所得。

9. 中国政府参加的国际公约、签订的协议中规定免税的所得。

10. 国务院规定的其他免税所得。该项免税规定由国务院报全国人民代表大会常务委员会备案。

二、减征项目

根据《个人所得税法》规定，有下列情形之一的，可以减征个人所得税，具体幅度和期限，由省、自治区、直辖市人民政府规定，并报同级人民代表大会常务委员会备案。

1. 残疾、孤老人员和烈属的所得。

2. 因自然灾害遭受重大损失的。国务院可以规定其他减税情形，报全国人民代表大会常务委员会备案。

【注】根据《国家税务总局关于明确残疾人所得征免个人所得税范围的批复》（国税函〔1999〕329 号）规定：

“经省级人民政府批准可减征个人所得税的残疾、孤老人员和烈属的所得仅限于劳动所得，具体所得项目为：工资、薪金所得；个体工商户的生产经营所得；对企事业单位的承包经营、承租经营所得；劳务报酬所得；稿酬所得；特许权使用费所得。”

3. 2023 年 1 月 1 日至 2027 年 12 月 31 日，对个体工商户年应纳税所得额不超过 200 万元的部分，减半征收个人所得税。个体工商户在享受现行其他个人所得税优惠政策的基础上，可叠加享受本条优惠政策。

4. 一个纳税年度内在船航行时间累计满 183 天的远洋船员，其取得的工资薪金收入减按 50% 计入应纳税所得额，依法缴纳个人所得税。

三、其他优惠政策

1. 延续实施全年一次性奖金等个人所得税优惠政策

居民个人取得全年一次性奖金，符合相关规定的，不并入当年综合所得，以全年一次性奖金收入除以 12 个月得到的数额，按照公告所附按月换算后的综合所得税率表，确定适用税率和速算扣除数，单独计算纳税。政策执行至 2027 年 12 月 31 日。

2. 法律援助补贴免征个人所得税

（1）对法律援助人员按照《中华人民共和国法律援助法》规定获得的法律援助补贴，免征增值税和个人所得税。

（2）法律援助机构向法律援助人员支付法律援助补贴时，应当为获得补贴的法律援助人员办理个人所得税劳务报酬所得免税申报。

（3）司法行政部门与税务部门建立信息共享机制，每一年度个人所得税综合所得汇算清缴开始前，交换法律援助补贴获得人员的涉税信息。（财政部 税务总局公告 2022 年第 25 号）

3. 支持居民换购住房有关个人所得税政策

自 2022 年 10 月 1 日至 2023 年 12 月 31 日，对出售自有住房并在现住房出售后 1 年内在市场重新购买住房的纳税人，对其出售现住房已缴纳的个人所得税予以退税优惠。其中，新购住房金额大于或等于现住房转让金额的，全部退还已缴纳的个人所得税；新购住房金额小于现住房转让金额的，按新购住房金额占现住房转让金额的比例退还出售现住房已缴纳的个人所得税。（财政部 税务总局公告 2022 年第 30 号）

自 2024 年 1 月 1 日至 2025 年 12 月 31 日，对出售自有住房并在现住房出售后 1 年内在市场重新购买住房的纳税人，对其出售现住房已缴纳的个人所得税予以退税优惠。其中，新购住房金额大于或等于现住房转让金额的，全部退还已缴纳的个人所得税；新购住房金额小于现住房转让金额的，按新购住房金额占现住房转让金额的比例退还出售现住房已缴纳的个人所得税。（财政部 税务总局 住房城乡建设部公告 2023 年第 28 号）

4. 个人养老金有关个人所得税政策

自 2022 年 1 月 1 日起，对个人养老金实施递延纳税优惠政策。在缴费环节，个人向个人养老金资金账户的缴费，按照 12 000 元/年的限额标准，在综合所得或经营所得中据实扣除；在投资环节，计入个人养老金资金账户的投资收益暂不征收个人所得税；在领取环节，个人领取的个人养老金，不并入综合所得，单独按照3%的税率计算缴纳个人所得税，其缴纳的税款计入“工资、薪金所得”项目。（财政部 税务总局公告2022年第34号）

5. 延续实施有关个人所得税优惠政策

为支持我国企业创新发展和资本市场对外开放，现就有关个人所得税优惠政策公告如下：《财政部 税务总局关于延续实施全年一次性奖金等个人所得税优惠政策的公告》（财政部 税务总局公告2021年第42号）中规定的上市公司股权激励单独计税优惠政策，自2023年1月1日起至2023年12月31日止继续执行。《财政部 税务总局 证监会关于继续执行沪港、深港股票市场交易互联互通机制和内地与香港基金互认有关个人所得税政策的公告》（财政部 税务总局 证监会公告2019年第93号）中规定的个人所得税优惠政策，自2023年1月1日起至2023年12月31日止继续执行。（财政部 税务总局公告2023年第2号）

6. 2027年12月31日前，创投企业可以选择按单一投资基金核算或者按创投企业年度所得整体核算两种方式之一，对其个人合伙人来源于创投企业的所得计算个人所得税应纳税额。

（1）创投企业选择按单一投资基金核算的，其个人合伙人从该基金应分得的股权转让所得和股息红利所得，按照20%税率计算缴纳个人所得税。

（2）创投企业选择按年度所得整体核算的，其个人合伙人应从创投企业取得的所得，按照“经营所得”项目、5%—35%的超额累进税率计算缴纳个人所得税。

7. 自2016年1月1日起，中小高新技术企业以未分配利润、盈余公积、资本公积向个人股东转增股本时，个人股东一次缴纳个人所得税确有困难的，可根据实际情况自行制订分期缴税计划，在不超过5个公历年度内（含）分期缴纳，并将有关资料报主管税务机关备案。

8. 随军家属从事个体经营，自领取税务登记证之日起，3年内免征个人所得税。自主择业的军队转业干部从事个体经营，自领取税务登记证之日起，3年内免征个人所得税。

9. 为进一步减轻纳税人负担，现就个人所得税综合所得汇算清缴有关政策公告如下：2024年1月1日至2027年12月31日居民个人取得的综合所得，年度综合所得收入不超过12万元且需要汇算清缴补税的，或者年度汇算清缴补税金额不超过400元的，居民个人可免于办理个人所得税综合所得汇算清缴。居民个人取得综合所得时存在扣缴义务人未依法预扣预缴税款的情形除外。

10. 居民个人取得股票期权、股票增值权、限制性股票、股权奖励等股权激励，符合规定条件的，不并入当年综合所得，全额单独适用综合所得税率表，计算纳税。公告执行至2027年12月31日。

第五节　个人所得税的征收管理

一、个人所得税的申报缴纳方式

（一）预扣预缴（代扣代缴）税款

扣缴税款	具体内容
1. 扣缴义务人	税法规定，个人所得税以所得人为纳税人，以支付所得的单位或者个人为扣缴义务人 扣缴义务人向个人支付应税款项时，应当依照《个人所得税法》规定预扣或者代扣税款，每月或者每次预扣、代扣的税款，应当在次月15日内缴入国库，并向税务机关报送《个人所得税扣缴申报表》
2. 应扣缴申报的应税所得项目	实行个人所得税全员全额扣缴申报的应税所得包括： （1）工资、薪金所得 （2）劳务报酬所得 （3）稿酬所得 （4）特许权使用费所得 （5）利息、股息、红利所得 （6）财产租赁所得 （7）财产转让所得 （8）偶然所得
3. 扣缴义务人的法定义务	（1）扣缴义务人应当依法办理全员全额扣缴申报 （2）在代扣税款的次月15日内，向主管税务机关报送其支付所得的所有个人的有关信息、支付所得数额、扣除事项和数额、扣缴税款的具体数额和总额以及其他相关涉税信息资料 （3）扣缴义务人首次向纳税人支付所得时，应当按照纳税人提供的识别号等基础信息，填写《个人所得税基础信息表（A表）》 （4）支付工资、薪金所得的扣缴义务人应当于年度终了后两个月内，向纳税人提供其个人所得和已扣缴税款等信息。纳税人年度中间需要提供上述信息的，扣缴义务人应当提供 （5）居民个人向扣缴义务人提供有关信息并依法要求办理专项附加扣除的，扣缴义务人按月预扣税款时应当按照规定予以扣除，不得拒绝。扣缴义务人应当依法对纳税人报送的专项附加扣除等相关涉税信息和资料保密 （6）扣缴义务人发现纳税人提供的信息和实际情况不符的，可以要求纳税人修改。纳税人拒绝修改的，扣缴义务人应当报告税务机关，税务机关应当及时处理
4. 简便优化部分纳税人个人所得税预扣预缴方法	（1）对一个纳税年度内首次取得工资、薪金所得的居民个人，扣缴义务人在预扣预缴个人所得税时，可按照5 000元/月乘以纳税人当年截至本月月份数计算累计减除费用 （2）正在接受全日制学历教育的学生因实习取得劳务报酬所得的，扣缴义务人预扣预缴个人所得税时，可按照《国家税务总局关于发布〈个人所得税扣缴申报管理办法（试行）〉的公告》（国家税务总局公告2018年第61号）规定的累计预扣法计算并预扣预缴税款 （3）对上一完整纳税年度内每月均在同一单位预扣预缴工资、薪金所得个人所得税且全年工资、薪金收入不超过6万元的居民个人，扣缴义务人在预扣预缴本年度工资、薪金所得个人所得税时，累计减除费用自1月份起直接按照全年6万元计算扣除。即在纳税人累计收入不超过6万元的月份，暂不预扣预缴个人所得税；在其累计收入超过6万元的当月及年内后续月份，再预扣预缴个人所得税 对按照累计预扣法预扣预缴劳务报酬所得个人所得税的居民个人，扣缴义务人比照上述规定执行

【判断题】扣缴义务人向个人支付应税款项时，应当依照个人所得税法规定预扣或者代扣税款，每月或者每次预扣、代扣的税款，应当在次月 7 日内缴入国库，并向税务机关报送《个人所得税扣缴申报表》。（　　）

【参考答案】×。扣缴义务人向个人支付应税款项时，应当依照个人所得税法规定预扣或者代扣税款，每月或者每次预扣、代扣的税款，应当在次月 15 日内缴入国库，并向税务机关报送《个人所得税扣缴申报表》。

【总结】应扣缴申报的应税所得项目分类。

扣缴税款	预扣预缴	代扣代缴
1. 居民纳税人	（1）工资、薪金所得 （2）劳务报酬所得 （3）稿酬所得 （4）特许权使用费所得	（5）利息、股息、红利所得 （6）财产租赁所得 （7）财产转让所得 （8）偶然所得
2. 非居民纳税人	无	全部所得

（二）自行申报纳税（有下列情形之一的）

1. 取得综合所得需要办理汇算清缴

（1）从两处以上取得综合所得，且综合所得年收入额减除专项扣除的余额超过 6 万元。

（2）取得劳务报酬所得，稿酬所得，特许权使用费所得中一项或者多项所得，且综合所得年收入额减除专项扣除的余额超过 6 万元。

（3）纳税年度内预缴税额低于应纳税额。

（4）纳税人申请退税。纳税人申请退税，应当提供其在中国境内开设的银行账户，并在汇算清缴地就地办理税款退库。

2. 取得应税所得没有扣缴义务人

3. 取得应税所得，扣缴义务人未扣缴税款

4. 取得境外所得

5. 因移居境外注销中国户籍

6. 非居民个人在中国境内从两处以上取得工资、薪金所得

7. 国务院规定的其他情形

【判断题】取得个人所得税应税所得，但没有扣缴义务人的，纳税人应于取得所得后自行申报纳税。（　　）

【参考答案】√。纳税人取得应纳税所得，没有扣缴义务人的，纳税人应当按照规定到主管税务机关办理纳税申报。

【单选题】下列情况中，纳税人不需要自行向主管税务机关申报所得并缴纳税款的是（　　）。

A. 取得应纳税所得，没有扣缴义务人的

B. 因移居境外注销中国户籍的

C. 居民纳税人从中国境外取得所得的

D. 非居民纳税人在中国境内一处取得工资、薪金所得的

【参考答案】D。非居民纳税人在中国境内一处取得工资、薪金所得，由扣缴单位依法履行代扣代缴义务，不需要自行向主管税务机关申报缴纳税款。

二、个人所得税的纳税期限

除特殊情况外，扣缴义务人每月或每次预扣、代扣的税款，应当在次月15日内缴入国库，并向税务机关报送扣缴个人所得税申报表。

个人所得税的纳税期限具体规定

业务情形	纳税期限规定
1. 取得综合所得	（1）居民纳税人取得综合所得，按年计算个人所得税 （2）需要办理汇算清缴的，应当在取得所得的次年3月1日至6月30日内办理纳税申报，并报送《个人所得税年度自行纳税申报表》
2. 取得经营所得	（1）纳税人取得经营所得，按年计算个人所得税，由纳税人在月度或者季度终了后15日内办理预缴纳税申报，并报送《个人所得税经营所得纳税申报表（A表）》 （2）在取得所得的次年3月31日前办理汇算清缴，并报送《个人所得税经营所得纳税申报表（B表）》 （3）纳税人在中国境内两处以上取得经营所得，办理合并计算个人所得税的年度汇总纳税申报时，应报送《个人所得税经营所得纳税申报表（C表）》
3. 取得应税所得，扣缴义务人未扣缴税款	（1）居民纳税人取得综合所得，扣缴义务人未扣缴税款，需要办理汇算清缴的，应当在取得所得的次年3月1日至6月30日内办理纳税申报 （2）非居民纳税人取得工资、薪金所得，劳务报酬所得，稿酬所得，特许权使用费所得，扣缴义务人未扣缴税款，需要办理汇算清缴的，应当在取得所得的次年6月30日前办理纳税申报 （3）非居民纳税人在次年6月30日前离境（临时离境除外）的，应当在离境前办理纳税申报 （4）纳税人取得利息、股息、红利所得，财产租赁所得，财产转让所得和偶然所得，扣缴义务人未扣缴税款，需要办理汇算清缴的，应当在取得所得的次年6月30日前办理纳税申报；税务机关通知限期缴纳的，纳税人应当按照期限缴纳税款
4. 从中国境外取得所得	居民纳税人从中国境外取得所得的，应当在取得所得的次年3月1日至6月30日内办理纳税申报
5. 因移居境外注销中国户籍	纳税人因移居境外注销中国户籍的，应当在申请注销中国户籍前办理纳税申报，进行税款清算
6. 非居民个人在中国境内从两处以上取得工资、薪金所得	非居民纳税人在中国境内从两处以上取得工资、薪金所得的，应当在取得所得的次月15日内办理纳税申报，并报送《个人所得税自行纳税申报表（A表）》

三、纳税地点

（一）居民纳税人纳税地点的规定

业务情形	纳税地点规定
1. 取得综合所得需要办理汇算清缴的纳税人	（1）应向任职、受雇单位所在地主管税务机关办理纳税申报 （2）纳税人有两处以上任职、受雇单位的，选择向其中一处任职、受雇单位所在地主管税务机关办理纳税申报 （3）纳税人没有任职、受雇单位的，向户籍所在地或经常居住地主管税务机关办理纳税申报
2. 取得经营所得的纳税人	（1）应向经营管理所在地主管税务机关办理预缴纳税申报，在取得所得的次年3月31日前，向经营管理所在地主管税务机关办理汇算清缴 （2）从两处以上取得经营所得的，选择向其中一处经营管理所在地主管税务机关办理年度汇总申报
3. 取得境外所得的纳税人	（1）应向中国境内任职、受雇单位所在地主管税务机关办理纳税申报 （2）在中国境内没有任职、受雇单位的，向户籍所在地或中国境内经常居住地主管税务机关办理纳税申报 （3）户籍所在地与中国境内经常居住地不一致的，选择其中一地主管税务机关办理纳税申报 （4）在中国境内没有户籍的，向中国境内经常居住地主管税务机关办理纳税申报
4. 因移居境外注销中国户籍的纳税人	应向户籍所在地主管税务机关办理纳税申报
5. 取得应税所得，扣缴义务人未扣缴税款的	居民纳税人取得综合所得的，应向任职、受雇单位所在地主管税务机关办理纳税申报

（二）非居民纳税人纳税地点的规定

业务情形	纳税地点规定
1. 在中国境内从两处以上取得工资、薪金所得	应向其中一处任职、受雇单位所在地主管税务机关办理纳税申报
2. 取得应税所得，扣缴义务人未扣缴税款的	（1）非居民纳税人取得工资、薪金所得，劳务报酬所得，稿酬所得，特许权使用费所得的，应向扣缴义务人所在地主管税务机关办理纳税申报 （2）有两个以上扣缴义务人均未扣缴税款的，选择向其中一处扣缴义务人所在地主管税务机关办理纳税申报

【判断题】取得综合所得需要办理汇算清缴的纳税人，没有任职、受雇单位的，应当向户籍所在地主管税务机关办理纳税申报。（　　）

【参考答案】×。取得综合所得需要办理汇算清缴的纳税人，没有任职、受雇单位的，向户籍所在地或经常居住地主管税务机关办理纳税申报。

四、反避税规定

为维护国家税收权益，根据自然人避税的特点，参照《企业所得税法》有关反避免的规定，税法明确针对个人有下列情形之一的，税务机关有权按照合理方法进行纳税调整。

1. 个人与其关联方之间的业务往来不符合独立交易原则而减少本人或者关联方应纳税额，且无正当理由。

2. 居民个人控制的，或者居民个人和居民企业共同控制的设立在实际税负明显偏低的国家（地区）的企业，无合理经营需要，对应当归属于居民个人的利润不作分配或者减少分配。

3. 个人实施其他不具有合理商业目的安排而获取不当税收利益。

税务机关依法作出纳税调整，需要补征税款的，应当补征税款，并依法加收利息。利息，应当按照税款所属纳税申报期最后一日中国人民银行公布的与补税期间同期的人民币贷款基准利率计算，自税款纳税申报期满次日起至补缴税款期限届满之日止按日加收。纳税人在补缴税款期限届满前补缴税款的，利息加收至补缴税款之日。

五、《国家税务总局关于办理2023年度个人所得税综合所得汇算清缴事项的公告》（国家税务总局公告2024年第2号）

（一）汇算的主要内容

2023年度终了后，居民个人（以下称“纳税人”）需要汇总2023年1月1日至12月31日取得的工资薪金、劳务报酬、稿酬、特许权使用费等四项综合所得的收入额，减除费用6万元以及专项扣除、专项附加扣除、依法确定的其他扣除和符合条件的公益慈善事业捐赠后，适用综合所得个人所得税税率并减去速算扣除数，计算最终应纳税额，再减去2023年已预缴税额，得出应退或应补税额，向税务机关申报并办理退税或补税。具体计算公式如下：

应退或应补税额=［（综合所得收入额－60 000元－“三险一金”等专项扣除－子女教育等专项附加扣除－依法确定的其他扣除－符合条件的公益慈善事业捐赠）×适用税率－速算扣除数］－已预缴税额

汇算不涉及纳税人的财产租赁等分类所得，以及按规定不并入综合所得计算纳税的所得。

（二）无须办理汇算的情形

纳税人在2023年已依法预缴个人所得税且符合下列情形之一的，无须办理汇算：

（1）汇算需补税但综合所得收入全年不超过12万元的；

（2）汇算需补税金额不超过400元的；

（3）已预缴税额与汇算应纳税额一致的；

（4）符合汇算退税条件但不申请退税的。

（三）需要办理汇算的情形

符合下列情形之一的，纳税人需办理汇算：

（1）已预缴税额大于汇算应纳税额且申请退税的；

（2）2023年取得的综合所得收入超过12万元且汇算需要补税金额超过400元的。

因适用所得项目错误或者扣缴义务人未依法履行扣缴义务，造成2023年少申报或者未申报综合所得的，纳税人应当依法据实办理汇算。

（四）可享受的税前扣除

下列在2023年发生的税前扣除，纳税人可在汇算期间填报或补充扣除：

（1）减除费用6万元，以及符合条件的基本养老保险、基本医疗保险、失业保险等社会保险费和住房公积金等专项扣除；

（2）符合条件的3岁以下婴幼儿照护、子女教育、继续教育、大病医疗、住房贷款利息或住房租金、赡养老人专项附加扣除；

（3）符合条件的企业年金和职业年金、商业健康保险、个人养老金等其他扣除；

（4）符合条件的公益慈善事业捐赠。

同时取得综合所得和经营所得的纳税人，可在综合所得或经营所得中申报减除费用6万元、专项扣除、专项附加扣除以及依法确定的其他扣除，但不得重复申报减除。

纳税人与其配偶共同填报3岁以下婴幼儿照护、子女教育、大病医疗、住房贷款利息及住房租金等专项附加扣除的，以及与兄弟姐妹共同填报赡养老人专项附加扣除的，需要与其他填报人沟通填报扣除金额，避免超过规定额度或比例填报专项附加扣除。纳税人填报不符合规定的，一经发现，税务机关将通过手机个人所得税APP、自然人电子税务局网站或者扣缴义务人等渠道进行提示提醒。根据《财政部 税务总局关于个人所得税综合所得汇算清缴涉及有关政策问题的公告》（财政部 税务总局公告2019年第94号）有关规定，对于拒不更正或者不说明情况的纳税人，税务机关将暂停其享受专项附加扣除。纳税人按规定更正相关信息或者说明情况后，可继续享受专项附加扣除。

（五）办理时间

2023年度汇算办理时间为2024年3月1日至6月30日。在中国境内无住所的纳税人在3月1日前离境的，可以在离境前办理。

（六）办理方式

纳税人可自主选择下列办理方式：

（1）自行办理。

（2）通过任职受雇单位（含按累计预扣法预扣预缴其劳务报酬所得个人所得税的单位）代为办理。

纳税人提出代办要求的，单位应当代为办理，或者培训、辅导纳税人完成汇算申报和退（补）税。

由单位代为办理的，纳税人应提前与单位以书面或者电子等方式进行确认，补充提供2023年在本单位以外取得的综合所得收入、相关扣除、享受税收优惠等信息资料，并对所提交信息的真实性、准确性、完整性负责。纳税人未与单位确认请其代为办理的，单位不得代办。

（3）委托受托人（含涉税专业服务机构或其他单位及个人）办理，纳税人需与受托人签订授权书。

单位或受托人为纳税人办理汇算后，应当及时将办理情况告知纳税人。纳税人发现汇算申报信息存在错误的，可以要求单位或受托人更正申报，也可自行更正申报。

（七）办理渠道

为便利纳税人，税务机关为纳税人提供高效、快捷的网络办税渠道。纳税人可优先通过个税APP及网站办理汇算，税务机关将为纳税人提供申报表项目预填服务；不方便通过上述方式办理的，也可以通过邮寄方式或到办税服务厅办理。

选择邮寄申报的，纳税人需将申报表寄送至按本公告第九条确定的主管税务机关所在省、自治区、直辖市和计划单列市税务局公告的地址。

（八）申报信息及资料留存

纳税人办理汇算，适用个人所得税年度自行纳税申报表，如需修改本人相关基础信息，新增享受扣除或者税收优惠的，还应按规定一并填报相关信息、提供佐证材料。纳税人需仔细核对，确保所填信息真实、准确、完整。

纳税人、代办汇算的单位，需各自将专项附加扣除、税收优惠材料等汇算相关资料，自汇算期结束之日起留存5年。

存在股权（股票）激励（含境内企业以境外企业股权为标的对员工进行的股权激励）、职务科技成果转化现金奖励等情况的单位，应当按照相关规定进行报告、备案。同时，纳税人在一个纳税年度内从同一单位多次取得股权激励的，由该单位合并计算扣缴税款。纳税人在一个纳税年度内从不同单位取得股权激励的，可将之前单位取得的股权激励有关信息提供给现单位并由其合并计算扣缴税款，也可在次年3月1日至6月30日自行向税务机关办理合并申报。

（九）受理申报的税务机关

按照方便就近原则，纳税人自行办理或受托人为纳税人代为办理的，向纳税人任职受雇单位的主管税务机关申报；有两处及以上任职受雇单位的，可自主选择向其中一处申报。

纳税人没有任职受雇单位的，向其户籍所在地、经常居住地或者主要收入来源地的主管税务机关申报。主要收入来源地，是指 2023 年向纳税人累计发放劳务报酬、稿酬及特许权使用费金额最大的扣缴义务人所在地。

单位为纳税人代办汇算的，向单位的主管税务机关申报。

为方便纳税服务和征收管理，汇算期结束后，税务部门将为尚未办理汇算申报、多次股权激励合并申报的纳税人确定其主管税务机关。

（十）退（补）税

1. 办理退税

纳税人申请汇算退税，应当提供其在中国境内开设的符合条件的银行账户。税务机关按规定审核后，按照国库管理有关规定办理税款退库。纳税人未提供本人有效银行账户，或者提供的信息资料有误的，税务机关将通知纳税人更正，纳税人按要求更正后依法办理退税。

为方便办理退税，2023 年综合所得全年收入额不超过 6 万元且已预缴个人所得税的纳税人，可选择使用个税 APP 或网站提供的简易申报功能，便捷办理汇算退税。

申请 2023 年度汇算退税及其他退税的纳税人，如存在应当办理 2022 年及以前年度汇算补税但未办理，或者经税务机关通知 2022 年及以前年度汇算申报存在疑点但未更正或说明情况的，需在办理 2022 年及以前年度汇算申报补税、更正申报或者说明有关情况后依法申请退税。

2. 办理补税

纳税人办理汇算补税的，可以通过网上银行、办税服务厅 POS 机刷卡、银行柜台、非银行支付机构等方式缴纳。邮寄申报并补税的，纳税人需通过个税 APP 及网站或者主管税务机关办税服务厅及时关注申报进度并缴纳税款。

汇算需补税的纳税人，汇算期结束后未申报补税或未足额补税的，一经发现，税务机关将依法责令限期改正并向纳税人送达有关税务文书，对已签订《税务文书电子送达确认书》的，通过个税 APP 及网站等渠道进行电子文书送达；对未签订《税务文书电子送达确认书》的，以其他方式送达。同时，税务机关将依法加收滞纳金，并在其个人所得税《纳税记录》中予以标注。

纳税人因申报信息填写错误造成汇算多退或少缴税款的，纳税人主动或经税务机关提醒后及时改正的，税务机关可以按照“首违不罚”原则免予处罚。

（十一）汇算服务

税务机关推出系列优化服务措施，加强汇算的政策解读和操作辅导力度，分类编制办税指引，通俗解释政策口径、专业术语和操作流程，多渠道、多形式开展提示提醒服务，并通过个税 APP 及网站、12366 纳税缴费服务平台等渠道提供涉税咨询，帮助纳税人解决疑难问题，积极回应纳税人诉求。

汇算开始前，纳税人可登录个税 APP 及网站，查看自己的综合所得和纳税情况，核对银行卡、专项附加扣除涉及人员身份信息等基础资料，为汇算做好准备。

为合理有序引导纳税人办理汇算，提升纳税人办理体验，主管税务机关将分批分期通知提醒纳税人在确定的时间段内办理。同时，税务部门推出预约办理服务，有汇算初期（3 月 1 日至 3 月 20 日）办理需求的纳税人，可以根据自身情况，在 2 月 21 日后通过个税 APP 预约上述时间段中的任意一天办理。3 月 21 日至 6 月 30 日，纳税人无须预约，可以随时办理。

对符合汇算退税条件且生活负担较重的纳税人，税务机关提供优先退税服务。独立完成汇算存在困难的年长、行动不便等特殊人群提出申请，税务机关可提供个性化便民服务。

（十二）其他事项

《国家税务总局关于个人所得税自行纳税申报有关问题的公告》（国家税务总局公告 2018 年第 62 号）第一条、第四条与本公告不一致的，依照本公告执行。

根据《财政部 税务总局 住房和城乡建设部关于延续实施支持居民换购住房有关个人所得税政策的公告》（财政部 税务总局 住房和城乡建设部公告 2023 年第 28 号）规定，2024 年 1 月 1 日至 2025 年 12 月 31 日，纳税人出售自有住房并在现住房出售后 1 年内，在同一城市重新购买住房的，可按规定申请退还其出售现住房已缴纳的个人所得税，具体服务与征管规定参照《国家税务总局关于支持居民换购住房个人所得税政策有关征管事项的公告》（国家税务总局公告 2022 年第 21 号）执行。

本章习题

一、单项选择题

1. 约翰是美国人，2022 年 7 月 15 日来华工作，2023 年 2 月 15 日回国，2023 年 3 月 2 日返回中国，2023 年 11 月 15 日至 2023 年 11 月 30 日，因工作需要去了日本后直接从东京返回美国。则该纳税人（　　）。

   A. 2022 年度为我国居民个人，2023 年度为我国非居民个人

   B. 2022 年度为我国非居民个人，2023 年度为我国居民个人

   C. 2022 年度和 2023 年度均为我国非居民个人

   D. 2022 年度和 2023 年度均为我国居民个人

2. 下列在中国境内无住所且不居住的个人中，应向我国缴纳个人所得税的是（　　）。

   A. 为境内单位的境外派出机构修理机器设备的个人

B. 从境内的外商投资企业取得特许权使用费收入的个人

C. 将住房出租给境内公司在境外分支机构使用的个人

D. 担任境外企业的董事、监事和高层管理职务的个人

3. 2021年3月，我国公民贾某取得劳务报酬收入3 000元，在提供劳务过程中发生支出400元。2019年3月，支付方应预扣预缴贾某劳务报酬所得个人所得税为（　　）元。

A. 360　　B. 440　　C. 880　　D. 1 200

4. 计算个人独资企业的所得税时，下列费用不得税前扣除的是（　　）。

A. 企业缴纳的行政性收费

B. 投资者的亲属就职于该个人独资企业而取得的工资薪金

C. 企业生产经营和投资者及其家庭生活共用但难以划分的固定资产折旧费

D. 企业计提的坏账准备金

5. 居民个人陶某为自由职业者，2022年从中国境内取得不含税劳务报酬140 000元，从境外取得稿酬折合人民币20 000元。陶某无专项扣除、专项附加扣除和依法规定的其他扣除，2022年应缴纳个人所得税是（　　）元。

A. 3 800　　B. 9 800　　C. 4 280　　D. 2 760

6. 居民纳税人方某一次性取得稿酬收入20 000元，按现行个人所得税的相关规定，其预扣预缴个人所得税的应纳税所得额是（　　）元。

A. 10 000　　B. 11 200　　C. 16 000　　D. 20 000

7. 2021年，某保险营销员取得不含税佣金收入37. 5万元，假定不考虑其他附加税费、专项扣除和专项附加扣除，2021年该营销员应缴纳个人所得税是（　　）元。

A. 9 480　　B. 16 080　　C. 19 080　　D. 28 080

8. 2022年，公司高管赵某每月工资收入20 000元，公司为其按月扣缴“三险一金”3 000元。8月起公司为其购买符合规定条件的商业健康保险，每月保费为800元，赵某无专项附加扣除和其他综合所得收入，当年赵某工资、薪金所得应缴纳个人所得税是（　　）元。

A. 11 480　　B. 12 480　　C. 11 640　　D. 12 200

9. 下列工资、薪金所得，免征个人所得税的是（　　）。

A. 年终加薪

B. 劳动分红

C. 退休人员再任职收入

D. 外籍人员取得任职单位的非现金住房补贴

10. 居民个人方某2018年1月开始持有上市公司50万份限售股。限售期间取得股息红利20万元。2023年2月28日转让该限售股，取得转让收入600万元。由于历史原因，该限售股成本原值无法准确计量，应缴纳个人所得税是（　　）万元。

A. 22　　B. 106　　C. 20　　D. 104

二、多项选择题

1. 非居民个人取得的下列收入中，应在中国按规定计算缴纳个人所得税的有（　　）。
   A. 在中国境内任职取得的工资、薪金收入
   B. 出租境外房屋而取得的租金收入
   C. 从我国境内的上市公司取得的股息收入
   D. 将专利权转让给中国境内企业使用而取得的特许权使用费收入
2. 个人取得的下列收入中，应按照经营所得缴纳个人所得税的有（　　）。
   A. 从事咨询取得的收入
   B. 从事办学取得的收入
   C. 从事医疗取得的收入
   D. 从事个体出租车运营取得的收入
   E. 专营种植业取得的收入
3. 2022 年个人取得的股票转让所得，可暂免征收个人所得税的有（　　）。
   A. 个人转让境内上市公司限售股取得的所得
   B. 个人转让“新三板”挂牌公司原始股取得的所得
   C. 内地个人投资者转让境内上市公司自由流通股取得的所得
   D. 香港市场投资者通过沪港通投资上交所上市 A 股取得的转让差价所得
   E. 内地个人投资者通过沪港通投资香港联交所上市股票取得的转让差价所得
4. 下列属于个人所得税不征税项目的有（　　）。
   A. 独生子女补贴
   B. 执行公务员工资制度未纳入基本工资总额的补贴、津贴差额和家属成员的副食品补贴
   C. 托儿补助费
   D. 差旅费津贴
5. 下列关于全年一次性奖金个人所得税政策的表述中，正确的有（　　）。
   A. 2019 年 1 月 1 日至 2023 年 12 月 31 日，纳税人取得的全年一次性奖金可以选择单独计算纳税，也可以选择并入当年综合所得计算纳税
   B. 2019 年 1 月 1 日至 2023 年 12 月 31 日，居民个人取得全年一次性奖金选择单独计算纳税时，须将当月固定工资薪金小于生计费减除标准的差额抵减全年一次性奖金，以余额作为计税依据
   C. 居民个人选择将全年一次性奖金并入综合所得计算纳税时，在发放当月应遵循累计预扣法扣缴税款
   D. 2019 年 1 月 1 日至 2023 年 12 月 31 日，居民个人取得的全年一次性奖金可以并入当年综合所得计算缴纳个人所得税
6. 下列关于专项附加扣除的说法，符合个人所得税相关规定的有（　　）。

A. 住房贷款利息扣除的期限最长不得超过 240 个月
B. 直辖市的住房租金支出的扣除标准是每月 1 500 元
C. 同一学历的继续教育扣除期限不得超过 36 个月
D. 赡养老人专项附加扣除的起始时间为被赡养人年满 60 周岁的当月
E. 职业资格技术教育在取得相关证书的当年，按照 3 600 元定额标准扣除

7. 下列关于个人投资者的所得税征收管理的说法，正确的有（　　）。
A. 个人投资者兴办的企业全部是个人独资性质的分别向各企业的实际经营管理所在地主管税务机关办理纳税申报
B. 个人独资企业投资者的生产经营费用与家庭生活费用难以划分的，费用的 40% 视为与生产经营有关，准予扣除
C. 投资者兴办两个或两个以上企业的，如果都属于个人独资性质，企业的年度经营亏损不能跨企业弥补
D. 以合伙企业名义对外投资分回的股息、红利应按比例确定各个投资者的份额，分别按利息、股息、红利所得应税项目计算缴纳个人所得税
E. 实行核定征收的投资者，不能享受个人所得税的优惠

8. 个人取得的下列收入或所得中，应计算缴纳个人所得税的有（　　）。
A. 享受国务院政府特殊津贴专家在延迟退休期间取得的工资薪金
B. 个人退休后再任职取得的收入
C. 个人退休后按照国家统一规定领取的退休金
D. 个人达到国家规定退休年龄后领取的年金
E. 个人提前退休取得的一次性补贴收入

9. 个人取得下列收入、所得中，应计算缴纳个人所得税的有（　　）。
A. 参加商场有奖销售活动取得的 1 000 元现金
B. 购买社会福利有奖募捐奖券，一次性取得的 15 000 元中奖收入
C. 为其他公司担保，取得的 6 000 元担保收入
D. 购买体育彩票，一次性取得的 6 000 元中奖收入
E. 参加客户单位的年会取得的 500 元网络红包

10. 下列各项中，不适用 5%—35% 的五级超额累进税率征收个人所得税的有（　　）。
A. 出租汽车经营单位将出租车所有权转移给驾驶员的，出租车驾驶员从事客货运营取得的收入
B. 个体工商户对外投资的所得
C. 个人独资企业的生产经营所得
D. 对企事业单位的承包经营、承租经营所得
E. 承租人对承租企业经营成果不拥有所有权取得的所得

参考答案与解析

一、单项选择题

1. 【参考答案】B。2022 年在中国境内居住累计不满 183 天，属于非居民个人；2023 年在中国境内居住累计满 183 天，所以 2023 年为居民个人。

2. 【参考答案】B。选项 B，许可各种特许权在中国境内使用而取得的所得属于来源于境内的所得；选项 ACD 属于来源于境外的所得。

3. 【参考答案】B。劳务报酬所得应预扣预缴税额 = 预扣预缴应纳税所得额 × 预扣率 − 速算扣除数 = 每次收入额 × 预扣率 − 速算扣除数 =（每次收入 − 费用）× 预扣率 − 速算扣除数。减除费用的确定依据每次收入是否超过 4 000 元，每次收入不超过 4 000 元的，减除费用按 800 元计算；每次收入 4 000 元以上的，减除费用按 20% 计算。贾某取得劳务报酬所得应预扣预缴税额 =（3 000 − 800）× 20% = 440 元。

4. 【参考答案】D。选项 ABC，是可以税前扣除的。其中选项 C，企业生产经营和投资者及其家庭生活共用的固定资产，难以划分的，由主管税务机关根据企业的生产经营类型、规模等具体情况，核定准予税前扣除的折旧费用数额或比例。

5. 【参考答案】A。（1）居民个人来源于中国境外的综合所得，应当与境内综合所得合并计算应纳税额。（2）劳务报酬所得、稿酬所得以收入减除 20% 的费用后的余额为收入额；稿酬所得的收入额减按 70% 计算。（3）陶某 2022 年应缴纳个人所得税 = [140 000 ×（1 − 20%）+ 20 000 ×（1 − 20%）× 70% − 60 000] × 10% − 2 520 = 3 800（元）。

6. 【参考答案】B。（1）居民个人取得稿酬所得，以收入减除费用后的余额为收入额，稿酬所得的收入额减按 70% 计算，以每次收入额为预扣预缴应纳税所得额。（2）每次收入 4 000 元以上的，减除费用按照 20% 计算。（3）预扣预缴的应纳税所得额 = 20 000 ×（1 − 20%）× 70% = 11 200（元）。

7. 【参考答案】B。（1）保险营销员、证券经纪人取得的佣金收入，属于劳务报酬所得，以不含增值税的收入减除 20% 的费用后的余额为收入额，收入额减去展业成本以及附加税费后，并入当年综合所得，计算缴纳个人所得税。保险营销员、证券经纪人展业成本按照收入额的 25% 计算。（2）收入额 = 375 000 ×（1 − 20%）= 300 000（元）；展业成本 = 300 000 × 25% = 75 000（元）；并入综合所得的金额 = 300 000 − 75 000 = 225 000（元）。（3）应缴纳个人所得税 =（225 000 − 60 000）× 20% − 16 920 = 16 080（元）。

8. 【参考答案】B。单位统一组织为员工购买符合规定条件的商业健康保险，应分别计入员工个人工资、薪金，视同个人购买，在不超过 200 元/月的标准内按月扣除。应纳税所得额 = 20 000 × 12 − 3 000 × 12 + 800 × 5 − 60 000 − 200 × 5 = 147 000（元），适用税率 20%，速算扣除数为 16 920 元，应纳税额 = 147 000 × 20% − 16 920 = 12 480（元）。

9.【参考答案】D。外籍个人以非现金形式或实报实销形式取得的住房补贴和伙食补贴，免征个人所得税，但外籍个人以现金形式取得的住房补贴和伙食补贴不属于免征个人所得税的项目。

10.【参考答案】D。企业未能提供完整、真实的限售股原值凭证，不能准确计算该限售股原值的，主管税务机关一律按该限售股转让收入的 15%，核定为该限售股原值和合理税费。对个人持有的上市公司限售股，解禁后取得的股息、红利，按照规定计算纳税，持股时间自解禁日起计算；解禁前取得的股息、红利继续暂减按 50% 计入应纳税所得额，适用 20% 的税率计征个人所得税。所以应纳个人所得税 = $600\times(1-15\%)\times20\%+20\times50\%\times20\%=104$（万元）。

二、多项选择题

1.【参考答案】ACD。根据 2019 年 1 月 1 日起实施的《个人所得税法实施条例》规定，下列所得，不论支付地点是否在中国境内，均为来源于中国境内的所得：因任职、受雇、履约等而在中国境内提供劳务取得的所得；将财产出租给承租人在中国境内使用而取得的所得；许可各种特许权在中国境内使用而取得的所得；从中国境内企业、事业单位、其他组织以及居民个人取得的利息、股息、红利所得。

2.【参考答案】ABCD。个人依法从事办学、医疗、咨询以及其他有偿服务活动取得的所得，从事个体出租车运营的出租车驾驶员取得的收入，按照经营所得征税；个体工商户或个人专营种植业、养殖业、饲养业、捕捞业，不征收个人所得税。

3.【参考答案】CDE。选项 A，个人转让限售股，以每次限售股转让收入，减除股票原值和合理费用后的余额为应纳税所得额；选项 B，自 2018 年 11 月 1 日起，对个人转让全国中小企业股份转让系统（简称“新三板”）挂牌公司非原始股取得的所得，暂免征收个人所得税，转让“新三板”挂牌公司原始股没有免税优惠。

4.【参考答案】ABCD。下列不属于工资、薪金性质的补贴、津贴或者不属于纳税人本人“工资、薪金所得”项目的收入，不征税：（1）独生子女补贴；（2）执行公务员工资制度未纳入基本工资总额的补贴、津贴差额和家属成员的副食品补贴；（3）托儿补助费；（4）差旅费津贴、误餐补助。

5.【参考答案】CD。选项 A，2019 年 1 月 1 日至 2023 年 12 月 31 日，居民个人取得的全年一次性奖金可以选择单独计算纳税，也可以选择并入当年综合所得计算纳税，非居民纳税人不适用。选项 B，居民个人取得全年一次性奖金选择单独计算纳税时，无须考虑当月固定工资薪金小于生计费减除标准的差额。

6.【参考答案】ABDE。选项 C，同一学历（学位）继续教育的扣除期限不能超过 48 个月。

7.【参考答案】ACDE。选项 B，个人独资企业投资者及其家庭发生的生活费用与企业生产经营费用混合在一起，并且难以划分的，全部视为投资者个人及其家庭发生的生活费用，不允许在税前扣除。

8. 【参考答案】BDE。选项 AC，免征个人所得税。选项 A，达到离休、退休年龄，但确因工作需要，适当延长离休退休年龄的高级专家（指享受国家发放的政府特殊津贴的专家、学者），其在延长离休退休期间的工资、薪金所得，视同退休工资、离休工资免征个人所得税。
9. 【参考答案】ABCE。对个人购买社会福利有奖募捐奖券、体育彩票，一次中奖收入在 1 万元以下（含）的暂免征收个人所得税，超过 1 万元的，全额征收个人所得税。
10. 【参考答案】BE。选项 B，个体工商户对外投资的所得按照“利息、股息、红利所得”计征个人所得税；选项 E，承租人对企业经营成果不拥有所有权取得的所得，应按“工资、薪金所得”计征个人所得税。

第六章　资源和环境税相关税种

第一节　资源税

一、资源税概述

资源税是以应税资源为征税对象，对在中华人民共和国领域和中华人民共和国管辖的其他海域开发应税资源的单位和个人，就其应税资源销售额或销售数量为计税依据而征收的一种税。目前通过改革试点，已经将水资源纳入其征税范围。

我国现行的资源税是由盐税和资源税两个税种合并而成。

【提示】资源税强调应税矿产品在境内开采或生产，进口不征，出口不退。

二、资源税发展历程

时间	内容
1950 年	政务院颁布《全国税政实施要则》将盐税纳入中央与地方税收
1973 年	税制改革，将盐税并入工商税作为一个税目
1984 年	盐税从工商税种分离，成为独立税种。财政部发布《财政部 国家税务总局关于资源税 若干问题的法规》（财税〔1984〕296 号），对原油、天然气、煤炭等先行开征资源税，对金属矿产品和其他非金属矿产品暂缓征收
1993 年	1993 年 12 月 25 日，国务院发布了《中华人民共和国资源税暂行条例》，将盐税与资源税合并，并对开采应税矿产品和生产盐的单位，实行从量定额征收
2010—2011 年	率先在新疆实行原油、天然气资源税从价计征。2011 年 11 月 1 日起，在全国实施原油、天然气资源税从价计征
2014 年	2014 年 12 月 1 日，实施煤炭资源税从价计征
2015 年	实施稀土、钨、钼资源税从价计征
2016 年	2016 年 5 月 9 日，财政部、国家税务总局公布了《关于全面推进资源税改革的通知》（财税〔2016〕53 号），决定自 2016 年 7 月 1 日起，我国全面推进资源税改革，改革的主要内容包括： （1）扩大资源税征收范围 （2）实施矿产资源税从价计征改革 （3）全面清理涉及矿产资源的收费基金 （4）合理确定资源税税率水平 （5）加强矿产资源税收优惠政策管理，提高资源综合利用效率

续表

时间	内容
2019 年	2019 年 8 月 26 日，十三届全国人大常委会第十二次会议表决通过了《中华人民共和国资源税法》（以下简称《资源税法》），并于 2020 年 9 月 1 日实施 依照《资源税法》的原则，对取用地表水或者地下水的单位和个人试点征收水资源税。水资源税试点实施办法由国务院规定，报全国人民代表大会常务委员会备案 资源税属于共享税，除海洋石油资源税收入归中央政府外，其余全部归地方政府。2020 年，我国实现资源税收入 1 755 亿元。占当年全部税收收入的 1. 14%

【判断题】资源税是对开采、生产所有自然资源的单位和个人征收的一种税。(　　)

【参考答案】×。本题涉及的知识点是资源税的纳税人。在中华人民共和国领域及管辖海域开采应税矿产品或者生产盐的单位和个人缴纳资源税。

三、资源税的特点

资源税特点	具体内容
1. 对特定资源征税	资源税的征税范围是矿产品、盐和水资源（部分地区试点中），并逐步探索对森林、草场、滩涂等自然资源开征资源税
2. 对开采资源取得的收益征税	对开采资源取得的收益征税，可以有效调节资源收益，维护国家作为资源所有者的权益，促进资源行业健康发展
3. 由从量定额征收过渡到从价定率征收	（1）从量计征的缺点 从量计征的资源税对市场价格不敏感，不能反映市场供求关系带来的价格变动，从量计征会导致企业在一般资源开采中采富弃贫，造成资源浪费，不能起到保护环境或者引导企业节能减排的作用 （2）我国现行资源税从 2010 年开始对部分应税资源逐步采取从价定率征收，自 2016 年 7 月 1 日起资源税从价计征改革开始全面实施。2019 年通过《资源税法》，并于 2020 年 9 月 1 日实施。依照《资源税法》的原则，对取用地表水或者地下水的单位和个人试点征收水资源税
4. 适度分权	适度分权结合我国资源分布不均衡、地域差异较大等实际情况，在不影响全国统一市场秩序前提下，赋予地方适当的税政管理权

【多选题】下列选项符合资源税的特点（　　）。

A. 对特定资源征税

B. 对开采资源取得的收益征税

C. 由从量定额征收过渡到从价定率征收

D. 适度分权

【参考答案】ABCD。根据上述归纳内容，四个选项都符合题意，应当全选。

四、资源税的纳税人和税目、税率

（一）资源税的纳税人

在中华人民共和国领域和中华人民共和国管辖的其他海域开发应税资源的单位和

个人，为资源税的纳税人，应当缴纳资源税。

【判断题】在中华人民共和国领域及管辖海域开采矿产品的企业和个体工商户为资源税的纳税人。（　　）

【参考答案】×。这里的单位不能简单理解为仅指企业，它的范围是指企业、行政单位、事业单位、军事单位、社会团队及其他单位。这里的个人，也不能简单理解为自然人，其包括个体工商户和其他个人（自然人）。

（二）资源税的税目、税率

资源税的税目、税率，依照《税目税率表》执行。

《税目税率表》中规定实行幅度税率的，其具体适用税率由省、自治区、直辖市人民政府统筹考虑该应税资源的品位、开采条件以及对生态环境的影响等情况，在《税目税率表》规定的税率幅度内提出，报同级人民代表大会常务委员会决定，并报全国人民代表大会常务委员会和国务院备案。《税目税率表》中规定征税对象为原矿或者选矿的，应当分别确定具体适用税率。

资源税税目税率表

税目			征税对象	税率
能源矿产	原油		原矿	6%
	天然气、页岩气、天然气水合物		原矿	6%
	煤		原矿或者选矿	2%—10%
	煤成（层）气		原矿	1%—2%
	铀、钍		原矿	4%
	油页岩、油砂、天然沥青、石煤		原矿或者选矿	1%—4%
	地热		原矿	1%—20% 或者每立方米 1—30 元
金属矿产	黑色金属	铁、锰、铬、钒、钛	原矿或者选矿	1%—9%
	有色金属	铜、铅、锌、锡、镍、锑、镁、钴、铋、汞	原矿或者选矿	2%—10%
		铝土矿	原矿或者选矿	2%—9%
		钨	选矿	6.5%
		钼	选矿	8%
		金、银	原矿或者选矿	2%—6%
		铂、钯、钌、锇、铱、铑	原矿或者选矿	5%—10%
		轻稀土	选矿	7%—12%
		中重稀土	选矿	20%
		铍、锂、锆、锶、铷、铯、铌、钽、锗、镓、铟、铊、铪、铼、镉、硒、碲	原矿或者选矿	2%—10%

续表

税目			征税对象	税率
非金属矿产	矿物类	高岭土	原矿或者选矿	1%—6%
		石灰岩	原矿或者选矿	1%—6%或者每吨（或者每立方米）1—10元
		磷	原矿或者选矿	3%—8%
		石墨	原矿或者选矿	3%—12%
		萤石、硫铁矿、自然硫	原矿或者选矿	1%—8%
		天然石英砂、脉石英、粉石英、水晶、工业用金刚石、冰洲石、蓝晶石、硅线石（矽线石）、长石、滑石、刚玉、菱镁矿、颜料矿物、天然碱、芒硝、钠硝石、明矾石、砷、硼、碘、溴、膨润土、硅藻土、陶瓷土、耐火黏土、铁矾土、凹凸棒石黏土、海泡石黏土、伊利石黏土、累托石黏土	原矿或者选矿	1%—12%
		叶蜡石、硅灰石、透辉石、珍珠岩、云母、沸石、重晶石、毒重石、方解石、蛭石、透闪石、工业用电气石、白垩、石棉、蓝石棉、红柱石、石榴子石、石膏	原矿或者选矿	2%—12%
		其他黏土（铸型用黏土、砖瓦用黏土、陶粒用黏土、水泥配料用黏土、水泥配料用红土、水泥配料用黄土、水泥配料用泥岩、保温材料用黏土）	原矿或者选矿	1%—5%或者每吨（或者每立方米）0.1—5元
	岩石类	大理岩、花岗岩、白云岩、石英岩、砂岩、辉绿岩、安山岩、闪长岩、板岩、玄武岩、片麻岩、角闪岩、页岩、浮石、凝灰岩、黑曜岩、霞石正长岩、蛇纹岩、麦饭石、泥灰岩、含钾岩石、含钾砂页岩、天然油石、橄榄岩、松脂岩、粗面岩、辉长岩、辉石岩、正长岩、火山灰、火山渣、泥炭	原矿或者选矿	1%—10%
		砂石	原矿或者选矿	1%—5%或者每吨（或者每立方米）0.1—5元
	宝玉石类	宝石、玉石、宝石级金刚石、玛瑙、黄玉、碧玺	原矿或者选矿	4%—20%
水气矿产	二氧化碳气、硫化氢气、氦气、氡气		原矿	2%—5%
	矿泉水		原矿	1%—20%或者每立方米1—30元
盐	钠盐、钾盐、镁盐、锂盐		选矿	3%—15%
	天然卤水		原矿	3%—15%或者每吨（或者每立方米）1—10元
	海盐			2%—5%

（三）税率

资源税针对不同资源产品分别采用比例税率和定额税率计税。

特征	说明
1. 明确了分级分类确定税率的权限划分方式	对原油、天然气、中重稀土、钨、钼等战略资源实行固定税率，由税法直接确定。其他应税资源实行幅度税率，由税法确定幅度，并授权省级人民政府提出本地区的具体适用税率，报同级人大常委会决定
2. 规范细化了税目	将全部 164 个应税资源品目在资源税法所附《税目税率表》中逐一列明，覆盖了目前已发现的所有矿种
3. 明确了以从价计征为主的征税方式	资源税从法律上确立了从价计征为主、从量计征为辅的资源税征税方式。税法所列 164 个税目中，有 158 个税目实行从价计征，对地热、矿泉水、石灰岩、砂石、其他黏土和天然卤水 6 个税目可视征管便利度选择实行从价计征或者从量计征
4. 明确了按原矿、选矿分别设定税率	这一设计既确保了税负公平，又便利了纳税申报，是资源税制的一次优化

五、资源税应纳税额的计算

（一）销售额的基本规定

计税方法	具体内容
1. 从价定率	应纳税额 = 应税产品的销售额 × 纳税人具体适用的比例税率。资源税应税产品的销售额，按照纳税人销售应税产品向购买方收取的全部价款确定，不包括增值税税款
2. 从量定额	应纳税额 = 应税产品的销售数量 × 纳税人具体适用的定额税率。应税产品的销售数量，包括纳税人开采或者生产应税产品的实际销售数量和自用于应当缴纳资源税情形的应税产品数量

【单选题】某油田企业为增值税一般纳税人，2020 年 9 月销售自产原油 1 000 吨，取得含税收入 2 260 万元，同时向购买方收取赔偿金 3.39 万元，储备费 2.26 万元。支付运输费用 1 万元，取得增值税专用发票，原油资源税税率 6%，该油田企业当月应纳资源税是（　　）万元。

A. 120.00　　B. 120.25　　C. 140.75　　D. 120.30

【参考答案】D。向购买方收取的赔偿金和储备费属于价外费用，要换算为不含税金额并入销售额中征收资源税。当月应纳资源税 =（2 260 + 3.39 + 2.26）÷（1 + 13%）× 6% = 120.30（万元）。

（二）销售额的特殊规定

（1）销售额的核定。

销售额	具体内容
核定销售额的情形	①有自用应税产品行为而无销售额的，包括纳税人以应税产品用于非货币性资产交换、捐赠、偿债、赞助、集资、投资、广告、样品、职工福利、利润分配或者连续生产非应税产品等 ②申报的应税产品销售价格明显偏低且无正当理由的
核定销售额的顺序	主管税务机关可以按下列方法和顺序确定其应税产品销售额： ①按纳税人最近时期同类产品的平均销售价格确定 ②按其他纳税人最近时期同类产品的平均销售价格确定 ③按后续加工非应税产品销售价格，减去后续加工环节的成本利润后确定 ④按应税产品组成计税价格确定 组成计税价格 = 成本 ×（1 + 成本利润率）÷（1 – 资源税税率） 上述公式中的成本利润率由省、自治区、直辖市税务机关确定 ⑤按其他合理方法确定

（2）运杂费的扣减。

运杂费用	具体内容
含义	相关运杂费用是指应税产品从坑口或者洗选（加工）地到车站、码头或者购买方指定地点的运输费用、建设基金以及随运销产生的装卸、仓储、港杂费用
可从计税销售额中扣减的情形	计入销售额中的相关运杂费用，凡取得增值税发票或者其他合法有效凭据的，准予从销售额中扣除

（3）矿产品。

①外购产品扣除。

外购产品扣除	具体内容
规定情形	纳税人外购应税产品与自采应税产品混合销售或者混合加工为应税产品销售的，在计算应税产品销售额或者销售数量时，准予扣减外购应税产品的购进金额或者购进数量；当期不足扣减的，可结转下期扣减 纳税人以外购原矿与自采原矿混合洗选加工为选矿产品销售的，在计算应税产品销售额或者销售数量时，按照下列方法进行扣减： 准予扣减的外购应税产品购进金额（数量）= 外购原矿购进金额（数量）×（本地区原矿适用税率 ÷ 本地区选矿产品适用税率） 不能按照上述方法计算扣减的，按照主管税务机关确定的其他合理方法进行扣减
例外情形	纳税人应当准确核算外购应税产品的购进金额或者购进数量，未准确核算的，一并计算缴纳资源税
扣除凭据	依据外购应税产品的增值税发票、海关进口增值税专用缴款书或者其他合法有效凭据

②特殊规定。

应税产品为矿产品的	包括原矿和选矿产品
纳税人以自采原矿（经过采矿过程采出后未进行选矿或者加工的矿石）直接销售，或者自用于应当缴纳资源税情形的	按照原矿计征资源税
纳税人以自采原矿洗选加工为选矿产品（通过破碎、切割、洗选、筛分、磨矿、分级、提纯、脱水、干燥等过程形成的产品，包括富集的精矿和研磨成粉、粒级成型、切割成型的原矿加工品）销售，或者将选矿产品自用于应当缴纳资源税情形的	按照选矿产品计征资源税，在原矿移送环节不缴纳资源税
对于无法区分原生岩石矿种的粒级成型砂石颗粒的	按照砂石税目征收资源税

（三）销售数量的确定

1. 销售数量的类型

应税产品的销售数量，包括纳税人开采或者生产应税产品的实际销售数量和自用于应当缴纳资源税情形的应税产品数量。

2. 自产自用应税产品的税务处理

纳税人开采或者生产应税产品自用的，应当依照本法规定缴纳资源税；但是，自用于连续生产应税产品的，不缴纳资源税。

（四）税率的确定

1. 纳税人开采或者生产不同税目应税产品的	应当分别核算不同税目应税产品的销售额或者销售数量
2. 未分别核算或者不能准确提供不同税目应税产品的销售额或者销售数量的	从高适用税率

（五）水资源税计税依据的确定

水资源税采用从量定额方法计征。

计税依据	具体内容
1. 一般情况	水资源税的计税依据一般是实际取用水量
2. 特殊情况	水力发电和火力发电贯流式（不含循环式）冷却取用水计税依据为实际发电量

（六）资源税的税收优惠

纳税人开采或者生产同一应税产品同时符合两项或者两项以上减征资源税优惠政策的，除另有规定外，只能选择其中一项执行。

资源税税收优惠政策

优惠政策	具体内容
1. 免征	开采原油以及在油田范围内运输原油过程中用于加热的原油、天然气；煤炭开采企业因安全生产需要抽采的煤成（层）气；对青藏铁路公司及其所属单位运营期间自采自用的砂、石等材料免征资源税
2. 减征	从低丰度油气田开采的原油、天然气，减征20%资源税；高含硫天然气、三次采油和从深水油气田开采的原油、天然气，减征30%资源税；稠油、高凝油减征40%资源税；从衰竭期矿山开采的矿产品，减征30%资源税 自2014年12月1日至2023年8月31日，对充填开采置换出来的煤炭，税减征50%资源 2022年1月1日至2024年12月31日，由省、自治区、直辖市人民政府根据本地区实际情况，以及宏观调控需要确定，对增值税小规模纳税人、小型微利企业和个体工商户可以在50%的税额幅度内减征资源税。（财政部 税务总局公告2022年第10号） 为促进页岩气开发利用，有效增加天然气供给，在2027年12月31日之前，继续对页岩气资源税（按6%的规定税率）减征30%
3. 其他	有下列情形之一的，省、自治区、直辖市可以决定免征或者减征资源税： （1）纳税人开采或者生产应税产品过程中，因意外事故或者自然灾害等原因遭受重大损失 （2）纳税人开采共伴生矿、低品位矿、尾矿

【单选题】关于资源税税收优惠，下列说法正确的是（　　）。

A. 对深水油气田减征20%资源税

B. 对低丰度油气田暂减征30%资源税

C. 开采原油过程中用于加热的原油免征资源税

D. 开采原油过程同时开采的天然气免征资源税

【参考答案】C。选项A，对深水油气田资源税减征30%；选项B，对低丰度油气田资源税暂减征20%；选项D，与原油同时开采的天然气照章缴纳资源税。

六、资源税的征收管理

（一）纳税义务发生时间

1. 纳税人销售应税产品，纳税义务发生时间为收讫销售款或者取得索取销售款凭据的当天。

销售方式	纳税义务发生时间
（1）纳税人采取分期收款结算方式的	为销售合同规定的收款日期的当天
（2）纳税人采取预收货款结算方式的	为发出应税产品的当天
（3）纳税人采取其他结算方式的	为收讫销售款或者取得销售款凭据的当天

2. 纳税人自产自用应税产品的纳税义务发生时间，为移送使用应税产品的当天。

3. 水资源税的纳税义务发生时间为纳税人取用水资源的当日。

【单选题】下列关于资源税纳税义务发生时间的说法，不正确的是（　　）。

A. 自产自用应税产品，为移送使用应税产品的当天

B. 采取预收款方式销售应税产品，为收到预收款的当天

C. 采取直接收款方式销售应税产品，为收讫销售款或取得销售款凭证的当天

D. 采取分期收款方式销售应税产品，为合同规定的收款日期的当天

【参考答案】B。采取预收款方式销售应税产品，纳税义务时间为发出应税产品的当天。

（二）纳税期限

纳税期限	具体内容
1. 纳税期限	纳税人的纳税期限分别为 1 日、3 日、5 日、10 日、15 日或者 1 个月，由主管税务机关根据实际情况具体核定。不能按固定期限计算纳税的，可以按次计算纳税。除农业生产取用水外，水资源税按季或者按月征收，由主管税务机关根据实际情况确定
2. 申报纳税	纳税人以 1 个月为一期纳税的，自期满之日起 10 日内申报纳税；以 1 日、3 日、5 日、10 日或者 15 日为一期纳税的，自期满之日起 5 日内预缴税款，于次月 1 日起 10 日内申报纳税并结清上月税款。水资源税纳税人应当自纳税期满或者纳税义务发生之日起 15 日内申报纳税

（三）纳税地点

事项情形	纳税地点
1. 一般规定	纳税人应纳的资源税，应当向应税产品的开采或者生产所在地主管税务机关缴纳。水资源税纳税人应当向生产经营所在地的税务机关申报缴纳。纳税人在本省、自治区、直辖市范围内开采或者生产应税产品，其纳税地点需要调整的，由省、自治区、直辖市税务机关决定
2. 跨省、自治区、直辖市开采或者生产资源税应税产品的纳税	其下属生产单位与核算单位不在同一省、自治区、直辖市的，对其开采或者生产的应税产品，一律在开采地或者生产地纳税
3. 扣缴义务人代扣代缴的资源税	应当向收购地主管税务机关缴纳

第二节　环境保护税

一、环境保护税概述

环境保护税，是指在中华人民共和国领域和中华人民共和国管辖的其他海域内，对直接向环境排放应税污染物的企业事业单位和其他生产经营者征收的一种税。

征收环境保护税的主要目的是保护和改善环境，减少污染物排放，推进生态文明建设。

2016 年 12 月 25 日，全国人民代表大会常务委员会通过《中华人民共和国环境保护税法》（以下简称《环境保护税法》），自 2018 年 1 月 1 日起施行；2017 年 12 月 25 日，国务院公布《中华人民共和国环境保护税法实施条例》，与《环境保护税法》同步施行。《环境保护税法》是第一部专门体现“绿色税制”、推动生态文明建设的税法，确立了“多排多缴、少排少缴、不排不缴”的正向减排激励机制。环境保护税属于地方税，2020 年，我国实现环境保护税收入 207 亿元，占当年全部税收收入的 0.13%。

二、环境保护税的纳税人

环境保护税的纳税人是指在中华人民共和国领域和中华人民共和国管辖的其他海域，直接向环境排放应税污染物的企业事业单位和其他生产经营者。

三、环境保护税的征税对象

环境保护税的征税对象为应税污染物，是《环境保护税法》所附《环境保护税税目税额表（应税污染物和当量值表）》规定的大气污染物、水污染物、固体废物和噪声。

环境保护税税目税额表

<table>
<tr><th colspan="2">税目</th><th>计税单位</th><th>税额</th><th>备注</th></tr>
<tr><td colspan="2">大气污染物</td><td>每污染当量</td><td>1.2 元至 12 元</td><td></td></tr>
<tr><td colspan="2">水污染物</td><td>每污染当量</td><td>1.4 元至 14 元</td><td></td></tr>
<tr><td rowspan="4">固体废物</td><td>煤矸石</td><td>每吨</td><td>5 元</td><td rowspan="4"></td></tr>
<tr><td>尾矿</td><td>每吨</td><td>15 元</td></tr>
<tr><td>危险废物</td><td>每吨</td><td>1 000 元</td></tr>
<tr><td>冶炼渣、粉煤灰、炉渣、其他固体废物（含半固态、液态废物）</td><td>每吨</td><td>25 元</td></tr>
<tr><td rowspan="6">噪声</td><td rowspan="6">工业噪声</td><td>超标 1—3 分贝</td><td>每月 350 元</td><td rowspan="6">1. 一个单位边界上有多处噪声超标，根据最高一处超标声级计算应纳税额；当沿边界长度超过 100 米有两处以上噪声超标，按照两个单位计算应纳税额
2. 一个单位有不同地点作业场所的，应当分别计算应纳税额，合并计征
3. 昼、夜均超标的环境噪声，昼、夜分别计算应纳税额，累计计征
4. 声源一个月内超标不足 15 天的，减半计算应纳税额
5. 夜间频繁突发和夜间偶然突发厂界超标噪声，按等效声级和峰值噪声两种指标中超标分贝值高的一项计算应纳税额</td></tr>
<tr><td>超标 4—6 分贝</td><td>每月 700 元</td></tr>
<tr><td>超标 7—9 分贝</td><td>每月 1 400 元</td></tr>
<tr><td>超标 10—12 分贝</td><td>每月 2 800 元</td></tr>
<tr><td>超标 13—15 分贝</td><td>每月 5 600 元</td></tr>
<tr><td>超标 16 分贝以上</td><td>每月 11 200 元</td></tr>
</table>

不征税项目有以下三类：

（一）企业事业单位和其他生产经营者向依法设立的污水集中处理、生活垃圾集中处理场所排放应税污染物的。（征收污水处理费）

（二）企业事业单位和其他生产经营者在符合国家和地方环境保护标准的设施、场所贮存或者处置固体废物的。（固体废物包括医疗危险废弃物）

（三）达到省级人民政府确定的规模标准并且有污染物排放口的畜禽养殖场，依法对畜禽养殖废弃物进行综合利用和无害化处理的，不属于直接向环境排放污染物，不缴纳环境保护税。

【单选题】下列各项中，属于环境保护税征税范围的有（　　）。

A. 纳税人综合利用的固体废物，符合国家和地方环境保护标准的

B. 依法设立的城乡污水集中处理、生活垃圾集中处理场所超过国家和地方规定的排放标准向环境排放应税污染物的

C. 企业贮存固体废物不符合国家和地方环境保护标准的

D. 事业单位向依法设立的污水集中处理、生活垃圾集中处理场所排放应税污染物的

【参考答案】BC。本题涉及的知识点是环境保护税的征税范围。选项 A，纳税人综合利用的固体废物，符合国家和地方环境保护标准的，暂免征收环境保护税；选项 D，企业事业单位和其他生产经营者向依法设立的污水集中处理、生活垃圾集中处理场所排放应税污染物的，不属于直接向环境排放污染物，不缴纳相应污染物的环境保护税。

四、环境保护税的税率

环境保护税应税污染物适用定额税率。

定额税率	具体内容
1. 全国统一定额税	对于固体废物和噪声实行全国统一的定额税 固体废物按不同种类，税额标准为每吨 5—1 000 元 噪声按超标分贝数，税额标准为每月 350—11 200 元
2. 浮动定额税	（1）对于大气污染物和水污染物实行各省浮动定额税，税额上限为最低税额标准的 10 倍 （2）应税大气污染物和水污染物的具体适用税额的确定和调整由省、自治区、直辖市人民政府统筹考虑本地区环境承载能力、污染物排放现状和经济社会生态发展目标要求，在规定的税额幅度内提出，报同级人民代表大会常务委员会决定，并报全国人民代表大会常务委员会和国务院备案

【单选题】以下关于环境保护税税率的规定正确的是（　　）。

A. 环境保护税采用定额税率

B. 环境保护税全部应税污染物适用税额的确定和调整由省、自治区、直辖市人民政府统筹考虑，在规定的税额幅度内提出

C. 环境保护税全部应税污染物适用税额的确定和调整均由国家税务总局决定

D. 环境保护税全部应税污染物适用税额的确定和调整均须报国务院备案

【参考答案】A。本题涉及的知识点是环境保护税的税率。环境保护税四大税目中的应税大气污染物和水污染物的具体适用税额的确定和调整，由省、自治区、直辖市人民政府统筹考虑本地区环境承载能力、污染物排放现状和经济社会生态发展目标要求，在《环境保护税税目税额表》规定的税额幅度内提出，报同级人民代表大会常务委员会决定，并报全国人民代表大会常务委员会和国务院备案。

五、环境保护税的计税依据

应税污染物的计税依据根据污染物的类别确定。

类别	计税依据
1. 应税大气污染物、水污染物	为污染物排放量折合的污染当量数
2. 应税固体废物	为固体废物的排放量
3. 应税噪声	为超过国家规定标准的分贝数

六、环境保护税应纳税额计算

（一）大气污染物、水污染物

计算方法	应纳税额的计算
1. 基本计算方法	大气污染物、水污染物应纳税额 = 污染当量数 × 适用税额 应税大气污染物、水污染物的污染当量数 = 该污染物的排放量 ÷ 该污染物的污染当量值 《环境保护税法》所附《pH 值、色度、大肠菌群数、余氯量水污染物污染当量值》中“色度”的污染当量数，以污水排放量乘以色度超标倍数再除以污染当量值计算
2. 以排放口为单位计算应税污染物排放量	（1）每一排放口或者没有排放口的应税大气污染物，按照污染当量数从大到小排序，对前三项污染物征收环境保护税 （2）每一排放口的应税水污染物，按照《应税污染物和当量值表》，区分第一类水污染物和其他类水污染物，按照污染当量数从大到小排序，对第一类水污染物按照前五项征收环境保护税，对其他类水污染物按照前三项征收环境保护税

（二）固体废物

计算方法	应纳税额的计算
1. 基本计算方法	应税固体废物的排放量 = 当期应税固体废物的产生量 − 当期应税固体废物的贮存量、处置量、综合利用量 （1）固体废物的贮存量、处置量，是指在符合国家和地方环境保护标准内的设施、场所贮存或者处置的固体废物数量 （2）固体废物的综合利用量，是指按照国务院发展改革、工业和信息化主管部门关于资源综合利用要求以及国家和地方环境保护标准进行综合利用的固体废物数量

续表

计算方法	应纳税额的计算
2. 计算注意事项	（1）纳税人应当准确计量应税固体废物的贮存量、处置量和综合利用量，未准确计量的，不得从其应税固体废物的产生量中扣减 （2）纳税人依法将应税固体废物转移至其他单位和个人进行贮存、处置或者综合利用的，固体废物的转移量相应计入其当期应税固体废物的贮存量、处置量或者综合利用量：纳税人接收的应税固体废物转移量，不计入其当期应税固体废物的产生量 （3）纳税人对应税固体废物进行综合利用的，应当符合工业和信息化部制定的工业固体废物综合利用评价管理规范

（三）应税噪声

计算方法	应纳税额的计算
1. 基本计算方法	应税噪声的应纳税额为超过国家规定标准的分贝数对应的具体适用税额
2. 计算注意事项	（1）一个单位边界上有多处噪声超标，根据最高一处超标声级计算应纳税额；当沿边界长度超过 100 米有两处以上噪声超标，按照两个单位计算应纳税额 （2）一个单位有不同地点作业场所的，应当分别计算应纳税额，合并计征 （3）昼、夜均超标的环境噪声，昼、夜分别计算应纳税额，累计计征 （4）声源一个月内超标不足 15 天的，减半计算应纳税额 （5）夜间频繁突发和夜间偶然突发厂界超标噪声，按等效声级和峰值噪声两种指标中超标分贝值高的一项计算应纳税额

七、环境保护税的税收优惠

（一）环境保护税的免税政策

1. 农业生产（不包括规模化养殖）排放应税污染物的。

2. 机动车、铁路机车、非道路移动机械、船舶和航空器等流动污染源排放应税污染物的。

3. 依法设立的城乡污水集中处理、生活垃圾集中处理场所排放相应应税污染物，不超过国家和地方规定的排放标准的。

4. 纳税人综合利用的固体废物，符合国家和地方环境保护标准的。

5. 国务院批准免税的其他情形。

（二）环境保护税的减税政策

纳税人排放应税大气污染物或者水污染物的浓度值低于国家和地方规定的污染物排放标准 30% 的，减按 75% 征收环境保护税。纳税人排放应税大气污染物或者水污染物的浓度值低于国家和地方规定的污染物排放标准 50% 的，减按 50% 征收环境保护税。（仅适用于自动检测和机构检测）

【判断题】纳税人排放应税大气污染物或者水污染物的浓度值低于国家和地方规定的污染物排放标准30%的，减按50%征收环境保护税。(　　)

【参考答案】×。本题涉及的知识点是环境保护税的税收优惠。纳税人排放应税大气污染物或者水污染物的浓度值低于国家和地方规定的污染物排放标准30%的，减按75%征收环境保护税。

八、环境保护税的征收管理

征收管理	具体内容
1. 纳税义务发生时间	为纳税人排放应税污染物的当日
2. 征收地点	纳税人应当向应税污染物排放地的税务机关申报缴纳环境保护税
3. 纳税期限	(1) 纳税期限 环境保护税按月计算并按季申报缴纳；不能按固定期限计算缴纳的，可以按次申报缴纳 (2) 申报期限 纳税人按季申报缴纳的，应当自季度终了之日起15日内，向税务机关办理纳税申报并缴纳税款；纳税人按次申报缴纳的，应当自纳税义务发生之日起15日内，向税务机关办理纳税申报并缴纳税款

【单选题】纳税人应当向(　　)的主管税务机关申报缴纳环境保护税。

A. 生产经营所在地　　B. 机构所在地

C. 应税污染物排放地　　D. 注册所在地

【参考答案】C。根据《环境保护税法》，纳税人应当向应税污染物排放地的主管税务机关申报缴纳环境保护税。

第三节　耕地占用税

一、耕地占用税概述

耕地占用税是对在中华人民共和国境内占用耕地建设建筑物、构筑物或者从事非农业建设的单位和个人，就其实际占用应税耕地面积，从量定额一次性征收的一种税。

1987年4月，国务院发布《中华人民共和国耕地占用税暂行条例》，我国开始征收耕地占有税。2007年12月，为进一步发挥税收保护耕地的作用，国务院对《中华人民共和国耕地占用税暂行条例》进行了修订。2018年12月29日，全国人民代表大会常务委员会通过了《中华人民共和国耕地占用税法》，自2019年9月1日起正式施行。这是一部完善我国“绿色税制”体系、落实税收法定原则、促进耕地资源合理利用的“绿色税法”。耕地占用税属于地方税，2020年，我国实现耕地占有税收入1 258亿元，占当年全部税收收入的0.81%。

二、耕地占用税的纳税人

耕地占用税的纳税人，是指在中华人民共和国境内占用耕地建设建筑物、构筑物或者从事非农业建设的单位和个人。

【单选题】根据耕地占用税有关规定，下列各项关于纳税义务人的说法不正确的是（　　）。

A. 经批准占用耕地的纳税人为农用地转用审批文件中标明的建设用地人

B. 农用地转用审批文件中未标明建设用地人的，纳税人为用地申请人

C. 经批准占用耕地的纳税人为实际用地人

D. 未经批准占用耕地的纳税人为实际用地人

【参考答案】C。经批准占用耕地的，纳税人为农用地转用审批文件中标明的建设用地人。

三、耕地占用税的征税范围

耕地占用税的征税范围是占用耕地建设建筑物、构筑物或者从事非农业建设的行为。

所谓耕地，是指用于种植农作物的土地。需要注意的是，占用耕地建设农田水利设施的，不缴纳耕地占用税。

占用园地、林地、草地、农田水利用地、养殖水面、渔业水域滩涂以及其他农用地建设建筑物、构筑物或者从事非农业建设的，比照占用耕地缴纳耕地占用税。

四、耕地占用税的税率、计税依据和计税方法

税制要素	具体内容
1. 税率	耕地占用税实行地区差别税率 （1）人均耕地不超过一亩的地区（以县，自治县，不设区的市、市辖区为单位，下同），每平方米为 10—50 元 （2）人均耕地超过一亩但不超过二亩的地区，每平方米为 8—40 元 （3）人均耕地超过二亩但不超过三亩的地区，每平方米为 6—30 元 （4）人均耕地超过三亩的地区，每平方米为 5—25 元 【提示】人均耕地面积越少，耕地占用税单位税额越高
2. 计税依据	（1）耕地占用税以纳税人实际占用的耕地面积为计税依据，按照规定的适用税额一次性征收 （2）耕地占用税计税面积核定的主要依据是农用地转用审批文件，必要时应实地勘测 （3）纳税人实际占地面积（含受托代占地面积）大于批准占地面积的，按实际占地面积计税；实际占地面积小于批准占地面积的，按批准占地面积计税
3. 计税方法	应纳税额 = 纳税人实际占用的耕地面积（平方米）× 适用定额税率

【提示】耕地的概念比基本农田的概念要大，基本农田只是耕地的其中一部分，而且主要是高产优质的那部分耕地，并不是所有的耕地都是基本农田。一般而言，只有那些划入基本农田保护区内的耕地，才视为基本农田。

【判断题】耕地占用税以实际占用耕地面积为计税依据。（ ）

【参考答案】√。本题考查耕地占用税的计税依据。耕地占用税以实际占用耕地面积为计税依据。

五、耕地占用税的税收优惠

（一）免征

1. 军事设施、学校、幼儿园、社会福利机构、医疗机构占用耕地，免征耕地占用税。

2. 农村烈士遗属、因公牺牲军人遗属、残疾军人以及符合农村最低生活保障条件的农村居民，在规定用地标准以内新建自用住宅，免征耕地占用税。

（二）减征

铁路线路、公路线路、飞机场跑道、停机坪、港口、航道、水利工程占用耕地，减按每平方米两元的税额征收耕地占用税。

农村居民在规定用地标准以内占用耕地新建自用住宅，按照当地适用税额减半征收耕地占用税；其中农村居民经批准搬迁，新建自用住宅占用耕地不超过原宅基地面积的部分，免征耕地占用税。

2022 年 1 月 1 日至 2024 年 12 月 31 日，由省、自治区、直辖市人民政府根据本地区实际情况，以及宏观调控需要确定，对增值税小规模纳税人、小型微利企业和个体工商户可以在 50% 的税额幅度内减征耕地占用税。增值税小规模纳税人、小型微利企业和个体工商户已依法享受资源税、城市维护建设税、房产税、城镇土地使用税、印花税、耕地占用税、教育费附加、地方教育附加其他优惠政策的，可叠加享受本省减按 50% 征收耕地占用税的政策。（财政部 税务总局公告 2022 年第 10 号）

免征或者减征耕地占用税后，纳税人改变原占地用途，不再属于免征或者减征耕地占用税情形的，应当按照当地适用税额补缴耕地占用税。

【单选题】下列耕地占用的情形中，属于免征耕地占用税的是（ ）。

A. 医院占用耕地　　B. 建厂房占用鱼塘

C. 高尔夫球场占用耕地　　D. 商品房建设占用林地

【参考答案】A。选项 BCD，属于占用耕地从事非农业建设，需要缴纳耕地占用税。

六、耕地占用税的征收管理

征收管理	具体内容
1. 纳税义务发生时间	耕地占用税的纳税义务发生时间为纳税人收到自然资源主管部门办理占用耕地手续的书面通知的当日
2. 纳税期限	纳税人应当自纳税义务发生之日起30日内申报缴纳耕地占用税

【判断题】未经批准占用耕地的，耕地占用税的纳税义务发生时间为纳税人实际占用耕地的当天。（　　）

【参考答案】√。

第四节　烟叶税

一、烟叶税概述

烟叶税是以烟叶为征税对象，对在中华人民共和国境内依照《中华人民共和国烟草专卖法》（以下简称《烟草专卖法》）的规定收购烟叶的单位征收的一种税。

2006年4月28日，国务院公布了《中华人民共和国烟叶税暂行条例》，自公布之日起施行。2017年12月27日，全国人民代表大会常务委员会通过了《中华人民共和国烟叶税法》，自2018年7月1日起施行。烟叶税属于地方税，2020年我国实现烟叶税收入109亿元，占当年税收收入的0.07%。

二、烟叶税的纳税人和征收范围

1. 纳税人

在中华人民共和国境内收购烟叶的单位为烟叶税的纳税人。“收购烟叶的单位”是指依照《烟草专卖法》的规定收购烟叶的单位。

2. 征收范围

烟叶税的征收范围包括晾晒烟叶、烤烟叶。

【单选题】烟叶税的征收范围包括（　　）。

A. 烤烟叶　　B. 晾晒烟叶　　C. 雪茄烟　　D. 卷烟

【参考答案】AB。烟叶税所指的“烟叶”，包括晾晒烟叶、烤烟叶。

三、烟叶税的税率、计税依据和计税方法

税制要素	具体内容
1. 税率	烟叶税实行比例税率，税率为20%
2. 计税依据	烟叶税的计税依据为纳税人收购烟叶实际支付的价款总额。价款总额包括纳税人支付给烟叶生产销售单位和个人的烟叶收购价款和价外补贴 价外补贴统一按烟叶收购价款的10%计算 实际支付的价款总额＝烟叶收购价款×（1＋10%）

续表

税制要素	具体内容
3. 计税方法	烟叶税的应纳税额按照纳税人收购烟叶实际支付的价款总额乘以税率计算 应纳税额 = 实际支付的价款总额 × 20%

【单选题】某烟厂为增值税一般纳税人，2019 年 1 月收购烟叶 2 000 千克，实际支付的价款总额为 30 万元，已开具烟叶收购发票。下列表述正确的是（　　）。

A. 烟厂应该代扣代缴烟叶税 6 万元

B. 烟厂应该代扣代缴烟叶税 6. 6 万元

C. 烟厂应该自行缴纳烟叶税 6 万元

D. 烟厂应该自行缴纳烟叶税 6. 6 万元

【参考答案】C。烟叶税的纳税人是收购烟叶的单位，应缴纳烟叶税 = 实际支付的价款总额 × 税率 = 30 × 20% = 6 万元。

四、烟叶税的征收管理

征收管理	具体内容
1. 纳税义务发生时间	纳税人收购烟叶的当天
2. 纳税期限	按月计征，纳税人应当于纳税义务发生月终了之日起 15 日内申报并缴纳税款
3. 纳税地点	纳税人收购烟叶，应当向烟叶收购地的主管税务机关申报纳税

第五节　车船税

一、车船税概述

车船税是依照法律法规规定，对在我国境内属于《中华人民共和国车船税法》（以下简称《车船税法》）所附《车船税税目税额表》的车辆、船舶（以下简称“车船”），按照规定的税目、计税单位和年税额标准计算征收的一种税。

2006 年 12 月，国务院发布《中华人民共和国车船税暂行条例》，自 2007 年 1 月 1 日起正式实施，实现了车船使用牌照税和车船使用税的统一。2011 年 12 月 5 日，全国人民代表大会常务委员会通过《车船税法》；2011 年 12 月 5 日，国务院发布《中华人民共和国车船税法实施条例》，均自 2012 年 1 月 1 日起施行。车船税属于地方税，2020 年，我国实现车船税收入 945 亿元，占当年全部税收收入的 0. 61% 。

二、车船税的纳税人和扣缴义务人

1. 车船税纳税人

在中华人民共和国境内属于《车船税法》所附《车船税税目税额表》规定的车船

的所有人或者管理人。

2. 扣缴义务人

从事机动车交通事故责任强制保险业务的保险机构为机动车车船税的扣缴义务人，应当在收取保险费时按照规定的税目和税额代收车船税。

【判断题】车船税的纳税义务人，是指在中华人民共和国境内，车辆、船舶的所有人和使用人。（　　）

【参考答案】×。本题涉及的知识点是车船税的纳税人。车船税的纳税义务人，是指在中华人民共和国境内，车辆、船舶的所有人或者管理人。

三、车船税的征税范围

车船税的征税范围是《车船税法》所附《车船税税目税额表》规定的车辆、船舶。

1. 车船的范围

（1）依法应当在车船登记管理部门登记的机动车辆和船舶。

（2）依法不需要在车船登记管理部门登记的在单位内部场所行驶或者作业的机动车辆和船舶。

2. 车船的含义

（1）机动车辆包括乘用车、商用车（包括客车、货车）、挂车、专用作业车、轮式专用机械车、摩托车。拖拉机不需要缴纳车船税。

（2）船舶，是指各类机动、非机动船舶以及其他水上移动装置，船舶上装备的救生艇筏和长度小于 5 米的艇筏除外。

四、车船税的税目、税率

1. 车船税采用定额税率

车船税计税标准适用范围分类表

计税单位	适用税目
（1）辆	乘用车、客车、摩托车
（2）整备质量（自重吨位）	货车、挂车、专用作业车、轮式专用机械车
（3）净吨位	船舶
（4）艇身长度	游艇

【多选题】根据《车船税法》的规定，车船税的计税单位形式不包括（　　）。

A. 辆　　B. 马力　　C. 净吨位　　D. 载重吨位

【参考答案】BD。车船税的计税单位包括辆、净吨位、整备质量、艇身长度，不包括马力和载重吨位。

2. 车船税税目税额表

税目		计税单位	年适用税额	备注
乘用车［按发动机气缸容量（排气量）分档］	1.0 升（含）以下的	辆	60 元至 360 元	核定载客人数 9 人（含）以下
	1.0 升以上至 1.6 升（含）的		300 元至 540 元	
	1.6 升以上至 2.0 升（含）的		360 元至 660 元	
	2.0 升以上至 2.5 升（含）的		660 元至 1 200 元	
	2.5 升以上至 3.0 升（含）的		1 200 元至 2 400 元	
	3.0 升以上至 4.0 升（含）的		2 400 元至 3 600 元	
	4.0 升以上的		3 600 元至 5 400 元	
商用车	客车	每辆	480 元至 1 440 元	核定载客人数 9 人以上，包括电车
	货车	整备质量每吨	16 元至 120 元	包括半挂牵引车、三轮汽车和低速载货汽车等
挂车		整备质量每吨	按照货车税额的 50% 计算	
其他车辆	专用作业车	整备质量每吨	16 元至 120 元	不包括拖拉机
	轮式专用机械车		16 元至 120 元	
摩托车		每辆	36 元至 180 元	
船舶	机动船舶	净吨位每吨	3 元至 6 元	拖船、非机动驳船分别按照机动船舶税额的 50% 计算
	游艇	艇身长度每米	600 元至 2 000 元	

五、车船税的计税方法

1. 一般规定

（1）纳税人购置的新车船，购置当年的应纳税额自取得车船所有权或管理权的当月起按月计算。应纳税额为年应纳税额除以 12 再乘以应纳税月份数。

应纳税额 =（年应纳税额 ÷ 12）× 应纳税月份数

（2）车辆年应纳税额 = 应纳税车辆数量或者整备质量 × 年基准税额

（3）船舶年应纳税额 = 应纳税船舶净吨位或者艇身长度 × 年基准税额

2. 具体规定

（1）《车船税法及其实施条例》所涉及的排气量、整备质量、核定载客人数、净吨位、千瓦、艇身长度，以车船登记管理部门核发的车船登记证书或者行驶证所载数据为准。

（2）不能提供核发的车船登记证书或者行驶证所载数据的依法不需要办理登记的

车船和依法应当登记而未办理登记或者不能提供车船登记证书、行驶证的车船，以车船出厂合格证明或者进口凭证标注的技术参数、数据为准。不能提供车船出厂合格证明或者进口凭证的，由主管税务机关参照国家相关标准核定，没有国家相关标准的参照同类车船核定。

（3）在一个纳税年度内，已完税的车船被盗抢、报废、灭失的，纳税人可以凭有关管理机关出具的证明和完税凭证，向纳税所在地的主管税务机关申请退还自被盗抢、报废、灭失月份起至该纳税年度终了期间的税款。

（4）已办理退税的被盗抢车船失而复得的，纳税人应当从公安机关出具相关证明的当月起计算缴纳车船税。

（5）已缴纳车船税的车船在同一纳税年度内办理转让过户的，不另纳税，也不退税。

（6）已经缴纳车船税的车船，因质量原因，车船被退回生产企业或者经销商的，纳税人可以向纳税所在地的主管税务机关申请退还自退货月份起至该纳税年度终了期间的税款。退货月份以退货发票所载日期的当月为准。

（7）不征税项目境内单位和个人租入外国籍船舶的，不征收车船税。

【单选题】某运输企业 2017 年初拥有小轿车 5 辆，2017 年 3 月外购货车 12 辆（整备质量为 10 吨），并于当月办理登记手续，假设货车年税额为整备质量每吨 50 元，小轿车年税额为每辆 500 元，该企业 2017 年应缴纳车船税（　　）元。

A. 2 500　　B. 8 500　　C. 7 500　　D. 7 000

【参考答案】C。应缴纳车船税 $=500\times5+10\times50\times12\times10\div12=7\ 500$（元）

六、车船税的税收优惠

（一）《车船税法》规定的法定免税车船

法定免税	具体内容
1. 捕捞、养殖渔船	是指在渔业船舶登记管理部门登记为捕捞船或者养殖船的船舶
2. 军队、武装警察部队专用的车船	是指按照规定在军队、武装警察部队车船登记管理部门登记，并领取军队、武警牌照的车船
3. 警用车船	是指公安机关、国家安全机关、监狱、劳动教养管理机关和人民法院、人民检察院领取警用牌照的车辆和执行警务的专用船舶
4. 悬挂应急救援专用号牌的国家综合性消防救援车辆和国家综合性消防救援专用船舶	
5. 其他情况	依照法律规定应当予以免税的外国驻华使领馆、国际组织驻华代表机构及其有关人员的车船

（二）《车船税法实施条例》规定的减免税项目

1. 节约能源、使用新能源的车船可以免征或者减半征收车船税。

2. 按照规定缴纳船舶吨税的机动船舶，自《车船税法》实施之日起5年内免征车船税。

3. 依法不需要在车船登记管理部门登记的机场、港口、铁路站场内部行驶或者作业的车船，自《车船税法》实施之日起5年内免征车船税。

（三）授权省、自治区、直辖市人民政府规定的减免项目

1. 省、自治区、直辖市人民政府根据当地实际情况，可以对公共交通车船，农村居民拥有并主要在农村地区使用的摩托车、三轮汽车和低速载货汽车定期减征或者免征车船税。

2. 对受地震、洪涝等严重自然灾害影响纳税困难以及其他特殊原因确须减免税的车船，可以在一定期限内减征或者免征车船税。

3. 对纯电动乘用车、燃料电池乘用车、非机动车船（不包括非机动驳船）、临时入境的外国车船和香港特别行政区、澳门特别行政区、台湾地区的车船，不征收车船税。

（四）财政部规定的减免税项目

1. 非营利性医疗机构自用的车船，免征车船税。

2. 对政府部门和企事业单位、社会团体以及个人等社会力量投资兴办的福利性、非营利性的老年服务机构，暂免自用车船的车船税。

3. 国家综合性消防救援车辆由部队号牌改挂应急救援专用号牌的，一次性免征改挂当年车船税。

七、车船税的征收管理

征收管理	具体内容
1. 纳税义务发生时间	纳税义务发生时间为取得车船所有权或者管理权的当月，应当以购买车船的发票或者其他证明文件所载日期的当月为准
2. 纳税期限	纳税期限车船税按年申报、分月计算，一次性缴纳 纳税年度为公历1月1日至12月31日 车船税具体申报纳税期限由各省、自治区、直辖市人民政府规定
3. 纳税地点	车船税的纳税地点为车船的登记地或者车船税扣缴义务人所在地 依法不需要办理登记的车船，车船税的纳税地点为车船的所有人或者管理人所在地；保险机构代收代缴车船税的，应在保险机构所在地缴纳车船税

【单选题】下列各项中，符合车船税有关征收管理规定的是（　　）。

A. 车船税按月申报、按年计算，一次性缴纳

B. 依法不需要办理登记的车船，车船税的纳税地点为扣缴义务人所在地

C. 临时入境的香港特别行政区的车船属于车船税的征税范围，可以减半征收车船税

D. 符合条件的使用新能源的车船免征车船税

【参考答案】D。车船税的纳税地点为车船的登记地或者车船税扣缴义务人所在地。对节约能源的车船，减半征收车船税；对使用新能源的车船，免征车船税。临时入境的外国车船和香港特别行政区、澳门特别行政区、台湾地区的车船，不征收车船税。

本章习题

一、单项选择题

1. 下列说法符合现行资源税法规政策规定的是（　　）。

A. 资源税采用定额税率

B. 稀土矿由从价计征改为从量定额计征

C. 资源税的计税价格中不含增值税

D. 资源税的纳税地点一般为机构所在地

2. 关于资源税税率，下列说法正确的是（　　）。

A. 有色金属选矿一律实行幅度比例税率

B. 开采不同应税产品的，未分别核算或不能准确提供不同应税产品的销售额或销售数量的，从高适用税率

C. 原油和天然气税目不同，适用税率也不同

D. 具体适用税率由省级人民政府提出，报全国人民代表大会常委会决定

3. 关于资源税税收优惠，下列说法正确的是（　　）。

A. 纳税人开采或者生产同一应税产品，同时符合两项或两项以上减征资源税优惠政策的，可以同时享受各项优惠政策

B. 纳税人开采低品位矿，由省、自治区、直辖市税务机关决定免征或减征资源税

C. 由省、自治区、直辖市人民政府提出的免征或减征资源税的具体办法，应报同级人民代表大会常务委员会决定，并报全国人民代表大会常务委员会和国务院备案

D. 纳税人享受资源税优惠政策，实行“自行判别，审核享受，留存备查”办理方式

4. 免征车船税的新能源船舶，应符合的标准是（　　）。

A. 船舶的主推进动力装置为纯天然气发动机

B. 船舶的主推进动力装置为混合动力装置

C. 船舶的主推进动力装置为纯电力发动机

D. 船舶的主推进动力装置为燃料电池装置

5. 2021 年 1 月，某客运公司购进客车 20 辆，购买当月即投入使用，并取得了购货发票，缴纳了全年车船税，同年 5 月 3 辆客车因质量问题退回厂家，同年 6 月取得退货发票，当地政府规定该型号客车的车船税税额为 1 200 元/辆。该货运公司退货应获得车船税退税（　　）元。

A. 2 100　　B. 2 400　　C. 3 000　　D. 3 300

6. 下列行为应缴纳耕地占用税的是（　　）。

A. 采矿压占耕地　　B. 军用机场占用耕地

C. 建设农田水利占用耕地　　D. 县级政府批准的幼儿园占用耕地

7. 下列关于烟叶税政策的说法正确的是（　　）。

A. 税率为地区差别定额税率　　B. 计税方法为从量计税

C. 按月计征烟叶税　　D. 计税依据为烟叶实际收购量

8. 2021 年 10 月 8 日，A 市甲烟草公司到 B 县收购烟叶，支付价款 78 万元，另向烟农支付了价外补贴 10 万元。此项收购业务中，甲烟草公司应缴纳的烟叶税税额是（　　）。

A. 15.6 万元　　B. 17.16 万元　　C. 17.6 万元　　D. 18.72 万元

9. 下列选项中，不属于环境保护税征税范围的是（　　）。

A. 在城市施工产生的建筑噪声

B. 直接向环境排放应税水污染物

C. 贮存固体废物不符合国家和地方环境保护标准

D. 达到省级人民政府确定的规模标准并且有污染物排放口的畜禽养殖场

10. 下列污染物需要缴纳环境保护税的是（　　）。

A. 禽畜企业排放未经无害化处理的禽畜养殖污染物

B. 企业在依法设立的污染物集中处理场所排放应税污染物

C. 铁路排放应税污染物

D. 家庭和个人的生活垃圾

二、多项选择题

1. 下列项目中，关于资源税税收政策的说法，正确的有（　　）。

A. 开采原油过程中用于加热、修井的原油免税

B. 在从价定率计征方法下，销售额为纳税人销售应税产品向购买方收取的全部价款和价外费用，但不包括收取的增值税销项税额

C. 资源税采用比例税率和累进税率

D. 纳税地点是应税产品的开采或生产所在地

2. 下列关于烟叶税税收政策的说法中，正确的有（　　）。
   A. 纳税期限为按年计征，按季缴纳
   B. 纳税人为烟叶收购方
   C. 纳税对象为烤烟叶、晾晒烟叶
   D. 纳税义务发生时间为收购烟叶次日
   E. 纳税人应向烟叶收购地主管税务机关纳税
3. 以下关于耕地占用税的规定正确的是（　　）。
   A. 耕地占用税以纳税人实际占用的耕地面积为计税依据
   B. 耕地占用税实行一次性征收
   C. 农村居民在规定用地标准以内占用耕地新建自用住宅，按照当地适用税额减半征收耕地占用税
   D. 学校、医院占用耕地，减按每平方米 2 元的税额征收耕地占用税
4. 根据《资源税法》规定，下列属于资源税征税对象的有（　　）。
   A. 钨矿原矿　　B. 海盐　　C. 钼矿原矿
   D. 锰矿原矿　　E. 人造石油
5. 车船税法给予定期减征或免征的车船有（　　）。
   A. 捕捞渔船
   B. 公共交通车船
   C. 农村居民拥有的摩托车
   D. 机场、港口内部行驶或作业的车船
   E. 农村居民拥有并主要在农村使用的三轮汽车
6. 下列关于车船税征收管理的说法，正确的有（　　）。
   A. 车船税的纳税地点是车船登记地或扣缴义务人所在地
   B. 机动车车船税的扣缴义务人为从事机动车第三者责任强制保险业务的保险机构
   C. 已缴纳车船税的车船在同一纳税年度内办理转让过户的，不另纳税，也不退税
   D. 车船税缴纳义务发生时间为取得车船所有权或管理权的次月
   E. 车船税按年申报，分月计算，一次性缴纳
7. 下列占用耕地行为应征收耕地占用税的有（　　）。
   A. 采矿塌陷毁损耕地　　B. 建设农田水利设施
   C. 地方政府修建铁路专用线　　D. 建设茶叶批发市场
   E. 医院修建职工住房
8. 根据现行环保税相关政策规定，下列表述正确的有（　　）。
   A. 环境保护税由环境保护主管部门负责征收管理
   B. 环保税的纳税义务发生时间是季度终了之日起 15 日内
   C. 不能按固定期限计算缴纳的，可以按次申报缴纳环境保护税
   D. 纳税人应当向应税污染物排放地的税务机关申报缴纳环境保护税

E. 县级以上地方政府应建立税务机关、环境保护主管部门和其他相关单位分工协作工作机制

9. 下列各项中，关于环境保护税的说法正确的有（　　）。

A. 实行统一的定额税和浮动定额税相结合的税额标准

B. 环境保护税的征税环节是生产销售环节

C. 应税污染物的具体适用税额由省级税务机关确定

D. 对机动车排放废气暂免征收环境保护税

E. 环境保护税收入全部归地方政府

10. 关于环境保护税税目，下列说法正确的有（　　）。

A. 石棉尘属于大气污染物

B. 建筑施工噪声属于噪声污染

C. 城市洗车行业排放污水属于水污染物

D. 煤矸石属于固体废物

E. 一氧化碳属于大气污染物

参考答案与解析

一、单项选择题

1. 【参考答案】C。2020 年 9 月 1 日起执行《资源税法》，该法保留了从价定率和从量定额两种方法，选项 A 错误。《财政部 国家税务总局关于实施稀土、钨、钼资源税从价计征改革的通知》（财税〔2015〕52 号）规定，稀土矿由从量计征改为从价计征。上述规定已经被《财政部 税务总局关于资源税有关问题执行口径的公告》（财政部 税务总局公告 2020 年第 34 号）规定全文废止，现行资源税法保留了稀土矿从价计征的税率，选项 B 错误。《财政部 国家税务总局关于资源税改革具体政策问题的通知》（财税〔2016〕54 号）规定，销售额是指纳税人销售应税产品向购买方收取的全部价款和价外费用，不包括增值税销项税额和运杂费用。本规定已经被《财政部 税务总局关于资源税有关问题执行口径的公告》（财政部 税务总局公告 2020 年第 34 号）规定全文废止，同时该文件也再次明确，资源税应税产品（以下简称“应税产品”）的销售额，按照纳税人销售应税产品向购买方收取的全部价款确定，不包括增值税税款，选项 C 正确。《资源税法》规定，纳税人应当向应税产品开采地或者生产地的税务机关申报缴纳资源税，选项 D 错误。

2. 【参考答案】B。选项 A，有色金属中的钨、钼、中重稀土选矿采用固定比例税率，其他的选矿适用幅度比例税率。选项 C，原油和天然气都属于能源矿产税目，适用税率都为 6%。选项 D，《税目税率表》中规定实行幅度税率的，其具体适用税率由省、自治区、直辖市人民政府统筹考虑该应税资源的品位、开采条件以及对生态环境的影响等情况，在《税目税率表》规定的税率幅度内提出，报同级人民代表大会常务委员会决定，并报全国人民代表大会常务委员会和国务院备案。

3. 【参考答案】C。选项 A，除另有规定外，只能选择其中一项执行。选项 B，由省、

自治区、直辖市人民政府提出，报同级人民代表大会常务委员会决定，并报全国人民代表大会常务委员会和国务院备案。选项 D，纳税人享受资源税优惠政策，实行“自行判别，申报享受，有关资料留存备查”的办理方式，另有规定的除外。

4. 【参考答案】A。免征车船税的新能源船舶应符合以下标准：船舶的主推进动力装置为纯天然气发动机。发动机采用微量柴油引燃方式且引燃油热值占全部燃料总热值的比例不超过 5% 的，视同纯天然气发动机。

5. 【参考答案】A。已经缴纳车船税的车船，因质量原因，车船被退回生产企业或者经销商的，纳税人可以向纳税所在地的主管税务机关申请退还自退货月份起至该纳税年度终了期间的税款。退货月份以退货发票所载日期的当月为准。车船税退税额 = 3 × 1 200 ÷ 12 × 7 = 2 100（元）。

6. 【参考答案】A。选项 BCD 不需要缴纳耕地占用税。

7. 【参考答案】C。选项 A，烟叶税实行比例税率，税率为 20%；选项 B，烟叶税是从价计征；选项 D，烟叶税的计税依据是收购烟叶实际支付的价款总额。

8. 【参考答案】B。《中华人民共和国烟叶税法》第三条规定，烟叶税的计税依据为纳税人收购烟叶实际支付的价款总额；第四条规定，烟叶税的税率为 20%；第五条规定，烟叶税的应纳税额按照纳税人收购烟叶实际支付的价款总额乘以税率计算。《财政部 税务总局关于明确烟叶税计税依据的通知》（财税〔2018〕75 号）规定，纳税人收购烟叶实际支付的价款总额包括纳税人支付给烟叶生产销售单位和个人的烟叶收购价款和价外补贴。其中，价外补贴统一按烟叶收购价款的 10% 计算，应纳烟叶税 = 78 ×（1 + 10%）× 20% = 17.16（万元）。

9. 【参考答案】A。根据《中华人民共和国环境保护税法》（中华人民共和国主席令第 61 号）所附《环境保护税税目税额表》，工业噪声超标需缴纳环境保护税，建筑噪声不属于环境保护税的征税范围。

10. 【参考答案】A。禽畜养殖场依法对畜禽养殖废弃物进行综合利用和无害化处理的，不征收环境保护税。未经无害化处理的禽畜养殖污染物，应依法缴纳环境保护税。

二、多项选择题

1. 【参考答案】ABD。开采原油过程中用于加热、修井的原油，免税；销售额为纳税人销售应税产品向购买方收取的全部价款和价外费用，但不包括收取的增值税销项税额；资源税针对不同资源产品分别采用比例税率和定额税率计税；纳税人应纳的资源税，应当向应税产品的开采或者生产所在地主管税务机关缴纳。

2. 【参考答案】BCE。选项 A，烟叶税按月计征，纳税人应当于纳税义务发生月终了之日起 15 日内申报并缴纳税款；选项 D，烟叶税的纳税义务发生时间为纳税人收购烟叶的当天。

3. 【参考答案】ABC。耕地占用税以纳税人实际占用的耕地面积为计税依据，耕地占用税实行一次性征收，农村居民在规定用地标准以内占用耕地新建自用住宅，按照当地适用税额减半征收耕地占用税，学校、幼儿园、社会福利机构、医疗机构占用耕地免征耕地占用税。铁路线路、公路线路、飞机场跑道、停机坪、港口、航道、水利工程占用耕地，减按每平方米2元的税额征收耕地占用税。

4.【参考答案】BD。选项AC，资源税征税对象为钨矿选矿、钼矿选矿；选项E，人造石油不属于资源税征税范围。

5.【参考答案】BE。省、自治区、直辖市人民政府根据当地实际情况，可以对公共交通车船，农村居民拥有并主要在农村地区使用的摩托车、三轮汽车和低速载货汽车定期减征或者免征车船税。

6.【参考答案】ABCE。车船税缴纳义务发生时间为取得车船所有权或管理权的当月。

7.【参考答案】ACDE。纳税人因挖损、采矿塌陷、压占、污染等损毁耕地，属于上述所称占用耕地从事非农业建设的情形，同样需要缴纳耕地占用税。下列占地行为不征收耕地占用税：(1) 建设农田水利设施占用耕地的；(2) 建设直接为农业生产服务的生产设施所占用园地、林地、草地、农田水利用地、养殖水面、渔业水域滩涂以及其他农用地。

8.【参考答案】CDE。根据《中华人民共和国环境保护税法》第十四条，环境保护税由税务机关依照《中华人民共和国税收征收管理法》和本法的有关规定征收管理。县级以上地方人民政府应当建立税务机关、环境保护主管部门和其他相关单位分工协作工作机制，加强环境保护税征收管理，保障税款及时足额入库。第十六条，纳税义务发生时间为纳税人排放应税污染物的当日。第十七条，纳税人应当向应税污染物排放地的税务机关申报缴纳环境保护税。第十八条，环境保护税按月计算，按季申报缴纳。不能按固定期限计算缴纳的，可以按次申报缴纳。

9.【参考答案】ADE。选项B，环境保护税的征税环节不是生产销售环节，也不是消费使用环节，而是直接向环境排放应税污染物的排放环节；选项C，应税污染物的具体适用税额的确定和调整，由省、自治区、直辖市人民政府在规定的税额幅度内提出，报同级人民代表大会常务委员会决定，并报全国人民代表大会常务委员会和国务院备案。

10.【参考答案】ACDE。选项B，噪声税目只包括工业噪声，不包括建筑噪声。

第七章 财产和行为税相关税种

第一节 土地增值税

一、土地增值税概述

土地增值税是以纳税人转让国有土地使用权、地上的建筑物及其附着物（以下简称“转让房地产”）所取得的增值额为征税对象，依照规定税率征收的一种税。

1993 年 12 月 13 日，国务院颁布的《中华人民共和国土地增值税暂行条例》（以下简称《土地增值税暂行条例》），1995 年 1 月 27 日，财政部发布了《中华人民共和国土地增值税暂行条例实施细则》。2011 年 1 月 8 日，国务院对《土地增值税暂行条例》进行了修订。土地增值税属于地方税，2020 年我国实现土地增值税收入 6 469 亿元，占当年全部税收收入的 4. 19%。

二、土地增值税的特点

特点	具体内容
1. 以转让房地产取得的增值额为征税对象	土地增值税的增值额为纳税人转让房地产的收入，减除税法规定准予扣除的项目金额后的余额
2. 征税面广	凡在我国境内转让房地产并取得收入的单位和个人，除税法规定免税外，均应依照税法规定缴纳土地增值税
3. 采用扣除法和评估法计算增值额	（1）土地增值税在计算方法上考虑我国实际情况，一般以纳税人转让房地产取得的收入，减除法定扣除项目金额后的余额作为计税依据 （2）对于转让旧房及建筑物，既没有评估价格，又不能提供购房发票的，以及对纳税人转让房地产申报不实、成交价格偏低的，采用评估价格法确定增值额，计征土地增值税
4. 实行超率累进税率	（1）土地增值税的税率是以转让房地产的增值率高低为依据，按照累进原则设计的，实行分级计税 （2）增值率高的，适用税率高、多纳税；增值率低的，适用税率低，少纳税，税收负担较为合理，体现国家政策
5. 按次征收	土地增值税发生在房地产转让环节，实行按次征收，每发生一次转让行为，就应根据每次取得的增值额征一次税

三、土地增值税的纳税人、征税范围和税率

（一）土地增值税的纳税人

土地增值税的纳税义务人为转让国有土地使用权、地上的建筑物及其附着物并取得收入的单位和个人。

（二）土地增值税的征税范围

凡转让国有土地使用权、地上建筑物及其附着物并取得收入的行为均属于土地增值税的征税范围。

土地增值税征税范围	具体内容
1. 土地增值税仅对转让国有土地使用权的行为征税，对转让集体土地使用权和出让国有土地使用权的行为不征税	（1）根据《中华人民共和国土地管理法》的规定，国家为了公共利益，可以依照法律规定对集体土地实行征用，依法被征用后的土地属于国家所有。未经国家征用的集体土地不得转让。如要自行转让是一种违法行为。对这种违法行为应由有关部门依照相关法律来处理，而不应纳入土地增值税的征税范围 （2）出让国有土地使用权的出让方是国家，出让的目的是实行国有土地的有偿使用制度，合理开发、利用、经营土地，因此土地使用权的出让不属于土地增值税的征税范围
2. 土地增值税既对转让土地使用权征税，也对转让地上建筑物及其附着物的产权征税	（1）地上的建筑物，是指建于土地上的一切建筑物，包括地上地下的各种附属设施 （2）附着物，是指附着于土地上的不能移动、一经移动即遭损坏的物品
3. 土地增值税只对有偿转让的房地产征税，对以继承、赠与等方式无偿转让的房地产因未取得收入，不予征税	对转让房地产并取得收入的征税，对发生转让行为，而未取得收入的不征税，不征收土地增值税的房地产赠与行为仅指： （1）房产所有人、土地使用权所有人将房屋产权、土地使用权赠与直系亲属或承担直接赡养义务人的 （2）房产所有人、土地使用权所有人通过中国境内非营利的社会团体、国家机关将房屋产权、土地使用权赠与教育、民政和其他社会福利、公益事业的

【判断题】按照现行土地增值税的有关规定，下列说法正确的有（　　）。

A. 房地产评估增值征税

B. 房地产抵押期间不征税

C. 房地产所有人将房屋产权赠与直系亲属不征税

D. 房地产出租收入征税

【参考答案】BC。土地增值税对转让国有土地使用权、地上的建筑物及其附着物的行为征收。而评估增值、抵押期间和出租情况下房地产并没有转让，不应征收土地增值税。房产所有人、土地使用权所有人将房屋产权、土地使用权赠与直系亲属或承担直接赡养义务人的，不征收土地增值税。

（三）土地增值税税率

土地增值税采用最低 30%、最高 60% 的四级超率累进税率。

超率累进税率是以征税对象数额的相对率为累进依据，按超率累进方式计算和确定适用税率。

【提示】在确定适用税率时，首先需要确定征税对象数额的相对率。即以增值额与扣除项目金额的比率（增值率）从低到高划分为 4 个级次：增值额未超过扣除项目金额 50% 的部分；增值额超过扣除项目金额 50%、未超过 100% 的部分；增值额超过扣除项目金额 100%、未超过 200% 的部分；增值额超过扣除项目金额 200% 的部分，并分别适用 30%、40%、50%、60% 的税率。

土地增值税 4 级超率累进税率中每级增值额未超过扣除项目金额的比例，均包括本比例数。如增值额未超过项目金额 50% 的部分，包括 50% 在内，均适用 30% 的税率。

土地增值税四级超率累进税率

级数	增值额与扣除项目金额的比率	税率（%）	速算扣除系数（%）
1	不超过 50% 的部分	30	0
2	超过 50% 至 100% 的部分	40	5
3	超过 100% 至 200% 的部分	50	15
4	超过 200% 的部分	60	35

四、土地增值税应纳税额的计算

步骤	土地增值税计算步骤的具体内容
第一步	确定收入项目及金额
第二步	确定扣除项目及金额
第三步	计算土地增值额： 土地增值额 = 转让房地产的收入 − 扣除项目金额
第四步	计算增值比率： 增值比率 = 土地增值额 ÷ 扣除项目金额 × 100%
第五步	确定适用税率和速算扣除系数
第六步	计算应纳税额

（一）收入额确定

纳税人转让房地产取得不含增值税的收入，包括货币收入、实物收入和其他收入在内的全部价款及有关的经济收益。

（二）扣除项目及其金额确定

1. 房地产开发企业转让新建房扣除项目及其金额确定

（1）取得土地使用权所支付的金额。

支付金额	具体内容
取得土地使用权所支付的地价款	①以协议、招标、拍卖等出让方式取得土地使用权的，为纳税人所支付的土地出让金 ②以行政划拨方式取得土地使用权的，为转让土地使用权时按照国家有关规定补缴的土地出让金 ③以转让方式取得土地使用权的，为向原土地使用权人支付的地价款
按国家统一规定缴纳的有关费用	①是指纳税人在取得土地使用权过程中为办理有关手续，按国家统一规定缴纳的有关登记费、过户手续费、契税等 ②房地产开发企业逾期开发缴纳的土地闲置费不得扣除 【提示】不含耕地占用税（因为已经列入土地征用费）

【单选题】2021 年 4 月，某房地产开发公司转让在建项目，取得转让收入 20 000 万元。该公司取得土地使用权时支付土地出让金 7 000 万元、契税 210 万元、印花税 3.5 万元（已计入管理费用）及登记费 0.1 万元，该公司缴纳土地增值税时可以扣除的取得土地使用权所支付的金额为（　　）万元。

A. 7 213.50　　B. 7 210.10　　C. 7 213.60　　D. 7 210.00

【参考答案】B。取得土地使用权所支付的金额是指纳税人为取得土地使用权所支付的地价款和按国家统一规定缴纳的有关费用之和。该公司缴纳土地增值税时可以扣除的取得土地使用权所支付的金额 = 7 000 + 210 + 0.1 = 7 210.1（万元）。

（2）房地产开发成本。

开发成本	具体内容
土地征用及拆迁补偿费	包括土地征用费、耕地占用税、劳动力安置费及有关地上、地下附着物拆迁补偿的净支出、安置动迁用房支出等
前期工程费	包括规划、设计、项目可行性研究和水文、地质、勘察、测绘、“三通一平”等支出
建筑安装工程费	是指以出包方式支付给承包单位的建筑安装工程费，以自营方式发生的建筑安装工程费
基础设施费	包括开发小区内道路、供水、供电、供气、排污、排洪、通信、照明、环卫、绿化等工程发生的支出
公共配套设施费	包括不能有偿转让的开发小区内公共配套设施发生的支出
开发间接费用	是指直接组织、管理开发项目发生的费用，包括工资、职工福利费、折旧费、修理费、办公费、水电费、劳动保护费、周转房摊销等 【提示】如果不是直接组织、管理的，视为与收入没有直接相关的联系，不允许扣除

【单选题】下列项目中，在计算土地增值税的扣除项目时，应计入房地产开发成本的是（　　）。

A. 耕地占用税　　B. 利息支出

C. 取得土地使用权时缴纳的过户手续费　　D. 地价款

【参考答案】A。耕地占用税属于房地产开发成本中土地征用及拆迁补偿费项目。

（3）开发土地和新建房及配套设施的费用（房地产开发费用）。

房地产开发费用是指与房地产开发项目有关的销售费用、管理费用、财务费用。

【提示】以前印花税按管理费用扣除，现在印花税全部计入税金及附加科目。已经计入房地产开发成本的利息支出，应调整至财务费用中计算扣除。在计算房地产开发费用扣除项目金额时，财务费用中的利息支出，凡能够按转让房地产项目计算分摊并提供金融机构证明的，允许据实扣除，但最高不能超过按商业银行同类同期贷款利率计算的金额。其他房地产开发费用，按照取得土地使用权所支付的金额与房地产开发成本之和的 5% 以内计算扣除。凡不能按转让房地产项目计算分摊利息支出或不能提供金融机构证明的，房地产开发费用按土地使用权所支付的金额与房地产开发成本之和的 10% 以内计算扣除。

【提示】土地增值税是按照项目计算扣除的，费用在项目之间的分摊合理性无法区分，规定按照（土地 + 开发成本）×5% 计算是一个核定的方式。10% 扣除限额包含财务费用和其他房地产开发费用，而非单独计算其他房地产开发费用，注意“其他房地产开发费用”与“房地产开发费用”两者差异。

【判断题】在计算土地增值税时，为销售房产发生的业务招待费可以据实扣除。（　　）

【参考答案】×。本题的考核点是土地增值税的扣除项目。销售房产发生的业务招待费不属于据实扣除的项目，而是作为房地产开发费用根据“取得土地使用权所支付的金额”和“开发土地和新建房及配套设施的成本”的金额之和计算扣除。

依据财务费用中利息支出的情况不同具体分为以下情形。

业务情形	房地产开发费用扣除规定
凡能够按转让房地产项目计算分摊并提供金融机构证明的	①利息支出允许据实扣除 但最高不能超过按商业银行同类同期贷款利率计算的金额，利息的上浮幅度按国家的有关规定执行，超过上浮幅度的部分不允许扣除。对于超过贷款期限的利息部分和加罚的利息不允许扣除 ②其他房地产开发费用，按取得土地使用权所支付的金额与房地产开发成本之和的 5% 以内计算扣除 房地产开发费用 = 利息 +（取得土地使用权所支付的金额 + 房地产开发成本）×5% 以内
凡不能按转让房地产项目计算分摊利息支出或不能提供金融机构证明的	房地产开发费用 =（取得土地使用权所支付的金额 + 房地产开发成本）×10% 以内
全部使用自有资金，没有利息支出的	房地产开发费用 =（取得土地使用权所支付的金额 + 房地产开发成本）×10% 以内
房地产开发企业既向金融机构借款，又有其他借款的	其房地产开发费用计算扣除时不能同时适用本表①②所述两种办法

【提示】上述规定分为据实扣除和限额扣除两种方式，如果不能按转让房地产项目计算分摊并提供金融机构证明的，只能选择限额扣除。

（4）与转让房地产有关的税金。

税金	具体内容
允许扣除的税金	①房地产开发企业转让新建房在计算“与转让房地产有关的税金”时，营改增之后包括在转让房地产时缴纳的城市维护建设税和教育费附加，凡能够按清算项目准确计算的，允许据实扣除 ②营改增后，计算土地增值税增值额的扣除项目中“与转让房地产有关的税金”不包括缴纳的增值税 【提示】房地产开发企业按照规定，其在转让时缴纳的印花税因列入管理费用中，故在此不允许单独再扣除。其他纳税人缴纳的印花税（按产权转移书据所载金额0.5‰）允许扣除，原因在于其他纳税人主要是个人，不存在计入管理费用后重复扣除的问题，因此允许扣除
增值税进项税额	①涉及的增值税进项税额，允许在销项税额中计算抵扣的，不计入扣除项目 ②不允许在销项税额中计算抵扣的，可以计入扣除项目

（5）财政部确定的其他扣除项目。

财政部确定的其他扣除项目，是指对从事房地产开发的纳税人可按“取得土地使用权所支付的金额”和“房地产开发成本”的金额之和，加计20%扣除。

【提示】上述规定的目的是使从事房地产开发的纳税人有一个基本的投资回报，以调动其从事正常房地产开发的积极性。

【多选题】房地产开发公司支付的下列相关税费，不可列入加计20%扣除范围的有（　　）。

A. 支付建筑人员的工资、福利费　　B. 占用耕地缴纳的耕地占用税

C. 销售过程中发生的销售费用　　D. 开发小区内的道路建设费用

【参考答案】C。销售费用属于房地产开发费用，不能加计扣除。

2. 转让旧房扣除项目及其金额的确定（分三种情况）

（1）能提供旧房及建筑物评估价格的情况下，扣除项目包含以下四项。

扣除项目	具体内容
地价款和有关费用	①与房地产开发企业转让新建房扣除项目中的“取得土地使用权所支付的金额”规定一致 ②对取得土地使用权时未支付地价款或不能提供已支付的地价款凭据的，不允许扣除取得土地使用权所支付的金额
房屋及建筑物的评估价格	①旧房及建筑物的评估价格，是指在转让已使用的房屋及建筑物时，由政府批准设立的房地产评估机构评定的重置成本价乘以成新度折扣率后的价格。评估价格须经当地税务机关确认 ②评估价格＝重置成本价×成新度折扣率 重置成本价就是对旧房及建筑物，按转让时的建材价格及人工费用计算，建造同样面积、同样层次、同样结构、同样建筑标准的新房及建筑物所须花费的成本费用。成新度折扣率按旧房的新旧程度作一定比例的折扣 【提示】上述规定主要是考虑到如果按原成本价作为扣除项目金额，不尽合理。而采用评估的重置成本价能够相对消除通货膨胀因素的影响，比较合理

续表

扣除项目	具体内容
有关的税金	①与转让房地产有关的税金，是指转让环节缴纳的城市维护建设税、教育费附加、印花税 ②对于个人购入房地产再转让的，其在购入环节缴纳的契税，由于已经包含在旧房及建筑物的评估价格之中，故计征土地增值税时，不另作为与转让房地产有关的税金予以扣除
评估费用	①纳税人为对房地产进行评估而支付的评估费用允许在计算土地增值税时予以扣除 ②但对纳税人因隐瞒"虚报房地产成交价格"等情形而按房地产评估价格计算征收土地增值税所发生的评估费用，则不允许在计算土地增值税时扣除

（2）不能取得评估价格，但能提供购房发票的情况。

扣除项目	具体内容
购房发票金额及发票加计扣除金额	①提供的购房凭据为营改增前取得的营业税发票的，按照发票所载金额（不扣减营业税）并从购买年度起至转让年度止每年加计 5% 计算 ②提供的购房凭据为营改增后取得的增值税普通发票的，按照发票所载价税合计金额从购买年度起至转让年度止每年加计 5% 计算 ③提供的购房发票为营改增后取得的增值税专用发票的，按照发票所载不含增值税金额加上不允许抵扣的增值税进项税额之和，并从购买年度起至转让年度止每年加计 5% 计算 【注】计算扣除项目时，每年按购房发票所载日期起至售房发票开具之日止，每满 12 个月计一年；超过一年，未满 12 个月但超过 6 个月的，可以视同为一年
购房契税	对纳税人购房时缴纳的契税，凡能提供契税完税凭证的，准予作为"与转让房地产有关的税金"予以扣除，但不作为加计 5% 的基数
与转让房地产有关的税金	是指转让环节缴纳的城市维护建设税、教育费附加、印花税 （此时印花税可以全额扣除，原因是为转让房地产实现土地增值而发生的）

【提示】考虑到如果按原成本价作为扣除项目金额，不尽合理。为消除房屋及建筑成本的通货膨胀因素，基于有利于纳税人的课税，按照发票所载价税合计金额从购买年度起至转让年度止每年加计 5% 计算。

（3）既没有评估价格，又不能提供购房发票的情况。

对于转让旧房及建筑物，既没有评估价格，又不能提供购房发票的，税务机关可以根据《税收征管法》第三十五条的规定，实行核定征收。

3. 转让未开发的土地使用权扣除项目及其金额的确定

业务事项	扣除规定
（1）对取得土地使用权后，未进行开发即转让的	①计算其增值额时，只允许扣除取得土地使用权时支付的地价款、缴纳的有关费用以及在转让环节缴纳的税金 ②此规定的目的主要是抑制"炒"买"炒"卖地皮的行为

续表

业务事项	扣除规定
(2) 对取得土地使用权后投入资金，将生地变为熟地转让的	①计算其增值额时，允许扣除取得土地使用权时支付的地价款、缴纳的有关费用、开发土地所需成本再加计开发成本的20%以及在转让环节缴纳的税金 ②这样规定是鼓励投资者将更多的资金投向房地产开发

【单选题】关于转让旧房及建筑物土地增值税扣除项目的税务处理，下列说法正确的是（　　）。

A. 凡不能取得评估价格的，按购房发票所载金额作为扣除项目金额

B. 凡不能取得评估价格的，由税务机关核定的金额作为扣除项目金额

C. 因计算纳税需要对房地产进行评估的，其支付的评估费用不得扣除

D. 出售旧房或建筑物的，首选按评估价格计算扣除项目

【参考答案】D。选项AB，营改增后，纳税人转让旧房及建筑物，凡不能取得评估价格，但能提供购房发票的，扣除项目的金额按照下列方法计算：（1）提供的购房凭据为营改增前取得的营业税发票的，按照发票所载金额（不扣减营业税）并从购买年度起至转让年度止每年加计5%计算；（2）提供的购房凭据为营改增后取得的增值税普通发票的，按照发票所载价税合计金额从购买年度起至转让年度止每年加计5%计算；（3）提供的购房发票为营改增后取得的增值税专用发票的，按照发票所载不含增值税金额加上不允许抵扣的增值税进项税额之和，并从购买年度起至转让年度止每年加计5%计算。选项C，纳税人转让旧房及建筑物时，因计算纳税需要对房地产进行评估，其支付的评估费用允许在计算土地增值税时予以扣除。

（三）评估价格运用

在计算土地增值税时，某些特殊情况下，收入额或扣除项目金额难以采集或可靠性差，就需要用到评估价格。

需要用到评估价格的情形

业务事项	评估价格的确定
1. 出售旧房及建筑物的	（1）首先确定该房屋及建筑物的重置成本价 （2）然后确定其新旧程度（即成新度折扣率） （3）最后以重置成本价乘以其成新度折扣率，确定转让该旧房及建筑物的扣除项目金额
2. 隐瞒、虚报房地产成交价格的	（1）应由评估机构参照同类房地产的市场交易价格进行评估 （2）税务机关根据评估价格确定转让房地产的收入
3. 提供扣除项目金额不实的	（1）应由评估机构对该房屋按照评估出的房屋重置成本价乘以房屋的成新度折扣率，确定房产的扣除项目金额，并用该房产所占用土地取得时的基准地价或标定地价确定土地的扣除项目金额 （2）房产和土地的扣除项目金额之和为该房地产的扣除项目金额

续表

业务事项	评估价格的确定
4. 转让房地产的成交价格低于房地产评估价格，又无正当理由的	应按评估的市场交易价确定其实际成交价，并以此作为转让房地产的收入，计算征收土地增值税

【单选题】下列项目中，计征土地增值税时不按评估价格来确定转让房地产收入、扣除项目金额的是（　　）。

A. 出售新房屋

B. 出售旧房

C. 虚报房地产成交价格的

D. 转让房地产成交价格低于评估价格，又无正当理由

【参考答案】A。土地增值税中规定要按评估价的情形有：出售旧房及建筑物的；虚报、隐瞒成交价格的；扣除项目金额不实的；成交价低于房地产评估价，又无正当理由的。

五、土地增值税的税收优惠

（一）纳税人建造普通标准住宅

普通标准住宅	具体内容
1. 纳税人建造普通标准住宅出售，税收处理规定	其增值额未超过扣除项目金额 20% 的，免征土地增值税；超过 20% 的，应就其全部增值额按规定计税
2. 普通标准住宅的判定条件	2005 年 6 月 1 日起普通标准住宅应同时满足： （1）住宅小区建筑容积率在 1.0 以上 （2）单套建筑面积在 120 平方米以下 （3）实际成交价格低于同级别土地上住房平均交易价格 1.2 倍以下

【提示】上述规定是考虑到我国人民居住条件仍然较差，对建造普通标准住宅而增值较低的予以免税，而对增值较高的就全部增值额征税，有利于控制普通标准住宅售价，促进和保证其健康发展。

（二）企事业单位、社会团体以及其他组织转让旧房

1. 企事业单位、社会团体以及其他组织转让旧房作为廉租住房、经济适用住房房源且增值额未超过扣除项目金额 20% 的，免征土地增值税。

2. 对企事业单位、社会团体以及其他组织转让旧房作为公共租赁住房房源，且增值额未超过扣除项目金额 20% 的，免征土地增值税。

【提示】上述免征土地增值税条件与纳税人建造普通标准住宅完全一致。主要是鼓励和引导社会各方积极增加住房供给，推进住房市场健康发展，对于增值空间不大的给予同等税收待遇，从而保持税负公平。

（三）因国家建设需要被政府征收、收回、搬迁房地产

因国家建设需要而被政府征收、收回的房地产，免征土地增值税。因城市市政规划、国家建设的需要而搬迁，由纳税人自行转让原房地产而取得的收入，免征土地增值税。

（四）居民个人销售、互换住房

1. 居民个人销售住房，暂免征收土地增值税。
2. 个人之间互换自有居住用房的，经税务机关核实后可免税。

（五）合作建房

合作建房，一方出土地，一方出资金，建成后按比例分房自用的，暂免征收土地增值税。

【单选题】根据土地增值税的相关规定，下列行为中，需要缴纳土地增值税的有（　　）。

A. 某房地产企业以开发的商品房抵偿债务

B. 以出地、出资双方合作建房，建成后又转让给其中一方的

C. 个人之间的互换住房

D. 某人将自己一套闲置的住房出租

【参考答案】AB。选项 C，个人之间互换自有居住用房地产的，经当地税务机关核实，暂免征收土地增值税；选项 D，个人出租住房，房屋所有权没有转移，不缴纳土地增值税。

（六）继续实施企业改制重组有关土地增值税政策优惠的公告（财政部税务总局公告 2023 年第 51 号）

为支持企业改制重组，优化市场环境，现就继续执行有关土地增值税政策公告如下。

1. 企业按照《中华人民共和国公司法》有关规定整体改制，包括非公司制企业改制为有限责任公司或股份有限公司，有限责任公司变更为股份有限公司，股份有限公司变更为有限责任公司，对改制前的企业将国有土地使用权、地上的建筑物及其附着物（以下称“房地产”）转移、变更到改制后的企业，暂不征收土地增值税。本公告所称整体改制是指不改变原企业的投资主体，并承继原企业权利、义务的行为。

2. 按照法律规定或者合同约定，两个或两个以上企业合并为一个企业，且原企业投资主体存续的，对原企业将房地产转移、变更到合并后的企业，暂不征收土地增值税。

3. 按照法律规定或者合同约定，企业分设为两个或两个以上与原企业投资主体相

同的企业，对原企业将房地产转移、变更到分立后的企业，暂不征收土地增值税。

4. 单位、个人在改制重组时以房地产作价入股进行投资，对其将房地产转移、变更到被投资的企业，暂不征收土地增值税。

5. 上述改制重组有关土地增值税政策不适用于房地产转移任意一方为房地产开发企业的情形。

6. 改制重组后再转让房地产并申报缴纳土地增值税时，对“取得土地使用权所支付的金额”，按照改制重组前取得该宗国有土地使用权所支付的地价款和按国家统一规定缴纳的有关费用确定；经批准以国有土地使用权作价出资入股的，为作价入股时县级及以上自然资源部门批准的评估价格。按购房发票确定扣除项目金额的，按照改制重组前购房发票所载金额并从购买年度起至本次转让年度止每年加计 5% 计算扣除项目金额，购买年度是指购房发票所载日期的当年。

7. 纳税人享受上述税收政策，应按相关规定办理。

8. 本公告所称不改变原企业投资主体、投资主体相同，是指企业改制重组前后出资人不发生变动，出资人的出资比例可以发生变动；投资主体存续，是指原企业出资人必须存在于改制重组后的企业，出资人的出资比例可以发生变动。

9. 本公告执行至 2027 年 12 月 31 日。

六、土地增值税的征收管理

（一）土地增值税的纳税期限

纳税期限	具体内容
1. 每次转让后纳税申报	纳税人应自转让房地产合同签订之日起 7 日内向房地产所在地主管税务机关办理纳税申报，向税务机关提交有关资料，并在税务机关核定的期限内缴纳土地增值税
2. 定期纳税申报	纳税人因经常发生房地产转让而难以在每次转让后申报的，经税务机关审核同意后，可以定期进行纳税申报，具体期限由税务机关根据情况确定

【提示】无论其是否取得了该土地使用权权属证书、办理了土地使用权权属证书变更登记手续，只要土地使用者享有收益、处分土地权利，有合同表明纳税人实质转让并取得了相应经济利益，当事人应当缴纳土地增值税。

【选择题】依据土地增值税相关规定，纳税人办理纳税申报的期限是（　　）。

A. 签订房地产建筑合同之日起 30 日内

B. 自转让房地产合同签订之日起 7 日内

C. 向有关部门办理过户登记手续之日起 7 日内

D. 签订房地产转让合同且收回款项之日起 10 日内

【参考答案】B。纳税人应当在签订房地产转让合同、发生纳税义务后 7 日内或在税务机关核定的期限内，按照税法规定，向主管税务机关办理纳税申报。

（二）土地增值税的纳税地点

纳税地点	具体内容
1. 一般规定	土地增值税的纳税地点为房地产所在地（是指房地产的坐落地） 纳税人转让房地产坐落在两个或两个以上地区的，应按房地产所在地分别申报纳税
2. 具体规定	（1）纳税人是法人的 ①当转让的房地产坐落地与机构所在地或经营所在地一致时，则向办理税务登记的原管辖税务机关申报纳税即可 ②如果转让的房地产坐落地与其机构所在地或经营所在地不一致时，则应向房地产坐落地所管辖的税务机关申报纳税 （2）纳税人是自然人的 ①当转让的房地产坐落地与其居住地一致时，则向其居住地税务机关申报纳税 ②当转让的房地产坐落地与其居住地不一致时，向办理过户手续所在地税务机关申报纳税

【提示】上述规定的逻辑是：为方便纳税人办理土地增值税缴税手续，一般规定向房地产坐落地的税务机关缴纳税款；为方便税务机关管理，对于自然人居住地与转让的房地产坐落地不一致的，要求到办理过户手续所在地的税务机关缴纳税款。

【单选题】土地增值税的纳税人是法人的，如果转让的房地产坐落地与其机构所在地或经营所在地不一致时，则应申报纳税地为（　　）。

A. 房地产坐落地所管辖的税务机关　　B. 机构所在地所管辖的税务机关

C. 经营所在地所管辖的税务机关　　D. 房地产转让实现地的税务机关

【参考答案】A。纳税人是法人的，如果转让的房地产坐落地与其机构所在地或经营所在地不一致时，则应在房地产坐落地所管辖的税务机关申报纳税。

（三）土地增值税的预征

纳税人在项目全部竣工结算前转让房地产取得的收入，由于涉及成本确定或其他原因，而无法据以计算土地增值税的，可以预征土地增值税，待该项目全部竣工办理结算后再进行清算，多退少补。

除保障性住房外，东部省份预征率不低于2%，中部和东北部不低于1.5%，西部不低于1%。

【提示】为确保税款平稳，均匀流入国库，采取土地增值税预征，通常按销售收入的一定比例征收。

七、土地增值税的清算

（一）清算单位

土地增值税以国家有关部门审批的房地产开发项目为单位进行清算，对于分期开发的项目，一般以城市建设规划部门颁发的建设工程规划许可证；所审批确认的分期项目为清算单位。

开发项目中同时包含普通住宅和非普通住宅的，对不同类型房地产分别计算增值额、增值率，缴纳土地增值税。

【提示】这是一个具有递进关系的规定，首先以审批项目为清算单位，其次分期开发的以分期项目为清算单位，最后是包含普通、非普通的分别计算增值额、增值率，缴纳土地增值税。

（二）清算条件

清算条件	具体内容
1. 应进行土地增值税清算的情形	纳税人符合下列条件之一的，应进行土地增值税的清算： （1）房地产开发项目全部竣工、完成销售的 （2）整体转让未竣工决算房地产开发项目的 （3）直接转让土地使用权的 纳税人应当在满足条件之日起 90 日内到主管税务机关办理清算手续并提供相应的清算资料
2. 主管税务机关可要求纳税人进行清算的情形	对符合以下条件之一的，主管税务机关可要求纳税人进行土地增值税清算： （1）已竣工验收的房地产开发项目，已转让的房地产建筑面积占整个项目可售建筑面积的比例在 85% 以上，或该比例虽未超过 85%，但剩余的可售建筑面积已经出租或自用的 （2）取得销售（预售）许可证；满 3 年仍未销售完毕的 （3）纳税人申请注销税务登记但未办理土地增值税清算手续的，应在办理注销登记前进行土地增值税清算 （4）税务机关规定的其他情况 税务机关可要求纳税人进行土地增值税清算的项目，由主管税务机关确定是否进行清算。对于确定需要进行清算的项目，由主管税务机关下达清算通知，纳税人应当在收到清算通知之日起 90 日内办理清算手续

（三）核定征收

在清算过程中，发现纳税人符合以下条件之一的，应按核定征收方式对房地产项目进行清算。

1. 依照法律、行政法规的规定应当设置但未设置账簿的。

2. 擅自销毁账簿或者拒不提供纳税资料的。

3. 虽设置账簿，但账目混乱或者成本资料、收入凭证、费用凭证残缺不全，难以确定转让收入或扣除项目金额的。

4. 符合土地增值税清算条件，企业未按照规定的期限办理清算手续，经税务机关责令限期清算，逾期仍不清算的。

5. 申报的计税依据明显偏低，又无正当理由的。

【提示】要与《中华人民共和国税收征收管理法》规定的核定征收情形进行区分。

《中华人民共和国税收征收管理法》第三十五条规定：纳税人有下列情形之一的，

税务机关有权核定其应纳税额：

（1）依照法律、行政法规的规定可以不设置账簿的；

（2）依照法律、行政法规的规定应当设置账簿但未设置的；

（3）擅自销毁账簿或者拒不提供纳税资料的；

（4）虽设置账簿，但账目混乱或者成本资料、收入凭证、费用凭证残缺不全，难以查账的；

（5）发生纳税义务，未按照规定的期限办理纳税申报，经税务机关责令限期申报，逾期仍不申报的；

（6）纳税人申报的计税依据明显偏低，又无正当理由的。

对比我们可以看到，《中华人民共和国税收征收管理法》第三十五条规定的第一项情形不属于土地增值税规定的情形。因为土地增值税必须要设置账簿，因此该条款未列入土地增值税条例。

（四）清算后再转让房地产的处理

在土地增值税清算时未转让的房地产，清算后销售或有偿转让的，纳税人应按规定进行土地增值税的纳税申报，扣除项目金额按清算时的单位建筑面积成本费用乘以销售或转让面积计算。

单位建筑面积成本费用 = 清算时的扣除项目总金额 ÷ 清算的总建筑面积

第二节 城镇土地使用税

一、城镇土地使用税概述

城镇土地使用税是以开征范围内的土地为征税对象，以实际占用的土地面积为计税依据，按规定税额对拥有土地使用权的单位和个人征收的一种税。

1988 年 9 月 27 日，国务院发布《中华人民共和国城镇土地使用税暂行条例》，自当年 11 月 1 日起施行。2019 年 3 月 2 日，国务院第四次修订该条例。该条例的实施办法由各省、自治区、直辖市人民政府制定。城镇土地使用税属于地方税。2020 年，我国实现城镇土地使用税收入 2 058 亿元，占当年全部税收收入的 1.33%。

二、城镇土地使用税的纳税人

纳税人	具体内容
1. 一般规定	城镇土地使用税的纳税义务人，是在城市、县城、建制镇和工矿区范围内使用土地的单位和个人。单位包括国有企业、集体企业、私营企业、股份制企业、外商投资企业、外国企业以及其他企业和事业单位、社会团体、国家机关、军队以及其他单位。个人是指个体工商户与其他个人

续表

纳税人	具体内容
2. 特殊规定	（1）城镇土地使用税由拥有土地使用权的单位和个人缴纳 （2）拥有土地使用权的纳税人不在土地所在地的，由代管人或实际使用人纳税 （3）土地使用权未确定或权属纠纷未解决的，由实际使用人纳税 （4）土地使用权共有的，由共有各方分别纳税 （5）在城镇土地使用税征税范围内，承租集体所有建设用地的，由直接从集体经济组织承租土地的单位和个人缴纳城镇土地使用税 （6）免税单位无偿使用纳税单位的土地，免征城镇土地使用税。纳税单位无偿使用免税单位的土地，纳税单位应照章缴纳城镇土地使用税

【单选题】下列不属于城镇土地使用税纳税人的是（　　）。

A. 位于市区拥有土地使用权的外商投资企业

B. 位于县城的内资企业

C. 在城市占有土地的企业

D. 城市、县城、建制镇和工矿区外的工矿企业

【参考答案】D。建立在城市、县城、建制镇和工矿区以外的工矿企业不需要缴纳城镇土地使用税。

三、城镇土地使用税的征税范围

城镇土地使用税的征税范围，包括在城市、县城、建制镇和工矿区内的国家所有和集体所有的土地。

四、城镇土地使用税的税率、计税依据和计税方法

税制要素	具体内容
1. 税率	（1）城镇土地使用税采用定额税率，按大、中、小城市和县城、建制镇、工矿区分别规定每平方米土地使用税年应纳税额。经省、自治区、直辖市人民政府批准，经济落后地区的城镇土地使用税适用税额标准可以适当降低，但降低额不得超过规定的最低税额的 30% （2）经济发达地区城镇土地使用税的适用税额标准可以适当提高，但须报经财政部批准
2. 计税依据	以纳税人实际占用的土地面积为计税依据，土地面积的计量标准为每平方米 （1）凡由省、自治区、直辖市人民政府确定的单位组织测定土地面积的，以测定的面积为准 （2）尚未组织测量，但纳税人持有政府部门核发的土地使用证书的，以证书确认的土地面积为准 （3）尚未核发土地使用证书的，应由纳税人申报土地面积，据以纳税，等到核发土地使用证后再作调整
3. 计税方法	应纳税额依据纳税人实际占用的土地面积和适用单位税额计算 应纳税额 = 计税土地面积（平方米）× 适用税额

【单选题】2021 年，某公司与军队共同拥有某幢建筑物的土地使用权。该建筑物占地面积为 3 000 平方米，建筑面积为 20 000 平方米，公司与军队的占用比例为 4：1，

公司所在市城镇土地使用税年税额为每平方米 5 元。该公司全年应纳城镇土地使用税为（ ）元。

A. 0　　B. 3 000　　C. 12 000　　D. 20 000

【参考答案】C。纳税单位与免税单位共同拥有土地使用权的多层建筑，对纳税单位按照实际占用的建筑面积计征城镇土地使用税，该公司全年应纳城镇土地使用税 = 3 000 ×4 ÷（4 +1）×5 =12 000（元）。

五、城镇土地使用税的税收优惠

（一）法定免缴城镇土地使用税的优惠

1. 国家机关、人民团体、军队自用的土地免缴城镇土地使用税。

2. 由国家财政部门拨付事业经费的单位自用的土地免缴城镇土地使用税。

由国家财政部门拨付事业经费的单位，不包括实行自收自支、自负盈亏的事业单位。

企业办的学校、托儿所、幼儿园，其用地能与企业其他用地明确区分的，免征城镇土地使用税。

3. 宗教寺庙、公园、名胜古迹自用的土地免缴城镇土地使用税。

以上单位的生产、经营用地和其他用地，不属于免税范围，应按规定缴纳城镇土地使用税，如公园、名胜古迹中附设的营业单位如影剧院、饮食部、茶社、照相馆等使用的土地。

4. 市政街道、广场、绿化地带等公共用地免缴城镇土地使用税。

5. 直接用于农、林、牧、渔业的生产用地免缴城镇土地使用税。

是指直接从事种植、养殖、饲养的专业用地，不包括农副产品加工场地和生活、办公用地。

6. 经批准开山填海整治的土地和改造的废弃土地，从使用的月份起免缴城镇土地使用税 5—10 年。

7. 由财政部另行规定免税的能源、交通、水利设施用地和其他用地。

【提示】此类优惠政策比较散，记住核心原则是用于社会公益事业、用于促进农业生产，要么是非经营活动，要么是国家扶持和引导的行业，实施免税优惠。

8. 自 2019 年 1 月 1 日至 2027 年 12 月 31 日，对国家级、省级科技企业孵化器和国家备案众创空间自用以及无偿或通过出租等方式提供给在孵对象使用的土地，免征城镇土地使用税。自 2019 年 1 月 1 日至 2027 年 12 月 31 日，对国家级、省级大学科技园自用以及无偿或通过出租等方式提供给在孵对象使用的土地，免征城镇土地税使用税。

9. 对农产品批发市场、农贸市场（包括自有和承租，下同）专门用于经营农产品的房产、土地，暂免征收城镇土地使用税。对同时经营其他产品的农产品批发市场和农贸市场使用的房产、土地，按其他产品与农产品交易场地面积的比例确定征免城镇土地使用税。

10. 对城市公交站场、道路客运站场、城市轨道交通系统运营用地，免征城镇土地使用税。

（二）省、自治区、直辖市税务局确定的城镇土地使用税减免优惠

1. 个人所有的居住房屋及院落用地。

2. 房产管理部门在房租调整改革前经租的居民住房用地。

3. 免税单位职工家属宿舍用地。

4. 集体和个人举办的各类学校、医院、托儿所、幼儿园用地。

5. 2022 年 1 月 1 日至 2024 年 12 月 31 日，由省、自治区、直辖市人民政府根据本地区实际情况，以及宏观调控需要确定，对增值税小规模纳税人、小型微利企业和个体工商户可以在 50% 的税额幅度内减征城镇土地使用税。（财政部 税务总局公告 2022 年第 10 号）

【多选题】下列各项中，免征城镇土地使用税的是（　　）。

A. 基建项目在建期间使用的土地

B. 宗教寺庙内的宗教人员生活用地

C. 从事农、林、牧、副、渔业生产单位的办公用地

D. 企业关闭、撤销后，其占地未作他用的

【参考答案】B。基建项目原则上应征收城镇土地使用税；直接从事种植、养殖、饲养的专业用地才免税；企业关闭、撤销后，其占地未作他用的，经各省、自治区、直辖市税务局批准，可暂免征收城镇土地使用税。

六、城镇土地使用税的征收管理

（一）纳税义务发生时间

事项情形	纳税义务发生时间
1. 购置新建商品房	自房屋交付使用之次月起计征城镇土地使用税
2. 购置存量房	自办理房屋权属转移、变更登记手续，房地产权属登记机关签发房屋权属证书之次月起计征城镇土地使用税
3. 出租、出借房产	自交付出租、出借房产之次月起计征城镇土地使用税
4. 纳税人以出让或转让方式有偿取得土地使用权的	应由受让方从合同约定交付土地时间的次月起缴纳城镇土地使用税。合同未约定交付土地时间的，由受让方从合同签订的次月起缴纳城镇土地使用税
5. 纳税人新征用的耕地	自批准征用之日起满 1 年时开始缴纳城镇土地使用税 【提示】为避免对一块土地同时征收耕地占用税和城镇土地使用税
6. 纳税人新征用的非耕地	自批准征用次月起缴纳城镇土地使用税

（二）纳税期限

城镇土地使用税按年计算、分期缴纳。具体缴纳期限由省、自治区、直辖市人民政府确定，一般分别确定按月、季、半年或1年等不同的期限缴纳。

（三）纳税地点

城镇土地使用税的纳税地点为土地所在地，由土地所在地的税务机关负责征收。

纳税人使用的土地不属于同一省（自治区、直辖市）管辖范围的，应由纳税人分别向土地所在地的税务机关申报缴纳土地使用税。

在同一省（自治区、直辖市）管辖范围内，纳税人跨地区使用的土地，由各省、自治区、直辖市税务局确定纳税地点。

（四）纳税申报

城镇土地使用税的纳税人应依照当地税务机关规定的期限如实填写《城镇土地使用税纳税申报表》，向当地税务机关办理纳税申报，并提供有关的证明文件资料。

第三节　房产税

一、房产税概述

房产税是以房屋为征税对象，以房产原值一次减除10%—30%后的余值或房产租金收入为计税依据，向房屋产权所有人征收的一种财产税。

1986年9月15日，国务院发布《中华人民共和国房产税暂行条例》，自当年10月1日起施行。2011年1月8日，国务院对该条例做了修改。该条例施行细则由各省、自治区、直辖市人民政府制定，送财政部备案。房产税属于地方税。2020年，我国实现房产税收入2 842亿元，占当年全部税收收入的1.84%。

二、房产税的纳税义务人

房产税的纳税义务人是指在征税范围内拥有房屋产权的单位和个人。

税法规定情形	纳税人
1. 产权属于全民所有的	由经营管理的单位纳税
2. 产权属集体和个人所有的	由集体单位和个人纳税
3. 产权出典的	由承典人纳税 【提示】所谓产权出典，是指产权所有人将房屋、生产资料等的产权，在一定期限内典当给他人使用，而取得资金的一种融资业务。由于在房屋出典期间，产权所有人已无权支配房屋，因此，税法规定由对房屋具有支配权的承典人为纳税人

续表

税法规定情形	纳税人
4. 产权所有人、承典人不在房产所在地的，或者产权未确定及租典纠纷未解决的	由房产代管人或者使用人纳税 【提示】对租典纠纷尚未解决的房产，规定由代管人或使用人为纳税人，主要目的在于加强征收管理，保证房产税及时入库
5. 纳税单位和个人无偿使用房产管理部门、免税单位及纳税单位的房产	应由使用人代为缴纳房产税
6. 纳税单位将应税房产无偿出借给免税单位使用的	应由房产所有人缴纳房产税

【单选题】下列关于房产税纳税人的税法，正确的是（　　）。

A. 产权出典的，由出典人缴纳房产税

B. 产权属于国家所有的，由经营管理单位缴纳房产税

C. 纳税单位无偿使用免税单位房产的，由免税单位缴纳房产税

D. 无论产权所有人是否在房屋所在地，均由产权所有人缴纳房产税

【参考答案】B。选项A，产权出典的，由承典人纳税；选项C，纳税单位无偿使用免税单位房产的，由纳税单位代为缴纳房产税；选项D，产权所有人不在房屋所在地的，由房产代管人或者使用人缴纳房产税。

三、房产税的征税范围

1. 房产税以房产为征税对象

房产是以房屋形态表现的财产，房屋是指有屋面和围护结构（有墙或两边有柱），能够遮风避雨，可供人们在其中生产、学习、工作、娱乐、居住或储藏物资的场所。

2. 房产税在城市、县城、建制镇和工矿区征收

【提示】不涉及农村。农村的房屋，大部分是农民居住用房，为了不增加农民负担，对坐落在农村的房屋没有纳入征税范围。

四、房产税的税率、计税依据和计税方法

（一）房产税的税率：比例税率

计税依据	税率
1. 按房产余值计税的	1.2%
2. 按房产租金收入计税的	12%

【特殊情况】

（1）对个人出租住房，不区分用途，按4%的税率征收房产税。

（2）对企事业单位、社会团体以及其他组织按照市场价格向个人出租用于居住的

住房，减按4%的税率征收房产税。

【提示】拥有房屋的单位和个人，既可以将房屋用于经营自用和出典，又可以把房屋用于出租。房产税根据纳税人经营形式不同，对前一类房屋按房产计税余值征收，对后一类房屋按租金收入计税。

【单选题】下列出租住房的行为，不分用途一律减按4%的税率征收房产税的是（　　）。

A. 个人出租在城市的住房　　B. 企业出租在农村的住房

C. 事业单位出租在县城的住房　　D. 社会团体出租在工矿区的住房

【参考答案】A。对个人出租住房，不区分用途，按4%的税率征收房产税。农村的住房不属于房产税的征税范围。

（二）房产税的计税依据

1. 一般规定

业务事项	计税依据的确定
（1）经营自用的房屋	①以房产余值作为计税依据 房产余值计税，是指依照房产原值一次减除10%—30%后的余额计算缴纳。具体减除幅度由省、自治区、直辖市人民政府规定。【提示】将房产的自然损耗因素考虑进去 房产原值是指纳税人按照会计制度规定，在会计核算账簿“固定资产”科目中记载的房屋原值 对按照房产原值计税的房产，无论会计上如何核算，房产原值均应包含地价，包括为取得土地使用权支付的价款、开发土地发生的成本费用等 容积率低于0.5的，按房产建筑面积的2倍计算土地面积并据此确定计入房产原值的地价。【提示】对低于0.5容积率的房产加大税负，从而鼓励提高土地使用效率，避免土地资源浪费 ②没有房产原值作为依据的，由房产所在地税务机关参考同类房产核定
（2）房产出租的	以不含增值税的房产租金收入为房产税的计税依据

2. 特殊规定

业务事项	具体税务处理规定
（1）对于更换房屋附属设备和配套设施的	在将其价值计入房产原值时，可扣减原来相应设备和设施的价值 对附属设备和配套设施中易损坏、需要经常更换的零配件，更新后不再计入房产原值
（2）改扩建对房屋原值的影响	纳税人对原有房屋进行改建、扩建的，要相应增加房屋的原值
（3）地下建筑	包括与地上房屋相连的地下建筑以及完全建在地面以下的建筑、地下人防设施等，均应当依照有关规定征收房产税 ①出租的地下建筑，按照出租地上房屋建筑的有关规定计算征收房产税

续表

业务事项	具体税务处理规定
（3）地下建筑	②自用的地下建筑，按以下方式计税： 工业用途房产，以房屋原价的50%—60%作为应税房产原值。商业和其他用途房产，以房屋原价的70%—80%作为应税房产原值。 【注】房屋原价折算为应税房产原值的具体比例，由各省、自治区、直辖市和计划单列市财政和税务部门在幅度内自行确定 对于与地上房屋相连的地下建筑，如房屋的地下室、地下停车场、商场的地下部分等，应将地下部分与地上房屋视为一个整体按照地上房屋建筑的有关规定计算征收房产税
（4）投资联营	①以房产投资联营，投资者参与投资利润分红，共担风险的，从价计征，按房产余值作为计税依据计征房产税 ②以房产投资，收取固定收入，不承担联营风险的（实际是以联营名义取得房产租金），从租计征，由出租方按不含增值税的租金收入计缴房产税

（三）房产税的计税方法

房产用途	计税方法
1. 自用的房产	以房产余值计税 应纳税额＝房产余值×1.2% 房产余值＝房产原值×（1－原值减除比例）
2. 出租的房产	以房产租金收入计税 应纳税额＝不含增值税的房产租金收入×12%（或4%）

【判断题】房屋出租的，其缴纳房产税的计税依据是市场价格。（　　）

【参考答案】×。房屋出租房产税需要缴纳，出租房的房产税是按出租金额的12%计算缴纳。

五、房产税的税收优惠

免征房产税的情形总结如下。

1. 国家机关、人民团体、军队自用的房产免征房产税。

自用的房产，是指这些单位本身的办公用房和公务用房。

2. 由国家财政部门拨付事业经费的单位自用的房产免征房产税。

自用的房产，是指这些单位本身的业务用房。

3. 宗教寺庙、公园、名胜古迹自用的房产免征房产税。

宗教寺庙自用的房产，是指举行宗教仪式等的房屋和宗教人员使用的生活用房屋；公园、名胜古迹自用的房产，是指公共参观游览的房屋及其管理单位的办公用房。

公园、名胜古迹中附设的营业单位，如影剧院、饮食部、茶社、照相馆等所使用的房产及出租的房产，应征收房产税。

【提示】对国家机关、人民团体、军队、国家财政部门拨付事业经费的单位，以及宗教寺庙、公园名胜古迹自用的房产免征房产税，主要是考虑到这些单位的经费来源是国家财政部门，本身没有纳税能力。至于这些单位非自用的房产，如出租或作营业用的，因为已有收入来源和纳税能力，应按照规定征收房产税。

4. 个人所有非营业用的房产免征房产税，国务院批准的征税试点城市除外。对个人所有的营业用房或出租等非自用的房产，应按照规定征收房产税。

【提示】主要是为了照顾我国城镇居民住房的实际状况，鼓励个人改善居住条件，配合城市住房制度的改革。

5. 经财政部和国家税务总局批准免税的其他房产。

6. 2022 年 1 月 1 日至 2024 年 12 月 31 日，由省、自治区、直辖市人民政府根据本地区实际情况，以及宏观调控需要确定，对增值税小规模纳税人、小型微利企业和个体工商户可以在 50% 的税额幅度内减征房产税。（财政部 税务总局公告 2022 年第 10 号）

7. 自 2019 年 1 月 1 日至 2027 年 12 月 31 日，对国家级、省级科技企业孵化器和国家备案众创空间自用以及无偿或通过出租等方式提供给在孵对象使用的房产，免征房产税。自 2019 年 1 月 1 日至 2027 年 12 月 31 日，对国家级、省级大学科技园自用以及无偿或通过出租等方式提供给在孵对象使用的房产，免征房产税。

8. 对农产品批发市场、农贸市场（包括自有和承租，下同）专门用于经营农产品的房产、土地，暂免征收房产税。对同时经营其他产品的农产品批发市场和农贸市场使用的房产、土地，按其他产品与农产品交易场地面积的比例确定征免房产税。

9. 对高校学生公寓免征房产税。

六、房产税的征收管理

（一）纳税义务发生时间

事项情形	纳税义务发生时间
1. 购置新建商品房	自房屋交付使用之次月起计征房产税
2. 购置存量房	自办理房屋权属转移、变更登记手续，房地产权属登记机关签发房屋权属证书之次月起计征房产税
3. 出租、出借房产	自交付出租、出借房产之次月起计征房产税
4. 纳税人将原有房产用于生产经营	从生产经营之月起，计征房产税
5. 融资租赁的房产	由承租人自融资租赁合同约定开始日的次月起依照房产余值缴纳房产税。合同未约定开始日的，由承租人自合同签订的次月起依照房产余值缴纳房产税
6. 纳税人自建的房屋	自建成之次月起计征房产税
7. 纳税人委托施工企业建设的房屋	从办理验收手续之次月起征收房产税

【提示】除用于生产经营当月计征房产税，其他情形均为次月计征。

【多选题】下列各项中，符合房产税纳税义务发生时间规定的有（　　）。

A. 将原有房产用于生产经营，从生产经营之次月起缴纳房产税

B. 房地产开发企业出借本企业建造的商品房，自房屋交付之次月起

C. 购置存量房，自权属登记机关签发房屋权属证书之次月起缴纳房产税

D. 自建新房用于经营，从建成之次月起缴纳房产税

【参考答案】BCD。纳税人将原有房产用于生产经营，从生产经营之月起，缴纳房产税。

（二）纳税期限

房产税按年征收、分期缴纳。

（三）纳税地点

房产税的纳税地点为房产所在地。

【单选题】房产不在同一地的纳税人，应按房产的坐落地点，分别向房产所在地的税务机关缴纳房产税。（　　）

【参考答案】√。本题涉及的知识点是房产税的纳税地点。房产税由房产所在地的税务机关征收。房产不在同一地的纳税人，应按房产的坐落地点，分别向房产所在地的税务机关缴纳房产税。

（四）纳税申报

房产税纳税人应该根据有关规定，将现有房屋的坐落地点、结构、面积、原值、出租收入等情况，据实向当地税务机关办理纳税申报，并按规定纳税。

如果纳税人住址发生变更、产权发生转移以及出现新建、改建、扩建、拆除房屋等情况，而引起房产原值或租金收入发生变化的，应及时向税务机关办理变更申报。

【计算题】甲公司 2021 年接受税务师事务所纳税审查，关于房产税的有关情况如下：

（1）本年委托施工企业建设的房产在 5 月 30 日办理验收手续，入账价值是 450 万元（不含中央空调 50 万元）验收投入使用。

（2）6 月 30 日，将原值为 250 万元的闲置用房向乙企业投资，协议规定，甲公司每月向乙企业收取固定收入 2.5 万元，乙企业的经营盈亏情况与甲公司无关。投资前的房产一直处于闲置状态。

（3）7 月 7 日，改建办公楼，办公楼账面原值 550 万元，为改造支付费用 120 万元，加装排水系统支付 35 万元，该排水系统单独作为固定资产入账，7 月底完成改建工程，交付使用。

（该省规定，计算房产税时按原值的 30% 作为扣除比例；租金收入不含增值税。）

根据上述资料，回答下列问题：

1. 业务（1）纳税人新建房产2021年应纳房产税是（　　）万元。

A. 2.21　　B. 2.45　　C. 1.96　　D. 2.47

【参考答案】B。凡以房屋为载体，不可随意移动的附属设备和配套设施应计入房产原值计征房产税，应纳房产税 = (450 + 50) × (1 − 30%) × 1.2% × 7 ÷ 12 = 2.45（万元）。

2. 业务（2）甲公司投资的房产2021年应纳房产税是（　　）万元。

A. 3.6　　B. 2.85　　C. 2.48　　D. 2.24

【参考答案】B。投资前闲置的房产也应当缴纳房产税。从价的房产税 = 250 × (1 − 30%) × 1.2% × 6 ÷ 12 = 1.05（万元）。

甲公司以房产对外投资，收取固定收入，不承担联营风险，实际上是以联营名义取得房产的租金，应由出租方按租金收入计缴房产税。

从租的房产税 = 2.5 × 6 × 12% = 1.8（万元）

合计应纳的房产税 = 1.05 + 1.8 = 2.85（万元）

3. 甲公司业务（3）办公楼2021年应纳房产税是（　　）万元。

A. 5.62　　B. 5.12　　C. 5.58　　D. 5.16

【参考答案】D。应纳房产税 = 550 × (1 − 30%) × 1.2% × 7 ÷ 12 + (550 + 120 + 35) × (1 − 30%) × 1.2% × 5 ÷ 12 = 5.16（万元）。

第四节 契　　税

一、契税概述

契税是以发生土地使用权和房屋所有权转移的土地、房屋为征税对象，向权属承受人征收的一种财产税。

1950年4月3日，政务院发布《中华人民共和国契税暂行条例》。1997年7月7日，国务院修订并重新发布了《中华人民共和国契税暂行条例》，自当年10月1日起施行。1997年10月28日，财政部发布《中华人民共和国契税暂行条例实施细则》。2020年8月11日，全国人大常委会通过《中华人民共和国契税法》（以下简称《契税法》），自2021年9月1日起施行。契税属于地方税。2020年，我国实现契税收入7 061亿元，占当年全部税收收入的4.58%。

【单选题】单位和个人发生下列行为，应该缴纳契税的是（　　）。

A. 转让土地使用权　　B. 承受不动产所有权

C. 赠与不动产所有权　　D. 转让不动产所有权

【参考答案】B。契税是以所有权发生转移的不动产为征税对象，向产权承受人征收的一种财产税。

二、契税的纳税人

契税的纳税人是指在中华人民共和国境内承受土地、房屋权属的单位和个人。

法定继承人（配偶、子女、父母、兄弟姐妹、祖父母、外祖父母）继承土地、房屋权属	继承行为不征契税
非法定继承人继承土地、房屋权属	赠与行为征收契税

【多选题】下列各项行为中，受让人应当缴纳契税的有（　　）。

A. 以房产抵债　　B. 将房产赠与单位

C. 以房产投资入股　　D. 子女继承父母房产

【参考答案】ABC。选项 D，子女继承父母房产属于法定继承，免征契税。

三、契税的征税范围

征税范围		具体内容
土地使用权	国有土地使用权出让	国有土地使用权出让，是指土地使用者向国家交付土地使用权出让费用，国家将国有土地使用权在一定年限内让与土地使用者的行为
	土地使用权转让	土地使用权的转让包括出售、赠与和交换或者其他方式将土地使用权转移给其他单位和个人的行为 【提示】不包括农村集体土地承包经营权的转移
房屋	房屋买卖	是指房屋所有者将其房屋出售，由承受者交付货币、实物、无形资产或者其他经济利益的行为
	房屋赠与	是指房屋产权所有人将房屋无偿转让给他人所有
	房屋交换	是指房屋所有者之间相互交换房屋的行为
视同土地使用权转让、房屋买卖		土地、房屋权属以下列方式转移的，视同土地使用权转让、房屋买卖： （1）以土地、房屋权属作价投资、入股 （2）以土地、房屋权属抵债 （3）以获奖方式承受土地、房屋权属 （4）以预购方式或者预付集资建房款方式承受土地、房屋权属

【单选题】下列不属于契税征税范围的是（　　）。

A. 国有土地使用权出让　　B. 土地使用权赠与

C. 农村集体土地承包经营权的转移　　D. 房屋交换

【参考答案】C。契税的征税范围包括：国有土地使用权出让；土地使用权转让，房屋买卖；房屋赠与；房屋交换。不包括农村集体土地承包经营权的转移。

四、契税的税率、计税依据和计税方法

（一）契税的税率

契税实行 3%—5% 的幅度税率。

【提示】实行幅度税率是考虑到我国经济发展的不平衡，各地经济差别较大的实际情况。

各省、自治区、直辖市人民政府在规定的幅度内按照本地区的实际情况确定具体

的适用税率，并报财政部和国家税务总局备案。

【多选题】按照契税的规定，下列说法正确的有（　　）。

A. 房屋赠与属于契税的征收范围　　　　B. 契税税率由财政部确定

C. 房屋买卖以成交价格作为计税依据　　D. 房屋交换以差额作为计税依据

【参考答案】ACD。选项 B，契税税率由省、自治区、直辖市人民政府确定，报财政部和国家税务总局备案。

（二）契税的计税依据

契税的计税依据为不动产的价格。契税的计税依据不含增值税。计税依据主要分为市场价格、其他价格、核定价格。

1. 市场价格

（1）国有土地使用权出让、土地使用权出售、房屋买卖，以成交价格作为计税依据。

（2）土地使用权交换、房屋交换，其计税依据为所交换的土地使用权、房屋的价格的差额。

土地使用权交换、房屋交换，交换价格不相等的，由多交付货币、实物、无形资产或者其他经济利益的一方缴纳税款；交换价格相等的，免征契税。

2. 其他价格

以划拨方式取得土地使用权的，经批准转让房地产时，应由房地产转让者补缴契税，其计税依据为补缴的土地使用权出让费用或者土地收益。

3. 核定价格

（1）土地使用权赠与、房屋赠与，其计税依据由征收机关参照土地使用权出售、房屋买卖的市场价格核定。

（2）成交价格明显低于市场价格并且无正当理由的，或者所交换土地使用权、房屋的价格的差额明显不合理并且无正当理由的，由征收机关参照市场价格核定。

4. 特殊规定

（1）对于承受与房屋相关的附属设施（包括停车位、汽车库、自行车库、顶层阁楼以及储藏室等）所有权或土地使用权的行为按照契税规定征收契税，对于不涉及土地使用权和房屋所有权转移变动的，不征收契税。

（2）采取分期付款方式购买房屋附属设施土地使用权、房屋所有权的，应按合同规定的总价款计征契税。

（3）承受的房屋附属设施权属单独计价的，按照适用税率征收契税；与房屋统一计价的，适用与房屋相同的契税税率。

【多选题】关于契税的政策表述，正确的有（　　）。

A. 国有土地使用权出让不需要缴纳契税

B. 因不可抗力灭失住房而重新购买住房的，免征契税

C. 土地使用权赠与、房屋赠与，其计税依据由征收机关参照土地使用权出售、房屋买卖的市场价格核定

D. 纳税人承受荒山土地使用权，用于农业生产的，免征契税

【参考答案】CD。国有土地使用权出让应当按照规定缴纳契税。因不可抗力灭失住房而重新购买住房的，酌情准予减征或者免征。

（三）契税的计税方法

契税应纳税额为契税的计税依据乘以适用税率。

应纳税额 = 计税依据 × 税率

五、契税的税收优惠

1. 国家机关、事业单位、社会团体、军事单位承租土地、房屋用于办公、教学、医疗、科研和军事设施的，免征契税。

2. 城镇职工按规定第一次购买公有住房的，免征契税。

3. 因不可抗力灭失住房而重新购买住房的，酌情准予减征或者免征契税。

4. 土地、房屋被县级以上人民政府征用、占用后，重新承受土地、房屋权属的，是否减征或者免征契税，由省、自治区、直辖市人民政府确定。

5. 纳税人承受荒山、荒沟、荒丘、荒滩土地使用权，用于农、林、牧、渔业生产的，免征契税。

6. 依照我国有关法律规定以及我国缔结或参加的双边和多边条约或协定的规定应当予以免税的外国驻华使馆、领事馆、联合国驻华机构及其外交代表、领事官员和其他外交人员承受土地、房屋权属的，经外交部确认，可以免征契税。

7. 个人购买家庭住房的。

住房情况	契税征收规定
（1）对个人购买家庭唯一住房	面积为90平方米及以下的，减按1%的税率征收契税；面积为90平方米以上的，减按1.5%的税率征收契税
（2）对个人购买家庭第二套改善性住房	面积为90平方米及以下的，减按1%的税率征收契税 面积为90平方米以上的，减按2%的税率征收契税 （北京市、上海市、广州市、深圳市不执行第二套购房契税优惠）

【单选题】2021年10月3日中国公民肖某首次购买普通商品房一套，属于家庭唯一住房，面积85平方米，合同不含增值税总价格54.4万元，其中含装修费8.4万元。肖某购买该住房应缴纳契税是（　　）元。

A. 4 600　　B. 5 440　　C. 6 900　　D. 8 160

【参考答案】B。从2010年10月1日起，对个人购买90平方米及以下且属家庭唯一住房的普通住房，减按1%税率征收契税。应纳契税 = 54.4 × 1% = 0.544（万元）= 5 440（元）。

8.《关于继续实施企业、事业单位改制重组有关契税政策的公告》（财政部 税务总局公告2023年第49号）

为支持企业、事业单位改制重组，优化市场环境，现就继续实施有关契税政策公告如下：

（1）企业改制。

企业按照《中华人民共和国公司法》有关规定整体改制，包括非公司制企业改制为有限责任公司或股份有限公司，有限责任公司变更为股份有限公司，股份有限公司变更为有限责任公司，原企业投资主体存续并在改制（变更）后的公司中所持股权（股份）比例超过75%，且改制（变更）后公司承继原企业权利、义务的，对改制（变更）后公司承受原企业土地、房屋权属，免征契税。

（2）事业单位改制。

事业单位按照国家有关规定改制为企业，原投资主体存续并在改制后企业中出资（股权、股份）比例超过50%的，对改制后企业承受原事业单位土地、房屋权属，免征契税。

（3）公司合并。

两个或两个以上的公司，依照法律规定、合同约定，合并为一个公司，且原投资主体存续的，对合并后公司承受原合并各方土地、房屋权属，免征契税。

（4）公司分立。

公司依照法律规定、合同约定分立为两个或两个以上与原公司投资主体相同的公司，对分立后公司承受原公司土地、房屋权属，免征契税。

（5）企业破产。

企业依照有关法律法规规定实施破产，债权人（包括破产企业职工）承受破产企业抵偿债务的土地、房屋权属，免征契税；对非债权人承受破产企业土地、房屋权属，凡按照《中华人民共和国劳动法》等国家有关法律法规政策妥善安置原企业全部职工规定，与原企业全部职工签订服务年限不少于三年的劳动用工合同的，对其承受所购企业土地、房屋权属，免征契税；与原企业超过30%的职工签订服务年限不少于三年的劳动用工合同的，减半征收契税。

（6）资产划转。

对承受县级以上人民政府或国有资产管理部门按规定进行行政性调整、划转国有土地、房屋权属的单位，免征契税。同一投资主体内部所属企业之间土地、房屋权属的划转，包括母公司与其全资子公司之间，同一公司所属全资子公司之间，同一自然人与其设立的个人独资企业、一人有限公司之间土地、房屋权属的划转，免征契税。

母公司以土地、房屋权属向其全资子公司增资，视同划转，免征契税。

（7）债权转股权。

经国务院批准实施债权转股权的企业，对债权转股权后新设立的公司承受原企业的土地、房屋权属，免征契税。

（8）划拨用地出让或作价出资。

以出让方式或国家作价出资（入股）方式承受原改制重组企业、事业单位划拨用地的，不属上述规定的免税范围，对承受方应按规定征收契税。

（9）公司股权（股份）转让。

在股权（股份）转让中，单位、个人承受公司股权（股份），公司土地、房屋权属不发生转移，不征收契税。

（10）有关用语含义。

本公告所称企业、公司，是指依照我国有关法律法规设立并在中国境内注册的企业、公司。本公告所称投资主体存续，企业改制重组的，是指原改制重组企业的出资人必须存在于改制重组后的企业；事业单位改制的，是指履行国有资产出资人职责的单位必须存在于改制后的企业。出资人的出资比例可以发生变动。本公告所称投资主体相同，是指公司分立前后出资人不发生变动，出资人的出资比例可以发生变动。

（11）本公告执行期限为 2024 年 1 月 1 日至 2027 年 12 月 31 日。

六、契税的征收管理

征收管理	具体内容
1. 纳税义务发生时间	契税的纳税义务发生时间，为纳税人签订土地、房屋权属转移合同的当天，或者纳税人取得其他具有土地、房屋权属转移合同性质凭证的当天
2. 纳税期限	纳税人应当自纳税义务发生之日起 10 日内，向土地、房屋所在地的契税征收机关办理纳税申报，并在契税征收机关核定的期限内缴纳税款
3. 纳税地点	契税的纳税地点为土地、房屋所在地
4. 纳税申报	纳税人办理纳税事宜后，征收机关应向纳税人开具契税完税凭证，纳税人持契税完税凭证和其他规定的文件材料，依法向土地管理部门、房产管理部门办理有关土地、房屋的权属变更登记手续

【单选题】按照契税的有关规定，契税纳税义务发生的时间是（　　）。

A. 纳税人签订土地、房屋权属转移合同的当天

B. 纳税人办妥土地、房屋权属变更登记手续的当天

C. 纳税人签订土地、房屋权属变更登记手续的 10 日内

D. 房屋、土地移交的当天

【参考答案】A。契税纳税义务发生的时间是纳税人签订土地房屋权属转移合同的当天，或者纳税人取得其他具有土地、房屋权属转移合同性质凭证的当天。

第五节　城市维护建设税

一、城市维护建设税概述

城市维护建设税属于附加税，是为加强城市的维护建设，扩大和稳定城市维护建

设资金的来源，对缴纳增值税、消费税的单位和个人，以其实际缴纳的增值税、消费税税额为计税依据征收的一种税。

1985年2月8日，国务院发布《中华人民共和国城市维护建设税暂行条例》，自1985年1月1日起在全国范围内施行。2020年8月11日，全国人大常委会通过《中华人民共和国城市维护建设税法》，于2021年9月1日起施行，条例同时废止。城市维护建设税属于共享税，中国铁路总公司、各银行总行、各保险总公司集中缴纳的部分为中央收入，其余部分为地方收入。2020年，我国实现城市维护建设税收入4608亿元，占当年全部税收收入的2.99%。

二、城市维护建设税的纳税人

凡缴纳增值税、消费税的单位和个人，都是城市维护建设税的纳税人。增值税、消费税的扣缴义务人也是城市维护建设税的扣缴义务人。

【判断题】凡缴纳增值税、消费税的企业和个人，都是城市维护建设税的纳税人。

【参考答案】×。这里的单位包括国有企业，集体企业，私有企业、股份制企业、外商投资企业，外国企业，事业单位、社会团体、民办非企业单位、从事经营活动的其他组织。

三、城市维护建设税的征税范围

城市维护建设税的征税范围同增值税、消费税的征税范围相同，无论纳税人所在地在县城、建制镇还是其他地区，由于都直接或间接享受了公共设施的利益，所以都应按规定缴纳城市维护建设税。

四、城市维护建设税的税率、计税依据和计税方法

税制要素	具体内容
1. 税率	（1）城市维护建设税实行三档差别比例税率 ①纳税人所在地在市区的，税率为7% ②纳税人所在地在县城、镇的，税率为5% ③纳税人所在地不在市区、县城或镇的，税率为1% （2）城市维护建设税的适用税率，应当按纳税人所在地的规定税率执行，但是对下列两种情况，可按缴纳增值税和消费税的所在地的规定税率就地缴纳城市维护建设税： ①由受托方代征代扣增值税、消费税的单位和个人 ②流动经营等无固定纳税地点的单位和个人
2. 计税依据	城市维护建设税的计税依据，是纳税人实际缴纳的增值税、消费税税额。纳税人在被查补增值税、消费税和被处以罚款时，应同时查补城市维护建设税并处以罚款。异地预缴时，以预缴增值税税额为计税依据，并按异地城市维护建设税税率计算。生产企业出口货物，经税务局审核批准的当期免抵增值税税额纳入计征范围。（批准的次月申报）。外贸企业出口货物，免征增值税、消费税
3. 计税方法	城市维护建设税以纳税人实际缴纳的增值税、消费税税额为计税依据，采用分区域的差别比例税率 应纳税额＝纳税人实际缴纳的增值税、消费税税额×适用税率

【单选题】城市维护建设税采用的税率形式是（　　）。

A. 产品比例税率　　B. 行业比例税率

C. 地区差别比例税率　　D. 有幅度的比率税率

【参考答案】C。城市维护建设税实行地区差别比例税率。

五、城市维护建设税的税收优惠

1. 一般规定

城市维护建设税是以实际缴纳的增值税、消费税税额为计税依据，税法规定对纳税人减免增值税和消费税时，相应也减免了城市维护建设税。因此，城市维护建设税原则上不单独规定减免税。

2. 特殊规定

情形	内容
海关对进口产品代征增值税、消费税	不征收城市维护建设税（进口不征）
对出口产品退还增值税、消费税的	不退还已缴纳的城市维护建设税（出口不退）
由于增值税、消费税减免而发生的退税	退还已纳的城市维护建设税
增值税、消费税补罚	城市维护建设税也要补罚
增值税、消费税的滞纳金和罚款	不作为城市维护建设税的计税依据
增值税、消费税减免	城市维护建设税也减免
增值税、消费税实行先征后返、先征后退、即征即退办法	除另有规定外，对随“两税”征收的城市维护建设税和教育费附加一律不予退（返）还
国家重大水利工程建设基金	免征城市维护建设税
增值税小规模纳税人、小型微利企业和个体工商户（2022年1月1日至2024年12月31日）	省、自治区、直辖市人民政府可以在50%的税额幅度内减征城市维护建设税
对实行增值税期末留抵退税的纳税人	允许其从城市维护建设税计税依据中扣除退还的增值税税额
单位和个体工商户将自产、委托加工或购买的货物，通过公益性社会组织和县级以上人民政府及其部门等国家机关，或者直接向承担疫情防治任务的医院，无偿捐赠用于应对新冠疫情的	免征增值税、消费税、城市维护建设税
纳税人运输疫情防控重点保障物资、提供公共交通运输服务、生活服务，以及为居民提供必需生活物资、快递收派服务取得的收入，享受免征增值税优惠的收入	免征城市维护建设税

【提示】理解上述规定把握如下原则：

（1）进口不征，出口不退。进口的商品尽管征收了增值税等，但是这部分商品没有享受中国境内城市建设的好处，所以进口是不征城市维护建设税的。同样，出口的商品如果存在退税的情况，城市维护建设税是不退的，因为出口的这部分商品在生产过程中享受了城市建设的好处，所以不退。

（2）由于增值税、消费税属于城市维护建设税的计税依据，因此上述税种享受免税后，城市维护建设税就丧失了计税依据，自动享受免征。

（3）先征后返、先征后退、即征即退是按照政策先缴纳了再退（返）还，而城市维护建设税在其缴纳的时候按照缴纳的增值税计算，之后退（返）还的时候城市维护建设税没有相应的优惠，不能退（返）还。

【单选题】下列关于城市维护建设税的说法中，正确的是（　　）。

A. 增值税实行即征即退办法的，随增值税附征的城市维护建设税予以退还

B. 城市维护建设税的适用税率，一般按纳税人所在地适用税率确定

C. 城市维护建设税的计税依据是纳税人应缴纳的增值税和消费税

D. 海关对进口产品代征消费税和增值税的，征收城市维护建设税

【参考答案】B。选项 A，对增值税实行先征后返、先征后退、即征即退办法的，除另有规定外，对随增值税附征的城市维护建设税和教育费附加，一律不予退（返）还；选项 C，城市维护建设税的计税依据，是纳税人实际缴纳的增值税和消费税；选项 D，对出口产品不退还已缴纳的城市维护建设税，对进口货物不征收城建税。（进口不征，出口不退）

六、城市维护建设税的征收管理

征收管理	具体内容
1. 纳税环节	城市维护建设税的纳税环节，是纳税人缴纳增值税、消费税的环节 城市维护建设税的纳税人应当于缴纳增值税、消费税的同时，向所在地的主管税务机关缴纳城市维护建设税
2. 纳税期限	由于城市维护建设税是由纳税人在缴纳增值税、消费税的同时缴纳的，所以其纳税期限分别与增值税、消费税的纳税期限一致
3. 纳税地点	纳税人缴纳增值税、消费税的地点，就是纳税人缴纳城市维护建设税的地点 下列特殊情况，纳税地点的规定为： （1）代征代扣增值税、消费税的单位和个人，同时也要代征代扣城市维护建设税，其城市维护建设税的纳税地点为代征代扣地 （2）对流动经营等无固定纳税地点的单位和个人，其纳税地点为缴纳增值税、消费税所在地 （3）纳税人跨地区提供建筑服务、销售和出租不动产的，应在建筑服务发生地、不动产所在地预缴增值税时，以预缴增值税税额为计税依据，并按预缴增值税所在地的城市维护建设税适用税率就地计算缴纳城市维护建设税

【单选题】下列各项描述中，符合城市维护建设税相关规定的是（　　）。

A. 无固定纳税地点的个人，城市维护建设税纳税地点为户籍所在地

B. 纳税人销售不动产应按机构所在地税率缴纳城市维护建设税

C. 纳税人跨地区提供建筑服务，应在建筑服务发生地预缴城市维护建设税

D. 代扣代缴的城市维护建设税应按照被扣缴纳税人所在地适用税率缴纳城市维护建设税

【参考答案】C。选项 A，无固定纳税地点的纳税人在经营地缴纳增值税、消费税的同时缴纳城市维护建设税；选项 B，纳税人销售不动产，在不动产所在地缴纳城市维护建设税；选项 D。代扣代缴、代收代缴的城市维护建设税在受托方（扣缴方）所在地缴纳城市维护建设税。

第六节 印花税

一、印花税概述

印花税是对经济活动和经济交往中书立应税凭证，进行证券交易所征收的一种税。纳税人主要是通过在应税凭证上粘贴印花税票来完成纳税义务，故名印花税。印花税具有征税范围广泛、税率低、税负轻，可由纳税人自行完成纳税义务等特点。

《中华人民共和国印花税法》已由中华人民共和国第十三届全国人民代表大会常务委员会第二十九次会议于 2021 年 6 月 10 日通过，自 2022 年 7 月 1 日起施行。

二、印花税的纳税人

纳税人	具体内容
1. 一般规定	在中华人民共和国境内书立应税凭证、进行证券交易的单位和个人，作为印花税的纳税人，应当依照本法规定缴纳印花税。在中华人民共和国境外书立在境内使用的应税凭证的单位和个人，应当依照本法规定缴纳印花税
2. 特殊事项解释	（1）同一应税凭证由两方以上当事人书立的，按照各自涉及的金额分别计算应纳税额 （2）纳税人为境外单位或者个人，在境内有代理人的，以其境内代理人为扣缴义务人；在境内没有代理人的，由纳税人自行申报缴纳印花税，具体办法由国务院税务主管部门规定。证券登记结算机构为证券交易印花税的扣缴义务人，应当向其机构所在地的主管税务机关申报解缴税款以及银行结算的利息 （3）书立应税凭证的纳税人，为对应税凭证有直接权利义务关系的单位和个人 （4）采用委托贷款方式书立的借款合同纳税人，为受托人和借款人，不包括委托人 （5）按买卖合同或者产权转移书据税目缴纳印花税的拍卖成交确认书纳税人，为拍卖标的的产权人和买受人，不包括拍卖人

【多选题】下列各项中，属于印花税的纳税义务人的有（　　）。

A. 营业账簿的立账簿人　　B. 销售合同的立合同人

C. 权利许可证照的发放人　　D. 不动产转移书据的立据人

【参考答案】ABD。选项 C，权利许可证照的领受人是印花税的纳税人。

三、印花税的征税范围

1. 印花税税目税率表。

税目		税率	备注
合同（指书面合同）	借款合同	借款金额的万分之零点五	是指银行业金融机构、经国务院银行业监督管理机构批准设立的其他金融机构与借款人（不包括同业拆借）的借款合同
	融资租赁合同	租金的万分之零点五	
	买卖合同	价款的万分之三	是指动产买卖合同（不包括个人书立的动产买卖合同）
	承揽合同	报酬的万分之三	
	建设工程合同	价款的万分之三	
	运输合同	运输费用的万分之三	是指货运合同和多式联运合同（不包括管道运输合同）
	技术合同	价款、报酬或者使用费的万分之三	不包括专利权、专有技术使用权转让书据
	租赁合同	租金的千分之一	
	保管合同	保管费的千分之一	
	仓储合同	仓储费的千分之一	
	财产保险合同	保险费的千分之一	不包括再保险合同
产权转移书据	土地使用权出让书据	价款的万分之五	转让包括买卖（出售）、继承、赠与、互换、分割
	土地使用权、房屋等建筑物和构筑物所有权转让书据（不包括土地承包经营权和土地经营权转移）	价款的万分之五	
	股权转让书据（不包括应缴纳证券交易印花税的）	价款的万分之五	
	商标专用权、著作权、专利权、专有技术使用权转让书据	价款的万分之三	
营业账簿		实收资本（股本）、资本公积合计金额的万分之二点五	
证券交易		成交金额的千分之一	

【多选题】下列合同或凭证中，应计算缴纳印花税的有（　　）。

A. 融资租赁合同　　B. 贴息贷款合同

C. 企业出租门店合同　　D. 公司签订的审计咨询合同

【参考答案】AC。本题涉及的知识点是印花税的征税范围。选项 D 不属于印花税的征税范围，不缴纳印花税；选项 B 免征印花税。

2. 在中华人民共和国境外书立在境内使用的应税凭证，应当按规定缴纳印花税。包括以下几种情形：（1）应税凭证的标的为不动产的，该不动产在境内；（2）应税凭证的标的为股权的，该股权为中国居民企业的股权；（3）应税凭证的标的为动产或者商标专用权、著作权、专利权、专有技术使用权的，其销售方或者购买方在境内，但不包括境外单位或者个人向境内单位或者个人销售完全在境外使用的动产或者商标专用权、著作权、专利权、专有技术使用权；（4）应税凭证的标的为服务的，其提供方或者接受方在境内，但不包括境外单位或者个人向境内单位或者个人提供完全在境外发生的服务。

3. 企业之间书立的确定买卖关系、明确买卖双方权利义务的订单、要货单等单据，且未另外书立买卖合同的，应当按规定缴纳印花税。

4. 发电厂与电网之间、电网与电网之间书立的购售电合同，应当按买卖合同税目缴纳印花税。

5. 下列情形的凭证，不属于印花税征收范围：（1）人民法院的生效法律文书，仲裁机构的仲裁文书，监察机关的监察文书；（2）县级以上人民政府及其所属部门按照行政管理权限征收、收回或者补偿安置房地产书立的合同、协议或者行政类文书；（3）总公司与分公司、分公司与分公司之间书立的作为执行计划使用的凭证。

四、印花税的税率、计税依据和计税方法

（一）印花税的税率

税率类型	具体内容
比例税率	对各类合同、产权转移书据、营业账簿、证券交易，适用比例税率 印花税的比例税率分为五个档次，分别是 0.005%、0.03%、0.1%、0.05% 和 0.025%

【单选题】下列选项中，属于印花税税率形式的有（　　）。

A. 比例税率　　B. 比率税率　　C. 定额税率　　D. 定量税率

【参考答案】A。印花税的税率为比例税率。

（二）印花税的计税依据

（1）应税合同的计税依据，为合同所列的金额，不包括列明的增值税税款。

（2）应税产权转移书据的计税依据，为产权转移书据所列的金额，不包括列明的增值税税款。

（3）应税营业账簿的计税依据，为账簿记载的实收资本（股本）、资本公积合计金额。

（4）证券交易的计税依据，为成交金额。

（5）应税合同、产权转移书据未列明金额的，印花税的计税依据按照实际结算的金额确定。

（6）计税依据按照前款规定仍不能确定的，按照书立合同、产权转移书据时的市场价格确定；依法应当执行政府定价或者政府指导价的，按照国家有关规定确定。

（7）证券交易无转让价格的，按照办理过户登记手续时该证券前一个交易日收盘价计算确定计税依据；无收盘价的，按照证券面值计算确定计税依据。

（8）同一应税合同、应税产权转移书据中涉及两方以上纳税人，且未列明纳税人各自涉及金额的，以纳税人平均分摊的应税凭证所列金额（不包括列明的增值税税款）确定计税依据。

（9）应税合同、应税产权转移书据所列的金额与实际结算金额不一致，不变更应税凭证所列金额的，以所列金额为计税依据；变更应税凭证所列金额的，以变更后的所列金额为计税依据。已缴纳印花税的应税凭证，变更后所列金额增加的，纳税人应当就增加部分的金额补缴印花税；变更后所列金额减少的，纳税人可以就减少部分的金额向税务机关申请退还或者抵缴印花税。

（10）纳税人因应税凭证列明的增值税税款计算错误导致应税凭证的计税依据减少或者增加的，纳税人应当按规定调整应税凭证列明的增值税税款，重新确定应税凭证计税依据。已缴纳印花税的应税凭证，调整后计税依据增加的，纳税人应当就增加部分的金额补缴印花税；调整后计税依据减少的，纳税人可以就减少部分的金额向税务机关申请退还或者抵缴印花税。

（11）纳税人转让股权的印花税计税依据，按照产权转移书据所列的金额（不包括列明的认缴后尚未实际出资权益部分）确定。

（12）应税凭证金额为人民币以外的货币的，应当按照凭证书立当日的人民币汇率中间价折合人民币确定计税依据。

（13）境内的货物多式联运，采用在起运地统一结算全程运费的，以全程运费作为运输合同的计税依据，由起运地运费结算双方缴纳印花税；采用分程结算运费的，以分程的运费作为计税依据，分别由办理运费结算的各方缴纳印花税。

（三）印花税的计税方法

1. 一般规定

印花税的应纳税额按照计税依据乘以适用税率计算。

2. 特殊事项解释

（1）同一应税凭证载有两个以上税目事项并分别列明金额的，按照各自适用的税目和税率分别计算应纳税额；未分别列明金额的，从高适用税率。

（2）同一应税凭证由两方以上当事人书立的，按照各自涉及的金额分别计算应纳税额。

（3）已缴纳印花税的营业账簿，以后年度记载的实收资本（股本）、资本公积合计金额比已缴纳印花税的实收资本（股本）、资本公积合计金额增加的，按照增加部分计算应纳税额。

五、印花税的税收优惠

1. 应税凭证的副本或者抄本。

2. 依照法律规定应当予以免税的外国驻华使馆、领事馆和国际组织驻华代表机构为获得馆舍书立的应税凭证。

3. 中国人民解放军、中国人民武装警察部队书立的应税凭证。

4. 农民、家庭农场、农民专业合作社、农村集体经济组织、村民委员会购买农业生产资料或者销售农产品书立的买卖合同和农业保险合同。

5. 无息或者贴息借款合同、国际金融组织向中国提供优惠贷款书立的借款合同。

6. 财产所有权人将财产赠与政府、学校、社会福利机构、慈善组织书立的产权转移书据。

7. 非营利性医疗卫生机构采购药品或者卫生材料书立的买卖合同。

8. 个人与电子商务经营者订立的电子订单。

9. 2022 年 1 月 1 日至 2024 年 12 月 31 日，由省、自治区、直辖市人民政府根据本地区实际情况，以及宏观调控需要确定，对增值税小规模纳税人、小型微利企业和个体工商户可以在 50% 的税额幅度内减征印花税（不含证券交易印花税）。（财政部 税务总局公告 2022 年第 10 号）

10. 对与高校学生签订的高校学生公寓租赁合同，免征印花税。

11. 2027 年 12 月 31 日前，对金融机构与小型企业、微型企业签订的借款合同免征印花税。

12. 为活跃资本市场、提振投资者信心，自 2023 年 8 月 28 日起，证券交易印花税实施减半征收。

六、印花税的征收管理

（一）征管职责

1. 印花税由税务机关依照《印花税法》和《税收征收管理法》的规定征收管理。

2. 印花税票由国务院税务主管部门监制。

（二）纳税义务发生时间

印花税的纳税义务发生时间为纳税人书立应税凭证或者完成证券交易的当日。证券交易印花税扣缴义务发生时间为证券交易完成的当日。

（三）纳税期限

1. 印花税按季、按年或者按次计征。实行按季、按年计征的，纳税人应当自季度、年度终了之日起十五日内申报缴纳税款；实行按次计征的，纳税人应当自纳税义务发生之日起十五日内申报缴纳税款。

2. 证券交易印花税按周解缴。证券交易印花税扣缴义务人应当自每周终了之日起五日内申报解缴税款以及银行结算的利息。

（四）纳税地点

1. 纳税人为单位的，应当向其机构所在地的主管税务机关申报缴纳印花税。

2. 纳税人为个人的，应当向应税凭证书立地或者纳税人居住地的主管税务机关申报缴纳印花税。

3. 不动产产权发生转移的，纳税人应当向不动产所在地的主管税务机关申报缴纳印花税。

4. 证券登记结算机构应当向其机构所在地的主管税务机关申报解缴税款及银行结算的利息。

（五）其他征管规定

1. 印花税可以采用粘贴印花税票或者由税务机关依法开具其他完税凭证的方式缴纳。印花税票粘贴在应税凭证上的，由纳税人在每枚税票的骑缝处盖戳注销或者画销。

2. 纳税人为境外单位或者个人，在境内没有代理人的，由纳税人自行申报缴纳印花税，具体办法由国务院税务主管部门规定。

3. 未履行的应税合同、产权转移书据，已缴纳的印花税不予退还及抵缴税款。

4. 纳税人多贴的印花税票，不予退税及抵缴税款。

第七节　车辆购置税

一、车辆购置税概述

车辆购置税，是指在中华人民共和国境内购置汽车、有轨电车、汽车挂车、排气量超过150毫升的摩托车（以下统称“应税车辆”）的单位和个人，就应税车辆按照适用税率计算并缴纳的一种税。

车辆购置税是在交通部门收取的原车辆购置附加费的基础上，通过“费改税”方式改革而来的。2000年10月22日，国务院发布《中华人民共和国车辆购置税暂行条例》，自2001年1月1日起施行。2018年12月29日，全国人大常委会通过《中华人民共和国车辆购置税法》，自2019年7月1日起施行。车辆购置税属于中央税。2020

年，我国实现车辆购置税3 531亿元，占当年全部税收收入的2.29%。

二、车辆购置税的纳税人

车辆购置税的纳税人是指在我国境内购置应税车辆的单位和个人，其中购置是指购买、进口、自产、受赠、获奖或者以其他方式取得并自用应税车辆的行为。

【选择题】进口一辆小汽车，用于下列途径，需要缴纳车辆购置税的是（　　）。

A. 进口小汽车用于捐赠　　B. 进口小汽车用于投资

C. 进口小汽车自用　　D. 进口小汽车用于抵债

【参考答案】C。进口小汽车自用行为属于车辆购置税的征税范围，要缴纳车辆购置税。进口小汽车用于捐赠、投资、抵债的行为，不属于车辆购置税的征税范围，不征收车辆购置税。

三、车辆购置税的征税范围

车辆购置税以列举的车辆作为征税对象，其征税范围包括汽车、有轨电车、汽车挂车、排气量超过150毫升的摩托车。

【提示】地铁、轻轨等城市轨道交通车辆，装载机、平地机、挖掘机、推土机等轮式专用机械车，以及起重机（吊车）、叉车、电动摩托车，不属于应税车辆。

【多选题】下列行为需要缴纳车辆购置税的有（　　）。

A. 某医院接受某汽车厂捐赠小客车用于医疗服务

B. 某汽车厂将自产小轿车用于日常办公

C. 某幼儿园租赁客车用于校车服务

D. 某物流企业接受汽车生产商投资的运输车辆自用

【参考答案】ABD。选项C，车辆购置税的应税行为是在境内购买并自用应税车辆，租入车辆不属于车辆购置税的应税行为。

四、车辆购置税的税率、计税依据和计税方法

（一）车辆购置税的税率

车辆购置税实行单一比例税率，税率为10%。

（二）车辆购置税的计税依据

车辆购置税以应税车辆的计税价格为计税依据。

事项情形	计税价格
1. 纳税人购买自用应税车辆	为纳税人实际支付给销售者的全部价款，不包括增值税税款
2. 纳税人进口自用应税车辆	纳税人进口自用应税车辆的计税价格＝关税完税价格＋关税＋消费税

续表

事项情形	计税价格
3. 纳税人自产自用应税车辆	（1）按照同类应税车辆（即车辆配置序列号相同的车辆）的销售价格确定，不包括增值税税款。 （2）没有同类应税车辆销售价格的，按照组成计税价格确定。组成计税价格 = 成本 ×（1 + 成本利润率） 属于应征消费税的应税车辆，其组成计税价格中应加计消费税税额。成本利润率，由各省、自治区、直辖市和计划单列市税务局确定
4. 纳税人以受赠、获奖或者其他方式取得自用应税车辆	按照购置应税车辆时相关凭证载明的价格确定，不包括增值税税款

【单选题】关于车辆购置税计税依据的说法，错误的有（　　）。

A. 纳税人购买自用应税车辆的计税价格为不含增值税的计税价格

B. 纳税人进口自用应税车辆以关税完税价格为计税依据

C. 纳税人自产自用的应税车辆参照同类型新车的价格核定

D. 受赠使用的车辆按同类最低计税价格的 70% 为计税依据

【参考答案】BCD。车辆购置税的计税价格根据不同情况，按照下列规定确定：（1）纳税人购买自用应税车辆的计税价格，为纳税人实际支付给销售者的全部价款，不包括增值税税款；（2）纳税人进口自用应税车辆的计税价格为关税完税价格加上关税和消费税；（3）纳税人自产自用应税车辆的计税价格，按照同类应税车辆（即车辆配置序列号相同的车辆）的销售价格确定，不包括增值税税款，没有同类应税车辆销售价格的，按照组成计税价格确定，组成计税价格 = 成本 ×（1 + 成本利润率）；（4）纳税人以受赠、获奖或者其他方式取得自用应税车辆的计税价格，按照购置应税车辆时相关凭证载明的价格确定，不包括增值税税款。

（三）车辆购置税的计税方法

计税方法	具体内容
1. 一般规定	（1）车辆购置税实行一次性征收 （2）车辆购置税实行从价定率的办法计算应纳税额 应纳税额 = 计税价格 × 10%
2. 具体规定	（1）免税、减税车辆因转让、改变用途等原因不再属于免税、减税范围的，纳税人应当在办理车辆转移登记或者变更登记前缴纳车辆购置税。计税价格以免税、减税车辆初次办理纳税申报时确定的计税价格为基准，每满一年扣减 10% （2）纳税人申报的应税车辆计税价格明显偏低，又无正当理由的，由税务机关依照《税收征收管理法》的规定核定其应纳税额

【判断题】车辆购置税实行一次性征收。购置已征车辆购置税的车辆，不再征收车辆购置税。（　　）

【参考答案】√。本题涉及的知识点是车辆购置税的计税方法。车辆购置税实行一次性征收。购置已征车辆购置税的车辆，不再征收车辆购置税。

五、车辆购置税的税收优惠

免征车辆购置税的情形总结如下。

1. 依照法律规定应当予以免税的外国驻华使馆、领事馆和国际组织驻华机构及其有关人员自用的车辆。

2. 中国人民解放军和中国人民武装警察部队列入装备订货计划的车辆。

3. 悬挂应急救援专用号牌的国家综合性消防救援车辆。

4. 设有固定装置的非运输专用作业车辆。

5. 城市公交企业购置的公共汽电车辆。

6. 回国服务的在外留学人员用现汇购买 1 辆个人自用国产小汽车和长期来华定居专家进口 1 辆自用小汽车免征车辆购置税。

7. 对购置日期在 2023 年 1 月 1 日至 2023 年 12 月 31 日内的新能源汽车，免征车辆购置税。

免征车辆购置税的新能源汽车是指纯电动汽车、插电式混合动力（含增程式）汽车、燃料电池汽车。（财政部 税务总局 工业和信息化部公告 2022 年第 27 号）

8. 自 2004 年 10 月 1 日起对农用三轮车免征车辆购置税。

9. 中国妇女发展基金会“母亲健康快车”项目的流动医疗车免征车辆购置税。

10. 北京 2022 年冬奥会和冬残奥会组织委员会新购置车辆免征车辆购置税。

11. 原公安现役部队和原武警黄金、森林、水电部队改制后换发地方机动车牌证的车辆（公安消防、武警森林部队执行灭火救援任务的车辆除外），一次性免征车辆购置税。

12. 防汛部门和森林消防部门用于指挥、检查、调度、报汛（警）、联络的由指定厂家生产的设有固定装置的指定型号的车辆免征车辆购置税。

13. 继续对购置挂车减半征收车辆购置税。购置日期按照《机动车销售统一发票》《海关关税专用缴款书》或者其他有效凭证的开具日期确定。挂车，是指由汽车牵引才能正常使用且用于载运货物的无动力车辆。政策执行至 2027 年 12 月 31 日。

六、车辆购置税的征收管理

征收管理	具体内容
1. 纳税义务发生时间	为纳税人购置应税车辆的当日，以纳税人购置应税车辆所取得的车辆相关凭证上注明的时间为准
2. 纳税期限	纳税人应当自纳税义务发生之日起 60 日内申报缴纳车辆购置税
3. 纳税地点	纳税人购置应税车辆，应当向车辆登记地的主管税务机关申报缴纳车辆购置税。购置不需要办理车辆登记的应税车辆的，应当向纳税人所在地的主管税务机关申报缴纳车辆购置税

续表

征收管理	具体内容
4. 纳税申报	纳税人应当在向公安机关交通管理部门办理车辆注册登记前，缴纳车辆购置税。免税、减税车辆因转让、改变用途等原因不再属于免税、减税范围的，纳税人应当在办理车辆转移登记或者变更登记前缴纳车辆购置税
5. 退税规定	纳税人将已征车辆购置税的车辆退回车辆生产企业或者销售企业的，可以向主管税务机关申请退还车辆购置税。退税额以已缴税款为基准，自缴纳税款之日至申请退税之日，每满一年扣减10%

【单选题】需要办理车辆登记注册手续的应税车辆，车辆购置税的纳税地点是（　　）。

A. 纳税人所在地　　B. 车辆登记注册地

C. 车辆使用所在地　　D. 车辆经销企业所在地

【参考答案】B。需要办理车辆登记注册手续的应税车辆，应当向车辆登记注册地的主管税务机关申报纳税。

本章习题

一、单项选择题

1. 关于土地增值税清算管理的说法，正确的是（　　）。

A. 分期开发房地产项目，以全部工程为单位清算

B. 直接转让土地使用权，符合清算条件，应进行清算

C. 取得销售许可证满2年仍未销售完毕，税务机关应要求纳税人清算

D. 整体转让未竣工决算房地产开发项目的，不符合清算条件

2. 关于土地增值税扣除项目，下列说法正确的是（　　）。

A. 房地产开发过程中实际发生的合理的销售费用可以扣除

B. 超过贷款期限的利息，不超过银行同类同期贷款利率水平计算的部分允许扣除

C. 为取得土地使用权所支付的价款和已纳契税，应计入取得土地使用权所支付的金额，按照已销售部分分摊确定可以扣除土地成本的金额

D. 土地增值税清算时，已经计入房地产开发成本的耕地占用税应调整至土地成本中计算扣除

3. 下列各项中，应当征收土地增值税的是（　　）。

A. 公司与公司之间互换房产

B. 房地产开发公司为客户代建房产

C. 兼并企业从被兼并企业取得房产

D. 双方合作建房后按比例分配自用房产

4. 下列关于城建税的说法中，正确的是（　　）。

A. 城建税法单独规定了减免税

B. 增值税实行即征即退的，一律退还城建税

C. 出口产品退还“两税”，也应退还已缴纳的城市维护建设税

D. 纳税人免征增值税的，也免征城建税

5. 某工业企业（增值税一般纳税人）2022 年 2 月自建的厂房竣工并投入使用。该厂房原值为 6 000 万元（包括与地上厂房相连的地下建筑物 600 万元）。当地规定房产原值的减除比例为 30%，工业用途地下建筑物应税原值为房产原值的 60%。该企业 2022 年应缴纳房产税是（　　）万元。

A. 46. 20　　B. 44. 35　　C. 42. 00　　D. 40. 32

6. 下列行为中，缴纳契税的是（　　）。

A. 个人以自有房产投入本人独资经营的企业

B. 企业将自有房产与另一企业的房产等价交换

C. 公租房经营企业购买住房作为公租房

D. 企业以自有房产投资于另一企业并取得相应的股权

7. 关于城市维护建设税适用税率，下列说法错误的是（　　）。

A. 行政区划变更的，自变更完成当月起适用新行政区划对应的城市维护建设税税率

B. 纳税人所在地在县城、镇的，税率为 5%

C. 委托某企业加工应税消费品，按受托方所在地适用税率征税

D. 纳税人跨地区出租不动产，按机构所在地适用税率征税

8. 2020 年 7 月甲公司开业，实收资本 500 万元；与银行签订一份融资租赁合同，合同注明金额 1 000 万元；当月受乙公司委托加工产品，合同约定由乙公司提供原材料 200 万元，甲公司收取加工费 10 万元。2020 年 7 月甲公司应缴纳印花税是（　　）元。

A. 1 800　　B. 3 030　　C. 3 050　　D. 3 550

9. 某汽车生产企业发生的下列行为中，需要计算缴纳车辆购置税的是（　　）。

A. 销售自产的小汽车

B. 将自产的小汽车赠送给股东王某

C. 从拍卖会上通过拍卖取得一辆小汽车自用

D. 进口小汽车用于抵偿债务

10. 下列关于印花税计税依据，说法正确的是（　　）。

A. 运输合同的计税依据为运输费用和装卸费合计金额

B. 财产保险合同的计税依据为财产金额

C. 营业账簿以账簿记载的实收资本为计税依据

D. 证券交易的计税依据为成交金额

二、多项选择题

1. 根据土地增值税的规定，下列说法正确的有（　　）。
   A. 房地产评估增值征税
   B. 房地产抵押期间不征税
   C. 企业合并原企业投资主体存续的，转让房地产不征税
   D. 房地产出租收入征税
2. 关于房地产开发企业开发建造与清算项目配套的公共配套设施计算土地增值税扣除成本费用的处理中，下列说法正确的有（　　）。
   A. 建成后无偿移交给政府、公用事业单位用于非营利性社会公共事业的，其成本、费用可以扣除
   B. 建成后产权属于房地产开发企业所有的，其成本、费用可以扣除
   C. 建成后产权属于全体业主所有的，其成本、费用可以扣除
   D. 将建成后无偿转让给另一企业的，其成本、费用可以扣除
   E. 建成后有偿转让的，其成本、费用可以扣除
3. 下列情形中，在计征土地增值税时需要以评估价格来确定转让房地产收入或扣除项目金额的有（　　）。
   A. 虚报房地产成交价格的
   B. 以市场价将房地产进行投资联营的
   C. 提供扣除项目金额不实的
   D. 出售旧房屋及建筑物
4. 下列关于城镇土地使用税纳税义务发生时间的说法，正确的有（　　）。
   A. 购置新建商品房，自签订房屋销售合同的次月起计征城镇土地使用税
   B. 纳税人新征用的耕地，自批准征用之日起满 1 年时开始缴纳城镇土地使用税
   C. 以出让方式取得土地使用权，应由受让方从合同约定的交付土地时间的次月起缴纳城镇土地使用税
   D. 购置存量房，自房产权属登记机关签发房屋权属证书的次月起计征城镇土地使用税
   E. 通过拍卖方式取得建设用地（不属新征用耕地），应从合同约定的交付土地时间的次月起缴纳城镇土地使用税
5. 下列关于房产税纳税人及缴纳税款，说法正确的有（　　）。
   A. 租赁合同约定有免收租金期限的出租房产，免收租金期间无须缴纳房地税
   B. 融资租赁的房产未约定开始日的，由承租人自合同签订当日起缴纳房产税
   C. 无偿使用其他单位房产的应税单位和个人，由使用人代为缴纳房产税
   D. 产权出典的由承典人缴纳房产税
   E. 产权出租的由出租人缴纳房产税

6. 下列各项应征收契税的有（　　）。
   A. 以获奖方式取得房屋产权
   B. 买房拆料
   C. 个人购买属家庭唯一住房的普通住房
   D. 合伙企业的合伙人将其名下的房屋转移至合伙企业名下
   E. 以拍卖方式取得国有土地使用权
7. 关于城市维护建设税征收管理，下列说法正确的有（　　）。
   A. 计税依据包括增值税免抵税额
   B. 境外单位向境内销售服务代扣代缴增值税的同时代扣代缴城市维护建设税
   C. 纳税期限比照增值税、消费税的相关规定执行
   D. 纳税义务发生时间比照增值税、消费税等相关规定执行
   E. 跨地区提供建筑服务在建筑服务发生地无须缴纳城市维护建设税
8. 下列单位，属于印花税纳税人的有（　　）。
   A. 技术合同的签订单位
   B. 贷款合同的担保单位
   C. 电子应税凭证的签订单位
   D. 签订运输合同的承运单位
   E. 发放商标注册证的商标局
9. 纳税人进口应税车辆自用，应计入车辆购置税计税依据的有（　　）。
   A. 运抵我国输入地点起卸前的运费
   B. 进口消费税
   C. 进口关税
   D. 应税车辆成交价格
   E. 进口增值税
10. 关于印花税的计税依据，说法正确的有（　　）。
   A. 货物运输合同以运输费用和装卸费用总额为计税依据
   B. 以物易物方式的商品交易合同，以购销合计金额为计税依据
   C. 电网与发电企业签订的购售电合同，以买卖合同列明的金额为计税依据
   D. 证券交易无转让价格的按过户登记手续时前一个交易日收盘价为计税依据
   E. 境内的货物多式联运，采用在起运地统一结算全程运费的，以全程运费作为运输合同的计税依据

参考答案与解析

一、单项选择题

1. 【参考答案】B。《国家税务总局关于房地产开发企业土地增值税清算管理有关问题的通知》规定，土地增值税以国家有关部门审批的房地产开发项目为单位进行清算，对于分期开发的项目，以分期项目为单位清算。因此选项 A 错误。

   （1）符合下列情形之一的，纳税人应进行土地增值税的清算：

   ①房地产开发项目全部竣工、完成销售的；

②整体转让未竣工决算房地产开发项目的；

③直接转让土地使用权的。

（2）符合下列情形之一的，主管税务机关可要求纳税人进行土地增值税清算：

①已竣工验收的房地产开发项目，已转让的房地产建筑面积占整个项目可售建筑面积的比例在85%以上，或该比例虽未超过85%，但剩余的可售建筑面积已经出租或自用的；

②取得销售（预售）许可证满三年仍未销售完毕的；

③纳税人申请注销税务登记但未办理土地增值税清算手续的；

④省税务机关规定的其他情况。

因此选项B正确，选项CD错误。

2.【参考答案】C。选项A，房地产开发过程中实际发生的销售费用不据实扣除，而是根据公式计算扣除；选项B，对于超过贷款期限的利息部分不允许扣除；选项D，房地产开发成本包含耕地占用税，不需要调整。

3.【参考答案】A。根据土地增值税相关法律规定，房地产的互换，由于发生了房产转移，因此属于土地增值税的征税范围。但是对于个人之间互换自有居住用房的行为，经过当地税务机关审核，可以免征土地增值税。企业兼并转让房地产，对被兼并企业将房地产转让到兼并企业中的，免征收土地增值税。房地产的代建行为，是指房地产开发公司代客户进行房地产的开发，开发完成后向客户收取代建收入的行为。对于房地产开发公司而言，虽然取得了收入，但没有发生房地产权属的转移，其收入属于劳务收入的性质，故不在土地增值税征税范围。

4.【参考答案】D。城建税原则上不单独规定减免税；对“两税”实行先征后返、先征后退、即征即退办法，除另有规定外，附征的城建税一律不予退（返）还。

5.【参考答案】C。对于与地上房屋相连的地下建筑，应将地下部分与地上房屋视为一个整体，按照地上房屋建筑的有关规定计算征收房产税。纳税人自建房屋用于生产经营，自建成次月起缴纳房产税，所以应该从3月开始计算房产税。应缴纳的房产税 $=6\,000\times(1-30\%)\times1.2\%\div12\times10=42$（万元）。

6.【参考答案】D。选项A，以自有房产作股投入本人独资经营的企业，免征契税；选项B，等价交换房屋、土地权属的，免征契税；选项C，公租房经营单位购买住房作为公租房的，免征契税。

7.【参考答案】D。选项D，按在不动产所在地预缴增值税，按照预缴增值税所在地的城市维护建设税的适用税率就地计税。

8.【参考答案】A。应缴纳印花税 $=500\times0.5‰\div2\times10\,000+1\,000\times0.05‰\times10\,000+10\times0.5‰\times10\,000=1\,800$（元）。

9.【参考答案】C。车辆购置税的应税行为是指在中华人民共和国境内购置应税车辆的行为。具体来讲这种应税行为包括：购买使用行为、进口使用行为、受赠使用行为、自产自用行为、获奖使用行为和其他使用行为。选项ABD都不是自用的，所以不需要计算缴纳车辆购置税。

10.【参考答案】D。选项 A，运输合同的计税依据为取得的运费收入，不包括所运货物的金额、装卸费和保险费等；选项 B，财产保险合同的计税依据为保险费，不包括所保财产金额；选项 C，营业账簿以账簿记载的实收资本和资本公积之和为计税依据。

二、多项选择题

1.【参考答案】BC。《中华人民共和国土地增值税暂行条例》规定，转让国有土地使用权、地上的建筑物及其附着物（以下简称“转让房地产”）并取得收入的单位和个人，作为土地增值税的纳税义务人（以下简称“纳税人”），应依照本条例缴纳土地增值税。房产评估增值、抵押、出租均没有发生转让行为，因此不征土地增值税。因此选项 B 正确，选项 AD 错误。《财政部 国家税务总局关于企业改制重组有关土地增值税政策的通知》（财税〔2015〕5 号）规定，按照法律规定或者合同约定，两个或两个以上企业合并为一个企业，且原企业投资主体存续的，对原企业将国有土地、房屋权属转移、变更到合并后的企业，暂不征土地增值税。因此选项 C 正确。

2.【参考答案】ACDE。房地产开发企业开发建造的与清算项目配套的居委会和派出所用房、会所、停车场（库）、物业管理场所、变电站、热力站、水厂、文体场馆、学校、幼儿园、托儿所、医院、邮电通信等公共设施，按以下原则处理：

（1）建成后产权属于全体业主所有的，其成本、费用可以扣除；

（2）建成后无偿移交给政府、公用事业单位用于非营利性社会公共事业的，其成本、费用可以扣除；

（3）建成后有偿转让的，应计算收入，并准予扣除成本、费用。

选项 D，将建成后无偿转让给另一企业，属于视同销售情形，确认视同销售收入同时可以扣除与之相关的成本费用。

3.【参考答案】AC。《中华人民共和国土地增值税暂行条例》第九条规定，纳税人有下列情形之一的，按照房地产评估价格计算征收：

（1）隐瞒、虚报房地产成交价格的；

（2）提供扣除项目金额不实的；

（3）转让房地产的成交价格低于房地产评估价格，又无正当理由的。

4.【参考答案】BCDE。购置新建商品房，自房屋交付使用的次月起，缴纳城镇土地使用税。

5.【参考答案】CDE。选项 A，免收租金期间由产权所有人缴纳房产税；选项 B，融资租赁的房产未约定开始日的，由承租人自合同签订的次月起按房产余值缴纳房产税。

6.【参考答案】ABCE。选项 D，合伙企业的合伙人将其名下的房屋转移至合伙企业名下，或合伙企业将其名下的房屋、土地使用权转回原合伙人名下，免征契税。

7. 【参考答案】ACD。选项 B，境外单位向境内销售服务代扣代缴增值税的，不征收城市维护建设税；选项 E，跨地区提供建筑服务在建筑服务发生地，预缴城市维护建设税。

8. 【参考答案】ACD。选项 B，担保单位不属于纳税人；选项 E，发放商标注册证的商标局也不属于印花税纳税人。

9. 【参考答案】ABCD。进口自用应税车辆计税依据 =（关税完税价格 + 关税）÷（1 - 消费税税率） = 关税完税价格 + 关税 + 消费税，关税完税价格包括运抵我国输入地点起卸前的运费。

10. 【参考答案】BCDE。选项 A，货物运输合同的计税依据为取得的运输费金额（即运费收入），不包括所运货物的金额、装卸费和保险费等。

第八章　社会保险费

第一节　社会保险费概述

一、基本概念

社会保险是指国家通过立法，多渠道筹集资金，对劳动者年老、失业、患病、工伤、生育等减少劳动收入时给予经济补偿，使他们能够享有基本生活保障的一项社会保障制度。我国的社会保险主要包括养老保险、医疗保险、失业保险、工伤保险和生育保险等险种。

社会保险基金来源于用人单位和个人缴费、政府财政补贴、银行利息、投资收益、社会捐赠等。社会保险费是指在社会保险基金的筹集过程当中，用人单位和个人按照规定向社会保险征收机构缴纳的费用，它是社会保险基金最主要的来源。按照社会保险的险种，社会保险费包括基本养老保险费、基本医疗保险费、失业保险费、工伤保险费和生育保险费。

自 2019 年 1 月 1 日起，基本养老保险费、基本医疗保险费、失业保险费、工伤保险费和生育保险费等各项社会保险费陆续划转至税务部门统一征收。

【多选题】下列属于社会保险的有（　　）。

A. 基本养老保险　　B. 基本医疗保险　　C. 生育保险　　D. 职业年金

【参考答案】ABC。在我国，社会保险由基本养老保险、基本医疗保险、失业保险、工伤保险和生育保险组成。

二、我国社会保险制度发展历史

我国社会保险制度建设 70 多年的历程大致可以分为四个阶段。

阶段	具体内容
1. 第一个阶段是实行劳动保险时期（1949—1984 年）	新中国成立后，社会保险制度建立，“文化大革命”期间基本停滞，改革开放后逐步恢复
2. 第二个阶段是改革重建社会保险制度时期（1985—2002 年）	顺应深化改革开放和社会主义市场经济体制要求，城镇各项社会保险制度全面重构，制度框架体系基本定型
3. 第三个阶段是统筹城乡社会保险制度建设时期（2003—2012 年）	围绕全面建设小康社会奋斗目标，社会保险覆盖范围从就业人群扩大到居民，城乡居民养老保险和医疗保险乘势而起，强力推进

续表

阶段	具体内容
4. 第四个阶段是建立更加公平合理的社会保险制度时期（2013 年至今）	立足全面建成小康社会新目标，社会保险走向全覆盖、保基本、多层次、可持续的发展道路，覆盖全民的社会保障体系进一步完善，实现应保尽保

“十四五”期间，我国将进一步改革完善社会保险制度，健全养老保险制度体系，促进基本养老保险基金长期平衡。实现基本养老保险全国统筹，放宽灵活就业人员参保条件，实现社会保险法定人群全覆盖。完善划转国有资本充实社保基金制度，优化做强社会保障战略储备基金。完善城镇职工基本养老金合理调整机制，逐步提高城乡居民基础养老金标准。发展多层次、多支柱养老保险体系，提高企业年金覆盖率，规范发展第三支柱养老保险。推进失业保险、工伤保险向职业劳动者广覆盖，实现省级统筹。推进社保转移接续，完善全国统一的社会保险公共服务平台。

第二节　养老保险费

养老保险是指劳动者在达到国家规定的解除劳动义务的劳动年龄界限，或者因年老丧失劳动能力的情况下，能够依法获得经济收入、物质帮助和相关服务的社会保险制度。养老保险按照保障层次可分为基本养老保险、补充养老保险和个人储蓄性养老保险，国际上通常分别称为养老保险的第一支柱、第二支柱和第三支柱。

一、基本养老保险费

基本养老保险费包括企业职工基本养老保险费、城乡居民基本养老保险费和机关事业单位工作人员基本养老保险费。

（一）企业职工基本养老保险费

1. 概念

企业职工基本养老保险费，是指按照企业职工基本养老保险制度规定，由用人单位及其职工缴纳的社会保险费用。

企业职工基本养老保险费是企业职工基本养老保险基金的主要来源。用于保障企业职工享受企业职工基本养老保险待遇的资金需要。

2. 企业职工基本养老保险的参保范围

征收范围	具体内容
（1）一般规定	企业职工基本养老保险费由用人单位及其职工共同缴纳。无雇工的个体工商户、未在用人单位参加基本养老保险的非全日制从业人员及其他灵活就业人员可以参加基本养老保险，由个人缴纳基本养老保险费。参保人员范围具体分为：应参加、可以参加以及特殊情况

续表

征收范围	具体内容
（2）应参加人员	①国有企业、城镇集体企业、外商投资企业、城镇私营企业和其他城镇企业职工，实行企业化管理的事业单位职工 ②依法在各级民政部门登记的社会团体（包括社会团体分支机构和代表机构）、基金会（包括基金会分支机构和代表机构）、民办非企业单位、境外非政府组织驻华代表机构及其签订聘用合同或劳动合同的专职工作人员（不包括兼职人员、劳务派遣人员、返聘的离退休人员和纳入行政事业编制的人员） ③划分为生产经营类，但尚未转企改制到位的事业单位，已参加企业职工基本养老保险的事业单位职工 ④机关事业单位编制外人员 ⑤在中国境内依法注册或者登记的企业、事业单位、社会团体、民办非企业单位、基金会、律师事务所、会计师事务所等组织依法招用的外国人以及与境外雇主订立雇佣合同后，被派遣到中国境内注册或登记的分支机构、代表机构工作的外国人 ⑥在内地（大陆）依法注册或者登记的企业、事业单位、社会组织、有雇工的个体经济组织等用人单位依法聘用、招用的港澳台居民
（3）可以参加人员	①无雇工的个体工商户、未在用人单位参加基本养老保险的非全日制从业人员以及其他灵活就业人员 ②在内地（大陆）依法从事个体工商经营的港澳台居民，可以按照注册地有关规定参加职工基本养老保险和职工基本医疗保险；在内地（大陆）灵活就业且办理港澳台居民居住证的港澳台居民
（4）特殊情况人员	①符合与中国签订双边社会保险协定规定的在华短暂就业的外国人可以不参加企业职工基本养老保险 ②已在中国香港、澳门、台湾参加当地社会保险，并继续保留社会保险关系的港澳台居民，可以持相关授权机构出具的证明，不在内地（大陆）参加基本养老保险

3. 缴费基数

缴费基数	具体内容
（1）用人单位的缴费基数	用人单位的缴费基数为国家规定的本单位企业职工工资总额的比例缴纳基本养老保险
（2）企业职工个人缴费基数	①企业职工个人基本养老保险的缴费基数为本人工资收入，原则上以本人上年度月平均工资为基础。在本省全口径城镇单位就业人员平均工资的 60%—300% 范围内进行核定。如果企业职工个人上年月平均工资低于本省全口径城镇单位就业人员平均工资的 60% 的，按照本省全口径城镇单位就业人员平均工资的 60% 缴费；超过本省全口径城镇单位就业人员平均工资 300% 的，按本省全口径城镇单位就业人员平均工资的 300% 缴费，超过部分不计入缴费工资基数；企业职工个人上年月平均工资介于本省全口径城镇单位就业人员平均工资的 60%—300% 的，要按照实际数额作为缴费基数 ②本省全口径城镇单位就业人员的平均工资为城镇非私营单位就业人员平均工资和城镇私营单位就业人员平均工资加权计算的全口径城镇单位就业人员平均工资 【注】改革后，全口径城镇单位就业人员平均工资低于非私营城镇企业在岗职工的平均工资，从而起到降费作用
（3）其他人员缴费基数	无雇工的个体工商户、未在用人单位参加基本养老保险的非全日制从业人员以及其他灵活就业人员参加企业基本养老保险，可以在本省全口径城镇单位就业人员平均工资的 60%—300% 范围内进行自愿选择

【单选题】企业职工基本养老保险费缴费基数的上下限规定的比例是（　　）。

A. 60%、300%　　B. 50%、200%　　C. 80%、120%　　D. 70%、150%

【参考答案】A。在本省全口径城镇单位就业人员平均工资的60%—300%范围内进行核定。

4. 缴费比例

缴费比例	具体内容
（1）用人单位缴费比例	用人单位缴纳基本养老保险金比例一般不得超过企业工资总额的20%，具体比例由省、自治区、直辖市人民政府确定。从2019年5月1日起，各地企业职工基本养老保险用人单位的缴费比例可以降到16%
（2）职工个人缴费比例	为本人工资收入的8%
（3）无雇工的个体工商户、未在用人单位参加基本养老保险的非全日制从业人员以及其他灵活就业人员缴费比例	为其缴费基数的20%，其中8%计入个人账户，12%计入统筹基金账户。退休后按企业职工基本养老金计发办法计发基本养老金

5. 应缴保费的计算

用人单位应缴纳的职工基本养老保险费＝用人单位缴费基数×缴费比例

用人单位职工个人应缴纳的基本养老保险费＝职工个人缴费基数×缴费比例

（二）机关事业单位工作人员基本养老保险费

机关事业	具体内容
1. 概念	（1）机关事业单位工作人员基本养老保险费，是指按照机关事业单位工作人员基本养老保险制度相关规定，由机关事业单位及其编制内的工作人员共同缴纳的社会保险费 （2）机关事业单位编制内的工作人员除了建立基本养老保险制度以外，还建立了职业年金制度。职业年金制度是机关事业单位工作人员基本养老保险制度的补充 （3）机关事业单位工作人员基本养老保险和职业年金实行强制征收
2. 参保范围	机关事业单位工作人员基本养老保险的征收范围包括按照公务员法管理的单位及其编制内工作人员、参照公务员法管理的机关（单位）及其编制内工作人员、事业单位及其编制内工作人员
3. 缴费基数	（1）用人单位缴费基数 机关事业单位的用人单位缴纳基本养老保险费、职业年金的基数都是本单位的职工工资总额 （2）编制内的工作人员个人的缴费基数 机关事业单位编制内工作人员的个人基本养老保险、职业年金的缴费基数都是本人工资，一般以上年度本人月平均工资为个人缴费工资基数 ①本人上年月平均工资低于本省全口径城镇单位就业人员平均工资（以下简称“本省平均工资”）60%的，按本省全口径城镇单位就业人员平均工资的60%缴费 ②超过本省平均工资300%的，按平均工资300%缴费，超过部分不计入缴费工资基数 ③职工个人工资收入介于本省平均工资的60%—300%的，按照实际数额作为缴费基数

续表

机关事业	具体内容
4. 缴费比例	（1）用人单位缴费比例 为本单位职工工资总额的 20%，从 2019 年 5 月 1 日降为 16%，职业年金缴费比例为本单位职工工资总额的 8% （2）机关事业单位编制内工作人员个人缴费比例 为本人缴费基数的 8%，个人职业年金缴费比例为本人缴费基数的 4%
5. 应缴保费的计算	机关事业单位应缴纳的基本养老金数额 = 单位缴费基数 ×16% 机关事业单位应缴纳的职业年金数额 = 单位缴费基数 ×8% 机关事业单位的职工个人应缴纳的基本养老金数额 = 个人缴费基数 ×8% 机关事业单位的职工个人应缴纳的职业年金数额 = 个人缴费基数 ×4%

【多选题】机关事业单位基本养老保险的征收范围包括（　　）。

A. 按照《公务员法》管理的单位及其编制内的工作人员

B. 参照《公务员法》管理的机关单位及其编制内工作人员

C. 事业单位及其编制内的工作人员

D. 实行企业化管理的事业单位及其人员

【参考答案】ABC。机关事业单位工作人员基本养老保险的征收范围包括按照公务员法管理的单位及其编制内工作人员、参照公务员法管理的机关（单位）及其编制内工作人员、事业单位及其编制内工作人员。

（三）城乡居民基本养老保险费

城乡居民	具体内容
1. 概念	城乡居民基本养老保险费，是指按照城乡居民基本养老保险制度规定，由城乡居民参加城乡居民基本养老保险而缴纳的保险费用。城乡居民养老金由政府财政提供的基础养老金和来自个人账户的养老金组成
2. 参保范围	年满 16 周岁（不含在校学生），非国家机关和事业单位工作人员以及不属于职工基本养老保险制度覆盖范围的城乡居民，可以在户籍地参加城乡居民养老保险
3. 缴费标准	城乡居民缴纳养老保险费采取自愿原则。由于参保人个人收入的差异，城乡居民社会养老保险费划分多个缴费档次，供城乡居民选择，城乡居民按年以固定费额来收费。城乡居民缴费标准目前设为 12 个档次，最高标准原则上不超过当地灵活就业人员参加职工基本养老保险的年缴费额，并报人力资源和社会保障部备案。参保人自主选择档次缴费，“长缴多得”“多缴多得”

【多选题】属于城乡居民基本养老保险的参保范围有（　　）。

A. 年满 16 周岁（不含在校学生）城乡居民

B. 年满 16 周岁（不含在校学生）的城镇非从业居民

C. 所有非就业的城乡居民

D. 年满 16 周岁（不含在校学生）农村非从业居民

【参考答案】BD。年满 16 周岁（不含在校学生），非国家机关和事业单位工作人员以及不属于职工基本养老保险制度覆盖范围的城乡居民。

二、补充养老保险

补充养老保险是基本养老保险的补充保险，也称为“年金”。补充养老保险根据缴纳主体不同分为企业补充养老保险和机关事业单位工作人员补充养老保险。

（一）企业补充养老保险

1. 概念	企业补充养老保险，也称企业年金，是指企业及其职工在依法参加基本养老保险的基础上，依据国家政策和本企业经济状况自愿建立的、旨在提高职工退休后生活水平、对国家基本养老保险进行补充的一种养老保险形式
2. 征收范围	符合下列条件的企业，都可以建立企业年金： （1）依法参加基本养老保险并履行缴费义务 （2）具有相应的经济负担能力 （3）已建立集体协商机制
3. 缴费标准	企业年金由企业和职工个人共同缴纳。其中企业缴费规模每年不超过本企业职工工资总额的8%。企业和职工缴费合计不超过本企业职工工资总额的12%

（二）机关事业单位工作人员补充养老保险

1. 概念	机关事业单位工作人员补充养老保险，也称职业年金，是指机关事业单位及其工作人员在参加机关事业单位基本养老保险的基础上，建立的补充养老保险制度
2. 征收范围	参加职业年金的机关事业单位和工作人员的范围与参加机关事业单位工作人员基本养老保险的范围一致
3. 缴费标准	职业年金所需费用由单位和工作人员个人共同承担。单位和个人缴费基数与机关事业单位工作人员基本养老保险缴费基数一致。单位缴纳比例为8%，个人缴费比例为4%。国家适时调整单位和个人职业年金缴费比例

三、个人储蓄性养老保险

个人储蓄性养老保险是一种个人自愿建立和管理的养老储蓄计划，是我国多层次养老保险体系的一个组成部分。1991年，《国务院关于企业职工养老保险制度改革的决定》（国发〔1991〕33号）就提出了“个人储蓄性养老保险”的概念，将其作为基本养老保险和企业补充养老保险之外的第三部分。

2018年4月，财政部、国家税务总局、人力资源社会保障部、银保监会、证监会五部门发布《关于开展个人税收递延型商业养老保险试点的通知》（财税〔2018〕22号）规定，自2018年5月1日起，选择上海市、福建省（含厦门市）和苏州工业园区实施个人税收递延型商业养老保险试点。

2022年4月国务院办公厅印发《关于推动个人养老金发展的意见》，强调推动发展适合中国国情、政府政策支持、个人自愿参加、市场化运营的个人养老金。

第三节　基本医疗保险费

在我国，基本医疗保险，是指由国家、单位和个人缴纳，用于保障人民享受基本医疗保险待遇的社会保险费。

我国基本医疗保险包括职工基本医疗保险费和城乡居民医疗保费。

一、职工基本医疗保险费

1. 概念

职工基本医疗保险费，是指按照基本医疗保险制度规定，由用人单位及其职工共同缴纳的社会保险费用。职工参加基本医疗保险，依法享受基本医疗保险待遇。

2. 参保范围

征收范围	具体内容
（1）一般规定	参保范围包括应参保人和可以参保人
（2）应参保人	①用人单位及职工 ②领取失业保险金期间的失业人员 ③军队文职人员 ④离休人员、老红军以及二等乙级以上革命伤残军人、退休人员 ⑤在内地（大陆）依法注册或者登记的企业、事业单位、社会组织、有雇工的个体经济组织等用人单位依法聘用、招用的港澳台居民 ⑥在中国境内依法注册或者登记的企业、事业单位、社会团体、民办非企业单位、基金会、律师事务所、会计师事务所等组织依法招用的外国人以及与境外雇主订立雇佣合同后，被派遣到中国境内注册或登记的分支机构、代表机构工作的外国人
（3）可以参保人	①无雇工的个体工商户、未在用人单位参加基本养老保险的非全日制从业人员以及其他灵活就业人员 ②在内地（大陆）依法从事个体工商经营的港澳台居民、在内地（大陆）灵活就业且办理港澳台居民居住证的港澳台居民

3. 缴费基数

缴费基数	具体内容
（1）用人单位的缴费基数	用人单位基本医疗保险费的缴费基数为本单位职工工资总额
（2）职工个人缴费基数	职工个人缴纳基本医疗保险的缴费基数为上一年度个人月平均工资 为了便于管理，实践中，许多地方企业职工基本医疗保险、失业保险、工伤保险和生育保险的单位和个人的缴费基数，要按照职工基本养老保险单位和个人缴费基数来确定，从而使企业缴纳各项社会保险费的基数统一
（3）无雇工的个体工商户、未在用人单位参加基本医疗保险的非全日制从业人员以及其他灵活就业人员参加基本医疗保险	其缴费基数可参照当地上一年度职工平均工资核定

【单选题】职工医疗保险费用人单位的缴费基数为（　　）。

A. 职工个人工资

B. 本单位职工工资总额

C. 在岗职工的平均工资

D. 全口径城镇单位就业人员的平均工资

【参考答案】B。用人单位基本医疗保险费的缴费基数为本单位职工工资总额。

4. 缴费比例

缴费比例	具体内容
（1）用人单位缴费比例	用人单位缴纳基本医疗保险金，比例为本单位职工工资总额的6%左右，具体比例按照统筹地规定为准
（2）职工个人缴费比例	职工个人缴纳比例一般为个人缴费基数的2%
（3）无雇工的个体工商户、未在用人单位参加基本医疗保险的非全日制从业人员以及其他灵活就业人员缴费比例	全国不统一，实际按统筹地具体规定执行

【单选题】职工个人基本医疗保险费的缴费比例是（　　）。

A. 2%　　B. 8%　　C. 6%　　D. 7%

【参考答案】A。职工个人缴纳比例一般为个人缴费基数的2%。

5. 应缴保费的计算

用人单位应缴纳职工基本医疗保险费数额 = 单位缴费基数 × 缴费比例

用人单位职工个人应缴纳职工基本医疗保险费数额 = 职工个人缴费基数 × 缴费比例

二、城乡居民基本医疗保险费

城乡居民	具体内容
1. 概念	城乡居民基本医疗保险费，是指按照城乡居民基本医疗保险制度规定，城乡居民自愿参加城乡居民基本医疗保险而缴纳的保险费用
2. 参保范围	城乡居民基本医疗保险覆盖范围包括除了职工基本医疗保险征收范围以外的其他所有城乡居民具体包括： (1) 不属于城镇职工基本医疗保险制度覆盖范围的少年儿童、中小学阶段的学生（包括职业高中、中专、技校学生）和其他非从业居民 (2) 灵活就业人员和拥有农村户籍的进城务工人员可以参加职工基本医疗保险，参加职工基本医疗保险有困难的，允许其参加城乡居民基本医疗保险 【注】自愿参加城乡居民基本医疗保险的城乡居民，纳入城乡居民基本医疗保险费的征收范围

续表

城乡居民	具体内容
3. 缴费标准	（1）城乡居民基本医疗保险以年为单位，采取定额缴费方式进行缴费 （2）2022 年，国家规定的个人缴费最低标准是每人每年 350 元。在个人缴费的基础上，国家对参保缴费的居民给予补助，2022 年全国补助标准不低于每人每年 610 元 （3）由于城乡居民基本医疗保险费用按固定费额缴费，不存在计算的问题

【多选题】城乡居民基本医疗保险的征收范围包括（　　）。

A. 城乡非从业居民　　B. 未成年人

C. 大学生　　D. 企业在职职工

【参考答案】ABC。城乡居民基本医疗保险覆盖范围包括除了职工基本医疗保险征收范围以外的其他所有城乡居民。

第四节　生育保险费

生育保险是国家通过社会保险立法，对生育职工因生育而暂时中断劳动，提供必要的经济补偿和医疗保健的一项社会制度。职工参加生育保险，依法享受生育保险待遇。2019 年发布的《国务院办公厅关于全面推进生育保险和职工基本医疗保险合并实施的意见》（国办发〔2019〕10 号）提出全面推进生育保险和职工基本医疗保险合并实施。合并实施遵循保留险种、保障待遇、统一管理、降低成本的总体思路，实现两项保险参保同步登记、基金合并运行、征缴管理一致、监督管理统一、经办服务一体化。

生育保险	具体内容
一、概念	生育保险费，是指按照生育保险相关制度规定，由用人单位缴纳的用于保障女职工享受生育保险待遇的社会保险费。职工参加生育保险，依法享受生育保险待遇。生育保险费采取强制缴纳原则，由用人单位缴纳，个人不用缴费
二、参保范围	生育保险参保范围为用人单位的职工，不论男女均需参加。《社会保险法》规定，职工应当参加生育保险，由用人单位按照国家规定缴纳生育保险费，职工不缴纳生育保险费
三、缴费基数	用人单位缴纳生育保险费的缴费基数为本单位职工工资总额
四、缴费比例	生育保险费的缴费比例由当地人民政府根据计划内生育人数和生育津贴、生育医疗费等各项费用确定，并可根据费用支出情况适时调整，但最高不得超过工资总额的 1%
五、应缴保费的计算	用人单位应缴生育保险费数额 = 用人单位缴费基数 × 缴费比例

【提示】男性职工在一定条件下也可以享受生育保险，如果男性职工配偶没有参保生育保险，那么男方可以在生产费用上报销一定的比例。

【单选题】生育保险费的缴费人是（　　）。

A. 纳入生育保险征收范围的用人单位

B. 纳入生育保险征收范围的用人单位和职工个人

C. 职工个人

D. 政府补贴

【参考答案】A。生育保险参保范围为用人单位的职工，不论男女均需参加。《社会保险法》规定，职工应当参加生育保险，由用人单位按照国家规定缴纳生育保险费，职工不缴纳生育保险费。因此纳入生育保险征收范围的用人单位是生育保险费的缴费人。

第五节　失业保险费

失业保险	具体内容
一、概念	失业保险费，是指按照社会保险相关制度规定，由用人单位及其职工共同缴纳的社会保险费用，用于解决失业人员依法享受的失业待遇资金需要 失业保险待遇包括领取失业保险金、接受职业培训、职业介绍的补贴以及其他待遇等
二、参保范围	失业保险的参保范围包括城镇企业事业单位及其职工。城镇企业包括国有企业、城镇集体企业、外商投资企业、城镇私营企业以及其他城镇企业；社会团体及其专职人员、民办非企业单位及其职工、有雇工的个体工商户及其雇工是否参加失业保险由各省级人民政府确定 城镇企业事业单位招用的农民合同制工人应该参加失业保险，用人单位按规定为农民工缴纳失业保险费，农民合同制工人本人不缴纳失业保险费
三、缴费基数	用人单位的缴费基数为国家规定的本单位职工工资总额 职工个人缴费基数为本人工资
四、缴费比例	自2017年1月1日起，失业保险费率为1.5%的地方，失业保险总费率可以降为1%，执行期限为两年，到2019年4月30日；从2019年5月1日起，阶段性降低失业保险费率政策经过三次延长，实施期限延长至2023年4月30日
五、应缴保费的计算	用人单位应缴纳的失业保险费数额 = 用人单位缴费基数 × 缴费比例 用人单位职工个人应缴纳的失业保险费数额 = 职工个人缴费基数 × 缴费比例

第六节　工伤保险费

工伤保险	具体内容
一、概念	工伤保险费，是指按照社会保险相关制度规定，由用人单位缴纳的社会保险费用，用以解决遭受工伤伤害的职工依法享受的工伤保险待遇的需要。职工参加工伤保险，工伤保险费由用人单位缴纳，个人不缴纳工伤保险费用
二、参保范围	包括我国境内的各类企业、事业单位、社会团体、民办非企业单位、基金会、律师事务所、会计事务所等组织和有雇工的个体工商户
三、缴费基数	用人单位缴纳工伤保险费的缴费基数为本单位职工工资总额

续表

工伤保险	具体内容
四、缴费比例	1. 工伤保险由于各用人单位的所处的行业风险程度不同，以及用人单位的风险管理水平不同，我国工伤保险实行行业基准费率和浮动费率相结合的方式确定用人单位的工伤保险实际费率 2. 工伤保险在实行行业差别比率费率的基础上，根据用人单位工伤保险出现情况、工伤保险费的使用情况、工伤发生率等因素实行浮动费率。一类至八类工伤风险类别对应的全国工伤保险行业基准费率分别控制在该行业用人单位职工工资总额的 0.2%、0.4%、0.7%、0.9%、1.1%、1.3%、1.6%、1.9%左右。通过费率浮动的办法确定每个行业内的费率档次。一类行业分为三个档次，即在基准费率的基础上，可向上浮动至 120%、150%；二类至八类行业分为五个档次，即在基准费率的基础上，可分别向上浮动至 120%、150%或向下浮动至 80%、50% 3. 为了减轻企业的负担，国家规定，自 2018 年 5 月 1 日起，在保持八类费率总体稳定的基础上，工伤保险基金累计结余可支付月数在 18（含）至 23 个月的统筹地区，可以以现行费率为基础下调 20%；累计结余可支付月数在 24 个月（含）以上的统筹地区，可以以现行费率为基础下调 50%。降低费率的期限执行至 2019 年 4 月 30 日。从 2019 年 5 月 1 日起，阶段性降低工伤保险费政策经过三次延长，实施期限延长至 2023 年 4 月 30 日
五、应缴保费的计算	用人单位应缴工伤保险费数额 = 用人单位缴费基数 × 缴费比例 1. 建筑施工企业可以实行以建筑施工项目为单位，按照项目工程总造价的一定比例，计算缴纳工伤保险费 2. 商贸、餐饮、住宿、美容美发、洗浴及文体娱乐等小型服务业企业及有雇工的个体工商户，可以按照营业面积的大小核定应参保人数，按照所在统筹地区上一年度职工月平均工资的一定比例和相应的费率，计算缴纳工伤保险费；也可以按照营业额的一定比例计算缴纳工伤保险费 3. 小型矿山企业可以按照总产量、吨矿工资含量和相应的费率计算缴纳工伤保险费

【单选题】工伤保险费的缴费人为（　　）。

A. 纳入工伤保险征收范围的用人单位

B. 纳入工伤保险征收范围的用人单位和个人

C. 个人

D. 政府补贴

【参考答案】A。工伤保险费，是指按照社会保险相关制度规定，由用人单位缴纳的社会保险费用，用以解决遭受工伤伤害的职工依法享受的工伤保险待遇的需要。职工参加工伤保险，工伤保险费由用人单位缴纳，个人不缴纳工伤保险费用。

第七节　社会保险费征收管理

一、社会保险登记

社会保险登记可分为用人单位社会保险登记和个人社会保险登记。用人单位和个人应当向当地社会（医疗）保险经办机构办理社会保险登记，参加社会保险。

用人单位社会保险登记包括：企业及其职工、机关事业单位及其工作人员、有雇工的个体工商户及其雇工的参保登记。

个人社会保险登记包括：自愿参加社会保险的无雇工的个体工商户、未在用人单位参加社会保险的非全日制从业人员及其他灵活就业人员的参保登记和城乡居民的参保登记。

二、社会保险费缴费

缴费申报	具体内容
1. 用人单位缴费申报	用人单位应当自行申报、按时足额缴纳社会保险费，非因不可抗力等法定事由不得缓缴、减免。职工应当缴纳的社会保险费由用人单位代扣代缴，用人单位应当按月将缴纳的社会保险费的明细情况告知本人
2. 以个人身份参加社会保险人员缴费申报	无雇工的个体工商户、未在用人单位参加社会保险的非全日制从业人员及其他灵活就业人员可以直接向社会保险费征收机构缴纳社会保险费。灵活就业人员可以按月申报缴费，也可以按季、半年、年度合并缴纳，具体按各省规定执行
3. 城乡居民缴费申报	城乡居民基本养老保险费按年度缴费，参保人员可自主选择缴费档次，确定缴费金额。城乡居民基本医疗保险按年度缴费，当年缴纳下一年度费款，缴费一次，享受一年
4. 工程项目工伤保险费缴费申报	建筑施工企业应依法参加工伤保险。建筑施工企业对相对固定的职工，应按用人单位参加工伤保险；对不能按用人单位参保、建筑项目使用的建筑业职工特别是农民工，按项目参加工伤保险。以建设项目为单位参保的，可以按照项目工程总造价的一定比例计算缴纳工伤保险费

三、社会保险费核定

1. 核定的内容

缴费核定的内容有缴费险种、缴费人数、缴费基数和缴费费率是否符合规定，申报资料是否齐全等，包括核定灵活就业人员缴费申报。

2. 未按规定申报时缴费基数的确定

缴费单位不按规定申报应缴纳的社会保险费数额的，暂按该单位上月缴费数额的110%确定应缴数额；没有上月缴费数额的，暂按该单位的经营状况、职工人数等有关情况确定应缴数额。缴费单位补办申报手续并按核定数额缴纳社会保险费后，按照规定结算。

四、社会保险费征收

根据《社会保险法》规定，社会保险费实行统一征收。

1. 缴费人

凡参加社会保险的用人单位和个人必须依据法律、法规按时足额缴纳社会保险费。

2. 征收方式

按照方便、快捷、安全的原则，税务机关提供“线上”和“线下”两种社会保险费缴费渠道。

3. 缴费方式

国家在推广和鼓励“线上”缴费的同时，保留“线下”缴费渠道，支持现金缴费方式，为老年人、残障人士等特殊缴费人群提供便捷服务。缴费单位和缴费个人应当以货币形式一次性全额缴纳社会保险费，币种为人民币。

4. 征收期限与所属期限

社会保险费征收期限是指根据相关规定，缴费人申报缴纳社会保险费款的时限。目前，各省市之间征收期限规定不尽相同。

社会保险费所属期限是指缴费人缴纳社会保险费款的所属月份或所属年度。有的地区当月征收上月社会保险费款，有的地区当月征收当月社会保险费款，各地规定不尽相同。

5. 缓缴

社会保险费非因不可抗力等法定事由不得缓缴、减免。用人单位因不可抗力造成生产经营出现严重困难的，经有关部门批准后，可以暂缓缴纳一定期限的社会保险费，期限一般不超过一年。

6. 退费

社会保险费退费分为社会保险费征收机构发现缴费人多缴费款和缴费人自己发现多缴费款两种情形。社会保险费征收机构发现缴费人多缴费款的，应依职权及时退还多缴费款；缴费人自己发现多缴费款的，可以向社会保险费征收机构申请退还多缴费款。

社会保险费退付采取税务机关受理核验、人力资源和社会保障部门或医疗保障部门退还的方式。

7. 社会保险费征收的强制性规定

用人单位未按时足额缴纳社会保险费的，由社会保险费征收机构责令其限期缴纳或者补足。用人单位逾期仍未缴纳或者补足社会保险费的，社会保险费征收机构可以向银行和其他金融机构查询其存款账户；并可以申请县级以上有关行政部门作出划拨社会保险费的决定，书面通知其开户银行或者其他金融机构划拨社会保险费。用人单位账户余额少于应当缴纳的社会保险费的，社会保险费征收机构可以要求该用人单位提供担保，签订延期缴费协议。

用人单位未足额缴纳社会保险费且未提供担保的，社会保险费征收机构可以申请人民法院扣押、查封、拍卖其价值相当于应当缴纳社会保险费的财产，以拍卖所得抵缴社会保险费。

职工应当缴纳的社会保险费由用人单位代扣代缴。用人单位未依法代扣代缴的，由社会保险费征收机构责令用人单位限期代缴，并自欠缴之日起向用人单位按日加收万分之五的滞纳金。用人单位不得要求职工承担滞纳金。

五、社会保险费争议处理

《社会保险法》第八十三条规定，用人单位或者个人认为社会保险费征收机构的行为侵害自己合法权益的，可以依法申请行政复议或提起行政诉讼。

用人单位或者个人对社会保险经办机构不依法办理社会保险登记、核定社会保险费、支付社会保险待遇、办理社会保险转移接续手续或者侵害其他社会保险权益的行为，可以依法申请行政复议或者提起行政诉讼。

个人与所在用人单位发生社会保险争议的，可以依法申请调解、仲裁、提起诉讼。用人单位侵害个人社会保险权益的，个人也可以要求社会保险行政部门或社会保险费征收机构依法处理。

本章习题

一、单项选择题

1. 企业职工基本养老保险职工个人的缴费比例为（　　）。

A. 6%　　B. 7%　　C. 8%　　D. 9%

2. 无雇工的个体工商户参加职工基本养老保险的，其缴纳的基本养老保险费，计入（　　）。

A. 基本养老保险统筹基金　　B. 基本养老保险统筹基金和个人账户

C. 个人账户　　D. 财政专户和个人账户

3. 用人单位未按时足额缴纳社会保险费的，由社会保险费征收机构责令限期缴纳或者补足，并自欠缴之日起，按日加收滞纳金，滞纳金标准为（　　）。

A. 0.2‰　　B. 0.5‰　　C. 2‰　　D. 5‰

4. 机关事业单位工作人员的职业年金制度的缴纳原则是（　　）。

A. 自愿原则　　B. 强制原则　　C. 协商原则　　D. 灵活原则

5. 职工个人基本医疗保险的缴费比例是（　　）。

A. 2%　　B. 6%　　C. 7%　　D. 8%

6. 根据阶段性降低失业保险费率政策，目前失业保险总费率为（　　）。

A. 3%　　B. 2%　　C. 1%　　D. 0.5%

7. 工伤保险费率实行的方法是（　　）。

A. 单一比例费率　　B. 差别比例费率

C. 浮动费率　　D. 基准费率和浮动费率相结合

8. 用人单位未按照规定申报缴纳应缴纳基本养老保险费的，由社会保险征收机构按照该单位上月缴费数额的一定比例确定缴费数额，这一比例是（　　）。

A. 100%　　B. 110%　　C. 120%　　D. 130%

9. 缴费单位的社会保险登记事项发生变更的，应自变更之日起（　　）内，到原申请登记的社会保险经办机构办理变更登记手续。

A. 10日　　B. 15日　　C. 30日　　D. 60日

10. 用人单位未足额缴纳社会保险费且未提供担保的，社会保险费征收机构不可以申请人民法院（　　）其价值相当于应当缴纳社会保险费的财产。

A. 扣押　　B. 查封　　C. 冻结　　D. 拍卖

二、多项选择题

1. 下列属于企业职工基本养老保险征收范围的有（　　）。

A. 外资企业　　B. 灵活就业人员

C. 国有企业　　D. 事业单位

E. 与企业签订劳务合同的进城务工人员

2. 我国基本养老保险包括（　　）。

A. 企业职工基本养老保险　　B. 城乡居民基本养老保险

C. 机关事业单位基本养老保险　　D. 灵活就业人员基本养老保险

E. 商业养老保险

3. 按照保障层次划分，养老保险包括（　　）。

A. 国家养老保险　　B. 基本养老保险

C. 补充养老保险　　D. 个人储蓄性养老保险

E. 单位养老保险

4. 城乡居民养老保险基金的构成包括（　　）。

A. 个人缴费　　B. 个人摊派　　C. 集体补助

D. 政府补贴　　E. 集体筹资

5. 城乡居民基本医疗保险的征收范围包括（　　）。

A. 城乡非从业居民　　B. 未成年人

C. 大学生　　D. 取得居住证的常住人口

E. 农民工

6. 失业保险的征收范围包括（　　）。

A. 国有企业及其职工　　B. 外商投资企业及其职工

C. 事业单位及其职工　　D. 政府机关及其公务员

E. 城镇私营企业及其职工

7. 生育保险的征收范围包括（　　）。

A. 国有企业　　B. 灵活就业人员　　C. 集体企业

D. 机关单位　　E. 城乡居民

8. 以下不属于工伤保险基准费率的有（　　）。

A. 0.2%　　B. 0.4%　　C. 0.5%

D. 0.8%　　E. 1.9%

9. 个人与所在用人单位发生社会保险争议时，可以采取的法律手段包括（　　）。

A. 申请行政复议　　B. 申请调解　　C. 申请仲裁

D. 提起诉讼　　E. 提出申诉

10. 社会保险制度坚持（　　）的方针，社会保险水平应当与经济社会发展水平相适应。

A. 广覆盖　　B. 低缴费　　C. 保基本

D. 多层次　　E. 可持续

参考答案与解析

一、单项选择题

1. 【参考答案】C。根据《国务院关于完善企业职工基本养老保险制度的决定》（国发〔2005〕38 号），从 2006 年 1 月 1 日起，个人账户的规模统一由本人缴费工资的 11% 调整到 8%，全部由个人缴费形成，单位缴费不再划入个人账户。

2. 【参考答案】B。《社会保险法》规定，无雇工的个人工商户、未在用人单位参加基本养老保险的非全日制从业人员以及其他灵活就业人员参加基本养老保险的，应当按照国家规定缴纳基本养老保险，分别计入基本养老保险统筹基金和个人账户。

3. 【参考答案】B。根据《社会保险法》第八十六条的规定，用人单位未按时足额缴纳社会保险费的，由社会保险费征收机构责令限期缴纳或者补足，并自欠缴之日起，按日加收 0.5‰的滞纳金；逾期仍不缴纳的，由有关行政部门处欠缴数额 1 倍以上 3 倍以下的罚款。

4. 【参考答案】B。根据《国务院关于机关事业单位工作人员养老保险制度改革的决定》（国发〔2015〕2 号）规定，机关事业单位在参加基本养老保险的基础上，应当为其工作人员建立职业年金。法律法规强制要求机关事业单位为职工缴纳职业年金，因此机关事业单位职业年金缴纳的原则为强制原则。

5. 【参考答案】A。根据《国务院关于建立城镇职工基本医疗保险制度的决定》（国发〔1998〕44 号）的规定，职工基本医疗保险费由用人单位和职工共同缴纳。用人单位缴费率控制在职工工资总额的 6% 左右，职工缴费率一般为本人工资收入的 2%。

6. 【参考答案】C。2017 年 1 月 1 日起，失业保险费率为 1.5% 的地方，失业保险总费率可以降为 1%，执行期限为两年，到 2019 年 4 月 30 日；从 2019 年 5 月 1 日起，阶段性降低失业保险费率政策经过三次延长，实施期限延长至 2023 年 4 月 30 日。

7. 【参考答案】D。根据《人力资源社会保障部 财政部关于调整工伤保险费率政策的通知》（人社部发〔2015〕71 号）的规定，不同工伤风险类别的行业执行不同的工伤保险行业基准费率，通过费率浮动的办法确定每个行业内的费率档次，即基准费率和浮动费率相结合。

8.【参考答案】B。《社会保险费申报缴纳管理规定》（人力资源和社会保障部令第 20 号）第八条规定，用人单位未按规定申报应缴纳的社会保险费数额的，社会保险经办机构暂按该单位上月缴费数额的 110% 确定应缴数额；没有上月缴费数额的，暂按该单位的经营状况、职工人数当地上年度职工平均工资等有关情况确定应缴数额。

9.【参考答案】C。《社会保险费征缴暂行条例》第二章第九条规定，缴费单位的社会保险登记事项发生变更的，应自变更之日起 30 日内，到原申请登记的社会保险经办机构办理变更登记手续。

10.【参考答案】C。《中华人民共和国社会保险法》第六十三条规定，用人单位未足额缴纳社会保险费且未提供担保的，社会保险费征收机构可以申请人民法院扣押、查封、拍卖其价值相当于应当缴纳社会保险费的财产。

二、多项选择题

1.【参考答案】ABCE。根据《社会保险法》第十条的规定，职工应当参加基本养老保险，由用人单位和职工共同缴纳基本养老保险费。无雇工的个体工商户、未在用人单位参加基本养老保险的非全日制从业人员以及其他灵活就业人员可以参加基本养老保险，由个人缴纳基本养老保险费。故选项 ABC 正确。根据《社会保险法》第九十五条的规定，进城务工的农村居民依照规定参加社会保险。故选项 E 正确。事业单位缴纳机关事业单位基本养老保险，选项 D 错误。

2.【参考答案】ABC。我国基本养老保险包括企业职工基本养老保险、城乡居民基本养老保险和机关事业单位基本养老保险。灵活就业人员属于企业职工基本养老保险范畴。商业养老保险属于补充养老保险。

3.【参考答案】BCD。按照保障层次划分，我国养老保险包括基本养老保险、补充养老保险和个人储蓄性养老保险。

4.【参考答案】ACD。根据《国务院关于建立统一的城乡居民基本养老保险制度的意见》（国发〔2014〕8 号），城乡居民养老保险基金由个人缴费、集体补助、政府补贴构成。

5.【参考答案】ABCD。根据《国务院关于整合城乡居民基本医疗保险制度的意见》（国发〔2016〕3 号），城乡居民医疗保险制度覆盖范围包括现有城镇居民医疗保险和新农合所有应参保人员，即覆盖除职工基本医疗保险应参保人员以外的其他所有城乡居民。农民工和灵活就业人员依法参加职工基本医疗保险，有困难的可按照当地规定参加城乡居民医疗保险。

6.【参考答案】ABCE。根据《失业保险条例》，城镇企业事业单位、城镇企业事业单位职工依照规定，缴纳失业保险。城镇企业事业单位失业人员依照规定，享受失业保险待遇。

7.【参考答案】ACD。《社会保险法》第五十三条规定："职工应当参加生育保险，由用人单位按照国家规定缴纳生育保险费，职工不缴纳生育保险费。”《社会保险法》第五十四条规定：“用人单位已经缴纳生育保险的，其职工享受生育保险待遇；职工未就业配偶按照国家规定享受生育医疗费用待遇。所需资金从生育保险基金中支付。”上述规定说明我国生育保险的范围覆盖了所有用人单位及其职工，并且扩大到了用人单位职工的未就业配偶。

8. 【参考答案】CD。根据《人力资源社会保障部 财政部关于调整工伤保险费率政策的通知》（人社部发〔2015〕71 号），不同工伤风险类别的行业执行不同的工伤保险行业基准费率。各行业工伤风险类别对应的全国工伤保险行业基准费率为，一类至八类分别控制在该行业用人单位职工工资总额的 0.2%、0.4%、0.7%、0.9%、1.1%、1.3%、1.6%、1.9%左右。

9. 【参考答案】BCD。《社会保险法》第八十三条规定，个人与所在用人单位发生社会保险争议的，可以依法申请调解、仲裁，提出诉讼。用人单位侵害个人社会保险权益的，个人也可以要求社会保险行政部门或者社会保险费征收机构依法处理。

10. 【参考答案】ACDE。《社会保险法》第三条规定，社会保险制度坚持广覆盖、保基本、多层次、可持续的方针，社会保险水平应当与经济社会发展水平相适应。

第九章　非税收入

第一节　非税收入概述

一、非税收入的概念和特征

概述	具体内容	
概念	广义	除税收以外的其他财政收入
	狭义	除税收以外，由各级国家机关、事业单位、代行政府职能的社会团体及其他组织依法利用国家权力、政府信誉、国家资源（资产）所有者权益等取得各项收入
特征	灵活性	1. 非税收入灵活性表现为形式多样性、取得的方式多样性、存续时间和征收依据的多样性 2. 非税收入分为12类，其中，有的一类中又有多项收入。非税收入取得的形式多种多样，可以是收费，也可以是按照类似税收的方式（如政府性基金），还可以是利润方式、租金方式以及罚没款方式取得收入。非税收入取得的依据可以是凭借政权，也可以是资源（资产）所有权、政府信誉等 3. 非税收入存续的时间有长期性的，也有的存续时间较短。如行政事业性收费项目，罚没收入会一直存在。为了某个特定的事项筹集资金，满足特定活动需要，在特定的条件下采取的过渡性组织收入，其存续时间相对较短 4. 同一种的非税收入由于各地经济状况不同，征收标准会有不同
	不稳定性	非税收入由于是对特定的行为和对特定管理对象征收，特定行为本身就具有不确定性，特定行为消失或者剧减则非税收入也会消失或剧减
	非普遍性	非税收入与政府社会管理职能结合在一起，有特定的管理对象和收取对象，往往不具有普遍性
	资金使用上的特定性	非税收入项目都是基于特定的事项而设立的，资金使用具有特定性，就是专款专用

【多选题】非税收入的灵活性表现在（　　）。

A. 形式灵活性　　　　B. 征收依据多样性

C. 取得的方式多样性　　　　D. 资金用途特定性

【参考答案】ABC。非税收入灵活性表现为形式多样性、取得的方式多样性、存续时间和征收依据的多样性。

二、非税收入的职能与作用

职能	具体内容
组织财政收入职能	非税收入是除税收以外最重要的财政收入来源，是财政收入的重要组成部分，具有其特殊的性质和特殊作用，是税收不能替代的
经济管理职能	非税收入是政府利用不同收入渠道对经济进行宏观调控、实现资源优化配置、合理分配收入及稳定经济的重要手段
化解风险职能	用规范的非税收入措施对非税收入或收益进行严格管理，不仅可以防范公共资源效率风险，避免对市场产生消极影响，还可以有效防范公共资源流失风险，杜绝非法侵占行为发生

三、非税收入的分类和设立

非税收入设立的一般要求：设立和征收非税收入，应当依据法律、法规的规定或者按照规定管理权限予以批准。

<table>
<tr><th>分类依据</th><th>分类</th><th>设立依据</th></tr>
<tr><td rowspan="12">按照非税收入的性质分类</td><td>1. 行政事业性收费</td><td>国务院和省、自治区、直辖市人民政府及其财政、价格主管部门的规定设立和征收</td></tr>
<tr><td>2. 政府性基金收入</td><td>国务院和财政部的规定设立和征收</td></tr>
<tr><td>3. 罚没收入</td><td>法律、法规和规章的规定征收</td></tr>
<tr><td>4. 国有资本收益</td><td rowspan="2">拥有国有资产（资本）产权的人民政府及其财政部门按照国有资产（资本）收益管理规定征收</td></tr>
<tr><td>5. 国有资产有偿使用收入</td></tr>
<tr><td>6. 特许经营收入</td><td>按照国务院和省、自治区、直辖市人民政府及其财政部门的规定设立和征收</td></tr>
<tr><td>7. 彩票公益金收入</td><td>国务院和财政部的规定筹集</td></tr>
<tr><td>8. 中央银行收入</td><td>按照相关法律、法规征收</td></tr>
<tr><td>9. 以政府名义接受的捐赠收入</td><td rowspan="4">按照同级人民政府及其财政部门的管理规定征收或者收取</td></tr>
<tr><td>10. 主管部门集中收入</td></tr>
<tr><td>11. 政府收入的利息收入</td></tr>
<tr><td>12. 其他非税收入</td></tr>
<tr><td rowspan="4">按照征收依据分类</td><td colspan="2">1. 凭借国家权力取得的收入</td></tr>
<tr><td colspan="2">2. 凭借政府信誉取得的收入</td></tr>
<tr><td colspan="2">3. 凭借国有资源（资产）所有者权益取得的收入</td></tr>
<tr><td colspan="2">4. 政府提供特定服务取得的收入</td></tr>
<tr><td>按照收入归属分类</td><td colspan="2">1. 中央非税收入
2. 地方非税收入</td></tr>
</table>

【多选题】政府性基金用途有（　　）。

A. 筹集公共事业建设费用　　B. 筹集公共基础设施建设费

C. 用于行政事业费支付　　D. 用于社会保险费的筹集

【参考答案】AB。政府性基金的特点是专款专用，专门支持某项事业发展，如价格调节基金、教育费附加等。行政事业性收费一般为机关履行职能时提供一定的服务而收取的费用，如签证费等。

【判断题】国有企业上缴财政的利润属于国有资源有偿使用收入。（　　）

【参考答案】×。国有企业上缴财政的利润属于国有资本收益。

第二节　税务部门征收的非税收入项目

一、行政事业性收费

项目	内容	
三峡电站水资源费	征收对象	中国长江电力股份有限公司
	计算方法	三峡电站实际发电量和 0.5 分/千瓦时的标准计算缴纳
	征收方式	缴费人自行申报缴纳。按月申报，每月 15 日前申报
水土保持补偿费	征收对象	在山区、丘陵区、风沙区以及水土保持规划确定的容易发生水土流失的其他区域开办生产建设项目或者从事其他生产建设活动，损坏水土保持设施、地貌植被，不能恢复原有水土保持功能的单位和个人 其他生产建设活动包括： （1）取土、挖砂、采石（不含河道采砂） （2）烧制砖、瓦、瓷、石灰 （3）排放废弃土、石、渣
	计算方法	根据占地面积（平方米），开采量或者土、石、渣量（立方米）分别规定征收标准。具体征收标准由各省、自治区、直辖市价格主管部门、财政部门会同水行政主管部门根据本地实际情况制定
	征收方式	缴费人自行申报缴纳 按次缴纳的，应于项目开工前或建设活动开始前缴纳 按期缴纳的，在期满之日起 15 日内申报缴纳
	欠费处理	由县级以上人民政府水行政主管部门责令限期缴纳；逾期不缴纳的，自滞纳之日起按日加收滞纳部分万分之五的滞纳金，可以处应缴水土保持补偿费三倍以下的罚款
防空地下室易地建设费	征收对象	因条件限制不能同步配套建设防空地下室的新建民用建筑的建设单位。民用建筑包括除工业生产厂房及其配套设施以外的所有非生产性建筑
	计算方法	防空地下室易地建设费 = 应建防空地下室建筑面积 × 征收标准 防空地下室易地建设费的收费标准，由各省、自治区、直辖市价格主管部门会同同级财政、人防主管部门按照当地防空地下室的造价制定，报国家发展改革委、财政部、人防办备案
	征收方式	根据人防部门核定的收费金额自行申报缴纳

续表

项目	内容	
土地闲置费	征收对象	超过国有建设用地使用权有偿使用合同或者划拨决定书约定、规定的动工开发日期满 1 年未动工开发的国有建设用地使用权人 除一般理解的未动工的土地以外，已动工开发但开发建设用地面积占应动工开发建设用地总面积不足 1/3 或者已投资额占总投资额不足 25%，中止开发建设满 1 年的国有建设用地，也可以认定为闲置土地，征收土地闲置费
	计算方法	土地出让或者划拨价款 20% 的标准计算
	征收方式	自然资源部门向缴纳义务人（土地使用权人）出具《征缴土地闲置费决定书》等文书，并向税务部门推送《征缴土地闲置费决定书》等费源信息 缴纳义务人依据《征缴土地闲置费决定书》向税务部门申报缴纳
城镇垃圾处理费	征收对象	所有产生生活垃圾的国家机关、企事业单位（包括交通运输工具）、个体经营者、社会团体、城市居民和城市暂住人口
	计算方法	收费标准，由城市人民政府价格主管部门会同建设（环境卫生）行政主管部门制定，报城市人民政府批准执行，并报省级价格、建设行政主管部门备案
	征收方式	由缴纳义务人或代征单位自行向税务部门申报缴纳 未按时缴纳的，由税务部门出具催缴通知，并通过涉税渠道及时追缴
森林植被恢复费（2023 年 1 月 1 日起）	征收对象	凡勘查、开采矿藏和修建道路、水利、电力、通信等各项建设工程需要占用、征用或者临时占用林地，经县级以上林业主管部门审核同意或批准的
	收费标准	森林植被恢复费征收标准按照恢复不少于被占用或征用林地面积的森林植被所需要的调查规划设计、造林培育等费用核定。具体征收标准如下： （1）用材林林地、经济林林地、薪炭林林地、苗圃地，每平方米收取 6 元； （2）未成林造林地，每平方米收取 4 元； （3）防护林和特种用途林林地，每平方米收取 8 元；国家重点防护林和特种用途林地，每平方米收取 10 元； （4）疏林地、灌木林地，每平方米收取 3 元； （5）宜林地、采伐迹地、火烧迹地，每平方米收取 2 元
	征收方式	缴纳义务人应当依据林草部门核定的费额，按照规定的期限和程序，向税务部门申报和缴纳森林植被恢复费、草原植被恢复费 森林植被恢复费、草原植被恢复费入库后需要办理退库的，由缴费人向税务部门申请办理，税务部门经严格审核并商有关财政、林草部门复核同意后，按照财政部门有关退库管理规定办理退付手续
草原植被恢复费（2023 年 1 月 1 日起）	征收对象	进行矿藏勘查开采和工程建设征用或使用草原的单位和个人 因工程建设、勘查、旅游等活动需要临时占用草原且未履行恢复义务的单位和个人 在草原上修建直接为草原保护和畜牧业生产服务的工程设施，以及农牧民按规定标准建设住宅使用草原的，不缴纳草原植被恢复费
	收费标准	由所在地省、自治区、直辖市价格主管部门会同财政部门核定，并报国家发展和改革委、财政部备案
	征收方式	缴纳义务人应当依据林草部门核定的费额，按照规定的期限和程序，向税务部门申报和缴纳森林植被恢复费、草原植被恢复费 森林植被恢复费、草原植被恢复费入库后需要办理退库的，由缴费人向税务部门申请办理，税务部门经严格审核并商有关财政、林草部门复核同意后，按照财政部门有关退库管理规定办理退付手续

【单选题】三峡电站水资源费的缴费主体是（　　）。

A. 用电居民　　B. 省供电公司

C. 中国长江电力股份有限公司　　D. 三峡电站供电保障的生产企业

【参考答案】C。根据《财政部 国家发展和改革委员会 水利部 中国人民银行关于三峡电站水资源费征收使用管理有关问题的通知》（财综〔2011〕19 号）规定，中国长江电力股份有限公司按照三峡电站实际发电量和规定的征收标准缴纳水资源费。

【单选题】拒不缴纳水土保持补偿费的，由主管部门责令限期缴纳；逾期不缴纳的，自滞纳之日起按日加收滞纳金，滞纳金加收比例是（　　）。

A. 0.05%　　B. 5%　　C. 0.3%　　D. 3%

【参考答案】A。根据《水土保持法》第五十七条的规定：违反规定，拒不缴纳水土保持补偿费的，由县级以上人民政府水行政主管部门责令限期缴纳；逾期不缴纳的，自滞纳之日起按日加收滞纳部分万分之五的滞纳金，可以处应缴水土保持补偿费三倍以下的罚款。

二、政府性基金收入

项目	内容	
教育费附加和地方教育附加	征收对象	实际缴纳增值税、消费税的单位和个人
	计算方法	以单位和个人实际缴纳的增值税、消费税的税额为计征依据，教育费附加按照3%的费率计征，地方教育附加按照2%的费率计征 1. 对海关代征的进口商品增值税、消费税，不征收教育费附加、地方教育附加 2. 经税务部门正式审核批准的当期免抵的增值税税额应纳入教育费附加、地方教育附加的计征范围，按规定的费率征收教育费附加、地方教育附加 3. 对实行增值税期末留抵退税的纳税人，允许其从教育费附加和地方教育附加的计税（征）依据中扣除退还的增值税税额
	征收方式	选择与增值税、消费税相同的申报期限申报缴纳。扣缴义务人在代扣代缴增值税、消费税时，应同时代扣代缴教育费附加和地方教育附加
	减免规定	1. 对月销售额不超过 10 万元（或季度销售额不超过 30 万元）的缴纳义务人，免征教育费附加和地方教育附加 2. 对增值税小规模纳税人、小型微利企业和个体工商户可以在 50% 的幅度内减征教育费附加和地方教育附加
	相关规定	1. 对增值税、消费税实行先征后返、先征后退、即征即退办法的，除另有规定外，对附征的教育费附加，一律不予退（返）还 2. 对由于减免增值税、消费税而发生退税的，可以同时退还已征收的教育费附加。但对出口产品退还增值税、消费税的，不退还已征的教育费附加 3. 教育费附加的征收管理，按照增值税、消费税的有关规定办理。地方教育附加按照各省、自治区、直辖市制定的规范性文件征收

续表

项目		内容
文化事业建设费	征收对象	1. 在我国境内提供广告服务的广告媒介单位和户外广告经营单位，以及在我国境内提供娱乐服务的单位和个人 2. 征税对象中广告服务业的征缴范围不包括个人，而娱乐服务业包括个人 3. 我国境外的广告媒介单位和户外广告经营单位在境内提供广告服务，在境内未设有经营机构的，以广告服务接受方为文化事业建设费的扣缴义务人
	计算方法	按照提供广告服务、娱乐服务取得的计费销售额和3%的费率计算应缴费额。广告服务计费销售额，为缴纳义务人提供广告服务取得的全部含税价款和价外费用，减除支付给其他广告公司或广告发布者的含税广告发布费后的余额。娱乐服务计费销售额，为缴纳义务人提供娱乐服务取得的全部含税价款和价外费用
	征收方式	文化事业建设费由缴费人或扣缴义务人自行向税务部门申报缴纳或解缴 文化事业建设费的缴纳义务或扣缴义务发生时间、缴纳期限和缴纳地点，原则上与增值税纳税义务发生时间、缴纳期限和缴纳地点相同 缴纳义务人要求不实行按季申报的，由主管税务部门根据其应缴费额大小核定纳税期限
	减免规定	1. 增值税小规模纳税人中月销售额不超过2万元（按季纳税6万元）的企业和非企业单位提供的应税服务，免征文化事业建设费 2. 对未达到增值税起征点的提供娱乐服务的单位和个人，免征文化事业建设费 3. 自2019年7月1日至2024年1月31日，对归属中央收入的文化事业建设费，按照缴纳义务人应缴费额的50%减征；对归属地方收入的文化事业建设费，各省（区、市）财政、党委宣传部门可以结合当地经济发展水平、宣传思想文化事业发展等因素，在应缴费额50%的幅度内减征
废弃电器电子产品处理基金	征收对象	电器电子产品生产者（包括代工生产企业）、进口电器电子产品的收货人或者其代理人 电子产品包括电视机、电冰箱、洗衣机、房间空调器、微型计算机、吸油烟机、电热水器、燃气热水器、打印机、复印机、传真机、监视器、移动通信手持机、电话单机14大类
	计算方法	实行从量定额的办法计算，应缴纳废弃电器电子产品处理基金 = 销售数量（受托加工数量、进口数量）× 征收标准 征收依据是缴纳义务人销售、受托加工生产或进口相关电器电子产品的数量，征收标准按照电子产品种类和制式分别规定
	征收方式	1. 进口电器电子产品的收货人或者代理人，由海关负责征收，其他的由税务机关负责征收 2. 缴纳义务人应当自季度终了之日起15日内申报缴纳废弃电器电子产品处理基金
残疾人就业保障金	征收对象	残疾人就业保障金的征收对象是安排残疾人就业达不到规定比例的用人单位。用人单位安排残疾人就业的比例不得低于本单位在职职工总数的1.5%。具体比例由省、自治区、直辖市人民政府根据本地区的实际情况规定
	计算方法	残疾人就业保障金年缴纳额 =（上年用人单位在职职工人数 × 所在地规定的安排残疾人就业比例 − 上年用人单位实际安排的残疾人就业人数）× 上年用人单位在职职工年平均工资或当地社会平均工资的2倍的孰低值

续表

项目	内容	
残疾人就业保障金	征收方式	残疾人就业保障金按年计征，由缴纳义务人自行向税务部门申报缴纳
	减免规定	1. 2023年1月1日至2027年12月31日，在职职工人数在30人（含）以下的企业，暂免征收残疾人就业保障金 2. 用人单位遇不可抗力自然灾害或其他突发事件遭受重大直接经济损失，可以申请减免或者缓缴残疾人就业保障金 3. 2023年1月1日至2027年12月31日，对残疾人就业保障金实行分档减缴政策 用人单位安排残疾人就业比例达到1%（含）以上，但未达到1.5%的，减按50%缴纳；用人单位安排残疾人就业比例在1%以下的，减按90%缴纳
	相关规定	用人单位未按照规定缴纳残疾人就业保障金的，由征收机关提交财政部门，由财政部门予以警告，责令限期缴纳；逾期仍不缴纳的，除补缴欠缴数额外，还应当自欠缴之日起，按日加收5%的滞纳金
水利建设基金	征收对象	中央水利建设基金从车辆购置税、铁路建设基金、港口建设费中提取，主要用于关系经济社会发展全局的重点水利工程建设 地方水利建设基金主要用于地方水利工程建设、城市防洪和水源工程建设。有一部分是向企事业单位和个体经营者征收的
	计算方法	各地征收标准不一样
	征收方式	缴费人自行申报办理
	减免规定	对月销售额不超过10万元（或季度销售额不超过30万元）的缴纳义务人，免征水利建设基金
国家重大水利工程建设基金	征收对象	全国范围内（除西藏自治区外）的电力用户 国家重大水利工程建设基金征收至2025年12月31日
	计算方法	从量定额征收 国家重大水利工程建设基金 = 全部销售电量 × 征收标准 销售电量中先要扣除国家扶贫开发工作重点县农业排灌用电等
	征收方式	1. 地方独立电网销售电量，按月自行申报缴纳 2. 除地方独立电网销售电量外，由省级电网企业向电力用户收取电费时一并代征，按月自行申报缴纳 3. 省级电网企业、拥有自备电厂企业和地方独立电网企业应根据全年实际销售电量（自发自用电量），在次年3月底前完成汇算清缴
	减免规定	对分布式光伏发电自发自用电量免收国家重大水利工程建设基金
	相关规定	逾期不缴纳国家重大水利工程建设基金的，征收机关应责令其限期缴纳，并从滞纳之日起按日加收滞纳部分2%的滞纳金（注意这个特殊的滞纳金比例）
农网还贷资金	征收对象	农网改造贷款“一省多贷”的省、自治区、直辖市的电力用户 （主要是山西、吉林、湖南、湖北、广西、四川、重庆、云南、陕西等）
	计算方法	除规定的减免用量外，农网还贷资金按社会用电量每度电2分钱标准，并入电价收取
	征收方式	电网企业在向电力用户收取电费时一并代征农网还贷资金，按月申报缴纳

续表

项目	内容	
农网还贷资金	相关规定	1. 农网还贷资金由电网经营企业在向用户收取电费时一并收取，并在电费收款凭证中注明农网还贷资金的征收电量、征收标准和征收金额 2. 征收农网还贷资金必须按照《增值税暂行条例》及其他有关规定缴纳增值税和流转环节的其他税费，按规定纳入预算管理后免征企业所得税 3. 对分布式光伏发电自发自用电量免收农网还贷资金 4. 对农业排灌，抗灾救灾及氮肥、磷肥、钾肥和原化工部颁发生产许可的复合肥生产用电免征农网还贷资金；国有重点煤炭企业生产用电、核工业铀扩散厂和堆化工厂生产用电农网还贷资金暂按3厘/千瓦时标准征收
可再生能源发展基金	征收对象	除西藏自治区以外的全国范围内的电力用户
	计算方法	可再生能源电价附加＝销售电量×征收标准 销售电量中包含农业排灌用电
	征收方式	电网企业代征 电网企业应于每月15日前申报缴纳，在次年3月底前完成全年应缴可再生能源电价附加的汇算清缴工作
	减免规定	分布式光伏发电自发自用电量免收可再生能源电价附加
核电站乏燃料处理处置基金	征收对象	拥有已投入商业运行5年以上压水堆核电机组的核电厂
	计算方法	核电站乏燃料处理处置基金＝销售电量×征收标准 征收标准为0.026元/千瓦时
	征收方式	每年1月申报缴纳
	相关规定	缴纳义务人未按规定期限缴纳核电站乏燃料处理处置基金的，从滞纳之日起按日加收滞纳金额1%的滞纳金（又是一个特殊的滞纳金比例）
中央水库移民扶持基金	征收对象	1. 大中型水库移民后期扶持基金征收对象为电力用户 2. 跨省际大中型水库库区基金征收对象为装机容量在2.5万千瓦及以上有发电收入的水库和水电站。跨省际大中型水库为独立法人的，由水库（水电站）缴纳大中型水库库区基金；跨省际大中型水库为非独立法人的，由其归属企业缴纳大中型水库库区基金 3. 三峡水库库区基金征收对象为中国三峡工程开发总公司、中国长江电力股份有限公司
	计算方法	大中型水库移民后期扶持基金＝实际销售电量（扣除免征电量）×各地征收标准 跨省际大中型水库库区基金＝实际销售电量×征收标准×分配比例 三峡水库库区基金＝实际销售电量×征收标准 （窍门：其实都是销售电量×征收标准，只有跨省际大中型水库库区基金需要在征收标准外再乘以分配比例，因为跨省就需要在不同省进行分配）
	征收方式	大中型水库移民后期扶持基金由电网企业在向电力用户收取电费时一并代征，按月申报缴纳（因为这是向用电的人收取的） 跨省际大中型水库库区基金和三峡水库库区基金由缴费人按月自主申报缴纳（因为这是向发电企业收取的）
	减免规定	分布式光伏发电自发自用电量免收大中型水库移民后期扶持基金
	相关规定	大中型水库移民后期扶持基金发生延期缴纳的，从逾期之日起按每日2%的标准加收滞纳金（又是一个特殊的滞纳金比例）

续表

项目	内容	
地方水库移民扶持基金	征收对象	各省、自治区、直辖市行政区域内装机容量 2.5 万千瓦及以上的大中型水库和水电站缴纳省级大中型水库库区基金 行政区域内装机容量 2.5 万千瓦以下的小型水库和水电站缴纳小型水库移民扶助基金 （如果跨省了呢？就缴纳上面的跨省际大中型水库库区基金）
	计算方法	地方水库移民扶持基金 = 实际上网销售电量 × 征收标准
	征收方式	缴费人自行申报缴纳

【单选题】国家重大水利工程建设基金的征收对象是（　　）。

A. 国家重大水利工程建设单位

B. 电力企业

C. 用电企业

D. 全国范围内（除西藏自治区外）的电力用户

【参考答案】D。国家重大水利工程建设基金的征收对象是全国范围内（除西藏自治区外）的电力用户。

【多选题】下列关于教育费附加、地方教育附加的说法，不正确的有（　　）。

A. 对海关代征的进口商品增值税，不征收教育费附加、地方教育附加

B. 对海关代征的进口商品增值税，应当征收教育费附加、地方教育附加

C. 对增值税、消费税实行先征后返、即征即退办法的，除另有规定外，应当予以退（返）还附征的教育费附加

D. 对增值税、消费税实行先征后返、即征即退办法的，除另有规定外，一律不退（返）还附征的教育费附加

E. 对由于减免增值税、消费税而发生退税的，不退还已征收的教育费附加

【参考答案】BCE。对海关代征的进口商品增值税、消费税，不征收教育费附加、地方教育附加，因此选项 B 不正确。对增值税、消费税实行先征后返、先征后退、即征即退办法的，除另有规定外，对附征的教育费附加，一律不予退（返）还，因此选项 C 不正确。对由于减免增值税、消费税而发生退税的，可以同时退还已征收的教育费附加。但对出口产品退还增值税、消费税的，不退还已征的教育费附加，因此选项 E 不正确。

【多选题】下列关于文化事业建设费的说法，正确的有（　　）。

A. 文化事业建设费的征收对象包含从事广告服务、娱乐服务行业的企业和个人

B. 文化事业建设费按照提供广告服务、娱乐服务行业纳税人全部收入和 3% 的费率计算

C. 文化事业建设费按照提供广告服务、娱乐服务取得的计费销售额和 3% 的费率计算

D. 自 2020 年 1 月 1 日至 2021 年 12 月 31 日，免征文化事业建设费

E. 文化事业建设费原则上与增值税纳税义务发生时间、缴纳期限和缴纳地点相同

【参考答案】CDE。文化事业建设费的征收对象为在我国境内提供广告服务的广告媒介单位和户外广告经营单位，以及在我国境内提供娱乐服务的单位和个人。对象中广告服务业的征缴范围不包括个人，而娱乐服务业包括个人，因此选项 A 错误。文化事业建设费按照提供广告服务、娱乐服务取得的计费销售额和 3% 的费率计算。文化事业建设费由缴费人或扣缴义务人自行申报缴纳或解缴。因此选项 C 正确。根据财政部、税务总局公告 2020 年第 25 号，财政部、税务总局公告 2021 年第 7 号文规定：自 2020 年 1 月 1 日至 2021 年 12 月 31 日，免征文化事业建设费。因此选项 D 正确。文化事业建设费的缴纳义务或扣缴义务发生时间、缴纳期限和缴纳地点，原则上与增值税纳税义务发生时间、缴纳期限和缴纳地点相同。因此选项 E 正确。

三、国有资源（资产）有偿使用收入

项目	内容	
国有土地使用权出让收入	征收对象	依法取得国有土地使用权的受让人、承租国有土地使用权的承租人、转让房改房和经济适用住房的房产所有人。包括企业、组织、社会团体或个人
	计算方法	根据取得国有土地的方式，土地出让收入为取得土地的总成交价款或补缴的土地价款 与国有土地相关的土地租金收入、划拨用地土地补偿费、安置补助费、地上附着物和青苗补偿费、拆迁补偿费等费用，一并纳入土地出让收入管理
	征收方式	自然资源部门向税务部门推送合同、缴费金额、缴费期限等费源信息，竞得人向税务部门申报缴纳 涉及竞买保证金抵作国有土地使用权出让收入的，由自然资源部门、公共资源交易中心代竞得人向税务部门申报缴纳
矿产资源专项收入	征收对象	矿业权占用费的征收对象是矿业权人 矿业权出让收益的征收对象是在我国领域及管辖海域勘查、开采矿产资源的矿业权人
	计算方法	探矿权使用费按区块面积逐年缴纳，采矿权使用费按矿区范围面积逐年缴纳 通过招标、拍卖、挂牌等竞争方式出让矿业权的，矿业权出让收益按招标、拍卖、挂牌的结果确定 通过协议方式出让矿业权的，矿业权出让收益按照评估价值、市场基准价孰高确定
	征收方式	自然资源部门向税务部门推送合同、缴费金额、缴费期限等费源信息，缴费人向税务部门申报缴纳
海域使用金	征收对象	海域使用金的征收对象是使用海域的单位和个人，包括使用我国内水、领海的水面、水体、海床和底土
	计算方法	征收海域使用金统一按照国家标准执行 沿海省、自治区、直辖市、计划单列市应根据本地区情况合理划分海域级别，制定不低于国家标准的地方海域使用金征收标准
	征收方式	自然资源部门向税务部门推送合同、缴费期限等费源信息，竞得人向税务部门申报缴纳

续表

项目	内容	
无居民海岛使用金	征收对象	无居民海岛使用者
	计算方法	无居民海岛使用权出让由国家或省级海洋行政主管部门按照相关程序通过评估提出出让标准，出让标准不得低于按照最低标准核算的出让标准
	征收方式	自然资源部门向税务部门推送合同、缴费期限等费源信息，竞得人向税务部门申报缴纳
	欠费规定	未按规定及时足额缴纳无居民海岛使用金的，按日加收 1% 的滞纳金
排污权出让收入	征收对象	征收对象为现有排污单位 以市场公开方式出让新建项目排污权和改建、扩建项目新增排污权时，中标人为缴费主体
	计算方法	试点地区省级价格、财政、生态环境部门根据当地环境资源稀缺程度、经济发展水平、污染治理成本等因素确定
	征收方式	缴费人自行申报缴纳

【单选题】以招标、拍卖、挂牌和协议方式出让国有土地使用权的，土地出让收入的征收标准为（　　）。

A. 取得的总成交价款扣除拆迁补偿支出

B. 取得的总成交价款不扣除拆迁补偿支出

C. 取得的总成交价款（不含代收代缴的税费）

D. 取得的总成交价款（含代收代缴的税费）

【参考答案】C。以招标、拍卖、挂牌和协议方式出让国有土地使用权的，土地出让收入的征收标准为取得的总成交价款，不含代收代缴的税费。另外现在土地出让为净地出让，拆迁安置为政府先期行为，不涉及土地出让收入的计算。

四、税务机关征收的其他非税收入

项目	内容	
油价调控风险准备金	征收对象	我国境内生产、委托加工和进口汽、柴油的成品油生产经营企业
	计算方法	油价调控风险准备金按照汽、柴油的销售数量和规定的征收标准（成品油价格未调金额）缴纳 销售数量，是指缴纳义务人于相邻两个调价窗口期之间的实际销售数量 成品油价格未调金额由国家发展改革委、财政部根据国际原油价格变动情况，按照现行成品油价格形成机制计算核定，于每季度前 10 个工作日内，将上季度每次调价窗口期的征收标准，书面告知征收机关
	征收方式	缴费人自行申报缴纳
核事故应急准备专项收入	征收对象	核电企业
	计算方法	1. 基建期按设计额定容量 5 元/千瓦时的标准缴纳 2. 运行期按年度上网销售电量 0.2 厘/千瓦时的标准缴纳
	征收方式	缴费人自行申报缴纳

续表

<table>
<tr><th>项目</th><th colspan="2">内容</th></tr>
<tr><td rowspan="4">石油特别收益金</td><td>征收对象</td><td>在我国陆地领域和所辖海域独立开采并销售原油的企业以及在上述领域以合资、合作等方式开采并销售原油的其他企业（无论其是否在我国境内销售）
合资合作企业应当缴纳的石油特别收益金，由合资合作的各方中拥有石油勘探和开采许可证的一方企业统一向征收机关申报
中外合作油田按规定上缴国家的石油增值税、矿区使用费、国家留成油不征收石油特别收益金</td></tr>
<tr><td>计算方法</td><td>实行5级超额累进从价定率计征
原油价格按美元/桶计价，起征点为65美元/桶
石油特别收益金＝[（石油开采企业销售原油的月加权平均价格－65）×征收率－速算扣除数]×销售量×美元兑换人民币汇率</td></tr>
<tr><td>征收方式</td><td>缴费人自行申报缴纳</td></tr>
<tr><td>欠费规定</td><td>缴费人在规定的期限内未足额缴纳石油特别收益金的，从滞纳之日起按日加收0.5%的滞纳金</td></tr>
<tr><td rowspan="4">国家留成油收入</td><td>征收对象</td><td>我国陆地领域和所辖海域内对外合作勘探开发生产石油的企业</td></tr>
<tr><td>计算方法</td><td>应缴纳留成油收入等于总收入减除增值税、矿区使用费等费用的余额乘以合同约定的比例</td></tr>
<tr><td>征收方式</td><td>缴费人自行申报缴纳</td></tr>
<tr><td>欠费规定</td><td>缴费人未按规定期限缴纳国家留成油收入的，从滞纳之日起按日加收0.5%的滞纳金</td></tr>
<tr><td rowspan="3">免税商品特许经营费</td><td>征收对象</td><td>经营免税商品或代理销售免税商品的企业
免税商品，是指免征关税、进口环节税的进口商品和实行退（免）税（增值税、消费税）进入免税店销售的国产商品</td></tr>
<tr><td>计算方法</td><td>一般为经营免税商品业务年销售收入的1%
海南离岛旅客免税购物商店按经营免税商品业务年销售收入的4%缴纳</td></tr>
<tr><td>征收方式</td><td>年度终了后5个月内向税务部门申报缴纳</td></tr>
</table>

【单选题】下列关于石油特别收益金的说法，正确的有（　　）。

A. 凡在我国陆地领域和所辖海域开采的石油，无论其是否在我国境内销售，均应按规定缴纳石油特别收益金

B. 石油开采企业在规定的期限内未足额缴纳石油特别收益金的，由税务机关责令限期缴纳，并从滞纳之日起按日加收0.2%的滞纳金

C. 企业缴纳的石油特别收益金不得在企业所得税税前扣除

D. 国家留成油不征收石油特别收益金

E. 石油特别收益金征收比率按石油开采企业销售原油的月加权平均价格确定，起征点为65美元/桶

【参考答案】ADE。石油开采企业在规定的期限内未足额缴纳石油特别收益金的，由税务机关责令限期缴纳，并从滞纳之日起按日加收0.5%的滞纳金。企业缴纳的石油

特别收益金可以在企业所得税税前扣除。中外合作油田按规定上缴国家的石油增值税、矿区使用费、国家留成油不征收石油特别收益金。

【提示】石油特别收益金的滞纳金为0.5‰（千分之五），国家留成油收入滞纳金0.5‱（万分之五）。

第三节　非税收入管理

一、非税收入的设立

设立和征收非税收入，应当依据法律、法规的规定或者按照规定的管理权限予以批准设立。

1. 行政事业性收费按照国务院和省、自治区、直辖市人民政府及其财政、价格主管部门的规定设立和征收。

2. 政府性基金按照国务院和财政部的规定设立和征收。

3. 国有资源有偿使用收入、特许经营收入按照国务院和省、自治区、直辖市人民政府及其财政部门的规定设立和征收。

4. 国有资产有偿使用收入、国有资本收益由拥有国有资产（资本）产权的人民政府及其财政部门按照国有资产（资本）收益的管理规定征收。

5. 彩票公益金按照国务院和财政部的规定筹集。

6. 中央银行收入按照相关法律、法规征收。

7. 罚没收入按照法律、法规和规章的规定征收。

8. 主管部门集中收入、以政府名义接受的捐赠收入、政府收入的利息收入及其他非税收入按照同级人民政府及其财政部门的管理规定征收或者收取。

二、非税收入的征收主体和职责

非税收入	具体规定
征收方式	非税收入可以由财政部门直接征收，也可以由财政部门委托的部门和单位征收 法律、法规对非税收入执收单位已有规定的，从其规定未经财政部门批准，不得改变非税收入执收单位
职责	1. 公示非税收入征收依据和具体征收事项 2. 严格按照规定的非税收入项目、征收范围和征收标准进行征收，及时足额上缴非税收入，并对欠缴、少缴收入实施催缴 3. 记录、汇总、核对并按规定向同级财政部门报送非税收入征缴情况 4. 编报非税收入年度收入预算 5. 执行非税收入管理的其他有关规定 6. 执收单位不得违规多征、提前征收或者减征、免征、缓征非税收入。对违规设立非税收入项目、扩大征收范围、提高征收标准的，缴纳义务人有权拒绝缴纳并向有关部门举报

续表

非税收入	具体规定	
税务机关的管理制度	管理原则	遵循依法、规范、透明、高效的原则
	管理制度	属地征收：税务部门按照属地原则征收划转的非税收入； 具体由省级税务机关按照“便民、高效”原则确定
	自行申报	1. 缴费人采用自行申报方式办理非税收入申报缴纳 2. 符合非税收入减免政策的，缴费人自行申报享受，相关资料由缴费人留存备查，并对资料的真实性和合法性承担责任
	期限顺延	缴纳期限按现行规定执行，期限最后一日是法定休假日的，以休假日期满的次日为最后一日，期限内有连续3日以上法定休假日的，按休假日天数顺延
	分类退库	1. 误收误缴、汇算清缴需要退库的，由缴费人向主管税务机关申请办理 2. 涉及收入减免等政策性原因需要退库的，按照财政部有关退库管理规定办理

【多选题】下列选项中，属于非税收入执收单位职责的有（　　）。

A. 设立非税收入项目

B. 公示非税收入征收依据和具体征收事项

C. 编报非税收入年度收入预算

D. 及时足额上缴非税收入

E. 对欠缴、少缴收入实施催缴

【参考答案】BCDE。非税收入执收单位职责为：

（1）公示非税收入征收依据和具体征收事项。

（2）严格按照规定的非税收入项目、征收范围和征收标准进行征收，及时足额上缴非税收入，并对欠缴、少缴收入实施催缴。

（3）记录、汇总、核对并按规定向同级财政部门报送非税收入征缴情况。

（4）编报非税收入年度收入预算。

（5）执行非税收入管理的其他有关规定。

（6）执收单位不得违规多征、提前征收或者减征、免征、缓征非税收入。设立非税收入项目，应当依据法律、法规的规定或者按照规定管理权限予以批准，非税收入征收单位无此职责。

本章习题

一、单项选择题

1. 彩票公益金收入取得的依据是（　　）。

A. 国家权力　　B. 国有资源（资产）所有者权益

C. 凭借特许经营权　　D. 政府信誉

2. 下列属于凭借政权取得的非税收入项目为（　　）。

A. 国有企业利润收入　　B. 以政府名义接受的捐赠收入

C. 彩票公益金　　D. 罚没收入

3. 土地闲置费是国家对超出土地出让合同约定的动工开发日期满一定期限未动工开发的国有建设用地使用权人征收的费用。这个期限是（　　）。

A. 1 年　　B. 2 年　　C. 4 年　　D. 8 年

二、多项选择题

1. 下列属于非税收入的特征有（　　）。

A. 灵活性　　B. 非确定性

C. 非普遍性　　D. 资金用途特定性

2. 凭借国家权力取得的非税收入有（　　）。

A. 彩票收入　　B. 政府性基金收入

C. 行政事业性收入　　D. 特许权收入

3. 下列非税收入中，已划转税务机关征收的行政事业性收费项目有（　　）。

A. 车辆年检检测费　　B. 城镇垃圾处理费

C. 土地闲置费　　D. 水土保持补偿费

E. 车辆通行费

三、判断题

1. 政府性基金属于政府凭借国家权力取得的非税收入项目。（　　）

2. 非税收入不包括住房公积金和社会保险费。（　　）

参考答案与解析

一、单项选择题

1. 【参考答案】B。彩票公益金收入取得的依据国有资源（资产）所有者权益。

2. 【参考答案】D。凭借政权取得的非税收入项目是罚没收入，因为带有强制性。

3. 【参考答案】A。超过土地出让合同约定的动工开发日期满 1 年未动工开发（因不可抗力或者政府、政府有关部门的行为或者动工开发必需的前期工作造成动工开发迟延的除外）的国有建设用地使用权人应当缴纳土地闲置费。

二、多项选择题

1. 【参考答案】ABCD。非税收入的特征是灵活性、非确定性、非普遍性、资金用途特定性。

2. 【参考答案】BC。特许权收入属于是指国家依法特许企业、组织或个人垄断经营某种产品或服务而获得的收入。彩票公益金收入，是指政府发行和销售彩票后扣除彩票发行费和彩票奖金后的资金，不选。

3. 【参考答案】BCD。车辆年检检测费、车辆通行费不属于税务机关征管职责范围。目前划归税务机关征收的行政事业性收费项目主要有三峡电站水资源费、水土保持补偿费、防空地下室易地建设费、土地闲置费、城镇垃圾处理费。

三、判断题

1. 【参考答案】√。政府性基金是政府凭借行政权力，强制地、无偿地征收的非税收入项目。
2. 【参考答案】√。《政府非税收入管理办法》第三条规定：本办法所称非税收入不包括社会保险费、住房公积金（指计入缴存人个人账户部分）。

第十章　税费征收与服务

第一节　税收征收管理

一、概述

重点内容	具体认知
税收征收管理	税务机关根据法律和行政法规规定，按照统一的程序和标准组织纳税人应纳税款入库并对其进行管理的一系列活动。包括税务管理、税款征收与收入管理、税费服务、税务监管和税务检查等
税务管理	税务机关依法开展信息报告、发票管理等基础性工作，据以指导和监督纳税人正确履行纳税义务
税款征收与收入管理	税务机关依法采取一定的形式、方法和步骤，实现应纳税款及时足额入库，并对收入进行核算与分析的活动
税费服务	税务机关依法为纳税人、缴费人提供规范、高效与智能的各项服务
税务监管	在全面推行实名办税缴费制度基础上，实行动态信用等级分类和智能化风险监管，构建以“数据集成＋优质服务＋提醒纠错＋依法查处”为主要内容的自然人税费服务与监管体系
税务检查	税务机关依法对纳税人、扣缴义务人履行法定纳税义务情况的检查和处理

二、信息报告

重点内容	具体认知
身份信息报告	1.“一照一码”户信息确认 纳税人领取营业执照后，无须再次进行税务登记，只需要对信息进行补充、更新、更正即可。民政部门可参照上述做法 2.“两证整合”个体工商户信息确认 领取营业执照后，及时补充确认信息，无须再次进行税务登记
制度信息报告	1. 存款账户、账号报告 从事生产、经营的纳税人应当自开立基本存款账户或者其他存款账户之日起 15 日内（发生变化自变化之日起 15 日内），向主管税务机关书面报告其全部账号 2. 财务会计制度报告 自领取税务登记证件之日起 15 日内，将财务、会计制度或者财务、会计处理办法报送主管税务机关备案。使用计算机记账前，将记账软件程序和使用说明书及有关资料报送主管税务机关备案 3. 三方协议签订 与税务机关、开户银行签署委托银行代缴税款三方协议或委托划转税款协议，实现使用电子缴税系统缴纳税费、滞纳金和罚款

续表

重点内容	具体认知
跨区域涉税事项报告	纳税人跨省（自治区、直辖市和计划单列市）临时从事生产经营活动的，向机构所在地税务机关填报“跨区域涉税事项报告表”。活动结束后，应当结清税款等事项，向经营地税务机关填报“经营地涉税事项反馈表”

三、发票管理

重点内容	具体认知
定义、依据和范围	1. 定义：购销商品、提供或接受服务以及从事其他经营活动中，开具、收取的收付款凭证 2. 法律依据：《中华人民共和国税收征管法》及其实施细则、《中华人民共和国发票管理办法》及其实施细则 3. 范围：我国境内印制、领用、开具、取得、保管、缴销发票的单位和个人
发票印制	1. 税务机关以招标方式确定印制发票企业，发放发票准印证 2. 增值税专用发票由国务院税务主管部门确定企业；其他发票，由省、自治区、直辖市税务机关依规定确定企业
发票领用和缴销	1. 需领用发票向主管税务机关申请，主管税务机关根据纳税人经营范围和规模，确认领用发票的种类、数量、领用方式。纳税人在发票票种核定的范围内领用。当前领用发票种类、数量或者开票限额不能满足经营需要，可向主管税务机关提出调整 2. 因信息变更或清税注销、跨区域活动结束、发票换版、损毁等原因按规定需要缴销发票的，到税务机关进行缴销处理
发票开具	1. 一般情况，收款方应当向付款方开具发票。特殊情况下，由付款方向经营方开具发票。应当按照规定时限、顺序、栏目，全部联次一次性如实开具，并加盖发票专用章 2. 任何单位和个人不得有下列虚开发票行为： （1）为他人、为自己开具与实际经营业务情况不符的发票 （2）让他人为自己开具与实际经营业务情况不符的发票 （3）介绍他人开具与实际经营业务情况不符的发票 3. 按规定使用税控装置开具发票，按期向主管税务机关报送开具数据；使用非税控装置，应将软件程序说明资料报主管税务机关备案，并保存报送开具数据
发票取得	1. 购买商品、接受服务以及从事其他经营活动支付款项时，应当向收款方取得发票。取得发票时，不得要求变更品名和金额 2. 不符合规定的发票，不得作为财务报销凭证，任何单位和个人有权拒收
发票保管	1. 建立发票使用登记制度，设置发票登记簿，定期报告发票使用情况 2. 按照税务机关的规定存放和保管发票，不得擅自损毁。已开具的发票存根联和发票登记簿，应当保存 5 年，保存期满报税务机关查验后销毁
代开发票	要临时使用发票，可凭书面证明和经办人身份证明直接向经营地税务机关申请代开。税务机关依法可委托其他单位代开发票，禁止非法代开发票

续表

重点内容	具体认知
发票违法行为	1. 转借、转让、介绍他人转让发票、发票监制章和发票防伪专用品 2. 知道或者应当知道是私自印制、伪造、变造、非法取得或者废止的发票而受让、开具、存放、携带、邮寄、运输 3. 拆本使用发票 4. 扩大发票使用范围 5. 以其他凭证代替发票使用 除国务院税务主管部门规定特殊情形外，任何单位和个人不得跨规定使用区域携带、邮寄、运输空白发票。禁止携带、邮寄或者运输空白发票出入境

四、账簿凭证管理

重点内容	具体认知
账簿、凭证设置	1. 从事生产、经营的纳税人自领取营业执照或发生纳税义务之日起 15 日内设置账簿 2. 扣缴义务人自法定扣缴义务发生之日起 10 日内，按税种分别设置代扣代缴、代收代缴税款账簿 3. 生产、经营规模小又确无建账能力的纳税人，可聘请经批准从事会计代理记账业务的机构或者财会人员代为建账和办理账务 4. 账簿、会计凭证和报表应当使用中文。民族自治地方可以同时使用当地通用的一种民族文字。外商投资企业和外国企业可以同时使用一种外国文字
账簿、凭证保管	账簿、记账凭证、报表、完税凭证、发票、出口凭证以及其他有关涉税资料，除另有规定外，应当保存 10 年。不得伪造、变造或者擅自损毁

【单选题】2021 年甲公司财务人员在法定代表人刘某的要求下，实施了在账簿上隐瞒收入的行为。当年刘某将该公司股份转让给了张某并离开了公司。2022 年税务机关实施税务检查，该公司法定代表人张某指示公司财务谎称账簿、记账凭证、报表等因更换法人而没有保存。《中华人民共和国税收征收管理法》规定的账簿、记账凭证、报表、完税凭证、发票、出口凭证以及其他有关涉税资料的保存时间是（　　）年。

A. 3　　B. 5　　C. 10　　D. 15

【参考答案】C。账簿、记账凭证、报表、完税凭证、发票、出口凭证以及其他有关涉税资料应当合法、真实、完整且保存 10 年，法律、行政法规另有规定的除外。

五、纳税申报

重点内容	具体认知
定义	纳税人、扣缴义务人依法自行计算应纳税额和扣缴税款，依法按照申报期限、申报内容如实办理纳税申报等的法律行为，其对纳税申报、扣缴税款申报的真实性和合法性承担责任
主体	负有纳税义务的单位和个人
资料	办理纳税申报时应当如实填写申报表并根据不同情况报送相关证件和资料

续表

重点内容	具体认知
期限	办理纳税申报的时间限定，各税种纳税期限规定不一致 1. 期限顺延：期限最后 1 日是法定休假日，以休假日期满的次日为期限的最后 1 日；在期限内有连续 3 日是以上法定休假日的，按休假日天数顺延 2. 延期申报：确有困难需要延期的，应当在规定的期限内向税务机关提出书面延期申请，经税务机关核准，在核准的期限内办理申报。且应当在纳税期内按照上期实际缴纳的税额或税务机关核定的税额预缴税款，并在核准的延期内办理税款结算
纳税申报方式	1. 直接申报：直接到税务机关报送办理纳税申报 2. 邮寄申报：以邮政部门收据作为申报凭据，以寄出的邮戳日期为实际申报日期 3. 数据电文申报：以税务机关收到申报数据的时间为实际申报日期，电子数据应与书面材料保持一致
注意要点	1. 办理纳税申报后，发现申报存在错误，可以更正错误申报 2. 在纳税期内没有应纳税款的应当办理纳税申报 3. 享受减税、免税待遇的，在减、免期间应当办理纳税申报

六、税款征收

重点内容	具体认知
定义	税务机关依据税法确定的范围和标准，通过法定程序和方式实现应纳税款及时足额征收、缴入国库的活动
原则	依法征税、应收尽收、坚决不收“过头税”，坚决防止和制止越权减免税，坚决落实各项税收优惠政策
方式	1. 自行缴纳：最为普遍的税款征收方式 2. 代扣代缴和代收代缴：除自行缴纳以外最主要的税款征收方式 3. 委托代征：根据有利于税收控管和方便纳税的原则依法委托有关单位和人员代征零星分散和异地缴纳的税收，纳税人不得拒绝，如果拒绝，受托代征单位和个人应当及时报告税务机关 4. 核定征收：六种核定情形和四种核定方法 （1）核定情形 ①依照法律、行政法规的规定可以不设置账簿的 ②依照法律、行政法规的规定应当设置但未设置账簿的 ③擅自销毁账簿或者拒不提供纳税资料的 ④虽设置账簿，但账目混乱或者成本资料、收入凭证、费用凭证残缺不全，难以查账的 ⑤发生纳税义务，未按照规定的期限办理纳税申报，经税务机关责令限期申报，逾期仍不申报的 ⑥纳税人申报的计税依据明显偏低，又无正当理由的 （2）核定方法 ①参照当地同类行业或者类似行业中经营规模和收入水平相近的纳税人的税负水平核定 ②按照应税收入额或者成本费用支出额定率核定 ③按照耗用的原材料、燃料、动力等推算或者测算核定 ④按照其他合理方法核定 采用上述一种方法不足以正确核定的，可以同时采取两种以上方法核定。纳税人对税务机关依规核定的应纳税额有异议，应当提供相关证据，经税务机关认定后调整应纳税额

续表

重点内容	具体认知
特殊情形	1. 延期缴纳税款：因有特殊困难（两种情况）不能按期缴纳税款，经省、自治区、直辖市税务局批准，可以延期缴纳税款，但是最长不得超过 3 个月 （1）受不可抗力影响，纳税人发生较大损失，正常生产经营活动受到较大影响 （2）当期货币资金在扣除应付职工工资、社会保险费后，不足以缴纳税款 2. 税款追征：有三种情形，但纳税人申报之后未缴纳而形成欠税以及税务机关已经检查处理但未执行入库的税款不在此追征制度的规定范围内 （1）因税务机关的责任，致使纳税人、扣缴义务人未缴或者少缴税款的，追征期为 3 年，但不得加收滞纳金。因税务机关的责任具体是指税务机关适用法律、行政法规不当或者执法行为违法 （2）因纳税人、扣缴义务人计算错误等失误，未缴或者少缴税款的，追征期为 3 年，且同时加收滞纳金。有特殊情况的，追征期可以延长到 5 年。有特殊情况是指纳税人或者扣缴义务人因计算错误等失误，未缴或者少缴、未扣或者少扣、未收或者少收税款，累计数额在 10 万元以上的情形 （3）纳税人偷税、抗税、骗税的，追征期是无限期，同时追征滞纳金 3. 退还多缴税款：纳税人超过应纳税额缴纳的税款，税务机关发现后应当立即退还；纳税人自结算缴纳税款之日起 3 年内发现的，可以向税务机关要求退还多缴的税款并加算银行同期存款利息，税务机关及时查实后应当立即退还
税款强制措施	1. 一般税收保全措施 （1）税收保全的前置程序 ①限期缴纳税款：税务机关有根据认为从事生产、经营的纳税人有逃避纳税义务行为的，可以在规定的纳税期之前，向纳税人发出《税务事项通知书》，责令限期缴纳应纳税款 ②责成提供纳税担保：在限期内发现纳税人有明显转移、隐匿其应纳商品、货物以及其他财产或应纳税收入迹象的，可以向纳税人发出《责成提供纳税担保通知书》，责任纳税人提供纳税担保 （2）税收保全的实施：纳税人不能提供纳税担保，经县以上税务局（分局）局长批准，可以采取税收保全措施 ①书面通知纳税人开户银行或者其他金融机构冻结纳税人的金额相当于应纳税额的存款 ②扣押、查封纳税人的价值相当于应纳税款的商品、货物或者其他财产 ③注意：个人及其所扶养家属维持生活必需的住房和用品，不在税收保全措施的范围之内 （3）税收保全的解除：在规定期限内缴纳税款，税务机关应当自收到税款或者银行转回的完税凭证之日起 1 日内解除税收保全措施 2. 特殊税收保全措施 （1）对未按照规定办理税务登记的从事生产、经营的纳税人以及临时从事经营的纳税人，由税务机关核定其应纳税额，责令缴纳；不缴纳的，税务机关可以扣押其价值相当于应纳税款的商品、货物。扣押后仍不缴纳应纳税款的，经县以上税务局（分局）局长批准，依法拍卖或变卖所扣押的商品、货物，以拍卖或者变卖所得抵缴税款 （2）税务机关对从事生产、经营的纳税人以前纳税期的纳税情况依法进行税务检查时，发现纳税人有逃避纳税义务行为，并有明显的转移、隐匿其应纳税的商品、货物以及其他财产或应纳税的收入的迹象的，可以按照法定权限和程序采取税收保全措施 3. 税收强制执行 税务机关可自行依法实施，也可申请人民法院强制实施 （1）责令限期缴纳：从事生产、经营的纳税人未按照规定的期限缴纳或者解缴税款，纳税担保人未按照规定的期限缴纳所担保的税款，由税务机关责令限期缴纳

续表

重点内容	具体认知
税款强制措施	（2）批准实施：责令限期缴纳期满，仍未缴纳的，经县以上税务局（分局）局长审查批准，可执行强制措施 （3）执行强制措施：两种情形 ①书面通知其开户银行或者其他金融机构从其存款中扣缴税款 ②扣押、查封、依法拍卖或者变卖其价值相当于应纳税款的商品、货物或者其他财产，以拍卖或者变卖所得抵缴税款 【注意】税务机关采取强制执行措施时，对纳税人、扣缴义务人、纳税担保人未缴纳的滞纳金同时强制执行
欠税管理	1. 欠税金额 纳税人、扣缴义务人到期应纳或者应解缴税款与纳税人、扣缴义务人实际缴纳或者解缴税款的差额 2. 欠税管理制度 （1）欠税催缴：申报期结束后，根据逾期未纳税情况，税务机关发出《税务事项通知书》，责令纳税人限期缴纳 （2）加收滞纳金：从滞纳税款之日起，按日加收滞纳税款0.5‰的滞纳金 （3）欠税公告：税务机关按期在办税场所或通过广播、电视、报纸、期刊、网络等新闻媒体公告纳税人的欠缴税款情况 （4）阻止出境：欠缴税款的纳税人或其法定代表人需要出境，应在出境前结清应纳税款、滞纳金或提供担保。未结清税款、滞纳金，又不提供担保的，税务机关可以通知出入境管理机关阻止其出境 （5）重要事项报告 ①欠缴税款5万元以上的纳税人在处理其不动产或大额资产之前，应当向税务机关报告 ②凡纳税人没有缴清欠税，应定期向主管税务机关报告其生产经营、资金往来、债权债务、投资和欠税原因、清欠计划等情况，报告间隔期依据欠税程度确定，但最长不得超过3个月 ③欠税人有合并、分立、撤销、破产和处置大额资产行为的，应随时向主管税务机关报告 （6）强制执行：税务机关对于欠缴税款的纳税人、扣缴义务人可以采取强制执行措施 （7）享有优先权、代位权和撤销权 ①税收优先于无担保债权 ②欠缴的税款发生在纳税人以其财产设定抵押、质押或纳税人的财产被留置之前的，税收应先于抵押权、质权、留置权执行 ③纳税人欠缴税款同时又被行政机关决定处以罚款、没收违法所得的，税收优先于罚款、没收违法所得 ④因怠于行使或放弃到期债权，或无偿转让财产，或以明显不合理的低价转让财产而受让人知道该情形，对国家税收造成损害的，税务机关可以依《民法典》规定行使代位权、撤销权 ⑤行使代位和撤销权的，不免除欠缴税款纳税人尚未履行的义务和应承担的法律责任 （8）欠税抵顶退税：既有应退税款又有欠缴税款的，税务机关可以将应退税款和利息先抵扣欠缴税款；抵扣后有余额的，退还纳税人 3. 欠税的解除 规定期限内清缴税款和滞纳金，欠税自动解除。因欠税已采取的税收保全、停售发票、阻止出境等措施应及时解除

续表

重点内容	具体认知
减免税管理	1. 申报享受税收减免 一般在首次申报时操作，分为直接在申报表中填列减免税信息无须报送资料和随申报表报送附列资料两种 2. 税收减免备案 首次享受减免税需向主管税务机关提交相关资料申请办理备案，一次性报备如无变化在政策存续期内一直享受，如有变化需及时向税务机关报告 3. 税收减免核准 在政策规定的减免税期限内提交资料并申请，经税务机关核准确认后享受。未按规定申请或虽申请但未经核准确认，不得享受

【提示】注意延期纳税申报和延期缴纳税款的区别。延期申报，是先缴纳税款，推迟纳税申报时间；延期纳税，就是先正常纳税，推迟缴纳税款。

【判断题】纳税人按照规定的期限办理纳税申报确有困难，可以在纳税期内按照上期实际缴纳的税额或者税务机关核定的税额预缴税款，无须再办理书面延期申请。（　　）

【参考答案】×。纳税人、扣缴义务人按照规定的期限办理纳税申报或者报送代扣代缴、代收代缴税款报告表确有困难，需要延期的，应当在规定的申报期限内向税务机关提出书面延期申请。

【单选题】将零星、分散和不易管控的税源形成税收缴入国库，税务机关可以采用的税款征收方式是（　　）。

A. 代扣代缴　　B. 代收代缴

C. 委托代征　　D. 核定征收

【参考答案】C。对于零星、分散和不易管控的税收，税务机关可以委托有关单位和人员代征零星分散和异地缴纳的税收。

【多选题】纳税人因有特殊困难不能按期缴纳税款，在办理延期缴纳税款时需要经批准的税务机关有（　　）。

A. 省税务局　　B. 自治区税务局

C. 直辖市税务局　　D. 县级以上税务局

【参考答案】ABC。纳税人、扣缴义务人按照法律、行政法规规定或者税务机关依照法律、行政法规的规定确定的期限，缴纳或者解缴税款。纳税人因有特殊困难，不能按期缴纳税款的，经省、自治区、直辖市税务局批准，可以延期缴纳税款，但是最长不得超过 3 个月。

【单选题】因税务机关的责任，致使纳税人、扣缴义务人未缴或者少缴税款的，追征期为（　　）。

A. 2 年　　B. 3 年

C. 特殊情况延长到 5 年　　D. 无限期

【参考答案】B。根据《中华人民共和国税收征管法》第五十二条规定，因税务机关的责任，致使纳税人、扣缴义务人未缴或者少缴税款的，税务机关在 3 年内可以要求纳税人、扣缴义务人补缴税款，但是不得加收滞纳金。

【单选题】下列关于税款征收措施表述正确的是（　　）。

A. 税务机关因扣缴义务人不履行扣缴义务可采取税收保全措施

B. 经县以上税务局局长批准可对不能提供纳税担保的纳税人采取税收保全措施

C. 强制执行措施包括书面通知纳税人开户银行冻结纳税人的金额相当于应纳税款的存款

D. 强制执行措施对纳税担保人未缴纳的滞纳金同时强制执行

【参考答案】D。税务机关有根据认为从事生产、经营的纳税人有逃避纳税义务，且纳税人不能提供纳税担保的，经县以上税务局局长批准，税务机关可以采取税收保全措施；税收保全措施包括书面通知纳税人开户银行冻结纳税人的金额相当于应纳税款的存款；纳税担保人未按照规定的期限缴纳所担保的税款，由税务机关责令限期缴纳，逾期仍未缴纳的，经县以上税务局（分局）局长批准，税务机关可以采取强制执行措施，税务机关采取强制执行措施时，对前款所列纳税人、扣缴义务人、纳税担保人未缴纳的滞纳金同时强制执行。

【判断题】税收优先权是指税务机关征收税款时，税收优先于无担保债权，法律另有规定的除外。（　　）

【参考答案】√。如果纳税人既没有缴纳税款，又没有偿还对他人的未设定担保的债务，在这种情况下，应当首先保证国家税款的征收，即国家税款的征收要优先于未设定担保的第三人的债权，体现了公权优先的原则。

七、税务检查

重点内容	具体认知
法定检查权力	1. 检查纳税人的账簿、记账凭证、报表和有关资料，检查扣缴义务人代扣代缴、代收代缴税款账簿、记账凭证和有关资料 2. 到纳税人的生产、经营场所和货物存放地检查纳税人应纳税的商品、货物或其他财产，检查扣缴义务人与代扣代缴、代收代缴税款有关的经营情况 3. 询问纳税人、扣缴义务人与纳税或代扣代缴、代收代缴税款有关的问题和情况 4. 责成纳税人、扣缴义务人提供与纳税或代扣代缴、代收代缴税款有关的文件、证明材料和有关资料 5. 到车站、码头、机场、邮政企业及其分支机构检查纳税人托运、邮寄应纳税商品、货物或其他财产的有关单据、凭证和有关资料 6. 经县以上税务局（分局）局长批准，凭全国统一格式的检查存款账户许可证明，查询从事生产、经营的纳税人、扣缴义务人在银行或其他金融机构的存款账户。税务机关调查税收违法案件时，经设区的市、自治州以上税务局（分局）局长批准，可以查询案件涉嫌人员的储蓄存款 7. 对采用电子信息系统进行管理和核算的被查对象，可以按照规定程序和手续对电子信息系统进行直接检查，或者提取、复制电子数据进行检查

续表

重点内容	具体认知
法定检查责任	1. 按照法律法规规定的权限、程序行使检查权 2. 检查前，应当告知被查对象检查时间、需要准备的资料等，但预先通知有碍检查的除外 3. 检查应当由两名以上检查人员共同实施 4. 进行税务检查时，应当出示税务检查证和税务检查通知书 5. 符合规定情形应当回避 6. 保守纳税人的商业秘密和个人隐私

第二节　税费服务

一、税费服务概述

（一）税费服务原理

重点内容	具体认知
税收遵从理论	1. 对纳税人有清晰的认知，并能进行必要的分类 2. 需要在分类的基础上，制定相应的针对性管理措施，鼓励引导纳税人保持在自愿遵从状态下
新公共服务理论	1. 强调效率结果和服务质量，为纳税人缴费人提供高效、便捷的服务，提高其满意度与获得感 2. 切实保障纳税人缴费人合法权益，打造服务型税务机关

（二）税费服务内容

重点内容	具体认知
税费宣传辅导	税务机关应当及时、广泛地对税收、社会保险费与非税收入法律法规和相关政策进行宣传辅导
税费咨询	税务机关通过多样化渠道无偿向纳税人缴费人提供政策咨询，帮助其更全面、准确地了解权利和义务，避免对政策了解不及时，不全面而出现增加遵从成本
办税缴费服务	税务机关不断创新模式，拓展服务功能、优化流程，精简资料，帮助纳税人更轻松、快捷地履行义务
权益保护	通过切实保障纳税人权益和及时满足纳税人的合理需求，提高纳税人的税法遵从度和满意度
信用管理	通过加强纳税信用管理，强化纳税信用级别结果应用
涉税专业服务	税务部门支持第三方按市场化原则为纳税人、缴费人提供个性化服务，并对涉税专业服务机构与人员的实施监督，充分发挥涉税专业服务的优势和积极作用

（三）税收营商环境

重点内容	具体认知
优化原则	市场化、法治化、国际化
内容	市场主体保护、市场环境优化、政务服务提示、严格监管执法和提高法治保障
税收对营商环境影响	1. 减轻税收负担 2. 优化征管与税费服务

营商环境中纳税情况指标体系

总税率和社会缴纳费率	纳税时间	纳税次数	税后流程指数
利润税率 劳务税率 其他税率	企业所得税纳税时间 增值税纳税时间 劳动力税费纳税时间 （个人所得税和社会保险费、公积金）	利润税纳税次数 劳务税纳税次数 其他税纳税次数	增值税退税合规时间 获得增值税退税合规时间 企业所得税审计合规时间 完成企业所得税审计合规时间

二、宣传咨询辅导

重点内容	具体认知
税费政策宣传辅导	日常宣传（常态化）：税费政策宣传和办税缴费流程宣传 专题宣传（特定）：热点问题、重点专题和税收宣传月宣传 培训辅导：新办纳税人培训辅导、税收专项培训辅导和纳税人学堂
纳税缴费咨询辅导	通过电话、网站、微信、短信、传真、信函和面对面等多种方式提供准确高效的税费咨询解答
税费政策精准推送	1. 通过税收大数据分析，建立税费优惠政策和纳税人，缴费人的关联关系，形成精准推送的算法模型，确保推送对象和适用政策的准确度 2. 内部打通信息系统之间的传输渠道，实现数据共享与实时传输，保障推送的及时性 3. 利用网格化管理及时弥补推送错误，各级税务机关也不断校正信息以确保推送效果良好

三、办税缴费服务

重点内容	具体认知
改进办税缴费方式	1. 企业税费网上办理，个人税费掌上办理，不断拓展“非接触式”“不见面”办税缴费服务 2. 逐步改变以表单为载体的传统申报模式，实现信息系统自动提取数据、自动计算数据、自动预填申报的数据报送模式 3. 精简享受优惠政策流程和手续，持续扩大“自行判别、自行申报、事后监管”范围

续表

重点内容	具体认知
减轻办税缴费负担	1. 积极通过信息系统采集数据，加强部门间数据共享，着力减少纳税人缴费人重复报送 2. 全面推行税务证明事项告知承诺制，拓展容缺办理事项，持续扩大涉税资料由事前报送改为留存备查的范围
压减纳税缴费次数和时间	1. 落实《优化营商环境条例》，推进税（费）种综合申报，依法简并部分税种征期，减少申报次数和时间 2. 扩大部门间数据共享范围，加快企业出口退税全环节办理速度，利用纳税信用制度，对高信用级别企业可进一步缩短办理时间

四、纳税人权益保护

重点内容	具体认知
纳税人权利（14 项）	知情权、保密权、税收监督权、纳税申报方式选择权、申请延期申报权、申请延期缴纳税款权、申请退还多缴税款权、依法享受税收优惠权、委托税务代理权、陈述与申辩权、对未出示税务检查证和税务检查通知书的拒绝检查权、税收法律救济权、依法要求听证的权利、索取有关税收凭证的权利
纳税人义务（10 项）	依法进行税务登记的义务；依法设置保管账簿和有关资料以及依法开具、使用、取得和保管发票的义务；财务会计制度和会计核算软件备案的义务；按照规定安装、使用税控装置的义务；按时、如实申报的义务，按时缴纳税款的义务；代扣、代收税款的义务；接受依法检查的义务；及时提供信息的义务；报告其他涉税信息的义务
合法权益保障	1. 畅通诉求有效收集、快速响应和及时反馈渠道 2. 坚持依法保障人权，维护纳税人合法权益，完善纳税人缴费人权利救济和税费争议解决机制 （1）按照《纳税服务投诉管理办法》规范高效处理纳税服务投诉 （2）实施大企业税收事先裁定并建立健全相关制度 （3）健全纳税人缴费人、个人信息保护等制度，依法加强税费数据查询权限和留痕等管理，严格保护纳税人、缴费人及扣缴义务人的商业秘密、个人隐私等，严防个人信息泄露和滥用等 （4）对税务机关和税务人员违反有关法律法规规定、因疏于监管造成重大损失的，依法严肃追究责任

【多选题】《中华人民共和国税收征管法》赋予纳税人的权利有（　　）。

A. 知情权　　B. 保密权　　C. 申报选择权　　D. 索取凭证权

【参考答案】AB。14 项权利是：知情权、保密权、税收监督权、纳税申报方式选择权、申请延期申报权、申请延期缴纳税款权、申请退还多缴税款权、依法享受税收优惠权、委托税务代理权、陈述与申辩权、对未出示税务检查证和税务检查通知书的拒绝检查权、税收法律救济权、依法要求听证的权利、索取有关税收凭证的权利。

【单选题】下列检查中，超越《税收征管法》所赋予税务机关权限的有（　　）。

A. 到车站检查纳税人托运应纳税货物的有关单据

B. 到机场检查纳税人托运应纳税商品的有关单据

C. 到邮政企业检查纳税人邮寄应纳税货物的有关单据

D. 到码头检查纳税人托运应纳税商品货物

【参考答案】D。税务机关有权到车站、码头、机场、邮政企业及其分支机构检查纳税人托运、邮寄应纳税商品、货物或者其他财产的有关单据、凭证和有关资料。

五、纳税信用管理

重点内容	具体认知
纳税信用制度	采取年度评价指标得分和直接判级的方式对企业信用状况进行的评价，由高到低分为A、B、M、C、D五级，实行动态管理，纳税人可以在规定期限内申请信用修复，可实时查询自身信用级别和信用扣分明细
纳税信用与社会信用的协同	1. 建立健全纳税缴费信用评价制度，对纳税缴费信用高的市场主体给予更多便利 2. 在全面推行实名办税缴费制度基础上，实行纳税人缴费人动态信用等级分类和智能化风险监管，既以最严格的标准防范逃避税，又避免影响企业正常生产经营 3. 对重大涉税违法犯罪案件，依法从严查处曝光并按照有关规定纳入企业和个人信用记录，共享至全国信用信息平台，充分发挥纳税信用在社会信用体系中的基础性作用

六、涉税专业服务

重点内容	具体认知
涉税专业服务监管制度	1. 定义：涉税专业服务机构接受委托，利用专业知识和技能，就涉税事项向委托人提供的税务代理等服务 2. 机构：税务师事务所和从事涉税专业服务的会计师事务所、律师事务所、代理记账机构、税务代理机构、税务代理公司、财税类咨询公司等机构 3. 业务：纳税申报代理、日常办税事项税务咨询、专业税务顾问、税收策划、涉税鉴证、纳税情况审查、其他税务事项代理等 4. 监管 （1）对事务所实施行政登记管理，对其他涉税专业服务机构建立业务信息采集制度；（2）对执业情况进行检查；（3）对行业协会进行监督指导；（4）公告纳入机构名单和信用情况，公告未经行政登记的税务师事务所名单
涉税专业服务机构与个人的信用管理	建立信用评价管理制度，建立合理的信用评价指标体系，进行信用等级评价或信用记录

第三节 税费收入统计分析

一、概述和税费收入管理

重点内容	具体认知
概述	组织收入管理是税务机关为保证税收和其他收入的稳定实现，依据国家预算管理体制和国家经济发展规划，对组织收入工作进行的总体安排设计。包括税收预测、税收分析、收入监控和税收收入质量考核等环节

续表

重点内容	具体认知
税收预测	1. 具有定量性、模型性、可控性的特点 2. 指标体系分为经济指标、税收收入指标、重点税源企业指标三类 （1）经济指标：国内生产总值（CDP）、生产价格指数（PPI）、工业增加值、固定资产投资等 （2）税收收入指标：历年税收收入指标、分地区税收收入、分行业税收收入等 （3）重点税源企业指标：重点税源企业税收收入、重点税源企业营业收入、重点税源企业利润等
税收分析	1. 税收形势分析：总结税收收入运行状况和特点，分析收入增减变化原因，反映税收运行和组织收入工作中存在的问题，判断未来收入走势情况，提出加强组织收入工作的对策建议 2. 政策效应分析：从事前、事中和事后密切跟踪改革和政策实施情况，测算税收政策变动对经济、税收的定量影响，提出调整和优化建议 3. 经济运行分析：利用税收大数据优势，从税收角度观察和反映我国经济运行状况，把握经济发展方式转变过程，折射经济社会发展中值得关注的问题
重点税源监控	1. 包括独立纳税企业监控、重点企业集团监控、重点行业监控、重大项目监控和重点区域监控等类别 2. 一般每年认定一次，主管税务机关根据本年监控标准和上年实际纳税情况进行认定。对上年度因特殊情况一次性达到监控标准而本年不再可能达到标准的纳税人，可不纳入监控范围，但应作出说明 3. 职能：宏观税源分析和微观税源监控

二、税收会计

重点内容	具体认知
概念	运用会计方法和手段，对税收业务进行全面、综合、连续、系统的核算、反映与监督的税收管理活动
任务	1. 组织税收会计核算，记录和反映税收业务活动，提供税收会计信息 2. 加强税收缴库、退库、调库业务管理，保障税款安全 3. 实施税收会计监督，规范税收业务行为 4. 开展税收会计分析，反映税收、经济运行情况，服务税收决策
核算	1. 税收资金分为资金来源和资金占用。其中资金来源包括应征税金、多缴税金和暂收款；资金占用具体有待征税金、待解税金、在途税金、减免税金、入库税金、提退税金、损失税金和保管款 2. 核算应当以实际发生的业务为依据，坚持客观性、相关性、连续性原则 3. 税收会计报表是用特定的表式，以会计账簿资料为主要依据，以货币为计量单位，通过一系列的税收指标，集中反映会计报告期内税收资金运动情况的书面报告。税收会计报表一般包括日报、月报和年报等。除国家税务总局确定编制周期的报表外，其他报表的具体编制周期由各省税务机关确定

三、税收票证

重点内容	具体认知
概述	税务机关、扣缴义务人依法征收税款、基金、费、滞纳金、罚没款等各项收入的过程中，开具的收款、退款和缴库凭证。税收票证是纳税人实际缴纳税款或收取退还税款的法定证明
形式	纸质形式和数据电文形式
要素	税收票证号码、征收单位名称、开具日期、纳税人名称、纳税人识别号、税种（费、基金、罚没款）、金额、所属时期等
种类	1. 税收缴款书：《税收缴款书（银行经收专用）》《税收缴款书（税务收现专用）》《税收缴款书（代扣代收专用）》 2. 税收收入退还书：《税收收入退还书》《税收收入电子退还书》 3. 出口货物劳务专用税收票证：《税收缴款书（出口货物劳务专用）》“出口货物完税分割单” 4. 印花税专用税收票证：印花税票、印花税票销售凭证 5. 税收完税证明 6. 税收票证专用章戳：税收票证监制章、征税专用章、退库专用章、印花税收讫专用章和国家税务总局规定的其他税收票证专用章戳 7. 国家税务总局规定的其他税收票证

第四节 税费风险管理

一、概述

重点内容	具体认知
定义	在征税过程中，由于制度、管理、执行以及种种不可预知和不可控制的因素所引发的不确定的结果。风险存在于税收管理的整个过程和整个环节
类型	按照风险来源，分为税务部门税收执法风险和企业税收遵从风险 按照风险可测程度，分为指标性和非指标性税收风险 按照风险等级评定，分为一般和重大税收风险
管理	运用风险管理理论和方法，在全面分析纳税人税法遵从状况的基础上，针对纳税人不同类型、不同等级的税收风险，合理配置税收管理资源，通过风险提醒、纳税评估、税务审计、反避税调查、税务稽查等风险应对手段，防控税收风险，提高纳税人的税法遵从度，提升税务机关管理水平的税收管理活动。税收风险管理贯穿税收工作的全过程

二、税收风险管理流程

重点内容	具体认知
内容	包括目标规划、信息收集、风险识别、等级排序、风险应对、过程监控和评价反馈，并通过评价成果对规划目标修订校正
制定目标规划	税收风险管理工作的起点
收集涉税信息	税收风险管理工作的基础
开展风险识别	根据风险规律，利用相关数据和建立的风险模式，采取人机结合方式，对纳税人缴费人的遵从状况进行扫描、分析和筛选，找出风险易发生的领域、环节和群体，为风险管理提供精准指向和具体对象
确定等级排序	按照风险等级由高到低合理确定应采取措施的应对任务数量 1. 风险结果整合：将上级机关推送的风险任务、本级风险分析识别结果和下级提报的风险任务按户归集 2. 风险结果排序：对同一纳税人多个推送结果的各类风险模型进行量化计算，按照风险分值从高到低的次序排列 3. 确定风险等级：根据风险汇总分值的高低，采取定性与定量、计算机扫描和人工分析相结合的方法，将纳税人风险等级分为高、中、低三个级别
组织风险应对	包括风险提醒、纳税评估、税务审计、反避税调查、税务稽查等差异手段。高风险应对主要采取税务稽查；中风险应对主要采取纳税评估、税务审计、反避税调查等；低风险应对主要采取提示提醒、纳税辅导等
实施过程监控及评价反馈	实施有效监控，对效果进行评价后纳入绩效考核体系，加强对过程监控和评价结果的应用，优化识别指标和模型，完善管理措施，提出政策调整建议，实现持续改进

第五节　税务稽查

一、概述

重点内容	具体认知
概述	税务稽查由稽查局依法实施。稽查局办理案件时应以事实为根据，以法律为准绳，坚持公平、公正、公开、效率的原则
职责	依法对纳税人、扣缴义务人和其他涉税当事人履行纳税义务、扣缴义务情况及涉税事项进行检查处理，以及围绕检查处理开展的其他相关工作
管辖	1. 级别管辖：根据上下级稽查局之间实施稽查分工权限 2. 地域管辖：不同区域稽查局之间的稽查权限分工 3. 指定管辖：当税务稽查管辖有争议，本着有利于案件办理的原则，由争议各方逐级协商解决，不能协商一致的要报请共同的上级税务机关决定 4. 移送管辖：已受理案件稽查局将不属于本管辖权的案件移交给具有管辖权的稽查局

二、税务稽查办案流程

重点内容	具体认知
选案	通过稽查案源管理方式合理准确地选择待查对象。确定后，经稽查局局长批准实施立案检查。必要时依法可以在立案前进行检查
检查	1. 检查准备：检查前应当告知被查对象检查时间、需要准备的资料等，但预先通知有碍检查的除外 2. 检查开始：应当由两名以上具有执法资格的检查人员共同实施，并向被查对象出示税务检查证件、出示或送达税务检查通知书，告知其权利和义务 3. 检查方法：可采取实地检查、调取账簿资料、询问、查询存款账户或储蓄存款、异地协查等方法 （1）实地检查：可制作现场笔录、勘验笔录，对实地调查取证情况予以记录，载明时间、地点和事件等内容，并由检查人员签名和当事人签章 （2）调取账簿凭证资料：调取时，应当向被查对象出具调取账簿资料通知书，并填写调取账簿资料清单交其核对后签章确认。调取以前年度各类账证资料，应经县以上税务局局长批准，并在3个月内完整退还。调取当年度各类账证资料，应经设区的市、自治州以上税务局局长批准，并在30日内退还。退还时，应由被查对象核对调取账簿资料清单，并签章确认 （3）检查存款账户：查询从事生产、经营纳税人及扣缴义务人存款账户，应经县以上税务局局长批准，凭检查存款账户许可证明向银行或其他金融机构查询。查询案件涉嫌人员储蓄存款的，应经设区的市、自治州以上税务局局长批准，凭检查存款账户许可证明向银行或其他金融机构查询 （4）询问：应向被询问人送达询问通知书，实施过程应由两名以上检查人员负责，同时应当告知被询问人有关权利义务，询问笔录应当交被询问人核对或向其宣读，核对无误后由被询问人按规定确认 （5）异地境外调查取证：异地调查取证当地税务机关应予以协助；发函委托调查取证受托地稽查局根据请求依法调查；委托地稽查局必要时可以派人参与受托地稽查局调查取证；稽查局可提请国际税收管理部门依照有关规定程序获取境外资料 4. 检查中止与终结 （1）中止：检查过程中出现符合中止检查规定情形，致使检查暂时无法进行的，经稽查局局长批准后，实施中止检查程序 （2）终结：检查过程中出现某些特定情形致使检查确实无法进行，经稽查局局长批准后可终结检查
审理	检查结束后应进行审理，符合重案标准，稽查局审理后提请税务局重大税务案件审理委员会审理 1. 审理内容：执法主体是否正确；被查对象是否准确；税收违法事实是否清楚；证据是否充分；数据是否准确；资料是否齐全；适用法律、行政法规、规章及其他规范性文件是否适当，定性是否正确；是否符合法定程序；是否超越或滥用职权；税务处理、处罚建议是否适当；其他应当审核确认的事项或问题 2. 审理结果：税务处理决定、税务行政处罚决定、不予税务行政处罚决定和税务稽查结论
执行	1. 应依法及时将载明处理结果的税务文书送达被查对象，告知并督促被检查人依法履行处理和处罚决定。符合条件，经县以上税务局局长批准，稽查局可以依法强制执行或依法申请人民法院强制执行 2. 执行过程中出现符合中止执行情形，经稽查局局长批准后中止执行；符合法定终结执行情形，经税务局局长批准后终结执行

本章习题

一、单项选择题

1. 从事生产、经营的纳税人基本存款账户或其他存款账户发生变化的，应当在规定期限向主管税务机关书面报告，上述规定期限是（　　）。

A. 变化当日　　B. 自变化之日起 5 日内

C. 自变化之日起 10 日内　　D. 自变化之日起 15 日内

2. 税务机关在对一定时期内风险管理的工作目标、阶段重点、方针策略、主要措施、实施步骤等作出系统性、全局性的谋划，是指风险管理流程中的（　　）。

A. 目标规划　　B. 信息采集　　C. 风险识别　　D. 风险应对

3. 下列业务开具发票时无须在备注栏注明相关信息的是（　　）。

A. 提供建筑服务　　B. 销售代销货物

C. 货物运输服务　　D. 出租不动产

4. 纳税人纳税信用等级年度评价指标得分 70 分以上不满 90 分的，其纳税信用级别应为（　　）。

A. A 级　　B. B 级　　C. C 级　　D. D 级

5. 下列关于注销税务登记的说法中，错误的是（　　）。

A. 非正常状态纳税人在办理注销税务登记前，须先解除非正常状态，再办理注销税务登记

B. 纳税人应当在向市场监督管理部门办理注销登记前，向主管税务机关申报办理注销税务登记

C. 纳税人被市场监督管理部门吊销营业执照的，应自被吊销之日起 60 日内，向主管税务机关申报办理注销税务登记

D. 纳税人注销税务登记应结清应纳税款、滞纳金、罚款、缴销发票、税务登记证件和其他税务证件

6. 下列情形中，涉税专业服务机构在代理期限内可单方面终止代理行为的是（　　）。

A. 由客观原因，需延长完成协议时间

B. 委托人破产

C. 涉税服务人员变化

D. 委托项目变化

7. 下列关于纳税机关实施税务检查的说法，错误的是（　　）。

A. 将纳税人以前年度的会计账簿调回税务机关检查的，应在 3 个月内完整退还

B. 税务机关派出的人员进行税务检查时，应当出示税务检查证和税务检查通知书

C. 检查纳税人的会计账簿、记账凭证，可在纳税人业务场所进行

D. 对与税收违法案件有关的情况和资料，必须经当事人同意方可录音录像

8. 下列关于追征税款权的说法，正确的是（ ）。

A. 因税务机关的责任，致使纳税人、扣缴义务人未缴或者少缴税款的，税务机关在5年内追征税款并加收滞纳金

B. 因税务机关责任导致纳税人少缴税款超过10万元的，税务机关可在5年内追征

C. 因税务机关的责任，致使纳税人、扣缴义务人未缴或者少缴税款的，税务机关可在3年内追征税款不得加收滞纳金

D. 因纳税人计算错误，导致未缴或者少缴税款的，税务机关可在3年内追征税款，但不加收滞纳金

9. 下列措施中，属于税务机关税收保全措施的是（ ）。

A. 书面通知纳税人开户行从其存款中扣缴税款

B. 通知出入境管理机关阻止纳税人出境

C. 拍卖纳税人价值相当于应纳税款的商品

D. 查封纳税人价值相当于应纳税款的商品、货物或其他财产

10. 对于纳税信用A级的纳税人，日常发票领用时按需供应发票，可一次领取不超过（ ）个月的发票量。

A. 1　　B. 2　　C. 3　　D. 4

二、多项选择题

1. 下列选项中，纳入实名制管理的涉税专业服务机构的信息推送内容有（ ）。

A. 涉税服务机构名称　　B. 涉税服务机构地址

C. 法定代表人姓名　　D. 办税人姓名

E. 涉税服务客户名单

2. 下列情形中，应使用“未发生销售行为的不征税项目”编码开具发票的有（ ）。

A. 销售自行开发的房地产项目预收款

B. 代理进口免税货物向委托方收取并代为支付的货款

C. 单用途商业预付卡充值

D. 以预收货款方式销售货物

E. ETC预付费客户的预付费充值

3. 某商场系增值税一般纳税人，对某区个人用户推出“以旧换新”方式销售空调，下列处理错误的有（ ）。

A. 以新空调定价为依据计算销项税额

B. 以旧换新以收购价的10%计算进项税额

C. 收回旧空调不计算进项税额

D. 收回旧空调可比照收购废旧物品按13%计算进项税额

E. 以实际收到的金额为依据计算销项税额

4. 某增值税一般纳税人职工报销差旅费中，下列注明本单位人员信息的旅客运输服务票据，可以据以抵扣增值税进项税额的有（　　）。
   A. 高铁票
   B. 长途汽车票
   C. 增值税电子普通发票
   D. 国内航空运输电子客票行程单
   E. 国际航空运输电子客票行程单
5. 下列情形中，税务机关有权核定其应纳税额的有（　　）。
   A. 纳税人申报的计税依据明显偏低，又无正当理由的
   B. 发生纳税义务，未按照规定的期限办理纳税申报的
   C. 依照法律、行政法规的规定可以不设置账簿的
   D. 依照法律、行政法规的规定应当设置但未设置账簿的
   E. 设置账簿，但账目混乱或者成本资料、收入凭证、费用凭证残缺不全，难以查账的

参考答案与解析

一、单项选择题

1. 【参考答案】D。从事生产、经营的纳税人应当自开立基本存款账户或其他存款账户之日起 15 日内，向主管税务机关书面报告其全部账号；发生变化的，应当自变化之日起 15 日内向主管税务机关书面报告。
2. 【参考答案】A。目标规划是风险管理工作的起点。
3. 【参考答案】B。目前，在开具发票时必须在备注栏注明的经营业务主要有：（1）提供建筑劳务（选项 A 不当选）。（2）销售不动产。（3）出租不动产（选项 D 不当选）。（4）货物运输服务（选项 C 不当选）。（5）单用途卡或多用途卡结算销售款。（6）保险公司代收车船税。（7）个人保险代理人等汇总代开等。
4. 【参考答案】B。选项 B 当选，年度评价指标得分 70 分以上不满 90 分的企业，应评为 B 级。
5. 【参考答案】C。选项 C 当选，纳税人被市场监督管理部门吊销营业执照的，应自营业执照被吊销之日起 15 日内，向主管税务机关申报办理注销税务登记。
6. 【参考答案】B。选项 B 当选，有下列情形之一的，涉税专业服务机构在代理期限内可单方终止代理行为：
   （1）委托人死亡或解体、破产。
   （2）委托人自行实施或授意涉税服务人员实施违反国家法律、法规行为，经劝告仍不停止其违法活动的。
   （3）委托方提供虚假的生产经营情况和财务会计资料，造成涉税服务错误的。
   选项 ACD 不当选，均属于涉税专业服务关系变更的情形。
7. 【参考答案】D。选项 D 当选，税务机关调查税务违法案件时，对与案件有关的情

况和资料，可以记录、录音、录像、照相和复制。选项 AC 不当选，税务检查可以在纳税人、扣缴义务人的业务场所进行；必要时，经县以上税务局（分局）局长批准，可以将纳税人、扣缴义务人以前会计年度的账簿、记账凭证、报表和其他有关资料调回税务机关检查，但是税务机关必须向纳税人、扣缴义务人开付清单，并在 3 个月内完整退还；有特殊情况的，经设区的市、自治州以上税务局局长批准，税务机关可以将纳税人、扣缴义务人当年的账簿、记账凭证、报表和其他有关资料调回检查，但是税务机关必须在 30 日内退还。选项 B 不当选，税务机关派出的人员进行税务检查时，应当出示税务检查证和税务检查通知书，并有责任为被检查人保守秘密；未出示税务检查证和税务检查通知书的，被检查人有权拒绝检查。

8. 【参考答案】C。选项 AB 不当选，选项 C 当选，因税务机关的责任，致使纳税人、扣缴义务人未缴或者少缴税款的，税务机关可在 3 年内追征税款不得加收滞纳金。对于少缴税款的金额无要求。选项 D 不当选，因纳税人、扣缴义务人计算错误等失误，未缴或者少缴税款的，税务机关在 3 年内可以追征税款、滞纳金；有特殊情况的，追征期可以延长到 5 年。
9. 【参考答案】D。选项 D 当选，税收保全措施包括：（1）书面通知纳税人开户银行或者其他金融机构冻结纳税人的金额相当于应纳税款的存款。（2）扣押、查封纳税人的价值相当于应纳税款的商品、货物或其他财产。选项 ABC 不当选，属于强制执行措施。
10. 【参考答案】C。选项 C 当选，对于纳税信用 A 级的纳税人，按需供应发票，可以一次领取不超过 3 个月的发票用量。

二、多项选择题

1. 【参考答案】ABC。纳入实名制管理的涉税专业服务机构信用信息推送内容：涉税专业服务机构名称（选项 A 当选）、统一社会信用代码、法定代表人（或单位负责人）姓名（选项 C 当选）、地址（选项 B 当选）、联系电话、信用积分情况等基本信息。
2. 【参考答案】ABCE。收取款项未发生销售行为，应开具增值税普通发票的情形（开票时使用“未发生销售行为的不征税项目”编码，发票税率栏应填写“不征税”），主要包括：

（1）预付卡销售和充值（选项 C 当选）。

（2）销售自行开发的房地产项目预收款（选项 A 当选）。

（3）已申报缴纳营业税未开票补开票。

（4）通行费电子发票的不征税发票（选项 E 当选）。

（5）建筑服务预收款。

（6）不征税自来水。

（7）代理进口免税货物货款（选项 B 当选）。

（8）融资性售后回租中承租方出售资产以及资产重组中涉及的资产转让行为等。

选项 D 不当选，预收货款不属于可以开具“不征税”发票的情形。

3. 【参考答案】BDE。选项 BD 当选，收回旧货物，未取得增值税专用发票的，不允许抵扣进项税额。选项 E 当选，“以旧换新”方式销售货物（除金银首饰外），按新货物同期销售价格确定销售额，不得扣减旧货物的收购价格。

4. 【参考答案】ABCD。选项 ABCD 当选，国内旅客运输服务取得注明旅客身份信息的增值税电子普通发票、航空运输电子客票行程单、铁路车票和公路、水路等其他客票，可以作为抵扣增值税进项税额的凭证。选项 E 不当选，可以计算抵扣进项税额的不包括“国际”旅客运输服务。

5. 【参考答案】ACDE。纳税人有下列情形之一的，税务机关有权核定其应纳税额：

（1）依照法律、行政法规的规定可以不设置账簿的（选项 C 当选）。

（2）依照法律、行政法规的规定应当设置但未设置账簿的（选项 D 当选）。

（3）擅自销毁账簿或者拒不提供纳税资料的。

（4）虽设置账簿，但账目混乱或者成本资料、收入凭证、费用凭证残缺不全，难以查账的（选项 E 当选）。

（5）发生纳税义务，未按照规定的期限办理纳税申报，经税务机关责令限期申报，逾期仍不申报的（选项 B 不当选）。

（6）纳税人申报的计税依据明显偏低，又无正当理由的（选项 A 当选）。

第十一章　税收信息化建设

第一节　税收信息化建设概述

一、税收信息化的概念

重点内容	具体认知
定义	信息技术广泛应用于税务管理，深度开发和利用信息资源，提高执法、服务和监管水平，并由此推动税务部门业务重组、流程再造、文化重塑，进而推进税务管理现代化建设的综合过程
层次	一是信息技术的应用活动 二是利用信息化技术进行税收管理的实践活动 三是提升税收治理现代化水平的创新活动

二、税收信息化阶段性建设目标

重点内容	具体认知
金税一期工程和二期工程的建设目标	1. 我国税收信息化快速发展源于1994年实施以增值税为核心的税制改革 2. 建设目标是“科技加管理”，即充分利用计算机和网络为核心的现代信息技术，为税收管理提供现代化手段，同时在管理理念、管理体制、管理方法上有所创新，使之与现代化手段相适应，实现人机的最佳结合
金税三期工程的建设目标	1. 一个平台：包括网络硬件和基础软件的统一的技术基础平台 2. 两级处理：依托统一的技术基础平台，逐步实现数据信息在总局和省局集中处理 3. 三个覆盖：应用内容逐步覆盖所有税种，覆盖所有工作环节，覆盖税务局，并与有关部门联网 4. 四个系统：通过业务的重组、优化和规范，逐步形成一个以征管业务为主，包括行政管理、外部信息和决策支持在内的四大子系统的应用软件
金税四期工程的建设目标（2020年至今）	1. 发票电子化改革（金税四期）是推进税收现代化的系统性改革，要通过理念思维、业务制度、岗责体系、技术平台的转型升级，打造智慧税务，推动“以票控税”向“以数治税”转变，实现“以数治队” 2. 发票电子化改革（金税四期）是智慧税务建设的突破口，是实现税收治理体系和治理能力现代化的引领和支撑

【单选题】金税三期建设目标中的一个平台指的是（　　）。

A. 统一的网络平台　　B. 统一的业务平台

C. 统一的登录平台　　D. 统一的技术基础平台

【参考答案】D。一个平台是指包含网络硬件和基础软件的统一的技术基础平台。

三、税收信息化的建设原则

原则分类	具体认知
1. 先进性原则	充分利用先进成熟的云计算、大数据、移动互联等技术，为系统提供稳健支撑，适应国家信息化发展趋势和税收现代化要求
2. 标准化原则	系统建设中涉及的各种技术均遵循国际标准、国家标准、税务行业标准以及相关规范
3. 扩展性原则	技术架构采用模块化、组件设计、虚拟化、冗余化部署、具有高扩展性、高可维护性、高兼容性，充分满足业务和用户未来发展的需要
4. 开放性原则	系统可以对第三方数据进行采集存储和整合利用，实现信息资源共享
5. 易用性原则	充分重视用户使用体验、界面友好、操作简单、功能易用、管理方便、运行顺畅、问题和故障处理快速响应
6. 安全性原则	系统高度安全可靠，能够有效防范非法攻击，避免未经授权的访问，保障关键信息数据的传输、存储、交换安全，确保系统运行安全
7. 高可用性原则	系统应保证“7×24”小时可以使用，一年内系统平稳运行的可用性大于99.99%

【判断题】充分利用先进成熟的云计算、大数据、移动互联等技术，为系统提供稳健支撑，适应国家信息化发展趋势和税收现代化要求。体现的是信息化建设的开放性原则。(　　)

【参考答案】×。这句话体现的是信息化建设的先进性原则。

四、税收信息化建设的主要内容

重点内容	具体认知
1. 标准规范建设	(1) 税收信息化建设的基础 (2) 制定税收信息化建设相关的业务标准、技术标准，形成科学、合理的标准体系，规范和指导税收信息化建设工作
2. 应用系统建设	(1) 税收信息化的核心内容 (2) 为了实现项目的建设目标，按照建设原则，对业务需求进行分析，按照信息化环境下运行要求进行设计实现，完成相应的信息系统建设，最终实现上线运行 (3) 包括业务功能规划、技术架构确定、部署运行模式选择、系统平台软件选择和上线方案制定等
3. 基础设施建设	包括资源规划、设备部署、软件安装和系统集成等
4. 网络系统建设	包括广域网建设、接入网建设、局域网建设和网络管理等
5. 安全体系建设	根据系统安全需求，建立安全管理体系和安全技术体系，覆盖从物理环境、网络层、系统层、数据库层、应用层信息安全的所有方面
6. 运维体系建设	通过工作制度、流程、跟踪系统、知识库、信息库等的建立，完成税务系统运行维护支持体系建设，全面保障税务管理信息系统高效、稳定、安全运行

第二节　税收信息化建设的成就

一、金税三期应用系统

组成部分	具体认知
1. 核心征管软件	包括核心征管、集成平台、应用总集成
2. 管理决策一包	（1）主要进行数据统计分析的应用系统 （2）包括数据仓库和数据应用
3. 管理决策二包	金税三期的数据综合利用及管理平台，包括十个子系统
4. 外部信息交换系统	满足税务部门与第三方涉税数据交换的需求
5. 税库银系统	财政部、国家税务总局、中国人民银行的跨部门信息系统，为纳税人提供高效便利的纳税服务
6. 应用安全支撑平台	（1）实现税务系统内部用户和外部用户集中统一的用户和权限管理、系统级访问控制管理 （2）包括单位登录用户管理、统一身份存储和签名验签及认证服务

【单选题】在金税三期中进行申报的子系统是（　　）。

A. 核心征管系统　　B. 决策一包

C. 决策二包　　D. 外部交换

【参考答案】A。核心征管包含登记、发票、优惠、认定、证明、申报、征收、票证、评估审计、稽查、法制以及综合等业务域，是金税三期中的核心业务系统。

二、社保费征管系统

系统组成	具体认知
1. 社保费管理子系统	核心业务系统之一 管理范围包括单位缴费人（企业、机关事业、虚拟户）和个人缴费人（职工、灵活就业、城乡居民），社会保险主要有基本养老保险、基本医疗保险、生育保险、工伤保险、失业保险、其他医疗保险、企业年金、职业年金等
2. 社保费征收子系统	包括银行账户采集、三方协议采集及验证、缴费、退费缓缴、对账等业务
3. 税银子系统	实现费款税银征缴模式
4. 信息共享平台	实现人社部门和税务部门之间实时和异步批量数据交换任务，实现信息共享和业务协同

【多选题】下列属于社保费征管信息系统的有（　　）。

A. 社保费管理子系统　　B. 社保费支付子系统

C. 社保费报表子系统　　D. 社保费征收子系统

E. 社保费税银子系统

【参考答案】ADE。

三、自然人税收管理系统

系统组成	具体认知
1. 税务端办税门户WEB	税务机关对个人所得税统一管理的门户，主要包括业务办理、查询统计、征纳互动、运营中心等
2. 自然人办税门户（WEB和App）	提供给自然人进行个人所得税业务办理的统一办税服务工作门户，为自然人提供实名办税管理、自然人信息采集、个人所得税申报、个人所得税征收、个人所得税优惠、证明开具、纳税人信息查询、消息风险推送等服务
3. 扣缴客户端	用于扣缴义务人对个人所得税相关业务进行集中登录后办理的统一应用服务

四、增值税发票管理系统

系统组成	具体认知
1. 增值税发票税控系统V2.0	是增值税发票管理系统的基础系统，能对所有的税控设备和发票票种进行各类管理
2. 增值税发票电子底账系统	实现全国增值税发票数据的汇总采集、跨省交易发票的数据清分传输、纳税人申报抵扣发票明细数据的比对以及发票信息的验签处理等功能
3. 增值税发票查验平台	依托互联网、分布式计算等云计算技术构建的发票查验系统
4. 增值税发票综合服务平台	包括“一站式”发票用途确认、“集成化”发票风险提示、“全票种”发票信息下载服务

第三节 税收征管数字化升级和智能化改造

一、智慧税务建设

重点内容	具体认知
建设意义	有助于推进以纳税人缴费人为中心的精细服务，在加强重点领域风险防控的同时，实现科学精确执法，充分运用大数据提升税收治理现代化水平，高质量推进新时代税收现代化
建设内容	1. 建设统一信息平台（纳税人缴费人端服务平台、税务人端工作平台、决策人端指挥平台，形成国内外一流的智能化行政应用系统） 2. 汇聚共享各方数据（着力推进内外部涉税数据汇聚联通、线上线下有机贯通，逐步实现法人税费信息“一户式”、自然人税费信息“一人式”、税务机关信息“一局式”、税务人员信息“一员式”智能归集，从而打造规模大、类型多、价值高、颗粒度细的税收大数据） 3. 深化数据分析应用（为纳税人缴费人提供精细化、智能化、个性化服务，为税务人提供自主推送任务、自控监督履责、自动考核考评的管理手段，为决策者提供微观、中观、宏观经济运行研判参考和决策支持）

续表

重点内容	具体认知
建设计划	1. 2022 年基本实现法人纳税人信息“一户式”归集、自然人纳税人缴费人信息“一人式”归集 2. 2023 年基本实现税务机关信息“一局式”、税务人员信息“一员式”归集，实现对纳税人缴费人行为的自动性分析管理、对税务人员履责的全过程自控性考核考评、对税务决策信息和任务的自主性推送 3. 2025 年实现税务执法、服务、监管与大数据智能化应用的深度融合、高效联动、全面升级

【多选题】下列属于智慧税务逐步实现的目标的有（　　）。

A. 法人税费信息“一户式”智能归集

B. 自然人税费信息“一人式”智能归集

C. 税务机关信息“一局式”智能归集

D. 税务人员信息“一员式”智能归集

E. 纳税服务“一站式”智能服务

【参考答案】ABCD。智慧税务将着力推进内外部涉税数据汇聚联通、线上线下有机贯通、逐步实现法人税费信息“一户式”、自然人税费信息“一人式”、税务机关信息“一局式”、税务人员信息“一员式”智能归集。

二、发票电子化改革

重点内容	具体认知
改革意义	通过理念思维、业务制度、岗责体系、技术平台的转型升级，打造智慧税务，推动“以票控税”向“以数治税”转变
建设内容	1. 为企业和社会提供全国统一、规范可靠、便捷高效的电子发票服务 2. 面向纳税人提供发票开具、交付、查验、咨询等发票服务 3. 面向税务端支撑发票管理、信用管理、风险应对及决策指挥，着力建设云计算平台、网络可信身份体系、动态“信用 + 风险”等支撑系统
改革计划	1. 2021 年建成全国统一的电子发票服务平台 2. 2025 年基本实现发票全领域、全环节、全要素电子化，着力降低制度性交易成本

三、大数据应用

重点内容	具体认知
建设意义	1. 通过对税收大数据进行挖掘与分析，发现数据之间的关联性或因果结构，揭示过去的规律、预测未来的趋势 2. 通过大数据方法论，掌握新经济新业态新模式的行业特点和管理服务需求，让税务执法、服务和管理更加有的放矢，敏锐精准 3. 进一步拓展税收服务国家治理的新手段、新方式

续表

重点内容	具体认知
建设内容	1. 加强数据资源开发利用，优化数据服务功能 2. 探索区块链技术的应用 3. 完善税收大数据安全治理体系和管理制度 4. 加强智能化税收大数据分析
建设计划	2025年建成税务部门与相关部门常态化、制度化数据共享协调机制，依法保障涉税涉费必要信息获取；健全涉税涉费信息对外提供机制，打造规模大、类型多、价值高、颗粒度细的税收大数据，高效发挥数据要素驱动作用

四、数电发票相关政策和工作

（一）概念

数电发票（又称“数电票”，原简称“全电发票”），全称为“全面数字化的电子发票”，是与纸质发票具有同等法律效力的全新发票，不以纸质形式存在、不用介质支撑，无须申请领用、发票验旧及申请增版增量。纸质发票的票面信息全面数字化，将多个票种集成归并为电子发票单一票种，数电发票实行全国统一赋码、自动流转交付。

（二）数电发票的优势

1. 领票流程更简化

开业开票“无缝衔接”。全电发票实现“去介质”，纳税人不再需要预先领取税控专用设备；通过“赋码制”取消特定发票号段申领，发票信息生成后，系统自动分配唯一的发票号码；通过“授信制”自动为纳税人赋予开具金额总额度，实现开票“零前置”。基于此，新办纳税人可实现“开业即可开票”。

2. 开票用票更便捷

一是发票开具渠道更多元。电子发票服务平台全部功能上线后，纳税人不仅可以通过电脑网页端开具全电发票，还可以通过客户端、移动端手机App随时随地开具全电发票。

二是“一站式”服务更便捷。纳税人登录电子发票服务平台后，可进行发票开具、交付、查验以及勾选等系列操作，享受“一站式”服务，无须再登录多个平台完成相关操作。

三是发票数据应用更广泛。通过“一户式”“一人式”发票数据归集，加强各税费数据联动，为实现“一表集成”式税费申报预填服务奠定数据基础。

四是发票使用满足个性业务需求。全电发票破除特定格式要求，增加了XML的数据电文格式便利交付，同时保留PDF、OFD等格式。全电发票样式根据不同业务进行差异化展示，为纳税人提供更优质的个性化服务。

五是纳税服务渠道更畅通。电子发票服务平台提供征纳互动相关功能，如增加智能咨询，纳税人在开票、受票等过程中，平台自动接收纳税人业务处理过程中存在的问题并进行智能答疑；增设异议提交功能，纳税人对开具金额总额度有异议时，可以通过平台向税务机关提出。

3. 入账归档一体化

通过制发电子发票数据规范、出台电子发票国家标准，实现全电发票全流程数字化流转，进一步推进企业和行政事业单位会计核算、财务管理信息化。

（三）电子发票服务平台操作

1. 开具数电票：电子发票服务平台（简称“电票平台”）。试点纳税人无须领用税控专用设备即可开具数电票，税务机关免费向纳税人提供数电票的开具、查验及交付服务，降低纳税人发票的使用和管理成本。税务部门将对全面数字化的电子发票的全流程进行辅导，纳税人在开具过程中出现问题，可以拨打 12366 咨询主管税务部门。另外在电子发票服务平台上也会有操作指引，确保纳税人正确开好每张全面数字化的电子发票。

2. 接收数电票：受票方可以使用增值税发票综合服务平台接收数电票，也可取得销售方以电子邮件、二维码等方式交付的数电票。纳税人可通过全国增值税发票查验平台，对数电票进行查验。全国统一的发票查验平台包括网页端和小程序，可通过输入网址（https：//inv－veri. chinatax. gov. cn），进入发票查验平台网页端。全国增值税查验平台仅支持单张发票查验模式，包括手工查验及扫描查验等方式。

本章习题

一、单项选择题

1. 信息化建设中对于系统保障“7×24”小时可以使用是指（　　）。
   A. 先进性　　B. 安全性　　C. 高可用性　　D. 易用性
2. 《关于进一步深化税收征管改革的意见》明确了一个建设目标，这个目标的基础特征是高集成功能、高安全性能和高应用效能，这个目标是（　　）。
   A. 便民服务　　B. 智慧税务　　C. 效能税务　　D. 法治税务
3. 下列不属于应用安全支撑平台功能的是（　　）。
   A. 用户管理　　B. 数据交换　　C. 权限管理　　D. 单点登录
4. 税务部门的应用系统对岗责授权应遵循（　　）原则。
   A. 最大化　　B. 相对较大化　　C. 最小化　　D. 相对较小化
5. 下列属于计算机输入设备的是（　　）。
   A. 扫描仪　　B. 打印机　　C. 显示器　　D. 音箱

二、多项选择题

1. 金税三期立项时业务覆盖面的目标包括（　　）。
   A. 覆盖所有非税收入
   B. 覆盖所有社保费
   C. 覆盖所有税种
   D. 覆盖所有工作环节
   E. 覆盖全部税务局
2. 下列属于金税三期主要系统的有（　　）。
   A. 自然人电子税务局
   B. 核心征管
   C. 决策一包
   D. 外部交换
   E. 电子底账
3. 电子发票服务平台建设新应用系统主要包括（　　）。
   A. 电子发票纳税人服务系统
   B. 电子发票查询查验系统
   C. 电子发票支付交易系统
   D. 电子发票税务管理系统
   E. 电子发票决策指挥系统
4. 大数据已逐渐成为经济社会发展新的驱动力，税收大数据的建设特点有（　　）。
   A. 规模大、类型多
   B. 来源广、速度快
   C. 价值高
   D. 使用方便
   E. 颗粒度细
5. 某市税务局计划开发人事档案管理系统，为强化技术防范，严格安全管理，开发中需要遵循网络与信息安全“三同步”。“三同步”是指（　　）。
   A. 同步规划　B. 同步建设　C. 同步使用　D. 同步测试
6. 税务专网不得接入互联网，下列行为会造成违规外联的有（　　）。
   A. 税务干部小王在内网工作电脑上安装双网卡接入互联网
   B. 税务干部小张使用内网工作电脑给自己手机充电
   C. 税务干部小李把内网工作电脑网线拔出后，再接入互联网
   D. 税务干部小赵通过个人 U 盘将外网资料导入税务专网

三、判断题

1. 金税三期实现了数据信息在省局集中处理。（　　）
2. 为保证数据的真实性、及时性和完整性，实现信息共享和业务协商，社保费信息共享平台在人社部门和税务部门之间采用的是实时数据交换的共享方式。（　　）
3. 决策一包建立了统一、通用的数据仓库，实现了多个生产系统的数据汇集。（　　）
4. 在自然人税收管理系统（ITS）扣缴客户端申报成功后，没有完成缴税的，方可进行“申报更正”。（　　）
5. 税务工作人员离开工作计算机时，应激活带口令的屏幕保护或注销、关机。（　　）
6. 税务内网电脑如果要通过无线设备连接到其他网络查看资料，必须先将内网断开，结束时要清除所有查看的资料信息。（　　）

参考答案与解析

一、单项选择题

1. 【参考答案】C。高可用性原则指的是系统应保证“7×24”小时可以使用，一年内系统平稳运行的可用性大于99.99%。
2. 【参考答案】B。《关于进一步深化税收征管改革的意见》建设以服务纳税人缴费人为中心、以发票电子化改革为突破口、以税收大数据为驱动力的具有高集成功能、高安全性能、高应用效能的智慧税务。
3. 【参考答案】B。应用安全支撑平台实现用户和权限管理、系统级访问控制管理，提供用户统一管理和统一身份认证及单点登录等功能。主要包括：单点登录、用户管理、统一身份存储和签名验签及认证服务。批量数据交换属于核心征管集成平台功能。
4. 【参考答案】C。应用系统对岗责授权应遵循最小化原则。
5. 【参考答案】A。扫描仪属于计算机输入设备，打印机、显示器、音箱均属于输出设备。

二、多项选择题

1. 【参考答案】CDE。2005年，金税三期工程项目建议书中描述的“三个覆盖”是指应用内容逐步覆盖所有税种，覆盖所有工作环节，覆盖国、地税局（当时），并与有关部门联网。
2. 【参考答案】BCD。金税三期系统主要包括核心征管、决策一包、决策二包、外部交换、应用安全支撑平台、税库银等。
3. 【参考答案】ADE。电子发票服务平台建设新应用系统主要包括：纳税人服务系统、税务管理系统、决策指挥系统。
4. 【参考答案】ACE。通过不断完善税收大数据云平台，加强数据资源开发利用，打造规模大、类型多、价值高、颗粒度细的税收大数据。
5. 【参考答案】ABC。互联网等基础信息网络要同步规划、同步建设、同步使用。
6. 【参考答案】ABC。使用U盘在内外网之间传递资料可能会感染病毒、木马等，属于不安全的行为规范，但是不会造成违规外联。

三、判断题

1. 【参考答案】×。金税三期实现了总局和省局高度集中处理信息。
2. 【参考答案】×。社保费信息共享平台实现人社部门和税务部门之间实时和异步批量数据交换任务，保证数据的真实性、及时性和完整性，实现信息共享和业务协同。
3. 【参考答案】√。决策一包数据仓库集成了核心征管、出口退税、发票管理系统、外部交换、税库银等多个核心生产系统的数据表，为决策支持系统、核心征管系统、内部控制监督平台等应用系统提供数据服务。

4.【参考答案】×。不管是否完成缴税，都可以进行“申报更正”。启动申报更正后，可以直接在原申报基础上进行修改。若该申报已经扣款，更正申报后多退少补，多缴的税款至办税服务厅办理退税。

5.【参考答案】√。此操作是为了防止信息外露，保护税务信息安全。

6.【参考答案】×。税务专网与互联网物理隔离，不得将税务专网计算机终端随意接入互联网。

第十二章　国际税收概论

第一节　国际税收概论

一、国际税收概念

国际税收是国家税收的国际方面，是指两个或两个以上国家，对纳税人跨境交易产生的所得行使各自征税权力而形成的税收分配关系。

（一）国际税收体现国家与国家之间的税收分配关系。

（二）国际税收体现国家与国家之间的税收协调关系。

（三）国际税收与国家税收的关系。

联系区别	具体内容
联系	（1）国家税收是国际税收的基础 （2）国家在制定本国的税收制度时要考虑国际税收关系
区别	（1）体现的关系（即本质）不同 ①国家税收反映的是国家与纳税人之间的利益分配关系 ②国际税收反映的是国家与国家之间的税收分配关系和税收协调关系 （2）是否存在独立的税种 ①国家税收按课税对象不同可分为不同的税种 ②国际税收没有自己单独的税种

【判断题】国家税收反映的是国家与个人之间的利益分配关系。（　　）

【参考答案】×。国家税收反映的是国家与纳税人之间的利益分配关系。

二、国际税收的产生与发展

国际税收	国际税收是经济发展到一定历史阶段的产物
产生条件	1. 收入的国际化 2. 所得税制的普遍推行
发展特征	1. 对国际税收的分配以及国际税收问题的处理，仅从一国国内法的角度通过单方面规范加以解决的萌芽阶段 2. 有关国家针对出现的国家间重复征税问题，经过双边或多边谈判，共同签订书面协议，以协调相互之间国际税收分配关系的非规范化税收协定阶段 3. 有关国家和国际组织不断总结经验，税收协定由单项向综合、由双边向多边发展，逐步实现税收协定的规范化阶段

【单选题】国际税收的形成不但取决于跨国所得的产生，而且取决于世界各国普遍征收的（　　）。

A. 消费税　　B. 增值税　　C. 所得税　　D. 关税

【参考答案】C。国际税收的产生需要两个客观条件：一是收入的国际化；二是所得税制的普遍推行。

三、税收管辖权

（一）税收管辖权的含义及分类

1. 税收管辖权的含义

税收管辖权，是指主权国家根据其法律所拥有和行使的征税权力，是国际法公认的国家基本权利，属于国家主权在税收领域中的体现。

税收管辖权划分原则主要有属人原则和属地原则。

2. 税收管辖权的分类

类型	具体内容
居民管辖权	居民管辖权，是指一个国家对凡是属于本国的居民取得的来自世界范围的全部所得行使的征税权力，这里的居民包括自然人和法人
公民管辖权	公民管辖权，是指一个国家对凡是属于本国的公民取得的来自世界范围的全部所得行使的征税权力 国际税收中所使用的公民概念不仅包括个人，也包括团体、企业或公司，是一个广义的公民概念
地域管辖权	地域管辖权，是指一个国家对来源于本国领土范围内的全部收益、所得和财产征税 在地域管辖权下，通过确认所得的地域标志来确定该项所得的来源地，从而纳入所在地域的国家税收管辖范围

【提示】居民管辖权、公民管辖权可以合称为居民（公民）管辖权，遵循的是属人原则；地域管辖权遵循的是属地原则。

（二）税收管辖权的行使

类型	具体内容
1. 仅行使地域管辖权	征税权针对本国境内所得（地域管辖权）行使，包括本国居民境内所得和外国居民境内所得
2. 同时行使地域管辖权和居民管辖权	征税权针对本国居民的境内所得、境外所得，以及外国居民的境内所得这三类所得都行使征税权 对本国居民境外所得征税所依据的是居民管辖权，对外国居民在本国境内所得征税所依据的是地域管辖权 目前我国采用的是这种方法
3. 同时行使地域管辖权、居民管辖权和公民管辖权	主要发生在个别强调本国征税范围的国家 其个人所得税除行使地域管辖权和居民管辖权之外，还坚持行使公民管辖权

【提示】本国境内所得（地域管辖权）包括本国居民境内所得及外国居民境内所得。

境外所得（居民管辖权）指本国居民境外所得。

【单选题】多数国家为了维护本国的税收利益，在税收管辖权方面（　　）。

A. 只实行所得来源地管辖权

B. 只实行居民（公民）管辖权

C. 同时实行所得来源地管辖权和居民（公民）管辖权

D. 只实行地域管辖权

【参考答案】C。目前大多数国家都采取这种地域管辖权和居民（公民）管辖权并行的方法。

（三）居民身份的判定标准

1. 自然人的居民身份判定标准

判定标准	具体内容
住所标准	一个人固定的或永久性的居住地，通常为配偶、家庭和财产的所在地
居所标准	有不定期居住意愿的住处，即为了某种目的，如谋生、经商、求学等而作为非永久性居住场所的所在地
停留时间标准	尽管没有住所或居所，但是由于在一个纳税年度内停留在该国的时间较长，超过了规定的天数，被视为该国的税收居民

2. 法人居民身份判定标准

判定标准	具体内容
注册地标准 （法律标准或组建地标准）	以是否在本国依法注册成立来确定跨国纳税人是否为本国法人居民
管理机构所在地标准	以法人的管理机构是否设在本国境内，来确认跨国纳税人是否具有法人居民身份
总机构所在地标准	以总机构是否设在本国境内，来确认跨国纳税人是否具有法人居民身份 凡是总机构设在本国的法人均为本国的法人居民
选举权标准	以拥有公司控股权或控制公司选举权的股东是否为本国居民来判断该跨国纳税人的法人居民身份

【提示】我国企业所得税居民企业采用登记注册地和实际管理机构所在地两个标准确定（两者满足其一即可）。

3. 双重税收居民的加比规则

税收协定中居民条款规定了有关双重税收居民的加比规则。

对于同时为双方居民的自然人，协定一般规定应该按照下列顺序确定其仅为一方居民。

确定标准	具体内容
永久性住所	首先应认定跨国自然人属于其有永久性住所所在国的居民
重要利益中心	如果跨国自然人在两个国家同时都有永久性居住意愿的住所，那么应认定他是属于其中与其本人经济关系更为密切的重要利益中心所在国的居民个人
习惯性住所	如果跨国自然人的重要利益中心所在国也无法判定，或者在其中任何一国都没有永久性住所，应认定他是属于其中有习惯性住所的国家的居民个人
国籍标准	如果跨国自然人在双方国家都有或者都没有习惯性住所，那么应认定他是属于自己国籍国的居民个人
协商	如果跨国自然人在双方国家都有或者都没有国籍，那么最后应由主管当局双方国家通过相互协商解决

【提示】“加比规则”，是按照“永久性住所——重要利益中心——习惯性住所——国籍标准”顺序来协调双重居民身份矛盾的一种规则，当采用上述顺序进行判断后仍无法确定单一居民身份的，再由双方税务主管当局协商解决。

【单选题】对于同时具有两个国家居民身份的跨国自然人的判断，税收协定中所规定的顺序标准，首位标准是（　　）。

A. 重要利益中心　　B. 习惯性住所　　C. 永久性住所　　D. 国籍标准

【参考答案】C。对于同时成为两个国家居民的跨国自然人的特殊情况，应该按照下列顺序的国际规范来行使居民税收管辖权：①永久性住所；②重要利益中心；③习惯性住所；④国籍标准；⑤协商。

（四）所得来源地的判定标准

1. 经营所得来源地的判定标准

（1）常设机构标准。

常设机构	具体内容
常设机构的含义	大多数签订税收协定的国家认为，常设机构是指企业进行全部或部分营业的固定营业场所 主要包括管理场所、分支机构、办事处、工厂、作业场所、矿场、油井或气井、采石场或者任何其他开采自然资源的场所以及达到一定时间标准的工程或劳务项目
非居民企业不通过其常设机构取得的经营所得是否征税	目前各国奉行两个原则 一是实际所得原则。是指一国只对非居民企业通过常设机构实际取得的经营所得征税 二是引力原则。是指非居民企业从事的一些经营活动没有通过常设机构，但只要这些经营活动与这个常设机构所从事的业务活动相同或相似，那么这些没有通过该常设机构的经营所得也要归入常设机构所得一并纳税

【提示】为了明确所得来源地、避免重复征税，各国相继在各自税法和避免双重征税的协定中采纳了 ECD 范本里所提出的“常设机构”概念。

【单选题】下列不属于国际税收中常设机构的是（　　）。

A. 分支机构　　B. 办事处　　C. 作业场所　　D. 子公司

【参考答案】D。常设机构是指企业进行全部或部分营业的固定营业场所，主要包括管理场所、分支机构、办事处、工厂、作业场所、矿场、油井或气井、采石场或者任何其他开采自然资源的场所以及达到一定时间标准的工程或劳务项目。

（2）交易地点标准（英美法系国家比较侧重）。

贸易活动以合同订立地点为标，制造业以发生地为标准。

2. 判定个人劳务所得或受雇所得来源地的标准

判定标准	具体内容
劳务提供地标准	跨国纳税人提供劳务的国家、所工作的国家，其获得的劳务报酬即为来源于该国家的所得
劳务所得支付地标准	以支付劳务所得的居民或固定基地、常设机构的所在国为劳务所得的来源国
劳务合同签订地标准	以劳务合同签订的地点来判定受雇劳务所得（工资、薪金）的来源地

【提示】目前多数国家采用劳务提供地标准，即按行为发生地判断其劳务所得的来源地。我国的个人所得税法也基本上体现了这一标准。

【多选题】判断劳务所得来源地的标准有（　　）。

A. 劳务提供地标准　　B. 劳务所得支付地标准

C. 劳务合同签订地标准　　D. 劳务提供者国籍标准

【参考答案】ABC。劳务所得来源地的标准包括劳务提供地标准、劳务所得支付地标准、劳务合同签订地标准。

3. 判定投资所得来源地的主要标准

（1）股息：以分配股息公司的居民国为股息所得的来源国。

（2）利息：各国判定利息所得来源地标准不同，主要包括：

①以借款人的居住地或借款的使用地为标准；

②以债务利息支付者居住地为标准；

③以借款合同的签订地为标准；

④以贷款的担保物所在地为标准。

（3）特许权使用费的判定标准：

①以特许权使用地为标准；

②以特许权所有者的居住地为标准；

③以特许权使用费支付者居住地为标准。

（4）租金的判定标准：

①以租赁财产的使用地为标准；

②以租赁合同签订地为标准；

③以租金支付者居民住为标准。

（5）财产转让所得的判定标准：

①不动产转让所得以不动产所在地作为所得来源地；

②动产转让所得包括动产销售或转让地、转让者居住地、被转让动产实际所在地；

③权益性投资转让所得差异较大，部分国家规定仅由纳税人为其居民的国家征税，部分国家按照被投资企业所在地作为所得来源地。

第二节 国际重复征税及其消除

一、国际重复征税的产生

（一）国际重复征税的含义

国际重复征税是指两个或两个以上税收管辖区对同一纳税人的同一征税对象分别课税所形成的交叉重叠征税，又称为国际双重课税。

（二）国际重复征税产生的原因

各国行使税收管辖权的重叠是国际重复征税的根本原因。

1. 居民（公民）管辖权同地域管辖权的重叠。
2. 居民（公民）管辖权同居民（公民）管辖权的重叠。
3. 地域管辖权与地域管辖权的重叠。

（三）国际重复征税的影响

1. 加重了跨国纳税人的税收负担，削弱了跨国纳税人在国际竞争中的地位，影响投资者对外投资的积极性。
2. 违背了税收公平原则，税收公平原则要求同等收入纳税人承担同等税负，无论其来自国内还是国外。
3. 阻碍了国际经济发展，妨碍了资金、技术、人员和商品在国家间自由流动。
4. 引起国家间税收摩擦，引起国与国之间的税收权益冲突，会使冲突各方均认为他国征税是对自己权益的侵害，从而加剧国际关系的紧张。

二、国际重复征税的消除方法

国际重复征税的消除方法主要有扣除法、低税法、免税法和抵免法。

各国的涉外税法和国际税收协定中，处理国际重复征税通常采用免税法和抵免法两种，其中普遍采用抵免法。

【多选题】下列避免国际重复征税的消除方法中，使用得最多的方法主要有两种，这两种方法包括（　　）。

A. 扣除法　　B. 免税法　　C. 抵免法　　D. 低税法

【参考答案】BC。避免国际重复征税的方法中，使用得最多的方法包括免税法和抵免法。

（一）免税法

免税法，全称为“外国税收豁免”，是指实行居民管辖权的国家对本国居民的境外所得免予征税，完全放弃征税权，而仅对其来源于国内的所得征税。免税法可以有效消除国际重复征税。

免税法的具体做法：

免税做法	具体内容
1. 全额免税法	指居住国政府对其居民来自国外的所得全部免予征税，只对其居民的国内所得征税，而且在决定对其居民的国内所得所适用的税率时，不考虑其居民已被免予征税的国外所得
2. 累进免税法	指居住国政府对其居民来自国外的所得全部给予免税，只对其居民的国内所得征税，但在决定对其居民的国内所得征税所适用的税率时，有权将这笔免于征税的国外所得与国内所得汇总一并加以考虑，按国内、国外所得总额计征税款 计算公式为：居住国应征所得税额 = 居民的总所得 × 适用税率 × 国内所得 ÷ 总所得

【提示】累进免税法与全额免税法之间的主要区别在于：累进免税法是按照居民纳税人的境内境外的所得总额来确定适用税率，其结果是仅对居民纳税人的境外所得免除了国际双重征税，而不会使其国内所得因扣除国外所得后落入较低的税率档次。

【单选题】假定 A 国居民公司在某纳税年度中总所得为 20 万元，其中，来自 A 国的所得 12 万元，来自 B 国的所得 8 万元。A、B 两国的所得税税率分别为 30%、25%，若 A 国采用全额免税法，则 A 国应征税额为（　　）万元。

A. 6　　B. 5.6　　C. 5　　D. 3.6

【参考答案】D。全额免税法下，居住国政府对其居民来源于非居民国的所得额，单方面放弃征税权，从而使国际重复征税得以彻底免除。因此，该居民公司来自 B 国的所得不征税，A 国仅对来自本国的所得征税。A 国应征税额 = 12 × 30% = 3.6（万元）。

（二）抵免法

抵免法，是指行使居民税收管辖权的国家，对纳税人国内、国外的全部所得征税时，允许纳税人将其在国外已缴纳的所得税额从应向本国缴纳的税额中抵扣。

抵免法既可有效消除国际重复征税，又不要求居住国完全放弃对本国居民国外所得的征税权，目前我国实行抵免法。

【提示】因为免税法是居住国单方面放弃行使居民税收管辖权，而使来源地国的地域征税权处于独享地位，这必将使居住国的财政利益受到一定的影响，特别是当居住国税率高于来源地国税率的条件下，采用免税法使实际免除的税额大于应免除的国内纳税税额，因此不是解决国际双重征税的主流方法。

在实际应用中，直接抵免和间接抵免是抵免法的两种具体运作形式。

1. 直接抵免法

（1）直接抵免法的含义。

直接抵免法，是指企业直接作为纳税人就其境外所得在境外缴纳的所得税额在本国应纳税额中抵免。抵免的是本国居民直接缴纳或实际负担的国外税收。

（2）直接抵免法的适用范围。

直接抵免主要适用于自然人境外缴纳的个人所得税、企业就来源于境外的营业利润所得在境外缴纳的企业所得税，以及就来源于或发生于境外的股息、红利等权益性投资所得、利息、租金、特许权使用费、财产转让等所得在境外被源泉扣缴的预提所得税。

（3）直接抵免法的分类。

直接抵免	具体内容
①全额抵免法	全额抵免法，是指居住国政府对跨国纳税人征税时，允许纳税人将其在收入来源国缴纳的所得税从向本国缴纳的税额中全额扣除 居住国应征所得税额＝居民国内、国外总所得×居住国税率－国外已纳全部税额
②限额抵免法	限额抵免法，也叫普通抵免，是指居住国政府对跨国纳税人在国外直接缴纳的所得税款给予抵免时，不能超过最高抵免限额的方法 居住国应征所得税额＝居民国内、国外总所得×居住国税率－允许抵免的已缴来源国税额 允许抵免的已缴来源国税额（简称“允许抵免额”）由抵免限额和纳税人已缴收入来源国所得税额两个指标的比较来确定 抵免限额＝收入来源国的所得×居住国税率 抵免限额根据限额的范围和计算方法不同，可以分为分国限额法与综合限额法、分项限额法与不分项限额法 我国主要采用限额抵免法

【提示】全额抵免法是对跨国纳税人的国外所得在外国所实缴的税款，不加任何限制条件地全部从本国应纳税额中扣除。限额抵免法是居住国对其居民向外国缴纳的所得税额可以从本国税额中的扣除规定了限额，即以外国所得乘以本国税率计算出的扣除额为限，低于此数可以全部抵扣，如果超过，其超过部分则不能在当年给予抵扣。限额抵免法比照全额抵免法更利于维护居住国的利益。

2. 间接抵免法

间接抵免一般适用于母、子公司之间的税收抵免。

它是指母公司所在的居住国政府，允许母公司将其子公司已缴东道国的所得税中应由母公司分得股息承担的那部分税额，来冲抵母公司应纳税额的办法。

【单选题】税收抵免方法中的间接抵免适用于（　　）。

A. 母子公司之间　　B. 总分公司之间

C. 子公司之间　　　　D. 独立公司之间

【参考答案】A。间接抵免一般适用于母、子公司之间的税收抵免。它是指母公司所在的居住国政府，允许母公司将其子公司已缴东道国的所得税中应由母公司分得股息承担的那部分税额，来冲抵母公司应纳税额的办法。

3. 税收饶让

税收饶让是配合抵免方法的一种特殊方式，是税收抵免内容的附加，是在抵免方法的规定基础上为贯彻某种经济政策而采取的优惠措施。

第三节　国际税收协定

一、国际税收协定概述

（一）国际税收协定及其法律地位

国际税收协定	具体内容
1. 含义	国际税收协定，又称国际税收条约，是指两个或两个以上主权国家或税收管辖区，为了协调相互之间处理跨境纳税人征税事务方面的税收关系，本着对等原则，经由政府谈判所签订的一种书面协议或条约
2. 分类	国际税收协定，按参加国数量可分为 双边国际税收协定，是由两个国家参加缔结的税收协定 多边国际税收协定，是由两个以上国家参加缔结的税收协定
3. 处理国际税收协定与国内法地位关系的模式	第一种模式为国际税收协定优于国内法 第二种模式是国际税收协定与国内法具有同等的法律效力 【注】在我国，当协定与国内法发生冲突时，协定优先，但国内法规定的待遇优于协定时，则适用国内法

【多选题】国际税收协定按涉及的缔约国数量可分为（　　）。

A. 双边税收协定　　　　B. 多边税收协定

C. 一般税收协定　　　　D. 特定税收协定

【参考答案】AB。国际税收协定按涉及的缔约国数量可分为双边和多边税收协定。

（二）国际税收协定的两个范本

协定范本	具体内容
1. 经合组织范本	1961 年 9 月，经济合作组织更改为经济合作与发展组织（简称经合组织或 OECD） 经合组织范本起草之初旨在通过限制来源国依据国内法征税的权利，为跨境纳税人减轻税收负担，消除重复征税。 经合组织范本比较强调居民税收管辖权，对地域税收管辖权有所限制

续表

协定范本	具体内容
2. 联合国范本	联合国范本旨在为发展中国家对外谈签税收协定提供可遵循的原则，因而比经合组织范本更加注重维护来源国征税权 联合国范本由联合国经济及社会理事会下属的国际税收专家委员会拟订，委员会委员来自不同国家和地区，反映不同国家的税制背景和不同区域之间的平衡

二、国际税收协定的主要内容

（一）协定适用范围

范围划分	具体认知
人的范围	适用于缔约国一方或者同时为双方居民的人
税种范围	一般适用于所得税和对财产征收的直接税
空间范围	各缔约国各自的全部领土和水域，以及各国有管辖权的区域
时间范围	税收协定的生效和效力终止的时间

（二）协定基本用语的定义

定义解释	具体认知
一般用语	主要包括“人”“公司”“缔约国一方企业”“缔约国另一方企业”“国际运输”“主管当局”等
特定用语	对协定的签订和执行具有直接的制约作用，必须对特定用语的内涵和外延作出解释和限定
专项用语	只涉及专门条文的用语解释，一般在相关的条款中附带下定义或给予说明

（三）税收管辖权的划分

划分范围	具体认知
对经营所得（营业利润）的征税	对缔约国一方企业的经营所得，一般应由居民国独占征税；对常设机构的营业利润，一般规定适用来源地国优先征税的原则
对投资所得的征税	一般适用来源地国与居民国分享收入的原则
对劳务所得的征税	区分不同情况，对居民国、来源地国的征税权实施不同的规范和限制
对财产收益的征税	主要指对不动产所得和转让或出售财产所取得的收益的征税，其中不动产所得一般在不动产所在国征税

（四）消除双重征税的方法

消除双重征税是签订国际税收协定的重要内容。两个协定范本均提出可以采取免税法或抵免法消除重复征税，具体选择由缔约双方在协定谈签时决定。

（五）税收无差别待遇原则

主要包括国籍无差别待遇、常设机构无差别待遇、支付无差别待遇和资本无差别待遇。

（六）情报（信息）交换

加强各国税务机关征管合作，防止国际逃避税的有效手段。根据两个协定范本，可由缔约国一方自行主动发起，进行信息交换，或应协定伙伴国的具体请求，通过自动信息交换。

（七）相互协商程序

如果缔约国一方居民认为，缔约国一方或双方所采取的措施或将导致不符合协定的征税，则可以向缔约国一方主管当局申请救济。如果主管当局无法单方面解决争议，可通过相互协商程序与缔约国另一方主管当局协商，以解决争议。

三、我国缔结税收协定（安排、协议）的情况

我国税收协定谈签工作始于1981年，于1983年9月签署首个税收协定即《中华人民共和国政府和日本国政府关于对所得避免双重征税和防止偷漏税的协定》。截至2022年年底，我国已正式签署112个避免双重征税协定；与10个国家（地区）签署了税收情报交换协定。

【判断题】国与国之间签订的税收协定，要么和经合组织范本相同，要么和联合国范本相同。（　　）

【参考答案】×。经合组织范本和联合国范本为各国谈签协定提供模板和参考，国与国实际签订的税收协定，取决于双方谈判的结果。

第四节　国际避税与反避税

一、国际避税产生的原因

重点内容	具体认知
定义	纳税人利用两个或两个以上国家的税制差异和征管漏洞，以及国际税收规则存在的缺陷，规避或减轻其全球总体税负的行为
主观原因	纳税人有尽可能减轻税收负担、实现利润最大化的强烈愿望

续表

重点内容	具体认知
客观原因	1. 国家间的税制差异 （1）征税范围和征收方式上的差异 （2）税率的差异 （3）税基的差异 （4）避免双重征税方法的差异 2. 国际税收规则存在的缺陷 3. 税收征管能力不足 （1）实际征管水平有限 （2）征管信息严重不对称
其他原因	非税收方面因素：银行保密条例的宽严程度；移民法、外汇管制、公司法以及是否存在通货膨胀等

二、国际避税的常见手段

避税手段	具体认知
1. 采取“人”的流动避税	（1）转移住所或实际管理机构 （2）人为操控在一国的停留时间
2. 利用转让定价避税	利用转让定价手段在企业集团内部转移利润，使集团利润尽可能在低税国或避税地的关联企业中实现，是跨国公司最常用的避税手段。转让定价是指集团内关联企业或内部机构之间在发生交易时制定的内部交易价格 ［举例］高税国企业向其低税国关联企业销售货物、提供劳务、转让无形资产时制定低价；低税国企业向其高税国关联企业销售货物、提供劳务、转让无形资产时制定高价；实现从高税国转移到低税国
3. 滥用税收协定避税	第三国居民利用其他两个国家之间签订的税收协定获取其不应得到的税收利益。通常采取设立“导管公司”，或签署中间合同的方式
4. 利用外国控股公司避税	（1）在低税地或避税地成立控股公司，将集团利润转移到控股公司账上并长期不作利润分配，从而推迟在居民国纳税 （2）采用间接股权转让方式避税，通过设立在外国的控股公司间接持有东道国居民企业的股权，再以转让外国控股公司的股权间接实现东道国居民企业股权的转让，由于被转让的企业并非东道国的居民企业，不属于来源于东道国的所得，无须在东道国纳税，从而实现避税目的
5. 利用资本弱化避税	（1）资本弱化又称为资本隐藏、股份隐藏或收益抽取，是基于在一般情况下利息支出可以在税前扣除而股息红利不能扣除的事实，企业所有者在投资于企业的资本中降低股本的比重，提高贷款比重，以贷款方式替代募股方式进行投资或融资的活动 （2）资本弱化的特征就是债权和股权比例明显高于正常比例。根据 OECD 解释，企业权益资本与债务资本的比例应为 1 : 1，当比值小于 1 时，即为资本弱化

续表

避税手段	具体认知
6. 利用“避税地”避税	（1）世界上有些国家和地区实行不征直接税或低直接税税率，或者实行特别的税收优惠，所以，在那里可以拥有财产而无须纳税或仅须纳很少的税，这样的地方被称为“避税地”（tax haven），亦被称为“避税港”“避税天堂” （2）通过在“避税地”设立诸如控股公司、投资公司、信托公司、贸易公司、咨询公司、金融公司、保险公司、海运公司和其他经营机构等所谓“海外公司”，方便以这些海外公司为基地的国际避税活动，这些海外公司也被称作国际避税活动的“基地公司” 【名词解释】导管公司是指通常以逃避或减少税收、转移或累积利润等为目的而设立的公司。这类公司仅在所在国登记注册，以满足法律所要求的组织形式，而不从事制造、经销、管理等实质性经营活动

三、反避税管理

反避税措施	具体认知
1. 转让定价管理	转让定价的税务管理是各国普遍采取的一种防止跨国公司转移利润的有效措施，即遵循独立交易原则，已为多数国家广泛接受
2. 受控外国公司规则	受控外国公司规则对于设立在低税地或避税地的外国公司，具有控制权或拥有实质性权益的居民股东，应就其在外国公司的全部或部分所得中相应比例的所得份额，缴纳居民国税收，无论该所得是否向股东进行了分配
3. 资本弱化规则	如果居民企业的债权投资相比于其权益超过了一定标准，则超过部分的债务发生的利息不得税前扣除
4. 一般反避税规则	一般反避税规则作为兜底规则，在特殊反避税规则（如转让定价、资本弱化、受控外国公司等）能够适用的情况下不能适用此规则
5. 限制避税性移居	（1）对于自然人居民，规定纳税人中途临时离境不扣减其在本国的居住天数 （2）目前大多数发达国家都同时采用注册地标准和管理机构所在地标准来判定法人的居民义务
6. 打击国际避税地	（1）制定避税地“黑名单” （2）引入“实质性活动”的规定 （3）推出全球最低税

【多选题】世界各国在长期的反避税斗争中逐渐形成了一整套对付避税行为的法律和措施。我国企业所得税法明确反避税方法包括（　　）。

A. 受控外国公司　　B. 防止滥用税收协定

C. 限制资本弱化的法规　　D. 限制利用改变公司组织形式

【参考答案】AC。我国的企业所得税法明确的反避税方法有受控外国公司和限制资本弱化。

第五节　国际税收合作与“一带一路”税收征管合作机制

一、国际税收合作概述

合作形式	具体认知
多边税收合作	经济合作与发展组织（OECD） 联合国 世界银行集团 国际货币基金组织（IMF） 税收合作平台
区域性税收合作	1. 通常在区域经济一体化程序比较高的地区出现，目前最有影响力的区域性税收合作组织是欧洲联盟（EU） 2. 我国联合签署金砖国家税务合作的第一份机制性文件——《金砖国家税务合作备忘录》
双边税收合作	我国已与 17 个国家的税务部门（或组织机构）签署了 23 个双边合作备忘录

二、国际税收情报交换与征管互助

重点内容	具体认知
国际税收情报交换	1. 含义：税收协定缔约国家（地区）的主管当局为了正确执行税收协定及其所涉及税种的国内法而相互交换所需信息的行为。 2. 直接目的： （1）避免国家之间可能存在的重复征税 （2）防止跨境逃避税 3. 分类 专项情报交换、自动情报交换、自发情报交换、同期税务检查、授权代表访问和行业范围情报交换等类型
多边税收征管协作	欧洲委员会和 OECD 共同制定了《多边税收征管互助公约》（以下简称《公约》），中国政府于 2013 年 7 月 27 日正式签署《公约》，主要是与其他缔约方开展情报交换协助
金融账户涉税信息自动交换标准	金融账户涉税信息自动交换标准（以下简称“CRS”）由 OECD 会同 G20 成员国共同制定，于 2014 年 11 月经 G20 布里斯班峰会核准。 2015 年 12 月 16 日，我国签署《金融账户涉税信息自动交换多边主管当局间协议》，成为该协议的第 77 个签署方。2017 年 8 月，我国完成首次金融账户涉税信息交换

【判断题】金融账户涉税信息自动交换标准（CRS）旨在通过加强各税收管辖区之间有关金融账户信息的自动情报交换，提高全球税收透明度，打击跨境逃避税。经国务院批准，我国于 2017 年 8 月首次完成了交换信息。(　　)

【参考答案】√。

三、税基侵蚀和利润转移

背景、成果和实施	具体认知
背景	1. 跨国企业利用国际税收规则存在的不足，以及各国税制差异和征管漏洞，最大限度减少其全球总体税负，甚至达到双重不征税效果，从而造成对各国税基的侵蚀 2. 2013 年 9 月，G20 正式启动《税基侵蚀和利润转移行动计划》（BEPS 行动计划），旨在通过协调所得税税收政策，修订国际税收规则和加强国际合作打击国际逃避税，建立全球公平和现代化的国际税收体系
成果	2015 年 10 月，OECD 发布了 15 项行动计划成果报告 贯彻总原则是：利润应在经济活动发生地和价值创造地征税
实施	1. 根据约束性差异，BEPS 行动计划分为最低标准、共同方法和最佳实践 2. “最低标准”是 BEPS 参与国必须实施的且受到 G20 和 OECD 的监督和审议 3. 最低标准的四项行动计划 （1）考虑透明度和实质性因素，有效打击有害税收实践 （2）防止税收协定优惠的不当授予 （3）使争议解决机制更有效 （4）转让定价文档和国别报告

【单选题】BEPS 行动计划贯彻的总原则是（　　）。

A. 利润应在经济活动的发生地征税

B. 利润应在价值创造地征税

C. 利润应在经济活动的发生地和价值创造地征税

D. 利润应在母公司所在地征税

【参考答案】C。BEPS 行动计划贯彻的总原则是利润应在经济活动的发生地和价值创造地征税。

四、数字经济国际税收“双支柱”方案

2021 年 7 月 1 日，OECD 受 G20 委托制定发布《关于以双支柱方案应对经济数字化税收挑战的声明》。

支柱内容	具体认知
支柱一	涉及利润分配与联结度规则，旨在对超大型跨国集团的利润和征税权在国家间进行更为公平的分配，以“价值创造地”来重新划分国家间的税收管辖权和利润分配权
支柱二	全球反税基侵蚀方案，旨在设定全球最低税，为各国税收竞争设定一个底线，更积极地平衡各国税收权益

五、“一带一路”税收征管合作机制

重点内容	具体认知
产生	2019 年 4 月，合作机构正式成立，截至 2021 年 9 月，已举办两届“一带一路”税收征管合作论坛，理事会成员增至 36 个
目标与任务	目标：旨在促进投资贸易便利化，消除税收壁垒、优化生产要素跨境配置，推动经济包容性增长，实现联合国 2030 年可持续发展目标任务 任务：提高税收确定性、加快税收争议解决、提升纳税服务、加强税收能力建设等
治理架构	1. 理事会 2. “一带一路”税收征管合作论坛 3. “一带一路”税收征管能力促进联盟 4. 专家咨询委员会

【单选题】2019 年，为了加强“一带一路”国家（地区）税收合作，我国和哈萨克斯坦共同发起成立的机制化税收合作平台是（　　）。

A. “一带一路”税收征管促进联盟　　B. “一带一路”税收征管合作机制

C. “一带一路”税收管理组织　　D. “一带一路”税收征管合作论坛

【参考答案】B。2019 年，为了加强“一带一路”国家（地区）税收合作，我国和哈萨克斯坦共同发起成立的机制化税收合作平台是“一带一路”税收征管合作机制。

本章习题

一、单项选择题

1. 甲国实施抵免法消除重复征税，甲国企业从境外取得的下列所得中，适用间接抵免的是（　　）。

A. 利息　　B. 股息

C. 财产转让所得　　D. 境外常设机构的营业利润

2. 甲国和乙国签订的税收协定中包含税收饶让条款，甲国居民企业通过设立在乙国的常设机构取得的所得为 100 万元，在乙国应缴纳 30 万元税款，但在乙国享受税收优惠待遇免于在乙国纳税，甲国实施抵免法消除重复征税，该所得的抵免限额为 20 万元，则当期甲国居民企业可抵免的乙国税额为（　　）万元。

A. 0　　B. 10　　C. 20　　D. 30

3. 为了防止本国居民企业利用设在外国的控股公司累积利润，推迟缴纳境外来源所得的国内税收，采取的反避税措施是（　　）。

A. 转让定价规则　　B. 受控外国公司规则

C. 资本弱化规则　　D. 一般反避税规则

4. 2021年甲公司在境外设立不具有独立纳税地位的分支机构，该分支机构2022年产生利润200万元，下列关于该境外利润确认收入时间的说法中，正确的是（ ）。
   A. 按照利润所属年度确认收入的实现
   B. 按照利润实际汇回的日期确认收入的实现
   C. 按照双方约定汇回的日期确认收入的实现
   D. 按照境外分支机构作出利润汇回决定的日期确认收入的实现
5. 2022年甲居民企业（经认定为高新技术企业）从境外取得应纳税所得额100万元，企业申报已在境外缴纳的所得税税款为20万元，因客观原因无法进行核实。后经企业申请，税务机关核准采用简易方法计算境外所得税抵免限额。该抵免限额为（ ）万元。
   A. 12.5 B. 15 C. 20 D. 25
6. 下列属于国际税收抵免制度中普遍采用的方法是（ ）。
   A. 免税法 B. 抵免法 C. 扣除法 D. 税收饶让
7. 依据我国非居民金融账户涉税信息尽职调查管理的相关规定，下列非金融机构属于消极非金融机构的是（ ）。
   A. 非营利组织
   B. 上一公历年度末，拥有可产生利息的金融资产占总资产比重50%以上的非金融机构
   C. 仅为了持有非金融机构股权而设立的控股公司
   D. 上市公司及其关联机构
8. 下列关于企业所得税源泉扣缴的说法中，符合税法规定的是（ ）。
   A. 扣缴义务人每次代扣的税款应当自代扣之日起3日内缴入国库
   B. 在境内未设立机构的非居民企业应缴纳的所得税实行源泉扣缴，支付人为扣缴人
   C. 在中国境内从事工程作业的非居民企业应缴纳的所得税实行源泉扣缴，支付人在实际支付款项时扣缴企业所得税
   D. 非居民企业拒绝代扣税款的，扣缴义务人应暂停支付全部款项并及时向税务机关报告
9. 非居民企业拒绝代扣税款的，扣缴义务人应当暂停支付相当于非居民企业应纳税款的款项，并向其主管税务机关报告和报送书面情况说明的时限是（ ）日。
   A. 1 B. 3 C. 5 D. 7
10. 根据企业所得税法的规定，下列关于非居民承包工程作业和提供劳务税收管理的说法正确的是（ ）。
   A. 非居民在中国境内承包工程作业和提供劳务税收管理，只是企业所得税的纳税事项管理
   B. 非居民企业在中国境内承包工程作业或提供劳务的，应当自项目合同或协议签订之日起15日内，向项目所在地主管税务机关办理税务登记手续

C. 扣缴义务人未依法履行扣缴义务或无法履行扣缴义务的，由非居民企业到所得发生地主管税务机关申报缴纳企业所得税

D. 主管税务机关应对非居民参与的合同金额超过 3 000 万元人民币的，实施重点税源监控管理

二、多项选择题

1. 下列关于国际重复征税的影响，正确的有（　　）。

A. 阻碍国际经济发展　　B. 违背税收公平原则
C. 加剧国家间税收摩擦　　D. 导致国际避税增加
E. 侵害国家间税收权益

2. “一带一路”税收征管合作机制成员开展税收合作的领域包括（　　）。

A. 提高税收确定性　　B. 提升纳税服务
C. 加快税收争议解决　　D. 加强税收征管能力建设
E. 建立新的国际税收规则

3. 下列各项中，属于 BEPS 行动计划最低标准的有（　　）。

A. 受控外国公司规则　　B. 有害税收实践
C. 防止税收协定滥用　　D. 转让定价文档和国别报告
E. 税收争议解决

4. 下列关于国际税收协定目标的说法，正确的有（　　）。

A. 防止对所得及财产双重征税　　B. 防止偷逃税
C. 提高税收透明度　　D. 加强税收征管能力
E. 加快税收争议解决

5. 下列各项中属于国际避税方法的有（　　）。

A. 选择有利的企业组织形式　　B. 利用资本弱化
C. 利用税收协定　　D. 利用转让定价
E. 免税法

6. 国际税法的原则包括（　　）。

A. 优先征税原则　　B. 无差异原则
C. 税收分享原则　　D. 税收公平原则
E. 独占征税原则

7. 根据《非居民金融账户涉税信息尽职调查管理办法》的规定，下列机构属于规定的金融机构的有（　　）。

A. 农村信用合作社　　B. 私募基金管理公司
C. 信托公司　　D. 金融资产管理公司
E. 财务公司

8. 依据企业所得税相关规定，下列款项不得抵免境内所得税税额的有（　　）。

A. 按境外所得税法应该缴纳并已实际缴纳的所得税税款
B. 按境外所得税法律规定属于错缴的境外所得税税款
C. 境外所得税纳税人从境外征税主体得到实际返还的所得税税款
D. 按照税收协定规定不应征收的境外所得税税款
E. 因少缴或迟缴境外所得税而追加的滞纳金或罚款

9. 从中国取得股息所得的下列申请人，可直接判定为“受益所有人”的有（　　）。
A. 缔约对方居民且在缔约对方上市的公司
B. 缔约对方政府
C. 被缔约方居民个人间接持有 100% 股份的居民申请人
D. 缔约对方居民个人
E. 被缔约方居民个人间接持有 95% 股份的居民申请人

10. 在国际税收实践中，判断法人居民身份的标准有（　　）。
A. 控股权标准
B. 实际管理和控制中心所在地标准
C. 交易地点标准
D. 注册地标准
E. 总机构所在地标准

三、判断题

1. 甲国和乙国均为仅实施地域管辖权的国家，甲国居民企业从乙国居民企业取得利息所得，乙国征收预提所得税，甲国不征收所得税，但是征收增值税，导致国际重复征税。（　　）
2. 我国积极推进 BEPS 行动计划成果的落地转化，四项最低标准已基本落实到位。（　　）
3. 金融账户涉税信息交换，由一国金融机构与账户持有人的居民国税务主管当局开展信息交换。（　　）

参考答案与解析

一、单项选择题

1. 【参考答案】B。间接抵免适用于股息所得，而其他抵免项目，由于享受抵免待遇的纳税人是在来源国缴纳税款的纳税人，因而均为直接抵免。
2. 【参考答案】C。根据税收饶让条款，甲国居民企业在乙国得到减免的所得税，视同已经缴纳，允许这部分被减免的外国税款在本国应纳税额中抵免，但是抵免金额不得超过抵免限额。
3. 【参考答案】B。为了防止本国居民企业利用设在外国的控股公司累积利润，推迟缴纳境外来源所得的国内税收，不少国家制定了详尽的受控外国公司规则。
4. 【参考答案】A。居民企业在境外设立不具有独立纳税地位的分支机构取得的各项境外所得，无论是否汇回中国境内，均应计入该企业所属纳税年度的境外应纳税所得额。所以按照利润所属年度确认收入的实现。

5.【参考答案】A。因客观原因无法真实、准确地确认应缴纳并以实际缴纳的境外所得额的，除就该所得直接缴纳及间接负担的税款在所得来源国的实际税率低于法定税率 12.5% 以上的除外，可按境外应纳税所得额的 12.5% 作为抵免限额。抵免限额 = 100 × 12.5% = 12.5（万元）。

6.【参考答案】B。抵免法是普遍采用的方法。

7.【参考答案】B。下列非金融机构不属于消极非金融机构：（1）上市公司及其关联机构；（2）政府机构或者履行公共服务职能的机构；（3）仅为了持有非金融机构股权或者向其提供融资和服务而设立的控股公司；（4）成立时间不足 24 个月且尚未开展业务的企业；（5）正处于资产清算或者重组过程中的企业；（6）仅与本集团（该集团内机构均为非金融机构）内关联机构开展融资或者对冲交易的企业；（7）非营利组织。选项 ACD，不属于消极非金融机构。

8.【参考答案】B。选项 A，扣缴义务人每次代扣的税款应当自代扣之日起 7 日内缴入国库；选项 C，对非居民企业在中国境内取得工程作业和劳务所得应缴纳的所得税，税务机关可以指定工程价款或者劳务费的支付人为扣缴义务人。由于这里是由税务机关指定扣缴义务人，所以选项 C 的表述过于绝对；选项 D，非居民企业拒绝代扣税款的，扣缴义务人应当暂停支付相当于非居民企业应纳税款的款项，并在 1 日之内向其主管税务机关报告，并报送书面情况说明。

9.【参考答案】A。非居民企业拒绝代扣税款的，扣缴义务人应当暂停支付相当于非居民企业应纳税款的款项，并在 1 日之内向其主管税务机关报告，并报送书面情况说明。

10.【参考答案】C。选项 A，非居民在中国境内承包工程作业和提供劳务税收管理，是指对非居民增值税和企业所得税的纳税事项管理；选项 B，非居民企业在中国境内承包工程作业或提供劳务的，应当自项目合同或协议签订之日起 30 日内，向项目所在地主管税务机关办理税务登记手续；选项 D，主管税务机关应对非居民参与国家、省、地市级重点建设项目，包括城市基础设施建设、能源建设、企业技术设备引进等项目中涉及的承包工程作业或提供劳务，以及其他有非居民参与的合同金额超过 5 000 万元人民币的，实施重点税源监控管理。

二、多项选择题

1.【参考答案】ABCDE。国际重复征税对投资者的利益、税负公平原则、国际经济交往、国家间税收权益以及跨国公司行为都会产生消极影响。

2.【参考答案】ABCD。机制成员在尊重各自国内法律法规、巩固和支持国际税收义务及标准的基础上，共同推动“一带一路”建设参与国（地区）在以下税收领域开展务实合作：提高税收确定性、加快税收争议解决、提升纳税服务、加强税收征管能力建设。

3.【参考答案】BCDE。被列为“最低标准”的行动计划有四项，包括有害税收实践、防止税收协定滥用、税收争议解决、转让定价文档和国别报告。

4.【参考答案】AB。国际税收协定，又称国际税收条约，是指两个或两个以上国家依照对等原则，通过政府间谈判达成一致后缔结的确定其国际税收分配关系的具有法律效力的书面税收协议，旨在避免对所得及财产双重征税和防止国际偷逃税。

5.【参考答案】ABCD。免税法属于避免国际重复征税的方法。

6.【参考答案】ABCE。国际税法的原则包括优先征税原则、独占征税原则、税收分享原则、无差异原则。

7.【参考答案】ABC。下列机构属于规定的金融机构：（1）商业银行、农村信用合作社等吸收公众存款的金融机构以及政策性银行；（2）证券公司；（3）期货公司；（4）证券投资基金管理公司、私募基金管理公司、从事私募基金管理业务的合伙企业；（5）开展有现金价值的保险或者年金业务的保险公司、保险资产管理公司；（6）信托公司；（7）其他符合条件的机构。

8.【参考答案】BCDE。不应作为可抵免境外所得税税额的情形：（1）按照境外所得税法律及相关规定属于错缴或错征的境外所得税税款；（2）按照税收协定规定不应征收的境外所得税税款；（3）因少缴或迟缴境外所得税而追加的利息、滞纳金或罚款；（4）境外所得税纳税人或者其利害关系人从境外征税主体得到实际返还或补偿的境外所得税税款；（5）按照我国《企业所得税法》及其实施条例规定，已经免征我国企业所得税的境外所得负担的境外所得税税款；（6）按照国务院财政、税务主管部门有关规定已经从企业境外应纳税所得额中扣除的境外所得税税款。

9【参考答案】ABCD。下列申请人从中国取得的所得为股息时，可不根据规定的因素进行综合分析，直接判定申请人具有“受益所有人”身份：（1）缔约对方政府；（2）缔约对方居民且在缔约对方上市的公司；（3）缔约对方居民个人；（4）申请人被第（1）至（3）项中的一人或多人直接或间接持有100%股份，且间接持有股份情形下的中间层为中国居民或缔约对方居民。

10.【参考答案】ABDE。本题考核约束税收管辖权的国际惯例。判定一个公司（或企业、单位）是否属于一国的法人居民，一般有下列四个标准：（1）注册地标准；（2）实际管理和控制中心所在地标准；（3）总机构所在地标准；（4）控股权标准。

三、判断题

1.【参考答案】×。国际重复征税强调对同一征税对象征收相同或类似的税收，由于乙国征收的是所得税，甲国征收的是增值税，不构成国际重复征税。

2.【参考答案】√。我国积极参与国际税改，落实 BEPS 行动最低标准，四项最低标准已落实到位。
3.【参考答案】×。首先需由一国金融机构通过尽职调查程序，识别另一国税收居民在该机构开立的账户的有关信息，再由该国税务主管当局与账户持有人的居民国税务主管当局开展信息交换，最终为各国加强跨境税源监管提供信息支持。

第十三章　企业会计基础知识

第一节　会计基础知识

一、会计核算基本原理

（一）会计基础——权责发生制

《企业会计准则——基本准则》第九条规定，企业应当以权责发生制为基础进行会计确认、计量和报告。

权责发生制要求，凡是当期已经实现的收入和已经发生或应当负担的费用，无论款项是否收付，都应当作为当期的收入和费用进行确认和计量，并计入利润表；凡是不属于当期的收入和费用，即使款项已在当期收付，也不应当作为当期的收入和费用予以确认。

（二）会计核算方法

会计核算方法是对会计主体已经发生的经济业务进行完整、连续和系统的记录和计算，为经营管理提供必要的会计信息所采用的方法，一般包括填制和审核会计凭证、设置会计科目和账户、复式记账、登记账簿、成本计算、财产清查和编制会计报表 7 种方法。

（三）会计要素

资产，是指企业过去的交易或者事项形成的、由企业拥有或者控制的、预期会给企业带来经济利益的资源。企业的资产按流动性不同，可以分为流动资产和非流动资产。

负债，是指企业过去的交易或者事项形成的、预期会导致经济利益流出企业的现时义务。

企业的负债按偿付期不同，分为流动负债和非流动负债。

所有者权益，是指企业资产扣除负债后，由所有者享有的剩余权益。包括企业投资者对企业的投入资本、留存收益（盈余公积和未分配利润）等。

收入，是指企业在日常活动中形成的、会导致所有者权益增加的、与所有者投入资本无关的经济利益的总流入。

费用，是指企业在日常活动中发生的、会导致所有者权益减少的、与向所有者分配利润无关的经济利益的总流出。

利润是企业在一定期间的经营成果，也就是收入与费用相抵后的“净收益”（如果收入小于费用，则表示亏损）。

会计要素中资产、负债和所有者权益要素反映企业在某一特定时点（如月末、季末、半年末、年末）的财务状况，称为静态会计要素，构成资产负债表的基本框架；收入、费用和利润要素反映企业在一定时期（如月度、季度、半年度、年度）形成的经营成果，称为动态会计要素，构成利润表的基本框架。会计要素的界定和分类可以使财务会计系统更加科学严密，并可以为使用者提供更加有用的信息。

（四）会计要素计量属性

根据《企业会计准则——基本准则》的规定，会计要素的计量属性主要包括历史成本、重置成本、可变现净值、现值和公允价值等。

在各种会计要素计量属性中，历史成本通常反映的是资产或者负债过去的价值，而重置成本、可变现净值、现值以及公允价值通常反映的是资产或者负债的现时成本或者现时价值，是与历史成本相对应的计量属性。历史成本与现实成本是相互转化的，比如，公允价值相对于历史成本而言，具有很强的时间概念，当前环境下某项资产或负债的历史成本可能是过去环境下该项资产或负债的公允价值，而当前环境下某项资产或负债的公允价值就是未来环境下该项资产或负债的历史成本。

（五）会计基本假设

1. 会计主体

会计主体，是指企业会计确认、计量和报告的空间范围。

会计主体不同于法律主体。一般来说，法律主体就是会计主体，但会计主体不一定是法律主体。

2. 持续经营

持续经营，是指在可以预见的将来，企业将会按当前的规模和状态继续经营下去，不会停业，也不会大规模削减业务。

3. 会计分期

会计分期，是指将一个企业持续经营的生产经营活动划分为若干连续的、长短相同的期间。

会计期间分为年度和中期。年度和中期均按公历起讫日期确定。中期是指短于一个完整的会计年度的报告期间。

4. 货币计量

货币计量，是指会计主体在进行会计确认、计量和报告时以货币计量，反映会计主体的生产经营活动。

（六）会计信息质量要求

1. 可靠性：企业应当以实际发生的交易或者事项为依据进行会计确认、计量和报告，如实反映符合确认和计量要求的各项会计要素及其他相关信息，保证会计信息真实可靠、内容完整。

2. 相关性：企业提供的会计信息应当与财务会计报告使用者的经济决策需要相关，有助于财务会计报告使用者对企业过去、现在或者未来的情况作出评价或者预测。

3. 可理解性：企业提供的会计信息应当清晰明了，便于财务会计报告使用者理解和使用。

4. 可比性：企业提供的会计信息应当具有可比性。同一企业不同时期发生的相同或者相似的交易或者事项，应当采用一致的会计政策，不得随意变更。确需变更的，应当在附注中说明。

不同企业发生的相同或者相似的交易或者事项，应当采用规定的会计政策，确保会计信息口径一致、相互可比。

5. 实质重于形式：企业应当按照交易或者事项的经济实质进行会计确认、计量和报告，不应仅以交易或者事项的法律形式为依据。

6. 重要性：企业提供的会计信息应当反映与企业财务状况、经营成果和现金流量等有关的所有重要交易或者事项。

7. 谨慎性：企业对交易或者事项进行会计确认、计量和报告应当保持应有的谨慎，不应高估资产或者收益、低估负债或者费用。

8. 及时性：企业对于已经发生的交易或者事项，应当及时进行会计确认、计量和报告，不得提前或者延后。

二、会计科目与账户

（一）会计科目

1. 会计科目的含义

对会计要素的具体内容进行分类核算的科目，称为会计科目。

2. 会计科目的分类

会计科目按其反映的经济内容不同，可分为资产类、负债类、共同类、所有者权益类、损益类和成本类。

会计科目按其反映资料的详细程度分类，可分为总账科目、明细科目。总账科目又称一级科目，它反映各种经济业务的概括情况。明细科目又可分为二级明细科目和三级明细科目。二级明细科目是对总账科目所作的进一步分类，三级明细科目是对二级明细科目的分类。

（二）会计账户

1. 会计账户的含义

会计账户是用以记录经济业务，整理、汇集会计数据资料，提供会计核算具体信息的工具。它是根据会计科目开设的，具有一定结构，在会计账簿中具有一定格式的记账载体。

会计账户与会计科目是既有联系又有区别的两个概念。二者的联系表现在它们都是分类反映会计要素具体内容的，会计科目是设置账户的依据，是会计账户的名称；会计账户是会计科目的具体运用，会计科目所反映的经济内容，就是会计账户所要登记的内容。二者的区别在于：一是二者的概念不同。会计科目只是对会计要素具体内容分类的结果，而会计账户是记录发生经济业务而引起的会计要素具体内容增减变化的场所。二是二者的表现形态不同。会计科目仅是一种分类的标志，本身没有结构，不能记录和反映经济业务的内容。而会计账户则有相应的结构，能够记录和反映经济业务的增减变化情况及结果。

2. 会计账户的基本结构

会计账户具有一定的结构，账户的结构是指账户的格式。账户的基本格式一般应包括以下内容：账户的名称（即会计科目）；日期和凭证号数（用以说明账户记录的日期及来源）；摘要（概括说明经济业务的内容）；增加和减少的金额；借贷方向余额。

每个账户的本期增加发生额和本期减少发生额都应分别计入该账户左右两方的金额栏。至于如何标记账户左方与右方的名称，用哪一方登记增加金额，用哪一方登记减少金额，则取决于所采用的记账方法和该账户所记录的经济内容。

3. 账户的分类

（1）根据核算的经济内容，账户分为资产类账户、负债类账户、所有者权益类账户、成本类账户和损益类账户。

（2）根据提供信息的详细程度及其统驭关系，账户分为总分类账户和明细类账户。

三、会计记账方法

（一）会计记账方法

记账方法是指根据一定的原理、记账符号、记账规则，采用一定的计量单位，利用文字和数字记录经济业务的方法。

记账方法按记账方式的不同，可分为单式记账法和复式记账法两大类。

（二）借贷记账法

借贷记账法是以会计等式作为记账原理，以“借”和“贷”作为记账符号，反映经济业务增减变化的一种复式记账方法。它对于任何一项经济业务，都必须在有关的至少两个账户中进行全面的、相互联系的记录，一方面计入一个或几个账户的借方，另一方面计入一个或几个账户的贷方，计入借方的数额与计入贷方的数额相等。

借贷记账法以“借”“贷”作为记账符号，来反映经济业务所引起的会计要素具体内容增减变化的情况。

由于资产反映企业资金存在的情况，负债和所有者权益反映企业资金对应的权益情况，即资产、负债和所有者权益反映的是同一资金的两个方面。因此，在资产类、负债类与所有者权益类账户中应用两个相反的方向来登记它们的增加额或减少额。长期以来，人们习惯在资产类账户中用借方登记它的增加额，贷方登记它的减少额；而在负债类和所有者权益类账户中，用贷方登记增加额，借方登记减少额。

由于企业取得的收入和发生的费用，最终会导致所有者权益发生变化。根据“资产 + 费用 = 负债 + 所有者权益 + 收入”的会计等式，收入的增加可视同所有者权益的增加，费用的增加可视同所有者权益的减少。这就决定了收入类账户的结构与所有者权益类账户的结构保持一致，成本与费用类账户的结构与资产类账户的结构保持一致。

（三）借贷记账法的记账规则

根据复式记账原理，运用借贷记账法记账时，对每项经济业务必须以相等金额，一方面计入一个或几个有关账户的借方，另一方面计入一个或几个有关账户的贷方，计入借方账户与贷方账户的数额必然相等，这是借贷记账法的规则，是由借贷记账法下账户的结构决定的。

（四）编制会计分录

1. 借贷记账法下账户对应关系

运用借贷记账法记录经济业务时，根据“有借必有贷，借贷必相等”的记账规则，对每项经济业务都要在两个或两个以上账户的借方和贷方相互联系地进行反映。

2. 会计分录

会计分录是指按照复式记账的要求，对每项经济业务以账户名称、记账方向和金额，反映账户间对应关系的记录。在借贷记账法下，会计分录是指对每笔经济业务列示其应借、应贷的账户名称及其金额的一种记录。

（五）试算平衡

试算平衡是根据资产和权益之间的平衡关系以及记账规则来检查各个账户的记录是否正确的一种验证方法。在借贷记账法下，试算平衡有发生额试算平衡法和余额试算平衡法两种方法。

第二节　企业主要经济业务的核算

一、筹资业务

企业进行生产经营活动，必须拥有一定数量的资金，资金来源主要有两个渠道，一是接受投资人投入资金；二是向债权人举债借入资金。投资人投入资金的形式可以是货币性资金，也可以是非货币性资金，包括投入固定资产、原材料、无形资产等。向债权人举债，既可以向金融机构直接借入，也可以发行债券。

核算筹资业务需要设置的主要账户如下。

（一）实收资本

“实收资本”账户属于所有者权益类账户，用来核算投资人投入企业的资本。企业实际收到投资人投入的资产时，登记在该账户的贷方，投资人收回投资时登记在该账户的借方，期末账户余额在贷方，表示投入企业的资本总额。

股份有限公司性质的企业，设置“股本”账户核算投资人投入企业的资本。

（二）银行存款

“银行存款”账户属于资产类账户，用来核算企业存入银行或其他金融机构的各种存款。该账户借方登记企业银行存款的增加，贷方登记银行存款的减少，期末账户借方余额反映企业实际存在银行或其他金融机构的款项。

（三）固定资产

“固定资产”账户属于资产类账户，用来核算企业固定资产的原值。固定资产是指为生产商品、提供劳务、出租或经营管理而持有的，使用寿命超过一个会计年度的有实物形态的资产，具体包括房屋、建筑物、机器、机械、运输工具以及其他与生产、经营有关的设备、器具、工具等。

固定资产应按其取得时的成本入账。取得的成本包括买价、进口关税、不能抵扣的增值税进项税额、运输和保险等相关费用，以及为使固定资产达到预定可使用状态前所发生的必要支出。

“固定资产”账户借方登记增加的固定资产原始价值，贷方登记因实物减少而减少的固定资产原始价值，期末账户余额在借方，表示企业拥有的固定资产原始价值。

（四）短期借款

“短期借款”账户属于负债类账户，核算企业向银行或其他金融机构等借入的期限在 1 年以下（含 1 年）的各种借款。该账户贷方登记短期借款的增加，借方登记短期借款的减少，即偿还的短期借款，期末账户余额在贷方，表示尚未偿还的短期借款总数。

二、采购业务

材料采购业务包括购进材料、材料验收入库、支付货款等。

企业采购材料，应按其发生的实际成本确认初始入账价值，增值税一般纳税人购进货物时若取得增值税专用发票，符合规定的增值税进项税额允许抵扣，不计入材料成本。

（一）材料采购业务核算需设置的主要账户

1. 在途物资

“在途物资”账户属于资产类账户，用来核算企业购入材料、商品等物资的采购成本。该账户借方登记购入物资（材料、商品）时支付的买价及采购费用，贷方登记已完成验收入库手续，验收入库的各种物资的实际成本，期末余额在借方，反映企业尚未验收入库的材料或商品等物资的采购成本。

2. 原材料

“原材料”账户属于资产类账户，用来核算企业库存的各种材料，包括原料及主要材料、辅助材料、外购半成品、包装材料、燃料等的成本。该账户的借方登记各种已验收入库材料的实际成本，贷方登记库存材料发出、领用的实际成本，期末余额在借方，表示企业库存各种材料的实际成本。

3. 应付账款

“应付账款”账户属于负债类账户，用来核算企业因购买材料、商品、接受劳务等经营活动应支付的款项。该账户贷方登记应付账款的增加，借方登记已偿还的欠款，一般期末余额在贷方，反映尚未支付的应付账款余额。

4. 应交税费

“应交税费”账户属于负债类账户，用来核算企业按照税法等规定计算应缴纳的各种税费，包括增值税、消费税、企业所得税、资源税、土地增值税、城市维护建设税、房产税、城镇土地使用税、车船税、教育费附加、矿产资源补偿费等。企业代扣代缴的个人所得税等，也通过该账户核算。企业缴纳的印花税、耕地占用税以及其他不需要预计应缴数的税金，不在该账户中核算。该账户贷方登记企业当期因发生应税业务而增加的应缴税费，借方登记税费的缴纳，期末如为贷方余额，反映企业尚未缴纳的税费；如为借方余额，反映企业多缴或尚未抵扣的税费。

5. 其他应收款

“其他应收款”账户属于资产类账户，用来核算企业除应收账款、应收票据、预付账款等以外的其他各种应收、暂付款项，具体包括备用金、应收的各种赔款、罚款，应向职工收取的各种垫付款项。该账户借方登记其他应收款的增加额，贷方登记其他应收款的收回金额，期末余额在借方，表示企业尚未收回的其他应收款项。

（二）材料采购成本的计算

材料采购成本的计算是指将供应过程中所发生的材料买价和相关采购费用，按材料类别进行归集和分配，分别确定每种材料的实际成本。

企业购入材料的采购成本由下列各项组成：

1. 买价；
2. 采购费（包括运输费、装卸费、保险费、仓储费等）；
3. 运输途中的合理损耗；
4. 入库前的挑选整理费用（包括挑选整理中发生的工费支出和必要的损耗，并减去回收的下脚废料价值）；
5. 购买材料负担的税金（如关税、不可以抵扣的增值税进项税额）和其他费用。

以上采购成本中，除买价之外，凡属于由多种材料共同负担的采购成本，应按材料的重量或买价等标准确定分摊比例，分摊计入各种材料的采购成本。

采购费用分配率 = 采购费用总额 ÷ 材料总重量（或买价总额）

某种材料应分摊的采购费用 = 该种材料重量（或买价）× 采购费用分配率

三、生产业务

（一）生产业务的核算

工业企业在产品生产过程中所发生的各种耗费称为生产费用，主要包括为生产产品所消耗的原材料、辅助材料、燃料和动力等材料费用，支付给生产工人及生产管理人员的工资及福利费等人工费用，以及厂房和机器设备等固定资产的折旧费、水电费、设备维修等各种制造费用。这些生产费用要按一定标准进行归集，按一定方法在不同产品之间进行分配，计算出每种产品的实际生产成本。

生产业务核算需要设置的主要账户如下。

1. 生产成本

“生产成本”账户属于成本类账户，用来核算工业企业生产各种产品（包括成品、自制半成品等）所发生的各项生产费用，并据此计算产品实际生产成本。该账户借方登记本月发生的生产成本，贷方登记应结转的完工产品的实际生产成本，月末余额在借方，表示尚未完工的产品成本。

2. 制造费用

“制造费用”账户属于成本类账户，用来核算工业企业为生产产品和提供劳务而发生的各项间接费用，包括车间管理人员的职工薪酬、折旧费、办公费、水电费、机物料消耗、劳动保护费、季节性和修理期间的停工损失等。该账户借方登记本月发生的各种制造费用，贷方登记分配结转应由各产品负担的制造费用，月末一般无余额。

3. 库存商品

“库存商品”账户属于资产类账户，用来核算企业库存的各种商品（或产品）的成本，包括库存的外购商品和自制产品等。

该账户借方登记本月增加的外购商品或已完工并验收入库的产品成本，贷方登记发出的商品（或产品）成本结转金额，月末账户余额在借方，表示企业库存商品（或产品）的成本。

4. 累计折旧

“累计折旧”账户属于资产类账户，它是“固定资产”账户的备抵调整账户，用来核算企业固定资产的累计折旧额。固定资产可以在多个会计期间为企业带来效益，并且在使用过程中不改变其原有实物形态，根据固定资产的这一特点，会计核算中将固定资产的成本通过折旧的方式逐期分摊计入各个会计期间。

为了使“固定资产”账户能够在固定资产持有过程中始终反映其原始价值，就需要另外再设置反映固定资产价值摊销情况的专门账户，即“累计折旧”账户。其贷方登记按月计提的固定资产折旧额，借方登记因固定资产实物减少应注销的已提累计折旧额，期末余额在贷方，表示企业现有固定资产已提的累计折旧额。“固定资产”账户的借方余额减去“累计折旧”账户的贷方余额可得到固定资产净值，即折余价值。

5. 应付职工薪酬

“应付职工薪酬”账户属于负债类账户，用来核算企业根据有关规定应付给职工的各种薪酬。该账户贷方登记企业提取的职工薪酬，借方登记企业实际支付的职工薪酬，期末贷方余额，反映企业应付未付的职工薪酬。

6. 财务费用

“财务费用”账户属于损益类账户，用来核算企业为筹集生产经营所需资金等而发生的筹资费用，包括利息支出（减利息收入）、汇兑损益以及相关的手续费等。财务费用发生时计入该账户的借方，月末，应将该账户借方归集的费用从其贷方转出，全部转入“本年利润”账户的借方，结转后期末没有余额。

（二）产品生产成本的计算

生产费用是指企业在生产产品过程中为制造产品而产生的各种支出和消耗，这些消耗包括耗用的主要材料、辅助材料，产生的各种人工费用，生产产品使用的固定资产的折旧费，以及与生产相关的其他支出等。产品成本计算，是将产品生产过程中产生的各项生产费用，按照产品的品种或类别分别归集，计算每一个成本计算对象的总成本和单位成本。

在计算产品成本时，把各种生产费用划分成以下三个成本项目。

1. 直接材料，指企业在生产产品过程中实际消耗的直接材料、辅助材料、燃料动力等。

2. 直接人工，指直接从事产品生产加工人员的职工薪酬，包括工资、奖金和补贴、职工福利费、职工教育经费、工会经费、保险费等。

3. 制造费用，指为产品生产而发生的各种间接费用，如车间管理人员的职工薪酬，车间使用的固定资产提取的折旧费，车间发生的水电费、办公费、机物料消耗、劳动保护费等。

在生产过程中产生的生产费用，凡是能区分属于某种产品的，在费用发生时直接计入该种产品的成本；凡是因生产多种产品而共同发生的生产费用，应当按照一定标准在这些产品之间加以分配。共同费用在发生时根据发生地点或部门，先计入“制造费用”账户进行归集，月终，按照适当的分配标准（如按生产工人工资、生产产品工时等）进行分配，然后将分配数额计入各种产品成本。其计算公式如下：

制造费用分配率 = 制造费用总额 ÷ 生产工人工资（或生产工时等）总额

某产品应分配的制造费用 = 某产品生产工人工资（或生产工时等）× 制造费用分配率

四、销售业务

销售业务是企业供、产、销三个基本环节中最后一个环节的业务，商品销售的完成意味着最终经营成果的实现。本环节核算的业务内容主要包括两个方面，一是计算收到（或应收）的货款，确认收入的实现；二是计算发出商品的成本，确认费用的发生。

销售业务核算需要设置的主要账户如下。

（一）主营业务收入

“主营业务收入”账户属于损益类账户，用来核算企业在销售商品、提供劳务等日常活动中取得的主营业务收入。账户贷方登记销售商品（或产品）、提供劳务等所实现的收入，借方登记销售退回应冲减的收入。期末将贷方归集的销售收入本期发生额转入“本年利润”账户的贷方，结转后该账户期末无余额。

（二）主营业务成本

“主营业务成本”账户属于损益类账户，用来核算企业确认收入时应结转的商品成本。账户借方登记已经销售的商品（或产品）成本或提供劳务结转的成本等，期末将借方归集的主营业务成本本期发生额转入“本年利润”账户的借方，结转后该账户期末无余额。

（三）税金及附加

“税金及附加”账户属于损益类账户，用来核算企业应该缴纳的相关税费，包括消费税、城市维护建设税、资源税和教育费附加等。该账户借方登记按规定计算确定的税费，贷方登记期末转入“本年利润”账户的本期借方发生额，结转后期末无余额。

（四）其他业务收入

“其他业务收入”账户属于损益类账户，用来核算企业确认的日常活动中其他经营活动实现的收入，包括出租固定资产的租金收入，销售不需用材料的收入等。该账户的贷方登记其他业务所实现的收入，借方登记期末转入“本年利润”账户的本期贷方发生额，结转后期末无余额。

（五）其他业务成本

“其他业务成本”账户属于损益类账户，用来核算企业确认的其他经营活动所产生的支出，包括销售无须用材料的成本、出租固定资产的折旧费等。该账户的借方登记其他业务所发生的支出，贷方登记期末转入“本年利润”账户的本期借方发生额，结转后期末无余额。

（六）销售费用

“销售费用”属于损益类账户，用来核算企业销售商品、提供劳务过程中产生的各种费用，包括保险费、包装费、展览费和广告费、商品维修费、预计产品质量保证损失、运输费、装卸费等，以及为销售本企业商品而专设的销售机构（含销售网点、售后服务网点等）的职工薪酬、业务费、折旧费等经营费用。企业发生的与专设销售机构相关的固定资产修理费用等后续支出，也在本账户核算。该账户借方登记实际产生的销售费用，贷方登记期末转入“本年利润”账户的本期借方发生额，结转后期末无余额。

（七）管理费用

“管理费用”账户属于损益类账户，用来核算企业为组织和管理企业生产经营所发生的管理费用，包括企业在筹建期间内产生的开办费、董事会和行政管理部门在企业的经营管理中产生的或者应由企业统一负担的公司经费（包括行政管理部门职工工资及福利费、物料消耗、低值易耗品摊销、办公费和差旅费等）、董事会费（包括董事会成员津贴、会议费和差旅费等）、聘请中介机构费、咨询费（含顾问费）、诉讼费、业务招待费、研究费用、排污费等。当管理费用产生时，计入该账户的借方，月末，应将该账户借方归集的费用从其贷方转出，全部转入“本年利润”账户的借方，结转后期末没有余额。

（八）应收账款

“应收账款”账户属于资产类账户，用来核算企业因销售商品、提供劳务等经营活动形成的应收取的款项。该账户借方登记应收账款的增加数，贷方登记已收回的应收账款数，期末余额一般在借方，表示企业尚未收回的应收账款。

五、利润及利润分配

（一）利润的计算

利润是企业在一定会计期间实现的经营成果。利润包括收入减去费用后的净额、直接计入当期利润的利得和损失等，综合反映企业生产经营活动的结果和资金使用效果。

企业净利润的计算分三个步骤，计算公式如下：

营业利润＝营业收入－营业成本－税金及附加－销售费用－管理费用－财务费用－资产减值损失＋公允价值变动收益＋投资收益＋资产处置收益＋其他收益

注：公式中如果出现公允价值变动损失、投资损失或资产处置损失则为负数。

利润总额＝营业利润＋营业外收入－营业外支出

净利润＝利润总额－所得税费用

以上利润总额的计算结果如为负数，表示亏损总额。

核算利润的主要账户如下。

1. 本年利润

“本年利润”账户属于所有者权益类账户，用来核算企业当期实现的净利润（或发生的净亏损）。该账户的贷方登记由“主营业务收入”“其他业务收入”“营业外收入”“投资收益”“资产处置损益”“其他收益”等损益类账户转来的本期发生额，借方登记由“主营业务成本”“税金及附加”“其他业务成本”“销售费用”“管理费用”“财务费用”“营业外支出”“所得税费用”等损益类账户转来的本期发生额，平时该账户如为贷方余额，表示企业本年累计实现的净利润，如为借方余额，表示本年累计发生的亏损额。年末，应将“本年利润”账户的余额结转至“利润分配——未分配利润”账户，结转后该账户无余额。

2. 所得税费用

“所得税费用”账户属于损益类账户，用来核算企业确认的应从当期利润总额中扣除的所得税费用。期末，应将本账户借方发生额转入“本年利润”账户的借方，结转后账户无余额。

3. 营业外收入

“营业外收入”账户属于损益类账户，用来核算企业非日常活动中产生的各项营业外收入，主要包括债务重组利得、盘盈利得、捐赠利得等。账户贷方登记企业获得的各项营业外收入，期末，应将账户产生额全部转入“本年利润”账户的贷方，结转后无余额。

4. 营业外支出

“营业外支出”账户属于损益类账户，用来核算企业非日常活动中发生的各项营业外支出，包括债务重组损失、捐赠支出、非常损失、盘亏损失等。账户借方登记企业发生的各项营业外支出，期末，应将账户发生额全部转入“本年利润”账户的借方，结转后无余额。

5. 投资收益

“投资收益”账户属于损益类账户，用来核算企业确认的投资收益或投资损失。账户贷方登记企业当期取得的投资收益，借方登记当期产生的投资损失，期末应将账户的余额转入“本年利润”账户，结转后期末无余额。

（二）利润分配的核算

利润分配是指企业根据国家规定和投资者的决议，对净利润进行的分配。公司制企业要根据《中华人民共和国公司法》的规定，对净利润按照一定的顺序进行分配。首先弥补以前年度亏损，其次提取法定盈余公积金、任意盈余公积金，最后按有关协议或决议分配投资者利润，余下的部分形成未分配利润，结转至以后年度再进行分配。企业按规定提取的盈余公积金和剩余的未分配利润累计金额统称为“留存收益”。

核算利润分配的主要账户如下。

1. 利润分配

“利润分配”账户属于所有者权益类账户，用来核算企业利润分配过程和分配结果。该账户借方登记已分配的利润和年末从“本年利润”账户转来的年度内发生的亏损；贷方登记弥补的亏损额和年末从“本年利润”账户转来的年度内实现的净利润，期末，如果余额在贷方，表示累计未分配的利润，如果余额在借方，表示累计未弥补的亏损。

该账户应设置“提取法定盈余公积”“提取任意盈余公积”“应付现金股利或利润”“转作股本的股利”“盈余公积补亏”和“未分配利润”等明细账，进行明细分类核算。

2. 盈余公积

“盈余公积”账户属于所有者权益账户，用来核算企业从净利润中提取的盈余公积。该账户贷方登记盈余公积的提取数，借方登记因使用而减少的盈余公积金，期末余额在贷方，表示盈余公积的结余金额。

3. 应付股利

“应付股利”账户属于负债类账户，用来核算企业经权力机构决议确定分配的利润。该账户贷方登记应分配的利润，借方登记利润的发放数，期末余额在贷方，表示应付未付给投资人的利润。

第三节　会计凭证与账簿

一、会计凭证

（一）会计凭证的含义

会计凭证是记录经济业务、明确经济责任、作为记账依据的书面证明。

（二）会计凭证的种类

会计凭证的种类有很多，最基本的分类方法是按会计凭证的编制程序和用途分类，按照这种方法会计凭证可分为原始凭证和记账凭证两大类。

1. 原始凭证

原始凭证是在经济业务发生或完成时取得或编制的，载明经济业务的具体内容，明确经济责任，具有法律效力的书面证明。它是组织会计核算的原始凭据。

（1）原始凭证按其来源不同，可分为外来原始凭证和自制原始凭证。

（2）原始凭证按其填制手续的次数不同，可分为一次凭证、累计凭证和汇总原始凭证。

（3）原始凭证按其用途不同，可分为通知凭证、执行凭证和计算凭证。

（4）原始凭证按其格式不同，可分为通用凭证和专用凭证。

2. 记账凭证

记账凭证亦称分录凭证，是会计人员根据审核无误的原始凭证或原始凭证汇总表编制，记载经济业务简要内容，确定会计分录，作为记账依据的会计凭证。

（1）记账凭证按其使用范围不同，分为通用记账凭证和专用记账凭证。

（2）记账凭证按其编制的方式不同，可分为单式记账凭证和复式记账凭证。

（3）记账凭证按其用途不同，可以分为分录凭证、汇总凭证和联合凭证。

（三）会计凭证的书写

1. 阿拉伯数字应当一个一个地写，不得连笔写。

2. 阿拉伯金额数字前面应当书写货币币种符号或者货币名称简写和币种符号，人民币币种符号是“￥”。

3. 汉字大写数字金额如零、壹、贰、叁、肆、伍、陆、柒、捌、玖、拾、佰、仟、万、亿等，一律用正楷或者行书体书写，不得用一、二、三、四、五、六、七、八、九、十等代替，不得任意自造简化字。

大写金额写到元或者角为止的，在“元”或者“角”字之后应当写“整”字或“正”字；大写金额数字有“分”的，“分”字后面不写“整”字或“正”字。

4. 金额数字前未印有货币名称的，应当加填货币名称，货币名称与金额数字之间不得留有空白。

5. 阿拉伯金额数字中间有“0”时，汉字大写金额要写“零”字。

二、会计账簿

（一）会计账簿的含义

会计账簿，是由许多具有专门格式而又相互联结在一起的账页所组成，是以会计凭证为依据，全面、系统、连续、分类地记录全部经济业务的会计簿籍。

（二）会计账簿的种类

1. 根据《中华人民共和国会计法》第十五条规定，应按账簿的用途将会计账簿分为总账、明细账、日记账和其他辅助性账簿。

2. 账簿的外表形式，是指账页组成账簿的方式。账簿按其外表形式一般可以分为订本式账簿、活页式账簿和卡片式账簿。

（三）会计账簿的设置

1. 总账采用订本式账簿，在总账中，应根据统一规定的会计科目的编号顺序设置账户。总账可采用三栏式和多栏式账页两种格式。

2. 明细分类账一般有三栏式账页、多栏式账页、数量金额式账页和平行式账页等多种格式。

3. 根据会计核算的需要，可设置普通日记账和特殊日记账。

（四）会计账簿的启用

启用会计账簿时，应当在账簿封面上写明单位名称和账簿名称。在账簿扉页上登记“账簿启用和经管人员一览表”。

启用订本式账簿，应当从第一页到最后一页按顺序编定页数，不得跳页、缺号。使用活页式账页，应当按账户顺序编号，并须定期装订成册。装订后再按实际使用的账页顺序编定页码，另加目录，记明每个账户的名称和页次。

（五）会计账簿的登记

1. 登记会计账簿时，应将会计凭证的日期、编号、业务内容摘要、金额和其他有关资料逐项记入账内，做到数字准确、摘要清楚、登记及时、字迹工整。

2. 登记完毕后，要在记账凭证上签名或盖章，并注明已经登账的符号，即在记账凭证上所设的专门栏目中注明“√”或在“过账”栏内注明账簿的页数，表示已经记账，以免产生重记或漏记。

3. 账簿中书写的文字或数字上面要留有适当的空格，不要写满格，一般应占格距的1/2。如果产生登记错误，能方便进行更正，同时也方便查账工作。

4. 登记账簿要用蓝黑墨水笔或者碳素墨水笔书写，不得用圆珠笔（银行的复写账簿除外）或者铅笔书写。

5. 各种账簿必须按页次顺序连续登记，不得跳行、隔页。如果发生跳行、隔页，应当将空行、空页划线注销，或者注明“此行空白”“此页空白”，并由记账人员签名或盖章。对各种账簿的账页不得任意抽换和撕毁，以防舞弊。

6. 凡需要结出余额的账户，结出余额后，应当在“借或贷”等栏内写明“借”或者“贷”等字样。没有余额的账户，应当在“借或贷”等栏写“平”字，并在余额栏内用“—”表示。

库存现金日记账和银行存款日记账必须逐日结出余额。

7. 每一账页登记完毕结转下页时，应当结出本页合计数及余额，写在本页最后一行和下页第一行有关栏内，并在摘要栏内注明“过次页”和“承前页”字样；也可以将本页合计数及金额只写在下页第一行有关栏内，并在摘要栏内注明“承前页”字样。

对需要结计本月发生额的账户，结计“过次页”的本页合计数应当为自本月初起至本月末止的发生额合计数；对需要结计本年累计发生额的账户，结计“过次页”的本页合计数应当为自本年年初起至本年年末止的累计数；对既不需要结计本月发生额也不需要结计本年累计发生额的账户，可以只将每页末的余额结转次页。

（六）对账与结账

1. 对账

通过对账，可及时发现记账过程的错误，保证账簿记录的真实、完整和正确，为编制会计报表提供可靠的核算资料。对账工作每年至少进行一次。

（1）账证核对是将总账、明细账以及现金和银行存款日记账的记录与记账凭证及所附的原始凭证进行核对，看其时间、凭证字号、业务内容、金额是否一致，记账方向是否相符。

（2）账账核对就是核对不同会计账簿记录有关数字是否相符。账账核对一般是在账证核对的基础上进行。

（3）账实核对是指各种财产物资的账面余额与实物及款项的实存数额的核对，它是在账账核对基础上，结合财产清查进行的。

2. 结账

结账，就是把一定时期内发生的全部经济业务在登记入账的基础上，计算并记录本期发生额和期末余额，为编制会计报表提供依据，从而反映所属会计期间的财务状况和经营成果。

（七）错账的处理

《中华人民共和国会计法》第十五条规定，会计账簿记录发生错误或者隔页、缺号、跳行的，应当按照国家统一的会计制度规定的方法更正，并由会计人员和会计机构负责人（会计主管人员）在更正处盖章。

常用的更正错误方法有划线更正法、红字更正法和补充登记法三种。

1. 划线更正法

在结账前发现账簿记录有文字或数字错误，而记账凭证没有错误，采用划线更正法更正时，可在错误的文字或数字上划一条红线，在红线的上方填写正确的文字或数字，并由记账人员及会计机构负责人在更正处盖章，以明确责任。

2. 红字更正法

记账后发现记账凭证中应借、应贷会计科目有错误所引起的记账错误。更正方法是用红字填写一张与原记账凭证完全相同的记账凭证，在摘要栏内写明注销某月某日某号凭证，并据以用红字登记入账，以示注销原记账凭证，然后用蓝字填写正确的记账凭证并登记入账。

3. 补充登记法

记账后发现记账凭证和账簿记录中应借、应贷会计科目无误，只是所记金额小于应记金额时，采用补充登记法。更正的方法是按少记的金额用蓝字填制一张与原记账凭证应借、应贷科目完全相同的记账凭证，在摘要栏内写明“补记某月某日第×号记账凭证少记金额”，以补充少计的金额并用蓝字登记入账。

第四节　财务会计报告

一、资产负债表

（一）资产负债表的含义

资产负债表是反映企业在某一特定日期财务状况的会计报表，“某一特定日期”通常是指每一个会计期末的日期。它是根据“资产 = 负债 + 所有者权益”这一会计等式，依照一定的分类标准和顺序，将企业在某一特定日期的全部资产、负债和所有者权益项目进行分类、汇总、排列后编制而成的。企业编制资产负债表的目的是如实反映企业的资产、负债和所有者权益金额及其构成情况，有助于报表使用者评价企业资产的质量，以及偿债能力和利润分配能力等。

税务人员通过分析资产负债表项目，可以了解企业的规模、企业所处的成长阶段、企业的经营风险等情况，从而预测企业涉税的相关问题。比如，固定资产增长较快表示企业处于扩张阶段，相关的借款利息应该资本化处理，而不能计入当期损益；应收账款大量增加，意味着收入的实现，纳税义务的形成；存货资产余额减少，却没有确认收入实现时，要注意是否存在隐匿收入的问题；短期借款的增加，预示着财务费用会增加等。

（二）资产负债表的编制

编制资产负债表的有关数据资料来源应为有关账户的期末余额。

资产负债表各项目一般均需填列“上年年末余额”和“期末余额”两栏。其中“上年年末余额”栏内各项数字，应根据上年年末资产负债表的“期末余额”栏内所列数字填列。资产负债表“期末余额”栏内各项数字，根据会计报表编报的时间不同，可以是月末、季末、半年末或年末的数字，主要填列方法有如下六种。

1. 根据总账科目余额直接填列。若资产负债表中所列示的项目反映的内容与某一总账科目反映的内容一致，则应根据总账科目的余额直接填列。这类项目主要有应收票据、应收利息、应收股利、短期借款、应付票据、应付职工薪酬、应交税费、应付利息、应付股利、其他应付款、实收资本、资本公积、盈余公积等。

2. 根据总账科目余额计算填列。这类项目主要有“货币资金”和“存货”。

（1）“货币资金”项目。该项目需根据“库存现金”“银行存款”“其他货币资金”三个总账科目的期末余额相加填列。

（2）“存货”项目。该项目需根据“在途物资”“材料采购”“材料成本差异”“原材料”“周转材料”“委托加工物资”“生产成本”“库存商品”“发出商品”等账户期末余额，减“存货跌价准备”余额后的净额填列。

3. 根据总账所属有关明细科目余额计算填列。这类项目主要有应收票据、预收款项、应付账款、预付款项项目。

（1）“应收票据”项目，反映资产负债表日以摊余成本计量的、企业因销售商品、提供服务等经营活动收到的商业汇票，包括银行承兑汇票和商业承兑汇票。该项目应根据“应收票据”期末余额，减去“坏账准备”科目中相关坏账准备期末余额后的金额填列。

（2）“应收账款”项目，反映资产负债表日以摊余成本计量的、企业因销售商品、提供服务等经营活动应收取的款项。该项目应根据“应收账款”期末余额，减去“坏账准备”科目中相关坏账准备期末余额后的金额填列。

4. 根据总账科目和明细科目两者的期末余额分析计算填列。这类项目有一年内到期的非流动负债、一年内到期的非流动资产，以及长期借款、应付债券、长期应付款等非流动负债，长期应收款、长期待摊费用等非流动资产。如“长期借款”项目，需要根据“长期借款”总账科目扣除“长期借款”所属明细账中将在一年内到期的长期借款金额分析计算填列。

5. 根据有关资产科目期末余额减去其备抵科目期末余额后的净额填列。这类项目有：固定资产、在建工程、无形资产等。

6. 根据表中项目计算填列。如“流动资产合计”项目、“非流动资产合计”项目、“资产总计”项目、“流动负债合计”项目、“非流动负债合计”项目、“负债合计”项目、“所有者权益（或股东权益）合计”项目、“负债和所有者权益（或股东权益）总计”项目。

二、利润表

（一）利润表的含义

利润表是反映企业在一定会计期间经营成果的会计报表，“一定期间”的长度可以根据需要设定，如一个月、一个季度、一个年度等。利润表是根据“收入－费用＋利得－损失＝利润”这一会计等式，分步计算净利润。企业编制利润表，如实反映实现的收入、发生的费用以及应当计入当期利润的利得和损失等情况，帮助报表使用者分析评价企业的盈利能力及其净利润的构成与质量。

利润表的每一个项目都与损益计算有关，税务人员通过分析利润表，可以分析各种收益可能承担的纳税义务，比如，分析流转税问题时，销售商品、提供劳务的收入在“营业收入”项目中列报；处置不动产收入、转让无形资产收入在“资产处置收益”项目中列报；分析企业所得税问题时，税前不能扣除的损失，享受税收优惠的股息、红利收益等信息，分别在利润表中的“营业外支出”“投资收益”等项目中列报。可见，只有明确每一个报表项目的具体内容，才能够掌握企业实现收益和发生费用的具体情况，才能够将企业的纳税义务与税法的各项规定结合起来，作出正确判断。

（二）利润表的编制

利润表各项目均需填列“本期金额”和“上期金额”两栏。其中“上期金额”栏内各项数字，应根据上年该期利润表的“本期金额”栏内所列数字填列。“本期金额”栏内各期数字，除“基本每股收益”和“稀释每股收益”项目外，应当按照相关账户的发生额分析填列。

利润表中主要项目的编制方法如下。

1. “营业收入”项目，反映企业经营业务所得的收入总额。本项目应根据“主营业务收入”和“其他业务收入”账户的发生额分析计算填列。

2. “营业成本”项目，反映企业销售商品和提供劳务等经营业务发生的实际成本。本项目应根据“主营业务成本”和“其他业务成本”账户发生额分析计算填列。

3. “税金及附加”“销售费用”“管理费用”“财务费用”“资产减值损失”“营业外收入”“营业外支出”和“所得税费用”项目，分别按相对应账户的发生额分析填列。

4. “研发费用”项目，反映企业进行研究与开发过程中产生的费用化支出。该项目应根据“管理费用”科目下的“研发费用”明细科目的产生额分析填列。

5. “公允价值变动收益”“投资收益”“处置资产收益”“其他收益”项目，分别按各对应账户的发生额填列，如果是损失用“－”填列。

6. “营业利润”项目，根据“营业收入－营业成本－税金及附加－销售费用－管理费用－财务费用－资产减值损失＋公允价值变动收益（损失为－）＋投资收益（损失为－）＋处置资产收益（损失为－）＋其他收益”计算填列。

7. “利润总额”项目，根据“营业利润＋营业外收入－营业外支出”计算填列。

8. “净利润”项目，根据“利润总额－所得税费用”计算填列。

三、现金流量表与所有者权益变动表

（一）现金流量表是反映企业在一定会计期间的现金和现金等价物流入和流出的会计报表。通过编制现金流量表，如实反映企业各项活动形成的现金流入、流出情况，帮助报表使用者评价企业的现金流转情况。

（二）所有者权益变动表反映构成所有者权益的各组成部分当期的增减变动情况。当期损益、直接计入所有者权益的利得和损失，以及与所有者（或股东，下同）的资本交易导致的所有者权益的变动，应当分别列示。所有者权益变动表包括净利润、直接计入所有者权益的利得和损失项目及其总额、会计政策变更和差错更正的累积影响金额、所有者投入资本和向所有者分配利润等、按照规定提取的盈余公积、实收资本（或股本）、资本公积、盈余公积、未分配利润的期初和期末余额及其调节情况。

第五节　增值税会计处理规定

一、会计科目及专栏设置

增值税一般纳税人应当在“应交税费”科目下设置“应交增值税”“未交增值税”“预交增值税”“待抵扣进项税额”“待认证进项税额”“待转销项税额”“增值税留抵税额”“简易计税”“转让金融商品应交增值税”“代扣代交增值税”等明细科目。

（一）增值税一般纳税人应在“应交增值税”明细账内设置“进项税额”“销项税额抵减”“已交税金”“转出未交增值税”“减免税款”“出口抵减内销产品应纳税额”“销项税额”“出口退税”“进项税额转出”“转出多交增值税”等专栏。其中：

1. “进项税额”专栏，记录一般纳税人购进货物、加工修理修配劳务、服务、无形资产或不动产而支付或负担的、准予从当期销项税额中抵扣的增值税额；

2. “销项税额抵减”专栏，记录一般纳税人按照现行增值税制度规定因扣减销售额而减少的销项税额；

3. “已交税金”专栏，记录一般纳税人当月已缴纳的应交增值税额；

4. “转出未交增值税”和“转出多交增值税”专栏，分别记录一般纳税人月度终了转出当月应缴未缴或多缴的增值税额；

5. “减免税款”专栏，记录一般纳税人按现行增值税制度规定准予减免的增值税额；

6. “出口抵减内销产品应纳税额”专栏，记录实行“免、抵、退”办法的一般纳税人按规定计算的出口货物的进项税抵减内销产品的应纳税额；

7. “销项税额”专栏，记录一般纳税人销售货物、加工修理修配劳务、服务、无形资产或不动产应收取的增值税额；

8. “出口退税”专栏，记录一般纳税人出口货物、加工修理修配劳务、服务、无形资产按规定退回的增值税额；

9.“进项税额转出”专栏，记录一般纳税人购进货物、加工修理修配劳务、服务、无形资产或不动产等发生非正常损失以及其他原因而不应从销项税额中抵扣、按规定转出的进项税额。

（二）“未交增值税”明细科目，核算一般纳税人月度终了从“应交增值税”或“预交增值税”明细科目转入当月应缴未缴、多缴或预缴的增值税额，以及当月缴纳以前期间未缴的增值税额。

（三）“预交增值税”明细科目，核算一般纳税人转让不动产、提供不动产经营租赁服务、提供建筑服务、采用预收款方式销售自行开发的房地产项目等，以及其他按现行增值税制度规定应预缴的增值税额。

（四）“待抵扣进项税额”明细科目，核算一般纳税人已取得增值税扣税凭证并经税务机关认证，按照现行增值税制度规定准予以后期间从销项税额中抵扣的进项税额。包括：一般纳税人自 2016 年 5 月 1 日后取得并按固定资产核算的不动产或者 2016 年 5 月 1 日后取得的不动产在建工程，按现行增值税制度规定准予以后期间从销项税额中抵扣的进项税额；实行纳税辅导期管理的一般纳税人取得的尚未交叉稽核比对的增值税扣税凭证上注明或计算的进项税额。

（五）“待认证进项税额”明细科目，核算一般纳税人由于未经税务机关认证而不得从当期销项税额中抵扣的进项税额。包括：一般纳税人已取得增值税扣税凭证、按照现行增值税制度规定准予从销项税额中抵扣，但尚未经税务机关认证的进项税额；一般纳税人已申请稽核但尚未取得稽核相符结果的海关缴款书进项税额。

（六）“待转销项税额”明细科目，核算一般纳税人销售货物、加工修理修配劳务、服务、无形资产或不动产，已确认相关收入（或利得）但尚未发生增值税纳税义务而需于以后期间确认为销项税额的增值税额。

（七）“增值税留抵税额”明细科目，核算兼有销售服务、无形资产或者不动产的原增值税一般纳税人，截至纳入“营改增”试点之日前的增值税期末留抵税额按照现行增值税制度规定不得从销售服务、无形资产或不动产的销项税额中抵扣的增值税留抵税额。

（八）“简易计税”明细科目，核算一般纳税人采用简易计税方法发生的增值税计提、扣减、预缴、缴纳等业务。

（九）“转让金融商品应交增值税”明细科目，核算增值税纳税人转让金融商品发生的增值税额。

（十）“代扣代交增值税”明细科目，核算纳税人购进在境内未设经营机构的境外单位或个人在境内的应税行为代扣代缴的增值税。

小规模纳税人只需在“应交税费”科目下设置“应交增值税”明细科目，不需要设置上述专栏及除“转让金融商品应交增值税”“代扣代交增值税”外的明细科目。

二、账务处理

（一）取得资产或接受劳务等业务的账务处理

1. 采购等业务进项税额允许抵扣的账务处理

一般纳税人购进货物、加工修理修配劳务、服务、无形资产或不动产，按应计入相关成本费用或资产的金额，借记“在途物资”或“原材料”“库存商品”“生产成本”“无形资产”“固定资产”“管理费用”等科目，按当月已认证的可抵扣增值税额，借记“应交税费——应交增值税（进项税额）”科目，按当月未认证的可抵扣增值税额，借记“应交税费——待认证进项税额”科目，按应付或实际支付的金额，贷记“应付账款”“应付票据”“银行存款”等科目。发生退货的，如原增值税专用发票已做认证，应根据税务机关开具的红字增值税专用发票做相反的会计分录；如原增值税专用发票未做认证，应将发票退回并做相反的会计分录。

2. 采购等业务进项税额不得抵扣的账务处理

一般纳税人购进货物、加工修理修配劳务、服务、无形资产或不动产，用于简易计税方法计税项目、免征增值税项目、集体福利或个人消费等，其进项税额按照现行增值税制度规定不得从销项税额中抵扣的，取得增值税专用发票时，应借记相关成本费用或资产科目，借记“应交税费——待认证进项税额”科目，贷记“银行存款”“应付账款”等科目，经税务机关认证后，应借记相关成本费用或资产科目，贷记“应交税费——应交增值税（进项税额转出）”科目。

3. 购进不动产或不动产在建工程按规定进项税额分年抵扣的账务处理

一般纳税人自 2016 年 5 月 1 日后取得并按固定资产核算的不动产或者 2016 年 5 月 1 日后取得的不动产在建工程，其进项税额按现行增值税制度规定自取得之日起分 2 年从销项税额中抵扣的，应当按取得成本，借记“固定资产”“在建工程”等科目，按当期可抵扣的增值税额，借记“应交税费——应交增值税（进项税额）”科目，按以后期间可抵扣的增值税额，借记“应交税费——待抵扣进项税额”科目，按应付或实际支付的金额，贷记“应付账款”“应付票据”“银行存款”等科目。尚未抵扣的进项税额待以后期间允许抵扣时，按允许抵扣的金额，借记“应交税费——应交增值税（进项税额）”科目，贷记“应交税费——待抵扣进项税额”科目。

4. 货物等已验收入库但尚未取得增值税扣税凭证的账务处理

一般纳税人购进的货物等已到达并验收入库，但尚未收到增值税扣税凭证并未付款的，应在月末按货物清单或相关合同协议上的价格暂估入账，不需要将增值税的进项税额暂估入账。下月初，用红字冲销原暂估入账金额，待取得相关增值税扣税凭证并经认证后，按应计入相关成本费用或资产的金额，借记“原材料”“库存商品”“固定资产”“无形资产”等科目，按可抵扣的增值税额，借记“应交税费——应交增值税（进项税额）”科目，按应付金额，贷记“应付账款”等科目。

5. 小规模纳税人采购等业务的账务处理

小规模纳税人购买物资、服务、无形资产或不动产，取得增值税专用发票上注明的增值税应计入相关成本费用或资产，不通过“应交税费——应交增值税”科目核算。

6. 购买方作为扣缴义务人的账务处理

按照现行增值税制度规定，境外单位或个人在境内发生应税行为，在境内未设有经营机构的，以购买方为增值税扣缴义务人。境内一般纳税人购进服务、无形资产或不动产，按应计入相关成本费用或资产的金额，借记“生产成本”“无形资产”“固定资产”“管理费用”等科目，按可抵扣的增值税额，借记“应交税费——进项税额”科目（小规模纳税人应借记相关成本费用或资产科目），按应付或实际支付的金额，贷记“应付账款”等科目，按应代扣代缴的增值税额，贷记“应交税费——代扣代交增值税”科目。实际缴纳代扣代缴增值税时，按代扣代缴的增值税额，借记“应交税费——代扣代交增值税”科目，贷记“银行存款”科目。

（二）销售等业务的账务处理

1. 销售业务的账务处理

企业销售货物、加工修理修配劳务、服务、无形资产或不动产，应当按应收或已收的金额，借记“应收账款”“应收票据”“银行存款”等科目，按取得的收入金额，贷记“主营业务收入”“其他业务收入”“固定资产清理”“工程结算”等科目，按现行增值税制度规定计算的销项税额（或采用简易计税方法计算的应纳增值税额），贷记“应交税费——应交增值税（销项税额）”或“应交税费——简易计税”科目（小规模纳税人应贷记“应交税费——应交增值税”科目）。发生销售退回的，应根据按规定开具的红字增值税专用发票做相反的会计分录。

按照国家统一的会计制度确认收入或利得的时点早于按照增值税制度确认增值税纳税义务发生时点的，应将相关销项税额计入“应交税费——待转销项税额”科目，待实际发生纳税义务时再转入“应交税费——应交增值税（销项税额）”或“应交税费——简易计税”科目。

按照增值税制度确认增值税纳税义务发生时点早于按照国家统一的会计制度确认收入或利得的时点的，应将应纳增值税额，借记“应收账款”科目，贷记“应交税费——应交增值税（销项税额）”或“应交税费——简易计税”科目，按照国家统一的会计制度确认收入或利得时，应按扣除增值税销项税额后的金额确认收入。

2. 视同销售的账务处理

企业发生税法上视同销售的行为，应当按照企业会计准则制度相关规定进行相应的会计处理，并按照现行增值税制度规定计算的销项税额（或采用简易计税方法计算的应纳增值税额），借记“应付职工薪酬”“利润分配”等科目，贷记“应交税费——应交增值税（销项税额）”或“应交税费——简易计税”科目（小规模纳税人应计入“应交税费——应交增值税”科目）。

3. 全面试行营业税改征增值税前已确认收入，此后产生增值税纳税义务的账务处理

企业营业税改征增值税前已确认收入，但因未产生营业税纳税义务而未计提营业税的，在达到增值税纳税义务时点时，企业应在确认应交增值税销项税额的同时冲减当期收入；已经计提营业税且未缴纳的，在达到增值税纳税义务时点时，应借记“应交税费——应交营业税”“应交税费——应交城市维护建设税”“应交税费——应交教育费附加”等科目，贷记“主营业务收入”科目，并根据调整后的收入计算确定计入“应交税费——待转销项税额”科目的金额，同时冲减收入。

全面试行营业税改征增值税后，“营业税金及附加”科目名称调整为“税金及附加”科目，该科目核算企业经营活动发生的消费税、城市维护建设税、资源税、教育费附加及房产税、城镇土地使用税、车船使用税、印花税等相关税费；利润表中的“营业税金及附加”项目调整为“税金及附加”项目。

（三）差额征税的账务处理

1. 企业发生相关成本费用允许扣减销售额的账务处理

按现行增值税制度规定企业发生相关成本费用允许扣减销售额的，发生成本费用时，按应付或实际支付的金额，借记“主营业务成本”“存货”“工程施工”等科目，贷记“应付账款”“应付票据”“银行存款”等科目。待取得合规增值税扣税凭证且纳税义务发生时，按照允许抵扣的税额，借记“应交税费——应交增值税（销项税额抵减）”或“应交税费——简易计税”科目（小规模纳税人应借记“应交税费——应交增值税”科目），贷记“主营业务成本”“存货”“工程施工”等科目。

2. 金融商品转让按规定以盈亏相抵后的余额作为销售额的账务处理

金融商品实际转让月末，如产生转让收益，则按应纳税额借记“投资收益”等科目，贷记“应交税费——转让金融商品应交增值税”科目；如产生转让损失，则按可结转下月抵扣税额，借记“应交税费——转让金融商品应交增值税”科目，贷记“投资收益”等科目。缴纳增值税时，应借记“应交税费——转让金融商品应交增值税”科目，贷记“银行存款”科目。年末，本科目如有借方余额，则借记“投资收益”等科目，贷记“应交税费——转让金融商品应交增值税”科目。

（四）出口退税的账务处理

为核算纳税人出口货物应收取的出口退税款，设置“应收出口退税款”科目，该科目借方反映销售出口货物按规定向税务机关申报应退回的增值税、消费税等，贷方反映实际收到的出口货物应退回的增值税、消费税等。期末借方余额，反映尚未收到的应退税额。

1. 未实行“免、抵、退”办法的一般纳税人出口货物按规定退税的，按规定计算的应收出口退税额，借记“应收出口退税款”科目，贷记“应交税费——应交增值税（出口退税）”科目，收到出口退税时，借记“银行存款”科目，贷记“应收出口退税款”科目；退税额低于购进时取得的增值税专用发票上的增值税额的差额，借记“主营业务成本”科目，贷记“应交税费——应交增值税（进项税额转出）”科目。

2. 实行“免、抵、退”办法的一般纳税人出口货物，在货物出口销售后结转产品销售成本时，按规定计算的退税额低于购进时取得的增值税专用发票上的增值税额的差额，借记“主营业务成本”科目，贷记“应交税费——应交增值税（进项税额转出）”科目；按规定计算的当期出口货物的进项税抵减内销产品的应纳税额，借记“应交税费——应交增值税（出口抵减内销产品应纳税额）”科目，贷记“应交税费——应交增值税（出口退税）”科目。在规定期限内，内销产品的应纳税额不足以抵减出口货物的进项税额，不足部分按有关税法规定给予退税的，应在实际收到退税款时，借记“银行存款”科目，贷记“应交税费——应交增值税（出口退税）”科目。

（五）进项税额抵扣情况发生改变的账务处理

因发生非正常损失或改变用途等，原已计入进项税额、待抵扣进项税额或待认证进项税额，但按现行增值税制度规定不得从销项税额中抵扣的，借记“待处理财产损溢”“应付职工薪酬”“固定资产”“无形资产”等科目，贷记“应交税费——应交增值税（进项税额转出）”“应交税费——待抵扣进项税额”或“应交税费——待认证进项税额”科目；原不得抵扣且未抵扣进项税额的固定资产、无形资产等，因改变用途等用于允许抵扣进项税额的应税项目的，应按允许抵扣的进项税额，借记“应交税费——应交增值税（进项税额）”科目，贷记“固定资产”“无形资产”等科目。固定资产、无形资产等经上述调整后，应按调整后的账面价值在剩余尚可使用寿命内计提折旧或摊销。

一般纳税人购进时已全额计提进项税额的货物或服务等转用于不动产在建工程的，对于结转以后期间的进项税额，应借记“应交税费——待抵扣进项税额”科目，贷记“应交税费——应交增值税（进项税额转出）”科目。

（六）月末转出多缴增值税和未缴增值税的账务处理

月度终了，企业应当将当月应缴未缴或多缴的增值税自“应交增值税”明细科目转入“未交增值税”明细科目。对于当月应缴未缴的增值税，借记“应交税费——应交增值税（转出未交增值税）”科目，贷记“应交税费——未交增值税”科目；对于当月多缴的增值税，借记“应交税费——未交增值税”科目，贷记“应交税费——应交增值税（转出多交增值税）”科目。

（七）缴纳增值税的账务处理

1. 缴纳当月应缴增值税的账务处理。企业缴纳当月应缴的增值税，借记“应交税费——应交增值税（已交税金）”科目（小规模纳税人应借记“应交税费——应交增值税”科目），贷记“银行存款”科目。

2. 缴纳以前期间未缴增值税的账务处理。企业缴纳以前期间未缴的增值税，借记“应交税费——未交增值税”科目，贷记“银行存款”科目。

3. 预缴增值税的账务处理。企业预缴增值税时，借记“应交税费——预交增值税”科目，贷记“银行存款”科目。月末，企业应将“预交增值税”明细科目余额转入“未交增值税”明细科目，借记“应交税费——未交增值税”科目，贷记“应交税费——预交增值税”科目。房地产开发企业等在预缴增值税后，应直至纳税义务发生时方可从“应交税费——预交增值税”科目结转至“应交税费——未交增值税”科目。

4. 减免增值税的账务处理。对于当期直接减免的增值税，借记“应交税金——应交增值税（减免税款）”科目，贷记损益类相关科目。

（八）增值税期末留抵税额的账务处理

纳入营改增试点当月月初，原增值税一般纳税人应按不得从销售服务、无形资产或不动产的销项税额中抵扣的增值税留抵税额，借记“应交税费——增值税留抵税额”科目，贷记“应交税费——应交增值税（进项税额转出）”科目。待以后期间允许抵扣时，按允许抵扣的金额，借记“应交税费——应交增值税（进项税额）”科目，贷记“应交税费——增值税留抵税额”科目。

（九）增值税税控系统专用设备和技术维护费用抵减增值税额的账务处理

按现行增值税制度规定，企业初次购买增值税税控系统专用设备支付的费用以及缴纳的技术维护费允许在增值税应纳税额中全额抵减的，按规定抵减的增值税应纳税额，借记“应交税费——应交增值税（减免税款）”科目（小规模纳税人应借记“应交税费——应交增值税”科目），贷记“管理费用”等科目。

（十）关于小微企业免征增值税的会计处理规定

小微企业在取得销售收入时，应当按照税法的规定计算应缴纳的增值税，并确认为“应交税费”，在达到增值税制度规定的免征增值税条件时，将有关应缴的增值税转入当期损益。

三、财务报表相关项目列示

“应交税费”科目下的“应交增值税”“未交增值税”“待抵扣进项税额”“待认证进项税额”“增值税留抵税额”等明细科目期末借方余额应根据情况，在资产负债表中的“其他流动资产”或“其他非流动资产”项目列示；“应交税费——待转销项税额”等科目期末贷方余额应根据情况，在资产负债表中的“其他流动负债”或“其他非流动负债”项目列示；“应交税费”科目下的“未交增值税”“简易计税”“转让金融商品应交增值税”“代扣代交增值税”等科目期末贷方余额应在资产负债表中的“应交税费”项目列示。

本章习题

一、单项选择题

1. 在结账过程中，发现某会计人员在填制记账凭证时，误将科目名称“应付账款”写成“应收账款”，并已入账，应采用的更正方法是（　　）。

A. 划线更正法　　B. 红字更正法　　C. 补充登记法　　D. 重新填制

2. 下列关于会计基本假设的表述中，正确的是（　　）。

A. 持续经营明确的是会计核算的空间范围

B. 会计主体是指会计为之服务的特定单位，必须是企业法人

C. 货币是会计核算的唯一计量单位

D. 会计分期是费用跨期摊销、固定资产折旧计提的前提

3. 企业资产按购买时付出对价公允价值计量，负债按照承担现时义务的合同金额计量，则所采用的计量属性为（　　）。

A. 可变现净值　　B. 公允价值　　C. 历史成本　　D. 重置成本

4. 下列各项中，属于对企业会计核算空间范围所作的合理假设的是（　　）。

A. 会计主体　　B. 会计分期　　C. 货币计量　　D. 持续经营

5. 关于会计科目与会计账户的联系与区别，下列说法中不正确的是（　　）。

A. 会计账户是根据会计科目开设的

B. 会计科目和会计账户反映的经济内容不同

C. 会计科目是对会计要素具体内容的分类，本身没有结构，会计账户则有相应的结构

D. 会计科目所反映的经济内容就是会计账户所要登记的内容

6. 下列各项中，企业以实际发生的经济业务为依据，如实进行会计确认和计量，体现的会计信息质量要求是（　　）。

A. 可比性　　B. 可靠性　　C. 重要性　　D. 及时性

7. 借贷记账法是以“借”“贷”作为（　　）的一种复式记账方法。

A. 账户结构　　B. 账户对应关系　　C. 记账规则　　D. 记账符号

8. 下列各项中，体现谨慎性原则的是（　　）。

A. 对固定资产采用年限平均法计提折旧　　B. 低估负债

C. 高估资产　　D. 预计负债

9. 下列各项中，企业应确认为资产的是（　　）。

A. 月末发票账单未到按暂估价值入账的已入库原材料

B. 自行研发专利技术发生的无法区分研究阶段和开发阶段的支出

C. 已签订采购合同尚未购入的生产设备

D. 行政管理部门发生的办公设备日常修理费用

10. 会计核算的最终环节是（　　）。

A. 确认　B. 计量　C. 记录　D. 报告

11. 企业缴纳上月应缴未缴的增值税时，应借记（　　）。

A. 应交税费——应交增值税（转出未交增值税）

B. 应交税费——未交增值税

C. 应交税费——应交增值税（转出多交增值税）

D. 应交税费——应交增值税（已交税金）

12. 企业应当按照交易或者事项的经济实质进行会计确认、计量、记录和报告，不仅仅以交易或者事项的法律形式为依据，其所体现的会计信息质量要求是（　　）。

A. 可靠性　B. 实质重于形式　C. 可比性　D. 谨慎性

13. 车间管理人员福利费应计入的会计科目是（　　）。

A. 管理费用　B. 财务费用　C. 制造费用　D. 营业费用

14. 下列各项中，企业确认盘盈固定资产初始入账价值所采用的会计计量属性是（　　）。

A. 可变现净值　B. 重置成本　C. 现值　D. 公允价值

15. “预收账款”账户的期初贷方余额 150 万元，本期贷方发生额 900 万元，期末贷方余额 60 万元，则本期借方发生额为（　　）万元。

A. 990　B. 810　C. 1 110　D. 690

16. 下列各项中，属于企业累计原始凭证的是（　　）。

A. 增值税专用发票　B. 出差报销的火车票

C. 银行结算凭证　D. 限额领料单

17. 下列各项中，企业应通过“应交税费”科目核算的是（　　）。

A. 应缴纳的职工社会保险费　B. 占用耕地建房缴纳的耕地占用税

C. 转让房屋应缴纳的土地增值税　D. 签订合同应缴纳的印花税

18. 下列各项中，属于账实核对的是（　　）。

A. 总账和明细账核对　B. 银行存款日记账和银行对账单核对

C. 账簿记录和记账凭证核对　D. 总账和日记账核对

19. 在原始凭证上书写阿拉伯数字，下列做法错误的是（　　）。

A. 金额数字前书写货币币种符号

B. 币种符号与金额数字之间要留有空白

C. 币种符号与金额数字之间不得留有空白

D. 数字前写有币种符号的，数字后不再写货币单位

20. “所有者权益”类账户的本期增加额和期末余额应登记在该账户的（　　）。

A. 借方　B. 贷方　C. 借方和贷方　D. 贷方和借方

二、多项选择题

1. 会计的基本职能包括（　　）。

A. 会计核算　　B. 会计监督　　C. 会计确认　　D. 会计计量

E. 会计报告

2. 下列各项中，属于会计基本假设的有（　　）。

A. 会计主体　　B. 会计分期　　C. 持续经营　　D. 货币计量

3. 目前，我国政府会计可采用的会计基础有（　　）。

A. 持续经营　　B. 权责发生制　　C. 货币计量　　D. 收付实现制

4. 下列项目中，属于企业流动资产的有（　　）。

A. 应收账款　　B. 存货　　C. 其他债权投资　　D. 无形资产

5. 以下属于会计计量属性的有（　　）。

A. 可变现净值　　B. 重置成本　　C. 权责发生制　　D. 历史成本

6. 以下关于原始凭证数字及文字填写表述正确的有（　　）。

A. 中文大写金额数字应用正楷或草书填写，如果金额数字书写中使用繁体字，银行也可以受理

B. 中文大写金额到元或角为止的，后面要写“整”或“正”字；有分的，可以不写“整”或“正”字

C. 阿拉伯数字中间连续有几个“0”时，中文大写金额中间可以只写一个“零”字

D. 中文大写金额数字前应表明“人民币”字样，大写数字应紧接“人民币”字样填写

7. 甲企业为增值税一般纳税人，委托外单位加工一批材料（属于应税消费品，且为非金银首饰），该批原材料加工收回后用于连续生产应税消费品。甲企业发生的下列各项支出中，能增加收回委托加工材料实际成本的有（　　）。

A. 支付的加工费　　B. 支付的增值税

C. 负担的运杂费　　D. 支付的消费税

8. 企业内审人员在对企业当年会计账簿审查中发现，金额为 1 000 元的购货发票在填制记账凭证时误填为 100 元，由于已登记入账，会计人员可以（　　）。

A. 用红字填写一张与原内容相同的记账凭证，同时再用蓝字重新填制一张正确的记账凭证

B. 重新填制一张正确的记账凭证，将原记账凭证换下，并对账簿信息进行修改

C. 用蓝字编写一张调增 900 元的调增记账凭证

D. 将记账凭证和账簿的错误金额用红字划去，用蓝笔填上正确金额，并加盖印章

9. 根据核算的经济内容，账户分为（　　）等。

A. 资产类账户　　B. 负债类账户

C. 所有者权益类账户　　D. 成本类账户

10. 下列各项中，企业应通过“应交税费”科目核算的有（　　）。

A. 计算应缴纳的城市维护建设税

B. 对外转让厂房应缴纳的土地增值税

C. 购买印花税票应缴纳的印花税

D. 对外销售应税产品应缴纳的资源税

11. 下列各项中，引起企业资产和负债要素同时发生增减变动的经济业务有（　　）。

A. 收到股东投资款　　B. 以盈余公积转增股本

C. 从银行借入短期借款　　D. 以银行存款归还前欠货款

12. 会计分录构成的三要素有（　　）。

A. 应记入账户的名称　　B. 借贷方向

C. 金额　　D. 有借必有贷，借贷必相等

13. 下列各项中，属于企业流动负债的有（　　）。

A. 应收客户的购货金　　B. 本期从银行借入的三年期借款

C. 赊购材料应支付的货款　　D. 销售应税消费品应缴纳的消费税

14. 下列各项中，属于账账核对内容的有（　　）。

A. 总分类账簿与所辖明细分类账簿之间的核对

B. 有关债权债务明细账账面余额与对方单位的账面记录核对是否相符

C. 总分类账簿与序时账簿之间的核对

D. 银行存款日记账账面余额与银行对账单的余额定期核对是否相符

15. 下列选项中，构成企业留存收益的有（　　）。

A. 资本公积　　B. 盈余公积　　C. 未分配利润　　D. 应付利润

16. 下列应计入产品成本的有（　　）。

A. 直接材料　　B. 直接燃料

C. 直接动力　　D. 生产车间管理人员的工资

17. 下列各项中，企业确认随同商品出售不单独计价和单独计价的包装物的实际成本应借记的会计科目分别是（　　）。

A. 管理费用　　B. 主营业务成本

C. 销售费用　　D. 其他业务成本

18. 某企业采用计划成本进行材料日常核算，下列各项中，应通过“材料成本差异”科目借方核算的有（　　）。

A. 发出材料应负担的超支差异　　B. 入库材料的超支差异

C. 发出材料应负担的节约差异　　D. 入库材料的节约差异

19. 各项费用，应通过“管理费用”账户核算的有（　　）。

A. 诉讼费　　B. 展览费和广告费

C. 筹建期间的开办费　　D. 业务招待费

20. 下列各项中，企业关于存货毁损报经批准后的会计科目处理表述正确的有（　　）。

A. 属于一般经营损失的部分，记入“营业外支出”科目

B. 属于过失人赔偿的部分，记入“其他应收款”科目

C. 入库的材料价值，记入“原材料”科目

D. 属于非常损失的部分，记入“管理费用”科目

三、判断题

1. 会计核算是会计监督的基础，会计监督是会计核算的保障，没有核算所提供的各种信息，监督就失去了依据。（　　）
2. 根据会计等式可知，“资产增加，负债减少，所有者权益不变”属于不会产生的经济业务。（　　）
3. 《企业会计准则》规定，会计的确认、计量、记录和报告应当以权责发生制和收付实现制为基础。（　　）
4. 谨慎性要求企业对交易或者事项进行会计确认、计量、记录和报告时保持应有的谨慎，不应高估资产或者收益、低估负债或者费用。（　　）
5. 会计应当采用实物量度作为主要计量单位。（　　）
6. 科目汇总表账务处理程序下，企业应直接根据记账凭证逐笔登记总分类账。（　　）
7. 所谓平行登记是指对所发生的每项经济业务，一方面要以会计凭证为依据登记有关总分类账户，另一方面又要以登记好的总分类账户为依据，将其拆分后登记到所属明细分类账户中。（　　）
8. 企业为增值税一般纳税人，取得准予从销项税抵扣的增值税扣税凭证，但尚未经税务机关认证的进项税额记入“应交税费——待认证进项税额”。
9. “实存账存对比表”和“往来款项清查结果报告表”都是财产清查的重要报表，是调整账簿记录的原始凭证。（　　）
10. 费用是指企业在日常活动中发生的、会导致所有者权益增加的、与向所有者分配利润无关的经济利益的总流出。（　　）
11. 会计期末进行试算平衡时，如果试算平衡了，就可以说明账户记录是正确的。（　　）
12. 在结账前发现账簿记录有文字或数字错误，但记账凭证没有错误，会计人员应采用红字更正法进行更正处理。（　　）
13. 存货的可变现净值即为市场的销售价格。（　　）
14. 企业非日常活动中发生的利得，如捐赠利得等应计入“营业外收入”；企业非日常活动中发生的捐赠支出、损失等应计入“营业外支出”。（　　）
15. 企业应缴纳的增值税税额，应在利润表的“税金及附加”项目中填列。（　　）

四、综合题

1. 甲公司是一家芦荟胶生产企业，拥有生产、加工和销售一体化产业链；系增值税一般纳税人，适用的增值税税率为13%。2021 年年初“存货跌价准备”科目余额为零，不考虑其他因素。资料如下：

资料一：2021 年1 月1 日，甲公司购入芦荟一批，不含税价格为2 000 万元，增值税税额为260 万元，用于生产8 万箱芦荟胶。生产过程中需要使用提取和冷冻技术，该车间产生的费用为640 万元，生产车间人员工资为400 万元。上述产品于2021 年12 月初完工入库。

资料二：2021 年10 月18 日，甲公司与P 公司签订销售合同，合同约定甲公司于2022 年4 月5 日向P 公司销售芦荟胶5 万箱，每箱400 元。2021 年12 月31 日库存芦荟胶8 万箱。2021 年12 月31 日，该芦荟胶的市场销售价格为每箱360 元，预计每箱的销售税费均为30 元。假定不考虑其他因素（答案中的金额单位以万元表示）。

（1）根据资料一，计算甲公司自行生产8 万箱芦荟胶的成本并编制相关的会计分录。

（2）根据资料二，判断2021 年12 月31 日是否需要计提存货跌价准备，列示计算过程并编制相关会计分录。

2. 甲企业为增值税一般纳税人，原材料采用实际成本进行日常核算，材料发出成本采用月末一次加权平均法计算。2021 年12 月初，M 材料库存数量为1 000 千克，每千克实际成本为100 元。该企业12 月发生有关经济业务如下：

资料一：1 日，购买M 材料1 600 千克，其价款200 000 元、增值税税额26 000 元、销货方代垫材料运费3 000 元、增值税税额270 元。已取得可抵扣的增值税专用发票。货款和运费以面值230 000 元的银行汇票支付，余款退回银行。5 日，该批材料全部验收入库。

资料二：10 日，收到乙企业作为资本投入的M 材料6 000 千克，并验收入库。取得的增值税专用发票上注明价款600 000 元（与公允价值相同）、增值税税额78 000 元，税款由乙企业支付，乙企业在甲企业注册资本中享有份额的金额为580 000 元。

（1）根据资料一，编制甲企业购买材料的相关会计分录。

（2）根据资料二，编制甲企业接受投资的相关会计分录。

3. 乙公司为增值税一般纳税人，主要生产和销售M 和N 产品。2019 年8 月发生有关经济业务如下：

资料一：本月完工入库M 产品一批。为推销该产品共发生支出568 000 元，其中电视广告费500 000 元、参加推介会的展览费60 000 元、专设销售机构人员薪酬8 000 元。全部款项以银行存款支付，取得增值税专用发票上注明的增值税税额为33 600 元。

资料二：本月发出M 产品委托丁公司进一步加工为N 产品，发出M 产品实际成本为400 000 元，支付加工费50 000 元，取得的增值税专用发票上注明的增值税税额为

6 500 元，由受托方代收代缴的消费税 110 000 元。收回加工完成的 N 产品直接对外销售。相关款项以银行存款支付。

（1）根据资料一，编制乙公司推销产品有关支出的会计分录。

（2）根据资料二，编制乙公司委托加工物资由受托方代收代缴的消费税的会计处理。

4. 丙公司为增值税一般纳税人，适用的增值税税率为 13%，2021 年 6 月发生下列销售业务：

（1）3 日，向 A 公司销售商品 1 000 件，每件商品的标价为 80 元。为了鼓励客户多购商品，丙公司同意给予 A 公司 10% 的商业折扣，并在开具发票时将销售额和折扣额在同一张发票上的“金额”栏分别注明。商品已发出，货款已收存银行。

（2）5 日，向 B 公司销售商品一批，开出的增值税专用发票上注明的售价总额为 60 000 元，增值税税额为 7 800 元。货款尚未收到。

（3）13 日，收到 B 公司全部款项，并存入银行。

（4）15 日，向 C 公司销售商品一批，开出的增值税专用发票上注明的售价总额为 90 000 元，增值税税额为 11 700 元。货款尚未收到。

（5）20 日，C 公司发现所购商品不符合合同规定的质量标准，要求丙公司在价格上给予 6% 的销售折让。丙公司经查明后，同意给予折让并凭税务机关系统校验通过的“开具红字增值税专用发票信息表”开具了红字增值税专用发票。丙公司按规定冲销已记录的销售收入和相应的销售税金。

要求：编制丙公司上述销售业务的会计分录（“应收账款”“应交税费”账户要求写出明细科目；本题不要求编制结转销售成本的会计分录）。

参考答案与解析

一、单项选择题

1. 【参考答案】B。在结账过程中，如果发现记账凭证上的应借、应贷会计科目发生错误，并已登记入账，应采用红字更正法予以更正。
2. 【参考答案】D。选项 A，会计主体规定了会计核算的空间范围。选项 B，会计主体可以是一个独立的法律主体，如企业法人；也可以不是一个独立的法律主体，如企业内部相对独立的核算单位，由多个企业法人组成的企业集团，由企业管理的证券投资基金、企业年金基金等。选项 C，会计核算除了使用货币计量，还可以使用非货币计量单位，如实物数量等。
3. 【参考答案】C。在历史成本计量下，资产按照购买时支付的现金或者现金等价物的金额，或者按照购买资产时所付出的对价的公允价值计量；负债按照因承担现时义务而实际收到的款项或者资产的金额，或者承担现时义务的合同金额，或者按照日常活动中为偿还负债预期需要支付的现金或现金等价物的金额计量。

4.【参考答案】A。会计主体，是指会计工作服务的特定对象，是企业会计确认、计量和报告的空间范围。

5.【参考答案】B。会计科目所反映的经济内容就是会计账户所要登记的内容，因此会计科目和会计账户反映的经济内容相同。

6.【参考答案】B。可靠性要求企业应当以实际发生的交易或者事项为依据进行会计确认、计量和报告，如实反映符合确认和计量要求的会计要素及其他相关信息，保证会计信息真实可靠、内容完整。

7.【参考答案】D。借贷记账法是复式记账法的一种，全称为借贷复式记账法。它是以“资产=负债+所有者权益”为理论依据，以“借”和“贷”作为记账符号，以“有借必有贷，借贷必相等”为记账规则的一种复式记账方法。

8.【参考答案】D。谨慎性要求企业对交易或者事项进行会计确认、计量和报告应当保持应有的谨慎，不应高估资产或者收益、低估负债或者费用。

9.【参考答案】A。选项BD，应计入“管理费用”科目；选项C，不用进行账务处理。

10.【参考答案】D。会计核算的环节包括确认、计量、记录和报告，报告是会计核算的最终环节。

11.【参考答案】B。企业缴纳以前期间未缴的增值税，借记“应交税费——未交增值税”科目，贷记“银行存款”科目。

12.【参考答案】B。这是会计信息质量要求“实质重于形式”的定义解释。

13.【参考答案】C。车间管理人员福利费计入制造费用。

14.【参考答案】B。盘盈的固定资产，应按重置成本确定其入账价值，借记“固定资产”科目，贷记“以前年度损益调整”科目。

15.【参考答案】A。“预收账款”属于负债类账户，则该账户的本期借方发生额=期初贷方余额+本期贷方发生额-期末贷方余额=150+900-60=990（万元）。

16.【参考答案】D。累计凭证，是指在一定时期内多次记录发生的同类型经济业务且多次有效的原始凭证，如限额领料单。选项ABC，属于一次原始凭证。

17.【参考答案】C。选项A，应通过“应付职工薪酬”科目核算；选项BD，企业缴纳的印花税、耕地占用税等不需要预计应缴数的税金，不通过“应交税费”科目核算。

18.【参考答案】B。选项AD，属于账账核对；选项C，属于账证核对。

19.【参考答案】B。按照规定，阿拉伯金额数字前应当书写“货币币种符号”或者“货币名称简写和币种符号”。币种符号和阿拉伯数字之间不得留有空白，数字后面不再写货币单位。

20.【参考答案】B。所有者权益类账户的贷方表示增加、借方表示减少，期初期末余额均在贷方。

二、多项选择题

1.【参考答案】AB。会计职能是指会计在经济管理过程中所具有的功能。作为“过程的控制和观念总结”的会计，具有会计核算和会计监督两项基本职能，还具有预测经济前景、参与经济决策、评价经营业绩等拓展职能。

2. 【参考答案】ABCD。会计基本假设包括会计主体、会计分期、持续经营、货币计量。

3. 【参考答案】BD。政府会计由预算会计和财务会计构成。其中，预算会计一般采用收付实现制，财务会计采用权责发生制。

4. 【参考答案】AB。应收账款预计在资产负债表日起一年内（含一年，下同）变现，存货在一个正常营业周期中变现、出售或耗用，因此应收账款和存货属于企业的流动资产；而持有至到期投资和无形资产的变现期通常超过一年，因此它们属于企业的非流动资产。

5. 【参考答案】ABD。会计计量属性主要包括历史成本、重置成本、可变现净值、现值和公允价值。

6. 【参考答案】CD。选项 A，中文大写金额数字应用正楷或行书填写，不能用草书书写。选项 B，大写金额到元或角为止的，后面要写“整”或“正”字；有分的，不写“整”或“正”字，不是可以不写“整”或“正”字。

7. 【参考答案】AC。委托加工材料收回后用于连续生产应税消费品支付的消费税、支付的增值税进项税额允许抵扣，不计入委托加工材料成本，选项 BD 的说法不正确。

8. 【参考答案】AC。在记账以后，发现记账凭证上应借、应贷的会计科目并无错误，但所填写金额小于应填金额，可采用补充登记法，即用蓝字编写一张调增 900 元的记账凭证，所以选项 C 正确。或者采用红字更正法，即用红字填写一张与原内容相同的记账凭证，同时再用蓝字重新填制一张正确的记账凭证，所以选项 A 正确。

9. 【参考答案】ABCD。根据核算的经济内容，账户分为资产类账户、负债类账户、所有者权益类账户、成本类账户和损益类账户。

10. 【参考答案】ABD。企业缴纳的印花税、耕地占用税等不需要预计应缴数的税金，不通过“应交税费”科目核算。

11. 【参考答案】CD。选项 A，资产增加，所有者权益增加；选项 B，所有者权益内部一增一减；选项 C，资产增加，负债增加；选项 D，资产减少，负债减少。

12. 【参考答案】ABC。会计分录构成的三要素是应记入账户的名称、借贷方向、金额。有借必有贷，借贷必相等是借贷记账法的记账规则。

13. 【参考答案】CD。选项 A，通过“应收账款”科目核算，属于企业流动资产；选项 B，通过“长期借款”科目核算，属于企业非流动负债；选项 C，通过“应付账款”科目核算，属于企业流动负债；选项 D，通过“应交税费”科目核算，属于企业流动负债。

14. 【参考答案】AC。账账核对包括总分类账簿之间的核对、总分类账簿与所辖明细分类账簿之间的核对（选项 A）、总分类账簿与序时账簿之间的核对（选项 C）、明细分类账簿之间的核对。选项 BD，属于账实核对。

15. 【参考答案】BC。企业的留存收益来源于经营积累，是企业历年实现的净利润中留存于企业的内部积累，包括企业的盈余公积和未分配利润两部分。
16. 【参考答案】ABCD。产品成本是企业在生产产品过程中所发生的材料费用、职工薪酬等，以及按一定标准分配后计入的各种间接费用。选项 ABC，属于直接产品成本；选项 D，属于间接费用。
17. 【参考答案】CD。不单独计价的包装物成本，应借记“销售费用”科目；单独计价的包装物成本，应借记“其他业务成本”科目。
18. 【参考答案】BC。“材料成本差异”科目，借方登记材料入库时的超支差异及发出材料应负担的节约差异，贷方登记材料入库时的节约差异及发出材料应负担的超支差异。
19. 【参考答案】ACD。选项 B 应计入“销售费用”。
20. 【参考答案】BC。选项 A，属于一般经营损失的部分，记入“管理费用”科目；选项 D，属于非常损失的部分，记入“营业外支出”科目。

三、判断题

1. 【参考答案】√。会计核算是会计监督的基础，会计监督是会计核算的保障。
2. 【参考答案】√。根据“资产＝负债＋所有者权益”会计等式，“资产增加，负债减少，所有者权益不变”会造成资产大于权益，会计等式被破坏，因此不可能发生这样的经济业务。
3. 【参考答案】×。企业会计的确认、计量、记录和报告应当以权责发生制为基础，不是收付实现制。
4. 【参考答案】√。谨慎性要求企业对交易或者事项进行会计确认、计量、记录和报告时保持应有的谨慎，不应高估资产或者收益、低估负债或者费用。
5. 【参考答案】×。会计以货币作为主要计量单位。
6. 【参考答案】×。科目汇总表账务处理程序下，企业应根据科目汇总表登记总分类账。
7. 【参考答案】×。所谓平行登记是指对所发生的每项经济业务，都要以会计凭证为依据，一方面登记有关总分类账户，另一方面又要登记该总分类账户所属的明细分类账户的方法。
8. 【参考答案】√。企业为增值税一般纳税人，取得准予从销项税抵扣的增值税扣税凭证，但尚未经税务机关认证的进项税额记入“应交税费——待认证进项税额”。
9. 【参考答案】×。“实存账存对比表”是财产清查的重要报表，是调整账簿记录的原始凭证。“往来款项清查结果报告表”不是原始凭证。
10. 【参考答案】×。费用会导致所有者权益减少。
11. 【参考答案】×。有几种错误试算平衡是查不出来的，如某项经济业务未入账，某项经济业务重复记账，应借、应贷账户中借贷方向颠倒等。
12. 【参考答案】×。在结账前发现账簿记录有文字或数字错误，而记账凭证没有错误，应当采用划线更正法。

13.【参考答案】×。存货可变现净值 = 存货的估计售价 - 至完工时估计将要发生的成本 - 估计的销售费用及税金。

14.【参考答案】√。营业外收入、营业外支出核算的是不同于收入、费用的利得或损失，它们不是营业利润的组成部分。

15.【参考答案】×。企业应缴纳的增值税税额，通过“应交税费”科目核算，应在资产负债表“应交税费”项目中填列。

四、综合题

1.【参考答案】

（1）芦荟胶的成本 = 2 000 + 640 + 400 = 3 040（万元）

借：原材料——芦荟 20 000 000

　　应交税费——应交增值税（进项税额） 2 600 000

　　贷：银行存款 22 600 000

借：生产成本 30 400 000

　　贷：原材料 20 000 000

　　　　制造费用 6 400 000

　　　　应付职工薪酬 4 000 000

借：库存商品 30 400 000

　　贷：生产成本 30 400 000

（2）需要计提存货跌价准备。

有合同的部分：

①可变现净值 = 5 × 400 - 5 × 30 = 1 850（万元）

②成本 = 3 040 ÷ 8 × 5 = 1 900（万元）

③有合同部分的芦荟胶成本大于可变现净值，要计提存货跌价准备为：1 900 - 1 850 = 50（万元）。

无合同部分：

①可变现净值 = 3 × 360 - 3 × 30 = 990（万元）

②成本 = 3 040 ÷ 8 × 3 = 1 140（万元）

③计提存货跌价准备 = 1 140 - 990 = 150（万元）

2021 年 12 月 31 日计提存货跌价准备为 200 万元。

借：资产减值损失 2 000 000

　　贷：存货跌价准备 2 000 000

2.【参考答案】

（1）收到退回的银行汇票余款时：

借：银行存款 730

贷：其他货币资金——银行汇票 730

收到材料并验收入库时：

借：原材料 203 000

贷：在途物资 203 000

申请签发银行汇票时：

借：其他货币资金——银行汇票 230 000

贷：银行存款 230 000

用银行汇票购买 M 材料时：

借：在途物资 203 000

应交税费——应交增值税（进项税额） 26 270

贷：其他货币资金——银行汇票 229 270

（2）

借：原材料 600 000

应交税费——应交增值税（进项税额） 78 000

贷：实收资本 580 000

资本公积（678 000 - 580 000） 98 000

3.【参考答案】

（1）支付广告费、展览费：

借：销售费用（500 000 + 60 000） 560 000

应交税费——应交增值税（进项税额） 33 600

贷：银行存款 593 600

确认专设销售机构人员薪酬时：

借：销售费用 8 000

贷：应付职工薪酬 8 000

支付薪酬：

借：应付职工薪酬 8 000

贷：银行存款 8 000

（2）发出物资时：

借：委托加工物资 400 000

贷：库存商品——M 产品 400 000

支付加工费时：

借：委托加工物资 50 000

应交税费——应交增值税（进项税额） 6 500

贷：银行存款 56 500

支付消费税时：

借：委托加工物资 110 000

　　贷：银行存款　　110 000

加工验收入库时：

借：库存商品——N 产品　　560 000

　　贷：委托加工物资（400 000 + 50 000 + 110 000）　　560 000

4.【参考答案】

（1）3 日，确认商品销售收入。

借：银行存款　　81 360

　　贷：主营业务收入（80 × 90% × 1 000）　　72 000

　　　　应交税费——应交增值税（销项税额）　　9 360

（2）5 日，确认商品销售收入。

借：应收账款——B 公司　　67 800

　　贷：主营业务收入　　60 000

　　　　应交税费——应交增值税（销项税额）　　7 800

（3）13 日，收到销货款。

借：银行存款　　67 800

　　贷：应收账款——B 公司　　67 800

（4）15 日，确认商品销售收入。

借：应收账款——C 公司　　101 700

　　贷：主营业务收入　　90 000

　　　　应交税费——应交增值税（销项税额）　　11 700

（5）发生销售折让，冲减销售收入及相应账户金额。

应冲减销售收入 = 90 000 × 6% = 5 400（元）

应冲减销售税金 = 11 700 × 6% = 702（元）

合计 = 5 400 + 702 = 6 102（元）

借：应收账款——C 公司　　-6 102

　　贷：主营业务收入　　-5 400

　　　　应交税费——应交增值税（销项税额）　　-702

第十四章　税务干部应知应会知识

1. 税务执法“五步工作法”：提示提醒、督促整改、约谈警示、立案稽查、公开曝光。

2. “六位一体”税务系统全面从严治党新格局：政治建设一体深化、两个责任一体发力、综合监督一体集成、党建业务一体融合、约束激励一体抓实、组织体系一体贯通。

3. 新时代税收现代化建设总目标：抓好党务、干好税务、带好队伍。

4. 2023 年税收宣传月主题：税惠千万家、共建现代化。

5. 六大体系：党委领导、学用结合、党建引领、制度保障、责任落实、监督考核。

6. “1+6”制度：《关于构建税务系统一体化综合监督体系的意见》及 6 项配套制度。

7. 《公务员职务与职级并行规定》：为深化公务员分类改革，推行公务员职务与职级并行、职级与待遇挂钩制度，健全公务员激励保障机制，建设忠诚干净担当的高素质专业化公务员队伍，根据《中华人民共和国公务员法》等有关法律法规制定。由中共中央办公厅于 2019 年 3 月印发，共七章三十四条，自 2019 年 6 月 1 日起施行。

8. 数字人事：从 2014 年开始夯基垒台，逐步搭建起数字人事大厦的“四梁八柱”，形成包括干部职业基础的“一个基础”，涵盖平时考核、公认评价、业务能力评价、领导胜任力评价的“四个支柱”，搭建数字人事信息系统“一个平台”，结果运用“一个顶子”，成为数字人事管干部制度大厦。

9. “三假”涉税违法行为：是指没有实际经营业务只为虚开发票的“假企业”、没有实际出口只为骗取退税的“假出口”和不具备条件只为骗取疫情防控税收优惠政策的“假申报”。

10. 新发展阶段税收现代化建设的“六大能力”：更加突出提高政治判断力、政治领悟力、政治执行力，提升政治引领能力；更加突出创新在税收改革发展全局中的核心地位，坚持系统观念，提升谋划创新能力；更加突出运用科技和数据赋能的放大、叠加、倍增效应，提升科技驱动能力；更加突出维护制度权威，创造性抓好落实，提升制度执行能力；更加突出推进税务机关内外部、征纳间和国际国内税收共治，提升协同共治能力；更加突出统筹安全和发展，坚持以大概率思维应对小概率事件，提升风险防范能力。

11. 新“纵合横通强党建”工作机制：“条主责、块双重，纵合力、横联通，齐心抓、党建兴”的工作机制。

12. “一带一路”税收征管合作机制：“一带一路”税收征管合作机制为非营利性的官方合作机制，由理事会、秘书处、“一带一路”税收征管合作论坛、“一带一路”税收征管能力促进联盟以及专家咨询委员会构成。

13. “带好队伍”机制体系：纵合横通强党建、绩效管理抓班子、数字人事管干部、人才工程育俊杰、严管善待活基层。

14. “数字人事”两测：数字人事领导胜任力升级测试和业务能力升级测试。

15. 要聚焦“新、精、进”做好工作：“新”就是要立足新发展阶段、贯彻新发展理念、服务新发展格局，谋新局、开新篇、展新貌；“精”就是要深入推进精确执法、精细服务、精准监管、精诚共治，确保《关于进一步优化税务执法方式的意见》不折不扣落地见效；“进”就是新发展阶段税收现代化建设要稳步推进，持续改进，取得明显进展。

16. 税务系统党的建设高质量发展：政治建设高质量要着重体现在提升政治能力、践行两个维护上，思想建设高质量要着重体现在学懂弄通做实习近平新时代中国特色社会主义思想上，组织建设高质量要着重体现在税务系统基层党组织组织力提升上，作风纪律建设高质量要着重体现在厚植风清气正的政治生态上，制度建设高质量要着重体现在“纵合横通强党建”机制制度体系的持续完善上。要组织开展一系列富有税务特色的庆祝建党 100 周年活动，进一步激发爱党爱国爱税热情。

17. “双随机、一公开”：就是指在监管过程中随机抽取检查对象，随机选派执法检查人员，抽查情况及查处结果及时向社会公开。

18. 推进“三不”制度机制：不敢腐、不能腐、不想腐。

19. “下抓两级、抓深一层”工作机制：税务总局主抓省局、延伸带市局，省局主抓市局、延伸带县局，打通责任落实“最后一公里”。

20. 监督执纪“四种形态”：根据党的十八届六中全会审议通过的《中国共产党党内监督条例》，监督执纪的“四种形态”分别是：第一种形态，经常开展批评和自我批评、约谈函询，让“红红脸、出出汗”成为常态；第二种形态，让党纪轻处分、组织调整成为违纪处理的大多数；第三种形态，让党纪重处分、重大职务调整的成为少数；第四种形态，让严重违纪涉嫌违法立案审查的成为极少数。

21. 税收违法案件“一案双查”：是指在查处纳税人、扣缴义务人和其他涉税当事人（以下简称“涉税当事人”）税收违法案件中，对税务机关或者税务人员的执法行为规范性和履职行为廉洁性进行检查，对违纪违法行为依照有关规定进行调查和追究责任的活动。

22. 中国税务精神：忠诚担当、崇法守纪、兴税强国。

23. 党风廉政建设一岗双责：“一岗”是指一个领导干部的职务所对应的岗位；“双责”是一个领导干部要对所在岗位的具体业务工作负责，又要对所在岗位的党风廉政建设责任制负责。也就是税务系统的领导干部要对本单位的具体业务工作和党风廉政责任制负双重责任。

24. “放管服”： 简政放权、放管结合、优化服务的简称。“放”即简政放权，降低准入门槛。“管”即创新监管，促进公平竞争。“服”即高效服务，营造便利环境。

25. 营商环境： 广义的营商环境是指伴随企业活动整个过程（包括从开办、运营到结束的各环节）的各种周围境况和条件的总和。狭义的营商环境是企业在开设、经营、贸易活动、纳税、关闭及执行合约等方面遵循的政策法规所需要的时间和成本等条件。

26. 营商环境主要纳税指标： 纳税指标主要测量纳税和缴费的行政管理负担、记录企业在一年内纳税和强制性缴费以及报税后流程指数。主要包括纳税次数、纳税时间、总税收和缴费率、报税后流程指数 4 个子指标。

27. 全面从严治党的两个责任： 落实党委主体责任和纪委监督责任。

28. 政治生态： “政治生态”是习近平总书记在 2014 年 6 月 30 日时提出的一个政治概念。此后他又在多个场合谈到“政治生态”。政治生态就是各类政治主体生存发展的环境和状态，是政治制度、政治文化、政治生活等要素相互作用的结果，是党风、政风、社会风气的综合反映，影响着党员干部的价值取向和为政行为。

29. 大规模增值税留抵退税五项措施： 快退税款、狠打骗退、严查内错、欢迎外督、持续宣传。

30. “2271”工程： 由 200 名左右战略人才、2 000 名左右领军人才、7 万名左右业务标兵、1 万名左右青年才俊构成的税务人才队伍新体系。

31. 规范“两权”运行： 税收执法权和行政管理权。

32. 税收征管改革主要目标： 2022 年，在税务执法规范性、税费服务便捷性、税务监管精准性上取得重要进展。到 2023 年，基本建成“无风险不打扰、有违法要追究、全过程强智控”的税务执法新体系，实现从经验式执法向科学精确执法转变；基本建成“线下服务无死角、线上服务不打烊、定制服务广覆盖”的税费服务新体系，实现从无差别服务向精细化、智能化、个性化服务转变；基本建成以“双随机、一公开”监管和“互联网 + 监管”为基本手段、以重点监管为补充、以“信用 + 风险”监管为基础的税务监管新体系，实现从“以票管税”向“以数治税”分类精准监管转变。到 2025 年，深化税收征管制度改革取得显著成效，基本建成功能强大的智慧税务，形成国内一流的智能化行政应用系统，全方位提高税务执法、服务、监管能力。

33. 智慧税务建设主要目标： 2022 年基本实现法人税费信息“一户式”、自然人税费信息“一人式”智能归集，2023 年基本实现税务机关信息“一局式”、税务人员信息“一员式”智能归集，深入推进对纳税人缴费人行为的自动分析管理、对税务人员履责的全过程自控考核考评、对税务决策信息和任务的自主分类推送。2025 年实现税务执法、服务、监管与大数据智能化应用深度融合、高效联动、全面升级。

34. 发票电子化改革目标： 2021 年建成全国统一的电子发票服务平台，24 小时在线免费为纳税人提供电子发票申领、开具、交付、查验等服务。制定出台电子发票国家标准，有序推进铁路、民航等领域发票电子化，2025 年基本实现发票全领域、全环节、全要素电子化，着力降低制度性交易成本。

35. 建立健全以“信用+风险”为基础的新型监管机制：建立健全纳税缴费信用评价制度，对纳税缴费信用高的市场主体给予更多便利。在全面推行实名办税缴费制度基础上，实行纳税人缴费人动态信用等级分类和智能化风险监管，既以最严格的标准防范逃避税，又避免影响企业正常生产经营。健全以“数据集成+优质服务+提醒纠错+依法查处”为主要内容的自然人税费服务与监管体系。依法加强对高收入高净值人员的税费服务与监管。

36. 新电子税局：新电子税局全称为“全国统一规范电子税务局”，是指2023年在中国各地运行的电子税务局基础上，进一步融合线上线下业务、整合实体虚拟资源的税务平台，是全面推进税收征管数字化升级和智能化改造的核心业务，是现有电子税务局和金税三期核心征管系统功能合并后的升级换代。新电子税局是依托统一身份管理平台和数据支撑平台，集成电票平台相关应用、核心征管相关功能，融合征纳互动平台，建成纳税人端办税平台和税务人端电子工作平台，并结合已建设的决策指挥平台（决策指挥端），依托信创云资源，建成应用层面的“三端”互联运作，旨在打造出一个全国统一的、规范的、智能的电子税务局，实现全国一个标准、一个规则、一个平台业务通办。

37. 数电票：“数电票”是指与纸质发票具有同等法律效力的全面数字化的电子发票。全面数字化的电子发票（以下简称“数电票”）是与纸质发票具有同等法律效力的全新发票，不以纸质形式存在、不用介质支撑、无须申请领用、发票验旧及申请增版增量。纸质发票的票面信息全面数字化，将多个票种集成归并为电子发票单一票种，“数电票”实行全国统一赋码、自动流转交付。

38. 金税四期：金税四期是金税三期的升级工程，金税三期统一了全国征管应用系统版本、国地税合并，搭建了统一的纳税服务平台，建立了统一的发票管理系统，金税四期在金税三期的基础上，纳入“非税”业务，利用大数据比对，人工智能技术，实现对纳税人业务更加全面的监控。金税四期的核心内容为“以数治税”，即靠数据来治税，金税三期的核心仍然是“以票治税”，即以发票作为统领，通过上游供应商开具的发票（包括专用发票、普通发票）与企业采购抵扣的增值税进项税额，企业所得税税前扣除的成本费用等比对，核对企业是否足额纳税，有无偷漏税情况，有无虚开增值税发票的事项等。金税四期通过大数据、人工智能等新一代信息技术对税务的征管提供支持，涵盖的范围增加了“非税”业务，使得企业的业务处于更全面的监控状态；税务系统会与地产登记系统、银行系统等进行对接，会进行更加严格的资金管控；增加企业相关人员身份信息及信用的管控，包括法人代表、股东及其直系亲属的手机号、纳税状态、登记注册信息等，通过以上操作，能够帮助税务局监管到企业的每一笔交易、每一个合同，甚至是每一元钱，即企业会变得更加透明。同时金税四期打通“云化”服务，税费全数据、全服务、全流程实施监管，从而实现智慧办税和智慧监管。

39. 主题教育的总体要求：学思想、强党性、重实践、建新功。学思想：要全面学习领会习近平新时代中国特色社会主义思想，全面系统掌握这一思想的基本观点、科学体系，把握好这一思想的世界观、方法论，坚持好、运用好贯穿其中的立场观点方法，不断增进对党的创新理论的政治认同、思想认同、理论认同、情感认同，真正把马克思主义看家本领学到手，自觉用习近平新时代中国特色社会主义思想指导各项工作。

强党性：要自觉用习近平新时代中国特色社会主义思想改造主观世界，深刻领会这一思想关于坚定理想信念、提升思想境界、加强党性锻炼等一系列要求，始终保持共产党人的政治本色。

重实践：要自觉践行习近平新时代中国特色社会主义思想，用以改造客观世界、推动事业发展，用以观察时代、把握时代、引领时代，积极识变应变求变，解决经济社会发展和党的建设中存在的各种矛盾问题，防范化解重大风险，推动中国式现代化取得新进展新突破。

建新功：要从习近平新时代中国特色社会主义思想中汲取奋发进取的智慧和力量，熟练掌握其中蕴含的领导方法、思想方法、工作方法，不断提高履职尽责的能力和水平，凝心聚力促发展，驰而不息抓落实，立足岗位作贡献，努力创造经得起历史和人民检验的实绩。

40. 主题教育的根本任务：坚持学思用贯通、知信行统一，把习近平新时代中国特色社会主义思想转化为坚定理想、锤炼党性和指导实践、推动工作的强大力量，使全党始终保持统一的思想、坚定的意志、协调的行动、强大的战斗力，努力在以学铸魂、以学增智、以学正风、以学促干方面取得实实在在的成效。

41. 主题教育的范围：以县处级以上领导干部为重点，在全党开展。

42. 主题教育的时间安排：主题教育自上而下分两批开展。第一批，从 2023 年 4 月开始，2023 年 8 月基本结束；第二批，从 2023 年 9 月开始，2024 年 1 月基本结束。

43. 主题教育的主要内容：理论学习、调查研究、推动发展、检视整改、建章立制。这次主题教育不划阶段、不分环节，要把理论学习、调查研究、推动发展、检视整改贯通起来，有机融合、一体推进。

44. 主题教育是以什么为主线：学习贯彻习近平新时代中国特色社会主义思想，用党的创新理论凝心铸魂，是主题教育的主线，任何时候都不能偏离。

45. 检验主题教育的根本评判标准：群众满意不满意。

46. 党的十八大以来，党内集中教育：①党史学习教育。②“不忘初心、牢记使命”主题教育。③“两学一做”学习教育。④“三严三实”专题教育。⑤党的群众路线教育实践活动。⑥学习贯彻习近平新时代中国特色社会主义思想主题教育。

47.《关于在全党大兴调查研究的工作方案》中提出的“五个必须坚持”的内容：必须坚持党的群众路线，必须坚持实事求是，必须坚持问题导向，必须坚持攻坚克难，必须坚持系统观念。

48.“千万工程”：“千万工程”是指浙江省 2003 年启动的“千村示范、万村整治”工程，是习近平总书记在浙江工作时亲自谋划、亲自部署、亲自推动的一项重大决策。

49. 浦江经验：2003 年 9 月 18 日，时任浙江省委书记的习近平同志亲自到信访大县浦江下访接访，开创了省级领导干部下访接访的先河。“浦江经验”是习近平总书记在浙江工作期间亲自倡导并带头下访接访群众形成的好经验好做法，是改善干群关系、加强基层治理的生动实践。

50. 五个更加注重：更加注重理论武装、更加注重分类指导、更加注重强基固本、更加注重统筹协调、更加注重领导指导。

51. 三个实实在在：实实在在抓好理论学习和调查研究，实实在在检视整改突出问题，实实在在办好惠民利民实事，用实干推动发展、取信于民。

52. 第二批主题教育针对的三类主体：县处级以上领导班子和领导干部、基层党组织、团员和青年干部。

53. 主题教育的具体目标：凝心聚魂筑牢根本、锤炼品格强化忠诚、实干担当促进发展、践行宗旨为民造福、廉洁奉公树立新风。

54. 税务系统第二批主题教育“三大抓手”：县级税务局政治机关建设、新时代“枫桥式”税务分局建设、领导干部开展“走流程”活动。

55. 基层党组织开展“三项活动”作贡献：开展“立足岗位作贡献”活动、“建言献策”活动、“学习身边榜样”活动。

56. 县处级以上领导干部主题教育必读资料：党的二十大报告、《中国共产党章程》《习近平著作选读》《习近平新时代中国特色社会主义思想专题摘编》。党委书记还要把习近平总书记的《论党的自我革命》作为必读学习资料。

57. 基层党组织主题教育必读资料：党的二十大报告、《中国共产党章程》《习近平新时代中国特色社会主义思想专题摘编》。

第三篇 行政基础知识

第一章 综合文秘

第一节 公文处理

一、公文特点和作用

定义	公文是公务文书的简称，是指党政机关、社会团体、企事业单位等有关组织和单位在公务活动中所形成的具有规定格式和现行效用的信息记录材料
公文的特点	1. 权威性和政策性 2. 针对性和指导性 3. 规范性和约束性 4. 程序性和严密性 5. 时效性和实用性
公文的作用	1. 指导工作，传达意图 2. 联系工作，交流情况 3. 请示工作，答复问题 4. 总结工作，推广经验 5. 记载工作，积累史料

二、税务机关公文

税务机关公文定义	根据2022年新修订的《全国税务机关公文处理办法》规定，税务机关公文是税务机关实施领导、履行职能、处理公务的具有特定效力和规范体式的文书，是传达贯彻党和国家的方针政策，公布规章和规范性文件，指导、布置和商洽工作，请示和答复问题，报告、通报和交流情况等的重要工具
常用公文种类	税务机关的公文种类主要有：决议、决定、命令（令）、公告、通告、意见、通知、通报、报告、请示、批复、函、纪要
决议	适用于会议讨论通过的重大决策事项
决定	适用于对重要事项作出决策和部署、奖惩有关单位和人员、变更或者撤销下级机关不适当的决定事项。决定属于下行文
命令（令）	适用于依照有关法律、行政法规发布税务规章，宣布施行重大强制性行政措施，嘉奖有关单位及人员。发布税务规章，应当按照税务规章产生的程序进行。命令（令）属下行文，一般无主送、抄送

续表

公告	适用于向国内外宣布重要事项或者法定事项。税务机关应当依照有关法律、法规、规章向国内外公布税务规范性文件和其他重要税收事项。公告应当公开发布，无主送、抄送
通告	适用于在一定范围内公布应当遵守或者周知的事务性事项。通告面向社会并具有一定的约束力，可采用张贴或媒体刊播的形式公布，无主送、抄送
意见	适用于对重要问题提出见解和处理办法。意见一般分为参考建议性意见、表明意向性意见、工作指导性意见。意见可以用于上行文、下行文和平行文
通知	适用于发布、传达要求下级机关执行和有关单位周知或者执行的事项，批转、转发公文。通知一般分为指示性通知、发布和转发性通知、事务性通知和知照性通知。通知主要是上级机关对下级机关行文时使用，属下行文；向有关单位知照某些事项时（如告知机构变更和召开会议等），也可作平行文使用
通报	适用于表彰先进，批评错误，传达重要精神和告知重要情况。通报分为表扬性通报、批评性通报和情况通报。通报属下行文
报告	适用于向上级机关汇报工作，反映情况，回复上级机关询问。报告根据内容分为综合性报告和专题性报告。报告属上行文
请示	适用于向上级机关请求指示、批准。请示一般分为政策性请示、问题性请示和事务性请示。请示属上行文
批复	适用于答复下级机关请示事项。批复一般分为政策性批复、问题性批复和事务性批复。批复属下行文。上级机关批复下级机关的请示时，必须明确表态，若予否定，应写明理由。批复一般只送请示单位，若批复的事项需有关单位执行或者周知，可抄送有关单位。若请示的问题具有普遍性，可使用通知或其他文种行文，不再单独批复请示单位
函	适用于不相隶属机关之间商洽工作、询问和答复问题、请求批准和答复审批事项。函分为商洽函、询问函、请求批准函、答复函、告知函。函属平行文，有隶属关系的上下级机关之间不得使用函。请求批准函仅用于向平级机关或有关主管部门请求批准相关事项
纪要	适用于记载会议主要情况和议定事项

【提示 1】中共中央办公厅、国务院办公厅印发的《党政机关公文处理工作条例》（中办发〔2012〕14 号）规定公文种类有 15 种，税务机关公文种类中没有议案、公报。

【提示 2】上级税务机关对下级税务机关有关特定税务行政相对人的特定事项如何适用法律、法规、规章或者税务规范性文件的请示所作的批复，需要普遍适用的，应当按照《税务规范性文件制定管理办法》的规定另行制定税务规范性文件。

【判断题】函适用于上下级机关之间商洽工作、询问和答复问题、请求批准和答复审批事项。(　　)

【参考答案】×。函适用于不相隶属机关之间商洽工作、询问和答复问题、请求批准和答复审批事项。

三、公文格式

	公文一般由份号、密级和保密期限、紧急程度、发文机关标志、发文字号、签发人、标题、主送机关、正文、附件说明、发文机关署名、成文日期、印章、附注、附件、抄送机关、承办部门名称、印发部门名称和印发日期、页码等组成
份号	公文印制份数的顺序号。涉密公文应当标注份号。份号一般用6 位3 号阿拉伯数字，顶格编排在版心左上角第一行
密级和保密期限	涉密公文应当根据涉密程度分别标注“绝密”“机密”“秘密” 和保密期限。密级和保密期限一般用 3 号黑体字，顶格编排在版心左上角第二行，标注为“密级★保密期限”。保密期限中的数字用阿拉伯数字标注
紧急程度	公文送达和办理的时限要求。根据紧急程度，紧急公文应当分别标注“特急”“加急”，电报应当分别标注“特提”“特急”“加急”“平急”。公文的紧急程度一般用 3 号黑体字，顶格编排在公文首页版心左上角。如需同时标注份号、密级和保密期限、紧急程度，按照份号、密级和保密期限、紧急程度的顺序自上而下分行排列
发文机关标志	由发文机关全称或者规范化简称加“文件”二字组成，也可以使用发文机关全称或者规范化简称。联合行文时，发文机关标志可以并用联合发文机关名称，也可以单独用主办机关名称。需要同时标注联合发文机关名称的，一般应使主办机关名称在前，如有“文件”二字置于发文机关名称右侧，以联署发文机关名称为准上下居中排布
发文字号	由发文机关代字、年份、发文顺序号组成，编排在发文机关标志下空二行位置，居中排布。年份、发文顺序号用阿拉伯数字标注；年份应标全称，用六角括号“〔〕”括入；发文顺序号不加“第”字，不编虚位（即 1 不编为 01），在阿拉伯数字后加“号”字。联合行文时，使用主办机关的发文字号
签发人	上行文应当标注签发人姓名
标题	由发文机关名称、发文事由和文种组成，应当准确简要地概括公文的主要内容并标明公文种类。公文标题中除法律、法规、规章和规范性文件名称加书名号外，一般不用标点符号。转发公文，标题一般为：本机关名称 + 转发 + 被转发文件的标题 + 的通知；多层转发的，根据主要事由自拟标题，但标题中应含“转发”字样；不得以被转发文件的发文字号作为标题
主送机关	公文的主要受理机关，应当使用机关全称、规范化简称或者同类型机关统称
正文	公文的主体，用来表述公文的内容
附件说明	公文附件的顺序号和名称
发文机关署名	署发文机关全称或者规范化简称
成文日期	署会议通过或者发文机关负责人签发日期。联合行文时，署最后签发机关负责人的签发日期
印章	公文中有发文机关署名的，应当加盖发文机关印章，并与署名机关相符。印章用红色，不得出现空白印章
附注	公文印发传达范围、联系人等需要说明的事项
附件	公文正文的说明、补充或者参考资料

续表

抄送机关	除主送机关外需要执行或者知晓公文内容的其他机关，应当使用全称、规范化简称或者同类型机关统称 抄送机关按上级机关、平级机关、下级机关次序排列；同级机关之间一般按照党委、人大、政府、政协、监委、军队、法院、检察院、人民团体、民主党派等次序排列

四、行文规则

《全国税务机关公文处理办法》明确了13种公文的行文方向，具体见如下表格。

上行文	请示、报告、意见
平行文	通知、函、意见
下行文	命令、决定、意见、通知、通报、批复
普遍适用，不需要主送机关	决议、公告、通告、纪要

（其中意见既可以上行、平行，也可以下行。通知，既可以下行，也可以平行。）

行文一般规则	1. 行文必须确有必要，讲究实效，注重针对性和可操作性 2. 法律、法规中已有明确规定的，不再制发文件 3. 现行文件规定仍然适用的，不再重复发文 4. 已标注公开发布的文件，不再翻印 5. 机关负责人的讲话，一般在内网发布，不以正式公文形式下发 6. 对使用电话、内部网站等途径可以办理的事项，不发正式公文 7. 贯彻落实上级文件除有明确要求的外，不再制定贯彻落实意见及其实施细则 8. 除全局性重要工作外，一般性工作不下发通报 9. 各级税务机关应当根据隶属关系和工作需要，在职权范围内行文。涉及其他单位职权范围的，应当会签有关单位或者联合行文 10. 各级税务机关一般不得越级行文。因特殊情况（如重大灾害、重大案件、重大事故等）必须越级行文时，应当抄送被越过的上级机关（下级机关反映其直接上级机关和领导人问题的除外）。上级机关批复越级上报的请示时，也应当抄送被越过的机关
上行文规则	1. 原则上主送一个上级机关，根据需要同时抄送相关上级机关和同级机关，不抄送下级机关 2. 下级税务机关向上级税务机关请示、报告重大事项，应当同时遵循本级党委、政府的有关规定。属于职权范围内的事项应当直接报送上级税务机关 3. 下级机关的请示事项，如需要以本机关名义向上级机关请示，应当提出倾向性意见后上报，不得原文转报上级机关 4. 请示必须在事前，应当一文一事，不得在报告等非请示性公文中夹带请示事项。正文末应当有请示语 5. 除上级机关负责人直接交办事项外，不得以本机关名义向上级机关负责人报送公文，不得以本机关负责人名义向上级机关报送公文 6. 受双重领导的机关向一个上级机关行文，必要时抄送另一个上级机关 7. 在公文附注处注明联系人的姓名和电话

续表

下行文规则	1. 主送受理机关，根据需要抄送相关机关。重要行文应当同时抄送发文机关的直接上级机关 2. 各级税务机关不得向下级党委、政府发布指令性公文或者在公文中向下级党委、政府提出指令性要求。需经政府审批的具体事项，经政府同意后可以由税务机关行文，文中须注明已经政府同意。各级税务机关可以以函的形式向下一级政府行文，商洽工作、询问和答复问题、审批事项 3. 涉及其他部门职权范围内的事务，未协商一致的，不得向下行文；擅自行文的，上级税务机关应当责令其纠正或者撤销 4. 上级机关向受双重领导的下级机关行文，必要时抄送该下级机关的另一个上级机关
平行文规则	各级税务机关可以与同级党政各部门、下一级党委政府、相应的军队机关、同级人民团体和具有行政职能的事业单位联合行文。联合行文应当明确主办单位
其他行文规则	1. 各级税务机关在职权范围内，可以向其他党政部门行文 2. 各级税务机关的办公厅（室）根据授权可以代表本级机关行文 3. 各级税务机关的内设机构除办公厅（室）和法律规定具有独立执法权的机构外不得对外正式行文 4. 各级税务机关的内设机构根据工作需要，在规定的职权范围内，向上、下级税务机关的内设机构和其他机关的有关内设机构行非正式公文时使用便函，机关内设机构之间根据工作需要也可以使用便函。便函适用于商洽工作，通报情况，询问和答复一般事务性问题，安排其他一般性、事务性、临时性内部工作 5. 全国税务系统党的组织和行政机关的发文机关标志、发文字号和印章不得混用。税务系统内部，除特殊情况外，党的组织和行政机关之间一般不交叉行文

【判断题】各级税务机关的内设机构除办公厅（室）外不得对外正式行文。（　）

【参考答案】×。各级税务机关的内设机构除办公厅（室）和法律规定具有独立执法权的机构外不得对外正式行文。

五、公文拟制

公文拟制包括公文的起草、审核、签发等程序。

公文起草	1. 符合党的路线方针政策和国家法律法规，完整准确体现发文机关意图，并同现行有关公文相衔接 2. 一切从实际出发，分析问题实事求是，所提政策措施和办法切实可行 3. 内容简洁，主题突出，观点鲜明，结构严谨，表述准确，文字精练 4. 文种正确，格式规范 5. 深入调查研究，充分进行论证，广泛听取意见 6. 公文涉及其他部门职权范围内的事项，起草单位必须征求相关部门意见，力求达成一致 7. 机关负责人应当主持、指导重要公文起草工作

续表

公文起草审核	公文起草后，主办部门的有关人员和负责人应当进行审核。审核的重点是： 1. 是否符合党的路线方针政策和国家法律法规，提出新的政策、规定和措施等是否可行 2. 是否需要会签其他职能部门或者有关单位 3. 公文文种的选用是否适当，拟制的公文是否符合行文规则和公文格式的有关要求 4. 文稿的结构是否严谨，层次是否清楚，观点是否正确，情况是否真实，数据是否准确等
公文会签	凡需会签的公文，主办部门应当与会办部门取得一致意见后行文 1. 办文如有意见分歧，主办部门应当主动与会办部门协商，会办部门应当予以配合。经协商不能取得一致意见的，主办部门应当列明各方意见及理由和依据，提出建设性意见，并与有关部门会签后报请机关负责人协调或裁定 2. 对会签的公文，会办部门如无不同意见，由部门负责人签署姓名和日期；如有不同意见，应当提出书面会签意见，经会办部门负责人签字后送主办部门。重要公文由会办部门主要负责人会签。主要负责人外出时可授权其他负责人会签，其他负责人应在会签栏注明“已向主要负责人报告” 3. 遇有重大问题的会签公文，会办部门应当充分讨论后提出会签意见 4. 对会签的公文，应当由主办部门根据办文需要和会办部门工作实际，明确办理时限。无时限要求的，会办部门一般应当在2个工作日内提出会签意见。加急件应当在1个工作日内会签，特急件应当随到随签
公文签发审核	公文文稿签发前，应当由办公厅（室）进行审核。审核的重点是： 1. 行文理由是否充分，行文依据是否准确 2. 内容是否符合党的路线方针政策和国家法律法规；是否完整准确体现发文机关意图；是否同现行有关公文相衔接；所提政策措施和办法是否切实可行 3. 涉及有关部门职权范围内的事项是否经过充分协商并达成一致意见 4. 文种是否正确，格式是否规范；人名、地名、时间、数字、段落顺序、引文等是否准确；文字、数字、计量单位和标点符号等用法是否规范 5. 其他内容是否符合公文起草的有关要求 需要发文机关审议的重要公文文稿，审议前由办公厅（室）进行初核
公文签发	以机关名义制发的公文，由机关负责人签发 1. 对应当集体审议或者传批审定的公文，由主要负责人或者主要负责人授权的其他负责人签发 2. 以本机关名义制发的上行文，由主要负责人或者主持工作的负责人签发 3. 以本机关名义制发的平行文或下行文，由其他负责人签发，重要事项报主要负责人签发 4. 本机关主办与其他单位联合制发或者会签的公文，由本机关主办部门分管负责人签发，涉及重要事项的，由分管负责人审核后报主要负责人签发 5. 本机关协办与其他单位联合制发或者会签的公文，按照对等原则，由本机关主办部门分管负责人或者主要负责人签发，涉及重要事项的，须报主要负责人审核同意后签发 6. 纪要由会议主持人签发 7. 电报的签发按照《税务系统密码电报使用和管理规定》执行 8. 拟稿人不得签发自己草拟的公文

【单选题】对会签的公文，应当由主办部门根据办文需要和会办部门工作实际，明确办理时限。无时限要求的，会办部门一般应当在（　　）个工作日内提出会签意见。

A. 1　　B. 2　　C. 3　　D. 4

【参考答案】B。对会签的公文，应当由主办部门根据办文需要和会办部门工作实际，明确办理时限。无时限要求的，会办部门一般应当在 2 个工作日内提出会签意见。

六、发文办理

发文办理指以本机关名义制发公文的过程，包括复核、编号、校对、印制、用印、登记、封发等程序。

复核	办公厅（室）应当在公文正式印制和发出前进行复核。复核的重点是：审批、签发手续是否完备，附件材料是否齐全，格式是否统一、规范等。不符合要求的公文，不予缮印和发出 经复核需要对文稿进行实质性修改的，应当提请签发人复审并签名
编号	公文签发后，由办公厅（室）统一编排文号。文号应当连续编排。编号后取消发文的，原文号重新使用；跨年度取消发文的，原文号不再使用
校对	主办部门应当提供需印制的公文电子版，并以签发公文的原稿为蓝本，同清样进行校对 校对的重点是：校正与原稿不符的部分；补正被遗漏的部分；校正错别字词；校正标点符号、公式、图表方面的错漏；纠正格式方面的差错；查找公文中的疏漏
印制	对已签发公文，由办公厅（室）按照规定的标准格式统一印制
用印	印制成正式文本的公文，由办公厅（室）统一加盖印章 1. 检查原稿上有无负责人签字。有负责人签字并确认符合规定的，方可在制成的公文上加盖印章 2. 加盖印章的公文份数是否与原稿标明印刷份数相同，多余份数不加盖印章 3. 印模效果应呈正面图样，清晰端正
登记	公文印成发出前，办公厅（室）应当对所发公文的份数、序号及发往单位、日期、文号、标题、密级、附件和封发情况等进行登记
封发	制成的公文登记后，办公厅（室）应当按主送、抄送去向分别装封和发出。封发时应注意以下几点： 1. 清点公文份数 2. 对发送范围、密级、时限、有无附件、是否用印等逐项检查，准确无误后再装封 3. 收件机关的名称、地址、邮编要书写准确、清晰 4. 对于密件、急件，要在封套上标注密级、紧急程度并进行登记 5. 装封时，封口要严，不得用书钉装订，不得粘住封内公文

七、收文办理

收文办理指对收到公文的处理过程，包括签收、审核、登记、拟办、批办、承办、传阅、催办、答复等程序。

签收	收文人员收到公文后，应当在对方投递单或送文簿上签字以示收到。签收时要注意以下几点： 1. 清点实收文件，与对方的投递单或送文簿核对，查看是否相符，包装和封口是否牢固，确认无误后再签收 2. 如发现错投应当及时退回或转投，有散包或被拆后重封等现象的应当立即追查原因 3. 收到绝密级公文后，必须在机要室存放并专人保管 4. 本机关内设机构收到外单位来文应当交办公厅（室）签收
审核	对下级税务机关上报并需要办理的公文，办公厅（室）应当对来文的合法性、规范性进行审核 来文出现以下情况的，应予退回并说明理由：不应当由本机关办理的；与有关法律、法规及规章相抵触的；文种使用不当，违反行文规则的；上行文未注明签发人的；文头与机关代字不相符的；用印有误，未注明附件或附件有缺漏的；其他违反《党政机关公文处理工作条例》或该办法的
登记	公文签收、审核无误后，收文人员应当对来文进行登记。登记的内容主要包括：收文编号、日期、来文机关、文号、标题、密级、保密期限、紧急程度、附件、份数、处理情况等
拟办	经签收、登记后，需要本机关办理的公文，应当由办公厅（室）提出拟办意见。拟办意见应当明确、具体。需要2个以上部门办理的公文，应当明确主办部门。紧急公文，应当明确办理时限 一般性公文由办公厅（室）提出拟办意见后，送承办部门办理；重要公文由办公厅（室）提出拟办意见后，呈机关负责人批办
承办	承办部门收到交办的公文后应当及时办理，不得延误、推诿，在规定的时限内办理完毕。紧急公文应当按时限要求优先办理，确有困难的，应当及时向交办的办公厅（室）说明。对不属于本单位职权范围或者不宜由本单位办理的，应当及时退回交办的办公厅（室）并说明理由
传阅	阅知性公文，根据领导批示和工作需要将公文及时送传阅对象阅知或者批示。办理公文传阅应当随时掌握公文去向，不得漏传、误传、延误
催办	经机关负责人批示或者交有关部门办理的公文，办公厅（室）要负责督查催办。紧急公文应当跟踪督查催办，重要公文应当重点督查催办，一般公文应当定期督查催办
答复	公文的办理结果应当及时答复来文单位，并根据需要告知相关单位。明确需要书面答复的，应予书面答复

八、公文归档

公文办理完毕后，应当根据《中华人民共和国档案法》及档案管理有关规定，及时将公文定稿、正本和有关材料交本部门文秘人员整理、归档。个人不得保存应当归档的公文。

联合办理的公文，原件由主办机关整理、归档，其他机关保存复制件或其他形式的公文副本。

税务机关公文的归档范围和保管期限，按照档案管理的有关规定执行。每年6月30日前将本部门上一年度办理完毕的公文、材料整理后集中向本机关档案管理部门移交。

第二节 税收宣传

一、税收宣传基础知识

税收宣传的概念	税收宣传是税务部门通过报刊、图书、广播、电视、网络等媒体和社会公众易于接受的其他方式，使纳税人、税务干部和其他各界人士及时了解党中央、国务院关于税收工作的方针政策、税收法律法规及税收工作情况而开展的各类宣传活动
税收宣传的原则	服务大局，把握导向；贴近实际，务实求效 归口管理，协调一致；与时俱进，开拓创新
税收宣传的主要内容	1. 中央对税收工作的部署要求。大力宣传党中央、国务院关于税收工作的方针、政策、重大决策和部署以及重要指示等 2. 税收法律、法规和政策。广泛宣传各项税收法律、法规和政策，加强对新出台的税收政策的解读和宣传，突出税法和纳税实务等方面知识的宣传（其中税收政策解读要做到“三同步”：是指在制定和发布税收政策的过程中，税收政策文件与税收政策解读稿同步起草、同步报批、同步发布） 3. 税收职能作用和基本知识。广泛深入地宣传税收取之于民、用之于民的性质，宣传税收筹集国家财政收入、调控经济和调节分配，推动科学发展，促进社会和谐的重要职能作用，普及税收基本知识 4. 纳税人的权利和义务。深入宣传法律法规赋予纳税人的权利和义务，以及纳税人维护权利和履行义务的基本要求 5. 税收工作及税务干部队伍建设成效。大力宣传税务系统在坚持依法治税、落实税收制度、优化纳税服务、规范税收管理、加强队伍建设、推进反腐倡廉等方面取得的成效 6. 税收工作中的正反典型。广泛宣传依法诚信纳税和依法治税、清正廉洁等方面的先进典型；集中反映涉税大案要案的查处、税收专项检查和区域专项整治的成果，曝光涉税违法典型案件 7. 其他税收内容。包括办税流程，对国际税收制度、惯例和国外税收管理情况的介绍等
税收宣传的方式	税收宣传的活动形式多样，应坚持“轻重结合、上下结合、内外结合、长短结合”的思路，构建立体的宣传架构和科学的宣传体系
税收新闻宣传写作注意事项	税务机关通过新闻单位发表稿件，宣传税务机关工作情况、政策变动、重大事件或典型人物等，包括接受新闻单位约稿和主动向新闻单位投稿两种形式 税收新闻宣传稿件写作应注意以下事项：所有新闻稿件必须坚持审稿制度，税收宣传管理部门要严格审核把关，注重时效性、真实性、准确性和涉密性

续表

税收宣传纪律	税务人员在工作中不得有下列行为： 1. 向新闻媒体提供有偿新闻、虚假新闻和不实新闻 2. 通过新闻媒体发表与国家现行税收法律、法规、政策相悖的观点和信息 3. 向新闻媒体透露尚未公布的税收法律、法规、政策以及规章等内容；擅自对外披露或评论尚未公布的内部重大事项 4. 未经批准，擅自以税务机关名义外出讲课，或擅自将所在部门的工作成果以个人名义发表；个人以非职务名义撰写业务、理论探讨文章，涉及尚未公布的税收政策调整等重要内容 5. 向新闻媒体提供、引用与正式对外公布的数据有出入的信息 6. 利用采编报道谋取不正当利益，接受或向采访报道对象或利害关系人索取财物和其他利益；利用职权拉广告、拉赞助，推销书刊及音像制品 7. 在税收宣传品中出现违背国家税收法律、法规和政策、损害国家利益、损害税务部门形象，以及国家规定禁止出版、传播的其他内容 8. 未按照新闻宣传管理报批审核程序，对外提供税务信息 9. 其他违反宣传管理规定的行为

【多选题】税收政策解读“三同步”是指在制定和发布税收政策的过程中，税收政策文件与税收政策解读稿（　　）。

A. 同步起草　　B. 同步审核　　C. 同步起草　　D. 同步发布

【参考答案】ACD。税收政策解读要做到“三同步”：是指在制定和发布税收政策的过程中，税收政策文件与税收政策解读稿同步起草、同步报批、同步发布。

二、新闻发布会管理

税收新闻发布的概念及原则	税收新闻发布是指运用广播、电视、网站等媒体向社会各界和广大纳税人发布税收政策、征管制度、税收统计数据、税收工作重大举措以及其他重要新闻的活动。税收新闻发布工作，要保障社会公众的知情权和监督权；坚持实事求是，客观、准确、及时地发布税收新闻；坚持归口管理、统一发布
税收新闻发布的主要内容	1. 发布党和国家税收工作方针、重大税收决策部署的贯彻执行情况，重要税收政策、征管制度及其实施情况 2. 发布税收收入等统计数据、税收重点工作的阶段性进展和成效 3. 发布涉税违法案件以及重大突发性税收事件及处理情况 4. 针对社会舆论关注的税收热点和难点问题，及时发布权威信息，解疑释惑 5. 需要发布的其他税收信息
税收新闻发布的主要方式	1. 新闻发布会：是指社会组织在发生重大且具有积极影响的事情时，向新闻界公布信息，借助新闻媒体提升该组织或与该组织密切相关的人或事物的形象会议 2. 新闻通报会（包括记者招待会等）：是指以新闻发言人的名义发布新闻、声明、谈话 3. 组织新闻记者集体采访或单独采访 4. 在国家税务总局网站以其他形式或渠道发布

续表

税收新闻发布的主要程序	1. 明确发布主题。国家税务总局办公厅根据工作需要拟定税收新闻发布主题，报新闻发言人和总局领导审定 2. 组织发布材料。新闻发布材料一般包括主旨讲话和背景材料。主旨讲话主要介绍要发布的主题内容，应形成书面材料并在会上散发；背景材料应根据一个时期税收工作的热点和难点问题，作必要的答复准备；上述材料由参加发布的相关司局提供，国家税务总局办公厅负责汇总把关，报总局领导审定 3. 确定发布形式和人员。以国务院新闻办公室名义召开的新闻发布会，一般由国家税务总局领导或新闻发言人发布；以国家税务总局名义召开的自主发布会，一般由新闻发言人发布，也可邀请总局领导或相关司局负责人发布。除新闻发言人外，其他发布人员由国家税务总局办公厅提出建议后，报总局领导确定 4. 自主新闻发布会应在相对固定场所，对讲台、背景、标识等作规范化的场景布置
税收新闻发布的纪律要求	税收新闻发布是政府信息公开和税收宣传工作的重要方式，要充分发挥税收新闻发布和新闻发言人制度的积极作用，服务于社会各界和广大纳税人；要严格执行新闻宣传纪律和国家有关保密规定，不得泄露国家秘密；未经批准，任何部门或个人不得以税务机关名义举办新闻发布活动或对外公开涉税新闻和信息

三、新媒体运用

新媒体的概念	新媒体是指利用数字技术，通过计算机网络、无线通信网、卫星等渠道，以及电脑、手机、数字电视机等终端，向用户提供信息和服务的传播形态 广义的新媒体包括两大类：一是基于技术进步引起的媒体形态的变革，尤其是基于无线通信技术和网络技术的媒体形态，如数字电视、IPT（交互式网络电视）、手机终端等；二是随着人们生活方式的转变，以前已经存在，现在才被应用于信息传播的载体，如数字电视、车载电视等。税收宣传常用的新媒体一般指税务网站、微博、微信及移动客户端等
新媒体运用的基本原则	1. 清楚自己的定位——功能定位不准 2. 注重与用户互动，粉丝活跃度比粉丝数量重要——与网民互动不畅 3. 长期打造一个品牌——内容质量不高 4. 管理好自己的粉丝——运营机制不活
新媒体传播的特点	1. 传播行为个性化 2. 受众选择交互性 3. 表现形式多样化 4. 信息发布即时性
税务系统新媒体宣传的要求	1. 强化税务网站建设管理 2. 用好“两微一端”新平台

【多选题】新媒体的特征包括（　　）。

A. 传播行为个性化　　B. 受众选择交互性

C. 表现形式多样化　　D. 信息发布即时性

【参考答案】ABCD。新媒体的特征包括传播行为个性化、受众选择交互性、表现形式多样化、信息发布即时性。

第三节　政务信息

税收信息的概念	政务信息是政务活动中反映政务工作及其相关事务的情况、数据等各种材料的信息。税收信息是反映税收工作情况、服务各级领导决策、指导基层税收工作的各类消息
税收信息的分类	1. 从形式上可划分为动态性信息、经验性信息、问题建议性信息 2. 从内容上可划分为行政管理信息、税收业务信息 3. 从类型来说可划分为快讯、专报
税收信息的内容	1. 传达重大决策部署：传达中央对税收工作的重大决策部署、重要会议决定事项、重要文件精神，反映国家税务总局的重大工作安排及其贯彻落实情况 2. 交流税收工作经验：及时反映各级税务机关在各方面工作中所取得的经验；创新工作的思路、举措以及工作成效 3. 反映税收工作问题：反映税收工作中的重要情况，对税收工作中出现的问题，税收的新情况等提出意见或建议，推动解决问题，把握动向，有利于领导了解、决策和指导税收工作的信息
税收信息管理流程	1. 税收信息流程。税收信息流程包括税收信息的收集、筛选、整理、刊发 2. 信息收集。信息收集是通过捕捉、搜集，把零散无序的税收信息聚集起来的过程，是信息处理流程的第一环节 3. 信息筛选。税收信息员按照为领导服务、为基层服务的原则，对收集到的税收信息进行筛选 4. 信息整理。税收信息员要及时整理筛选后的税收信息，做到材料准确、主题突出、观点鲜明、层次清楚、文字精练，不断提高信息质量 5. 信息刊发
税收信息写作技能	税收信息写作基本原则：真实性、实用性、时效性
税收信息编写技巧	1. 吃透上情，摸清下情 2. 尊重客观事实，实事求是 3. 中心突出，有主有次 4. 直截了当，开门见山 5. 把握好不同类别信息的编写要求："动态类"信息突出时效性；"经验类"信息突出特色性；"分析类"信息突出深度性；"调研类"信息突出对策性
税收信息修改方法	以政策为准绳；压缩信息篇幅；对原稿进行改写

【多选题】税收信息写作基本原则包括（　　）。

A. 真实性　　B. 实用性　　C. 原则性　　D. 时效性

【参考答案】ABD。税收信息写作基本原则包括真实性、实用性、时效性。

第四节　会议管理

一、会议管理

会议活动是一项有目的、有计划、有组织的活动，是管理工作的一种重要方法。

会议筹备	完整的会议策划是成功举办会议的前提
会议控制	为了使会议能以最短的会期、最佳的形式、最低的成本取得最高的会议效率，达到预期的会议目标，就必须对会议进行控制
会议协调	会议协调是会议组织管理的重要手段，其实质是统一认识、调整关系、解决矛盾、协调行动
会议精神落实	会议决议是会议目标的具体体现，在会议过程中，相关人员要积极协助会议主持人，督促会议决议的形成
会议应急管理	要从战略和全局的高度，提高公共安全和处理突发事件的能力，保障生命和财产安全

二、会议座次安排

主席台的座次安排	一般以左为上，右为下。领导为单数时，1 号领导居中，2 号领导在 1 号领导左手位置，3 号领导在 1 号领导右手位置；领导为偶数时，1 号、2 号领导同时居中，2 号领导依然在 1 号领导左手位置，3 号领导依然在 1 号领导右手位置
签字仪式的座次安排	一般为签字双方主人在左边，客人在主人的右边。双方其他人数一般对等，按主客左右排列

三、税务系统会议

会议原则	应当坚持厉行节约、反对浪费、规范简朴、务实高效的原则，严格控制会议数量和规模，规范会议费管理
会议分类	根据《中央和国家机关会议费管理办法》的会议分类，国税系统会议分为二、三、四类会议： 二类会议，是指税务总局召开的全国税务工作会议，要求各省、自治区、直辖市和计划单列市国税局（以下简称各省国税局）、地税局主要负责同志参加 三类会议，是指税务总局及其内设机构召开的专业性会议及各省国税局召开的每年一次的年度工作会议 四类会议，是指除二类、三类会议以外的其他业务性会议，包括税务总局内设机构召开或各省国税局及其下属各单位召开的小型业务会、研讨会、座谈会、评审会等

【判断题】签字仪式中，一般为签字双方主人在右边，客人在主人的左边。双方其他人数一般对等，按主客左右排列。

【参考答案】×。签字仪式中，一般为签字双方主人在左边，客人在主人的右边。双方其他人数一般对等，按主客左右排列。

第五节 保密工作

一、税务工作国家秘密范围和密级

国家秘密范围和密级	涉及国家安全和利益的事项，泄露后可能损害国家在政治、经济、国防、外交等领域的安全和利益，应当确定为国家秘密。国家秘密的密级分为绝密、机密、秘密三级 “绝密”是最重要的国家秘密，泄露会使国家的安全和利益遭受特别严重的损害 “机密”是重要的国家秘密，泄露会使国家的安全和利益遭受严重损害 “秘密”是一般的国家秘密，泄露会使国家的安全和利益遭受损害
税务工作国家秘密范围	1. 绝密级事项 泄露后会对国家宏观经济调控、社会经济秩序造成特别严重损害的 2. 机密级事项 （1）泄露后会对国家宏观经济调控、社会经济秩序造成严重损害的 （2）泄露后会对税收工作秩序、特定行业发展造成严重损害的 3. 秘密级事项 （1）泄露后会对国家宏观经济调控、社会经济秩序造成损害的 （2）泄露后会对税收工作秩序、国家涉外经济活动造成损害的 税务工作中涉及其他部门或者行业的国家秘密，应当按照相关国家秘密范围的规定定密 4. 不得确定为国家秘密 （1）需要社会公众广泛知晓或者参与的 （2）属于工作秘密、商业秘密、个人隐私的 （3）已经依法公开或者无法控制知悉范围的 （4）法律法规或者国家有关规定要求公开的
保密期限	国家秘密的保密期限，除另有规定外，绝密级不超过30年，机密级不超过20年，秘密级不超过10年。各级税务机关应当根据工作需要，确定具体的保密期限、解密时间或者解密条件。国家秘密的保密期限已满的，自行解密
保密标志	税务工作国家秘密一经确定，应当在秘密载体上作出国家秘密标志并同时标明知悉范围。国家秘密标志形式为“密级★保密期限”“密级★解密时间”或者“密级★解密条件” 1. 国家秘密具体的保密期限一般应当以日、月或者年计；不能确定具体的保密期限的，应当确定解密时间或者解密条件。国家秘密的解密条件应当明确、具体、合法。除保密事项范围有明确规定外，国家秘密的保密期限不得确定为长期 2. 国家秘密的知悉范围应当在国家秘密载体上标明。不能标明的，应当书面通知知悉范围内的机关、单位或者人员。凡未作书面通知的国家秘密事项，其保密期限按照绝密级事项30年、机密级事项20年、秘密级事项10年执行

二、税务系统定密工作管理

定密定义	定密，是指税务总局、省税务局、税务总局驻各地特派办依法确定、变更和解除税务工作国家秘密的活动。定密分为原始定密和派生定密 原始定密是指依法具有定密权的机关、单位依法确定、变更、解除国家秘密的初始行为 派生定密是指机关、单位对已定密事项进行使用、处理、加工后形成的国家秘密

续表

定密原则	税务总局、省税务局、税务总局驻各地特派办定密应当坚持最小化、精准化原则，做到权责明确、依据充分、程序规范、及时准确，既确保国家秘密安全，又便于信息资源合理利用
定密授权	税务总局具有税务工作国家秘密绝密级、机密级、秘密级定密权，省税务局、税务总局驻各地特派办具有税务工作国家秘密机密级、秘密级定密权。省税务局不得对市、县税务局进行定密授权 各级税务机关均依法具有派生定密的定密权，无须申请相应的定密授权
定密责任人	税务总局、省税务局、税务总局驻各地特派办主要负责人为本单位的定密责任人，对定密工作负总责 根据工作需要，税务总局、省税务局、税务总局驻各地特派办主要负责人可以指定本单位其他负责人、内设机构负责人或者其他工作人员为定密责任人，并明确相应的定密权限
国家秘密变更	有下列情形之一的，应当对所确定税务工作国家秘密事项的密级、保密期限或者知悉范围及时作出变更： 1. 定密时所依据的法律法规或者保密事项范围发生变化的 2. 泄露后对国家安全和利益的损害程度发生明显变化的
国家秘密解除	税务总局、省税务局、税务总局驻各地特派办确定税务工作国家秘密事项的单位应当每年对所确定的税务工作国家秘密进行审核，有下列情形之一的，及时解密： 1. 保密法律法规或者保密事项范围调整后，不再属于国家秘密的 2. 公开后不会损害国家安全和利益，不需要继续保密的 经解密审核，税务总局、省税务局、税务总局驻各地特派办对本机关或者下级机关尚在保密期限内的国家秘密事项决定公开的，正式公布即视为解密 保密事项范围明确规定保密期限为长期的国家秘密事项，任何单位不得擅自解密 税务工作国家秘密的具体保密期限已满、解密时间已到或者符合解密条件的，自行解密

三、保密工作管理

涉密人员管理	涉密人员是经审查批准经常接触、处理国家秘密事项或知悉、掌握国家秘密事项，在保守国家秘密安全方面负有责任的人员 税务机关按照下管一级的原则，对涉密人员实行分级管理。涉密人员按其涉及国家秘密事项的密级程度实行分类管理。核心涉密人员是产生、经管或经常接触、知悉绝密级国家秘密事项人员；重要涉密人员是产生、经管或经常接触、知悉机密级国家秘密事项人员；一般涉密人员是产生、经管或经常接触、知悉秘密级国家秘密事项人员 涉密人员离岗、离职的，按照人事管理权限和有关保密规定办理
保密要害部门、部位管理	税务机关保密要害部门，是指日常工作中产生、传递、使用和管理绝密级、机密级、秘密级的国家秘密的最小行政单位，如办公室、财务处等；保密要害部位，是指集中制作、存储、保管国家秘密载体的专用、独立、固定场所，如档案室、机要室、计算机中心等 保密要害部门、部位必须严格管理制度，建立健全管理责任制，签订保密要害部门、部位负责人保密责任书

续表

国家秘密载体管理	国家秘密载体，简称“涉密载体”，是指以文字、数据、符号、图形、图像、声音等方式记载国家秘密信息的纸介质、光介质、电磁介质等各类物品。收发涉密载体应当履行清点、登记、编号、签收等手续。制作涉密载体应当标明密级和保密期限，注明发放范围、制作数量、编排顺序号。收到涉密载体后，应按照制发单位的要求，确定知悉人员范围。涉密载体原则上不允许复制。涉密载体应当存放在密码文件柜中，由专人管理。工作人员调离工作单位，或因退休、辞职等原因离开工作岗位，应对个人所保存的涉密载体进行登记，并定期清查、核对。涉密载体销毁要履行清点、登记、监销、批准手续，经主管领导审核批准后，送交专门的涉密载体销毁机构销毁
信息设备	信息设备，是指计算机及存储介质、打印机、传真机、复印机、扫描仪、照相机、摄像机等具有信息存储和处理功能的设备 信息设备必须统一采购、登记、标识、配备，明确涉密信息设备的管理责任人。涉密信息设备应在醒目位置标明密级、编号、责任人 税务机关人员在使用信息设备时不得有下列行为： （1）将涉密信息设备接入互联网及其他公共信息网络 （2）使用非涉密信息设备存储、处理国家秘密 （3）在涉密计算机与非涉密计算机之间交叉使用存储介质 （4）使用低密级信息设备存储、处理高密级信息 （5）在未采取技术防护措施的情况下，将互联网及其他公共信息网络上的数据复制到涉密信息设备 （6）在涉密计算机与非涉密计算机之间共用打印机、扫描仪等信息设备 （7）在涉密场所连接互联网的计算机上配备或安装麦克风或摄像头等音频视频输入设备 （8）使用具有无线互联功能或配备无线键盘、无线鼠标等无线装置的信息设备处理国家秘密 （9）擅自卸载涉密计算机上的安全保密防护软件或设备 （10）将涉密信息设备通过普通邮政或其他无保密措施的渠道邮寄、托运
信息系统保密管理	信息系统，是指由计算机及其配套设备、设施构成，按照一定应用目标和规则存储、处理、传输信息的系统或者网络 涉密信息系统应按照存储、处理和传输信息的相应密级进行管理和防护。集中存储、处理和传输工作秘密的信息系统参照涉密信息系统管理。涉密信息系统应当指定专门人员管理和维护，严格设定用户权限，按照最高密级防护和最小授权管理的原则，控制涉密信息知悉范围。税务机关人员在使用信息系统时不得有下列行为： （1）将涉密信息系统接入互联网及其他公共信息网络 （2）在非涉密信息系统中存储、处理和传输国家秘密信息 （3）在未经审批的涉密信息系统中存储、处理和传输国家秘密信息 （4）在低密级涉密信息系统中存储、处理和传输高密级信息 （5）擅自改变涉密信息系统的安全保密防护措施
涉密会议活动的保密管理	举办涉密会议活动主办部门应当事先确定密级、参加人员范围以及活动涉及的涉密文件资料等，所涉及的涉密文件资料、密品等要经过保密审查 涉密会议活动所用的涉密文件资料、密品等，须由专人统一保管、编号、登记、签字发放、清点回收
对外交流合作的保密管理	公开发布信息和对外宣传提供资料，遵循“谁公开、谁审查”的原则，严格执行政府信息公开条例和有关保密规定，对拟在非涉密信息系统发布的信息进行保密审查，严格履行信息公开审查审批手续

续表

泄密事件管理	泄密事件，是指违反保密法律法规，使国家秘密被不应知悉者知悉，或者超出了限定的接触范围，而不能证明未被不应知悉者知悉的事件 对属于国家秘密的密品、密件，自发现下落不明之日起，绝密级 10 日内，机密、秘密级 60 日内查无下落的，按泄密事件处理 税务工作人员发现国家秘密已经泄露或者可能泄露时，应当立即采取补救措施，并及时报告上级税务机关和同级保密行政管理部门，填写泄露国家秘密事件报告表 税务机关发生泄密事件，应当在发现后 24 小时内书面上报上级税务机关和同级保密行政管理部门。税务机关工作人员违反规定，发生泄密案件的，按照干部管理权限，依据严重程度分别对直接负责的主管人员和其他直接责任人员给予党纪政纪处理

【判断题】税务总局具有税务工作国家秘密绝密级、机密级、秘密级定密权，省税务局、税务总局驻各地特派办具有税务工作国家秘密机密级、秘密级定密权。省税务局可以对市、县税务局进行定密授权。（　　）

【参考答案】×。税务总局具有税务工作国家秘密绝密级、机密级、秘密级定密权，省税务局、税务总局驻各地特派办具有税务工作国家秘密机密级、秘密级定密权。省税务局不得对市、县税务局进行定密授权。

第六节　印信管理

一、印信的概念和范畴

印信	印信，即印章、介绍信等代表机关职权的凭证和标志 税务部门的印章主要有法定名称章、具有法律效力的个人名章、冠以税务部门法定名称的专用印章、税务部门特殊用章等 （1）法定名称章主要有：单位的党委印章、行政印章（含钢印）、单位内设机构印章和直属单位印章等 （2）具有法律效力的个人名单主要有：单位法定代表人的名章、财务部门负责人的名章等 （3）冠以单位法定名称的专用印章主要有：单位的经济合同专用章、财务专用章、行政复议专用章、涉税审批专用章、干部调配专用章、工资审批专用章等 （4）税务部门特殊用章主要有：税务发票、税收票证等特殊业务票据上使用的特殊印章等
介绍信	是用来介绍联系、接洽事宜的一种应用文体，是税务机关（部门）派人到其他单位（组织）联系工作、洽谈业务、参加活动（会议）、了解情况时使用的函件。使用介绍信，可以使对方了解来信人的身份和目的，以便得到对方的信任和支持，介绍信具有介绍、证明双重作用。介绍信存根要保管 5 年

二、印信的管理与使用

印信管理	是对各种印信的制发、使用、审批的管理
印信的制发	各级税务机关（部门）必须使用上级机关制发的正式印章。负责制发印章的税务机关应按照有关规定进行印章制发审批、备案。税务机关的内部议事机构和临时机构不制发印章，因履行职责需要使用印章时，以行政机关印章代替。印章的启用，应由印章管理部门起草文件，以本单位或者单位办公室（厅）的名义印发启用通知后生效 各级税务机关（部门）的介绍信由办公室（厅）统一印制，介绍信要具备序号、时间、介绍单位、被介绍人、事项、落款、印信、使用期限、存根等内容。实行民族区域自治地区的税务机关（部门）印信，可以并刊汉字和相应的民族文字
印信的保管	各级税务机关（部门）的印章和介绍信由办公室（厅）明确专人保管；冠以单位字头的专用印章，由单位行政首长授权的部门明确专人保管；单位的内设机构、直属单位的印章，由各内设机构、直属单位明确专人保管。印信保管实行保管人和办公室（厅）主任负责制，重要印信要存放在保险柜内，印信管理部门和印信保管人员应采取相应的安全措施，确保印信安全保管。印信保管人员应坚持用时取印、用毕入柜、入柜落锁，杜绝印信脱管失控
印信的使用范围	1. 以税务机关名义签发的文件、文书，包括各类通知、通报、报告、决定、计划、纪要、函件、报表等 2. 代表税务机关对外工作联系的介绍信 3. 本单位的各类合同、项目协议、授权书、承诺书及其他需要的签章 4. 税务机关对外提供的各类涉税证明材料
印信的使用审批	使用印信必须履行审批手续，坚持“依职审签，依签用印，谁签章谁负责”的原则，由单位领导严格按照职责权限审批 1. 以单位名义印发文件、文书，签订合同，开具介绍信、证明信等，根据情况分别使用单位党委印章、行政印章、专用印章或者单位办公室（厅）印章，不得使用其他内设机构印章 2. 使用单位党委印章，须经单位党委书记或者其他主持党委工作的领导批准 3. 使用单位行政印章，须经单位行政首长或者其他领导在职权范围内批准 4. 使用单位办公室（厅）印章，须经单位办公室（厅）主任或其授权的副主任批准；由单位领导签发、以办公室（厅）名义制发的公文用印，由签发公文的单位领导批准 5. 使用冠以单位字头的专用印章，须经单位行政首长或者行政首长授权的其他领导批准 6. 使用单位内设机构或直属单位印章，须经该内设机构或直属单位主要负责人或其授权的其他负责人批准 7. 使用单位主要领导的个人名章，须经该领导本人批准 8. 外单位或者下级机关因工作需要，临时使用本单位印章的，应先由业务主管部门对有关事项的合法性、真实性、准确性予以审核鉴证，然后报单位主要或者分管领导批准后用印
印信管理的纪律要求	1. 严禁把印信带离办公场所。因特殊情况需异地用印，须经单位领导批准，印信管理人员应与有关人员两人以上在用印现场监印 2. 严禁在空白的纸张、介绍信、表格、信函、证件、合同、协议、奖状、荣誉证书等上面使用印章，严禁在没有任何文字、图表等内容的空白区域使用印章 3. 在单位组织机构代码证书、复印件等用以授权的证明材料上用印时，应在压印处注明具体用途 4. 印信管理人员要严格遵守保密规定，不得泄露用印文件、函、电或者其他文书中的内容和涉密事项 5. 在外单位、下级单位以及个人申请用印时，应注意严格履行用印审批手续，对一些涉及个人信息的表格文书要经主管部门认真核实，并且在用印处注明材料用途

【单选题】使用介绍信，可以使对方了解来信人的身份和目的，以便得到对方的信任和支持，介绍信具有介绍、证明双重作用。介绍信存根要保管（　　）年。

A. 1　　B. 3　　C. 5　　D. 10

【参考答案】C。使用介绍信，可以使对方了解来信人的身份和目的，以便得到对方的信任和支持，介绍信具有介绍、证明双重作用。介绍信存根要保管 5 年。

第七节　档案管理

一、档案的概述

税务档案的范畴	税务档案，是指各级税务机关在工作中直接形成的，具有保存价值的各种文字、图表、音像等不同形式的历史记录，包括税收征管、纳税服务、税务执法和行政管理等各方面各环节工作的文书档案、声像档案、实物档案等
税务档案的特征	档案具有历史再现性、知识性、信息性、政治性、文化性和教育性等属性。其中历史再现性是其本质属性
税务系统档案管理原则	税务系统档案管理坚持“双重管理”原则，即垂直管理和属地管理相结合。各级税务机关办公室（厅）主管本级机关档案工作，在业务上接受上级税务机关和地方同级档案行政管理机关的监督与指导。各级税务机关应当在办公室（厅）内建立档案室，配备必要的专、兼职档案管理人员，档案管理人员要尽量保持稳定

二、档案的管理

文件材料的归档	凡有保存价值的各类文书材料，由文书部门或业务部门进行整理、立卷，按规定定期向本单位档案管理部门移交。任何部门和个人不得据为已有或者拒绝归档。机关领导人和承办人员办理完毕的文件材料应及时交有关部门整理、立卷 各级税务机关应建立健全文件材料的归档制度，各级税务机关档案主管部门应根据全国税务机关文件材料归档范围和文书档案保管期限的相关要求，结合本机关职能和工作实际，编制本机关的文件材料归档范围和文书档案保管期限表
需要归档的文件材料范围	1. 反映本机关主要职能活动和基本历史面貌的，对本机关工作、国家建设和历史研究具有利用价值的文件材料 2. 机关工作活动中形成的在维护国家、集体和公民权益等方面具有凭证价值的文件材料 3. 本机关需要贯彻执行的上级机关、同级机关的文件材料，下级机关报送的重要文件材料 4. 其他对本机关工作具有查考价值的文件材料
不需要归档的文件材料范围	1. 上级机关文件材料中，普发性不需要本机关办理的文件材料，任免、奖惩非本机关工作人员的文件材料，供工作参考的抄件等 2. 本机关文件材料中的重要文件，无查考利用价值的事务性、临时性文件，一般性文件的历次修改稿，文件各次校对稿，无特殊保存价值的信封，无须办理的一般性人民来信、电话记录，机关内部互相抄送的文件材料，本机关负责人兼任外单位职务形成的与本机关无关的文件材料，有关工作参考的文件材料 3. 同级机关文件材料中，不需要贯彻执行的文件材料，不需要办理的抄送文件材料 4. 下级机关文件材料中，供参阅的简报、情况反映，抄送或越级抄送的文件材料

续表

归档文件的整理	各级税务机关应把工作活动中形成的，具有使用和保存价值的文件材料，包括纸质和电子文件材料，在办理完毕后，由各责任部门整理后，按规定移交至档案管理部门 归档文件应以件为单位进行组件、分类、排列、编号、编目等（纸质归档文件还包括修整、装订、编页、装盒、排架；电子文件还包括格式转换、元数据收集、归档数据包组织、存储等）
文书档案的保管期限	税务机关文书档案的保管期限定为永久、定期两种。其中定期分30年和10年两类 1. 永久保管的文书档案 （1）税务机关制定的法规政策性文件材料，如国家税务总局制定的规章等规范性法律文件以及政策性文件。本机关召开重要会议、举办重大活动等形成的主要文件材料，如本机关党委会议和局长办公会议、局务会议、局领导专题会议的纪要、记录 （2）本机关职能活动中形成的重要业务文件材料，如本机关布置税收业务工作的文件，本机关年度工作计划、规划和总结材料 （3）本机关关于重要问题的请示与上级机关的批复、批示，重要的报告、总结、综合统计报表等 （4）本机关机构演变、人事任免等文件材料 （5）上级机关制发的属于本机关主管业务的重要文件材料 （6）同级机关、下级机关关于重要业务问题的来函、请示与本机关的复函、批复等文件材料 2. 定期保管的文书档案 （1）本机关职能活动中形成的一般性业务文件材料 （2）本机关召开会议、举办活动等形成的一般性文件材料，如会议讨论文件、典型材料、代表发言、会议简报、小组会议记录、参考材料 （3）本机关人事管理工作形成的一般性文件材料 （4）本机关一般性事务管理文件材料，如税收业务工作日常事务性工作开展情况的通报 （5）本机关关于一般性问题的请示与上级机关的批复、批示，一般性工作报告、总结、统计报表等 （6）上级机关制发的属于本机关主管业务的一般性文件材料 （7）上级机关和同级机关制发的非本机关主管业务但要贯彻执行的文件材料 （8）同级机关、下级机关关于一般性业务问题的来函、请示与本机关的复函、批复等文件材料 （9）下级机关报送的年度或年度以上计划、总结、统计、重要专题报告等文件材料
档案的鉴定、销毁	各级税务机关的档案管理部门会同有关业务单位，根据档案保管期限表，定期对档案进行鉴定，核定保管期限，剔除无保存价值的档案 销毁确无保存价值的档案时，应当写出销毁档案报告，说明销毁理由、原保管期限、数量和简要内容，连同编写的销毁清册一起送有关业务单位领导和办公室（厅）负责人审核，报机关领导批准后方可销毁，并在原案卷目录上注销
档案管理的注意事项	各级税务机关要建立健全档案资源体系、档案利用体系和档案安全体系，把档案工作纳入本单位发展规划和年度工作计划，列入工作考核检查的内容；分管领导要定期听取档案主管部门工作汇报，定期督促检查，及时研究并协调解决档案工作中的重大问题，为档案工作顺利开展提供人力、财力、物力等方面保障，支持档案主管部门依法监督指导本系统、机关和所属单位的档案工作，推动档案工作发展同税收事业发展相协调

三、档案的利用与开发

档案利用	档案的利用，是指对档案的阅览、复制和摘录。税务机关工作人员因工作需要可以借阅库存档案借（查）阅本部门业务范围有关非涉密档案，经档案管理人员同意即可。借阅非本人主管业务的机密文件，必须经办公室（厅）负责人批准。档案一般不对外提供，如有特殊情况，借阅者须由相关部门工作人员陪同或介绍并持有关单位正式介绍信借阅档案，原则上只限于在机关档案室内阅读。借阅者应爱护和妥善保管档案，不得涂损档案，不得转借他人，阅完及时归还
档案开发	档案开发，是指对档案信息的分析研究、综合加工，提供档案信息产品，挖掘档案的内在价值 各级税务机关档案主管部门要增强大局意识、服务意识和创新意识，主动跟进税收改革重大事项、税收工作重要部署，配合重大纪念活动，加强对档案信息的深度开发，通过开展网上利用、主动宣传推介、编辑出版档案选编、举办档案展览等形式，最大限度地发挥档案存凭、留史、咨政、育人等效用，更好为各级税务机关决策、管理提供参考

本章习题

一、单项选择题

1. 在公文处理中，抄送机关按上级机关、平级机关、下级机关次序排列。其中同级机关之间，一般应按照的排列次序是（　　）。
   A. 党委、人大、政府、政协、军队、法院、检察院、监委、人民团体、民主党派
   B. 党委、人大、政府、政协、监委、军队、法院、检察院、人民团体、民主党派
   C. 党委、人大、政府、政协、军队、监委、法院、检察院、人民团体、民主党派
   D. 党委、人大、政府、政协、军队、法院、检察院、人民团体、民主党派、监委
2. 电子公文是指在计算机网络系统中形成的具有规范格式的公文电子数据。税务机关制发的电子公文可以作为本系统、本机关内部处理公务的依据，在税务系统内部具有（　　）。
   A. 约束效力　　B. 规范效力　　C. 法律效力　　D. 行政效力
3. 确定税务系统新媒体管理责任主体，应当遵循（　　）。
   A. “谁编写谁负责、谁提供谁负责”　　B. “谁要求谁负责、谁提供谁负责”
   C. “谁提供谁负责、谁发布谁负责”　　D. “谁主管谁负责、谁发布谁负责”
4. 引用公文应当（　　）。
   A. 先引发文字号，后引文件标题　　B. 仅引文件标题
   C. 先引文件标题，后引发文字号　　D. 仅引发文字号
5. 根据《党政机关公文处理工作条例》规定，复制、汇编机密级、秘密级公文，应当符合有关规定并经（　　）批准。
   A. 定密机关　　B. 上级机关

C. 本机关负责人　　D. 本机关主要负责人

6. 国家秘密事项的密级一经确定，须在秘密载体上做出明显的标志。国家秘密的标识符为“★”，具体标志的形式为：从左至右依次为（　　）。

A. 密级——标志——保密期限　　B. 密级——标志——解密时间

C. 密级——保密期限——标志　　D. 密级——解密时间——标志

7. 机关、单位对已定密事项进行使用、处理、加工后形成国家秘密是（　　）。

A. 原始定密　　B. 派生定密　　C. 授权定密　　D. 衍生定密

8. 发文机关标志是公文的文头，下列发文机关标志表述错误的是（　　）。

A. 联合行文时，发文机关标志可以单独用主办机关名称

B. 联合行文时，发文机关标志可以并用联合发文机关名称

C. 发文机关标志需要同时标注联合发文机关名称的，一般应按照行政序列排序

D. 发文机关标志由发文机关全称或者规范化简称加“文件”二字组成，也可以使用发文机关全称或者规范化简称

9. 对属于国家秘密的密品、密件，自发现下落不明之日起，绝密级（　　）内，机密、秘密级（　　）内查无下落的，按泄密事件处理。

A. 10 日、60 日　　B. 15 日、30 日　　C. 30 日、60 日　　D. 15 日、60 日

10. 印章作为对外界联系工作的工具之一，最主要体现了印章的（　　）。

A. 法律作用　　B. 权威作用　　C. 标志作用　　D. 凭证作用

11. 由涉税舆情事件引发的突发事件类别应当是（　　）。

A. 自然灾害　　B. 事故灾害

C. 社会安全事件　　D. 公共卫生事件

12. 某市税务局保密人员小陈，发现所保管的涉密文件出现泄密情况，该税务机关应书面上报省税务局及同级保密机关的时限是（　　）。

A. 发现后 48 小时内　　B. 发现后 12 小时内

C. 发现后 24 小时内　　D. 发现后 72 小时内

13. 下列选项中，不符合税务公文基本要素要求的是（　　）。

A. 涉密公文应标注份号

B. 保密期限的数字用阿拉伯数字标注

C. 公文的正文一般用 3 号楷体字

D. 发文字号由发文机关代字、年份和发文顺序号组成

14. 市税务局纳税服务科举办全市税务系统纳税服务工作视频会议，召开视频会议前签报应会签的单位是（　　）。

A. 办公室、信息中心、机关服务中心

B. 办公室、信息中心、财务管理科

C. 办公室、税收宣传中心、财务管理科

D. 办公室、机关服务中心、税收宣传中心

15. 泄露后会对国家宏观经济调控、社会经济秩序造成严重损害的税务秘密，属于（　　）。

A. 秘密文件　B. 绝密文件　C. 机密文件　D. 保密文件

16. 档案具有历史再现性、知识性、信息性、政治性、文化性和教育性等属性。其中（　　）是其本质属性。

A. 知识性　B. 信息性　C. 政治性　D. 历史再现性

17. 税收信息管理流程包括税收信息的收集、整理等，以下选项也是税收信息管理流程的是（　　）。

A. 挑选　B. 筛选　C. 选择　D. 选用

二、多项选择题

1. 下列公文中的数字用法正确的有（　　）。

A. 10 ~ 20kg　B. 二十几

C. 五·四运动　D. 辛酉年八月八日

2. 定密是指税务总局、省税务局、税务总局驻各地特派办依法确定、变更和解除税务工作国家秘密的活动。定密分为（　　）。

A. 原始定密　B. 直接定密　C. 派生定密　D. 审核定密

3. 下列公文行文中，以下能够联合行文的有（　　）。

A. 国家税务总局江东市税务局和江东市公安局

B. 国家税务总局江东市税务局和江东市东城区政府

C. 国家税务总局江东市税务局和中国人民解放军江东市军分区

D. 国家税务总局江东市税务局和中国共产主义青年团江东市委员会

4. 税务机关文书档案的保管期限定为永久、定期两种。其中定期分（　　）。

A. 30 年　B. 20 年　C. 10 年　D. 5 年

5. 办公厅（室）应当在公文正式印制和发出前进行复核，公文复核的重点有（　　）。

A. 文种是否正确　B. 审批、签发手续是否完备

C. 附件材料是否齐全　D. 格式是否统一、规范

6. 税收信息从内容上可划分为（　　）。

A. 经验性信息　B. 动态性信息

C. 行政管理信息　D. 税收业务信息

7. 税收宣传政治性和纪律性强，责任大、要求高，下列符合税收宣传工作要求的有（　　）。

A. 税务总局减税办人员未报备接受新华社对税务总局减税降费工作的采访

B. 省税务 3 月 31 日接受了中央电视台采访，在《新闻联播》栏目播出后，将有关情况向税务总局报告

C. 税务总局新闻发言人定期召开新闻发布会，通报 2019 年每季度税收收入和减税情况

D. 省税务局要求全省税务人员不得擅自对外发布任何与税务总局决定相违背的言论，不得以个人名义发表涉及税务总局重大事项的讲话

8. 根据《中华人民共和国档案法》规定，按照国家规定应当形成档案的机关、团体、企业事业单位和其他组织，应当建立档案工作责任制，依法健全档案管理制度。下列材料应当纳入归档范围的包括（　　）。

A. 反映机关、团体组织沿革和主要职能活动的

B. 反映国有企业事业单位主要研发、建设、生产、经营和服务活动，以及维护国有企业事业单位权益和职工权益的

C. 反映基层群众性自治组织城乡社区治理、服务活动的

D. 反映历史上各时期国家治理活动、经济科技发展、社会历史面貌、文化习俗、生态环境

9. 根据《全国税务机关公文处理办法》，下列关于印章使用，错误的有（　　）。

A. 纪要不加盖印章

B. 便函的发文字号按内设机构代字自行编号，成文日期上署内设机构名称，不需加盖印章

C. 电报应当署签发人姓名，并加盖发文机关印章

D. 联合行文时，可只加盖主办机关印章

10. 下列公文书写形式，正确的有（　　）。

A. 某税发（25 号）　　B. 48 000 公里

C. 某税发〔2023〕25 号　　D. 4 万 8 000 公里

11. 税务机关文书档案的保管期限分为永久、定期两种。下列属于永久保管期限的有（　　）。

A. 本机关机构演变、人事任免等文件材料

B. 本机关关于重要问题的请示与上级机关的批复、批示，重要的报告、总结、综合统计报表等

C. 本机关职能活动中形成的一般性业务文件材料

D. 同级机关、下级机关关于重要业务问题的来函、请示与本机关的复函、批复等文件材料

12. 机关、单位在定密过程中，对不明确和有争议的事项，确定其密级的行政管理部门有（　　）。

A. 机关、单位定密责任人

B. 上级主管部门和同级保密行政管理部门

C. 国家保密行政管理部门

D. 省、自治区、直辖市保密行政管理部门

13. 省局领导将一份机密文件交机要员，要求迅速传达至各市税务局，机要员接文件后可以采取哪几种方式传送（　　）。

A. 通过密码电报传递　　B. 通过机要邮政传递

C. 通过互联网加密传送　　D. 打电话要求各市专人专车来取

14. 税收信息写作基本原则包括（　　）。

A. 真实性　　B. 新闻性　　C. 实用性　　D. 时效性

15. 下列有关司局便函使用和管理表述正确的是（　　）。

A. 可以使用司局便函发布召开四类会议、视频会议的通知

B. 可以使用司局便函主送下级税务机关要求其报送各类数据、信息、经验材料、工作总结等通知

C. 不得使用司局便函进行税收政策解释和部署直接面向纳税人的具体税收征管工作

D. 商借人员、通报借调人员工作鉴定等事项，可以只出现本单位文头并盖章、不使用司局便函文号的“司局便笺”方式办理

16. 印信是代表机关的物化标志之一，它的作用有（　　）。

A. 权威作用　　B. 法律作用　　C. 凭证作用　　D. 标志作用

17. 机关需要重新制发印章的情况有（　　）。

A. 机构合并　　B. 机构变更名称　　C. 机构人事调动　　D. 机构撤销

18. 以下关于国家秘密事项的密级、保密期限错误的有（　　）。

A. 关于设立、废止税种和调整税率的意见建议为绝密级，保密期限为公布前

B. 增值税发票税控系统发行密钥为机密级，保密期限为系统存续期间

C. 尚未公布的对某一行业或地区经济发展有较大影响的税收调整方案为机密级，保密期限为公布前

D. 涉外税收谈判的内部方案，为机密级，保密期限为 10 年

三、判断题

1. 批复一般只送请示单位，若批复的事项需有关单位执行或者周知，可抄送有关单位。若请示的问题具有普遍性，可使用“通知”或其他文种行文，不再单独批复请示单位。（　　）

2. 税务工作国家秘密一经确定，应当在秘密载体上作出国家秘密标志并同时标明知悉范围。国家秘密标志形式为“密级★保密期限”“密级★解密时间”或者“密级★解密条件”。（　　）

3. 涉密人员离岗、调动的，按照人事管理权限和有关保密规定办理。经审核批准调离涉密岗位的，必须主动清退保存和使用的秘密载体，办理移交手续，并签订涉密人员离岗保密承诺书。涉密人员调离涉密岗位，实行脱密期管理。（　　）

4. 税务系统档案管理坚持“双重管理”原则，即垂直管理和属地管理相结合。（　　）

5. 公文如需标注信息公开选项、份号、密级和保密期限、紧急程度，按照信息公开选项、份号、紧急程度、密级和保密期限的顺序自上而下分行排列。（　　）

6. 在公文的正文中，第一次提到省税务机关名称时使用全称，可在其后加括号标注“（以下简称‘××省税务局’）”，下文即可用简称。（　）
7. 请示应当一文一事，不得在报告等非请示公文中夹带请示事项。（　）
8. 故意泄露国家秘密的立案标准是：泄露绝密级国家秘密1项（件）以上的；泄露机密级国家秘密2项（件）以上的；泄露秘密级国家秘密2项（件）以上的。（　）
9. 凡是收到的下级税务机关来文，上级税务机关必须使用“批复”回复。（　）
10. 机关撤销，业务分别划归几个机关的，其档案材料由划归机关分别向有关的档案馆移交。（　）
11. 因特殊情况需异地用印，须经单位领导批准，印信管理人员应在用印现场监印。（　）
12. 中央文件管理要严格执行“专人管理、专本登记、专柜存放”要求，确保中央文件万无一失。（　）
13. 保密干部须经保密培训并向上级税务机关备案。（　）
14. 印信保管人员应坚持“用时取印、用毕入柜、入柜落锁”，杜绝印信脱管失控。（　）

四、简答题

1. 税务系统公文上行文的行文规则包括哪些？
2. 公文起草审核的重点包括哪些？
3. 税务人员在税收宣传工作中不得有哪些行为？
4. 什么是保密要害部门、保密要害部位？

参考答案与解析

一、单项选择题

1. 【参考答案】B。抄送机关按上级机关、平级机关、下级机关次序排列；同级机关之间一般按照党委、人大、政府、政协、监委、军队、法院、检察院、人民团体、民主党派等次序排列。
2. 【参考答案】D。电子公文是指在计算机网络系统中形成的具有规范格式的公文的电子数据。税务机关制发的电子公文在税务系统内部具有行政效力，可以作为本系统、本机关内部处理公务的依据。
3. 【参考答案】C。新媒体管理实行“谁提供谁负责、谁发布谁负责”，明确责任主体。
4. 【参考答案】C。根据公文处理办法。
5. 【参考答案】C。根据《党政机关公文处理工作条例》第三十二条规定，“复制、汇编机密级、秘密级公文，应当符合有关规定并经本机关负责人批准。”
6. 【参考答案】A。国家秘密事项的密级一经确定，须在秘密载体上作出明显的标志。

国家秘密的标识符为“★”，具体标志的形式为：从左至右：密级——标志——保密期限。

7. 【参考答案】B。根据《国家税务总局关于印发〈税务工作国家秘密定密管理暂行办法〉的通知》（税总发〔2018〕2 号）。

8. 【参考答案】C。发文机关标志。由发文机关全称或者规范化简称加“文件”二字组成，也可以使用发文机关全称或者规范化简称。联合行文时，发文机关标志可以并用联合发文机关名称，也可以单独用主办机关名称。需要同时标注联合发文机关名称的，一般应使主办机关名称在前，如有“文件”二字置于发文机关名称右侧，以联署发文机关名称为准上下居中排布。

9. 【参考答案】A。对属于国家秘密的密品、密件，自发现下落不明之日起，绝密级 10 日内，机密、秘密级 60 日内查无下落的，按泄密事件处理。

10. 【参考答案】C。印章作为对外界联系工作的工具之一，最主要体现了印章的标志作用。

11. 【参考答案】C。社会安全事件主要包括恐怖袭击事件、民族宗教事件、经济安全事件、群体性事件、刑事案件、信访事件、舆情事件和税收行政执法引起的其他事件等。

12. 【参考答案】C。税务工作人员发现国家秘密已经泄露或者可能泄露时，应当立即采取补救措施，并在发现后 24 小时内报告上级税务机关和同级保密行政管理部门，填写泄漏国家秘密事件报告表。

13. 【参考答案】C。根据《全国税务机关公文处理办法》（国税发〔2012〕92 号）第二十五条规定，涉密公文应当标注份号；第二十六条规定，保密期限中的数字用阿拉伯数字标注；第二十九条规定，发文字号由发文机关代字、年份、发文顺序号组成；第三十三条规定，正文使用 3 号仿宋体字。

14. 【参考答案】A。《全国税务系统视频会议管理办法》，视频会议主办单位一般应提前一周拟写签报、通知。会议签报应会签办公厅（室）、信息技术部门、后勤服务部门后按规定报局领导批准，会签部门应在 1 个工作日内完成会签；会议通知一般应以内设机构便函形式提前 3 天下发，并抄送办公厅（室）、信息技术部门、后勤服务部门。

15. 【参考答案】C。泄露后会对国家宏观经济调控、社会经济秩序造成严重损害的税务秘密，属于机密文件。

16. 【参考答案】D。档案具有历史再现性、知识性、信息性、政治性、文化性和教育性等属性。其中历史再现性是其本质属性。

17. 【参考答案】B。税收信息管理流程包括税收信息的收集、筛选、整理和刊发。

二、多项选择题

1. 【参考答案】ABD。根据《文秘工作规范》。

2. 【参考答案】AC。定密是指税务总局、省税务局、税务总局驻各地特派办依法确定、变更和解除税务工作国家秘密的活动。定密分为原始定密和派生定密。

3. 【参考答案】ABD。《全国税务机关公文处理办法》规定，各级税务机关可以与同级党政各部门、下一级党委政府、相应的军队机关、同级人民团体和具有行政职能的事业单位联合行文。

4. 【参考答案】AC。税务机关文书档案的保管期限定为永久、定期两种。其中定期分30年和10年两类。

5. 【参考答案】BCD。办公厅（室）应当在公文正式印制和发出前进行复核。复核的重点是：审批、签发手续是否完备，附件材料是否齐全，格式是否统一、规范等。不符合要求的公文，不予缮印和发出。

6. 【参考答案】CD。税收信息从内容上可划分为行政管理信息、税收业务信息。

7. 【参考答案】CD。依据《国家税务总局办公厅关于严肃新闻宣传纪律加强税收宣传管理的通知》（税总办函〔2015〕974号）。

8. 【参考答案】ABCD。根据《中华人民共和国档案法》第十三条规定，"直接形成的对国家和社会具有保存价值的下列材料，应当纳入归档范围：（1）反映机关、团体组织沿革和主要职能活动的；（2）反映国有企业事业单位主要研发、建设、生产、经营和服务活动，以及维护国有企业事业单位权益和职工权益的；（3）反映基层群众性自治组织城乡社区治理、服务活动的；（4）反映历史上各时期国家治理活动、经济科技发展、社会历史面貌、文化习俗、生态环境的；（5）法律、行政法规规定应当归档的。"

9. 【参考答案】BCD。B项，便函的发文字号按内设机构代字自行编号，成文日期上署内设机构名称，加盖内设机构印章，无版记。C项，电报应当署签发人姓名，不需加盖发文机关印章，但应当在电报首页右上角"签批盖章"处加盖机关"发电专用章"。D项，联合行文时，应使印章与各发文机关署名一一对应，端正、居中下压发文机关署名，最后一个印章端正、居中下压发文机关署名和成文日期，印章之间排列整齐、互不相交或相切，每排印章两端不得超出版心，首排印章顶端应上距正文（或附件说明）一行之内。

10. 【参考答案】BC。发文字号按照发文机关代字、年份、发文顺序号排列，公文中用于计量的数字、用于标号的数字应使用阿拉伯数字。

11. 【参考答案】ABD。依据《国家税务总局关于印发〈全国税务机关文件材料归档范围和文书档案保管期限规定〉的通知》。

12. 【参考答案】CD。根据《保守国家秘密法实施条例》第二十条，机关、单位对原定密机关、单位未予处理或者对作出的决定仍有异议的，按照下列规定办理：

（1）确定为绝密级的事项和中央国家机关确定的机密级、秘密级的事项，报国家保密行政管理部门确定。

（2）其他机关、单位确定的机密级、秘密级的事项，报省、自治区、直辖市保密行政管理部门确定；对省、自治区、直辖市保密行政管理部门作出的决定有异议的，可以报国家保密行政管理部门确定。

13. 【参考答案】ABD。涉密文件不能通过互联网加密传送。

14. 【参考答案】ACD。税收信息写作基本原则包括：真实性、实用性、时效性。

15. 【参考答案】ACD。根据《国家税务总局办公厅关于印发〈税务总局机关司局便函管理办法（试行）〉的通知》（税总办发〔2018〕44 号）文件，司局便函不得直接主送下级税务机关，仅可以要求下级税务机关内设机构报送各类数据、信息、经验材料、工作总结等通知。

16. 【参考答案】ACD。印信主要有权威作用、凭证作用、标志作用。

17. 【参考答案】ABD。因机构合并、机构变更名称或撤销，需要重新制发印章，原印章由局办公室收缴、封存或者按规定销毁。

18. 【参考答案】ACD，根据《国家税务总局 国家保密局关于印发〈税务工作国家秘密范围的规定〉的通知》（税总发〔2018〕29 号），关于设立、废止税种和调整税率的意见建议为机密级，保密期限为公布前；尚未公布的对某一行业或地区经济发展有较大影响的税收调整方案为秘密级，保密期限为公布前；涉外税收谈判的内部方案，为秘密级，保密期限为 10 年。

三、判断题

1. 【参考答案】√。批复一般只送请示单位，若批复的事项需有关单位执行或者周知，可抄送有关单位。若请示的问题具有普遍性，可使用“通知”或其他文种行文，不再单独批复请示单位。

2. 【参考答案】√。依据《国家税务总局关于印发〈税务工作国家秘密定密管理暂行办法〉的通知》（税总发〔2018〕2 号）文件第十三条，税务工作国家秘密一经确定，应当在秘密载体上作出国家秘密标志并同时标明知悉范围。国家秘密标志形式为“密级★保密期限”“密级★解密时间”或者“密级★解密条件”。除保密事项范围有明确规定外，国家秘密的保密期限不得确定为长期。

3. 【参考答案】√。涉密人员离岗、调动的，按照人事管理权限和有关保密规定办理。经审核批准调离涉密岗位的，必须主动清退保存和使用的秘密载体，办理移交手续，并签订涉密人员离岗保密承诺书。涉密人员调离涉密岗位，实行脱密期管理。

4. 【参考答案】√。税务系统档案管理坚持“双重管理”原则，即垂直管理和属地管理相结合。

5. 【参考答案】×。公文如需标注信息公开选项、份号、密级和保密期限、紧急程度，按照信息公开选项、份号、密级和保密期限、紧急程度的顺序自上而下分行排列。

6. 【参考答案】√。在公文的正文中，第一次提到省税务机关名称时使用全称，可在其后加括号标注“（以下简称‘××省税务局’）”，下文即可用简称。

7. 【参考答案】√。根据公文处理办法。

8.【参考答案】×。故意泄露国家秘密的立案标准是：泄露绝密级国家秘密1项（件）以上的；泄露机密级国家秘密2项（件）以上的；泄露秘密级国家秘密3项（件）以上的。

9.【参考答案】×。请示需要批复，报告无须回复。

10.【参考答案】×。《机关档案工作条例》第二十六条规定，机关撤销，业务分别划归几个机关的，其档案材料不得分散，可由其中一个机关代管或向有关的档案馆移交。

11.【参考答案】×。因特殊情况需异地用印，须经单位领导批准，印信管理人员应与有关人员两人以上在用印现场监印。

12.【参考答案】√。根据《国家税务总局办公厅关于进一步加强保密管理工作的通知》（税总办发〔2018〕180号）中的“保密管理工作任务细化表”第二十三条规定。

13.【参考答案】×。保密干部须经保密培训并向上级税务机关和同级保密行政管理部门备案。

14.【参考答案】√。印信保管人员应坚持“用时取印、用毕入柜、入柜落锁”，杜绝印信脱管失控。

四、简答题

1. 税务系统上行文的行为规则包括：

（1）原则上主送一个上级机关，根据需要同时抄送相关上级机关和同级机关，不抄送下级机关。

（2）下级税务机关向上级税务机关请示、报告重大事项，应当同时遵循本级党委、政府的有关规定。属于职权范围内的事项应当直接报送上级税务机关。

（3）下级机关的请示事项，如需要以本机关名义向上级机关请示，应当提出倾向性意见后上报，不得原文转报上级机关。

（4）请示必须在事前，应当一文一事，不得在报告等非请示性公文中夹带请示事项。正文末应当有请示语。

（5）除上级机关负责人直接交办事项外，不得以本机关名义向上级机关负责人报送公文，不得以本机关负责人名义向上级机关报送公文。

（6）受双重领导的机关向一个上级机关行文，必要时抄送另一个上级机关。

（7）在公文附注处注明联系人的姓名和电话。

2. 公文起草后，主办部门的有关人员和负责人应当进行审核。审核的重点是：

（1）是否符合党的路线方针政策和国家法律法规，提出新的政策、规定和措施等是否可行。

（2）是否需要会签其他职能部门或者有关单位。

（3）公文文种的选用是否适当，拟制的公文是否符合行文规则和公文格式的有关要求。

（4）文稿的结构是否严谨，层次是否清楚，观点是否正确，情况是否真实，数据是否准确等。

3. 税务人员在税收宣传工作中不得有下列行为：

（1）向新闻媒体提供有偿新闻、虚假新闻和不实新闻。

（2）通过新闻媒体发表与国家现行税收法律、法规、政策相悖的观点和信息。

（3）向新闻媒体透露尚未公布的税收法律、法规、政策以及规章等内容；擅自对外披露或评论尚未公布的内部重大事项。

（4）未经批准，擅自以税务机关名义外出讲课，或擅自将所在部门的工作成果以个人名义发表；个人以非职务名义撰写业务、理论探讨文章，涉及尚未公布的税收政策调整等重要内容。

（5）向新闻媒体提供、引用与正式对外公布的数据有出入的信息。

（6）利用采编报道谋取不正当利益，接受或向采访报道对象或利害关系人索取财和其他利益；利用职权拉广告、拉赞助，推销书刊及音像制品。

（7）在税收宣传品中出现违背国家税收法律、法规和政策、损害国家利益、损害税部门形象，以及国家规定禁止出版、传播的其他内容。

（8）未按照新闻宣传管理报批审核程序，对外提供税务信息。

（9）其他违反宣传管理规定的行为。

4. 保密要害部门，是指日常工作中产生、传递、使用和管理绝密级、机密级、秘密级国家秘密的最小行政单位，如办公室、财务处等；保密要害部位，是指集中制作、存储、保管国家秘密载体的专用、独立、固定场所，如档案室、机要室、计算机中心等。（参考《中华人民共和国保守国家秘密法》）。

第二章　人事管理

第一节　公务员管理

公务员，是指依法履行公职、纳入国家行政编制、由国家财政负担工资福利的工作人员。公务员承担着依法履行公职、服务公众的职责。其对于整个国家社会的正常运转、社会良好秩序的维持、公民权益的维护都具有十分重要的作用。

一、公务员录用

公务员录用，是指录用机关通过法定程序，采用公开考试、严格考察、平等竞争、择优录取的办法，按照德才兼备的标准，选拔优秀人才担任主任科员以下及其他相当职务层次的非领导职务公务员的人事制度，具有公开性、平等性和竞争性三大特点。民族自治地方依照法律和有关规定可对少数民族报考者予以适当照顾。我国自 1994 年开始在中央国家机关公开招录公务员。

1. 公务员录用

录用担任一级主任科员以下及其他相当职级层次的公务员，采取公开考试、严格考察、平等竞争、择优录取的办法。民族自治地方依照前款规定录用公务员时，依照法律和有关规定对少数民族报考者予以适当照顾。

中央机关及其直属机构公务员的录用，由中央公务员主管部门负责组织。地方各级机关公务员的录用，由省级公务员主管部门负责组织，必要时省级公务员主管部门可以授权设区的市级公务员主管部门组织。

报考公务员应具备的条件如下表所示。

基本条件	1. 具有中华人民共和国国籍 2. 年满十八周岁 3. 拥护中华人民共和国宪法，拥护中国共产党领导和社会主义制度 4. 具有良好的政治素质和道德品行 5. 具有正常履行职责的身体条件和心理素质 6. 具有符合职位要求的文化程度和工作能力 7. 法律规定的其他条件
其他条件	应当具备省级以上公务员主管部门规定的拟任职位所要求的资格条件
特殊规定	国家对行政机关中初次从事行政处罚决定审核、行政复议、行政裁决、法律顾问的公务员实行统一法律职业资格考试制度，由国务院司法行政部门商有关部门组织实施

2. 不得录用为公务员的情形

曾因犯罪受过刑事处罚的	犯罪包括故意犯罪和过失犯罪。刑事处罚包括《中华人民共和国刑法》规定的主刑，即管制、拘役、有期徒刑、无期徒刑、死刑，也包括附加刑，即罚金、剥夺政治权利、没收财产
被开除中国共产党党籍的	—
被开除公职的	开除公职是指依法定的程序被用人单位开除。这里的公职，主要是指在国家机关、国有企业事业单位、人民团体中从事公务的职务
被依法列为失信联合惩戒对象的	—
有法律规定不得录用为公务员的其他情形的	—

【判断题】不得录用为公务员的情形中，曾因犯罪受过刑事处罚中的犯罪包括故意犯罪和过失犯罪，刑事处罚仅指主刑。(　　)

【参考答案】×。不得录用为公务员的情形中，曾因犯罪受过刑事处罚中的犯罪包括故意犯罪和过失犯罪，刑事处罚包括主刑和附加刑。

3. 公务员招录程序

招录职位	录用公务员，应当在规定的编制限额内，并有相应的职位空缺
招考公告	录用公务员，应当发布招考公告。招考公告应当载明招考的职位、名额、报考资格条件、报考需要提交的申请材料以及其他报考须知事项。招录机关应当采取措施，便利公民报考
资格审查	招录机关根据报考资格条件对报考申请进行审查。报考者提交的申请材料应当真实、准确
笔试和面试	公务员录用考试采取笔试和面试等方式进行，考试内容根据公务员应当具备的基本能力和不同职位类别、不同层级机关分别设置
资格复审、考察和体检	招录机关根据考试成绩确定考察人选，并进行报考资格复审、考察和体检。体检的项目和标准根据职位要求确定。具体办法由中央公务员主管部门会同国务院卫生健康行政部门规定
公示	招录机关根据考试成绩、考察情况和体检结果，提出拟录用人员名单，并予以公示。公示期不少于五个工作日。公示期满，中央一级招录机关应当将拟录用人员名单报中央公务员主管部门备案；地方各级招录机关应当将拟录用人员名单报省级或者设区的市级公务员主管部门审批
试用期	新录用的公务员试用期为一年。试用期满合格的，予以任职；不合格的，取消录用
特殊职位	录用特殊职位的公务员，经省级以上公务员主管部门批准，可以简化程序或者采用其他测评办法

二、公务员分类管理

（一）公务员职位分类

国家实行公务员职位分类制度。职位分类是国家公务员制度一项重要的基础性的工作，通过职能分解、设置职位、编制职位说明书，明确每个职位的任务、职责、权利和职位所需的资格条件，达到以事择人、人尽其才、才尽其用、精简机构和提高工作效率的目的；同时也为国家公务员的考试录用、考核、晋升、培训、工资待遇等提供依据。

根据《中华人民共和国公务员法》（以下简称《公务员法》）规定，公务员职位类别按照公务员职位的性质、特点和管理需要，划分为综合管理类、专业技术类和行政执法类等类别。《公务员法》对于具有职位特殊性，需要单独管理的，可以增设其他职位类别。

国家根据公务员职位类别设置公务员职务序列。目前，我国公务员职务分为领导职务和非领导职务两个职务序列。

领导职务层次由高至低依次为：国家级正职、国家级副职、省部级正职、省部级副职、厅局级正职、厅局级副职、县处级正职、县处级副职、乡科级正职、乡科级副职。非领导职务层次在厅局级及以下设置。

综合管理类、行政执法类、专业技术类职务层级设置如下表所示。

综合管理类		行政执法类	专业技术类
领导职务	非领导职务	通用职务	通用职务
根据宪法、有关法律、职务层次和机构规格设置确定	巡视员	督办	一级总监
	副巡视员	一级高级主办	二级总监
	调研员	二级高级主办	一级高级主管
	副调研员	三级高级主办	二级高级主管
	主任科员	四级高级主办	三级高级主管
	副主任科员	一级主办	四级高级主管
	科员	二级主办	一级主管
	办事员	三级主办	二级主管
		四级主办	三级主管
		一级行政执法员	四级主管
		二级行政执法员	专业技术员

【提示1】以上职务均由高至低依次列举。

【提示2】行政执法类、专业技术类公务员具体职务名称由中央公务员主管部门以通用职务名称为基础确定。

【多选题】公务员职位类别按照公务员职位的性质、特点和管理需要，划分为（　　）等类别。

A. 专业技术类　　B. 综合管理类　　C. 行政执法类　　D. 特殊技术类

【参考答案】ABC。公务员职位类别按照公务员职位的性质、特点和管理需要，划分为综合管理类、专业技术类和行政执法类等类别。

（二）公务员分类管理改革

中共十八届三中全会提出深化公务员分类改革，推行公务员职务与职级并行、职级与待遇挂钩制度，加快建立专业技术类、行政执法类公务员和聘任人员管理制度。这为公务员分类管理改革定下了基调，提出了原则，指明了方向。按照中央要求，2016 年 7 月，中共中央办公厅、国务院办公厅印发了《专业技术类公务员管理规定（试行）》和《行政执法类公务员管理规定（试行）》，“两个规定”均自 2016 年 7 月 8 日起实施。“两个规定”的出台，标志着我国公务员分类管理的制度框架体系基本确立。2023 年 9 月 1 日，中共中央修订《专业技术类公务员管理规定》。

1. 改革的内容、原则和特点

改革的内容	（1）宏观层次	改变当前“大一统”的公务员管理模式，拓展基层公务员的职业发展和待遇提升空间。《公务员法》的颁布实施明确了公务员分类管理的原则，但目前仍没有实现公务员实质性的分类管理。所有公务员仍采用同一套管理模式。这种管理模式压缩了基层公务员的职业发展与待遇提升的空间
	（2）微观层次	公务员的分类、职务、级别、工资福利保险、教育培训等具体的管理制度。科学民主的公务员管理必须建立在具体的制度之上，依靠制度规范公务员行为。现行《公务员法》及其配套制度是这些制度的框架性体现
改革的原则	（1）坚持党管干部原则	认真贯彻落实党的干部路线、方针和政策，立足于我国公务员队伍的特点和现状，着眼于经济社会发展的需求，吸收干部人事制度改革的成果，体现分类管理的理念
	（2）坚持依法分类原则	严格按照《公务员法》等法律法规，在确立的制度框架下将机关中履行专业技术职责和行政执法职责的公务员划分出来，实现综合管理类、专业技术类、行政执法类各类别公务员的分渠道发展
	（3）体现职位特点原则	分别建立专业技术类和行政执法类公务员职务序列，形成科学的职位分类体系，并根据各类别公务员的管理特点，实行分类招录、分类培训、分类考核，提高管理效能和科学化水平，促进专业化建设
	（4）注重平衡衔接原则	在实行分类管理的基础上，三类公务员在职业发展空间上大体平衡。三类公务员主要立足本类别发展，因工作需要也可以互相交流，有利于干部资源优化配置

续表

改革的特点	（1）分设不同职务序列	在职务序列上，“两个规定”结合专业技术类、行政执法类公务员的工作性质和职位特点，着眼于提高管理效能和科学化水平，为两类公务员建立了各自的、不同于综合管理类公务员的职务序列，并对应公务员相关级别，分别设置了职务与级别的对应关系
	（2）区分定义，分类考核	“两个规定”对两类公务员的定义进行了区分，专业技术类公务员是指专门从事专业技术工作，为机关履行职责提供技术支持和保障的公务员，其职责具有强技术性、低替代性；行政执法类公务员是指依照法律、法规对行政相对人直接履行行政许可、行政处罚、行政强制、行政征收、行政收费、行政检查等执法职责的公务员，其职责具有执行性、强制性。分类管理突出对公务员特别是基层公务员的持续激励，畅通职业发展渠道，以更好调动公务员的工作积极性和主动性，在日常管理上，针对两类公务员的特点实行分类录用、分类考核

2. 专业技术类、行政执法类公务员职务与级别对应关系

公务员的职务应当对应相应的级别，公务员级别由低至高依次为二十七级至一级。公务员的职务与级别是确定公务员工资及其他待遇的依据，公务员的级别根据所任职务及其德才表现、工作实绩和资历确定，公务员在同一职务上，可以按照国家规定晋升级别。

行政执法类公务员职务与级别的对应关系如下表所示。

行政执法类公务员职务	行政执法类公务员级别
督办	十五级至十级
一级高级主办	十七级至十一级
二级高级主办	十八级至十二级
三级高级主办	十九级至十三级
四级高级主办	二十级至十四级
一级主办	二十一级至十五级
二级主办	二十二级至十六级
三级主办	二十三级至十七级
四级主办	二十四级至十八级
一级行政执法员	二十六级至十八级
二级行政执法员	二十七级至十九级

专业技术类公务员职务与级别的对应关系如下表所示。

专业技术类公务员职务	专业技术类公务员级别
一级总监	十三级至八级
二级总监	十五级至十级

续表

专业技术类公务员职务	专业技术类公务员级别
一级高级主管	十七级至十一级
二级高级主管	十八级至十二级
三级高级主管	十九级至十三级
四级高级主管	二十级至十四级
一级主管	二十一级至十五级
二级主管	二十二级至十六级
三级主管	二十三级至十七级
四级主管	二十四级至十八级
专业技术员	二十六级至十八级

【判断题】公务员实行分类管理后，三类公务员必须立足本类别发展，不允许交流。（　　）

【参考答案】×。在实行分类管理的基础上，三类公务员在职业发展空间上大体平衡。三类公务员主要立足本类别发展，因工作需要也可以互相交流，有利于干部资源优化配置。

（三）公务员职务与职级并行

为深化公务员分类改革，推行公务员职务与职级并行、职级与待遇挂钩制度，健全公务员激励保障机制，建设忠诚干净担当的高素质专业化公务员队伍，2019 年 3 月，中共中央办公厅根据《中华人民共和国公务员法》等有关法律法规制定，印发了《公务员职务与职级并行规定》，该规定自 2019 年 6 月 1 日起施行。

1. 总体要求

实行公务员职务与职级并行制度旨在适应推进国家治理体系和治理能力现代化的要求，完善中国特色公务员制度，改革公务员职务设置办法，建立职级序列，畅通职级晋升通道，拓展职级晋升空间，促进公务员立足本职安心工作，加强专业化建设，激励公务员干事创业、担当作为。

2. 基本原则

坚持以马克思列宁主义、毛泽东思想、邓小平理论、“三个代表”重要思想、科学发展观、习近平新时代中国特色社会主义思想为指导，贯彻新时代党的组织路线，坚持党管干部原则，坚持德才兼备、以德为先，坚持五湖四海、任人唯贤，坚持事业为上、公道正派，坚持向基层倾斜，坚持严管和厚爱结合、激励和约束并重。

3. 主要内容

（1）概念：职级，是公务员的等级序列，是与领导职务并行的晋升通道，体现公务员政治素质、业务能力、资历贡献，是确定工资、住房、医疗等待遇的重要依据，不具有领导职责。公务员可以通过领导职务或者职级晋升。担任领导职务的公务员履行领导职责，不担任领导职务的职级公务员依据隶属关系接受领导指挥，履行职责。

（2）职务与职级序列。

①领导职务根据宪法、有关法律和机构规格设置。

领导职务层次分为：国家级正职、国家级副职、省部级正职、省部级副职、厅局级正职、厅局级副职、县处级正职、县处级副职、乡科级正职、乡科级副职。

②职级序列按照综合管理类、专业技术类、行政执法类等公务员职位类别分别设置。

综合管理类公务员职级序列分为：一级巡视员、二级巡视员、一级调研员、二级调研员、三级调研员、四级调研员、一级主任科员、二级主任科员、三级主任科员、四级主任科员、一级科员、二级科员。

综合管理类公务员职级对应的级别如下表所示。

综合管理类公务员职级	对应级别
一级巡视员	十三级至八级
二级巡视员	十五级至十级
一级调研员	十七级至十一级
二级调研员	十八级至十二级
三级调研员	十九级至十三级
四级调研员	二十级至十四级
一级主任科员	二十一级至十五级
二级主任科员	二十二级至十六级
三级主任科员	二十三级至十七级
四级主任科员	二十四级至十八级
一级科员	二十六级至十八级
二级科员	二十七级至十九级

厅局级以下领导职务对应的综合管理类公务员最低职级如下表所示。

领导职务层次	对应职级
厅局级正职	一级巡视员
厅局级副职	二级巡视员
县处级正职	二级调研员
县处级副职	四级调研员
乡科级正职	二级主任科员
乡科级副职	四级主任科员

综合管理类以外其他职位类别公务员职级序列见前文。

（3）职级设置与职数比例。

综合管理类公务员职级按照下列规格设置：

①中央机关，省、自治区、直辖市机关设置一级巡视员以下职级；

②副省级城市机关设置一级巡视员以下职级，副省级城市的区领导班子设置一级、二级巡视员；

③市（地、州、盟）、直辖市的区领导班子设置一级巡视员，市（地、州、盟）、直辖市的区机关设置二级巡视员以下职级，副省级城市的区机关设置一级调研员以下职级；

④县（市、区、旗）领导班子设置二级巡视员、一级调研员、二级调研员、三级调研员，县（市、区、旗）、乡镇机关设置二级调研员以下职级。

职级职数按照各类别公务员行政编制数量的一定比例核定。

职级职数一般按照各机关分别核定。职数较少或者难以按照各机关分别核定的职级，由县级以上地方党委及其公务员主管部门根据实际情况和职级晋升审批权限，分级统筹核定和使用。市（地、州、盟）、直辖市的区、县（市、区、旗）的领导班子与所属部门职级职数分开统筹核定和使用。

省、自治区、直辖市党委可以统筹使用若干名一级巡视员职数，用于激励少数特别优秀的县（市、区、旗）党委书记。

（4）职级确定与升降。

公务员领导职务的任免与升降，按照有关规定执行。

公务员的职级依据其德才表现、工作实绩和资历确定。

非领导职务公务员首次确定职级按照有关规定套转。新录用公务员按照有关规定确定一级主任科员以下及相当层次的职级。从国有企业、事业单位、人民团体和群众团体调任的人员，按照公务员调任有关规定，综合考虑其原任职务、调任职位和工作经历确定职级。机关接收的军队转业干部，按照国家军转安置有关规定确定职级。

<table>
<tr><td>基本条件</td><td>①政治素质好，拥护中国共产党的领导和社会主义制度，坚决维护习近平总书记核心地位，坚决维护党中央权威和集中统一领导
②具备职位要求的工作能力和专业知识，忠于职守，勤勉尽责，勇于担当，工作实绩较好
③群众公认度较高
④符合拟晋升职级所要求的任职年限和资历
⑤作风品行好，遵纪守法，自觉践行社会主义核心价值观，清正廉洁</td></tr>
<tr><td>基本资格</td><td>①晋升一级巡视员，应当任厅局级副职或者二级巡视员 4 年以上
②晋升二级巡视员，应当任一级调研员 4 年以上
③晋升一级调研员，应当任县处级正职或者二级调研员 3 年以上
④晋升二级调研员，应当任三级调研员 2 年以上
⑤晋升三级调研员，应当任县处级副职或者四级调研员 2 年以上
⑥晋升四级调研员，应当任一级主任科员 2 年以上
⑦晋升一级主任科员，应当任乡科级正职或者二级主任科员 2 年以上
⑧晋升二级主任科员，应当任三级主任科员 2 年以上
⑨晋升三级主任科员，应当任乡科级副职或者四级主任科员 2 年以上
⑩晋升四级主任科员，应当任一级科员 2 年以上
⑪晋升一级科员，应当任二级科员 2 年以上</td></tr>
</table>

续表

其他规定	①公务员晋升职级应当根据工作需要、德才表现、职责轻重、工作实绩和资历等因素综合考虑，不是达到最低任职年限就必须晋升，也不能简单按照任职年限论资排辈，体现正确的用人导向 ②公务员晋升职级所要求任职年限的年度考核结果均应为称职以上等次，其间每有1个年度考核结果为优秀等次的，任职年限缩短半年；每有1个年度考核结果为基本称职等次或者不定等次的，该年度不计算为晋升职级的任职年限
晋升程序	①党委（党组）或者组织（人事）部门研究提出工作方案 ②对符合晋升职级资格条件的人员进行民主推荐或者民主测评，提出初步人选 ③考察了解并确定拟晋升职级人选。中央机关公务员晋升一级、二级巡视员，应当进行考察；晋升其他职级可以综合考虑民主推荐、民主测评与平时考核、年度考核、一贯表现等情况确定人选。省级以下机关公务员晋升职级的考察了解方式，由省级公务员主管部门结合实际研究确定 ④对拟晋升职级人选进行公示，公示期不少于5个工作日 ⑤审批。中央机关公务员晋升职级由本机关党组（党委）及其组织（人事）部门审批，一级、二级巡视员职级职数使用等情况按年度报中央公务员主管部门备案。省级以下机关公务员晋升职级的审批权限，由省级公务员主管部门提出意见，报省、自治区、直辖市党委审定 各级机关中未限定职数比例的职级，其晋升程序可以适当简化
不得晋升	①不符合基本条件、基本资格规定的 ②受到诫勉、组织处理或者处分等影响期未满或者期满影响使用的 ③涉嫌违纪违法正在接受审查调查尚未作出结论的 ④影响晋升职级的其他情形

公务员职级实行能上能下，具有下列情形之一的，应当按照规定降低职级：

①不能胜任职位职责要求的；

②年度考核被确定为不称职等次的；

③受到降职处理或者撤职处分的；

④法律法规和党内法规规定的其他情形。

（5）职级与待遇。

领导职务与职级是确定公务员待遇的重要依据。公务员根据所任职级执行相应的工资标准，享受所在地区（部门）相应职务层次的住房、医疗、交通补贴、社会保险等待遇。

担任领导职务且兼任职级的公务员，按照就高原则享受有关待遇。

公务员晋升职级，不改变工作职位和领导指挥关系，不享受相应职务层次的政治待遇、工作待遇。因不胜任、不适宜担任现职免去领导职务的，按照其职级确定有关待遇，原政治待遇、工作待遇不再保留。

公务员因公出国出差的交通、住宿标准以及办公用房标准等待遇，不与职级挂钩。

县处级副职以上领导成员因换届不再提名、机构改革等原因免去领导职务转任职级的，保留原待遇，不改变干部管理权限。

（6）管理与监督。

担任领导职务且兼任职级的公务员，主要按照领导职务进行管理。

不担任领导职务的职级公务员一般由所在机关进行日常管理。公务员晋升至所在机关领导成员职务对应的职级，不作为该机关领导成员管理。

根据工作需要和领导职务与职级的对应关系，公务员担任的领导职务和职级可以互相转任、兼任；符合规定资格条件的，可以晋升领导职务或者职级。

综合管理类、专业技术类、行政执法类等不同职位类别公务员之间可以交流，根据不同职位类别职级的对应关系确定职级。

机关应当严格执行公务员职务与职级并行制度，不得违反规定设置职级，不得超职数配备职级，不得随意放宽职级任职资格条件，不得违反规定提高或者降低职级待遇标准。对违反相关规定的，由县级以上党委或者公务员主管部门按照管理权限，区别不同情况，分别予以责令纠正或者宣布无效；对负有责任的领导人员和直接责任人员，根据情节轻重，给予批评教育、组织处理或者处分。

【判断题】公务员晋升职级所要求任职年限的年度考核结果均应为称职以上等次，其间每有 1 个年度考核结果为优秀等次的，任职年限缩短一年。（　　）

【参考答案】×。公务员晋升职级所要求任职年限的年度考核结果均应为称职以上等次，其间每有 1 个年度考核结果为优秀等次的，任职年限缩短半年。

三、公务员考核

公务员考核是指机关按照规定的权限、标准和程序，对非领导成员公务员的政治素质、履职能力、工作实绩、作风表现等所进行的了解、核实和评价。

对领导成员的考核，由主管机关按照《党政领导干部考核工作条例》等有关规定办理。

（一）考核原则、内容、类别

考核原则	公务员考核工作坚持以马克思列宁主义、毛泽东思想、邓小平理论、“三个代表”重要思想、科学发展观、习近平新时代中国特色社会主义思想为指导，贯彻新时代党的组织路线和干部工作方针政策，着眼于加强党对公务员队伍的集中统一领导、推进国家治理体系和治理能力现代化，把政治标准放在首位，突出考核公务员做好本职工作的实际成效，树立讲担当、重担当、改革创新、干事创业的鲜明导向，坚持下列原则： 1. 注重实绩、群众公认 2. 客观公正、精准科学 3. 分级分类、简便易行 4. 奖惩分明、有效管用

续表

考核内容	对公务员的考核，以公务员的职位职责和所承担的工作任务为基本依据，全面考核德、能、勤、绩、廉，重点考核政治素质和工作实绩。考核指标根据不同职位类别、不同层级机关分别设置 1. 德。全面考核政治品质和道德品行，重点了解学习贯彻习近平新时代中国特色社会主义思想，坚定理想信念，坚守初心使命，忠于宪法、忠于国家、忠于人民，增强“四个意识”、坚定“四个自信”、做到“两个维护”的情况；带头践行社会主义核心价值观，恪守职业道德，遵守社会公德、家庭美德和个人品德等情况 2. 能。全面考核适应新时代要求履职尽责的政治能力、工作能力和专业素养，重点了解政治鉴别能力、学习调研能力、依法行政能力、群众工作能力、沟通协调能力、贯彻执行能力、改革创新能力、应急处突能力等情况 3. 勤。全面考核精神状态和工作作风，重点了解忠于职守，遵守工作纪律，爱岗敬业、勤勉尽责，敢于担当、甘于奉献等情况 4. 绩。全面考核坚持以人民为中心，依法依规履行职位职责、承担急难险重任务等情况，重点了解完成工作的数量、质量、效率和所产生的效益等情况 5. 廉。全面考核遵守廉洁从政规定，落实中央八项规定及其实施细则精神等情况，重点了解秉公用权、廉洁自律等情况
考核类别	1. 平时考核：是对公务员日常工作和一贯表现所进行的经常性考核，一般按照个人小结、审核评鉴、结果反馈等程序进行 2. 专项考核：是对公务员完成重要专项工作，承担急难险重任务和关键时刻的政治表现、担当精神、作用发挥、实际成效等情况所进行的针对性考核，可以按照了解核实、综合研判、结果反馈等程序进行，或者结合推进专项工作灵活安排 3. 定期考核：采取年度考核的方式，是对公务员一个自然年度内总体表现所进行的综合性考核，在每年年末或者翌年年初进行。非领导成员公务员的定期考核采取年度考核的方式。先由个人按照职位职责和有关要求进行总结，主管领导在听取群众意见后，提出考核等次建议，由本机关负责人或者授权的考核委员会确定考核等次。领导成员的考核由主管机关按照有关规定办理

【提示】

1. 公务员的考核分为平时考核、专项考核和定期考核等方式。定期考核以平时考核、专项考核为基础。

2. 年度考核结果分为优秀、称职、基本称职和不称职 4 个等次。定期考核的结果应当以书面形式通知公务员本人。

3. 公务员有受相应处分等特殊情形的，按照有关规定参加年度考核，不确定等次。

4. 公务员年度考核优秀等次人数，一般掌握在本机关应参加年度考核的公务员总人数的 20% 以内；经同级公务员主管部门审核同意，可以掌握在 25% 以内。优秀等次名额应当向获得表彰奖励以及基层一线、艰苦岗位公务员倾斜。

县级以上公务员主管部门对综合表现突出或者问题较多的机关，可以适当提高或者降低其优秀等次比例。

【单选题】公务员年度考核优秀等次人数，一般掌握在本机关应参加年度考核的公务员总人数的（　　）以内。

A. 15%　　B. 20%　　C. 25%　　D. 30%

【参考答案】B。公务员年度考核优秀等次人数，一般掌握在本机关应参加年度考核的公务员总人数的 20% 以内。

（二）年度考核结果、程序

年度考核结果	优秀	应当具备下列条件： 1. 思想政治素质高 2. 精通业务，工作能力强 3. 责任心强，勤勉尽责，工作作风好 4. 圆满完成年度工作任务，工作实绩突出 5. 清正廉洁
	称职	应当具备下列条件： 1. 思想政治素质较高 2. 熟悉业务，工作能力较强 3. 责任心强，工作积极，工作作风较好 4. 能够完成本职工作 5. 廉洁自律
	基本称职	公务员有下列情形之一的，应当确定为基本称职等次： 1. 思想政治素质一般 2. 履行职责的工作能力较弱 3. 责任心一般，工作消极，或者工作作风方面存在明显不足 4. 能基本完成本职工作，但完成工作的数量不足、质量和效率不高，或者在工作中有较大失误 5. 能基本做到廉洁自律，但某些方面存在不足
	不称职	公务员有下列情形之一的，应当确定为不称职等次： 1. 思想政治素质较差 2. 业务素质和工作能力不能适应工作要求 3. 责任心缺失，工作不担当、不作为，或者工作作风差 4. 不能完成工作任务，或者在工作中因严重失误、失职造成重大损失或者恶劣社会影响 5. 存在不廉洁问题，且情形较为严重
年度考核程序	1. 总结述职。公务员按照职位职责、年度目标任务和有关要求进行总结，在一定范围内述职，突出重点、简明扼要填写公务员年度考核登记表 2. 民主测评。对担任机关内设机构领导职务的公务员，在一定范围内进行民主测评。根据需要，可以对其他公务员进行民主测评 3. 了解核实。采取个别谈话、实地调研、服务对象评议等方式了解核实公务员有关情况。根据需要，听取纪检监察机关意见 4. 审核评鉴。主管领导对公务员表现以及有关情况进行综合分析，有针对性地写出评语，提出考核等次建议和改进提高的要求 5. 确定等次。由本机关负责人或者授权的考核委员会确定考核等次。对优秀等次公务员在本机关范围内公示，公示时间不少于 5 个工作日。考核结果以书面形式通知公务员，由公务员本人签署意见	

【提示】

1. 年度考核确定为优秀等次的，应当从当年平时考核、专项考核结果好的公务员中产生。

2. 公务员对年度考核确定为不称职等次不服的，可以按照有关规定申请复核、申诉。

3. 各机关应当将公务员年度考核登记表存入公务员本人干部人事档案，同时将本机关公务员年度考核情况报送同级公务员主管部门。

（三）考核结果的运用

公务员年度考核结果作为调整公务员职位、职务、职级、级别、工资以及公务员奖惩、培训、辞退的依据。

公务员年度考核被确定为称职以上等次的，按照下表规定办理。

<table>
<tr><th colspan="2">考核结果</th><th colspan="2">结果运用</th></tr>
<tr><td rowspan="2">优秀</td><td>被确定为优秀等次的</td><td>当年给予嘉奖，在本机关范围内通报表扬；晋升上一职级所要求的任职年限缩短半年</td><td rowspan="5">享受年度考核奖金</td></tr>
<tr><td>连续3年被确定为优秀等次的</td><td>记三等功；晋升职务职级时，在同等条件下优先考虑</td></tr>
<tr><td rowspan="3">称职以上</td><td>累计2年被确定为称职以上等次的</td><td>在所定级别对应工资标准内晋升一个工资档次</td></tr>
<tr><td>累计5年被确定为称职以上等次的</td><td>在所任职务职级对应级别范围内晋升一个级别</td></tr>
<tr><td>本考核年度计算为晋升职务职级的任职年限，同时符合规定的其他任职资格条件的</td><td>具有晋升职务职级的资格</td></tr>
<tr><td colspan="2">基本称职</td><td colspan="2">（1）对其进行诫勉，责令作出书面检查，限期改正
（2）本考核年度不计算为按年度考核结果晋升级别和级别工资档次的考核年限
（3）本考核年度不计算为晋升职务职级的任职年限；下一年内不得晋升职务职级
（4）不享受年度考核奖金
（5）连续两年确定为基本称职等次的，予以组织调整或者组织处理</td></tr>
<tr><td colspan="2">不称职</td><td colspan="2">（1）本考核年度不计算为晋升职务职级的任职年限；降低一个职务或者职级层次任职
（2）本考核年度不计算为按年度考核结果晋升级别和级别工资档次的考核年限
（3）不享受年度考核奖金
（4）连续两年确定为不称职等次的，予以辞退</td></tr>
<tr><td colspan="2">不确定等次</td><td colspan="2">（1）本考核年度不计算为按年度考核结果晋升级别和级别工资档次的考核年限
（2）不享受年度考核奖金
（3）本考核年度不计算为晋升职务职级的任职年限；连续两年不确定等次的，视情况调整工作岗位</td></tr>
</table>

【提示】公务员主管部门和公务员所在机关应当根据考核情况，有针对性地对公务员进行教育培训，帮助公务员改进提高。

（四）公务员考核的特殊规定

1. 新录用的公务员在试用期内参加年度考核，只写评语，不确定等次，作为任职、定级的依据。

2. 调任或者转任的公务员，由其调任或者转任的现工作单位进行考核并确定等次。其调任或者转任前的有关情况，由原单位提供。

援派或者挂职锻炼的公务员，在援派或者挂职锻炼期间，一般由当年工作半年以上的地方或者单位进行考核，以适当方式听取派出单位或者接收单位的意见。

单位派出学习培训、参加专项工作的公务员，由派出单位进行考核，主要根据学习培训、专项工作表现确定等次。其学习培训、专项工作表现的相关情况，由学习培训和专项工作单位提供。

3. 病、事假累计超过考核年度半年的公务员，参加考核，不确定等次。

4. 公务员涉嫌违纪违法被立案审查调查尚未结案的，参加年度考核，不写评语、不确定等次。结案后，不给予处分或者给予警告处分的，按照规定补定等次。

5. 受处分公务员的年度考核，按照下列规定办理：

（1）受警告处分的当年，参加年度考核，不得确定为优秀等次；

（2）受记过处分的当年，受记大过、降级、撤职处分的当年及第二年，参加年度考核，只写评语，不确定等次。

【多选题】受（　　）处分的当年及第二年，参加年度考核，只写评语，不确定等次。

A. 记过　　B. 记大过　　C. 降级　　D. 撤职

【参考答案】BCD。受记过处分的当年，受记大过、降级、撤职处分的当年及第二年，参加年度考核，只写评语，不确定等次。

四、公务员职务、职级任免与升降

1. 公务员的职务任免与升降，必须贯彻党的干部路线和方针，坚持下列原则：

（1）党管干部原则；

（2）任人唯贤、德才兼备、注重实绩原则；

（3）民主、公开、竞争、择优原则。

2. 公务员职务、职级任免的种类

	类别	备注
领导职务	选任制	选任制公务员在选举结果生效时即任当选职务；任职期满不再连任或者任期内辞职、被罢免、被撤职的，其所任职务即终止
	聘任制	—
	委任制	委任制公务员试用期已满并考核合格的，其职务、职级发生变化，以及其他情形需要任免职务、职级的，应当按照管理权限和规定的程序任免
职级	委任制	
	聘任制	—
领导成员职务	任期制	—

3. 委任制公务员职务任免和职务升降相关规定

（1）任职。

应予任职的情形	①新录用公务员试用期满经考核合格的
	②通过调任、公开选拔等方式进入公务员队伍的
	③晋升或者降低职务的
	④转任、挂职锻炼的
	⑤免职后需要新任职务的
	⑥其他原因需要任职的
任职程序	①按照有关规定提出拟任职人选
	②根据职位要求对拟任职人选进行考察或者了解
	③按照干部管理权限集体讨论决定
	④按照规定履行任职手续
任职的其他要求	①公务员任职，按照公务员职务序列，在规定的编制限额和职数内进行，并有相应的职位空缺
	②公务员任职，应当具备拟任职务所要求的条件和资格
	③公务员任职，应当符合交流和回避等有关规定

（2）免职。

应予免职的情形	①晋升职务后需要免去原任职务的
	②降低职务的
	③转任的
	④辞职或者调出机关的
	⑤非组织选派，离职学习期限超过一年的
	⑥退休的
	⑦其他原因需要免职的

续表

免职程序	①提出免职建议
	②对免职事由进行审核
	③按照干部管理权限集体讨论决定
	④按照规定履行免职手续
职务自然免除的情形（可不再办理免职手续，由所在单位报任免机关备案）	①受到刑事处罚或者劳动教养（现已废止劳动教养制度）的
	②受到撤职以上处分的
	③被辞退的
	④法律、法规及有关章程有其他规定的

（3）晋升职务。

晋升职务应具备的条件	①应当具备拟任职务所要求的思想政治素质、工作能力、文化程度和任职经历等方面的条件和资格
	②在规定任职资格年限内的年度考核结果均为称职以上等次
晋升县处级以上领导职务的公务员	应当具备《党政领导干部选拔任用工作条例》和有关法律、法规、章程规定的资格
晋升乡科级领导职务的公务员	①具有大学专科以上文化程度
	②晋升乡科级正职领导职务的，应当担任副乡科级职务两年以上
	③晋升乡科级副职领导职务的，应当担任科员级职务三年以上
	④具有正常履行职责的身体条件
	⑤其他应当具备的资格
晋升综合管理类非领导职务	①晋升巡视员职务，应当任厅局级副职领导职务或者副巡视员五年以上
	②晋升副巡视员职务，应当任县处级正职领导职务或者调研员五年以上
	③晋升调研员职务，应当任县处级副职领导职务或者副调研员四年以上
	④晋升副调研员职务，应当任乡科级正职领导职务或者主任科员四年以上
	⑤晋升主任科员职务，应当任乡科级副职领导职务或者副主任科员三年以上
	⑥晋升副主任科员职务，应当任科员三年以上
	⑦晋升科员职务，应当任办事员三年以上
晋升领导职务的程序	①民主推荐，确定考察对象
	②组织考察，研究提出任职建议方案，并根据需要在一定范围内进行酝酿
	③按照干部管理权限集体讨论决定
	④按照规定办理任职手续

【提示】

1. 公务员晋升职务，应当逐级晋升。

特别优秀的公务员或者工作特殊需要的，可以破格或者越级晋升职务。破格和越级晋升条件和程序另行规定。

2. 机关内设机构厅局级正职以下领导职务出现空缺时，可以在本机关或者本系统内通过竞争上岗的方式，产生任职人选。

厅局级正职以下领导职务或者副调研员以上及其他相当职务层次的非领导职务出现空缺，可以面向社会公开选拔，产生任职人选。

3. 公务员晋升领导职务的，应当按照有关规定实行任前公示制度和任职试用期制度。

【判断题】公务员晋升职务，必须逐级晋升。(　　)

【参考答案】×。公务员晋升职务，应当逐级晋升。特别优秀的公务员或者工作特殊需要的，可以破格或者越级晋升职务。

(4) 降职。

应予降职的情形	科员以上职务的公务员，在定期考核中被确定为不称职的，应予降职
降职的程序	提出降职建议
	对降职事由进行审核并听取拟降职人的意见
	按照干部管理权限集体讨论决定
	按照规定办理降职手续
降职的其他规定	公务员降职，一般降低一个职务层次
	公务员被降职的，其级别超过新任职务对应的最高级别的，应当同时降至新任职务对应的最高级别
	降职的公务员，在新的职位工作 1 年以上，德才表现和工作实绩突出，经考察符合晋升职务条件的，可晋升职务。其中，降职时降低级别的，其级别按照规定晋升；降职时未降低级别的，晋升到降职前职务层次的职务时，其级别不随职务晋升

【单选题】降职的公务员，在新的职位工作（　　）以上，德才表现和工作实绩突出，经考察符合晋升职务条件的，可晋升职务。

A. 半年　　B. 1 年　　C. 1 年半　　D. 2 年

【参考答案】B。降职的公务员，在新的职位工作 1 年以上，德才表现和工作实绩突出，经考察符合晋升职务条件的，可晋升职务。

五、奖惩与惩戒

(一) 奖励

对工作表现突出，有显著成绩和贡献，或者有其他突出事迹的公务员或公务员集体，给予奖励。

公务员集体的奖励适用于按照编制序列设置的机构或者为完成专项任务组成的工作集体。

奖励的原则	①坚持精神鼓励和物质奖励相结合、以精神鼓励为主的原则
	②坚持及时奖励与定期奖励相结合的原则
奖励的条件	①忠于职守，积极工作，成绩显著的
	②遵守纪律，廉洁奉公，作风正派，办事公道，模范作用突出的
	③在工作中有发明创造或者提出合理化建议，取得显著经济效益或者社会效益的
	④为增进民族团结、维护社会稳定作出突出贡献的
	⑤爱护公共财产，节约国家资财有突出成绩的
	⑥防止或者消除事故有功，使国家和人民群众利益免受或者减少损失的
	⑦在抢险、救灾等特定环境中奋不顾身，作出贡献的
	⑧同违法违纪行为作斗争有功绩的
	⑨在对外交往中为国家争得荣誉和利益的
	⑩有其他突出功绩的

1. 奖励的适用情形和实施规定

奖励类别	适用情形	实施规定
嘉奖	对表现突出的，给予嘉奖	一般结合年度考核进行，年度考核被确定为优秀等次的，予以嘉奖
记三等功	对作出较大贡献的，记三等功	一般结合年度考核进行，连续 3 年被确定为优秀等次的，记三等功
记二等功	对作出重大贡献的，记二等功	一般每 5 年评选一次
记一等功	对作出杰出贡献的，记一等功	
授予荣誉称号	对功绩卓著的，授予“人民满意的公务员”“人民满意的公务员集体”或者“模范公务员”“模范公务员集体”等荣誉称号	

【提示】对符合奖励条件的已故人员，可以追授奖励。

对获得奖励的公务员、公务员集体，由审批机关颁布奖励决定，颁发奖励证书。获得记三等功以上奖励的，同时对公务员颁发奖章，对公务员集体颁发奖牌。对获得奖励的公务员，由审批机关按照规定标准给予一次性奖金。其中对获得荣誉称号的公务员，按照有关规定享受省部级以上劳动模范和先进工作者待遇。

【单选题】根据公务员奖励的规定，获得（　　）以上奖励的，同时对公务员颁发奖章，对公务员集体颁发奖牌。

A. 嘉奖　　B. 记一等功　　C. 记二等功　　D. 记三等功

【参考答案】D。对获得奖励的公务员、公务员集体，由审批机关颁布奖励决定，颁发奖励证书。对获得记三等功以上奖励的，同时对公务员颁发奖章，对公务员集体颁发奖牌。

2. 奖励的监督

各级税务机关不得自行设立公务员奖励规定之外的其他种类的公务员奖励，不得违反规定标准发放奖金，不得重复发放奖金。

公务员、公务员集体因涉嫌违纪违法正在接受组织调查的，暂停实施奖励。有下列情形之一的，撤销奖励：

①弄虚作假，骗取奖励的；

②申报奖励时隐瞒严重错误或者严重违反规定程序的；

③有严重违纪违法等行为，影响称号声誉的；

④有法律、法规规定应当撤销奖励的其他情形的。

撤销奖励，由原申报机关按程序报审批机关批准，并予以公布。如涉及国家秘密或其他原因不宜公布的，经审批机关同意可不予公布。必要时，审批机关可以直接撤销奖励。公务员获得的奖励被撤销后，审批机关应当收回并公开注销其奖励证书、奖章，停止其享受的有关待遇。撤销奖励的决定存入公务员本人档案。公务员集体获得的奖励撤销后，审批机关应当收回并公开注销其奖励证书和奖牌。

（二）监督与惩戒

1. 监督

机关应当对公务员的思想政治、履行职责、作风表现、遵纪守法等情况进行监督，开展勤政廉政教育，建立日常管理监督制度。

对公务员监督发现问题的，应当区分不同情况，予以谈话提醒、批评教育、责令检查、诫勉、组织调整、处分。

对公务员涉嫌职务违法和职务犯罪的，应当依法移送监察机关处理。

公务员应当遵纪守法，不得有下列行为：

（1）散布有损宪法权威、中国共产党和国家声誉的言论，组织或者参加旨在反对宪法、中国共产党领导和国家的集会、游行、示威等活动；

（2）组织或者参加非法组织，组织或者参加罢工；

（3）挑拨、破坏民族关系，参加民族分裂活动或者组织、利用宗教活动破坏民族团结和社会稳定；

（4）不担当，不作为，玩忽职守，贻误工作；

（5）拒绝执行上级依法作出的决定和命令；

（6）对批评、申诉、控告、检举进行压制或者打击报复；

（7）弄虚作假，误导、欺骗领导和公众；

（8）贪污贿赂，利用职务之便为自己或者他人谋取私利；

（9）违反财经纪律，浪费国家资财；

（10）滥用职权，侵害公民、法人或者其他组织的合法权益；

（11）泄露国家秘密或者工作秘密；

（12）在对外交往中损害国家荣誉和利益；

（13）参与或者支持色情、吸毒、赌博、迷信等活动；

（14）违反职业道德、社会公德和家庭美德；

（15）违反有关规定参与禁止的网络传播行为或者网络活动；

（16）违反有关规定从事或者参与营利性活动，在企业或者其他营利性组织中兼任职务；

（17）旷工或者因公外出、请假期满无正当理由逾期不归；

（18）违纪违法的其他行为。

公务员执行公务时，认为上级的决定或者命令有错误的，可以向上级提出改正或者撤销该决定或者命令的意见；上级不改变该决定或者命令，或者要求立即执行的，公务员应当执行该决定或者命令，执行的后果由上级负责，公务员不承担责任；但是，公务员执行明显违法的决定或者命令的，应当依法承担相应的责任。

2. 惩戒

公务员因违纪违法应当承担纪律责任的，依照法律法规给予处分或者由监察机关依法给予政务处分；违纪违法行为情节轻微，经批评教育后改正的，可以免予处分。

对同一违纪违法行为，监察机关已经作出政务处分决定的，公务员所在机关不再给予处分。

（1）公务员处分原则。

给予行政机关公务员处分，应当坚持公正、公平和教育与处罚相结合的原则，应当与其违法违纪行为的性质、情节、危害程度相适应，应当事实清楚、证据确凿、定性准确、处理恰当、程序合法、手续完备。

（2）公务员处分具体规定。

<table>
<tr><th>种类</th><th>受处分的期间</th><th>晋升职务、级别、工资档次</th><th>解除处分</th></tr>
<tr><td>警告</td><td>6 个月</td><td>受处分期间不得晋升职务和级别</td><td rowspan="5">在受处分期间有悔改表现，并且没有再发生违法违纪行为的，处分期满后，应当解除处分。解除处分后，晋升工资档次、级别和职务不再受原处分的影响。但是，解除降级、撤职处分的，不视为恢复原级别、原职务</td></tr>
<tr><td>记过</td><td>12 个月</td><td rowspan="4">受处分期间不得晋升职务和级别，不得晋升工资档次。受撤职处分的，应当按照规定降低级别</td></tr>
<tr><td>记大过</td><td>18 个月</td></tr>
<tr><td>降级</td><td rowspan="2">24 个月</td></tr>
<tr><td>撤职</td></tr>
<tr><td>开除</td><td colspan="3">自处分决定生效之日起，解除其与单位的人事关系，不得再担任公务员职务</td></tr>
</table>

【判断题】对同一违纪违法行为，监察机关已经作出政务处分决定的，公务员所在机关不再给予处分。（　　）

【参考答案】√。对同一违纪违法行为，监察机关已经作出政务处分决定的，公务员所在机关不再给予处分。

六、辞职、辞退与离退休

（一）辞职、辞退

公务员辞去公职，应当向任免机关提出书面申请。任免机关应当自接到申请之日起三十日内予以审批，其中对领导成员辞去公职的申请，应当自接到申请之日起九十日内予以审批。

辞退公务员，按照管理权限决定。辞退决定应当以书面形式通知被辞退的公务员，并应当告知辞退依据和理由。被辞退的公务员，可以领取辞退费或者根据国家有关规定享受失业保险。

不得辞去公职的情形	1. 未满国家规定的最低服务年限的
	2. 在涉及国家秘密等特殊职位任职或者离开上述职位不满国家规定的脱密期限的
	3. 重要公务尚未处理完毕，且须由本人继续处理的
	4. 正在接受审计、纪律审查、监察调查，或者涉嫌犯罪，司法程序尚未终结的
	5. 法律、行政法规规定的其他不得辞去公职的情形
予以辞退的情形	1. 在年度考核中，连续两年被确定为不称职的
	2. 不胜任现职工作，又不接受其他安排的
	3. 因所在机关调整、撤销、合并或者缩减编制员额需要调整工作，本人拒绝合理安排的
	4. 不履行公务员义务，不遵守法律和公务员纪律，经教育仍无转变，不适合继续在机关工作，又不宜给予开除处分的
	5. 旷工或者因公外出、请假期满无正当理由逾期不归连续超过十五天，或者一年内累计超过三十天的
不得辞退的情形	1. 因公致残，被确认丧失或者部分丧失工作能力的
	2. 患病或者负伤，在规定的医疗期内的
	3. 女性公务员在孕期、产假、哺乳期内的
	4. 法律、行政法规规定的其他不得辞退的情形

（二）离退休

1. 离休

离休全称叫“离职休养”，是指对新中国成立前参加中国共产党所领导的革命战争、脱产享受供给制待遇的和从事地下革命工作的老干部，达到离职休养年龄的，实行离职休养。

2. 退休

退休是指国家为到达一定年龄因年老或因工、因病完全丧失劳动能力并退出工作岗位的人员所制定的一种社会保障制度。

公务员达到国家规定的退休年龄或者完全丧失工作能力的，应当退休。国家公务员男年满 60 周岁、女年满 55 周岁或丧失工作能力的，可以退休。根据《中共中央组织部 人力资源和社会保障部关于机关事业单位县处级女干部和具有高级职称的女性专业技术人员退休年龄问题的通知》（组通字〔2015〕14 号）精神，从 2015 年 3 月 1 日起，党政机关、人民团体中的正、副县处级及相应职务层级的女干部年满 60 周岁退休。

公务员符合下列条件之一的，本人自愿提出申请，经任免机关批准，可以提前退休：（1）工作年限满 30 年的；（2）距国家规定的退休年龄不足 5 年，且工作年限满 20 年的；（3）符合国家规定的可以提前退休的其他情形的。

七、交流与回避

（一）交流

国家公务员可以在国家行政机关内部交流，也可以与其他机关以及企业、事业单位的工作人员进行交流。国家行政机关每年应当有一定比例的国家公务员进行交流。各级国家行政机关接受调任、转任和轮换的国家公务员，应当有相应的职位空缺。

交流包括调任、转任、轮换和挂职锻炼。

交流形式	定义	特殊规定
调任	指国家行政机关以外的工作人员调入国家行政机关担任领导职务或者助理调研员以上非领导职务，以及国家公务员调出国家行政机关任职	调入国家行政机关任职的，必须经过严格考核，具备拟任职务所要求的政治思想水平、工作能力以及相应的资格条件。考核合格的，应当到行政学院或者其他指定的培训机构接受培训，然后正式任职
		国家公务员调出国家行政机关后，不再保留国家公务员的身份
转任	指国家公务员因工作需要或者其他正当理由在国家行政机关内部的平级调动（包括跨地区、跨部门调动）	国家公务员转任，必须符合拟任职务规定的条件要求，经考核合格后，按照规定的程序办理
轮换	指国家行政机关对担任领导职务和某些工作性质特殊的非领导职务的国家公务员，有计划地实行职位轮换	国家公务员的职位轮换，按照国家公务员管理权限，由任免机关负责组织
挂职锻炼	指国家行政机关有计划地选派在职国家公务员在一定时间内到基层机关或者企业、事业单位担任一定职务	国家公务员在挂职锻炼期间，不改变与原机关的人事行政关系

（二）回避

任职回避	1. 公务员之间有夫妻关系、直系血亲关系、三代以内旁系血亲关系以及近姻亲关系的，不得在同一机关双方直接隶属于同一领导人员的职位或者有直接上下级领导关系的职位工作，也不得在其中一方担任领导职务的机关从事组织、人事、纪检、监察、审计和财务工作
	2. 公务员不得在其配偶、子女及其配偶经营的企业、营利性组织的行业监管或者主管部门担任领导成员
地域回避	公务员担任乡级机关、县级机关、设区的市级机关及其有关部门主要领导职务的，应当按照有关规定实行地域回避
公务回避	涉及本人利害关系的
	涉及与本人有夫妻关系、直系血亲关系、三代以内旁系血亲关系以及近姻亲关系的利害关系的
	其他可能影响公正执行公务的

【提示】因地域或者工作性质特殊，需要变通执行任职回避的，由省级以上公务员主管部门规定。

【判断题】国家公务员在挂职锻炼期间，改变与原机关的人事行政关系。（　　）

【参考答案】×。国家公务员在挂职锻炼期间，不改变与原机关的人事行政关系。

第二节　数字人事

一、税务系统数字人事的概念和意义

税务系统数字人事是指税务系统根据中央关于干部考核评价和日常管理制度规定，运用大数据理念和方法，建立形成的数字化干部考核评价管理体系。

推行数字人事的意义是为了深入贯彻落实习近平总书记关于加强干部政治素质考核、干部考核工作的重要论述和全面加强税务系统党的建设、干部队伍建设的重要指示批示精神，坚决捍卫“两个确立”，不断增强“四个意识”、坚定“四个自信”、做到“两个维护”，全面践行新时代党的组织路线，完整、准确、全面贯彻新发展理念，坚持严管和厚爱结合、激励和约束并重，建立日常考核、分类考核、近距离考核的知事识人体系，激励广大税务干部新时代新担当新作为，培养能征善战敢赢的税务虎将，打造忠诚干净担当的税务铁军，促进税收事业发展和税务干部成长进步，提高税务系统干部队伍治理能力。

二、税务系统数字人事的核心要义

数字人事的核心要义是将现行按“事”考核评价和日常管理干部的制度规定，转化为按“人（岗）”量化归集的评价和管理指标，着力构建包括平时考核、公认评价、

业务能力评价、领导胜任力评价四大支柱，涵盖“德、能、勤、绩、廉、评、基”七个方面的“个人成长账户”，构建科学化、日常化、多维化、数据化、累积化、可比化的干部考核评价管理制度机制，促使税务干部一生向上、一心向善。

实施数字人事，是建立日常考核、分类考核、近距离考核知事识人体系的重要改革举措，将为各级税务局党委开展干部选拔任用、教育培养、监督管理提供重要参考依据，让真干假干不一样、干多干少不一样、干好干坏不一样，有效激发广大税务干部干事创业、担当作为、争先创优的内生动能。

（一）科学化

聚焦“两个维护”，对标习近平总书记关于税收工作的重要论述和重要指示批示精神，紧扣党中央、国务院决策部署，围绕高质量推进新发展阶段税收现代化战略目标，准确把握和运用干部队伍建设的内在规律，建立科学化的税务干部评价管理体系，解决“导向不明确、机制不完善”的问题，切实发挥考核的指挥棒作用，不断提高税务干部政治判断力、政治领悟力、政治执行力。

（二）日常化

强化干部日常管理，注重干部日常表现，坚持以平时考核为重点、平时考核与定期考核及专项考核相结合，按周纪实、按季考评、按年累计的方式，及时记录和考核日常工作、德才表现等各方面情况，解决“平时不算账、年终凭印象”的问题，引导干部把工夫下在平时，促使税务干部敬业守责、履职尽责。

（三）多维化

科学规划干部整个职业生涯，建立职业基础、平时考核、公认评价、业务能力评价、领导胜任力评价各方面多维指标体系，进一步明确税务干部岗位职责、工作目标和绩效任务，解决“工作没目标、干活没压力”的问题，发挥各个维度指标的导向作用，提升税务干部队伍管理的针对性、有效性。

（四）数据化

运用大数据理念方法量化税务干部管理，创新管理方式，对所有考核指标进行量化，设置不同权重，折算成分数，用数据说话，全面定量展现干部综合素质和工作实绩，解决“看人凭印象、用人拍脑袋”的问题，增强干部管理客观性、精确性。

（五）累积化

建立税务干部个人成长账户，科学分类、连续记载税务职业生涯各个阶段的每项指标数据，实现时时累积、次次累积、逐年累积，展现干部成长轨迹，解决“平时无数据、长期无积累”的问题，为干部管理提供长期完整数据支持。

（六）可比化

建立规范统一的指标体系、权重配比、计分规则，实现同级同类人员横向综合对比和单项对比，以及税务干部个人不同时期纵向综合对比和单项对比，解决“想比不好比、对比无依据”的问题，为各级税务局干部管理使用以及个人自我提升提供重要参考。

三、税务系统数字人事的工作要求

数字人事工作，应适应税收改革发展和建成智慧税务要求，完善“用数据说话，靠平时累积，重结果运用，促干部成长，强科技支撑”的工作机制，探索干部信息“一员式”归集、绩效管理“一体化”推进、税收业务“嵌入式”考核、结果数据“智能化”运用的新模式，助力构建信息系统、业务应用与内控绩效的“大三角”税收治理体系，提高税收治理效能。

1. 干部信息“一员式”归集是指依托数字人事个人成长账户，对每名干部的个人基本信息、政治素质信息、德才表现信息、履职尽责信息、日常管理信息、业务技能信息、考核评价信息、廉洁从税信息以及其他反映德、能、勤、绩、廉、评、基等方面情况的信息进行系统化、智能化归集，促进数字人事考准考实、干部画像精细精准。

2. 绩效管理“一体化”推进是指坚持系统观念、整体视角、全局思维，紧扣“计划——执行——评价——反馈”链条，实现组织绩效与个人绩效战略同向“定指标”、责任共担“扛指标”、互通联动“考指标”、持续改进“晒指标”，突出关键指标，体现个性指标，建立全员绩效指标体系，促进组织绩效与个人绩效有效衔接。

3. 税收业务“嵌入式”考核是指在实现税务执法、税费服务、税务监管行为全过程记录和数字化智能归集基础上，推动绩效管理渗入业务流程、融入岗责体系、嵌入信息系统，对税务执法等实施自动化考评，将法治素养和依法履职情况作为考核评价干部的重要内容，促进工作质效持续提升。

4. 结果数据“智能化”运用是指充分利用现代信息技术，依托干部个人成长账户，搭建数据应用平台，建立数据分析模型，形成主题数据库，实现核心算法突破，持续挖掘数据价值，拓展数据增值应用空间。

四、税务系统数字人事的主要内容

（一）职业基础

职业基础包括从业基础和职位基础。

1. 从业基础

从业基础包括税务干部接受教育信息、考录信息以及新进培养信息等。主要适用于开展数字人事工作当年及以后通过公务员考录、事业单位公开招聘等方式进入税务系统工作的税务干部。

（1）教育信息，是指税务干部在教育部认可的教育机构中接受科学文化教育的学习经历信息，包括学校类别、学历学位、学习成绩。

（2）考录信息，是指参加招录考试所取得的成绩信息，包括笔试成绩和面试成绩。

（3）新进培养信息，是指各级税务局按照相关规定，对新进人员有计划地开展培养锻炼和考核管理的信息，包括初任培训、税收执法资格考试、年终测评、任职定级测评等信息。

初任培训	是指对新进人员进行的培训，重点提高适应税收工作的能力
税收执法资格考试	是指对税务干部掌握税收执法应知应会知识情况进行考试认定，新进人员一般在试用期内参加税收执法资格考试
年终测评	是指税务干部在试用期内参加的组织人事部门组织的年终测评
任职定级测评	是指试用期满，组织人事部门组织开展的考核测评，作为新进人员任职定级的依据

2. 职业基础

职位基础是指税务干部在同一职务（职级）层级一定考核期间内的年度考核情况，作为评价干部工作努力程度的基准，适用于全体税务干部。

各级税务局党委应深入贯彻习近平总书记关于人才工作的重要论述，大力实施人才兴税战略，注重吸收和培养专业化高素质人才。通过职业基础的量化，准确把握干部的基础和潜质，为税务干部全面发展奠定坚实基础。

（二）平时考核

1. 概念

平时考核是指各级税务局党委按照干部管理权限，以岗位职责和所承担的工作任务为依据，对税务干部日常工作和德、能、勤、绩、廉等方面一贯表现所进行的了解、核实和评价，重点考核深入学习贯彻习近平新时代中国特色社会主义思想，贯彻落实习近平总书记关于税收工作的重要论述和重要指示批示精神，贯彻落实党中央、国务院决策部署，践行党的政治路线、思想路线、组织路线和群众路线，遵守政治纪律和政治规矩、做到“两个维护”，完成日常工作任务和阶段工作目标的情况，以及承担急难险重任务、处理复杂问题、应对重大考验中的政治忠诚、政治定力、政治担当、政治能力、工作态度、担当精神、作用发挥、实际成效等情况。

2. 考核人员

结合岗位职责、工作任务，区分不同类别、层级和职位干部特点，设置考核指标及权重。根据职务特征将人员分为领导班子正职、副职，部门正职、副职，其他人员 5 类。

担任领导职务且兼任职级的公务员，主要按照领导职务进行考核。

未担任领导职务的职级公务员，不因其晋升至所在机关领导成员职务对应的职级而作为领导成员考核。公务员晋升职级一般不改变人员类别、评鉴关系和考核得分划段范围。

担任领导职务且兼任职级的公务员，按照所任领导职务确定人员类别、评鉴关系和考核得分划段范围；晋升职级后不再担任领导职务的公务员，一般应当根据实际岗位和工作职责，相应调整人员类别、评鉴关系和考核得分划段范围。

3. 考核方法

具体考核方法由国家税务总局各省、自治区、直辖市和计划单列市税务局党委以及国家税务总局驻各地特派员办事处党委、国家税务总局税务干部学院党委根据实际情况研究确定。

4. 考核内容

平时考核内容，包括组织绩效挂钩、个人绩效、领导评鉴、现实表现测评和加减分项目。

组织绩效挂钩	是指将本级税务局或者部门的组织绩效成绩，按照不同权重与税务干部个人平时考核得分相挂钩
个人绩效	是指按照中央组织部关于开展公务员绩效管理试点的部署要求，结合岗位职责、任务分工，根据组织绩效任务、年度重点任务、专项工作任务、领导交办任务等，组织税务干部编制个人绩效指标，推进绩效执行并对执行情况进行跟踪问效，及时开展考核评价和结果反馈，督促推动税务干部履行职能职责，完成目标任务，提高工作效能，提升素质能力
领导评鉴	是指以税务干部的工作纪实和个人小结为参考，按照领导评鉴参考标准、政治表现负面清单，结合日常了解、群众评价及服务对象意见等情况，按季由主管领导对个人进行评鉴。领导评鉴时要注重突出政治标准，通过综合分析研判，实事求是确定评鉴等次
现实表现测评	是指对税务干部德、能、勤、绩、廉等方面表现进行评价，主要通过定期测评的方式进行。测评指标包括政治品质、道德品行、能力水平、勤勉敬业、改革创新、依法行政、服务群众、担当作为、廉洁从政和工作作风。根据知情度、关联度和代表性确定测评主体范围及权重
加减分项目	是指税务干部在履职尽责、完成日常工作、承接组织绩效任务时，在德、能、勤、绩、廉等方面的表现，尤其是在承担急难险重任务、处理复杂问题、应对重大考验等方面应予以加分或者减分的事项
考核结果	领导班子成员的平时考核结果以得分形式确定。非领导班子成员干部的平时考核结果分为好、较好、一般和较差4个等次

（三）公认评价

公认评价是指对税务干部德、能、勤、绩、廉等方面表现，按照规定的范围、指标、权重和程序，采取定性与定量、内部与外部相结合的方式进行评价。包括内部评价和外部评价。

内部评价	是指年度终了对全体税务干部进行的年终测评，对党员干部的党建评价，领导班子成员还应包括“一报告两评议”测评和廉政测评	年终测评，包括定性指标和定量指标，定性指标包括优秀、称职、基本称职、不称职；定量指标包括政治品质、道德品行、能力水平、勤勉敬业、改革创新、依法行政、服务群众、担当作为、廉洁从政和工作作风。年终测评对象的测评主体及权重按照干部年度考核有关规定执行
		党建评价，包括各级党委书记参加上级党委组织的党委书记抓基层党建述职评议得分、党支部书记参加机关党委组织的党支部书记述职评议得分、党员干部党支部民主评议党员得分
外部评价	是指纳税人和缴费人（以下简称“纳税人”）、地方党委政府及有关单位对税务系统单位及个人工作质效进行的综合评价，包括政务服务“好差评”、纳税人满意度调查和地方党政考核	政务服务“好差评”，是指办理涉税（费）业务的纳税人和其他组织通过评价设备、二维码、书面评价表格、在线评价等方式，对税务部门的办税服务厅窗口和电子税务局、12366 纳税服务热线、自助办税终端等在内的税务部门政务服务平台开展“好差评”评价
		纳税人满意度调查，是指税务机关委托第三方对下级税务机关实施的调查。内容一般包括政策落实、规范执法、便捷服务、信息化建设、廉洁自律等
		地方党政考核，是指税务部门参加地方党委政府组织的以工作绩效为主要内容的考核

（四）业务能力评价

业务能力评价，是指对税务干部履行岗位职责应具备的税收专业化能力进行评价，主要通过业务能力升级的方式实现。

业务能力升级，是指依据统一的专业分类、能力分级及达标要求，引导税务干部以自学为主、助学为辅方式，在工作实践中不断提升业务能力，通过日常学习考核、业务能力集中测试或者评定方式，获得相应级档认定，并与干部职务职级晋升挂钩的管理制度。

日常学习考核，是指在学习兴税平台上对税务干部政治理论、业务知识等日常学习的过程性考核，反映税务干部学习态度、学习过程、学习效果等情况。

业务能力集中测试或者评定方式如下：

1. 业务能力专业类别，分为综合管理、纳税服务、征收管理、税务稽查和信息技术 5 类。

2. 业务能力级档，分为初级、中级和高级，共 11 档。其中，初级对应 1—5 档，中级对应 6—9 档，高级对应 10—11 档。

税务干部晋升领导职务，应具备相应的业务能力级档。税务干部晋升职级，原则上应具备相应的业务能力级档，具体方案税务总局将统筹研究，适时发布。

3. 业务能力升级级档认定采取测试与评定相结合的方式进行，评定升级适用于年满45岁的税务干部。

4. 对具有2年以上工作经历、没有试用期或者试用期满任职定级的人员，根据工作年限和职务职级，按照规定套入相应级档。

（五）领导胜任力评价

领导胜任力评价是指对领导干部履行岗位职责应具备的素质和能力进行评价，包括组织绩效挂钩、内部评价、任职考察、试用期管理、党建工作、专项考评、领导胜任力测试等内容。

任职考察	包括民主测评和个别谈话等内容
试用期管理	包括任职培训和试用期转正等内容
党建工作	包括贯彻落实习近平总书记对税收工作的重要指示批示要求和党中央、国务院重大决策部署，落实党建工作责任和重大政治活动等内容，并把业务工作实绩作为评价党建工作成效的重要参考
专项考评	包括巡视巡察、经济责任审计和干部离任检查及专项工作考核等内容
领导胜任力测试	是指对拟晋升领导职务的税务干部，在履行岗位职责必备的领导决策、组织管理、统筹落实等方面进行的素质能力测试。税务干部晋升职务，应通过相应层级的领导胜任力测试

五、税务系统数字人事的数据管理维护

税务总局按照统一规范、互联互通的原则，统一开发税务干部综合管理信息系统（数字人事信息系统）。数字人事信息系统与税务系统党务、业务、政务等其他各信息系统之间的互联互通、数据共享等事宜，由税务总局统一安排。

各级税务局应为每名税务干部建立个人成长账户，记录相关办法规定的各类量化数据信息和定性评价信息，分类汇总德、能、勤、绩、廉、评、基等方面的数据，全景式、分镜头完整展示税务干部成长轨迹。

各级税务局应在个人成长账户中建立“政治素质档案”“专项工作档案”。其中，“政治素质档案”可记录干部的日常理论学习、政治生活、决策执行、遵规守纪、勤政廉政、“八小时”外政治表现以及廉政审核、干部考察、个人重大事项核查、审计监督、巡视巡察、函询信访、容错纠错、政治生态评价等情况，多角度、近距离、精准性绘出干部政治素质的“立体像”。“专项工作档案”应记录干部参加重要专项工作的情况。“政治素质档案”“专项工作档案”由组织人事、考核考评部门负责牵头管理，各相关职能部门按照职责分工负责提供相关情况信息。

各级税务局应按照税务干部管理权限，对数字人事信息进行实时维护，及时记入税务干部个人成长账户。

各级税务局组织人事部门应对个人成长账户进行初始化，录入税务干部的个人基

本信息、任职经历、专兼职党务工作经历、考核奖惩、学习教育、家庭成员及专项工作考核等信息，为数字人事提供统一规范的税务干部基本信息支撑。

各级税务局应当及时将考核数据记入个人成长账户。按年度考核得分形成“税务干部综合考核评价分析报告”，分析报告展示考核等次、测评考核得票得分、平时考核得分以及综合评价得分等内容，并由主管领导对税务干部考核情况给出综合评语。

税务干部收到数字人事考核数据反馈后，如有异议的，可在 3 日内向考核考评部门反映；考核考评部门接到反映后 5 日内进行复查并将结果反馈本人。其中，复查结果需要修改数据或者申请人仍有异议的，由数字人事评议委员会会议审议作出决定。具体程序由各省级税务局结合实际确定。

六、税务系统数字人事的数据分析运用

税务干部应通过个人成长账户，定期查看本人得分以及同级同类人员的最高分、最低分、平均分、中位值，进行纵向、横向比较，有针对性地进行自我提升完善。

主管领导应根据干部个人绩效结果、领导评鉴结果、平时考核结果、年度考核结果以及税务干部综合考核评价分析报告等，通过会议点评、个别谈话、综合评语等方式，及时向税务干部本人反馈数字人事考核结果，肯定成绩、指出不足，提出改进要求。

各级税务局党委应定期分析不同部门、不同类别人员的平时考核得分、年度考核得分、当年综合评价、历史综合评价等情况，为干部自我改进提升、优化人力资源配置提供数据支撑，实现人岗相适、人尽其才。其中年度考核包括平时考核和公认评价。当年综合评价、历史综合评价包括年度考核、业务能力评价和领导胜任力评价，并参考职业基础。

本章习题

一、单项选择题

1. 公务员交流的方式包括（　　）。

   A. 聘用、转任　　B. 调任、转聘　　C. 调任、转任　　D. 调用、聘任

2. 机关在年度考核时可以设立考核委员会。考核委员会由本机关领导成员、组织（人事）部门、纪检监察机关及其他有关部门人员和（　　）组成。

   A. 群众代表　　B. 党员代表　　C. 职工代表　　D. 公务员代表

3. 公务员的职级依据其德才表现、工作实绩和资历确定。非领导职务公务员首次确定职级按照有关规定套转。新录用公务员按照有关规定确定（　　）以下及相当层次的职级。

A. 四级主任科员　　B. 三级主任科员
C. 二级主任科员　　D. 一级主任科员

4. 根据国家税务总局数字人事制度，领导班子正职、领导班子副职、部门正职、部门副职每周纪实（　　），其他干部每周记实（　　）。
A. 2—3 次；1—2 次　　B. 1—2 次；1 次
C. 2—3 次；3—5 次　　D. 由各省税务局自行确定

5. 根据《中华人民共和国公务员法》规定，旷工或者因公外出、请假期满无正当理由逾期不归连续超过（　　）天，或者一年内累计超过 30 天的，予以辞退。
A. 10　　B. 15　　C. 20　　D. 25

6. 提任县处级以上领导职务的，由副职提任正职的，应当在副职岗位工作（　　）以上。
A. 1 年　　B. 2 年　　C. 3 年　　D. 4 年

7. 党政领导干部应当经过党校、行政院校、干部学院或者人事部门认可的其他培训机构的培训，培训时间应当达到干部教育培训的有关规定要求。确因特殊情况在提任前未达到培训要求的，应当在提任后（　　）内完成培训。
A. 3 个月　　B. 6 个月　　C. 1 年　　D. 2 年

8. 根据《公务员奖励规定》，记一等功，由（　　）批准。
A. 乡（镇）级以上党委和政府或者县级以上机关
B. 县级以上党委和政府或者市（地）级以上机关
C. 市（地）级以上党委和政府或者省级以上机关
D. 省级党委和政府或者中央和国家机关

9. 公务员试用期满合格的，予以任职；不合格的则应（　　）处理。
A. 取消录用　　B. 延长试用期
C. 组织培训后再任职　　D. 到基层锻炼后再任职

10. 下列情形中，不属于党政领导干部应当免职情形的是（　　）。
A. 达到任职年龄界限或者退休年龄界限的
B. 受到责任追究应当免职的
C. 辞职或者调出的
D. 组织选派，离职学习期限超过一年的

11. 为每一名税务干部建立“个人成长账户”，各项数据时时记录、事事记录，天天累积、年年累积，通过日积月累，使考核识别干部不仅看其当期情况，还要看历史情况、一贯表现，识人用人更全面准确。这表明数字人事制度具有（　　）的基本内涵。
A. 日常化　　B. 多维化　　C. 数据化　　D. 累积化

12. 录用特殊职位的公务员，经（　　）批准，可以简化程序或者采用其他测评办法。

A. 全国人大常委会　　B. 国务院
C. 省级政府　　D. 省级以上公务员主管部门

13. 公务员有下列情形之一的，不能予以辞退（　　）。
A. 在年度考核中，连续两年被确定为不称职的
B. 不胜任现职工作
C. 因所在机关调整、撤销、合并或者缩减编制员额需要调整工作，本人拒绝合理安排的
D. 旷工或者因公外出、请假期满无正当理由逾期不归连续超过十五天，或者一年内累计超过三十天的。

14. 公务员年度考核连续（　　）以上被确定为优秀等次的，晋升职务时优先考虑。
A. 两年　　B. 三年　　C. 四年　　D. 五年

15.（　　）的结果作为调整公务员职位、职务、职级、级别、工资以及公务员奖励、培训、辞退的依据。
A. 平时考核　　B. 专项考核　　C. 定期考核　　D. 不定期考核

16. 领导成员职务按照国家规定实行（　　）。
A. 选举制　　B. 退休制　　C. 轮换制　　D. 任期制

17. 以下情况中，没有违反公务员法中需要任职回避规定情形的是（　　）。
A. 小张和他的妻子在同一个厅级机关分别任不同处的处长
B. 老李是某厅级机关处长，其女儿是该处某科室的科员
C. 小刘是某厅级机关财务处科员，其妻小梁是该厅老干部处科员
D. 老周是某局副局长，其妻老钱是该局人事科主任科员

18. 公务员辞去公职后，自（　　）起停发工资。
A. 批准之日的次月　　B. 批准之日的当月
C. 批准之日　　D. 批准次日

二、多项选择题

1. 公务员录用，是指录用机关通过法定程序，采用公开考试、严格考察、平等竞争、择优录取的办法，按照德才兼备的标准，选拔优秀人才担任主任科员以下及其他相当职务层次的非领导职务公务员的人事制度，具有（　　）的特点。
A. 公开性　　B. 平等性　　C. 竞争性　　D. 公平性

2. 公务员在承担（　　）时，表现突出、有显著成绩和贡献的，当期平时考核结果可以直接确定为好等次，并及时给予奖励。
A. 急难险重任务　　B. 处理复杂问题　　C. 应对重大考验　　D. 重大关头

3. 公务员有下列情形之一的，一般不得转任。（　　）
A. 试用期未满的
B. 法律法规规定的其他不得转任的情形

C. 工作未满规定的最低服务年限的

D. 正在接受纪律审查、监察调查，或者涉嫌犯罪，司法程序尚未终结的

4. 下列情形违反《中华人民共和国公务员法》规定的是（　　）。

A. 不按编制限额、职数或者任职条件进行公务员录用、调任、转任、聘任和晋升的

B. 不按规定条件进行公务员奖惩、回避和办理退休的

C. 不按规定程序进行公务员录用、调任、转任、聘任、晋升、竞争上岗、公开选拔以及考核、奖惩的

D. 违反国家规定，更改公务员工资、福利、保险待遇标准的

5. 公务员、公务员集体因涉嫌违纪违法正在接受组织调查的，暂停实施奖励。有下列情形之一的，撤销奖励。（　　）

A. 弄虚作假，骗取奖励的

B. 申报奖励时隐瞒严重错误或者严重违反规定程序的

C. 有严重违纪违法等行为，影响称号声誉的

D. 有法律、法规规定应当撤销奖励的其他情形的

6. 下列关于晋升职级最低任职年限的说法正确的是（　　）。

A. 晋升二级巡视员，应当任一级调研员 3 年以上

B. 晋升一级调研员，应当任县处级正职或者二级调研员 3 年以上

C. 晋升三级调研员，应当任县处级副职或者四级调研员 2 年以上

D. 晋升一级主任科员，应当任乡科级正职或者二级主任科员 2 年以上

7. 公务员年度考核被确定为不称职等次的，按照下列（　　）规定办理。

A. 降低一个职务层次任职

B. 降低两个职务层次任职

C. 本考核年度不计算为按年度考核结果晋升级别和级别工资档次的考核年限

D. 不享受年度考核奖金

8. 公务员符合下列条件之一的，本人自愿提出申请，经任免机关批准，可以提前退休。（　　）

A. 工作年限满 30 年的

B. 距国家规定的退休年龄不足 5 年，且工作年限满 20 年的

C. 距国家规定的退休年龄不足 5 年，且工作年限满 25 年的

D. 符合国家规定的可以提前退休的其他情形的

9. 数字人事着力构建包括（　　）四大支柱，涵盖“德、能、勤、绩、廉、评、基”七个方面的“个人成长账户”，构建科学化、日常化、多维化、数据化、累积化、可比化的干部考核评价管理制度机制，促使税务干部一生向上、一心向善。

A. 平时考核　　　　B. 公认评价

C. 业务能力评价　　　　D. 领导胜任力评价

10. 税务系统数字人事的干部综合考核评价管理系统中的职业基础包括（　　）。
A. 就业基础　B. 从业基础　C. 职业基础　D. 职位基础

11. 下列属于公务员应当回避的公务活动包括（　　）。
A. 巡视　B. 审计　C. 仲裁　D. 出国审批

12. 公务员晋升领导职务，应当具备拟任职务所要求的（　　）等方面的条件和资格。
A. 政治素质　B. 工作能力　C. 文化程度　D. 学历水平

三、判断题

1. 中央机关巡视员、副巡视员和市地以上党委管理的非领导职务人员，套转后改变干部管理权限，保留相应政治待遇、工作待遇、生活待遇。（　　）
2. 公务员晋升职级改变人员类别、评鉴关系和考核得分划段范围。（　　）
3. 专业技术类公务员是指专门从事专业技术工作，为机关履行职责提供技术支持和保障的公务员，其职责具有强技术性、高替代性。（　　）
4. 对公务员的考核，以公务员的职位职责和所承担的工作任务为基本依据，全面考核德、能、勤、绩、廉，重点考核工作成绩。（　　）
5. 数字人事工作中，未开展行风评议的单位，行风评议的权重平均分摊到“办税服务厅现场评价”和“纳税人满意度调查”2 个指标上。其中，前台人员外部评价得分 = 办税服务厅现场评价得分 ×60% + 纳税人满意度调查得分 ×40%。（　　）
6. 税务数字人事业务能力评价中，业务能力升级级档认定采取测试与评定相结合的方式进行，评定升级适用于年满 50 岁的税务干部。（　　）
7. 党政领导干部一般应当具有大学本科以上文化程度，其中厅局级以上领导干部一般应当具有研究生以上文化程度。（　　）
8. 数字人事中的业务能力级档，分为初级、中级和高级，共 13 档。其中，初级对应 1—5 档，中级对应 6—9 档，高级对应 10—13 档。（　　）
9. 公务员受开除以外的处分，解除处分后，晋升工资档次、级别和职务不再受原处分的影响。其中解除降级、撤职处分的，视为恢复原级别、原职务。（　　）
10. 数字人事中，对具有 3 年以上工作经历、没有试用期或者试用期满任职定级的人员，根据工作年限和职务职级，按照规定套入相应级档。（　　）
11. 税务干部受政纪警告处分的当年和记过、记大过、降级、撤职处分的期间，数字人事年度考核不得评定为第 1 段。（　　）
12. 税务干部收到数字人事考核数据反馈后，如有异议的，可在 3 日内向考核考评部门反映；考核考评部门接到反映后 3 日内进行复查并将结果反馈本人。（　　）

四、简答题

1. 公务员晋升职级的基本条件包括哪些？
2. 简述税务系统数字人事的工作要求。

参考答案与解析

一、单项选择题

1.【参考答案】C。《公务员法》第六十九条规定，国家实行公务员交流制度。公务员可以在公务员和参照该法管理的工作人员队伍内部交流，也可以与国有企业和不参照该法管理的事业单位中从事公务的人员交流。交流的方式包括调任、转任。

2.【参考答案】D。《公务员考核规定》第三章第十三条规定，机关在年度考核时可以设立考核委员会。考核委员会由本机关领导成员、组织（人事）部门、纪检监察机关及其他有关部门人员和公务员代表组成。

3.【参考答案】D。公务员的职级依据其德才表现、工作实绩和资历确定。非领导职务公务员首次确定职级按照有关规定套转。新录用公务员按照有关规定确定一级主任科员以下及相当层次的职级。

4.【参考答案】A。依据《国家税务总局关于修订数字人事制度有关内容的通知》（税总发〔2018〕195 号）。

5.【参考答案】B。根据《中华人民共和国公务员法》第八十三条，公务员有下列情形之一的，予以辞退：

（1）在年度考核中，连续两年被确定为不称职的；

（2）不胜任现职工作，又不接受其他安排的；

（3）因所在机关调整、撤销、合并或者缩减编制员额需要调整工作，本人拒绝合理安排的；

（4）不履行公务员义务，不遵守公务员纪律，经教育仍无转变，不适合继续在机关工作，又不宜给予开除处分的；

（5）旷工或者因公外出、请假期满无正当理由逾期不归连续超过 15 天，或者一年内累计超过 30 天的。

6.【参考答案】B。提任县处级以上领导职务的，由副职提任正职的，应当在副职岗位工作 2 年以上。

7.【参考答案】C。党政领导干部应当经过党校、行政院校、干部学院或者人事部门认可的其他培训机构的培训，培训时间应当达到干部教育培训的有关规定要求。确因特殊情况在提任前未达到培训要求的，应当在提任后 1 年内完成培训。

8.【参考答案】D。《公务员奖励规定》第三章第七条规定，给予公务员、公务员集体的奖励，经同级公务员主管部门或者市（地）级以上机关干部人事部门审核后，按照下列权限审批：（一）嘉奖、记三等功，由县级以上党委和政府或者市（地）级以上机关批准。（二）记二等功，由市（地）级以上党委和政府或者省级以上机关批准。（三）记一等功，由省级党委和政府或者中央和国家机关批准。经省委同意，副省级城市党委和政府可以对本地区公务员、公务员集体给予记一等功奖励。

（四）授予称号，由省级以上党委和政府批准。对下级单位实行垂直管理或者实行双重领导并以上级单位领导为主的机关，可以按照奖励权限，对本系统公务员、公务员集体给予奖励。市（地）级以上机关可以按照奖励权限，对本系统公务员、公务员集体开展及时奖励。由市（地）级以上机关审批的奖励，应当事先将奖励实施方案报同级公务员主管部门审核。

9.【参考答案】A。新录用的公务员试用期为一年。试用期满合格的，予以任职；不合格的，取消录用。

10.【参考答案】D。非组织选派，离职学习期限超过一年的，必须免职。

11.【参考答案】D。累积化是“数字人事”制度最重要的特性。

12.【参考答案】D。《中华人民共和国公务员法》第三十三条规定：“录用特殊职位的公务员，经省级以上公务员主管部门批准，可以简化程序或者采用其他测评办法。”

13.【参考答案】B。公务员有下列情形之一的，予以辞退：（一）在年度考核中，连续两年被确定为不称职的；（二）不胜任现职工作，又不接受其他安排的；（三）因所在机关调整、撤销、合并或者缩减编制员额需要调整工作，本人拒绝合理安排的；（四）不履行公务员义务，不遵守法律和公务员纪律，经教育仍无转变，不适合继续在机关工作，又不宜给予开除处分的（五）旷工或者因公外出、请假期满无正当理由逾期不归连续超过十五天，或者一年内累计超过三十天的。

14.【参考答案】B。公务员年度考核连续三年以上被确定为优秀等次的，晋升职务时优先考虑。

15.【参考答案】C。《中华人民共和国公务员法》第三十九条规定：“定期考核的结果作为调整公务员职位、职务、职级、级别、工资以及公务员奖励、培训、辞退的依据。”

16.【参考答案】D。《中华人民共和国公务员法》第四十条规定：“公务员领导职务实行选任制、委任制和聘任制。公务员职级实行委任制和聘任制。领导成员职务按照国家规定实行任期制。”

17.【参考答案】C。公务员凡有下列亲属关系的，不得在同一机关双方直接隶属于同一领导人员的职位或者有直接上下级领导关系的职位工作，也不得在其中一方担任领导职务的机关从事组织、人事、纪检、监察、审计和财务工作：（一）夫妻关系；（二）直系血亲关系，包括祖父母、外祖父母、父母、子女、孙子女、外孙子女；（三）三代以内旁系血亲关系，包括伯叔姑舅姨、兄弟姐妹、堂兄弟姐妹、表兄弟姐妹、侄子女、甥子女；（四）近姻亲关系，包括配偶的父母、配偶的兄弟姐妹及其配偶、子女的配偶及子女配偶的父母、三代以内旁系血亲的配偶。本规定所列亲属关系，包括法律规定的拟制血亲关系。本规定所称直接隶属，是指具有直接上下级领导关系；同一领导人员，包括同一级领导班子成员；直接上下级领导关系，包括上一级正副职与下一级正副职之间的领导关系。

18. 【参考答案】A。根据《公务员辞去公职规定》，公务员辞去公职后，不再具有公务员身份，自批准之日的次月起停发工资，社会保险按照有关规定执行。

二、多项选择题

1. 【参考答案】ABC。公务员录用，是指录用机关通过法定程序，采用公开考试、严格考察、平等竞争、择优录取的办法，按照德才兼备的标准，选拔优秀人才担任主任科员以下及其他相当职务层次的非领导职务公务员的人事制度，具有公开性、平等性和竞争性三大特点。
2. 【参考答案】ABC。公务员在承担急难险重任务、处理复杂问题、应对重大考验时，表现突出、有显著成绩和贡献的，当期平时考核结果可以直接确定为好等次，并及时给予奖励。
3. 【参考答案】ABD。《公务员转任规定》第八条规定，公务员有下列情形之一的，一般不得转任：（一）试用期未满的；（二）正在接受纪律审查、监察调查，或者涉嫌犯罪，司法程序尚未终结的；（三）法律法规规定的其他不得转任的情形。
4. 【参考答案】ABCD。违反《中华人民共和国公务员法》规定的情形包括：（1）不按编制限额、职数或者任职资格条件进行公务员录用、调任、转任、聘任和晋升的；（2）不按规定条件进行公务员奖惩、回避和办理退休的；（3）不按规定程序进行公务员录用、调任、转任、聘任、晋升、竞争上岗、公开选拔以及考核、奖惩的；（4）违反国家规定，更改公务员工资、福利、保险待遇标准的；（5）在录用、竞争上岗、公开选拔中发生泄露试题、违反考场纪律以及其他严重影响公开、公正的；（6）不按规定受理和处理公务员申诉、控告的。
5. 【参考答案】ABCD。公务员、公务员集体因涉嫌违纪违法正在接受组织调查的，暂停实施奖励。有下列情形之一的，撤销奖励：

   ①弄虚作假，骗取奖励的；

   ②申报奖励时隐瞒严重错误或者严重违反规定程序的；

   ③有严重违纪违法等行为，影响称号声誉的；

   ④有法律、法规规定应当撤销奖励的其他情形的。
6. 【参考答案】BCD。《公务员职务与职级并行规定》第四章第十八条规定，公务员晋升职级，应当具备下列基本资格：（一）晋升一级巡视员，应当任厅局级副职或者二级巡视员 4 年以上；（二）晋升二级巡视员，应当任一级调研员 4 年以上；（三）晋升一级调研员，应当任县处级正职或者二级调研员 3 年以上；（四）晋升二级调研员，应当任三级调研员 2 年以上；（五）晋升三级调研员，应当任县处级副职或者四级调研员 2 年以上；（六）晋升四级调研员，应当任一级主任科员 2 年以上；（七）晋升一级主任科员，应当任乡科级正职或者二级主任科员 2 年以上；（八）晋升二级主任科员，应当任三级主任科员 2 年以上；（九）晋升三级主任科员，应当任乡科级副职或者四级主任科员 2 年以上；（十）晋升四级主任科员，应当任一级科员 2

年以上；（十一）晋升一级科员，应当任二级科员 2 年以上。

7.【参考答案】ACD。公务员年度考核被确定为不称职等次的，按照下列规定办理：降低一个职务层次任职；本考核年度不计算为按年度考核结果晋升级别和级别工资档次的考核年限；不享受年度考核奖金；连续两年年度考核被确定为不称职等次的，予以辞退。

8.【参考答案】ABD。公务员符合下列条件之一的，本人自愿提出申请，经任免机关批准，可以提前退休：①工作年限满 30 年的；②距国家规定的退休年龄不足 5 年，且工作年限满 20 年的；③符合国家规定的可以提前退休的其他情形的。

9.【参考答案】ABCD。数字人事着力构建包括平时考核、公认评价、业务能力评价、领导胜任力评价四大支柱，涵盖“德、能、勤、绩、廉、评、基”七个方面的“个人成长账户”，构建科学化、日常化、多维化、数据化、累积化、可比化的干部考核评价管理制度机制，促使税务干部一生向上、一心向善。

10.【参考答案】BD。税务系统数字人事的干部综合考核评价管理系统中的职业基础包括从业基础和职位基础。

11.【参考答案】ABCD。公务员应当回避的公务活动包括：（一）考试录用、聘任、调任、领导职务与职级升降任免、考核、考察、奖惩、转任、出国（境）审批；（二）巡视、巡察、纪检、监察、审计、仲裁、案件侦办、审判、检察、信访举报处理；（三）税费稽征、项目和资金审批、招标采购、行政许可、行政处罚；（四）其他应当回避的公务活动。

12.【参考答案】ABC。《中华人民共和国公务员法》第四十五条规定，公务员晋升领导职务，应当具备拟任职务所要求的政治素质、工作能力、文化程度和任职经历等方面的条件和资格。

三、判断题

1.【参考答案】×。根据《公务员职务与职级并行制度实施方案》，中央机关巡视员、副巡视员和市地以上党委管理的非领导职务人员，套转后不改变干部管理权限，保留相应政治待遇、工作待遇、生活待遇。

2.【参考答案】×。公务员晋升职级一般不改变人员类别、评鉴关系和考核得分划段范围。

3.【参考答案】×。根据《专业技术类公务员职级设置管理办法（试行）》，专业技术类公务员是指专门从事专业技术工作，为机关履行职责提供技术支持和保障的公务员，其职责具有强技术性、低替代性。

4.【参考答案】×。对公务员的考核，以公务员的职位职责和所承担的工作任务为基本依据，全面考核德、能、勤、绩、廉，重点考核工作实绩。

5.【参考答案】√。《国家税务总局关于修订数字人事制度有关内容的通知》（税总发〔2018〕195 号）明确“行风评议”指标分值配置未开展行风评议的单位，行风评议的权重平均分摊到“办税服务厅现场评价”和“纳税人满意度调查”2个指标上。即：前台人员外部评价得分=办税服务厅现场评价得分×60%+纳税人满意度调查得分×40%；后台人员外部评价得分=办税服务厅现场评价得分×50%+纳税人满意度调查得分×50%。

6. 【参考答案】×。税务数字人事业务能力评价中，业务能力升级级档认定采取测试与评定相结合的方式进行，评定升级适用于年满45岁的税务干部。

7. 【参考答案】×。党政领导干部一般应当具有大学专科以上文化程度，其中厅局级以上领导干部一般应当具有大学本科以上文化程度。

8. 【参考答案】×。数字人事中的业务能力级档，分为初级、中级和高级，共11档。其中，初级对应1—5档，中级对应6—9档，高级对应10—11档。

9. 【参考答案】×。公务员受开除以外的处分，在受处分期间有悔改表现，并且没有再发生违纪行为的，在处分期满后，由处分决定机关解除处分并以书面形式通知本人。解除处分后，晋升工资档次、级别和职务不再受原处分的影响。但是，解除降级、撤职处分的，不视为恢复原级别、原职务。

10. 【参考答案】×。数字人事中，对具有2年以上工作经历、没有试用期或者试用期满任职定级的人员，根据工作年限和职务职级，按照规定套入相应级档。

11. 【参考答案】√。《国家税务总局关于数字人事有关问题的通知》（税总发〔2017〕90号）第四条日常绩效（平时考核）规定，税务干部受政纪警告处分的当年和记过、记大过、降级、撤职处分的期间，数字人事年度考核不得评定为第1段。

12. 【参考答案】×。税务干部收到数字人事考核数据反馈后，如有异议的，可在3日内向考核考评部门反映；考核考评部门接到反映后5日内进行复查并将结果反馈本人。

四、简答题

1. 【参考答案】公务员晋升职级的基本条件包括：

（1）政治素质好，拥护中国共产党的领导和社会主义制度，坚决维护习近平总书记核心地位，坚决维护党中央权威和集中统一领导；

（2）具备职位要求的工作能力和专业知识，忠于职守，勤勉尽责，勇于担当，工作实绩较好；

（3）群众公认度较高；

（4）符合拟晋升职级所要求的任职年限和资历；

（5）作风品行好，遵纪守法，自觉践行社会主义核心价值观，清正廉洁。

2. 【参考答案】

数字人事工作，应适应税收改革发展和建成智慧税务要求，完善“用数据说话，靠平时累积，重结果运用，促干部成长，强科技支撑”的工作机制，探索干部信息“一员式”归集、绩效管理“一体化”推进、税收业务“嵌入式”考核、结果数据

“智能化”运用的新模式，助力构建信息系统、业务应用与内控绩效的“大三角”税收治理体系，提高税收治理效能。

(1) 干部信息“一员式”归集是指依托数字人事个人成长账户，对每名干部的个人基本信息、政治素质信息、德才表现信息、履职尽责信息、日常管理信息、业务技能信息、考核评价信息、廉洁从税信息以及其他反映德、能、勤、绩、廉、评、基等方面情况的信息进行系统化、智能化归集，促进数字人事考准考实、干部画像精细精准。

(2) 绩效管理“一体化”推进是指坚持系统观念、整体视角、全局思维，紧扣“计划——执行——评价——反馈”链条，实现组织绩效与个人绩效战略同向“定指标”、责任共担“扛指标”、互通联动“考指标”、持续改进“晒指标”，突出关键指标，体现个性指标，建立全员绩效指标体系，促进组织绩效与个人绩效有效衔接。

(3) 税收业务“嵌入式”考核是指在实现税务执法、税费服务、税务监管行为全过程记录和数字化智能归集基础上，推动绩效管理渗入业务流程、融入岗责体系、嵌入信息系统，对税务执法等实施自动化考评，将法治素养和依法履职情况作为考核评价干部的重要内容，促进工作质效持续提升。

(4) 结果数据“智能化”运用是指充分利用现代信息技术，依托干部个人成长账户，搭建数据应用平台，建立数据分析模型，形成主题数据库，实现核心算法突破，持续挖掘数据价值，拓展数据增值应用空间。

第三章　纪律工作

第一节　税务系统纪检机构监督执纪工作

一、税务系统纪检机构监督执纪工作的指导思想、基本原则、工作方针

（一）指导思想

以马克思列宁主义、毛泽东思想、邓小平理论、“三个代表”重要思想、科学发展观、习近平新时代中国特色社会主义思想为指导，严格依规依纪依法做好监督执纪问责工作，建设忠诚干净担当的税务纪检干部队伍，不断巩固税务系统全面从严治党成果，不断提升税务系统新时代党的建设质量和税务系统自我净化能力，不断推进税收治理现代化。

（二）基本原则

政治引领原则	坚持和加强党的全面领导，强化政治监督保障制度执行，增强“两个维护”的政治自觉，以政治监督为引领落实监督责任，以严肃党的政治纪律和政治规矩为引领维护党的各项纪律，牢固树立政治意识、大局意识、核心意识、看齐意识，坚定中国特色社会主义道路自信、理论自信、制度自信、文化自信，充分体现监督执纪工作的政治性
法治思维原则	坚持依规治党和依法治国的有机统一，既严格监督执纪，做到违纪必究，也要切实保护税务干部的政治声誉和合法权益；运用法治思维和法治方式开展工作，确保监督执纪问责在制度轨道上运行；坚持和完善党内监督体系，强化权力的监督制约，促进一体推进不敢腐、不能腐、不想腐体制机制的建立和完善
实事求是原则	坚持实事求是，以事实为依据，以党章党规党纪和国家法律法规为准绳，强化监督、严格执纪，把握政策、宽严相济，对主动投案、主动交代问题的宽大处理，对拒不交代、欺瞒组织的从严处理
严格自律原则	坚持信任不能代替监督，执纪者必先守纪，以更高的标准、更严的要求约束自己，严格工作程序，有效管控风险，强化对监督执纪各环节的监督制约，确保监督执纪工作经得起历史和人民的检验

（三）工作方针

坚持惩前毖后、治病救人，把纪律挺在前面，精准有效运用监督执纪“四种形

态”，把思想政治工作贯穿监督执纪全过程，严管和厚爱结合，激励和约束并重，注重教育转化，促使党员干部自觉防止和纠正违纪行为，惩治极少数，教育大多数，实现政治效果、纪法效果和社会效果相统一。

二、税务系统纪检机构监督执纪工作的职责权限

（一）领导体制机制

税务总局党委全面领导税务系统监督执纪问责工作，税务系统各级党委应当定期听取审议同级纪检机构的工作报告，加强对监督执纪问责工作的领导、管理和监督。

税务系统纪检机构应主动接受驻税务总局纪检监察组的监督检查和业务指导。

税务总局党建工作局负责组织和协调税务系统党风廉政建设和反腐败工作，负责组织、统筹、协调、指导税务系统监督执纪工作。

税务系统各级纪检机构在同级党委的领导下开展工作，监督执纪工作以上一级纪检机构领导为主，线索处置和执纪审查情况在向同级党委报告的同时应当向上级纪检机构报告。

（二）主要职责

税务系统党委纪检组（纪委）协助党委推进全面从严治党，承担监督检查、执纪审查、问责追责具体工作。

税务系统各级机关纪委按照《中国共产党党和国家机关基层组织工作条例》规定，结合实际协助机关党委履行相应职责。

1. 协助推进责任

（1）向同级党委汇报上级党组织和纪检机构有关全面从严治党、党风廉政建设和反腐败工作的部署和要求，提出具体贯彻落实意见。

（2）向同级党委通报日常监督中发现的普遍性问题或突出问题，纪检机构主要负责人经常与同级党委主要负责人就作风建设、廉政风险、问题线索等交换意见，每半年至少会同同级党委专题研究 1 次全面从严治党、党风廉政建设和反腐败工作。

（3）加强对下级党组织实施责任追究情况的监督检查，发现有应当追究而未追究或者责任追究处理决定不恰当、不落实等问题的，应当及时督促下级党组织予以纠正。

（4）加强纪检工作标准化、规范化建设，履行加强纪检机构自身建设主体责任，加强教育、管理、监督，严格规范线索处置、谈话函询、初步核实、立案审查、审理等工作，确保权力受到严格约束。

（5）协助同级党委组织开展特约监督员、兼职监督员的聘用和管理工作。

2. 监督检查责任

（1）把监督作为基本职责、第一职责，维护党的章程和其他党内法规，检查党的路线、方针、政策和决议的执行情况；经常对党员进行遵守纪律的教育；对党的组织

和党员领导干部履行职责、行使权力进行监督。

（2）严明党的政治纪律和政治规矩，坚决纠正和查处上有政策、下有对策，有令不行、有禁不止，阳奉阴违，搞团团伙伙、拉帮结派，欺骗组织、对抗组织等行为，强化纪律约束，确保政令畅通。

（3）监督党委及领导班子成员执行民主集中制、“三重一大”等重大事项决策、落实议事程序和工作规则等情况，制止和纠正违规决策行为。

（4）监督中央八项规定及其实施细则精神和纠治“四风”情况落实，根据上级要求开展专项整治活动，协助党委做好“月报告”“零报告”“双签字背书”、重大问题24小时内报告等制度。

（5）紧盯“关键少数”，强化对党委及领导班子成员、部门（单位）主要负责人和下级领导班子尤其是“一把手”的监督，发现本级领导班子成员一般性违规违纪问题，应当及时向本人指出，重要问题向上一级纪检机构报告。对部门（单位）主要负责人和下级的监督中，要突出对管人管钱管物、权力集中、廉洁风险高或群众反映较多的部门（单位）“一把手”的监督。

（6）强化对职能部门履行日常监管职责情况的监督，督促职能部门不断强化内控机制建设，及时纠正和查处职能部门监管缺位、失职失责行为。

（7）加强对选人用人情况的监督，重点监督是否坚持党管干部原则，是否坚持新时期好干部标准，是否坚持正确选人用人导向，特别是紧盯动议、民主推荐、考察考核等关键环节开展监督，坚决防止选人用人上的不正之风。

（8）加强对巡视巡察整改情况的日常监督，持续深入推进巡视巡察发现问题的整改落实，切实提高巡视巡察整改质量。

3. 执纪审查责任

（1）规范信访举报，对实名举报和违反中央八项规定及其实施细则精神、“四风”问题等信访举报优先办理。定期分析研判信访举报情况，对典型性、普遍性问题提出有针对性的处置意见，督促信访举报比较集中的单位（部门）查找分析原因并认真整改。

（2）按照谈话函询、初步核实、暂存待查、予以了结四类方式，统一处置和管理问题线索。坚持问题线索集体排查制度，线索处置、谈话函询、初步核实、立案审查、案件审理、处置执行中的重要问题，应当集体研究。

（3）依规依纪依法开展执纪审查，重点查处党的十八大以来不收敛、不收手，问题线索反映集中、群众反映强烈，政治问题和经济问题交织的腐败案件，以及违反中央八项规定及其实施细则精神的问题。准确运用监督执纪“四种形态”。

（4）加大税收违法案件“一案双查”力度，结合打击偷逃骗税和虚开增值税发票案件，严肃查处税务人员与不法分子内外勾结、谋取私利的违纪问题，并倒查领导责任。

（5）发挥查办案件的治本功能，按规定对重大腐败案件和违反中央八项规定及其实施细则精神的典型问题进行剖析通报，加强警示教育，提出加强管理、堵塞漏洞、完善制度的意见和建议。

4. 问责追责责任

（1）对税务系统党组织和党员领导干部涉及《中国共产党问责条例》中所列问责情形的，按照有关规定和干部管理权限，提出问责建议，履行问责程序，落实问责决定。

（2）对违反中央八项规定及其实施细则精神的，严重违纪被立案审查开除党籍的，严重失职失责被问责的，以及发生在群众身边、影响恶劣的不正之风和腐败问题，按照有关规定和干部管理权限，点名道姓通报曝光。

第二节 税务系统一体化综合监督体系

一、税务系统一体化综合监督体系的指导思想、主要原则、基本目标

（一）指导思想

以习近平新时代中国特色社会主义思想为指导，深入贯彻落实习近平总书记“要把党委（党组）全面监督、纪委监委专责监督、党的工作部门职能监督、党的基层组织日常监督、党员民主监督等结合起来、融为一体”的重要论述，深刻领悟“两个确立”的决定性意义，增强“四个意识”、坚定“四个自信”、做到“两个维护”，坚持和加强党对税收工作的全面领导，发扬自我革命精神，积极构建税务系统纵向到底、横向到边的一体化综合监督体系，增强监督的政治性、严肃性、协同性、有效性，促进各类监督上下联动、贯通融合，持续构建完善“六位一体”税务系统全面从严治党新格局，层层传导压力、厚植严的氛围，推动税务系统全面从严治党向纵深发展、向基层延伸，为进一步深化税收征管改革、高质量推进新发展阶段税收现代化提供坚强保证。

（二）主要原则

加强党的全面领导	充分发挥各级税务局党委把方向、管大局、保落实的领导作用，把党的领导贯穿监督工作全过程、各方面，确保税收工作始终保持正确的政治方向
突出政治监督	把坚定捍卫“两个确立”，坚决做到“两个维护”作为监督工作的首要任务，层层压实管党治党政治责任，确保党中央决策部署到哪里、监督检查就跟进到哪里，把“严”的主基调长期坚持下去
坚持依规依纪依法	坚持运用法治思维和法治方式，严格依规依纪依法开展监督，推动监督工作制度化、规范化、法治化，促进管党治党和治税带队有机统一
推进全面覆盖	以党内监督为主导，推动各类监督有机贯通、协同配合，既紧盯“关键少数”，又管住“绝大多数”，实现对税务系统各个层级、全体人员、所有事项监督的全覆盖

续表

注重务实创新	坚持继承和创新相结合、加强顶层设计和鼓励基层实践相结合，将监督工作与全面深化税务系统纪检监察体制改革、落实“纵合横通强党建”机制制度体系及“下抓两级、抓深一层”工作机制紧密衔接，与绩效管理和数字人事有机结合，构建符合中央要求、具有税务特色、切合基层实际、便于考核考评的一体化综合监督体系，全面提升税务系统监督工作质效

（三）基本目标

构建完善税务系统一体化综合监督体系，落实“1＋1＋5＋N”（“1”是党委全面监督；“1”是纪检机构专责监督；“5”是接受地方党政机关监督、部门职能监督、党的基层组织日常监督、党员和群众民主监督、接受社会监督；“N”是若干配套制度机制）总体框架，着力完善一套制度、健全一组机制、推出一批措施、搭建一个网络、打造一支铁军、取得一流成效，强化对权力运行的制约和监督，使上级监督更有力、同级监督更直接、下级监督更广泛、外部监督更有效、各方监督更协同、运行机制更顺畅，形成党委统一领导、各司其责、全面覆盖、集成高效、贯通协同的监督工作格局，层层压实管党治党政治责任，纵深推进税务系统全面从严治党。

二、税务系统一体化综合监督体系的主要任务

（一）加强党委全面监督

税务总局党委对税务系统监督工作负主体责任，加强对监督工作的全面领导，推动各类监督有机贯通、形成合力。各级税务局党委对本单位本系统监督工作负主体责任，建立健全和组织实施各项监督制度，并抓好督促检查；强化纪检机构专责监督作用，并自觉接受其监督；突出加强对“关键少数”特别是“一把手”和领导班子的监督；对上级党委、纪检机构工作提出意见建议，开展监督。对履行监督责任不力的，依照有关规定处理。

（二）强化纪检机构专责监督

各级税务局党委支持纪检机构根据《中国共产党章程》和《中国共产党纪律检查委员会工作条例》《纪检监察机关派驻机构工作规则》等党内法规制度履行职责，开展工作，切实发挥监督保障执行，促进完善发展作用。按照全面深化税务系统纪检监察体制改革的部署要求，落实执纪审查、提名考察、履职考核、请示报告等有关制度，充分发挥纪检机构专责监督作用。省级以下税务局纪检机构在本级党委和上级内设纪检机构双重领导下开展工作，上级内设纪检机构加强对下级内设纪检机构的领导和指导，协助同级党委推进全面从严治党、加强党风建设和组织协调反腐败工作。紧紧围绕贯彻落实党的理论和路线方针政策以及党中央决策部署，坚决做到“两个维护”、压

实主体责任、营造良好政治生态等方面强化政治监督。强化对同级党委、领导班子成员和下级党委、领导班子成员特别是“一把手”履职用权、担当作为、廉洁自律情况的监督。立足“监督的再监督”职能定位，加强对各职能部门履行部门职能监督职责、基层党组织履行日常监督职责的再监督。加强对本单位本系统税务人员尤其是关键少数“两权”行使情况的监督，坚决清除一切损害党的先进性和纯洁性的因素，清除一切侵蚀党的健康肌体的病毒。加强对构建完善一体化综合监督体系落实情况的监督，以强有力的监督推动制度落地见效。

（三）自觉接受和主动配合地方党政机关的监督

各级税务局党委落实双重领导管理体制要求，发挥“纵合横通强党建”机制制度体系作用，引进用好地方党政机关监督资源，自觉接受、主动配合地方党委、人大、政府、政协、司法机关的监督并按要求报告工作。各级税务局党的工作部门及相关职能部门积极主动与地方党政机关对口部门沟通联系，定期走访汇报，认真听取意见建议。对本系统开展党建责任落实、选人用人、干部管理监督、营造良好政治生态等方面的考核，听取地方党委和政府分管或者联系领导、相关职能部门的意见。对本系统开展巡视巡察时，应当向地方纪检监察机关、组织（人事）部门、信访部门、巡视巡察机构等收集了解相关情况和线索。建立党政机关监督反映的问题、提出的意见建议处置机制，统筹抓好问题整改、工作改进和结果反馈。

（四）统筹部门职能监督

各级税务局党委办公室、组织人事、党建、机关党委、财务管理、督察内审、考核考评等职能部门在党委的统一领导下，按照“职责所在、监督所向”原则，积极运用信息技术，创新方式方法，履行监督职责，发挥职能监督优势。各级税务局党建工作领导小组办公室和党风廉政建设领导小组办公室加强组织协调，建立健全部门职能监督协同配合机制，增强监督合力。

（五）做实党的基层组织日常监督

各级税务局基层党组织突出政治功能，严肃党内组织生活，提高批评和自我批评质量；落实党支部工作条例，促进基层党组织日常监督制度化、常态化；履行日常教育、管理、监督职责，激励党员干部履职尽责、担当作为；抓好对党员干部“八小时之外”的监督，督促党员干部自觉净化社交圈、生活圈、朋友圈。党支部书记带头落实谈心谈话制度，及时掌握党员干部思想状况，对苗头性、倾向性问题及时提醒批评教育。纪检委员认真履行监督职责，充分发挥正风肃纪的“前哨”作用。

（六）深化党员和群众民主监督

党员和群众应当本着对党和税收事业高度负责的态度，积极行使监督权利，履行监督义务，按照组织程序如实反映意见建议和诉求，负责地揭发、检举违纪违法事实。各级税务局党组织依法保障党员和群众民主监督权利，创新方式、拓宽渠道，为党员和群众参与民主监督创造良好环境。

（七）自觉接受和主动配合社会监督

各级税务局党委要自觉接受、主动配合纳税人缴费人、新闻媒体、社会公众等方面的监督，用好各方面社会监督资源，畅通社会监督渠道，认真听取意见建议，主动回应社会关切，抓好问题整改反馈，持续改进税收工作。

【判断题】各级税务局党委落实垂直管理体制要求，发挥“纵合横通强党建”机制制度体系作用，引进用好地方党政机关监督资源，自觉接受、主动配合地方党委、人大、政府、政协、司法机关的监督并按要求报告工作。（　　）

【参考答案】×。各级税务局党委落实双重领导管理体制要求，发挥“纵合横通强党建”机制制度体系作用，引进用好地方党政机关监督资源，自觉接受、主动配合地方党委、人大、政府、政协、司法机关的监督并按要求报告工作。

第三节　税收违法案件一案双查工作

一、税收违法案件“一案双查”的概念、原则和工作机制

概念	指在稽查部门在查处纳税人、扣缴义务人和其他涉税当事人偷逃税、虚开发票和骗取退税等税收违法案件时，发现税务机关或者税务人员涉嫌违纪违法问题线索的，移交纪检部门依照有关规定进行调查和责任追究；督察内审部门在税收执法监督检查或者其他具有业务管理和监督职能的部门在纳税评估、风险管理、大企业管理、出口退税管理、反避税调查等工作中，发现涉税当事人存在涉嫌税收违法行为，同时发现税务机关或者税务人员涉嫌违纪违法问题线索的，分别移交有权处理的部门和纪检部门依照有关规定进行调查和责任追究
原则	1. 依纪依法、全面从严的原则
	2. 统一领导、分级管理的原则
	3. 各负其责、协作配合的原则
	4. 纠建并举、标本兼治的原则
工作机制	各级税务机关应积极推进“一案双查”以案促改、以案促治工作，一体推进不敢腐、不能腐、不想腐，对带有苗头性的问题及时进行提醒，进一步完善内控、规范管理；对带有普遍性的问题深入开展专项检查，进一步健全制度、规范执法；对违纪违法行为坚决查处并严肃追责问责

二、税收违法案件“一案双查”的职责分工

组织开展一案双查工作，税务总局以党建工作局为牵头部门，省以下税务局和税务总局驻各地特派办以纪检机构为牵头部门。牵头部门负责一案双查工作的统一组织、统筹协调和督促落实。纪检机构负责调查税务机关和税务人员违纪违法行为。稽查、督察内审、其他部门以及税务总局驻各地特派办相关职能部门按照分工履行职责各自使用规范文书，并按照规定执行。

（一）牵头部门负责一案双查工作的统一组织、统筹协调和督促落实，组织召开一案双查联席会议。纪检部门负责调查税务机关和税务人员违纪违法行为，提出处理意见；对案件反映出的重大、典型、共性等问题，通过专题会商、发出纪检建议等方式，督促主责部门做好以案促改、以案促治工作。

（二）稽查部门负责查处涉税当事人偷逃税、虚开发票和骗取退税等税收违法案件，及时向纪检部门移交问题线索，向督察内审部门转交符合标准的重大税收违法案件，按规定配合纪检部门、督察内审等部门查阅、复制、借阅相关稽查案件卷宗资料等工作。

（三）督察内审部门负责检查税务机关和税务人员执法行为的规范性，对税务机关或者税务人员税收征管和执法行为开展合规性审查、专案督察等工作；及时向纪检部门移交问题线索。

（四）税务总局驻各地特派办相关职能部门负责跨区域稽查案件查办和执法督查，及时向纪检部门移交问题线索。

其他部门对发现的问题线索，应依照规定及时移交有权处理的部门和纪检部门，在职责范围内对一案双查涉及税收业务问题出具书面意见，协助纪检部门收集、审查、判断或者认定证据；分析研判重点领域性、重大行业性、系统性的税收风险和重大税收违法风险点，为一案双查提供支持等。

建立一案双查联席会议机制。联席会议由一案双查牵头部门组织，稽查、督察内审和相关税收业务部门以及组织人事、巡视巡察等部门负责人根据需要参加。联席会议一般每季度召开一次，如遇需紧急协调、沟通的事项，可随时召开。联席会议应形成会议纪要。

一案双查联席会议主要内容：

（一）统筹研究、组织、实施一案双查工作；协调工作中遇到的重要事项、重大问题，推进工作开展。

（二）通报一案双查问题线索移交、提前介入、处置、处理等工作情况。

（三）对本级和下级税务机关重大税收违法案件实施一案双查的标准提出意见建议。

（四）研究其他事项。

三、税收违法案件“一案双查”的案源管理

<table>
<tr><td rowspan="7">实行“一案双查”的情形</td><td colspan="2">1. 检举涉税当事人税收违法行为，同时检举税务机关或者税务人员违纪违法行为，线索具体的</td></tr>
<tr><td colspan="2">2. 稽查部门在检查中发现税务机关或者税务人员涉嫌失职渎职、索贿受贿或者侵犯公民、法人和其他组织合法权益等行为的</td></tr>
<tr><td colspan="2">3. 督察内审部门在税收执法监督检查中发现涉税当事人存在涉嫌税收违法行为，同时发现税务机关或者税务人员涉嫌违纪违法问题线索的</td></tr>
<tr><td colspan="2">4. 其他部门在业务管理和开展职能监督中发现涉税当事人存在涉嫌税收违法行为，同时发现税务机关或者税务人员涉嫌违纪违法问题线索的</td></tr>
<tr><td colspan="2">5. 重大税收违法案件存在税务机关或者税务人员涉嫌违纪违法行为的</td></tr>
<tr><td colspan="2">6. 税务总局驻各地特派办相关职能部门在开展稽查、督审等工作中发现涉税当事人存在涉嫌税收违法行为，同时发现税务机关或者税务人员涉嫌违纪违法问题线索的</td></tr>
<tr><td colspan="2">7. 牵头部门认为需要实行一案双查的其他税收违法案件</td></tr>
<tr><td rowspan="7">案件移交</td><td rowspan="3">税务总局稽查局举报中心</td><td>涉及司局级干部的，移交驻总局纪检监察组处理</td></tr>
<tr><td>涉及税务总局机关处级及以下税务人员的，移交税务总局机关纪委处理</td></tr>
<tr><td>涉及其他税务人员的，移交相关省税务局纪检机构处理</td></tr>
<tr><td rowspan="3">税务总局驻各地特派办</td><td>涉及司局级干部的，移交驻总局纪检监察组处理</td></tr>
<tr><td>涉及税务总局机关处级及以下税务人员的，移交税务总局机关纪委处理</td></tr>
<tr><td>涉及其他税务人员的，移交相关省税务局纪检机构处理</td></tr>
<tr><td>省以下税务局稽查部门</td><td>移交同级纪检机构处理</td></tr>
<tr><td rowspan="7">稽查部门在检查中发现税务机关或者税务人员涉嫌下列行为之一的，应当妥善保存有关证据和材料，并按规定移交一案双查牵头部门</td><td colspan="2">1. 与不法分子相勾结，虚开、非法买卖发票，偷逃税、骗取退税的</td></tr>
<tr><td colspan="2">2. 为涉案当事人通风报信、提供伪证、说情，影响案件查处的</td></tr>
<tr><td colspan="2">3. 隐匿、转移、毁灭证据的</td></tr>
<tr><td colspan="2">4. 索取、收受贿赂，利用职务之便为自己或者他人牟取利益的</td></tr>
<tr><td colspan="2">5. 侵犯公民、法人和其他组织合法权益等行为的</td></tr>
<tr><td colspan="2">6. 经商办企业或者在企业入股分红，以及其他违反规定从事营利性活动的</td></tr>
<tr><td colspan="2">7. 有其他违纪违法行为的</td></tr>
<tr><td rowspan="3">稽查部门对已作出税务处理处罚决定的重大税收违法案件，应按规定转交同级督察内审部门并同时抄送一案双查牵头部门</td><td colspan="2">1. 虚开发票、偷逃税、骗取退税达到一定标准的案件</td></tr>
<tr><td colspan="2">2. 上级税务机关督办的重大税收违法案件</td></tr>
<tr><td colspan="2">3. 造成重大社会影响的税收违法案件</td></tr>
</table>

【提示】各省级税务局及税务总局驻各地特派办应当科学制定对重大税收违法案件实施一案双查的标准和动态调整机制，并报税务总局备案。

四、税收违法案件“一案双查”的组织实施

一案双查牵头部门组织开展调查应成立不少于 2 人的调查组，必要时可联合稽查、督察内审以及其他部门人员等部门人员参加。调查组实行组长负责制，开展调查前应制定调查方案，调查结束时应当形成调查报告，提出初步处理意见，并按有关程序进行处理。

关于纪检机构提前介入的情形：

1. 稽查部门在税收违法案件检查过程中，发现税务机关或者税务人员涉嫌违纪违法问题线索的；督察内审部门在税收执法监督检查中，发现涉税当事人存在涉嫌税收违法行为，同时发现税务机关或者税务人员涉嫌违纪违法问题线索的；其他部门在纳税评估、风险管理、大企业管理、出口退税管理、反避税调查等工作中发现涉税当事人存在涉嫌税收违法行为，同时发现税务机关或者税务人员涉嫌违纪违法问题线索的，可以提请纪检机构提前介入；有证据或线索证明税务机关或者税务人员涉嫌违纪违法行为的，或者存在证据灭失风险的，应当提请纪检机构提前介入。

上述部门在发现证据或者线索之日起 5 个工作日内，经分管税务局领导批准后，填写《税务机关（人员）涉嫌违纪违法问题线索移交单》，连同有关证据和材料一并移交纪检机构；纪检机构在接到书面提请和相关资料后，应当在 3 个工作日内作出是否提前介入的决定。

2. 纪检机构认为有需要提前介入的情形，可以提前介入。各省级税务局和税务总局驻各地特派办应当结合本地工作实际，在实施细则中明确提请纪检机构提前介入的具体情形和标准。对检举涉税当事人税收违法行为同时检举税务机关或者税务人员违纪违法问题严重的，可由一案双查牵头部门会同稽查、督察内审等部门组成联合调查组，同时进行检查和调查审查。

省以下税务局一案双查牵头部门和督察内审部门可依据职责权限向税务机关及税务人员了解情况，收集、调取证据。税务机关及税务人员应积极配合，及时如实反馈情况。

参与一案双查工作的部门和人员应当遵守保密工作纪律，对所发现的税务机关或者税务人员违纪违法的证据、线索，以及提供线索的稽查人员有关情况，应指定专人负责管理，不得泄露、传播。

相关检查、调查工作完成后，依据检查、调查结果，区分不同情况分别作出处理：

（1）未发现问题的，及时作了结或结案处理；

（2）对存在税收执法过错行为的，由税收执法责任制工作领导小组及其办公室按照税收执法过错责任追究有关规定处理；

（3）对涉及违纪违法的，由纪检机构、人事部门依纪依法依规进行处理。

相关处理决定作出后，省以下税务局一案双查牵头部门、督察内审等部门应及时向有关税务机关或者部门发出问题整改建议书，督促有关税务机关认真落实整改并及时反馈整改结果。

【判断题】一案双查牵头部门组织开展调查应成立不少于3人的调查组，必要时可联合稽查、督察内审以及其他部门人员等部门人员参加。(　　)

【参考答案】×。一案双查牵头部门组织开展调查应成立不少于2人的调查组，必要时可联合稽查、督察内审以及其他部门人员等部门人员参加。

第四节　违纪违法行为惩处

一、党的纪律处分

（一）纪律处分原则、查处重点和种类

<table>
<tr><td rowspan="5">原则</td><td colspan="2">坚持党要管党、全面从严治党</td><td>加强对党的各级组织和全体党员的教育、管理和监督，把纪律挺在前面，注重抓早抓小、防微杜渐</td></tr>
<tr><td colspan="2">党纪面前一律平等</td><td>对违犯党纪的党组织和党员必须严肃、公正执行纪律，党内不允许有任何不受纪律约束的党组织和党员</td></tr>
<tr><td colspan="2">实事求是</td><td>对党组织和党员违犯党纪的行为，应当以事实为依据，以党章、其他党内法规和国家法律法规为准绳，准确认定违纪性质，区别不同情况，恰当予以处理</td></tr>
<tr><td colspan="2">民主集中制</td><td>实施党纪处分，应当按照规定程序经党组织集体讨论决定，不允许任何个人或者少数人擅自决定和批准。上级党组织对违犯党纪的党组织和党员作出的处理决定，下级党组织必须执行</td></tr>
<tr><td colspan="2">惩前毖后、治病救人</td><td>处理违犯党纪的党组织和党员，应当实行惩戒与教育相结合，做到宽严相济</td></tr>
<tr><td>查处重点</td><td colspan="3">党的十八大以来不收敛、不收手，问题线索反映集中、群众反映强烈，政治问题和经济问题交织的腐败案件，违反中央八项规定精神的问题</td></tr>
<tr><td rowspan="3">种类</td><td rowspan="3">对党员</td><td>警告</td><td rowspan="2">党员受到警告处分1年内、受到严重警告处分1年半内，不得在党内提升职务和向党外组织推荐担任高于其原任职务的党外职务</td></tr>
<tr><td>严重警告</td></tr>
<tr><td>撤销党内职务</td><td>对于在党内担任2个以上职务的，党组织在作处分决定时，应当明确是撤销其一切职务还是1个或者几个职务。如果决定撤销其1个职务，必须撤销其担任的最高职务。如果决定撤销其2个以上职务，则必须从其担任的最高职务开始依次撤销。党员受到撤销党内职务处分，或者依照前款规定受到严重警告处分的，2年内不得在党内担任和向党外组织推荐担任与其原任职务相当或者高于其原任职务的职务</td></tr>
</table>

续表

<table>
<tr><td rowspan="4">种类</td><td rowspan="2">对党员</td><td>留党察看</td><td>分为留党察看 1 年、留党察看 2 年。对于受到留党察看处分 1 年的党员，期满后仍不符合恢复党员权利条件的，应当延长 1 年留党察看期限。留党察看期限最长不得超过 2 年。留党察看处分期间，没有表决权、选举权和被选举权。恢复党员权利后 2 年内，不得在党内担任和向党外组织推荐担任与其原任职务相当或者高于其原任职务的职务</td></tr>
<tr><td>开除党籍</td><td>5 年内不得重新入党，也不得推荐担任与其原任职务相当或者高于其原任职务的党外职务</td></tr>
<tr><td rowspan="2">对党组织</td><td>改组</td><td>对于受到改组处理的党组织领导机构成员，除应当受到撤销党内职务以上（含撤销党内职务）处分的外，均自然免职</td></tr>
<tr><td>解散</td><td>对于受到解散处理的党组织中的党员，应当逐个审查。其中，符合党员条件的，应当重新登记，并参加新的组织过党的生活；不符合党员条件的，应当对其进行教育、限期改正，经教育仍无转变的，予以劝退或者除名；有违纪行为的，依照规定予以追究</td></tr>
</table>

（二）纪律处分规则

从轻或者减轻处分的情形	主动交代本人应当受到党纪处分的问题的
	在组织核实、立案审查过程中，能够配合核实审查工作，如实说明本人违纪违法事实的
	检举同案人或者其他人应当受到党纪处分或者法律追究的问题，经查证属实的
	主动挽回损失、消除不良影响或者有效阻止危害结果发生的
	主动上交违纪所得的
	有其他立功表现的
从重或者加重处分的情形	强迫、唆使他人违纪的
	拒不上交或者退赔违纪所得的
	违纪受处分后又因故意违纪应当受到党纪处分的
	违纪受到党纪处分后，又被发现其受处分前的违纪行为应当受到党纪处分的
	《中国共产党纪律处分条例》另有规定的
合并处理	一人有规定的 2 种以上（含 2 种）应当受到党纪处分的违纪行为，应当合并处理，按其数种违纪行为中应当受到的最高处分加重一档给予处分；其中一种违纪行为应当受到开除党籍处分的，应当给予开除党籍处分
共同违纪处理	2 人以上（含 2 人）共同故意违纪的，对为首者，从重处分，另有规定的除外；对其他成员，按照其在共同违纪中所起的作用和应负的责任，分别给予处分
	对于经济方面共同违纪的，按照个人所得数额及其所起作用，分别给予处分。对违纪集团的首要分子，按照集团违纪的总数额处分；对其他共同违纪的为首者，情节严重的，按照共同违纪的总数额处分
	教唆他人违纪的，应当按照其在共同违纪中所起的作用追究党纪责任

（三）对违法犯罪党员的纪律处分

党组织在纪律审查中发现党员有贪污贿赂、滥用职权、玩忽职守、权力寻租、利益输送、徇私舞弊、浪费国家资财等违反法律涉嫌犯罪行为的，应当给予撤销党内职务、留党察看或者开除党籍处分。

党组织在纪律审查中发现党员有刑法规定的行为，虽不构成犯罪但须追究党纪责任的，或者有其他违法行为，损害党、国家和人民利益的，应当视具体情节给予警告直至开除党籍处分。

党组织在纪律审查中发现党员严重违纪涉嫌违法犯罪的，原则上先作出党纪处分决定，并按照规定给予政务处分后，再移送有关国家机关依法处理。

二、职务违法与职务犯罪

（一）职务违法与职务犯罪的区别

	职务犯罪	职务违法
具体含义	指国家机关、国有公司、企业事业单位、人民团体工作人员利用已有职权，贪污、贿赂、徇私舞弊、滥用职权、玩忽职守，侵犯公民人身权利、民主权利，破坏国家对公务活动的规章规范，依照刑法应当予以刑事处罚的犯罪	指行使公权力的公职人员利用职务之便实施的违法行为
触犯法律责任	是一种犯罪，触犯刑法，需要追究刑事责任	是触犯宪法、法律、行政法规等，但是未达到刑法规定犯罪追诉标准的，不会追究刑事责任
主体	国家机关、国有公司、企事业单位和人民团体工作人员	具有行使公职权利的国家公职人员
后果	职务犯罪比职务违法后果更加严重	

（二）税务职务犯罪

税务职务犯罪是税务机关工作人员在与其职务和身份有关的活动中，触犯《中华人民共和国刑法》，依据《中华人民共和国刑法》规定应当承担刑事责任的行为。

税务职务犯罪中的徇私舞弊不征、少征税款罪和徇私舞弊发售发票、抵扣税款、出口退税罪，是以税务机关工作人员为特殊主体，即只有税务机关工作人员才能成为犯罪主体。

1. 玩忽职守罪

该罪是指国家机关工作人员严重不负责任，不履行或者不认真履行职责，致使公共财产、国家和人民利益遭受重大损失的行为。

2. 滥用职权罪

该罪是指国家机关工作人员超越职权，违法决定、处理其无权决定、处理的事项，或者违反规定处理公务，致使公共财产、国家和人民利益遭受重大损失的行为。

3. 徇私舞弊发售发票、抵扣税款、出口退税罪

该罪是指税务机关工作人员违反法律、行政法规的规定，在办理发售发票、抵扣税款、出口退税工作中徇私舞弊，致使国家利益遭受重大损失的行为。

4. 徇私舞弊不征、少征税款罪

该罪是指税务机关工作人员徇私舞弊，不征、少征应征税款，致使国家税收遭受重大损失的行为。

5. 徇私舞弊不移交刑事案件罪

该罪是指行政执法人员徇私舞弊，对依法应当移交司法机关追究刑事责任的案件不移交，情节严重的行为。

6. 帮助犯罪分子逃避处罚罪

该罪是指有查禁犯罪活动职责的国家机关工作人员，向犯罪分子通风报信、提供便利，帮助犯罪分子逃避处罚的行为。

7. 受贿罪

该罪是指国家工作人员利用职务上的便利，索取他人财物的，或者非法收受他人财物，为他人牟取利益的行为。

8. 贪污罪

该罪是指国家工作人员利用职务上的便利，侵吞、窃取、骗取或者以其他手段非法占有公共财物的行为。

9. 挪用公款罪

该罪是指国家工作人员利用职务上的便利，挪用公款归个人使用，进行非法活动的，或者挪用公款数额较大、进行营利活动的，或者挪用公款数额较大、超过 3 个月未还的行为。

10. 私分罚没财物罪

该罪是指司法机关、行政执法机关违反国家规定，将应当上缴国家的罚没财物，以单位名义集体私分给个人的行为。

本章习题

一、单项选择题

1. 税务系统纪检机构监督中央八项规定及其实施细则精神和纠治“四风”情况落实，根据上级要求开展专项整治活动，协助党委做好“月报告”“零报告”“双签字背书”、重大问题（　　）内报告等制度。

A. 1 小时　B. 6 小时　C. 12 小时　D. 24 小时

2. 组织开展一案双查工作，省以下税务机关以（　　）为牵头部门，负责一案双查工作的统一组织、统筹协调和督促落实，负责调查税务机关和税务人员违纪行为。

A. 党建工作部门　B. 稽查部门　C. 督查内审部门　D. 纪检机构

3. 对于应当受到撤销党内职务处分的党员，如果其本人没有担任党内职务的，应当给予（　　）党纪处分。

A. 撤销党内职务　B. 留党察看　C. 严重警告　D. 记大过

4. 受到撤销党内职务处分的党员，其在党内担任两个以上职务，如果决定撤销其某职务，则必须从其担任的（　　）。

A. 最高职务开始依次撤销　B. 最低职务开始依次撤销

C. 多个职务中任选其一撤销　D. 所有职务都予以撤销

5. 税务系统纪检机构监督执纪工作的工作方针：坚持惩前毖后、治病救人，把纪律挺在前面，精准有效运用监督执纪（　　），把思想政治工作贯穿监督执纪全过程，严管和厚爱结合，激励和约束并重，注重教育转化，促使党员干部自觉防止和纠正违纪行为，惩治极少数，教育大多数，实现政治效果、纪法效果和社会效果相统一。

A. “两种形态”　B. “三种形态”　C. “四种形态”　D. “五种形态”

6.《中华人民共和国公务员法》规定，领导成员因工作严重失误、失职造成重大损失或者恶劣社会影响的，或者对重大事故负有领导责任的，应当（　　）。

A. 停职反省　B. 被要求免去领导职务

C. 引咎辞去领导职务　D. 不需辞职，等候处理

7. 对党的领导干部的问责方式不包括（　　）。

A. 检查　B. 通报　C. 诫勉　D. 纪律处分

8. 党组织在纪律审查中发现党员有刑法规定的行为，虽不构成犯罪但须追究党纪责任的，或者有其他违法行为，损害党、国家和人民利益的，应当视具体情节给予警告直至（　　）处分。

A. 严重警告　B. 撤销党内职务　C. 留党察看　D. 开除党籍

9. 对于受到留党察看处分 1 年的党员，期满后仍不符合恢复党员权利条件的，应当延长（　　）留党察看期限。

A. 半年　B. 1 年　C. 18 个月　D. 2 年

10. 一案双查牵头部门组织开展调查应成立不少于（　　）人的调查组，必要时可联合稽查、督察内审以及其他部门人员等部门人员参加。

A. 2　B. 3　C. 4　D. 5

11. 公务员受党内严重警告处分的当年，参加年度考核，因与职务行为有关的错误而受严重警告处分的，确定为（　　）。

A. 优秀　B. 称职　C. 基本称职　D. 不称职

12. 需要对被审查调查人采取留置措施的，应当依据监察法进行，在（　　）小时内

通知其所在单位和家属，并及时向社会公开发布。

A. 12　B. 24　C. 36　D. 48

13. 党和国家机关违反有关规定经商办企业的，对直接责任者和领导责任者，给予（　）处分，情节严重的，给予（　）处分。

A. 警告、严重警告　B. 警告或者严重警告、撤销党内职务

C. 撤销党内职务、留党察看　D. 留党察看、开除党籍

14. 实施党纪处分，应当按照规定程序经党组织集体讨论决定，不允许任何个人或者少数人决定和批准。上级党组织对违犯党纪的党组织和党员作出的处理决定，下级党组织必须执行。以上表述概括的是（　）。

A. 党员在党纪面前人人平等原则　B. 实事求是原则

C. 党要管党、从严治党原则　D. 民主集中制原则

15. 某县税务局党员小陈有两种违纪行为，应分别受到严重警告、撤销党内职务的党纪处分，则小陈实际受到的处分应是（　）。

A. 严重警告　B. 撤销党内职务　C. 留党察看　D. 开除党籍

二、多项选择题

1. 对于党员违犯党纪的处分，下列情形可以依照规定从轻或者减轻处分的有（　）。

A. 主动交代本人应当受到党纪处分的问题的

B. 主动检举同案人或者其他人应当受到党纪处分的问题，经查证属实的

C. 主动挽回损失或者有效阻止危害结果发生的

D. 主动退出违纪违法所得的

2. 对党组织的问责，包括以下哪些方式（　）。

A. 警告　B. 检查　C. 通报　D. 改组

3. 税务系统纪检机构监督执纪工作要把思想政治工作贯穿监督执纪全过程，严管和厚爱结合，激励和约束并重，注重教育转化，促使党员干部自觉防止和纠正违纪行为，惩治极少数，教育大多数，实现（　）相统一。

A. 政治效果　B. 纪法效果　C. 纪检效果　D. 社会效果

4. 构建税务系统一体化综合监督体系，落实“1 + 1 + 5 + N”总体框架，其中“5”是指接受（　）。

A. 纪检机构专责监督　B. 地方党政机关监督

C. 部门职能监督　D. 党的基层组织日常监督

5. 党组织在纪律审查中发现党员有贪污贿赂、滥用职权、玩忽职守、权力寻租、利益输送、徇私舞弊、浪费国家资财等违反法律涉嫌犯罪行为的，应当给予（　）处分。

A. 警告　B. 撤销党内职务　C. 留党察看　D. 开除党籍

6. 根据《中国共产党纪律处分条例》，下列说法正确的有（　）。

A. 受到警告处分的党员，一年内不得在党内提升职务

B. 受到严重警告处分的党员，一年内不得在党内提升职务

C. 受到警告处分的党员，一年内不得向党外组织推荐担任高于其原任职务的党外职务

D. 受到严重警告处分的党员，一年内不得向党外组织推荐担任高于其原任职务的党外职务

7. 以下哪些属于党的问责工作应当坚持的原则（ ）。

A. 依规依纪、实事求是 B. 失责必问、问责必严

C. 权责一致、错责相当 D. 严管和厚爱结合、激励和约束并重

8. 下列属于构建税务系统一体化综合监督体系工作机制是（ ）。

A. 建立健全加强党委全面监督的领导机制

B. 建立健全强化纪检机构专责监督的工作机制

C. 建立健全自觉接受系统外部监督的工作机制

D. 建立健全各类监督贯通融合的工作机制

9. 通报（通报批评）的实施部门是各级税务局（ ）。

A. 党委纪检组 B. 党支部 C. 组织人事部门 D. 职能部门

10. 各级税务局党委落实双重领导管理体制要求，发挥“纵合横通强党建”机制制度体系作用，引进用好地方党政机关监督资源，自觉接受、主动配合（ ）的监督并按要求报告工作。

A. 地方党委 B. 人大 C. 政府 D. 政协

三、判断题

1. 税务系统党委纪检组（纪委）协助党委推进全面从严治党，承担监督检查、执纪审查、问责追责具体工作。（ ）

2. 责成退出违纪所得，一般适用于经济类违纪行为或有违纪所得的违纪行为。（ ）

3. 党员受到留党察看处分，其党内职务可继续保留。（ ）

4. 党纪处分决定自批准之日起生效。被处分人对党纪处分决定不服的，在复议复查期间，暂停原处分决定的执行。（ ）

5. 《中国共产党纪律处分条例》的适用对象为中国共产党党员。（ ）

6. 对严重违犯党纪的党组织的纪律处分种类是改组和解散。（ ）

7. 党组织在纪律审查中发现党员严重违纪涉嫌违法犯罪的，应当立即移送司法机关处理。（ ）

8. 党组织在纪律审查中发现党员有贪污贿赂、滥用职权、玩忽职守、权力寻租、利益输送、徇私舞弊、浪费国家资财等违反法律涉嫌犯罪行为的，可以给予撤销党内职务、留党察看或者开除党籍处分。（ ）

四、简答题

1. 税收违法案件“一案双查”如何组织实施？
2. 税务系统一体化综合监督体系的基本目标是什么。

参考答案与解析

一、单项选择题

1. 【参考答案】D。《税务系统纪检机构监督执纪工作规范（试行）》规定，监督中央八项规定及其实施细则精神和纠治“四风”情况落实，根据上级要求开展专项整治活动，协助党委做好“月报告”“零报告”“双签字背书”、重大问题 24 小时内报告等制度。
2. 【参考答案】D。《税务系统纪检机构监督执纪工作规范（试行）》3. 8. 1 职责分工规定：组织开展一案双查工作，税务总局以党建工作局为牵头部门，省以下税务机关以纪检机构为牵头部门，负责一案双查工作的统一组织、统筹协调和督促落实，负责调查税务机关和税务人员违纪行为。
3. 【参考答案】C。根据《中国共产党纪律处分条例》的规定。
4. 【参考答案】A。根据《中国共产党纪律处分条例》的规定。
5. 【参考答案】C。税务系统纪检机构监督执纪工作的工作方针：坚持惩前毖后、治病救人，把纪律挺在前面，精准有效运用监督执纪“四种形态”，把思想政治工作贯穿监督执纪全过程，严管和厚爱结合，激励和约束并重，注重教育转化，促使党员干部自觉防止和纠正违纪行为，惩治极少数，教育大多数，实现政治效果、纪法效果和社会效果相统一。
6. 【参考答案】C。《中华人民共和国公务员法》第八十七条规定，领导成员因工作严重失误、失职造成重大损失或者恶劣社会影响的，或者对重大事故负有领导责任的，应当引咎辞去领导职务。
7. 【参考答案】A。《中国共产党纪律处分条例》第十二条规定，对同级党委管理的领导干部，纪委和党的工作机关报经同级党委或者其主要负责人批准，可以采取通报、诫勉方式进行问责；提出组织调整或者组织处理的建议。采取纪律处分方式问责的，按照党章和有关党内法规规定的权限、程序执行。
8. 【参考答案】D。党组织在纪律审查中发现党员有刑法规定的行为，虽不构成犯罪但须追究党纪责任的，或者有其他违法行为，损害党、国家和人民利益的，应当视具体情节给予警告直至开除党籍处分。
9. 【参考答案】B。对于受到留党察看处分 1 年的党员，期满后仍不符合恢复党员权利条件的，应当延长 1 年留党察看期限。
10. 【参考答案】A。一案双查牵头部门组织开展调查应成立不少于 2 人的调查组，必要时可联合稽查、督察内审以及其他部门人员等部门人员参加。

11.【参考答案】D。《中共中央纪律检查委员会 中共中央组织部 人事部关于受党纪处分的党政机关工作人员年度考核有关问题的意见》第二条规定：受党内严重警告处分的当年，参加年度考核，因与职务行为有关的错误而受严重警告处分的，确定为不称职；因其他错误而受严重警告处分的，只写评语不确定等次。

12.【参考答案】B。《中国共产党纪律检查机关监督执纪工作规则》第四十一条规定：需要对被审查调查人采取留置措施的，应当依据监察法进行，在24小时内通知其所在单位和家属，并及时向社会公开发布。

13.【参考答案】B。《中国共产党纪律处分条例》第九十八条规定：党和国家机关违反有关规定经商办企业的，对直接责任者和领导责任者，给予警告或者严重警告处分，情节严重的，给予撤销党内职务处分。

14.【参考答案】D。《中国共产党纪律处分条例》第四条第（四）项相关规定：民主集中制。实施党纪处分，应当按照规定程序经党组织集体讨论决定，不允许任何个人或者少数人擅自决定和批准。上级党组织对违犯党纪的党组织和党员作出的处理决定，下级党组织必须执行。

15.【参考答案】C。《中国共产党纪律处分条例》第二十三条规定，一人有两种以上（含两种）应当受到党纪处分的违纪行为，应当合并处理，按其数种违纪行为中应当受到的最高处分加上一档给予处分。撤销党内职务加重一档处分为留党察看。

二、多项选择题

1.【参考答案】ABCD。根据《中国共产党纪律处分条例》的规定。

2.【参考答案】BCD。《中国共产党问责条例》第八条规定：对党组织的问责，根据危害程度以及具体情况，可以采取以下方式：

（1）检查。责令作出书面检查并切实整改。

（2）通报。责令整改，并在一定范围内通报。

（3）改组。对失职失责，严重违犯党的纪律、本身又不能纠正的，应当予以改组。

3.【参考答案】ABD。税务系统纪检机构监督执纪工作要把思想政治工作贯穿监督执纪全过程，严管和厚爱结合，激励和约束并重，注重教育转化，促使党员干部自觉防止和纠正违纪行为，惩治极少数，教育大多数，实现政治效果、纪法效果和社会效果相统一。

4.【参考答案】BCD。《关于构建税务系统一体化综合监督体系的意见》第一条第（三）项规定，构建税务系统一体化综合监督体系，落实“1+1+5+N”（“1”是党委全面监督；“1”是纪检机构专责监督；“5”是接受地方党政机关监督、部门职能监督、党的基层组织日常监督、党员和群众民主监督、接受社会监督；“N”是若干配套制度机制）总体框架，形成党委统一领导、各司其责、全面覆盖、集成高效、贯通协同的监督工作格局，着力完善一套制度、健全一组机制、推出一批措施、搭建一个网络、打造一支铁军、取得一流成效，强化对权力运行的制约和监督，使上级监督更有力、同级监督更直接、下级监督更广泛、外部监督更有效、各方监督更协同、运行机制更顺畅。

5. 【参考答案】BCD。党组织在纪律审查中发现党员有贪污贿赂、滥用职权、玩忽职守、权力寻租、利益输送、徇私舞弊、浪费国家资财等违反法律涉嫌犯罪行为的，应当给予撤销党内职务、留党察看或者开除党籍处分。
6. 【参考答案】ABCD。根据《中国共产党纪律处分条例》的规定。
7. 【参考答案】ABCD。《中国共产党问责条例》第三条党的问责工作应当坚持以下原则：（一）依规依纪、实事求是；（二）失责必问、问责必严；（三）权责一致、错责相当；（四）严管和厚爱结合、激励和约束并重；（五）惩前毖后、治病救人；（六）集体决定、分清责任。
8. 【参考答案】ABCD。工作机制：（一）建立健全加强党委全面监督的领导机制；（二）建立健全强化纪检机构专责监督的工作机制；（三）建立健全自觉接受系统外部监督的工作机制；（四）建立健全各类监督贯通融合的工作机制。
9. 【参考答案】AD。《运用监督执纪第一种形态各类处理措施的操作规程》七、通报（通报批评）（二）实施部门规定：通报（通报批评）的实施部门是各级税务局职能部门、党委纪检组。
10. 【参考答案】ABCD。《关于构建税务系统一体化综合监督体系的意见》（税总党委发〔2021〕74 号）二、主要任务（三）自觉接受和主动配合地方党政机关的监督规定：各级税务局党委落实双重领导管理体制要求，发挥“纵合横通强党建”机制制度体系作用，引进用好地方党政机关监督资源，自觉接受、主动配合地方党委、人大、政府、政协、司法机关的监督并按要求报告工作。

三、判断题

1. 【参考答案】√。税务系统党委纪检组（纪委）协助党委推进全面从严治党，承担监督检查、执纪审查、问责追责具体工作。
2. 【参考答案】√。《运用监督执纪第一种形态各类处理措施的操作规程》第三条规定：责成退出违纪所得，一般适用于经济类违纪行为或有违纪所得的违纪行为。
3. 【参考答案】×。《税务系统纪检机构监督执纪工作规范（试行）》规定：留党察看处分，分为留党察看一年、留党察看二年。党员受到留党察看处分，其党内职务自然撤销。对于担任党外职务的，应当建议党外组织撤销其党外职务。受到留党察看处分的党员，恢复党员权利后二年内，不得在党内担任和向党外组织推荐担任与其原任职务相当或者高于其原任职务的职务。党员受到留党察看期间，没有表决权、选举权和被选举权。
4. 【参考答案】×。《税务系统纪检机构监督执纪工作规范（试行）》规定：党纪处分决定自批准之日起生效。被处分人对党纪处分决定不服的，在复议复查期间，不停止原处分决定的执行。

5.【参考答案】×。《中国共产党纪律处分条例》第十一条规定，本条例适用于违犯党纪应当受到党纪责任追究的党组织和党员。

6.【参考答案】√。对严重违犯党纪的党组织的纪律处理措施是改组和解散。

7.【参考答案】×。《中国共产党纪律处分条例》第二十九条规定，党组织在纪律审查中发现党员严重违纪涉嫌违法犯罪的，原则上先作出党纪处分决定，并按照规定给予政务处分后，再移送有关国家机关依法处理。

8.【参考答案】×。党组织在纪律审查中发现党员有贪污贿赂、滥用职权、玩忽职守、权力寻租、利益输送、徇私舞弊、浪费国家资财等违反法律涉嫌犯罪行为的，应当给予撤销党内职务、留党察看或者开除党籍处分。

四、简答题

1. 一案双查牵头部门组织开展调查应成立不少于 2 人的调查组，必要时可联合稽查、督察内审以及其他部门人员等部门人员参加。调查组实行组长负责制，开展调查前应制定调查方案，调查结束时应当形成调查报告，提出初步处理意见，并按有关程序进行处理。

   关于纪检机构提前介入的情形：

   （1）稽查部门在税收违法案件检查过程中，发现税务机关或者税务人员涉嫌违纪违法问题线索的；督察内审部门在税收执法监督检查中，发现涉税当事人存在涉嫌税收违法行为，同时发现税务机关或者税务人员涉嫌违纪违法问题线索的；其他部门在纳税评估、风险管理、大企业管理、出口退税管理、反避税调查等工作中发现涉税当事人存在涉嫌税收违法行为，同时发现税务机关或者税务人员涉嫌违纪违法问题线索的，可以提请纪检机构提前介入；有证据或线索证明税务机关或者税务人员涉嫌违纪违法行为的，或者存在证据灭失风险的，应当提请纪检机构提前介入。

   上述部门在发现证据或者线索之日起 5 个工作日内，经分管税务局领导批准后，填写《税务机关（人员）涉嫌违纪违法问题线索移交单》，连同有关证据和材料一并移交纪检机构；纪检机构在接到书面提请和相关资料后，应当在 3 个工作日内作出是否提前介入的决定。

   （2）纪检机构认为有需要提前介入的情形，可以提前介入。各省级税务局和税务总局驻各地特派办应当结合本地工作实际，在实施细则中明确提请纪检机构提前介入的具体情形和标准。对检举涉税当事人税收违法行为同时检举税务机关或者税务人员违纪违法问题严重的，可由一案双查牵头部门会同稽查、督察内审等部门组成联合调查组，同时进行检查和调查审查。

   省以下税务局一案双查牵头部门和督察内审部门可依据职责权限向税务机关及税务人员了解情况，收集、调取证据。税务机关及税务人员应积极配合，及时如实反馈情况。

   参与一案双查工作的部门和人员应当遵守保密工作纪律，对所发现的税务机关或者税务人员违纪违法的证据、线索，以及提供线索的稽查人员有关情况，应指定专人负责管理，不得泄露、传播。

相关检查、调查工作完成后，依据检查、调查结果，区分不同情况分别作出处理：

（1）未发现问题的，及时作了结或结案处理；

（2）对存在税收执法过错行为的，由税收执法责任制工作领导小组及其办公室按照税收执法过错责任追究有关规定处理；

（3）对涉及违纪违法的，由纪检机构、人事部门依纪依法依规进行处理。

相关处理决定作出后，省以下税务局一案双查牵头部门、督察内审等部门应及时向有关税务机关或者部门发出问题整改建议书，督促有关税务机关认真落实整改并及时反馈整改结果。

2. 构建完善税务系统一体化综合监督体系，落实“1 + 1 + 5 + N”（“1”是党委全面监督；“1”是纪检机构专责监督；“5”是接受地方党政机关监督、部门职能监督、党的基层组织日常监督、党员和群众民主监督、接受社会监督；“N”是若干配套制度机制）总体框架，着力完善一套制度、健全一组机制、推出一批措施、搭建一个网络、打造一支铁军、取得一流成效，强化对权力运行的制约和监督，使上级监督更有力、同级监督更直接、下级监督更广泛、外部监督更有效、各方监督更协同、运行机制更顺畅，形成党委统一领导、各司其责、全面覆盖、集成高效、贯通协同的监督工作格局，层层压实管党治党政治责任，纵深推进税务系统全面从严治党。

第四章 机关财务管理

第一节 行政单位财务规则

基本原则	量入为出，保障重点，兼顾一般，厉行节约，制止奢侈浪费，降低行政成本，注重资金使用效益
主要任务	1. 科学、合理编制预算，严格预算执行，完整、准确、及时编制决算，真实反映单位财务状况 2. 建立健全财务管理制度，实施预算绩效管理，加强对行政单位财务活动的控制和监督 3. 加强资产管理，合理配置、有效利用、规范处置资产，防止国有资产流失 4. 定期编制财务报告，进行财务活动分析 5. 对行政单位所属并归口行政财务管理的单位的财务活动实施指导、监督 6. 加强对非独立核算的机关后勤服务部门的财务管理，实行内部核算办法
其他规定	行政单位的财务活动在单位负责人领导下，由单位财务部门统一管理。行政单位应当单独设置财务机构，配备专职财务会计人员，实行独立核算。人员编制少、财务工作量小等不具备独立核算条件的单位，可以实行单据报账制度

第二节 会议费管理

一、会议的分类和审批

（一）会议的分类

根据《国家税务局系统会议费管理办法》（税总发〔2013〕124号）规定，国税系统会议分为二类、三类、四类会议：

二类会议，是指税务总局召开的全国税务工作会议，要求各省、自治区、直辖市和计划单列市税务局主要负责同志参加。

三类会议，是指税务总局及其内设机构召开的专业性会议及各省国税局召开的每年一次的年度工作会议。

四类会议，是指除二类、三类会议以外的其他业务性会议，包括税务总局内设机构召开或各省税务局及其下属各单位召开的小型业务会、研讨会、座谈会、评审会等。

（二）会议的审批

国税系统会议按以下程序和要求进行审批：

二类会议。税务总局按《中央和国家机关会议费管理办法》规定程序和要求，于每年 12 月底前，将下一年度的会议计划（包括会议名称、召开的理由、主要内容、时间地点、代表人数、工作人员数、所需经费及列支渠道等）送财政部审核会签，经中共中央办公厅、国务院办公厅审核批准后召开。二类会议原则上每年不超过 1 次。

三类会议。建立会议计划编报和审批制度。各单位应于每年 11 月底前将下一年度会议计划（包括会议数量、会议名称、召开理由、主要内容、时间地点、代表人数、工作人员数、所需经费及列支渠道等），提交本单位局长办公会或党组会审批后执行。

四类会议。经本单位分管局领导审核后列入单位年度会议计划。

年度会议计划一经批准，原则上不得调整。对党中央、国务院交办等确需临时增加的会议，按规定程序报批。

会议时间	二类、三类、四类会议会期均不得超过 2 天；传达、布置类会议会期不得超过 1 天。会议报到和离开时间，二类、三类会议合计不得超过 2 天，四类会议合计不得超过 1 天
会议规模	二类会议。参会人员不得超过 300 人，其中，工作人员控制在会议代表人数的 15% 以内。一般不邀请中央部门和地方政府负责同志出席 三类会议。参会人员不得超过 150 人，其中，工作人员控制在会议代表人数的 10% 以内 四类会议。参会人员视内容而定，一般不得超过 50 人
会议形式	充分运用电视电话、网络视频等现代信息技术手段，降低会议成本，提高会议效率。传达、布置类会议优先采取电视电话、网络视频方式召开，并注意控制规模，节约费用支出
会场管理	会议实行定点管理。会议应当在定点会议场所召开，按照协议价格结算费用。未纳入定点范围，但价格低于会议综合定额标准的单位内部会议室、礼堂、宾馆、招待所、培训中心、税务干部学校，可优先作为会议场所 无外地代表且会议规模能够在单位内部会议室安排的会议，原则上在单位内部会议室召开，不安排住宿
会议费公示	各单位应当将非涉密会议的名称、主要内容、参会人数、经费开支等情况在单位内部公示或提供查询，具备条件的应向社会公开
其他规定	严禁借会议名义组织会餐或安排宴请；严禁套取会议费设立“小金库”；严禁在会议费中列支公务接待费 严格执行会议用房标准，不得安排高档套房；会议用餐严格控制菜品种类、数量和份量，一般安排自助餐；严禁提供高档菜肴，不安排宴请，不上烟酒；会议会场一律不摆花草，不制作背景板，不提供水果 不得使用会议费购置电脑、复印机、打印机、传真机等固定资产以及开支与本次会议无关的其他费用；不得组织会议代表旅游和进行与会议无关的参观；严禁组织高消费娱乐、健身活动；严禁以任何名义发放纪念品；不得额外配发洗漱用品

二、会议费的开支范围、标准和报销支付

（一）会议费开支范围

会议费开支范围包括会议住宿费、伙食费、会议场地租金、交通费、文件印刷费、

医药费等。

前款所称交通费是指用于会议代表接送站，以及会议统一组织的代表考察、调研等发生的交通支出。会议代表参加会议发生的城市间交通费，按照差旅费管理办法的规定，回本单位报销。

（二）会议费开支标准

会议费开支实行综合定额控制，各项费用之间可以调剂使用。

会议费综合定额标准如下表所示（单位：元/人天）。

会议类别	住宿费	伙食费	其他费用	合计
二类会议	400	150	100	650
三类、四类会议	340	130	80	550

综合定额标准是会议费开支的上限，各单位应在综合定额标准以内结算报销。

（三）会议费报销支付

二类、三类、四类会议费原则上在部门预算公用经费中列支。

会议费由会议召开单位承担，不得向参会人员收取，不得以任何方式向下属机构、企事业单位、地方转嫁或摊派。

会议结束后应当及时办理报销手续。会议费报销时应当提供会议审批文件、会议通知及实际参会人员签到表、定点会议场所等会议服务单位提供的费用原始明细单据、电子结算单等凭证。财务部门要严格按规定审核会议费开支，对未列入年度会议计划，以及超范围、超标准开支的经费不予报销。

会议费支付应当严格按照国库集中支付制度和公务卡管理制度的有关规定执行，以银行转账或公务卡方式结算，禁止以现金方式结算。具备条件的，应由单位财务部门直接结算。

第三节　培训费管理

培训，是指各级税务机关根据《中华人民共和国公务员法》《干部教育培训工作条例（试行）》《公务员培训规定（试行）》，使用财政资金在境内举办的3个月以内的岗位培训、任职培训、专门业务培训、初任培训等。

一、培训计划编报及审批

各级税务机关教育培训主管部门制订的本单位年度培训计划（包括培训名称、目的、对象、内容、时间、地点、参训人数、所需经费及列支渠道等）经单位财务部门审核后，报单位局长办公会议或党组会议批准后施行。年度培训计划一经批准，原则上不得调整。因工作需要确需临时增加培训项目的，报单位主要负责同志审批。

二、培训费的开支范围和支出原则

培训费，是指开展培训直接发生的各项费用支出，包括住宿费、伙食费、培训场地费、讲课费、培训资料费、交通费、其他费用	住宿费	是指参训人员及工作人员培训期间发生的租住房间的费用
	伙食费	是指参训人员及工作人员培训期间发生的用餐费用
	培训场地费	是指用于培训的会议室或教室租金
	讲课费	是指聘请师资授课所支付的必要报酬
	培训资料费	是指培训期间必要的资料及办公用品费
	交通费	是指用于接送以及统一组织的与培训有关的考察、调研等发生的交通支出
	其他费用	是指现场教学费、文体活动费、医药费以及授课教师交通、食宿等支出

【提示】参训人员参加培训往返及异地教学发生的城市间交通费，按照差旅费有关规定回单位报销。

除师资费外，培训费实行分类综合定额标准，分项核定、总额控制，各项费用之间可以调剂使用。综合定额标准如下表所示（单位：元/人天）。

培训类别	住宿费	伙食费	场地、资料、交通费	其他费用	合计
二类培训	400	150	70	30	650
三类培训	340	130	50	30	550

【提示 1】二类培训是指参训人员主要为司局级人员的培训项目。

三类培训是指参训人员主要为处级及以下人员的培训项目。

以其他人员为主的培训项目参照上述标准分类执行。

【提示 2】综合定额标准是培训费相关费用开支的上限。各单位应结合地区和部门实际，在综合定额标准以内结算报销。30 天以内的培训按照综合定额标准控制；超过 30 天的培训，超过天数按照综合定额标准的 70% 控制。上述天数含报到撤离时间，报到和撤离时间分别不得超过 1 天。

师资费在综合定额标准外单独核算：

1. 讲课费（税后）执行以下标准：副高级技术职称专业人员每学时最高不超过 500 元；正高级技术职称专业人员每学时最高不超过 1 000 元；院士、全国知名专家每学时一般不超过 1 500 元。讲课费按实际发生的学时计算，每半天最多按 4 学时计算。其他人员讲课费参照上述标准执行。同时为多班次一并授课的，不重复计算讲课费。

2. 授课老师的城市间交通费按照差旅费有关规定和标准执行，住宿费、伙食费按照相关办法标准执行，原则上由培训举办单位承担。

3. 培训工作确有需要从异地（含境外）邀请授课老师，路途时间较长的，经单位主要负责同志书面批准，讲课费可以适当增加。

培训费支出原则：培训应当坚持厉行节约、反对浪费的原则，实行内部统一管理，增强针对性和实效性，保证培训质量，节约培训资源，提高培训经费使用效益。

三、培训费报销结算

报销培训费，综合定额范围内的，应当提供培训计划审批文件、培训通知、实际参训人员签到表以及培训机构出具的收款票据、费用明细等凭证；师资费范围内的，应当提供讲课费签收单或合同，异地授课的城市间交通费、住宿费、伙食费按照差旅费报销办法提供相关凭据；执行中经单位主要负责同志批准临时增加的培训项目，还应提供单位主要负责同志审批材料。各单位财务部门应当严格按照规定审核培训费开支，对未履行审批备案程序的培训，以及超范围、超标准开支的费用不予报销。

培训费的资金支付应当执行国库集中支付和公务卡管理有关制度规定。

培训费由培训举办单位承担，不得向参训人员收取任何费用。

第四节 差旅费管理

一、差旅费的开支范围和支出原则

（一）差旅费开支范围

差旅费，是指工作人员临时到常驻地以外地区公务出差所发生的城市间交通费、住宿费、伙食补助费和市内交通费	城市间交通费	是指工作人员因公到常驻地以外地区出差乘坐火车、轮船、飞机等交通工具所发生的费用
	市内交通费	是指工作人员因公出差期间发生的市内交通费用
	住宿费	是指工作人员因公出差期间入住宾馆（包括饭店、招待所）发生的房租费用
	伙食补助费	是指对工作人员在因公出差期间给予的伙食补助费用

（二）差旅费支出原则

差旅费支出应当遵循厉行节约，反对浪费的原则，从严控制出差人数、天数和支出规模。

二、差旅费的支出标准

1. 出差人员应当按规定等级乘坐交通工具。

交通工具 级别	火车（含高铁、动车、全列软席列车）	轮船（不包括旅游船）	飞机	其他交通工具（不包括出租小汽车）
部级及相当职务人员	火车软席（软座、软卧），高铁/动车商务座，全列软席列车一等软座	一等舱	头等舱	凭据报销
司局级及相当职务人员	火车软席（软座、软卧），高铁/动车一等座，全列软席列车一等软座	二等舱	经济舱	凭据报销
其余人员	火车硬席（硬座、硬卧），高铁/动车二等座、全列软席列车二等软座	三等舱	经济舱	凭据报销

【提示1】部级及相当职务人员出差，因工作需要，随行一人可乘坐同等级交通工具。

【提示2】未按规定等级乘坐交通工具的，超支部分由个人自理。

【提示3】乘坐飞机的，民航发展基金、燃油附加费可以凭据报销。

【提示4】乘坐飞机、火车、轮船等交通工具的，每人次可以购买交通意外保险一份。所在单位统一购买交通意外保险的，不再重复购买。

2. 住宿费：财政部分地区制定住宿费限额标准。各省、自治区、直辖市和计划单列市财政厅（局）根据当地经济社会发展水平、市场价格、消费水平等因素，提出所在市（省会城市、直辖市、计划单列市，下同）的住宿费限额标准报财政部，经财政部统筹研究提出意见反馈地方审核确认后，由财政部统一发布作为中央单位工作人员到相关地区出差的住宿费限额标准。对于住宿价格季节性变化明显的城市，住宿费限额标准在旺季可适当上浮一定比例，具体规定由财政部另行发布。部级及相当职务人员住普通套间，司局级及以下人员住单间或标准间。

3. 伙食补助费按出差自然（日历）天数计算，按规定标准包干使用。财政部分地区制定伙食补助费标准。各省、自治区、直辖市和计划单列市财政厅（局）负责根据当地经济社会发展水平、市场价格、消费水平等因素，参照所在市公务接待工作餐、会议用餐等标准提出伙食补助费标准报财政部，经财政部统筹研究提出意见反馈地方审核确认后，由财政部统一发布作为中央单位工作人员到相关地区出差的伙食补助费标准。出差人员应当自行用餐。凡由接待单位统一安排用餐的，应当向接待单位交纳伙食费。

4. 市内交通费按出差自然（日历）天数计算，每人每天80元包干使用。出差人员由接待单位或其他单位提供交通工具的，应向接待单位或其他单位交纳相关费用。

三、报销管理

出差人员应当严格按规定开支差旅费，费用由所在单位承担，不得向下级单位、企业或其他单位转嫁。

城市间交通费按乘坐交通工具的等级凭据报销，订票费、经批准发生的签转或退票费、交通意外保险费凭据报销。住宿费在标准限额之内凭发票据实报销。伙食补助费按出差目的地的标准报销，在途期间的伙食补助费按当天最后到达目的地的标准报销。市内交通费按规定标准报销。未按规定开支差旅费的，超支部分由个人自理。

工作人员出差结束后应当及时办理报销手续。差旅费报销时应当提供出差审批单、机票、车票、住宿费发票等凭证。住宿费、机票支出等按规定用公务卡结算。

财务部门应当严格按规定审核差旅费开支，对未经批准出差以及超范围、超标准开支的费用不予报销。实际发生住宿而无住宿费发票的，不得报销住宿费以及城市间交通费、伙食补助费和市内交通费。

第五节　公务接待管理

公务接待中的国内公务，是指出席会议、考察调研、执行任务、学习交流、检查指导、请示汇报等公务活动。

一、公务接待原则

国内公务接待应当坚持有利公务、务实节俭、严格标准、简化礼仪、高效透明、尊重少数民族风俗习惯的原则。

二、公务接待管理部门

各级税务机关办公室或者服务中心为本机关公务接待管理部门，负责管理本机关国内公务接待工作，指导下级税务机关国内公务接待工作。

三、公务外出计划和审批管理

科学安排和严格控制外出的时间、内容、路线、频率、人员数量，禁止异地税务机关之间没有特别需要的一般性学习交流、考察调研，禁止重复性考察，禁止以各种名义和方式变相旅游，禁止违反规定到风景名胜区举办会议和活动。

四、公函

公务外出确需接待的，派出单位应当向接待单位发出公函，告知内容、行程和人员。公函按照公文运转程序，经内设机构负责人签发，由内设机构出具。局领导外出执行公务的公函，由办公室出具。税务系统内部公函，通过税务综合办公信息系统发送电子文件，不加盖印章。对其他单位的公函，制作纸质文件，加盖内设机构印章；内设机构没有印章的，由办公室出具公函，加盖办公室印章。

五、公务接待范围

接待单位应当严格控制国内公务接待范围，不得用公款报销或者支付应由个人负担的费用。税务人员不得要求将休假、探亲、旅游等活动纳入国内公务接待范围。接待单位应当根据规定的接待范围，明确审批流程，严格接待审批控制，对能够合并的公务接待统筹安排。无公函的公务活动和来访人员一律不予接待。

六、接待清单

公务活动结束后，接待单位应当如实填写接待清单，并由相关负责人审签。接待清单包括接待对象的单位、姓名、职务和公务活动项目、时间、场所、费用等内容。

七、接待标准

接待对象应当按照规定标准自行用餐。确因工作需要，接待单位可以安排工作餐一次，并严格控制陪餐人数。接待对象在 10 人以内的，陪餐人数不得超过 3 人；接待对象超过 10 人的，陪餐人数不得超过接待对象人数的 1/3。工作餐应当安排家常菜，不得安排鱼翅、燕窝等高档菜肴和用野生保护动物制作的菜肴，不得提供香烟和高档酒水，不得到私人会所、高消费餐饮场所用餐。

各级税务机关应当加强对国内公务接待经费的预算管理，合理限定接待费预算总额。公务接待费用应当全部纳入预算管理，单独列示。

禁止在接待费中列支应当由接待对象承担的差旅、会议、培训等费用，禁止以举办会议、培训为名列支、转移、隐匿接待费开支；禁止向下级单位及其他单位、企业、个人转嫁接待费用，禁止在非税收入中坐支接待费用；禁止借公务接待名义列支其他支出。

八、接待报销

接待费报销凭证应当包括财务票据、派出单位公函和接待清单。接待费资金支付应当严格按照国库集中支付制度和公务卡管理有关规定执行。具备条件的单位应当采用银行转账或者公务卡方式结算，不得以现金方式支付。

第六节　公务卡管理

公务卡，是指各级税务机关工作人员持有的，主要用于日常公务支出和财务报销业务的信用卡。工作人员，是指在职干部、职工，不含离退休、长期病退和临时人员等。

公务卡结算范围为财政授权支付业务中原使用现金结算的公用经费支出，包括差旅费、会议费、招待费、5 万元（以人民币为单位）以下的零星购买支出，以及财政部规定的其他支出等。各预算单位应根据银行卡受理环境的情况，适当扩大公务卡使用范围，尽量减少现金支出。

一、公务卡申办

公务卡由预算单位统一组织本单位工作人员向发卡行申办，预算单位在工作人员新增或调动、退休时，应及时组织办理公务卡的申领或停止使用等手续。现有工作人员涉及公务卡的相关信息变动时，应及时通知发卡行维护公务卡支持系统。

二、公务卡使用额度

同一公务卡信用消费单笔最高不得超过 2 万元，月透支余额最高不得超过 5 万元。特殊情况下公务卡信用额度不能满足公务支付需要时，持卡人可通过本单位财务部门提前向发卡行申请临时增加信用额度，增加的额度和使用期限等具体事项，按照发卡行有关规定执行。

三、公务卡使用有关规定

1. 持卡人在执行公务中不允许通过公务卡提取现金。确有特殊需要，应当事前经过本单位财务部门批准，未经批准的提现业务，提现手续费等费用由持卡人承担。

2. 公务卡的卡片和密码均由个人负责保管。公务卡遗失或损毁后的补办等事项由个人自行向发卡行申请办理。个人申请补办公务卡成功后，经本单位财务部门确认核实并及时通知发卡行维护公务卡支持系统。

四、公务卡支付

公务卡主要用于公务支出的支付结算。使用公务卡结算的差旅、会议、购买等公务支出，应在公务卡信用额度内，先通过公务卡结算，并须取得发票等财务报销凭证和有关银行卡消费凭证。对于有事前审批要求的公务支出，持卡人应事先按要求履行相关审批手续。

五、公务卡费用报销

（一）报销期限

持卡人使用公务卡消费结算的各项公务支出，必须在发卡行规定的免息还款期内，及时向本单位财务部门申请办理报销手续。属于发卡行和单位零余额账户的开户行同行办卡的应在公务卡免息还款期到期前的 3 个工作日内，统一办理报销资金的还款手续；跨行办卡的应在免息还款期到期 5 个工作日之前，统一办理报销资金的还款手续。因个人报销不及时造成的罚息、滞纳金等相关费用，由持卡人承担；因持卡人所在单位报销不及时造成的利息等费用，以及由此带来的对个人资信影响等责任，由单位承担。

（二）报销手续

持卡人办理公务卡消费支出报销业务时，应当按照本单位财务部门规定的报销审核制度填写报销审批单，并附发票、明细清单等有关财务报销凭证及公务卡消费凭证，按照单位内部审核程序报请审批。

（三）其他相关规定

因特殊情况不能使用公务卡结算的，报销人必须在报销凭证上注明原因，对经常不使用公务卡结算的，应提供不能使用的证明材料。报销人所在部门应签署意见，报销审批人应进行相应审核。因向供应商退货等原因导致已报销资金退回公务卡的，持卡人应及时将相应款项退回所在单位财务部门，并由单位财务部门及时退回零余额账户。持卡人退款的财务审核手续按所在单位内部财务制度规定执行。

本章习题

一、单项选择题

1. 接待对象在10人以内的，陪餐人数不得超过（　　）人。
   A. 1人　B. 2人　C. 3人　D. 4人
2. 差旅费是指工作人员临时到常驻地以外地区公务出差所发生的（　　）。
   A. 住宿费、伙食补助费、电话费和市内交通费
   B. 城市间交通费、住宿费、伙食补助费和电话费
   C. 城市间交通费、住宿费、伙食补助费和市内交通费
   D. 城市间交通费、住宿费、伙食补助费、电话费和市内交通费
3. 根据中央和国家机关会议费管理办法要求，四类会议报到和离开时间合计不得超过（　　）天。
   A. 1　B. 2　C. 3　D. 5
4. 会议费综合定额标准正确的是（　　）。
   A. 一类会议住宿费标准400元/人天　B. 二类会议伙食费标准200元/人天
   C. 三类会议住宿费标准350元/人天　D. 四类会议伙食费标准130元/人天
5. 四类会议参会人员视内容而定，一般不得超过（　　）。
   A. 50人　B. 40人　C. 60人　D. 80人
6. 各单位应当严格控制会议规模，二类会议参会人员不得超过300人，其中工作人员控制在会议代表人数的（　　）以内。
   A. 10%　B. 15%　C. 20%　D. 25%
7. 接待单位应当根据规定的接待范围，严格接待审批控制，对能够合并的公务接待统

筹安排。无公函的公务活动和来访人员（　　）。

A. 视情况予以接待　　B. 一律不予接待

C. 予以接待　　D. 经领导审批后予以接待

8. 党政机关各部门应当定期汇总本部门国内公务接待情况，报（　　）备案。

A. 同级党政机关公务接待管理部门、财政部门

B. 同级党政机关公务接待管理部门、纪检监察机关

C. 同级党政机关公务财政部门、纪检监察机关

D. 同级党政机关公务接待管理部门、财政部门、纪检监察机关

9. 公务卡结算范围为财政授权支付业务中原使用现金结算的公用经费支出，包括差旅费、会议费、招待费、（　　）万元（以人民币为单位）以下的零星购买支出，以及财政部规定的其他支出等。

A. 1　　B. 3　　C. 5　　D. 10

10. 市内交通费按出差自然（日历）天数计算，每人每天（　　）元包干使用。

A. 80　　B. 100　　C. 120　　D. 150

11. 属于发卡行和单位零余额账户的开户行同行办卡的应在公务卡免息还款期到期前的（　　）个工作日内，统一办理报销资金的还款手续；跨行办卡的应在免息还款期到期（　　）个工作日之前，统一办理报销资金的还款手续。

A. 1；3　　B. 1；5　　C. 3；5　　D. 3；7

12. 正高级技术职称专业人员授课费每学时最高不超过（　　）元。

A. 500　　B. 1 000　　C. 1 500　　D. 2 000

二、多项选择题

1. 公务接待中接待费报销凭证应当包括（　　）。

A. 财务票据　　B. 派出单位公函　　C. 报销申请单　　D. 接待清单

2. 以下应当使用公务卡结算的费用有（　　）。

A. 国内公务差旅费　B. 公务接待费　　C. 会议费　　D. 培训费

3. 不得向接待单位提出正常公务活动以外的要求，不得在出差期间接受违反规定用公款支付的（　　），不得接受礼品、礼金和土特产品等。

A. 宴请　　B. 游览

C. 非工作需要的参观　　D. 会见

4. 各级税务机关不得以任何名义（　　）内部接待场所。

A. 新建　　B. 改建　　C. 扩建　　D. 装修

5. 行政单位财务管理的基本原则是（　　），制止奢侈浪费，降低行政成本，注重资金使用效益。

A. 量入为出　　B. 保障重点　　C. 兼顾一般　　D. 厉行节约

6. 下列属于行政单位支出的有（　　）。

A. 基本支出　　B. 经常性支出
C. 项目支出　　D. 基本建设支出

7. 财务监督按监督实施时间分为（　　）。
A. 事前监督　　B. 事中监督　　C. 事后监督　　D. 日常监督

8. 各级税务机关（　　）为本机关公务接待管理部门，负责管理本机关国内公务接待工作，指导下级税务机关国内公务接待工作。
A. 财务部门　　B. 办公室　　C. 食堂　　D. 服务中心

9. 公务接待中的国内公务包括（　　）。
A. 出席会议　　B. 参加会议　　C. 考察调研　　D. 学习交流

10. 工作人员出差结束后应当及时办理报销手续。差旅费报销时应当提供出差审批单、机票、车票、住宿费发票等凭证。（　　）等按规定用公务卡结算。
A. 餐饮票据　　B. 机票　　C. 车票　　D. 住宿费发票

三、判断题

1. 同一公务卡信用消费单笔最高不得超过 1 万元，月透支余额最高不得超过 3 万元。（　　）

2. 严禁领导干部参加高收费的培训项目和各类名为学习提高、实为交友联谊的培训项目。已经参加的可待参训项目结束后执行。（　　）

3. 无外地代表且会议规模能够在单位内部会议室安排的会议，原则上在单位内部会议室召开，特殊情况经过严格审批可以安排住宿。（　　）

4. 行政单位应当单独设置财务机构，配备专职财务会计人员，实行独立核算。人员编制少、财务工作量小等不具备独立核算条件的单位，可以实行单据报账制度。（　　）

5. 出差乘坐飞机的，除飞机票费用外，民航发展基金、燃油附加费也可以凭据报销。（　　）

6. 公务卡的卡片和密码均由个人负责保管。公务卡遗失或损毁后的补办等事项由单位向发卡行申请办理。（　　）

7. 各单位应于每年 12 月底前将下一年度会议计划（包括会议数量、会议名称、召开理由、主要内容、时间地点、代表人数、工作人员数、所需经费及列支渠道等），提交本单位局长办公会或党组会审批后执行。（　　）

8. 持卡人在执行公务中允许通过公务卡提取现金。（　　）

9. 接待对象应当按照规定标准自行用餐。确因工作需要，接待单位可以安排工作餐，并严格控制陪餐人数。（　　）

10. 出差人员应当严格按规定开支差旅费，费用由所在单位承担，不得向下级单位、企业或其他单位转嫁。（　　）

四、简答题

1. 公务卡费用报销有哪些相关规定？
2. 培训费中的师资费支付标准有哪些？

参考答案与解析

一、单项选择题

1. 【参考答案】C。接待对象在 10 人以内的，陪餐人数不得超过 3 人；接待对象超过 10 人的，陪餐人数不得超过接待对象人数的 1/3。公务接待厉行节约，反对浪费。
2. 【参考答案】C。差旅费是指工作人员临时到常驻地以外地区公务出差所发生的城市间交通费、住宿费、伙食补助费和市内交通费。
3. 【参考答案】A。《中央和国家机关会议费管理办法》规定，一类会议会期按照批准文件，根据工作需要从严控制；二类、三类、四类会议会期均不得超过 2 天；传达、布置类会议会期不得超过 1 天。会议报到和离开时间，一类、二类、三类会议合计不得超过 2 天，四类会议合计不得超过 1 天。
4. 【参考答案】D。《中央和国家机关会议费管理办法》规定，会议费开支实行综合定额控制，各项费用之间可以调剂使用。会议费综合定额标准如下：一类会议住宿费标准 500 元/人天，二类会议住宿费标准 400 元/人天，三类、四类会议住宿费标准 340 元/人天；一类、二类会议伙食费标准 150 元/人天，三类、四类会议伙食费标准 130 元/人天。
5. 【参考答案】A。《中央和国家机关会议费管理办法》规定，各单位应当严格控制会议规模，一类会议参会人员按照批准文件，根据会议性质和主要内容确定，严格限定会议代表和工作人员数量。二类会议参会人员不得超过 300 人，三类会议参会人员不得超过 150 人，四类会议参会人员视内容而定，一般不得超过 50 人。
6. 【参考答案】B。《中央和国家机关会议费管理办法》规定，各单位应当严格控制会议规模。一类会议参会人员按照批准文件，根据会议性质和主要内容确定，严格限定会议代表和工作人员数量。二类会议参会人员不得超过 300 人，其中，工作人员控制在会议代表人数的 15% 以内。
7. 【参考答案】B。接待单位应当根据规定的接待范围，严格接待审批控制，对能够合并的公务接待统筹安排。无公函的公务活动和来访人员一律不予接待。
8. 【参考答案】D。党政机关各部门应当定期汇总本部门国内公务接待情况，报同级党政机关公务接待管理部门、财政部门、纪检监察机关备案
9. 【参考答案】C。公务卡结算范围为财政授权支付业务中原使用现金结算的公用经费支出，包括差旅费、会议费、招待费、5 万元（以人民币为单位，下同）以下的零星购买支出，以及财政部规定的其他支出等。

10. 【参考答案】A。市内交通费按出差自然（日历）天数计算，每人每天 80 元包干使用。

11. 【参考答案】C。属于发卡行和单位零余额账户的开户行同行办卡的应在公务卡免息还款期到期前的 3 个工作日内，统一办理报销资金的还款手续；跨行办卡的应在免息还款期到期 5 个工作日之前，统一办理报销资金的还款手续。

12. 【参考答案】B。讲课费（税后）执行以下标准：副高级技术职称专业人员每学时最高不超过 500 元；正高级技术职称专业人员每学时最高不超过 1 000 元；院士、全国知名专家每学时一般不超过 1 500 元。

二、多项选择题

1. 【参考答案】ABD。公务接待中接待费报销凭证应当包括财务票据、派出单位公函和接待清单。

2. 【参考答案】ABCD。《党政机关厉行节约反对浪费条例》规定，健全公务卡强制结算目录，党政机关国内发生的公务差旅费、公务接待费、公务用车购置及运行费、会议费、培训费等经费支出，除按规定实行财政直接支付或者银行转账外，应当使用公务卡结算。

3. 【参考答案】ABC。《中央和国家机关差旅费管理办法》规定，出差人员不得向接待单位提出正常公务活动以外的要求，不得在出差期间接受违反规定用公款支付的宴请、游览和非工作需要的参观，不得接受礼品、礼金和土特产品等。

4. 【参考答案】ABC。各级税务机关不得以任何名义新建、改建、扩建内部接待场所，不得对机关内部接待场所进行超标准装修或者装饰，超标准配置家具和电器。

5. 【参考答案】ABCD。《行政单位财务规则》规定，行政单位财务管理的基本原则是：量入为出，保障重点，兼顾一般，厉行节约，制止奢侈浪费，降低行政成本，注重资金使用效益。

6. 【参考答案】AC。《行政单位财务规则》规定，支出是指行政单位为保障机构正常运转和完成工作任务所发生的资金耗费和损失，包括基本支出和项目支出。

7. 【参考答案】ABC。《行政单位财务规则》规定，行政单位财务监督应当实行事前监督、事中监督、事后监督相结合，日常监督与专项监督相结合，并对违反财务规章制度的问题进行检查处理。

8. 【参考答案】BD。各级税务机关办公室或者服务中心为本机关公务接待管理部门，负责管理本机关国内公务接待工作，指导下级税务机关国内公务接待工作。

9. 【参考答案】ACD。公务接待中的国内公务，是指出席会议、考察调研、执行任务、学习交流、检查指导、请示汇报等公务活动。

10. 【参考答案】BD。工作人员出差结束后应当及时办理报销手续。差旅费报销时应当提供出差审批单、机票、车票、住宿费发票等凭证。住宿费、机票支出等按规定用公务卡结算。

三、判断题

1.【参考答案】×。同一公务卡信用消费单笔最高不得超过2万元，月透支余额最高不得超过5万元。特殊情况下公务卡信用额度不能满足公务支付需要时，持卡人可通过本单位财务部门提前向发卡行申请临时增加信用额度，增加的额度和使用期限等具体事项，按照发卡行有关规定执行。

2.【参考答案】×。《中共中央组织部关于严格规范领导干部参加社会化培训有关事项的通知》规定，严禁领导干部参加高收费的培训项目和各类名为学习提高、实为交友联谊的培训项目。已经参加的要立即退出。

3.【参考答案】×。《中央和国家机关会议费管理办法》规定，无外地代表且会议规模能够在单位内部会议室安排的会议，原则上在单位内部会议室召开，不安排住宿。

4.【参考答案】√。行政单位应当单独设置财务机构，配备专职财务会计人员，实行独立核算。人员编制少、财务工作量小等不具备独立核算条件的单位，可以实行单据报账制度。

5.【参考答案】√。差旅费报销规定，乘坐飞机的，除了飞机票外，民航发展基金、燃油附加费可以凭据报销。

6.【参考答案】×。公务卡的卡片和密码均由个人负责保管。公务卡遗失或损毁后的补办等事项由个人自行向发卡行申请办理。

7.【参考答案】×。各单位应于每年11月底前将下一年度会议计划（包括会议数量、会议名称、召开理由、主要内容、时间地点、代表人数、工作人员数、所需经费及列支渠道等），提交本单位局长办公会或党组会审批后执行。

8.【参考答案】×。持卡人在执行公务中不允许通过公务卡提取现金。确有特殊需要，应当事前经过本单位财务部门批准，未经批准的提现业务，提现手续费等费用由持卡人承担。

9.【参考答案】×。接待对象应当按照规定标准自行用餐。确因工作需要，接待单位可以安排工作餐一次，并严格控制陪餐人数。

10.【参考答案】√。出差人员应当严格按规定开支差旅费，费用由所在单位承担，不得向下级单位、企业或其他单位转嫁。

四、简答题

1.【参考答案】（1）报销期限：持卡人使用公务卡消费结算的各项公务支出，必须在发卡行规定的免息还款期内，及时向本单位财务部门申请办理报销手续。属于发卡行和单位零余额账户的开户行同行办卡的应在公务卡免息还款期到期前的3个工作日内，统一办理报销资金的还款手续；跨行办卡的应在免息还款期到期5个工作日之前，统一办理报销资金的还款手续。因个人报销不及时造成的罚息、滞纳金等相关费用，由持卡人承担；因持卡人所在单位报销不及时造成的利息等费用，以及由此带来的对个人资信影响等责任，由单位承担。

（2）报销手续：持卡人办理公务卡消费支出报销业务时，应当按照本单位财务部门规定的报销审核制度填写报销审批单，并附发票、明细清单等有关财务报销凭证及公务卡消费凭证，按照单位内部审核程序报请审批。

（3）其他相关规定：因特殊情况不能使用公务卡结算的，报销人必须在报销凭证上注明原因，对经常不使用公务卡结算的，应提供不能使用的证明材料。报销人所在部门应签署意见，报销审批人应进行相应审核。因向供应商退货等原因导致已报销资金退回公务卡的，持卡人应及时将相应款项退回所在单位财务部门，并由单位财务部门及时退回零余额账户。持卡人退款的财务审核手续按所在单位内部财务制度规定执行。

2. 【参考答案】师资费在综合定额标准外单独核算：

（1）讲课费（税后）执行以下标准：副高级技术职称专业人员每学时最高不超过 500 元；正高级技术职称专业人员每学时最高不超过 1 000 元；院士、全国知名专家每学时一般不超过 1 500 元。讲课费按实际发生的学时计算，每半天最多按 4 学时计算。其他人员讲课费参照上述标准执行。同时为多班次一并授课的，不重复计算讲课费。（2）授课老师的城市间交通费按照差旅费有关规定和标准执行，住宿费、伙食费按照相关办法标准执行，原则上由培训举办单位承担。（3）培训工作确有需要从异地（含境外）邀请授课老师，路途时间较长的，经单位主要负责同志书面批准，讲课费可以适当增加。

第四篇　法律基础知识

第一章　法理基础

第一节　法的基本范畴

一、法的概念、特点、本质、作用

（一）法的概念

法是由国家制定或认可，并由国家强制力保证实施的行为规范及其体系。通过规定人们的权利和义务，来规范人们的行为，从而确认、保护和发展一定的社会关系和社会秩序。

（二）法的特点

1. 法是调整人们行为的一种规范；
2. 法由国家制定或认可，具有国家意志性；
3. 法以国家强制力保障实施；
4. 法规定了人们的权利和义务。

（三）法的本质

法是国家意志的体现，但并不是全体国民意志的体现，法在本质上是掌握国家的统治阶级意志的体现。

（四）法的作用

1. 法的规范作用；
2. 法的社会作用。

法对人们行为的规范作用，通过多种方式来实现，包括指引、评价、预测、教育、强制等。

（1）法在维护统治阶级统治方面的作用。

法在本质上是统治阶级意志的体现，统治阶级总是通过法律在经济上建立和维护

有利于自己的社会经济制度，在政治上维护自己的政治地位。在思想、道德、文化和其他领域维护其对意识形态的支配地位。法确认和维护的社会关系和社会秩序，是一种有利于统治阶级利益的社会关系和社会秩序。

（2）法在执行社会公共事务方面的作用。

维护人类社会基本生活条件，维护生产和交换秩序，组织社会化大生产，确定和实施技术性规范，促进教育、科学和文化的发展等。

二、法律关系

（一）概念

法律关系是指由于一定的法律事实和法的调整作用而在人们之间形成的特定的权利和义务关系。

（二）分类

从总体上讲，法律关系可以划分为宪政法律关系、行政法律关系、民事法律关系和刑事法律关系。

（三）基本要素

1. 法律关系的主体是指法律关系的参加者，即在法律关系中享有权利和承担义务的当事人。

2. 法律关系的客体是指法律关系主体的权利义务所指向的对象。

（1）物，即能够成为人们所控制和支配的物质财富，这是最常见的法律关系客体。

（2）行为，包括作为和不作为，作为是指积极地去从事某项活动，不作为是指消极地不去从事某项活动。

（3）精神财富，即从事智力活动所取得的成果，是一种无形财产权。

（4）人身权，包括生命权、健康权、人格权、人身自由权等。

3. 法律关系的内容是指法律关系主体之间的权利和义务。

（四）相联系的重要范畴

法律事实是指在法律规定既定的前提下，能够引起法律关系产生、变更和消灭的各种事件和行为。任何法律关系，都是因一定的法律事实而产生、变更和消灭的。

【多选题】法律关系的客体包括（　　）。

A. 物　　B. 行为　　C. 精神财富　　D. 人身权

【参考答案】ABCD。法律关系的客体包括物、行为、精神财富、人身权。

第二节 法的体系

法的体系，是指一国现行的全部法律规范所形成的法的有机整体。

一、法的体系的基本单位

一个国家的全部法律是由一个个基本单位构成的，这些基本单位被称为法律规范。

1. 法律规范的结构（三要素说）

（1）假定是指该规范适用的条件和情形。

（2）处理是指规范要求人们如何去行为。

（3）制裁是指如果不遵守该规范行为时应承担的法律后果。

2. 法律规范的分类

（1）法律规范的行为模式。

①授权性规范是法律关系主体可以作出或要求别人作出一定行为的规范，授权性规范赋予人们一定的权利，但不是要求人们必须做什么或禁止做什么，人们有选择的自由。

②命令性规范是要求法律关系主体应当从事一定行为的规范。

③禁止性规范是规定法律关系主体不应当从事一定行为的规定。禁止性规范通常比较严厉，违反禁止性规范可能产生较重的法律后果。

（2）法律规范的强制性程度。

①强制性规范所规定的内容，不允许法律关系主体一方或双方随意更改，对人们行为的要求明确、无可选择、无可替代。通常，命令性规范和禁止性规范都属于强制性规范。

②任意性规范则允许人们在一定范围内做自由的选择。授权性规范，通常就是任意性规范。

二、法的部门体系

法的部门体系是根据法的调整对象和调整手段的不同，而对法所作的一种划分。我国现行法律制度可以划分为以下主要部分。

1. 宪法及宪法相关法

宪法是国家的根本大法，它规定国家的政治、经济和社会根本制度，规定公民的基本权利和义务，是其他法的母法。

2. 行政法

行政法是调整国家行政管理活动的法律规范的总称。行政法一般包括行政主体、行政行为、行政程序和行政监督等方面的法律制度。

3. 民商法

民法是调整平等主体的自然人、法人和非法人组织之间的人身关系和财产关系的法律规范的总称。

商法是调整市场经济中平等商事主体之间财产关系和人身关系的法律规范的总称。

4. 经济法

经济法是国家对经济实行宏观调控和市场监管的各种法律规范的总称。

5. 社会法

通常把调整社会公共事业活动的法称为社会法，主要包括劳动和社会保障、资源和环境保护、科教文卫等方面的法律规范。

6. 刑法

刑法是规定有关犯罪和刑罚的法律规范的总称。

7. 诉讼法及非诉讼程序法

诉讼法是有关司法程序即诉讼活动过程中发生的各种社会关系的法律规范的总称，也称诉讼程序法。

8. 军事法

军事法是有关军事管理和国防建设的法律规范的总称。

三、法的效力体系

国家在权力结构关系上是一个具有纵向控制关系和横向制约关系的等级体系，因此不同等级的国家机关制定或认可的规范性文件，其效力有所不同。由不同国家机关制定或认可的、以不同形式表现的、具有不同法律效力的规范性文件所构成的等级体系称为法的效力体系。

1. 宪法由国家最高权力机关即全国人民代表大会按特定的严格程序制定，由全国人民代表大会常务委员会负责解释，具有最高的法律效力。宪法是其他法制定的依据，其他法不得与宪法相抵触、相冲突。全国人民代表大会常务委员会负责对其他法是否符合宪法进行审查。

2. 法律（狭义）由全国人民代表大会及其常务委员会制定。

基本法律：全国人民代表大会制定的法律。

一般法律：全国人民代表大会常务委员会制定的法律。

3. 行政法规由国家最高行政机关——国务院制定颁布。行政法规通常采用条例作为名称，也可以采用实施细则、规定、办法等作为名称。行政法规的法律效力在宪法和法律之下，高于地方立法机关制定的地方性法规、民族区域自治地方制定的自治条例和单行条例、国务院部委和直属机构制定的部门规章、地方政府制定的政府规章。

4. 地方性法规由省、自治区和直辖市，以及设区的市、自治州人民代表大会及其常务委员会制定。地方性法规一般采用条例、实施细则、规定、办法、规则等作为名称。地方性法规不得与宪法、法律、行政法规相冲突，但其效力高于下级地方性法规、同级和下级政府规章。地方性法规只适用于本行政区域范围内，其效力不及于本行政区域外。

5. 部门规章由国务院各部、委员会、中国人民银行、审计署和具有行政管理职能的直属机构制定。部门规章通常采用实施细则、办法、规定等作为名称。部门规章的效力低于宪法、法律、行政法规，与地方性法规和政府规章具有同等效力。部门规章在全国范围内发生效力。

6. 地方政府规章由省、自治区和直辖市，以及设区的市、自治州人民政府制定。地方政府规章通常采用实施细则、办法、规定等作为名称。地方政府规章不得与宪法、法律、行政法规、上级和本级地方性法规、上级政府规章相冲突。地方政府规章在本行政区域内有效。

7. 国际条约是两个或两个以上国家之间通过谈判所缔结，加入或承认的关于相互之间在政治、经济、贸易、文化、军事、法律等方面的关系中权利和义务的协议。国际条约不属于国内法，但国家作为签约主体，国家自身和国内的个人和单位都有遵守的义务。

四、法的其他分类

1. 法律规范的内容不同

（1）实体法规定法律关系主体的权利、义务或职权、职责。典型代表是《民法典》《中华人民共和国刑法》及税法中各税种方面的法。

（2）程序法规定保证法律关系主体权利义务得以实现或职权和职责得以履行所需程序或手续为主要内容的法。典型代表是《行政诉讼法》《行政复议法》《行政处罚法》《行政许可法》《税收征管法》等。

2. 调整的法律关系不同

（1）公法：调整运用国家权力管理国家和公共事务，从而形成管理者与被管理者之间不平等关系的法律制度。典型代表是《中华人民共和国宪法》《中华人民共和国刑法》《行政诉讼法》等。

（2）私法：调整当事人之间各自以其独立的地位，自主、自愿所发生的平等社会关系的法律制度。典型代表是《民法典》等。

【多选题】国家在权力结构关系上是一个具有（　　）的等级体系，因此不同等级的国家机关制定或认可的规范性文件，其效力有所不同。

A. 纵向控制关系　　B. 纵向制约关系

C. 横向制约关系　　D. 横向控制关系

【参考答案】AC。国家在权力结构关系上是一个具有纵向控制关系和横向制约关系的等级体系，因此不同等级的国家机关制定或认可的规范性文件，其效力有所不同。

第三节　法的创制

法的创制即立法，是国家机关在其法定职权范围内，依法定程序，制定、修改和废止规范性法律文件以及认可法律规范的活动。各个国家的立法体制均有不同，我国立法体制主要通过宪法、立法法和国家机关组织法等来确定。

一、立法权限

立法权限，是指国家机关制定法律、法规、规章、规范性文件的权力范围。

1. 全国人民代表大会及其常务委员会是国家的最高立法机关，行使国家立法权，即以国家名义制定法律的权力。

全国人民代表大会的立法权限是制定和修改国家的基本法律。

全国人民代表大会常务委员会是全国人民代表大会的常设机关，在全国人民代表大会闭会期间行使部分国家最高立法权，制定和修改一般法律，对基本法律进行部分补充和修改。

2. 国务院是我国的最高行政机关。国务院根据宪法和法律可以制定行政法规。

（1）为贯彻法律而制定的行政法规的事项，包括综合性的实施条例、实施细则和实施办法，为实施法律中的某些规定和制度而制定的专门规定，对法律实施的过渡、衔接问题和相关问题作出的规定。

（2）国务院行政管理职权的事项，国务院行政管理职权包括全国性行政工作的领导权、部门行政工作的领导和管理权、行政机关的编制和人员任免奖惩权、行政监督权等。

（3）授权立法事项。

3. 地方人民代表大会及其常务委员会可以制定地方性法规。地方性法规的制定主体有两类：一是省、自治区、直辖市人民代表大会及其常务委员会；二是较大的市的人民代表大会及其常务委员会，包括省、自治区人民政府所在地的市，设区的市和经济特区所在地的市。

（1）为执行法律、行政法规的规定，需要根据本行政区域的实际情况作出具体规定的事项。

（2）属于地方事务中需要制定地方性法规的事项。

（3）在全国人民代表大会及其常务委员会专属立法权之外，国家尚未立法的事项。

4. 国务院职能部门可以制定部门规章。国务院各部、委员会、中国人民银行、审计署和具有行政管理职能的直属机构可以制定部门规章。

部门规章的制定必须在各部门权限之内，并属于执行法律或者国务院行政法规、决定、命令的事项。税收部门规章的立法权，主要由财政部和国家税务总局行使。

5. 地方人民政府可以制定地方政府规章。省、自治区、直辖市人民政府，设区的市、自治州的人民政府，可以制定地方政府规章。

地方政府规章的立法范围包括为执行法律、行政法规、地方性法规而需要制定规章的事项，本行政区域的具体行政管理事项。

在立法权限的划分中存在法律保留原则。所谓法律保留，是指依法只能由全国人民代表大会及其常务委员会制定法律的事项，是其专属立法权事项，共有 11 个方面：①国家主权的事项；②各级人民代表大会、人民政府、人民法院和人民检察院的产生、组织和职权；③民族区域自治制度、特别行政区制度基层群众自治制度；④犯罪和刑罚；⑤对公民政治权利的剥夺、限制人身自由的强制措施和处罚；⑥税种的设立、税率的确定和税收征收管理等税收基本制度：⑦对非国有财产的征收、征用；⑧民事基本制度；⑨基本经济制度以及财政、海关、金融和外贸的基本制度：⑩诉讼和仲裁制度：必须由全国人民代表大会及其常务委员会制定法律的其他事项。目前在税收行政法中，由全国人民代表大会及其常务委员会制定的包括 13 部法律和一个决定，分别是《税收征管法》《个人所得税法》《企业所得税法》《车船税法》《环境保护税法》《烟叶税法》《船舶吨税法》《车辆购置税法》《耕地占用税法》《资源税法》《契税法》《城建税法》《印花税法》和《全国人民代表大会常务委员会关于外商投资企业和外国企业适用增值税、消费税、营业税等税收暂行条例的决定》。

法律保留分为绝对保留和相对保留。绝对保留事项，是指在任何时候都只能由全国人民代表大会及其常务委员会制定法律。而不能由其他国家机关代为行使立法权的事项，除宪法外，还包括有关犯罪和刑罚的事项、对公民政治权利的剥夺和限制人身自由的强制措施及处罚事项，有关司法制度的事项。相对保留事项，是指经全国人民代表大会及其常务委员会授权，可以由国务院代为行使立法权的事项。税收基本制度属于法律保留事项，目前是一种相对保留。

二、立法程序

立法程序，是指享有立法权的国家机关在制定、修改、补充和废止各种规范性文件以及认可法律规范过程中的工作方法、步骤和次序。《立法法》对各个国家机关的立法程序均有明确规定。立法工作必须遵循这些规定。

1. 全国人民代表大会及其常务委员会的立法程序

（1）法律案的提出。《立法法》规定范围内的机关或人员可以向全国人民代表大会或其常务委员会提出法律案。

（2）法律案的审议。全国人民代表大会审议的法律案，可以由大会一次审议通过，但有重大问题要进一步研究时，可授权常务委员会进一步审议，提出修改方案后提请下次大会审议，而全国人民代表大会常务委员会审议法律案，一般需要经过三次审议后再交付表决，即通常所说的“三读”。

（3）法律案的表决和通过全国人民代表大会表决的法律，以全体代表的过半数通过，而宪法的修改需要全体代表 2/3 以上的多数通过，常务委员会表决的法律，以常务委员会全体组成人员过半数通过。

（4）法律案的公布法律经过立法机关通过后，须经公布才能生效。法律的公布须由国家主席签署主席令予以公布，并在全国人民代表大会常务委员会公报、中国人大网和在全国范围内发行的报纸上刊载。

2. 国务院制定行政法规和国务院职能部门制定部门规章的程序

分为立项起草、审查、决定和公布五个阶段。行政法规和部门规章的通过，不实行表决制而实行决定制。行政法规的通过由国务院常务会议审议由总理签署国务院令公布，在国务院公报和中国政府法制信息网以及在全国范围内发行的报纸上刊载，并在公布后30日内报全国人民代表大会常务委员会备案。部门规章由部务会、委员会、局务会等部门会议决定。由部门首长签署命令予以公布，在国务院公报或部门公报和中国政府法制信息网以及在全国范围内发行的报纸上刊载，并报国务院备案。

3. 地方性法规的立法程序分为提案、审议、表决或报批、公布四个阶段

地方性法规由地方人民代表大会或者其常务委员会过半数表决通过，设区的市、自治州的地方性法规须报省、自治区人民代表大会常务委员会批准。地方性法规应在本级人民代表大会常务委员会公报和中国人大网、本地方人大网站以及在本行政区域内发行的报纸上刊载。民族区域自治条例和单行条例只能由自治地方人民代表大会制定而不能由其常务委员会制定，自治区的自治条例和单行条例须报全国人民代表大会常务委员会批准后生效，而自治州、自治县的自治条例和单行条例报省、自治区、直辖市人民代表大会常务委员会批准后生效。并报全国人民代表大会常务委员会备案。自治区的自治条例和单行条例应在自治区人民代表大会常务委员会公报和中国人大网、本地方人大网站以及在本行政区域范围内发行的报纸上刊载。

4. 地方政府规章的立法程序，参照行政法规立法程序的规定

地方政府规章的通过，不实行表决制而实施决定制，由省长、主席或市长根据会议讨论情况决定，以命令形式颁布，在本级人民政府公报和中国政府法制信息网以及在本行政区域范围内发行的报纸上刊载。

三、税务规范性文件的概念、制定和管理

（一）税务规范性文件的概念

税务规范性文件，是指县以上税务机关依照法定职权和规定程序制定并发布的，影响纳税人、缴费人、扣缴义务人等税务行政相对人权利、义务，在本辖区内具有普遍约束力并在一定期限内反复适用的文件。国家税务总局制定的税务部门规章，税务机关制定内部工作管理制度，针对特定税务行政相对人的特定事项作出的批复、决定等，不属于税务规范性文件。

（二）税务规范性文件的制定

1. 制定主体

税务规范性文件的制定主体是县以上各级税务机关。各级税务机关的内设机构、派出机构和临时性机构不是制定主体。其中，县税务机关的制定权应当受到严格控制，应当依据法律、法规、规章或者省以上税务机关税务规范性文件的明确授权制定；没

有授权又确需制定税务规范性文件的，应当提请上一级税务机关制定。

2. 制定原则

税务规范性文件的制定应当坚持科学、民主、公开、统一的原则。其中，公开原则包括过程的公开和结果的公开，过程的公开要求在制定税务规范性文件时，应当广泛听取本机关相关业务主管部门、基层税务机关、税务行政相对人代表、行业协会商会及其他相关各方的意见；结果的公开要求制定的税务规范性文件应当向社会公布，未经公布文件不具有效力。统一原则要求税务规范性文件应当符合法律、法规、规章和上级税务规范性文件的规定，不得与之相抵触；要求处理好与本机关原有税务规范性文件的关系，保持文件的连贯性和协调性等。

3. 制定程序

（1）起草。税务规范性文件由制定机关业务主管部门负责起草；内容涉及两个或者两个以上部门的，由制定机关负责人指定牵头起草部门。起草文件时，应当深入调查研究，总结实践经验，听取基层税务机关意见。起草与税务行政相对人生产经营密切相关的税务规范性文件，起草部门应当听取税务行政相对人代表和行业协会商会的意见。听取意见可以采取书面、网络征求意见，或者召开座谈会、论证会等多种形式。除依法需要保密的外，对涉及税务行政相对人切身利益或者对其权利义务可能产生重大影响的税务规范性文件，起草部门应当向社会公开征求意见。

（2）审查。从事纳税服务和政策法规工作的部门或者人员（以下统称纳税服务部门、政策法规部门）负责对税务规范性文件进行审查，包括权益性审核、合法性审核、世界贸易组织规则合规性评估。其中，纳税服务部门负责权益性审核；政策法规部门负责合法性审核和世界贸易组织规则合规性评估。送审稿涉及重大公共利益或者对税务行政相对人合法权益、税务管理产生重大影响的，经纳税服务部门和政策法规部门审查通过后，起草部门应当提请集体审议。纳税服务部门和政策法规部门在审查时，认为税务规范性文件涉及重大公共利益或者对税务行政相对人合法权益、税务管理产生重大影响的，可以建议起草部门提请集体审议。

（3）签发。送审稿经纳税服务部门和政策法规部门审查通过的。按公文处理程序报制定机关负责人签发。

（4）发布。税务规范性文件应当以公告形式发布；未以公告形式发布的，不得作为税务机关执法依据。制定机关应当及时在本级政府公报、税务部门公报、本辖区范围内公开发行的报纸或者在政府网站、税务机关网站上刊登税务规范性文件。不具备前述发布条件的税务机关，应当通过公告栏或者宣传材料等形式，在办税服务厅等公共场所及时发布税务规范性文件。

（5）生效。税务规范性文件应当自发布之日起 30 日后施行；发布后不立即施行将有碍执行的，可以自发布之日起施行。配套实施的税务规范性文件其施行日期需要与法律、法规、规章或者上级决定保持一致的，不受前述时限规定的限制。

（三）税务规范性文件的备案审查和清理

1. 备案审查

税务规范性文件应当备案审查，实行有件必备、有备必审、有错必纠。省以下税务机关的税务规范性文件应当自发布之日起 30 日内向上一级税务机关报送备案。省税务机关应当于每年 3 月 1 日前向国家税务总局报送上一年度本辖区内税务机关发布的税务规范性文件目录。上一级税务机关的政策法规部门具体负责税务规范性文件备案登记、合法性审核报送备案。省税务机关应当于每年 3 月 1 日前向国家税务总局报送上一年度本辖区内税务机关发布的税务规范性文件目录。上一级税务机关的政策法规部门具体负责税务规范性文件备案登记、合法性审核和世界贸易组织规则合规性评估，会同纳税服务部门负责督促整改和考核工作。纳税服务部门负责税务规范性文件权益性审核工作。业务主管部门承担其职能范围内的税务规范性文件审查工作，并按照规定时限向政策法规部门送交审查意见。上一级税务机关审查发现报送备案的税务规范性文件存在问题需要纠正或者补正的，应当通知制定机关在规定的时限内纠正或者补正。制定机关应当按期纠正或者补正，并于规定时限届满之日起 30 日内，将处理情况报告上一级税务机关。税务行政相对人认为税务规范性文件违反税收法律、法规、规章或者上级税务规范性文件规定的，可以向制定机关或者其上一级税务机关书面提出审查的建议，制定机关或者其上一级税务机关应当依法及时研究处理。

2. 文件清理

制定机关应当及时对税务规范性文件进行清理，形成文件清理长效机制。清理采取日常清理和集中清理相结合的方法。日常清理由业务主管部门负责；集中清理由政策法规部门负责牵头组织，业务主管部门分工负责。制定机关应当及时发布日常清理结果；在集中清理结束后，应当统一发布失效、废止的税务规范性文件目录。

【单选题】税务规范性文件应当备案审查，实行有件必备、有备必审、有错必纠。省以下税务机关的税务规范性文件应当自发布之日起（　　）内向上一级税务机关报送备案。

A. 10 日　　B. 20 日　　C. 30 日　　D. 45 日

【参考答案】C。税务规范性文件应当备案审查，实行有件必备、有备必审、有错必纠。省以下税务机关的税务规范性文件应当自发布之日起 30 日内向上一级税务机关报送备案。

第四节　法的适用

法的适用，是指各种国家机关和国家授权单位按照法律规定运用国家权力，将法律规范运用于具体人或者组织，用来解决具体问题的专门活动。法的适用包括国家权力机关适用法的活动、国家行政机关适用法的活动、国家司法机关适用法的活动等。

税务机关的执法工作过程，是适用税法和相关法解决税收工作中各种问题的过程。

一、法的适用原则

（一）以事实为根据，以法律为准绳原则

1. 以事实为根据，是指国家机关及其工作人员在适用法律规范处理具体问题时，必须调查了解相应的事实，掌握有关时间、地点、手段、情节、后果等各相关事实的真相，以客观事实为基础开展工作，而不是以主观想象、分析和推测作为依据开展工作。

2. 以法律为准绳，是指在法的适用时，要严格按照法律的规定办事，以法律为准则、尺子，去度量相应的事实，对问题作出合法的处理。

（二）法律面前人人平等原则

国家机关在适用法律规范的过程中，对一切公民，不分民族、种族、性别、职业、社会地位、宗教信仰、文化程度、财产状况、居住期限，一律平等地适用法律规范；对任何人，只要是法律赋予的各项权利，国家法律平等地予以保护，法律规定的义务，都要求必须履行，不得有例外；对任何违法者，都应当依法平等地加以追究，任何人都没有超越和凌驾于法律至上的特权。

（三）实事求是，有错必纠原则

由于各种主客观原因的影响，法的适用可能会出现错误。实事求是、有错必纠是我们国家法律的一项基本原则。国家制定和颁布了《行政复议法》《行政诉讼法》《国家赔偿法》以及其他法律，确立了各种法律监督制度，赋予了人们充分的法律救济手段，这是法律本身对实事求是、有错必纠原则的贯彻。在司法和执法等具体个案的法律适用中，也应遵循这一原则。对任何人和任何事，发现错误就应当及时纠正，因错误造成的损失，国家应当予以赔偿。

二、法的适用的模式

1. 调查、分析事实，这是适用法的前提和基础。

2. 选择适用的法律规范。针对案件事实，在法的体系中找出需要执行的法律规范。

3. 对事实的认定和法律规范的选择作出确切的解释。回答案件的事实是什么，为什么适用该法律规范。

4. 作出法律决定，产生适用的法律文书。这些文书可以是决定书，也可以是其他形式的文书。

5. 将适用的法律文书送达给有关人员或单位，这是法律文书发生法律效力的标志。

6. 执行法律文书。可以是有关人员或单位自动履行，也可以是强制执行。

7. 检查监督。对法的适用情况和文书的执行情况进行检查监督。

第五节　习近平法治思想与依法治国

一、以习近平法治思想作为全面依法治国的根本遵循和行动指南

党的十八大以来，以习近平同志为核心的党中央从坚持和发展中国特色社会主义的全局和战略高度定位法治、布局法治、厉行法治，创造性提出了关于全面依法治国的一系列具有原创性、标志性的新理念新思想新战略，形成了习近平法治思想。2020 年 11 月，党的历史上首次召开的中央全面依法治国工作会议，将习近平法治思想明确为全面依法治国的指导思想。这是我国社会主义法治建设进程中具有重大现实意义和深远历史意义的大事。习近平法治思想内涵丰富、论述深刻、逻辑严密、系统完备，从历史和现实相贯通、国际和国内相关联、理论和实际相结合上深刻回答了新时代为什么实行全面依法治国、怎样实行全面依法治国等一系列重大问题。习近平法治思想是马克思主义法治理论中国化的最新成果，是中国特色社会主义法治理论的重大创新发展，是习近平新时代中国特色社会主义思想的重要组成部分。习近平总书记对推进全面依法治国提出的“十一个坚持”，是习近平法治思想的集中体现，是新时代全面依法治国的根本遵循和行动指南。

1. 坚持中国共产党对全面依法治国的领导；
2. 坚持以人民为中心；
3. 坚持中国特色社会主义法治道路；
4. 坚持依宪治国、依宪执政；
5. 坚持在法治轨道上推进国家治理体系和治理能力现代化；
6. 坚持建设中国特色社会主义法治体系；
7. 坚持依法治国、依法执政、依法行政共同推进，法治国家、法治政府、法治社会一体建设；
8. 坚持全面推进科学立法、严格执法、公正司法、全民守法；
9. 坚持统筹推进国内法治和涉外法治；
10. 坚持建设德才兼备的高素质法治工作队伍；
11. 坚持抓住领导干部这个“关键少数”。

习近平法治思想，既是对党领导法治建设丰富实践和宝贵经验提炼升华的重大理论创新成果，更是引领新时代全面依法治国不断从胜利走向新的胜利的光辉思想旗帜。

这“十一个坚持”：

深刻阐明了全面依法治国的政治方向，习近平总书记围绕全面依法治国向哪里走，走什么路作出深刻阐述，抓住了中国特色社会主义法治建设的根本，明确了全面依法治国必须遵循的政治准绳。

深刻阐明了全面依法治国的重要地位，习近平总书记从坚持和发展中国特色社会主义、全面建设社会主义现代化国家、实现中华民族伟大复兴、确保党和国家长治久安的长远考虑出发，深入阐述全面依法治国的重要意义、重要地位、重要作用，讲清了全面依法治国在全局工作中的坐标定位，明确了新时代全面依法治国的职责使命。

深刻阐明了全面依法治国的工作布局，习近平总书记在深刻总结我国社会主义法治建设、准确把握当今时代和实践发展的新要求基础上，对全面依法治国作出战略部署和总体安排，明确了新时代法治中国建设的前进方向。

深刻阐明了全面依法治国的重点任务，习近平总书记擘画了全面依法治国的战略重点，明确了新时代法治中国建设的重点领域和关键环节明确了各项工作的着力点和突破点。

深刻阐明了全面依法治国的重大关系。习近平总书记深入阐述了政治和法治、改革和法治、依法治国和以德治国、依法治国和依规治党等关系问题，廓清了相关思想困惑，明确了必须正确把握的重大理论问题和科学方法论。

深刻阐明了全面依法治国的重要保障，习近平总书记围绕建设德才兼备的高素质法治工作队伍、抓住领导干部这个“关键少数”等作出重要论述、提出明确要求，牵住了“牛鼻子”、抓到关键处，明确了领导干部和人才队伍在推进全面依法治国中的重要性。

税收是国家治理体系的重要组成部分，必须始终坚持习近平法治思想在全面依法治国工作中的指导地位不动摇，坚定不移走中国特色社会主义法治道路，在全面建设社会主义现代化国家新征程上不断推进全面依法治国、加快建设法治中国。

二、我国社会主义法治的总目标和全面推进依法治国的若干问题

（一）我国社会主义法治的总目标

党的十八大以来，党中央明确提出全面依法治国，并将其纳入“四个全面”战略布局予以有力推进。党的十八届四中全会《中共中央关于全面推进依法治国若干重大问题的决定》明确了我国社会主义法治的总目标。党的十九大召开后，党中央组建中央全面依法治国委员会，从全局和战略高度对全面依法治国又作出一系列重大决策部署，推动我国社会主义法治建设发生历史性变革、取得历史性成就，全面依法治国实践取得重大进展。

我国社会主义法治的总目标是：建设中国特色社会主义法治体系，建设社会主义法治国家。这就是，在中国共产党领导下。坚持中国特色社会主义制度，贯彻中国特色社会主义法治理论，形成完备的法律规范体系、高效的法治实施体系、严密的法治监督体系、有力的法治保障体系，形成完善的党内法规体系，坚持依法治国、依法执政、依法行政共同推进，坚持法治国家、法治政府、法治社会一体建设，实现科学立法、严格执法、公正司法、全民守法，促进国家治理体系和治理能力现代化。

（二）全面推进依法治国的若干问题

1. 完善以宪法为核心的中国特色社会主义法律体系；
2. 深入推进依法行政，加快建设法治政府；
3. 保证公正司法，提高司法公信力；
4. 增强全民法治观念，推进法治社会建设；
5. 加强法治工作队伍建设；
6. 加强和改进党对全面推进依法治国的领导。

本章习题

一、单项选择题

1. 下级税务机关一般不能径行拒绝执行国家税务总局的税收规范性文件，如果确实认为国家税务总局的税收规范性文件与法律、行政法规的规定相矛盾，应当通过其他方式予以解决。正确的方式是（　　）。

A. 自主适用　　B. 请示

C. 集体决定　　D. 征求基层意见

2. 纳税人、扣缴义务人必须依照法律、行政法规的规定缴纳税款，代扣代收代缴税款。该法律规范属于（　　）。

A. 授权性规范　　B. 禁止性规范　　C. 任意性规范　　D. 义务性规范

3. 法律事实中事件和行为的划分标准是（　　）。

A. 是否以当事人的意志为转移　　B. 是否合法

C. 法律是否予以调整　　D. 是否具有社会

4. “特别法优于一般法”规则是有条件的，只有符合一定条件，以及上位法授权或允许下位法作出特别规定的时候，才能执行这一规则。上述一定条件是指特别法与一般法属于（　　）。

A. 特别法是新法　　B. 一般法是新法

C. 同一效力等级　　D. 不同效力等级

5. 法的本质是（　　）。

A. 少数人意志的体现　　B. 多数人意志的体现

C. 统治阶级意志的体现　　D. 中产阶级意志的体现

6. 下列关于税务规范性文件施行日期的说法，不可行的是（　　）。

A. 税务规范性文件应当自发布之日起 30 日后施行

B. 税务规范性文件发布后不立即施行将有碍执行的，可以自发布之日起施行

C. 税务规范性文件应当自发布的次月 1 日施行

D. 与法律、法规、规章或者上级机关决定配套实施的税务规范性文件，其施行日期需要与前述文件保持一致的，不受30日时限限制

7. 根据《税务规范性文件制定管理办法》的规定，税务规范性文件的制定主体是（　　）。

A. 县级以上各级税务机关　　B. 税务所

C. 稽查局　　D. 税务局内设机构

8. 税收规范性文件日常清理由（　　）负责。

A. 业务主管部门　　B. 起草部门　　C. 政策法规部门　　D. 办公厅（室）

二、多项选择题

1. 法的特征包括（　　）。

A. 规范性　　B. 国家意志性　　C. 国家强制性　　D. 普遍性

2. 税务规范性文件公开可以采用以下哪种形式？（　　）

A. 税务机关办公楼张贴

B. 本级政府公报、税务部门公报、本辖区范围内公开发行的报纸

C. 政府网站、税务机关网站上刊登税务规范性文件

D. 通过公告栏或者宣传材料等形式，在办税服务厅等公共场所及时发布税务规范性文件

3. 在我国，创制法的方式有（　　）。

A. 判例　　B. 制定　　C. 认可　　D. 裁决

4. 制定税务规范性文件，应当遵守哪些规定？（　　）

A. 坚持科学、民主、公开、统一的原则

B. 坚持科学、公平、公正、统一的原则

C. 符合法律、法规、规章以及上级税务规范性文件的规定

D. 遵循《税务规范性文件制定管理办法》规定的制定规则和制定程序

5. 法律关系的基本要素有（　　）。

A. 法律关系的内容　　B. 法律关系的主观意图

C. 法律关系的主体　　D. 法律关系的客体

6. 目前法律、法规、规章明确的税务行政处罚的种类有（　　）。

A. 警告　　B. 没收非法财物、没收违法所得

C. 停止办理出口退税权　　D. 吊销发票准印证

三、判断题

1. 法律溯及力，是指新的法律生效后，对其生效前所发生的事件和行为是否适用的问题。如果适用，新法就不具有溯及力，如果不能适用，则说明新法具有溯及力。（　　）

2. 国家机关在适用法律规范的过程中，对一切公民，不分民族、种族、性别、职业、

社会地位、宗教信仰、文化程度、财产状况、居住期限，一律平等地适用法律规范。（　　）

3. 法律是治国之重器，是国家治理体系和治理能力的重要依托。（　　）

4. 《行政诉讼法》属于程序性法律文件。（　　）

5. 我国社会主义法治凝聚着我们党治国理政的理论成果和实践经验，是制度之治最基本最稳定最可靠的保障。（　　）

参考答案与解析

一、单项选择题

1. 【参考答案】B。本题考查的是法律适用规则。下级税务机关一般不能径行拒绝执行国家税务总局的税收规范性文件，如果确实认为国家税务总局的税收规范性文件与法律、行政法规的规定相矛盾，也应当通过请示的方式予以解决。
2. 【参考答案】D。本题考查的是法律规范的分类。规范的划分可以看六个词。用“可以”“有权”的一般属于授权性规范。用“应当”“必须”的一般属于命令性规范或义务性规范。用“不得”“禁止”的一般属于禁止性规范。这个条款规定了纳税人、扣缴义务人的缴纳税款义务，属于义务性规范。
3. 【参考答案】A。本题考查的是法律事实的分类。事件，指的是与当事人意志无关的，能够引起法律关系形成、变更或消灭的事实。行为则是当事人的有意识的活动，可以根据当事人的意志形成、变更，或者消灭法律关系。
4. 【参考答案】C。本题考查的是法的适用规则中的“特别法优于一般法”。“特别法优于一般法”规则是有条件的，只有当特别法与一般法属于同一效力等级的时候，以及上位法授权或允许下位法作出特别规定的时候，才执行这一规则。
5. 【参考答案】C。法是国家意志的体现，但并不是全体国民意志的体现，法在本质上是掌握国家的统治阶级意志的体现。
6. 【参考答案】C。税务规范性文件应当自发布之日起 30 日后施行；发布后不立即施行将有碍执行的，可以自发布之日起施行。配套实施的税务规范性文件其施行日期需要与法律、法规、规章或者上级决定保持一致的，不受前述时限规定的限制。所以，选项 C 正确。
7. 【参考答案】A。县以下（不含本级）税务机关及各设税务机关的内设机构、派出机构、直属机构和临时性机构，不得以自己的名义制定税务规范性文件。
8. 【参考答案】A。税收规范性文件清理采取日常清理和集中清理相结合的方法。日常清理由业务主管部门负责；集中清理由政策法规部门负责牵头组织，业务主管部门分工负责。所以，选项 A 正确。

二、多项选择题

1. 【参考答案】ABCD。以上 4 个选项都是法的基本特征。

2. 【参考答案】BCD。税务规范性文件应当以公告形式发布；未以公告形式发布的，不得作为税务机关执法依据。制定机关应当及时在本级政府公报、税务部门公报、本辖区范围内公开发行的报纸或者在政府网站、税务机关网站上刊登税务规范性文件。不具备前述发布条件的税务机关，应当通过公告栏或者宣传材料等形式，在办税服务厅等公共场所及时发布税务规范性文件。所以，选项 B、选项 C、选项 D 正确。
3. 【参考答案】BC。制定是指有相应权限的国家机关在其权限范围内，依一定程序制定规范性文件的活动；认可是指有相应权限的国家机关通过一定的程序，赋予社会上某些已经存在的习惯以法的效力的活动。
4. 【参考答案】ACD。制定原则税务规范性文件的制定应当坚持科学、民主、公开、统一的原则。其中，公开原则包括过程的公开和结果的公开，过程的公开要求在制定税务规范性文件时，应当广泛听取本机关相关业务主管部门、基层税务机关、税务行政相对人代表、行业协会商会及其他相关各方的意见；结果的公开要求制定的税务规范性文件应当向社会公布，未经公布文件不具有效力。统一原则要求税务规范性文件应当符合法律、法规、规章和上级税务规范性文件的规定，不得与之相抵触；要求处理好与本机关原有税务规范性文件的关系，保持文件的连贯性和协调性等。所以，选项 A、C、D 正确。
5. 【参考答案】ACD。任何一个法律关系必须由三要素组成，分别是主体、客体和内容。
6. 【参考答案】BCD。税务行政处罚的种类有：罚款；没收非法财物、没收违法所得；停止办理出口退税权以及吊销发票准印证 4 种，因此选项 A 不选。

三、判断题

1. 【参考答案】×。因为如果适用，新法就具有溯及力，如果不能适用，则说明新法不具有溯及力。
2. 【参考答案】√。国家机关在适用法律规范的过程中，对一切公民，不分民族、种族、性别、职业、社会地位、宗教信仰、文化程度、财产状况、居住期限，一律平等地适用法律规范。
3. 【参考答案】×。法律是治国之重器，法治是国家治理体系和治理能力的重要依托。
4. 【参考答案】√。程序法规定保证法律关系主体权利义务得以实现或职权和职责得以履行所需程序或手续，如诉讼法、复议法、处罚法等。
5. 【参考答案】√。我国社会主义法治凝聚着我们党治国理政的理论成果和实践经验，是制度之治最基本最稳定最可靠的保障。

第二章　行政法基础

第一节　行政法概述

一、行政法的概念及特征

（一）行政法的概念

概念：规范行政主体的设立、行政权的授予与行使、行政程序的创设，以及对行政权的行使进行监督的法律规范的总称。

基本内涵：

行政法是设定行政主体以及赋予其行政职权的法律规范。

行政法是规范行政权如何行使的法律规范。

行政法是对行政职权的行使进行监督并对不正当的行政行为进行补救的法律规范。

（二）行政法的特征

1. 内容上的特征

（1）调整对象的确定性；

（2）内容的广泛性；

（3）内容的相对易变动性；

（4）往往包含实体规范与程序规范这两种法律规范。

2. 形式上的特征

（1）行政法没有统一、完整的法典；

（2）行政法相对数量较多。

（三）行政法的基本原则

1. 行政合法性原则是指行政主体的设立，行政职权的赋予和行使必须依据法律，符合法律规定，不得与法律相抵触。

（1）行政主体依法设立；

（2）行政职权依法授予；

（3）行政职权依法行使。

2. 行政合理性原则在行政法及其相关法律的执行过程中，存在这样一种特殊现象，即行政裁量权普遍存在。因此，对如何行使行政裁量权，必须有原则性的规定。行使行政裁量权的原则性要求就是合理行政。

（1）行政行为应符合法律目的，具有正当性；

（2）行政行为应遵循比例原则，具有平衡性；

（3）行政行为应遵循信赖保护原则，讲究诚信；

（4）行政行为应符合客观实际，具有情理性。

【提示】行政合法性原则是行政法的首要原则。

二、依法行政与依法治税

（一）依法行政

依法行政是法治国家、法治政府建设的基本要求。依法行政的基本含义是，行政机关的一切行政行为应依法而为，受法之拘束。

1. 依法行政的基本要求

（1）合法行政。

（2）合理行政。

（3）程序正当。

（4）高效便民。

（5）诚实守信。

（6）权责统一。

2. 以法治思维推进依法行政

法治思维是一种以法治理念为基础，运用法律规范、法律原则、法律精神、法律逻辑认识、分析、处理问题，并形成法治解决意向的思维模式。党的十八届四中全会通过的《中共中央关于全面推进依法治国若干重大问题的决定》中提出，要提高党员干部法治思维和依法办事能力。党员干部是全面推进依法治国的重要组织者、推动者、实践者，要自觉提高运用法治思维和法治方式深化改革，推动发展、化解矛盾、维护稳定能力。

党的十八大以来，以习近平同志为核心的党中央高度重视领导干部的法治思维能力建设，强调运用法治思维和法治方式治国理政。

（1）用法治思维指导行政行为。

（2）用法治思维规范行政程序。

（3）用法治思维完善制度规范。

（二）依法治税

习近平总书记强调，法律是治国理政最大最重要的规矩。税收法治建设是推进税收治理体系和治理能力现代化的重要举措，全面推进依法治税，是依法治国基本方略在税收领域的集中体现，是党的主张和人民意志在税收工作中的全面贯彻。税务系统应始终坚持依法治税与依法治国同频同步，法治税务与法治政府共振共鸣。深入推进精确执法、精细服务、精准监管、精诚共治，大幅提高税法遵从度和社会满意度，更好发挥税收在国家治理中的基础性、支柱性、保障性作用。只有坚持依法治税，才能顺应全面依法治国新形势，才能有效适应经济发展新常态和新变化，为税收改革和发展提供可靠的法治保障，真正在法治轨道上有序推进税收现代化。

依法治税的总体要求是：从税收工作实际出发，严格依法行政，坚持依法决策、规范执行、严密监督共同推进，坚持法治化、规范化、信息化一体建设，以约束权力、保护权利为重点，创新体制机制，改进方式方法，最大限度便利纳税人、最大限度规范税务人，加强税法遵从和税收共治，推进税收法治化，促进税收现代化。

（1）践行习近平法治思想，指引依法治税实践。

（2）提升税费立法质量，健全税费法律体系。

①坚持科学民主依法立法。

②提升税务行政立法质量。

（3）深化税收征管改革，助力法治化营商环境建设。

①税务监管应匹配新发展阶段。

②税收征管应适合数字经济潮流。

③税收治理应迈向协同共治格局。

（4）突出以人民为中心理念，提升依法治税水平。

①严格公正文明执法。

②创新行政执法方式。

③健全依法决策机制。

④全面落实政务公开。

⑤维护纳税人缴费人合法权益。

三、全面推行行政执法“三项制度”

1. 全面推行行政执法公示制度。行政执法公示是保障行政相对人和社会公众知情权、参与权、表达权、监督权的重要措施。

2. 全面推行执法全过程记录制度。行政执法全过程记录是行政执法活动合法有效的重要保证。

3. 全面推行重大执法决定法制审核制度。重大执法决定法制审核是确保行政执法机关作出的重大执法决定合法有效的关键环节。

四、其他相关制度

（一）权责清单制度

1. 内涵

其内涵是指对行政主体行使的权力和承担的责任进行全面梳理。按照职权法定、权责匹配的原则，依法审核确认，逐项明确行使主体、权责名称、权责类型、设定依据、履责方式、追责情形等，形成清单并公之于众的制度安排。

2. 主要内容

（1）管理流程或业务领域。

包括税务政策法规规划、税务管理、税费征收、税费服务、监管执法、其他等。

（2）权责事项。

①省及省以下税务机关权责清单以针对行政相对人的具体权责事项为主，税务总局权责清单以政策法规制定等宏观管理权责事项为主。

②权责事项类型主要包括“政策法规”“行政征收”“行政强制”“行政检查”“行政处罚”“行政许可”“行政确认”“行政奖励”“行政复议”以及“其他权责事项”等类型。

（3）设定依据。

即税务机关行政职权的设定依据，包括党中央部署要求、“三定”规定等有关党内法规、有关法律和行政法规、国务院有关规定等。

（4）履责方式。

主要包括税务机关履行职责的具体条件、工作程序要求、监督措施、事中事后监管措施以及税务机关与其他部门间职责衔接等。

（5）追责情形。

即税务机关及其工作人员因不履行或不正确履行职责应当追究责任的主要情形。

3. 重要意义

税务机关推行权责清单制度是落实党中央、国务院决策部署，推进税收治理体系和治理能力现代化的重要举措；也是厘清政府和市场、政府和社会关系，把权力关进制度的笼子，推进法治政府建设的关键举措。推行权责清单制度，能够进一步规范权力行使、推动用权公开、主动接受监督，对于构建职责明确、依法行政的税收治理体系，完善税务机关权力配置和运行制约机制，建设为人民服务、对人民负责、受人民监督、让人民满意的服务型税务机关具有重要意义。

（二）税务执法资格管理

为提高税务人员执法水平，保证税务执法队伍基本素质，促进税务机关依法行政，税务系统实行税务执法资格管理制度。只有取得税务执法资格的税务人员才能从事税务执法活动。一般情况下，税务人员可以通过参加国家税务总局组织的税务执法资格考试且成绩合格，取得税务执法资格。

1. 参考对象

税务机关新录用的公务员和历年执法资格考试未通过人员，以及省税务局人事部门认定的需要参加执法资格考试的其他正式在编人员。已取得注册会计师、税务师、法律职业资格的人员，经省税务局人事部门审核认定，可以免予参加税务执法资格考试。

2. 执法资格的取得

税务人员通过参加国家税务总局统一组织的税务执法资格考试并且成绩合格，取得执法资格（符合免试条件的税务人员除外）。

3. 执法活动的要求

税务人员从事税务执法活动，如税务行政许可、税务行政处罚、税务行政强制等，应当具有税务执法资格。税务机关不得将不具有税务执法资格的人员安排在执法岗位，也不得安排其从事税务执法活动。

4. 执法资格的取消

（1）超越法定权限或者违反法定程序执法，造成严重后果的。

（2）税务执法活动中有违反廉政纪律和徇私舞弊、玩忽职守等较严重渎职行为的。

（3）按照税收执法责任制相关规定，对税务人员执法过错适用取消执法资格的责任追究形式的。

（4）其他应当取消执法资格的情形。

【提示】取消税务执法资格未满两年的，不得参加国家税务总局统一组织的税务执法资格考试。

（三）公职律师培养和使用

为提高公职律师专业化水平、激发公职律师队伍活力，为全面依法行政提供法律人才保障，国家税务总局制发《税务系统公职律师培养和使用办法（试行）》。

1. 公职律师培养

公职律师培养工作应当坚持教育培训与实践锻炼相统筹、平时培养与专门培训相结合，注重知识更新、实务操作和能力提升。公职律师培养应当坚持发挥本人专长与推进法治税务建设需要相结合，加强办案能力和综合法律服务能力的培养。

（1）办案能力，主要指公职律师办理行政复议案件、行政应诉案件、行政赔偿案件、民事诉讼案件、重大税务案件、重大执法决定法制审核、政府信息公开案件、信访案件等法律工作的综合素质和能力。

（2）综合法律服务能力，主要指公职律师从事制度文件起草与合法性审查、重大决策合法性审查、重大事项法律论证、协议合同等法律文书审查以及其他法律工作的综合素质和能力。

2. 公职律师使用

各级税务机关应当充分发挥公职律师的作用，将公职律师优先安排在法制部门。公职律师所在部门应当将公职律师优先安排在本部门法治工作岗位或者与法律事务联系比较紧密的工作岗位公职律师可以受所在单位委托或者指派从事下列法律事务：

（1）为重大决策，讨论决定重大事项提供法律意见。

（2）参与法律法规规章草案，规范性文件送审稿和其他制度草案的起草、论证及合法性、合规性审查。

（3）参与合作项目的洽谈。对外招标、政府采购等事务，协助起草、修改、审核重要的法律文书或者合同、协议。

（4）参与办理重大税务案件。

（5）参与重大执法决定法制审核。

（6）参与信访接待、矛盾调处、涉法涉诉案件化解、突发事件处置、政府信息公开、国家赔偿等工作。

（7）参与行政复议、行政诉讼等工作。

（8）落实"谁执法、谁普法"的普法责任制，开展普法宣传教育。

（9）办理民事案件的诉讼和仲裁、调解和和解等法律事务。

（10）参与重大法治专项工作以及法制部门认为需要公职律师办理的其他法律事务。

【判断题】取消税务执法资格未满一年的，不得参加国家税务总局统一组织的税务执法资格考试。(　　)

【参考答案】×。取消税务执法资格未满两年的，不得参加国家税务总局统一组织的税务执法资格考试。

第二节　税务行政法律关系

一、税务行政法律关系的含义

1. 税务行政法律关系是指由税法设立并受税法规范和调整的税务机关与其行政相对人之间权利与义务的关系。

2. 特征

（1）主体法定，有一方当事人必须是税务机关；

（2）税务行政机关与其行政相对人之间的权利义务具有不对等性；

（3）税务行政机关与其行政相对人之间的权利义务是法定的，税务行政机关与其行政相对人不能随意商定、选择和改变。

【多选题】下列活动形成的法律关系中，属于税务行政法律关系的有（　　）。

A. 某县税务局依甲公司申请向其发放发票

B. 某县税务局责令乙公司提供纳税担保

C. 某市税务局稽查局对丙公司作出处罚决定

D. 某县税务局与丁公司签订购买办公用品合同

【参考答案】ABC。本题考查的是税务行政法律关系。税务行政法律关系具有以下特征：（1）税务行政法律关系中，有一方当事人必须是税务机关。（2）税务行政法律关系中，税务行政机关与其行政相对人之间的权利义务具有不对等性。（3）税务行政法律关系中，税务行政机关与其行政相对人之间的权利义务是法定的。符合以上特征的只有选项 A、B、C，选项 D 属于民事法律关系，不属于行政法律关系。

二、税务行政法律关系的构成要素

1. 税务行政法律关系的主体是指在具体的税务行政法律关系中享有税务行政权力、承担税收义务的当事人。

税务行政主体（是指依法享有税务行政权力，能够以自己的名义进行税务行政管理活动，并独立承担由此产生的法律责任的税务行政组织，包括各级税务机关和法律、法规授权的税务机构）。

特征：

（1）税务行政主体必须是一个组织，而不是个人；

（2）税务行政主体必须是享有税务行政权力，能够实施税务行政管理活动的组织；

（3）税务行政主体必须是能以自己的名义实施税务行政管理活动的组织；

（4）税务行政主体是一个能够独立承担法律责任的组织。

种类：

（1）各级税务局；

（2）税务分局；

（3）税务所；

（4）省以下税务局的稽查局（包括省税务局的稽查局、地市级税务局的稽查局以及各地设立的跨区稽查局）。

税务行政相对人（是指在税务行政法律关系中被税务行政主体管理的一方当事人）：

特征：

（1）在税务行政法律关系中处于被管理地位；

（2）税务行政相对人的身份具有相对性；

（3）税务行政相对人范围广泛。

种类：

（1）具有双重身份的国家机关；

（2）社会组织：包括企业单位、事业单位、社会团体；

（3）自然人；

（4）外国组织：包括国家组织和社会组织；

（5）外国人：包括外国公民和无国籍人。

2. 税务行政法律关系的内容是指税务行政法律关系主体在税务行政法律关系中所享有的权利和所承担的义务。

税务行政主体的权利与义务（一般又称为职权与职责）。

税务行政职权显著特点：

（1）不能放弃的权力；

（2）以法律为基础的权力；

（3）不以税务行政相对人意志为转移的权力；

（4）相互制约的权力。

税务行政职权主要表现为：行政立法权、行政决策权、行政决定权、行政命令权、行政制裁权、行政强制权、行政司法权等。

税务行政相对人的权利与义务。

（1）税务行政主体职责：按照依法行政的基本要求，做到合法行政、合理行政、程序正当、高效便民、诚实守信、权责统一；

（2）税务行政相对人的权利：参与权、知情权、监督权、请求权、受益权。

（3）税务行政相对人的义务：

①遵守税务行政法律、法规，服从行政管理、命令；

②接受税务检查、监督；

③协助公务的义务。

3. 税务行政法律关系的客体是指税务行政法律关系主体的权利和义务所指向的标的、目标或对象，也是权利和义务的媒介或者载体。行政法律关系的客体包括物、行为、精神财富和人身权。但税务行政法律关系的客体主要是财物和行为。

【多选题】行政法律关系的客体包括（　　）。

A. 物　　B. 行为　　C. 精神财富　　D. 人身权

【参考答案】ABCD。行政法律关系的客体包括物、行为、精神财富和人身权。

第三节　税务行政行为

一、税务行政行为的概念

税务行政行为是税务行政主体为实现国家税务行政管理的目的所实施的具有法律意义并产生法律效果的活动。

内涵主要包括以下四点：

（1）税务行政行为的主体是税务行政主体。

（2）税务行政行为的目的是履行国家税务行政管理的职责，实现国家税务行政管理的目标。

（3）税务行政行为虽然是由税务机关作出，但体现国家税务行政权力。

（4）税务行政行为是具有法律意义的行为。

二、税务行政行为的特征

1. 法律的执行性：税务行政行为的作出，必须具有法律依据，是对法律的执行。

2. 单方意志性：税务机关在执法时，只要在法律、法规、规章授权的范围内，不需要征得行政相对人的同意或与其协商，可以直接作出税务行政行为，行政相对人必须履行。

3. 效力先定性：税务行政行为一经作出且生效之后，就推定其符合法律规定，具有法律效力。

4. 一定的行政裁量性：法律在创制的过程中，尽可能考虑其稳定性，不能修改过于频繁。因此，法律就必须给予税务机关在执法过程中一定幅度的行政裁量权，以保障税务行政行为的效力。

5. 强制性：是指行政行为一经作出即具有法律效力，相对人必须执行，否则就要承担相应的法律责任和不利的法律后果。

三、税务行政行为的种类

（一）抽象行政行为和具体行政行为

1. 区分标准：依照行政行为是否可以反复适用

凡是针对不特定的对象实施的行政行为就属于抽象行政行为。以税务机关为例，国家税务总局制订税务行政复议规则、税务稽查案件办理程序规定等都属于抽象行政行为。

具体行政行为是针对某一具体行政相对人的。具体行政行为包括行政许可、行政确认、行政处罚、行政裁决、行政奖励、行政复议、行政征收等。

【多选题】具体行政行为包括（　　）。

A. 行政许可　　B. 行政确认　　C. 行政处罚　　D. 行政裁决

【参考答案】ABCD。具体行政行为包括行政许可、行政确认、行政处罚、行政裁决、行政奖励、行政复议、行政征收等。

2. 具体行政行为与抽象行政行为的区别

（1）功能上不同。

抽象行政行为是设定行政法律规范的活动，只是为行政法律关系的产生、变更和消灭提供法律前提和可能性。具体行政行为是执行行政法律规范的活动，要使行政法律关系的产生、变更和消灭成为现实。

（2）创制时间不同。

抽象行政行为是创制具体行政行为法律依据的立法性活动，先于具体行政行为而形成。具体行政行为是执行性活动，是晚于抽象行政行为的活动。

（3）程序不同。

抽象行政行为要按照规定的行政立法程序进行。具体行政行为按行政执法程序进行。

（4）适用不同。

抽象行政行为所创制的行政法规、规章和规范性文件一般可以反复适用于不同的对象。针对的是广泛而不特定的对象。具体行政行为只针对某一具体行政相对人的某一具体事项，只是一次性有效。通常针对特定对象。

（5）拘束力方面。

抽象行政行为创制的行政法规、规章和规范性文件对在其后发生的事项具有拘束力。具体行政行为对其之前发生的事项具有拘束力。

（6）救济不同。

抽象行政行为一般不具有可诉性。具体行政行为一般具有可诉性。

【提示】对于国务院部门和地方人民政府及其部门制定的规范性文件，行政复议申请人或诉讼原告可提起附带审查请求，但不能单独针对规范性文件申请行政复议或提起行政诉讼。

（二）内部行政行为与外部行政行为

1. 区分标准时适用的范围。

2. 内部行政行为是行政主体对其自身内部的管理行为，例如，内设机构的设立和撤销、人员的奖惩、职务的任免等，具有不可诉性。

3. 外部行政行为是行政主体依法对公共事务的管理活动，既包括具体行政行为，也包括抽象行政行为。当外部行政行为是具体行政行为时，行政行为相对人对之不服，可以依法提起行政复议或行政诉讼。

（三）羁束行政行为与自由裁量行政行为

1. 区分标准是受法律规范拘束的程度不同。

2. 羁束行政行为是法律明确规定了行政行为的范围、条件、程度、方法等，行政机关没有自由选择的余地，只能严格按照法律作出的行政行为。

3. 自由裁量行政行为。法律规范仅对行为目的、行为范围等作原则性规定，而将行为的具体内容、条件、标准、幅度、方式等留给行政机关自行选择、决定而实施的行政行为。自由裁量行政行为便于行政机关在行政执法活动中贯彻过罚相当的原则。

（四）依职权的行政行为与依申请的行政行为

1. 区分标准为能否主动实施行政行为。

2. 依职权的行政行为是行政主体依照法律授予的职权，无须行政相对人申请就可以主动作出的行政行为。

3. 依申请的行政行为是指必须有行政相对人的申请，行政主体才能够作出的行政行为。

4. 行政主体的大多数行为都是依职权的行政行为，但行政许可行为是典型的依申请的行政行为。

（五）要式行政行为与非要式行政行为

1. 区分标准为是否需要具备一定的法定形式。

2. 要式行政行为是必须具备某种法定形式才被认为合法的行政行为。

3. 非要式行政行为，是指法律对行政行为的形式不作要求。

（六）有利行政行为与不利行政行为

1. 区分标准为内容对行政相对人是否有利。

2. 有利行政行为是行政主体给行政相对人赋予权益或免除义务的行政行为。

3. 不利行政行为是行政主体给行政相对人设定义务或限制、剥夺其权益的行政行为。

【判断题】行政行为相对人对外部行政行为不服，可以依法提起行政复议或行政诉讼。（　　）

【参考答案】×。外部行政行为是行政主体依法对公共事务的管理活动，既包括具体行政行为，也包括抽象行政行为。当外部行政行为是具体行政行为时，行政行为相对人对之不服，可以依法提起行政复议或行政诉讼。

四、税务行政行为的内容与效力

（一）税务行政行为的内容

1. 概念。税务行政行为的内容，是指对税务行政相对人的权利、义务作出某种处置，保护、剥夺或限制其权利、课以或减免义务的一种活动。

2. 根据税务行政行为对行政相对人的权利、义务引起的后果不同，将税务行政行为的内容分为：设定权利和义务；实现权利和义务；剥夺、限制权利和减、免义务；确认和恢复权利和义务。

（二）税务行政行为的效力

1. 税务行政行为成立并生效之后，就会对税务机关和行政相对人产生法律上的效力，就会影响双方当事人的权利与义务。

2. 行政行为一旦生效，无论其是否合法，只要没有被依法撤销，就推定为合法，与行政行为有关的相对人必须遵守或服从。

3. 没有法定事由，非经法定程序，税务机关或行政相对人都不能要求变更。

4. 税务行政行为生效后，对税务机关和相对人都会产生约束和限制，要求双方必须严格执行行政行为所确定的内容。

五、税务行政行为的要件

税务行政行为的要件就是税务机关作出的某项行政行为在法律上成立、生效和合法必须具备的条件。一项行政行为是否成立，成立的行政行为是否生效，生效的行政行为是否合法，法律上都规定了其所必须具备的条件。

（一）税务行政行为的成立要件

税务行政行为的成立，是指一项税务行政行为的正式作出或形成，是说明一项税务行政行为是否存在，是税务行政行为在法律上生效的起点。

1. 资格要件：税务行政行为的主体必须是依法或依法授权享有行政职权的税务机关。

2. 权力要件：税务行政行为是行使税收行政职权的行为。

3. 形式要件：税务行政行为以一定的形式表现出来。

4. 功能要件：税务行政行为能够直接或间接地影响行政相对人的权益，即能够产生法律效果。

（二）税务行政行为的生效要件

税务行政行为的生效要件就是为行政相对人所知。

1. 即时生效

即时生效是指税务行政行为一经作出就立即生效。在这种情况下，税务行政行为的成立时间就是生效时间。

2. 送达生效

送达生效是指税务机关将载有行政行为内容的法律文书依法送达给行政相对人，法律文书一经送达即发生法律效力。

（1）直接送达。

税务机关送达税务文书，应当直接送交受送达人。受送达人是公民的，应当由本人直接签收；本人不在的，交其同住成年家属签收。受送达人是法人或者其他组织的，应当由法人的法定代表人、其他组织的主要负责人或者该法人、组织的财务负责人、负责收件的人签收。受送达人有代理人的，可以送交其代理人签收。

签收人在送达回证上签收的收件日期为送达日期。

（2）留置送达。

受送达人拒绝签收的，送达人应当在送达回证上注明拒收理由和日期，并由送达人和见证人签名或者盖章，将税务文书留在受送达人处，即视为送达。

见证人在送达回证上注明的收件日期为送达日期。

（3）委托送达。

直接送达税务文书有困难的，税务机关可以委托其他有关机关或者其他单位代为送达。

签收人在送达回证上签收的收件日期为送达日期。

（4）邮寄送达。

直接送达税务文书有困难的，税务机关还可以通过邮寄的方式送达税务文书。

以挂号函件回执上注明的收件日期为送达日期，并视为已送达。

（5）公告送达。

同一送达事项的受送达人众多的，或者采用其他四种送达方式无法送达的。

法律另有规定外，一般自公告之日起满 30 日，即视为送达。

3. 附期限或附条件生效

有的税务行政行为的生效附有一定期限或条件，当期限到来或条件满足时，税务行政行为才能够生效。

【单选题】公告送达，除法律另有规定外，一般自公告之日起满（　　）日，即视为送达。

A. 10　　B. 20　　C. 30　　D. 60

【参考答案】C。公告送达，除法律另有规定外，一般自公告之日起满 30 日，即视为送达。

（三）税务行政行为的合法要件

行政行为能够在行政复议和行政诉讼中得到维持所应具备的条件，就是该行政行为符合合法要件。

1. 主体合法：即作出行政行为的主体必须是税务机关。
2. 权限合法：即税务机关必须在法律规定的权限范围之内行使职权。
3. 内容合法：即要求税务行政行为所处理的内容必须符合法律的规定以及公共利益的需要。
4. 程序合法：即作出税务行政行为的过程必须依照法定的程序进行。
5. 形式合法：即对于要式行政行为而言，必须符合法律规定的形式。

本章习题

一、单项选择题

1.（　　）是中国特色社会主义的本质要求和重要保障。

A. 全面依法治国　　B. 全面从严治党

C. 全面发展经济　　D. 全面可持续发展

2. 合理性原则是行政法的基本原则之一，合理行政对行政机关的要求体现在（　　）。

A. 行政机关作出吊销执照的处罚决定前，应当告知当事人有要求举行听证的权利

B. 行政机关行使行政裁量权作出的行政决定应充分考虑相关因素，排除不相关因素的干扰

C. 行政机关作出不予行政许可决定，应当说明理由

D. 行政机关作出行政处罚决定应当有法律依据，且遵守法定程序

3. 以行政行为的对象是否特定为标准，行政行为可分为（　　）。

A. 抽象行政行为与具体行政行为

B. 内部行政行为与外部行政行为

C. 羁束行政行为与自由裁量行政行为

D. 依职权的行政行为与依申请的行政行为

4. 违反税收法律、行政法规应当给予行政处罚的行为，在（　　）年内未被发现的，不再给予行政处罚。

A. 2　　B. 3　　C. 5　　D. 10

5. 行政机关采用公告方式送达强制执行文书时，要适用民事诉讼法满（　　）日方视为送达的期限规定。

A. 30　　B. 60　　C. 90　　D. 15

6. 依法治国是党领导人民治理国家的基本方略是在（　　）首次提出的。

A. 党的十五大　　B. 党的十六大　　C. 党的十七大　　D. 党的十八大

7. 行政执法机关正职负责人或者主持工作的负责人应当自接到报告之日起规定期限内作出批准移送或者不批准移送的决定。决定批准的，应当在规定期限内向同级公安机关移送；决定不批准的，应当将不予批准的理由记录在案。这里所指的规定期限分别是（　　）。

A. 5 日内 48 小时　　B. 3 日内 48 小时

C. 3 日内 24 小时　　D. 5 日内 24 小时

8. 公安机关应当自接受行政执法机关移送的涉嫌犯罪案件之日起规定期限内，依照刑法、刑事诉讼法以及最高人民法院、最高人民检察院关于立案标准和公安部关于公安机关办理刑事案件程序的规定，对所移送的案件进行审查。这个规定期限是（　　）。

A. 5 日内　　B. 1 日内　　C. 10 日内　　D. 3 日内

9. 行政执法机关对案情复杂、疑难，性质难以认定的案件，可以向公安机关、人民检察院咨询，公安机关、人民检察院应当认真研究，在规定期限以内回复意见，所指规定期限是（　　）。

A. 10 日　　B. 15 日　　C. 7 日　　D. 3 日

10. 下列选项中，不属于税务行政法律关系客体的是（　　）。

A. 销售收入　　B. 房产

C. 税务行政处罚权　　D. 文艺创作成果

二、多项选择题

1. 下列关于行政许可的说法，正确的有（　　）。
   A. 行政许可是依申请的行政行为　　B. 行政许可是要式行政行为
   C. 行政许可是授益性行政行为　　D. 行政许可是外部行政行为
2. 全国人民代表大会常务委员会的组成人员不得担任（　　）的职务。
   A. 国家行政机关　　B. 国家监察机关
   C. 国家审判机关　　D. 国家检察机关
3. 依法行政的基本要求包括（　　）。
   A. 合法行政　　B. 合理行政　　C. 程序正当　　D. 高效便民
4. 对社会主义法治理念的理解，错误的有（　　）。
   A. 依法治国是社会主义法治的价值追求
   B. 执法为民是社会主义法治的核心内容
   C. 公平正义是社会主义法治的本质要求
   D. 服务大局是社会主义法治的重要使命
5. 税务机关的下列行政行为，属于具体行政行为的有（　　）。
   A. 国家税务总局制定并发布 2022 年第 11 号公告
   B. 税务机关对某纳税人作出《税务行政处罚决定书》
   C. 税务机关公告《2021 年春节期间纳税申报延期通知》
   D. 稽查局对某举报人兑现奖励 1 000 元
6. 下列关于执法过错责任的说法，正确的有（　　）。
   A. 因承办人的个人原因造成执法过错的，由承办人承担全部过错责任
   B. 承办人为 2 人或 2 人以上的，根据过错责任大小分别承担主要责任、次要责任
   C. 承办人的过错行为经过批准的，由承办人和批准人共同承担责任，批准人承担主要责任，承办人承担次要责任
   D. 因承办人弄虚作假导致批准错误的，由承办人承担全部过错责任
7. 公民对于任何国家机关和国家工作人员的违法失职行为，有向有关国家机关提出（　　）的权利。
   A. 上诉　　B. 申诉　　C. 控告　　D. 检举

三、判断题

1. 税务行政关系的客体是指税务行政相对人。（　　）
2. 我国社会主义民主凝聚着我们党治国理政的理论成果和实践经验，是制度之治最基本最稳定最可靠的保障。（　　）
3. 依法执政的主体是行政机关。（　　）
4. 公民、法人或者其他组织同被诉行政行为有利害关系但没有提起诉讼，或者同案件处理结果有利害关系的，可以作为第三人申请参加诉讼，或者由人民法院通知参加

诉讼。（　　）

5. 行政裁量权就是行政机关行使行政权无须受法律约束的权力。（　　）

6. 税务行政相对人仅指根据法律、行政法规规定承担纳税义务的单位和个人。（　　）

参考答案与解析

一、单项选择题

1. 【参考答案】A。全面依法治国，是治国方略，是中国特色社会主义的本质要求和重要保障，是国家治理的一场深刻革命。
2. 【参考答案】B。选项 ACD 都属于合法性原则，都体现了“程序合法”的要求。
3. 【参考答案】A。以行政行为的适用与效力作用的对象范围为标准，行政行为分为内部行政行为与外部行政行为。以行政行为受法律约束的程度为标准，行政行为分为羁束行政行为与自由裁量行政行为。以行政主体是否可以主动作出行政行为为标准，行政行为分为依职权的行政行为与依申请的行政行为。以行政行为的对象是否特定为标准，行政行为分为抽象行政行为与具体行政行为。
4. 【参考答案】C。违法行为在 2 年内未被发现的，不再给予行政处罚。但是违反税收法律、行政法规应当给予行政处罚的行为，在 5 年内未被发现的，不再给予行政处罚。
5. 【参考答案】B。根据《中华人民共和国民事诉讼法》的规定，公告满 60 日视为送达。
6. 【参考答案】A。1997 年 9 月 12 日，党的十五大郑重提出：依法治国，是党领导人民治理国家的基本方略。
7. 【参考答案】C。《行政执法机关移送涉嫌犯罪案件的规定》（中华人民共和国国务院令第 310 号）第五条：行政执法机关对应当向公安机关移送的涉嫌犯罪案件，应当立即指定 2 名或者 2 名以上行政执法人员组成专案组专门负责，核实情况后提出移送涉嫌犯罪案件的书面报告，报经本机关正职负责人或者主持工作的负责人审批。行政执法机关正职负责人或者主持工作的负责人应当自接到报告之日起 3 日内作出批准移送或者不批准移送的决定。决定批准的，应当在 24 小时内向同级公安机关移送；决定不批准的，应当将不予批准的理由记录在案。
8. 【参考答案】D。《行政执法机关移送涉嫌犯罪案件的规定》（中华人民共和国国务院令第 310 号）第八条：公安机关应当自接受行政执法机关移送的涉嫌犯罪案件之日起 3 日内，依照刑法、刑事诉讼法以及最高人民法院、最高人民检察院关于立案标准和公安部关于公安机关办理刑事案件程序的规定，对所移送的案件进行审查。认为有犯罪事实，需要追究刑事责任，依法决定立案的，应当书面通知移送案件的行政执法机关；认为没有犯罪事实，或者犯罪事实显著轻微，不需要追究刑事责任，依法不予立案的，应当说明理由，并书面通知移送案件的行政执法机关，相应退回案卷材料。

9. 【参考答案】C。《关于在行政执法中及时移送涉嫌犯罪案件的意见》（高检会〔2006〕2 号）规定，行政执法机关对案情复杂、疑难，性质难以认定的案件，可以向公安机关、人民检察院咨询，公安机关、人民检察院应当认真研究，在 7 日以内回复意见。对有证据表明可能涉嫌犯罪的行为人可能逃匿或者销毁证据，需要公安机关参与、配合的，行政执法机关可以商请公安机关提前介入，公安机关可以派员介入。对涉嫌犯罪的，公安机关应当及时依法立案侦查。

10. 【参考答案】C。税务行政法律关系的客体是指税务行政法律关系主体的权利和义务所指向的标的、目标或对象，主要是行为和财物。本题中的选项 A、B、D 都属于税务行政法律关系客体的范围，而税务行政处罚权属于税务行政主体的职权，不属于税务行政法律关系客体的范围。

二、多项选择题

1. 【参考答案】ABCD。行政许可是国家管理社会经济事务的一种有效手段，是行政机关根据公民、法人或者其他组织的申请，经依法审查，准予其从事特定活动的行为，以上说法都是行政许可的特征。

2. 【参考答案】ABCD。根据《中华人民共和国宪法》规定，全国人民代表大会常务委员会的组成人员不得担任国家行政机关、监察机关、审判机关、检察机关的职务；如果担任上述职务，应当向常务委员会辞去常务委员会的职务。

3. 【参考答案】ABCD。依法行政的基本要求包括合法行政、合理行政、程序正当、高效便民、诚实守信、权责统一。

4. 【参考答案】ABC。社会主义法治理念的内容可以概括为五个方面：依法治国是社会主义法治的核心内容，执法为民是社会主义法治的本质特征，公平正义是社会主义法治的价值追求，服务大局是社会主义法治的重要使命，党的领导是社会主义法治的根本保证。

5. 【参考答案】BD。具体行政行为是针对特定对象实施的行为，选项 A 属于规范性文件的制定，并不针对某一特定对象作出，属于抽象行政行为。选项 C 也并不针对某一特定对象作出，属于抽象行政行为。选项 B、D 是针对具体特定的对象作出的行为，是具体行政行为。

6. 【参考答案】ABCD。4 个选项都符合执法责任制的规定。

7. 【参考答案】BCD。根据《中华人民共和国宪法》规定，公民对于任何国家机关和国家工作人员的违法失职行为，有向有关国家机关提出申诉、控告、检举的权利。上诉，是指当事人对第一审未生效的判决、裁定在法定期限内声明不服，要求上级人民法院进行审理，并撤销原判决、裁定的诉讼行为。

三、判断题

1. 【参考答案】×。税务行政关系的客体，是指税务行政法律关系主体的权利义务所指向的标的、目标或对象，包括物和行为两大类。

2.【参考答案】×。我国社会主义法治凝聚着我们党治国理政的理论成果和实践经验，是制度之治最基本最稳定最可靠的保障。

3.【参考答案】×。依法执政的主体是执政党，依法行政的主体是行政机关。

4.【参考答案】√。这是行政诉讼第三人的相关规定。

5.【参考答案】×。行政裁量权是行政主体依据法律、法规赋予的职责权限，基于法律、法规及行政的目的和精神，针对具体的行政法律关系，自由选择而作出的公正、合理的行政决定的权力。因此其行使应受法律的约束。

6.【参考答案】×。税务行政相对人是指在税务行政法律关系中被税务行政主体管理的一方当事人。只要受到税务行政权的影响和约束，都可成为税务行政相对人。除法律、行政法规规定承担纳税义务的单位和个人外，扣缴义务人、金融机构等都可成为税务行政相对人。

第三章 税务行政许可

第一节 行政许可概述

一、行政许可的概念和特征

（一）概念

行政许可是行政机关在管理经济和社会事务中的一种事先控制手段，行政机关对相对人是否符合法律、法规规定的权利资格和行使权利的条件进行审查核实，符合法定资格或者条件的，就批准从事某种特定活动。

（二）特征

1. 依申请的行政行为

由相对人申请而启动，无申请则无许可。申请权是一种程序上的权利。

2. 要式行政行为

行政许可应当是明示的书面许可，不存在口头形式。授予行政许可，需要颁发许可证、执照、资格证、资质证、批准文件等许可证书。

3. 授益性行政行为

通过许可使行政相对人获得某种资格。授益性是行政许可区别于其他行政行为的显著特征。授益性在行政许可领域体现的是一种资格或资质，在行政奖励、行政救助、行政给付体现的是一定的物质、精神鼓励或帮助。

4. 有特定的审查批准程序

除行政许可外，也有部分行政行为由行政相对人提出申请，经行政机关审查后批准。

【单选题】下列不属于行政许可的特征的是（　　）。

A. 行政许可是依申请的行政行为　　B. 行政许可是要式行政行为

C. 行政许可是授益性行政行为　　D. 行政许可是抽象行政行为

【参考答案】D。依申请行政行为是指行政主体只有在行政相对人申请的条件下方能作出，没有相对人的申请，行政主体便不能主动作出行政行为。要式行政行为是指必须根据法定的方式或者必须具备法定的形式才能产生法律效力和后果的行政行为，这种行政行为一般会产生特定的非规范性法律文件。授益行政行为是指行政主体为行政相对人设定权益或者免除义务的行政行为。行政许可的特征符合以上三项要求。抽象行政行为，与具体行政行为对称，是指行政机关在进行行政管理中，针对不特定的人和事制定普遍适用的规范性文件的活动。但是行政许可恰恰是针对特定的人、特定的事作出的决定，不具备普遍适用，选项 D 不应选。

二、行政许可和行政确认的区分

1. 授益性质不同

（1）行政许可：授益性行政行为，是一项新的权利授予。

（2）行政确认：行政机关依法对特定的法律事实进行甄别，作出肯定或否定的认定并予以宣告，是对已有权利的认定。

2. 实施范围和法律效果不同

（1）行政许可：事前控制，范围通常限于带有稀缺性或者国家需要严格控制的事项，允许被许可人今后可以进行某种对一般人禁止的行为。

（2）行政确认：事后确认，对既有的身份、能力、权利、事实的确认和认定，不以改变法律状态为目的。

3. 审查程序和权限不同

（1）行政许可：依据行政许可法，有严格的程序，一般是实质审查。

（2）行政确认：不依据行政许可法，主要是形式审查。

三、行政许可法的基本原则

1. 法定原则

（1）设立行政许可属于立法行为。法律、行政法规和国务院有普遍约束力的决定可设定行政许可，地方性法规和地方政府规章可依法设定，其他规范性文件一律不得设定。

（2）依法定权限：行政机关只能在其法定权限范围内实施许可。

（3）依法定条件：不能向不具备法定条件的申请人发放许可，也不能向许可申请人要求法定条件以外的条件。

（4）依法定范围：不得擅自扩大行政许可的项目、种类。

（5）依法定方式和程序：从充分保护行政相对人利益的角度，遵循《行政许可法》规定的程序实施。

2. 便民原则

（1）申请方式：可自行申请、可委托代理人申请、可书面申请、可通过信息、电传、电报、传真、电子数据交换、电子邮件等方式申请。

（2）信息披露：公开许可事项、公示许可的条件和程序、对疑问提供准确、可靠和完整的答复。

（3）申请受理：符合条件立即受理；需要补正的一次性告知并允许当场更正；不

属于职责范围应告知相关情况。

（4）审查事项：涉及内部多机构，“一个窗口”对外；涉及多部门，可统一办理、联合办理或集中办理；需上级审核，无须另行申请。

（5）变更申请：符合条件应允许变更。

作出决定：能当场应当场决定，不能当场应在期限内作出决定，不允许久拖不决。

3. 救济原则

公民、法人或其他组织在行政许可中享有陈述权、申辩权，有权依法申请行政复议或提起行政诉讼，其合法权益因行政机关违法实施许可受到损害的，有权依法要求赔偿。

4. 信赖保护原则

（1）《行政许可法》在我国首次确立该原则。

（2）主要体现在授益行政行为的变更、撤销方面。

（3）行政机关不得擅自改变已经生效的行政许可；如果为了公共利益的需要，可以依法变更或撤回行政许可，但给相对人造成财产损失的，应予补偿。

（4）相对人通过主观恶意的欺骗、隐瞒等方式获得的行政许可，不受该原则的保护。

5. 公开、公正、公平、非歧视原则

（1）设定和实施行政许可，应当公开进行。有关行政许可的规定应当公布，未经公布不得作为实施行政许可的依据；行政许可的实施和结果，除涉及国家秘密、商业秘密或者个人隐私的外，应当公开。

（2）符合法定条件、标准的，申请人有依法取得行政许可的平等权利，行政机关不得歧视任何人。

（3）行政机关应当将行政许可事项、依据、数量、条件、程序、期限以及需要提交的全部材料的目录和申请书示范文本等在办公场所公布，有条件的还可以在网站公布。

（4）公正是对行政机关与行政相对人的权利义务而言，对行政机关赋予权力、规定义务和责任，保证行政许可活动在实体和程序上的正当性。

（5）“法律面前人人平等”，有义务保障行政相对人平等权利的实现。

6. 监督原则

行政许可机关既对被许可人申请的事项进行监督，其本身职权活动也受到有关国家机关和公众的监督，以防权力寻租。

【单选题】行政机关依法撤回行政许可，应当对行政相对人的损失（　　）。

A. 予以补偿　　B. 予以赔偿　　C. 予以分担　　D. 予以返还

【参考答案】A。《中华人民共和国行政许可法》第八条规定：行政许可所依据的法律、法规、规章修改或者废止，或者准予行政许可所依据的客观情况发生重大变化的，为了公共利益的需要，行政机关可以依法变更或者撤回已经生效的行政许可。由此给公民、法人或者其他组织造成财产损失的，行政机关应当依法给予补偿。选项 A 符合，应选。

四、行政许可的设定

（一）行政许可的设定范围

1. 可设定行政许可的事项

（1）直接涉及国家安全、公共安全、经济宏观调控、生态环境保护以及直接关系人身健康、生命财产安全等特定活动，需要按照法定条件予以批准的事项。

（2）有限自然资源开发利用、公共资源配置以及直接关系公共利益的特定行业的市场准入等，需要赋予特定权利的事项。

（3）提供公众服务并且直接关系公共利益的职业、行业，需要确定具备特殊信誉、特殊条件或者特殊技能等资格、资质的事项。

（4）直接关系公共安全、人身健康、生命财产安全的重要设备、设施、产品、物品，需要按照技术标准、技术规范，通过检验、检测、检疫等方式进行审定的事项。

（5）企业或者其他组织的设立等，需要确定主体资格的事项。

（6）法律、行政法规规定可以设定行政许可的其他事项。

2. 可以不设定行政许可的事项（重点）

（1）公民、法人或者其他组织能够自主决定的。

（2）市场竞争机制能够有效调节的。

（3）行业组织或者中介机构能够自律管理的。

（4）行政机关采用事后监督等其他行政管理方式能够解决的。

【提示】反向记忆：可以不设定行政许可的事项。

（二）行政许可的设定权限

1. 全国人大及其常委会

通过制定法律可以设定《行政许可法》所列事项范围内的各种行政许可（权最大，没限制）。

2. 国务院

（1）尚未制定法律的，行政法规可以设定行政许可（只比法律小）。

（2）必要时，国务院可以采用发布决定的方式设定行政许可。

（3）采用发布决定的方式设定行政许可后，除临时性行政许可事项外，国务院应当及时提请全国人民代表大会及其常务委员会制定法律，或者自行制定行政法规（决定方式多了一个转化成法律或行政法规的程序）。

3. 地方人大及其常委会

尚未制定法律、行政法规的，可以通过制定地方性法规，可以设定行政许可。

4. 省、自治区、直辖市人民政府

（1）尚未制定法律、行政法规和地方性法规的，因行政管理的需要，确需立即实施行政许可的（范围受限）。

（2）政府规章可以设定临时性的行政许可。

（3）临时性的行政许可实施满一年需要继续实施的，应当提请本级人民代表大会及其常务委员会制定地方性法规（最长一年就需要转化）。

权力受限，不得设定行政许可的范围：

（1）不得设定应当由国家统一确定的公民、法人或者其他组织的资格、资质的行政许可。

（2）不得设定企业或者其他组织的设立登记及其前置性行政许可。

（3）其设定的行政许可，不得限制其他地区的个人或者企业到本地区从事生产经营和提供服务，不得限制其他地区的商品进入本地区市场。

5. 规范性文件

必须在行政许可已经依法设定的前提下作出，作出的具体规定不得违背或逾越设定文件所作的规定，且是实施性不能是创设性的，不得剥夺或限制行政相对人依法享有的权利，不得增加其义务。

【单选题】下列国家机关中，不能设定行政许可的是（　　）。

A. 国务院

B. 国家税务总局

C. 具有立法权的地方人民代表大会及其常务委员会

D. 省、自治区、直辖市人民政府

【参考答案】B。《行政许可法》第十四条规定："本法第十二条所列事项，法律可以设定行政许可。尚未制定法律的，行政法规可以设定行政许可。"必要时，国务院可以采用发布决定的方式设定行政许可。实施后，除临时性行政许可事项外，国务院应当及时提请全国人民代表大会及其常务委员会制定法律，或者自行制定行政法规。

《行政许可法》第十五条规定："本法第十二条所列事项，尚未制定法律、行政法规的，地方性法规可以设定行政许可；尚未制定法律、行政法规和地方性法规的，因行政管理的需要，确需立即实施行政许可的，省、自治区、直辖市人民政府规章可以设定临时性的行政许可。临时性的行政许可实施满一年需要继续实施的，应当提请本级人民代表大会及其常务委员会制定地方性法规。

地方性法规和省、自治区、直辖市人民政府规章，不得设定应当由国家统一确定的公民、法人或者其他组织的资格、资质的行政许可；不得设定企业或者其他组织的设立登记及其前置性行政许可。其设定的行政许可，不得限制其他地区的个人或者企业到本地区从事生产经营和提供服务，不得限制其他地区的商品进入本地区市场。"

第二节　税务行政许可的实施

【提示】截至 2022 年 12 月，国家税务总局仅保留 1 项税务行政许可事项：增值税防伪税控系统最高开票限额审批。

一、行政许可的实施概述和实施程序

重点内容		具体认知
依据		《行政许可法》
实施机关		（1）具有行政许可权的税务机关在法定权限内实施 （2）下属的事业单位、内部机构一律不得以自己的名义实施行政许可 （3）在法定职权范围内，依法律、法规、规章的规定，可以委托其他行政机关实施行政许可 （4）委托机关应当将受托行政机关和受委托实施许可内容予以公告。受托行政机关在委托范围内以委托行政机关名义实施许可，不得再委托其他组织或个人实施
许可程序	公示	（1）行政许可公开原则的具体体现 （2）增加行政透明度，实现公民知情权，满足公民信息需要，加强公众行政监督，防止行政腐败，保护公民合法权益
	申请	（1）申请人提出申请应在法定期限内提出，必须有真实明确的意思表示，不得含糊其词，使行政机关难以判断 （2）申请内容包括申请人要求行政机关准予其从事某种特定活动的意思表示和行政机关要求申请人提供是否符合许可条件和标准的相关信息 （3）由行政机关提供许可申请书格式文本，不得收取费用；不能要求申请人自行设计格式文本；格式文本不得包含与申请事项没有直接关系的内容 （4）委托代理人提出申请应当出具授权委托书；依法应当由申请人到行政机关办公场所提出行政许可申请的不能委托代理人申请 （5）申请人对申请材料实质内容真实性负责；隐瞒或故意提供虚假材料，不予受理或不予许可，并给予警告，其中属于直接关系公共安全、人身健康、生命财产安全事项的，1 年内不得再次申请；以欺骗、贿赂等不正当手段取得许可，依法给予行政处罚，其中属于直接关系公共安全、人身健康、生命财产安全事项，3 年内不得再次申请，构成犯罪，依法追究刑事责任
	受理	（1）申请事项依法不需要取得行政许可的，即时告知申请人不受理 （2）申请事项依法不属于本行政机关职权范围的，应当即时作出不予受理的决定，并告知申请人向有关行政机关申请 （3）申请材料存在可以当场更正的错误的，应当允许申请人当场更正 （4）申请材料不齐全或者不符合法定形式的，应当当场或者在五日内一次告知申请人需要补正的全部内容，逾期不告知的，自收到申请材料之日起即为受理 （5）申请事项属于本行政机关职权范围，申请材料齐全、符合法定形式，或者申请人按照本行政机关的要求提交全部补正申请材料的，应当受理行政许可申请 （6）行政机关受理或者不予受理行政许可申请，应当出具加盖本行政机关专用印章和注明日期的书面凭证

续表

<table>
<tr><th colspan="2">重点内容</th><th colspan="2">具体认知</th></tr>
<tr><td rowspan="5">许可程序</td><td rowspan="3">审查</td><td>审查方式</td><td>（1）首选形式审查，但对于具备特定空间与条件的，还应实质审查，实质审查应指派 2 名以上工作人员进行核查
（2）行政机关未尽实质审查责任违法颁发行政许可，申请人和行政机关及工作人员均应承担相应责任
（3）凡符合听证条件的，必须举行听证会，听取申请人、利害关系人的意见</td></tr>
<tr><td>听证分类</td><td>（1）依职权听证：法律、法规、规章规定应当举行听证和行政机关认为需要听证
（2）依申请听证：行政许可直接涉及申请人与他人之间重大利益关系的、申请人、利害关系人在被告知听证权利之日起五日内提出听证申请，行政机关应在 20 日内组织听证</td></tr>
<tr><td>听证程序</td><td>（1）听证应当公开举行
（2）听证应当制作笔录，听证笔录应当交听证参加人确认无误后签字或者盖章，行政机关应当根据听证笔录，作出行政许可决定
（3）依法需要听证等程序的，所需时间不计算在作出行政许可决定的法定期限内；行政机关应当将听证等所需时间书面告知申请人</td></tr>
<tr><td>决定</td><td colspan="2">（1）准予许可的，应当书面形式，出具加盖行政机关印章的行政许可证件
（2）不予许可作出书面决定，应当说明理由，并告知申请人享有依法申请行政复议或提起行政诉讼的权利
（3）时间限制：
①当场决定
②自受理申请之日起 20 日作出决定，不能作出决定的，经本机关负责人批准延 10 日，法律、法规另有规定的除外
③采取统一办理、联合办法、集中办理的时间不超过 45 日，经本级政府负责人批准可以延长 15 日
以上日期为工作日，不含法定节假日</td></tr>
<tr><td>变更与延续</td><td colspan="2">（1）申请人要求变更许可，应向作出许可决定的税务机关提出
（2）需要延续的，在期限届满前 30 日内申请，法律、法规另有规定的除外；税务机关在期限届满前作出决定，逾期视为同意</td></tr>
</table>

【判断题】在税务行政许可申请中，申请人可通过信函、电报、电传、传真、电子数据交换、电子邮件等方式提出申请。（　　）

【参考答案】√。

二、便民措施

1. 相对集中行政许可权

经国务院批准，省、自治区、直辖市人民政府根据精简、统一、效能的原则，可以决定一个行政机关行使有关行政机关的行政许可权。

2. 一个窗口对外

（1）行政许可需要行政机关内设的多个机构办理的，该行政机关应当确定一个机构统一受理行政许可申请，统一送达行政许可决定。

(2) 办税服务厅或者在政府服务大厅设立的窗口集中受理行政许可申请、送达行政许可决定。

(3) 没有办税服务厅的，指定一个内设机构。

3. 统一办理、联合办理、集中办理

行政许可依法由地方人民政府两个以上部门分别实施的，本级人民政府可以确定一个部门受理行政许可申请并转告有关部门分别提出意见后统一办理，或者组织有关部门联合办理、集中办理。

三、监督检查

1. 监督检查方式

书面审查、抽样检查、检验、检测与实地检查，督促被许可人自检等。

2. 监督检查内容

(1) 对行政机关实施行政许可的监督，重点是过程。

(2) 行政机关对被许可人的事后监管，确保其履行义务。

(3) 对被许可人之外的行政相对人的监督，确保其先取得许可再从事活动。

3. 行政许可的撤销情形

(1) 行政机关工作人员滥用职权、玩忽职守作出准予行政许可决定的。

(2) 超越法定职权作出准予行政许可决定的。

(3) 违反法定程序作出准予行政许可决定的。

(4) 对不具备申请资格或者不符合法定条件的申请人准予行政许可的。

(5) 依法可以撤销行政许可的其他情形。

【提示】被撤销的行政许可从成立时就无效。

应当撤销：被许可人以欺骗、贿赂等不正当手段取得行政许可的，应当予以撤销。

不予撤销：可以撤销的行政许可，可能对公共利益造成重大损害的，不予撤销。

4. 救济程序

(1) 撤销不构成行政违法。

(2) 相对人可以提起行政复议或者行政诉讼。

【判断题】税务行政许可一经授予，税务机关就不能单方面予以撤销。( )

【参考答案】×。《行政许可法》规定了行政机关可以根据利害关系人的请求或者依据职权，撤销行政许可的情况。包括：行政机关工作人员滥用职权、玩忽职守作出准予行政许可决定的；超越法定职权作出准予行政许可决定的；违反法定程序作出准予行政许可决定的；对不具备申请资格或者不符合法定条件的申请人准予行政许可的；依法可以撤销行政许可的其他情形。此外，被许可人以欺骗、贿赂等不正当手段取得行政许可的，应当予以撤销。

本章习题

一、单项选择题

1. 以下不属于税务部门权责清单的内容的有（　　）。

   A. 设定依据　　B. 权责事项　　C. 管理流程　　D. 权利义务

2. 下列关于行政许可申请和审查的说法错误的是（　　）。

   A. 申请人提交的申请材料齐全、符合法定形式，能够当场决定的，行政机关应当当场作出书面的行政许可决定

   B. 行政机关发现行政许可事项直接关系他人重大利益的，不必告知该利害关系人

   C. 依法应当先经下级行政机关审查后报上级行政机关决定的行政许可，下级行政机关应当在法定期限内将初步审查意见和全部申请材料直接报送上级行政机关

   D. 根据法定条件和程序，需要对申请材料的实质内容进行核实的，行政机关应当指派两名以上工作人员进行核查

3. 根据《法律、行政法规、国务院决定设定的行政许可事项清单》的规定，下列属于税务行政许可的是（　　）。

   A. 非居民企业选择由其主要机构场所汇总缴纳企业所得税的审批

   B. 对纳税人延期缴纳税款的核准

   C. 对纳税人延期申报的核准

   D. 增值税防伪税控系统最高开票限额审批

4. 行政许可所依据的法律、法规、规章修改或者废止，或者准予行政许可所依据的客观情况发生重大变化，为了公共利益的需要，行政机关可以依法（　　）已经生效的行政许可。

   A. 撤回　　B. 撤销　　C. 注销　　D. 吊销

5. 根据《税务规范性文件制定管理办法》的规定，税务规范性文件可以（　　）。

   A. 设定行政许可　　B. 经授权制定实施办法

   C. 设定行政处罚　　D. 设定行政事业性收费

二、多项选择题

1. 依法治税的总体要求是：从税收工作实际出发，严格依法行政，坚持依法决策、规范执行、严密监督共同推进，坚持（　　）一体建设，以约束权力、保护权利为重点，创新体制机制，改进方式方法，最大限度便利纳税人、最大限度规范税务人，加强税法遵从和税收共治，推进税收法治化，促进税收现代化。

   A. 法制化　　B. 法治化　　C. 规范化　　D. 信息化

2. 下列行为中，不属于税务行政行为的是（　　）。

   A. 税务机关购买一批办公设备　　B. 税务机关举办职工运动会

C. 人民法院审理税务行政诉讼案件　　D. 税务机关受理行政复议

3. 行政许可申请的方式有（　　）。

A. 口头　　B. 信函　　C. 传真　　D. 电子邮件

4. 行政机关基于公共利益的需要可以依法变更或者撤回已经生效的行政许可的情形有（　　）。

A. 行政机关工作人员滥用职权、玩忽职守作出准予行政许可决定的

B. 行政许可依据的法律、法规、规章修改或者废止的

C. 行政许可依据的客观情况发生重大变化的

D. 被许可人以欺骗、贿赂等不正当手段取得行政许可的

5. 依照《行政许可法》规定，出现下列何种情形的，行政机关应当依法办理有关行政许可的注销手续。（　　）

A. 行政许可有效期届满未延续的

B. 赋予公民特定资格的行政许可，该公民死亡或者丧失行为能力的

C. 法人或者其他组织依法终止的

D. 因不可抗力导致行政许可事项无法实施的

三、判断题

1. 听证是作出税务行政许可决定的必经程序。（　　）

2. 到 2023 年，基本建成“无风险不打扰、有违法要追究、全过程强智控”的税务执法新体系。（　　）

3. 持续扩大跨省经营企业全国通办涉税涉费事项范围，2024 年基本实现全国通办。（　　）

4. 行政机关举行行政许可听证活动的费用由参与听证的当事人分担。（　　）

5. 被许可人以欺骗、贿赂等不正当手段取得的行政许可，应当给予注销，但对公共利益可能造成重大损害的除外。（　　）

参考答案与解析

一、单项选择题

1. 【参考答案】D。税务部门权责清单的主要内容包括：管理流程或业务领域、权责事项、设定依据、履责方式、追责情形。

2. 【参考答案】B。根据《行政许可法》第三十六条规定，行政机关对行政许可申请进行审查时，发现行政许可事项直接关系他人重大利益的，应当告知该利害关系人。故正确答案是 B。

3. 【参考答案】D。本题考查的是税务行政许可的范围，根据《法律、行政法规、国务院决定设定的行政许可事项清单（2022 年版）》的规定，现行税务行政许可仅保留“增值税防伪税控系统最高开票限额审批”一项。

4.【参考答案】A。《行政许可法》规定，行政许可所依据的法律、法规、规章修改或者废止，或者准予行政许可所依据的客观情况发生重大变化的，为了公共利益的需要，行政机关可以依法变更或者撤回已经生效的行政许可，由此给公民、法人或者其他组织造成财产损失的，行政机关应当依法给予补偿。

5.【参考答案】B。《国家税务总局关于修改〈税务规范性文件制定管理办法〉的决定》（国家税务总局令第 53 号）规定：税务规范性文件不得设定税收开征、停征、减税、免税、退税、补税事项，不得设定行政许可、行政处罚、行政强制、行政事业性收费以及其他不得由税务规范性文件设定的事项。

二、多项选择题

1.【参考答案】BCD。依法治税的总体要求是：从税收工作实际出发，严格依法行政，坚持依法决策、规范执行、严密监督共同推进，坚持法治化、规范化、信息化一体建设，以约束权力、保护权利为重点，创新体制机制，改进方式方法，最大限度便利纳税人、最大限度规范税务人，加强税法遵从和税收共治，推进税收法治化，促进税收现代化。

2.【参考答案】ABC。选项 A 的行为不是税务机关履行税务行政管理活动发生的，不属于行政行为。选项 B 的行为是税务机关的职工活动，也不体现税务行政管理活动，不属于行政行为。选项 C 的行为属于司法活动，不是行政行为。选项 D 属于税务具体行政行为。

3.【参考答案】BCD。《行政许可法》规定，行政许可申请可以通过信函、电报、电传、传真、电子数据交换和电子邮件等方式提出。

4.【参考答案】BC。《行政许可法》规定：公民、法人或者其他组织依法取得的行政许可受法律保护，行政机关不得擅自改变已经生效的行政许可。

行政许可所依据的法律、法规、规章修改或者废止，或者准予行政许可所依据的客观情况发生重大变化的，为了公共利益的需要，行政机关可以依法变更或者撤回已经生效的行政许可。由此给公民、法人或者其他组织造成财产损失的，行政机关应当依法给予补偿。

5.【参考答案】ABCD。《行政许可法》规定：有下列情形之一的，行政机关应当依法办理有关行政许可的注销手续：

（一）行政许可有效期届满未延续的；

（二）赋予公民特定资格的行政许可，该公民死亡或者丧失行为能力的；

（三）法人或者其他组织依法终止的；

（四）行政许可依法被撤销、撤回，或者行政许可证件依法被吊销的；

（五）因不可抗力导致行政许可事项无法实施的；

（六）法律、法规规定的应当注销行政许可的其他情形。

三、判断题

1.【参考答案】×。根据税务行政许可的相关规定，听证不是作出税务行政许可决定的必经程序。

2.【参考答案】√。《关于进一步深化税收征管改革的意见》主要目标：到 2023 年，基本建成“无风险不打扰、有违法要追究、全过程强智控”的税务执法新体系。

3.【参考答案】×。《关于进一步深化税收征管改革的意见》持续扩大跨省经营企业全国通办涉税涉费事项范围，2025 年基本实现全国通办。

4.【参考答案】×。《行政许可法》规定，申请人、利害关系人不承担行政机关组织听证的费用。

5.【参考答案】×。《行政许可法》规定，被许可人以欺骗、贿赂等不正当手段取得行政许可的，应当予以撤销，不是注销。可能对公共利益造成重大损害的，不予撤销。

第四章　税务行政处罚

第一节　税务行政处罚的概念、原则、种类和设定

一、税务行政处罚的概念

行政处罚，是指行政机关依法对违反行政管理秩序的公民、法人或者其他组织，以减损权益或者增加义务的方式予以惩戒的行为，是对违法者的一种惩罚。

税务行政处罚，是指税务行政处罚主体对违反税收征管秩序的相对人，以减损权益或者增加义务的方式予以惩戒的行为。

行政处罚定义的内涵：

（1）行政处罚的实施主体是行政主体。

（2）行政处罚针对的是公民、法人或者其他组织违反行政管理秩序的行为。

（3）行政处罚的方式是减损权益或者增加义务。

（4）行政处罚的对象是作为外部相对人的公民，法人或者其他组织，而非内部相对人。

（5）行政处罚的目的是“惩戒”，不包括基于“教育”“预防”目的而开展的其他制裁手段。

二、税务行政处罚的原则

（一）处罚法定原则

1. 税务行政处罚设定法定

（1）法律：设定各种行政处罚。

（2）行政法规：除限制人身自由以外的行政处罚。

（3）地方性法规：除限制人身自由、吊销营业执照以外的行政处罚。

（4）规章：尚未制定法律、法规的，国务院部门规章和地方政府规章，对违反行政管理秩序的行为，可以设定警告、通报批评或者一定数量罚款的行政处罚。

【提示】除法律、法规、规章外，其他规范性文件不得设定行政处罚税务行政处罚必须由法律、法规和规章设定，国家税务总局和各级税务机关可以通过制定税收规范性文件，对如何实施法律、法规和规章设定的行政处罚，作出具体的、细化的规定，但在作出这样的规定时，必须严格控制在法律、法规和规章规定的范围内，不得逾越

和抵触。

2. 税务行政处罚主体法定

税务行政处罚必须由具有行政处罚权的税务行政主体实施，税务行政主体包括税务机关和法律，法规授权的组织。目前，具有税务行政处罚权的税务机关是各级税务局、税务分局、税务所和省级以下税务局的稽查局。

3. 税务行政处罚职权法定

税务行政处罚主体必须严格在法定职权范围内实施行政处罚。在法定职权范围内实施行政处罚：

（1）不得逾越税务机关的主管权限实施行政处罚；

（2）不得逾越法律的特别授权规定实施行政处罚；

（3）不得逾越管辖权实施行政处罚。

4. 税务行政处罚依据法定

法无明文规定不得处罚。纳税人的税收违法行为只有税法明确作了处罚规定时，税务机关才能进行处罚。

在有法定依据的情况下，税务机关实施税务行政处罚还应当严格遵循法的规定来实施，不能逾越法律的规定实施处罚。遵循法定依据，包括违法者的认定、违法行为认定、处罚的种类和处罚的幅度等，都应当依法进行。

5. 税务行政处罚程序法定

行政处罚的程序，是行政机关正当行使处罚权，维护行政相对人合法权益的有效保障。如果违反法定程序构成重大且明显违法的，行政处罚无效。

（二）处罚公正、公开原则

1. 税务行政处罚必须以事实为依据，做到公平公正。

2. 处罚公开包括将税务行政处罚的依据、处罚的过程、处罚的结果等以一定的方式公开。

（三）过罚相当原则

行政处罚主体对违法行为当事人实施行政处罚，处罚种类和处罚幅度要与当事人的违法过错、违法性质、违法程度、情节等相当，既不能对轻的行为施以过重处罚，也不能对重的行为施以过轻处罚。

（四）处罚与教育相结合原则

实施行政处罚，纠正违法行为，应当坚持处罚与教育相结合的原则。处罚只是手段，通过行政处罚纠正税收违法行为，教育公民自觉遵守税法，才是真正的目的。因此，税务机关要把对行政相对人和相关人员的教育，贯穿行政处罚的实施过程中。一方面，实施税务行政处罚。要树立以教育为目的的理念；另一方面，在处罚实施中要体现教育的目的。

（五）监督、制约原则

税务行政处罚是税务机关的一项重要权力，其行使必须接受监督。按照行政处罚的有关规定，对税务机关的税务行政处罚要实行四个方面的监督制约。

1. 税务机关内部的监督制约。
2. 其他国家机关的监督。
3. 司法监督。
4. 社会监督。

【多选题】处罚公开包括将税务行政处罚的（　　）等以一定的方式公开。

A. 依据　　B. 过程　　C. 流程　　D. 结果

【参考答案】ABD。处罚公开包括将税务行政处罚的依据、处罚的过程、处罚的结果等以一定的方式公开。

三、税务行政处罚的种类和设定

（一）税务行政处罚的种类

1. 警告、通报批评：申诫罚。
2. 罚款、没收违法所得、没收非法财物：财产罚。
3. 暂扣许可证件、降低资质等级、吊销许可证件：行为罚。
4. 限制开展生产经营活动、责令停产停业、责令关闭、限制从业：行为罚。
5. 行政拘留人身：自由罚。
6. 法律、行政法规规定的其他行政处罚。

依照相关规定，税务行政处罚包括以下几种：

（1）罚款；

（2）没收违法所得和没收非法财物；

（3）停止出口退税权。

（二）税务行政处罚的设定

1. 目前，设定税务行政处罚的规范性文件主要有：全国人民代表大会常务委员会制定的《税收征管法》，这是税务行政处罚最主要的设定文件；国务院制定的《税收征管法实施细则》对税务行政处罚作出了很多具体规定，并设定了一些新的税务行政处罚；《中华人民共和国发票管理办法》及其实施细则、《税务登记管理办法》等也设定了部分税务行政处罚。

2. 在税务行政处罚的设定中，国家税务总局作为国务院的直属机构，可以通过制定规章的形式设定警告、通报批评和罚款的行政处罚。尚未制定法律、行政法规。因行政管理迫切需要依法先以税务部门规章设定罚款的，设定的罚款数额最高不得超过10万元，且不得超过法律、行政法规对相似违法行为的罚款数额。涉及公民生命健康安全，金融安全且有危害后果的，设定的罚款数额最高不得超过20万元。超过上述限额的，要报国务院批准。

3. 国家税务总局，省、自治区、直辖市和计划单列市税务局及其以下各级税务机关制定的其他税收规范性文件，不得设定税务行政处罚，但可以在税收法律、法规、规章规定给予行政处罚的行为、种类和幅度的范围内作出具体规定。

【多选题】依照相关规定，税务行政处罚包括（　　）。

A. 罚款　　B. 责令停产停业

C. 没收违法所得和没收非法财物　　D. 停止出口退税权

【参考答案】ACD。依照相关规定，税务行政处罚包括罚款、没收违法所得和没收非法财物、停止出口退税权。

第二节 税务行政处罚的实施

一、税务行政处罚的主体和处罚相对人

（一）行政处罚的主体

1. 行政处罚的主体

行政处罚由有行政处罚权的行政机关在法定职权范围内实施。

（1）行政机关。即县级以上具有行政处罚职能的行政机关。

（2）法律、法规授权的组织。这类组织可以是行政机关内设机构、派出机构，也可以是企事业单位或者群众自治组织。但必须有法律、法规特别授权。

（3）受委托组织。行政机关依照法律、法规、规章的规定，可以在其法定权限内书面委托符合规定条件的组织实施行政处罚。

①依法成立并具有管理公共事务职能。

②有熟悉有关法律、法规、规章和业务并取得行政执法资格的工作人员。

③需要进行技术检查或者技术鉴定的，应当有条件组织进行相应的技术检查或者技术鉴定。

2. 税务行政处罚的主体

（1）各级税务局、税务分局。

（2）税务所和省以下税务局的稽查局。由《税收征管法》及其实施细则特别授权的税务行政处罚主体。作为授权主体必须在法律、法规授权范围内行使税务行政处罚权。

（二）税务行政处罚相对人及其权利

1. 税务行政处罚相对人，是指税务行政处罚对象，即实施了税收违法行为的行政相对人。在大多数情况下，税务行政处罚的对象是纳税人，但在有的情况下，也可以是其他单位或个人。

2. 税务行政处罚相对人的权利。

（1）知情权。

知情权是一项最基本的权利。它是处罚相对人保护自己的合法权益的前提，是行政民主的重要体现。处罚相对人的知情权，不仅体现在处罚事项告知上，在整个处罚过程中，知情权都应当得到体现。

（2）陈述权和申辩权。

陈述权是指处罚相对人对税务机关给予行政处罚所认定的事实及适用法律是否准确、适当，陈述自己的看法、意见，同时也可以提出自己的主张和要求的权利。

申辩权则是指处罚相对人对税务机关的指控、证据提出不同的意见，反驳税务机关的指控以及反驳税务机关提出的不利证据的权利。

行政机关不得因处罚相对人陈述申辩而给予更重的处罚。

（3）申请听证权。

税务行政处罚的相对人有权利要求税务机关就税务行政处罚的有关问题举行听证会。根据《行政处罚法》和《税务行政处罚听证程序实施办法（试行）》的规定，针对税务机关拟作出较大数额罚款，个人（包括个体工商户）达到 2 000 元以上，法人或其他组织达到 1 万元以上，或者没收较大数额的违法所得，没收较大价值的非法财物的行政处罚时，行政相对人都有权依法要求税务机关举行听证。

（4）拒绝不正当的检查和处罚。

根据《行政处罚法》规定。在实施税务行政处罚时，如果不给被处罚人出具合法的罚款、没收财物单据，被处罚人有权拒绝接受处罚。根据《税收征管法》规定，税务机关派出的人员进行税务检查时，未出示税务检查证和税务检查通知书的，被检查人有权拒绝检查。

（5）依法申请行政复议和行政诉讼的权利。

根据《行政处罚法》的规定。公民、法人或者其他组织对行政处罚不服的，有权依法申请行政复议或者提起行政诉讼。

（6）其他法定权利。

行政相对人在税务行政处罚过程中还享有其他法定的权利，如回避申请权、提供证据的权利、控告检举权，以及依法申请赔偿权等。

二、税务行政处罚的管辖

（一）地域管辖和级别管辖

1. 地域管辖

行政处罚由违法行为发生地的行政机关管辖。法律、行政法规。部门规章另有规定的，从其规定。

税务行政处罚的地域管辖原则上也是由违法行为发生地税务机关管辖，但税务行政处罚还要考虑与税收管辖权相对应。一般而言，纳税人的税收违法行为大多发生在本辖区内，因此，税务行政处罚的地域管辖通常是由本辖区的主管税务机关管辖。税收法律、行政法规和税务部门规章对管辖另有规定的，从其规定。

2. 级别管辖

行政处罚由县级以上地方人民政府具有行政处罚权的行政机关管辖。法律、行政法规另有规定的，从其规定。

就税务机关而言，不同级别的税务机关在税务行政处罚中的级别划分，以国家税务总局和各地税务机关的级别职能划分为准。

此外，根据《税收征管法》第七十四条规定，税务行政处罚罚款额在2 000元以下的，可以由税务所决定。该规定属于《行政处罚法》允许的例外规定。

（二）共同管辖与指定管辖

对同一违法行为，两个或者两个以上机关都有处罚管辖权的，称为共同管辖。

根据《行政处罚法》规定，对共同管辖的处理由最先立案的行政机关管辖，对管辖发生争议的，应当协商解决。

如果两个以上行政机关对行政处罚的管辖问题发生争议后协商不成，或者因特殊情况无法行使管辖权时，由共同的上级机关指定某个税务机关行使管辖权，称为指定管辖。

（三）移送管辖

当行政机关受理了不属于自己管辖的案件，将案件移送有管辖权的机关，称为移送管辖。

税务机关在实施税务行政处罚过程中，发现自己对查处的案件没有管辖权时，应当及时将案件移送有管辖权的税务机关实施查处。在发生管辖争议时，经协商或指定应由其他税务机关管辖的，也应及时将案件移送有管辖权的税务机关。

三、税务行政处罚实施中的几个问题

（一）避免重复处罚的问题

根据《行政处罚法》规定，对当事人的同一个违法行为不得给予两次以上罚款的行政处罚。同一个违法行为违反多个法律规范应当给予罚款处罚的，按照罚款数额高的规定处罚。这一原则的适用限定在罚款这一单一的行政处罚种类之中，其他行政处罚种类则不受此原则的约束。

此外，《行政处罚法》规定了刑罚的折抵制度，即针对当事人的同一违法行为不应作出性质相同的两种处罚，体现了重责吸收轻责的原则。《行政处罚法》规定，违法行为构成犯罪，人民法院判处拘役或者有期徒刑时，行政机关已经给予当事人行政拘留的，应当依法折抵相应刑期。违法行为构成犯罪，人民法院判处罚金时，行政机关已经给予当事人罚款的，应当折抵相应罚金；行政机关尚未给予当事人罚款的，不再给予罚款。

（二）不予行政处罚，从轻、减轻行政处罚，从重处罚问题

1. 不予行政处罚

（1）不满 14 周岁的未成年人有违法行为的。

（2）精神病人、智力残疾人在不能辨认或者不能控制自己行为时有违法行为的。

（3）违法行为轻微并及时纠正，没有造成危害后果的。

（4）当事人有证据足以证明没有主观过错的。

（5）初次违法且危害后果轻微并及时改正的，可以不予行政处罚。

2. 从轻、减轻行政处罚

（1）从轻处罚，是指处罚主体对违法行为人确有违法行为应当给予行政处罚，在法定行政处罚种类和幅度内选择适用较轻种类或者较小幅度的处罚。

①主动消除或者减轻违法行为危害后果的。

②受他人胁迫或者诱骗实施违法行为的。

③配合税务机关查处违法行为有立功表现的。

（2）减轻处罚，是指处罚主体对违法行为人确有违法行为应当给予行政处罚。在法定行政处罚种类和幅度最低限以下适用处罚。

①主动供述行政机关尚未掌握的违法行为的。

②已满 14 周岁不满 18 周岁的未成年人有违法行为的。

③法律、法规、规章规定其他应当从轻或者减轻行政处罚的。

④对于尚未完全丧失辨认或者控制自己行为能力的精神病人、智力残疾人有违法行为的，可以从轻或者减轻行政处罚。

3. 从重处罚

从重处罚是指处罚主体对违法行为人确有违法行为应当给予行政处罚，在法定行政处罚种类和幅度内选择适用较重种类或者较大幅度的处罚。

发生重大传染病疫情等突发事件，为了控制、减轻和消除突发事件引起的社会危害，行政机关对违反突发事件应对措施的行为，依法快速、从重处罚。

国家税务总局发布的《税务行政处罚裁量权行使规则》（国家税务总局公告2016年第78号发布）中也规定了首违不罚制度，即法律、法规、规章规定可以给予行政处罚，行为人首次违反且情节轻微，并在税务机关发现前主动改正的或者在税务机关责令限期改正的期限内改正的，不予行政处罚。2021年3月，国家税务总局发布了《税务行政处罚“首违不罚”事项清单》共计10项，包括纳税申报和票证管理等轻微违法行为。2021年12月30日，国家税务总局发布了《第二批税务行政处罚“首违不罚”事项清单》，明确了4项首违不罚事项，首违不罚制度的确立，一方面能够提高执法效率，节约执法成本，另一方面又能激励相对人及时发现错误并积极改正，体现了处罚与教育相结合的原则，有利于促进征纳关系和谐。

（三）税务行政处罚时效问题

1. 《行政处罚法》

违法行为在2年内未被发现的，不再给予行政处罚：涉及公民生命健康安全、金融安全且有危害后果的，上述期限延长至5年。法律另有规定的除外。

2. 《税收征管法》

违反税收法律、行政法规应当给予行政处罚的行为，在5年内未被发现的，不再给予行政处罚。

（四）从旧兼从轻问题

根据《行政处罚法》，实施行政处罚，适用违法行为发生时的法律、法规，规章的规定。但是，作出行政处罚决定时，法律、法规、规章已被修改或者废止，且新的规定处罚较轻或者不认为是违法的，适用新的规定。在具体适用时，要把握以下两点：一是新、旧规定均认定为违法行为，应当适用较轻的规定：二是行为发生时的旧规定不认为是违法行为，但行为连续或持续至新规定实施后，新规定认为是违法行为，应适用旧规定。

（五）行政处罚无效问题

行政处罚的无效包括以下三种情形：

一是行政处罚没有法定依据。若行政处罚行为没有任何依据支撑，那么处罚本身也就无效力可言。

二是实施主体不具有行政主体资格。如行政机关的内设机构在不具备主体资格的条件下实施的处罚应当认定为无效的行政处罚。

三是违反法定程序构成重大且明显违法。行政机关实施行政处罚行为时遗漏了行政处罚的关键程序。所谓程序重大违法，是指行政行为的实施将给行政相对人合法权益带来重大影响；所谓程序明显违法，是指行政行为的违法性已经明显到有理智的人能够判断的程度。行政处罚违反法定程序的程度必须同时具备重大和明显两个条件，才能构成行政处罚无效。

（六）税务行政处罚中的行政裁量权问题

1. 规范税务行政处罚裁量权的基本要求

（1）合法裁量。

要求税务机关行使行政裁量权应当依照法定权力、条件、范围、幅度和程序进行。

（2）合理裁量。

①应当符合立法目的和法律原则。

②全面考虑相关事实因素和法律因素，排除不相关因素的干扰，维护纳税人合法权益，努力实现法律效果与社会效果的统一。

③在具体实施处罚时应当选择对纳税人权益损害最小的方式，对纳税人造成的损害不得与所保护的法定利益显失均衡。

（3）公平公正裁量。

税务机关行使行政裁量权应当平等对待纳税人，同样情形同等处理。

（4）程序正当。

税务机关行使行政裁量权应当严格遵循法定程序，注意听取纳税人的意见，依法保障纳税人的知情权、参与权和救济权。税务人员与纳税人存在利害关系时，应当依法回避。税务机关行使行政裁量权作出税务决定时，应当说明理由。

（5）公开透明。

税务机关行使行政裁量权，除涉及国家秘密和依法受到保护的商业秘密、个人隐私外，应当依法公开处罚依据、处罚过程等。

（6）信赖保护。

税务机关非因法定事由并经法定程序，不得随意改变已经生效的行政行为。

（7）处罚与教育相结合。

税务机关以处罚为手段，以教育为目的，引导当事人自觉守法。

2. 健全税务行政处罚裁量权行使程序制度

实施税务行政处罚应当完善告知制度、回避制度、陈述申辩和听证制度、说明理由制度、重大处罚事项合议制度以及重大处罚事项备案制度。

3. 建立税务行政处罚裁量基准制度

（1）税务行政处罚裁量基准，是指税务机关根据执法实际为规范税务行政处罚裁量权行使而制定的具体标准，是对税务行政处罚裁量权按照一定标准进行细化、量化和具体化的重要参考指标。

（2）税务行政处罚裁量基准是对以往执法经验的归纳、总结和提炼，制定裁量基准包括解释法律规范中的不确定法律概念、列举考量因素以及分档，细化量罚幅度等。

（3）全国各省（自治区、直辖市）税务机关根据本地区税务行政处罚实际，现已基本建立本地区统一适用的规范各项税务行政裁量权的裁量基准。

（4）裁量基准是税务机关行使税务行政处罚裁量权时的重要参照指标，税务机关一般应当在裁量基准范围内实施行政处罚；确有特殊情况不执行基准时，应当说明理由。

（七）行政处罚中的“三项制度”问题

为推进严格规范公正文明执法，巩固行政执法公示制度、行政执法全过程记录制度、重大执法决定法制审核制度“三项制度”改革成果，进一步完善行政处罚程序，《行政处罚法》修订时以法律的形式将“三项制度”的具体要求纳入其中，主要体现在以下几个方面：

一是明确公示要求。规定行政处罚的实施机关、立案依据、实施程序和救济渠道等信息应当公示。具有一定社会影响的行政处罚决定应当依法公开。非现场执法中电子技术监控设备设置地点应当向社会公布。

二是体现全程记录。规定行政机关应当依法以文字，音像等形式。对行政处罚的启动、调查取证、审核、决定、送达、执行等进行全过程记录，归档保存。

三是细化法制审核程序。列明适用情形，明确未经法制审核或者审核未通过的不得作出行政处罚决定。规范非现场执法，增加规定行政机关依照法律、行政法规规定利用电子技术监控设备收集、固定违法事实的，应当经过法制和技术审核。确保设置合理、标准合格、标志明显。未经审核或者经审核不符合要求的，不得作为行政处罚的证据。行政机关中初次从事行政处罚决定法制审核的人员，应当通过国家统一法律职业资格考试取得法律职业资格。

四、税务行政处罚的基本程序

（一）税务行政处罚程序的概念和意义

1. 概念

行政处罚主体在作出行政处罚决定过程中所要遵循的步骤、顺序、方式和时限等规则。

2. 意义

行政处罚程序是实现行政实体内容的保障，是实现实体内容的有效手段。

（二）税务行政处罚的简易程序

简易程序是指税务行政主体对符合法定条件的处罚事项，当场作出处罚决定的程序。

1. 适用条件

（1）违法事实确凿。

（2）有法定依据。

（3）数额较小的罚款或警告：税务行政处罚仅对公民（包括个体工商户）处以200 元以下、对法人或其他组织处 3 000 元以下的罚款的适用简易程序。

2. 程序内容

表明身份，出示税务检查证→告知违法事实，说明处罚理由和依据（可以格式文书告知，也可以口头告知说明，但应记录在卷），告知当事人权利→听取当事人陈述、申辩→填写具有预定格式、编有号码的税务行政处罚决定书→当场送达给行政相对人，由行政相对人签收→将税务行政处罚决定书报所属税务机关备案。

3. 执法文书增加栏目

（1）陈述申辩情况栏。用于执法人员记录纳税人的陈述申辩情况，无须另行制作陈述申辩笔录。

（2）签收情况栏。用于执法人员记录被处罚人签收处罚决定书情况，无须另行制作税务文书送达回证。

（三）税务行政处罚的普通程序

普通程序，是指除法律特别规定可以适用简易程序以外的行政处罚应当适用的程序。除适用简易程序的税收违法案件外，对于其他违法案件，税务机关作出处罚决定应适用普通程序。

税务行政处罚普通程序通常包括立案、调查（检查）、告知、陈述申辩、复核、审理、作出行政处罚决定、送达等环节。

1. 立案

立案是指行政机关通过行政管理或社会公众的举报等方式发现行政违法行为线索，或经过计算机、人工归类对采集的案源进行选案，确定具体的调查对象，并办理内部审批手续，正式确定开展案件查处的程序。在税务案件的查处中，特别是税务稽查案件查处中，在执行普通程序时，通常要求经过选案、立案程序，准确确定调查对象。

2. 调查（检查）

调查是行政机关对当事人发生的违法行为经过检查、勘验、鉴定等手段获取证据，查清事实的过程，调查为正确适用法律规范提供事实根据。税务行政主体查处税务行政违法行为时，应当在表明身份之后，全面、客观、公正地调查、收集有关证据。在调查过程中采取的各种措施要严格遵守我国税法和相关法律规定的程序要求。

3. 告知

行政机关在作出行政处罚决定之前，应当告知当事人拟作出的行政处罚内容及事实、理由、依据，并告知当事人依法享有的陈述，申辩、要求听证的权利。税务行政主体在查处违法行为时，在对当事人的违法行为调查终结以后，必须及时以处罚主体的名义向当事人发出《税务行政处罚事项告知书》。告知内容主要包括：①当事人违法行为事实及理由；②当事人违法行为所触犯的法律规范，拟作出行政处罚的依据；③拟给当事人行政处罚的种类、幅度范围和标准；④当事人依法享有的陈述权、申辩权、要求听证权等。

4. 当事人陈述申辩和税务机关的复核

税务机关在作出行政处罚决定之前必须充分听取当事人的意见，对当事人提出的事实、理由和证据，应当进行复核。如果当事人提出的事实、理由或者证据成立的，税务机关应当采纳。不得因当事人陈述申辩而加重对当事人的处罚。

5. 审理

税务机关调查机构调查终结后，应当将案卷全部资料移交审理机构审理。按照查审分开原则，税务机关调查人员不得参与案件的审理。涉及重大案件审理的，应遵循重大案件审理规定。

6. 作出行政处罚决定

调查终结，行政机关负责人应当对调查结果进行审查，根据不同情况，分别作出决定：

（1）确有应受行政处罚的违法行为的，根据情节轻重及具体情况，作出行政处罚决定。

（2）违法行为轻微，依法可以不予行政处罚的，不予行政处罚；违法事实不能成立的，不予行政处罚。

（3）违法行为涉嫌犯罪的，移送司法机关。

（4）对情节复杂或者重大违法行为给予较重的行政处罚，行政机关的负责人应当组织集体讨论决定。

行政机关应当自行政处罚案件立案之日起 90 日内作出行政处罚决定。法律、法规、规章另有规定的，从其规定。稽查局应当自立案之日起 90 日内作出行政处理、处罚决定或者无税收违法行为结论。案情复杂需要延期的，经税务局局长批准，可以延长不超过 90 日；特殊情况或者发生不可抗力需要继续延期的，应当经上一级税务局分管副局长批准，并确定合理的延长期限。

五、税务行政处罚听证程序

行政处罚的听证程序，是指行政机关在作出行政处罚决定前，通过举行听证会的形式，听取当事人的意见，允许当事人申辩、质证，给予当事人参与并发表意见机会的行政处罚程序。

《行政处罚法》规定听证程序的适用范围：（1）较大数额罚款；（2）没收较大数额违法所得、没收较大价值非法财物；（3）降低资质等级、吊销许可证件；（4）责令停产停业、责令关闭、限制从业；（5）其他较重的行政处罚；（6）法律、法规、规章规定的其他情形。

税务行政处罚听证程序的具体规定：

1. 适用情形：（1）对公民作出 2 000 元以上（含本数）罚款；（2）对法人或者其他组织作出 10 000 元以上（含本数）罚款（依据《税务行政处罚听证程序实施办法》相关规定）。

2. 方式：书面或口头。

3. 启动：依申请。

【对比】行政许可的听证可以依申请或依职权。

4. 形式：公开，涉及国家秘密、商业秘密或者个人隐私除外。对于公开听证的案件，应当先期公告案情和听证的时间、地点，并允许公众旁听。

【对比】行政许可的听证必须是公开的。

5. 回避：听证应由行政机关指定非本案调查人员主持。当事人如认为主持人与本案有利害关系，有权申请回避。

6. 期限

（1）申请时间：当事人要求听证的，应在行政机关告知后 3 日内提出。

【对比】行政许可的听证申请是在被告知听证权利之日起 5 日内提出。

（2）组织时间：当事人要求听证符合条件的，税务机关应当在收到当事人听证要求后 15 日内举行听证。

【对比】行政机关应当在收到申请后 20 日内组织行政许可的听证。

（3）告知时间：在举行听证的 7 日前将相关事项通知当事人。

7. 程序：当事人对违法事实和证据可提出申辩并质证。双方可以进行辩论。

8. 案卷：听证应制作听证笔录，由当事人核阅、签章。听证结束后，主持人应当制作听证报告并连同听证笔录附卷移交审理机构。

【对比】行政机关应当根据听证笔录，作出行政许可决定。

9. 费用：免费。

【提示】听证程序是行政处罚一般程序的一个特殊环节，在适用普通程序时，如果案件符合听证的标准，而行政相对人又申请听证的，进入听证程序。听证结束后，回到普通程序，完成整个行政处罚程序。

六、重大税务案件审理

1. 需由各级税务机关重大税务案件审理委员会审理的重大税务案件包括：

（1）重大税务行政处罚案件，具体标准由各省、自治区、直辖市和计划单列市税务局根据本地情况自行制定，报国家税务总局备案；

（2）根据《重大税收违法案件督办管理暂行办法》督办的案件；

（3）应司法、监察机关要求出具认定意见的案件；

（4）拟移送公安机关处理的案件；

（5）审理委员会成员单位认为案情重大、复杂，需要审理的案件；

（6）其他需要审理委员会审理的案件。

2. 省以下各级税务局设立重大税务案件审理委员会

（1）审理委员会由主任、副主任和成员单位组成，实行主任负责制。

（2）审理委员会主任由税务局局长担任，副主任由税务局其他领导担任。

（3）审理委员会成员单位包括政策法规、税政业务、纳税服务、征管科技、大企业税收管理、税务稽查、督察内审部门，省以下各级税务局可以根据实际需要，增加其他与案件审理有关的部门作为成员单位。

（4）审理委员会下设办公室，办公室设在政策法规部门，办公室主任由政策法规部门负责人兼任。

3. 稽查局应当在内部审理程序终结后 5 日内，将重大税务案件提请审理委员会审理。审理委员会办公室收到稽查局提请审理的案件材料后，应当在 5 日内进行审核。

4. 审理程序一般规定

（1）受理决定：自批准受理之日起 30 日内作出审理决定，不能在规定期限内作出审理决定的，经主任或授权的副主任批准，可以适当延长，但延长最多不超过 15 日。

（2）重点审查：

①案件事实是否清楚。

②证据是否充分、确凿。

③执法程序是否合法。

④适用法律是否正确。

⑤案件定性是否准确。

⑥拟处理意见是否合法适当。

（3）处理结果：

①案件事实清楚、证据确凿；程序合法，法律依据明确的，依法确定审理意见。

②案件事实不清、证据不足的，由稽查局对案件重新调查。

③案件执法程序违法的，由稽查局对案件重新处理。

（4）案件适用法律依据不明确，或者需要处理的有关事项超出本机关权限的，按规定程序请示上级机关或征求有权机关的意见。

【提示】重大税务案件审理采取书面审理和会议审理相结合的方式。

审理委员会办公室根据审理情况制作审理意见书。审理意见书由审理委员会主任签发。其中，经过会议审理的，还要制作审理纪要。审理纪要由审理委员会主任或其授权的副主任签发。会议参加人员有保留意见或者特殊声明的应当在审理纪要中载明。对于提请重大税务案件审理的案件，稽查局应当按照重大税务案件审理意见书制作税务处理处罚决定等。

七、税务行政处罚决定的执行

税务行政处罚的执行是指通过一定方式，使依法作出的行政处罚决定得以履行或达到与履行相同状态的行政执法活动。主要有以下三种方式。

1. 当事人通过银行或者通过电子支付系统自动缴纳罚款

行政处罚当事人应当在收到行政处罚决定书之日起 15 日内到指定的银行或者通过电子支付系统缴纳罚款。银行应当收受罚款，并将罚款直接上缴国库。当事人确有经济困难，需要延期或者分期缴纳罚款的，经当事人申请和行政机关批准，可以暂缓或者分期缴纳。

2. 当场收缴罚款

符合以下情形的，税务机关可以当场收缴罚款：

（1）税务机关执法人员对当事人按简易程序当场作出行政处罚决定，并且依法给予 100 元以下罚款的或不当场收缴罚款事后难以执行。

（2）在边远、水上、交通不便地区，税务机关及其执法人员作出罚款决定后，当事人到指定的银行或者通过电子支付系统缴纳罚款确有困难，经当事人提出当场收缴要求的。

税务机关行政执法人员当场收缴罚款的，必须向当事人出具国务院财政部门或者省、自治区、直辖市财政部门统一制发的专用票据，并应当自收缴之日起 2 日内将罚款交至税务机关。税务机关应在 2 日内将罚款交付指定的银行。不出具财政部门统一制发的专用票据的，当事人有权拒绝缴纳罚款。

3. 强制执行

税务机关作出税务行政处罚，有权力也有义务保证行政处罚的实现。当事人逾期不履行税务行政处罚决定，可以强制执行。

税务行政处罚的强制执行有两种方式：

一是由作出处罚决定的税务机关采取措施强制，自行强制执行，主要适用于处罚相对人到期不履行处罚决定，又不申请复议，也不提起行政诉讼的案件。主要包括：①对到期不缴纳罚款的，每日按罚款数额的 3% 加处罚款，加处罚款的数额不得超出罚款的数额；②根据法律规定，将查封、扣押的财物拍卖、依法处理或者将冻结的存款、汇款划拨抵缴罚款；③根据法律规定，采取其他行政强制执行方式。

二是申请人民法院强制执行。

当事人对行政处罚决定不服，申请行政复议或者提起行政诉讼的，行政处罚不停止执行。当事人申请行政复议或者提起行政诉讼的，加处罚款的数额在行政复议或者行政诉讼期间不予计算。

八、相关税费行政处罚

（一）社会保险费的行政处罚

税务部门对违反规定应当给予行政处罚的社会保险费缴费人及相关人员，在法定职责范围内，根据《行政处罚法》及相关法律、法规、规章的规定实施。

《中华人民共和国社会保险法》规定，用人单位未按时足额缴纳社会保险费的，由社会保险费征收机构责令限期缴纳或者补足，并自欠缴之日起，按日加收万分之五的滞纳金；逾期仍不缴纳的，由有关行政部门处欠缴数额 1 倍以上 3 倍以下的罚款。这里的“有关行政部门”在社会保险费征收方式划转后，包括税务部门。

《社会保险费征缴暂行条例》规定，缴费单位违反规定，伪造、变造，故意毁灭有关账册、材料，或者不设账册，致使社会保险费缴费基数无法确定的，除依照有关法律、行政法规的规定给予行政处罚、纪律处分、刑事处罚外，依照该条例的规定征缴；迟延缴纳的，由劳动保障行政部门或者税务机关按规定决定加收滞纳金，并对直接负责的主管人员和其他直接责任人员处以罚款。

（二）非税收入的行政处罚

目前，税务机关负责部分非税收入的征收。对非税收入缴费人应当给予行政处罚的违法行为，由有关行政机关和法律法规授权的组织在职责范围内，依据《行政处罚法》以及相关法律、法规和规章行使。

【单选题】下列不属于《重大税务案件审理办法》规定的重大税务案件的是（　　）。

A. 据重大税收违法案件督办管理暂行办法督办的案件

B. 应司法、监察机关要求出具认定意见的案件

C. 重大税务行政处罚案件

D. 拟追征税额较大的案件

【参考答案】D。本题考查重大税务案件审理受理范围。《重大税务案件审理办法》规定：由各级税务机关重大税务案件审理委员会审理的重大税务案件包括：（1）重大税务行政处罚案件，具体标准由各省、自治区、直辖市和计划单列市税务局根据本地情况自行制定，报国家税务总局备案：（2）根据重大税收违法案件督办管理暂行办法督办的案件：（3）应司法、监察机关要求出具认定意见的案件：（4）拟移送公安机关处理的案件：（5）审理委员会成员单位认为案情重大、复杂，需要审理的案件：（6）其他需要审理委员会审理的案件。

第三节　税收违法行为及其法律责任

一、税收违法行为概述

从广义上讲，税收违法行为是指各种违反税法规定的行为，包括违反税法应受行政处罚的行为，也包括违反税法但情节轻微不予行政处罚的行为，还包括构成危害税收征管犯罪的行为。

从狭义上讲，税收违法行为特指税务行政相对人违反税法，依据税法应受行政处

罚，尚不构成犯罪的行为。

以下讨论的税收违法行为，是狭义上的税收违法行为。

（一）税收违法行为的主要特征

1. 税收违法行为是违反税法的行为。
2. 税收违法行为具有税收危害性。
3. 税收违法行为是依据税法应受行政处罚的行为。

（二）税收违法行为的认定

1. 是否是税收违法行为责任主体：一是准确认定违法者；二是审查违法者的行政法律责任能力。

2. 税收违法行为人是否存在主观过错。任何税收违法责任的追究都以行政相对人存在过错为前提。过错包括故意和过失。

3. 是否存在违反税法规定，给国家造成损害的情形。

4. 是否属于税法中规定的应予行政处罚的情形。

二、主要的税收违法行为

（一）违反日常税收管理的违法行为

1. 违反税务登记管理制度的行为。
2. 违反账簿、凭证管理制度的行为。
3. 违反发票管理制度的行为。
4. 违反纳税申报制度的行为。

（二）违反税务检查制度的行为

（三）妨碍税款征收的违法行为

本章习题

一、单项选择题

1. 下列有关行政处罚与民事、刑事责任的说法不正确的有（　　）。

A. 违法行为对他人造成损害的，应当依法承担民事责任

B. 违法行为构成犯罪，应当依法追究刑事责任

C. 刑事责任可以以行政处罚代替刑事处罚

D. 刑事责任不得以行政处罚代替刑事处罚

2. 下列关于行政处罚的实施，说法不正确的是（　　）。

A. 实施行政处罚，可以纠正违法行为

B. 实施行政处罚应当坚持处罚与教育相结合

C. 实施行政处罚的目的是教育公民、法人或者其他组织自觉守法

D. 实施行政处罚可以不遵循法律规定

3. 关于公民、法人或者其他组织对行政机关所给予的处罚享有的权利，下列说法不正确的是（　　）。

A. 享有陈述权

B. 享有申辩权

C. 老百姓基本没有申诉渠道

D. 对行政处罚不服的，有权依法申请行政复议或者提起行政诉讼

4. 下列不可以作为税务行政处罚主体的是（　　）。

A. 各级税务局　　B. 税务所

C. 省以下税务局的稽查局　　D. 县税务局征管科

5. 下列关于行政处罚的说法，不正确的是（　　）。

A. 行政处罚不需要遵循公正、公开的原则

B. 设定和实施行政处罚必须以事实为依据

C. 对违法行为给予行政处罚的规定必须公布

D. 未经公布的，不得作为行政处罚的依据

6. 按照我国法律规定，限制人身自由的行政处罚只能由特定主体实施，该特定主体是（　　）。

A. 税务机关　　B. 公安机关　　C. 人民法院　　D. 人民检察院

7. 行政机关应当自行政处罚案件立案之日起（　　）内作出行政处罚决定。法律、法规、规章另有规定的，从其规定。

A. 30 日　　B. 50 日　　C. 60 日　　D. 90 日

8. 纳税人违反税收法律、行政法规应当给予行政处罚的行为，在一定期限内未被发现的，不再给予行政处罚，这一期限是（　　）。

A. 2 年　　B. 5 年　　C. 10 年　　D. 无限期

9. 税务机关对违法行为人进行罚款的行为，就内容上看属于（　　）。

A. 设定义务的行为　　B. 剥夺权益的行为

C. 变更法律地位的行为　　D. 确认某种法律事实的行为

10. 根据行政处罚法律制度的规定，符合一定条件的组织可以在法定授权范围内实施行政处罚。关于被授权的组织实施行政处罚的说法中，不正确的是（　　）。

A. 被授权的组织以自己的名义实施行政处罚

B. 被授权的组织必须具有管理公共事务的职能

C. 需要有法律、法规、规章的授权

D. 被授权组织独立承担法律责任

二、多项选择题

1. 下列原则中，属于税务行政处罚必须坚持的原则有（　　）。

A. 处罚法定原则
B. 处罚公正、公开原则
C. 过罚相当原则
D. 双方协商原则

2. 行政机关拟作出下列（　　）行政处罚决定，应当告知当事人有要求听证的权利，当事人要求听证的，行政机关应当组织听证。

A. 较大数额罚款
B. 限制开展生产经营活动
C. 没收较大数额违法所得
D. 降低资质等级
E. 责令关闭

3. 行政处罚公正原则要求处罚的设定和实施必须以事实为依据，并要适当考虑的因素是（　　）。

A. 违法行为的事实
B. 违法行为的性质
C. 违法行为与后果的因果关系
D. 违法行为的社会危害程度

4. 重大税务案件审理委员会审理重大税务案件，应当重点审查（　　）。

A. 案件事实是否清楚
B. 证据是否充分、确凿
C. 执法程序是否合法
D. 适用法律是否正确

5. 下列行政行为中，属于税务机关行使行政裁量权的有（　　）。

A. 税务机关对纳税人的偷税行为在 50% 与 5 倍之间选择具体处罚比例
B. 税务机关按照规定对纳税人核定税额、确定应税所得率
C. 税务机关对纳税人实施税收保全采取具体措施的选择
D. 税务机关对纳税人减免税额的确定

6. 税务机关在作出行政处罚决定前，应制作《税务行政处罚事项告知书》，告知纳税人的事项包括（　　）。

A. 当事人违法行为事实、其相应的证据及所触犯的法律规范
B. 拟作出的行政处罚种类、幅度范围和标准
C. 当事人应当享有的各项权利
D. 申请行政复议和提起行政诉讼的途径和期限

7. 下列各项中，属于法律绝对保留事项的有（　　）。

A. 对公民的政治权利的剥夺、限制人身自由的强制措施和处罚
B. 司法制度
C. 犯罪和刑罚
D. 税种的设立、税率的确定以及税收征收管理等税收基本制度

8. 当事人确有经济困难，需要延期或者分期缴纳罚款的，经当事人申请和行政机关批

准，可以（　　）交纳。

A. 不必　　B. 暂缓　　C. 分期　　D. 减少

三、判断题

1. 我国《行政处罚法》规定："行政处罚没有依据或者实施主体不具有行政主体资格的，行政处罚无效。违反法定程序构成重大且明显违法的，行政处罚无效。"这是行政处罚的一个原则性规定，即处罚法定原则。（　　）
2. 电子技术监控设备记录违法事实应当真实、清晰、完整、准确。行政机关应当审核记录内容是否符合要求：未经审核或者经审核不符合要求的，不得作为行政处罚的证据。（　　）
3. 法律、法规授权的具有管理公共事务职能的组织可以在法定授权范围内实施行政处罚。（　　）
4. 对当事人的同一个违法行为，不得给予两次以上罚款的行政处罚。（　　）
5. 除涉及国家秘密、商业秘密或者个人隐私依法予以保密外，行政处罚听证公开举行。（　　）

参考答案与解析

一、单项选择题

1. 【参考答案】C。《中华人民共和国行政处罚法》第八条规定，公民、法人或者其他组织因违法行为受到行政处罚，其违法行为对他人造成损害的，应当依法承担民事责任。违法行为构成犯罪，应当依法追究刑事责任的，不得以行政处罚代替刑事处罚。
2. 【参考答案】D。《中华人民共和国行政处罚法》第六条规定，实施行政处罚，纠正违法行为，应当坚持处罚与教育相结合，教育公民、法人或者其他组织自觉守法。
3. 【参考答案】C。《中华人民共和国行政处罚法》第七条第一款规定，公民、法人或者其他组织，对行政机关所给予的行政处罚，享有陈述权、申辩权；对行政处罚不服的，有权依法申请行政复议或者提起行政诉讼。
4. 【参考答案】D。税务行政处罚的主体包括各级税务局、税务分局、税务所和省以下税务局的稽查局。其中，税务所和省以下税务局的稽查局是由《税收征管法》和《税收征管法实施细则》特别授权的税务行政处罚主体。县税务局征管科属于内设机构，不能以自己的名义实施行政行为。
5. 【参考答案】A。《中华人民共和国行政处罚法》第五条规定，行政处罚遵循公正、公开的原则。设定和实施行政处罚必须以事实为依据。对违法行为给予行政处罚的规定必须公布；未经公布的，不得作为行政处罚的依据。
6. 【参考答案】B。根据《行政处罚法》规定，国务院或者经国务院授权的省、自治区、直辖市人民政府可以决定一个行政机关行使有关行政机关的行政处罚权，但限制人身自由的行政处罚权只能由公安机关行使。

7. 【参考答案】D。《中华人民共和国行政处罚法》第六十条规定，行政机关应当自行政处罚案件立案之日起 90 日内作出行政处罚决定。法律、法规、规章另有规定的，从其规定。

8. 【参考答案】B。(1)《行政处罚法》规定，违法行为在 2 年内未被发现的，不再给予行政处罚。涉及公民生命健康安全、金融安全且有危害后果的，上述期限延长至 5 年。法律另有规定的除外。(2)《税收征管法》规定，违反税收法律、行政法规应当给予行政处罚的行为，在 5 年内未被发现的，不再给予行政处罚。(3) 根据特别法优于一般法的原则，当《行政处罚法》与《税收征管法》对处罚时效规定不一致，不再适用《行政处罚法》规定的 2 年时效，而是适用《税收征管法》规定的 5 年时效。

9. 【参考答案】B。税务机关对违法行为人进行罚款，是对违反税收法律规范、不履行法定义务的当事人的一种经济上的处罚，是对当事人合法财产的剥夺。

10. 【参考答案】C。只有法律、法规可以授权具有管理公共事务职能的组织，在法定授权范围内实施行政处罚，规章没有这个权限。

二、多项选择题

1. 【参考答案】ABC。(1)《行政处罚法》第四条规定，公民、法人或者其他组织违反行政管理秩序的行为，应当给予行政处罚的，依照该法由法律、法规或者规章规定，并由行政机关依照该法规定的程序实施。这体现处罚法定原则。一种行为即使有一定的社会危害性，但没有法律、法规或者规章规定其应受到处罚，行政机关对该行为就不能处罚。应受处罚的行为还应由法定的主体依照法定程序实施处罚。这都是处罚法定原则的要求。(2)《行政处罚法》第五条规定，行政处罚遵循公正、公开的原则。设定和实施行政处罚必须以事实为依据，与违法行为的事实、性质、情节以及社会危害程度相当，这体现过罚相当原则。故处罚法定原则、处罚公正、公开原则及过罚相当原则都是税务行政处罚必须坚持的原则。(3) 税务行政处罚是税务机关依法对违法的相对方作出的制裁行为，一般不允许双方协商。

2. 【参考答案】ACDE。《中华人民共和国行政处罚法》中行政机关拟作出下列行政处罚决定，应当告知当事人有要求听证的权利，当事人要求听证的，行政机关应当组织听证：

（一）较大数额罚款；

（二）没收较大数额违法所得、没收较大价值非法财物；

（三）降低资质等级、吊销许可证件；

（四）责令停产停业、责令关闭、限制从业；

（五）其他较重的行政处罚；

（六）法律、法规、规章规定的其他情形。

当事人不承担行政机关组织听证的费用。

3.【参考答案】ABD。此题体现了行政处罚公正原则，是指行政处罚的设定与实施要公平公正、不能偏私，是行政处罚实体公正的体现。《行政处罚法》第五条第二款规定，设定和实施行政处罚必须以事实为依据，与违法行为的事实、性质、情节以及社会危害程度相当。

4.【参考答案】ABCD。重大税务案件审理委员会审理重大税务案件，应当重点审查：①案件事实是否清楚；②证据是否充分、确凿；③执法程序是否合法：④适用法律是否正确；⑤案件定性是否准确；⑥拟处理意见是否合法适当。

5.【参考答案】ABC。选项 A、B、C 属于行政裁量的行政行为，是指法律规范仅对行为目的、行为范围等做原则性规定，而将行为的具体内容、条件、标准、幅度、方式等留给行政机关自行选择、决定实施的行政行为。选项 D 属于羁束行政行为，是指法律明确规定了行政行为的范围、条件、程度、方法等，行政机关没有自由选择的余地，只能严格依照法律作出的行政行为。

6.【参考答案】ABC。《行政处罚法》第四十四条规定，行政机关在作出行政处罚决定之前，应当告知当事人作出行政处罚决定的事实、理由及依据，并告知当事人依法享有的权利。《行政处罚法》第四十五条规定，当事人有权进行陈述和申辩。行政机关必须充分听取当事人的意见，对当事人提出的事实、理由和证据，应当进行复核；当事人提出的事实、理由或者证据成立的，行政机关应当采纳。《行政处罚法》第五十九条规定，行政机关依照该法第五十七条的规定给予行政处罚，应当制作行政处罚决定书。

行政处罚决定书应当载明下列事项：（1）当事人的姓名或者名称、地址；（2）违反法律、法规或者规章的事实和证据；（3）行政处罚的种类和依据；（4）行政处罚的履行方式和期限；（5）申请行政复议或者提起行政诉讼的途径和期限；（6）作出行政处罚决定的行政机关名称和作出决定的日期。因此，《税务行政处罚事项告知书》中不包含告知申请行政复议和提起行政诉讼的途径和期限，应在《税务行政处罚决定书》中告知此权利，因此选项 D 不对。

7.【参考答案】ABC。本题考查的是法律保留原则中的绝对保留。法律保留分为绝对保留和相对保留。绝对保留事项是指在任何时候都只能制定法律，而不能由其他国家机关代为行使立法权，除宪法外，还包括有关犯罪和刑罚的事项、对公民政治权利的剥夺和限制人身自由的强制措施及处罚事项、有关司法制度的事项。相对保留事项经全国人民代表大会常务委员会授权，可以由国务院制定行政法规。

8.【参考答案】BC。《中华人民共和国行政处罚法》（中华人民共和国主席令第七十号）规定：行政处罚决定依法作出后，当事人应当在行政处罚决定书载明的期限内，予以履行。

当事人确有经济困难，需要延期或者分期缴纳罚款的，经当事人申请和行政机关批准，可以暂缓或者分期缴纳。

三、判断题

1. 【参考答案】√。我国《行政处罚法》规定：“行政处罚没有依据或者实施主体不具有行政主体资格的，行政处罚无效。违反法定程序构成重大且明显违法的，行政处罚无效。”这是行政处罚的一个原则性规定，即处罚法定原则。
2. 【参考答案】√。电子技术监控设备记录违法事实应当真实、清晰、完整、准确。行政机关应当审核记录内容是否符合要求；未经审核或者经审核不符合要求的，不得作为行政处罚的证据。
3. 【参考答案】√。《行政处罚法》规定：法律、法规授权的具有管理公共事务职能的组织可以在法定授权范围内实施行政处罚。
4. 【参考答案】√。《行政处罚法》规定：对当事人的同一个违法行为，不得给予两次以上罚款的行政处罚。同一个违法行为违反多个法律规范应当给予罚款处罚的，按照罚款数额高的规定处罚。
5. 【参考答案】√。中华人民共和国行政处罚法规定：听证应当依照以下程序组织：（三）除涉及国家秘密、商业秘密或者个人隐私依法予以保密外，听证公开举行。

第五章　税务行政强制和相关税收保障措施

第一节　税收保全和税务行政强制执行

一、税收保全

（一）税收保全的概念

税收保全是指税务机关为保障税款征收，依法对从事生产、经营纳税人的财物实施暂时性控制的行为。税收保全属于行政强制措施的范畴。

（二）税收保全的具体措施和方式

1. 查封

（1）查封是指税务机关对纳税人、扣缴义务人或纳税担保人的财产通过加贴封条或其他方法，限制行政相对人和第三人对财产转移和处分的行为。

（2）对于被查封的场所、设施及财物，行政机关有保管责任并承担保管费用。

（3）实施查封时，不得损害第三人的合法权益。

2. 扣押

（1）扣押是指税务机关将纳税人、扣缴义务人或纳税担保人的价值相当于应纳税款的商品、货物或者其他财产进行扣留，由税务机关限制相对人占有、使用和处分该财产的行为。

（2）扣押的财物，通常是动产，不动产无法实施扣押。

【提示】有价证券属于其他财产，依法属于可以扣押的范围。

（3）对查封、扣押的场所、设施或者财物，行政机关应当妥善保管，不得使用或者损毁；扣押期间财物发生损毁灭失时，如果属于税务机关保管不当的原因造成的，税务机关应对行政相对人承担赔偿责任。

【提示】因第三人的原因造成的损失，行政机关先行赔付后，有权向第三人追偿。

（4）扣押的财物，由税务机关占有，但其所有权并不发生转移，财产的所有权仍归行政相对人所有。

（5）因查封、扣押发生的保管费用由行政机关承担。

【多选题】关于税务机关扣押程序，下列说法正确的有（　　）。

A. 扣押时应当通知当事人到场

B. 扣押清单一式两份，由当事人和行政机关分别保存

C. 对扣押物品发生的合理保管费用，由当事人承担

D. 行政机关应当妥善保管扣押的物品

【参考答案】ABD。本题考查的是扣押程序。《行政强制法》第十八条规定，行政机关实施行政强制措施应当通知当事人到场。《行政强制法》第二十四条规定，行政机关决定实施查封、扣押的，应当履行该法第十八条规定的程序，制作并当场交付《查封、扣押决定书》和清单。《查封、扣押决定书》应当载明下列事项：（1）当事人的姓名或者名称、地址；（2）查封、扣押的理由、依据和期限；（3）查封、扣押场所、设施或者财物的名称、数量等；（4）申请行政复议或者提起行政诉讼的途径和期限；（5）行政机关的名称、印章和日期。查封、扣押清单一式两份，由当事人和行政机关分别保存。《行政强制法》第二十六条规定，对查封、扣押的场所、设施或者财物，行政机关应当妥善保管，不得使用或者损毁；造成损失的，应当承担赔偿责任。对查封的场所、设施或者财物，行政机关可以委托第三人保管，第三人不得损毁或者擅自转移、处置。因第三人的原因造成的损失，行政机关先行赔付后，有权向第三人追偿。

3. 冻结

（1）冻结是指税务机关向开户银行和其他金融机构发出通知，暂时停止行政相对人对一定数额存款支付权利的行为。

（2）冻结不改变存款的所有权关系，存款和相应的利益仍归行政相对人所有。

（3）税务机关也不能将行政相对人账户中的存款划转其他账户实施冻结，只能在原账户中予以冻结。

【提示】《税收征管法实施细则》规定，税务机关执行《税收征管法》第三十七条、第三十八条、第四十条的规定，实施扣押、查封时，对有产权证件的动产或者不动产，税务机关可以责令当事人将有关产权证件交税务机关保管，同时可以向有关机关发出《协助执行通知书》，有关机关在扣押、查封期间不再办理该动产或者不动产的过户手续。

（三）税收保全的适用

《税收征管法》第三十七条、第三十八条和第五十五条对税收保全作了基本规定。

1. 依据《税收征管法》第三十七条实施的税收保全

（1）行政相对人：未按照规定办理税务登记的从事生产、经营的纳税人，以及临时从事经营的纳税人。

（2）责令缴纳：税务机关应先行核定应纳税款，并责令纳税人缴纳。

（3）保全标的：纳税人开始生产、经营以来至税务机关检查前的所有应纳税款、滞纳金。

（4）财产范围：价值相当于应纳税款的商品、货物。

（5）保全的手段：主要是扣押，其中对有产权证的商品、货物，可以责令当事人将产权证件交税务机关保管，同时可以向有关机关发出协助执行通知书，暂停办理过

户手续。

（6）保全的程序：

①税务机关应先行核定应纳税款，并责令纳税人缴纳。纳税人拒不缴纳的才能实施保全。

②扣押商品、货物后，按照税务机关内部管理制度规定的审批要求报批。

③保全后的处理，如果纳税人缴纳了税款，税务机关应立即解除扣押，退还财产；如果扣押后仍不缴纳税款的，转而依法实施强制执行。

2. 依据《税收征管法》第三十八条实施的税收保全

（1）行政相对人：已办理税务登记的从事生产、经营的纳税人。

（2）保全标的：是纳税人当期的应纳税款。

（3）财产范围：是纳税人的存款、商品、货物和其他财产。

（4）保全手段：包括冻结、扣押、查封，其中对有产权证的，可以责令当事人将产权证件交税务机关保管，同时可以向有关机关发出《协助执行通知书》，暂停办理过户手续。

（5）期前保全：适用于法定的纳税期到期以前。

（6）前置性条件：应有根据认为纳税人有逃避纳税义务行为；应先行责令限期缴纳应纳税款；在限期内发现纳税人有明显的转移、隐匿其应纳税的商品、货物以及其他财产或者应纳税的收入的迹象的，并经责成纳税人提供纳税担保。须满足前述所有前置性条件，才能实施税收保全。

（7）特别审批要求：须经县以上税务局（分局）局长批准。

（8）保全后的处理：如果纳税人缴纳了税款，税务机关应立即解除扣押，退还财产；如果扣押后仍不缴纳税款的，转而依法实施强制执行。

3. 依据《税收征管法》第五十五条实施的税收保全

税务机关对纳税人以前纳税期进行纳税检查的过程中，发现纳税人有逃避纳税义务行为，并有明显的转移、隐匿其应纳税的商品、货物以及其他财产或者应纳税的收入的迹象的，可以实施税收保全。实施税收保全的批准权限、保全标的、财产范围和具体手段等，与依据《税收征管法》第三十八条实施的税收保全基本相同。

二、税务行政强制执行

（一）税务行政强制执行的概念

税务行政强制执行是指税务机关对逾期不履行行政决定的行政相对人，依法强制其履行义务或实现与履行义务相同状态的具体行政行为。

（二）税务行政强制执行的具体措施和方式

1. 扣缴

扣缴，是指税务机关向开户银行和其他金融机构发出通知，由金融机构根据税款、滞纳金、罚款等确定的金额，从行政相对人的存款中扣除对应金额的款项划转至税务机关指定的账号、缴入国库的行为。税务机关不能从行政相对人账户提取现金。

2. 拍卖、变卖抵缴

拍卖抵缴，是指税务机关将查封、扣押行政相对人的财产，委托依法设立的拍卖机构拍卖，税务机关将拍卖所得支付相关费用并抵缴税款、滞纳金、罚款的行为。

变卖抵缴，是指税务机关将查封、扣押行政相对人的财产，交法定机构收购、委托商业机构代为销售，或直接变卖处理，以所得款项支付相关费用并抵缴税款、滞纳金、罚款的行为。

法律规定禁止流通或限制流通，只能由法定单位收购的财产，应交法定单位收购。其他财产，原则上通过拍卖方式处理；无法委托拍卖或不适合于通过拍卖方式处理的，才能交商业机构代为公开销售；由税务机关直接处理变现的财产，必须严格控制，严格按照国家税务总局的规定执行。

（三）税务行政强制执行的适用

《税收征管法》第三十七条、第三十八条、第四十条、第五十五条、第六十八条、第八十八条对税务行政强制执行作了基本规定。

1. 依据《税收征管法》第三十七条实施

税务机关对未办理税务登记的从事生产、经营的纳税人以及临时从事经营的纳税人实施税收保全后，纳税人仍不缴纳应纳税款的，税务机关可以进一步实施强制执行。具体做法是，经县以上税务局（分局）局长批准，由税务机关依法拍卖或者变卖所扣押的商品、货物，以拍卖或者变卖所得抵缴税款。

2. 依据《税收征管法》第三十八条实施

税务机关对办理了税务登记的从事生产、经营的纳税人，在法定纳税期前实施了税收保全后，纳税人在限期期满仍未缴纳税款的，税务机关可以进一步实施强制执行。具体做法是，经县以上税务局（分局）局长批准，由税务机关书面通知纳税人开户银行或者其他金融机构从其冻结的存款中扣缴税款，或者依法拍卖或者变卖所扣押、查封的商品、货物或者其他财产，以拍卖或者变卖所得抵缴税款。

3. 依据《税收征管法》第四十条实施

这是税务机关实施行政强制执行最主要的法律依据。

（1）其适用的行政相对人包括各种未按规定期限缴纳税款或解缴税款的从事生产经营的纳税人、扣缴义务人，以及未按规定期限履行担保义务的纳税担保人。

（2）强制执行的标的包括税款和滞纳金。

（3）强制执行的手段包括：扣缴存款；扣押、查封、依法拍卖或者变卖其价值相当于应纳税款的商品、货物或其他财产，以拍卖或变卖所得抵缴税款、滞纳金；其中对有产权证的不动产或动产，在执行过程中还可以责令当事人将产权证件交税务机关保管，同时可以向有关机关发出《协助执行通知书》，暂停办理过户手续。

（4）需要先行责令行政相对人限期缴纳，逾期未缴的才能实施强制执行。

（5）应当经过县以上税务局（分局）局长的批准。

4. 依据《税收征管法》第五十五条实施

税务机关对从事生产、经营的纳税人以前纳税期的经营情况依法进行纳税检查时，发现纳税人有逃避纳税义务行为，并有明显的转移、隐匿其应纳税的商品、货物以及其他财产或者应纳税的收入的迹象的，税务机关可以实施强制执行。该项强制执行可以在税收保全后实施，也可以直接实施。在实施该项执行时，应同时适用《税收征管法》第四十条，遵循第四十条的要求。

5. 依据《税收征管法》第六十八条实施

《税收征管法》第六十八条是一项法律责任条款，但其中也规定了强制执行的内容。包括纳税人、扣缴义务人在规定期限内不缴或者少缴应纳或者应解缴的税款，经税务机关责令限期缴纳，逾期仍未缴纳的，税务机关依照《税收征管法》第四十条规定采取强制执行。

（1）适用对象是没有依法按时、足额完成纳税义务的纳税人、扣缴义务人，对于其他主体不适用。

（2）适用前提是税务机关责令限期缴纳后，纳税人、扣缴义务人仍未按期缴纳税款。“责令限期缴纳”，实际上确定了一个催缴期，提醒纳税人、扣缴义务人依法履行义务。强制执行的具体实施，依据《税收征管法》第四十条规定采取强制执行。

6. 依据《税收征管法》第八十八条实施

该项强制执行应当遵循以下要求：

（1）当事人是税务行政处罚对象，包括纳税人、扣缴义务人、纳税担保人。

（2）执行标的是行政处罚决定所确定的内容，包括罚款、没收违法所得等。

（3）符合法定的实施条件，只有当事人对税务机关的处罚决定逾期不申请行政复议也不向人民法院起诉，又不履行的情况下，才能据此实施强制执行。

（4）执行的主体是作出处罚决定的税务机关，具体强制手段的运用则依据《税收征管法》第四十条的规定。

（5）采取强制执行措施范围限于相当于处罚的数额范围，不得扩大执行。

（四）实施税收保全和税务行政强制执行的其他重要事项

1. 程序问题

适用法律时，遵循以下基本规则：

（1）《行政强制法》和《税收征管法》《税收征管法实施细则》的规定没有冲突时，两方面的规定均应执行。

（2）《行政强制法》和《税收征管法》《税收征管法实施细则》的规定相冲突时，原则上按照《行政强制法》的规定执行。

【提示】《行政强制法》允许其他法律、法规作出特别规定的事项，按照《税收征管法》《税收征管法实施细则》的规定执行。

2. 措施的解除问题

税务机关实施查封、扣押、冻结、保管行政相对人的产权证书、暂停办理过户手续等限制性措施后，在实施拍卖、变卖、扣缴等处分性措施前，如果行政相对人缴清了税款，税务机关应当自收到税款或者银行转回的完税凭证之日起 1 日内解除限制性措施。有使用时效的财产，应在到期前变价保存、执行完毕或解除措施。

3. 标的的确定问题

保全和执行的标的应包括税款、滞纳金、实施保全和执行需要支付的、依法应由当事人承担费用的数额。如果罚款也依法一同执行的，还要考虑罚款和加处罚款。对查封、扣押财产的价值判断，应参照评估价、市场价、出厂价等合理判断。查封、扣押的财产应相当于保全或执行标的，但如果是不可分割的财产且行政相对人没有其他可供执行的财产的，可以超过标的实施保全和执行，执行完毕后应将余款退还行政相对人。

4. 不得实施税收保全和强制执行

不得实施税收保全和强制执行的情形：个人及其所扶养家属维持生活必需的住房和用品，单价在 5 000 元以下的其他生活用品。

【提示】机动车辆、金银饰品、古玩字画、豪华住宅或者一处以外的住房不属于这里所说的个人及其所扶养家属维持生活必需的住房和用品。

5. 清偿顺序问题

在税务行政强制执行中，如果执行到位的款项，不足以支付各种应缴或应付的款项的，按以下顺序清偿：（1）实现执行目的而发生的费用，包括执行中发生的依法应由当事人承担的费用；（2）税款；（3）滞纳金；（4）依法一并执行的罚款、加处罚款。

第二节　其他税收保障措施

一、通知出境管理机关阻止出境

1. 离境清税制度。欠缴税款的纳税人或者其法定代表人需要出境的，应当在出境前向税务机关结清应纳税款、滞纳金或者提供纳税担保。

2. 未结清税款、滞纳金，又不提供纳税担保的，税务机关可以通知出境管理部门阻止其出境。

3. 出境管理部门应当按照税务机关的决定，实施有关阻止出境措施。

二、税收优先权

1. 税收优先于无担保债权，法律另有规定的除外。

2. 税收优先于特定的有担保债权，即欠缴税款发生在设定担保的时间之前的，税收优先于抵押权、质权、留置权等担保债权。

3. 纳税人欠缴税款，同时又被行政机关决定处以罚款、没收违法所得的，税收优先于罚款和没收违法所得。

【提示】税收没有优先权情形：对于行政相对人所欠的职工工资和劳动保护费用、行政机关的没收非法财物、为实现本案执行而发生的费用、行政相对人及其所扶养的家属的基本生存费用、在税收发生之前的担保债权、法定的专有权等。

【多选题】为了保障国家税收，税法规定了税收优先权，下列情形中不能对抗税收优先权的有（　　）。

A. 在欠税发生后才设定担保的民事债权

B. 在欠税发生之前已设定担保的民事债权

C. 税务机关处以的罚款

D. 税务机关处以的没收违法所得

【参考答案】ACD。本题考查的是税收优先权的适用。依据《税收征管法》第四十五条的规定，（1）税收优先于欠税发生在先的担保债权，但在欠税发生前已设定了担保的债权，税收并没有优先权。（2）纳税人欠缴税款，同时又被行政机关决定处以罚款、没收违法所得的，税收优先于罚款、没收违法所得。

三、纳税担保

（一）纳税担保的概念及其设立范围

1. 概念

纳税担保是指纳税担保人依据《民法典》和税法的相关规定，经税务机关同意或确认，纳税人或其他自然人、法人、经济组织以保证、抵押、质押的方式，为纳税人应当缴纳的税款及滞纳金提供担保的行为。纳税担保是税务机关、纳税担保人、纳税人共同意思的表示。

2. 适用纳税担保的情形

（1）税务机关有根据认为从事生产、经营的纳税人有逃避纳税义务行为，在规定的纳税期限之前经责令其限期缴纳应纳税款，在限期内发现纳税人有明显的转移、隐匿其应纳税的商品、货物以及其他财产或者应纳税收入的迹象，责成纳税人提供纳税担保的。

（2）欠缴税款、滞纳金的纳税人或者其法定代表人需要出境的，税务机关可以责令纳税人提供担保。

（3）纳税人同税务机关在纳税上发生争议而未缴清税款，需要申请行政复议的。

（4）税收法律、行政法规规定可以设立纳税担保的其他情形。

3. 纳税担保的范围

税款；滞纳金；实现税款、滞纳金的费用。费用包括抵押、质押登记费用，质押保管费用以及保管、拍卖、变卖担保财产等相关费用支出。

4. 担保方式

保证、抵押、质押。

（二）纳税保证

1. 概念

纳税保证是指由纳税人之外的中国境内具有担保法定资格和能力的自然人、法人或其他经济组织，向税务机关设立的，担保纳税人履行纳税义务的担保形式。

2. 不能成为保证人的单位和个人

（1）国家机关，学校、幼儿园、医院等事业单位、社会团体。

（2）企业法人的职能部门。

【提示】企业法人的分支机构有法人书面授权的，可以在授权范围内提供纳税担保。

（3）有偷税、抗税、骗税、逃避追缴欠税行为被税务机关、司法机关追究过法律责任未满 2 年的。

（4）因有税收违法行为正在被税务机关立案处理或涉嫌刑事犯罪被司法机关立案侦查的。

（5）纳税信用等级被评为 C 级以下的。

（6）在主管税务机关所在地的市（地、州）没有住所的自然人或税务登记不在本市（地、州）的企业。

（7）无民事行为能力或限制民事行为能力的自然人。

（8）与纳税人存在担保关联关系的。

（9）有欠税行为的。

3. 保证有一般保证和连带责任保证之分，纳税保证是一种连带责任保证，纳税人和纳税保证人对所担保的税款及滞纳金承担连带责任。

4. 纳税保证的保证期间为纳税人应缴纳税款期限届满之日起 60 日，即税务机关自纳税人应缴纳税款的期限届满之日起 60 日内有权要求纳税保证人承担保证责任，缴纳税款、滞纳金。

5. 履行保证责任的期限为 15 日，即纳税保证人应当自收到税务机关的纳税通知书之日起 15 日内履行保证责任。如果纳税保证期间内税务机关未通知纳税保证人缴纳税款及滞纳金以承担担保责任的，纳税保证人免除担保责任。

【多选题】下列主体不能够作为纳税担保人的包括（　　）。

A. 金贝公立幼儿园

B. 宏原有限责任公司财务部

C. 纳税信用等级为 D 级的大洋公司

D. 个体工商户李某在公安机关工作的表哥

【参考答案】ABC。本题考查的是纳税担保人的资格。根据《纳税担保试行办法》第九条的规定，国家机关、幼儿园、学校、医院等事业单位、社会团体不得作为纳税担保人；企业法人的职能部门不得作为纳税担保人；纳税信用等级被评为C级以下不得作为纳税担保人。

（三）纳税抵押

1. 概念。

纳税抵押是指纳税人或纳税担保人，在不转移对财产占有的情况下，向税务机关办理手续，以其财产担保税款及滞纳金义务履行的担保形式。

2. 抵押财产的范围。

可以抵押的财产范围：

（1）抵押人所有的房屋和其他地上定着物；

（2）抵押人所有的机器、交通运输工具和其他财产；

（3）抵押人依法有权处分的国有的房屋和其他地上定着物；

（4）抵押人依法有权处分的国有的机器、交通运输工具和其他财产；

（5）经设区的市、自治州以上税务机关确认的其他可以抵押的合法财产。

禁止抵押财产：

（1）土地所有权；

（2）土地使用权宅基地、自留地、自留山等集体所有土地的使用权，但是法律规定可以抵押的除外；

（3）学校、幼儿园、医院等以公益为目的的事业单位、社会团体、民办非企业单位的教育设施、医疗卫生设施和其他社会公益设施；

（4）所有权、使用权不明或者有争议的财产；

（5）依法被查封、扣押、监管的财产；

（6）法律、法规规定不得抵押的其他财产。

3. 在办理纳税抵押时，涉及的抵押财产属于办理了产权登记的公示财产时，税务机关还应会同纳税担保人，到产权登记部门办理抵押登记手续。

【多选题】根据相关的规定，债务人可以用于抵押担保的财产有（　　）。

A. 某学校校办工厂的货车

B. 依法被查封的厂房

C. 某医院的医疗器械

D. 某幼儿园小卖部的设备

【参考答案】BC。

（四）纳税质押

1. 纳税质押

纳税质押是指纳税人或纳税担保人，将其财产或财产性权利凭证的占有权转移给税务机关，并向税务机关办理手续，以该财产担保税款及滞纳金义务履行的担保形式。

2. 动产质押

动产质押是以各种动产设立的质押，如商品、货物、机动车等。

3. 权利质押

权利质押是以财产性权利设立的质押，如汇票、支票、本票、债券、存款单、股权、可以转让的基金份额、仓单、提单，可以转让的注册商标专用权、专利权、著作权等知识产权中的财产权，现有的以及将有的应收账款，法律、行政法规规定可以出质的其他财产权利等。

【提示】以票据设立质押的，应作质押背书，票据提示付款期到期时，税务机关应及时办理提示付款，否则会影响票据上的权利；以股权设立权利质押时，通常需要办理股权质押登记。

【多选题】根据相关法律的规定，可以质押的权利包括（　　）。

A. 汇票、支票、本票、债券　　B. 依法可以转让的股份、股票

C. 房屋　　D. 物权、抗辩权

【参考答案】AB。本题考核权利质押。C、D 不动产物权不适用质押，不适用抵押。

四、代位权

1. 概念

代位权是民法上的一项制度，是指债权人因债务人怠于行使到期债权，而直接向次债务人，即债务人的债务人，提起民事诉讼，要求次债务人直接向原告履行义务的制度。

2. 提起代位权诉讼的条件

（1）债权人对债务人的债权合法。

（2）债务人怠于行使其到期债权，对债权人造成损害。

【提示】怠于体现为不以诉讼方式或仲裁方式向其债务人主张。怠于行使的是具有金钱给付内容的到期债权。

（3）债务人的债权已到期。

（4）债务人的债权不是专属于债务人自身的债权。

【提示】专属于债务人自身的债权是指：基于扶养关系、抚养关系、赡养关系、继承关系产生的给付请求权和劳动报酬、退休金、养老金、抚恤金、安置费、人寿保险、人身伤害赔偿请求权等权利。

3. 税收代位权

税收代位权是指欠缴税款的纳税人怠于行使到期债权而对国家税收造成损害时，由税务机关以自己的名义代替纳税人行使其债权的权利（见图 5－1）。

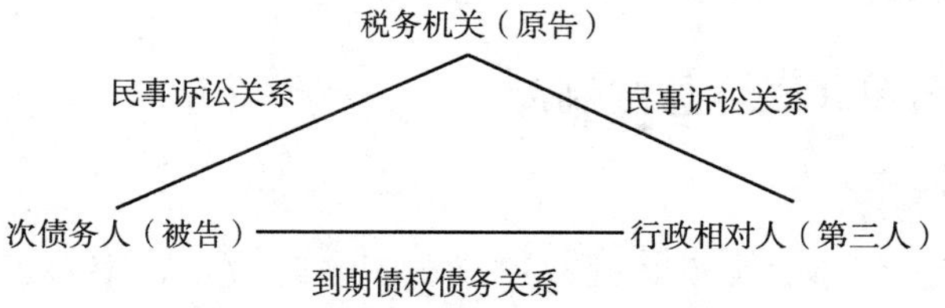

图 5－1　税收代位权

4. 税务机关行使代位权时，要求行政相对人欠缴税款的事实已经成立并有生效的文书依据；应当查明次债务人与行政相对人之间的债权债务关系，并已到期；应当查明行政相对人怠于行使到期债权的事实，是否有债权到期未到法院起诉或申请仲裁的情形。税务机关行使代位权时，应向法院提交民事起诉状，以次债务人为被告，以行政相对人为诉讼第三人。税务机关对前面所述的事实承担举证责任。

【单选题】根据相关法律规定，债权人行使代位权（　　）。

A. 可以采取私力救济方式　　B. 必须通过诉讼方式

C. 可以通过申请支付令方式　　D. 可以通过仲裁方式

【参考答案】B。本题考核代位权的行使方式。因债务人怠于行使其到期债权，对债权人造成损害的，债权人可以向人民法院请求以自己的名义代位行使债务人的债权，但该债权专属于债务人自身的除外。

五、撤销权

1. 概念

撤销权是指债权人因债务人放弃到期债权、放弃债权担保、无偿转让财产、以明显不合理的低价转让财产且受让人知道该情形、以明显不合理的高价转让财产且受让人知道该情形，债权人提起民事诉讼，请求法院撤销债务人放弃、转让行为的制度。

2. 撤销权行使条件

（1）放弃债权。包括放弃到期、未到期债权；放弃债权担保；恶意延长到期债权的履行期。

（2）无偿转让财产，即将财产赠送他人。

（3）债务人以明显不合理的低价转让财产、以明显不合理的高价转受让财产且受让人知道该情形，对债权人造成损害，并且受让人（第三人）知道该情形。

3. 债权人的撤销权由债权人以自己的名义通过诉讼行使

撤销权的行使有期限的要求，通常为自债权人知道或者应当知道撤销事由之日起 1 年。自债务人的行为发生之日起 5 年内没有行使撤销权的，该撤销权消灭。

【提示】债权人为原告，债务人为被告，受益人或者受让人为诉讼上的第三人。

4. 税收撤销权

税收撤销权是指税务机关对欠缴税款的纳税人滥用财产处分权而对国家税收造成

损害时，请求人民法院予以撤销其行为有效的权利。

六、税收黑名单和联合惩戒制度

1. 税收黑名单制度

对达到一定涉案金额的偷税和逃避追缴欠税、骗取出口退税、抗税、虚开增值税专用发票以及普通发票等 11 类税收违法案件向社会公布的制度。

2. 联合惩戒制度

是对被列入黑名单的当事人在特定的领域和事项上进行更严格的管理和限制的制度。

本章习题

一、单项选择题

1. 下列可以作为税务行政执法主体的是（　　）。

A. 县税务局法制股　　B. 市税务局稽查局
C. 受县税务局委托代征税款的乡政府　　D. 县税务局办税服务大厅

2. 税收保全措施的手段，一般不包括（　　）。

A. 查封　　B. 拍卖　　C. 扣押　　D. 冻结

3. 行政强制措施原则上由法律设定，且限制人身自由的行政强制措施的设定权只能为（　　）。

A. 法律　　B. 行政法规　　C. 地方性法规　　D. 部门规章

4. 根据行政强制法律制度的规定，下列费用中，可由当事人负担的是（　　）。

A. 因查封、扣押发生的保管费用
B. 查封、扣押的物品需要检测的，检测的费用
C. 代履行的费用
D. 查封、扣押的物品需要进行技术鉴定的，技术鉴定的费用

5. 当事人对行政机关实施的行政强制，享有陈述权、申辩权；有权依法申请行政复议或者提起行政诉讼；因行政机关或人民法院实施行政强制受到损害的，有权依法要求赔偿。这体现了行政强制的原则是（　　）。

A. 权利保障原则　　B. 合法性原则　　C. 合理性原则　　D. 公平性原则

6. 除法律、行政法规另有规定的外，行政机关实施查封扣押措施，查封、扣押的期限不得超过 30 日；情况复杂的，经行政机关负责人批准，可以延长，但是延长期限不得超过的时间是（　　）。

A. 10 日　　B. 30 日　　C. 45 日　　D. 60 日

7. 行政强制措施原则上由法律设定，且限制人身自由的行政强制措施的设定权只能为（　　）。
   A. 法律　　B. 行政法规　　C. 地方性法规　　D. 部门规章
8. 下列财产不能办理纳税担保抵押的是（　　）。
   A. 抵押人所有的房屋和其他地上定着物
   B. 抵押人所有的机器、交通运输工具
   C. 抵押人依法有权处分的国有的房屋
   D. 所有权、使用权不明或者有争议的财产
9. 税务机关对纳税人实施的下列行为中，属于行政强制的是（　　）。
   A. 征收税款　　B. 罚款　　C. 注销税务登记　　D. 加处罚款
10. 某省纳税人甲需要出境，出境前因欠缴税款被主管税务机关责令提供纳税担保。甲拒不接受税务机关处理，没有提供担保，主管税务机关遂通知该省出境管理机关阻止其出境。以下说法正确的是（　　）。
   A. 阻止甲出境属于行政处罚
   B. 阻止甲出境属于税收保障措施
   C. 主管税务机关无权要求甲提供纳税担保
   D. 主管税务机关无权通知某省出境管理机关阻止甲出境

二、多项选择题

1. 行政强制措施的种类包括（　　）。
   A. 限制公民人身自由　　B. 查封场所、设施或者财物
   C. 冻结存款、汇款　　D. 加处罚款或者滞纳金
2. 以下关于强制执行费用的说法，正确的有（　　）。
   A. 税务行政强制执行会产生一定数额的费用，应该先扣除相关费用后，再按照税款、滞纳金、罚款和加处罚款顺序进行清偿
   B. 清偿后剩余部分应当在 3 日内退还被执行人
   C. 税务机关因查封、扣押而产生的保管费用，由行政机关承担
   D. 税务机关因查封、扣押而产生的保管费用，由行政相对方承担
3. 税务局稽查局与法院的协作包括（　　）。
   A. 建立信息共享机制　　B. 申请强制执行
   C. 申请参与分配　　D. 行使代位权、撤销权
   E. 惩戒
4. 税务机关采取行政强制执行措施，以拍卖或者变卖所得抵缴纳税人应缴或者应付的款项，包括（　　）。
   A. 税务机关工作人员因实施强制执行措施所发生的差旅费
   B. 执行中发生的拍卖费用

C. 税款和滞纳金

D. 罚款

5. 根据《税收征管法》的规定，经县以上税务局（分局）局长批准，税务机关可以对符合税法规定情形的纳税人采取税收保全措施。下列各项中，不属于税收保全措施的有（　　）。

A. 责令纳税人限期缴纳应纳税款

B. 书面通知纳税人开户银行从其存款中扣缴应纳税款

C. 书面通知纳税人开户银行冻结纳税人的金额相当于应纳税款的存款

D. 依法拍卖纳税人的价值相当于应纳税款的商品，以拍卖所得抵缴税款

6. 税务机关对行政相对人及其所扶养家属维持生活必需的住房和用品，不得实施税收保全和强制执行，下列不属于生活必需的包括（　　）。

A. 机动车辆　　B. 金银饰品

C. 古玩字画　　D. 唯一普通住宅

7. 根据《行政强制法》的规定，行政机关作出的冻结决定书应当载明的事项有（　　）。

A. 提出陈述和申辩意见的权利、途径和期限

B. 冻结决定书交付的期限

C. 冻结的账号和数额

D. 冻结的理由和依据

8. 下列有关破产申请受理后的法律效力，说法正确的是（　　）。

A. 债务人对个别债权人的债务清偿无效

B. 有关债务人财产的保全措施应当解除，执行程序中止

C. 已经开始尚未终结的有关债务人的民事诉讼或仲裁应当中止

D. 债务人的债务人或者财产持有人应当向债权人清偿债务或者交付财产。

9. 法院裁定受理破产申请后，下列关于法律后果的说法中，正确的有（　　）。

A. 有关债务人财产的保全措施应当解除

B. 有关债务人财产的执行程序可以终止

C. 有关债务人的刑事诉讼应当中止

D. 债务人未履行完毕的合同，不得解除

E. 有关债务人的仲裁应当中止

三、判断题

1. 经《行政强制法》规定的中止执行的情形消失后，行政机关应当恢复执行。对没有明显社会危害，当事人确无能力履行，中止执行满 3 年未恢复执行的，行政机关不再执行。（　　）

2. 行政强制执行，是指行政机关或者行政机关申请人民法院，对不履行行政决定的公

民、法人或者其他组织，依法强制履行义务的行为。（　　）

3. 税务机关采取税收保全措施的期限一般不得超过 6 个月：重大案件需要延长的，应当报省、自治区、直辖市税务局批准。（　　）

4. 行政强制措施，是指行政机关或者行政机关申请人民法院对不履行行政决定的公民、法人或者其他组织依法强制履行义务的行为。（　　）

5.《行政强制法》规定的中止执行的情形消失后，行政机关应当恢复执行。对没有明显社会危害，当事人确无能力履行，中止执行满 3 年未恢复执行的，行政机关不再执行。（　　）

6. 行政机关对当事人加处罚款或者滞纳金的数额不得超出金钱给付义务的数额。（　　）

7. 根据税收优先权的规定，税收优先于其他行政机关作出的没收违法所得处罚决定的执行。（　　）

参考答案与解析

一、单项选择题

1. 【参考答案】B。本题考查的是行政主体。县税务局法制股、县税务局办税服务大厅是税务机关的内部机构，不具有税务行政执法主体资格。受县税务局委托代征税款的乡政府是受委托单位，是以税务机关的名义代征税款的，不具有税务行政执法主体资格。市税务局稽查局是市税务局的直属机构，根据《税收征管法》第十四条、《税收征管法实施细则》第九条的规定，具有行政主体资格。

2. 【参考答案】B。税收保全措施的手段一般是查封、扣押和冻结，税务行政强制执行的方式是扣缴和拍卖、变卖。

3. 【参考答案】A。本题考查行政强制措施的设定。根据《中华人民共和国行政强制法》第十条规定，行政强制措施由法律设定。尚未制定法律且属于国务院行政管理职权事项的，行政法规可以设定除限制人身自由和冻结存款、汇款的和应当由法律规定的行政措施以外其他行政强制措施。尚未制定法律、行政法规且属于地方性事务的，地方性法规可以设定查封场所、设施或者财物和扣押财物的行政强制措施。限制人身自由的行政强制措施，只能由法律设定。故选项 A 最符合题意。

4. 【参考答案】C。选项 ABD 的费用由行政机关负担；选项 C 代履行费用按照成本合理确定，由当事人承担，但法律另有规定的除外。

5. 【参考答案】A。本题考查行政强制的基本原则。陈述权、申辩权是一项基本程序权利。在作出对当事人不利的决定前，应当听取当事人的意见，这样做有利于保证行政决定的公正、客观。申请复议、提起诉讼、申请损害赔偿等法律救济手段是事后监督的重要方式，也是当事人的一项重要权利，故此项规定体现了尊重当事人主体地位，保障其合法权利的原则。

6. 【参考答案】B。本题考查行政强制措施的期限。根据《行政强制法》规定，实施查封扣押措施，查封扣押的期限不得超过 30 日：情况复杂的，经行政机关负责人批准，可以延长，但是延长期限不得超过 30 日。法律、行政法规另有规定的除外。
7. 【参考答案】A。本题考查行政强制措施的设定。根据《行政强制法》第十条规定，行政强制措施由法律设定。对尚未制定法律且属于国务院行政管理职权事项的，行政法规可以设定限制公民人身自由、冻结存款、汇款和应当由法律规定的行政措施以外的其他行政强制措施。尚未制定法律、行政法规且属于地方性事务的，地方性法规可以设定查封场所、设施或者财物和扣押财物的行政强制措施。限制人身自由的行政强制措施，只能由法律设定。
8. 【参考答案】D。《纳税担保试行办法》规定，下列财产不得抵押：（一）土地所有权；（二）土地使用权，但该办法第十六条规定的除外；（三）学校、幼儿园、医院等以公益为目的的事业单位、社会团体、民办非企业单位的教育设施、医疗卫生设施和其他社会公益设施；（四）所有权、使用权不明或者有争议的财产；（五）依法被查封、扣押、监管的财产；（六）依法定程序确认为违法、违章的建筑物；（七）法律、行政法规规定禁止流通的财产或者不可转让的财产；（八）经设区的市、自治州以上税务机关确认的其他不予抵押的财产。故选项 D 是正确答案。
9. 【参考答案】D。本题考查的是税务行政强制执行方式。行政强制，是指法定的行政强制主体为维护公共秩序，或为履行已经生效的行政决定，而对行政相对人的人身、财产或行为采取强制性措施的具体行政行为。选项 A 是指纳税人依法应该向国家缴纳的税款及时足额征收入库的活动：选项 B 是对行为人违反税收法律行为的一种惩罚：选项 C 是指终止纳税人纳税义务的一道环节：选项 D 是对逾期缴纳罚款纳税人给予经济制裁的一种措施，符合行政强制的特征。
10. 【参考答案】B。本题考查纳税担保的实施。《税收征管法》第四十四条规定，欠缴税款的纳税人或者他的法定代表人需要出境的，应当在出境前向税务机关结清应纳税款、滞纳金或者提供担保。未结清税款、滞纳金，又不提供担保的税务机关可以通知出境管理机关阻止其出境。阻止出境从性质上讲属于税收保障措施，不属于行政处罚。

二、多项选择题

1. 【参考答案】ABC。加处罚款或者滞纳金是行政强制执行。
2. 【参考答案】ABC。根据《中华人民共和国行政强制法》的规定，税务机关因查封、扣押而产生的保管费用，由行政机关承担。
3. 【参考答案】ABCDE。《全国税务稽查规范》规定：与法院的协作包括建立信息共享机制、申请强制执行、申请参与分配、行使代位权、行使撤销权、联合惩戒。
4. 【参考答案】BCD。本题考查的是清偿范围。根据《税收征管法》第三十八条第三款的规定，纳税人在前款规定的限期内缴纳税款的，税务机关必须立即解除税收保全措施；限期期满仍未缴纳税款的，经县以上税务局（分局）局长批准，税务机关可以书面通知纳税人开户银行或者其他金融机构从其冻结的存款中扣缴税款，或者依法拍卖或者变卖所扣押、查封的商品、货物或者其他财产，以拍卖或者变卖所得抵缴税款。根据《税收征管法实施细则》第六十四条的规定，税务机关按规定扣押、查封价值相当于应纳税款的商品、货物或者其他财产时，参照同类商品的市场价、出厂价或者评估价估算确定应扣押、查封的商品、货物或者其他财产的价值时，还应当包括滞纳金和拍卖、变卖所发生的费用。《税收征管法》第八十八条第三款规定，当事人对税务机关的处罚决定逾期不申请行政复议也不向人民法院起诉又不履行的，作出处罚决定的税务机关可以采取《税收征管法》第四十条规定的强制执行措施，或者申请人民法院强制执行。

5. 【参考答案】ABD。本题考查的是税收保全措施的规定。《税收征管法》第三十八条规定，税务机关有根据认为从事生产、经营的纳税人有逃避纳税义务行为的，可以在规定的纳税期之前，责令限期缴纳应纳税款；在限期内发现纳税人有明显的转移、隐匿其应纳税的商品、货物以及其他财产或者应纳税的收入的迹象的，税务机关可以责成纳税人提供纳税担保。如果纳税人不能提供纳税担保，经县以上税务局（分局）局长批准，税务机关可以采取下列税收保全措施：（1）书面通知纳税人开户银行或者其他金融机构冻结纳税人的金额相当于应纳税款的存款；（2）扣押、查封纳税人的价值相当于应纳税款的商品、货物或者其他财产。选项 B 与选项 D 属于强制执行措施，不属于税收保全措施。选项 A 是按照规定采取的一种催告。
6. 【参考答案】ABC。本题考查的是行政强制人权保障的规定。《税收征管法实施细则》第五十九条规定，《税收征管法》第三十八条、第四十条所称其他财产，包括纳税人的房地产、现金、有价证券等不动产和动产。机动车辆、金银饰品、古玩字画、豪华住宅或者一处以外的住房不属于《税收征管法》第三十八条、第四十条、第四十二条所称个人及其所扶养家属维持生活必需的住房和用品。税务机关对单价 5 000 元以下的其他生活用品，不采取税收保全措施和强制执行措施。
7. 【参考答案】CD。冻结决定书应当载明下列事项：（1）当事人的姓名或者名称、地址；（2）冻结的理由、依据和期限；（3）冻结的账号和数额；（4）申请行政复议或者提起行政诉讼的途径和期限；（5）行政机关的名称、印章和日期。
8. 【参考答案】ABC。根据《企业破产法》第十六条规定：人民法院受理破产申请后，债务人对个别债权人的债务清偿无效。选项 A 正确。第十九条规定：人民法院受理破产申请后，有关债务人财产的保全措施应当解除，执行程序应当中止。选项 B 正确。第二十条规定：人民法院受理破产申请后，已经开始而尚未终结的有关债务人的民事诉讼或者仲裁应当中止。选项 C 正确。第十七条规定：人民法院受理破产申请后，债务人的债务人或者财产持有人应当向管理人清偿债务或者交付财产。债务人的债务人或者财产持有人故意违反前款规定向债务人清偿债务或者交付财产，使债权人受到损失的，不免除其清偿债务或者交付财产的义务。选项 D 错误，应向管理人清偿债务或者交付财产。

9. 【参考答案】AE。本题考核破产申请的法律后果。（1）人民法院受理破产申请后，有关债务人财产的保全措施应当解除，执行程序“应当中止”；所以选项 A 正确，选项 B 错误。（2）人民法院受理破产申请后，已经开始而尚未终结的有关债务人的“民事”诉讼或者仲裁应当中止；在管理人接管债务人的财产后，该诉讼或者仲裁继续进行；有关债务人财产的行政诉讼或者刑事诉讼的效力不受破产程序的影响；所以选项 C 错误，选项 E 正确。（3）人民法院受理破产申请后，管理人对破产申请受理前成立而债务人和对方当事人均未履行完毕的合同有权决定解除或者继续履行，并通知对方当事人。

三、判断题

1. 【参考答案】√。《行政强制法》规定的中止执行的情形消失后，行政机关应当恢复执行。对没有明显社会危害，当事人确无能力履行，中止执行满 3 年未恢复执行的，行政机关不再执行。
2. 【参考答案】√。行政强制执行，是指行政机关或者行政机关申请人民法院，对不履行行政决定的公民、法人或者其他组织，依法强制履行义务的行为。
3. 【参考答案】×。《中华人民共和国税收征收管理法实施细则》第八十八条规定：依照税收征管法第五十五条规定，税务机关采取税收保全措施的期限一般不得超过 6 个月；重大案件需要延长的，应当报国家税务总局批准。
4. 【参考答案】×。行政强制措施，是指行政机关在行政管理过程中，为制止违法行为、防止证据损毁、避免危害发生、控制危险扩大等情形，依法对公民的人身自由实施暂时性限制，或者对公民、法人或者其他组织的财物实施暂时性控制的行为。题干是行政强制执行的定义。
5. 【参考答案】√。根据《行政强制法》第三十九条规定，中止执行的情形消失后，行政机关应当恢复执行。对没有明显社会危害，当事人确无能力履行，中止执行满 3 年未恢复执行的，行政机关不再执行。
6. 【参考答案】√。根据《行政强制法》第四十五条规定，行政机关依法作出金钱给付义务的行政决定，当事人逾期不履行的，行政机关可以依法加处罚款或者滞纳金。加处罚款或者滞纳金的标准应当告知当事人。加处罚款或者滞纳金的数额不得超出金钱给付义务的数额。
7. 【参考答案】√。根据《税收征管法》第四十五条规定，税务机关征收税款，税收优先于无担保债权，法律另有规定的除外；纳税人欠缴的税款发生在纳税人以其财产设定抵押、质押或者纳税人的财产被留置之前的，税收应当先于抵押权、质权、留置权执行。纳税人欠缴税款，同时又被行政机关决定处以罚款、没收违法所得的，税收优先于罚款、没收违法所得。

第六章　税务行政执法证据

第一节　证据概述

一、概念

证据，是指一切能够用来证明案件事实的材料。

二、特性

真实性、关联性、合法性。

三、分类

1. 法定种类

书证、物证、视听资料、电子数据、当事人陈述、证人证言、鉴定意见及勘验、现场笔录8种。

（1）书证：以文字、符号、图画等所表达和记载的思想内容证明案件待证事实的书面文件或其他物品。

（2）物证：以其存在形式、外部特征、内在属性证明案件待证事实的实体物和痕迹。

（3）视听资料：运用现代技术手段，以录音、录像反映的声音、形象来证明案件真实情况的证据。

（4）电子数据：以电子形式存在的、用作证据使用的一切材料及其派生物，即借助电子技术或电子设备而形成的一切数据资料。

（5）证人证言：当事人之外的第三人就其感知的案件事实情况向调查机关所作的陈述。

（6）当事人陈述：当事人对案件事实的描述，包括承认、反驳及辩解。

（7）鉴定意见：调查机关依法委托或者指定的鉴定人，运用其专门知识对案件中的某些专门性问题进行的分析、鉴别和判断所作出的结论性意见勘验笔录、现场笔录勘验笔录是在行政执法程序和诉讼过程中由行政机关执法人员或人民法院司法审判人员对案件有关场所、物品进行现场勘查、检测、测量、拍照、绘图后制作的笔录。

现场笔录是行政主体工作人员在执行职务过程中当场进行调查、处理、处罚而制作的文字记载材料。

【提示】以上证据经法庭审查属实，才能作为认定案件事实的根据。

2. 学理分类

（1）原始证据：直接来源于案件事实或出自证据形成的原始出处的证据。如纳税人的各种原始账簿、凭证、合同、申报表等。

（2）传来证据：又称派生证据，是指非直接来源于案件事实或原始出处，而是间接地从原始材料派生而获得的证据。对原始证据进行复印、复制、传抄、影印、拍照、录像等形成的证据都是传来证据。

（3）实物证据：直接来源于案件事实或出自证据形成的原始出处的证据。如纳税人的各种原始账簿、凭证、合同、申报表等。

（4）言词证据：以人的陈述为表现形式的证据，又称人证。言词证据主要包括当事人陈述、证人证言、鉴定意见。其中，鉴定意见是一种特定的言词证据，是专门机构的专家所作的证言，具有比普通言词证据更高的效力。

（5）直接证据：直接说明案件事实的证据，如直接说明案件事实的当事人陈述、证人证言、视听资料等。

（6）间接证据：不能直接说明案件事实，需要与其他证据相结合，通过综合分析判断才能证明案件事实的证据，如需要其他证据印证的物证、鉴定意见、现场笔录、视听资料、证人证言等。

（7）本证：又称证实证据，是能够用以证明待证事实成立的证据。

（8）反证：又称证伪证据，是能够用来证明待证事实不成立的证据。

【提示】税务行政执法的目的是查明案件事实，而不是一味地要证明行政相对人违法，所以对于发现行政相对人涉嫌违法时，既要注意收集本证，也要注意收集反证，这样才能客观全面地反映案件事实。

【单选题】乙公司租赁甲公司房屋，并签有租赁合同，但乙公司未按合同约定交付租金已有半年，甲公司遂向人民法院起诉要求乙公司交纳租金。乙公司在诉讼中提出，因出租人长期不维修出租房屋，致使乙公司财产遭受损失，并提供房屋损坏及财产损失情况的公证书（原件）及鉴定意见（原件）。上述证据在证据法理论上不属于（　　）。

A. 反证　　B. 本证　　C. 直接证据　　D. 原始证据

【参考答案】A。按证据与当事人主张的关系，可以将证据分为本证和反证。本证又称证实证据，是能够用以证明待证事实成立的证据。反证又称证伪证据，是能够用以证明待证事实不成立的证据。乙公司主张出租人长期不维修出租房屋，致使其财产遭受损失，而提供房屋损坏及财产损失情况的公证书及鉴定意见，属于负有举证责任的当事人为支持其主张所提供的证据，是本证。直接证据是能够单独、直接证明待证事实的证据，本题中的证据可直接证明财产遭受损失的事实，是直接证据。来源于案件事实本身的证据为原始证据，非直接来源于案件事实或原始出处，而是间接地从原始材料派生而获得的证据是传来证据。本题证据均为原件，为原始证据。故本题的正确答案为 A。

第二节 证据的审查和事实认定

一、对证据审查的基本要求

1. 取证的主体合法

2. 取证的程序、形式、权限合法

（1）严重违反法定程序收集的证据材料，不得作为定案依据。

（2）以违反法律强制性规定的手段获取且侵害他人合法权益的证据材料，不得作为定案依据。

（3）以利诱、欺诈、胁迫、暴力等手段获取的证据材料，应当主动作为非法证据排除。

3. 证据是否符合法定形式和要求

4. 不能单独作为定案依据的证据

（1）未成年人所作的与其年龄和智力状况不相适应的证言。

（2）与被查对象有亲属关系、利益关系或其他密切关系的证人所作的对该被查对象有利的证言，或者与被查对象有不利关系的证人所作的对该被查对象不利的证言。

（3）难以识别是否经过修改的视听材料。

（4）证据被改动，当事人不予认可的。

（5）其他不能单独作为定案依据的证据。

二、不同证据种类的证明效力

1. 法定机关证据优先

（1）国家机关以及其他职能部门依职权制作的公文文书优于其他书证。

（2）鉴定意见、现场笔录、勘验笔录、档案材料、公证或登记的书证优于其他书证、视听资料和证人证言。

（3）法定鉴定部门的鉴定意见优于其他鉴定部门的鉴定意见。

2. 法庭证据优先

（1）法庭主持勘验制作的勘验笔录优于其他部门主持勘验制作的勘验笔录。

（2）出庭作证的证人证言优于未出庭作证的证人证言。

3. 原件优先

（1）原件、原物优于复制件、复制品。

（2）原始证据优于传来证据。

4. 无利害关系优先

其他证人证言优于与当事人有亲属或密切关系的证人提供的对该当事人有利的证言。

5. 证据链优先

数个种类不同、内容一致的证据优于一个孤立的证据。

三、税务行政执法案件中证明标准的把握

1. 概念

证明标准是指认定案件事实或者形成一定的法律关系对证明所要求达到的程度或标准。

2. 税务行政执法人员在审查证据、认定案件事实时要求做到以下五点。

（1）认真审查证据，全面、深入地把握证据；

（2）在对单一证据审查的基础上，要综合全案证据，重视证据与证据之间的关系；

（3）本着公正公平之心，体现国家工作人员应有的职业道德来判断事实；

（4）利用自己所掌握的知识、常识、生活和工作经验，讲究理性，遵循通常的道理来作判断；

（5）对事实达到自我确信，则认定相应的事实。

【多选题】下列关于证据的效力说法正确的有（　　）。

A. 原件、原物优于复制件、复制品

B. 法定鉴定部门的鉴定意见优于其他鉴定部门意见

C. 一个孤立的证据优于数个种类不同、内容一致的证据

D. 出庭作证的证人证言优于未出庭作证的证人证言

【参考答案】ABD。本题考查的是证据的证明效力。根据《最高人民法院关于行政诉讼证据若干问题的规定》，选项 ABD 的说法是正确，选项 C 错误，应该是数个种类不同、内容一致的证据优于一个孤立的证据。

本章习题

一、单项选择题

1. 根据《重大税务案件审理办法》（国家税务总局令第 34 号公布，第 51 号令修改）有关规定，（　　）负责提交重大税务案件证据材料、拟作税务处理处罚意见、举行听证。

A. 政策法规部门　　B. 审理委员会办公室

C. 稽查局　　D. 征管科技部门

2. 原告或者第三人能自行收集，但能够提供确切线索的，不需要申请人民法院调取下列证据材料的情形有（　　）。

A. 由国家有关部门保存而须由人民法院调取的证据材料

B. 涉及国家利益、公共利益或者他人合法权益的事实认定的

C. 涉及国家秘密、商业秘密、个人隐私的证据材料

D. 确因客观原因不能自行收集的其他证据材料

3. 税务行政诉讼中，税务机关用以证明自己所作行政决定合法的证据，原则上是（　　）。

A. 一审开庭前取得的证据　　B. 原告起诉前取得的证据

C. 发生争议前取得的证据　　D. 作出行政决定前取得的证据

4. 下列证据材料中，属于税务案件原始证据的是（　　）。

A. 伪造的发票　　B. 稽查工作底稿

C. 复印的会计资料　　D. 复制的电子资料

5. 下列可以作为定案依据的证据材料是（　　）。

A. 严重违反法定程序收集的证据材料

B. 以偷拍、偷录、窃听等手段获取侵害他人合法权益的证据材料

C. 以利诱、欺诈、胁迫、暴力等不正当手段获取的证据材料

D. 附有说明材料的报表、图纸、会计账册、专业技术资料、科技文献等书证

二、多项选择题

1. 当事人向人民法院提供证人证言的，应当符合的要求有（　　）。

A. 写明证人的姓名、年龄、性别、职业、住址等基本情况

B. 有证人的签名，不能签名的，应当以盖章等方式证明

C. 注明出具日期

D. 附有居民身份证复印件等证明证人身份的文件

2. 下列证据不能单独作为定案依据的有（　　）。

A. 与一方当事人有亲属关系或者其他密切关系的证人所作的对该当事人有利的证言

B. 未成年人所作的证言

C. 应当出庭作证而无正当理由不出庭作证的证人证言

D. 无法与原件、原物核对的复制件或者复制品

3. 根据《重大税务案件审理办法》（国家税务总局令第34号公布，第51号令修改）有关规定，稽查局提请审理委员会审理案件，应当提交以下案件材料（　　）。

A. 重大税务案件审理案卷交接单　　B. 重大税务案件审理提请书

C. 税务稽查报告　　D. 税务稽查审理报告

E. 听证材料　　F. 相关证据材料

4. 根据《重大税务案件审理办法》（国家税务总局令第34号公布，第51号令修改）有关规定，以下属于审理委员会审理重大税务案件应当重点审查的内容有（　　）。

A. 案件事实是否清楚　　B. 证据是否充分、确凿

C. 执法程序是否合法　　D. 适用法律是否正确

E. 案件定性是否准确　　　　　　　　　　F. 拟处理意见是否合法适当

5. 有下列情形之一的，行政复议机关可以决定变更。（　　）

A. 主要事实不清、证据不足的

B. 适用依据错误的

C. 违反法定程序的

D. 认定事实清楚，证据确凿，程序合法，但是明显不当或者适用依据错误的

E. 认定事实不清，证据不足，但是经行政复议机关审理查明事实清楚，证据确凿的

三、判断题

1. 原告提供的证据不成立的，不免除被告对被诉具体行政行为合法性的举证责任。（　　）
2. 询问笔录应用钢笔或毛笔书写，也可以计算机记录并打印。（　　）
3. 鉴定意见错误、不明确或者内容不完整不能作为定案依据。（　　）
4. 证据被他人改动，纳税人不予认可的不能单独作为该纳税人的税收违法案件的定案依据。（　　）
5. 根据《重大税务案件审理办法》（国家税务总局令第 34 号公布，第 51 号令修改）有关规定，对于证据目录中列举的不能当场移交的证据材料，必要时，接收人在签收前可以到证据存放地点现场查验。（　　）

参考答案与解析

一、单项选择题

1. 【参考答案】C。根据《重大税务案件审理办法》（国家税务总局令第 34 号公布，第 51 号令修改）第九条第二款规定，稽查局负责提交重大税务案件证据材料、拟作税务处理处罚意见、举行听证。选项 C 符合相关规定。
2. 【参考答案】B。涉及国家利益、公共利益或者他人合法权益的事实认定属于人民法院有权向有关行政机关以及其他组织、公民调取证据的情形。
3. 【参考答案】D。《最高人民法院关于执行〈中华人民共和国行政诉讼法〉若干问题的解释》规定，被告及其诉讼代理人在作出具体行政行为后自行采集的证据，被告严重违反法定程序采集的其他证据不作为认定被诉具体行政行为的根据。由此可见，税务行政决定应坚持“先取证，后裁决”的原则，税务行政诉讼中，作为被告的税务机关应当举证作出具体行政行为的事实证据和法律依据，否则承担败诉后果。故选项 D 正确。
4. 【参考答案】A。原始证据是指直接来源于案件事实或出自原始出处的证据材料，而不直接来源于案件事实，经过转手复制等，为传来证据。选项 C、D 是典型的传来证据。本题要特别注意区别的是选项 B 稽查工作底稿是否属于原始证据，从稽查工

作底稿记载的内容上看，稽查工作底稿是对当事人各类书证原件进行归类、节录的基础上形成的资料，因此它也属于传来证据。税务机关在证明纳税人的税收违法事实时，取得的纳税人伪造的发票是第一手材料，属于是原始证据。故正确答案是A。

5.【参考答案】D。本题考查的是定案依据。根据《最高人民法院关于行政诉讼证据若干问题的规定》第五十七条，选项A、B、C中的证据材料不具有证据的合法性特性，属于非法证据，不能作为定案依据的证据材料，只有选项D符合证据的要求，是可以成为定案依据的证据材料。故正确答案是D。

二、多项选择题

1.【参考答案】ABCD。4个选项都是人民法院对提供证人证言的要求。

2.【参考答案】ACD。选项B应为未成年人所作的与其年龄和智力状况不相适应的证言。

3.【参考答案】ABCDEF。《国家税务总局关于修改〈重大税务案件审理办法〉的决定》（国家税务总局令第51号）第十五条规定：稽查局提请审理委员会审理案件，应当提交以下案件材料：

（一）重大税务案件审理案卷交接单；

（二）重大税务案件审理提请书；

（三）税务稽查报告；

（四）税务稽查审理报告；

（五）听证材料；

（六）相关证据材料。

4.【参考答案】ABCDEF。《国家税务总局关于修改〈重大税务案件审理办法〉的决定》（国家税务总局令第51号）第十九条规定：审理委员会审理重大税务案件，应当重点审查：

（一）案件事实是否清楚；

（二）证据是否充分、确凿；

（三）执法程序是否合法；

（四）适用法律是否正确；

（五）案件定性是否准确；

（六）拟处理意见是否合法适当。

5.【参考答案】DE。《中华人民共和国行政复议法实施条例》（中华人民共和国国务院令第499号）第四十七条规定：具体行政行为有下列情形之一，行政复议机关可以决定变更：

（一）认定事实清楚，证据确凿，程序合法，但是明显不当或者适用依据错误的；

（二）认定事实不清，证据不足，但是经行政复议机关审理查明事实清楚，证据确凿的。

三、判断题

1. 【参考答案】√。原告提供的证据不成立，也不能免除被告的相关举证责任。
2. 【参考答案】√。这是询问笔录制作的一般要求。
3. 【参考答案】√。根据《最高人民法院关于行政诉讼证据若干问题的规定》第六十二条规定，鉴定意见错误、不明确或者内容不完整的，不予采纳。
4. 【参考答案】√。根据《最高人民法院关于行政诉讼证据若干问题的规定》第五十七条规定，证据被他人改动且纳税人不予认可的属于不能作为定案依据的证据材料。从证据的“三性”来看，证据被改动实质性地影响了证据的客观性，如果证据本身的客观性不能得到确信，其证据资格就无法成立。因此，证据被他人改动，纳税人不予认可的不能单独作为定案依据，需要佐证才能让人确信。
5. 【参考答案】√。《重大税务案件审理办法》（国家税务总局令第 34 号公布，第 51 号令修改）有关规定，对于证据目录中列举的不能当场移交的证据材料，必要时，接收人在签收前可以到证据存放地点现场查验。

第七章　税务行政法律救济（增加：新修订《行政复议法》亮点）

第一节　税务行政复议

一、概念

税务行政复议是指公民、法人和其他组织认为税务机关的具体行政行为侵犯其合法权益，依法向税务行政复议机关提出审查该具体行政行为的申请，由复议机关对该具体行政行为的合法性和适当性进行审查并作出决定的活动。

【提示】相对人申请→上级行政机关对下级行政机关→具体行政行为的合法性、合理性进行审查。

二、税务行政复议受案范围（与新《行政复议法》作对比）

（一）税务行政复议规则的规定（暂未修订）

1. 具体行政行为

【提示】（1）纳税人对税务机关作出的征税行为不服时，必须先依照税务机关根据法律、法规确定的税额、期限，先行缴纳或者解缴税款和滞纳金，或者提供相应的担保，才能提出行政复议申请。

（2）对税务机关作出逾期不缴纳罚款加处罚款决定不服的，也应先缴纳罚款和加处罚款，然后再申请行政复议。

（3）对其他具体行政行为不服以及要求税务机关依法履行法定职责未按规定履行的，可直接申请行政复议。

2. 部分抽象行政行为（与具体行政行为一并提出审查申请）

（1）复议前置。

①确认纳税主体、对象、范围、减免税、退税、抵扣税款、税率、计税依据、纳税环节、纳税期限、纳税地点和征收方式等具体行政行为。

②征收税款、加收滞纳金。

③代扣代缴、代收代缴、代征行为。

（2）复议或直接诉讼。

①行政许可、行政审批行为。

②发票管理行为：发售、收缴、代开发票等。

③税收保全措施、强制执行措施。

④行政处罚行为：罚款、没收财物和违法所得、停止出口退税权。

⑤不依法履行下列职责：颁发税务登记证，开具、出具完税凭证、行政赔偿，行政奖励等。

⑥资格认定行为。

⑦不依法确认纳税担保行为。

⑧政府信息公开工作中的具体行政行为。

⑨纳税信用等级评定行为。

⑩通知出入境管理机关阻止出境行为。

申请人认为税务机关的具体行政行为所依据的下列规定不合法，在对具体行政行为申请行政复议时，可一并向复议机关提出对该有关规定的审查申请：

（1）国家税务总局和国务院其他部门的规定；

（2）其他各级税务机关的规定；

（3）地方各级人民政府的规定；

（4）地方人民政府工作部门的规定。

【提示】上述规定不包括规章。

（二）新《行政复议法》的规定

1. 有下列情形之一的，公民、法人或者其他组织可以依照该法申请行政复议：

（1）对行政机关作出的行政处罚决定不服；

（2）对行政机关作出的行政强制措施、行政强制执行决定不服；

（3）申请行政许可，行政机关拒绝或者在法定期限内不予答复，或者对行政机关作出的有关行政许可的其他决定不服；

（4）对行政机关作出的确认自然资源的所有权或者使用权的决定不服；

（5）对行政机关作出的征收征用决定及其补偿决定不服；

（6）对行政机关作出的赔偿决定或者不予赔偿决定不服；

（7）对行政机关作出的不予受理工伤认定申请的决定或者工伤认定结论不服；

（8）认为行政机关侵犯其经营自主权或者农村土地承包经营权、农村土地经营权；

（9）认为行政机关滥用行政权力排除或者限制竞争；

（10）认为行政机关违法集资、摊派费用或者违法要求履行其他义务；

（11）申请行政机关履行保护人身权利、财产权利、受教育权利等合法权益的法定职责，行政机关拒绝履行、未依法履行或者不予答复；

（12）申请行政机关依法给付抚恤金、社会保险待遇或者最低生活保障等社会保障，行政机关没有依法给付；

（13）认为行政机关不依法订立、不依法履行、未按照约定履行或者违法变更、解除政府特许经营协议、土地房屋征收补偿协议等行政协议；

（14）认为行政机关在政府信息公开工作中侵犯其合法权益；

（15）认为行政机关的其他行政行为侵犯其合法权益。

2. 下列事项不属于行政复议范围：

（1）国防、外交等国家行为；

（2）行政法规、规章或者行政机关制定、发布的具有普遍约束力的决定、命令等规范性文件；

（3）行政机关对行政机关工作人员的奖惩、任免等决定；

（4）行政机关对民事纠纷作出的调解。

3. 公民、法人或者其他组织认为行政机关的行政行为所依据的下列规范性文件不合法，在对行政行为申请行政复议时，可以一并向行政复议机关提出对该规范性文件的附带审查申请：

（1）国务院部门的规范性文件；

（2）县级以上地方各级人民政府及其工作部门的规范性文件；

（3）乡、镇人民政府的规范性文件；

（4）法律、法规、规章授权的组织的规范性文件。

前款所列规范性文件不含规章。规章的审查依照法律、行政法规办理。

【多选题】根据税务行政复议法律制度的规定，纳税人对税务机关的（　　）行为不服，可以不经复议直接向法院提起行政诉讼。

A. 评定纳税信用等级　　　　B. 采取税收强制执行措施

C. 不依法确认纳税担保是否有效　　　　D. 确认税款征收方式

【参考答案】ABC。本题考核税务行政复议范围。评定纳税信用等级、采取税收强制执行措施、不依法确认纳税担保是否有效均不属于“征税行为”，不适用复议前置。所以选 ABC。

三、社会保险费行政争议范围

对税务机关征收的社会保险费引起的行政争议，按照《中华人民共和国劳动法》《行政复议法》及相关法律、行政法规以及《社会保险行政争议处理办法》（劳动和社会保障部令第 13 号）规定办理。经办机构和劳动保障行政部门分别采用复查和行政复议的方式处理社会保险行政争议。有下列情形之一的，公民、法人或者其他组织可以申请行政复议：①认为经办机构未依法为其办理社会保险登记、变更或者注销手续的；②认为经办机构未按规定审核社会保险缴费基数的；③认为经办机构未按规定记录社会保险费缴费情况或者拒绝其查询缴费记录的；④认为经办机构违法收取费用或者违法要求履行义务的；⑤对经办机构核定其社会保险待遇标准有异议的；⑥认为经办机构不依法支付其社会保险待遇或者对经办机构停止其享受社会保险待遇有异议的；⑦认为经办机构未依法为其调整社会保险待遇的；⑧认为经办机构未依法为其办理社会保险关系转移或者接续手续的；⑨认为经办机构的其他具体行政行为侵犯其合法权益的。

属于上述第②⑤⑥⑦项情形之一的，公民、法人或者其他组织可以直接向劳动保障行政部门申请行政复议，也可以先向作出该具体行政行为的经办机构申请复查，对复查决定不服，再向劳动保障行政部门申请行政复议。

公民、法人或者其他组织认为经办机构的具体行政行为所依据的除法律、法规、规章和国务院文件以外的其他规范性文件不合法，在对具体行政行为申请行政复议时，可以向劳动保障行政部门一并提出对该规范性文件的审查申请。

公民、法人或者其他组织对经办机构作出的具体行政行为不服，可以向直接管理该经办机构的劳动保障行政部门申请行政复议。

四、非税收入争议解决范围

对税务机关征收的非税收入引起的行政争议，按照《行政复议法》以及相关的法律和行政法规的规定办理。

五、税务行政复议的管辖

1. 基本规定

（1）上级复议。

①对各级税务局的具体行政行为不服的，向其上一级税务局申请行政复议。

②对计划单列市税务局的具体行政行为不服的，向国家税务总局申请行政复议。

③对税务所（分局）、各级税务局的稽查局的具体行政行为不服的，向其所属税务局申请行政复议。

（2）本级复议。

对国家税务总局作出的具体行政行为不服的，向国家税务总局申请行政复议。

【提示】对行政复议决定不服，申请人可以向人民法院提起行政诉讼，也可以向国务院申请裁决，国务院的裁决为最终裁决。

2. 特殊规定

具体行政行为实施机关	复议机关
（1）两个以上税务机关共同作出	共同上一级税务机关
（2）税务机关与其他行政机关共同作出	共同上一级行政机关
（3）被撤销的税务机关在撤销以前作出	继续行使其职权的税务机关的上一级税务机关
（4）对税务机关作出逾期不缴纳罚款加处罚款的决定不服的	作出行政处罚决定的税务机关（本级复议）
（5）对已处罚款和加处罚款都不服的	一并向作出行政处罚决定的税务机关的上一级税务机关申请行政复议

六、税务行政复议的参加人

1. 申请人

相对人：纳税义务人、扣缴义务人、纳税担保人等。

相关人：与具体行政行为有利害关系的其他个人、法人或组织，有时也可作为复议申请人。

同一行政复议案件申请人超过 5 人的，应当推选 1—5 人代表参加行政复议。

2. 被申请人（必须具有行政主体资格）

在税务行政复议中，公民、法人或者其他组织对税务机关的具体行政行为不服申请税务行政复议的，作出具体行政行为的税务机关是被申请人。

【提示】被申请人不得委托本机关以外人员参加行政复议。

3. 第三人

税务行政复议中的第三人，是指因与被申请行政复议的具体行政行为有利害关系而参加到行政复议中去的公民、法人或其他组织。

（1）参与方式。行政复议机关可以通知利害关系人作为第三人参加行政复议；利害关系人第三人也可以申请参加行政复议。

（2）可委托。第三人也可以委托 1—2 名代理人参加行政复议。

（3）不参与的后果。第三人不参加行政复议，不影响行政复议案件的审理。

【多选题】行政复议机构中止、恢复行政复议案件的审理，应当告知的当事人包括（　　）。

A. 申请人　　B. 被申请人

C. 第三人　　D. 上一级税务机关

【参考答案】ABC。《税务行政复议规则》规定，行政复议机构中止、恢复行政复议案件的审理，应当告知申请人、被申请人、第三人。故选项 A、B、C 符合题意。

七、税务行政复议申请与受理

（一）申请时限

1. 一般规定

公民、法人或其他组织自知道该具体行政行为之日起 60 日内提出复议申请；但是法律规定的申请期限超过 60 日的除外。

《行政复议法》的规定：公民、法人或者其他组织认为行政行为侵犯其合法权益的，可以自知道或者应当知道该行政行为之日起 60 日内提出行政复议申请；但是法律规定的申请期限超过 60 日的除外。

因不可抗力或者其他正当理由耽误法定申请期限的，申请期限自障碍消除之日起继续计算。

行政机关作出行政行为时，未告知公民、法人或者其他组织申请行政复议的权利、行政复议机关和申请期限的，申请期限自公民、法人或者其他组织知道或者应当知道申请行政复议的权利、行政复议机关和申请期限之日起计算，但是自知道或者应当知道行政行为内容之日起最长不得超过 1 年。

因不动产提出的行政复议申请自行政行为作出之日起超过 20 年，其他行政复议申请自行政行为作出之日起超过 5 年的，行政复议机关不予受理。

【提示】申请人对专利局驳回申请的决定不服的，可以在收到通知之日起 3 个月内，向专利复审委员会请求复审。

2. 期限计算

（1）当场作出，自具体行政行为作出之日起计算；

（2）法律文书直接送达的，自受送达人签收之日起计算；

（3）法律文书邮寄送达的，自受送达人在邮件签收单上签收之日起计算。

【提示】没有邮件签收单的，自受送达人在“送达回执上签名之日”起计算。

（4）通过公告形式告知受送达人的，自公告规定的期限届满之日起计算；

（5）未告知公民、法人或者其他组织，事后补充告知的，自该公民、法人或者其他组织收到行政机关补充告知的通知之日起计算；

（6）被申请人能够证明公民、法人或者其他组织知道具体行政行为的，自证据材料证明其知道具体行政行为之日起计算。

3. 特殊规定

对征税行为不服提起行政复议的，申请人必须依照税务机关根据法律、法规确定的税额、期限，先行缴纳或者解缴税款和滞纳金，或者提供相应的担保，才可以在缴清税款和滞纳金之日起或者所提供的担保得到作出具体行政行为的税务机关确认之日起 60 日内提出行政复议申请。

申请人依照行政复议法的规定申请税务机关履行法定职责，税务机关未履行的，有履行期限规定的，自履行期限届满之日起计算，没有履行期限规定的，自税务机关收到申请满 60 日起计算。

（二）申请方式

1. 书面申请

可以采取当面递交、邮寄或者传真等方式提出行政复议申请。有条件的行政复议机关可以接受以电子邮件形式提出的行政复议申请。

（新《行政复议法》的规定：书面申请的，可以通过邮寄或者行政复议机关指定的互联网渠道等方式提交行政复议申请书，也可以当面提交行政复议申请书。行政机关通过互联网渠道送达行政行为决定书的，应当同时提供提交行政复议申请书的互联网渠道。）

2. 口头申请

行政复议机构应当当场制作行政复议申请笔录，交申请人核对或者向申请人宣读，并由申请人确认。

（三）复议前置

1. 新《行政复议法》将行政复议前置的范围进一步扩大。根据其中第二十三条规定，有“对当场作出的行政处罚决定不服”“申请政府信息公开，行政机关不予公开”“法律、行政法规规定应当先向行政复议机关申请行政复议的其他情形”等情形之一的，申请人应当先向行政复议机关申请行政复议，对行政复议决定不服的，可以再依法向人民法院提起行政诉讼。行政机关在作出行政行为时应当告知公民、法人或者其他组织先向行政复议机关申请行政复议。

对税务机关而言，有关岗位工作人员需要注意：行政复议前置事项除了原本根据《税收征管法》规定的征税行为争议之外，还增加了“对当场作出的税务行政处罚决定不服”和“申请政府信息公开，税务机关不予公开”的事项。税务机关在作出相应的执法文书时，应当在文书中告知税务行政相对人先申请行政复议。在实践中，当场作出的税务行政处罚行为主要是指适用简易程序作出的税务行政处罚。

2. 国家税务总局2024年1月25日发布2024年第1号公告《关于修订部分税务执法文书的公告》，为与新修订的《行政复议法》做好衔接，税务总局对《国家税务总局关于印发全国统一税收执法文书式样的通知》（国税发〔2005〕179号）和《国家税务总局关于修订部分税务执法文书的公告》（国家税务总局公告2021年第23号）中相关税务执法文书进行修改调整。

一是根据《行政复议法》对当场作出的行政处罚实行行政复议前置的规定，删除《税务行政处罚决定书（简易）》《社会保险费行政处罚决定书（简易）》文书告知事项中“向人民法院起诉”的有关表述。

二是根据行政复议法对当场作出的行政处罚实行行政复议前置的规定，调整强制执行文书的适用范围。对税务行政处罚决定采取强制执行措施，区分当场作出处罚决定和其他处罚决定两种情形分别表述。即对当场作出的税务行政处罚决定，相对人未按规定申请行政复议又不履行的，税务机关可以使用强制执行文书；对作出的其他税务行政处罚决定，相对人未按规定申请行政复议或者向人民法院提起行政诉讼，又不履行的，税务机关可以使用强制执行文书。

（四）受理

税务行政复议是依申请的行政行为。

行政复议申请材料不齐全或者表述不清楚的，行政复议机构可以自收到该行政复议申请之日起5日内书面通知申请人补正。补正通知应当载明需要补正的事项和合理的补正期限。无正当理由逾期不补正的，视为申请人放弃行政复议申请。

1. 行政复议机关收到行政复议申请以后，应当在 5 日内审查，是否受理：

（1）不符合《税务行政复议规则》规定的，决定不予受理，并书面告知申请人。

（2）对不属于本机关受理的，应当告知申请人向有关行政复议机关提出。

（3）行政复议机关收到行政复议申请以后未按照前款规定期限审查并作出不予受理决定的，视为受理。

2. 不得申请的情形：

（1）对复议机关已经处理过的行政复议案件，或者正在审理的行政复议案件，申请人不能再就同一事实和同一理由向复议机关另行申请复议。

（2）公民、法人或其他组织已经向人民法院起诉的，不得再向行政机关申请复议。

【多选题】下列行为属于税务行政复议前置范围的有（　　）。

A. 税务机关征收税款　　B. 罚款

C. 停止出口退税权　　D. 税务机关不予抵扣税款

【参考答案】AD。《税务行政复议规则》规定，申请人对征税行为不服的，应当先向行政复议机关申请行政复议；对行政复议决定不服的，可以向人民法院提起行政诉讼。征税行为，包括确认纳税主体、征税对象、征税范围、减税、免税、退税、抵扣税款、适用税率、计税依据、纳税环节、纳税期限、纳税地点和税款征收方式等具体行政行为，征收税款、加收滞纳金，扣缴义务人、受税务机关委托的单位和个人作出的代扣代缴、代收代缴、代征行为等。故选项 A、D 符合题意。

（五）审查

1. 审查准备

税务机关中初次从事行政复议的人员，应当通过国家统一法律职业资格考试取得法律职业资格。

行政复议机构应当自受理行政复议申请之日起 7 日内将复议申请书副本或者行政复议申请笔录复印件发送被申请人。被申请人应当自收到复议申请书副本或行政复议申请笔录复印件之日起 10 日内提出书面答复，并提交当初作出具体行政行为的证据、依据和其他有关材料。

2. 审查形式（书面、听证）

行政复议原则上采用书面审查的办法，但申请人提出要求或者行政复议机构认为有必要时，应当听取申请人、被申请人和第三人的意见，并可以向有关组织和人员调查了解情况。对重大、复杂的案件，申请人提出要求或者行政复议机构认为必要时，可以采取听证的方式审查。

3. 税务行政复议中止和终止

（1）中止。

①作为申请人的自然人死亡，其近亲属尚未确定是否参加。

②作为申请人的自然人丧失复议的能力，尚未确定法定代理人是否参加。

③作为申请人的法人或组织终止，尚未确定承受人。

④作为申请人的自然人下落不明或被宣告失踪。

⑤申请人、被申请人因不可抗力，不能参加复议。

⑥行政复议机关因不可抗力原因暂时不能履行工作职责的。

⑦案件涉及法律适用，需要有权机关作出解释或确认。

⑧案件审理需要以其他案件的审理结果为依据，而其他案件尚未审结。

满 60 日中止的原因仍未消除则终止。

中止原因消除后恢复审理。

（2）终止。

①申请人要求撤回行政复议申请，行政复议机构准予撤回的。

②作为申请人的自然人死亡，没有近亲属或其近亲属放弃复议权利。

③作为申请人的法人或组织终止，承受人放弃复议权利。

④经行政复议机构准许达成和解。

⑤行政复议申请受理以后，发现其他行政复议机关已经先于本机关受理，或者人民法院已经受理的。

⑥依照行政复议中止情形①、②、③项中止行政复议，满 60 日行政复议中止的原因未消除的，行政复议终止。

结束复议。

4. 税务行政复议和解与调解

行政复议制度确立了和解、调解制度，以解决某些特定的行政争议。《税务行政复议规则》规定，按照自愿、合法的原则，申请人和被申请人在行政复议机关作出行政复议决定以前可以达成和解，行政复议机关也可以调解。

具体事项包括：行使自由裁量权作出的具体行政行为，如行政处罚、核定税额、确定应税所得率等；行政赔偿；行政奖励；存在其他合理性问题的具体行政行为。申请人与被申请人在行政复议决定作出前自愿达成和解协议，经行政复议机构准许后终止行政复议，但申请人不得以同一事实和理由再次申请行政复议。行政复议调解书经双方当事人签字，即具有法律效力。申请人不履行行政复议调解书的，由被申请人强制执行，或者申请人民法院强制执行。

行政复议审理期限在和解、调解期间中止计算。

（新《行政复议法》的规定：在立法方式上将调解范围从正列举条款明确为基本原则，表明了鼓励发挥调解实质性化解争议的立法意图，实质上拓展了调解的适用范围。也就是说，只要不损害国家利益、社会公共利益和他人合法权益，不违反法律、法规强制性规定，即可以调解结案。）

（六）决定

行政复议机关受理复议申请的，应当自受理申请之日起 60 日内作出行政复议决定；情况复杂，不能在规定期限内作出行政复议决定的，经行政复议机关负责人批准，可以适当延期，并告知申请人和被申请人；但是延期不得超过 30 日。

1. 维持：事实清楚、证据确凿，适用依据正确，程序合法，内容适当。

2. 限期履行：被申请人应当履行自己的职责而未履行法定职责，责令其在一定期限内履行。

3. 变更决定：

（1）事实清楚、证据确凿，程序合法，但是明显不当或适用依据错误。

（2）事实不清，证据不足，经复议查明事实清楚、证据确凿。

4. 撤销决定或确认违法：

（1）主要事实不清，证据不足。

（2）适用依据错误。

（3）违反法定程序。

（4）超越或者滥用职权。

（5）具体行政行为明显不当。

5. 驳回申请：

（1）申请人认为税务机关不履行法定职责申请行政复议，行政复议机关受理后发现该税务机关没有相应法定职责或者在受理前已经履行法定职责的。

（2）受理行政复议申请后，发现该行政复议申请不符合《行政复议法》及其实施条例和税务行政复议规则规定的受理条件的。

【提示】决定撤销具体行政行为，或者确认具体行政行为违法的，可以责令被申请人在一定期限内重新作出具体行政行为。申请人在申请行政复议时一并提出行政赔偿请求的，应当对赔偿请求一并依法处理。

（新《行政复议法》的规定：进一步明确了适用变更决定和确认违法决定的情形，增加了无效的决定形式，进一步丰富了行政复议决定体系。

在实践中，对于事实清楚、证据确凿、程序合法的复议案件，如果仅是存在合理性问题或者法律依据适用错误，或者虽然存在事实不清、证据不足的问题，但税务行政复议机关在审理过程中已经予以查清的，为了节约申请人成本，避免程序空转浪费行政资源，税务行政复议机关要积极作出变更的决定。申请人如果明确提出请求确认行政行为无效，税务行政复议机关经审查确定有关决定确实存在重大且明显违法情形的，要依法作出确认无效的决定。）

【单选题】某县税务局对某公司未按规定进行纳税申报行为罚款 3 000 元，该公司不服欲提出税务行政复议，申请期限是（　　）。

A. 自接到行政处罚决定书之日起 30 日内

B. 自接到行政处罚决定书之日起 60 日内

C. 自接到行政处罚决定书之日起 1 年内

D. 自接到行政处罚决定书之日起 2 年内

【参考答案】B。《行政复议法》规定，公民、法人或者其他组织认为具体行政行为侵犯其合法权益的，可以自知道该具体行政行为之日起60日内提出行政复议申请；但是法律规定的申请期限超过60日的除外。故选项B符合题意。

【单选题】申请人认为税务机关具体行政行为的依据不合法，在对具体行政行为申请行政复议时，可一并向复议机关提出对该规定的审查申请。下列可同时提出审查申请的法律文件是（　　）。

A. 国家税务总局制定的规范性文件

B. 国务院制定的行政法规

C. 财政部制定的行政规章

D. 地方人民代表大会制定的地方性法规

【参考答案】A。《税务行政复议规则》规定，申请人认为税务机关的具体行政行为所依据的下列规定不合法，对具体行政行为申请行政复议时，可以一并向行政复议机关提出对有关规定的审查申请；申请人对具体行政行为提出行政复议申请时不知道该具体行政行为所依据的规定的，可以在行政复议机关作出行政复议决定以前提出对该规定的审查申请：（1）国家税务总局和国务院其他部门的规定；（2）其他各级税务机关的规定；（3）地方各级人民政府的规定；（4）地方人民政府工作部门的规定。上述的规定不包括规章，更不能包含行政法规和地方性法规。故选项A符合题意。

八、新修订《行政复议法》亮点

2023年9月1日，第十四届全国人大常委会第五次会议表决通过新修订的《行政复议法》（以下简称"新《行政复议法》"），新《行政复议法》将于2024年1月1日起施行。此次《行政复议法》的修订从明确行政复议原则出发，完善了行政复议申请、受理、审理及作出决定等程序，并强化了行政复议监督体系，有助于更好地发挥行政复议在化解行政争议中的作用。在税收领域，行政复议同样是解决税务行政争议的重要渠道，《行政复议法》作为《税务行政复议规则》的上位法，新《行政复议法》的颁布与实施将对税务行政复议产生影响。本书将对新《行政复议法》中的重点内容进行解读，并延伸到税务行政复议领域，分析相关规定的变化与适用。

（一）新《行政复议法》的整体变化

1. 更好地发挥公正高效、便民为民的制度优势

全国人大常委会法制工作委员会行政法室主任梁鹰指出，"新修订的《行政复议法》把握行政复议制度定位和特点，贯彻落实改革部署，总结改革经验，注重提升行政复议的公信力和权威性，重点解决制约行政复议发挥化解行政争议主渠道作用的突出矛盾问题，将行政复议的制度优势转化为制度效能。"

为更好地发挥行政复议化解行政争议的主渠道作用，新《行政复议法》在保留原《行政复议法》篇章架构的基础上，将《行政复议法实施条例》（以下简称《实施条例》）部分内容上升为法律，同时补充了简易审理程序、行政复议委员会等制度。

2. 新《行政复议法》内容发生重大调整

原《行政复议法》（2017）共七章，包括总则、行政复议范围、行政复议申请、行政复议受理、行政复议决定、法律责任及附则。新《行政复议法》共七章，包括总则、行政复议申请、行政复议受理、行政复议审理、行政复议决定、法律责任及附则。条文数量从原四十三条扩充至九十条。

新《行政复议法》从行政复议的申请、受理、审理、作出决定四个环节进行编排，厘清行政复议流程，条文逻辑更为清晰。同时，新《行政复议法》对重点章拆分成多节，如第二章行政复议申请共有四节，包括行政复议范围、行政复议参加人、申请的提出及行政复议管辖四节。

（二）新《行政复议法》修改的八大要点及对税务行政复议案件的影响

1. 明确行政复议委员会制度

在新《行政复议法》颁布之前，已有多地探索试点行政复议委员会制度。行政复议委员会制度能够在一定程度上缓解行政复议专业性不足的问题，对于建设专业化的行政复议队伍、提高行政复议效率具有重要意义。新《行政复议法》列举了在审理环节应当提请行政复议委员会咨询意见的情形，并在第六十一条明确提请行政复议委员会提出咨询意见的行政复议案件，行政复议机关应当将咨询意见作为作出行政复议决定的重要参考依据。

《税务行政复议规则》对行政复议委员会制度已有规定，“各级行政复议机关可以成立行政复议委员会，研究重大、疑难案件，提出处理建议。行政复议委员会可以邀请本机关以外的具有相关专业知识的人员参加”。涉税问题专业性强，大部分涉税争议案件具有案情复杂、疑难等特点，新《行政复议法》作为上位法明确了应当提请行政复议委员会的情形，在实践中，税务行政复议案件符合情形的应当允许提请行政复议委员会咨询意见。在复议环节通过行政复议委员会制度提高案件审理的专业性，尤其是由外部专家、学者参与到案件的审理中，这对于妥善化解争议、提高税务行政复议效率具有一定意义。

2. 扩大行政复议调解、和解的适用范围

原《行政复议法》没有规定行政复议和解、调解相关内容，而是在其实施条例中具体规定了行政复议和解、调解的适用情形。新《行政复议法》明确，行政复议调解不再局限于“公民、法人或者其他组织对行政机关行使法律、法规规定的自由裁量权作出的具体行政行为不服申请行政复议”和“当事人之间的行政赔偿或者行政补偿纠纷”两种情形，扩大了行政复议调解及和解的适用范围，对于发挥行政复议化解行政争议的主渠道作用具有重要意义。

在税收领域，《税务行政复议规则》规定行使自由裁量权作出的具体行政行为、行政赔偿、行政奖励及存在其他合理性问题的具体行政行为可以适用行政复议和解或调解，而新《行政复议法》不再限制调解及和解范围。对于部分涉税争议历史久远、相关资料繁杂错乱、争议事实难以查清的案件，以证据为基础提出和解或调解的方案，对于提高行政效率、妥善化解争议具有重要意义，也有利于维护良好的税企关系。

在实践中，税务行政复议案件按照《税务行政复议规则》的规定进行处理，未来新《行政复议法》生效但《税务行政复议规则》尚未作出相应调整的情况下，存在法律适用的冲突。笔者认为，根据法律优位，《行政复议法》为全国人大常委会制定的法律，其适用应当优先于部门规章《税务行政复议规则》。因此，在新《行政复议法》生效后的税务行政复议案件中，可以基于第五条、第七十四条的规定适用行政复议调解或和解，扩大适用范围。

3. 提出复议前置情形告知要求

原《行政复议法》仅列举了行政相对人认为行政机关的具体行政行为侵犯其已经依法取得的土地、矿藏等自然资源的所有权或者使用权的，应当先申请行政复议，其他需复议前置的情形规定于具体的部门规定中。《税收征收管理法》第八十八条明确了纳税人、扣缴义务人、纳税担保人同税务机关在纳税上发生争议时，必须先依照税务机关的纳税决定缴纳或者解缴税款及滞纳金或者提供相应的担保，然后可以依法申请行政复议，对行政复议决定不服的，可以依法向人民法院起诉。此次新《行政复议法》对行政复议前置范围进行了优化，明确对当场作出的行政处罚决定、未履行法定职责、不予公开政府信息等行为不服的，应当先申请行政复议，这一规定可以减轻司法机关的诉讼压力，但对纳税人的权利救济可能造成一定影响。

另外，新《行政复议法》同时明确了对于需行政复议前置的情形，行政机关在作出行政行为时应当告知公民、法人或者其他组织先向行政复议机关申请行政复议，保障行政相对人及时行使其救济权利。实践中稽查局作出的税务处理决定书中一般会载明，若纳税人对所涉征税行为有争议的，应当在规定的期限内解缴税款及滞纳金或提供相应的纳税担保后，向复议机关申请行政复议。

4. 明确规范性文件审查的范围及程序

新《行政复议法》在第四章行政复议审理中，以一节的篇幅规定了行政复议附带审查，明确了行政复议中可以一并向行政复议机关提出规范性文件附带审查申请的范围，并具体规定了适用程序。在税务领域，因税法体系庞杂，在涉税争议中存在上位法与下位法冲突等法律适用问题，提起规范性文件审查具有明确法律依据的重要作用。值得讨论的是，新《行政复议法》第五十八条规定了复议机构书面通知规范性文件制定机关就相关条款的合法性提出书面答复的，制定机关应当提交书面答复及相关资料。实践中，申请人提出规范性文件审查的申请后，通常只获得所涉规范性文件合法与否的结果。笔者认为，在税务行政复议中，纳税人作为申请人提起规范性文件审查，有权充分了解具体的审查理由，复议机构在告知审查结果时应当向申请人进行释明。

5. 新增复议机关调查取证权，允许申请人等复制证据

新《行政复议法》对证据类型、申请人及被申请人的举证责任，以及行政复议机关的调查取证权予以明确。在证据规则方面，新《行政复议法》第四十六条第二款规定，“行政复议期间，申请人或者第三人提出被申请行政复议的行政行为作出时没有提出的理由或者证据的，经行政复议机构同意，被申请人可以补充证据。”这一规定在一定程度上强化了被申请人的举证责任，但此种情形应当排除第四十五条主动调证权力的影响，复议机关不能帮助被申请人收集证据，否则可能增加纳税人维护自身权利的难度。《税务行政复议规则》第六十条已规定了行政复议机构认为必要时，可以进行调查取证。笔者认为，行政复议机关的调查取证应仅限于为其作出行政复议决定提供证据支撑，不能突破复议过程中“被申请人不得自行向申请人和其他有关组织或者个人收集证据”的原则。

此外，新《行政复议法》第四十七条允许申请人、第三人及委托代理人对证据材料进行复制，《税务行政复议规则》仅规定了申请人及第三人可以查阅被申请人提出的书面答复、作出具体行政行为的证据等材料，此次新《行政复议法》的修订将便于申请人更好地开展行政复议工作。

6. 增加行政复议审理简易程序

新《行政复议法》第四章行政复议审理以两小节区分了“普通程序”与“简易程序”，并规定了行政复议审理可以适用简易程序的情形。此次修订新增的简易审理程序对于提高行政复议效率、及时化解争议具有一定意义。需要注意的是，新《行政复议法》仅在普通程序章节规定复议机关应当听取申请人意见及听证的制度，简易审理程序未有相关的规定。同时，简易程序与普通程序中，被申请人提出书面答复、提交证据的期限不同，复议机关作出复议决定的期限也不同。目前《税务行政复议规则》未规定简易审理程序，在新《行政复议法》生效后，纳税人在税务行政复议过程中应当明确适用的是普通程序或是简易程序，关注是否可以申请听证、关注各种期限的适用是否正确。

7. 明确复议机关在普通程序审理中应当听取当事人意见、重大疑难复杂案件应当组织听证

新《行政复议法》明确了在普通审理程序中，行政复议机构应当听取当事人的意见，并将听取的意见记录在案。因当事人原因不能听取意见的，可以书面审理。新法同时规定了重大疑难复杂案件应当组织听证的制度。

《税务行政复议规则》第六十五条规定，对重大、复杂的案件，申请人提出要求或者行政复议机构认为必要时，可以采取听证的方式审理。《税务行政复议规则》规定行政复议原则上采用书面审查的办法，但是申请人提出要求或者行政复议机构认为有必要时，应当听取申请人、被申请人和第三人的意见。对重大、复杂的案件，申请人提出要求或者行政复议机构认为必要时，可以采取听证的方式审理。基于前文讨论的新《行政复议法》与《税务行政复议规则》的适用问题，笔者认为《行政复议法》作为上位法应优先于《税务行政复议规则》适用，在新法生效后的税务行政复议案件中，复议机关应当听取当事人的意见，对于重大、疑难、复杂的案件，应当组织听证。前述规定的变化增加了纳税人发表陈述申辩意见的渠道和机会，促进纳税人与税务机关的有效沟通，有助于尽快推动复议程序，及时化解涉税争议。

8. 细化变更、确认违法等复议决定的适用情形

新《行政复议法》细化了行政复议决定中变更、撤销、确认违法等决定的具体适用情形，增加了确认无效等决定类型，为复议机关作出复议决定提供具有可操作性的依据。《税务行政复议规则》对税务行政复议的决定主要依照原《行政复议法》的规定，此次新法的修订将同样明确税务行政复议机关作出复议决定的几种情形，规范行政复议行为。

此外，新《行政复议法》第七十九条明确，行政复议机关根据被申请行政复议的行政行为的公开情况，按照国家有关规定将行政复议决定书向社会公开。这一规定有助于推进政务公开，提升行政机关的公信力，推进依法行政。

除前述列举的修订内容，新《行政复议法》将部分《行政复议法实施条例》的规定上升为法律，如明确行政复议受理条件（第三十条），同时列明不属于行政复议范围的“负面清单”（第十二条），明确行政复议中止、终止情形（第三十九条、第四十一条）、增设申请材料补正制度（第三十条）、行政复议意见书制度（第七十六条）等。

（三）新《行政复议法》与《税务行政复议规则》的衔接与实践

前已述及，《行政复议法》为全国人大常委会制定的法律，《税务行政复议规则》为国家税务总局制定的部门规章，根据法律优位原则，当存在适用冲突时，《行政复议法》应当优先于《税务行政复议规则》适用。

在实践中，税务行政复议机关审理具体的行政复议案件按照《税务行政复议规则》的规定，因此，在新《行政复议法》生效后，《税务行政复议规则》的部分规定将与《行政复议法》冲突，如调解和解的适用、普通程序听取意见规定、重大疑难案件听证制度等。笔者认为，随着上位法的修订，《税务行政复议规则》需作出相应的调整，减少实践中的法律适用冲突，提高税务行政复议流程的合法性。同时，就税务行政复议案件而言，复议机关、申请人及代理人应当关注新法施行后具体程序的适用，避免因程序、法律适用错误损害自身合法权益或引起行政诉讼纠纷。

第二节 税务行政诉讼

一、概念

税务行政诉讼是指公民、法人和其他组织认为税务机关和税务机关工作人员的行政行为侵犯其合法权益，依行政诉讼法向人民法院提起诉讼，人民法院依法受理并作出裁决的活动。

二、基本原则和制度

1. 合法性审查原则。
2. 被告负举证责任。
3. 诉讼期间一般不停止行政行为的执行。
4. 行政诉讼一般不适用调解。

三、受案范围

1. 对暂扣或者吊销许可证和执照、责令停产停业、没收违法所得、没收非法财物、罚款、警告等行政处罚不服的。

2. 对限制人身自由或者对财产的查封、扣押、冻结等行政强制措施和行政强制执行不服的。

3. 申请行政许可，行政机关拒绝或者在法定期限内不予答复，或者对行政机关作出的有关行政许可的其他决定不服的。

4. 对征收、征用决定及其补偿决定不服的。

5. 申请行政机关履行保护人身权、财产权等合法权益的法定职责，行政机关拒绝履行或者不予答复的。

6. 认为行政机关违法集资、摊派费用或者违法要求履行其他义务的。

7. 认为行政机关侵犯其他人身权、财产权等合法权益的。

【提示】税务机关内部的行政行为、终局行政裁决行为等，不属于税务行政诉讼受案范围。

【单选题】根据《行政诉讼法》及司法解释，下列行为不属于税务行政诉讼受案范围的是（　　）。

A. 税务机关不予减税、免税、退税或者不予抵扣税款

B. 税务机关拒绝当事人查阅税务行政许可决定及有关档案材料

C. 上级税务机关对下级税务机关执行税收政策的请示作出答复

D. 税务机关拒绝当事人查阅税务行政许可监督检查记录

【参考答案】C。选项 C 属于税务机关内部行为，不属于行政诉讼的受案范围，符合题意。选项 A 是征税行为。选项 B 和选项 D 属于税务机关在办理税务行政许可中的行为，符合《行政诉讼法》的规定，属于行政诉讼的受案范围。

四、诉讼参加人

1. 原告

行政行为的相对人以及其他与行政行为有利害关系的公民、法人或者其他组织，有权作为原告提起行政诉讼。

2. 被告

一般情况下，作出争议行政行为的行政机关是被告。

（1）实施主体：两个以上行政机关作出同一行政行为；被告：共同作出行政行为的行政机关。

（2）实施主体：行政机关委托的组织；被告：委托的行政机关。

（3）实施主体：被撤销的行政机关；被告：继续行使其职权的行政机关。

特殊情况有三个。

（1）维持原行政行为：作出原行政行为行政机关和复议机关为共同被告。

（2）改变原行政行为：复议机关为被告。

（3）复议机关不作为：

对复议机关不作为不服的，复议机关为被告。

对原行政行为不服的，作出原行政行为的行政机关为被告。

【单选题】下列关于税务行政诉讼被告的表述不正确的是（　　）。

A. 公民、法人或者其他组织直接向人民法院提起诉讼的，作出行政行为的行政机关是被告

B. 经复议的案件，复议机关维持原行政行为的，作出原行政行为的行政机关和复议机关是共同被告；复议机关改变原行政行为的，复议机关是被告

C. 法律、法规授权的组织所作的行政行为，该组织是被告；行政机关委托的组织所作的行政行为，受委托的组织是被告

D. 作出行政行为的行政机关被撤销的，继续行使其职权的行政机关是被告

【参考答案】C。《行政诉讼法》规定，公民、法人或者其他组织直接向人民法院提起诉讼的，作出行政行为的行政机关是被告；经复议的案件，复议机关决定维持原行政行为的，作出原行政行为的行政机关和复议机关是共同被告；复议机关改变原行政行为的，复议机关是被告；两个以上行政机关作出同一行政行为的，共同作出行政行为的行政机关是共同被告；由行政机关委托的组织所作的行政行为，委托的行政机关是被告；行政机关被撤销的，继续行使其职权的行政机关是被告。故选项 C 符合题意。

3. 第三人

公民、法人或者其他组织同被诉行政行为有利害关系但没有提起诉讼，或者同案件处理结果有利害关系的，可以作为第三人申请参加诉讼，或者由人民法院通知参加诉讼。

【提示】人民法院判决第三人承担义务或者减损第三人权益的，第三人有权依法提起上诉。

4. 诉讼代表人

当事人一方或者双方为两人以上，因同一行政行为发生的行政案件，或者因同类行政行为发生的行政案件、人民法院认为可以合并审理并经当事人同意的，为共同诉

讼。当事人一方人数众多的共同诉讼，可以由当事人推选代表人进行诉讼。

【提示】代表人变更、放弃诉讼请求或者承认对方当事人的诉讼请求，应当经被代表的当事人同意。

5. 诉讼代理人

作为被告的行政机关，不能只让律师出庭应诉，被诉行政机关负责人应当出庭应诉。不能出庭的，应当委托行政机关相应的工作人员出庭。

五、税务行政诉讼证据

1. 被告的举证责任

由作为被告的税务机关对作出的行政行为负有举证责任，应当提供作出该行政行为的证据和所依据的规范性文件。被告不提供或者无正当理由逾期提供证据，视为没有相应证据。

【提示】在诉讼过程中，被告及其诉讼代理人不得自行向原告、第三人和证人收集证据。

2. 原告的举证责任

原告可以提供证明被诉行政行为违法的证据。

【提示】原告提供的证据不成立的，不免除被告对被诉行政行为合法性的举证责任。

原告确有证据证明被告持有的证据对原告有利，被告无正当事由拒不提供的，可以推定原告的主张成立。

3. 举证内容

（1）被告：

①被告对被诉行政行为合法性负有举证责任。

②被告认为原告起诉超过起诉期，负有举证责任。

③因被告的原因导致原告无法举证的，由被告承担举证责任。

（2）原告：

①起诉时应当提供其符合法定起诉条件的相应的证据材料。

②在起诉被告不作为的案件中，原告应当提供其在行政程序中曾经提出申请的证据材料，但有下列情形的除外：a. 被告应当依职权主动履行法定职责的；b. 原告因正当理由不能提供证据的。

③在行政赔偿、补偿诉讼中，原告应当对被诉行政行为造成损害的事实提供证据。

4. 人民法院调取证据

（1）法院主动调取：

①涉及国家利益、公共利益或者他人合法权益的事实认定的。

②涉及依职权追加当事人、中止诉讼、终结诉讼、回避等程序性事项的。

（2）申请法院调取：

原告或者第三人不能自行收集的，可以申请人民法院调取。

①由国家机关保存而须由人民法院调取的证据材料。

②涉及国家秘密、商业秘密或者个人隐私的证据材料。

③确因客观原因不能自行收集的其他证据材料。

【提示】人民法院在调取证据时，不得为证明被诉行政行为的合法性而调取被告在作出行政行为时未收集的证据。

5. 证据的出示、质证和采纳

（1）证据应当在法庭上出示，并由当事人互相质证。

（2）对涉及国家秘密、商业秘密和个人隐私的证据，不得在公开开庭时出示。

（3）人民法院应当按照法定程序，全面、客观地审查核实证据。

（4）对未采纳的证据应当在裁判文书中说明理由。

（5）以非法手段取得的证据，不得作为认定案件事实的根据。

六、税务行政诉讼起诉

起诉的时间条件：

1. 先复议后诉讼：收到复议决定书之日或复议机关逾期不作决定，复议期满之日起 15 日内，法律另有规定除外。

2. 直接诉讼：自知道或者应当知道作出行政行为之日起 6 个月内，法律另有规定除外。

3. 最长期限：

（1）涉及不动产的行政行为——从作出之日起 20 年。

（2）其他行政行为——从作出之日起 5 年。

（3）知道或应当知道行政行为内容之日起最长不超过 1 年。

【单选题】行政复议机关逾期不作决定的，申请人可以在一定期限内向人民法院提起诉讼，这个期限是（　　）。

A. 复议期满之日起 2 个月内　　B. 复议期满之日起 10 日内

C. 复议期满之日起 15 日内　　D. 复议期满之日起 1 个月内

【参考答案】C。《行政诉讼法》规定，公民、法人或者其他组织不服复议决定的，可以在收到复议决定书之日起 15 日内向人民法院提起诉讼，复议机关逾期不作决定的，申请人可以在复议期满之日起 15 日内向人民法院提起诉讼，法律另有规定的除外。故选项 C 符合题意。

七、税务行政诉讼的第一审程序

1. 普通程序

判决类型：

（1）驳回诉讼请求判决：

①证据确凿，适用法律、法规正确，符合法定程序的。

②原告申请被告履行法定职责或者给付义务理由不成立的。

（2）撤销判决：并可以判决被告重新作出行政行为：

①主要证据不足；

②适用法律、法规错误；

③违反法定程序；

④超越职权；

⑤滥用职权；

⑥明显不当。

（3）履行判决：被告无正当理由拒不履行或拖延履行，从而责令其在一定期限内履行的判决。

（4）（可以）变更判决：认定被告行政处罚明显不当，或者其他行政行为涉及款额确定、认定确有错误，运用国家审判权直接予以改变的判决。

【提示】①不得加重对原告的处罚，包括加重处罚幅度或增加处罚内容。

②对行政机关未处罚的相对人，法院不得判决直接给予处罚。

（5）确认违法判决。

不需要撤销或者判决履行的，人民法院判决确认违法：

①行政行为违法，但不具有可撤销内容的。

②被告改变原违法行政行为，原告仍要求确认原行政行为违法的（原行政行为合法，判决驳回）。

③被告不履行或者拖延履行法定职责，判决履行没有意义的。

判决确认违法，但不撤销行政行为：

①行政行为依法应当撤销，但撤销会给国家利益、社会公共利益造成重大损害的。

②行政行为程序轻微违法，但对原告权利不产生实际影响的。

（6）确认无效判决：

①行政行为实施主体不具有行政主体资格。

②减损权利或者增加义务的行政行为没有法律规范依据。

③行政行为的内容客观上不可能实施。

④其他重大且明显违法的情形。

审理期限：6 个月。

判决公开：公开审理和不公开审理的案件，一律公开宣告判决。

法院裁定：适用于程序性事项（书面或口头）。

【判断题】只要税务机关撤销原行政行为，必然导致原告撤诉的结果。（　　）

【参考答案】×。行政诉讼中，作为被告的税务机关发现作出的行政行为确有错误，可以在法院宣布判决或裁定前进行改变。被告改变其所作出的行政行为，原告仍然可能对原行政行为不服而拒绝申请撤诉，这时，人民法院有义务继续审查原行政行为的合法性。所以，税务机关撤销原具体行政行为，并不必然导致原告撤诉的结果。

2. 简易程序

适用简易程序审理的行政案件，由审判员一人独任审理，并应当在立案之日起45日内审结。

符合下列条件的第一审行政案件，事实清楚、权利义务关系明确、争议不大的，可以适用简易程序：

（1）被诉行政行为是依法当场作出的；

（2）案件涉及款额2 000元以下的；

（3）属于政府信息公开案件的；

（4）其他案件，当事人各方同意适用简易程序的，也可以适用简易程序。

【提示】（1）人民法院在审理过程中，发现案件不宜适用简易程序的，裁定转为普通程序。

（2）发回重审、按照审判监督程序再审的案件不适用简易程序。

八、税务行政诉讼的第二审程序

1. 概念

税务行政诉讼的第二审程序是指税务行政诉讼当事人对第一审法院尚未生效的判决或裁定不服，在法定期限内向上一级法院提起上诉，由上一级法院依法进行审理并作出裁判的程序。

2. 有关规定

（1）上诉必须针对未生效的第一审判决、裁定，其中裁定只限于不予立案、驳回起诉和管辖异议的裁定。

（2）上诉人和被上诉人必须是一审程序中的当事人。

（3）必须在法定上诉期内提出上诉。根据规定，不服判决的上诉期限为15天，不服裁定的上诉期限为10天。

（4）二审法院审理上诉案件，应当自收到上诉状之日起3个月内作出终审判决。

3. 审理方式

（1）全面审查。人民法院审理上诉案件，应当对原审人民法院的判决、裁定和被诉行政行为进行全面审查。

（2）开庭为主。人民法院对上诉案件，一般应当组成合议庭，开庭审理。经过阅卷、调查和询问当事人，对没有提出新的事实、证据或者理由，合议庭认为不需要开庭审理的，也可以不开庭审理。

4. 判决

（1）维持原判决、裁定。认定事实清楚，适用法律、法规正确的，判决或者裁定驳回上诉，维持原判决、裁定。

（2）撤销或者变更原判决、裁定。认定事实错误或者适用法律、法规错误的，依法改判、撤销或者变更。

（3）发回重审或改判原判决。认定基本事实不清、证据不足的，发回原审人民法院重审，或者查清事实后改判。

（4）裁定撤销并发回重审。原判决遗漏当事人或者违法缺席判决等严重违反法定程序的，裁定撤销原判决，发回原审人民法院重审。

九、税务行政诉讼审判监督程序

1. 概念

审判监督程序又称再审程序，是指人民法院对已经发生法律效力的判决、裁定，发现违反法律、法规的规定，依法再次审理的程序。

2. 有权提起再审的主体

（1）申请再审的当事人（在判决、裁定发生法律效力后 6 个月内提出）；

（2）原审人民法院院长、上级人民法院和人民检察院。

【提示】再审程序不是必经的审判程序，当事人申请再审的，是否再审由人民法院审查后决定。

十、税务行政诉讼执行程序

行政诉讼的执行是指行政案件当事人逾期拒不履行人民法院发生法律效力的法律文书，人民法院和有关行政机关运用国家强制力量，依法采取强制措施，促使当事人履行义务，从而使生效的法律文书的内容得以实现的一种法律制度。

【提示】由人民法院强制执行的，需要由当事人向法院提出强制执行申请。

1. 行政机关不履行

（1）申请人：公民、法人或其他组织。

（2）执行人：第一审人民法院。

（3）执行措施：

①应当归还的罚款或赔偿金，通知银行划拨。

②期限内不履行，期满之日起按日处 50 元至 100 元的罚款。

③将行政机关拒绝履行的情况予以公告。

④向监察机关或者该行政机关的上一级行政机关提出司法建议。接受司法建议的机关，根据有关规定进行处理，并将处理情况告知人民法院。

⑤拒不履行判决、裁定、调解书，社会影响恶劣的，可以对该行政机关直接负责的主管人员和其他直接责任人员予以拘留；情节严重，构成犯罪的，依法追究刑事责任。

2. 公民、法人或其他组织不履行

（1）申请人：行政机关或第三人。

（2）执行人：第一审人民法院或有权行政机关。

（3）执行措施：法院强制执行，或有权行政机关依法强制执行。

十一、税务机关应诉的若干问题

（一）诉前准备工作

1. 成立应诉工作（领导）小组（法制工作机构应当在收到应诉通知书和起诉状副本之日起2日内牵头组建）。

2. 向应诉工作小组提交全部证据和依据（收到起诉状副本之日起5日内）。

3. 审查起诉状（管辖异议、提请人民法院裁定驳回原告的起诉等）。

4. 对行政行为进行审查。

5. 及时提交答辩状、证据和有关材料（收到应诉通知书和起诉状副本之日起15日内）（全部证据、所依据的规范性文件、答辩状、证据清单、法律依据、授权委托书、法定代表人身份证明、其他诉讼材料，一并递交人民法院）。

6. 召开庭前准备会议。

（二）出庭应诉

1. 确定出庭应诉人员。

2. 依法行使权利。

3. 协助法庭调查。

4. 积极进行法庭辩论。

5. 做好最后陈述。

6. 审核庭审笔录。

（三）上诉与申诉

1. 税务机关决定上诉的，应当在收到人民法院判决书之日起15日内或者收到裁定书之日起10日内向上一级人民法院提起上诉。

2. 税务机关决定申请再审的，应当在法定期限（判决、裁定发生法律效力后6个月内）向上一级人民法院提出。

（四）充分行使诉讼权利并履行诉讼义务

（五）履行法院生效判决或裁定

【多选题】在税务行政诉讼中，作为被告的税务机关享有的权利包括（　　）。

A. 申请回避权　　B. 答辩权　　C. 反诉权　　D. 抗诉权

【参考答案】AB。《行政诉讼法》规定，当事人认为审判人员与本案有利害关系或者有其他关系可能影响公正审判，有权申请审判人员回避。第六十七条规定，人民法院应当在立案之日起5日内，将起诉状副本发送被告。被告应当在收到起诉状副本之日起 15 日内向人民法院提交作出行政行为的证据和所依据的规范性文件，并提出答辩状。税务行政诉讼是行政相对人对税务机关提起的诉讼，作为被告的税务机关无权反诉。反诉是民事诉讼程序中被告的权利，而抗诉权是检察机关的权利。故选项 A、B 符合题意。

第三节　税务行政赔偿

一、概念与特点

1. 国家赔偿是指国家机关及其工作人员违法行使职权侵犯公民、法人或其他组织的合法权益造成损害，国家依法承担赔偿责任的制度。

2. 国家赔偿包括行政赔偿和司法赔偿。

3. 税务行政赔偿是指在税收执法过程中，因违法行使职权侵犯公民、法人或其他组织的合法权益造成损害，依法给予赔偿的制度。税务行政赔偿属于行政赔偿。

4. 税务行政赔偿的特点

（1）国家承担赔偿责任；

（2）赔偿义务机关是税务机关；

（3）赔偿范围是法定的，赔偿方式和标准是既定的；

（4）提出赔偿请求程序灵活多样。

【单选题】根据《国家赔偿法》规定，税务行政赔偿的义务主体是（　　）。

A. 国家

B. 拨付赔偿金的财政机关

C. 违法行使职权的税务机关工作人员

D. 违法行使职权的工作人员所在的税务机关

【参考答案】D。在国家赔偿中，责任主体永远是国家，赔偿义务主体则是各个代表国家履行职权的机关和组织。税务行政赔偿的义务主体也不可能是行使职权的税务机关工作人员，个人行使职权也是代表有关国家机关的行为，税务人员违法行使职权所产生的赔偿义务理应归属于税务机关。故选项 D 符合题意。

二、税务行政赔偿的归责原则和构成要件

1. 税务行政赔偿的归责原则

违法归责原则是指以是否存在职务违法行为来归责。只要税务机关及其工作人员违法行使职权造成公民、法人和其他组织合法权益损害的，就应当承担赔偿责任。

主要包括：

（1）违法是指税务机关及其工作人员的职务行为违反法律规定；

（2）违法既包括违反实体法规范也包括违反程序法规范；

（3）违法包括行政职权的行使明显不当或裁量权的滥用。

2. 税务行政赔偿的要件

（1）侵权主体是行使国家税收征管职权的组织或个人；

（2）侵权主体实施的职务行为违法；

（3）发生了客观的损害后果（不是想象的、可能发生或将要发生的）；

（4）违法行为与损害后果之间具有因果关系。

3. 税务行政赔偿的范围

（1）侵犯人身权的职务行为：

①非法拘禁或者以其他方法非法剥夺公民人身自由的。

②以殴打、虐待等行为或者唆使、放纵他人以殴打、虐待等行为造成公民身体伤害或者死亡的。

③以其他违法行为造成公民身体伤害或者死亡的。

（2）侵犯财产权的职务行为：

①违法征收税款及滞纳金、违法征收基金和收取费用的。

②违法实施罚款、吊销行政许可证件、没收财物、暂时停止办理出口退税等行政处罚的。

③违法对财产采取查封、扣押、冻结等行政强制措施的，违法对财产进行变卖、拍卖、划拨等行政强制执行的。

④造成财产损害的其他违法行为。

（3）不承担赔偿责任的情形：

①税务机关工作人员与行使行政管理职权无关的个人行为。

②因公民、法人或者其他组织自己的行为致使损害发生的。

③法律规定的其他情形。

【多选题】根据《国家赔偿法》规定，下列情形中税务机关不承担赔偿责任的有（　　）。

A. 税务机关工作人员与行使职权无关的个人行为

B. 税务机关工作人员因过失违法行使职权的行为

C. 因纳税人自己行为造成的损害

D. 税务机关工作人员行使职权时与纳税人共同造成的损害

【参考答案】AC。本题考查不予赔偿的法定情形。《国家赔偿法》规定了国家不承担赔偿责任的三种法定情形：一是行政机关工作人员与行使职权无关的个人行为；二是因公民、法人和其他组织自己的行为致使损害发生的；三是法律规定的其他情形。因此，税务机关工作人员与行使职权无关的个人行为，以及因纳税人自己行为造成的损害，国家不应承担赔偿责任。而税务机关工作人员因过失违法行使职权造成的损害，国家应当为此承担责任。税务机关工作人员行使职权时与纳税人共同造成的损害，国家也应为其工作人员的过错部分承担赔偿责任。所以，本题选项 A、C 符合题意。

4. 税务行政赔偿的请求人（合法权益受到损害的公民、法人和其他组织）

（1）受害的公民死亡，其继承人和其他有扶养关系的亲属有权要求赔偿；

（2）受害的法人或者其他组织终止的，其权利承受人有权要求赔偿。

【提示】有第一顺序继承人时，第二顺序继承人不享有继承权。

5. 税务行政赔偿义务机关（“谁损害，谁赔偿”）

（1）情形：税务机关及其工作人员侵犯合法权益造成损害；赔偿义务机关：该税务机关。

（2）情形：两个以上税务机关及其工作人员共同侵犯合法权益造成损害；赔偿义务机关：共同行使职权的税务机关。

（3）情形：法律、法规授权的组织，行使被授予的税务行政职权时，侵犯合法权益；赔偿义务机关：该法律、法规授权的组织。

（4）情形：受税务机关委托的组织或个人行使职权行为侵犯合法权益；赔偿义务机关：该委托的税务机关。

（5）情形：原税务机关被撤销或变更职权的；赔偿义务机关：继续行使其职权的税务机关；没有继续行使职权的行政机关，由撤销该赔偿义务机关的税务机关。

（6）情形：经过行政复议维持原具体行政行为的；赔偿义务机关：最初造成侵权行为的税务机关为赔偿机关，复议决定加重损害的，由复议机关对加重部分履行赔偿义务。

6. 税务行政赔偿的程序

赔偿请求人提出赔偿请求、赔偿义务机关受理、赔偿请求人不服提起行政赔偿诉讼、国家进行赔偿。

（1）提出税务行政赔偿请求。

①一般应当先向税务行政赔偿义务机关单独提出，也可以在申请行政复议或者提起行政诉讼时一并提出。

②如果向共同赔偿义务机关提起赔偿请求的，可以向共同赔偿义务机关中的任何一个赔偿义务机关要求赔偿。

（2）税务行政赔偿义务机关对赔偿请求的审查处理。

①赔偿请求人应当递交申请书，赔偿请求人书写申请书确有困难的，可以委托他人代书；也可以口头申请，由赔偿义务机关记入笔录。

【提示】申请材料不齐全的，赔偿义务机关应当当场或者在 5 日内一次性告知赔偿请求人需要补正的全部内容。

②赔偿义务机关应当自收到申请之日起两个月内，作出是否赔偿的决定。

③赔偿义务机关决定赔偿的，应当制作赔偿决定书，并自作出决定之日起 10 日内送达赔偿请求人。

④赔偿义务机关决定不予赔偿的，应当自作出决定之日起 10 日内书面通知赔偿请求人，并说明不予赔偿的理由。

（3）税务行政赔偿复议和诉讼。

①赔偿义务机关在规定期限内未作出是否赔偿的决定，赔偿请求人可以自期限届满之日起3个月内，向人民法院提起诉讼。

【提示】赔偿请求人对赔偿的方式、项目、数额有异议的，或者赔偿义务机关作出不予赔偿决定的，赔偿请求人可以自赔偿义务机关作出赔偿或者不予赔偿决定之日起3个月内向人民法院提起诉讼。

②人民法院审理行政赔偿案件，赔偿请求人和赔偿义务机关对自己提出的主张，应当提供证据。

【提示】赔偿义务机关采取行政拘留或者限制人身自由的强制措施期间，被限制人身自由的人死亡或者丧失行为能力的，赔偿义务机关的行为与被限制人身自由的人的死亡或者丧失行为能力是否存在因果关系，赔偿义务机关应当提供证据。

7. 税务行政赔偿请求时效

（1）两年。自知道或者应当知道税务机关及其工作人员行使职权行为侵犯其人身权、财产权之日起计算。

【提示】但被羁押等限制人身自由期间不计算在内。

（2）赔偿请求人在赔偿请求时效的最后6个月内，因不可抗力或者其他障碍不能行使请求权的，时效计算中止。

【判断题】税务行政赔偿请求人请求赔偿的时效为2年，自知道或者应当知道税务机关及其工作人员行使职权行为侵犯其人身权、财产权之日起计算，但被羁押等限制人身自由期间不计算在内。（　　）

【参考答案】√。《国家赔偿法》规定，赔偿请求人请求国家赔偿的时效为2年，自其知道或者应当知道国家机关及其工作人员行使职权时的行为侵犯其人身权、财产权之日起计算，但被羁押等限制人身自由期间不计算在内。在申请行政复议或者提起行政诉讼时一并提出赔偿请求的，适用《行政复议法》和《行政诉讼法》有关时效的规定。

8. 税务行政赔偿的方式

（1）主要方式是支付赔偿金。赔偿金是以货币形式进行赔偿。

（2）能够返还财产或者恢复原状的，予以返还财产或者恢复原状。

（3）税务机关行使行政职权时侵犯人身权致人精神损害的，还应当赔偿精神损害，包括为受害人消除影响，恢复名誉，赔礼道歉；造成严重后果的，应当支付相应的精神损害抚慰金。

【单选题】某县税务局对纳税人违法实施罚款，复议机关维持原处罚决定，纳税人请求国家赔偿的赔偿义务机关是（　　）。

A. 该县税务局　　B. 复议机关

C. 该县税务局和复议机关　　D. 该县税务局或复议机关

【参考答案】A。《国家赔偿法》规定，经复议机关复议的，最初造成侵权行为的行政机关为赔偿义务机关，但复议机关的复议决定加重损害的，复议机关对加重的部分履行赔偿义务。本题中，复议机关决定维持原处罚决定，因此，承担赔偿责任的是某县税务局，纳税人应向该县税务局请求国家赔偿。故选项 A 符合题意。

9. 赔偿金的计算标准

（1）侵犯公民人身自由：每日赔偿金按照国家上年度职工日平均工资计算。

（2）侵犯公民生命健康权的：赔偿金包含医疗费、护理费、误工费、残疾生活辅助器具费、康复费、残疾赔偿金、死亡赔偿金、丧葬费等项目。

（3）侵犯财产权的损害赔偿：标准一般按照直接损失计算。

【多选题】税务行政赔偿的方式，主要包括（　　）。

A. 返还财产　　B. 恢复原状　　C. 支付赔偿金　　D. 支付违约金

【参考答案】ABC。本题考查税务行政赔偿的方式。《国家赔偿法》规定，国家赔偿以支付赔偿金为主要方式，能够返还财产或者恢复原状的，予以返还财产或者恢复原状。故税务行政赔偿的方式包括支付赔偿金、返还财产、恢复原状等。支付违约金是民事责任的承担方式。故选项 D 错误。

10. 税务行政追偿

（1）概念。

税务行政追偿是指国家在支付了行政赔偿费用后责令有故意或重大过失的工作人员、受托的组织或个人承担部分或全部赔偿费用的制度。

（2）前提条件。

①税务机关已经承担赔偿责任。

②税务机关工作人员有故意或重大过失的情形。

（3）税务行政追偿的程序

①查明被追偿人的过错。

②提出追偿金额方案、听取被追偿人的陈述和申辩。

③作出追偿决定。

④执行追偿决定（可强制执行，如扣工资等）。

【提示】被追偿人对追偿决定不服的，可以向上级税务机关进行申诉。

【多选题】下列属于税务行政赔偿的范围的有（　　）。

A. 县税务局违规要求企业提前缴纳税款

B. 县税务局违法要求企业多缴纳税款

C. 县税务局未及时解除税收保全措施

D. 某税务干部甲向纳税人私自借款 5 万元，到期不还

【参考答案】ABC。税务行政赔偿的范围应是税务机关及其工作人员履行职权的行为，税务人员的个人行为不属于税务行政赔偿的范围。选项 D 某税务干部向企业私自借款 5 万元，到期不还，由此产生的纠纷属于平等民事主体之间发生的经济纠纷，国家不会也不应为那些与行使职权无关的个人行为造成的损害承担责任。故选项 A、B、C 符合题意。

本章习题

一、单项选择题

1. 新《行政复议法》细化了行政复议决定中有关决定的具体适用情形，增加了（　　）等决定类型，为复议机关作出复议决定提供具有可操作性的依据。

A. 变更　B. 撤销　C. 确认违法　D. 确认无效

2. 新《行政复议法》规定，书面申请的，可以通过邮寄或者行政复议机关（　　）等方式提交行政复议申请书，也可以当面提交行政复议申请书。行政机关通过互联网渠道送达行政行为决定书的，应当同时提供提交行政复议申请书的互联网渠道。

A. 指定的互联网渠道　B. 任意的互联网渠道

C. 金税四期　D. 复议诉讼平台

3. 税务行政相对人是税务行政法律关系要素中的（　　）。

A. 客体　B. 主体　C. 内容　D. 对象

4. 根据行政复议相关规定，下列说法错误的是（　　）。

A. 行政复议期间，行政复议机关认为申请人以外的公民、法人或者其他组织与被审查的具体行政行为有利害关系的，可以通知其作为第三人参加行政复议

B. 申请人、第三人可以委托1—2名代理人参加行政复议

C. 申请人、第三人委托代理人的，一般应当向行政复议机构提交授权委托书

D. 第三人不参加行政复议，影响行政复议案件的审理

5. 甲税务局下属的乙税务所被撤销，纳税人对乙税务所被撤销之前作出的征税行为不服，复议机关为（　　）。

A. 甲税务局

B. 甲税务局的上一级税务机关

C. 甲税务局和乙税务所的共同上级税务机关

D. 国家税务总局

6. 在税务行政复议过程中，可以向申请人和其他有关组织或个人收集证据的有（　　）。

A. 复议机构　B. 县以上税务局稽查局

C. 被申请人　D. 被申请人委托的代理人

7. 税务行政复议案件的审查，原则上采取的方式是（　　）。

A. 书面审查方式　B. 实地调查方式

C. 听证会　D. 秘密审查方式

8. 对税务机关依法委托的组织作出的代征行为不服的，发生行政复议时的被申请人是（　　）。

A. 委托的组织

B. 委托的税务机关

C. 委托的税务机关的上一级税务机关

D. 由申请人选择委托的税务机关或由被委托的组织

9. 复议机关在复议程序中收集和补充的证据，或者作出原具体行政行为的行政机关在复议程序中未向复议机关提交的证据，（　　）作为人民法院认定原具体行政行为合法的依据。

A. 可以　　B. 不能　　C. 视情况　　D. 应该

10. 对税务所（分局）、各级税务局的稽查局的具体行政行为不服的，向（　　）申请行政复议。

A. 所属税务局　　B. 所属税务局的上级税务局

C. 原行为单位　　D. 当地人民政府

二、多项选择题

1. 新《行政复议法》对行政复议前置范围进行了优化，明确对（　　）、（　　）、（　　）等行为不服的，应当先申请行政复议。

A. 当场作出的行政处罚决定　　B. 未履行法定职责

C. 不予公开政府信息　　D. 限制出入境

2. 下列关于税务行政诉讼被告的表述，正确的有（　　）。

A. 公民、法人或者其他组织直接向人民法院提起诉讼的，作出行政行为的行政机关是被告

B. 经复议的案件，复议机关维持原行政行为的，作出原行政行为的行政机关和复议机关是共同被告；复议机关改变原行政行为的，复议机关是被告

C. 法律、法规授权的组织所作的行政行为，该组织是被告；行政机关委托的组织所作的行政行为，受委托的组织是被告

D. 作出行政行为的行政机关被撤销的，继续行使其职权的行政机关是被告

3. 根据《税务行政复议规则》的管辖原则，下列表述正确的有（　　）。

A. 对各级税务局的具体行政行为不服申请行政复议，由其上一级税务局管辖

B. 对税务所（分局）、各级税务局的稽查局的具体行政行为不服的，向其所属税务局申请行政复议

C. 对计划单列市税务局的具体行政行为不服的，向省税务局申请行政复议

D. 对被撤销的税务机关，在其被撤销以前作出的具体行政行为不服申请的复议，由继续行使其职权的税务机关的上一级税务机关管辖

4. 纳税人不服税务机关作出的行政处罚决定，可以采取的救济手段包括（　　）。

A. 直接提起行政诉讼

B. 行政复议，不服复议决定再提起行政诉讼

C. 提起行政诉讼，不服判决结果再申请行政复议

D. 须先申请复议，对复议决定不服再向人民法院提起行政诉讼

5. 税务行政复议由复议机关对该具体行政行为的（　　）进行审查并作出决定。

A. 合法性　　B. 真实性　　C. 合理性　　D. 正当性

6. 税务行政复议活动中止的具体情形包括（　　）。

A. 作为申请人的公民死亡，其近亲属尚未确定是否参加行政复议的

B. 作为申请人的公民丧失参加行政复议的能力，尚未确定法定代理人参加行政复议的

C. 作为申请人的法人或者其他组织终止，尚未确定权利义务承受人的

D. 作为申请人的公民下落不明或者被宣告失踪的

7. 以下关于行政诉讼被告的说法，正确的有（　　）。

A. 经复议的案件，作出原行政行为的行政机关和复议机关是共同被告

B. 复议机关在法定期限内未作出复议决定，公民、法人或者其他组织起诉原行政行为的，作出原行政行为的行政机关是被告

C. 2 个以上行政机关作出同一行政行为的，共同作出行政行为的行政机关是共同被告

D. 行政机关委托的组织所作的行政行为，委托的行政机关是被告

三、判断题

1. 新《行政复议法》规定，行政复议机关根据被申请行政复议的行政行为的公开情况，按照国家有关规定将行政复议决定书向社会公开。（　　）

2. 经复议的案件，只能由最初作出行政行为所在地人民法院管辖。（　　）

3. 公民、法人或者其他组织不服复议决定的。可以在收到复议决定书之日起 15 日内向人民法院提起行政诉讼。（　　）

4. 两个以上行政机关共同行使行政职权时，侵犯公民、法人和其他组织的合法权益造成损害的，共同行使行政职权的行政机关为共同赔偿义务机关。（　　）

5. 国家赔偿以返还财产为主要方式。（　　）

6. 赔偿请求人请求税务行政赔偿的时效为 3 年，自税务行政人员行使职权的时点起计算。（　　）

7. 对国家税务总局作出的具体行政行为不服的，向国家税务总局申请行政复议。对行政复议决定不服，申请人可以向人民法院提起行政诉讼，也可以向国务院申请裁决。其中对国务院的裁决仍然不服的，可以向人民法院提起行政诉讼。（　　）

8. 申请人对复议机关作出的行政复议决定仍然不服的，可以在接到行政复议决定书之日起 60 日内向人民法院提起行政诉讼。（　　）

9. 行政复议机关以原具体行政行为违反法定程序决定撤销的，被申请人重新作出具体行政行为时，不得以同一事实和理由作出与原具体行政行为相同或者基本相同的具体行政行为。（　　）

参考答案与解析

一、单项选择题

1. 【参考答案】D。新《行政复议法》细化了行政复议决定中变更、撤销、确认违法等决定的具体适用情形，增加了确认无效等决定类型，为复议机关作出复议决定提供具有可操作性的依据。
2. 【参考答案】A。新《行政复议法》规定：书面申请行政复议的，可以通过邮寄或者行政复议机关指定的互联网渠道等方式提交行政复议申请书，也可以当面提交行政复议申请书。行政机关通过互联网渠道送达行政行为决定书的，应当同时提供提交行政复议申请书的互联网渠道。
3. 【参考答案】B。税务行政相对人是在税务行政法律关系中被税务行政主体管理的一方当事人，即与税务行政主体相对应的，受行政权力作用或行政行为约束的另一方主体。
4. 【参考答案】D。《行政复议法实施条例》规定，第三人不参加行政复议，不影响行政复议案件的审理。故选项 D 符合题意。
5. 【参考答案】B。《税务行政复议规则》规定，对被撤销的税务机关在撤销以前所作出的具体行政行为不服的，向继续行使其职权的税务机关的上一级税务机关申请行政复议。甲税务局下属的乙税务所撤销，意味着乙税务所的职权和职责一并归入甲税务局，甲税务局在承继乙税务所职权的同时，也承担了其相应的职责。因此，纳税人对乙税务所撤销之前作出的征税行为不服，被申请人应是甲税务局，复议机关则是甲税务局的上一级税务机关。故选项 B 符合题意。
6. 【参考答案】A。《税务行政复议规则》规定，在行政复议过程中，被申请人不得自行向申请人和其他有关组织或者个人收集证据。《税务行政复议规则》规定，行政复议机构认为必要时，可以调查取证。故选项 A 符合题意。
7. 【参考答案】A。《行政复议法》规定，行政复议原则上采用书面审查的办法，但是申请人提出要求或者行政复议机关负责法制工作的机构认为有必要时，可以向有关组织和人员调查情况，听取申请人、被申请人和第三人的意见。故选项 A 符合题意。
8. 【参考答案】B。本题考查行政复议的被申请人。根据《税务行政复议规则》第二十七条规定，申请人对扣缴义务人的扣缴税款行为不服的，主管该扣缴义务人的税务机关为被申请人；对税务机关委托的单位和个人的代征行为不服的，委托税务机关为被申请人。故选项 B 符合题意。
9. 【参考答案】B。根据《中华人民共和国行政诉讼法》的规定，复议机关在复议程序中收集和补充的证据，或者作出原具体行政行为的行政机关在复议程序中未向复议机关提交的证据，不能作为人民法院认定原具体行政行为合法的依据。

10.【参考答案】A。按照税务行政复议规则，应向所属税务局申请行政复议。

二、多项选择题

1.【参考答案】ABC。新《行政复议法》对行政复议前置范围进行了优化，明确对当场作出的行政处罚决定、未履行法定职责、不予公开政府信息等行为不服的，应当先申请行政复议，这一规定可以减轻司法机关的诉讼压力，但对纳税人的权利救济可能造成一定影响。
2.【参考答案】ABD。根据《行政诉讼法》的有关规定，公民、法人或者其他组织直接向人民法院提起诉讼的，作出行政行为的行政机关是被告。经复议的案件，复议机关维持原行政行为的，作出原行政行为的行政机关和复议机关是共同被告；复议机关改变原行政行为的，复议机关是被告。作出行政行为的行政机关被撤销的，继续行使其职权的行政机关是被告。
3.【参考答案】ABD。根据《税务行政复议规则》有关管辖原则的规定，对各级税务局的具体行政行为不服申请行政复议，由其上一级税务局管辖。对税务所（分局）、各级税务局的稽查局的具体行政行为不服的，向其所属税务局申请行政复议。对被撤销的税务机关，在其被撤销以前作出的具体行政行为不服申请的复议，由继续行使其职权的税务机关的上一级税务机关管辖。对计划单列市税务局的具体行政行为不服的，向国家税务总局申请行政复议。
4.【参考答案】AB。根据《税务行政复议规则》和《行政诉讼法》有关规定，申请行政复议不会滞后于行政诉讼，即纳税人不服税务机关作出的行政处罚决定，可以直接提起行政诉讼，也可以先提起行政复议，不服复议决定再提起行政诉讼。
5.【参考答案】AC。税务行政复议，是指纳税人及其他当事人认为税务机关及其工作人员作出的税务具体行政行为侵犯其合法权益，依法向行政复议机关提出审查该具体行政行为的申请，由复议机关对该具体行政行为的合法性和合理性进行审查并作出决定的制度和活动。
6.【参考答案】ABCD。4 个选项都是税务行政复议活动中止的情形。
7.【参考答案】BCD。经复议的案件，复议机关决定维持原行政行为的，作出原行政行为的行政机关和复议机关是共同被告；复议机关改变原行政行为的，复议机关是被告。

三、判断题

1.【参考答案】√。新《行政复议法》第七十九条明确，行政复议机关根据被申请行政复议的行政行为的公开情况，按照国家有关规定将行政复议决定书向社会公开。
2.【参考答案】×。《中华人民共和国行政诉讼法》（中华人民共和国主席令第十五号）第十八条规定：行政案件由最初作出行政行为的行政机关所在地人民法院管辖。经复议的案件，也可以由复议机关所在地人民法院管辖。
3.【参考答案】√。《中华人民共和国行政诉讼法》（中华人民共和国主席令第十五号）第四十五条规定：公民、法人或者其他组织不服复议决定的，可以在收到复议决定书之日起 15 日内向人民法院提起诉讼。复议机关逾期不作决定的，申请人可以在复议期满之日起 15 日内向人民法院提起诉讼。法律另有规定的除外。

4. 【参考答案】√。两个以上行政机关共同行使行政职权时，侵犯公民、法人和其他组织的合法权益造成损害的，共同行使行政职权的行政机关为共同赔偿义务机关。
5. 【参考答案】×。《中华人民共和国国家赔偿法》第二十五条规定：国家赔偿以支付赔偿金为主要方式。
6. 【参考答案】×。赔偿请求人请求税务行政赔偿的时效为 2 年，自税务行政人员行使职权时的行为被依法确认为违法之日起计算。
7. 【参考答案】×。依据《行政复议法》规定，对国务院部门或者省、自治区、直辖市人民政府的具体行政行为不服的，向作出该具体行政行为的国务院部门或者省、自治区、直辖市人民政府申请行政复议。对行政复议决定不服的，可以向人民法院提起行政诉讼；也可以向国务院申请行政裁决，国务院依照《行政复议法》的规定作出最终裁决。由此，对国家税务总局作出的具体行政行为不服的，向国家税务总局申请行政复议。对行政复议决定不服，申请人可以向人民法院提起行政诉讼，也可以向国务院申请裁决，但是国务院的裁决为最终裁决，即使不服也不能再向人民法院起诉。
8. 【参考答案】×。申请人对复议机关作出的行政复议决定不服的，有权向人民法院提起行政诉讼，但是向人民法院提起诉讼的期限是自收到行政复议决定书之日起 15 日内，而不是 60 日。
9. 【参考答案】×。因税务具体行政行为违反法定程序而被复议机关决定撤销的，可以责令被申请人重新作出具体行政行为。根据《税务行政复议规则》第七十六条规定，行政复议机关责令被申请人重新作出具体行政行为的，被申请人不得以同一事实和理由作出与原具体行政行为相同或者基本相同的具体行政行为；但是行政复议机关以原具体行政行为违反法定程序决定撤销的，被申请人重新作出具体行政行为的除外。可见，税务具体行政行为因程序违法被撤销，被申请人重新作出具体行政行为时，可以以同一事实和理由作出与原具体行政行为相同或者基本相同的行为。

第八章　税收的刑法保障

第一节　概　　述

一、概述

1. 犯罪主体大多可以是单位犯罪，只有抗税罪以自然人为主体。

2. 犯罪主观方面均为故意犯罪，且大多是直接故意。

3.《中华人民共和国刑法》对危害税收征管犯罪普遍规定了罚金刑或者没收财产刑。

4.《中华人民共和国刑法》对危害税收征管犯罪规定了税务机关追缴税款优先的原则。

二、相关罪名

1. 与税款有关的罪名：（4 个）

（1）逃税罪；（2）抗税罪；（3）逃避追缴欠税罪；（4）骗取出口退税罪。

2. 与发票有关的罪名：（11 个）

（1）“增值税专用发票”有关罪名：

①虚开增值税专用发票罪；

②伪造、出售伪造的增值税专用发票罪；

③非法出售增值税专用发票罪；

④非法购买增值税专用发票、购买伪造的增值税专用发票罪。

（2）“出口退税、抵扣税款发票”有关罪名：

①虚开用于骗取出口退税、抵扣税款发票罪；

②非法制造、出售非法制造的用于骗取出口退税、抵扣税款发票罪；

③非法出售用于骗取出口退税、抵扣税款发票罪。

（3）“普通发票”有关罪名：

①非法制造、出售非法制造的发票罪；

②非法出售发票罪；

③虚开发票罪；

④持有伪造的发票罪。

第二节 危害税收征管罪具体罪名

一、逃税罪

1. 犯罪主体：自然人、单位；包括纳税人和扣缴义务人。税务机关委托的代征人，不能成为本罪主体。因为委托代征人不同于扣缴义务人，委托代征人的代征义务不是法律直接规定的义务，是税务机关通过行政合同委托而产生的。

2. 犯罪客体：

（1）侵害了纳税申报制度或扣缴税款报告制度。

（2）侵害了国家的税收债权。

3. 犯罪主观方面：故意。如果行为人只是因工作马虎、疏忽大意，或者因业务不熟悉以及其他非故意的原因，造成漏缴税款的，不构成本罪。

4. 犯罪客观方面：欺骗、隐瞒。

（1）伪造、变造、隐匿、擅自销毁账簿或记账凭证，在账簿上多列支出或者不列少列收入（典型表现形式）；

（2）虚假的纳税申报、扣缴税款报告，或者不申报；

（3）造成了不缴少缴税款的实际后果，损害了国家税收债权。

【多选题】根据《中华人民共和国刑法》及司法解释规定，下列关于逃避缴纳税款罪的说法中，正确的有（　　）。

A. 本罪主观方面必须出于故意

B. 本罪犯罪主体只能是纳税人

C. 本罪侵犯的客体是税收征管秩序

D. 从逃税额来看，逃避缴纳税款数额较大并且占应纳税额百分之十以上的，才能构成本罪

【参考答案】ACD。本题考核逃税罪。本罪的犯罪主体包括纳税人和扣缴义务人。

二、抗税罪

1. 犯罪主体：纳税人或者扣缴义务人及其工作人员，以及参与抗税的其他人员

（1）本罪只能由自然人实施，单位不能成为本罪的主体（唯一）。

（2）纳税人或者扣缴义务人以外的其他人不能独立成为本罪的主体，但可以成为本罪的共犯。

（3）单独实施以暴力威胁方法阻碍税务人员依法执行公务的行为，应当按妨碍公务罪定罪处罚。

2. 犯罪客体：

（1）侵害了国家的税收债权。

（2）危害了税务人员的人身安全。

唯一涉及侵犯人身权利的犯罪。

3. 犯罪主观方面：故意。

4. 犯罪客观方面：以暴力、威胁方法拒不缴纳税款的行为。

（1）对税务机关或税务人员使用暴力、威胁的方法（手段）。

（2）拒不缴纳税款的行为，即纳税人应当缴纳而公然拒不缴纳税款（目的）。

（3）因暴力方法而故意造成税务人员伤害或者死亡的，其暴力方法已超出了抗税罪的范围，应当按照故意伤害罪、故意杀人罪定罪处罚。

【提示】（1）行为人没有采取暴力、威胁方法抗拒缴纳税款，而是寻找借口、软磨硬泡、拖欠税款的，不能以抗税罪论处。

（2）构成抗税罪的关键，在于对税务人员实施了暴力、威胁的抗拒手段，而没有数额和比例的规定。

三、逃避追缴欠税罪

1. 犯罪主体：特殊主体，即欠缴应纳税款的纳税人，包括自然人和单位。

2. 犯罪客体：国家税收征管秩序。

3. 犯罪主观方面：故意。

4. 犯罪客观方面：纳税人欠缴应纳税款，采取转移或者隐匿财产的手段，致使税务机关无法追缴到欠缴的税款，数额较大的行为。

（1）必须有违反税收法规、欠缴应纳税款的事实。

（2）必须有采取转移或隐匿财产的手段以逃避追缴的行为。

（3）必须致使税务机关无法追缴欠缴的税款。

（4）无法追缴的税款数额需达法定的量刑标准，即 1 万元以上。

四、骗取出口退税罪

1. 犯罪主体：一般主体，包括自然人和单位。通常应当是出口退税的申请人。

2. 犯罪客体：国家出口退税管理制度和公共财产所有权。

3. 犯罪主观方面：直接故意。以骗取国家出口退税为目的。

4. 犯罪客观方面：以假报出口等欺骗手段，骗取国家出口退税款，数额较大的行为。

（1）假报出口，是指行为人根本没有相应的出口行为，但为了骗取国家的出口退税款，采取伪造、骗取有关单据、凭证的手段，谎报虚报产品出口，从而骗取出口退税。

（2）除谎报虚报出口外，采取其他手段骗取国家退税款，也可构成本罪，如骗取货物出口退税资格、使用虚开的增值税专用发票退税等。

【提示】纳税人缴纳税款后，采取上述欺骗方法，骗取所缴税款的，按逃税罪处罚；骗取税款超过所缴纳的税款部分，对超过的部分以骗取出口退税罪论处。

【单选题】骗取出口退税罪的追诉标准为国家税款被骗数额达（　　）。

A. 1 万元　　B. 10 万元　　C. 5 万元　　D. 5 000 元

【参考答案】C。本题考查骗取出口退税罪的追诉标准。《最高人民法院关于审理骗取出口退税刑事案件具体应用法律若干问题的解释》将数额较大定位为骗取国家出口退税款 5 万元以上。

五、虚开增值税专用发票、用于骗取出口退税、抵扣税款发票罪

1. 犯罪主体：一般主体，包括自然人和单位。

2. 犯罪客体：国家对增值税专用发票和其他发票的监督管理制度，国家对税收的征管制度。

3. 犯罪主观方面：故意。一般都具有牟利的目的。

4. 犯罪客观方面：实施了虚开增值税专用发票或者虚开用于骗取出口退税、抵扣税款的其他发票的行为。

（1）没有货物购销或者没有提供或接受应税劳务而为他人、为自己、让他人为自己、介绍他人开具增值税专用发票。

（2）有货物购销或者提供或接受了应税劳务但为他人、为自己、让他人为自己、介绍他人开具数量或者金额不实的增值税专用发票。

（3）进行了实际经营活动，但让他人为自己代开增值税专用发票。

【提示】(1)《中华人民共和国刑法》第二百零五条（现共三款）规定：虚开增值税专用发票或者虚开用于骗取出口退税、抵扣税款的其他发票的，处三年以下有期徒刑或者拘役，并处二万元以上二十万元以下罚金；虚开的税款数额较大或者有其他严重情节的，处三年以上十年以下有期徒刑，并处五万元以上五十万元以下罚金；虚开的税款数额巨大或者有其他特别严重情节的，处十年以上有期徒刑或者无期徒刑，并处五万元以上五十万元以下罚金或者没收财产。《刑法修正案（八）》删去原第二款。虚开增值税专用发票或者虚开用于骗取出口退税、抵扣税款的其他发票，是指有为他人虚开、为自己虚开、让他人为自己虚开、介绍他人虚开行为之一的。

（2）用于骗取出口退税、抵扣税款的其他发票，如机动车销售统一发票、农业产品收购发票、海关完税凭证等。

【判断题】虚开增值税专用发票的手段主要有为他人虚开、为自己虚开、让他人为自己虚开和介绍他人虚开，行为人实施其中一个行为即可涉嫌构成本罪。（　　）

【参考答案】√。虚开增值税专用发票的行为主要表现：为他人虚开、为自己虚开、让他人为自己虚开和介绍他人虚开，行为人只要实施其中一个行为即可涉嫌构成本罪。

【多选题】关于危害税收征管罪的说法中，下列说法正确的有（　　）。

A. 盗窃增值税专用发票或者可以用于骗取出口退税、抵扣税款的其他发票，按盗窃罪处罚

B. 使用欺骗的手段骗取增值税专用发票或者骗取出口退税、抵扣税款的其他发票的，按诈骗罪定罪处罚

C. 虚开增值税专用发票或者虚开用于骗取出口退税、抵扣税款发票罪中的虚开行为包括为他人虚开、为自己虚开、让他人为自己虚开三种

D. 非法出售增值税专用发票罪主观方面是间接故意

【参考答案】AB。本题考核危害税收征管罪相关规定。根据《中华人民共和国刑法》规定，盗窃增值税专用发票或者可以用于骗取出口退税、抵扣税款的其他发票，按盗窃罪处罚；使用欺骗的手段骗取增值税专用发票或者可以用于骗取出口退税、抵扣税款的其他发票的，按诈骗罪定罪处罚，故选项 A、B 正确。虚开行为包括为他人虚开、为自己虚开、让他人为自己虚开、介绍他人虚开四种，故选项 C 错误。非法出售增值税专用发票罪主观方面是直接故意，故选项 D 错误。

六、虚开发票罪

《刑法修正案（八）》规定：虚开本法第二百零五条规定以外的其他发票，情节严重的，处二年以下有期徒刑、拘役或者管制，并处罚金；情节特别严重的，处二年以上七年以下有期徒刑，并处罚金。单位犯前款罪的，对单位判处罚金，并对其直接负责的主管人员和其他直接责任人员，依照前款的规定处罚。

1. 客体

客体是国家普通发票管理制度。

2. 客观方面

（1）虚开发票认定。

①没有商品购销或者没有提供、接受劳务、服务而开具普通发票；

②虽有商品购销或者提供、接受了劳务、服务，但开具数量或金额不实的普通发票。

（2）追诉标准（罪与非罪区分）。

①虚开发票 100 份以上且票面金额在 30 万元以上的；或虚开金额累计在 50 万元以上；

②虽未达到上述数额标准，但 5 年内因虚开发票行为受过刑事处罚或者 2 次以上行政处罚，又虚开发票，数额达到上述标准 60% 以上的，应予立案追诉。

七、伪造、出售伪造的增值税专用发票罪（“假票”）

1. 客体

客体是国家对增值税专用发票的管理规定和国家税收征管秩序。犯罪对象为伪造的增值税专用发票。

2. 客观方面

行为人违反增值税专用发票管理规定，伪造增值税专用发票，或者明知自己

所持有的是伪造的增值税专用发票，而仍然出售，数量在 10 份以上且票面税额在 6 万元以上的，或者票面税额累计在 10 万元以上的，或者非法获利数额在 1 万元以上的。

【提示】变造增值税专用发票的，按照伪造增值税专用发票行为处理。

八、非法出售增值税专用发票罪（“真票”）

1. 客体

客体是国家对增值税专用发票的管理制度和国家税收征管秩序。

2. 客观方面

行为人违反增值税专用发票管理规定，无权出售增值税专用发票而非法出售的行为。纳税人取得合法的增值税专用发票，未依法使用，而将发票出售牟利，即构成本罪。数量在 10 份以上且票面税额在 6 万元以上的，或者票面税额累计在 10 万元以上的，或者非法获利数额在 1 万元以上的行为。

【提示】出售的专用发票，必须是真发票，否则构成出售伪造的增值税专用发票罪。出售的专用发票，必须是空白发票，如果出售填好的专用发票，则应按虚开增值税专用发票罪论处。

3. 主体

主体是取得增值税专用发票的单位或者个人。

九、非法购买增值税专用发票（“真票”）、购买伪造的增值税专用发票罪（“假票”）

1. 客体

客体是国家对增值税专用发票的管理制度和国家税收征管秩序。犯罪对象必须是增值税专用发票。

2. 客观方面的表现

（1）行为人违反增值税专用发票管理规定，从合法或者非法拥有增值税专用发票的单位或者个人手中购买增值税专用发票；

（2）购买明知是伪造的增值税专用发票，数量在 20 份以上且票面税额在 10 万元以上的，或者票面税额累计在 20 万元以上的行为。

3. 处罚

（1）对非法购买增值税专用发票虚开的，应以“虚开增值税专用发票罪”定罪处罚。

（2）对非法购买增值税专用发票或者购买伪造的增值税专用发票出售的，应分别按“出售伪造的增值税专用发票罪”“非法出售增值税专用发票罪”定罪处罚。

十、非法制造、出售非法制造的用于骗取出口退税、抵扣税款发票罪（“假票”）

1. 客体

客体是国家发票管理制度和国家税收征管秩序。

2. 客观方面

行为人伪造、擅自制造或者出售伪造、擅自制造的可以用于骗取出口退税、抵扣税款的除增值税专用发票外的其他发票数量在10份以上且票面税额在6万元以上的，或者票面可以退税、抵扣税额累计在10万元以上的，或者非法获利数额在1万元以上的行为。

十一、非法制造、出售非法制造的发票罪（“假票”）

1. 客体

客体是国家发票管理制度和国家税收征管秩序。

【提示】犯罪对象必须是普通发票，如建筑安装发票、货物销售发票。

2. 客观方面

行为人为达到营利目的，非法制造或出售非法制造一般的假普通发票，数量在100份以上且票面金额累计30万元以上的，或者票面金额累计在50万元以上的，或者非法获利数额在1万元以上的行为。

十二、非法出售用于骗取出口退税、抵扣税款发票罪（“真票”）

1. 客体

客体是国家发票管理制度和国家税收征管秩序。

2. 客观方面的表现

行为人为达到营利目的，非法出售用于骗取出口退税、抵扣税款的非增值税专用发票10份以上且票面可以退税、抵扣税额在6万元以上的，或者票面可以退税、抵扣税额累计在10万元以上的，或者非法获利数额在1万元以上的行为。

【提示】除税务机关外，任何单位或者个人出售自己使用的真发票的行为都是非法的。

十三、非法出售发票罪（“真票”）

1. 客体

客体是国家发票管理制度和国家税收征管秩序。

2. 客观方面的表现

行为人为达到营利目的，非法出售增值税专用发票、用于骗取出口退税、抵扣税款的其他发票以外的发票100份以上且票面金额累计30万元以上的，或者票面金额累计在 50 万元以上的，或者非法获利数额在 1 万元以上的行为。

【单选题】关于伪造、出售伪造的增值税专用发票罪，下列说法错误的是（　　）。

A. 客体是国家对增值税专用发票的管理规定和国家税收征管秩序

B. 伪造、出售伪造的增值税专用发票数量在 10 份以上且票面税额在 6 万元以上的

C. 主体是纳税人、扣缴义务人

D. 主观方面必须是直接故意，且具有营利目的

【参考答案】C。本题考查伪造、出售伪造的增值税专用发票罪。伪造、出售伪造的增值税专用发票罪主体是一般主体，任何单位和个人均可构成。故应选 C。

十四、持有伪造的发票罪（“假票”）

1. 客体

（复杂客体）是国家发票管理和税收征管制度。

2. 客观方面

明知是伪造的发票而故意持有、“数量较大”的行为。

【提示】（1）持有是指行为人对伪造的发票处于占有、支配、控制的一种状态（持有伪造的发票罪属于继续犯），既可以随身携带、放置或藏匿在某一个地点，也可以委托他人保管，只要在行为人的控制之下即可。

（2）数量较大是指明知是伪造的发票而持有，具有下列情形之一的，应予立案追诉：

①持有伪造的增值税专用发票 50 份以上且票面税额累计在 25 万元以上的，或者票面税额累计在 50 万元以上的；

②持有伪造的可以用于骗取出口退税、抵扣税款的其他发票 50 份以上且票面税额累计在 25 万元以上的，或者票面税额累计在 50 万元以上的；

③持有伪造的增值税专用发票、用于骗取出口退税、抵扣税款的其他发票以外的发票 100 份以上且票面金额在 50 万元以上的，或者票面金额在 100 万元以上的。

【多选题】在下列罪名中，必须以增值税专用发票或者伪造的增值税专用发票为犯罪对象的有（　　）。

A. 伪造、出售伪造的增值税专用发票罪

B. 非法出售用于骗取出口退税、抵扣税款发票罪

C. 非法购买增值税专用发票或者购买伪造的增值税专用发票罪

D. 非法制造、出售非法制造的发票罪

【参考答案】AC。本题考核危害税收征管罪相关规定。非法出售用于骗取出口退税、抵扣税款发票罪犯罪对象为非增值税专用发票。非法制造、出售非法制造的发票罪犯罪对象为普通发票，故选项 B、D 错误。

本章习题

一、单项选择题

1. （　　）是危害税收征管犯罪中唯一涉及侵犯人身权利的犯罪，是一种行为犯。

A. 逃税罪　　B. 逃避追缴欠税罪

C. 抗税罪　　D. 骗取出口退税罪

2. 中级人民法院对以下行政案件没有管辖权的是（　　）。

A. 对县级以上地方人民政府所作的行政行为提起诉讼的案件

B. 海关处理的案件

C. 本辖区内重大、复杂的案件

D. 涉及专利权纠纷的案件

3. 2 个以上人民法院都有管辖权的案件，可以选择其中 1 个人民法院提起诉讼的主体是（　　）。

A. 原告　　B. 被告　　C. 法院　　D. 原告和被告

4. 逃税罪的立案标准是（　　）。

A. 纳税人采取欺骗、隐瞒手段进行虚假销税申报或者不申报

B. 逃避缴纳税款数额较大并且占应纳税额 10% 以上

C. 同时符合选项 A、B 条件

D. 符合选项 A、B 条件之一

5. 在下列涉税犯罪行为中，不能由单位构成犯罪主体的是（　　）。

A. 虚开增值税专用发票罪　　B. 非法出售发票罪

C. 逃避追缴欠税罪　　D. 抗税罪

6. 某个体工商户李某为达到不缴纳税款的目的，用尖刀威胁前来催缴税款的税务干部张某、王某，混乱中将张某刺成重伤。对于李某的行为，按照（　　）定罪处罚。

A. 抗税罪　　B. 逃税罪　　C. 故意杀人罪　　D. 故意伤害罪

二、多项选择题

1. 平等适用刑法原则的具体要求包括（　　）。

A. 平等保护　　B. 定罪平等　　C. 量刑平等　　D. 行刑平等

2. 下列属于虚开增值税专用发票方式的有（　　）。

A. 为自己虚开　　B. 为他人虚开

C. 接受他人虚开　　D. 介绍他人虚开

3. 下列关于逃税罪的说法中，正确的有（　　）。

A. 因不了解税法和有关税收政策造成未缴或少缴应纳税款的，构成逃税罪

B. 对多次有逃税行为未经处理的，按照累计的数额计算

C. 只要符合逃税罪构成的，就要追究刑事责任

D. 扣缴义务人可以成为逃税罪的主体

4. 下列犯罪中，可以由单位构成犯罪主体的有（　　）。

A. 逃税罪　　B. 虚开增值税专用发票罪

C. 骗取出口退税罪　　D. 抗税罪

5. 在下列罪名中，必须以增值税专用发票或者伪造的增值税专用发票为犯罪对象的有（　　）。

A. 伪造、出售伪造的增值税专用发票罪

B. 非法出售用于骗取出口退税、抵扣税款发票罪

C. 非法购买增值税专用发票或者购买伪造的增值税专用发票罪

D. 非法制造、出售非法制造的发票罪

三、判断题

1. 虚开发票罪是指虚开增值税专用发票、用于骗取出口退税、抵扣税款发票，情节严重，依法应受处罚的行为。（　　）

2. 纳税人善意取得虚开的增值税专用发票一律不允许抵扣进项税额。（　　）

3. 某企业有可能成为抗税罪的犯罪主体。（　　）

4. 过失行为也可能会导致欠税人犯逃避追缴欠税罪。（　　）

参考答案与解析

一、单项选择题

1. 【参考答案】C。抗税罪是以暴力、威胁方法拒不缴纳税款的行为。抗税罪是危害税收征管罪中手段最恶劣、影响最坏的行为。

2. 【参考答案】D。选项 D 应由基层人民法院管辖。

3. 【参考答案】A。根据《中华人民共和国行政诉讼法》的规定，由原告选择人民法院提起诉讼。

4. 【参考答案】C。纳税人采取欺骗、隐瞒手段进行虚假纳税申报或者不申报，逃避缴纳税款数额较大并且占应纳税额 10% 构成逃税罪，有数额和比例的双重要求。

5. 【参考答案】D。本题考查危害税收征管罪的犯罪主体。①《中华人民共和国刑法》规定，以暴力、威胁方法拒不缴纳税款的，处 3 年以下有期徒刑或者拘役，并处拒缴税款 1 倍以上 5 倍以下罚金；情节严重的，处 3 年以上 7 年以下有期徒刑，并处拒缴税款 1 倍以上 5 倍以下罚金。这是《中华人民共和国刑法》关于抗税罪的规定。②在危害税收征管罪各项罪名中，唯有抗税罪只能由自然人实施，而不可能由单位构成。因为抗税罪的犯罪特征之一就是行为人以暴力、威胁方法拒不缴纳税款。暴力、威胁的行为只能由自然人实施，故抗税罪的犯罪主体必须是自然人，单位不构成本罪主体。抗税罪是危害税收征管罪中唯一只能由自然人构成的罪名。

6.【参考答案】D。本题考查抗税罪与其他犯罪的界限。抗税的行为人使用暴力方法拒不缴纳税款，因暴力方法而故意造成税务人员重伤，同时构成了抗税罪和故意伤害罪，属于一个行为触犯数个罪名，符合想象竞合犯的行为特征应按照刑罚较重的罪名定罪处罚。

二、多项选择题

1.【参考答案】ABCD。平等适用刑法原则是法律面前人人平等的宪法原则在《中华人民共和国刑法》的体现。具体要求包括：平等保护、定罪平等、量刑平等、行刑平等。

2.【参考答案】ABD。虚开增值税专用发票是指有为他人虚开、为自己虚开、让他人为自己虚开、介绍他人虚开增值税专用发票行为之一的。

3.【参考答案】BD。本题考核逃税罪。因不了解税法和有关税收政策规定，或者业务不熟、使用公式错误等原因造成未缴或少缴应纳税款的，由于其主观上没有逃避缴纳应纳税款获取非法利益的故意，因此不能构成逃税罪。所以选项 A 错误。有逃税行为，经税务机关依法下达追缴通知后，补缴应纳税款，缴纳滞纳金，已受行政处罚的，不予追究刑事责任；但是，5 年内因逃避缴纳税款受过刑事处罚或者被税务机关给予 2 次以上行政处罚的除外。所以选项 C 错误。

4.【参考答案】ABC。本题考查危害税收征管罪的主体构成。危害税收征管罪的犯罪主体，既有特殊主体又有一般主体，既包括自然人也包括单位。依据《中华人民共和国刑法》规定，除抗税罪外，单位均可以构成其他所有危害税收征管罪的犯罪主体。抗税罪是危害税收征管罪中唯一只能由自然人构成的罪名。

5.【参考答案】AC。本题考查危害税收征管罪相关规定。非法出售用于骗取出口退税、抵扣税款发票罪犯罪对象为非增值税专用发票。非法制造、出售非法制造的发票罪犯罪对象为增值税普通发票，选项 B、D 错误。

三、判断题

1.【参考答案】×。虚开发票罪，是指虚开增值税专用发票、用于骗取出口退税、抵扣税款发票以外发票的行为。

2.【参考答案】×。纳税人善意取得虚开的增值税专用发票指购货方与销售方存在真实交易，且购货方不知取得的增值税专用发票是以非法手段获得的。纳税人善意取得虚开的增值税专用发票，如能重新取得合法、有效的专用发票，准许其抵扣进项税款；如不能重新取得合法、有效的专用发票，不准其抵扣进项税款或追缴其已抵扣的进项税款。

3.【参考答案】×。抗税罪是危害税收征管罪中唯一只能由自然人构成的罪名。

4.【参考答案】×。逃避追缴欠税罪在主观方面表现为故意，并且具有逃避缴纳应缴税款而非法获利的目的。

第九章　宪法应知应会知识（新增）

第一节　宪法的分类

1. 表现形式：成文宪法与不成文宪法

（1）成文宪法：具有统一法典形式的宪法，有时也叫文书宪法或制定宪法，其最显著的特征在于法律文件上既明确表述为宪法，又大多冠以国名（举例：《中华人民共和国宪法》）。

（2）不成文宪法：不具有统一法典的形式，而且散见于多种法律文书、宪法判例和宪法惯例的宪法（举例：英国《权利法案》）。

2. 修改程序：刚性宪法与柔性宪法

（1）刚性宪法：严格（制定、修改的机关和程序不同于一般法律的宪法）。

（2）柔性宪法：制定、修改的程序和普通法律一样。

3. 制定机关：钦定宪法、协定宪法与民定宪法

（1）钦定宪法：由君主或以君主的名义制定和颁布的宪法（举例：1908 年中国清政府颁布的《钦定宪法大纲》）。

（2）协定宪法：由君主与国民或者国民的代表机关协商制定的宪法（举例：1215 年英国《自由大宪章》、法国 1830 年宪法）。

（3）民定宪法：由人民或者是人民的代表机关来制定的宪法。

4. 国家的类型和宪法的阶级本质：资本主义类型的宪法和社会主义类型的宪法（举例：美国与中国）

5. 中国宪法的类别：成文宪法、刚性宪法、民定宪法和社会主义类型的宪法

【单选题】根据英国学者蒲来士的划分标准，依照宪法有无严格的制定、修改机关，将宪法分为刚性宪法和柔性宪法。下列哪个国家的宪法属于柔性宪法。（　　）

A. 日本宪法　　B. 中国宪法　　C. 英国宪法　　D. 德国宪法

【参考答案】C。根据宪法制定、修改程序严格程度的不同，可分为刚性宪法与柔性宪法。柔性宪法是指效力与一般法律相同，制定和修改程序与一般法律无异的宪法。

英国的宪法是由历史上不同时期和年代的成文法、习惯法和条例等具有宪法性的文件所构成的，英国国会可按普通立法程序制定、修改“宪法”，所以有“柔性宪法”之称。

故正确答案为 C。

第二节　我国现行法的效力体系

一、宪法

宪法由国家最高权力机关即全国人民代表大会按特定的严格程序制定，由全国人民代表大会常务委员会负责解释，具有最高的法律效力。

二、法律

这里的法律指狭义上的法律，由全国人民代表大会及其常务委员会制定。法律的效力仅次于宪法，而高于其他国家机关制定的法规、规章和其他形式的法。

三、行政法规

行政法规由国家最高行政机关——国务院制定颁布。行政法规通常采用条例作为名称，也可以采用实施细则、规定、办法等作为名称。行政法规的法律效力在宪法和法律之下，高于地方立法机关制定的地方性法规、民族区域自治地方制定的自治条例和单行条例、国务院部委和直属机构制定的部门规章、地方政府制定的政府规章。

四、地方性法规

地方性法规由省、自治区和直辖市，以及享有立法权的较大的市的地方人民代表大会及其常务委员会制定。地方性法规一般采用条例、实施细则、规定、办法、规则等名称。地方性法规只适用于本区域范围内，其效力不及于本区域外。

五、部门规章

部门规章由国务院各部、委员会、中国人民银行、审计署和具有行政管理职能的直属机构制定。部门规章通常采用实施细则、办法、规定等作为名称。部门规章的效力低于宪法、法律、行政法规，与地方性法规和政府规章没有法律效力等级划分。部门规章在全国范围内发生效力。

六、地方政府规章

地方政府规章由省、自治区和直辖市，以及享有立法权的较大的市的地方人民政府制定。地方政府规章通常采用实施细则、办法、规定等作为名称。地方政府规章在本区域内有效。

七、国际条约

国际条约是两个或两个以上国家之间通过谈判所缔结、加入或承认的关于相互之间在政治、经济、贸易、文化、军事、法律等方面的关系中权利和义务的协议。国际条约不属于国内法，但国家作为签约主体，国家自身和国内的个人和单位都有遵守的义务。

第三节　宪法应知应会知识点

1. 宪法是我国的根本大法，是治国安邦的总章程，它规定了国家的根本制度和根本任务，是人们行为的基本法律准则，是保持国家统一、民族团结、经济发展、社会进步和长治久安的法律基础，是中国共产党执政兴国、团结全国各民族人民建设中国特色社会主义的法制保证。

2. 新中国宪法的发展历程：中华人民共和国自成立以来，分别于 1954 年 9 月 20 日、1975 年 1 月 17 日、1978 年 3 月 5 日和 1982 年 12 月 4 日通过四部宪法。

现行宪法为 1982 年宪法，并历经 1988 年、1993 年、1999 年、2004 年、2018 年五次修订。

3. 宪法的效力：宪法在国家和社会生活中具有至高无上的法律地位，宪法所确立的原则是其他法律的立法基础和立法依据。

宪法在法律体系中具有最高的权威，法律、行政法规的内容和精神都不得与宪法的原则相抵触、相违背。

宪法是一切组织和个人的根本活动准则，一切国家机关和武装力量、各政党和各社会团体、各企业事业组织都必须遵守宪法和法律。

4. 国家宪法日的设立：2014 年 11 月 1 日，十二届全国人大常委会第 11 次会议作出《关于设定国家宪法日的决定》，将 12 月 4 日设立为“国家宪法日”。

5. 宪法的地位：宪法是我国的根本大法，是治国安邦的总章程，是保持国家统一、民族团结、经济发展、社会进步和长治久安的法律基础，是中国共产党执政兴国、团结带领全国各族人民建设中国特色社会主义的法律保证。

宪法是其他法律的立法基础，其他法律是宪法的具体化；任何法律不得同宪法相抵触，否则无效；宪法是最高行为准则。

6. 中华人民共和国是工人阶级领导的、以工农联盟为基础的人民民主专政的社会主义国家。

7. 中华人民共和国的一切权力属于人民。

8. 中华人民共和国各民族一律平等。国家保障各少数民族的合法的权利和利益，维护和发展各民族的平等团结互助和谐关系。禁止对任何民族的歧视和压迫，禁止破坏民族团结和制造民族分裂的行为。

9. 中华人民共和国实行依法治国，建设社会主义法治国家。国家维护社会主义法制的统一和尊严。一切法律、行政法规和地方性法规都不得同宪法相抵触。一切国家机关和武装力量、各政党和各社会团体、各企业事业组织都必须遵守宪法和法律。一切违反宪法和法律的行为，必须予以追究。任何组织或者个人都不得有超越宪法和法律的特权。

10. 中华人民共和国的社会主义经济制度的基础是生产资料的社会主义公有制，即全民所有制和劳动群众集体所有制。社会主义公有制消灭剥削人的制度，实行各尽所能、按劳分配的原则。

11. 国有经济，即社会主义全民所有制经济，是国民经济中的主导力量。国家保障国有经济的巩固和发展。

12. 城市的土地属于国家所有。农村和城市郊区的土地，除由法律规定属于国家所有的以外，属于集体所有；宅基地和自留地、自留山，也属于集体所有。国家为了公共利益的需要，可以依照法律规定对土地实行征收或者征用并给予补偿。任何组织或者个人不得侵占、买卖或者以其他形式非法转让土地。土地的使用权可以依照法律的规定转让。一切使用土地的组织和个人必须合理利用土地。

13. 社会主义的公共财产神圣不可侵犯。国家保护社会主义的公共财产。禁止任何组织或者个人用任何手段侵占或者破坏国家和集体的财产。

14. 公民的合法私有财产不受侵犯。国家依照法律规定保护公民的私有财产权和继承权。国家为了公共利益的需要，可以依照法律规定对公民的私有财产实行征收或者征用并给予补偿。

15. 国家实行社会主义市场经济。国家加强经济立法，完善宏观调控。国家依法禁止任何组织或者个人扰乱社会经济秩序。

16. 集体经济组织在遵守有关法律的前提下，有独立进行经济活动的自主权。集体经济组织实行民主管理，依照法律规定选举和罢免管理人员，决定经营管理的重大问题。

17. 中华人民共和国允许外国的企业和其他经济组织或者个人依照中华人民共和国法律的规定在中国投资，同中国的企业或者其他经济组织进行各种形式的经济合作。在中国境内的外国企业和其他外国经济组织以及中外合资经营的企业，都必须遵守中华人民共和国的法律。其合法权利和利益受中华人民共和国法律的保护。

18. 一切国家机关实行精简的原则，实行工作责任制，实行工作人员的培训和考核制度，不断提高工作质量和工作效率，反对官僚主义。

19. 一切国家机关和国家工作人员必须依靠人民的支持，经常保持同人民的密切联系，倾听人民的意见和建议，接受人民的监督，努力为人民服务。

20. 国家工作人员就职时应当依照法律规定公开进行宪法宣誓。

21. 国家维护社会秩序，镇压叛国和其他危害国家安全的犯罪活动，制裁危害社会治安、破坏社会主义经济和其他犯罪的活动，惩办和改造犯罪分子。

22. 中华人民共和国保护在中国境内的外国人的合法权利和利益，在中国境内的外国人必须遵守中华人民共和国的法律。

23. 凡具有中华人民共和国国籍的人都是中华人民共和国公民。中华人民共和国公民在法律面前一律平等。国家尊重和保障人权。任何公民享有宪法和法律规定的权利，同时必须履行宪法和法律规定的义务。

24. 中华人民共和国年满十八周岁的公民，不分民族、种族、性别、职业、家庭出身、宗教信仰、教育程度、财产状况、居住期限，都有选举权和被选举权；但是依照法律被剥夺政治权利的人除外。

25. 中华人民共和国公民的人格尊严不受侵犯。禁止用任何方法对公民进行侮辱、诽谤和诬告陷害。

26. 中华人民共和国公民的通信自由和通信秘密受法律的保护。除因国家安全或者追查刑事犯罪的需要，由公安机关或者检察机关依照法律规定的程序对通信进行检查外，任何组织或者个人不得以任何理由侵犯公民的通信自由和通信秘密。

27. 中华人民共和国劳动者有休息的权利。国家完善劳动者休息和休养的设施，规定职工的工作时间和休假制度。

28. 国家依照法律规定实行企业事业组织的职工和国家机关工作人员的退休制度。退休人员的生活受到国家和社会的保障。

29. 中华人民共和国公民有受教育的权利和义务。国家培养青年、少年、儿童在品德、智力、体质等方面全面发展。

30. 中华人民共和国妇女在政治的、经济的、文化的、社会的和家庭的生活等各方面享有同男子平等的权利。国家保护妇女的权利和利益，实行男女同工同酬，培养和选拔妇女干部。

31. 婚姻、家庭、母亲和儿童受国家的保护。夫妻双方有实行计划生育的义务。父母有抚养教育未成年子女的义务，成年子女有赡养扶助父母的义务。禁止破坏婚姻自由，禁止虐待老人、妇女和儿童。

32. 中华人民共和国公民在行使自由和权利的时候，不得损害国家的、社会的、集体的利益和其他公民的合法的自由和权利。

33. 中华人民共和国公民必须遵守宪法和法律，保守国家秘密、爱护公共财产、遵守劳动纪律、遵守公共秩序、尊重社会公德。

34. 中华人民共和国公民有维护祖国的安全、荣誉和利益的义务，不得有危害祖国的安全、荣誉和利益的行为。

35. 保卫祖国、抵抗侵略是中华人民共和国每一个公民的神圣职责。依照法律服兵役和参加民兵组织是中华人民共和国公民的光荣义务。

36. 全国人民代表大会和全国人民代表大会常务委员会行使国家立法权。

37. 全国人民代表大会行使下列职权：

（1）修改宪法；

（2）监督宪法的实施；

（3）制定和修改刑事、民事、国家机构的和其他的基本法律；

（4）选举中华人民共和国主席、副主席；

（5）根据中华人民共和国主席的提名，决定国务院总理的人选；根据国务院总理的提名，决定国务院副总理、国务委员、各部部长、各委员会主任、审计长、秘书长的人选；

（6）选举中央军事委员会主席；根据中央军事委员会主席的提名，决定中央军事委员会其他组成人员的人选；

（7）选举国家监察委员会主任；

（8）选举最高人民法院院长；

（9）选举最高人民检察院检察长；

（10）审查和批准国民经济和社会发展计划和计划执行情况的报告；

（11）审查和批准国家的预算和预算执行情况的报告；

（12）改变或者撤销全国人民代表大会常务委员会不适当的决定；

（13）批准省、自治区和直辖市的建置；

（14）决定特别行政区的设立及其制度；

（15）决定战争和和平的问题；

（16）应当由最高国家权力机关行使的其他职权。

38. 宪法的修改，由全国人民代表大会常务委员会或者五分之一以上的全国人民代表大会代表提议，并由全国人民代表大会以全体代表的三分之二以上的多数通过。法律和其他议案由全国人民代表大会以全体代表的过半数通过。

39. 全国人民代表大会代表必须模范地遵守宪法和法律，保守国家秘密，并且在自己参加的生产、工作和社会活动中，协助宪法和法律的实施。全国人民代表大会代表应当同原选举单位和人民保持密切的联系，听取和反映人民的意见和要求，努力为人民服务。

40. 中华人民共和国主席代表中华人民共和国，进行国事活动，接受外国使节；根据全国人民代表大会常务委员会的决定，派遣和召回驻外全权代表，批准和废除同外国缔结的条约和重要协定。

41. 中华人民共和国国务院，即中央人民政府，是最高国家权力机关的执行机关，是最高国家行政机关。

42. 中华人民共和国中央军事委员会领导全国武装力量。

43. 地方各级人民代表大会在本行政区域内，保证宪法、法律、行政法规的遵守和执行；依照法律规定的权限，通过和发布决议，审查和决定地方的经济建设、文化建设和公共事业建设的计划。

44. 县级以上的地方各级人民代表大会常务委员会讨论、决定本行政区域内各方面工作的重大事项；监督本级人民政府、监察委员会、人民法院和人民检察院的工作；撤销本级人民政府的不适当的决定和命令；撤销下一级人民代表大会的不适当的决议；依照法律规定的权限决定国家机关工作人员的任免；在本级人民代表大会闭会期间，罢免和补选上一级人民代表大会的个别代表。

45. 民族自治地方的自治机关是自治区、自治州、自治县的人民代表大会和人民政府。

46. 中华人民共和国国家监察委员会是最高监察机关。国家监察委员会领导地方各级监察委员会的工作，上级监察委员会领导下级监察委员会的工作。

47. 人民法院依照法律规定独立行使审判权，不受行政机关、社会团体和个人的干涉。

48. 人民检察院依照法律规定独立行使检察权，不受行政机关、社会团体和个人的干涉。

49. 人民法院、人民检察院和公安机关办理刑事案件，应当分工负责，互相配合，互相制约，以保证准确有效地执行法律。

50. 中华人民共和国国旗是五星红旗。中华人民共和国国歌是《义勇军进行曲》。

本章习题

一、单项选择题

1. 下列关于监察委员会的说法中，错误的一项是（　　）。
   A. 中华人民共和国设立国家监察委员会和地方各级监察委员会
   B. 中华人民共和国国家监察委员会是最高监察机关
   C. 国家监察委员会领导地方各级监察委员会的工作，上级监察委员会领导下级监察委员会的工作
   D. 地方各级监察委员会对全国人民代表大会和全国人民代表大会常务委员会负责

2. 下列关于县级以上地方各级人民代表大会常务委员会的职责的说法中，错误的一项是（　　）。
   A. 讨论、决定本行政区域内各方面工作的重大事项
   B. 监督下一级人民政府、监察委员会、人民法院和人民检察院的工作
   C. 撤销本级人民政府的不适当的决定和命令
   D. 撤销下一级人民代表大会的不适当的决议

3. 国家监察委员会主任是由（　　）选举的。
   A. 全国人民代表大会　　B. 全国人民代表大会常务委员会
   C. 国家主席　　D. 国务院

4. 中国特色社会主义最本质的特征是（　　）。
   A. 中国共产党领导　　B. 社会主义制度
   C. 人民代表大会制度　　D. 民主集中制

5. 根据《中华人民共和国宪法》的规定，下列关于妇女权益保障的说法错误的一项是（　　）。
   A. 我国妇女在政治的、经济的、文化的、社会的和家庭的生活等各方面享有同男

子平等的权利
B. 国家保护妇女的权利和利益
C. 我国实行男女同工同酬
D. 宪法并未明确要培养和选拔妇女干部

二、多项选择题

1. 县级以上的地方各级人民代表大会选举并且有权罢免本级监察委员会主任、（　　）。
A. 本级人民法院院长
B. 本级人民检察院检察长
C. 下一级的人民检察院检察长
D. 本级人民代表大会常务委员会的组成人员
2. 全国人民代表大会常务委员会有权监督国务院、（　　）的工作。
A. 中央军事委员会　　B. 国家监察委员会
C. 最高人民法院　　D. 最高人民检察院
3. 全国人民代表大会常务委员会的组成人员不得担任（　　）的职务。
A. 国家行政机关　　B. 国家监察机关
C. 国家审判机关　　D. 国家检察机关
4. 在长期的革命、建设、改革过程中，已经结成由中国共产党领导的，有各民主党派和各人民团体参加的，包括（　　）的广泛的爱国统一战线，这个统一战线将继续巩固和发展。
A. 全体社会主义劳动者
B. 社会主义事业的建设者
C. 拥护社会主义的爱国者
D. 拥护祖国统一和致力于中华民族伟大复兴的爱国者

三、判断题

1. 监察委员会依照法律规定独立行使监察权，不受行政机关、社会团体和个人的干涉。（　　）
2. 监察委员会主任每届任期同本级人民代表大会每届任期相同。（　　）
3. 国家监察委员会主任、副主任连续任职不得超过两届。（　　）
4. 中华人民共和国各级监察委员会是国家的监察机关。（　　）
5. 县级以上的地方各级人民代表大会常务委员会的组成人员也可以担任国家行政机关、监察机关、审判机关和检察机关的职务。（　　）
6. 设区的市的人民代表大会和它们的常务委员会，在不同宪法、法律、行政法规和本省、自治区的地方性法规相抵触的前提下，可以依照法律规定制定地方性法规，报全国人民代表大会常务委员会批准后施行。（　　）
7. 中华人民共和国副主席每届任期同全国人民代表大会每届任期相同。（　　）

8. 公民享有的结社自由，但结社必须经过申请登记才能合法。（　　）
9. 公民的私有财产不受侵犯。公民的私有财产权和继承权不可被剥夺。（　　）
10. 中华人民共和国公民对于任何国家机关和国家工作人员有提出批评和建议的权利。（　　）

参考答案与解析

一、单项选择题

1. 【参考答案】D。本题考查地方各级监察委员会。《中华人民共和国宪法》第一百二十六条规定：国家监察委员会对全国人民代表大会和全国人民代表大会常务委员会负责。地方各级监察委员会对产生它的国家权力机关和上一级监察委员会负责。所以，参考答案应该是选项 D。
2. 【参考答案】B。本题考查县级以上地方各级人民代表大会常务委员会的职责。《中华人民共和国宪法》第一百零四条规定：县级以上的地方各级人民代表大会常务委员会讨论、决定本行政区域内各方面工作的重大事项；监督本级人民政府、监察委员会、人民法院和人民检察院的工作；撤销本级人民政府的不适当的决定和命令；撤销下一级人民代表大会的不适当的决议；依照法律规定的权限决定国家机关工作人员的任免；在本级人民代表大会闭会期间，罢免和补选上一级人民代表大会的个别代表。

   所以，参考答案应该是选项 B。
3. 【参考答案】A。本题考查全国人民代表大会职权。《中华人民共和国宪法》第六十二条规定：全国人民代表大会行使下列职权：……（七）选举国家监察委员会主任。所以，参考答案应该是选项 A。
4. 【参考答案】A。本题考查宪法总纲里的内容。《中华人民共和国宪法》第一条规定：中华人民共和国是工人阶级领导的、以工农联盟为基础的人民民主专政的社会主义国家。社会主义制度是中华人民共和国的根本制度。中国共产党领导是中国特色社会主义最本质的特征。禁止任何组织或者个人破坏社会主义制度。所以，参考答案应该是选项 A。
5. 【参考答案】D。本题考查宪法中的女性权利。《中华人民共和国宪法》第四十八条规定：中华人民共和国妇女在政治的、经济的、文化的、社会的和家庭的生活等各方面享有同男子平等的权利。国家保护妇女的权利和利益，实行男女同工同酬，培养和选拔妇女干部。所以，参考答案应该是选项 D。

二、多项选择题

1. 【参考答案】AB。本题考查县级以上的地方各级人民代表大会的选举权限和罢免权限。《中华人民共和国宪法》第一百零一条规定：地方各级人民代表大会分别选举并且有权罢免本级人民政府的省长和副省长、市长和副市长、县长和副县长、区长和副区长、乡长和副乡长、镇长和副镇长。

县级以上的地方各级人民代表大会选举并且有权罢免本级监察委员会主任、本级人民法院院长和本级人民检察院检察长。选出或者罢免人民检察院检察长，须报上级人民检察院检察长提请该级人民代表大会常务委员会批准。

所以，选项 A、B 正确。

2. 【参考答案】ABCD。本题考查全国人民代表大会常务委员的监督职权。《中华人民共和国宪法》第六十七条规定：全国人民代表大会常务委员会行使下列职权：

……（六）监督国务院、中央军事委员会、国家监察委员会、最高人民法院和最高人民检察院的工作。

所以，选项 A、B、C、D 正确。

3. 【参考答案】ABCD。本题考查全国人民代表大会常务委员会的组成人员不得担任的职务。《中华人民共和国宪法》第六十五条规定：……

全国人民代表大会常务委员会的组成人员不得担任国家行政机关、监察机关、审判机关和检察机关的职务。所以，选项 A、B、C、D 正确。

4. 【参考答案】ABCD。本题考查爱国统一战线。《中华人民共和国宪法》第四章中有规定：

社会主义的建设事业必须依靠工人、农民和知识分子，团结一切可以团结的力量。在长期的革命、建设、改革过程中，已经结成由中国共产党领导的，有各民主党派和各人民团体参加的，包括全体社会主义劳动者、社会主义事业的建设者、拥护社会主义的爱国者、拥护祖国统一和致力于中华民族伟大复兴的爱国者的广泛的爱国统一战线，这个统一战线将继续巩固和发展。所以，选项 A、B、C、D 正确。

三、判断题

1. 【参考答案】√。《中华人民共和国宪法》第一百二十七条规定：监察委员会依照法律规定独立行使监察权，不受行政机关、社会团体和个人的干涉。
2. 【参考答案】√。《中华人民共和国宪法》第一百二十四条规定：中华人民共和国设立国家监察委员会和地方各级监察委员会……监察委员会主任每届任期同本级人民代表大会每届任期相同。国家监察委员会主任连续任职不得超过两届。
3. 【参考答案】×。《中华人民共和国宪法》第一百二十四条规定：中华人民共和国设立国家监察委员会和地方各级监察委员会……监察委员会主任每届任期同本级人民代表大会每届任期相同。国家监察委员会主任连续任职不得超过两届。但没对副主任作出相同的要求。所以本题答案为×
4. 【参考答案】√。《中华人民共和国宪法》第一百二十三条规定：中华人民共和国各级监察委员会是国家的监察机关。
5. 【参考答案】×。《中华人民共和国宪法》第一百零三条规定：……县级以上的地方各级人民代表大会常务委员会的组成人员不得担任国家行政机关、监察机关、审判机关和检察机关的职务。所以本题答案为 ×。

6. 【参考答案】 ×。《中华人民共和国宪法》第一百条规定：省、直辖市的人民代表大会和它们的常务委员会，在不同宪法、法律、行政法规相抵触的前提下，可以制定地方性法规，报全国人民代表大会常务委员会备案

设区的市的人民代表大会和它们的常务委员会，在不同宪法、法律、行政法规和本省、自治区的地方性法规相抵触的前提下，可以依照法律规定制定地方性法规，报本省、自治区人民代表大会常务委员会批准后施行。所以本题答案为 ×。

7. 【参考答案】√。《中华人民共和国宪法》第七十九条规定：中华人民共和国主席、副主席由全国人民代表大会选举。

有选举权和被选举权的年满四十五周岁的中华人民共和国公民可以被选为中华人民共和国主席、副主席。

中华人民共和国主席、副主席每届任期同全国人民代表大会每届任期相同。

8. 【参考答案】√。《中华人民共和国宪法》第三十五条规定：中华人民共和国公民有言论、出版、集会、结社、游行、示威的自由。

9. 【参考答案】 ×。《中华人民共和国宪法》第十三条规定：公民的合法的私有财产不受侵犯。

国家依照法律规定保护公民的私有财产权和继承权。

国家为了公共利益的需要，可以依照法律规定对公民的私有财产实行征收或者征用并给予补偿。征收和征用是例外情况，所以，所以本题答案为 ×。

10. 【参考答案】√。《中华人民共和国宪法》第四十一条规定：中华人民共和国公民对于任何国家机关和国家工作人员，有提出批评和建议的权利。

第十章　新修订《立法法》亮点

第一节　《立法法》修改历程及重要意义

一、立法法的内涵

立法是国家的重要政治活动，是把党的主张和人民的意志通过法定程序转化为国家意志的过程，关系党和国家事业发展全局。立法法是规范国家立法制度和立法活动、维护社会主义法治统一的基本法律。

二、立法法修改的背景

立法法修正草案于2023年3月5日提请十四届全国人大一次会议审议，经表决通过并自2023年3月15日起开始施行。这是自2015年以来，我国对《立法法》这一重要宪法性法律的再次修改。

不同于一般意义上的部门法，《立法法》是维护社会主义法治统一的重要宪法性法律，规定的是我国国家立法制度和立法活动，是“管法之法”，素有“小宪法”之称。《立法法》的修改关系到党和国家事业发展的全局，是人民民主意志的体现，是国家重要的政治活动，更是重要的宪法实践，在确认党和国家各项改革事业取得的成就，以及引领和保障党和国家继续取得新的更大的成就等方面发挥着十分重要的作用。

随着我国社会主义进入新时代，面对“我国社会主义仍处于并长期处于社会主义初级阶段的基本国情”以及“人民日益增长的美好生活需要和不平衡不充分的发展之间的矛盾”，习近平总书记指出，在新时代“开拓中国特色社会主义事业更加广阔的发展前景，就必须全面推进社会主义法治国家建设，从法治上为解决这些问题提供制度化方案”。在此背景下，此次立法法修改主要目的有二：一是全面总结新时代以来党和国家事业取得的各项伟大成就，将其中的一些重要经验及时上升为立法内容，从立法层面对其予以确认和巩固；二是着眼于中国特色社会主义新的改革要求和发展任务，从立法层面对其予以引领、推动和保障。“立善法于天下，则天下治；立善法于一国，则一国治。”立法是建设中国特色社会主义法治体系的“先手棋”，新时代对于《立法法》的修改提出了更高的要求。

三、立法法的修改历程

1. 2000年3月15日，第九届全国人大三次会议高票通过《立法法》。

2. 2015年3月15日，第十二届全国人大三次会议表决通过了关于修改立法法的决定。

3. 2022年10月26日至30日，十三届全国人大常委会第三十七次会议初次审议立法法修正草案。

4. 2022年12月27日至30日，立法法修正草案提请十三届全国人大常委会第三十八次会议二次审议。

5. 2023年3月5日，立法法修正草案提请第十四届全国人大一次会议审议。

6. 2023年3月13日，第十四届全国人民代表大会第一次会议决定对《中华人民共和国立法法》作出修改。

四、立法法修改的重大意义

（一）明确合宪性审查要求，有利于维护宪法和法律的尊严与权威

本次《立法法》修改，明确了合宪性审查要求。合宪性审查被誉为立法审查制度的“拱顶石”，对于保障公民基本权利、维护宪法法律权威、有效解决法律体系内部冲突和提高立法质量都具有十分重要的意义。合宪性审查机制应当坚持以人民为中心，拓宽人民群众诉求表达的渠道和机制，让人民群众在监督国家各类立法行为中切实发挥重要作用。我国立法法、监督法等法律规定，公民、组织认为法规、司法解释等规范性文件同宪法或者法律相抵触的，可以向全国人大常委会书面提出进行审查的建议，由常委会工作机构进行研究。自党的十九大报告提出“加强宪法实施和监督，推进合宪性审查工作，维护宪法权威”以来，我国合宪性审查机制不断完善，合宪性审查工作取得重大进展。截至目前，全国人大常委会法工委为推进合宪性审查工作，已连续六年发布备案审查报告，纠正了许多违反宪法的立法行为，如2022年度备案审查报告列举了“废止收容教育制度有关决定”“统一城乡人身损害赔偿司法解释标准”“纠正民族教育条例民族语言教学规定”“纠正强制亲子鉴定地方性法规”“完善异地调用检察官制度”“纠正扩大袭警罪惩治范围发文”六个合宪性审查案例，对其中存在的违反宪法的规定予以纠正。

《立法法》的本次修改，将“法律委员会”改为“宪法和法律委员会”，并从制度设计上加强宪法法律的实施和监督，明确法律草案的说明、统一审议等环节和备案审查工作中合宪性审查要求，对存在违宪性、违法性问题的，规定了处理的主体和程序。如第九十八条明确规定了宪法与其他下位法的关系：“一切法律、行政法规、地方性法规、自治条例和单行条例、规章都不得同宪法相抵触。”《立法法》还规定了不同位阶法律规范、同一主体制定的法律规范之间冲突的处理原则，规定了授权法规的备案情况和变通情况，进一步强化对法律法规的合宪性审查、合法性审查体制，有助于以《立法法》为基础的整个立法制度不断丰富和细化。

随着《立法法》和各类相关规范的陆续出台，中央与地方性法律法规、重大行政程序决策条例、备案审查规范等立法性法律法规逐渐实现与《中华人民共和国宪法》

《立法法》的衔接，有利于形成结构合理、系统融贯、动态平衡的立法规则体系和公平、合理的法律适用体系，全方位保障公民、法人以及其他组织的合法权益。

（二）彰显“以人民为中心”，有利于我国基层社会治理实现法治化

《立法法》新增“立法应当坚持和发展全过程人民民主”，彰显“以人民为中心”的立法品格，体现了“坚持科学立法、民主立法、依法立法”的基本原则。可以说，本次《立法法》的修改符合新时代坚持和发展全过程人民民主，通过法治保障人民当家作主的客观要求，是新时代推进全面依法治国、依宪治国，建设社会主义法治国家的重要举措。

当前，我国国家治理最繁重的任务是如何有效推进基层社会治理。《立法法》修改及时回应国家治理体系改革要求，将设区的市的立法权进一步扩大到“基层社会治理”，为地方立法引领和保障基层社会治理提供了重要法律依据，有利于我国基层社会治理实现法治化。

《立法法》还进一步扩大立法公开，回应社会关切。第七十条规定：“全国人民代表大会常务委员会工作机构根据实际需要设立基层立法联系点，深入听取基层群众和有关方面对法律草案和立法工作的意见。”第九十条规定：“省、自治区、直辖市和设区的市、自治州的人民代表大会常务委员会根据实际需要设立基层立法联系点，深入听取基层群众和有关方面对地方性法规、自治条例和单行条例草案的意见。”建立“基层立法联系点”制度，有利于广泛征求基层群众意见，贴近社会生活，反映人民群众根本利益与切实需求。根据所在地群众诉求与愿望，积极采纳对立法工作提出的意见与建议，同时也有利于及时反映法律法规从“纸面开花”到实际“落地生效”过程当中存在的问题，既增强了法律法规的实践操作性，又为法律法规根据实际情况作出进一步修改完善积累经验。更为重要的是，立法层面关注现实民生，贴近社会生活，反映人民群众根本利益与切实需求，总结运用新时代法治建设的实践经验，这对切实保障公民权利、加强宪法和法律实施、加快推进中国特色社会主义法治体系建设、依法推进国家治理体系和治理能力现代化具有重要意义。

（三）注重法律技术的应用与创新，有利于形成科学完备的法律规范体系

本次修法强调“坚持科学立法、民主立法、依法立法”，注重法律技术的应用与创新，丰富了立法形式，有利于形成科学完备、统一权威的法律规范体系。

建设中国特色社会主义法治体系，首先要形成完备的法律规范体系。完备的法律规范体系意味着视我国立法为一个由不同法律法规有机构成的“体系”，对该体系而言，它应当是内部和谐、自洽与统一的，而不应当出现不同法律规范之间的“冲突”“打架”等现象。此次立法法修改进一步完善了立法的指导思想、基本原则、主体范围、权限程序等内容，将有效遏制“越权立法”“重复立法”“盲目立法”“不适当立法”等现象，对于形成党委领导、人大主导、政府依托、各方参与的立法工作格局具

有重要意义。

在百年未有之大变局加速演进之际，一些重点领域、新兴领域和涉外领域成为国家治理的最前端和薄弱点，亟待立法体系的跟进和完善。本次立法法修改注重立法规划与立法计划的安排和落实，加强重点领域立法，新增“按照加强重点领域、新兴领域、涉外领域立法的要求，确定立法项目”。另外，本次修法注重立法系统性、整体性、协同性、时效性和法律规范的制定、协调与清理，新增第五十五条：“全国人民代表大会及其常务委员会坚持科学立法、民主立法、依法立法，通过制定、修改、废止、解释法律和编纂法典等多种形式，增强立法的系统性、整体性、协同性、时效性。”在以后的立法与修改过程中，如何增强立法系统性、整体性、协同性并与中国特色社会主义法律体系相衔接，如何克服法律对于实践规定的滞后性并为后期改革与发展预留充分空间，是值得持续关注与继续研判的。

（四）完善立法与改革的关系，有利于推进国家治理体系现代化

本次立法法修改注意到了改革与发展之间的关系，充分结合实践，完善了立法决策与改革决策相衔接统一的制度机制，具有规范性与实效性并重的内涵。一方面，立法法的修改要保障法律规范的稳定性，保障改革在法治的框架内运行；另一方面，要充分吸收改革的实践与经验，注重法律实施的灵活性。修改后的立法法第九条总括性地规定了改革与法治之间的关系：“立法应当适应改革需要，坚持在法治下推进改革和在改革中完善法治相统一，引导、推动、规范、保障相关改革，发挥法治在国家治理体系和治理能力现代化中的重要作用。”第十六条对授权决定的规定予以完善，明确“全国人民代表大会及其常务委员会可以根据改革发展的需要，决定就特定事项授权在规定期限和范围内暂时调整或者暂时停止适用法律的部分规定”，同时增加规定：“暂时调整或者暂时停止适用法律的部分规定的事项，实践证明可行的，由全国人民代表大会及其常务委员会及时修改有关法律；修改法律的条件尚不成熟的，可以延长授权的期限，或者恢复施行有关法律规定。”第七十九条增加规定：“国务院可以根据改革发展的需要，决定就行政管理等领域的特定事项，在规定期限和范围内暂时调整或者暂时停止适用行政法规的部分规定。”立法法的这些修改较好地回应了在法治下推进改革和在改革中完善法治相统一的现实需要，体现了立法实效性与前瞻性的动态平衡。

新修改的立法法通过完善立法决策与改革决策相衔接统一的制度机制，为推进相关领域的改革决策提供了一定的法律空间，有利于实现改革于法有据和依法决策。总之，修改立法法是落实党的二十大报告关于“完善以宪法为核心的中国特色社会主义法律体系”的重要举措，对于依法推进国家治理体系和治理能力现代化具有多方面的意义。

第二节　《立法法》修改亮点

一、为什么要修改立法法？

1. 加强党对立法工作的全面领导。
2. 坚持和发展全过程人民民主。
3. 推进全面依法治国、依宪治国，建设社会主义法治国家。
4. 更好坚持在法治下推进改革和在改革中完善法治相统一。

二、立法法修改有哪些亮点？

（一）完善立法的指导思想和原则

对立法的指导思想与时俱进作了完善，将现行立法法第三条改为两条，明确立法的领导和指导，推进中国特色社会主义法治体系建设，保障在法治轨道上全面建设社会主义现代化国家；立法应当坚持以经济建设为中心，坚持改革开放，贯彻新发展理念，保障以中国式现代化全面推进中华民族伟大复兴。

完善依宪立法、依法立法的原则，将现行立法法第四条修改为：立法应当符合宪法的规定、原则和精神，依照法定的权限和程序，从国家整体利益出发，维护社会主义法制的统一、尊严、权威。

此外，为完善民主立法原则等，增加了多款规定：立法应当坚持和发展全过程人民民主，尊重和保障人权，保障和促进社会公平正义；立法应当倡导和弘扬社会主义核心价值观，坚持依法治国和以德治国相结合，铸牢中华民族共同体意识，推动社会主义精神文明建设；立法应当适应改革需要，坚持在法治下推进改革和在改革中完善法治相统一，引导、推动、规范、保障相关改革，发挥法治在国家治理体系和治理能力现代化中的重要作用。

具体说来，有以下几点：

1. 贯彻落实宪法规定和党的二十大精神，根据新时代党的重大理论创新成果，对立法的指导思想与时俱进作了完善。
2. 完善依宪立法、依法立法的原则。
3. 完善民主立法原则，贯彻落实全过程人民民主重大理念。
4. 贯彻党中央关于社会主义核心价值观融入法治建设的部署要求。
5. 明确立法决策与改革决策相衔接相统一的原则要求。

（二）明确合宪性审查相关要求

根据宪法精神和党中央关于推进合宪性审查工作的部署要求，总结近年来的实践经验，明确法律案起草和审议过程中的合宪性审查要求，增加规定：法律草案的说明应当包括涉及合宪性问题的相关意见；对法律案中涉及的合宪性问题，宪法和法律委员会应当在修改情况的汇报或者审议结果报告中予以说明。

明确备案审查工作中的合宪性审查要求，增加规定：有关国家机关认为行政法规、地方性法规、自治条例和单行条例存在合宪性、合法性问题的，可以向全国人大常委会书面提出进行审查的要求；对存在合宪性、合法性问题的，规定了处理的主体和程序。

此外，为落实 2018 年宪法修正案的有关规定和全国人大常委会有关决定，将现行立法法中的“法律委员会”修改为“宪法和法律委员会”。

具体说来，有以下几点：

1. 明确法律案起草和审议过程中的合宪性审查要求。
2. 明确备案审查工作中的合宪性审查要求。
3. 将现行立法法中的“法律委员会”修改为“宪法和法律委员会”。

（三）完善立法决策与改革决策相衔接、相统一的制度机制

总结实践经验，根据有关方面意见，立法法完善了全国人大及其常委会专属立法权规定，将只能制定法律事项中的“仲裁制度”修改为“仲裁基本制度”。

根据实践中成熟的经验和做法，对现行立法法第十三条关于授权决定的规定作出完善，明确全国人大及其常委会可以根据改革发展的需要，决定就“特定事项”授权在“规定期限和范围”内暂时调整或者暂时停止适用法律的部分规定。并增加规定明确，暂时调整或者暂时停止适用法律的部分规定的事项，对实践证明可行的，由全国人大及其常委会及时修改有关法律；修改法律的条件尚不成熟时，可以延长授权的期限，或者恢复施行有关法律规定。

同时，增加规定：国务院可以根据改革发展的需要，决定就行政管理等领域的特定事项，在规定期限和范围内暂时调整或者暂时停止适用行政法规的部分规定。

具体说来，有以下几点：

1. 完善全国人大及其常委会专属立法权规定，将只能制定法律事项中的“仲裁制度”修改为“仲裁基本制度”。
2. 完善全国人大及其常委会关于授权的决定。
3. 增加国务院决定暂时调整或者暂时停止适用相应行政法规的部分规定。

（四）完善全国人大及其常委会的立法权限、立法程序和工作机制

总结实践经验，立法法对全国人大及其常委会的立法权限、立法程序和工作机制进行了修改完善。

具体而言，进一步明确全国人民代表大会和全国人大常委会“根据宪法规定”行使国家立法权，并增加规定，全国人民代表大会可以授权全国人大常委会制定法律。

进一步明确，常委会决定提请全国人民代表大会会议审议的法律案，可以适时组织代表研读讨论，征求代表的意见。适应特殊情况下紧急立法的需要，增加规定，列入常委会会议议程的法律案，遇有紧急情形的，也可以经一次常委会会议审议即交付表决。同时，还完善了法律案的终止审议程序。

在现行立法法规定有关国家机关可以向全国人大常委会提出法律解释要求的基础上，明确国务院、中央军事委员会、国家监察委员会、最高人民法院、最高人民检察院和全国人大各专门委员会可以向全国人大常委会“提出相关法律案”。

此外，还增加了一些规定：全国人大及其常委会坚持科学立法、民主立法、依法立法，通过制定、修改、废止、解释法律和编纂法典等多种形式，增强立法的系统性、整体性、协同性、时效性；全国人大及其常委会作出有关法律问题的决定，适用该法的有关规定；增加规定“专项立法计划”；全国人大常委会工作机构编制立法技术规范；全国人大常委会工作机构加强立法宣传工作，通过多种形式发布立法信息，介绍情况，回应关切；全国人大常委会工作机构根据实际需要设立基层立法联系点，深入听取基层群众和有关方面对法律草案和立法工作的意见等。

具体说来，有以下几点：

1. 进一步明确全国人大和全国人大常委会“根据宪法规定”行使国家立法权，并增加规定“全国人民代表大会可以授权全国人大常委会制定法律”。

2. 与修改后的全国人大议事规则相衔接，明确常委会决定提请全国人民代表大会会议审议的法律案，可以适时组织代表研读讨论，征求代表的意见。

3. 适应特殊情况下紧急立法的需要。

4. 完善法律案的终止审议程序。

5. 明确提出相关法律案以及法律解释的主体。

6. 贯彻党中央关于推进科学立法、民主立法、依法立法，丰富立法形式，统筹立改废释纂等要求。

7. 增加规定“专项立法计划”、全国人大常委会工作机构编制立法技术规范，加强立法宣传工作。

8. 明确法律签署公布后，应当及时在相应报纸上刊载；同时，进一步明确地方性法规公布后，法规、条例文本以及发布的公告，草案的说明、审议结果报告等也要相应公开。

9. 根据实际需要设立基层立法联系点，深入听取基层群众和有关方面对法律草案和立法工作的意见。

（五）适应监察体制改革需要补充的相关内容

立法法根据宪法和监察法的规定，与全国人大组织法等有关法律、决定相衔接，对监察委员会的有关内容作了补充完善。

在有关立法权限的规定中明确，监察委员会的产生、组织和职权属于只能制定法律的事项。在有关立法程序的规定中明确，国家监察委员会可以向全国人大及其常委会提出法律案、审查相关法规等方面的要求。

同时，增加规定：国家监察委员会根据宪法和法律、全国人大常委会的决定，制定监察法规，报全国人大常委会备案。

具体说来，有以下几点：

1. 明确监察委员会的产生、组织和职权属于只能制定法律的事项。

2. 明确国家监察委员会可以向全国人大及其常委会提出法律案、审查相关法规等方面的要求。

3. 增加国家监察委员会制定监察法规、报全国人大常委会备案的规定。

（六）完善地方性法规、规章的权限和程序

根据新情况新需要，总结实践经验，立法法对地方性法规、规章的立法权限和程序进行了修改完善。

关于设区的市可以行使地方立法权的事项，将“环境保护”修改为“生态文明建设”，并增加规定“基层治理”。

为贯彻国家区域协调发展战略，根据地方实践经验，增加规定明确，省、自治区、直辖市和设区的市、自治州的人大及其常委会根据区域协调发展的需要，可以协同制定地方性法规，在本行政区域或者有关区域内实施；省、自治区、直辖市和设区的市、自治州可以建立区域协同立法工作机制。

除此之外，还扩大了规章的制定主体，根据有关法律规定和实践需要，在部门规章制定主体中增加规定“法律规定的机构”。

具体说来，有以下几点：

1. 修改设区的市可以行使地方立法权的事项。

2. 增加省、自治区、直辖市和设区的市、自治州的人大及其常委会可以协同制定地方性法规、建立区域协同立法工作机制的规定。

3. 增加“法律规定的机构”为规章的制定主体。

（七）完善备案审查制度

对法规、规章和其他规范性文件实行备案审查，是维护国家法治统一的一项重要制度，立法法就进一步完善了备案审查制度。

完善主动审查制度，明确专项审查相关内容，修改现行立法法第九十九条第三款并单列一条，同时增加一款规定。修改后的规定为：全国人大专门委员会、常委会工作机构可以对报送备案的行政法规、地方性法规、自治条例和单行条例等进行主动审查，并可以根据需要进行专项审查；国务院备案审查工作机构可以对报送备案的地方性法规、自治条例和单行条例，部门规章和省、自治区、直辖市的人民政府制定的规章进行主动审查，并可以根据需要进行专项审查。

同时，建立健全备案审查衔接联动机制，增加规定明确，备案审查机关应当建立健全备案审查衔接联动机制，对应当由其他机关处理的审查要求或者审查建议，及时移送有关机关处理。并增加规定明确了法律法规清理制度，对法律、行政法规、地方性法规、自治条例和单行条例、规章和其他规范性文件，应当根据维护法治统一的原则和改革发展的需要进行清理。

具体说来，有以下几点：

1. 完善主动审查制度，明确专项审查相关内容。
2. 建立健全备案审查衔接联动机制。
3. 明确法律法规、自治条例和单行条例、规章和其他规范性文件清理制度。

本章习题

一、单项选择题

1. 立法应当符合宪法的规定、原则和精神，依照法定的权限和程序，从（　　）出发，维护社会主义法制的统一、尊严、权威。

   A. 国家整体利益　B. 人民利益　C. 社会利益　D. 法律利益

2. 为落实 2018 年宪法修正案的有关规定和全国人大常委会有关决定，将现行立法法中的“法律委员会”修改为“（　　）”。

   A. 立法委员会　B. 专门委员会
   C. 国家委员会　D. 宪法和法律委员会

3. 立法法修订还扩大了规章的制定主体，根据有关法律规定和实践需要，在部门规章制定主体中增加规定“（　　）”。

   A. 立法委员会　B. 专门委员会
   C. 法律规定的机构　D. 宪法和法律委员会

4. 立法法修订后，关于设区的市可以行使地方立法权的事项，将“环境保护”修改为“（　　）”。

   A. 环境建设　B. 生态文明建设　C. 生态保护　D. 文明保护

5. 立法法修订，进一步明确全国人大和全国人大常委会“根据（　　）规定”行使国家立法权。

   A. 党章　B. 立法法　C. 法律　D. 宪法

二、多项选择题

1. 下列关于立法法的说法中，正确的有（　　）。

   A. 立法法是规范国家立法制度和立法活动的基本法律
   B. 立法法是维护社会主义法治统一的基本法律
   C. 立法法是政府规章

D. 立法法是立法委员会掌握和运用的，普通老百姓不用了解

2. 立法法修正草案于（　　）提请第十四届全国人大一次会议审议，经表决通过并自（　　）起开始施行。

A. 2023 年 3 月 5 日　　B. 2023 年 1 月 1 日

C. 2023 年 3 月 15 日　　D. 2024 年 1 月 1 日

3. 下列关于立法法修订的说法中，正确的有（　　）。

A. 立善法于天下，则天下治

B. 立善法于一国，则一国治

C. 立法是建设中国特色社会主义法治体系的“先手棋”

D. 新时代对于立法法的修改提出了更高的要求

4. 立法法的修订，有利于（　　）。

A. 加强党对立法工作的全面领导

B. 坚持和发展全过程人民民主

C. 推进全面依法治国、依宪治国，建设社会主义法治国家

D. 更好坚持在法治下推进改革和在改革中完善法治相统一

5. 立法法的修订，明确了国务院、（　　）、（　　）、（　　）、（　　）和全国人大各专门委员会可以向全国人大常委会“提出相关法律案”。

A. 中央军事委员会　　B. 国家监察委员会

C. 最高人民法院　　D. 最高人民检察院

三、判断题

1. 国务院可以根据改革发展的需要，决定就行政管理等领域的特定事项，在规定期限和范围内暂时调整或者暂时停止适用行政法规的部分规定。（　　）

2. 国家监察委员会根据宪法和法律、全国人大常委会的决定，制定监察法规，报全国人大备案。（　　）

3. 立法法完善了全国人大及其常委会专属立法权规定，将只能制定法律事项中的“仲裁制度”修改为“仲裁基本制度”。（　　）

4. 立法法修订，增加规定“全国人民代表大会可以授权全国人大常委会制定法律”。（　　）

5. 立法法修订扩大了规章的制定主体，根据有关法律规定和实践需要，在部门规章制定主体中增加规定“法律授权的机构”。（　　）

参考答案与解析

一、单项选择题

1. 【参考答案】A。立法法的修订，将现行立法法第四条修改为：立法应当符合宪法的规定、原则和精神，依照法定的权限和程序，从国家整体利益出发，维护社会主义

法制的统一、尊严、权威。

所以，参考答案应该是选项 A。

2.【参考答案】D。为落实 2018 年宪法修正案的有关规定和全国人大常委会有关决定，将现行立法法中的“法律委员会”修改为“宪法和法律委员会”。

所以，参考答案应该是选项 D。

3.【参考答案】C。立法法还扩大了规章的制定主体，根据有关法律规定和实践需要，在部门规章制定主体中增加规定“法律规定的机构”。

所以，参考答案应该是选项 C。

4.【参考答案】B。立法法修订后，关于设区的市可以行使地方立法权的事项，将“环境保护”修改为“生态文明建设”。

所以，参考答案应该是选项 B。

5.【参考答案】D。进一步明确全国人大和全国人大常委会“根据宪法规定”行使国家立法权。

所以，参考答案应该是选项 D。

二、多项选择题

1.【参考答案】AB。立法法是规范国家立法制度和立法活动、维护社会主义法治统一的基本法律。立法法是基本法律，不是政府规章，所有人都应该学习和了解。

所以，选项 A、B 正确。

2.【参考答案】AC。立法法修正草案于 2023 年 3 月 5 日提请第十四届全国人大一次会议审议，经表决通过并自 2023 年 3 月 15 日起开始施行

所以，选项 A、C 正确。

3.【参考答案】ABCD。习近平总书记指出，在新时代“开拓中国特色社会主义事业更加广阔的发展前景，就必须全面推进社会主义法治国家建设，从法治上为解决这些问题提供制度化方案”。因此，“立善法于天下，则天下治；立善法于一国，则一国治。”立法是建设中国特色社会主义法治体系的“先手棋”，新时代对于立法法的修改提出了更高的要求。

所以，选项 A、B、C、D 正确。

4.【参考答案】ABCD。立法法修订的原因有：加强党对立法工作的全面领导；坚持和发展全过程人民民主；推进全面依法治国、依宪治国，建设社会主义法治国家；更好坚持在法治下推进改革和在改革中完善法治相统一。

所以，选项 A、B、C、D 正确。

5.【参考答案】ABCD。在现行立法法规定有关国家机关可以向全国人大常委会提出法律解释要求的基础上，明确国务院、中央军事委员会、国家监察委员会、最高人民法院、最高人民检察院和全国人大各专门委员会可以向全国人大常委会“提出相关法律案”。

所以，选项 A、B、C、D 正确。

三、判断题

1. 【参考答案】√。立法法修订增加规定：国务院可以根据改革发展的需要，决定就行政管理等领域的特定事项，在规定期限和范围内暂时调整或者暂时停止适用行政法规的部分规定。
2. 【参考答案】×。国家监察委员会根据宪法和法律、全国人大常委会的决定，制定监察法规，报全国人大常委会备案。
3. 【参考答案】√。立法法完善了全国人大及其常委会专属立法权规定，将只能制定法律事项中的“仲裁制度”修改为“仲裁基本制度”。
4. 【参考答案】√。立法法修订，增加规定“全国人民代表大会可以授权全国人大常委会制定法律”。
5. 【参考答案】×。立法法修订扩大了规章的制定主体，根据有关法律规定和实践需要，在部门规章制定主体中增加规定“法律规定的机构”。

第十一章 《民法典》应知应会知识

2020年5月28日，第十三届全国人民代表大会第三次会议通过《中华人民共和国民法典》（以下简称《民法典》），自2021年1月1日起施行。《民法典》对原《婚姻法》《继承法》《民法通则》《收养法》《担保法》《合同法》《物权法》《侵权责任法》《民法总则》等九部重要的民事法律制度规范进行了系统整合，强化了民事规范的整体性与统一性。

《民法典》是我国第一部以“法典”命名的法律，在中国特色社会主义法律体系中具有重要地位。《民法典》是中国特色社会主义法律体系中一部固根本、稳预期、利长远的基础性法律，是一部体现我国社会主义性质、符合人民利益和愿望、顺应时代发展要求的法典，是一部体现对生命健康、财产安全、交易便利、生活幸福、人格尊严等各方面权利平等保护的法典，是一部具有鲜明中国特色、实践特色、时代特色的法典。《民法典》通篇贯穿了以人民为中心的发展思想，着眼于满足人民对美好生活的需要，体现了对人民权利的充分保障，被誉为“新时代人民权利的宣言书”“人民的权利大厦”“社会生活的百科全书”。

第一节 《民法典》的基本内容

一、总则编的基本内容

总则编共10章、204条。民法是权利法，《民法典》的体系构建以民事权利为中心展开。总则编确立了《民法典》的基本制度框架，是总纲，也是《民法典》中最基础、最通用、最抽象的部分。它可以普遍适用于各个民商事单行法律，整个民商领域的立法、执法等，都应当在其统辖下开展。

（一）民法的调整对象

民法是调整平等主体的自然人、法人和非法人组织之间的人身关系和财产关系的法律规范的总和。其中，人身关系即身份关系和人格关系，身份关系的调整表现为婚姻家庭编、继承编，人格关系的调整则表现为人格权编；对财产关系的调整在《民法典》中表现为物权编、合同编。不论何种形式的民事主体，不论何种形式的交易行为，只要是以平等的民事主体身份作出的，就应当遵循民法的规范，并受民法的调整。

（二）《民法典》的基本原则

1. 民事权益受法律保护原则。体现了“民法是权利法”的本质属性，对权利的保护是整个民法的中心任务。

2. 平等原则。是指民事主体在法律地位上是平等的，其合法权益应当受到法律平等保护。

3. 自愿原则。也称为意思自治原则，是指民事主体依法享有法定范围内的广泛行为自由，并可以根据主体意志产生、变更、消灭民事权利法律关系。

4. 公平原则。是指民事主体之间应本着公平、正义的理念实施民事行为，司法机关应根据公平的观念处理民事纠纷，民事立法也应该充分体现公平。

5. 诚信原则。是指民事主体应当秉持诚信、恪守承诺，以诚实信用的方式享有民事权利、履行民事义务。

6. 合法原则。是指民事主体从事民事活动必须遵守法律法规的规定，不得违法。民事领域与税务征管等行政领域不同，民事活动采取的是“负面清单”模式，即“法无禁止即可为”。

7. 公序良俗原则。该原则是社会主义核心价值观的体现，与弘扬社会主义核心价值观这一重要立法目的相匹配，主要由“公共秩序”和“善良风俗”两部分构成，公序就是指公共秩序，主要包括社会公共秩序和生活秩序，良俗是指善良风俗，是应当由社会全体成员所普遍认可、遵循的道德准则，公序良俗原则可以弥补强行法规范的不足。

8. 绿色原则。是指民事活动应当遵循节约资源、保护生态环境的原则。为贯彻落实习近平生态文明思想，《民法典》将绿色原则作为一项民法基本原则进行规定，并体现在各分编相关制度中，顺应了时代发展的要求，为资源保护和生态文明建设提供了重要的法律保障。

（三）民事法律关系的主体

民事法律关系的主体是指参加民事法律关系，享有民事权利并承担民事义务的主体。在我国，民事法律关系的主体包括自然人、法人和非法人组织，特殊场合中，国家也可以成为民事法律关系的特殊主体。

民事法律关系的客体，是指民事权利和民事义务所指向的对象。一般而言，民事法律关系的客体应当通过区分不同的民事法律关系来确定，如物权法律关系中的客体应为物；知识产权法律关系中的客体应为智力成果。

（四）民事权利行使的原则

民事权利行使的原则包括以下方面：

1. 权利行使的自愿原则。是指民事主体有权按照自己的意愿行使权利，不受他人的非法干涉。

2. 义务必须履行原则。是指民法本质上虽然是权利法，但《民法典》在保障民事权利的同时，也注重义务履行，进而构建了权利义务为一体的法律规则体系。我国民法一方面鼓励权利人正当行使权利，满足个人或集体利益；另一方面又为权利明确了界限，禁止权利人超出界限侵犯他人或社会的利益。

（五）民事义务

民事义务是指义务人依据法律规定和合同的约定，应当为一定行为或者不为一定行为。按照不同标准，主要可以划分为以下几类。

1. 法定义务与约定义务。法定义务是指法律、行政法规等规定当事人所应当承担的义务；约定义务是指当事人经协商所确定的义务，主要表现为合同义务。

2. 基本义务与附随义务。基本义务是指当事人依据法律规定或者合同约定所负担的主要义务；附随义务是指合同当事人依据诚实信用原则所产生的，根据合同的性质、目的和交易习惯所应当承担的，如通知、协助、保密等义务。附随义务不需要当事人在合同中明确约定，是诚信原则所体现的强行性义务；附随义务是附随于基本义务的，其本身不能独立于基本义务而存在。

（六）民事法律行为

民事法律行为是指以意思表示为核心，民事主体通过意思表示设立、变更、终止民事法律关系的行为。当事人主体适格、意思表示真实、内容合法的，除法律另有规定或者当事人另有约定的外，民事法律行为一旦成立，就开始生效，并对当事人产生拘束力，任何一方都不得擅自单方面否定该行为的效力。

1. 附条件的民事法律行为。是指当事人在民事法律行为中约定条件，并以条件成就与否来判定行为效力发生与否的法律行为；附期限的民事法律行为，是指当事人在民事法律行为中设定一定的期限，并将期限的到来作为判定效力发生与否的法律行为。

2. 无效民事法律行为。是指虽然已经成立，但因内容上违反了法律、行政法规的强制性规定和公序良俗原则，而应当被宣告无效的法律行为。包括无民事行为能力人实施的民事法律行为、虚假行为、恶意串通行为、违反强制性规范及违背公序良俗的行为。

3. 可撤销的民事法律行为。是指当事人在从事民事法律行为时，因意思表示不真实，法律允许撤销权人通过行使撤销权而使已生效行为归于无效。可撤销的民事法律行为包括基于重大误解而实施的、基于欺诈而实施的、基于胁迫而实施的、显失公平的民事法律行为等。

4. 效力未定的民事法律行为。是指法律行为成立之后，是否能发生效力尚不确定，有待于其他行为或事实使之确定的民事法律行为。包括限制民事行为能力人实施的行为、欠缺代理权的代理行为等。

（七）民事责任

民事责任是指当事人不履行民事义务所应承担的民法上的后果。主要可以分为以下几类。

1. 违约责任、侵权责任与其他责任。违约责任是指合同当事人违反法律、合同规定的义务而应当承担的责任；侵权责任是指行为人因其过错侵害他人财产、人身，依法应当承担的责任，以及没有过错，但在造成损害以后，依法应当承担的责任；除违约责任和侵权责任外，行为人还可能承担其他责任，如基于缔约过失行为而造成的缔约过失责任，因未履行不当得利返还义务而产生的债务不履行责任等。

2. 按份责任与连带责任。按份责任是指多数当事人按照法律的规定或者合同的约定，各自承担一定份额的责任；连带责任是指当事人按照法律的规定或者合同的约定，连带向权利人承担的责任。

行为人在因同一行为而产生了民事责任、行政责任和刑事责任时，其财产应当优先用于承担民事责任。

（八）民事责任的具体承担方式

1. 停止侵害。即如果行为人实施的侵害他人财产和人身的行为仍在继续进行中，受害人可依法请求法院责令侵害人停止其侵害行为，对尚未发生的或业已终止的侵权行为不能适用。

2. 排除妨碍。如住宅楼施工、摆放建筑垃圾等，影响其他业主通行的，应及时将障碍物搬除。

3. 消除危险。如房屋年久失修，产权所有人未及时主动修缮，致使房屋处于随时倒塌的状态时，应负消除危险的民事责任。

4. 返还财产。包括返还不当得利、返还依民事法律行为所作的给付、权利人基于物权请求权请求不法占有人返还原物。

5. 恢复原状。

6. 修理、重作、更换。

7. 继续履行。是指在一方违反合同时，另一方有权要求其依据合同的规定继续履行。

8. 赔偿损失。

9. 支付违约金。

10. 消除影响、恢复名誉。消除影响，是指行为人因其侵害了民事主体的人格权而应承担的在影响所及的范围内消除不良后果的一种责任方式；恢复名誉，是指行为人因其行为侵害了民事主体的名誉而应在影响范围内将受害人的名誉恢复至未受侵害时状态的一种责任方式。

11. 赔礼道歉。是指责令违法行为人通过口头、书面等形式，向受害人公开认错、表示歉意，主要适用于侵害人身权的情况。

12. 惩罚性赔偿。惩罚性赔偿是一种特殊的民事责任形式，是指由人民法院根据被侵权人的请求所依法作出的赔偿数额超出实际损害数额的赔偿。惩罚性赔偿是一种加重赔偿，是在针对侵权人故意的侵权行为造成的损失进行弥补之外，对侵权人进行处罚以防止将来重犯，同时也达到惩戒他人的目的。《民法典》对惩罚性赔偿制度进行了系统的认可和总结，在侵权责任编分别规定了对侵犯知识产权、产品责任、污染环境、破坏生态的惩罚性赔偿。

（九）不承担民事责任的情形

不承担民事责任的情形也被称为免责事由、抗辩事由，是指减轻或免除行为人责任的理由，具体包括：

1. 不可抗力。即不能预见、不能避免且不能克服的客观情况。

2. 正当防卫。是指当公共利益、他人或本人人身或其他利益受到不法侵害时，行为人所采取的一种防卫措施。

3. 紧急避险。是指为避免使公共利益、本人或他人的合法权益受到现实和紧急的危险损害，不得已而采取的致他人和本人损害的行为。

4. 紧急救助。也称为“好人条款”，是指在自愿实施紧急救助行为的情形下，即便造成了受助人损害，救助人也无须承担民事责任。

（十）侵害英雄烈士等人格权的民事责任

英雄烈士是一个国家和民族精神的重要体现，是引领社会风尚的标杆，是人们行为的榜样。《民法典》第一百八十五条明确规定：侵害英雄烈士等的姓名、肖像、名誉、荣誉，损害社会公共利益的，应当承担民事责任。

（十一）法人的相关规定

法人是指具有民事权利能力和民事行为能力，依法独立享有民事权利和承担民事义务的组织，主要包括营利法人、非营利法人和特别法人。法人必须依法设立，且具有独立的名义、独立的财产、健全的组织机构，能独立承担责任。

法人的清算有两种形式：一是以破产程序进行的清算，在税务工作中主要体现于办税服务厅以法院破产裁定书而办理注销的情形；二是非依破产程序进行的清算，即在法人负债过重的情况下，经过法人的权力机构或法人的全体成员决定，由法人向有关单位提出申请并被批准后主动进行的清算。

注销登记，是指法人在清算结束后，依据法律法规的规定由相关主体主动申请办理的业务。一般情况下，税务登记注销是登记有税费种信息的纳税人、缴费人办理注销登记的前提条件。一旦办理注销登记，从注销登记办理完毕之日起法人资格宣告消灭。

非法人组织，是指不具有法人资格，但能够依法以自己的名义对外从事民事活动的组织。包括个人独资企业、合伙企业等，还包括不具有法人资格的专业服务机构，如会计师事务所、律师事务所等。

税务工作中，各税费种征管对象的划分与《民法典》的相关划分有联系也有区别，除自然人（即现行税法中规定的“其他个人”）外，行为对象一般为法人或非法人组织。即使是“不具有法人资格的专业服务机构”，如律师事务所，也应按照《国家税务总局关于律师事务所从业人员取得收入征收个人所得税有关业务问题的通知》（国税发〔2000〕149 号）的规定，比照“个体工商户的生产、经营所得”应税项目征收个人所得税，还应按规定缴纳增值税及附加税费等。

（十二）诉讼时效期间

1. 普通诉讼时效期间。是指由《民法典》规定的适用于一般民事法律关系的诉讼时效期间。《民法典》或其他特别法没有特殊时效期间规定的，均适用 3 年的普通诉讼时效期间。

2. 特殊诉讼时效期间。是指由法律对特定的民事法律关系规定的不适用 3 年普通期间的诉讼时效。特殊诉讼时效期间，既有《民法典》的规定，也有民法特别法的规定。如《民法典》对国际货物买卖合同和技术进出口合同的时效期同为 4 年；《中华人民共和国海商法》规定海上货物运输中，向承运人要求赔偿的请求权时效期间为 1 年，在时效期间内或者时效期届满后，被认定为负有责任的人向第三人提起追偿请求的，时效期间为 90 日。

3.《民法典》对诉讼时效还有特别规定。例如，“最长诉讼时效期间”，即从权利被侵害之日起超过 20 年的，人民法院不予保护；有特殊情况的，人民法院可以根据权利人的申请决定延长诉讼时效期间。例如，法律对仲裁时效有规定的，依照其规定；没有规定的，适用诉讼时效的规定。

（十三）代理

民法中的代理可分为直接代理与间接代理，意定代理与法定代理，一般代理与特别代理，本代理与复代理，单独代理与共同代理。其中，滥用代理权包括了四种情形：双方代理、自己代理、利己代理和恶意代理。

二、物权编的基本内容

物权编共 5 个分编、20 章、258 条。物权是权利人直接支配物的权利，是民事主体依法享有的重要财产权。物权法律制度调整因物的归属和利用而产生的民事关系，是最重要的民事基本制度之一。《民法典》的物权编按照党中央提出的完善产权保护制度，健全归属清晰、权责明确、保护严格、流转顺畅的现代产权制度的要求，结合现实需要，进一步完善了相关体系和内容。

（一）我国基本经济制度的规定

《民法典》第二百零六条第一款，将我国基本经济制度的规定修改为：“国家坚持和完善公有制为主体、多种所有制经济共同发展，按劳分配为主体、多种分配方式并存，社会主义市场经济体制等社会主义基本经济制度。”

（二）物权的分类

物权一般情况下分为以下四类。

1. 所有权。作为最完整、最充分的物权，是指所有权人在法律规定的范围内独占性支配其财产的权利。物权编除区分了国家所有权、集体所有权与私人所有权等一般所有权之外，还规定了业主的建筑物区分所有权、相邻关系与共有等特殊所有权。

2. 用益物权。是指权利人对他人所有的物在一定范围内使用、收益的权利。除地上权、地役权、典权等以外，物权编还规定了土地承包经营权、建设用地使用权、宅基地使用权、居住权等，这些均属于用益物权。

3. 担保物权。是指为了担保货款的履行，在货物人或第三人的特定财产上设定的物权，主要有抵押权、质权、留置权等。

4. 占有。民法典单独规定了占有制度。

（三）物权的变动

物权的变动是物权产生、变更和消灭的总称，物权变动须坚持公示原则和公信原则。公示原则要求物权变动必须以一定的可以从外部查知的方式表现出来，否则将受限于物权的排他性。物权的公示方法包括了交付和登记。公信原则是指物权的变动以登记或者交付为公示方法，当事人如果信赖这种公示而进行的如买卖、赠与活动等，即使登记或者交付所表现的物权状态与真实状态不符，也不影响物权变动的效力，如数码产品的借用人将数码产品转卖，无法确定特殊情形的，买方同样能够获取该数码产品的所有权。公信原则的目的在于保护交易安全，维护社会经济秩序稳定，但有时不免会牺牲所有权人的利益，这是法律为促进社会经济发展，在权利人的个人利益与社会利益之间进行均衡选择的结果。

（四）所有权

所有权，是指对于有体物的所有权，是财产所有人在法律规定的范围内，对属于本人的财产享有的占有、使用、收益、处分的权利。所有权本质上属于物权范畴，是一种具有绝对性和排他性的权利，而物权与债权一起构成了民法中的财产权。

（五）居住权的相关规定

《民法典》中首次规定了“居住权”，是指出于生活居住的需要，对他人拥有的住宅进行占有使用的用益物权。居住权消灭包括两项事由：一是居住权期限届满；二是居住权人死亡。居住权消灭的应当及时办理注销登记。

三、合同编的基本内容

合同编共3个分编、29章、526条。合同制度是市场经济的基本法律制度。

《民法典》的合同编在原《合同法》的基础上，贯彻全面深化改革的精神，坚持维护契约、平等交换、公平竞争等理念，促进商品和要素自由流动，完善合同制度。

（一）债

债是特定民事主体之间请求为或不为一定行为的民事法律关系。债的客体为特定的给付行为，包括交付财物、移转权利、提供劳务、完成工作成果、承担清偿风险和不作为等。债权是请求权的一种，具有相对性、相容性、平等性和期限性等特点。

（二）合同

合同是民事主体之间设立、变更、终止民事法律关系的协议，是民事法律行为的一种。一般情况下，可以分为双务合同和单务合同、有偿合同与无偿合同、诺成合同与实践合同、要式合同与不要式合同、有名合同与无名合同、主合同与从合同、束己合同与涉他合同、预约与本约、一时性合同与继续性合同等。税务工作中，为便于对“应税销售行为”“印花税的征收品目”等事项的判定，应当对不同的合同类型加以区分。

（三）债权人的代位权与撤销权

债权人代位权成立的要件是“债务人怠于行使其到期债权或者与该债权有关的从权利影响债权人到期债权实现”。对专属于债务人的债权，不得行使代位权。债权人撤销权的成立，应从“债务人实施处分财产权益行为影响债权人的债权实现”和债务人、受益人是否为恶意两方面判定。代位权、撤销权必须通过诉讼的方式行使。代位权和撤销权是税收作为公法之债的重要表现，也是原《合同法》中的代位权、撤销权的直接移植，目的是扩大税务机关征缴税款的手段，最大限度地维护国家税收利益。

（四）违约行为

违约行为是指当事人一方不履行合同义务或者履行合同义务不符合约定的行为。违约行为可分为实际违约，包括拒绝履行、迟延履行、不适当履行等；预期违约，包括明示预期违约与默示预期违约。违约行为产生的违约责任具有补偿性和一定的任意性。违约责任适用严格责任原则，其成立以存在违约行为且不存在免责事由为要件。违约责任的免责事由包括不可抗力和免责条款。尤其需要注意的是，第三人原因不构成违约责任的免责事由。承担违约责任的形式包括了违约金，违约金可分为约定违约金与法定违约金、补偿性违约金与惩罚性违约金。约定违约金低于或过分高于违约所造成的损失时，当事人可请求法院或仲裁机构予以调整。违约金与定金原则上不能同时适用。

（五）转移财产权利的合同

包括买卖合同、赠与合同、借款合同、租赁合同、融资租赁合同等。其中，融资租赁合同，是指出租人根据承租人的要求和选择，出资购买承租人所选定的设备并出租给承租人使用，承租人分期支付租金，租期届满后承租人根据融资租赁合同可以退回、续租或留购租赁设备的合同。融资租赁集借贷、租赁、买卖于一体，是将融资与融物结合在一起的交易方式。

（六）技术合同

技术合同可分为技术开发合同、技术转让合同、技术许可合同、技术咨询合同和技术服务合同等类型，其内容主要包括保密条款、成果归属条款、价金及报酬支付方式条款、专业名词和术语的解释条款等。委托开发或合作开发过程中，所完成的发明创造、技术秘密成果、职务技术成果等权利的归属应当适用不同的法律规则。除《民法典》规定的法律行为无效等情形外，非法垄断技术或者侵害他人技术成果的技术合同无效。

（七）保证合同与合伙合同

在保证合同中，机关法人、以公益为目的的非营利法人、非法人组织不得作为保证人。保证人在承担保证责任之后对债务人享有追偿权。保证责任可因保证合同无效、主债变更抗辩权行使、物的担保优先及债权人放弃或怠于主张权利而免除。合伙财产由合伙人的出资等构成合伙事务原则上由合伙人共同执行，合伙人对合伙债务承担连带责任。

（八）《民法典》新增典型合同

《民法典》在买卖合同、赠与合同、借款合同、租赁合同等15种典型合同的基础上，增加了保证合同、保理合同、物业服务合同、合伙合同4种新的典型合同，完善了其他典型合同。

（九）不当得利与无因管理

不当得利，是指得利人没有法律根据而取得利益、致使他人遭受损失的事实。不当得利既可以基于一方当事人的法律行为而发生，如基于合同而占有另一方当事人的财产，合同被宣告无效或被撤销后，依据合同而取得的财产便成为不当得利；也可以基于自然事实而发生，如邻家池塘的鱼跳入自家池塘，也构成不当得利。不当得利本质上是一种事件，其成立要件包括：一方取得财产利益、另一方有损失、取得的财产利益与损失之间有因果关系、没有法律上的根据四个方面。

无因管理，是指管理人没有法律规定或者约定的义务，为避免他人利益受损失而管理他人事务的行为。此项规定是民法着眼于社会生活的连带关系，为鼓励互相帮助、见义勇为等崇高精神与道德，特依法赋予无因管理制度的合理性和合法性，并在管理人与受益人之间形成债权债务关系，使无因管理成为债的发生根据之一。无因管理是一种事实行为，成立要件包括：管理他人事务、为他人利益着想的意思表示、无法律上的原因等。对他人事务的管理，对管理人没有管理义务的判断应采用客观标准。

四、人格权编的基本内容

人格权编共 6 章、51 条，其在现行有关法律法规和司法解释的基础上，从民事法律规范的角度规定自然人和其他民事主体人格权的内容、边界和保护方式，不涉及公民政治、社会等方面权利。

（一）人格权

人格权是民事主体依法享有人格要素，并排除他人非法侵害的，以维护和实现人格尊严和人格自由为目的的权利。人格权具有固有性、专属性、对世性等特点。依据内容和客体的不同，可以将人格权分为一般人格权与具体人格权。依据主体的不同，可以将人格权分为自然人人格权、法人人格权与非法人组织人格权。依据作为所保护的人格利益的性质的不同，可以将人格权区分为物质性人格权与精神性人格权。《民法典》中明确规定，死者的人格利益受法律保护，在侵害死者人格利益时，死者近亲属有权请求行为人承担民事责任。

在认定侵害生命权、身体权、健康权之外的人格权的民事责任时，司法行政部门应当充分考虑行为人和受害人的职业、影响范围、过错程度以及行为目的、行为方式、行为后果等因素。

（二）生命权

生命权的内容包括维护生命安全与维护生命尊严。生命权在整个民事权利体系中具有最高地位，其权利主体限于自然人，具有平等性、固有性和专属性。身体权是个人所享有的维护自身身体完整以及维持个人行动自由的权利。

健康权是维护个人身体机能的正常运转以及心理的良好状态的权利。健康权的内容包括维护生理健康和心理健康的权利。在生命权、身体权、健康权遭受侵害时，负有法定救助义务的主体负有及时施救的义务。

（三）姓名权

姓名权包括依法决定使用变更或者许可他人使用自己的姓名，以及要求他人尊重自己姓名的权利。名称权是法人、非法人组织对其区别于他人的符号和标记所享有的权利。能够被公众识别的笔名、艺名、网名、译名、字号姓名和名称的简称等，与姓名和名称受同等保护。

（四）肖像权

肖像权是自然人以其肖像所体现的精神利益以及财产利益为内容的权利。

不得以丑化、污损或者利用信息技术手段伪造等方式侵害肖像权。出于个人学习、实施新闻报道等目的，可以合理使用个人的肖像。

（五）隐私权和个人信息安全

人格权编的第六章进一步强化了对隐私权和个人信息的保护，为下一步制定个人信息保护法留下空间。根据《民法典》等相关规定，隐私权的内容包括私人生活安宁、私密空间、私密活动以及私密信息：个人信息是能够直接或者间接识别个人身份的各种信息。个人信息的处理应当符合合法正当必要原则，并符合法律规定条件。个人享有查询并维持其个人信息准确的权利，个人信息处理者负有保护个人信息的义务，并进一步明确，国家机关及其工作人员对其所控制的个人信息负有保密义务。

（六）《民法典》对特殊人格问题的规定

《民法典》对社会大众普遍关注的热点问题进行了有针对性的规定，例如，从事人体医学临床试验和从事与人体基因、人体胚胎等有关的医学和科研活动应当符合法定条件，遵守法定程序，专门针对“性骚扰”问题进行了规定，机关、企业、学校等单位负有采取必要措施防止性骚扰的义务。

五、婚姻家庭编的基本内容

婚姻家庭编共5章、79条。婚姻家庭制度是规范夫妻关系和家庭关系的基本准则。《民法典》的婚姻家庭编以原《婚姻法》《收养法》为基础，在坚持婚姻自由、一夫一妻等基本原则的前提下，结合社会发展需要，修改完善了部分规定，并增加了新的规定。

（一）婚姻家庭法的基本原则

我国婚姻家庭法的基本原则包括婚姻自由原则，一夫一妻原则，男女平等原则，保护妇女、未成年人、老年人、残疾人合法权益原则，夫妻互相忠实尊重原则，家庭成员敬老爱幼、互帮互助原则，最有利于被收养人原则。

（二）婚姻家庭中各类专有概念

婚姻家庭编中，对各类专有概念进行了明确的范围界定。针对“婚姻”，是指为当时社会制度所确认的，男女两性互为配偶的结合；针对“亲属”，是指基于婚姻血缘法律拟制而产生的人与人之间的社会关系，包括配偶、血亲和姻亲；针对“近亲属”，明确了范围，包括配偶、父母、子女、兄弟姐妹、祖父母、外祖父母、孙子女、外孙子女等；针对“家庭成员”，是指配偶、父母、子女和其他共同生活的近亲属。

（三）结婚的相关规定

结婚的条件包括结婚行为的成立要件和生效要件。结婚行为的成立要件包括存在一男一女双方当事人、存在结婚的意思表示、结婚登记。结婚行为的生效要件包括当事人具有完全民事行为能力、意思表示真实、不存在导致婚姻无效的法定事由。

导致婚姻无效的法定事由包括当事人一方或双方重婚、当事人之间具有禁止结婚的亲属关系、当事人一方或双方未到法定婚龄；可撤销婚姻的事由包括受胁迫而结婚、因对方在结婚登记前不如实告知身患重大疾病而结婚。

（四）离婚的相关规定

协议离婚要求男女双方以书面形式订立离婚协议并办理离婚登记。在诉讼离婚中，人民法院判决离婚应以夫妻感情确已破裂为依据。夫妻感情确已破裂的具体情形包括：重婚或者与他人同居；实施家庭暴力或者虐待、遗弃家庭成员；有赌博、吸毒等恶习屡教不改；因感情不和分居满 2 年；其他导致夫妻感情破裂的情形。

离婚的法律后果包括财产关系和人身关系两个方面。离婚在财产关系方面的法律后果包括离婚时的财产处理、离婚时的债务清偿、离婚经济补偿请求权、离婚时对生活困难一方的经济帮助、离婚损害赔偿请求权等。

在税务工作中，对于离婚财产分割、无偿赠与近亲属、无偿赠与对其承担直接抚养或者赡养义务的抚养人或者赡养人涉及的房屋所有权转移，增值税、个人所得税、土地增值税均免征或不征，但契税仅就离婚财产分割、夫妻之间赠与涉及的房屋所有权转移免征契税，对于无偿赠与夫妻以外的近亲属或赠与对其承担直接抚养或者赡养义务的抚养人或者赡养人涉及的房屋所有权转移，按规定征收契税。在实践中造成了“假离婚真买房”，或是实为近亲属之间的无偿赠与，却为降低税费采取买卖方式进行房屋所有权变更的情况，并因此引发了民事纠纷。

（五）日常家事代理权

日常家事代理权是指男女双方在因满足家庭日常生活需要，与第三人实施法律行为时，互为代理人，互有代理权。夫妻一方行使日常家事代理权产生的债务是夫妻共同债务，另一方承担连带责任。

夫妻共同债务的认定取决于夫妻合意和债务用途两项标准。基于夫妻双方共同意思表示产生的债务，如夫妻双方共同签名或者夫妻一方举债后另一方事后追认的，属于夫妻共同债务。此外，如果夫妻双方没有举债的合意，夫妻共同债务的认定取决于债务的用途。因此，夫妻一方在婚姻关系存续期间以个人名义为家庭日常生活需要所负的债务，属于夫妻共同债务。夫妻一方在婚姻关系存续期间以个人名义超出家庭日常生活需要所负的债务，如果债权人能够证明该债务用于夫妻共同生活、共同生产经营或者基于夫妻双方共同意思表示，那么，该债务属于夫妻共同债务。夫妻双方以全部夫妻共同财产和全部个人财产对夫妻共同债务负连带责任。

（六）收养的相关规定

在有关收养的制度中，《民法典》明确规定：被收养人必须是未成年人，且为丧失父母的孤儿，或者查找不到生父母的未成年人，或者生父母有特殊困难无力抚养的子女；送养人必须是孤儿的监护人，或者儿童福利机构，或者有特殊困难无力抚养子女的生父母，或者特殊情形下未成年人的监护人。

收养人应当无子女或者只有一名子女，有抚养、教育和保护被收养人的能力，未患有在医学上认为不应当收养子女的疾病，无不利于被收养人健康成长的违法犯罪记录，年满 30 周岁；无子女的收养人可以收养两名子女，有子女的收养人只能收养一名子女；没有配偶的收养人收养异性子女的，收养人与被收养人的年龄应当相差 40 周岁以上；收养关系的解除分为协议解除和诉讼解除。收养关系解除的法律效果包括在亲属关系方面的法律效果和在财产关系方面的法律效果。

六、继承编的基本内容

继承编共 4 章、45 条。继承制度是关于自然人死亡后财富传承的基本制度。随着人民群众生活水平的不断提高，个人和家庭拥有的财产日益增多，因继承引发的纠纷也越来越多。根据我国社会家庭结构、继承观念等方面的发展变化，《民法典》的继承编修改完善了继承制度，以满足人民群众处理遗产的现实需要。

（一）继承

继承是因自然人死亡而产生财产权利转移的法律后果。继承权是一项独立的民事财产权利。在继承开始之前，继承期待权具有不确定性，继承权因法律的直接规定，以及合法有效的遗嘱指定取得。继承权的丧失是对严重违法行为的民事制裁，其中故意杀害被继承人和为争夺遗产杀害其他继承人的行为会导致继承权的绝对丧失。

遗产继承在适用上优先于法定继承，遗产继承必须基于两个法律事实：被继承人死亡；被继承人生前订立了有效遗嘱。遗嘱为要式法律行为，法律仅承认以下六种遗嘱形式：自书遗嘱、代书遗嘱、打印遗嘱、录音录像遗嘱、口头遗嘱和公证遗嘱。遗嘱订立后遗嘱人可随时撤回、变更自己所立遗嘱，数份遗嘱相互冲突时以最后的遗嘱为准。合法订立的遗嘱在遗嘱人死亡时生效。

遗赠是遗嘱处分的一种，与遗嘱继承的区别在于受遗赠人不具有法定继承人身份。遗赠扶养协议的效力优先于遗嘱继承和遗赠，它属于有偿的双方法律行为。

与遗嘱继承相比，法定继承最重要的特征是继承人的范围、继承顺序以及遗产分配的规则均由法律直接规定。被继承人的配偶、近血亲和有扶养关系的特定姻亲是法定继承人。被继承人死亡时，既有第一顺序又有第二顺序继承人的，第一顺序继承人为实际继承人。代位继承是法定继承中“按支继承”观念的体现，代继承人直接按照被代位人的继承顺序和继承份额参与继承。与转继承的两次继承相区别，代位继承是一次继承。

（二）遗产

遗产是被继承人死亡时遗留的个人合法财产，包括物权、债权、知识产权、继承权、股权和其他投资性权利，以及其他法律明确规定为遗产的财产。

遗产管理人依遗嘱指定、继承人推选、法律直接规定产生，有异议时由法院指定。遗产管理人负责实施必要行为以保护和管理被继承人遗产。遗产分割时应先分出他人的财产，并保留胎儿的遗产份额。

我国实行法定的限定继承制度，继承人以所得遗产的实际价值为限，清偿被继承人依法应当缴纳的税款和债务。经法定程序认定为无主财产的，且为无人继承又无人受遗赠的遗产，归国家或集体所有制组织所有。

七、侵权责任编的基本内容

侵权责任编共 10 章、95 条。侵权责任是民事主体侵害他人权益应当承担的法律后果。2009 年通过的《侵权责任法》在保护民事主体的合法权益、预防和制裁侵权行为方面发挥了重要作用。《民法典》的侵权责任编在总结实践经验的基础上，针对侵权领域出现的新情况，吸收借鉴司法解释的有关规定，对侵权责任制度作了必要的补充和完善。

（一）侵权责任

侵权责任是因侵权行为而应承担的民事法律后果，以过错责任原则为归责原则，辅之以过错推定责任、无过错责任与公平责任三种其他归责事由。一般侵权责任的构成要件包括加害行为、损害事实、因果关系和过错。侵权责任的免除和减轻事由，包括受害人过错、受害人故意、第三人过错、自甘风险以及自助行为。

1. 过错责任原则。又被称为过失责任原则，是指行为导致损害事实的发生，以行为人主观上具有过错为承担侵权责任的必要条件；若行为人没有过错，也就不用承担责任。

2. 过错推定责任。属于过错责任的一种特殊形式，是指行为造成损害时，行为人不能证明自己没有过错的，推定其具有过错并承担相应的侵权责任。

3. 无过错责任。又被称为无过失责任，是指行为造成损害，进行归责时，不以行为人主观上具有过错作为承担侵权责任的必要条件。也就意味着，不论行为人主观上是否具有过错，只要行为人的行为与损害事实之间具有因果关系，就应承担民事责任。

4. 公平责任。是指在当事人双方对损害的发生均无过错，法律又未特别规定适用无过错责任，但是让一方当事人承担损失有违公平时，根据民法公平原则，由行为人对受害人的财产损失给予适当的补偿，当事人之间合理分担损失的一种责任类型。

（二）不同侵权情形的归责原则

《民法典》具体规定如下：监护人责任属于无过错责任。用人者责任属于无过错责任，但在劳务派遣中对派遣单位实行过错责任原则，承揽中的定作人也按照过错责任原则承担责任。网络侵权责任属于过错责任。教育机构的侵权责任要区分不同对象，对属于限制民事行为能力人的受害人，适用一般过错原则；对属于无民事行为能力人的受害人，适用过错推定原则；在第三人侵权时承担相应的补充责任。生产者和销售者的产品责任采用无过错责任归责原则，造成严重后果时可以适用惩罚性赔偿。机动车交通事故责任在机动车之间适用过错责任原则；在机动车与非机动车、机动车与行人之间，对机动车一方适用无过错责任原则。医疗损害责任为过错责任，当医疗机构存在违反诊疗规范的行为，或针对医疗资料等违法操作时，实行过错推定。环境污染和生态破坏责任是无过错责任。高度危险责任是基于高度危险活动或高度危险物品而产生的责任，属于无过错责任，依法适用最高赔偿限额。饲养动物损害责任适用无过错责任原则。建筑物和物件损害责任采用过错推定责任原则，但建筑物中抛掷物品或坠落物品的损害责任，在难以确定具体侵权人时，有可能施以加害的建筑物使用人给予补偿，建筑物管理人承担违反安全保障义务的侵权责任。

第二节 《民法典》与税务工作

一、《民法典》是税务行政行为的基础性规范

民事行为和其经济效果是国家税收的实施基础和课税对象。《民法典》是调整民事主体财产归属和关系的第一位法律规则，是国家对民商事基本问题的法律表达；税法则是在依据民事法律关系确定的财产归属、财产转移效果等基础上，以国家参与社会财富分配的方式进行的二次调整，调整的是在民事法律关系基础之上形成的税费征纳关系。

二、《民法典》对税收立法提供了思维启发

《民法典》对民事主体、物权制度、债权制度、继承制度等进行了梳理、总结和概括，税收法律需要借助《民法典》的立法技术，通过创新税收制度设计，提高税收单行法的立法质量，落实“税收法定”原则，回应和化解新时代社会主要矛盾，实现促进市场经济活力与维护社会公平正义的目标。

三、《民法典》与税费法律有所差异

两者属于相互独立的法律体系，例如，从调整对象看，税费法律调整国家和纳税人之间的税收征纳关系，民法调整平等主体之间的人身关系和财产关系；再如，从调整方法看，税费法律征纳双方意思自治空间有限，而民法则以意思自治为原则。

四、《民法典》中直接涉及税费的条款

《民法典》中直接涉税的条款有5条，即第四十三条规定，财产代管人应当妥善管理失踪人的财产，维护其财产权益。失踪人所欠税款、债务和应付的其他费用，由财产代管人从失踪人的财产中支付。第一千一百五十九条规定，分割遗产，应当清偿被继承人依法应当缴纳的税款和债务；但是，应当为缺乏劳动能力又没有生活来源的继承人保留必要的遗产。第一千一百六十一条规定，继承人以所得遗产实际价值为限清偿被继承人依法应当缴纳的税款和债务。超过遗产实际价值部分，继承人自愿偿还的不在此限。继承人放弃继承的，对被继承人依法应当缴纳的税款和债务可以不负清偿责任。第一千一百六十二条规定，执行遗赠不得妨碍清偿遗赠人依法应当缴纳的税款和债务。第一千一百六十三条规定，既有法定继承又有遗嘱继承、遗赠的，由法定继承人清偿被继承人依法应当缴纳的税款和债务；超过法定继承遗产实际价值部分，由遗嘱继承人和受遗赠人按比例以所得遗产清偿。

此外，《民法典》颁布施行后，2021年7月1日正式施行的《印花税法》所附“印花税税目税率表”列明的10个征收印花税的书面合同名称，与《民法典》合同编的部分典型合同保持了一致，体现了法律体系的统一规范。

五、《民法典》对税务行政行为的规范作用

（一）对征税对象的规范

对特定情形下胎儿的继承权赋予了其民事主体地位，为胎儿成为纳税人创造了条件。

（二）对征税范围的规范

如《民法典》，新设“地役权”，利用地役权取得收入的行为对征税范围产生影响。

（三）对优惠享受的规范

《民法典》对近亲属、亲属、家庭成员等概念及范围进一步界定，税务行政行为中应当进一步明确适用规定。

（四）对执法行为的规范

《民法典》划定了政府管理和纳税人自主决定的界限，各级税务机关应当进一步明

确征纳双方的权利义务边界。

（五）对征管制度的规范

如在二手房交易、司法拍卖等民事行为中，第三人代为履行税费缴纳义务的执行程序。

（六）对监管制度的规范

《民法典》中人格权的有关规定要求税务机关必须保护好公民的个人隐私和信息安全。

（七）对税收保障制度的规范

《民法典》增加了代位权、撤销权的行使情形、实施规则，对税务机关在征收管理活动中行使优先权、代位权和撤销权产生了直接影响。

【单选题】根据《民法典》的规定，下列说法错误的是（　　）。

A.《民法典》是我国第一部以“法典”命名的法律

B. 绿色原则也是《民法典》的基本原则

C.《民法典》规定的诉讼时效有 1 年、2 年、3 年、4 年、5 年

D. 最长诉讼时效期间为从权利被侵害之日起 20 年

【参考答案】C。本题是对《民法典》有关规定的表述的检测。《民法典》是我国第一部以“法典”命名的法律。绿色原则也是《民法典》的第八个基本原则。《民法典》或其他特别法没有特殊时效期间规定的，均适用 3 年的普通诉讼时效期间。《民法典》对国际货物买卖合同和技术进出口合同的时效期同为 4 年。《中华人民共和国海商法》规定海上货物运输中，向承运人要求赔偿的请求权时效期间为 1 年。“最长诉讼时效期间”，即从权利被侵害之日起超过 20 年的，人民法院不予保护。

本章习题

一、单项选择题

1. 将“国家建立健全同经济发展水平相适应的社会保障制度”载入现行《中华人民共和国宪法》的是（　　）宪法修正案。

A. 1988 年　　B. 1993 年　　C. 1999 年　　D. 2004 年

2. 用人单位未按时足额缴纳社会保险费的，由社会保险费征收机构责令限期缴纳或补足，并自欠缴之日起，向用人单位按日加收（　　）的滞纳金，逾期仍不缴纳的，由社保行政部门处以罚款。

A. 万分之三　　B. 万分之五　　C. 千分之一点五　　D. 千分之一

3. 杨某走失两年后，被其父母向人民法院申请宣告为失踪人，其财产由父母担任财产代管人进行管理。因杨某在失踪前取得一笔劳务报酬所得而未申报缴纳个人所得税，在系统中形成了欠税和滞纳金，下列处理方式正确的是（　　）。

A. 因纳税人已经失踪，主管税务机关不再过问

B. 虽然纳税人已经失踪，但应当由杨某的父母从自己的存款中支付欠税及滞纳金

C. 虽然纳税人已经失踪，但应当由杨某的父母从杨某的存款中支付欠税及滞纳金

D. 虽然纳税人已经失踪，但可以向杨某的兄弟姐妹追缴欠税及滞纳

4. 下列法律原则中，属于民法典基本原则的是（　　）。

A. 公信原则　　B. 公序良俗原则　　C. 等价有偿原则　　D. 公示原则

5. 民法典规定了承担民事责任的方式，其中不包括（　　）。

A. 赔礼道歉　　B. 消除危险　　C. 吊销许可证件　　D. 支付违约金

6. 根据《民法典》的规定，下列说法错误的是（　　）。

A.《民法典》是我国第一部以“法典”命名的法律

B. 绿色原则也是《民法典》的基本原则

C.《民法典》规定的诉讼时效有 1 年、2 年、3 年、4 年、5 年

D. 最长诉讼时效期间为从权利被侵害之日起 20 年

7.《中华人民共和国民法典》已由中华人民共和国十三届全国人民代表大会第三次会议于（　　）通过。

A. 2020. 3. 24　　B. 2020. 5. 28　　C. 2020. 7. 1　　D. 2021. 1. 1

8. 民事主体从事民事活动，按照自己的意思设立、变更、终止民事法律关系，这是（　　）原则。

A. 诚信原则　　B. 自愿原则　　C. 公平原则　　D. 平等原则

9. 附条件的民事法律行为，当事人为自己的利益不正当地阻止条件成就的，视为条件（　　）。

A. 已经成就　　B. 不成就　　C. 可实现　　D. 无效

10. 行为人没有代理权、超越代理权或者代理权终止后，仍然实施代理行为，相对人有理由相信行为人有代理权的，代理行为（　　）。

A. 有效　　B. 无效　　C. 效力待定　　D. 可撤销

二、多项选择题

1.《契税法》第六条规定，婚姻关系存续期间夫妻之间更名、法定继承人通过继承取得土地、房屋权属更名的，免征契税。下列房屋权属变更行为中，免征契税的有（　　）。

A. 甲、乙两人系合法夫妻，甲拟在“不动产权登记证”上添加乙的名字

B. 丙的丈夫尚健在，丙在去世前指定她的亲近朋友小丙继承其拥有的一套小公寓，办理权属变更

C. 祖父母因孙子丁的父亲很早就过世了，再无其他亲人，便决定将房产过继给丁，办理权属变更

D. 戊、己两人办理了离婚手续，戊因心中有愧，除分割财产外，另赠送己一套房产作为补偿，办理权属变更

2. 下列选项中，属于民事权利行使原则的有（　　）。

A. 自愿原则　　B. 义务必须履行原则

C. 禁止权利滥用原则　　D. 契约自由原则

3. 出现下列（　　）情形，非法人组织解散。

A. 章程规定的存续期间届满　　B. 出资人决定解散

C. 设立人决定解散　　D. 章程规定的其他解散事由出现

4. 债权是因（　　）以及法律的其他规定，权利人请求特定义务人为或者不为一定行为的权利。

A. 合同　　B. 侵权　　C. 无因管理　　D. 不当得利

5. 合同的内容由当事人约定，一般包括下列（　　）。

A. 质量　　B. 报酬　　C. 数量　　D. 违约责任

三、判断题

1. 2020 年 5 月 28 日，十三届全国人民代表大会第三次会议通过《中华人民共和国民法典》，自 2021 年 1 月 1 日起施行。（　　）

2. 民法调整平等主体的公民、法人和非法人组织之间的人身关系和财产关系。（　　）

3. 社会保障，是指由国家依法运用财政资源和其他社会资金，对公民因个人原因导致的生活困难给予物质帮助或服务帮助的保障手段。（　　）

4. 用人单位在终止或者解除劳动合同时拒不出具终止或者解除劳动关系证明的，由劳动行政部门责令改正；因上述原因对劳动者造成无法享受社会保险待遇等损害的，应当依法承担赔偿责任。（　　）

5. 国家实行社会主义市场经济，保障一切市场主体的平等法律地位和发展权利。（　　）

6. 妻子查看老公的手机没有侵犯老公的隐私权。（　　）

7. 民法所称的“以上”“以下”“以外”“届满”，包括本数；所称的“不满”“超过”“以内”，不包括本数。（　　）

8. 建筑物、构筑物或者其他设施倒塌、塌陷造成他人损害的，由建设单位与出资人承担连带责任。（　　）

9. 抵押权设立前，抵押财产已经出租并转移占有的，原租赁关系受该抵押权的影响。（　　）

10. 土地承包经营权人可以自主决定依法采取出租、入股或者其他方式向他人流转土地经营权，也可以自主将承包地用于非农建设。（　　）

参考答案与解析

一、单项选择题

1. 【参考答案】D。2004 年《宪法修正案》第二十三条规定，《中华人民共和国宪法》第十四条增加一款，作为第四款：“国家建立健全同经济发展水平相适应的社会保障制度”。故选项 D 正确。
2. 【参考答案】B。根据《社会保险法》第八十六条规定，用人单位未按时足额缴纳社会保险费的，由社会保险费征收机构责令限期缴纳或者补足，并自欠缴之日起，按日加收万分之五的滞纳金；逾期仍不缴纳的，由有关行政部门处欠缴数额一倍以上三倍以下的罚款。故选项 B 正确。
3. 【参考答案】C。根据《民法典》第四十三条规定，财产代管人应当妥善管理失踪人的财产，维护其财产权益。失踪人所欠税款、债务和应付的其他费用，由财产代管人从失踪人的财产中支付。财产代管人因故意或者重大过失造成失踪人财产损失的，应当承担赔偿责任。故选项 C 正确。
4. 【参考答案】B。民法典的基本原则包括民事权益受法律保护原则、平等原则、自愿原则、公平原则、诚信原则、合法和公序良俗原则、绿色原则。故选项 B 正确。
5. 【参考答案】C。《民法典》第一百七十九条规定，承担民事责任的方式主要有：停止侵害；排除妨碍；消除危险；返还财产；恢复原状；修理、重作、更换；继续履行；赔偿损失；支付违约金；消除影响、恢复名誉；赔礼道歉。法律规定惩罚性赔偿的，依照其规定。选项 C 属于行政处罚。故选项 C 正确。
6. 【参考答案】C。本题是对《民法典》有关规定的表述的检测。《民法典》是我国第一部以“法典”命名的法律。绿色原则也是《民法典》的第八个基本原则。《民法典》或其他特别法没有特殊时效期间规定的，均适用 3 年的普通诉讼时效期间。《民法典》对国际货物买卖合同和技术进出口合同的时效期同为 4 年。《中华人民共和国海商法》规定海上货物运输中，向承运人要求赔偿的请求权时效期间为 1 年。“最长诉讼时效期间”，即从权利被侵害之日起超过 20 年的，人民法院不予保护。
7. 【参考答案】B。2020 年 5 月 28 日，第十三届全国人民代表大会第三次会议通过《中华人民共和国民法典》（以下简称《民法典》），自 2021 年 1 月 1 日起施行。
8. 【参考答案】B。自愿原则。也称为意思自治原则，指民事主体依法享有法定范围内的广泛行为自由，并可以根据主体意志产生、变更、消灭民事权利法律关系。
9. 【参考答案】A。《民法典》第一百五十九条规定，附条件的民事法律行为，当事人为自己的利益不正当地阻止条件成就的，视为条件已经成就；不正当地促成条件成就的，视为条件不成就。
10. 【参考答案】A。《民法典》第一百七十二条规定，行为人没有代理权、超越代理权或者代理权终止后，仍然实施代理行为，相对人有理由相信行为人有代理权的，代理行为有效。

二、多项选择题

1. 【参考答案】AC。根据《民法典》第一千零四十五条规定，亲属包括配偶、血亲和姻亲，姬姻关系存续期间就是配偶的概念。根据《民法典》第一千一百二十七条规定，继承第一顺序为配偶、子女、父母，第二顺序是兄弟姐妹、祖父母、外祖父母。法定继承人继承房产免税有顺序限制，如果有第一顺序继承人，则不启动第二顺序继承人的继承，只有第一顺序继承人都不在世，才可以启动第二顺序继承人继承。选项A为《契税法》明确规定的免税行为。选项B中被继承人的第一顺序继承人，即丙的丈夫，尚健在，则丙将房产指定由小丙继承属于赠与，应征收契税。选项C中，因孙子的父亲（即祖父母的第一顺位继承人）早已离世，也没有其他的第一顺位继承人，适用《民法典》第一千一百二十八条代位继承的规定，由被继承人的直系晚辈血亲代位继承人，免征契税。选项D中，戊与己已经办理了离婚手续，两人不是配偶，戊向己赠与房产的行为不属于明文规定的免税范围，应当征收契税。
2. 【参考答案】ABC。根据《民法典》第一百三十条规定，民事主体按照自己的意愿依法行使民事权利，不受干涉。第一百三十一条规定，民事主体行使权利时，应当履行法律规定的和当事人约定的义务。根据《民法典》第一百三十二条规定，民事主体不得滥用民事权利损害国家利益、社会公共利益或者他人合法权益。故本题选项A、B、C正确。
3. 【参考答案】ABCD。根据《民法典》第一百零六条规定，【非法人组织解散的情形】有下列情形之一的，非法人组织解散

（一）章程规定的存续期间届满或者章程规定的其他解散事由出现；

（二）出资人或者设立人决定解散；

（三）法律规定的其他情形。

4. 【参考答案】ABCD。根据《民法典》第一百一十八条规定，【债权的定义】民事主体依法享有债权。

债权是因合同、侵权行为、无因管理、不当得利以及法律的其他规定，权利人请求特定义务人为或者不为一定行为的权利。

5. 【参考答案】ABCD。根据《民法典》第四百七十条规定，合同的内容由当事人约定，一般包括下列条款：

（一）当事人的姓名或者名称和住所；

（二）标的；

（三）数量；

（四）质量；

（五）价款或者报酬；

（六）履行期限、地点和方式；

（七）违约责任；

（八）解决争议的方法。

当事人可以参照各类合同的示范文本订立合同。

三、判断题

1.【参考答案】√。2020 年 5 月 28 日，第十三届全国人民代表大会第三次会议通过《中华人民共和国民法典》，自 2021 年 1 月 1 日起施行。

2.【参考答案】×。《民法典》第二条明确规定，民法调整平等主体的自然人、法人和非法人组织之间的人身关系和财产关系。

3.【参考答案】×。社会保障，是指由国家依法运用财政资源和其他社会资金，对公民因自然或社会等原因导致的生活困难给予物质帮助或服务帮助的保障手段。

4.【参考答案】√。根据《社会保险法》第八十五条规定，用人单位拒不出具终止或者解除劳动关系证明的，依照《劳动合同法》的规定处理。根据《劳动合同法》第八十九条规定，用人单位违反该法规定未向劳动者出具解除或者终止劳动合同的书面证明，由劳动行政部门责令改正；给劳动者造成损害的，应当承担赔偿责任。

5.【参考答案】√。《民法典》第二百零六条规定，国家坚持和完善公有制为主体、多种所有制经济共同发展，按劳分配为主体、多种分配方式并存，社会主义市场经济体制等社会主义基本经济制度。

国家巩固和发展公有制经济，鼓励、支持和引导非公有制经济的发展。

国家实行社会主义市场经济，保障一切市场主体的平等法律地位和发展权利。

6.【参考答案】×。《民法典》第一千零三十二条规定，自然人享有隐私权。任何组织或者个人不得以刺探、侵扰、泄露、公开等方式侵害他人的隐私权。

7.【参考答案】√。《民法典》第一千二百五十九条规定，民法所称的“以上”“以下”“以内”“届满”，包括本数；所称的“不满”“超过”“以外”，不包括本数。

8.【参考答案】×。《民法典》第一千二百五十二条规定，建筑物、构筑物或者其他设施倒塌、塌陷造成他人损害的，由建设单位与施工单位承担连带责任，但是建设单位与施工单位能够证明不存在质量缺陷的除外。建设单位、施工单位赔偿后，有其他责任人的，有权向其他责任人追偿。

9.【参考答案】×。《民法典》第四百零五条规定，抵押权设立前，抵押财产已经出租并转移占有的，原租赁关系不受该抵押权的影响。

10.【参考答案】√。《民法典》第三百三十九条规定，土地承包经营权人可以自主决定依法采取出租、入股或者其他方式向他人流转土地经营权。

第十二章　相关法规对税务公务员履职责任规定

第一节　税收违法违纪及其法律责任

一、概述

1. 主体

税务机关和税务人员。税务机关有税收违法违纪行为的，其责任承担主体是税务机关负有责任的领导人员和直接责任人员。

2. 依据

《政务处分法》《税收征管法》《公务员法》《行政监察法》及《税收违法违纪行为处分规定》等有关规定。

二、行政处分的种类

1. 警告

（1）警告期间不得晋升职务和级别，但可以晋升工资档次。适用于轻微违纪行为，违纪后果影响较小的情形。

（2）处分时间为 6 个月。

2. 记过

（1）记过是一种将公务员过错记录在案，使其承担一定的不利后果的处分形式。期间不得晋升职务和级别，不得晋升工资档次。

（2）处分时间为 12 个月。

3. 记大过

（1）记大过是一种比记过更严重的行政处分。期间不得晋升职务和级别，不得晋升工资档次。

（2）处分时间为 18 个月。

4. 降级

（1）降级是降低公务员现任行政级别，期间内不得晋升职务和级别，不得晋升工资档次。

（2）处分时间为 24 个月。

5. 撤职

（1）撤职即撤销公务员现任职务的行政处分，期间内不得晋升职务和级别，不得晋升工资档次，还要按照规定降低其级别。适用于违纪情节严重、社会危害较大、造成了严重后果的公务员。

（2）处分时间为 24 个月。

6. 开除

（1）开除即解除被处分公务员与机关、单位的人事关系的行政处分，是最为严厉的行政法律责任。被开除后，被处分人不再具有公务员的身份。

（2）被处以开除处分的公务员，不能再被录用为公务员。

三、政务处分的适用

1. 从轻或者减轻、免予或者不予政务处分

公职人员有下列情形之一的，可以从轻或者减轻给予政务处分：①主动交代本人应当受到政务处分的违法行为的；②配合调查，如实说明本人违法事实的；③检举他人违纪违法行为，经查证属实的；④主动采取措施，有效避免挽回损失或者消除不良影响的；⑤在共同违法行为中起次要或者辅助作用的；⑥主动上交或者退赔违法所得的；⑦法律、法规规定的其他从轻或者减轻情节。

公职人员违法行为情节轻微，且具有上述七种情形之一的，可以对其进行谈话提醒、批评教育、责令检查或者予以诫勉，免予或者不予政务处分，公职人员因不明真相被威胁或者被胁迫参与违法活动，经批评教育后确有悔改表现的，可以减轻、免予或者不予政务处分。

2. 从重给予政务处分

公职人员有下列情形之一的，应当从重给予政务处分：①在政务处分期内再次故意违法，应当受到政务处分的；②阻止他人检举、提供证据的；③串供或者伪造、隐匿、毁灭证据的；④包庇同案人员的；⑤胁迫、唆使他人实施违法行为的；⑥拒不上交或者退赔违法所得的；⑦法律、法规规定的其他从重情节。

公职人员犯罪，有下列情形之一的，予以开除：①因故意犯罪被判处管制、拘役或者有期徒刑以上刑罚（含宣告缓刑）的；②因过失犯罪被判处有期徒刑，刑期超过 3 年的；③因犯罪被单处或者并处剥夺政治权利的。

因过失犯罪被判处管制、拘役或者 3 年以下有期徒刑的，一般应当予以开除；案件情况特殊，予以撤职更为适当的，可以不予开除，但是应当报请上一级机关批准。

公职人员因犯罪被单处罚金，或者犯罪情节轻微，人民检察院依法作出不起诉决定或者人民法院依法免予刑事处罚的，予以撤职；造成不良影响的，予以开除。

3. 合并处理

公职人员有两个以上违法行为的，应当分别确定政务处分。应当给予两种以上政务处分的，执行其中最重的政务处分；应当给予撤职以下多个相同政务处分的，可以在一个政务处分期以上、多个政务处分期之和以下确定政务处分期，但是最长不得超过 48 个月。

4. 一事不二罚

对公职人员的同一违法行为，监察机关和公职人员任免机关、单位不得重复给予政务处分和处分。

四、违法行为及其政务责任

1. 违反政治要求的行为适用处分种类和幅度

有下列行为之一的，予以记过或者记大过；情节较重的，予以降级或者撤职；情节严重的，予以开除：①散布有损宪法权威、中国共产党领导和国家声誉的言论的；②参加旨在反对宪法、中国共产党领导和国家的集会、游行、示威等活动的；③拒不执行或者变相不执行中国共产党和国家的路线方针政策、重大决策部署的；④参加非法组织、非法活动的；⑤挑拨、破坏民族关系，或者参加民族分裂活动的；⑥利用宗教活动破坏民族团结和社会稳定的；⑦在对外交往中损害国家荣誉和利益的。

有下列行为之一的，对策划者、组织者和骨干分子，予以开除：①参加旨在反对宪法、中国共产党领导和国家的集会、游行、示威等活动的；②参加非法组织、非法活动的；③挑拨、破坏民族关系，或者参加民族分裂活动的；④利用宗教活动破坏民族团结和社会稳定的。

公开发表反对宪法确立的国家指导思想，反对中国共产党领导，反对社会主义制度、反对改革开放的文章、演说、宣言、声明等的，予以开除。

2. 违反组织要求的行为适用处分种类和幅度

有下列行为之一的，情节较重的，予以警告、记过或者记大过；情节严重的，予以降级或者撤职：①不按照规定请示、报告重大事项；②违反民主集中制原则，个人或者少数人决定重大事项，或者拒不执行、擅自改变集体作出的重大决定的；③拒不执行或者变相不执行、拖延执行上级依法作出的决定、命令的。

违反个人有关事项报告规定，隐瞒不报，情节较重的，予以警告、记过或者记大过。

有下列行为之一的，予以记过或者记大过；情节严重的，予以降级或者撤职：①篡改、伪造本人档案资料的；②违反规定出境或者办理因私出境证件的，违反规定取得外国国籍或者获取境外永久居留资格、长期居留许可的，予以撤职或者开除。

有下列行为之一的，予以警告、记过或者记大过；情节较重的，予以降级或者撤职；情节严重的，予以开除：①在选拔任用、录用、聘用、考核、晋升、评选等干部人事工作中违反有关规定的；②弄虚作假，骗取职务、职级衔级、级别、岗位和职员等级、职称、待遇、资格、学历、学位、荣誉、奖励或者其他利益的；③对依法行使批评、申诉、控告、检举等权利的行为进行压制或者打击报复的；④诬告陷害，意图使他人受到名誉损害或者责任追究等不良影响的；⑤以暴力、威胁、贿赂、欺骗等手段破坏选举的。

3. 违反廉洁要求的行为适用处分种类和幅度

有下列行为之一的，予以警告、记过或者记大过；情节较重的，予以降级或者撤职；情节严重的，予以开除：①贪污贿赂的；②利用职权或者职务上的影响为本人或者他人谋取私利的；③纵容、默许特定关系人利用本人职权或者职务上的影响谋取私利的；④收受可能影响公正行使公权力的礼品、礼金、有价证券等财物的；⑤违反规定从事或者参与营利性活动，或者违反规定兼任职务、领取报酬的。

拒不按照规定纠正特定关系人违规任职、兼职或者从事经营活动，且不服从职务调整的，予以撤职。

有下列行为之一，情节较重的，予以警告、记过或者记大过；情节严重的，予以降级或者撤职：①向公职人员及其特定关系人赠送可能影响公正行使公权力的礼品、礼金、有价证券等财物，或者接受、提供可能影响公正行使公权力的宴请、旅游、健身、娱乐等活动安排；②违反规定设定、发放薪酬或者津贴、补贴、奖金的；③违反规定，在公务接待、公务交通、会议活动、办公用房以及其他工作生活保障等方面超标准、超范围的；④违反规定公款消费的。

4. 违反群众要求的行为适用处分种类和幅度

利用宗族或者黑恶势力等欺压群众，或者纵容、包庇黑恶势力活动的，予以撤职；情节严重的，予以开除。

有下列行为之一，情节较重的，予以警告、记过或者记大过；情节严重的，予以降级或者撤职：①违反规定向管理服务对象收取、摊派财物的；②在管理服务活动中故意刁难、吃拿卡要的；③在管理服务活动中态度恶劣粗暴造成不良后果或者影响的；④不按照规定公开工作信息，侵犯管理服务对象知情权，造成不良后果或者影响的；⑤其他侵犯管理服务对象利益的行为，造成不良后果或者影响的。有第①②⑤项行为，情节特别严重的，予以开除。

5. 违反工作要求的行为适用处分种类和幅度

有下列行为之一，造成不良后果或者影响的，予以警告、记过或者记大过；情节较重的，予以降级或者撤职；情节严重的，予以开除：①滥用职权。危害国家利益、社会公共利益或者侵害公民、法人、其他组织合法权益的；②不履行或者不正确履行职责，玩忽职守，贻误工作的；③工作中有形式主义、官僚主义行为的；④工作中有弄虚作假，误导、欺骗行为的；⑤泄露国家秘密、工作秘密，或者泄露因履行职责掌握的商业秘密、个人隐私的。

6. 违反道德要求的行为适用处分种类和幅度

有下列行为之一的，予以警告、记过或者记大过；情节较重的，予以降级或者撤职；情节严重的，予以开除：①违背社会公序良俗，在公共场所有不当行为，造成不良影响的；②参与或者支持迷信活动，造成不良影响的；③参与赌博的；④拒不承担赡养、抚养、扶养义务的；⑤实施家庭暴力，虐待、遗弃家庭成员的；⑥其他严重违反家庭美德、社会公德的行为。

吸食、注射毒品，组织赌博，组织、支持、参与卖淫、嫖娼、色情淫乱活动的，予以撤职或者开除。

7. 公职人员有其他违法行为，影响公职人员形象，损害国家和人民利益的，可以根据情节轻重给予相应政务处分

五、政务处分的程序

1. 立案调查

对涉嫌违法的公职人员进行调查，应当由两名以上工作人员进行。

2. 听取被调查人的陈述和申辩

作出政务处分决定前，应当将调查认定的违法事实及拟给予政务处分的依据告知被调查人，听取被调查人的陈述和申辩，并对其陈述的事实、理由和证据进行核实，记录在案。被调查人提出的事实、理由和证据成立的，应予采纳。不得因被调查人的申辩而加重政务处分。

3. 作出处分决定

调查终结后，应当根据下列不同情况，分别作出处理。

（1）作出政务处分决定。对确有应受政务处分的违法行为的，根据情节轻重，按照政务处分决定权限，履行规定的审批手续后，作出政务处分决定。

（2）撤销案件。对违法事实不能成立的，撤销案件。

（3）作出免予、不予政务处分决定。对符合免予、不予政务处分条件的，作出免予、不予政务处分决定。

（4）依法移送主管机关处理。对被调查人涉嫌其他违法或者犯罪行为的，依法移送主管机关处理。

4. 宣布处分决定

《政务处分决定书》应当及时送达被处分人和被处分人所在机关、单位，并在一定范围内宣布。

5. 执行处分

公职人员受到政务处分的，应当将《政务处分决定书》存入其本人档案。对于受到降级以上政务处分的，应当由人事部门按照管理权限在作出政务处分决定后一个月内办理职务、工资及其他有关待遇等的变更手续。

六、税收违法违纪法律责任追究

（一）责任追究的制度规定

1. 依权限实施责任追究制度

处分的实施主体分别是任免机关和监察机关。

2. 申请复核或者申诉制度

（1）向处分机关申请复核；

（2）向上级税务机关申诉；

（3）向有管辖权的监察机关申请复核。

3. 税收违法违纪案件移送制度

（1）税收执法部门在查处纳税人税收违法案件中，发现税务机关或税务人员涉嫌违法违纪行为的事实或线索，应将有关证据和材料转交有管辖权的监察部门。

（2）监察部门查处税收违法违纪案件，认为应当由税务行政主管部门予以处理的，应及时将有关案件材料移送税务行政主管部门。

（3）对于涉嫌犯罪的，除依据相关规定给予党纪、政纪处分外，还应当移送司法机关依法追究刑事责任。

（二）责任追究的处分规定

1. 下列情形，对有关责任人员给予警告或者记过处分；情节较重的，给予记大过或者降级处分；情节严重的，给予撤职处分：

（1）税务机关及税务人员违反法定权限、条件和程序办理开业、变更或者注销税务登记的；

（2）违反规定发放、收缴税控专用设备的；

（3）违反规定开具完税凭证、罚没凭证的；

（4）违反法定程序为纳税人办理减税、免税、退税手续的；

（5）违反规定采取税收保全、强制执行措施的，查封、扣押纳税人个人及其所扶养家属维持生活必需的住房和用品的；

（6）违反规定作出涉及税收优惠的资格认定、审批的；

（7）未按规定要求当事人出示税收完税凭证或者免税凭证而为其办理行政登记、许可、审批等事项的；

（8）违反规定办理纳税担保的等。

2. 下列情形，对有关责任人员给予记过或者记大过处分；情节较重的，给予降级或者撤职处分；情节严重的，给予开除处分：

（1）税务机关及税务人员违反规定发售、保管、代开增值税专用发票以及其他发票，致使国家税收遭受损失或者造成其他不良影响的；

（2）违反规定核定应纳税额、调整税收定额，导致纳税人税负水平明显不合理的；

（3）对管辖范围内的税收违法行为，发现后不予处理或者故意拖延查处；

（4）徇私舞弊或者玩忽职守，不征或者少征应征税款，致使国家税收遭受损失的；

（5）违反规定要求纳税人、扣缴义务人委托税务代理，或者为其指定税务代理机构的；

（6）违反规定要求纳税人购买、使用指定的税控装置的；

（7）隐匿、毁损、伪造、变造税收违法案件证据的；

（8）提供虚假税务协查函件的；

（9）出具虚假涉税证明等。

3. 下列情形，对有关责任人员给予记大过处分；情节较重的，给予降级或者撤职处分；情节严重的，给予开除处分：

（1）税务机关私分、挪用、截留、非法占有税款、滞纳金、罚款或者查封、扣押的财物以及纳税担保财物的；

（2）税务机关及税务人员违反规定为纳税人、扣缴义务人提供银行账户、发票、证明或者便利条件，导致未缴、少缴税款或者骗取国家出口退税款的；

（3）向纳税人、扣缴义务人通风报信、提供便利或者以其他形式帮助其逃避税务行政处罚的；

（4）逃避缴纳税款、抗税、逃避追缴欠税、骗取出口退税的；

（5）伪造、变造、非法买卖发票的；

（6）故意使用伪造、变造、非法买卖的发票，造成不良后果的。

【单选题】税收执法违法违纪行为的一般特征不包括（　　）。

A. 触犯刑法　　　　B. 损害税务人员廉洁性

C. 造成危害后果　　　　D. 利用职务之便

【参考答案】A。本题考查税收执法违法违纪的一般特征。并非所有的税收执法违法违纪行为都触犯刑法。故选项 A 符合题意。

第二节　税收职务犯罪及其刑事法律责任

一、税收职务犯罪的一般特征

1. 职务犯罪，犯罪主体是国家工作人员，主要是在国家机关任职的公务员；一些虽然不具有公务员身份，但在国家机关任职，或者在其他单位任职而代表国家履行公务，在其履行公务的过程中犯罪，也可以作为职务犯罪的主体，构成职务犯罪。

【提示】如果国家工作人员，实施的与其职务和身份无关的犯罪则不属于职务犯罪。

2. 徇私舞弊不征、少征税款罪和徇私舞弊发售发票、抵扣税款、出口退税罪，是以税务机关工作人员为特殊主体，即只有税务机关工作人员才能构成本罪。

二、常见的税收职务犯罪及其刑事法律责任

（一）玩忽职守罪

1. 主观方面是过失。

2. 客观方面表现为严重不负责任，不履行或者不认真履行职责，致使公共财产、

国家和人民利益遭受重大损失。

3. 是一种结果犯罪，即只有出现法定的危害后果，才追究刑事责任。

4. 税务机关工作人员犯玩忽职守罪，处 3 年以下有期徒刑或者拘役；情节特别严重的，处 3 年以上 7 年以下有期徒刑。

【判断题】玩忽职守罪的主体为特殊主体，即国家机关工作人员和代表国家机关从事公务的人员。(　　)

【参考答案】√。玩忽职守罪，是指国家机关工作人员严重不负责任，不履行或者不认真履行职责，致使公共财产、国家和人民利益遭受重大损失。因此，玩忽职守罪的犯罪主体只可以是国家机关工作人员，是特殊的犯罪主体。

（二）滥用职权罪

1. 主观方面是间接故意。

2. 客观方面表现为超越职权，违法决定、处理其无权决定、处理的事项，或者违反规定处理公务，致使公共财产、国家和人民利益遭受重大损失的行为。

【提示】滥用职权罪也是结果犯罪，只有存在公共财产、国家和人民利益遭受重大损失的特定危害后果才追究刑事责任。

3. 刑事处罚税务机关工作人员犯滥用职权罪，处 3 年以下有期徒刑或者拘役；情节特别严重的，处 3 年以上 7 年以下有期徒刑。

【判断题】滥用职权罪的主观方面要件通常表现为过失。(　　)

【参考答案】×。滥用职权罪的主观方面要件通常表现为间接故意，即明知或应当知道其行为可能发生危害后果，而放任其危害后果的发生。

（三）徇私舞弊发售发票、抵扣税款、出口退税罪

1. 主体是税务机关的工作人员。

2. 主观方面表现为故意。

3. 客体是税务机关的税收征管秩序。

4. 客观方面表现为违反法律、行政法规的规定，在办理发售发票、抵扣税款、出口退税工作中徇私舞弊，致使国家利益遭受重大损失的行为。

5. 刑事处罚为税务机关工作人员犯徇私舞弊发售发票、抵扣税款、出口退税罪，处 5 年以下有期徒刑或者拘役；致使国家利益遭受特别重大损失的，处 5 年以上有期徒刑。

【单选题】下列关于徇私舞弊发售发票罪的说法，错误的是（　　）。

A. 主体是税务机关工作人员

B. 客观方面表现为违反法律、行政法规的规定，在办理发售发票工作中徇私舞弊，致使国家利益遭受重大损失的行为

C. 后果为致使国家利益遭受重大损失

D. 主观方面表现为过失

【参考答案】D。本题考查徇私舞弊发售发票罪的犯罪构成。徇私舞弊致使国家税收损失累计达10万元以上，被认为属于致使国家利益遭受重大损失。本罪的主观方面表现为故意。过失不构成本罪。选项D符合题意。

（四）徇私舞弊不征、少征税款罪

1. 主观方面表现为主观故意。

2. 客体是国家税务机关正常的税收征管秩序。

3. 客观方面表现为徇私舞弊，为了私情私利，弄虚作假，对应当征收的税款不征或者少征，致使国家税收遭受重大损失行为。

4. 刑事处罚是税务机关工作人员犯徇私舞弊不征、少征税款罪，处5年以下有期徒刑或者拘役；造成特别重大损失的，处5年以上有期徒刑。

（五）徇私舞弊不移交刑事案件罪

1. 主观方面表现为故意。

2. 客观方面表现为行政执法人员利用职务之便，徇私情私利、伪造材料、隐瞒情况、弄虚作假，对依法应当移交司法机关追究刑事责任的案件不移交，情节严重的行为。

3. 刑事处罚为税务机关工作人员犯徇私舞弊不移交刑事案件罪，处3年以下有期徒刑或者拘役；造成严重后果的，处3年以上7年以下有期徒刑。

（六）帮助犯罪分子逃避处罚罪

1. 主观方面表现为故意。

2. 客观方面表现为向犯罪分子通风报信、提供便利，帮助犯罪分子逃避处罚，主要包括以下行为：

（1）向犯罪分子泄露有关部门查禁犯罪活动的部署、人员、措施、时间、地点等情况的；

（2）向犯罪分子提供钱物、交通工具、通信设备、隐藏处所等便利条件的；

（3）向犯罪分子泄露案情的；

（4）帮助、示意犯罪分子隐匿、毁灭、伪造证据，或者串供、翻供的；

（5）其他帮助犯罪分子逃避处罚应予追究刑事责任的情形。

3. 刑事处罚为税务机关工作人员犯帮助犯罪分子逃避处罚罪，处3年以下有期徒刑或者拘役；情节严重的，处3年以上10年以下有期徒刑。

（七）受贿罪

1. 主观方面表现为直接故意。

2. 客观方面表现为受贿，且有两种形式：

（1）利用职务上的便利，索取他人财物，即主动的索贿行为；

（2）利用职务上的便利，非法收受他人财物，为他人谋取利益。税收执法者接受行贿者主动行贿的情况。

3. 刑事处罚有以下三种：

（1）受贿数额较大依法判处 3 年以下有期徒刑或者拘役，并处罚金。

（2）受贿数额巨大，依法判处 3 年以上 10 年以下有期徒刑，并处罚金或者没收财产。

（3）受贿数额特别巨大，处 10 年以上有期徒刑、无期徒刑或者死刑，并处罚金或者没收财产。

（八）贪污罪

1. 主观方面表现为直接故意，并具有非法占有目的。

2. 客观方面表现为以利用职务上的便利为前提，在职务活动过程中实施侵吞行为；在手段上表现为侵吞、窃取、骗取或者以其他手段非法将公共财物据为己有。

（九）挪用公款罪

1. 主观方面为故意。

2. 客观方面表现为三种形式：

（1）利用职务上的便利，挪用公款归个人使用，进行非法活动。它不受挪用时间的限制。

（2）利用职务上的便利，挪用公款数额较大，进行经商、办企业等营利活动。它不受挪用时间的限制。

（3）利用职务上的便利，挪用公款数额较大，超过 3 个月，在被司法机关、主管部门或有关单位发现前未退还的行为。

3. 刑事处罚有以下两种：

（1）犯挪用公款罪，处 5 年以下有期徒刑或者拘役；情节严重的，处 5 年以上有期徒刑。

（2）挪用公款数额巨大不退还的，处 10 年以上有期徒刑或者无期徒刑。

【提示】挪用用于救灾、抢险、防汛、优抚、扶贫、移民、救济款物归个人使用的，从重处罚。

（十）私分罚没财物罪

1. 主观方面表现为故意。

2. 客观方面的表现是将应当上缴国家的罚没财物，以单位名义集体私分给个人。

【提示】私分罚没财物行为系以单位名义实施，如果不是以单位名义实施，而是个人私分，则构成贪污罪而不是私分罚没财物罪。

3. 刑事处罚为税务机关工作人员犯私分罚没财物罪，数额较大的，对其直接负责的主管人员和其他直接责任人员，处 3 年以下有期徒刑或者拘役，并处或者单处罚金；数额巨大的，处 3 年以上 7 年以下有期徒刑，并处罚金。

【多选题】根据《中华人民共和国刑法》相关规定，下列关于渎职罪的说法错误的有（　　）。

A. 涉税渎职犯罪分为徇私舞弊型渎职罪、滥用职权型渎职罪、玩忽职守型渎职罪

B. 徇私舞弊不征、少征税款罪与违法提供出口退税凭证罪的犯罪主体都是税务机关工作人员

C. 渎职罪的犯罪主体都是一般主体，任何自然人或单位都能成为渎职罪的犯罪主体

D. 徇私舞弊不移交刑事案件罪与徇私舞弊不征、少征税款罪在主观方面都表现为故意

【参考答案】BC。本题考查渎职罪各罪的构成要件。违法提供出口退税凭证罪的犯罪主体是海关、外汇管理等国家工作人员而不是税务机关工作人员。所以选项 B 错误。渎职罪的犯罪主体为特殊主体，即只能是国家机关工作人员，但法律另有规定除外，所以选项 C 错误。

本章习题

一、单项选择题

1. 某市财政局局长张某（中共党员）因严重违纪受到留党察看 2 年处分。1 年内，有关部门又查清张某违反廉洁纪律，应当给予张某的处分是（　　）。

A. 开除党籍处分　　B. 延长 1 年察看期　　C. 延长 2 年察看期　　D. 撤销党内职务

2. 公务员晋升职级所要求任职年限的年度考核结果均应为称职以上等次，其间每有 1 个年度考核结果为（　　）等次的，任职年限缩短半年。

A. 优秀　　B. 称职　　C. 基本称职　　D. 不称职

3. 下列情况不能录用为税务系统公务员的是（　　）。

A. 曾被记过行政处分的　　B. 受过行政拘留的

C. 曾被开除公职的　　D. 大专学历

4. 责令待岗属于（　　）。

A. 内部行政纪律责任　　B. 行政处分

C. 刑事责任　　D. 经济责任

5. 根据《中华人民共和国公务员法》规定，公务员的处分形式不包括（　　）。

A. 记大过　　B. 降级　　C. 降职　　D. 撤职

二、多项选择题

1. 税收执法过错责任追究形式包括（　　）。

A. 责令作出书面检查
B. 调离执法岗位
C. 取消评选先进的资格
D. 取消执法资格

2. 公务员被辞退的情况包括（　　）。
A. 在年度考核中，两次以上被确定为不称职的
B. 本人工作能力无法胜任现职工作的
C. 不履行公务员义务，经教育仍无转变，不适合继续在机关工作，又不宜给予开除处分的
D. 所在机关撤销需要调整工作，本人拒绝合理安排的

3. 税务人员在受一定的行政处分期间不得晋升工资档次，这些行政处分包括（　　）。
A. 警告
B. 记过
C. 降级
D. 撤职

4. 下列因素中，属于受贿罪构成要件的有（　　）。
A. 主观方面故意
B. 收受财物
C. 利用职务便利
D. 为行贿人谋取利益

5. 公务员、公务员集体因涉嫌违纪违法正在接受组织调查的，暂停实施奖励。有下列情形之一的，撤销奖励（　　）。
A. 弄虚作假，骗取奖励的
B. 申报奖励时隐瞒严重错误或者严重违反规定程序的
C. 有严重违纪违法等行为，影响称号声誉的
D. 有法律、法规规定应当撤销奖励的其他情形的

6. 行政机关公务员在受处分期间不得晋升职务和级别，其中，受（　　）处分的，不得晋升工资档次；受撤职处分的，应当按照规定降低级别。
A. 警告
B. 记过
C. 降级
D. 撤职

7. 公务员年度考核被确定为不称职等次的，按照下列（　　）规定办理。
A. 降低一个职务层次任职
B. 降低两个职务层次任职
C. 本考核年度不计算为按年度考核结果晋升级别和级别工资档次的考核年限
D. 不享受年度考核奖金

三、判断题

1. 公务员认为机关及其领导人员侵犯其合法权益的，可以依法向上级机关或者监察机关提出控告。受理控告的机关应当按照规定及时处理。（　　）

2. 对同一违纪违法行为，监察机关已经作出政务处分决定的，公务员所在机关不再给予处分。（　　）

3. 纠正或责令停止违纪行为、限期整改，一般适用于呈完成状态的违纪行为，或者一般性工作失误以及未造成严重后果的过失行为。（　　）

4. 对被审查调查人违规违纪违法所得财物，应当依规依纪依法予以没收、责令退赔或者登记上交。（　）

5. 受到处分的违纪行为人复核、申诉期间暂停处分的执行。（　）

参考答案与解析

一、单项选择题

1. 【参考答案】A。《中国共产党纪律处分条例》第十二条规定：留党察看处分，分为留党察看1年、留党察看2年。留党察看期间，确有悔改表现的，期满后恢复其党员权利；坚持不改或者又发现其他应当受到纪律处分的违纪行为的，应当开除党籍。所以，选项A符合题意。

2. 【参考答案】A。公务员晋升职级所要求任职年限的年度考核结果均应为称职以上等次，其间每有1个年度考核结果为优秀等次的，任职年限缩短半年。所以，选项A符合题意。

3. 【参考答案】C。本题考查禁止录用为公务员的情形。《公务员法》规定，不得录用为公务员的情形有：曾因犯罪受过刑事处罚的；曾被开除公职的；有法律规定不得录用为公务员的其他情形的。选项C符合题意。

4. 【参考答案】A。本题考查行政纪律责任的形式。一般而言，内部行政纪律责任的形式主要包括批评教育、责令作出书面检查、通报批评、取消评选先进的资格、责令待岗、调离执法岗位、取消执法资格等。

5. 【参考答案】C。公务员因违法违纪应当承担纪律责任的，给予处分。处分的种类为：警告、记过、记大过、降级、撤职、开除六种。所以，选项C符合题意。

二、多项选择题

1. 【参考答案】ABCD。本题考查税收执法过错追究的形式。所以，选项A、B、C、D符合题意。

2. 【参考答案】CD。根据《中华人民共和国公务员法》第八十八条规定，公务员有下列情形之一的，予以辞退：（1）在年度考核中，连续两年被确定为不称职的。（2）不胜任本职工作，又不接受其他安排的。（3）所在机关调整、撤销、合并或者缩减编制需要调整工作，本人拒绝合理安排的。（4）不履行公务员义务，不遵守法律和公务员纪律，经教育仍无转变，不适合继续在机关工作，又不宜给予开除处分的。（5）旷工或者因公外出、请假期满无正当理由逾期不归连续超过15天，或者一年内累计超过30天的。所以，选项C、D符合题意。

3. 【参考答案】BCD。本题考查不得晋升工资档次的行政处分。我国《公务员法》规定，公务员在受处分期间不得晋升职务、职级和级别，其中受记过、记大过、降级、撤职处分的，不得晋升工资档次。所以，选项B、C、D符合题意。

4. 【参考答案】ABC。本题考查受贿罪构成要件。根据《中华人民共和国刑法》关于受贿罪的规定，受贿罪主观方面必须是故意，客观上利用职务便利，并收受财物。至于是否为行贿人谋利不是该罪的构成要件。所以，选项 A、B、C 符合题意。

5.【参考答案】ABCD。公务员、公务员集体因涉嫌违纪违法正在接受组织调查的，暂停实施奖励。有下列情形之一的，撤销奖励：①弄虚作假，骗取奖励的；②申报奖励时隐瞒严重错误或者严重违反规定程序的；③有严重违纪违法等行为，影响称号声誉的；④有法律、法规规定应当撤销奖励的其他情形的。所以，选项 A、B、C、D 符合题意。

6.【参考答案】BCD。行政机关公务员在受处分期间不得晋升职务和级别，其中，受记过、记大过、降级、撤职处分的，不得晋升工资档次；受撤职处分的，应当按照规定降低级别。所以，选项 B、C、D 符合题意。

7.【参考答案】ACD。公务员年度考核被确定为不称职等次的，按照下列规定办理：公务员年度考核确定为不称职等次的，按照下列规定办理：（一）本考核年度不计算为晋升职务职级的任职年限；降低一个职务或者职级层次任职。（二）本考核年度不计算为按年度考核结果晋升级别和级别工资档次的考核年限。（三）不享受年度考核奖金。（四）连续两年确定为不称职等次的，予以辞退。所以，选项 A、C、D 符合题意。

三、判断题

1.【参考答案】√。《公务员法》规定，公务员认为机关及其领导人员侵犯其合法权益的，可以依法向上级机关或者监察机关提出控告。受理控告的机关应当按照规定及时处理。

2.【参考答案】√。对同一违纪违法行为，监察机关已经作出政务处分决定的，公务员所在机关不再给予处分。

3.【参考答案】×。《运用监督执纪第一种形态各类处理措施的操作规程》第二条规定：纠正或责令停止违纪行为、限期整改，一般适用于呈连续或继续状态的违纪行为，或者一般性工作失误以及未造成严重后果的过失行为。

4.【参考答案】×。《中国共产党纪律检查机关监督执纪工作规则》第五十八条第一款规定：对被审查调查人违规违纪违法所得财物，应当依规依纪依法予以收缴、责令退赔或者登记上交。

5.【参考答案】×。复核、申诉期间不停止处分的执行。所以，所以本题答案为×。

第五篇　时事政治

第一章　2023 年国内时事政治

一、2023 年 1 月

1. 2023 年 1 月 1 日，区域全面经济伙伴关系协定（RCEP）生效实施一周年。一年来，成员国间零关税产品比例大幅提高，经济增长的红利得到初步释放。

2. 2023 年 1 月 1 日出版的第 1 期《求是》杂志发表中共中央总书记、国家主席、中央军委主席习近平在党的二十届一中全会上的讲话《为实现党的二十大确定的目标任务而团结奋斗》。

3. 2023 年 1 月 2 日，人力资源和社会保障部官网发布全国各地区最低工资标准情况（截至 2023 年 1 月 1 日），从月最低工资标准来看，上海、深圳、北京位列前三。

4. 2023 年 1 月 4 日电，中共中央办公厅、国务院办公厅近日印发《关于加强新时代水土保持工作的意见》，提出到 2025 年，全国水土保持率达到 73%；到 2035 年，人为水土流失得到全面控制，全国水土保持率达到 75%。

5. 2023 年 1 月 4 日下午，国家主席习近平在人民大会堂同来华进行国事访问的菲律宾总统马科斯举行会谈。这是马科斯首次正式访问东盟以外国家，也是今年中方接待的首位外国领导人。习近平指出，我愿同你保持经常性战略沟通，全面规划双边关系下步发展，做互帮互助的好邻居、相知相近的好亲戚、合作共赢的好伙伴，为两国人民带来更多福祉，为地区和平稳定贡献更多正能量。双方已经确立农业、基建、能源、人文四大重点合作领域，这是支撑中菲全面战略合作关系的四梁八柱，要下大力气培育增长点、打造新亮点。

6. 2023 年 1 月 5 日电，近日，交通运输部印发《交通运输安全应急标准体系（2022 年）》（以下简称《体系》）。《体系》提出，到 2025 年，基本建立覆盖全面、结构合理、衔接配套、先进适用的交通运输安全应急标准体系。到 2030 年，交通运输安全应急标准体系进一步深化完善。

7. 2023 年 1 月 5 日，我国首个全息数字电网在江苏建成，通过采集各电压等级输变电设施的物理数据，在网络云端构建数字孪生电网，全面提升了电网的智慧运检水平。

8. 2023 年 1 月 5 日，2023 年全国出版（版权）工作会议在京召开。会议强调，要围绕宣传阐释党的二十大精神做好主题出版，深化全民阅读活动，以高度的政治判断力、政治领悟力、政治执行力做好出版工作。要推进文化自信自强，打造更多满足人民文化需求、增强人民精神力量的时代精品。要坚持以高质量发展为主题，构建出版业发展新格局。要压紧压实政治责任，提高行业治理能力水平。要坚持“出精品”与“出人才”并重，夯实出版业高质量发展的人才基础。

9. 2023 年 1 月 6 日电，从航天科技集团获悉，今年计划安排超 50 次航天发射任务，开展嫦娥七号、天问二号等型号研制工作，载人空间站转入常态化运营模式。

10. 2023 年 1 月 6 日电，中国信息通信研究院在“第五届数据资产管理大会”发布的《大数据白皮书》显示，我国大数据技术产业整体水平大幅提升，已形成数据存储与计算、数据管理、数据流通、数据应用、数据安全五大核心领域。2021 年我国发表大数据领域论文量占全球 31%，大数据相关专利受理总数占全球超 50%，均位居第一。

11. 2023 年 1 月 7 日电，《互联网企业合规建设评价体系》团体标准发布。本标准是我国互联网领域第一部以合规建设评价为主的团体标准，从合规战略规划、合规主体责任、合规风险识别、合规整改措施四个方面构建指标体系。

12. 2023 年 1 月 8 日电，习近平总书记近日对政法工作作出重要指示时强调，政法工作是党和国家工作的重要组成部分。要全面贯彻落实党的二十大精神，坚持党对政法工作的绝对领导，提高政治站位和政治判断力、政治领悟力、政治执行力，坚持以人民为中心，坚持中国特色社会主义法治道路，坚持改革创新，坚持发扬斗争精神，奋力推进政法工作现代化，全力履行维护国家政治安全、确保社会大局稳定、促进社会公平正义、保障人民安居乐业的职责使命，为全面建设社会主义现代化国家、全面推进中华民族伟大复兴贡献力量。中央政法工作会议 7 日至 8 日在北京召开。

13. 2023 年 1 月 9 日，习近平总书记出席二十届中央纪委二次全会并发表重要讲话。这是总书记连续第 11 次在新年伊始出席中央纪委全会，也是党的二十大之后首次出席这一重要会议。习近平总书记用“六个如何”阐释了“大党独有难题”的主要内涵：如何始终不忘初心、牢记使命，如何始终统一思想、统一意志、统一行动，如何始终具备强大的执政能力和领导水平，如何始终保持干事创业精神状态，如何始终能够及时发现和解决自身存在的问题，如何始终保持风清气正的政治生态，都是我们这个大党必须解决的独有难题。

14. 2023 年 1 月 11 日电，国家粮食和物资储备局最新发布，2022 年夏粮收购圆满收官，秋粮旺季收购平稳有序，预计全年各类粮食企业累计收购 8 000 亿斤左右，与近年来平均水平相当。

15. 2023 年 1 月 12 日，国家统计局发布数据显示，2022 年全国居民消费价格比 2021 年上涨 2.0%，低于全年 3% 左右的预期目标。全国物价运行总体平稳，实现年度调控目标。

16. 2023 年 1 月 13 日，海关总署发布，2022 年我国货物贸易进出口总值 42.07 万亿元人民币，比 2021 年增长 7.7%。我国进出口总值首次突破了 40 万亿元人民币关口，在 2021 年高基数的基础上继续保持稳定增长，规模再创历史新高，连续 6 年保持世界第一货物贸易大国地位。

17. 2023 年 1 月 14 日，国家信访局消息，从今年起，全国开展信访问题源头治理三年攻坚行动，中央信访联席办、国家信访局将制定实施意见。

18. 2023 年 1 月 16 日出版的第 2 期《求是》杂志将发表习近平总书记的重要文章《在二十届中央政治局第一次集体学习时的讲话》。文章强调，学习宣传贯彻党的二十大精神是当前和今后一个时期全党全国的首要政治任务。文章指出，要在全面学习上下工夫。要原原本本学习党的二十大报告，同时要把学习报告同学习大会系列讲话和相关文件结合起来，同学习党的十八大报告、党的十九大报告精神结合起来，联系着学。要在全面把握上下工夫。要全面把握新时代中国特色社会主义思想的世界观、方法论和贯穿其中的立场观点方法；全面把握新时代 10 年伟大变革的深刻内涵和重大意义；全面把握中国式现代化的中国特色、本质要求和必须牢牢把握的重大原则；全面把握党的二十大作出的各项战略部署。要在全面落实上下工夫。要分清轻重缓急，既要全面推进，又要突出重点；既要狠抓当前，又要着眼长远，多办打基础、利长远的事，防止搞形式主义、官僚主义。

19. 2023 年 1 月 18 日电，国务院新闻办公室介绍 2022 年知识产权相关工作情况，截至 2022 年底，我国发明专利有效量为 421. 2 万件。其中，国内（不含港澳台）发明专利有效量为 328. 0 万件。我国每万人口高价值发明专利拥有量达到 9. 4 件。我国是世界上首个国内发明专利有效量超 300 万件的国家。

20. 2023 年 1 月 19 日电，2022 年，中央企业累计实现营业收入 39. 4 万亿元，同比增长 8. 3%；实现利润总额 2. 55 万亿元、净利润 1. 9 万亿元，同比分别增长 5. 5% 和 5%。中央企业在自身稳健发展的同时，采取减免房租、货车延期贷款免息、降低中小企业宽带专项费用等措施，积极助力中小企业纾困解难，在能源保供工作中发挥了关键作用。

21. 2023 年 1 月 20 日电，2022 年快递业“成绩单”正式发布：2022 年，快递业务量完成 1 105. 8 亿件，同比增长 2. 1%，业务量连续 9 年位居世界第一。截至 2022 年底，实现乡乡设所、村村通邮，快递网点乡镇全覆盖。截至 2022 年底，全国 95% 的建制村实现快递服务覆盖。

22. 2023 年 1 月 20 日上午在人民大会堂举行 2023 年春节团拜会。习近平总书记发表讲话，代表党中央和国务院，向全国各族人民，向香港特别行政区同胞、澳门特别行政区同胞、台湾同胞和海外侨胞拜年。习近平总书记强调，2022 年是党和国家发展史上极为重要的一年。全党全军全国各族人民迎难而上、团结奋斗，凭着龙腾虎跃的干劲、敢入虎穴的闯劲、坚忍不拔的韧劲，书写了社会主义现代化建设的新篇章。习近平总书记指出，2023 年是全面贯彻党的二十大精神的开局之年，希望与挑战并存。我们要坚持稳字当头、稳中求进，更好统筹国内国际两个大局，更好统筹疫情防控和经济社会发展，更好统筹发展和安全，全面深化改革开放，努力实现经济运行整体好转，推动人民生活持续改善。习近平总书记强调，大道至简，实干为要。新征程是充满光荣和梦想的远征，没有捷径，唯有实干。要脚踏实地，埋头苦干，不驰于空想，不骛于虚声；要笃实好学，尊重实际，不违背规律，不盲目蛮干；要求真务实，注重实效，不做表面文章，不要花拳绣腿。

23. 2023 年 1 月 22 日，“探索一号”科考船搭载“奋斗者”号全海深载人潜水器在位于东南印度洋蒂阿蔓蒂那海沟最深点完成深潜作业后，成功回收。这是人类历史上首次抵达该海沟的最深点。

24. 2023 年 1 月 23 日电，人力资源和社会保障部消息，截至 2022 年末，全国基本养老保险参保人数达 10. 5 亿人。

25. 2023 年 1 月 24 日，拉美和加勒比国家共同体第七届峰会在阿根廷首都布宜诺斯艾利斯举行。应拉共体轮值主席国阿根廷总统费尔南德斯邀请，国家主席习近平向峰会作视频致辞。习近平指出，拉共体已经成为全球南南合作不可或缺的推动力量，为维护地区和平、促进共同发展、推进区域一体化发挥了重要作用。习近平强调，中方高度重视发展同拉共体关系，将拉共体视为巩固发展中国家团结、推动南南合作的重要伙伴。中方同拉方一道，不断加强中拉论坛建设，推动中拉关系进入平等、互利、创新、开放、惠民的新时代。中方愿同拉美和加勒比国家继续守望相助、携手共进，弘扬和平、发展、公平、正义、民主、自由的全人类共同价值，促进世界和平与发展，推动构建人类命运共同体，共同开创更加美好的未来。

26. 2023 年 1 月 25 日，从海关总署获悉，2023 年全国海关将在保市场主体、保市场份额、保产业链供应链安全稳定三方面继续发力，全力以赴促进外贸稳规模、优结构。

27. 2023 年 1 月 26 日电，第 95 届奥斯卡奖日前公布提名名单，杨紫琼成为第一个获奥斯卡最佳女主角奖提名的华裔演员。

28. 2023 年 1 月 27 日电，生态环境部日前消息，《重点管控新污染物清单（2023 年版）》将于 3 月 1 日起施行。清单明确 14 种重点管控新污染物及其禁止、限制等环境风险管控措施。

29. 2023 年 1 月 28 日电，近日，我国高校首艘破冰船“中山大学极地”号在渤海辽东湾开展冰区试航，成为继“雪龙”号、“雪龙 2”号之后，我国第三艘具备极地科考能力的破冰船。

30. 2023 年 1 月 28 日电，中央军委主席习近平签署命令，发布《军人勋表管理规定》（以下简称《规定》），自 2023 年 1 月 1 日起施行。这是我军首部全面系统规范军人勋表管理工作的重要法规文件。《规定》的发布施行，为构建科学合理的勋表项目管理机制、健全完善的颁发授予机制、顺畅有序的供应保障机制、权威高效的使用监督机制，规范军队勋表管理工作，提供了制度保障。

31. 2023 年 1 月 28 日，国家骨科医学中心成立，这是我国设置的第 13 个专业类别的国家医学中心。中心将在疑难危重症诊断与治疗、高层次医学人才培养、高水平基础医学研究等方面发挥引领作用。

32. 新华社北京 2023 年 1 月 29 日电，国家能源局发布统计数据显示，2022 年，全国可再生能源总装机超过 12 亿千瓦，水电、风电、太阳能发电、生物质发电装机均居世界首位。

33. 新华社北京 2023 年 1 月 31 日电，2022 年宁波舟山港完成年货物吞吐量超 12.5 亿吨，连续 14 年位居全球第一。

34. 2023 年 1 月 31 日下午，中共中央政治局就加快构建新发展格局进行第二次集体学习。习近平总书记在主持学习时强调，加快构建新发展格局，是立足实现第二个百年奋斗目标、统筹发展和安全作出的战略决策，是把握未来发展主动权的战略部署。习近平总书记指出，全面建成新发展格局要坚持问题导向和系统观念，着力破除制约加快构建新发展格局的主要矛盾和问题，全面深化改革，推进实践创新、制度创新，不断扬优势、补短板、强弱项。习近平总书记强调，新发展格局以现代化产业体系为基础，要继续把发展经济的着力点放在实体经济上，加快建设制造强国、质量强国、网络强国、数字中国。习近平总书记强调，要增强国内外大循环的动力和活力。深化要素市场化改革，建设高标准市场体系，加快构建全国统一大市场。推动共建“一带一路”高质量发展，推动形成开放、多元、稳定的世界经济秩序，为实现国内国际两个市场两种资源联动循环创造条件。

二、2023 年 2 月

1. 2023 年 2 月 1 日出版的第 3 期《求是》杂志发表习近平总书记的重要文章《全面从严治党探索出依靠党的自我革命跳出历史周期率的成功路径》。文章指出，跳出历史周期率问题，这是关系党千秋伟业的一个重大问题，关系党的生死存亡，关系我国社会主义制度的兴衰成败。如何跳出历史周期率？毛泽东同志在延安的窑洞里给出了第一个答案，这就是“让人民来监督政府”；经过百年奋斗特别是党的十八大以来新的实践，党又给出了第二个答案，这就是自我革命。勇于自我革命和接受人民监督是内在一致的，都源于党的初心使命。文章指出，党的团结统一是党的生命，党中央坚强有力领导是我们战胜一切困难和风险的根本保证。党的团结统一首先是政治上的团结统一。坚持构建自我净化、自我完善、自我革新、自我提高的制度规范体系，为推进伟大自我革命提供制度保障。

2. 北京时间 2 月 3 日凌晨进行的世界田联室内巡回赛瑞典哥德堡站比赛中，中国“飞人”苏炳添迎来 2023 年首秀，他以 6 秒 59 的成绩获得男子 60 米冠军。

3. 2023 年 2 月 2 日，农历正月十二，第 27 个世界湿地日中国主场宣传活动在杭州西溪国家湿地公园举行，2023 年世界湿地日将主题定为“湿地修复”。

4. 2 月 3 日上午，全国法院 2023 年党风廉政建设和反腐败工作会议以视频方式召开。会议强调，各级法院党组要充分履行主体责任，领导班子成员要坚持严于律己、严负其责、严管所辖，切实把“一岗双责”落实到位。

5. 近日，中共中央、国务院印发了《质量强国建设纲要》，指出建设质量强国是推动高质量发展、促进我国经济由大向强转变的重要举措，是满足人民美好生活需要的重要途径。以推动高质量发展为主题，以提高供给质量为主攻方向，以改革创新为根本动力，以满足人民日益增长的美好生活需要为根本目的。

6. 中国国家税务总局6日发布公告，2022年度个人所得税综合所得汇算清缴办理时间为2023年3月1日至6月30日。

7. 2月7日，新进中央委员会的委员、候补委员和省部级主要领导干部学习贯彻习近平新时代中国特色社会主义思想和党的二十大精神研讨班在中央党校（国家行政学院）开班。

习近平总书记强调，概括提出并深入阐述中国式现代化理论，是党的二十大的一个重大理论创新，是科学社会主义的最新重大成果。

习近平总书记强调，我们在战略上不断完善，深入实施科教兴国战略、人才强国战略、乡村振兴战略等一系列重大战略，为中国式现代化提供坚实战略支撑。

习近平总书记强调，党的领导直接关系中国式现代化的根本方向、前途命运、最终成败。

8. 2月9日，世界数字教育大会将于2023年2月13日至14日在中国北京召开，本届会议的主题是“数字变革与教育未来”。

9. 2月9日，在国务院联防联控机制新闻发布会上，农业农村部强调春耕的大忙时节，重点是抓好四个方面：一是防灾减灾抓好小麦的田间管理。二是压实责任落实春播面积。三是做好农资农机服务保障。四是抓好蔬菜等“菜篮子”产品供应。

10. 北京时间2023年2月10日00时16分，经过约7小时的出舱活动，这是中国空间站全面建成后航天员首次出舱活动，费俊龙、张陆首次漫步太空，再次成功圆梦。

11. 习近平总书记2月9日给第19批援助中非共和国的中国医疗队队员回信，习近平总书记在回信中说，今年是中国援外医疗队派遣60周年，谨向正在和曾经执行援外医疗任务的同志们致以诚挚的慰问。希望你们不忘初心、牢记使命，大力弘扬不畏艰苦、甘于奉献、救死扶伤、大爱无疆的中国医疗队精神，以仁心仁术造福当地人民，以实际行动讲好中国故事，为推动构建人类卫生健康共同体作出更大贡献。

12. 2月9日电，从教育部获悉：我国已基本建成世界第一大教育教学资源库。

13. 新进中央委员会的委员、候补委员和省部级主要领导干部学习贯彻习近平新时代中国特色社会主义思想和党的二十大精神研讨班10日下午在中央党校（国家行政学院）结业，蔡奇表示，学习贯彻习近平新时代中国特色社会主义思想和党的二十大精神，既是当前和今后一个时期的首要政治任务，也是一项长期战略任务，要按照“全面学习、全面把握、全面落实”的要求，推动学习贯彻工作不断往深里走、往实里走、往心里走。

14. 2月10日讯，2022年全国农业科技进步贡献率达到62.4%，农业科技创新有三个突出亮点。亮点一是重大科技创新步伐加快。亮点二是战略科技力量培育加速。

亮点三是农业科技服务能力加强。

15. 2月11日，中国体育仲裁委员会在京召开成立会议暨第一届委员会第一次全体会议。中国体育仲裁委员会是由国家体育总局依法设立的、全国唯一的、专门处理体育领域纠纷的仲裁机构。

16. 2月11日，第二届中国基础教育论坛暨中国教育学会第三十四次学术年会在北京召开。论坛以“学习贯彻党的二十大精神加快建设高质量教育体系——基础教育在行动”为主题。

17. 21世纪以来第20个指导“三农”工作的中央一号文件13日发布。这份文件题为《中共中央 国务院关于做好2023年全面推进乡村振兴重点工作的意见》，全文共九个部分，包括：抓紧抓好粮食和重要农产品稳产保供、加强农业基础设施建设、强化农业科技和装备支撑、巩固拓展脱贫攻坚成果、推动乡村产业高质量发展、拓宽农民增收致富渠道、扎实推进宜居宜业和美乡村建设、健全党组织领导的乡村治理体系、强化政策保障和体制机制创新。

18. 2月14日，中央农办、农业农村部相关负责人详细解读了2023年中央一号文件指出今年的中央一号文件包括9个部分33条，主要内容可以概括为守底线、促振兴、强保障。守底线就是坚决守牢确保国家粮食安全、防止发生规模性返贫底线；促振兴就是围绕乡村振兴总要求，扎实推进乡村发展、乡村建设、乡村治理等重点工作；强保障就是加强组织领导。强调强化政策保障和体制机制创新，加强党对“三农”工作的全面领导。

19. 2月16日出版的第4期《求是》杂志将发表中共中央总书记、国家主席、中央军委主席习近平2022年12月15日在中央经济工作会议上重要讲话的一部分《当前经济工作的几个重大问题》。文章指出，要着力扩大国内需求，要加快建设现代化产业体系，要切实落实“两个毫不动摇”，要更大力度吸引和利用外资，要有效防范化解重大经济金融风险。

20. 2月16日，国家主席习近平向“中国＋中亚五国”产业与投资合作论坛致贺信。国家主席习近平指出，中国愿同中亚国家共享超大规模市场、完备产业体系和先进技术，深化务实合作，实现互利共赢，携手推进区域经济高质量发展，构建更加紧密的中国——中亚命运共同体。“中国＋中亚五国”产业与投资合作论坛当日在山东省青岛市开幕，主题为“互利共赢，携手推进区域经济高质量发展”。

21. 国家主席习近平18日致电第36届非洲联盟峰会，国家主席习近平强调，2022年，中非关系保持良好发展势头。我愿同非洲国家领导人一道，进一步加强中非友好合作，密切在国际和地区事务中的协调配合，推动构建高水平中非命运共同体。

22. 中管干部学习贯彻习近平新时代中国特色社会主义思想和党的二十大精神第1期研讨班20日上午在中央党校（国家行政学院）开班，蔡奇在讲话中表示，过去5年重大成就和新时代10年伟大变革，是党和人民一道拼出来、干出来、奋斗出来的，最根本在于有习近平总书记掌舵领航，有习近平新时代中国特色社会主义思想科学指引。

23. 近日，国家主席习近平复信雅典大学维尔维达基斯教授等希腊学者，祝贺中希文明互鉴中心成立。国家主席习近平强调，我们要促进人类社会发展、共同构建人类命运共同体，就必须深入了解和把握各种文明的悠久起源和丰富内容，让一切文明的精华造福当今、造福人类。中希文明互鉴中心成立仪式 2 月 20 日在雅典大学举行。

24. 中共中央政治局 2 月 21 日下午就加强基础研究进行第三次集体学习。中共中央总书记习近平在主持学习时强调，加强基础研究，是实现高水平科技自立自强的迫切要求，是建设世界科技强国的必由之路。

习近平总书记强调，要强化基础研究前瞻性、战略性、系统性布局。

习近平总书记强调，要协同构建中国特色国家实验室体系，布局建设基础学科研究中心，超前部署新型科研信息化基础平台，形成强大的基础研究骨干网络。

习近平总书记指出，加强基础研究，归根结底要靠高水平人才。

习近平总书记强调，人类要破解共同发展难题，比以往任何时候都更需要国际合作和开放共享。

25. “把雷锋精神代代传承下去——纪念毛泽东等老一辈革命家为雷锋同志题词六十周年”座谈会 2 月 23 日在京召开。会上传达了习近平总书记的重要指示。习近平总书记强调，新征程上，要深刻把握雷锋精神的时代内涵，让雷锋精神在新时代绽放更加璀璨的光芒，为全面建设社会主义现代化国家、全面推进中华民族伟大复兴凝聚强大力量。

26. 2 月 26 日电，近日，中共中央办公厅、国务院办公厅印发了《关于加强新时代法学教育和法学理论研究的意见》，工作原则为坚持和加强党的全面领导，确保法学教育和法学理论研究始终沿着正确政治方向前进。坚持围绕中心、服务大局，把法学教育和法学理论研究放在党和国家工作大局中谋划和推进。坚持立德树人、德法兼修，努力培养造就更多具有坚定理想信念、强烈家国情怀、扎实法学根底的法治人才。坚持遵循法学学科发展规律和人才成长规律，分类建设和管理法学院校。坚持把马克思主义法治理论同中国具体实际相结合、同中华优秀传统法律文化相结合，总结中国特色社会主义法治实践规律，汲取世界法治文明有益成果，推动法学教育和法学理论研究高质量发展。

27. 2 月 27 日电，近日，中共中央、国务院印发的《数字中国建设整体布局规划》指出，建设数字中国是数字时代推进中国式现代化的重要引擎，是构筑国家竞争新优势的有力支撑。加快数字中国建设，对全面建设社会主义现代化国家、全面推进中华民族伟大复兴具有重要意义和深远影响。

28. 中国共产党第二十届中央委员会第二次全体会议，于 2023 年 2 月 26 日至 28 日在北京举行。全会号召，全党全国各族人民更加紧密地团结在以习近平同志为核心的党中央周围，高举中国特色社会主义伟大旗帜，弘扬伟大建党精神，牢记“三个务必”，自信自强、守正创新，锐意进取、顽强拼搏，扎实推进中国式现代化建设，为实现党的二十大确定的目标任务而共同奋斗。

三、2023年3月

1. 3月1日出版的第5期《求是》杂志发表中共中央总书记、国家主席、中央军委主席习近平的重要文章《新时代党和人民奋进的必由之路》。

文章指出，坚持党的全面领导是坚持和发展中国特色社会主义的必由之路。

文章指出，中国特色社会主义是实现中华民族伟大复兴的必由之路。

文章指出，团结奋斗是中国人民创造历史伟业的必由之路。

文章指出，贯彻新发展理念是新时代我国发展壮大的必由之路。

文章指出，全面从严治党是党永葆生机活力、走好新的赶考之路的必由之路。

2. 中共中央党校3月1日举行建校90周年庆祝大会暨2023年春季学期开学典礼。中共中央总书记、国家主席、中央军委主席习近平出席并发表重要讲话。他强调，党校始终不变的初心就是为党育才、为党献策。各级党校要坚守这个初心，锐意进取、奋发有为，为全面建设社会主义现代化国家、全面推进中华民族伟大复兴作出新的贡献。

3. 3月2日电，根据党中央有关规定，中央政治局委员、书记处书记，全国人大常委会、国务院、全国政协党组成员，最高人民法院、最高人民检察院党组书记每年向党中央和习近平总书记书面述职。党的十八大以来，党和国家事业取得历史性成就、发生历史性变革，根本原因就在于坚持党的领导不动摇，坚持党中央权威和集中统一领导不动摇。

4. 3月2日电，2023年全国两会召开在即，环境资源界别将首次亮相全国政协大会。这是全国政协自1993年增设经济界别以来，首次增加新的界别。

5. 3月3日电，中共中央、国务院、中央军委决定，给陈冬、刘洋同志颁发“二级航天功勋奖章”，授予蔡旭哲同志“英雄航天员”荣誉称号并颁发“三级航天功勋奖章”。

6. 十四届全国人大一次会议3月5日上午开幕，13日上午闭幕，会期8天半。大会议程共有9项，包括审议政府工作报告等6个报告，审议《中华人民共和国立法法（修正草案）》的议案，审议国务院机构改革方案，选举和决定任命国家机构组成人员。

7. 受政协第十三届全国委员会常务委员会委托，政协十四届一次会议主席团常务主席邵鸿向大会报告十三届政协提案工作情况。五年来，共收到提案29 323件，经审查立案23 818件。截至2023年2月底，99.8%的提案已经办复。

8. 习近平总书记5日下午在参加他所在的十四届全国人大一次会议江苏代表团审议时强调，高质量发展是全面建设社会主义现代化国家的首要任务。必须以满足人民日益增长的美好生活需要为出发点和落脚点，把发展成果不断转化为生活品质，不断增强人民群众的获得感、幸福感、安全感。

9. 5日下午，习近平总书记在参加江苏代表团审议时指出，新时代教育工作者要努力把青少年培养成为中国特色社会主义的建设者和接班人。习近平总书记强调，我们的教育要善于从五千年中华传统文化中汲取优秀的东西，同时也不摒弃西方文明成果，真正把青少年培养成为拥有“四个自信”的孩子。

10. 习近平总书记6日下午看望了参加全国政协十四届一次会议的民建、工商联界委员，并参加联组会，听取意见和建议。他强调，党中央始终坚持“两个毫不动摇”“三个没有变”，始终把民营企业和民营企业家当作自己人。要引导民营企业和民营企业家正确理解党中央方针政策，增强信心、轻装上阵、大胆发展，实现民营经济健康发展、高质量发展。

11. 3 月 7 日，十四届全国人大一次会议在北京人民大会堂举行第二次全体会议。受国务院委托，国务委员兼国务院秘书长肖捷作关于国务院机构改革方案的说明。这次国务院机构改革的具体内容如下：重新组建科学技术部；组建国家金融监督管理总局；深化地方金融监管体制改革；中国证券监督管理委员会调整为国务院直属机构；统筹推进中国人民银行分支机构改革；完善国有金融资本管理体制；加强金融管理部门工作人员统一规范管理；组建国家数据局；优化农业农村部职责；完善老龄工作体制；完善知识产权管理体制；国家信访局调整为国务院直属机构；精减中央国家机关人员编制。按照上述方案调整后，除国务院办公厅外，国务院设置组成部门仍为26 个。

12. 中央军委主席习近平 8 日下午在出席十四届全国人大一次会议解放军和武警部队代表团全体会议时强调，巩固提高一体化国家战略体系和能力，关键是要在一体化上下功夫，实现国家战略能力最大化。要坚持党中央集中统一领导，加强各领域战略布局一体融合、战略资源一体整合、战略力量一体运用，系统提升我国应对战略风险、维护战略利益、实现战略目的的整体实力。

13. 中共中央政治局常委、全国政协十四届一次会议主席团会议主持人王沪宁 8 日上午参加了港澳地区全国政协委员联组会。强调要全面准确、坚定不移贯彻“一国两制”“港人治港”“澳人治澳”、高度自治的方针，支持落实中央全面管治权，落实“爱国者治港”“爱国者治澳”原则，做“一国两制”事业的拥护者、实践者、捍卫者。

14. 3 月 10 日，十四届全国人大一次会议在北京人民大会堂举行第三次全体会议。习近平全票当选为中华人民共和国主席、中华人民共和国中央军事委员会主席。赵乐际当选为第十四届全国人大常委会委员长，韩正当选为中华人民共和国副主席。

15. 中国人民政治协商会议第十四届全国委员会第一次会议圆满完成各项议程，3 月 11 日下午在人民大会堂闭幕。会议号召，人民政协各参加单位、各级组织和广大委员，更加紧密地团结在以习近平同志为核心的党中央周围，全面贯彻习近平新时代中国特色社会主义思想，坚定信心、同心同德，埋头苦干、奋勇前进，为全面建设社会主义现代化国家、全面推进中华民族伟大复兴而团结奋斗。

16. 3 月 12 日，第十四届全国人民代表大会第一次会议举行第三场“部长通道”采访活动。国家统计局局长康义表示，完全有信心实现 5% 左右经济增长目标。

17. 3 月 13 日上午 9 时，第十四届全国人民代表大会第一次会议在人民大会堂举行闭幕会。习近平总书记在十四届全国人大一次会议上发表重要讲话。

18. 中国共产党与世界政党高层对话会将于北京时间 3 月 15 日以视频连线方式举行，中共中央总书记、国家主席习近平将出席高层对话会开幕式并发表主旨讲话。此次对话会的主题为“现代化道路：政党的责任”，多国政党和政治组织领导人将应邀出席会议。

19. 3 月 16 日出版的第 6 期《求是》杂志将发表中共中央总书记、国家主席、中央军委主席习近平的重要文章《加快建设农业强国 推进农业农村现代化》。文章强调，农业强国，是拼出来、干出来、奋斗出来的。要铆足干劲，全面推进乡村振兴，加快农业农村现代化步伐，为加快建设农业强国而努力奋斗。

20. 中共中央总书记、国家主席习近平 15 日在北京出席中国共产党与世界政党高层对话会，并发表题为《携手同行现代化之路》的主旨讲话。他强调，面对一系列现代化之问，政党作为引领和推动现代化进程的重要力量，有责任作出回答。中国共产党将始终把自身命运同各国人民的命运紧紧联系在一起，努力以中国式现代化新成就为世界发展提供新机遇，为人类对现代化道路的探索提供新助力，为人类社会现代化理论和实践创新作出新贡献。

21. 3 月 15 日 19 时 41 分，我国在酒泉卫星发射中心使用长征十一号运载火箭，成功将试验十九号卫星发射升空，卫星顺利进入预定轨道，发射任务获得圆满成功。

22. 3 月 17 日 16 时 33 分，我国在西昌卫星发射中心使用长征三号乙运载火箭，成功将高分十三号 02 星发射升空，卫星顺利进入预定轨道，发射任务获得圆满成功。

23. 科学技术部高技术研究发展中心于 17 日发布 2022 年度中国科学十大进展，分别为：祝融号巡视雷达揭秘火星乌托邦平原浅表分层结构；FAST 精细刻画活跃重复快速射电暴；全新原理实现海水直接电解制氢；揭示新冠病毒突变特征与免疫逃逸机制；实现高效率的全钙钛矿叠层太阳能电池和组件；新原理开关器件为高性能海量存储提供新方案；实现超冷三原子分子的量子相干合成；高温和压力条件下实现乙二醇合成；发现飞秒激光诱导复杂体系微纳结构新机制；实验证实超导态“分段费米面”。

24. 3 月 20 日，在赴莫斯科对俄罗斯联邦进行国事访问之际，国家主席习近平在《俄罗斯报》和俄新社网站发表题为《踔厉前行，开启中俄友好合作、共同发展新篇章》的署名文章。文章指出，此访意义重大，再次证明俄中伙伴关系具有特殊性，始终建立在互信、尊重彼此主权和利益的基础上。文章指出，俄罗斯和中国始终致力于建立平等、开放、包容、不针对第三国的地区和全球安全体系。

25. 3 月 21 日电，中华人民共和国主席习近平和俄罗斯联邦总统普京关于 2030 年前中俄经济合作重点方向发展规划的联合声明，将在以下八个重点方向开展双边经济合作：一是扩大贸易规模，优化贸易结构；二是大力发展互联互通物流体系；三是提升金融合作水平；四是巩固全方位能源合作伙伴关系；五是加强协调，在市场化原则基础上发展冶金、化肥、化工产品等大宗商品及矿产资源领域长期互惠供应合作；六是促进技术及创新领域的交流和高质量合作；七是推动工业合作提质升级；八是切实提升农业合作水平，保障两国粮食安全。

26. 国务院总理李强 3 月 24 日主持召开国务院常务会议，确定国务院 2023 年重点工作分工，研究优化完善部分阶段性税费优惠政策，审议“三农”重点任务工作方案，听取巩固拓展脱贫攻坚成果情况汇报。

27. 3 月 26 日，国家主席习近平向中国发展高层论坛 2023 年年会致贺信。国家主席习近平指出，促进复苏需要共识与合作。中国提出全球发展倡议，得到国际社会的广泛支持和积极响应。中国将坚持对外开放的基本国策，坚定奉行互利共赢的开放战略，不断以中国新发展为世界提供新机遇。中国将稳步扩大规则、规制、管理、标准等制度型开放，推动各国各方共享制度型开放机遇。中国发展高层论坛 2023 年年会经济峰会在北京钓鱼台国宾馆举行。本届论坛主题为“经济复苏：机遇与合作”。

28. 博鳌亚洲论坛 2023 年年会定于 3 月 28 日至 31 日在海南博鳌举行。年会主题为“不确定的世界：团结合作迎挑战，开放包容促发展”。

29. 中共中央政治局 3 月 30 日下午就学习贯彻习近平新时代中国特色社会主义思想进行第四次集体学习。习近平总书记在主持学习时指出，学习贯彻习近平新时代中国特色社会主义思想是新时代新征程开创事业发展新局面的根本要求。

习近平总书记指出，新时代中国特色社会主义思想内容涵盖改革发展稳定、内政外交国防、治党治国治军等方方面面，构成一个完整的科学体系。

习近平总书记强调，学深悟透新时代中国特色社会主义思想，还必须把握这一思想的世界观、方法论和贯穿其中的立场观点方法。党的二十大报告提出了继续推进理论创新的科学方法，即必须坚持人民至上、必须坚持自信自立、必须坚持守正创新、必须坚持问题导向、必须坚持系统观念、必须坚持胸怀天下。

习近平总书记强调，中央政治局的同志要在主题教育中当表率。这次主题教育，中央政治局的同志要以更高标准、更严要求、更实措施，为全党作示范、立标杆、带好头。要带头抓好理论学习，要带头抓好调查研究，要带头抓好问题检视和整改，要带头抓好所在地区、分管领域的主题教育。

30. 国务院总理李强 3 月 30 日上午在海南博鳌出席博鳌亚洲论坛 2023 年年会开幕式，并发表题为《以人类命运共同体理念为引领 为世界和平与发展注入更多确定性》的主旨演讲。李强指出，要高举人类命运共同体理念的旗帜，携手构建亚洲命运共同体，打造世界的和平稳定锚、增长动力源、合作新高地，为世界和平与发展注入更多确定性。一是共同守护和平稳定的发展环境，为变乱交织的国际局势注入更多确定性。二是共同打造更具活力的增长中心，为世界经济复苏注入更多确定性。三是共同拓展团结合作的有效途径，为深刻变革的全球治理注入更多确定性。四是共同推动人文交流走深走实，为不同文明的交融共生注入更多确定性。

31. 3 月 31 日，国务院召开第一次廉政工作会议，中共中央政治局常委、国务院总理李强在会上强调，各级政府及其工作人员要坚持把党的政治建设摆在首位，深入开展学习贯彻习近平新时代中国特色社会主义思想主题教育，深刻领悟“两个确立”的决定性意义，增强“四个意识”、坚定“四个自信”、做到“两个维护”。

四、2023年4月

1. 4月1日出版的第7期《求是》杂志发表中共中央总书记、国家主席、中央军委主席习近平的重要文章《在中央党校建校90周年庆祝大会暨2023年春季学期开学典礼上的讲话》。文章强调，回顾历史，党校始终不变的初心就是为党育才、为党献策。

2. 2023年4月2日16时48分，天龙二号遥一运载火箭在我国酒泉卫星发射中心成功首飞，将搭载的爱太空科学号卫星顺利送入预定轨道，天龙二号遥一运载火箭成功首飞开辟了我国商业航天从固体向液体运载火箭跨越的新时代。

3. 4月3日电，近日，国家主席习近平复信参加“艺汇丝路”访华采风活动的阿拉伯知名艺术家代表，鼓励艺术家创作更多体现中阿友好的艺术佳作，为增进中阿人民友谊作出新的贡献。国家主席习近平指出，文化能够连接心灵，艺术可以沟通世界。从开辟古代丝绸之路到共建“一带一路”，中阿文明交流跨越千年、相互欣赏，书写了互学互鉴的历史佳话。

4. 第六届数字中国建设峰会将于2023年4月27日至28日在福建省福州市举行。本届峰会以“加快数字中国建设，推进中国式现代化”为主题，设置了“1+3+N”的系列活动。“1”就是论坛活动，包括开幕式、主论坛和分论坛。“3”是指“两展一赛”，包括数字中国建设成果展、数字产品博览会以及数字中国创新大赛。“N”是指系列特色活动，包括云生态大会、工业互联网生态大会、人工智能生态大会等。

5. 4月3日，人力资源和社会保障部、教育部近日联合印发《关于做好2023年中小学幼儿园教师公开招聘工作的通知》，旨在落实落细就业优先政策，促进高校毕业生就业，建设高素质教师队伍。《通知》要求，各地招聘中小学幼儿园教师，要充分发挥党组织的领导和把关作用，严格教师准入的思想政治素养和师德考察，把入职前涉罪信息查询作为必要环节。

6. 4月3日，国务院新闻办公室举行第六届数字中国建设峰会新闻发布会。从会上获悉，我国数字经济规模稳居世界第二，数字基础设施实现“市市通千兆、县县通5G、村村通宽带”，数字产业规模稳步增长，电子政务发展指数进入全球前列。

7. 4月4日，教育部等五部门近日印发《普通高等教育学科专业设置调整优化改革方案》，提出到2025年优化调整高校20%左右学科专业布点，新设一批适应新技术、新产业、新业态、新模式的学科专业，淘汰不适应经济社会发展的学科专业。

8. 4月8日至10日，第58·59届中国高等教育博览会（以下简称“高博会”）将在重庆举办。本次高博会以“校地聚合·产教融合：高质量发展”为主题，推出高新装备展览展示、高水平会议论坛、信息化及高端成果发布三大板块。

9. 以“共享开放机遇，共创美好生活”为主题的第三届中国国际消费品博览会，将于 4 月 10 日至 15 日在海南海口举行。

10. 4 月 10 日电，近日，中共中央发出关于学习《习近平著作选读》第一卷、第二卷的通知。《习近平著作选读》收入了习近平总书记在 2012 年 11 月至 2022 年 10 月这段时间内的重要著作。学习《习近平著作选读》，要紧密联系国际国内形势的发展变化，着眼实现新时代新征程党的使命任务。学习《习近平著作选读》，必须大力弘扬理论联系实际的马克思主义学风，做到学思用贯通、知信行统一。学习《习近平著作选读》，是坚持用习近平新时代中国特色社会主义思想凝心铸魂的重大政治任务。

11. 11 日从工信部了解到，近年来，我国算力产业年增长率近 30%，算力总规模位居全球第二。工信部数据显示，截至 2022 年底，我国算力总规模达到 180EFLOPS（每秒 18 000 京次浮点运算），存力总规模超过 1 000EB，国家枢纽节点间的网络单向时延降低到 20 毫秒以内，算力核心产业规模达到 1.8 万亿元。

12. 第三届中国国际数字产品博览会将于 4 月 26 日至 30 日在福州海峡国际会展中心举办。本届数博会以“数聚福州，智享全球”为主题，全新设置“数字生活、数字产业、数字治理”三大主题展区。

13. 第 122 254 次实验！4 月 12 日 21 时，中国有“人造太阳”之称的全超导托卡马克核聚变实验装置（EAST）创造新的世界纪录，成功实现稳态高约束模式等离子体运行 403 秒，对探索未来的聚变堆前沿物理问题，提升核聚变能源经济性、可行性，加快实现聚变发电具有重要意义。

14. 4 月 12 日，共青团中央、教育部、财政部、人力资源社会保障部联合召开电视电话会议，部署 2023 年大学生志愿服务西部计划重点工作。会议强调，西部计划的发展要立足新征程、抓住新机遇、把握大方向，坚持“围绕中心，服务大局”，坚持“为党育人，为国育才”，坚持服务团的“三力一度”，持续推动项目实现高质量发展。今年是西部计划实施 20 周年。

15. 今年 4 月 15 日是第八个全民国家安全教育日。今年全民国家安全教育日的活动主题为“贯彻总体国家安全观，增强全民国家安全意识和素养，夯实以新安全格局保障新发展格局的社会基础”。

16. 4 月 16 日出版的第 8 期《求是》杂志将发表中共中央总书记、国家主席、中央军委主席习近平的重要文章《加快构建新发展格局 把握未来发展主动权》。文章强调，我国 14 亿多人口整体迈进现代化社会，规模超过现有发达国家人口的总和，其艰巨性和复杂性前所未有，必须把发展的主导权牢牢掌握在自己手中；我国是一个超大规模经济体，而超大规模经济体可以也必须内部可循环。

17. 4 月 15 日，世界最大跨度悬索桥——江苏张靖皋长江大桥关键控制性工程，南航道桥南主塔桩基施工完成，标志着这座拥有六个“世界之最”、六项“世界首创”的大桥索塔施工进入新阶段。六个“世界之最”指的是世界最大跨度悬索桥、世界最高悬索桥索塔、世界最长高强度主缆、世界最大复合地连墙锚碇基础、世界最长连续长度钢箱梁、世界最大位移量伸缩装置。

18. 4 月 17 日电，中央农村工作领导小组办公室组织编写的《习近平关于“三农”工作的重要论述学习读本》一书，近日由人民出版社、中国农业出版社出版，在全国发行。《读本》共分 16 个专题，从“三农”工作的历史方位和战略定位、发展目标和重点任务、制度框架和政策体系等方面，对习近平总书记关于“三农”工作的重要论述的核心要义、精神实质、丰富内涵、实践要求作了阐释。

19. 4 月 18 日电，近日，中共中央印发了《中央党内法规制定工作规划纲要（2023—2027 年）》指出全面建设社会主义现代化国家、全面推进中华民族伟大复兴，关键在党；完善党的领导制度体系、健全全面从严治党体系，基础在规。推进依规治党、加强党内法规制度建设，事关党长期执政和国家长治久安，事关事业兴旺发达和人民幸福安康。

20. 2023 年 4 月 20 日，国新办举行的新闻发布会表示，我国将从规划引领、投入机制、整建制试点、管护机制等四方面发力，推进高标准农田建设。

21. 4 月 22 日，今天是第 54 个世界地球日，以“珍爱地球人与自然和谐共生”为主题的地球日主场活动在福建省福州市举行。自然资源部会同生态环境部、林草局等部门，结合《全国国土空间规划纲要（2021—2035 年）》编制，完成了全国生态保护红线的划定。全国生态保护红线不低于 315 万平方公里，其中陆域生态保护红线不低于 300 万平方公里，占陆域国土面积的 30% 以上，海洋生态保护红线不低于 15 万平方公里。

22. 4 月 24 日，国家主席习近平向第四届联合国世界数据论坛致贺信。国家主席习近平指出，可持续发展是人类社会繁荣进步的必然选择，实现强劲、绿色、健康的全球发展是世界各国人民的共同心愿。第四届联合国世界数据论坛当日在浙江省杭州市开幕。这次论坛的主题口号是“拥抱数据 共赢未来”。

23. 4 月 26 日，国家主席习近平向中国与世界知识产权组织合作五十周年纪念暨宣传周主场活动致贺信。国家主席习近平指出，50 年来，中国始终高度重视知识产权保护，深入实施知识产权强国建设，加强知识产权法治保障，完善知识产权管理体制，不断强化知识产权全链条保护，持续优化创新环境和营商环境。活动当日在北京举行，这次活动的主题是“加强知识产权法治保障 有力支持全面创新”。

24. 2023 年 4 月 26 日，十四届全国人大常委会第二次会议表决通过青藏高原生态保护法。法律自 2023 年 9 月 1 日起施行。这部法律坚持生态保护第一，聚焦青藏高原生态保护的主要矛盾、特殊问题、突出特点，统筹推进山水林田湖草沙冰综合治理、系统治理、源头治理，为青藏高原生态保护和可持续发展提供法治保障。

25. 中央网信办副主任、国家网信办副主任曹淑敏 27 日在第六届数字中国建设峰会开幕式上发布《数字中国发展报告（2022 年）》。报告指出，2022 年我国数字经济规模达 50. 2 万亿元，总量稳居世界第二，占 GDP 比重提升至 41. 5%，数字经济成为稳增长促转型的重要引擎。

26. 4 月 27 日讯，近日，教育部办公厅印发《关于开展 2023 年全国学前教育宣传月活动的通知》，部署今年宣传月工作。今年宣传月的主题是“倾听儿童，相伴成长”，旨在聚焦幼儿园保教实践过程，宣传展示基层幼儿园教师坚持以幼儿为本。

27. 中共中央政治局4月28日召开会议，分析研究当前经济形势和经济工作。中共中央总书记习近平主持会议。会议认为，在以习近平同志为核心的党中央坚强领导下，各地区各部门更好统筹国内国际两个大局，更好统筹疫情防控和经济社会发展，更好统筹发展和安全，今年以来，我国疫情防控取得重大决定性胜利，经济社会全面恢复常态化运行，宏观政策靠前协同发力，需求收缩、供给冲击、预期转弱三重压力得到缓解，经济增长好于预期，市场需求逐步恢复，经济发展呈现回升向好态势，经济运行实现良好开局。会议强调，恢复和扩大需求是当前经济持续回升向好的关键所在。要全面深化改革、扩大高水平对外开放。要切实保障和改善民生，强化就业优先导向，扩大高校毕业生就业渠道，稳定农民工等重点群体就业。

五、2023年5月

1. 5月1日出版的第9期《求是》杂志发表中共中央总书记、国家主席、中央军委主席习近平的重要文章《在学习贯彻习近平新时代中国特色社会主义思想主题教育工作会议上的讲话》。文章指出，要全面准确把握主题教育的目标要求。这次主题教育的总要求是“学思想、强党性、重实践、建新功”。

2. 4月26日至28日，第十三届中国卫星导航年会在北京召开。本届年会以“数字经济智能导航”为主题，会议发布《北斗卫星导航系统建设与发展》报告。会议表示，我国今年计划发射1至3颗北斗组网备份卫星，进一步提升星座稳健性和可用性。目前，北斗系统在轨卫星共45颗，包括北斗二号卫星15颗、北斗三号卫星30颗。

3. 2023年4月28日，江苏扬子江船业集团公司新造24 000标箱集装箱船“鑫福106”轮自江苏泰兴扬子鑫福码头安全顺利拖至太仓扬子三井码头。这是我国自主研制的全球最大装箱量集装箱船。

4. 2023年5月1日，国网浙江电力利用“数字孪生”技术实现杭州亚运村主干网的全息数字化呈现，这在国际大型赛事的电网保障上是首次应用，也是国内首次建成覆盖整个区域性电网的数字孪生电网。

5. 5月4日电，农业农村部发布《2023年农业用基因编辑生物安全证书批准清单》，下发全国首个植物基因编辑安全证书，该证书由舜丰生物获得。

6. 5月5日，根据《国家级旅游度假区管理办法》和《旅游度假区等级划分》国家标准，经省级文化和旅游行政部门推荐，文化和旅游部按程序组织综合认定，以下3家旅游度假区达到国家级旅游度假区标准要求，拟确定为2023年新一批国家级旅游度假区，现予公示。名单如下：江苏省宿迁骆马湖旅游度假区；广西壮族自治区北海银滩国家旅游度假区；海南省琼海博鳌东屿岛旅游度假区。

7. 2023年5月6日中国物流与采购联合会表示，2022年，我国社会物流总额达347.6万亿元，同比增长3.4%，我国物流市场规模连续7年位居全球第一。

8. 中共中央总书记、国家主席习近平 8 日上午在北京人民大会堂亲切会见第十届世界华侨华人社团联谊大会代表，代表党中央、国务院向大家表示热烈欢迎，向世界各地华侨华人致以诚挚问候。本届大会以“融通中外 推动共筑人类命运共同体”为主题。

9. 2023 年中国品牌日活动 10 日在上海开幕，活动主题是“中国品牌，世界共享；品牌新力量，品质新生活”。

10. 5 月 10 日，国家重大科技基础设施——高海拔宇宙线观测站“拉索”（LHAASO）10 日顺利通过国家验收。“拉索”位于四川省稻城县海子山，平均海拔 4 410 米，观测性能创造了多项“世界之最”。“拉索”集合了三项“世界之最”：最灵敏的超高能伽马射线探测装置，最灵敏的甚高能伽马射线源巡天普查望远镜，能量覆盖范围最宽的超高能宇宙线复合式立体测量系统。

11. 5 月 16 日出版的第 10 期《求是》杂志将发表中共中央总书记、国家主席、中央军委主席习近平的重要文章《在二十届中央政治局第四次集体学习时的讲话》。文章强调，以学习贯彻习近平新时代中国特色社会主义思想为题举行集体学习，目的是发挥示范作用，推动全党在主题教育中深入学习贯彻习近平新时代中国特色社会主义思想，打牢思想理论基础。

12. 5 月 16 日，主题为“深化务实合作携手共向未来”的第三届中国——中东欧国家博览会暨国际消费品博览会在宁波开幕，展现出开放合作新气象。

13. 2023 年 5 月 17 日 10 时 49 分，我国在西昌卫星发射中心用长征三号乙运载火箭，成功发射第五十六颗北斗导航卫星。该卫星属地球静止轨道卫星，是我国北斗三号工程的首颗备份卫星。此次发射是北斗三号工程高密度组网之后，时隔 3 年的首发任务。

14. 5 月 19 日上午国家主席习近平在中国——中亚峰会上发表主旨讲话，国家主席习近平指出，当前，百年变局加速演进，世界之变、时代之变、历史之变正以前所未有的方式展开。中亚是亚欧大陆的中心，处在联通东西、贯穿南北的十字路口。世界需要一个稳定的中亚。世界需要一个繁荣的中亚。世界需要一个和谐的中亚。世界需要一个联通的中亚。

15. 5 月 19 日上午，国家主席习近平在陕西省西安市国际会议中心主持中国——中亚峰会，在主旨讲话中就中国同中亚国家合作提出“八点建议”。国家主席习近平指出，这次峰会为中国同中亚合作搭建了新平台，开辟了新前景。中方愿以举办这次峰会为契机，同各方密切配合，将中国—中亚合作规划好、建设好、发展好。一是加强机制建设。二是拓展经贸关系。三是深化互联互通。四是扩大能源合作。五是推进绿色创新。六是提升发展能力。七是加强文明对话。八是维护地区和平。中国和中亚国家元首同意，以举办这次峰会为契机，正式成立中国——中亚元首会晤机制，每两年举办一次，轮流在中国和中亚国家举办。下次峰会将于 2025 年在哈萨克斯坦举行。

16. 5 月 18 日，从中国贸促会了解到，首届中国国际供应链促进博览会（链博会）

将于11月28日至12月2日在北京中国国际展览中心举办，主题为“链接世界，共创未来”。

17. 5月22日电，在全党深入学习贯彻习近平新时代中国特色社会主义思想和党的二十大精神，大力推进教育强国、科技强国、人才强国建设之际，中央宣传部向全社会宣传发布万步炎同志先进事迹，授予他“时代楷模”称号。他曾主持完成国家863计划、国家重点研发计划、国家长远发展项目及省部级科研项目40余项，获“全国杰出专业技术人才”“有突出贡献中青年专家”等称号，2021年被评为“最美教师”。2022年，所在深海矿产资源开发技术装备教师团队入选第二批“全国高校黄大年式教师团队”。

18. 5月23日，国家主席习近平向“2023·中国西藏发展论坛”致贺信。国家主席习近平指出，人民幸福是最大的人权，发展是实现人民幸福的关键。“2023·中国西藏发展论坛”主题为“新时代、新西藏、新征程——西藏高质量发展与人权保障的新篇章”，23日在北京开幕。

19. 5月24日，国家主席习近平应邀以视频方式出席欧亚经济联盟第二届欧亚经济论坛全会开幕式并致辞。国家主席习近平强调：对于这样的时代之问、历史之问，中国的答案是明确的。我先后提出全球发展倡议、全球安全倡议、全球文明倡议，呼吁各国共同致力于建设持久和平、普遍安全、共同繁荣、开放包容、清洁美丽的世界，推动构建人类命运共同体。今年是我提出共建“一带一路”倡议十周年。这个倡议的根本出发点和落脚点，就是探索远亲近邻共同发展的新办法，开拓造福各国、惠及世界的“幸福路”。欧亚经济联盟第二届欧亚经济论坛于5月24日在俄罗斯莫斯科以线上线下结合方式举行，主题为“多极化世界中的欧亚一体化”。

20. 5月26日电，渤海湾首个千亿方大气田——渤中19－6凝析气田中心平台在青岛建造完成，该气田投产后可为京津冀及环渤海地区提供稳定可靠的清洁能源和化工产品。

21. 中共中央政治局5月29日下午就建设教育强国进行第五次集体学习。中共中央总书记习近平在主持学习时强调，教育兴则国家兴，教育强则国家强。建设教育强国，是全面建成社会主义现代化强国的战略先导，是实现高水平科技自立自强的重要支撑，是促进全体人民共同富裕的有效途径，是以中国式现代化全面推进中华民族伟大复兴的基础工程。要全面贯彻党的教育方针，坚持以人民为中心发展教育，主动超前布局、有力应对变局、奋力开拓新局，加快推进教育现代化，以教育之力厚植人民幸福之本，以教育之强夯实国家富强之基，为全面推进中华民族伟大复兴提供有力支撑。

22. 中共中央总书记、国家主席、中央军委主席、中央国家安全委员会主席习近平5月30日下午主持召开二十届中央国家安全委员会第一次会议。习近平总书记在会上发表重要讲话强调，要全面贯彻党的二十大精神，深刻认识国家安全面临的复杂严峻形势，正确把握重大国家安全问题，加快推进国家安全体系和能力现代化，以新安全格局保障新发展格局，努力开创国家安全工作新局面。

六、2023 年 6 月

1. 6 月 1 日出版的第 11 期《求是》杂志发表中共中央总书记、国家主席、中央军委主席习近平的重要文章《中国式现代化是中国共产党领导的社会主义现代化》。文章强调，党的二十大报告明确指出："中国式现代化，是中国共产党领导的社会主义现代化。"这是对中国式现代化定性的话，是管总、管根本的。党的领导直接关系中国式现代化的根本方向、前途命运、最终成败。

2. 2023 数字经济论坛 5 月 31 日在北京举行，本次论坛主题为"发展数字经济，共建数字中国"。

3. 2023 年文化和自然遗产日是 6 月 10 日。6 月 2 日从国家文物局召开的新闻发布会上获悉，今年文化和自然遗产日活动主题为"文物保护利用与文化自信自强"，主场城市活动将在四川成都举行。

4. 6 月 5 日是世界环境日，今年聚焦于"塑料污染解决方案"，旨在减少全球塑料污染。多国专家表示，中国政府与国际竹藤组织共同发起的"以竹代塑"倡议有助于全球治理塑料污染，为推动可持续发展做出积极贡献。今年的六五环境日国家主场活动在山东济南举行，主题是"建设人与自然和谐共生的现代化"。

5. 中国科学技术协会、中国科学院、中国工程院、陕西省人民政府将于 2023 年 6 月 19 至 20 日共同主办第六届世界科技期刊论坛，本次论坛主题为"共建开放创新生态"。

6. 6 月 5 日，教育部近日发布《基础教育课程教学改革深化行动方案》，该方案在重点任务部分提到，将开展科学素养提升行动，加强科学类学科教学，加强实验教学，强化学生动手操作实验，将学校实验课开设情况纳入教学视导和日常督导，将实验操作纳入中考。

7. 2023 年 6 月 6 日，首艘国产大型邮轮"爱达·魔都号"出坞，国产大型邮轮实现零的突破。这艘国产大型邮轮的交付运营，标志着中国将成为继德国、法国、意大利、芬兰之后，全球第五个具有建造大型邮轮能力的国家。

8. 首届文化强国建设高峰论坛 7 日下午在深圳开幕。中共中央总书记、国家主席、中央军委主席习近平发来贺信，代表党中央表示热烈祝贺。习近平总书记强调，我们要全面贯彻习近平新时代中国特色社会主义思想和党的二十大精神，更好担负起新的文化使命，坚定文化自信，秉持开放包容，坚持守正创新，激发全民族文化创新创造活力，在新的历史起点上继续推动文化繁荣、建设文化强国、建设中华民族现代文明，不断促进人类文明交流互鉴，为强国建设、民族复兴注入强大精神力量。首届文化强国建设高峰论坛主题为"推进文化自信自 促进文明交流互鉴"。

9. 全球人权治理高端论坛于 6 月 14 日至 15 日在北京举行，论坛以"平等、合作、发展：《维也纳宣言和行动纲领》通过 30 周年与全球人权治理"为主题。除开幕式和全体会议外，论坛将围绕“国际合作与全球人权治理”“全球发展倡议与发展权的实现”“全球安全倡议与人权保障”“联合国人权机制与全球人权治理”“数字时代的人权保障”等议题分设 5 个分论坛。

10. 6 月 16 日出版的第 12 期《求是》杂志发表中共中央总书记、国家主席、中央军委主席习近平的重要文章《健全全面从严治党体系　推动新时代党的建设新的伟大工程向纵深发展》。文章强调，把党的建设作为一项伟大工程来推进，并且始终坚持党要管党、从严治党的原则和方针，是我们党的一大创举，也是立党立国、兴党强国的一大法宝。

11. 2023 年 6 月 14 日，空间站梦天实验舱首个出舱载荷——空间辐射生物学暴露实验装置出舱成功，已经开展实验。这是我国首次开展舱外辐射生物学暴露实验，对辐射生物学和空间科学研究具有里程碑式的意义。

12. 2023 年 6 月 19 日至 20 日，西安市陕西宾馆，第六届世界科技期刊论坛即将举行，本次论坛主题为“共建开放创新生态”。

13. 6 月 20 日上午，国务院总理李强在柏林总理府同德国总理朔尔茨共同主持第七轮中德政府磋商。李强表示，中方倡议中德成为“绿色同行”伙伴，就绿色、环保等议题加强沟通协调，推动绿色能源科技研发、产业技术升级，深化新能源汽车、绿色金融、第三方市场等领域合作。要坚持务实开放态度，更好实现互利共赢。要加强全球经济治理合作，保障国际产业链供应链稳定，推动世界经济早日复苏。

14. 6 月 20 日 11 时 18 分，我国在太原卫星发射中心使用长征六号运载火箭，成功将试验二十五号卫星发射升空，卫星顺利进入预定轨道，发射任务获得圆满成功。试验二十五号卫星主要用于开展新型对地观测技术试验。这次任务是长征系列运载火箭的第 477 次飞行。

15. 2023 年 6 月 23 日，新华社报道我国航天领域首个大科学装置“地面空间站”正式建设完成。这是国际上首个综合环境因素最多、可实现多尺度和跨尺度环境效应研究的综合性研究装置，将为我国航天事业发展及人类太空探索贡献智慧和力量。

16. 6 月 25 日，位于新疆哈密的国家管网集团管道断裂控制试验场成功实施 9.45 兆帕全尺寸非金属管道纯氢爆破试验，标志着国内首次高压力多管材氢气输送管道中间过程应用试验圆满完成，为我国今后实现大规模、低成本的远距离纯氢运输提供技术支撑。

17. 6 月 28 日，国家主席习近平向“鼓岭缘”中美民间友好论坛致贺信。“鼓岭缘”中美民间友好论坛 28 日在福建省福州市举办，主题为“传承友谊薪火　共创美好未来”。

18. 6 月 29 日，中华人民共和国第六号主席令公布，《中华人民共和国无障碍环境建设法》已由中华人民共和国第十四届全国人民代表大会常务委员会第三次会议于 2023 年 6 月 28 日通过，现予公布，自 2023 年 9 月 1 日起施行。

19. 十四届全国人大常委会第三次会议 28 日下午在北京人民大会堂闭幕。会议经表决，通过了《无障碍环境建设法》《对外关系法》。会议表决通过将8月15日设立为全国生态日。会议分别表决通过了全国人大常委会关于批准《万国邮政联盟组织法第九附加议定书》的决定、关于批准《关于制止非法劫持航空器的公约的补充议定书》的决定。会议经表决，通过了第六任全国人大常委会香港特别行政区基本法委员会组成人员名单。会议经表决，任免了第五任全国人大常委会澳门特别行政区基本法委员会个别委员。

20. 6月29日电，中共中央总书记、国家主席、中央军委主席习近平近日对党的建设和组织工作作出重要指示指出，全面建设社会主义现代化国家，全面推进中华民族伟大复兴，关键在党，关键在人。党的十八大以来，党中央坚持和加强党的全面领导，坚持党要管党、全面从严治党，提出并实施一系列新理念新思想新战略，开辟了百年大党自我革命新境界。各级党委及其组织部门深入贯彻落实党中央决策部署，紧紧围绕全面从严治党主题主线，以党的政治建设为统领，扎实做好理论武装、选贤任能、强基固本、育才聚才各项工作，为全面建成小康社会、开启全面建设社会主义现代化国家新征程作出了积极贡献。

21. 中国石化30日宣布，公司旗下新疆库车绿氢示范项目顺利产氢，这是我国首个万吨级光伏制氢项目。

22. 中共中央政治局6月30日下午就开辟马克思主义中国化时代化新境界进行第六次集体学习。中共中央总书记习近平在主持学习时强调，开辟马克思主义中国化时代化新境界的重大任务，是当代中国共产党人的庄严历史责任。党的二十大报告在总结历史经验基础上，提出并阐述了“两个结合”“六个必须坚持”等推进理论创新的科学方法，为继续推进党的理论创新提供了根本遵循，我们要坚持好、运用好。

七、2023年7月

1. 7月1日出版的第13期《求是》杂志发表中共中央总书记、国家主席、中央军委主席习近平的重要文章《努力成长为对党和人民忠诚可靠、堪当时代重任的栋梁之才》。文章强调，年轻干部健康成长关系党和人民事业后继有人。要锤炼对党忠诚的政治品格，树立不负人民的家国情怀，追求高尚纯粹的思想境界，练就堪当重任的过硬本领，为党和人民事业拼搏奉献，在新时代新征程上留下无悔的奋斗足迹。

2. 国家副主席韩正将于7月2日出席第十一届世界和平论坛开幕式并发表主旨讲话。论坛在清华大学举行，主题为“求共识、促合作、稳秩序、护和平”。

3. 国家副主席韩正2日在清华大学出席第十一届世界和平论坛开幕式并致辞。韩正提出四点建议。一是坚持独立自主相互尊重。二是通过对话协商解决冲突。三是坚定维护践行多边主义。四是推动包容普惠互利共赢。

4. 国内规模最大超高压跨越长江输变电工程——泰州凤城至无锡梅里500千伏输变电工程7月2日正式投运，预计最大年送电量可超260亿度。

5. 7月3日，中共中央总书记、国家主席习近平向第三届文明交流互鉴对话会暨首届世界汉学家大会致贺信。习近平总书记强调，中方愿同各方一道，弘扬和平、发展、公平、正义、民主、自由的全人类共同价值，落实全球文明倡议，以文明交流超越文明隔阂、文明互鉴超越文明冲突、文明包容超越文明优越，携手促进人类文明进步。第三届文明交流互鉴对话会暨首届世界汉学家大会 3 日在北京开幕，主题为“落实全球文明倡议，携手绘就现代化新图景”。

6. 2023 年 7 月 2 日，联合国粮食及农业组织中国籍总干事屈冬玉在新任总干事选举中成功胜选连任。联合国粮食及农业组织简称“粮农组织”，于 1945 年 10 月 16 日正式成立，是联合国系统内最早的常设专门机构，是各成员国间讨论粮食和农业问题的国际组织。

7. 全球共享发展行动论坛首届高级别会议将于 7 月 9 日至 10 日在北京举行。本次会议以“中国的倡议，全球的行动”为主题，以推动“凝聚发展共识，解决发展问题”为重点。

8. 国家主席习近平 7 月 4 日下午在北京以视频方式出席上海合作组织成员国元首理事会第二十三次会议并发表题为《牢记初心使命 坚持团结协作 实现更大发展》的重要讲话。

9. 中共中央总书记、国家主席习近平 7 月 4 日给南京审计大学审计专业硕士国际班的留学生回信，习近平总书记指出，中国一直很重视发挥审计在国家治理中的重要作用，经过多年探索，建立了中国特色社会主义审计制度，初步形成了集中统一、全面覆盖、权威高效的审计监督体系。希望你们与中国同行加强交流、互学互鉴，通过审计这个窗口了解中国、读懂中国，为深化国家间友谊与合作积极贡献力量。

10. 5 日，在中关村国家自主创新示范区展示交易中心举行的 2023 操作系统产业大会上，中国首个开源桌面操作系统 openKylin1.0（“开放麒麟 1.0”）亮相。这标志着我国已具有系统组件自主选型、操作系统独立构建的能力，降低对上游操作系统发行版社区的依赖，填补了我国长期以来在桌面操作系统根社区领域的空白。

11. 中共中央总书记、国家主席、中央军委主席习近平 6 日视察东部战区机关，代表党中央和中央军委，向东部战区全体官兵致以诚挚问候。他强调，要深入贯彻党的二十大精神，贯彻新时代党的强军思想，贯彻新时代军事战略方针，锚定建军一百年奋斗目标，努力开创战区建设和备战打仗工作新局面。习近平总书记强调，要时刻牢记使命任务，坚持问题导向。要深化战争和作战筹划，建强战区联合作战指挥体系。要坚持从政治高度思考和处理军事问题，敢于斗争、善于斗争，坚决捍卫国家主权、安全、发展利益。要全面加强党的建设，抓好学习贯彻习近平新时代中国特色社会主义思想主题教育和“学习强军思想、建功强军事业”教育实践活动，持之以恒正风肃纪反腐，扎实做好抓基层打基础工作，提高战区党委领导备战打仗能力，把党和人民赋予的各项任务完成好。

12. 工业和信息化部副部长徐晓兰 6 日在 2023 世界人工智能大会开幕式上还表示，我国人工智能基础设施加快布局，算力规模位居全球第二，东数西算等重大工程加快推进，5G基站超过280万个。

13. 2023年生态文明贵阳国际论坛于8日在贵州省贵阳市开幕。本次论坛以线上线下相结合方式举行，主题为“共谋人与自然和谐共生现代化——推进绿色低碳发展”。

14. 7月9日电，国务院总理李强日前签署国务院令，公布《私募投资基金监督管理条例》（以下简称《条例》），自2023年9月1日起施行。《条例》共7章62条，重点规定以下内容。一是明确适用范围。二是明确私募基金管理人和托管人的义务要求。三是规范资金募集和投资运作。四是对创业投资基金作出特别规定。五是强化监督管理和法律责任。

15. 7月10日，近日，文化和旅游部、国家文物局、国家发展改革委联合印发了《长江文化保护传承弘扬规划》（以下简称《规划》）。《规划》提出7个方面的主要任务。一是挖掘弘扬长江文化内涵，二是全面推进长江文物和文化遗产系统保护，三是推出长江题材优秀文艺作品，四是提升长江流域公共文化服务水平，五是推动长江流域文化产业和旅游业提档升级，六是加强长江文化国际交流传播，七是发挥长江文化的引领作用。

16. 7月10日，国家主席习近平向全球共享发展行动论坛首届高级别会议致贺信。习近平强调，发展是人类社会的永恒主题。共享发展是建设美好世界的重要路径。作为最大的发展中国家，中国始终将自身发展置于人类发展的坐标系，以自身发展为世界发展创造新机遇。全球共享发展行动论坛首届高级别会议由国家国际发展合作署主办，主题为“中国的倡议，全球的行动”，10日在北京开幕。

17. 中共中央总书记、国家主席、中央军委主席、中央全面深化改革委员会主任习近平7月11日下午主持召开中央全面深化改革委员会第二次会议，审议通过了《关于建设更高水平开放型经济新体制促进构建新发展格局的意见》《深化农村改革实施方案》《关于推动能耗双控逐步转向碳排放双控的意见》《关于高等学校、科研院所薪酬制度改革试点的意见》《关于进一步深化石油天然气市场体系改革提升国家油气安全保障能力的实施意见》《关于深化电力体制改革加快构建新型电力系统的指导意见》。

18. 7月12日电，量子纠缠是量子计算加速效应的根本来源之一，纠缠比特数目的增多可使量子计算能力呈指数增长。我国科学家日前成功实现了51个超导量子比特簇态制备和验证，刷新了所有量子系统中真纠缠比特数目的世界纪录。

19. 7月14日电，国务院总理李强日前签署国务院令，公布《中华人民共和国领事保护与协助条例》（以下简称《条例》），自2023年9月1日起施行。《条例》共27条，主要内容包括：一是明确各方面在领事保护与协助中的职责、义务。二是明确领事保护与协助受理方式以及履责区域。三是规范履行领事保护与协助职责的情形和内容。四是加强风险防范和安全提醒。五是完善各方面支持保障。

20. 全国网络安全和信息化工作会议7月14日至15日在京召开。中共中央总书记、国家主席、中央军委主席习近平近日对网络安全和信息化工作作出重要指示指出，习近平强调，新时代新征程，网信事业的重要地位作用日益凸显。要以习近平新时代中国特色社会主义思想为指导，全面贯彻落实党的二十大精神，深入贯彻党中央关于网络强国的重要思想，切实肩负起举旗帜聚民心、防风险保安全、强治理惠民生、增动能促发展、谋合作图共赢的使命任务，坚持党管互联网，坚持网信为民，坚持走中国特色治网之道，坚持统筹发展和安全，坚持正能量是总要求、管得住是硬道理、用得好是真本事，坚持筑牢国家网络安全屏障，坚持发挥信息化驱动引领作用，坚持依法管网、依法办网、依法上网，坚持推动构建网络空间命运共同体，坚持建设忠诚干净担当的网信工作队伍，大力推动网信事业高质量发展，以网络强国建设新成效为全面建设社会主义现代化国家、全面推进中华民族伟大复兴作出新贡献。

21. 7月16日出版的第14期《求是》杂志发表中共中央总书记、国家主席、中央军委主席习近平的重要文章《深化党和国家机构改革 推进国家治理体系和治理能力现代化》。文章强调，深化党和国家机构改革，是贯彻落实党的二十大精神的重要举措，是推进国家治理体系和治理能力现代化的集中部署。继续推进党和国家机构改革，目的是推动党对社会主义现代化建设的领导在机构设置上更加科学、在职能配置上更加优化、在体制机制上更加完善、在运行管理上更加高效。

22. 国家统计局7月17日发布数据，今年上半年国内生产总值（GDP）593 034亿元，按不变价格计算，同比增长5.5%，其中，二季度GDP同比增长6.3%。

23. 7月18日，2023年中国网络文明大会在福建省厦门市举行。本次大会以“网聚文明力量 奋进伟大征程”为主题。

24. 全国生态环境保护大会17日至18日在北京召开。中共中央总书记、国家主席、中央军委主席习近平出席会议并发表重要讲话强调，今后5年是美丽中国建设的重要时期，要深入贯彻习近平新时代中国特色社会主义生态文明思想，坚持以人民为中心，牢固树立和践行绿水青山就是金山银山的理念，把建设美丽中国摆在强国建设、民族复兴的突出位置，推动城乡人居环境明显改善、美丽中国建设取得显著成效，以高品质生态环境支撑高质量发展，加快推进人与自然和谐共生的现代化。

25.《中共中央 国务院关于促进民营经济发展壮大的意见》19日发布。意见指出，民营经济是推进中国式现代化的生力军，是高质量发展的重要基础，是推动我国全面建成社会主义现代化强国、实现第二个百年奋斗目标的重要力量。意见提出，持续优化民营经济发展环境，加大对民营经济政策支持力度，强化民营经济发展法治保障，着力推动民营经济实现高质量发展，促进民营经济人士健康成长，持续营造关心促进民营经济发展壮大社会氛围。

26. 7月20日11时20分，我国在酒泉卫星发射中心使用快舟一号甲运载火箭，成功将天目一号气象星座07－10星发射升空，卫星顺利进入预定轨道，发射任务获得圆满成功。天目一号气象星座07－10星主要用于提供商业气象数据服务。

27. 中共中央政治局7月24日召开会议，分析研究当前经济形势，部署下半年经济工作。中共中央总书记习近平主持会议。会议强调，做好下半年经济工作，要坚持稳中求进工作总基调，完整、准确、全面贯彻新发展理念，加快构建新发展格局，全面深化改革开放，加大宏观政策调控力度，着力扩大内需、提振信心、防范风险，不断推动经济运行持续好转、内生动力持续增强、社会预期持续改善、风险隐患持续化解，推动经济实现质的有效提升和量的合理增长。

28. 中共中央政治局 7 月 24 日下午就全面加强军事治理进行第七次集体学习。中共中央总书记习近平在主持学习时强调，全面加强军事治理是我们党治军理念和方式的一场深刻变革，是加快国防和军队现代化的战略要求，是推进国家治理体系和治理能力现代化的重要方面。要全面贯彻党的二十大精神，深入贯彻新时代强军思想，贯彻新时代军事战略方针，坚持党对军队绝对领导，坚持战斗力这个唯一的根本的标准，坚持和完善中国特色社会主义军事制度，构建现代军事治理体系，提高现代军事治理能力，以高水平治理推动我军高质量发展，为实现建军一百年奋斗目标提供有力保障。

29. 7 月 27 日 4 时 02 分，我国在西昌卫星发射中心使用长征二号丁运载火箭，采取“一箭三星”方式，成功将遥感三十六号卫星发射升空，卫星顺利进入预定轨道，发射任务获得圆满成功。这次任务是长征系列运载火箭的第 480 次飞行。

30. 八一建军节来临之际，中共中央总书记、国家主席、中央军委主席习近平 26 日到西部战区空军视察，他强调，要深入贯彻党的二十大精神，贯彻新时代强军思想，贯彻新时代军事战略方针，加快提高部队现代化水平，坚决完成党和人民赋予的各项任务。

31. 国务院总理李强 7 月 31 日主持召开国务院常务会议，会议强调，安全是核电发展的生命线，要坚持安全第一、质量第一，按照全球最高安全要求建设新机组，按照最新安全标准改进已建机组，强化全链条全领域安全监管，提升关键核心技术国产化水平，确保万无一失。

八、2023 年 8 月

1. 8 月 1 日出版的第 15 期《求是》杂志发表中共中央总书记、国家主席、中央军委主席习近平的重要文章《加强基础研究 实现高水平科技自立自强》。文章强调，加强基础研究，是实现高水平科技自立自强的迫切要求，是建设世界科技强国的必由之路。

2. 国家林草局会同青海省人民政府定于 2023 年 8 月 19 日在西宁市举办第二届国家公园论坛，论坛主题是“国家公园——万物和谐共生的美丽家园”。

3. 8 月 2 日电，近日，中共中央办公厅、国务院办公厅印发的《关于建立领导干部应知应会党内法规和国家法律清单制度的意见》中指出，要坚持以习近平新时代中国特色社会主义思想为指导，深入学习贯彻习近平法治思想，抓住领导干部这个“关键少数”，以增强法治观念、提升法治思维能力、遵守党规国法为目标。学习重点为习近平法治思想、党内法规、国家法律。

4. 8 月 1 日，2023 年长三角生态绿色一体化发展示范区开发者大会暨示范区全链接大会近日在上海举办。会上，长三角生态绿色一体化发展示范区跨省域高新技术产业开发区正式揭牌成立。是全国首个跨省域高新技术产业开发区。

5. 第十一届海峡青年节集中活动于 8 月 5 日至 13 日在福建福州举办，本届海峡青年节以“挺膺担当 共创福祉”为主题。

6. 8 月 3 日，农业农村部近日印发《关于做好 2023 年中国农民丰收节有关工作的通知》明确，2023 年中国农民丰收节以“庆丰收促和美”为主题，围绕全面推进乡村振兴、加快建设农业强国，聚焦建设宜居宜业和美乡村，展现“三农”发展成就，展示农业农村现代化美好前景，弘扬中华优秀传统农耕文化。

7. 最高人民检察院日前印发《2023—2027 年检察改革工作规划》，基本原则是坚持党的领导，坚持人民至上，坚持宪法定位，坚持系统集成，坚持问题导向，坚持抓实基层。

8. 8 月 6 日，甬舟铁路关键控制性工程——甬舟铁路西堠门公铁大桥主塔近日开始水下结构施工，标志着这座目前世界最大跨径的公铁大桥全面动工。

9. 8 月 8 日是我国第 15 个“全民健身日”，而根据新修订的《中华人民共和国体育法》，每年 8 月 8 日全民健身日所在周为体育宣传周。8 月 7 日，2023 年体育宣传周正式启动，作为我国首个体育宣传周，今年的主题为“全民健身 绘就幸福生活”。

10. 8 月 10 日 12 时 03 分，谷神星一号遥七运载火箭在我国酒泉卫星发射中心成功发射升空，将搭载的西光壹号 01 星等 7 颗卫星顺利送入预定轨道，发射任务获得圆满成功。本次发射共搭载 7 颗卫星，分别为西光壹号 01 星，星池一号 B 星，地卫智能应急一号卫星，以及西安航投 88 号、96 号、104 号、112 号卫星。

11. 8 月 10 日电，随着 3 座井口平台 9 日在天津市滨海新区成功装船，中国渤海首个千亿级立方米大气田——渤中 19－6 凝析气田Ⅰ期开发项目海上开采平台全部建造完工，为年内顺利投产提供了关键装备保障。

12. 第十一届茅盾文学奖评奖委员会于 2023 年 8 月 11 日进行第六轮投票，产生了 5 部获奖作品：《雪山大地》杨志军、《宝水》乔叶、《本巴》刘亮程、《千里江山图》孙甘露、《回响》东西。

13. 8 月 11 日，“玲龙一号”是中核集团旗下中核海南多用途模块式小型堆科技示范工程，是继“华龙一号”后我国核电自主创新的重大成果，填补了国内空白，具有广阔的全球市场前景。此次反应堆核心模块吊装成功，是核反应堆模块化制造和安装的“首秀”，标志着我国在模块式小型堆建造上走在了世界前列。

14. 8 月 12 日，由自然资源部组织的中国第 13 次北冰洋科学考察队乘坐“雪龙 2”号极地科考破冰船航行至北纬 81 度附近海域，正式开始海冰综合调查作业。

15. 以“全球发展与青年力量”为主题的 2023“国际青年领袖对话”年度论坛 12 日在京举行。

16. 2023 年 8 月 13 日 1 时 26 分，我国在西昌卫星发射中心使用长征三号乙运载火箭，成功将陆地探测四号 01 星发射升空，卫星顺利进入预定轨道，发射任务获得圆满成功。陆地探测四号 01 星主要用于提供遥感信息服务。

17. 8 月 15 日电，在首个全国生态日到来之际，中共中央总书记、国家主席、中央军委主席习近平作出重要指示强调，生态文明建设是关系中华民族永续发展的根本大计，是关系党的使命宗旨的重大政治问题，是关系民生福祉的重大社会问题。在全面建设社会主义现代化国家新征程上，要保持加强生态文明建设的战略定力，注重同步推进高质量发展和高水平保护，以“双碳”工作为引领，推动能耗双控逐步转向碳排放双控，持续推进生产方式和生活方式绿色低碳转型，加快推进人与自然和谐共生的现代化，全面推进美丽中国建设。

18. 8 月 16 日出版的第 16 期《求是》杂志发表中共中央总书记、国家主席、中央军委主席习近平的重要文章《中国式现代化是强国建设、民族复兴的康庄大道》。文章强调，一个国家走向现代化，既要遵循现代化一般规律，更要符合本国实际，具有本国特色。党的二十大报告明确概括了中国式现代化 5 个方面的中国特色：第一，人口规模巨大的现代化。第二，全体人民共同富裕的现代化。第三，物质文明和精神文明相协调的现代化。第四，人与自然和谐共生的现代化。第五，走和平发展道路的现代化。

19. 8 月 16 日，2023 中国数字经济创新发展大会在广东省汕头市开幕。本次大会以“聚数联侨 数创未来——高质量推进新型工业化”为主题。

20. 2023 年 8 月 17 日，习近平总书记主持召开中共中央政治局常务委员会会议。会议强调，始终把人民生命财产安全放在第一位，以“时时放心不下”的责任感，慎终如始做好防汛抗洪救灾各项工作。

21. 8 月 18 日，国务院关于《广东省国土空间规划（2021—2035 年）》的批复，原则同意《广东省国土空间规划（2021—2035 年）》（以下简称《规划》）。《规划》是广东省空间发展的指南、可持续发展的空间蓝图，是各类开发保护建设活动的基本依据，请认真组织实施。广东省是改革开放的排头兵、先行地、实验区，是向世界展示我国改革开放成就的重要窗口。

22. 8 月 20 日电，近日，国家主席习近平复信美国华盛顿州“美中青少年学生交流协会”和各界友好人士。国家主席习近平感谢美国华盛顿州“美中青少年学生交流协会”和各界友好人士对中国举办世界大学生夏季运动会和亚洲运动会的良好祝愿。国家主席习近平指出，体育是增进人民友谊的纽带。在各方共同努力下，“简约、安全、精彩”的成都大运会成功举行。习近平强调，中美关系的希望在人民，基础在民间，未来在青年。

23. 8 月 19 日，第二届国家公园论坛在青海省西宁市举行，本届论坛主题为“国家公园——万物和谐共生的美丽家园”。继第一批国家公园正式设立之后，中国将稳妥有序推进设立黄河口、钱江源——百山祖、卡拉麦里等新的国家公园。

24. 8 月 21 日 1 时 45 分，我国在酒泉卫星发射中心使用长征四号丙运载火箭，成功将高分十二号 04 星发射升空，卫星顺利进入预定轨道，发射任务获得圆满成功。高分十二号04星主要用于国土普查、城市规划、土地确权、路网设计、农作物估产和防灾减灾等领域。

25. 当地时间8月21日晚，国家主席习近平抵达约翰内斯堡，出席金砖国家领导人第十五次会晤并对南非进行国事访问。习近平强调，今年是中南建交25周年，中南全面战略伙伴关系步入崭新阶段。习近平指出，作为新兴市场国家和发展中大国的重要合作平台，金砖合作机制已经成为促进世界经济增长、完善全球治理、推动国际关系民主化的建设性力量。

26. 香港科技大学21日宣布将于8月25日与长光卫星技术股份有限公司合作，在酒泉卫星发射中心发射一颗名为"香港科大——雄彬一号"的多光谱光学卫星，以监测与全球环境、灾害及可持续发展相关的遥感数据，贡献国家遥感科研发展。香港科技大学也因此将成为首家发射卫星的香港高等院校。

27. 当地时间8月23日上午，金砖国家领导人第十五次会晤在约翰内斯堡杉藤会议中心举行。南非总统拉马福萨主持会晤。中国国家主席习近平、巴西总统卢拉、印度总理莫迪和俄罗斯总统普京（线上）出席。五国领导人围绕"金砖与非洲：深化伙伴关系，促进彼此增长，实现可持续发展，加强包容性多边主义"主题，就金砖合作及共同关心的重大国际问题深入交换意见，达成广泛共识。习近平发表题为《团结协作谋发展 勇于担当促和平》的重要讲话。

28. 当地时间8月24日晚，国家主席习近平和南非总统拉马福萨在约翰内斯堡共同主持中非领导人对话会。习近平发表题为《携手推进现代化事业 共创中非美好未来》的主旨讲话。习近平就下阶段加强中非务实合作、助力非洲一体化和现代化事业提出3项举措：一是中方愿发起"支持非洲工业化倡议"。二是中方愿实施"中国助力非洲农业现代化计划"。三是中方愿实施"中非人才培养合作计划"。

29. 当地时间8月24日上午，国家主席习近平在约翰内斯堡出席金砖国家同非洲国家及其他新兴市场和发展中国家领导人对话会。习近平发表题为《勠力同心 携手同行 迈向发展共同体》的讲话。习近平指出，发展承载着人民对美好生活的向往，是发展中国家的第一要务，也是人类社会永恒主题。中国始终同发展中国家同呼吸、共命运，过去是、现在是、将来也永远是发展中国家的一员。

30. 中共中央政治局常委、国务院总理李强8月22日至24日在广东调研。他强调，要深入学习贯彻习近平总书记在广东考察时的重要讲话精神，全面落实党中央对做好下半年经济工作的决策部署，坚持改革开放、锐意创新，塑造高质量发展新优势，扎实推进中国式现代化建设。

31. 8月25日12时59分，谷神星一号遥八运载火箭在我国酒泉卫星发射中心成功发射升空，将搭载的吉林一号宽幅02A星顺利送入预定轨道，发射任务获得圆满成功。这次任务是谷神星一号运载火箭第8次飞行。

32. 8月26日，中共中央总书记、国家主席、中央军委主席习近平在听取新疆维吾尔自治区党委和政府、新疆生产建设兵团工作汇报时强调，要完整准确全面贯彻新时代党的治疆方略，牢牢把握新疆在国家全局中的战略定位，扭住工作总目标，把依法治疆、团结稳疆、文化润疆、富民兴疆、长期建疆各项工作做深做细做实，稳中求进、绵绵用力、久久为功，在中国式现代化进程中更好建设团结和谐、繁荣富裕、文明进步、安居乐业、生态良好的美丽新疆。

33. 2023 年 8 月 25 日至 27 日，第九届库布其国际沙漠论坛在内蒙古自治区鄂尔多斯市库布齐沙漠举办。论坛主题为“以科技引领治沙 让荒漠造福人类”。

34. 8 月 31 日电，中共中央总书记、国家主席、中央军委主席习近平近日给安徽省潜山野寨中学新考取军校的 20 名同学回信，习近平总书记在回信中表示，你们把从军报国作为人生追求，今年考上了军校，开启了军旅生涯，我向你们表示祝贺。希望你们铸牢忠诚品格，刻苦学习训练，锤炼过硬作风，努力成长为高素质专业化新型军事人才，为国防和军队现代化贡献力量。

35. 8 月 31 日从中国载人航天工程办公室了解到，我国 2024 年将发射天舟七号货运飞船、神舟十八号载人飞船、天舟八号货运飞船、神舟十九号载人飞船。

九、2023 年 9 月

1. 9 月 1 日出版的第 17 期《求是》杂志发表中共中央总书记、国家主席、中央军委主席习近平的重要文章《在文化传承发展座谈会上的讲话》。文章指出，中华优秀传统文化有很多重要元素，共同塑造出中华文明的突出特性。中华文明具有突出的连续性。中华文明具有突出的创新性。中华文明具有突出的统一性。中华文明具有突出的包容性。中华文明具有突出的和平性。

2. 中共中央总书记、国家主席、中央军委主席习近平 9 月 1 日致信祝贺国防科技大学建校 70 周年，向全校师生员工和广大校友致以热烈的祝贺。习近平总书记强调，希望国防科技大学以建校 70 周年为新的起点，深入贯彻新时代强军思想，全面落实新时代军事教育方针，坚持立德树人、为战育人，坚持面向世界军事和科技前沿、面向国防和军队现代化，勇担时代重任，锐意开拓进取，大力培养高素质专业化新型军事人才，加快国防科技自主创新步伐，努力在实施科技强军战略、人才强军战略中发挥重要作用，为实现建军一百年奋斗目标、开创国防和军队现代化新局面作出更大贡献。

3. 9 月 2 日上午，国家主席习近平在北京向 2023 年中国国际服务贸易交易会全球服务贸易峰会发表视频致辞。国家主席习近平强调，今年是中国改革开放 45 周年，中国将坚持推进高水平对外开放，以高质量发展全面推进中国式现代化，为各国开放合作提供新机遇。中国愿同各国各方一道，以服务开放推动包容发展，以服务合作促进联动融通，以服务创新培育发展动能，以服务共享创造美好未来，携手推动世界经济走上持续复苏轨道。2023 年中国国际服务贸易交易会 9 月 2 日至 6 日在北京举行，主题为“开放引领发展 合作共赢未来”。

4. 9 月 3 日报道，2023 欧亚经济论坛将于 9 月 22 日至 24 日在陕西西安举办。本届论坛主题为“创合作机遇 谋发展未来”。

5. 9月3日电，2023北京文化论坛将于9月14日至15日在北京举办。2023北京文化论坛以“传承·创新·互鉴”为永久主题，以“传承优秀文化 促进交流合作”为年度主题。

6. 9月4日，国家主席习近平向2023中国国际智能产业博览会致贺信。习近平指出，中国愿同世界各国一道，把握数字时代新趋势，深化数字领域国际交流合作，推动智能产业创新发展，加快构建网络空间命运共同体，携手创造更加幸福美好的未来。2023中国国际智能产业博览会主题为“智汇八方，博采众长”，当日在重庆市开幕。

7. 9月4日，杭州第十九届亚运会火炬在浙江宁波交付。杭州亚运会火炬是亚运会的重要象征物之一。火炬名为“薪火”。

8. 9月5日，国家主席习近平向第十次上海合作组织成员国司法部长会议致贺信。习近平强调，中国愿同上海合作组织其他成员国一道，不断深化新时代各国法律和司法行政领域交流合作，以法治方式促进各国经济高质量发展，维护地区和平稳定，推动构建人类命运共同体。

9. 9月5日下午，国家主席习近平在人民大会堂会见红十字国际委员会主席斯波利亚里茨。国家主席习近平强调，人道主义是能够凝聚不同文明的最大共识。中国秉持人民至上理念，打赢了人类历史上规模最大的脱贫攻坚战，面对新冠疫情不仅保护本国人民生命安全和身体健康，而且开展了历史上规模最大的全球人道主义援助行动。事实证明，中国是国际人道主义事业的积极拥护者、参与者和贡献者。

10. 9月5日晚，国务院总理李强在雅加达出席中国——印度尼西亚工商界晚餐会并致辞。李强表示，这是我担任中国国务院总理以来首次访问亚洲国家，我将印度尼西亚作为访问首站，是为发展而来、为友谊而来、为和平而来、为合作而来。

11. 9月6日上午，国务院总理李强在印度尼西亚雅加达出席第26次中国——东盟（10+1）领导人会议。李强就构建更为紧密的中国——东盟命运共同体提出四点建议：一是携手打造经济增长中心，加强互联互通，深化产业链供应链合作。二是携手推进新兴产业合作，加强新能源汽车、光伏、人工智能等领域合作。三是携手维护地区和平安宁，积极推进“南海行为准则”案文磋商，开展打击电信网络诈骗等合作。四是携手扩大人文交流，进一步加强文化、旅游、培训、青年等领域合作。

12. 9月7日上午，国务院总理李强在印度尼西亚雅加达出席第18届东亚峰会。李强指出，面对新形势新挑战，东亚峰会应继续坚持自身定位，为实现地区长期稳定和持久繁荣发挥更大作用：一是更好发挥促进发展作用，激发区域增长活力。二是更好发挥战略对话作用，增进各方相知互信。三是更好发挥东盟主导作用，共促包容互利合作。

13. 全国优秀教师代表座谈会于9月9日在京召开。中共中央总书记、国家主席、中央军委主席习近平致信与会教师代表，习近平总书记强调，新征程上，希望你们和全国广大教师以教育家为榜样，大力弘扬教育家精神，牢记为党育人、为国育才的初心使命，树立“躬耕教坛、强国有我”的志向和抱负，自信自强、踔厉奋发，为强国建设、民族复兴伟业作出新的更大贡献。中共中央政治局常委、国务院总理李强作出批示指出，教师是立教之本、兴教之源，是教育发展的第一资源。

14. 9月9日，国家主席习近平向第十届中国——中亚合作论坛致贺信。习近平强调，今年是共建“一带一路”倡议提出10周年，中国同中亚国家共建“一带一路”合作走在国际社会前列。第十届中国——中亚合作论坛9日在福建省厦门市开幕，主题为“赓续友好关系 深化互利合作”。

15. 9月9日上午，国务院总理李强在印度新德里出席二十国集团领导人第十八次峰会第一阶段会议并发表讲话。李强指出，二十国集团成员应当坚守团结合作初心，扛起和平与发展的时代责任。我们要切实加强宏观经济政策协调；我们要坚定推进经济全球化；我们要共同守护地球绿色家园；我们要团结不要分裂。

16. 9月10日，国家主席习近平向2023年浦江创新论坛致贺信。国家主席习近平指出，科技创新是人类共同应对风险挑战、促进和平和发展的重要力量。希望浦江创新论坛坚持以创新为主题，启迪创新思想、传播创新理念、激励创新精神，为推进国际科技合作、增进人类共同福祉作出新的贡献。2023年浦江创新论坛主题为“开放的创新生态：创新与全球链接”。

17. 中共中央总书记、国家主席、中央军委主席习近平8日到78集团军视察，强调要深入贯彻新时代强军思想，贯彻新时代军事战略方针，创新集团军建设管理和作战运用方式，全面提高部队备战打仗能力，有效履行党和人民赋予的使命任务。

18. 9月10日12时30分，我国在太原卫星发射中心使用长征六号改运载火箭，成功将遥感四十号卫星发射升空，卫星顺利进入预定轨道，发射任务获得圆满成功。该卫星主要用于开展电磁环境探测及相关技术试验。

19. 9月14日，国家主席习近平向2023北京文化论坛致贺信。国家主席习近平指出，北京历史悠久，文脉绵长，是中华文明连续性、创新性、统一性、包容性、和平性的有力见证。中国将更好发挥北京作为历史古都和全国文化中心的优势，加强同全球各地的文化交流，共同推动文化繁荣发展、文化遗产保护、文明交流互鉴，践行全球文明倡议，为推动构建人类命运共同体注入深厚持久的文化力量。2023北京文化论坛以“传承优秀文化 促进交流合作”为年度主题。

20. 中共中央总书记、国家主席习近平15日向第六届海峡两岸青年发展论坛致贺信。国家主席习近平指出，青年是国家的希望、民族的未来。第六届海峡两岸青年发展论坛以“同心合力迎亚运，携手共绘新蓝图”为主题，15日在浙江杭州举办论坛开幕会暨主论坛。

21. 9月15日，国家主席习近平向中欧班列国际合作论坛致贺信。国家主席习近平指出，中国将继续同各方一道，秉承和平合作、开放包容、互学互鉴、互利共赢的丝路精神，坚持共商共建共享原则，推动中欧班列朝着更高质量、更好效益、更加安全方向发展，为促进全球经济发展、增进各国人民福祉、推动构建人类命运共同体作出新的更大贡献。中欧班列国际合作论坛主题为“深化互联互通 促进合作共赢”，当日在江苏省连云港市举行。

22. 9 月 14 日，日前，教育部印发通知，启动首届全国大学生职业规划大赛。首届全国大学生职业规划大赛以“筑梦青春志在四方，规划启航职引未来”为主题。

23. 9 月 16 日出版的第 18 期《求是》杂志发表中共中央总书记、国家主席、中央军委主席习近平的重要文章《扎实推动教育强国建设》。文章强调，教育兴则国家兴，教育强则国家强。建设教育强国，是全面建成社会主义现代化强国的战略先导，是实现高水平科技自立自强的重要支撑，是促进全体人民共同富裕的有效途径，是以中国式现代化全面推进中华民族伟大复兴的基础工程。

24. 国务院总理李强 9 月 17 日上午在广西南宁出席第二十届中国——东盟博览会和中国——东盟商务与投资峰会开幕式并致辞。李强强调，中国和东盟关系的良好局面来之不易，凝结着各方的共同努力，当中有其本质的内核和贯穿始终的主线，这就是习近平主席精辟概括的“亲、诚、惠、容”四个字。一是更好地践行“亲”字，进一步深化感情交融。二是更好地践行“诚”字，进一步夯实信任根基。三是更好地践行“惠”字，进一步拉紧利益纽带。四是更好地践行“容”字，进一步扩展开放胸襟。

25. 9 月 12 日，国家主席习近平复信美中航空遗产基金会主席格林和飞虎队老兵莫耶、麦克马伦。国家主席习近平强调，追忆往昔，中美两国人民在抗击日本法西斯的斗争中同仇敌忾，经受了血与火的考验，结下了深厚友谊。展望未来，中美作为两个大国，对世界的和平、稳定与发展负有更加重要的责任，应该也必须实现相互尊重、和平共处、合作共赢。中美关系的希望在人民，基础在民间，未来在青年。

26. 中国科学技术信息研究所 9 月 20 日发布的 2023 年中国科技论文统计结果显示，我国各学科最具影响力期刊论文数量首次升至世界第 1 位，高水平国际期刊论文数量及被引用次数均排在世界第 1 位。

27. 9 月 22 日电，在第六个“中国农民丰收节”到来之际，中共中央总书记、国家主席、中央军委主席习近平代表党中央，向全国广大农民和工作在“三农”战线上的同志们致以节日祝贺和诚挚问候。习近平强调，坚持把增加农民收入作为“三农”工作的中心任务。

28. 9 月 23 日中午，国家主席习近平和夫人彭丽媛在浙江省杭州市西子宾馆举行宴会，欢迎来华出席杭州第 19 届亚洲运动会开幕式的国际贵宾。国家主席习近平指出，我们愿同亚奥理事会和各国各地区代表团共同努力，为世界呈现一届“中国特色、亚洲风采、精彩纷呈”的体育盛会，为亚洲和国际奥林匹克运动发展作出新贡献。

29. 9 月 23 日电，中共中央总书记、国家主席、中央军委主席习近平近日就推进新型工业化作出重要指示指出，新时代新征程，以中国式现代化全面推进强国建设、民族复兴伟业，实现新型工业化是关键任务。

30. 9 月 25 日，国家主席习近平向全球可持续交通高峰论坛致贺信。国家主席习近平指出，建设安全、便捷、高效、绿色、经济、包容、韧性的可持续交通体系，是支撑服务经济社会高质量发展、实现“人享其行、物畅其流”美好愿景的重要举措。

中国愿同世界各国一道，秉持共商共建共享理念，让可持续交通发展成果更好造福世界各国人民，为落实全球发展倡议、实现联合国 2030 年可持续发展目标、推动构建人类命运共同体作出积极贡献。

31. 9 月 24 日，哈尔滨市与亚奥理事会、中国奥委会在杭州市共同签署 2025 年第九届亚洲冬季运动会举办城市合同。哈尔滨拥有悠久的冰雪运动底蕴，20 世纪初，哈尔滨城区内便修建了滑冰场。1953 年哈尔滨举办了首届全国冰上运动会。2009 年，第二十四届世界大学生冬季运动会在哈尔滨举办，这是中国第一次举办世界级综合性冬季运动会。2022 年 6 月，中国奥委会授予哈尔滨市“奥运冠军之城”称号。

32. 中共中央政治局 9 月 27 日下午就世界贸易组织规则与世界贸易组织改革进行第八次集体学习。中共中央总书记习近平在主持学习时强调，世界贸易组织是多边主义的重要支柱，是全球经济治理的重要舞台。对世界贸易组织进行必要改革是普遍共识、大势所趋。

33. 9 月 26 日电，中共中央总书记、国家主席、中央军委主席习近平近日就深入推进自由贸易试验区建设作出重要指示指出，建设自由贸易试验区是党中央在新时代推进改革开放的重要战略举措。习近平总书记强调，新征程上，要在全面总结十年建设经验基础上，深入实施自贸试验区提升战略，勇做开拓进取、攻坚克难的先锋，在更广领域、更深层次开展探索，努力建设更高水平自贸试验区。

34. 我国首条时速 350 公里的跨海高铁——福州至厦门至漳州高铁（福厦高铁）将于 28 日开通运营，福州至厦门最快 55 分钟可达，两地实现“一小时生活圈”。

35. 9 月 28 日电，中共中央总书记、国家主席、中央军委主席习近平近日对妇女儿童工作作出重要指示指出，妇女儿童事业是党和国家事业的重要组成部分。党的十八大以来，党对妇女儿童工作的领导全面加强，妇女儿童权益保障法治体系不断健全完善，妇女儿童发展环境持续优化提升，妇女儿童领域国际话语权和影响力明显增强，妇女儿童事业与经济社会发展同步推进，中国特色社会主义妇女儿童发展道路越走越宽广。习近平强调，推进强国建设、民族复兴伟业，妇女是重要力量，儿童是未来生力军。第七次全国妇女儿童工作会议 28 日在京召开。

36. 9 月 28 日，第十届北京香山论坛于 10 月 29 日至 31 日在京举行。北京香山论坛创办于 2006 年，始终秉持平等、开放、包容、互鉴的精神，已发展成为全球重要安全对话平台之一。本届论坛的主题是“共同安全、持久和平”。

37. 9 月 29 日电，国务院办公厅近日印发《关于释放旅游消费潜力推动旅游业高质量发展的若干措施》从 5 个方面提出 30 条推动旅游业高质量发展的工作措施。一是加大优质旅游产品和服务供给，二是激发旅游消费需求，三是加强入境旅游工作，四是提升行业综合能力，五是保障措施方面。

十、2023 年 10 月

1. 10 月 1 日出版的第 19 期《求是》杂志发表中共中央总书记、国家主席、中央军委主席习近平的重要文章《推进中国式现代化需要处理好若干重大关系》。文章指出，推进中国式现代化是一个系统工程，需要统筹兼顾、系统谋划、整体推进，正确处理好一系列重大关系。

2. 10月1日上午9时15分，我国18名科考队员成功登顶世界第六高峰卓奥友峰，开展极高海拔自动气象站架设、峰顶冰雪测厚、冰芯钻取及雪冰样品采集等多项科考任务。这是我国科考队首次登顶珠峰以外的海拔8 000米以上高峰。

3. 10月1日，中国科学技术信息研究所日前发布的2023年中国科技论文统计结果显示，我国热点论文数量世界占比持续增长，占世界总量的45.9%，世界排名保持第一位；高被引论文数量继续保持世界第二位，世界总量占比提升了3.5个百分点。

4. 从4日召开的杭州亚运会“智能亚运”主题新闻发布会上获悉，来自130多个国家和地区、超过1亿人参与数字火炬传递的“亚运数字火炬手”活动，成为亚运史上覆盖区域最广、参与人数最多、持续时间最长的线上火炬主题活动，创造了一个新的吉尼斯世界纪录。

5. 10月1日上午9时15分，我国科考队成功登顶海拔8 201米的卓奥友峰峰顶，并完成了岩石样品采集。这是我国首次系统采集卓奥友峰峰顶至大本营的岩石样品。

6. 10月7日，杭州第19届亚运会开幕式上，由超过1亿名亚运数字火炬手汇聚而成的“亚运数字火炬人”踏浪而来，点燃“钱江潮涌”主火炬塔。“亚运数字火炬人”征名活动中，“弄潮儿”脱颖而出，成为“亚运数字火炬人”的名字。

7. 10月8日中午，杭州亚运会所有项目完赛。中国体育代表团获得201金111银71铜，共383枚奖牌，取得亚运会参赛历史最好成绩。自1982年第九届亚运会以来，中国体育代表团连续第十一次位居亚运会金牌榜榜首。本届亚运会，中国代表团3次刷新世界纪录、18次刷新亚洲纪录、74次刷新赛会纪录。

8. 10月8日，财政部、国家税务总局、住房城乡建设部近日发布公告，为推进保障性住房建设，从今年10月1日起，对保障性住房项目建设用地免征城镇土地使用税；对保障性住房经营管理单位与保障性住房相关的印花税，以及保障性住房购买人涉及的印花税予以免征。

9. 10月9日，六部门近日联合印发《算力基础设施高质量发展行动计划》，从计算力、运载力、存储力以及应用赋能四个方面提出了到2025年发展量化指标。

10. 中共中央政治局常委、国务院总理李强10月7日至9日在浙江调研。他强调，要深入学习贯彻习近平总书记关于数字经济发展和新型工业化的重要指示精神，落实全国新型工业化推进大会部署，从战略全局高度做强做优做大数字经济，在加快数字化转型中赋能经济社会发展，塑造高质量发展新动能新优势。

11. 第三届“一带一路”国际合作高峰论坛将于10月17日至18日在北京举行，主题为“高质量共建‘一带一路’，携手实现共同发展繁荣”。国家主席习近平将出席高峰论坛开幕式发表主旨演讲，并为来华出席高峰论坛的嘉宾举行欢迎宴会和双边活动。

12. 10 月 11 日，从中国科学技术大学获悉，该校潘建伟、陆朝阳等组成的研究团队与中国科学院上海微系统与信息技术研究所、国家并行计算机工程技术研究中心合作，近期成功构建 255 个光子的量子计算原型机“九章三号”，再度刷新光量子信息技术世界纪录，求解高斯玻色取样数学问题比目前全球最快的超级计算机快亿亿亿倍，在研制量子计算机之路上迈出关键一步。

13. 10 月 12 日，国务院日前印发《关于推进普惠金融高质量发展的实施意见》，明确未来五年推进普惠金融高质量发展的指导思想、基本原则和主要目标。实施意见强调，在未来五年基本建成高质量的普惠金融体系，努力实现基础金融服务更加普及、经营主体融资更加便利、金融支持乡村振兴更加有力、金融消费者教育和保护机制更加健全、金融风险防控更加有效、普惠金融配套机制更加完善的目标。

14. 中共中央总书记、国家主席、中央军委主席习近平 12 日下午在江西省南昌市主持召开进一步推动长江经济带高质量发展座谈会并发表重要讲话。他强调，要完整、准确、全面贯彻新发展理念，坚持共抓大保护、不搞大开发，坚持生态优先、绿色发展，以科技创新为引领，统筹推进生态环境保护和经济社会发展，加强政策协同和工作协同，谋长远之势、行长久之策、建久安之基，进一步推动长江经济带高质量发展，更好支撑和服务中国式现代化。

15. 10 月 12 日，2023 世界航海装备大会在福建省福州市开幕。本届大会为期 4 天，本次大会以“承载人类梦想 驶向星辰大海”为主题。

16. 10 月 13 日电，中共中央总书记、国家主席、中央军委主席习近平近日在江西考察时强调，要紧紧围绕新时代新征程党的中心任务，完整准确全面贯彻新发展理念，牢牢把握江西在构建新发展格局中的定位，立足江西的特色和优势，着眼高质量发展、绿色发展、低碳发展等新要求，解放思想、开拓进取，扬长补短、固本兴新，努力在加快革命老区高质量发展上走在前、在推动中部地区崛起上勇争先、在推进长江经济带发展上善作为，奋力谱写中国式现代化江西篇章。

17. 10 月 13 日，水利部近日出台《关于加快推动农村供水高质量发展的指导意见》。指导意见明确，力争通过 3 至 5 年时间，初步形成体系布局完善、设施集约安全、管护规范专业、服务优质高效的农村供水高质量发展格局。到 2035 年，农村供水工程体系、良性运行的管护机制进一步完善，基本实现农村供水现代化。

18. 10 月 16 日出版的第 20 期《求是》杂志发表中共中央总书记、国家主席、中央军委主席习近平的重要文章《开辟马克思主义中国化时代化新境界》。文章强调，党的二十大提出开辟马克思主义中国化时代化新境界的重大任务，强调这是当代中国共产党人的庄严历史责任。我们以这个题目进行集体学习，目的是深化对党的理论创新的规律性认识，进一步明确理论创新的方位、方向、方法，在新时代新征程上取得更为丰硕的理论创新成果。

19. 10 月 15 日，近日，中共中央印发了修订后的《干部教育培训工作条例》（以下简称《条例》），并发出通知，要求各地区各部门认真遵照执行。通知指出，干部教育培训是建设高素质干部队伍的先导性、基础性、战略性工程，在推进中国特色社会主义伟大事业和党的建设新的伟大工程中具有不可替代的重要地位和作用。

20. 10 月 16 日是世界粮食日，联合国粮食及农业组织将今年全球活动主题确定为：“水是生命之源，水是粮食之本。不让任何人掉队。”世界粮食日所在周是全国粮食安全宣传周，主题是“践行大食物观 保障粮食安全”。

21. 10 月 16 日，近日，市场监管总局（国家标准委）批准发布 GB/T 43214－2023《省级国土空间规划编制技术规程》国家标准，将于 2024 年 1 月 1 日起实施。该标准从提高规划编制的针对性、科学性和可操作性出发，突出省级国土空间规划的协调性。一是强调区域协调。二是强调功能协调。三是强调要素协调。

22. 10 月 17 日晚，国家主席习近平和夫人彭丽媛在人民大会堂举行宴会，欢迎来华出席第三届“一带一路”国际合作高峰论坛的国际贵宾。习近平指出，“春发其华，秋收其实”。共建“一带一路”倡议提出 10 年来，中国同各方合作伙伴一道，弘扬和平合作、开放包容、互学互鉴、互利共赢的丝路精神，共同为全球互联互通贡献力量，为国际经济合作搭建平台，为世界经济增长增添动力。习近平强调，共建“一带一路”追求的是发展，崇尚的是共赢，传递的是希望。习近平指出，当今世界并不太平，世界经济下行压力增大，全球发展面临诸多挑战，但我们坚信，和平、发展、合作、共赢的历史潮流不可阻挡，人民对美好生活的向往不可阻挡，各国实现共同发展繁荣的愿望不可阻挡。

23. 10 月 18 日，第 81 届世界科幻大会在成都开幕，这是这一科幻文化主题活动首次走进中国。2023 成都世界科幻大会为期 5 天，主题为“共生纪元”。

24. 10 月 18 日上午，国家主席习近平在人民大会堂出席第三届“一带一路”国际合作高峰论坛开幕式并发表题为《建设开放包容、互联互通、共同发展的世界》的主旨演讲。习近平指出，今年是我提出共建“一带一路”倡议 10 周年。提出这一倡议的初心，是借鉴古丝绸之路，以互联互通为主线，同各国加强政策沟通、设施联通、贸易畅通、资金融通、民心相通，为世界经济增长注入新动能，为全球发展开辟新空间，为国际经济合作打造新平台。习近平宣布中国支持高质量共建“一带一路”的八项行动：构建“一带一路”立体互联互通网络。支持建设开放型世界经济。开展务实合作。促进绿色发展。推动科技创新。支持民间交往。建设廉洁之路。完善“一带一路”国际合作机制。

25. 国家副主席韩正 20 日在福建厦门出席第 24 届东亚及西太平洋电力工业协会大会开幕式并致辞。韩正提出三点倡议。一是加强互联合作，推动能源转型。二是推进绿色低碳，应对气候变化。三是深化务实合作，推动科技创新。本次大会以“绿色低碳 电亮未来”为主题。

26. 10 月 24 日，全国工商联成立 70 周年庆祝大会在京举行。中共中央总书记、国家主席、中央军委主席习近平发来贺信，希望工商联深入学习贯彻新时代中国特色社会主义思想和党的二十大精神，切实担负起新时代新征程党赋予的使命任务，在加强思想政治引领、促进非公有制经济健康发展和非公有制经济人士健康成长、扎实推动民营经济高质量发展上下功夫，提振信心、凝聚人心，把广大民营经济人士更加紧密地团结在党的周围，不断开创工商联事业发展新局面。

27. 当地时间 10 月 26 日上午，国务院总理李强在比什凯克出席上海合作组织成员国政府首脑（总理）理事会第二十二次会议。李强就深化上合组织合作提出四点建议：一是共同筑牢地区安全屏障，坚决抵制外来干涉，尽快完善本组织应对安全威胁和挑战机制，严厉打击“三股势力”和跨国有组织犯罪。二是共同推动经济加快复苏，合作建设安全、高效的交通体系，不断推进贸易投资自由化便利化，维护产业链供应链平稳畅通。三是共同推进“一带一路”建设。四是共同促进人民相知相亲，不断深化教育、文旅、体育等合作。

28. 中共中央政治局 10 月 27 日召开会议，审议《关于进一步推动新时代东北全面振兴取得新突破若干政策措施的意见》。中共中央总书记习近平主持会议。会议指出，推动东北振兴是党中央作出的重大战略决策。东北地区资源条件较好，产业基础比较雄厚，区位优势独特，发展潜力巨大，在国家发展大局中具有重要战略地位。

29. 10 月 27 日，《未成年人网络保护条例》将于 2024 年 1 月 1 日起正式施行。《未成年人网络保护条例》是我国第一部专门性的未成年人网络保护综合立法。

30. 10 月 28 日，杭州亚残运会落幕，在本次运动会上，中国残疾人运动员顽强拼搏、超越自我，既创造了中国代表团参加亚残运会以来的最好成绩，又绽放出自强不息、善良勇敢的人性光芒，实现了运动成绩和精神文明双丰收。中国代表团 439 名运动员参加了本届赛事 390 个小项比赛，除了获得 214 金 167 银 140 铜共 521 枚奖牌之外，还打破世界纪录 13 次、亚洲纪录 35 次。

31. 中共中央总书记、国家主席、中央军委主席习近平 30 日下午在中南海同全国妇联新一届领导班子成员集体谈话并发表重要讲话。习近平强调，以中国式现代化全面推进强国建设、民族复兴伟业，需要全体人民团结奋斗，妇女的作用不可替代。要坚定不移走中国特色社会主义妇女发展道路，激励广大妇女自尊自信、自立自强，奋进新征程、建功新时代，为中国式现代化建设贡献巾帼智慧和力量。

32. 第十届北京香山论坛 30 日在北京国际会议中心开幕。第十届北京香山论坛的主题是“共同安全、持久和平”。

33. 中央金融工作会议 10 月 30 日至 31 日在北京举行。中共中央总书记、国家主席、中央军委主席习近平出席会议并发表重要讲话。会议强调，金融是国民经济的血脉，是国家核心竞争力的重要组成部分，要加快建设金融强国，全面加强金融监管，完善金融体制，优化金融服务，防范化解风险，坚定不移走中国特色金融发展之路，推动我国金融高质量发展，为以中国式现代化全面推进强国建设、民族复兴伟业提供有力支撑。

34. 10 月 31 日电，近日，国家主席习近平复信古巴著名科学家裴德乐。习近平强调，国际科技合作是大趋势。各国需要通过科技创新共同促进人类和平与发展事业。

今年是我提出“一带一路”倡议十周年。

十一、2023 年 11 月

1. 首届“一带一路”科技交流大会定于 11 月 6 日至 7 日在重庆举行。大会以“共建创新之路，同促合作发展”为主题。

2. 11 月 1 日出版的第 21 期《求是》杂志发表中共中央总书记、国家主席、中央军委主席习近平的重要文章《在二十届中央审计委员会第一次会议上的讲话》。文章强调，审计是党和国家监督体系的重要组成部分，是推动国家治理体系和治理能力现代化的重要力量。

3. 11 月 3 日，国家主席习近平向第五届中美友城大会致信。习近平指出，中美关系的基础在民间，力量源泉在人民友好。友好省州和友好城市是深化中美人民友谊、实现互利共赢的重要载体。自 1979 年缔结第一对友城关系至今，中美已经建立 284 对友好省州和友好城市关系。第五届中美友城大会当日在江苏省苏州市举办，主题为“共建绿色城市 共享民生福祉”。

4. 2023 世界青年科学家峰会将于 11 月 11 日在浙江温州开幕，今年峰会继续秉持“汇聚天下英才　共创美好未来”的主题。以“青年创新聚力可持续发展未来”为年度议题。

5. 11 月 5 日，国家主席习近平向第六届中国国际进口博览会致信。习近平指出，2018 年以来，进博会成功举办五届，依托中国大市场优势，发挥国际采购、投资促进、人文交流、开放合作平台功能，对加快构建新发展格局和推动世界经济发展作出了积极贡献。习近平强调，当前，世界经济复苏动力不足，需要各国同舟共济、共谋发展。中国将始终是世界发展的重要机遇，将坚定推进高水平开放，持续推动经济全球化朝着更加开放、包容、普惠、平衡、共赢的方向发展。希望进博会加快提升构建新发展格局的窗口功能，以中国新发展为世界提供新机遇；充分发挥推动高水平开放的平台作用，让中国大市场成为世界共享的大市场；更好提供全球共享的国际公共产品服务，助力推动构建开放型世界经济，让合作共赢惠及世界。第六届中国国际进口博览会当日在上海市开幕，主题为“新时代，共享未来”。

6. 11 月 6 日，国家主席习近平向首届“一带一路”科技交流大会致贺信。习近平指出，第三届“一带一路”国际合作高峰论坛成功举办，共建“一带一路”进入高质量发展的新阶段。科技合作是共建“一带一路”合作的重要组成部分。中方将弘扬以和平合作、开放包容、互学互鉴、互利共赢为核心的丝路精神，深入实施“一带一路”科技创新行动计划，推进国际科技创新交流，与各国共同挖掘创新增长潜力，激发创新合作潜能，强化创新伙伴关系，促进创新成果更多惠及各国人民，助力共建“一带一路”高质量发展，推动构建人类命运共同体。首届“一带一路”科技交流大会主题为“共建创新之路，同促合作发展”。

7. 11 月 5 日，国务院总理李强在上海出席第六届中国国际进口博览会暨虹桥国际经济论坛开幕式，并发表主旨演讲。李强强调，今年是中国改革开放45周年。中国将持续推进“市场机遇更大”的开放，持续推进“规则对接更好”的开放，持续推进“创新动能更足”的开放，持续推进“包容共享更强”的开放，同时更好发挥上海在对外开放中的重要作用，推进上海自由贸易试验区高水平制度型开放，并在上海建设“丝路电商”合作先行区。

8. 11月7日至10日，以“建设包容、普惠、有韧性的数字世界——携手构建网络空间命运共同体”为主题的2023年世界互联网大会乌镇峰会将在浙江乌镇举行。今年是乌镇峰会办会的第十年，又是世界互联网大会国际组织正式运行一周年。对浙江来说，今年是“八八战略”实施20周年、“数字浙江”建设20周年。

9. 11月6日，第一届全国学生（青年）运动会科学论文报告会在南宁开幕。为期两天的科报会以“服务强国建设 推进新时代青少年和学校体育高质量发展”为主题。

10. 11月8日上午，国家主席习近平向2023年世界互联网大会乌镇峰会开幕式发表视频致辞。习近平指出，2015年，我在第二届世界互联网大会开幕式上提出了全球互联网发展治理的“四项原则”“五点主张”，倡导构建网络空间命运共同体，这一理念得到国际社会广泛认同和积极响应。我们倡导发展优先，构建更加普惠繁荣的网络空间。我们倡导安危与共，构建更加和平安全的网络空间。我们倡导文明互鉴，构建更加平等包容的网络空间。

11. 中共中央总书记、国家主席、中央军委主席、中央全面深化改革委员会主任习近平11月7日下午主持召开中央全面深化改革委员会第三次会议，审议通过了《关于全面推进美丽中国建设的意见》《关于进一步完善国有资本经营预算制度的意见》《关于健全自然垄断环节监管体制机制的实施意见》《关于加强专家参与公共决策行为监督管理的指导意见》《关于加强生态环境分区管控的指导意见》。

12. 2023年11月7日在重庆闭幕的首届“一带一路”科技交流大会上，我国首次提出《国际科技合作倡议》，倡导并践行开放、公平、公正、非歧视的国际科技合作理念，坚持“科学无国界、惠及全人类”，携手构建全球科技共同体。

13. 中共中央总书记、国家主席、中央军委主席习近平10日在北京、河北考察灾后恢复重建工作时强调，各级党委和政府、各有关方面要认真贯彻落实党中央决策部署，再接再厉抓好灾后恢复重建，确保广大人民群众安居乐业、温暖过冬。要始终坚持以人民为中心，坚持系统观念，坚持求真务实、科学规划、合理布局，抓紧补短板、强弱项，加快完善防洪工程体系、应急管理体系，不断提升防灾减灾救灾能力。

14. 中共中央总书记、国家主席习近平14日向2023两岸企业家峰会10周年年会致贺信。习近平指出，两岸经济同属中华民族经济，两岸同胞是命运共同体。两岸企业家峰会是两岸企业及工商界人士交流合作的重要平台，为促进两岸经济合作、深化两岸融合发展发挥了重要作用。希望峰会广泛团结两岸企业界、工商界，为壮大中华民族经济、增进同胞福祉、推进祖国统一大业作出新的贡献。2023两岸企业家峰会10周年年会以“新格局中融合发展和高质量发展”为主题，14日在江苏南京开幕。

15. 11月15日，国家主席习近平在美国旧金山斐洛里庄园同美国总统拜登举行中美元首会晤。两国元首就事关中美关系的战略性、全局性、方向性问题以及事关世界和平和发展的重大问题坦诚深入地交换了意见。习近平深刻阐释了中国式现代化的本质特征和内涵意义，以及中国的发展前景和战略意图。习近平指出，中国的发展有自身的逻辑和规律，中国正在以中国式现代化全面推进中华民族伟大复兴，中国不走殖民掠夺的老路，不走国强必霸的歪路，也不搞意识形态输出。习近平指出，相互尊重、和平共处、合作共赢，这既是从50年中美关系历程中提炼出的经验，也是历史上大国冲突带来的启示，应该是中美共同努力的方向。这次旧金山会晤，中美应该有新的愿景，共同努力浇筑中美关系的五根支柱。一是共同树立正确认知。二是共同有效管控分歧。三是共同推进互利合作。四是共同承担大国责任。五是共同促进人文交流。

16. 2023年11月16日出版的第22期《求是》杂志发表中共中央总书记、国家主席、中央军委主席习近平的重要文章《推进生态文明建设需要处理好几个重大关系》。文章指出，一是正确处理高质量发展和高水平保护的关系。二是正确处理重点攻坚和协同治理的关系。三是正确处理自然恢复和人工修复的关系。四是正确处理外部约束和内生动力的关系。五是正确处理“双碳”承诺和自主行动的关系。

17. 11月15日电，国家主席习近平在美国友好团体联合欢迎宴会上发表演讲。习近平指出，中美关系的根基是由人民浇筑的。中美关系的大门是由人民打开的。中美关系的故事是由人民书写的。中美关系的未来是由人民创造的。习近平强调，相互尊重是人与人打交道的基本礼数，也是中美两国相处的起码准则。和平共处是国际关系基本准则，更是中美两个大国必须守住的底线。合作共赢是时代发展的潮流，也是中美关系应该有的底色。习近平指出，中国是世界上最大的发展中国家。工作得更好，生活得更好，孩子们成长得更好，是14亿多中国人民的殷切心愿。我们致力于团结奋斗，让全体中国人民一起迈向现代化。我们致力于共同富裕，让每一个中国人都过上美好生活。我们致力于全面发展，让人们的物质和精神世界同样富足。我们致力于永续发展，让人与自然和谐共生。我们致力于和平发展，推动构建人类命运共同体。

18. 11月16日上午，国家主席习近平向在旧金山举行的亚太经合组织工商领导人峰会发表题为《同心协力 共迎挑战 谱写亚太合作新篇章》的书面演讲。

19. 12月2日至5日，2023中国企业家博鳌论坛将在海南博鳌举办，以“聚焦新质生产力，增强发展新动能”为主题。

20. 第七届丝绸之路国际博览会暨中国东西部合作与投资贸易洽谈会16日在陕西省西安市开幕，本届丝博会以“经贸拓展·互联互通·互利共赢”为主题。

21. 11月17日上午，亚太经合组织第三十次领导人非正式会议在美国旧金山莫斯科尼中心举行。国家主席习近平出席会议并发表题为《坚守初心 团结合作 携手共促亚太高质量增长》的重要讲话。

22. 11月16日中午，国家主席习近平在旧金山出席亚太经合组织领导人同东道主嘉宾非正式对话会暨工作午宴。习近平指出，可持续发展是解决当前全球性问题的

"金钥匙"。近年来，亚太经合组织深入落实2040年布特拉加亚愿景，大力实施《生物循环绿色经济曼谷目标》，为全球绿色和可持续增长作出积极贡献。

23. 11月17日，国务院召开全国冬春农田水利暨高标准农田建设电视电话会议。中共中央政治局常委、国务院总理李强日前对推进农田水利和高标准农田建设作出重要批示。批示指出：农田建设是全方位夯实粮食安全根基的关键举措。近年来，各地区各有关部门共同努力，农田水利工作扎实推进，高标准农田建设稳步加快，为保障粮食和重要农产品稳定安全供给发挥了重要作用。

24. 中共中央政治局常委、国务院总理、中央金融委员会主任李强11月20日主持召开中央金融委员会会议，会议强调，要着力提升金融服务经济社会发展的质量水平，围绕做好科技金融、绿色金融、普惠金融、养老金融、数字金融五篇大文章，抓紧研究出台具体政策和工作举措，把握好时机、节奏和力度，扎实推动金融业开放行稳致远，促进金融业更好发展壮大。

25. 11月21日晚，国家主席习近平出席金砖国家领导人巴以问题特别视频峰会并发表题为《推动停火止战 实现持久和平安全》的重要讲话。习近平强调，巴以局势发展到今天，根本原因是巴勒斯坦人民的建国权、生存权、回归权长期遭到漠视。解决巴以冲突循环往复的根本出路是落实"两国方案"，恢复巴勒斯坦民族合法权利，建立独立的巴勒斯坦国。不公正解决巴勒斯坦问题，中东就没有持久的和平稳定。中方呼吁尽快召开更具权威性的国际和会，促进共识，推动巴勒斯坦问题早日得到全面、公正、持久解决。

26. 11月23日，国家主席习近平向第二届全球数字贸易博览会致贺信。习近平指出，当前，全球数字贸易蓬勃发展，成为国际贸易的新亮点。近年来，中国积极对接高标准国际经贸规则，建立健全数字贸易治理体系，促进数字贸易改革创新发展，不断以中国新发展为世界提供新机遇。希望各方充分利用全球数字贸易博览会平台，共商合作、共促发展、共享成果，携手将数字贸易打造成为共同发展的新引擎，为世界经济增长注入新动能。第二届全球数字贸易博览会当日在浙江省杭州市开幕，主题为"数字贸易 商通全球"。

27. 国务院总理李强11月22日晚在北京出席二十国集团领导人视频峰会并发表讲话。李强指出，我们要继续坚持发展优先，把发展合作置于突出位置，加快实现世界经济的强劲、可持续、平衡和包容增长，反对把发展问题泛政治化、泛安全化。要拿出更多务实举措，坚持目标导向、问题导向，落实好新德里峰会达成的共识，不断取得实际成果。

28. 11月24日，国家主席习近平向世界中国学大会·上海论坛致贺信。习近平指出，中国学是历史中国之学，也是当代中国之学。中华文明源远流长，在同世界其他文明的交流互鉴中丰富发展，赋予中国式现代化以深厚底蕴。溯历史的源头才能理解现实的世界，循文化的根基才能辨识当今的中国，有文明的互鉴才能实现共同的进步。希望各国专家学者当融通中外文明的使者，秉持兼容并蓄、开放包容，不断推进世界中国学研究，推动文明交流互鉴，为繁荣世界文明百花园注入思想和文化力量。大会主题为“全球视野下的中华文明与中国道路”。

29. 推进“一带一路”建设工作领导小组办公室 11 月 24 日发布《坚定不移推进共建“一带一路”高质量发展走深走实的愿景与行动——共建“一带一路”未来十年发展展望》，报告提出，中国倡议各方在推进共建“一带一路”合作中，注重做好“五个统筹”，即统筹继承和创新、统筹政府和市场、统筹双边和多边、统筹规模和效益以及统筹发展和安全。报告还提出，坚持共商、共建、共享，坚持开放、绿色、廉洁，坚持高标准、惠民生、可持续等原则理念。在发展目标方面，具体包括五大目标，即互联互通网络更加畅通高效，各领域务实合作迈上新台阶，共建国家人民获得感、幸福感进一步增强，中国更高水平开放型经济新体制基本形成，人类命运共同体理念日益深入人心。

30. 中共中央政治局 11 月 27 日召开会议，审议《关于进一步推动长江经济带高质量发展若干政策措施的意见》《中国共产党领导外事工作条例》。中共中央总书记习近平主持会议。会议指出，长江经济带发展战略是以习近平同志为核心的党中央作出的重大战略决策。战略实施以来，思想认识、生态环境、发展方式、区域融合、改革开放等方面发生了重大变化，发展质量稳步提升，发展态势日趋向好。

31. 中共中央政治局 11 月 27 日下午就加强涉外法制建设进行第十次集体学习。中共中央总书记习近平在主持学习时强调，加强涉外法治建设既是以中国式现代化全面推进强国建设、民族复兴伟业的长远所需，也是推进高水平对外开放、应对外部风险挑战的当务之急。要从更好统筹国内国际两个大局、更好统筹发展和安全的高度，深刻认识做好涉外法治工作的重要性和紧迫性，建设同高质量发展、高水平开放要求相适应的涉外法治体系和能力，为中国式现代化行稳致远营造有利法治条件和外部环境。

32. 11 月 28 日，由中国贸促会主办的首届中国国际供应链促进博览会在北京顺义拉开帷幕。这是全球首个以供应链为主题的国家级展会。以“链”为名，以“链接世界 共创未来”为主题。

33. 国务院总理李强 11 月 28 日在北京出席首届中国国际供应链促进博览会开幕式暨全球供应链创新发展论坛，并发表主旨演讲。李强表示，中国国际供应链促进博览会是全球第一个以供应链为主题的国家级展会。中国举办链博会，就是为了顺应时代呼唤，创造一个促进各方加强沟通、深化合作、共谋发展的国际化平台。李强指出，中国既是全球产业链供应链合作的参与者、受益者，也是坚定的维护者、建设者。李强就深化产业链供应链国际合作提出四点倡议：一是共同构筑安全稳定的产业链供应链。加强重点产业链在全球范围内的资源协调，不随意干涉市场行为。二是共同构筑畅通高效的产业链供应链。中国将继续推进高质量共建“一带一路”合作，加强在智能制造、数字经济等领域创新合作。三是共同构筑开放包容的产业链供应链。中国将更深层次融入全球产业链供应链体系，积极参与绿色发展领域国际合作。四是共同构筑互利共赢的产业链供应链。中国将积极推进同各国的产业、产能合作，带动发展中国家更深度参与全球价值链。

34. 中共中央总书记、国家主席、中央军委主席习近平 30 日上午在上海主持召开深入推进长三角一体化发展座谈会并发表重要讲话。他强调，深入推进长三角一体化发展，进一步提升创新能力、产业竞争力、发展能级，率先形成更高层次改革开放新格局，对于我国构建新发展格局、推动高质量发展，以中国式现代化全面推进强国建设、民族复兴伟业，意义重大。要完整、准确、全面贯彻新发展理念，紧扣一体化和高质量这两个关键词，树立全球视野和战略思维，坚定不移深化改革、扩大高水平开放，统筹科技创新和产业创新，统筹龙头带动和各扬所长，统筹硬件联通和机制协同，统筹生态环保和经济发展，在推进共同富裕上先行示范，在建设中华民族现代文明上积极探索，推动长三角一体化发展取得新的重大突破，在中国式现代化中走在前列，更好发挥先行探路、引领示范、辐射带动作用。

十二、2023 年 12 月

1. 12 月 1 日出版的第 23 期《求是》杂志发表中共中央总书记、国家主席、中央军委主席习近平的重要文章《切实加强耕地保护 抓好盐碱地综合改造利用》。文章强调，要深刻认识加强耕地保护的重要性和紧迫性。粮食安全是“国之大者”，耕地是粮食生产的命根子。同时要清醒认识到，我国人多地少的国情没有变，耕地“非农化”“非粮化”问题依然突出，守住耕地红线的基础尚不托底，农田水利方面欠账还很多。

2. 12 月 2 日，近日，自然资源部办公厅印发《乡村振兴用地政策指南（2023年）》。《指南》坚守土地公有制性质不改变、耕地红线不突破、农民利益不受损三条底线。

3. 12 月 2 日，国家主席习近平向 2023 年“读懂中国”国际会议（广州）致贺信。习近平指出，读懂中国，关键要读懂中国式现代化。今天，中国正在以中国式现代化全面推进强国建设、民族复兴伟业，推动构建人类命运共同体，中国的前途命运和人类的前途命运紧密联系在一起。我们坚持以高水平开放促进高质量发展，持续打造市场化、法治化、国际化营商环境，稳步扩大规则、规制、管理、标准等制度型开放。我们坚定不移致力于扩大同各国利益的汇合点，不断以中国新发展为世界带来新动力、新机遇。中国期待同各国携手努力，实现和平发展、互利合作、共同繁荣的世界现代化。“读懂中国”国际会议 2 日在广州开幕，主题为“百年变局下的中国新作为——扩大利益汇合点，构建命运共同体”。

4. 12 月 3 日电，中共中央总书记、国家主席、中央军委主席习近平近日在上海考察时强调，上海要完整、准确、全面贯彻新发展理念，围绕推动高质量发展、构建新发展格局，聚焦建设国际经济中心、金融中心、贸易中心、航运中心、科技创新中心的重要使命，以科技创新为引领，以改革开放为动力，以国家重大战略为牵引，以城市治理现代化为保障，勇于开拓、积极作为，加快建成具有世界影响力的社会主义现代化国际大都市，在推进中国式现代化中充分发挥龙头带动和示范引领作用。

5. 12月3日电，在第十个国家宪法日到来之际，中共中央总书记、国家主席、中央军委主席习近平作出重要指示，宪法是治国安邦的总章程，是我们党治国理政的根本法律依据，是国家政治和社会生活的最高法律规范。习近平强调，新征程上，要坚定维护宪法权威和尊严，推动宪法完善和发展，更好发挥宪法在治国理政中的重要作用，为以中国式现代化全面推进强国建设、民族复兴伟业提供坚实保障。要坚定政治制度自信，坚持宪法确定的中国共产党领导地位不动摇，坚持宪法确定的人民民主专政的国体和人民代表大会制度的政体不动摇。要贯彻习近平新时代中国特色社会主义法治思想，坚持宪法规定、宪法原则、宪法精神全面贯彻，坚持宪法实施、宪法解释、宪法监督系统推进，加快完善以宪法为核心的中国特色社会主义法律体系，不断提高宪法实施和监督水平。要加强宪法理论研究和宣传教育，坚持知识普及、理论阐释、观念引导全面发力，在全社会大力弘扬宪法精神、社会主义法治精神，推动宪法实施成为全体人民的自觉行动。

6. 12月4日，国家主席习近平向“2023从都国际论坛”致贺信。习近平强调，面对前所未有的世界之变、时代之变和历史之变，人类社会必须团结起来，坚持互学互鉴、开放包容、合作共赢，弘扬全人类共同价值，共同建设更加美好的世界。希望各位嘉宾集思广益，为践行真正的多边主义发声鼓劲，为推动构建人类命运共同体贡献力量。“2023从都国际论坛”12月4日在广东省广州市开幕，主题为“多边主义：更多交流、更多包容、更多合作”。

7. 12月6日，中共中央在中南海召开党外人士座谈会，就今年经济形势和明年经济工作听取各民主党派中央、全国工商联负责人和无党派人士代表的意见和建议。中共中央总书记习近平主持座谈会并发表重要讲话强调，明年是中华人民共和国成立75周年，是实施“十四五”规划的关键一年。习近平对各民主党派、全国工商联和无党派人士提出3点希望。一是提高政治站位，把思想和行动统一到中共中央关于经济工作的重大决策部署上来。二是坚定发展信心，协助做好解疑释惑、凝聚共识工作。三是积极为推动高质量发展建言献策。

8. 中共中央政治局12月8日召开会议，分析研究2024年经济工作；听取中央纪委国家监委工作汇报，研究部署2024年党风廉政建设和反腐败工作；审议《中国共产党纪律处分条例》。中共中央总书记习近平主持会议。

9. 12月8日上午，第二届数字政府建设峰会暨“数字湾区”发展论坛在广州开幕，本次大会以“创新驱动数字湾区建设 数据赋能高质量发展”为主题。

10. 12月12日，在赴河内对越南进行国事访问之际，中共中央总书记、国家主席习近平在越南《人民报》发表题为《构建具有战略意义的中越命运共同体 开启携手迈向现代化的新篇章》的署名文章。今年是中越建立全面战略合作伙伴关系15周年。我们坚持以信相交。两党两国高层像走亲戚一样常来常往。我们坚持以利相融。中国长期是越南最大贸易伙伴，越南是中国在东盟最大贸易伙伴和全球第四大贸易伙伴。我们坚持以谊相亲。今年以来，两国人员往来迅速恢复，前 10 个月中国赴越游客超过 130 万人次，中越德天（板约）瀑布跨境旅游合作区成功试运营。我们坚持以诚相待。两国都高举多边主义旗帜，强调坚持对话协商、和平合作，坚定维护以联合国宪章宗旨和原则为基础的国际关系基本准则。

11. 中央经济工作会议 12 月 11 日至 12 日在北京举行。中共中央总书记、国家主席、中央军委主席习近平出席会议并发表重要讲话。会议要求，明年要坚持稳中求进、以进促稳、先立后破，多出有利于稳预期、稳增长、稳就业的政策，在转方式、调结构、提质量、增效益上积极进取，不断巩固稳中向好的基础。要强化宏观政策逆周期和跨周期调节，继续实施积极的财政政策和稳健的货币政策，加强政策工具创新和协调配合。会议强调，明年要围绕推动高质量发展，突出重点，把握关键，扎实做好经济工作。

12. 12 月 13 日下午，中共中央总书记、国家主席习近平和夫人彭丽媛在河内同越共中央总书记阮富仲夫妇共同会见中越两国青年和友好人士代表。习近平发表题为《赓续传统友谊，开创中越命运共同体建设新征程》的重要讲话。习近平指出，回首过去，我们志同道合、守望相助。立足当下，我们初心如磐、合作共赢。展望未来，我们前途相关、命运与共。习近平强调，中越友好的根基在人民、未来在青年。习近平对两国青年提出三点希望：一是同做中越友谊的传承者，为构建具有战略意义的中越命运共同体贡献力量。二是争当亚太振兴的参与者，为亚太地区长治久安添砖加瓦。三是敢为人类进步的开拓者，为构建人类命运共同体不懈奋斗。

13. 12 月 15 日，国家主席习近平向美中贸易全国委员会成立 50 周年庆典致贺信，习近平指出，中方愿本着相互尊重、和平共处、合作共赢的原则，同美方相向而行，落实好旧金山会晤成果，推动中美关系健康、稳定、可持续发展。习近平强调，中美经贸关系是两国关系的重要组成部分，为两国人民带来了许多实实在在的福祉。中国将坚定不移推动高质量发展，坚定不移推进高水平对外开放，打造市场化、法治化、国际化的营商环境。中国式现代化将为包括美国企业在内的各国企业带来更多机遇，中美加强经贸合作潜力巨大、空间广阔、前景可期。

14. 12 月 16 日出版的第 24 期《求是》杂志发表中共中央总书记、国家主席、中央军委主席习近平的重要文章《在二十届中央机构编制委员会第一次会议上的讲话》。文章强调，机构编制是重要政治资源、执政资源，机构编制工作是加强党的长期执政能力和国家政权建设的重要工作，我们党始终高度重视。

15. 12 月 16 日电，中共中央总书记、国家主席、中央军委主席习近平对低温雨雪冰冻灾害防范应对工作作出重要指示。习近平强调，要密切关注天气变化，加强监测研判，及时发布预警预报信息。要加强交通路况及电力巡查，及时除冰除雪，确保交通路网、电网安全通畅。要提高煤电油气供应能力，强化抢险救援准备，做好能源保障和保暖保供。要加大统筹调度力度，加强重要民生商品的产销保供，维护价格稳定。

16. 中央农村工作会议 19 日至 20 日在北京召开。习近平指出，2023 年，我们克服较为严重的自然灾害等多重不利影响，粮食产量再创历史新高，农民收入较快增长，农村社会和谐稳定。推进中国式现代化，必须坚持不懈夯实农业基础，推进乡村全面振兴。要以习近平新时代中国特色社会主义思想为指导，全面贯彻落实党的二十大和二十届二中全会精神，锚定建设农业强国目标，把推进乡村全面振兴作为新时代新征程“三农”工作的总抓手，学习运用“千万工程”经验，因地制宜、分类施策，循序渐进、久久为功，集中力量抓好办成一批群众可感可及的实事。要全面落实粮食安全党政同责，坚持稳面积、增单产两手发力。要树立大农业观、大食物观，农林牧渔并举，构建多元化食物供给体系。要守住耕地这个命根子，坚决整治乱占、破坏耕地违法行为，加大高标准农田建设投入和管护力度，确保耕地数量有保障、质量有提升。要强化科技和改革双轮驱动，加大核心技术攻关力度，改革完善“三农”工作体制机制，为农业现代化增动力、添活力。要抓好灾后恢复重建，全面提升农业防灾减灾救灾能力。要确保不发生规模性返贫，抓好防止返贫监测，落实帮扶措施，增强内生动力，持续巩固拓展脱贫攻坚成果。要提升乡村产业发展水平、乡村建设水平、乡村治理水平，强化农民增收举措，推进乡村全面振兴不断取得实质性进展、阶段性成果。

17. 12 月 21 日，国务院总理李强日前签署国务院令，公布《国务院关于修改〈中华人民共和国专利法实施细则〉的决定》（以下简称《决定》），自 2024 年 1 月 20 日起施行。《决定》主要从以下方面对专利法实施细则作了修改。一是完善专利申请制度，方便申请人取得专利。明确电子形式视为书面形式，完善以电子形式提交和送达各种文件的相关规定。二是完善专利审查制度，提高专利审查质量。规定提出各类专利申请应当以真实发明创造活动为基础，不得弄虚作假。三是加强专利保护，维护专利权人合法权益。新增专利权期限补偿专门章节，明确提出专利权期限补偿请求的条件和时间要求、补偿期限计算方式以及补偿范围等。四是加强专利服务，促进专利创造和转化运用。五是新增外观设计国际申请特别规定，与工业品外观设计国际注册海牙协定（1999 年文本）相衔接。

18. 中共中央政治局于 12 月 21 日至 22 日召开学习贯彻习近平新时代中国特色社会主义思想主题教育专题民主生活会，聚焦学思想、强党性、重实践、建新功总要求，对照凝心铸魂筑牢根本、锤炼品格强化忠诚、实干担当促进发展、践行宗旨为民造福、廉洁奉公树立新风具体目标，按照以学铸魂、以学增智、以学正风、以学促干重要要求，联系中央政治局工作，联系带头旗帜鲜明讲政治、带头学懂弄通做实习近平新时代中国特色社会主义思想、带头贯彻党中央决策部署、带头践行宗旨为民造福、带头履行全面从严治党主体责任等方面的实际，总结成绩，查摆不足，进行党性分析，开展批评和自我批评。

19. 12 月 22 日，《中华人民共和国爱国主义教育法》将于 2024 年 1 月 1 日起生效实施。相关部门负责人对贯彻实施爱国主义教育法的重点工作进行了解读，主要分为以下几个方面：推动新时代爱国主义教育广泛深入持久有效开展；把握新中国成立 75 周年的重大时间节点开展爱国主义教育；加强爱国主义教育网络内容建设；将爱国主义教育贯穿学校教育全过程；创造更丰富、更具吸引力的文化遗产资源旅游项目和产品。

20. 国务院总理李强 12 月 25 日下午在中南海紫光阁以视频方式出席澜沧江——湄公河合作第四次领导人会议。李强就加强澜湄合作提出四点建议：一是深化融通发展，坚持开放合作，共同规划实施好澜湄区域互联互通战略项目，推动跨境经贸、产能、农业等合作项目提质升级，维护产业链供应链安全稳定，加强智能制造和大数据合作。中方将设立澜湄合作共同发展专项贷款，支持各国重点项目。二是推进绿色合作，充分尊重各国合理开发利用水资源的正当权益，照顾彼此关切。中国愿同各国探讨开展澜湄全流域治理等合作，大力推进能源转型、生态保护等合作。三是加强安全治理，统筹共同、综合、合作、可持续安全，深入推进“平安澜湄行动”，强力打击网赌电诈等犯罪行为。四是深化人文交流，中方支持举办澜湄国家青年企业家论坛，愿同各方培育智库、地方等合作新亮点。

21. 中共中央 26 日上午在人民大会堂举行座谈会，纪念毛泽东同志诞辰 130 周年。中共中央总书记、国家主席、中央军委主席习近平发表重要讲话。他强调，毛泽东同志是伟大的马克思主义者，伟大的无产阶级革命家、战略家、理论家，是马克思主义中国化的伟大开拓者、中国社会主义现代化建设事业的伟大奠基者，是近代以来中国伟大的爱国者和民族英雄，是党的第一代中央领导集体的核心，是领导中国人民彻底改变自己命运和国家面貌的一代伟人，是为世界被压迫民族的解放和人类进步事业作出重大贡献的伟大国际主义者。毛泽东思想是我们党的宝贵精神财富，将长期指导我们的行动。对毛泽东同志的最好纪念，就是把他开创的事业继续推向前进。

22. 中国人民政治协商会议全国委员会 12 月 29 日上午在全国政协礼堂举行新年茶话会。习近平总书记强调，2024 年是新中国成立 75 周年，是实现“十四五”规划目标任务的关键一年。我们要坚持稳中求进工作总基调，把稳中求进、以进促稳、先立后破的要求贯穿各项工作之中，努力在构建新发展格局、推动高质量发展、全面深化改革开放、实现高水平科技自立自强、全面推进乡村振兴等方面取得更大进展，巩固和增强经济回升向好态势，增进民生福祉，保持社会稳定，扎实稳健推进中国式现代化建设。

23. 中共中央总书记、国家主席、中央军委主席习近平 12 月 29 日在北京人民大会堂接见参加 2023 年度驻外使节工作会议的全体使节并发表重要讲话。习近平指出，刚刚召开的中央外事工作会议分析了当前和今后一个时期的国际形势和外部环境，明确了对外工作目标方向、指导原则、战略部署、基本任务。大家要认真落实中央外事工作会议决策部署，以更加昂扬奋发的精神再建新功。第一，牢记初心使命，做对党忠诚的笃行者。忠于党、忠于国家、忠于人民，是外交战线的光荣传统。第二，强化担当作为，做奋勇开拓的创业者。第三，敢于善于斗争，做国家利益的捍卫者。第四，坚持自我革命，做全面从严治党的推进者。

第二章　2023 年国际时事政治

一、2023 年 1 月

1. 2023 年 1 月 1 日，国家主席习近平同安提瓜和巴布达总督威廉斯互致贺电，庆祝两国建交 40 周年。

2. 2023 年 1 月 2 日，国家主席习近平致函路易斯·伊纳西奥·卢拉·达席尔瓦，祝贺他就任巴西联邦共和国总统。当地时间 1 月 1 日下午，巴西当选总统卢拉在巴西国会众议院宣誓就职，正式成为巴西联邦共和国新一任总统，任期 4 年。这是卢拉时隔 12 年之后再次成为巴西国家元首。

3. 2023 年 1 月 2 日，区域全面经济伙伴关系协定（RCEP）对印度尼西亚生效。印度尼西亚在中国——东盟自贸区基础上，新增给予我国 700 多个税号产品零关税待遇。2022 年 1 月 1 日，区域全面经济伙伴关系协定（RCEP）正式生效，RCEP 包括中国、日本、韩国、澳大利亚、新西兰和东盟十国。

4. 2023 年 1 月 8 日电，我国首次散船进口巴西玉米，标志着巴西玉米输华走廊正式打通，对加强中巴农业合作、维护全球农业供应链安全稳定等产生积极深远影响。巴西是世界第三大玉米生产国，也是世界第二大玉米出口国。

5. 2023 年 1 月 10 日电，由中日韩合作秘书处发起的“中日韩精神——2023 年度汉字”评选结果揭晓，“和合”以最高票当选。“中日韩三国民众选择‘和合’，表达了民众对三国合作推动东亚地区共同繁荣与和谐的美好期望。”

6. 据日媒消息，日本政府 13 日表示，福岛第一核电站核污染水排放入海时间初步定于今年春夏时间段。

7. 2023 年 1 月 14 日，在中越两国人民共同的传统节日——癸卯春节到来之际，中共中央总书记、国家主席习近平与越共中央总书记阮富仲互致新春贺信。习近平指出，一元复始，万象更新。中方视越南为具有战略意义的命运共同体和周边外交的优先方向。

8. 当地时间 14 日，法国发行兔年生肖邮票，迎接中国农历新年。当天发行的兔年生肖邮票一套两枚，面值分别为 1.16 欧元和 1.8 欧元，同时发行两张邮票小全张，分别包含 5 枚邮票。

9. 2023 年 1 月 18 日，据英国《卫报》报道，英国气象局早期预测表明，2023 年晚些时候将再次出现厄尔尼诺现象，由于该现象的加热效应需要数月才能感受到，这意味着 2024 年更有可能创下新的全球最高气温纪录。

10. 当地时间 24 日，俄罗斯国家航天公司表示，俄罗斯计划于 2027 年建立自己的空间站。

11. 2023年1月25日电，近日，中企投资建设运营的尼日利亚莱基深水港开港运营。据介绍，莱基港项目是尼日利亚首个现代化深水港，也是西非地区最大的港口之一。

12. 2023年1月27日电，近日，联合国发布报告显示，今年中国经济增长预计达到4.8%，预计中国经济复苏将支持整个区域的增长。2023年世界经济增长预计将从2022年的约3%降至1.9%。

13. 2023年1月28日电，国家主席习近平致电鲍勃·达达埃，祝贺他当选连任巴布亚新几内亚独立国总督。习近平指出，巴布亚新几内亚独立国是最早同新中国建交的太平洋岛国之一，两国传统友谊历久弥新。

14. 2023年1月29日电，联合国秘书长古特雷斯27日呼吁在网络世界建立“护栏”，以阻止仇恨言论、极端意识形态和错误信息蔓延。

二、2023年2月

1. 北京时间2月2日，巴基斯坦举办卡拉奇核电站3号机组（K－3）落成仪式。卡拉奇K－2/K－3是巴基斯坦规模最大的核电站，也是巴首个单机组百万千瓦级电力工程，由中核集团中国中原对外工程有限公司总承包。

2. 2月5日电，俄罗斯国家航天集团发布消息称，俄罗斯“质子”号运载火箭携载“Elektro－L”气象卫星，在位于哈萨克斯坦的拜科努尔航天发射中心发射升空。

3. 2023年东盟旅游论坛5日在印度尼西亚日惹特区落下帷幕。本届论坛主题为“东盟：通往美好目的地的旅程”，促进疫后旅游业复苏成为讨论焦点。

4. 2月2日，近日，全国首家设立在基层法院的国际商事审判庭揭牌仪式在天津自由贸易试验区人民法院诉讼服务中心举行。

5. 第六届中新法律和司法圆桌会议7日以视频方式举行，最高人民法院院长周强出席会议表示，希望两国最高法院加强交流互鉴、深化务实合作，为共建“一带一路”高质量发展提供有力司法服务。

6. 2月7日，中老铁路国际货物列车从云南省中铁联集昆明中心站驶出，标志着“中老泰”全程铁路运输往返班列成功首发。

7. 柬埔寨王国首相洪森亲王于2023年2月9日至11日应邀对中华人民共和国进行正式访问。双方同意从政治、产能、农业、能源、安全和人文六大领域入手，打造中柬“钻石六边”合作架构。

8. 2月11日，中车唐山公司向葡萄牙波尔图交付首列地铁列车，这是我国城轨车辆首次出口欧盟国家。

9. 2月10日，由古巴共产党的理论和政治机关刊物《古巴社会主义者》主办的第一届国际左翼政党和运动理论出版物会议在古巴首都哈瓦那开幕。

10. 第六届全球可持续科技和创新大会13日在里约热内卢开幕，这是该会议首次在美洲召开。本次会议的主题是“为了一个公平和可持续的未来：利用科技创新实现疫情后更好的复苏”。

11. 日本共同社消息，旅日雄性大熊猫“永明”和双胞胎女儿“樱浜”“桃浜”将于22 日返回中国。

12. 2023 年德国汉诺威工业博览会前瞻新闻发布会 15 日在汉诺威会展中心举办，今年的汉诺威工博会将聚焦寻求气候中和工业解决方案。2023 年汉诺威工博会定于 4 月 17 日至 21 日举办，印度尼西亚是今年的主宾国。

13. 《中华人民共和国政府和马尔代夫共和国政府关于互免签证的协定》已正式生效。中国公民持有效的中国护照因旅游、商务、探亲、过境等短期事由拟在马尔代夫停留不超过 30 天，免办签证。

14. 南非总统拉马福萨 16 日在立法首都开普敦会见时任国务院副总理孙春兰。孙春兰表示，中方始终从战略高度和长远角度看待中南关系，愿同南方一道努力，以落实两国元首共识为重要指引，继续在涉及彼此核心利益和重大关切问题上坚定相互支持，深化治国理政和发展经验交流。

15. 2 月 18 日，中共中央政治局委员、中央外事工作委员会办公室主任王毅在德国出席第 59 届慕尼黑安全会议并发表题为《建设一个更加安全的世界》主旨讲话。

16. 非洲联盟（非盟）第 36 届首脑会议 18 日在位于埃塞俄比亚首都亚的斯亚贝巴的非盟总部开幕，加快非洲大陆自由贸易区建设、在疫情和经济社会危机下促进发展、确保非洲和平与安全以及增强非洲在国际多边机构中的代表性，成为峰会的中心议题。

17. 2 月 19 日，由欧美同学会（中国留学人员联谊会）和南京大学共同主办、江苏省欧美同学会协办的“学习贯彻党的二十大精神 谱写留学报国新时代华章”主题论坛在南京隆重举行。

18. 2023 年 2 月 22 日，俄罗斯总统普京在莫斯科会见中共中央政治局委员、中央外事工作委员会办公室主任王毅。王毅说，中方愿同俄方一道，保持战略定力，深化政治互信，加强战略协作，拓展务实合作，维护两国的正当利益，为促进世界和平与发展发挥两国的建设性作用。

19. 2 月 21 日，诺贝尔可持续发展基金会主席彼得·诺贝尔宣布，将首届可持续发展特别贡献奖授予中国气候变化事务特使解振华，以表彰他对全球应对气候变化以及可持续发展事业的巨大贡献。

20. 外交部网站 2 月 24 日发布《关于政治解决乌克兰危机的中国立场》。主要包含以下 12 个部分：一、尊重各国主权；二、摒弃冷战思维；三、停火止战；四、启动和谈；五、解决人道危机；六、保护平民和战俘；七、维护核电站安全；八、减少战略风险；九、保障粮食外运；十、停止单边制裁；十一、确保产业链供应链稳定；十二、推动战后重建。

21. 伊拉克中央银行日前公布最新改善外汇储备措施，其中包括允许以人民币直接结算该国对华贸易。

22. 为期两天的二十国集团（G20）财长和央行行长会议 25 日在印度南部城市班加罗尔结束。会议呼吁加强国际政策合作，推动全球经济实现强劲、可持续、平衡和包容性增长。

三、2023 年 3 月

1. 2 月 28 日，中国常驻联合国日内瓦办事处和瑞士其他国际组织代表陈旭在出席联合国人权理事会第 52 届会议纪念《发展权利宣言》通过 35 周年高级别会议时强调，要坚持以人民为中心的发展理念。

2. 3 月 2 日，国家主席习近平同科特迪瓦总统瓦塔拉互致贺电，庆祝两国建交 40 周年。

3. 为期两天的二十国集团外长会 3 月 2 日在印度首都新德里闭幕。会议发布主席总结和成果文件，呼吁加强合作和多边主义，共同应对全球挑战。

4. 国际能源界高端会议“剑桥能源周”于 6 日至 10 日在美国“能源之都”休斯敦召开，重点讨论如何应对能源安全和能源转型的双重挑战。今年会议主题为“航行在波涛汹涌的世界：能源、气候和安全”。

5. 2023 世界工程日系列庆祝活动于 2 日至 4 日在西班牙马德里举行。中国科协组织的工程科技领域专家代表团在活动多个论坛上与国际同行开展交流，展示了中国愿与国际工程界加强交流与合作、为世界贡献更多工程智慧和力量的开放态度。

6. 3 月 6 日，由中央广播电视总台亚欧总站与哈萨克斯坦阿塔梅肯电视台联合制作的哈萨克语版两会新闻资讯特别版块在阿塔梅肯电视台播出。

7. 在联合国妇女地位委员会第 67 届会议期间，中国常驻联合国代表团和欧盟常驻联合国观察员团 7 日共同举办“数字和科技领域女企业家精神”主题边会。

8. 中国浙江——葡萄牙经贸合作交流会 7 日在葡萄牙首都里斯本举行。这是中国优化调整防疫政策以来中国地方政府在葡萄牙举办的首场大型经贸交流活动，旨在进一步深化双方经贸合作。

9. 3 月 10 日，中共中央政治局委员、中央外办主任王毅在北京主持沙特和伊朗对话闭幕式。沙特国务大臣兼国家安全顾问艾班、伊朗最高国家安全委员会秘书沙姆哈尼出席。沙伊达成北京协议，中沙伊三方签署并发表联合声明，宣布沙伊双方同意恢复外交关系，强调三方将共同努力，维护国际关系基本准则，促进国际地区和平与安全。

10. 3 月 8 日，中国驻荷兰大使谈践代表中方正式向《取消外国公文书认证要求的公约》（以下简称《公约》）保管机关荷兰外交部递交加入书，标志着中国正式加入《公约》。11 月上旬，《公约》将在中国生效实施。将带来两大红利：一是大幅降低文书跨国流转的时间和经济成本，二是优化营商环境。

11. 运载美日俄 4 名宇航员的美国太空探索技术公司“龙”飞船 11 日返回地球，降落在美国东南部佛罗里达州附近海面。

12. 在联合国人权理事会第 52 届会议期间，“可持续发展视角下的女性赋能”主题边会 13 日在日内瓦举行。

13. 3 月 14 日，国家主席习近平致电鲍德尔，祝贺他就任尼泊尔总统。习近平指出，中国和尼泊尔是山水相连的友好邻邦。自 1955 年建交以来，中尼关系始终保持健康稳定发展，树立了大小国家间和平共处、友好互助的典范。

14. 第二届世界警务峰会日前在迪拜世界贸易中心举行，来自全球 100 多个国家和地区的政府部门和行业代表出席，本届峰会由阿联酋迪拜警察总局主办，主题为“迈向警务未来”。

15. 中国常驻联合国日内瓦办事处和瑞士其他国际组织代表陈旭大使 17 日在联合国人权理事会第 52 届会议上代表七十多个国家就《世界人权宣言》通过 75 周年作共同发言，就落实该宣言提出明确主张。共同发言明确提出：第一，要全面推进；第二，要结果导向；第三，要相互尊重；第四，要对话合作。

16. 中共中央政治局常委、全国人大常委会委员长赵乐际 27 日在北京人民大会堂以视频方式同越共中央政治局委员、越南国会主席王庭惠举行会谈。赵乐际表示，中越在推进各自社会主义建设进程中，走出了一条不同于西方民主的社会主义民主建设道路，展示了中越社会主义民主的强大生命力。全过程人民民主是中国共产党领导人民创建的新型政治文明形态。

17. 联合国大会 27 日举行活动纪念“奴隶制和跨大西洋贩卖奴隶行为受害者国际日”。中国常驻联合国代表团临时代办戴兵在活动上发言，呼吁有关国家采取切实行动，消除一切形式的种族主义和种族歧视，真正将保护人权落到实处。

18. 国务院新闻办公室 28 日发表《2022 年美国侵犯人权报告》，报告强调，报告分为序言、公民权利保护制度严重失能、美式选举民主日益空心化、种族歧视与不平等愈演愈烈、底层民众基本生存危机加重、妇女儿童权利历史性倒退、恣意侵犯他国人权践踏正义，共七部分。

19. 埃及总统塞西 30 日颁布一项总统令，同意埃及加入金砖国家新开发银行。

20. 据最新一期英国《自然·地球科学》发表的研究论文介绍，中英科研人员从嫦娥五号带回的月球样品中发现，撞击玻璃珠是月表水的重要储存库。这些玻璃珠具备维持月表水循环的能力和潜质。

21. 巴西中央银行 3 月 31 日宣布，人民币已超过欧元，成为该国第二大国际储备货币。

22. 俄罗斯总统普京 3 月 31 日签署命令，批准新版《俄罗斯联邦外交政策构想》（以下简称《构想》），根据《构想》，俄将进一步加强与中国的全面战略协作伙伴关系，发展双方在各领域的互利合作，与中国在国际舞台上相互支持、加强协调，以确保欧亚大陆和世界其他地区的安全、稳定和可持续发展。

四、2023 年 4 月

1. 国务院总理李强 4 月 4 日下午同俄罗斯总理米舒斯京通电话。李强表示，在两国元首战略引领下，中俄新时代全面战略协作伙伴关系保持高水平发展。中俄关系坚持不结盟、不对抗、不针对第三方，坚持相互尊重、相互信任、互利共赢，不仅促进各自发展振兴，也维护国际公平正义。

2. 北大西洋公约组织（北约）4 日下午在其位于布鲁塞尔的总部举行芬兰加入北约仪式。芬兰成为北约第 31 个成员国。

3. 4 月 6 日下午，国家主席习近平在人民大会堂同法国总统马克龙、欧盟委员会主席冯德莱恩举行中法欧三方会晤。今年是中国同欧盟建立全面战略伙伴关系 20 周年。中方愿同欧方一道，把握好中欧关系发展大方向和主基调，全面重启各层级交往，激活各领域互利合作，排除干扰和挑战，为中欧关系发展和世界和平、稳定、繁荣注入新动力。

4. 日本与韩国科学家发现了一种以前未知的铀同位素——铀－241，其原子序数为 92，质量为 241，半衰期可能只有 40 分钟，这是自 1979 年以来科学家首次发现富含中子的铀同位素。

5. 在中马建立全面战略伙伴关系 10 周年之际，“投资中国年”（走进东盟）暨中马“两国双园”——马中关丹产业园 10 周年庆祝活动日前在马来西亚彭亨州首府关丹市举行。

6. 据法国《回声报》和美国《政治报》网站 9 日报道，马克龙是在对中国进行国事访问期间接受这两家媒体采访时作上述表示。马克龙强调，欧洲必须为战略自主而斗争，“我们不想在关键问题上依赖他人”。你在能源、防务自主、人工智能等领域不再拥有相应的基础，你在这些领域就会没有选择，就会被历史淘汰。

7. 中国和巴西互为重要经贸伙伴，中国连续 14 年成为巴西最大贸易伙伴，双方贸易额连续 5 年破 1 000 亿美元。

8. 4 月 12 日，国家副主席韩正在北京会见美国英特尔公司首席执行官帕特·格尔辛格。韩正表示，中国始终坚持改革开放的基本国策，对外开放的大门只会越开越大。中国将不断优化对外资企业服务，努力营造市场化、法治化、国际化的一流营商环境，与各国企业分享中国发展新机遇。

9. 4 月 12 日，中国外交部发布《关于阿富汗问题的中国立场》文件。中国对阿富汗问题有如下立场：一、坚持“三个尊重”“三个从不”。二、支持阿富汗温和稳健施政。三、支持阿富汗和平重建。四、支持阿富汗坚决有力打恐。五、呼吁加强反恐双多边合作。六、合作打击踞阿“三股势力”。七、敦促美国切实对阿富汗履约担责。八、反对域外势力干预渗透阿富汗。九、增进涉阿富汗问题国际地区协调。十、协助解决阿富汗人道和难民问题。十一、支持阿富汗禁毒。

10. 4 月 14 日下午，国家主席习近平在人民大会堂同来华进行国事访问的巴西总统卢拉举行会谈。习近平强调，今年是中巴建立战略伙伴关系 30 周年，明年将迎来两国建交 50 周年。双方发表了《中华人民共和国和巴西联邦共和国关于深化全面战略伙伴关系的联合声明》。

11. 4月19日下午，国家主席习近平在人民大会堂同来华进行国事访问的加蓬总统邦戈举行会谈。两国元首决定将中加全面合作伙伴关系提升为全面战略合作伙伴关系。

12. 4月25日上午，以“坚持和加强党的全面领导，夺取中古两国社会主义建设事业新胜利”为主题的第五届中古两党理论研讨会在北京举行。

13. 2023中国——东盟农业发展和粮食安全合作年开幕式25日在北京举行。中共中央政治局委员、国务院副总理刘国中表示，中国政府高度重视与东盟国家农业合作。习近平主席提出共建和平、安宁、繁荣、美丽、友好“五大家园”，宣布发起中国东盟农业绿色发展行动计划。

14. 联合国教科文组织2023年4月24日宣布，加纳首都阿克拉正式接棒墨西哥瓜达拉哈拉市，成为2023年“世界图书之都”。

15. 国务院总理李强4月27日上午在中南海紫光阁会见世界知识产权组织总干事邓鸿森。李强表示，今年是中国与世界知识产权组织合作五十周年。李强强调，知识产权制度是激励创新的催化剂、经济发展的加速器。随着人工智能、物联网等新技术和数字经济的发展，知识产权工作面临许多新的课题和挑战。

五、2023年5月

1. 美国加利福尼亚州金融保护和创新局5月1日宣布关闭第一共和银行，由银行业监管机构联邦储蓄保险公司接管。

2. 商务部5日对外发布数据显示，自2012年以来，中国与中东欧国家贸易年均增长8.1%，中国自中东欧国家进口年均增长9.2%。

3. 阿拉伯国家联盟（阿盟）7日发表声明说，阿盟当天在开罗举行的外长级特别会议上决定，同意恢复叙利亚的阿盟成员国资格。

4. 奥地利毛特豪森集中营纪念馆7日举行活动，纪念集中营解放78周年。中国驻奥地利大使亓玫参加纪念活动，并向遇难中国同胞纪念牌敬献花圈。

5. 第42届东盟峰会10日在印度尼西亚东部旅游小城纳闽巴霍开幕。印度尼西亚总统佐科呼吁成员国加强团结与经济一体化。今年东盟峰会主题为“东盟要旨：增长的中心”。

6. 应葡萄牙政府邀请，国家副主席韩正于当地时间5月7日至9日访问葡萄牙，会见葡萄牙总统德索萨时，韩正转达了习近平主席的亲切问候和良好祝愿，他表示，中葡、中欧关系应以合作共赢为主流基调。中方愿与葡方和欧方深化互利合作，服务各自经济发展，为世界经济稳定复苏作出积极贡献。

7. 联合国大会16日通过决议，指定每年11月26日为世界可持续交通运输日。

8. 尼泊尔知名登山向导凯米·瑞塔·夏尔巴17日从南坡登顶珠穆朗玛峰，创造第27次登顶这座世界最高峰的新纪录。

9. 阿富汗官员当地时间17日夜说，毛拉维·阿卜杜勒·卡比尔已被阿富汗塔利班最高领导人阿洪扎达任命为阿临时政府代理总理。

10. 中国驻澳大利亚大使肖千 18 日举行中澳媒体吹风会时说，推动中澳关系发展，以下三方面至关重要：第一，政治上要相互尊重。第二，经济上要互利共赢。第三，矛盾分歧要妥善处理。

11. 2023 年 5 月 18 日，国家主席习近平同吉尔吉斯斯坦总统扎帕罗夫会谈。两国元首宣布，将中吉关系提升为新时代全面战略伙伴关系。

12. 第十五届金砖国家学术论坛 5 月 14 日至 17 日在南非开普敦举行。本次论坛是新冠疫情发生以来，金砖国家智库首次在线下展开的大规模集中交流。

13. 第 76 届世界卫生大会 21 日在瑞士日内瓦开幕，本届大会的主题是“世卫组织成立 75 年：拯救生命，推动人人健康”。

14. 据伊朗法尔斯通讯社 23 日报道，伊朗已任命阿里 – 礼萨・埃纳亚提为驻沙特阿拉伯大使。沙特与伊朗 2016 年断交。在中方支持下，沙伊两国代表今年 3 月 6 日至 10 日在北京举行对话，中沙伊三方签署并发表联合声明，宣布沙伊双方同意恢复外交关系，达成“北京协议”。4 月 6 日，沙伊双方签署联合声明，两国宣布即日起恢复外交关系。

15. 5 月 24 日，国家主席习近平同厄立特里亚总统伊萨亚斯互致贺电，庆祝两国建交 30 周年。习近平强调，我高度重视中厄关系发展，愿同伊萨亚斯总统一道努力，以两国建交 30 周年为契机，巩固相互支持，加强全方位合作，推动中厄战略伙伴关系不断迈上新台阶。

16. 5 月 24 日下午，国家主席习近平在人民大会堂会见来华进行正式访问的俄罗斯总理米舒斯京。习近平指出，希望双方继续发挥中俄合作空间大、前景广、动力足的优势，把各领域合作推向更高水平，不断丰富两国新时代全面战略协作伙伴关系的内涵。

17. 中非智库论坛第十二届会议于 5 月 30 日至 31 日在浙江省金华市举行。

六、2023 年 6 月

1.《区域全面经济伙伴关系协定》（RCEP）2023 年 6 月 2 日起对菲律宾生效，这标志着 RCEP 对 15 个成员国全面生效，全球最大自贸区进入全面实施新阶段。

2. 2023 年 5 月 30 日至 6 月 1 日，在法国巴黎召开的联合国教科文组织 1970 年《关于禁止和防止非法进出口文化财产和非法转让其所有权的方法的公约》第 7 届缔约国大会和第 11 届附属委员会会议上，我国首次当选公约缔约国大会副主席国，成功连任附属委员会委员国并当选本届附属委员会会议副主席国。

3. 6 月 2 日，近日，中国和阿根廷两国政府代表在北京签署了《中华人民共和国政府与阿根廷共和国政府关于共同推进“一带一路”建设的合作规划》。

4. 6 月 5 日上午，中国驻洪都拉斯使馆开馆仪式在洪首都特古西加尔巴举行。3 月 26 日，中国同洪都拉斯签署《中华人民共和国和洪都拉斯共和国关于建立外交关系的联合公报》。两国决定自公报签署之日起相互承认并建立大使级外交关系。

5. 6 月 9 日记者从中国人民银行获悉，中国人民银行与阿根廷中央银行于近日续签了双边本币互换协议，互换规模为 1 300 亿元人民币/4. 5 万亿比索，有效期三年。

6. 6 月 11 日上午，洪都拉斯驻华大使馆在北京开馆，洪都拉斯外长雷纳和中国外长秦刚共同为大使馆揭牌。今年 3 月 25 日，洪都拉斯外交部发表声明，正式宣布与中国台湾“断交”。次日，中国同洪都拉斯签署《中华人民共和国和洪都拉斯共和国关于建立外交关系的联合公报》，确定两国建立大使级外交关系。洪都拉斯成为中国的第 182 个建交国。

7. 中阿合作论坛第十届企业家大会暨第八届投资研讨会 11 日在沙特阿拉伯首都利雅得举行，来自 20 余个国家的逾 3 000 名代表参会，以“中阿携手、共创繁荣”为主题。

8. 联合国教科文组织“人与生物圈计划”国际协调理事会 12 日在巴黎举行的会议上审议决定，第五届世界生物圈保护区大会将于 2025 年 9 月 22 日至 27 日在中国杭州举办。这将是世界生物圈保护区大会首次在中国举办，也是该大会首次在亚太地区举办。

9. 6 月 12 日电，中国—中亚政党对话会首次会议在北京举行。与会中亚政党领导人表示，中亚国家和中国互为友好邻邦和战略伙伴，期待同中国共产党加强治国理政经验交流，坚定支持彼此选择的发展道路，推动中亚国家同中国关系取得新发展。

10. 联合国工业发展组织（工发组织）15 日宣布，将于今年 7 月与华为公司等国际企业共同成立全球工业和制造业人工智能联盟，致力于构建共同协作、知识共享的平台，推动人工智能技术在工业与制造领域的创新和应用，促进数字经济发展。

11. 第 16 届世界夏季特殊奥林匹克运动会 17 日晚在柏林奥林匹克体育场举行开幕式，来自约 190 个成员组织的 7 000 余名特奥运动员将参加 26 个项目的比赛。这是德国首次举办世界夏季特奥会。

12. 2023 年欧盟中国商会“中欧商业高峰论坛”16 日在比利时布鲁塞尔举行，本次峰会旨在为中欧商贸繁荣搭建桥梁，峰会期间还举办了主题为“中欧绿色、数字发展与合作”和“商会——合作的平台”分论坛。

13. 6 月 19 日晚，外交部美大司司长杨涛就美国国务卿布林肯访华向中外媒体吹风。杨涛介绍了中美双方达成的五项共识。一是双方同意共同落实两国元首巴厘岛会晤达成的重要共识，有效管控分歧，推进对话交流合作。二是双方同意保持高层交往。布林肯国务卿邀请国务委员兼外交部长秦刚访美，秦刚表示愿在双方方便时访美。三是双方同意继续推进中美关系指导原则磋商。四是双方同意继续推进中美联合工作组磋商。五是双方同意鼓励扩大两国人文和教育交流。

14. 6 月 21 日晚，国务院总理李强在巴黎出席中法工商界晚餐会并致辞。李强就深化中法合作提出三点倡议：一是共同维护全球产业链供应链安全稳定。二是加强中法创新合作。三是打造良好营商环境。

15. 6 月 22 日，雅万高铁联调联试综合检测列车运行时速首次达到 350 公里，标志着雅万高铁已达到设计速度标准，实现了联调联试阶段性任务目标。

16. 23 日，巴黎奥组委在索邦大学大礼堂公布了 2024 年夏季奥运会的火炬传递路线，该传递路线以“先行者的传递”为主题，将从 2024 年 5 月 8 日开始在法国进行为期两个多月的传递。

17. 埃及总统府 25 日发表声明说，埃及总统塞西和来访的印度总理莫迪当天签署联合声明，将两国关系提升为战略伙伴关系。

18. 俄罗斯国家航天集团 27 日发布消息，其团队当天用一枚“联盟－2. 1b”运载火箭成功发射 1 颗“流星－M”系列水文气象卫星和 42 颗分属俄及其他国家的小卫星。此次俄单枚火箭成功发射的俄罗斯卫星数量之多，在本国航天史上创下纪录。

19. 国际天体物理学合作项目“冰立方中微子天文台”的研究人员 29 日在《科学》杂志发表论文说，他们利用机器学习技术挖掘“冰立方”的观测数据，探测到了来自银河系平面的中微子信号。

20. 阿根廷经济部 6 月 30 日宣布，阿根廷政府当天使用特别提款权和人民币向国际货币基金组织（IMF）偿付 27 亿美元到期外债。这是阿根廷首次使用人民币偿付外债。

21. 中国农业农村部 6 月 30 日在意大利首都罗马举办中国“三农”成就图片展，介绍中国在脱贫攻坚、乡村振兴、数字农业、南南合作、全球重要农业文化遗产等领域的发展成就。

七、2023 年 7 月

1. 7 月 1 日至 2 日，“全面推进国际中文教育高质量发展——《国际中文教育中文水平等级标准》（以下简称《等级标准》）实施两周年国际学术会议”在韩国首尔成功落下帷幕。

2. 7 月 3 日，近期，航天科技集团中国卫通所属鑫诺公司南美海域卫星通信服务正式开通，成功实现南美区域主要航线及渔场的卫星通信覆盖，有效解决了业内对于该区域通信覆盖缺失的不足。

3. 中共中央政治局常委、国务院副总理丁薛祥 4 日下午在北京同欧盟委员会执行副主席蒂默曼斯举行第四次中欧环境与气候高层对话。丁薛祥指出，共同推进环境与气候多边进程，践行真正的多边主义，推动《联合国气候变化框架公约》第二十八次缔约方大会取得成功，落实好《生物多样性公约》第十五次缔约方大会成果，携手构建地球生命共同体。

4. 国务院总理李强 7 月 5 日下午在人民大会堂会见日本国际贸易促进协会会长河野洋平率领的访华团。李强表示，今年又迎来中日和平友好条约缔结 45 周年，双方要始终恪守中日四个政治文件确立的各项原则，维护好中日关系发展根基，客观理性看待对方发展，将“互为合作伙伴、互不构成威胁”的政治共识落到实处。

5. 7 月 5 日，第八届中法品牌高峰论坛在法国巴黎埃菲尔铁塔举行，主题为“中国品牌·全球想象力”，旨在进行中法文化交流、创新合作等重要议题，探索中法品牌未来趋势。

6. 7 月 7 日讯，世贸组织投资便利化谈判日前召开大使级会议，宣布《投资便利化协定》文本谈判成功结束。商务部世贸司负责人 7 日表示，《投资便利化协定》是全球首个多边投资协定，将有助于进一步提振全球投资者信心，推动全球投资稳定增长。

7. 7 月 6 日，中国航天基金会与亚太空间合作组织在亚太空间合作组织总部签署合作谅解备忘录。

8. 7 月 13 日，中央外办主任王毅在雅加达出席中国——盟（10 + 1）外长会，王毅说，将按照习近平主席提出的亲诚惠容理念，共同推动中国东盟全面战略伙伴关系不断向前发展，为本地区和平繁荣作出新的贡献。会议通过了关于中国加入《东南亚友好合作条约》20 周年纪念联合声明和加快达成“南海行为准则”指针文件。

9. 7 月 14 日，中央外办主任王毅在雅加达出席第 13 届东亚峰会外长会。中方愿提出三点主张：一是切实支持东盟中心地位，筑牢和平根基。二是携手打造地区增长中心，促进共同发展。三是坚持真正的多边主义，加强良性互动。

10. 联合国安理会 18 日就人工智能与安全问题举行高级别公开会。中国常驻联合国代表张军提出关于人工智能治理的五条原则。一是坚持伦理先行。二是坚持安全可控。三是坚持公平普惠。四是坚持开放包容。五是坚持和平利用。

11. 由中国科学技术部、湖北省人民政府共同主办的 2023 中非创新合作与发展论坛暨湖北国际技术交流会 7 月 6 日在湖北省武汉市举行。本次活动以“创新引领发展，合作共享机遇”为主题。

12. 2023 年世界中学生足球锦标赛 23 日晚在摩洛哥首都拉巴特开幕。中国获得了 2024 年、2026 年和 2028 年连续三届国际中体联足球世界杯的举办权。

13. 中共中央政治局委员、中央外办主任王毅 7 月 24 日在约翰内斯堡出席“金砖国家安全事务高级代表之友”会议。王毅表示，网络安全是国家安全的重要基石。王毅就维护网络安全提出四点建议：一是建设公平合理的网络空间。二是建设开放包容的网络空间。三是建设安全稳定的网络空间。四是建设富有生机活力的网络空间。

14. 7 月 27 日下午，国家主席习近平在成都会见来华出席第 31 届世界大学生夏季运动会开幕式并访华的印度尼西亚总统佐科·维多多。习近平主席指出，中方愿以今年两国建立全面战略伙伴关系 10 周年为契机，同印度尼西亚深化战略合作，打造发展中国家命运与共、团结合作、共促发展的典范，为地区和世界注入更多确定性和正能量。

15. 7 月 28 日上午，国家主席习近平在成都会见来华出席第 31 届世界大学生夏季运动会开幕式并访华的格鲁吉亚总理加里巴什维利。习近平主席指出，中格建交 31 年来，双方政治互信不断巩固，各领域合作成果显著。你此次访华期间，双方将发表联合声明，共同宣布建立中格战略伙伴关系。

16. 7月31日，近日，巴基斯坦首都伊斯兰堡地标建筑亮起中巴两国国旗颜色灯光，庆祝中巴经济走廊启动十周年。

17. 7月31日电，国家主席习近平致信祝贺中巴经济走廊启动十周年庆祝活动在巴基斯坦伊斯兰堡举行。习近平强调，不论国际风云如何变幻，中方将始终同巴方坚定站在一起，携手同心、砥砺前行，弘扬好“铁杆”友谊，统筹发展与安全，开展更高水平、更广范围、更深层次的合作，推动中巴全天候战略合作伙伴关系迈上新的台阶，为两国乃至地区的和平繁荣作出更大贡献。

八、2023年8月

1. 8月2日记者从中国科学技术大学获悉：该校地球和空间科学学院特任教授邓正宾与多位国际学者合作，实现了钛稳定同位素组成的超高精度测量方法，揭示了地球地幔的运转模式是呈阶段性演变的，相关研究成果已发表在国际学术期刊《自然》杂志上。

2. 商务部4日发布2023年第29号公告，决定自2023年8月5日起，终止对原产于澳大利亚的进口大麦征收反倾销税和反补贴税。

3. 联合国秘书长古特雷斯4日在发布“教育变革”政策简报时，呼吁国际社会重塑全球教育系统，创建学习型社会，建立终身学习体系。

4. 巴拿马城消息：运河文化交流圆桌论坛暨中国巴拿马运河艺术展开幕式3日在巴拿马大学孔子学院举办。运河文化交流圆桌论坛以“交流·合作·发展”为主题。

5. 俄罗斯11日发射“月球－25”号月球探测器，重启从苏联时代算起已中止47年的探月任务。

6. 8月18日，中共中央政治局委员、外交部长王毅在北京同来访的丹麦外交大臣拉斯穆森会谈后，双方共同发布《中华人民共和国政府和丹麦王国政府绿色联合工作方案（2023—2026）》。《中丹绿色联合工作方案》是中丹绿色合作的新尝试，标志着两国务实合作提升至新的水平，进一步丰富了中丹全面战略伙伴关系内涵，也将为中欧乃至国际绿色合作提供助力，为推动实现更加强劲、绿色、健康的全球发展，实现联合国2030年可持续发展目标作出贡献。

7. 全国人大常委会委员长赵乐际21日下午在人民大会堂同塔吉克斯坦议会上院议长鲁斯塔姆·埃莫马利举行会谈。赵乐际表示，今年5月，两国元首共同宣布推动构建世代友好、休戚与共、互利共赢的中塔命运共同体，为中塔关系发展擘画了新的宏伟蓝图。

8. 印度空间研究组织23日说，印度月球探测器“月船3号”所携带的着陆器当天成功在月球南极着陆。印度成为继苏联、美国和中国之后第四个实现探测器登月的国家。

9. 阿根廷、埃及、埃塞俄比亚、伊朗、沙特阿拉伯、阿联酋获邀加入金砖国家合作机制。

10. 瑞士和中国 24 日在瑞士首都伯尔尼举行流失文物交接仪式，中国驻瑞士大使王世廷代表中方接收了由瑞士联邦文化总局移交的 5 件中国流失文物。本次移交的文物包括一件明代磁州窑系白地黑花大罐、一件汉代彩绘骑马陶俑、一对唐代白陶鞍马和一枚元代古钱币。

11. 中国常驻联合国代表团任洪岩公使 29 日在联合国大会纪念“禁止核试验国际日”高级别会议上发言，呼吁维护国际多边裁军机制，抵制冷战思维和阵营对抗。

12. 8 月 31 日，商务部部长王文涛与尼加拉瓜总统投资、贸易和国际合作顾问劳雷亚诺分别在北京和马那瓜代表中尼两国政府，通过视频方式签署《中华人民共和国政府和尼加拉瓜共和国政府自由贸易协定》。协定创造了多个“首次”。

九、2023 年 9 月

1. 印度空间研究组织 2 日说，该国首个太阳探测器“日地 L1 点太阳”号当天从斯里赫里戈达岛的航天中心发射升空。

2. 第四届中国——蒙古国博览会于 9 月 6 日至 10 日，在内蒙古自治区呼和浩特市举办。本届博览会主题为“共建开放新格局，共享发展新机遇”。

3. 第 49 届南丁格尔奖颁奖大会 5 日上午在北京人民大会堂举行，7 名我国护理工作者获得南丁格尔奖章。

4. 首届非洲气候峰会 6 日在肯尼亚首都内罗毕闭幕，会议通过《非洲领导人关于气候变化的内罗毕宣言及行动呼吁》。

5. 总部位于法国巴黎的联合国教科文组织 7 日举行 2022 年度教科文组织教育信息化奖颁奖仪式。中国“国家智慧教育平台”项目和爱尔兰“国家资源中心”项目共同获奖。

6. 二十国集团成员在 9 日举行的峰会上达成一致，邀请非洲联盟（非盟）成为正式成员。

7. 美国航天局 12 日说，美国宇航员鲁比奥 11 日打破了该国宇航员在太空最长连续停留 355 天的纪录。

8. 9 月 15 日上午，国家主席习近平在人民大会堂会见来华进行正式访问的柬埔寨首相洪玛奈。习近平指出，洪玛奈首相就任后选择中国作为第一个进行双边访问的国家，充分体现了柬埔寨新一届政府对巩固和发展中柬友好的高度重视。

9. 俄罗斯国家航天集团 15 日在官网发布消息说，俄罗斯当天成功发射“联盟 MS－24”载人飞船，飞船已与国际空间站实现对接。

10. 首届中国——东盟建设部长圆桌会议 16 日在广西南宁举行。会议以“开放合作 互利共赢 共享中国——东盟建设领域合作新机遇”为主题。并一致通过了会议成果《南宁倡议》。

11. 9 月 18 日记者从北外滩国际航运论坛新闻发布会上获悉：目前，我国已与 100 多个国家和地区建立了航线联系，服务网络不断完善，海运连接度全球领先。我国船东拥有的船队规模达到 2.492 亿总吨，从总吨上成为世界最大船东国。

12. 9 月 28 日，联合国驻南苏丹特派团（联南苏团）在其超级营地举行授勋仪式，向中国第九批赴南苏丹（朱巴）维和步兵营 700 名维和官兵授予联合国“和平荣誉勋章”，以表彰他们在执行维和任务期间的卓越表现和为南苏丹和平事业作出的突出贡献。

十、2023 年 10 月

1. 印度尼西亚总统佐科·维多多 2 日上午在印度尼西亚首都雅加达哈利姆高铁站宣布雅万高铁正式启用。雅万高铁是中国共建“一带一路”倡议和印度尼西亚“全球海洋支点”构想对接、中印尼两国务实合作的标志性项目，连接印度尼西亚首都雅加达和第四大城市万隆，全长 142 公里，是中国高铁首次全系统、全要素、全产业链在海外落地。

2. 国际奥委会 9 日宣布，2028 年洛杉矶奥运会组委会已向国际奥委会奥运会项目委员会提议新增五个大项，分别是棒垒球、板球、棍网球、壁球和腰旗橄榄球。

3. 第 78 届联合国大会 10 日选举产生包括中国在内的 15 个联合国人权理事会成员，以接替将于今年年底结束任期的成员。此次选出的联合国人权理事会成员为：非洲地区的布隆迪、科特迪瓦、加纳、马拉维；亚太地区的中国、印度尼西亚、日本、科威特；东欧地区的阿尔巴尼亚、保加利亚；拉美及加勒比地区的巴西、古巴、多米尼加共和国；西欧及其他地区的法国、荷兰。其中，中国、科特迪瓦、古巴、法国、马拉维为连任。新当选的 15 个成员任期将于 2024 年 1 月 1 日开始，为期 3 年。

4. 中国常驻联合国代表团 11 日在联合国总部与不结盟运动协调局共同举办以发展权为主题的边会。中国常驻联合国代表张军强调，发展权是不可剥夺的基本人权。

5. 世界气象组织日前发表《2022 年全球水资源状况报告》。这份对全球水资源进行广泛评估的报告指出，由于气候变化和人类活动，全球水文循环正在发生重大变化，水文循环正在失去平衡。

6. 10 月 17 日上午，国家主席习近平在人民大会堂会见来华出席第三届“一带一路”国际合作高峰论坛的哈萨克斯坦总统托卡耶夫。习近平指出，一个健康、稳定、充满活力的中哈关系，有利于两国发展振兴，也有利于地区和平稳定。

7. 10 月 16 日于印度孟买举行的国际奥委会第 141 次全会上，北京 2022 年冬奥会代表团向全会作最终陈述。国际奥委会主席巴赫用中文表示“谢谢北京”，国际奥委会北京冬奥会协调委员会主席、国际奥委会副主席胡安·安东尼奥·萨马兰奇向北京冬奥会代表团颁发刻有“尊重、友谊、卓越”字样的奥林匹克奖杯。

8. 10 月 24 日，国家主席习近平向纪念亲诚惠容周边外交理念提出 10 周年国际研讨会发表书面致辞。习近平强调，新的时代背景下，我们将赋予亲诚惠容理念新的内涵，弘扬以和平、合作、包容、融合为核心的亚洲价值观，为地区团结、开放和进步提供新的助力。

9. 10 月 17 日从商务部获悉，《中华人民共和国政府和塞尔维亚共和国政府自由贸易协定》当天在京签署。这是中国与中东欧国家签署的第一个自贸协定，也是中国签署的第 22 个自贸协定，塞尔维亚成为中国第 29 个自贸伙伴。

10. 10 月 19 日上午，国家主席习近平在人民大会堂会见来华出席第三届“一带一路”国际合作高峰论坛的柬埔寨首相洪玛奈。习近平强调，我愿同你一道宣布将 2024 年确定为“中柬人文交流年”。

11. 21 日晚，2023 雨果奖在 2023 成都世界科幻大会上揭晓，共评选出 17 类雨果奖奖项和 2 类非雨果奖奖项，中国作家海漄凭借《时空画师》获得最佳短中篇小说奖。这也是雨果奖首次在中国揭晓和颁奖。

12. 10 月 27 日，世界泳联日前相继公布 2024 年跳水世界杯和花样游泳世界杯赛程，中国的西安和北京将分别举办两个项目的世界杯赛事。

13. 联合国环境规划署 30 日宣布，将联合国环保领域最高荣誉“地球卫士奖”奖项授予中国海洋塑料废弃物治理新模式“蓝色循环”，以表彰这一模式对近岸海域塑料污染治理作出的杰出贡献。

十一、2023 年 11 月

1. 联合国驻南苏丹特派团（联南苏团）日前在其瓦乌超级营地的中国工兵营区举行授勋仪式，向中国第十三批赴南苏丹（瓦乌）维和工兵和医疗分队 331 名官兵授予联合国“和平荣誉勋章”，以表彰他们在执行维和任务期间的优异成绩和为维护南苏丹和平事业作出的突出贡献。

2. 首届全球人工智能安全峰会 11 月 1 日在英国布莱奇利园召开。

3. 《中华人民共和国政府和哈萨克斯坦共和国政府关于互免签证的协定》将于 2023 年 11 月 10 日生效。

4. 11 月 3 日下午，国家主席习近平在人民大会堂会见来华进行正式访问的希腊总理米佐塔基斯。习近平指出，中方珍视同希腊的传统友谊，愿同希方一道，坚持战略引领，坚持开放合作，推动中希全面战略伙伴关系焕发新的时代光彩。

5. 11 月 3 日上午，第 20 届北京论坛在钓鱼台国宾馆开幕。600 余位来自海内外的嘉宾与会，围绕“文明的和谐与共同繁荣——传承与互鉴”展开讨论。

6. 11 月 6 日下午，国家主席习近平在人民大会堂会见塞尔维亚总理布尔纳比奇。习近平强调，双方要共同努力建设好、运营好两国合作大项目，推动中塞自由贸易协定早日生效，加强科技创新合作，深化教育、体育、旅游等领域合作，扩大人员往来，传承和发扬中塞友好。

7. 11 月 8 日，国家副主席韩正出席在新加坡举行的第六届创新经济论坛开幕式并发表主旨演讲。韩正提出三点倡议，一是坚持以开放促合作。二是坚持以创新谋动力。

三是坚持以和平促发展。

8. 正在法国巴黎举行的联合国教育科学文化组织第 42 届大会 11 月 9 日通过了在中国上海设立教科文组织国际 STEM（科学、技术、工程和数学）教育研究所的决议，标志着教科文组织一类中心首次落户中国。

9. 第三届“对话中国”国际研讨会 9 日在塞尔维亚首都贝尔格莱德举办。本届研讨会主题为“中国新倡议：应对变化中的全球安全”。

10. 全国人大常委会副委员长丁仲礼 11 月 10 日至 11 日出席第六届巴黎和平论坛，并在“一个星球：极地峰会”发言。

11. 11 月 16 日上午，国家主席习近平在旧金山会见墨西哥总统洛佩斯。习近平指出，中墨两国友谊历经风雨，历久弥坚。去年两国隆重庆祝建交 50 周年，今年又迎来建立全面战略伙伴关系 10 周年。

12. 11 月 16 日上午，国家主席习近平在旧金山会见秘鲁总统博鲁阿尔特。习近平指出，今年是中秘建立全面战略伙伴关系 10 周年。

13. 11 月 22 日下午，国家主席习近平在人民大会堂同来华进行国事访问的乌拉圭总统拉卡列举行会谈。两国元首宣布，将中乌关系提升为全面战略伙伴关系。习近平指出，2023 年是中乌建交 35 周年和乌拉圭加入共建“一带一路”倡议 5 周年。建交 35 年来，两国始终坚持相互尊重、平等相待、合作共赢，各领域交流合作蓬勃发展。

14. 由英国货币金融机构官方论坛主办的第二届中国——英国论坛日前在伦敦举行。论坛主题为“搭建桥梁：推进中英经济关系，实现可持续未来”。

15. 亚洲首只沙特 ETF（交易型开放式基金）将于 11 月 29 日在港交所挂牌，届时投资者将可以港元或人民币直接在香港市场通过 ETF 交易沙特股市指数成份股，相关组合包括石油企业沙特阿美。这只 ETF 的资产规模是全球同类产品中最大。

16. 国际篮联 27 日宣布了 2024 年巴黎奥运会男篮资格赛举办地点，分别是希腊比雷埃夫斯、拉脱维亚里加、波多黎各圣胡安和西班牙巴伦西亚。

17. 国际奥委会 30 日在官网宣布，任命北京冬奥会冠军谷爱凌为 2024 年江原道冬青奥会全球大使。

十二、2023 年 12 月

1. 12 月 1 日起，中国试行扩大单方面免签国家范围，对法国、德国、意大利、荷兰、西班牙、马来西亚 6 个国家持普通护照人员试行单方面免签政策。

2. 12 月 4 日，中国在酒泉卫星发射中心用长征二号丙运载火箭，成功将埃及二号卫星发射升空。卫星顺利进入预定轨道，发射任务获得圆满成功，这标志着埃及成为第一个具有完备卫星总装集成测试能力的非洲国家。

3. 12 月 5 日，中共中央政治局委员、外交部长王毅在京出席“纪念《世界人权宣言》发表 75 周年”国际研讨会开幕式并作主旨发言。王毅强调，一是倡导共同安全，为实现人权创造更加安宁的国际环境。二是坚持发展优先，为实现人权提供更加坚实的物质基础。三是促进交流互鉴，为实现人权提供更加丰富的路径选择。四是秉持公平正义，为实现人权提供更加有效的合作平台。

4. 在历经马拉松式谈判后，欧洲议会、欧盟成员国和欧盟委员会三方 8 日晚就《人工智能法案》达成协议，该法案将成为全球首部人工智能领域的全面监管法规。

第三章　2024 年“两会”专题

一、“两会”常识

1. “两会”是什么会？

“两会”是对自 1959 年以来历年召开的中华人民共和国全国人民代表大会和中国人民政治协商会议的统称。由于两场会议会期基本重合，而且对于国家运作的重要程度都非常高，故简称“两会”。“两会”每 5 年称为一届，每年会议称 × 届 × 次会议。

2. “两会”和 × × 大有什么区别？

“两会”是全国人大会议（人民代表参加的会议）＋政协会议，× × 大是党的全国代表大会（党代表参加的会议）。

3. 议案和提案有什么区别？

议案是人大的专用词，在投票通过之后才会有法律的约束力；提案是由政协委员向人民代表大会或政府提出的，其针对的是大政方针、社会生活等重大问题，主要体现的是政协的参政。

4. 2024 年“两会”什么时间开？

第十四届全国人民代表大会第二次会议于 2024 年 3 月 5 日上午在北京召开，3 月 11 日下午闭幕，会期 7 天。

全国政协十四届二次会议于 2024 年 3 月 4 日下午在北京召开，3 月 10 日上午闭幕，会期 6 天。

5. “两会”具体议程

全国人民代表大会会议，每年举行一次，会议的主要流程包括：

（1）听取和审议

①政府工作报告；

②全国人大常委会工作报告；

③“两高”工作报告。

（2）审查

①国民经济和社会发展计划；

②国家预算。

（3）审议

法律案。

中国人民政治协商会议是中国共产党领导的多党合作和政治协商的重要机构。

政协全国委员会全体会议每年举行一次，会议内容包括：

（1）听取和审议政协常务委员会工作报告；
（2）提案工作情况的报告；
（3）列席全国人大会议；
（4）听取并讨论政府工作报告等。

二、两会重点

1. 2023年工作回顾

（1）国内生产总值增长5.2%；
（2）城镇新增就业1244万人；
（3）新能源汽车产销量占全球比重超过60%；
（4）粮食产量1.39万亿斤；
（5）全年新增税费优惠超过2.2万亿元；
（6）电动汽车、锂电池、光伏产品“新三样”出口增长近30%。

2. 2024年发展主要预期指标

（1）国内生产总值增长5%左右；
（2）城镇新增就业1200万人以上，城镇调查失业率5.5%左右；
（3）居民消费价格涨幅3%左右；
（4）居民收入增长与经济增长同步；
（5）国际收支保持基本平衡；
（6）粮食产量1.3万亿斤以上；
（7）单位国内生产总值能耗降低2.5%左右，生态环境质量持续改善。

3. 2024年政府工作任务

（1）大力推进现代化产业体系建设，加快发展新质生产力
①推动产业链供应链优化升级；
②积极培育新兴产业和未来产业；
③深入推进数字经济创新发展。
（2）深入实施科教兴国战略，强化高质量发展的基础支撑
①加强高质量教育体系建设；
②加快推动高水平科技自立自强；
③全方位培养用好人才。
（3）着力扩大国内需求，推动经济实现良性循环
①促进消费稳定增长；
②积极扩大有效投资。
（4）坚定不移深化改革，增强发展内生动力
①激发各类经营主体活力；
②加快全国统一大市场建设；

③推进财税金融等领域改革。

（5）扩大高水平对外开放，促进互利共赢

①推动外贸质升量稳；

②加大吸引外资力度；

③推动高质量共建“一带一路”走深走实；

④深化多双边和区域经济合作。

（6）更好统筹发展和安全，有效防范化解重点领域风险

①稳妥有序处置风险隐患；

②健全风险防控长效机制；

③加强重点领域安全能力建设。

（7）坚持不懈抓好“三农”工作，扎实推进乡村全面振兴

①加强粮食和重要农产品稳产保供；

②毫不放松巩固拓展脱贫攻坚成果；

③稳步推进农村改革发展。

（8）推动城乡融合和区域协调发展，大力优化经济布局

①积极推进新型城镇化；

②提高区域协调发展水平。

（9）加强生态文明建设，推进绿色低碳发展

①推动生态环境综合治理；

②大力发展绿色低碳经济；

③积极稳妥推进碳达峰碳中和。

（10）切实保障和改善民生，加强和创新社会治理

①多措并举稳就业促增收；

②提高医疗卫生服务能力；

③加强社会保障和服务；

④丰富人民群众精神文化生活；

⑤维护国家安全和社会稳定。

三、2024 全国“两会”新词热词

1. “新三样”

推动外贸稳规模、优结构，电动汽车、锂电池、光伏产品“新三样”出口增长近 30%。

2. 超长期特别国债

从 2024 年开始拟连续几年发行超长期特别国债，专项用于国家重大战略实施和重点领域安全能力建设，2024 年先发行 1 万亿元。

3. 宏观政策取向一致性

围绕发展大局，加强财政、货币、就业、产业、区域、科技、环保等政策协调配合，把非经济性政策纳入宏观政策取向一致性评估，强化政策统筹，确保同向发力、形成合力。

4. 新质生产力

大力推进现代化产业体系建设，加快发展新质生产力。充分发挥创新主导作用，以科技创新推动产业创新，加快推进新型工业化，提高全要素生产率，不断塑造发展新动能新优势，促进社会生产力实现新的跃升。

5. 未来产业

制定未来产业发展规划，开辟量子技术、生命科学等新赛道，创建一批未来产业先导区。

6. 人工智能 +

深化大数据、人工智等研发应用，开展“人工智能 +”行动，打造具有国际竞争力的数字产业集群。

7. 全国一体化算力体系

适度超前建设数字基础设施，加快形成全国一体化算力体系。

8. 放心消费行动

优化消费环境，开展“消费促进年”活动，实施“放心消费行动”，加强消费者权益保护，落实带薪休假制度。

9. 投资中国

加强外商投资服务保障，打造“投资中国”品牌。

10. 房地产发展新模式

适应新型城镇化发展趋势和房地产市场供求关系变化，加快构建房地产发展新模式。加大保障性住房建设和供给，完善商品房相关基础性制度，满足居民刚性住房需求和多样化改善性住房需求。

11. 美丽中国先行区

建设美丽中国先行区，打造绿色低碳发展高地。

12. 高效办成一件事

以推进“高效办成一件事”为牵引，提高政务服务水平。

本篇习题

一、单项选择题

1. 2023 年 1 月 9 日，中共中央总书记、国家主席、中央军委主席习近平在二十届中央纪委二次全会上发表重要讲话强调，要把不敢腐、不能腐、不想腐有效贯通起来，

三者同时发力、同向发力、综合发力，把不敢腐的____、不能腐的____、不想腐的____结合起来。（　　）

A. 约束力 震慑力 感召力　　B. 感召力 约束力 震慑力
C. 震慑力 感召力 约束力　　D. 震慑力 约束力 感召力

2. 中国式现代化蕴含的（　　）等及其伟大实践，是对世界现代化理论和实践的重大创新。

A. 独特世界观、价值观、历史观、文明观
B. 独特世界观、价值观、民主观、生态观
C. 独特历史观、文明观、民主观、生态观
D. 独特世界观、价值观、历史观、文明观、民主观、生态观

3. 2023 年 3 月 6 日，中共中央总书记、国家主席、中央军委主席习近平在看望参加政协会议的民建、工商联界委员时强调，面对国际国内环境发生的深刻复杂变化，必须做到（　　）。

①沉着冷静、保持定力②稳中求进、积极作为③团结一致、敢于斗争

A. ①②　　B. ①③　　C. ②③　　D. ①②③

4. “（　　），就是要做好学习贯彻习近平新时代中国特色社会主义思想的深化、内化、转化工作，从思想上正本清源、固本培元，筑牢信仰之基、补足精神之钙、把稳思想之舵。”习近平总书记 2023 年 4 月 13 日在广东考察时，就“（　　）”提出明确要求，为广大党员、干部扎实开展好主题教育指明方向。

A. 以学铸魂；以学铸魂　　B. 以学增智；以学增智
C. 以学正风；以学正风　　D. 以学促干；以学促干

5. 据新华社 2023 年 5 月 5 日报道，第三届中国——中东欧国家博览会暨国际消费品博览会于 5 月 16 日至 20 日在浙江省宁波市举行，主题为（　　）。自 2012 年以来，中国与中东欧国家贸易年均增长（　　）。

A. “深化务实合作 携手共向未来”6. 5%
B. “深化务实合作 携手共向未来”8. 1%
C. “构建新格局、共享新机遇”6. 5%
D. “构建新格局、共享新机遇”8. 1%

6. 2023 年 6 月 2 日，在文化传承发展座谈会上，习近平总书记指出：“在五千多年中华文明深厚基础上开拓和发展中国特色社会主义，把马克思主义基本原理同中国具体实际、同中华优秀传统文化相结合是必由之路。这是我们在探索中国特色社会主义道路中得出的规律性的认识，是我们取得成功的最大法宝。”“两个结合”是推进马克思主义中国化时代化的根本途径，我们要深刻理解“两个结合”的重大意义，深刻把握“结合”的前提是（　　）、“结合”的结果是（　　）、“结合”筑牢了道路根基、“结合”打开了创新空间、“结合”巩固了文化（　　）。

A. 互相成就；彼此契合；主体性　　B. 互相成就；彼此契合；多样性

C. 彼此契合；互相成就；主体性　　D. 彼此契合；互相成就；多样性

7. 中共中央政治局 2023 年 7 月 24 日就全面加强军事治理进行第七次集体学习。中共中央总书记习近平在主持学习时强调，要全面贯彻党的二十大精神，深入贯彻新时代强军思想，贯彻新时代军事战略方针，坚持党对军队绝对领导，坚持（　　）这个唯一的根本的标准，坚持和完善中国特色社会主义军事制度，构建现代军事治理体系，提高现代军事治理能力，以（　　）推动我军高质量发展，为实现建军一百年奋斗目标提供有力保障。

A. 战斗力；现代化治理　　B. 执行力；现代化治理

C. 战斗力；高水平治理　　D. 执行力；高水平治理

8. 财政部、国家税务总局 2023 年 8 月 27 日发布公告称，为活跃资本市场、提振投资者信心，自 2023 年 8 月 28 日起，证券交易印花税实施（　　）征收。我国证券交易印花税自 1990 年开征后经历了多次调整。2021 年 6 月，《中华人民共和国印花税法》表决通过，维持证券交易印花税税率（　　）不变，只对卖方单边征收。

A. 减半 百分之一　　B. 减半 千分之一

C. 减四分之一 百分之一　　D. 减四分之一 千分之一

9. 据新华社 2023 年 9 月 17 日报道，经过多年发展，我国发展的客观条件也已改变：中国在 2010 年成为世界第二大经济体后，经济总量持续攀升，如今人均 GDP 已超过（　　）美元，中等收入群体持续扩大，实现了从低收入国家到（　　）收入国家的历史性跨越。

A. 1.2 万 中等偏上　　B. 1.2 万 高等

C. 1.5 万 中等偏上　　D. 1.5 万 高等

10. 2023 年是毛泽东同志批示学习推广（　　）周年。据新华社 2023 年 9 月 25 日报道，中共中央总书记、国家主席、中央军委主席习近平近日在浙江考察时指出，要坚持好、发展好新时代（　　），坚持党的群众路线，正确处理人民内部矛盾，紧紧依靠人民群众，把问题解决在基层、化解在萌芽状态。

A. “枫桥经验”60“枫桥经验”　　B. “浦江经验”60“浦江经验”

C. “枫桥经验”70“枫桥经验”　　D. “浦江经验”70“浦江经验”

11. 10 月 12 日，2023 世界航海装备大会在福建省福州市开幕。本届大会为期 4 天，本次大会以“（　　）”为主题。

A. 大海就是大宝藏　　B. 大海啊故乡

C. 人类梦想在大海　　D. 承载人类梦想 驶向星辰大海

12. 2023 世界青年科学家峰会将于 11 月 11 日在浙江温州开幕，今年峰会继续秉持“汇聚天下英才 共创美好未来”的主题。以“（　　）”为年度议题。

A. 青年是祖国的未来　　B. 少年强则国强

C. 青年强则国强　　D. 青年创新聚力可持续发展未来

13. 十四届全国人民代表大会第二次会议于（　　）上午在北京召开，会期 7 天。

A. 2024 年 3 月 5 日　　B. 2024 年 3 月 4 日
C. 2024 年 1 月 1 日　　D. 2024 年 5 月 1 日

14. 2023 年国内生产总值增长 5.2%，2024 年预期国内生产总值增长（　　）。
A. 5.0%　　B. 5.2%　　C. 5.5%　　D. 6%

二、多项选择题

1. 据新华社 2023 年 1 月 15 日报道，水利部日前公布了“人民治水·百年功绩”治水工程项目名单。入选的 117 项治水工程中，属于中国特色社会主义新时代的治水工程的有（　　）。
A. 葛洲坝水利枢纽工程　　B. 三峡工程
C. 松花江干流治理工程　　D. 白鹤滩水电站

2. 党的十八大以来，以习近平同志为核心的党中央把深化党和国家机构改革作为推进国家治理体系和治理能力现代化的重要任务，按照（　　）的原则，全面深化党和国家机构改革，党和国家机构职能实现系统性、整体性重构，为党和国家事业取得历史性成就、发生历史性变革提供了有力保障，也为继续深化党和国家机构改革积累了宝贵经验。
A. 坚持党的全面领导　　B. 坚持以人民为中心
C. 坚持优化协同高效　　D. 坚持全面依法治国

3. 2023 年 3 月 7 日，十四届全国人大一次会议举行第二次全体会议，审议国务院机构改革方案。这次国务院机构改革，重点是加强（　　）等重点领域的机构职责优化和调整。
A. 科学技术　　B. 金融监管　　C. 数据管理　　D. 乡村振兴
E. 知识产权　　F. 老龄工作

4. 中共中央总书记、国家主席、中央军委主席、中央全面深化改革委员会主任习近平 2023 年 4 月 21 日主持召开二十届中央全面深化改革委员会第一次会议并发表重要讲话。会议指出，要坚持系统观念，围绕“（　　）”，从制度建设着眼，对技术创新决策、研发投入、科研组织、成果转化全链条整体部署，对政策、资金、项目、平台、人才等关键创新资源系统布局，一体推进科技创新、产业创新和体制机制创新，推动形成企业为主体、产学研高效协同深度融合的创新体系。
A. 为谁创新　　B. 谁来创新　　C. 创新什么　　D. 如何创新

5. 百年变局加速演进，世界进入新的动荡变革期。中亚，作为亚欧大陆的中心，联通东西、贯穿南北的十字路口，对地区和世界和平稳定历来具有重要战略意义。今天，世界需要一个什么样的中亚？2023 年 5 月 19 日，在首届中国 - 中亚峰会上，习近平主席提出主张：（　　）。
A. 世界需要一个稳定的中亚　　B. 世界需要一个繁荣的中亚
C. 世界需要一个和谐的中亚　　D. 世界需要一个联通的中亚

6. 2023 年 6 月 2 日，在文化传承发展座谈会上，习近平总书记深刻指出“中华优秀传统文化有很多重要元素，共同塑造出中华文明的突出特性”，深入阐释中华文明具有（　　），对于我们全面深入了解中华文明的历史，更好担负起新的文化使命，共同努力创造属于我们这个时代的新文化，具有重大指导意义。

A. 突出的连续性　　B. 突出的创新性
C. 突出的统一性　　D. 突出的包容性
E. 突出的和平性

7. 党的十八大以来，以习近平同志为核心的党中央加强党对生态文明建设的全面领导，把生态文明建设摆在全局工作的突出位置，作出一系列重大战略部署（　　）。

A. 在“五位一体”总体布局中，生态文明建设是其中一个
B. 在新时代坚持和发展中国特色社会主义的基本方略中，坚持人与自然和谐共生是其中一条
C. 在新发展理念中，绿色是其中一项
D. 在三大攻坚战中，污染防治是其中一战
E. 在到 21 世纪中叶建成社会主义现代化强国目标中，美丽中国是其中一个

8. 调查研究是谋事之基、成事之道。推动调查研究走深走实，必须真正深入基层、深入群众，把准民生之脉、找对解题之方，并运用调研成果，集中精力解决一批（　　）的突出问题。

A. 发展所需　　B. 改革所急　　C. 基层所盼　　D. 民心所向

9. 据新华社 2023 年 9 月 9 日报道，习近平总书记在新时代推动东北全面振兴座谈会的讲话中，明确指出：“牢牢把握东北在维护国家‘五大安全’中的重要使命”。“五大安全”，即（　　）。

A. 粮食安全　　B. 产业安全　　C. 能源安全　　D. 生态安全
E. 国防安全　　F. 网络安全

10. 习近平总书记指出，“新形势下推动长江经济带发展，关键是要正确把握（　　）的关系”。

A. 整体推进和重点突破　　B. 生态环境保护和经济发展
C. 总体谋划和久久为功　　D. 破除旧动能和培育新动能
E. 自我发展和协同发展

11. 市场监管总局（国家标准委）批准发布 GB/T 43214－2023《省级国土空间规划编制技术规程》国家标准，将于 2024 年 1 月 1 日起实施。该标准从提高规划编制的针对性、科学性和可操作性出发，突出省级国土空间规划的协调性。一是（　　），二是（　　），三是（　　）。

A. 强调区域协调　　B. 强调功能协调
C. 强调要素协调　　D. 强调要点协调

12. 中共中央政治局于 12 月 21 日至 22 日召开学习贯彻习近平新时代中国特色社会主

义思想主题教育专题民主生活会，聚焦学思想、强党性、重实践、建新功总要求，对照凝心铸魂筑牢根本、锤炼品格强化忠诚、实干担当促进发展、践行宗旨为民造福、廉洁奉公树立新风具体目标，按照（　　）重要要求，联系中央政治局工作，联系带头旗帜鲜明讲政治、带头学懂弄通做实习近平新时代中国特色社会主义思想、带头贯彻党中央决策部署、带头践行宗旨为民造福、带头履行全面从严治党责任等方面的实际，总结成绩，查摆不足，进行党性分析，开展批评和自我批评。

A. 以学铸魂　B. 以学增智　C. 以学正风　D. 以学促干

13. “两会”是对自 1959 年以来历年召开的（　　）的统称。每 5 年称为一届，每年会议称 × 届 × 次会议。

A. 全国人民代表大会会议　B. 中国人民政治协商会议

C. 二十大　D. 全国总工会

参考答案

一、单项选择题

1. 【参考答案】D　2. 【参考答案】D　3. 【参考答案】D　4. 【参考答案】A
5. 【参考答案】B　6. 【参考答案】C　7. 【参考答案】C　8. 【参考答案】B
9. 【参考答案】A　10. 【参考答案】A　11. 【参考答案】D　12. 【参考答案】D
13. 【参考答案】A　14. 【参考答案】A

二、多项选择题

1. 【参考答案】CD　2. 【参考答案】ABCD　3. 【参考答案】ABCDEF
4. 【参考答案】ABCD　5. 【参考答案】ABCD　6. 【参考答案】ABCDE
7. 【参考答案】ABCDE　8. 【参考答案】ABCD　9. 【参考答案】ABCDE
10. 【参考答案】ABCDE　11. 【参考答案】ABC　12. 【参考答案】ABCD
13. 【参考答案】AB

第六篇　综合模拟测试

2024 年度税务系统综合能力试卷（一）

一、单项选择题（本题型共 10 题，每题 0.5 分，共 5 分。每题只有一个符合题意的正确答案。请你将选定的答案编号用英文字母填入括号内，多选、不选、错选均不得分）

1. 增强党的自我净化能力，根本靠强化党的自我监督和群众监督，强化自上而下的（　　）监督，改进自下而上的（　　）监督，发挥同级互相监督作用，加强对党员领导干部的日常管理监督。

   A. 组织，民主　　B. 领导，群众

   C. 组织，群众　　D. 组织，纪律

2. 加快完善社会主义市场经济体制。经济体制改革必须以（　　）和（　　）为重点，实现产权有效激励、要素自由流动、价格反应灵活、竞争公平有序、企业优胜劣汰。

   A. 完善产权制度 要素市场化配置

   B. 要素市场化配置 建立现代财政制度

   C. 建立现代财政制度 创新和完善宏观调控

   D. 完善产权制度 创新和完善宏观调控

3. 党员周某在微博上公开发表反对四项基本原则的文章，党组织经过程序，认定其情节较重，给予留党察看处分。周某对处分决定不服，认为处分过重，他可以提出（　　）。

   A. 申辩　　B. 申诉　　C. 复议　　D. 诉讼

4. 下列公文中，适用于对重要事项作出决策和部署、奖惩有关单位和人员、变更或者撤销下级机关不适当的决定事项的是（　　）。

   A. 请示　　B. 函　　C. 决定　　D. 议案

5. （　　）是最大的人权。改革开放以来特别是党的十八大以来，我们坚持法治建设依靠人民、法治发展为了人民、法治成果由人民共享，始终坚持依法保障全体公民享有广泛的权利，维护最广大人民根本利益，保障人民群众对美好生活的向往和追求，在不断完善中国特色社会主义法治体系过程中为人民过上幸福生活提供坚强法治保障。

A. 社会安定团结　　B. 经济高速发展
C. 人民幸福生活　　D. 科技创新发展

6. 下列说法中符合企业所得税债务重组一般性税务处理相关规定的是（　　）。
A. 发生债权转股权不得确认债务清偿确认所得和损失
B. 债权人取得非货币性资产的计税依据为该资产的账面净值
C. 以非货币性资产清偿债务应确认相关资产的所得和损失
D. 债务人支付的清偿和低于债务计税基础的差额不能确认债务重组所得

7. 2022 年 1 月余某从兼职的律师事务所中分得业务收入 40 000 元，办理这项业务花费的交通费和人工费分别是 4 000 元和 5 000 元。当地规定律师办理案件费用支出为分成收入的 25%，余某 1 月的业务收入需要缴纳的个人所得税是（　　）元。
A. 630　　B. 900　　C. 3 360　　D. 5 200

8. 依据《印花税法》相关规定，证券交易印花税扣缴义务人申报解缴税款的时间是（　　）。
A. 每周终了之日起 5 日内　　B. 每月终了之日起 15 日内
C. 每周终了之日起 15 日内　　D. 每月终了之日起 5 日内

9. 甲公司一般纳税人 2021 年 12 月底将原值 3 000 万元的房产租赁给公司，租期一年，2022 年 1 月到 2 月给予免租待遇，企业实际收到 2022 年 3 月至 12 月不含税租金收入 40 万元。当地房产原值减除比例为 30%，甲公司该房产 2022 年应缴纳房产税（　　）万元。
A. 4.20　　B. 4.80　　C. 9.00　　D. 25.20

10. 下列权属转移行为，可以免征契税的是（　　）。
A. 外资企业承受房屋权属用于生产经营
B. 旅游企业承受荒山使用权用于度假开发
C. 驻华使领馆外交人员承受房屋权属用于对外出租
D. 非营利性社会福利机构承受房屋权属用于老年人养护服务

二、多项选择题（本题型共 10 题，每题 1 分，共 10 分。每题至少有两个符合题意的正确答案。请你将选定的答案编号用英文字母填入括号内，多选、少选、错选均不得分）

1. 全党同志一定要永远与人民（　　），永远把人民对美好生活的向往作为奋斗目标，以永不懈怠的精神状态和一往无前的奋斗姿态，继续朝着实现中华民族伟大复兴的宏伟目标奋勇前进。
A. 同呼吸　　B. 共命运　　C. 手牵手　　D. 心连心

2. 全面推进依法治国，是解决党和国家事业发展面临的一系列重大问题，是（　　）的根本要求。
A. 解放和增强社会活力　　B. 促进社会公平正义

C. 维护社会和谐稳定　　D. 确保党和国家长治久安

3. 请示报告制度是我们党的一项重要政治纪律、组织纪律、工作纪律，是执行民主集中制的有效工作机制。根据《中国共产党重大事项请示报告条例》，下列事项不必向上级党组织请示的有（　　）。
   A. 事后报告即可的事项
   B. 属于自身职权范围内的日常工作
   C. 重大决策时存在较大意见分歧的情况
   D. 上级党组织就有关问题已经作出明确批复的事项
   E. 重大活动、重要政策的宣传报道口径，新闻宣传和意识形态工作中的全局性问题和不易把握的问题
4. 在基本实现现代化的基础上，我们要继续奋斗，到 21 世纪中叶，把我国建设成为（　　）领先的社会主义现代化强国。
   A. 综合国力　　B. 军事实力　　C. 国际影响力　　D. 经济实力
5. 下列属于全国税务系统开展的“我为群众办实事”实践活动中的重点任务的有（　　）。
   A. 扎实推进“我为纳税人缴费人办实事暨便民办税春风行动”
   B. 巩固拓展脱贫攻坚成果
   C. 广泛开展岗位建功和志愿服务
   D. 持续深入为基层减负赋能
   E. 认真查摆税收工作中的突出问题
6. 房地产开发企业在开发区内建造下列项目发生的支出，准予视为公共配套设施在企业所得税税前扣除的有（　　）。
   A. 产权属于全体业主的物业管理场所
   B. 产权属于房地产开发企业的营利性会所
   C. 无偿赠与地方政府的警务室
   D. 无偿赠与公共事业单位的幼儿园
   E. 产权属于全体业主的文体道路
7. 个人按下列方式领取年金，适用综合所得税率表计算个人所得税的有（　　）。
   A. 按年领取　　B. 按月领取
   C. 因出境定居一次性领取　　D. 按季领取
   E. 因年金所有人死亡，其法定继承人一次性领取
8. 依据房产税相关规定，下列房产可以免征房产税的有（　　）。
   A. 增值税小规模纳税人按市场价格出租给个人用于自住的房产
   B. 中国铁路总公司所属铁路运输企业自用房产
   C. 向居民出租的公有住房
   D. 非营利老年机构自用的房产

E. 免税单位无偿使用纳税单位的房产

9. 下列关于契税征收管理的说法正确的有（　　）。

A. 纳税人缴纳契税后因新建商品房实际交付面积小于合同约定面积需要退还房价款的，可以依照有关规定申请退税

B. 需在土地、房屋所在地缴纳契税

C. 因人民法院文书生效发生土地、房屋权属转移的，纳税义务发生时间为法律文书生效当日

D. 因房地产开发企业被税务机关列为非正常户，购买新建商品房的纳税人不能取得销售不动产发票的，将无法办理契税纳税申报

E. 契税应当在依法办理土地、房屋权属登记手续前申报缴纳

10. 下列关于耕地占用税税收优惠和征收管理的说法正确的有（　　）。

A. 纳税人因建设项目施工或者地质勘察，临时占用耕地应当缴纳耕地占用税

B. 压占、污染等损毁耕地之日起 3 年内依法复垦或修复，恢复种植条件的，可以依法申请退税

C. 水利工程占用耕地免征耕地占用税

D. 农村烈士遗属在规定用地标准以内占用耕地新建自用住宅，免征耕地占用税

E. 临时占用耕地期满之日起 1 年内依法复垦，恢复种植条件的，全部退还已缴耕地占用税

三、判断题（共 10 题，每题 0.5 分，共 5 分。正确划√，错误划 ×。）

1. 依法治国，其核心和关键是公民守法。（　　）

2. 行政裁量权并不是任意裁量，行政裁量权受合法性以及合理性原则的约束。（　　）

3. 国务院有关部委和直属机构制定的部门规章有权设定一定范围内的行政许可事项。（　　）

4. 因法律、法规、规章的修订、废止或行政许可所依据的客观情况发生重大的变化，为了公共利益的需要，行政机关撤回、变更行政许可的，对相对人造成财产损失，不予补偿。（　　）

5. 党的二十大报告提出，以国家战略需求为导向，集聚力量进行原创性引领性科技攻关，坚决打赢关键核心技术攻坚战。（　　）

6. 机关负责人的讲话，可以用正式公文形式下发。（　　）

7. 宪法是最根本的党内法规，是管党治党的总规矩。（　　）

8. 党员在留党察看期间有表决权，但没有选举权和被选举权。（　　）

9. 行政机关获取的其他行政机关的政府信息，由制作或者最后获取该政府信息的行政机关负责公开。（　　）

10. 在政府采购活动中，采购人员及相关人员与供应商存在利害关系的，应当回避。（　　）

四、专业岗位知识（80 分）

1. 实务题一（15 分）

阅读以下材料，指出文中不合适的地方。

B 市税务局办公室小李，刚从其他部门转岗到办公室工作。由于办公室人手较紧，小李承担着机要保密、信访接待、档案管理等多项工作。尽管工作繁杂，但由于他勤学好问，积极肯干，很快便适应了办公室的工作。

8 月 1 日上午一上班，小李就遇到了几件事需要处理：一是有几份急件和密件需要处理；二是财务科移交上年会计与文书档案，需要接收；三是老上访户 W 再次来局就已经省局复核终结事项“核实参加工作年龄并办理离休手续”上访，需要接待；四是社保和非税收入科起草的一份文件，需要人社局、财政局会签。

小李首先把 W 带到接访室，倒上茶水，让他稍微休息一下。与财务科协商将档案接收时间调到下午。然后，把需要处理的急件和密件，用一个专用文件夹呈送给局长阅批，并请他看完后交给分管领导再阅。电话与人社、财政局办公室负责办文的同志联系，请他们帮忙办理一下文件会签手续，并委托驾驶员小闫送去。接着，又回到接访室接谈。当听到 W 以不办理退休手续为由，已将县税务局诉至法院，小李感觉到事态严重，填制了“信访来访登记表”，留存一份备查，交给 W 一份作为接谈凭证，同时填制《信访事项转送通知书》交给 W 所在县局办理。这时，小闫带着会签文件回来了，小李将人社、财政部门的修改意见进行登记，并据此制作文件。

2. 实务题二（15 分）

（1）某税务所的税务管理员小李发现其管理的某个体工商户有逃避纳税义务的行为，经计算，当期应纳税额 1.5 万元。为避免税款流失，小李通过打电话方式向税务所所长请示并经同意后，在纳税申报之前先行扣押了该个体工商户经营的价值 1.2 万元的商品和个体工商户业主自用的价值 0.3 万元的电动自行车，在扣押过程中进行了执法摄像作为证据。

要求：

根据上述资料，回答下列问题。

①税务管理员扣押纳税人的商品和电动车属于什么税款征收措施？

②指出上述税款征收措施中不符合现行税收征收管理法律规定之处。

（2）某企业为补充流动资金，缓解资金压力，向个人股东借款 300 万元、职工借款 200 万元，期限 12 个月，合同规定贷款利率 10%，同期银行同类贷款利率 6%。

要求：

根据上述资料，回答下列问题。

①企业向个人股东和职工支付利息时，需要扣缴哪些税费？

②个人取得的利息在所缴纳的税收中分别属于哪个应税项目？

③在企业所得税前扣除利息支出时，需要取得什么样的合规的税前扣除凭证？

④向员工借款和向个人股东借款需要分别满足什么条件才能在企业所得税前扣除相应的利息支出？

3. 实务题三（25 分）

甲公司为增值税一般纳税人，主营木材木器加工、制造，主要产品包括实木家具、实木地板、各类木质板材等。所有产品适用 13% 增值税税率，实木地板的消费税税率为 5% 。2022 年 4 月部分生产经营信息如下：

（1）从某林厂采购一批原木，取得林场开具的原木销售发票上注明的买价为 500 万元，采购生产用锯条、钉子、油漆等原材料，取得增值税专用发票上注明的增值税税额为 30 万元；支付以上采购业务的运费，取得的增值税专用发票上注明的增值税税额为 8 万元，支付以上采购货物的装卸费 2 万元，未取得增值税专用发票。租入一栋房产用于销售部办公，支付该房产租金取得出租方开具的增值税专用发票注明的增值税税额为 22 万元。除装卸费以外，以上票据均合规并已在增值税发票综合服务平台进行用途确认，所采购原木和锯条、钉子、油漆等原材料截至月末尚未领用。

（2）直接收款方式销售实木家具一批，收到销售货款价税合计 140 万元。委托代销方式销售家具，本月发出家具一批，合同约定含税售价为 50 万元，截至月末尚未开具发票。

（3）采用赊销方式销售实木地板一批，货款金额为 150 万元，合同约定收款日期为 2022 年 6 月 1 日，实木地板已发出，款项尚未收到，发票亦未开具。甲公司于 2022 年 1 月采用赊销方式销售实木地板一批，合同约定的收款日期为 2022 年 3 月 20 日，货款金额为 90 万元，截至 2022 年 4 月末款项尚未收到，发票也未开具。以上金额均为价税合计数。

（4）受托为客户乙公司（增值税一般纳税人）加工实木地板一批，已知甲公司未销售过相同型号的实木地板，乙公司提供的原木板材价格为 20 万元，甲公司收取的加工费为 8 万元。该地板于当月完工全部交付乙公司。以上金额均为不含税价。

（5）生产车间装修领用自产的实木地板，按照当月相同型号实木地板的不含税销售价格计算为 12 万元。

（6）假定甲公司 2019 年 3 月期末留抵税额为 11 万元，2022 年 4 月期初留抵税额 20 万元。甲公司不属于先进制造业，在小微企业和制造业加大留抵退税力度的政策（以下简称留抵退税新政）施行的情况下，假如甲公司符合退还增量留抵退税的全部条件，进项构成比例为 55% 。

（7）甲公司因业务开展需要接受劳务派遣，假设总支出为 90 万元，其中派遣人员的工资、社保费 80 万元。劳务派遣公司丙（增值税一般纳税人）的服务及管理费 10 万元。以上支出有两种模式，一是甲公司自行向劳务派遣人员支付工资和社保费，向丙公司支付服务及管理费；二是甲公司将以上费用全部支付给丙公司，丙公司选择差额纳税，以上金额均为价税合计数。

要求：

根据上述资料，回答下列问题。

（1）根据资料（1），请计算甲公司申报缴纳 4 月增值税时，对以上采购业务可以抵扣的进项税额。

（2）根据资料（2），请计算甲公司申报缴纳 4 月增值税时，以上交易事项的增值税销项税额。

（3）根据资料（3），请计算甲公司申报缴纳 4 月增值税和消费税时，以上交易事项的增值税销项税额和消费税额。

（4）根据资料（4），请计算甲公司申报缴纳 4 月增值税时，以上交易事项的增值税销项税额。

（5）根据资料（4），请计算甲公司应代收代缴的消费税额。

（6）根据资料（5），请计算甲公司申报缴纳 4 月增值税和消费税时，以上交易事项的增值税销项税额和消费税额。

（7）根据资料（6），请计算甲公司 2022 年 4 月期末留抵税额。

（8）根据资料（6），请计算甲公司 2022 年 4 月的增量留抵税额。

（9）根据资料（6），根据以上信息，甲公司 2022 年 4 月允许退还的增量留抵税额为多少？

（10）根据资料（6），请问 2022 年 3 月颁布的增值税留抵退税新政和甲公司原来享受的留抵退税政策，主要变化是什么？请说出其中两项。

（11）根据资料（7），请计算以上两种模式下，甲公司可以抵扣的进项税额分别是多少？

4. 实务题四（25 分）

请谈一谈你对数字人事的认识，并结合工作实际，指出如何进一步改进完善数字人事，更好地激励广大税务干部新时代有新担当、新作为。

参考答案与解析

一、单项选择题

1. 【参考答案】A。增强党的自我净化能力，根本靠强化党的自我监督和群众监督，强化自上而下的组织监督，改进自下而上的民主监督，发挥同级互相监督作用，加强对党员领导干部的日常管理监督。
2. 【参考答案】A。加快完善社会主义市场经济体制。经济体制改革必须以完善产权制度和要素市场化配置为重点，实现产权有效激励、要素自由流动、价格反应灵活、竞争公平有序、企业优胜劣汰。
3. 【参考答案】B。《中国共产党党员权利保障条例》第二十二条规定：党组织对党员作出处分决定所依据的事实材料和处分决定必须同本人见面，听取本人说明情况和申辩。对于党员的申辩及其他党员为其所作的证明和辩护，有关党组织要认真听取、如实记录，并进一步核实，采纳其合理意见；不予采纳的，要向本人说明理由。党员实事求是的申辩、作证和辩护，应当受到保护。处分决定应当写明党员享有的申诉权以及受理申诉的组织等内容并由受处分党员签署意见。本人对处分决定有不同意见的，可以提出申诉；拒不签署意见或者因其他原因不能签署意见的，党组织要在处分决定上注明。因此，选项 B 正确。

4.【参考答案】C。据《全国税务机关公文处理办法》规定，决定适用于对重要事项作出决策和部署、奖惩有关单位和人员、变更或者撤销下级机关不适当的决定事项。

5.【参考答案】C。人民幸福生活是最大的人权。改革开放以来特别是党的十八大以来，我们坚持法治建设依靠人民、法治发展为了人民、法治成果由人民共享，始终坚持依法保障全体公民享有广泛的权利，维护最广大人民根本利益，保障人民群众对美好生活的向往和追求，在不断完善中国特色社会主义法治体系过程中为人民过上幸福生活提供坚强法治保障。

6.【参考答案】C。选项 C 当选，以非货币性资产清偿债务，应当分解为转让相关非货币性资产、按非货币性资产公允价值清偿债务两项业务，确认相关资产的所得或损失。

选项 A 不当选，发生债权转股权的，应当分解为债务清偿和股权投资两项业务，确认有关债务清偿所得或损失。

选项 B 不当选，债权人取得非货币性资产按照公允价值确定资产的计税基础。

选项 D 不当选，债务人应当按照支付的债务清偿额低于债务计税基础的差额，确认债务重组所得；债权人应当按照收到的债务清偿额低于债权计税基础的差额，确认债务重组损失。

7.【参考答案】B。选项 B 当选，兼职律师从律师事务所取得工资、薪金性质所得，律师事务所在代扣代缴其个人所得税时，不再减除税法规定的费用扣除标准 5 000 元，而是以收入全额（取得分成收入的为扣除办理案件支出费用后的余额）直接确定适用税率，计算缴纳个人所得税。故余某应缴纳的个人所得税 = (40 000 − 40 000 × 25%) × 3% = 900（元）。

提示：兼职律师从律师事务所取得的收入仍应该按照“工资、薪金所得”项目纳税。

8.【参考答案】A。选项 A 当选，证券交易印花税扣缴义务人应当自每周终了之日起 5 日内申报解缴税款以及银行结算的利息。

9.【参考答案】C。选项 C 当选，具体计算过程如下：

（1）合同约定免租期的，免收租金期间由产权所有人“从价计征”房产税，即从价计征为 2022 年 1—2 月，两个月。

（2）对出租的房产，以租金为计税依据从租计征，税率为 12%。

综上所述，甲公司该房产 2022 年应缴纳房产税 =3 000 ×（1 －30%）×1.2% ×2/12 + 40 ×12% =9（万元）。

10.【参考答案】D。选项 D 当选，非营利性的学校、医疗机构、社会福利机构承受土地、房屋权属用于办公、教学、医疗、科研、养老、救助，免征契税。选项 ABC 不当选，均应照常征收契税。

二、多项选择题

1.【参考答案】ABD。全党同志一定要永远与人民同呼吸、共命运、心连心，永远把人民对美好生活的向往作为奋斗目标，以永不懈怠的精神状态和一往无前的奋斗姿态，继续朝着实现中华民族伟大复兴的宏伟目标奋勇前进

2.【参考答案】ABCD。全面推进依法治国，是解决党和国家事业发展面临的一系列重大问题，是解放和增强社会活力、促进社会公平正义、维护社会和谐稳定、确保党和国家长治久安的根本要求。

3.【参考答案】ABD。《中国共产党重大事项请示报告条例》第十三条规定：下列事项不必向上级党组织请示：属于自身职权范围内的日常工作；上级党组织就有关问题已经作出明确批复的；事后报告即可的事项等。因此，选项 ABD 正确。

4.【参考答案】AC。在基本实现现代化的基础上，我们要继续奋斗，到 21 世纪中叶，把我国建设成为综合国力和国际影响力领先的社会主义现代化强国。

5.【参考答案】ABCD。根据《国家税务总局党建工作领导小组关于扎实开展好“我为群众办实事”实践活动的通知》（税总党建组发〔2021〕3 号）。因此，选项 ABCD 正确。

6.【参考答案】ACDE。选项 ACDE 当选，房地产开发企业在开发区内建造的会所、物业管理场所、电站、热力站、水厂、文体场馆、幼儿园等配套设施，属于非营利性且产权属于全体业主的，或无偿赠与地方政府、公用事业单位的，可将其视为公共配套设施，其建造费用按公共配套设施费的有关规定进行处理。选项 B 不当选，房地产开发企业在开发区内建造的会所、物业管理场所、电站、热力站、水厂、文体场馆、幼儿园等配套设施，属于营利性的，或产权归企业所有的，或未明确产权归属的，或无偿赠与地方政府、公用事业单位以外其他单位的，应当单独核算其成本。除企业自用应按建造固定资产进行处理外，其他一律按建造开发产品进行处理。

7.【参考答案】ACE。选项 B 不当选，按月领取年金的，适用月度税率表。选项 D 不当选，按季领取年金的，平均分摊计入各月，适用月度税率表。

8.【参考答案】BCDE。选项 A 不当选，增值税小规模纳税人按市场价格出租给个人用于自住的房产从租计征房产税，适用 4% 税率。

9.【参考答案】ABCE。选项 D 不当选，购买新建商品房的纳税人在办理契税纳税申报时，由于销售新建商品房的房地产开发企业已办理注销税务登记或者被税务机关列

为非正常户等原因，致使纳税人不能取得销售不动产发票的，税务机关在核实有关情况后应予受理。

10. 【参考答案】ABDE。选项 C 不当选，建设农田水利设施占用耕地，不征收耕地占用税，水利工程占用耕地减按 2 元/平方米征税，无免征规定。

三、判断题

1. 【参考答案】×。依法治国，其核心和关键是依法行政。
2. 【参考答案】√。行政裁量权，是指行政机关及其工作人员在法律事实要件确定的情况下，在法律授权范围内，依据立法目的和公正、合理原则，自行判断行为条件、自行选择行为方式和自由作出行政决定的权力。由此可见，行政裁量权并不是任意裁量，行政裁量权受合法性以及合理性原则的约束。
3. 【参考答案】×。《行政许可法》规定，可以设定行政许可事项的包括法律、行政法规、国务院发布的决定、地方性法规以及省、自治区、直辖市人民政府规章。除此之外其他规范性文件一律不得设定行政许可。
4. 【参考答案】×。《行政许可法》第八条规定：公民、法人或者其他组织依法取得的行政许可受法律保护，行政机关不得擅自改变已经生效的行政许可。行政许可所依据的法律、法规、规章修改或者废止，成者准予行政许可所依据的客观情况发生重大变化的，为了公共利益的需要，行政机关可以依法变更或者撤回已经生效的行政许可。由此给公民、法人或者其他组织造成财产损失的，行政机关应当依法给予补偿。
5. 【参考答案】√。党的二十大报告提出，以国家战略需求为导向，集聚力量进行原创性引领性科技攻关，坚决打赢关键核心技术攻坚战。
6. 【参考答案】×。机关负责人的讲话，不以正式公文形式下发。
7. 【参考答案】×。党章是最根本的党内法规，是管党治党的总规矩。
8. 【参考答案】×。《中国共产党纪律处分条例》第十二条规定：党员受留党察看处分期间，没有表决权、选举权和被选举权。留党察看期间，确有悔改表现的，期满后恢复其党员权利；坚持不改或者又发现其他应当受到党纪处分的违纪行为的，应当开除党籍。
9. 【参考答案】×。行政机关获取的其他行政机关的政府信息，由制作或者最初获取该政府信息的行政机关负责公开。
10. 【参考答案】√。《政府采购法实施条例》第九条规定：在政府采购活动中，采购人员及相关人员与供应商有下列利害关系之一的，应当回避：

（1）参加采购活动前 3 年内与供应商存在劳动关系；

（2）参加采购活动前 3 年内担任供应商的董事、监事；

（3）参加采购活动前 3 年内是供应商的控股股东或者实际控制人；

（4）与供应商的法定代表人或者负责人有夫妻、直系血亲、三代以内旁系血亲或者近姻亲关系；

（5）与供应商有其他可能影响政府采购活动公平、公正进行的关系。

供应商认为采购人员及相关人员与其他供应商有利害关系的，可以向采购人或者采购代理机构书面提出回避申请，并说明理由。采购人或者采购代理机构应当及时询问被申请回避人员，有利害关系的被申请回避人员应当回避。

四、专业岗位知识

1. 实务题一

（1）传递密件要用专门文件夹，不能与其他文件，包括急件一起传递；密件不能横传，领导阅文后应交由机要人员，由机要人员再行传递。

（2）文书档案移送应于每年 6 月底前完成；

（3）财务档案一般保留 2 年后方可移送档案管理部门。

（4）公文外部会签应由主办部门送相关单位，办公室联系、驾驶员传递都不合适；

（5）外部会签完成后，主办部门交负责人审核同意后，方可交办公室登记会签结果，制作公文。

（6）上访事项已由法院受理且经省局复核终结，再以同一事实和理由上访，税务部门应不予受理和转办，不应填制“信访来访登记表”《信访事项转送通知书》。

2. 实务题二

（1）①扣押、查封纳税人的价值相当于应纳税款的商品、货物或者其他财产，属于“税收保全措施”。(2 分)

②不符合现行税收征收管理法律规定之处：

a. 程序不合理：税务机关有根据认为从事生产、经营的纳税人有逃避纳税义务行为的，可以在规定的纳税期之前，责令纳税人限期缴纳应纳税额，（1 分）在限期内发现纳税人有明显的转移、隐匿其应纳税的商品、货物以及其他财产或者应纳税的收入的迹象的，税务机关可以责成纳税人提供纳税担保，纳税人拒绝提供或无力提供的，再采取税收保全措施。(1 分)

b. 批准机关不合理：税收保全措施的批准主体是“县以上税务局（分局）局长”，而非税务所所长。(1 分)

c. 需考虑不在税收保全措施内的财产：税务机关对单价 5 000 元以下的其他生活用品，不采取税收保全措施。(2 分)

（2）①向个人股东和职工支付利息，需要扣缴增值税及附加税费、个人所得税。(1 分)

②在增值税上属于“贷款服务”。在个人所得税上属于“利息、股息、红利所得”。(1 分)

③税前列支凭证：付款单据和发票，辅以借款合同（协议）；（1 分）在按照合同要求首次支付利息并进行税前扣除时，应提供（本省、自治区、直辖市任何一家）金

融企业的同期同类贷款利率情况说明。(1 分)

④向员工借款不超过按照金融企业同期同类贷款利率计算的数额的部分，准予扣除。

向员工借款需要满足的条件：

a. 企业与个人之间的借贷是真实、合法、有效的，并且不具有非法集资目的或其他违反法律、法规的行为。(1 分)

b. 企业与个人之间签订了借款合同。(1 分)

向个人股东借款需要满足的条件：

a. 利率标准：不超过按照金融企业同期同类贷款利率计算的部分，据实扣除，超过部分，不得扣除。

b. 本金标准：接受关联方债权性投资与其权益性投资比例不超过 2∶1 的部分，准予扣除；超过的部分，不得扣除。(2 分)

3. 实务题三

【参考答案】

（1）资料（1）可以抵扣的进项税额 =500 ×9% +30 +8 +22 =105（万元）。(2 分)

（2）资料（2）增值税销项税额 =140 ÷(1 +13%) ×13% =16.11（万元）。(2 分)

（3）资料（3）增值税销项税额 =0。(1 分)

资料（3）应纳消费税 =0。(1 分)

（4）资料（4）增值税销项税额 =8 ×13% =1.04（万元）。(2 分)

（5）资料（4）应代收代缴的消费税 =(20 +8) ÷(1 −5%) ×5% =1.47（万元）。(2 分)

（6）资料（5）增值税销项税额 =0。(2 分)

资料（5）应纳消费税 =12 ×5% =0.6（万元）。(2 分)

（7）当期增值税应纳税额 =(16.11 +1.04 −105) −20(期初留抵税额) = −107.85(万元)。

所以 2022 年 4 月期末留抵税额为 107.85 万元。(2 分)

（8）2022 年 4 月增量留抵税额 =107.85 −11 =96.85（万元）。(1.5 分)

（9）2022 年 4 月允许退还的增量留抵税额 = 增量留抵税额 × 进项构成比例 ×100% =96.85 ×55% ×100% =53.27（万元）。(1.5 分)

（10）主要变化：

①留抵退税的条件不再要求连续 6 个月（按季纳税的，连续 2 个季度）增量留抵税额均大于零，且第 6 个月增量留抵税额不低于 50 万元。

②留抵退税新政在退还增量留抵税额的同时可以退还存量留抵税额。

③对于小微企业、制造业等“六行业”、批发和零售业等“七行业”留抵税额退税的比例由 60% 调整为 100%。(2 分，答出 2 条即可)

（11）第一种模式：可以抵扣的进项税额 =10 ÷(1 +6%) ×6% =0.57（万元）。(2 分)

第二种模式：可以抵扣的进项税额 =（90 − 80）÷（1 + 5%）× 5% = 0.48（万元）。（2 分）

4. 实务题四（25 分）

答题要点：数字人事是近年来国家税务总局党委着眼数字经济发展趋势、借鉴大数据思维和管理方式，对传统干部考核机制作出的创新性探索。首先，数字人事为各级领导提供了倾情带队的新抓手，解决了干部管理中“平时不算账、用时糊涂账”的问题；其次，数字人事将引导党委建立起“重实绩、重实干、重实在”的正确导向，激励干部将精力放在工作学习和自身积累上，将功夫用在平时，用在实处；第三，数字人事必将对固有的思想意识、管理模式、思维定式和行为特点发生较大的冲击，干多干少，干好干坏，不再只是印象和感觉，而是有数据统计、对比，一目了然。

建议从以下三个方面加以改进：一是优化数字人事指标设计将数字人事考核数据与平时掌握的干部情况进行比对，有针对性地调整优化考核指标及分值权重，使个人“画像”更立体更准确；二是强化数字人事结果应用，深入探索将组织绩效与个人绩效挂钩，实现个人价值与组织目标的有机统一，以此为重要参考进一步优化岗责设置。三是加强数字人事文化建设，找准数字人事工具理性和价值理性的平衡点，进一步促进“四合”目标实现、推动税收事业改革发展。

2024 年度税务系统综合能力试卷（二）

一、单项选择题（共 10 小题，每小题 0.5 分，共 5 分。每题只有一个符合题意的正确答案，请你将选定答案的字母填入答题卡中相应的答题框内。）

1. 党的二十大报告指出，坚持（　　）原则，坚持尊重劳动、尊重知识、尊重人才、尊重创造，实施更加积极、更加开放、更加有效的人才政策，引导广大人才爱党报国、敬业奉献、服务人民。

A. 自主培养　　B. 人才第一　　C. 人尽其才　　D. 党管人才

2.（　　）是巩固脱贫攻坚成果的基本措施。要积极发展乡村产业，方便群众在家门口就业，让群众既有收入，又能兼顾家庭，把孩子教育培养好。

A. 教育　　B. 医疗　　C. 就业　　D. 社保

3.《关于新形势下党内政治生活的若干准则》规定了全党必须牢固树立的“四个意识”，这“四个意识”是（　　）。

A. 政治意识、大局意识、核心意识、看齐意识

B. 政治意识、大局意识、服务意识、看齐意识

C. 政治意识、责任意识、核心意识、看齐意识

D. 政治意识、责任意识、服务意识、看齐意识

4. 电子公文应当按照相关制度确定的范围，将处理过程中形成的不同电子版本归入税务档案数据库。属于永久和（　　）保管期限的电子公文，应当同时将电子公文的最终版本制成纸质公文归档。

A. 10 年　　B. 20 年　　C. 30 年　　D. 40 年

5. 国家秘密的保密期限，除另有规定外，绝密一般不超过（　　）年。

A. 100　　B. 50　　C. 30　　D. 20

6. 下列情形中，一般纳税人适用增值税 3% 征收率的是（　　）。

A. 从事再生资源回收的纳税人销售其收购的再生资源，选择适用简易计税方法

B. 提供劳务派遣服务，选择差额纳税

C. 提供安全保护服务，选择差额纳税

D. 收取试点前开工的一级公路、二级公路、桥、闸通行费，选择适用简易计税方法

7. 甲酒厂为增值税一般纳税人，2022 年 10 月购进葡萄酒取得的增值税专用发票注明金额 60 万元，税额 7.8 万元。甲酒厂领用本月购进葡萄酒的 80% 用于连续生产葡萄

酒，销售本月生产葡萄酒的60%取得不含税销售额56 万元，甲酒厂上述业务应缴纳消费税（　　）万元。（葡萄酒消费税税率为10%）

A. 0　　B. 0.8　　C. 2.0　　D. 5.6

8. 下列关于资源税的说法中，正确的是（　　）。

A. 将自采的原煤加工为洗选煤销售，在加工环节缴纳资源税

B. 将自采的铁矿原矿加工为选矿自用，视同销售原矿缴纳资源税

C. 将自采的原油连续生产汽油，不缴纳资源税

D. 将自采的铜矿原矿加工为选矿进行投资，视同销售选矿缴纳资源税

9. 下列行为中，同时缴纳增值税和车辆购置税的是（　　）。

A. 自产小汽车对外投资　　B. 进口汽车挂车并自用

C. 进口货车用于销售　　D. 接受投资的卡车并自用

10. 下列不属于环境保护税大气污染物征税范围的是（　　）。

A. 二硫化碳　　B. 二氧化硫　　C. 二氧化碳　　D. 一氧化碳

二、多项选择题（共 10 小题，每小题 1 分，共 10 分。每小题的备选答案中，至少有 2 个正确，请你将选定答案的字母填入答题卡中相应的答题框内，少选、错选或多选均不得分）

1. 党的基层组织的基本任务是（　　）。

A. 宣传和执行党的路线、方针、政策，宣传和执行党中央、上级组织和本组织的决议

B. 讨论本地区范围内的重大问题并作出决议

C. 对要求入党的积极分子进行教育和培养，做好经常性的发展党员工作

D. 密切联系群众，做好群众的思想政治工作

2. 下列属于增值税“交通运输服务”征收范围的有（　　）。

A. 水路运输的期租业务　　B. 航空运输的干租业务

C. 航空运输的湿租业务　　D. 水路运输的光租业务

E. 水路运输的程租业务

3. 下列税额作为城市维护建设税计税依据的有（　　）。

A. 增值税期末留抵税额　　B. 增值税免抵税额

C. 直接减免的增值税、消费税　　D. 实际缴纳的增值税、消费税

E. 进口环节缴纳的消费税

4. 按照税收实体法要素的规定，下列表述正确的有（　　）。

A. 核定减免率属于税额式减免

B. 纳税人是税法中规定的负担税款的单位和个人，包括自然人和法人

C. 在累进税率条件下，边际税率等于平均税率

D. 零税率表明纳税人仍负有纳税义务，但无须缴纳税款

E. 税目是课税对象具体化，反映征税的广度

5. 一般纳税人发生下列经营活动中，不得开具增值税专用发票的有（　　）。

A. 提供旅游服务选择差额计税，向旅游服务购买方收取并支付的住宿费、门票费

B. 烟草批发企业向烟草零售企业批发卷烟

C. 商业企业零售劳保用品给一般纳税人

D. 售卡企业接受单用途卡持卡人预收的资金

E. 教育部考试中心代为收取并支付给境外单位的考试费

6. 纳税人销售应税消费品收取的下列款项，应计入消费税计税依据的有（　　）。

A. 白酒延期付款利息　　B. 白酒品牌使用费

C. 白酒包装物租金　　D. 啤酒逾期的包装物押金

E. 增值税销项税额

7. 习近平总书记强调，中国共产党是世界上最大的政党。大就要有大的样子。中国共产党所做的一切，就是（　　）。我们要把自己的事情做好，这本身就是对构建人类命运共同体的贡献。

A. 为中国人民谋幸福　　B. 为中华民族谋复兴

C. 为经济谋发展　　D. 为人类谋和平与发展

8. 税收信息从形式上可划分为（　　）。

A. 动态性信息　　B. 静态类信息

C. 经验性信息　　D. 问题建议性信息

9. 公务员的考核有哪些方式？（　　）

A. 平时考核　　B. 重点考核　　C. 专项考核　　D. 定期考核

10. 税务部门党政领导干部任职应实行回避制度，领导干部任职回避的亲属关系有（　　）。

A. 夫妻关系　　B. 直系血亲关系

C. 三代以内旁系血亲关系　　D. 近姻亲关系

三、判断题（共 10 小题，每小题 0.5 分，共 5 分。请判断下列题目表述的正误，正确的打“√”号，错误的打“×”号，并填写在答题卡中相应的答题框内。）

1. 没有法定依据或不遵守法定程序作出的税务行政处罚无效。（　　）

2. 行政强制是典型的行政机关单方行为，由行政机关依法单方面决定实施，无须征得当事人的同意或认可。（　　）

3. 税务机关在调查取证时，提取由有关单位、部门保管的书证原件的复制件、影印件或者抄录件的，应当注明出处，经该原件保管人核对无异后予以确认。（　　）

4. 我国《中华人民共和国宪法》规定，中华人民共和国的根本制度是社会主义制度，中国特色社会主义最本质的特征是中国共产党的领导。（　　）

5. 数字人事工作纪实，在内容要求上，应当简明扼要、突出重点，如实反映个人工作

和感悟情况。涉密或敏感等不宜公开的信息，记录时应勾选“不展晒”选项。（　）

6. 领导班子年度考核结果一般分为优秀、良好、一般、较差 4 个等次。领导干部年度考核结果分为优秀、称职、基本称职、不称职 4 个等次。（　）
7. 请示应当一文一事，可以事前或者事后请示。（　）
8. 经党支部党员大会通过、基层党委审批接收的预备党员，自通过之日起，即取得党籍。（　）
9. 中国共产党历史上唯一一次在国外召开的全国代表大会是六大。（　）
10. 城市间交通费按乘坐交通工具的等级凭据报销，订票费、签转或退票费、交通意外保险费不得报销。（　）

四、专业知识题（80 分）

1. 实务题一（15 分）

为迎接省税务局政务工作专项检查，经分管办公室局领导同意，××市税务局根据工作需要临时召开全市税务系统政务工作会议，会议邀请了省税务局办公室副主任参加。

8 月 8 日，××市税务局办公室下发会议通知，要求各县区税务局分管办公室局领导、办公室主任、办公室相关人员共计 60 人参加会议。

报到时间：8 月 9 日

会议时间：8 月 10 日

离开时间：8 月 11 日

会议地点：×××酒店会议室

会议议程：

（1）传达省税务局政务工作专项检查工作要求。

（2）4 个县区税务局进行交流发言，每个单位发言时间控制在 10 分钟左右。

（3）市税务局办公室主任布置迎检工作。

（4）开展政务保密工作知识测试。

（5）省税务局办公室副主任讲话。

（6）市税务局分管办公室局领导作会议总结发言。

8 月 9 日，市税务局办公室主任到高速路口去迎接省税务局办公室副主任，并将省税务局办公室副主任安排在本市某酒店。

8 月 10 日，办公室工作人员购买了打印机和防暑降温药品，在会议费中列支。会议期间，市税务局办公室给每位参会人员发放了一本标注为内部秘密的学习材料，供会后学习。同时，对各县区税务局办公室人员进行保密知识测试，试卷中包含一份密级文件复印件，要求会议人员不得将内容外传，测试后发现部分人员将试卷带回。

8 月 11 日，会议结束后市税务局办公室通知县区税务局办公室按每人每天 550 元的标准结账，凭会议审批文件、会议通知、酒店开具的原始明细单据和发票回原单位报销。

请指出本次政务工作会议组织中存在的问题并改正。

2. 实务题二（15 分）

（1）某商场为吸引顾客，促进商品销售，实施“线上线下联动”促销活动。活动期间促销具体方案如下：

①关注送红包，即所有关注该商场微信公众号的顾客可获得 1 元现金红包。

②注册送消费券，即首次注册登记为该商场网店会员或线下会员的顾客可获取 200 元消费券。

③会员满 500 元返 200 元，即商场会员在线上网店和线下商场购货超过 500 元的，经认证确认可在线下商场返还现金 200 元。

④购物抽奖 20 万元，即在促销活动截止日，向累计消费达到 2 000 元的购物顾客依据购物凭据编号进行抽奖，分别设置一等奖 5 名，奖品为价值 12 000 元电脑 1 台；二等奖 30 名，奖品为价值 3 000 元手机一台；三等奖 100 名，奖品为价值 500 元小家电一台。

逐项说明上述促销方案实施时，商场是否应代扣代缴个人所得税？适用所得项目？简述政策规定。

（2）某公司 2022 年发生房产相关业务如下：

①2022 年 3 月 18 日新建办公楼竣工并投入使用，已知建造该办公楼的宗地于 2021 年 2 月 12 日取得，土地总价 2 000 万元，取得时缴纳契税 80 万元。建造该办公楼发生建筑服务支出，取得增值税专用发票合计金额 1 000 万元，税额 90 万元。办公楼电梯是自行采购并单独计入固定资产，采购并安装电梯取得增值税专用发票合计金额 200 万元，税额 26 万元。

②2022 年 5 月，随着新建办公楼投入使用，将闲置的原办公楼整体出租，已知原办公楼原值 500 万元，根据合同约定租赁期为 2022 年 5 月 16 日至 2024 年 5 月 15 日，前两个半月免收租金，免租期到期后，自 2022 年 8 月起按月收取租金，每月租金 4 万元（不含税）。

已知：所在地房产原值扣除比例为 30%。

要求：

根据上述要求，回答下列问题。

①新建办公楼计算缴纳房产税时哪些项目应该计入房产原值，金额分别是多少。

②原办公楼出租，免租期间的增值税和房产税分别如何处理。

③分别列示计算新建办公楼和原办公楼 2022 年应纳的房产税金额。

3. 实务题三（25 分）

甲公司成立于 2021 年 7 月（一般纳税人），增值税按月申报缴纳，主营糕点面包制作，兼营烘焙模具制作，产品销售以门店直销和网络平台销售为主，所有产品适用

13% 增值税税率。

甲公司依据企业会计准则进行会计核算，2022 年度部分生产经营信息如下。

（1）甲公司在门店推出面包卡充值优惠活动，充值满 1 000 元，全店购物 8 折，该折扣无截止日期，但不可与其他优惠叠加。

已知该面包卡属于单用途卡，某消费者于 2022 年 12 月 10 日充值 1 000 元，截至月末，在甲公司门店持卡购买了标价为 300 元的面包和蛋糕，累计消费 240 元。

（2）甲公司门店直销面包，在每天 17 点之后推出买一赠一活动，购买面包赠送蛋挞，即每支付 15 元购买一个标价为 15 元的面包，可获赠一个标价为 5 元的蛋挞。

（3）甲公司将一台闲置生产设备（2021 年购入）出租，租期为 12 个月，租金 12 万元（价税合计数）。租赁期为 2022 年 12 月 1 日至 2023 年 11 月 30 日，合同约定租金在租赁期开始之前一次性预付。甲公司于 2022 年 11 月 28 日收到全部租金。

（4）甲公司于 2022 年度投资 500 万元购买 A 公司（境内非上市居民企业）10% 股权，2022 年甲公司的会计核算确认了两笔投资收益。第一笔为 2022 年 3 月，A 公司宣告分配股息 30 万元并于当月收到；第二笔为 2022 年 12 月，甲公司以 350 万元价款转让 A 公司 5% 股权，甲公司确认投资收益 100 万元。

（5）甲公司 2022 年 12 月售出烘焙模具 50 套，每套 200 元，共收款 1 万元。已知模具成本为 140 元每套，该销售承诺三日内无条件退货。12 月末，尚未收到退货申请，甲公司根据经验，估计退货率为 10%，甲公司确认会计处理如下：

借：银行存款	10 000	
贷：主营业务收入		7 964.6
应交税费——应交增值税（销项税额）		1 035.4
预计负债——应付退货款		1 000

（6）2022 年 6 月对原租入的门面房翻修完毕并可使用，支付装修公司装修费用 327 000 元，取得增值税专用发票注明税额 27 000 元，甲公司将全部不含税装修费计入管理费用科目。会计处理如下：

借：管理费用	300 000	
应交税费——应交增值税（进项税额）	27 000	
贷：银行存款		327 000

已知：装修工程改变了门面结构，装修后的剩余租赁期为 2022 年 7 月 1 日至 2025 年 6 月 30 日。

（7）2022 年 10 月，甲公司因管理不善导致一批奶油变质，本公司技术人员鉴定后通知财务部门将变质奶油成本转到待处理财产损溢科目。会计处理如下：

借：待处理财产损溢

　　贷：原材料

已知该批奶油没有变价收入，已获保险赔偿。经公司负责人审批后，将账面成本扣除责任人赔偿后余额计入管理费用。会计处理如下：

借：管理费用

其他应收款——××责任人赔偿

贷：待处理财产损溢

（8）甲公司 2022 年度 10 月启动了一项新技术研发项目，经咨询税务机关和各级行政主管部门，该项目符合加计扣除的规定，甲公司按照会计准则对研发费用进行会计处理，并按照要求设置研发支出辅助账及汇总表。截至 2022 年末，研发活动仍在进行中，研发活动预期不会形成无形资产。

要求：

根据上述资料，回答下列问题。

（1）根据资料（1），对于该消费者的充值和消费行为，请计算甲公司应缴纳的增值税销项税额。

（2）根据资料（1），对于该消费者的充值和消费行为，请计算甲公司本年度企业所得税纳税申报时应确认的收入金额。

（3）根据资料（2），对该笔业务，请计算甲公司在企业所得税纳税申报时应确认的收入金额。

（4）根据资料（3），请问甲公司收到租金的增值税纳税义务发生时间。请计算申报缴纳的增值税销项税额。

（5）根据资料（3），请计算甲公司在本年度企业所得税纳税申报时应确认的租金收入。

（6）根据资料（4），请问第一笔投资收益是否应计入本年度应纳税所得额缴纳企业所得税，并说明理由。

（7）根据资料（4），请问第二笔投资收益是否应缴纳增值税，并说明理由。

（8）根据资料（5），指出会计处理中增值税处理存在的不合理之处，并写出正确会计分录。（不考虑成本结转分录）

（9）根据资料（5），请计算该交易在本年度企业所得税纳税申报时应确认的收入额。按照正确的会计分录，请问甲公司应如何调整应纳税所得额。

（10）根据资料（6），根据企业所得税法相关规定，计算该项装修费在本年度可以税前扣除的金额。

（11）根据资料（6），针对甲公司会计处理，计算该公司应调整的应纳税所得额。

（12）根据资料（7），指出将变质奶油成本转待处理财产损溢科目时，会计处理存在的不合理之处。该不合理支出对企业应纳税所得额有何影响。

（13）根据资料（7），请问甲公司税前扣除计入管理费用的项目应留存的材料证据有哪些。（请列出其中 2 种）

（14）根据资料（8），在本年度发生研发支出，甲公司可以按照实际发生额加计扣除的比例是多少。甲公司享受加计扣除是否需要提请税务机关审核批准。

（15）根据资料（8），甲公司的技术人员同时从事研发活动和非研发活动的，应如何确定其计入加计扣除基数的相关费用。

（16）根据资料（8），甲公司采购设备用于研发活动，该设备能否同时享受企业所得税的加速折旧和加计扣除政策。如会计核算的折旧和按照税前扣除的折旧存在差异，计入加计扣除的金额该如何判断？

4. 实务题四（25分）

××市税务局召开“××市税务系统年度感动人物”颁奖典礼，请根据下列材料为姚××的先进事迹材料。

“老姚，我们顺利开出来票了，谢谢你辅导。”“老姚，你的‘减税降费宝典’能再借我翻翻吗”……纳税人口中的“老姚”，是国家税务总局江东市税务局办公室副主任，这次减税降费工作中，他一个人就包保了5户企业。

“我们考虑到他做过肝移植手术，身体不好常年吃药，开始并没把他列入‘包保’责任人名单，老姚是主动请缨的。”市税务局减税办的同志介绍说。

虽然热情十足，但老姚的减税降费“包保”之路并不是一帆风顺。“单位虽然对内组织了多轮培训，但我在走访中发现，光了解政策还不够，更重要的是要能帮助企业解决实际问题。”姚××说。

为了尽快理清思路，老姚想了个笨方法，把宣传册、报纸上有关减税降费的新政策和解读都剪切下来粘贴到本子里，把纳税人提出的问题和解决过程也记到本子里。如今，老姚这本厚厚的“减税降费宝典”已被磨毛了边儿，但里面的分区整整齐齐，图文并茂。

56岁的老姚在减税降费工作中的“笨方法”还很多。“他跟我结对到企业走访，谦虚地说要当‘小学生’，看看我们怎么辅导申报操作的。”市税务局减税办负责人说。“姚主任的‘减税降费宝典’几乎是随身携带，一有机会就增补案例材料，他‘宝典’里的很多资料都是在大厅里积攒的。”在市税务局办税服务大厅工作的小李说。

下足了“笨功夫”，就有了“真功夫”。渐渐地，老姚成了纳税人眼中的“问不倒”。

“问政策、提建议、反映问题，我们都习惯了找姚主任。”提起姚××的“包保”服务，江东市食品有限公司的法定代表人竖起大拇指，“服务热情，解决问题迅速！”

老姚听到这个评价后很开心：“纳税人能认可，说明我的‘笨方法’有效果。我是名老税务人、老党员，在落实减税降费这场攻坚战中不能掉队！”

参考答案与解析

一、单选题

1.【参考答案】D。党的二十大报告指出，坚持党管人才原则，坚持尊重劳动、尊重知识、尊重人才、尊重创造，实施更加积极、更加开放、更加有效的人才政策，引导广大人才爱党报国、敬业奉献、服务人民。

2. 【参考答案】C。就业是巩固脱贫攻坚成果的基本措施。要积极发展乡村产业，方便群众在家门口就业，让群众既有收入，又能兼顾家庭，把孩子教育培养好。

3. 【参考答案】A。根据《关于新形势下党内政治生活的若干准则》，坚持党的领导，首先是坚持党中央的集中统一领导。一个国家、一个政党，领导核心至关重要。全党必须牢固树立政治意识、大局意识、核心意识、看齐意识，自觉在思想上政治上行动上同党中央保持高度一致。

4. 【参考答案】C。电子公文应当按照相关制度确定的范围，将处理过程中形成的不同电子版本归入税务档案数据库。属于永久和 30 年保管期限的电子公文，应当同时将电子公文的最终版本制成纸质公文归档。

5. 【参考答案】C。国家秘密的保密期限，除另有规定外，绝密级不超过 30 年，机密级不超过 20 年，秘密级不超过 10 年。

6. 【参考答案】A。选项 A 当选，自 2022 年 3 月 1 日起，从事再生资源回收的增值税一般纳税人销售其收购的再生资源，可以选择简易计税方法依照 3% 征收率计算缴纳增值税。选项 BC 不当选，一般纳税人提供劳务派遣服务、安全保护服务，选择差额纳税的，适用 5% 的征收率计算缴纳增值税。选项 D 不当选，一般纳税人收取试点前开工的一级公路、二级公路、桥、闸通行费，可以选择适用简易计税方法，按照 5% 征收率计算缴纳增值税。

7. 【参考答案】B。选项 B 当选，购进应税消费品连续生产应税消费品销售的，计算征收消费税时，应按当期生产领用数量计算准予抵扣的应纳消费税的税款。

故甲酒厂当期应缴纳的消费税 $=56\times10\%-60\times10\%\times80\%=0.8$（万元）。

选项 A 不当选，误认为已纳消费税可全额抵扣。

选项 C 不当选，误扣减销售数量对应的已纳消费税税款。

选项 D 不当选，未扣减已纳消费税税款。

8. 【参考答案】D。选项 D 当选，纳税人将自采原矿加工为选矿自用或者进行投资、分配、抵债以及以物易物等情形的，视同销售选矿缴纳资源税。

选项 AB 不当选，将自采的应税产品连续生产应税产品，在移送加工环节不缴纳资源税。

选项 C 不当选，将自采的应税产品连续生产非应税产品，在移送环节需要视同销售，缴纳资源税。

9. 【参考答案】B。选项 B 当选、选项 AC 不当选，均需要缴纳增值税，但是只有“购置”并“自用”应税车辆的行为需要缴纳车辆购置税，对外投资和销售无须计算缴纳车辆购置税。

选项 D 不当选，需要缴纳车辆购置税，但无须缴纳增值税。

10. 【参考答案】C。选项 C 当选，二氧化碳不属于环境保护税大气污染物征税范围。

二、多选题

1. 【参考答案】ACD。党的基层组织的基本任务是宣传和执行党的路线、方针、政策，宣传和执行党中央、上级组织和本组织的决议；对要求入党的积极分子进行教育和培养，做好经常性的发展党员工作；密切联系群众，做好群众的思想政治工作。
2. 【参考答案】ACE。选项 AE 当选、选项 D 不当选，水路运输的期租、程租业务，属于“交通运输服务——水路运输服务”。选项 C 当选、选项 B 不当选，航空运输的湿租业务，属于“交通运输服务——航天运输服务”。航空运输的干租业务，属于“有形动产租赁服务”。
3. 【参考答案】BD。选项 B 当选，生产企业出口货物实行免、抵、退税办法后，当期免抵的增值税税额应纳入城市维护建设税的计征范围，分别按规定的税（费）率征收城市维护建设税和教育费附加。选项 D 当选，城市维护建设税的计税依据，指纳税人依法实际缴纳的增值税、消费税税额。选项 A 不当选，对实行增值税期末留抵退税的纳税人，其退还的增值税期末留抵税额应在城市维护建设税计税依据中扣除。选项 C 不当选，依照增值税、消费税相关法律法规和税收政策规定，直接减征或免征的增值税、消费税税额同时减免城市维护建设税。选项 E 不当选，城市维护建设税计税依据不包括因进口货物或境外单位和个人向境内销售劳务、服务、无形资产缴纳的增值税、消费税税额。
4. 【参考答案】ADE。选项 B 不当选，实际负担税款的单位和个人为负税人。纳税人是税法中规定的直接负有纳税义务的单位和个人。选项 C 不当选，在累进税率条件下，边际税率往往要大于平均税率。
5. 【参考答案】ADE。选项 A 当选，一般纳税人选择以取得的全部价款和价外费用，扣除向旅游服务购买方收取并支付给其他单位或者个人的住宿费、餐饮费、交通费、签证费、门票费和支付给其他接团旅游企业的旅游费用后的余额为销售额，向旅游服务购买方收取并支付的上述费用，不得开具增值税专用发票，可以开具增值税普通发票。选项 D 当选，售卡企业销售单用途卡，或者接受单用途卡持卡人充值取得的预收资金，不缴纳增值税，不得开具增值税专用发票。选项 E 当选，教育部考试中心及其直属单位代为收取并支付给境外单位的考试费，应统一扣缴增值税，不得开具增值税专用发票，可以开具增值税普通发票。选项 BC 当选，均可以开具增值税专用发票。
6. 【参考答案】ABC。选项 AC 当选，白酒属于从价计征，计税依据为向购买方收取的全部价款和价外费用。延期付款利息和包装物租金属于价外费用，应计入计税依据。选项 B 当选，白酒生产企业向商业销售单位收取的“品牌使用费”，属于应税白酒销售价款的组成部分。不论采取何种方式或者以何种名义收取价款，均应并入白酒的销售额中缴纳消费税。选项 D 不当选，啤酒从量计征，包装物押金不计入计税依据。选项 E 不当选，增值税是价外税，不包含在消费税的计税依据中。

7. 【参考答案】ABD。习近平总书记强调，中国共产党是世界上最大的政党。大就要有大的样子。中国共产党所做的一切，就是为中国人民谋幸福、为中华民族谋复兴、为人类谋和平与发展。我们要把自己的事情做好，这本身就是对构建人类命运共同体的贡献。

8. 【参考答案】ACD。税收信息从形式上可划分为动态性信息、经验性信息、问题建议性信息。

9. 【参考答案】ACD。《中华人民共和国公务员法》第三十六条规定：公务员的考核分为平时考核、专项考核和定期考核等方式。定期考核以平时考核、专项考核为基础。

10. 【参考答案】ABCD。《党政领导干部选拔任用工作条例》第五十二条规定，实行党政领导干部任职回避制度。党政领导干部任职回避的亲属关系为：夫妻关系、直系血亲关系、三代以内旁系血亲以及近姻亲关系。有上列亲属关系的，不得在同一机关担任双方直接隶属于同一领导人员的职务或者有直接上下级领导关系的职务，也不得在其中一方担任领导职务的机关从事组织（人事）、纪检监察、审计、财务工作。

三、判断题

1. 【参考答案】√。《行政处罚法》第三条规定：公民、法人或者其他组织违反行政管理秩序的行为，应当给予行政处罚的，依照《行政处罚法》由法律、法规或者规章规定，并由行政机关依照该法规定的程序实施。没有法定依据或者不遵守法定程序的，行政处罚无效。

2. 【参考答案】√。本题考查行政强制的服从性。行政强制通常在违背当事人意志的情形下实施，当事人有服从的义务而无选择的权利。因此，是行政机关单方行为，无须征得当事人的同意或认可。

3. 【参考答案】√。最高人民法院《关于行政诉讼证据若干问题的规定》第十条规定，提供由有关部门保管的书证原件的复制件、影印件或者抄录件的，应当注明出处，经该部门核对无异后加其印章，即确认。

4. 【参考答案】√。我国《中华人民共和国宪法》规定，中华人民共和国的根本制度是社会主义制度，中国特色社会主义最本质的特征是中国共产党的领导。

5. 【参考答案】×。数字人事工作纪实，在内容要求上，应当简明扼要、突出重点，如实反映个人工作和感悟情况。涉密或敏感等不宜公开的信息，不在工作纪实中记录。

6. 【参考答案】√。《党政领导干部考核工作条例》第二十一条规定，领导班子年度考核结果一般分为优秀、良好、一般、较差 4 个等次。领导干部年度考核结果分为优秀、称职、基本称职、不称职 4 个等次。

7. 【参考答案】×。请示必须在事前，应当一文一事。

8. 【参考答案】√。根据《中国共产党党员教育管理工作条例》第二十四条。
9. 【参考答案】√。中国共产党历史上唯一一次在国外召开的全国代表大会是六大。
10. 【参考答案】×。城市间交通费按乘坐交通工具的等级凭据报销，订票费、经批准发生的签转或退票费、交通意外保险费凭据报销。

四、专业知识

1. 实务题一

有以下错误：

没有列入计划应该经主要领导同意；

四类会议不超过 50 人；

会议时间不超过一天，离开报道时间合计不超过一天；

每个单位发言时间不超过 6 分钟；

不能到高速路口迎接；

不能用会议费购买打印机；

不能标注内部秘密，应该为内部资料；

密级文件，应该及时收回；

不能转嫁下属单位结算；

缺少会议签到表。

2. 实务题二

（1）①方案①：商场应代扣代缴个人所得税。（0.5 分）适用“偶然所得”项目。（0.5 分）

政策规定：企业在业务宣传、广告等活动中，随机向本单位以外的个人赠送礼品（包括网络红包），以及企业在年会、座谈会、庆典以及其他活动中向本单位以外的个人赠送礼品，个人取得的礼品收入，按照“偶然所得”项目，全额适用 20% 的税率缴纳个人所得税。（1 分）

②方案②：商场不需要代扣代缴个人所得税。（1 分）

政策规定：企业在业务宣传、广告等活动中，随机向本单位以外的个人赠送礼品（包括网络红包），以及企业在年会、座谈会、庆典以及其他活动中向本单位以外的个人赠送礼品，个人取得的礼品收入，按照“偶然所得”项目计算缴纳个人所得税，但企业赠送的具有价格折扣或折让性质的消费券、代金券、抵用券、优惠券等礼品除外。（1 分）

③方案③：商场不需要代扣代缴个人所得税。（1 分）

政策规定：企业通过价格折扣、折让方式向个人销售商品（产品）和提供服务，不征收个人所得税。（1 分）

④方案④：商场应代扣代缴个人所得税（0.5 分）。适用“偶然所得”项目。（0.5 分）

政策规定：企业对累积消费达到一定额度的顾客，给予额外抽奖机会，个人的获

奖所得，按照“偶然所得”项目，全额适用20%的税率缴纳个人所得税。(1分)

（2）①新建办公楼计算缴纳房产税时，房产原值包括取得土地使用权支付的价款、建筑服务支出、与房屋不可分割的各种附属设备。(1分)

取得土地使用权支付的价款：土地总价和契税合计金额 = 2 000 + 80 = 2 080（万元）。(1分)

建筑服务支出：1 000万元。(0.5分)

与房屋不可分割的各种附属设备：电梯200万元。(0.5分)

②增值税：出租不动产合同约定免租期的，不属于视同销售，不缴纳增值税。(1分)

房产税：对出租房产，租赁双方签订的租赁合同约定有免收租金期限的，免收租金期间由产权所有人按照房产原值计算缴纳房产税。(1分)

③新建办公楼房产税 = (2 080 + 1 000 + 200) × (1 − 30%) × 1.2% × 9/12 = 20.66（万元）。(1分)

原办公楼房产税 = 500 × (1 − 30%) × 1.2% × 7/12 + 4 × 5 × 12% = 4.85（万元）。(1分)

3. 实务题三

（1）充值行为：甲公司不缴纳增值税。(1分)

消费行为：甲公司应纳增值税销项税额 = 240 ÷ (1 + 13%) × 13% = 27.61（元）。(1分)

（2）充值行为：甲公司不缴纳企业所得税。(1分)

消费行为：甲公司应确认所得税收入金额 = 240 − 27.61 = 212.39（元）。(1分)

（3）企业所得税应确认的收入金额 = 15 − (15 + 5) ÷ (1 + 13%) × 13% = 12.70（元）。(1分)

（4）增值税纳税义务发生时间为收到预收款的当天。(1分)

甲公司应纳增值税销项税额 = 120 000 ÷ (1 + 13%) × 13% = 13 805.31（元）。(1分)

（5）企业所得税应确认租金收入 = 120 000 ÷ (1 + 13%) ÷ 12 = 8 849.56（元）。(1分)

（6）第一笔投资收益不应计入2022年应纳税所得额缴纳企业所得税。(0.5分)

理由：股息、红利等权益性投资收益，企业所得税按照被投资方作出利润分配决定的日期确认收入的实现。但从直接投资于其他居民企业处取得的股息红利，属于符合条件的“股息、红利”，可免企业所得税，应作为企业所得税免税收入，无须计入2022年应纳税所得额缴纳企业所得税。(1分)

（7）不缴纳增值税。(0.5分)

理由：转让非上市公司股权不属于增值税的征税范围，不缴纳增值税。(1分)

（8）增值税按扣除预期因销售退回将退还的金额计算是错误的，应按照全额（未扣除预期因销售退回将退还的金额）计算确认增值税销项税。(1分)

正确的会计分录为：

借：银行存款	10 000	
贷：主营业务收入		7 964.6

应交税费——应交增值税（销项税额）　1 150.44

预计负债——应付退货款　884.96

（1 分）

（9）企业所得税应确认的收入金额 = 10 000 ÷（1 + 13%）= 8 849.56（元）。（1 分）

应调增应纳税所得额 = 8 849.56 − 7 964.6 = 884.96（元）。（1 分）

（10）2022 年税前扣除金额 = 300 000 ÷ 36 × 6 = 50 000（元）。（1 分）

（11）应调整应纳税所得额 = 300 000 − 50 000 = 250 000（元）（1 分）

（12）因管理不善造成的非正常损失相应的进项税额应作转出处理，贷记“应交税费——应交增值税（进项税额转出）”科目。（1 分）

甲公司的会计处理会少计管理费用从而导致多计当期应纳税所得额。（1 分）

（13）应留存的材料证据：（列出两种即可）

①存货计税成本的确定依据。

②企业内部关于存货报废、毁损、变质、残值情况说明及核销资料。

③涉及责任人赔偿的，应当有赔偿情况说明。

④该项损失数额较大的（指占企业该类资产计税成本 10% 以上，或减少当年应纳税所得、增加亏损 10% 以上），应有专业技术鉴定意见或法定资质中介机构出具的专项报告等。（2 分，答出 2 条即可）

（14）加计扣除的比例为 100%。（0.5 分）

享受研发费用加计扣除无须税务机关审核批准。（0.5 分）

（15）直接从事研发活动的人员、外聘研发人员同时从事非研发活动的，企业应对其人员活动情况做必要记录，并将其实际发生的相关费用按实际工时占比等合理方法在研发费用和生产经营费用间分配，未分配的不得加计扣除。（1 分）

（16）可以同时享受企业所得税的加速折旧和加计扣除政策。（1 分）

企业用于研发活动的仪器、设备，符合税法规定且选择加速折旧优惠政策的，在享受研发费用税前加计扣除政策时，就税前扣除的折旧部分计算加计扣除。（1 分）

4. 实务题四（25 分）

答案要点：

（1）使用锤炼、按部就班、一蹴而就、模板、储备、成分、朗朗上口、回味悠长、相辅相成、脱颖而出、漫长、驰而不息等关键词。

（2）内容准确，语句通顺，和减税降费相关。

（3）标题工整。

（4）层次清晰，逻辑清楚。